严昌洪／主编

武昌辛亥革命研究中心／组编

辛亥革命史事长编

本书为2008年度湖北省社科基金重大委托项目（立项号[2008]013）成果

XINHAI GEMING SHISHI CHANGBIAN

(1912.4-1913.9)

第十册

高　路／编

武汉出版社

（鄂）新登字 08 号
图书在版编目(CIP)数据
辛亥革命史事长编.第十册/武昌辛亥革命研究中心组编；严昌洪主编；高路编.
—武汉：武汉出版社，2011.8
ISBN 978-7-5430-5280-2
Ⅰ.①辛… Ⅱ.①武…②严…③高… Ⅲ.①辛亥革命—史料
Ⅳ.①K257.06
中国版本图书馆 CIP 数据核字(2010)第 172441 号

组　　编：武昌辛亥革命研究中心
主　　编：严昌洪
编　　者：高　路
责任编辑：明廷雄
装帧设计：刘福珊
出　版：武汉出版社
社　址：武汉市江汉区新华下路 103 号　　邮　编：430015
电　话：(027)85606403　85600625
http://www.whcbs.com　　E-mail:zbs@whcbs.com
印　刷：武汉精一印刷有限公司　　经　销：新华书店
开　本：787mm×1092mm　1/16
印　张：33.25　　字　数：827 千字　　插　页：5
版　次：2011 年 8 月第 1 版　　2011 年 8 月第 1 次印刷
定　价：1800.00 元(全十册)

1912年(中华民国元年·壬子)

4月1日(二月初十日)　孙中山公布《参议院法》并正式宣告解去临时大总统职。

孙中山公布参议院法令:

兹准参议院咨送,议决参议院法十八章共一百零五条前来,合行公布。中华民国元年四月一日。孙文印。内务总长程德全副署。

《参议院法》略。

孙中山《临时大总统解职令》:

前由参议院议决统一政府办法第六条,孙大总统于交代之日始行解职。今国务总理唐君南来,国务员已各任定,统一政府业已完全成立,于四月初一在南京交代,本总统即于是日解职,是用宣布周知。此后国中一切政务,悉取决于统一政府。本处[府]各部办事人员,仍各照旧供职,以待新国务员接理,勿得懈怠推诿,致多旷废。本总统受任以来,栗栗危惧,深恐弗克负荷,有负付托。赖国人之力,南北一家,共和确定,本总统藉此卸责,得以退逸之身,享自由之福,私心自庆,无以逾此。所愿吾百僚执事,公忠体国,勿以私见害大局;吾海陆军士,谨守秩序,勿以共和昧服从;吾五大族人民,亲爱团结,日益巩固,奋发有为,宣扬国光,俾吾艰难缔造之民国,与天壤共立于不敝。本总统虽无似,得以公民资格勉从国人之后,为幸多矣。此令。中华民国元年四月初一日。

中国社会科学院近代史研究所等编《孙中山全集》第2卷,中华书局1982年版,第302~303页

孙中山《在南京参议院解职辞》:

本总统于中华民国正月初一日,至南京受职,今日四月初一日,至贵院宣布解职。自正月初一日至四月初一日,为期适三阅月。在此三月中,均为中华民国草创之时代。当中华民国成立以前,纯然为革命时代。

中国为何而发起革命?盖吾辈革命党之用心,以连合中国四万万人,推倒恶劣政府,造成国利民福为宗旨。自革命初起,南北界限尚未化除,不得已而有用兵之事。三月以来,南北统一,战事告终,造成完全无缺之中华民国,此皆全国国民及全国军人之力所致。在本大总统就职之初,亦不料有如此之好结果,亦不料以极短之时期,而能建立如此之大事业。

今日中华民国,南北统一,五族一家,本总统已在一月以前,提出辞职书于参议院。当时因统一政府未成,故辞职之后,仍由本总统代理。现在国务员已均由国务总理唐君发表,政府已宣告成立,本总统自当解职。今日特莅贵院宣布。但趁此时间本总统尚有数语宣告,以供贵参议员之听闻。

中华民国成立之后,凡为中华民国国民,均有国民之天职。何谓天职?即是促进世界的和平。此促进世界的和平,即为中华民国前途之目的,依此种目的而进行,即是巩固中华民国之基础。又凡政治、法律、风俗、民智种种之事业,均须改良进步,始能与世界各国竞争,凡此种种之进步改良,均是中华民国国民之责任。人人能尽责任,人人能尽义务,四万万人皆能如此,则中华民国之进步必速。中国人民占地球四分之一,则凡有四人之地,即有一中国人民。况交通既便,世界大同,已有中外一家之势。中华民国国民,均须知现今世界之文明程度。当民国初立时,人民颇有不知民国为何义,文明进步之为何义者,凡吾辈先知先觉之人,即须用从前革命时代之真挚心,努力进行,而后中华民国之基础始固,世界之文明始有进步。况中国人民本甚和平,现在世界上立国百有数十,雄强相处,难保不有战争发现[生]。

惟中国数千年来,即知和平为世界之真理,人人均抱有此种思想。故数千年来之中国,纯向和平以进行。中华民国有此民数,有此民习,何难登世界舞台之上与各国交际。以希望世界之和平,即是中华民国国民之天职。本总统与全国国民同此心理,用心研究,将人民之智识、习俗以及一切事业,切实进行,力谋善果,即为吾中华民国国民之本分。

本总统解职之后,即为中华民国之一国民。政府不过一极小之机关,其力量不过国民极小之一部分,其大部分之力量,则全在吾中华民国之国民。本总统今日解职,并非功成身退,实欲以中华民国国民之地位,与四万万人协力造成中华民国之巩固基础,以冀世界之和平。望贵院各位参议员与将来政府,勉励人民,同尽天职,使中华民国今后而后,得享文明之进行,使世界舞台从今而后得享和平之幸福。

中国社会科学院近代史研究所等编《孙中山全集》第2卷,中华书局1982年版,第317~318页

1912年4月3日《民立报》载《参议院致词》:

维中华民国元年四月一日,即中华民国成立之九十三日,临时大总统孙文躬莅本院行解职礼,本院代表全国,谨致之词曰:

中华建国四千余年,专制虐焰,炽于秦政,历朝接踵,燎原之势,极及末流。百度堕坏,虽拥有二亿里大陆,苹有四百兆众庶,外患乘之,殆如摧枯拉朽,而不绝如缕者,仅气息之奄奄。中山先生发宏愿救国,首建共和之功,奔走呼号于专制淫威之下,身频于殆者屡矣,而毅然不稍辍,二十年如一日。武汉起义,未一月而回应者,三分天下有其二,固亡清无道所致,抑亦先生宣道鼓吹之力实多也。当时民国尚未统一,国人亟谋建设临时政府于南京,适先生归国,遂有各省代表公举为临时大总统,受职才四十日,即以和平措置,使清帝退位,统一底定,迄未忍生灵涂炭,遽诉之于兵戎。唯柄国不满百日,而吾五大民族所受赐者,已靡有涯涘;固不独功成不居,其高尚纯洁之风,为斯世矜式已也。今当先生解临时大总统职任之日,本院代表全国,有不能已于言者:民国之成立也,先生实抚育之;民国之发扬光大也,尤赖先生牖启而振迅之;苟有利于民国者,无间在朝在野,其责任一也。卢斯福解总统职后,周游演述,未尝一日不拳拳于阿美利加合众国,愿先生为卢斯福,国人馨香祝之矣!

△ **孙中山出席南京同盟会会员饯别会,并发表演说。**

孙中山《在南京同盟会会员饯别会的演说》:

诸君:今日同盟会会员开饯别会,得一最好机会,大家相见,诚一幸事。今日中华民国成立,兄弟解临时总统之职。解职不是不理事,解职以后,尚有比政治紧要的事待着手。自二百七十年前,中国亡于满洲,中国图光复之举,不知凡几。各处会堂偏[遍]布,皆是欲实行民族主义的。五十年前,太平天国即纯为民族革命的代表。但只是民族革命,革命后仍不免为专制,此等革命,不能算成功,八九年前,少数同志在日本发起同盟会,定三大主义:一、民族主义,二、民权主义,三、民生主义。今日满清退位,中华民国成立,民族、民权两主义俱达到,唯民生主义尚未着手,今后吾人所当致力的即在此事。……盖未经社会革命一层,人民不能全数安乐,享幸福的只有资本家,受痛苦的尚有多数工人,自然不能相安无事。……今试设一问,社会革命尚须用武力乎?兄弟敢断然答曰:英美诸国社会革命,或须用武力,而中国社会革命,则不必用武力。所以刚才说,英美诸国社会革命难,中国社会革命易,亦是为此。中国原是个穷国,自经此次革命,更成民穷财尽,中人之家已不可多得,如外国之资本家,更是没有。所以行社会革命是不觉痛楚的,但因此时害犹未见,便将社会革命搁置,是不可的,譬如一人医病,与其医于已发,不如防于未然。吾人眼光不可不放远大一点,当看至数十年、数

百年以后,及于全世界各国方可。如以为中国资本家未出,便不理会社会革命,及至人民程度高时,贫富阶级已成,然后图之,失之晚矣。英美各国从前未尝着意此处,近来正在吃这个苦。……吾人当此民族、民权革命成功之时,若不思患预防,后来资本家出现,其压制手段恐怕比专制君主还要甚些,那时杀人流血去争,岂不重罹其祸么!……

中国社会科学院近代史研究所等编《孙中山全集》第2卷,中华书局1982年版,第318～320页

△ 袁世凯任命黄兴为"南京留守",以统辖、裁遣南方革命军。

耿毅《辛亥广西援鄂回忆录》:

先时此间各部军官以袁既为大总统,陆军总长非黄兴不可,请唐(绍仪)转告袁氏,袁不同意。再三电商,袁总不允,唐对黄甚抱歉。又因南京兵多,故以留守职请黄担任。黄不允,唐力劝黄,黄云,如令我就留守职,公须入同盟会,且以王芝祥督直,我方担任。唐慨然允入同盟会,并说王督直一节,在总理权内,等到京后与总统商定发表。

中国科学院近代史研究所史料编译组编辑《辛亥革命资料》,中华书局1961年版,第484页

李书城《辛亥前后黄克强先生的革命活动》:

南京临时政府撤销以后,设立南京留守府,办理政府机关的结束事项和接收管理驻宁的军队。黄先生被任命为留守府的留守,我为总参议。府内设政务、军务两厅,以马良(相伯)为政务厅厅长,张孝准为军务厅厅长,陈嘉会为秘书长,……黄先生经常在上海同各方面会商国事,他的留守职务由我代行。

李书城《辛亥前后黄克强先生的革命活动》,载《辛亥革命回忆录》第1辑,文史资料出版社1981年版,第202页

△ 袁世凯正式任命各国务员。

1912年4月1日《民立报》北京电报:

袁总统今日正式任命各国务员,并令承宣厅通电各省都督、军队、报馆,以后凡总统命令,均照此办法,不由电局分告。

《临时大总统命令》:

任命陆徵祥为外交总长,赵秉均为内务总长,熊希龄为理财总长,段祺瑞为陆军总长,刘冠雄为海军总长,蔡元培为教育总长,王宠惠为司法总长,宋教仁为农林总长,陈其美为工商总长,其交通总长由国务总理唐绍仪兼任。此令。

又命令:

现在各部总长业经任命,除内务、陆军总长在京,及外交总长另已派署外,其余各总长未到任以前,在京原有各部事务暂行照旧办理,以待分别交替。此令。四月初一日

中国第二历史档案馆编《中华民国档案史资料汇编》第2辑,江苏古籍出版社1991年版,第133页

4月2日(二月十一日)　袁世凯致电临时参议院请议决临时政府迁京,经议决定:临时政府迁往北京。

1912年4月3日《民立报》南京电报:

今日(二日)上午九时参议院开议袁总统交议临时政府迁往北京案,刻尚在集议中。

昨日午后三时,参议院接到临时大总统袁咨,原文如下:

"现在各国务总长已经发表,统一政府完全成立。前承贵院议决本大总统在北京受职,此后本大总统所发命令有须国务总理及各总长副署,而总理及各总长亦有须遇事商承之处,

若南北睽隔,政务无由执行,应请贵院议决临时政府迁至北京,实为至要。此咨参议院。"唐绍仪代署名。参议院接咨后,于当日四时,即开临时委员审查会议,禁止旁听。

刻议员对袁总统交议临时政府迁往北京案互相辨论不休,后由议长宣告用投票取决。结果主迁往北京者二十票,反对者六票……验毕,由议长报告,从多数,临时政府迁往北京。

4月3日(二月十二日)　孙中山咨参议院报告解职日期。

1912年4月3日《民立报》南京电报:

今日午后二时,孙总统临参议院行解职礼,仪式如下:(一)奏乐开会;(二)孙总统就席;(三)议长报告;(四)孙总统宣布解职;(五)议院致辞;(六)孙总统答词;(七)奏乐闭会;(八)摄影纪念。

孙中山《咨参议院报告解职日期文》:

前由贵院议决统一政府办法第六条,孙大总统于交待之日始行解职。今国务总理唐君南来,国务员已各任定,统一政府业已完全成立,于四月二[一]日在南京交代,本总统即于是日解职。此后国中一切政务,悉取决于统一政府。本总统受任以来,夙夜忧惧,深恐弗克负荷,有负国人付托之意。今幸南北一家,共和确定,本总统获免于戾,退居林泉,长为自由国民,为幸多矣。此咨。

中国社会科学院近代史研究所等编《孙中山全集》第2卷,中华书局1982年版,第329页

△ 孙中山离宁赴沪。

1912年4月3日《民立报》南京电报:

孙总统定初三日(今日)由宁至沪,并拟先游福州后即返粤。

△ 临时政府与比利时贷款合同遭到六国银行团反对。

1912年4月3日《民立报》载《比国借款大顿挫》:

京函二十五日,英美德法四国公使前往谒见袁大总统,兹闻此次各国公使谒见袁大总统之意见,即专为反对比国借款之事,故接见之后,即由某国公使声明,此次以六国之同意,改变投资手续,以后各国对于中国投资事宜,统由各驻使代向中国政府交涉,以示慎重等语。后又提议,比国借款一事,各公使皆持反对之说,并劝及早取消此项草约,以免酿生国际上之纷争。词意之间颇为强硬。闻袁大总统答以此事系由唐总理经手,仍须俟唐总理回京后方能决定。并辩论:此款借定在前,变更投资手续在后,故此事必须从长计议云云。

4月4日(二月十三日)　孙中山在上海答文汇报记者:今后当以和平手段从事社会改革运动。

孙中山《在上海答文汇报》:

记者问:先生退职后将何所从事?

先生曰:政治上革命今已如愿以偿矣。后当竭力从事于社会上革命。社会革命比政治革命愈属重大,且非兵力所能援助,必须以和平手段从事。中国现有无数荒野地段,未经开垦,故社会革命事业比诸欧、美各国较易达到目的。

又谓:余乃极端之社会党,甚欲采择亨理佐治氏之主义施行于中国。中国无资本界、劳动界之竞争,又无托拉斯之遗毒,国家无资财,国家所有之资财,乃百姓之资财。民国政府拟

将国内所有铁路、航业、运河及其它重要事业,一律改为国有。

中国社会科学院近代史研究所等编《孙中山全集》第2卷,中华书局1982年版,第331~332页

4月5日(二月十四日)　临时参议院决议迁往北京,自四月八日起休会,同月二十一日在北京集会。

1912年4月4日《民立报》南京电报:

参议院议定于礼拜六停议,预备迁往北京。

1912年4月5日《民立报》南京电报:

参议院定初六日起休假三星期,议员陆续北上再在北京集会。

1912年4月10日《民立报》载《参议院迁移通告》:

南京参议院议长致各省议员函,通告迁往北京事。略谓:本院前已议决迁往北京办法,自四月初八日始休会十五天,限于二十一日齐集北京。除通电袁大总统,黎副总统,唐总理暨各省都督,临时省议会外,并于初五日开谈话会,将关于迁移一切预备事宜详细决议,通告诸君。惟此次休会之理由,不过为本院迁移之必须手续,将来到京之时,在院诸君必如期齐集,方无碍本院进行。至改选议员,当此休会期间以内,既不便到院接洽,则原选议员即不能不俟开会而遽行告退,必须到京以后,新旧交替,于汉魏事实方为适合。本院为民国立法机关,现在各种草案未经议决者,悉属紧要,此外关于民国一切重大问题,立待解决者尚多,休会期间不得过十五日。院法业经明晰规定,务望诸君尊重。

1912年4月11日《民立报》载《袁总统致参议院电》:

参议院鉴:歌电悉。南北睽违,迭蒙赞助,国民深感贵院定期北行,从此同心协力,致国家于太平,跻人乐于康众,翘企芳躅。谨代全国共表欢迎。袁世凯鱼。

又电:

参议院鉴:北京参议院场所已定象房桥法律学堂,并派章宗祥、曾彝进二员先行料理,届期妥为招待,请行谨注。世凯阳。

△ 政府临时公报定于四月五日停版。

△ 孙中山本日在上海客利旅馆答外国记者问。

1912年4月6日《申报》报道:

本日先生于上海客利旅馆答外国记者问,表示"此后中国将采行社会主义,使国计民生优裕;故造筑铁路,使内地与各口岸航线联接,实为入手要图。现中国财力尚能兴办,惟将来推广,须待外国助力,政府当优订条款以招人投资,而不受制于资本家。若各项实业,均将以私款兴办,满若干年后即归国有,并按此计划编订法律"。

4月6日(二月十五日)　黄兴本日宣布就任南京留守,分电各处告之。

黄兴《致袁世凯电》:

兴承委南京留守,统辖南方各军,谨于本日将本署组织成立,启用关防,文曰:"中华民国南京留守统辖南方各军之关防。"合将启用日期呈报鉴核。南京留守黄兴谨呈。鱼。

黄兴《致唐绍仪等电》:

唐总理、黎副总统、各省都督、各部总长鉴:奉大总统电,允兴辞参谋总长,命充南京留守,

统辖南方各军。兴以菲材,久思引退,乃再四坚辞,竟未许将一切责任概行脱卸,殊觉进退为难。顾念留守一职,专为维持南方现时军队起见,原系暂设。兴此心尚存,亦诚恐遽将经手未完事件均置不顾,或于大局转致违碍,负我同胞。惟有暂羁将去之身,勉随诸公之后,藉效棉力。俟布置略定,仍当归息林泉,以遂初志。除电呈大总统暂行就职外,已于本日将敝署组织成立,启用关防,文曰:"中华民国南京留守统辖南方各军之关防"。特此奉布。南京留守黄兴叩。鱼。

湖南省社会科学院编《黄兴集》,中华书局1981年版,第158页

4月7日(二月十六日)　参议院议决北迁办法,唐绍仪为此致电袁世凯。

南京唐总理致大总统电(四月初八日):

参议院咨大总统文一件,谨电闻:文曰:参议院咨文:本院议决迁至北京办法,自本月初八日始,休会十五天,于本月二十一日齐集北京,已由歌电报告,并电请先行指定场所,并届期派员招待,各在案。查各省参议员现在已到院共四十九员。合将全院参议员人数,开列清册,注明省分,并将议长、副议长暨审计员姓名以及审查会审查长并审查委员姓名一并分别开列,咨请查照,以便指定相当场所,俾各员到京后,即可克期开会。此咨大总统。计咨送清册一本。各省参议员到院人数姓名如左:

谷钟秀,直隶;吴景濂,奉天;李槃,陈景南,丁廷謇,张启与,李载赓,河南;史泽咸,于洪起,陈命官,彭占元,刘星柟,山东;李素,刘懋赏,山西;赵世钰,陕西;彭允彝,刘彦,欧阳振声,覃振,湖南;田桐,刘道仁,胡秉柯,欧阳启勋,湖北;胡绍斌,常恒芳,凌毅,安徽;杨廷栋,陈陶怡,凌文渊,江苏;文群,汤漪,王有兰,江西;王正廷,殷汝骥,黄耦,浙江;林森,潘祖荫,福建;钱树芬,金章,赵士北,广东;邓家彦,曾彦,刘崛,广西;黄树中,李肇甫,熊成章,四川;张耀曾,席聘臣,段清云,云南;文崇高,平刚,贵州。本院议长:林森;副议长:王正廷。审计长:李肇甫。法律审查长:王正廷;审查员:王有兰、彭允彝、谷钟秀、赵士北、平刚、汤漪、熊成章、张耀曾。财政审查长:潘祖彝;审查员:李肇甫、欧阳振声、文群、殷汝骊、席聘臣、黄树中。外交审查长暂未举,审查员:刘彦、钱树芬、刘星柟、吴景濂。请愿审查长暂未举,审查员:李槃、刘懋赏、邓家彦、曾彦、刘崛。

再,参议院法已由本院议决咨送,其第四章第二十六条常任委员分设法制、财政、庶政、请愿、惩罚五部。各担任审查本部事件云云。

此次所开,尚系院法未经议决以前暂时规定,应俟本院移至北京后再行查照院法分部另举,合并声明。元年四月初六日。等语。仪。虞。印。

中国第二历史档案馆编《中华民国史档案资料汇编》第3辑,江苏古籍出版社1991年版,政治,第370~371页

△ 孙中山本日由宁赴鄂。

1912年4月9日《申报》载《南京大事议》:

本日晨六时,先生抵下关,即移乘联鲸兵舰往武昌,因黄留守至舰长谈,至八时半开船。同行者共二十八人。

4月8日(二月十九日)　女子参政同盟会开成立大会。

1912年4月2日《民立报》:

女子参政同盟会启事:"本会定于阳历4月8日午前十时起至午后六时止开成立会于南京四象桥湘军公所,此会系上海女子参政同志会、女子后援会、尚武会、金陵女子同盟会、湖

南女国民会联合而成。是日发布章程,选举职员,并派代表分往各省联络女界创设支部,以便进行。”

《女子同盟会宣言书》:

东西各国,男女平等,凡女子亦有参预政事之权。我中国数千年来,女子深处闺中,几成废物,是四万万同胞半成废物,虽为女子自行放弃,亦由专制国体不容稍有越俎使然。本会之设,以助民国促进共和、发达女权、参预政事为宗旨。复经设立经武练习队,以为本会调查、执行两部之预备。业经本会会长吴木兰面呈孙大总统,颇蒙赞许,并承陆军部长黄克强先生、教育部长蔡元培先生及卫戍总督徐固卿先生、各部长、各都督一致赞成,勖以应尽之职,本会幸甚,吾女子幸甚。惟以孙大总统面许到沪莅会,提倡进行方针在即,而本会会章未臻妥善,必当改良。窃思现在共和成立,以尽力提倡民生主义为要务,女子既有参预政事之权,须具参预政事之学识,故本会于教育一部业经添设,亟待扩充,其他女子应尽之职所当注重者,均宜美备。为特布告男女同志,尚望勿吝玉趾,惠临本会,共同研究,俾臻完美,方不负大总统及同志诸君期望之殷,庶大总统莅会时,本会得以完全成立,达进行目的。曷胜翘企之至。会所在西门内曹家桥。

上海社会科学院历史研究所编《辛亥革命在上海史料选辑》,上海人民出版社1981年版,第916~917页

4月9日(二月十八日)　孙中山到汉,受到各界欢迎。孙中山在汉多次演讲民生主义。

1912年4月14日《申报》载《鄂垣欢迎孙中山续志》:

……先生接受黎元洪邀请访鄂。7日晨自宁出发,当晚经安庆,8日经九江,均未停留,本日下午抵武汉。由黎元洪派代表孙武、蒋翊武等迎请上岸,会见欢迎者。后乘马车经文昌门入城。先生所经长街两旁各地店铺民房皆结彩悬旗,且有燃烛焚香于街前以表敬忱者,一路老幼夹道瞻仰,途为之塞,先生乃命御者缓辔徐行。黎元洪与僚属迎先生于都督府,并设宴。谈次论及武汉建造纪念铁桥事,先生力表赞成;又畅谈民国要政及社会革命手续。至晚七时半,至前盐道署同盟会支部办事处驻节。

4月10日(二月十九日)　黎元洪致电袁世凯,并致电京外各机关,痛陈军人柄政之害,主张将军务、民政划为二途。

《黎副总统政书》:

整军治民,分途异辙,自各省光复,军人柄政,习为故常。当时义帜初张,戎衣未定,敌兵逼处,伏莽潜滋,非假军威,断难震慑。自时厥后,流弊丛生,略举数端,仰尘清听。文武兼资,古难其选,方枘圆凿,必偾事机。夫以各省都督,其深明韬略熟计民生者,岂不就熟驾轻,泛应曲当?然令甲不更,高才难继,设或随陆无武,绛灌无文,荧惑政纲,瞀乱方略,学识所蔽,左右乘之。巨奸倚为窟巢,悍将凭为傀儡,驯至祸机四伏,众怨沸腾,民力竭而不知,军心离而罔觉,明德为累,大局偕亡,其害一也。各司人员端资素学,才有独擅,业有专攻,类聚群分,源清流洽。今使与军界同隶一尊,用人则妄事钻营,处事则横加干涉;甚至把持贤路,推挽私人;以国家行政之官,为将士酬庸之具,税关矿局,褰裳而据要津;录事科员,解甲而谈文艺,一人迫胁,全局动摇,俊彦韬声,士夫蹙额,其害二也。开牙拥纛,嚣然自雄,号召征募,多多益善,寓客侨民,流氓贱隶,滥名縻饷,竞厕其间,纪律废弛,枪械缺乏,以弹压则不足,以骚扰则有余。夫当此邻交未定,国难方深,在上者不以为心腹之忧,而以为爪牙之利,游民聚众,大祸循环,若陨深渊,罔知所届,其害三也。军队即多,急谋支应,地方赋税,予取予求,暴敛苛捐,威迫术诱,疲民以逞,

竭泽而渔，罗掘已穷，乞灵外债，恣财黩武，遑恤其它，甚至括万家饘粥之资，不足供一军衣冠之费，森森戈戟，劀骨剜心，孑孑旌旗，涂膏衅血，债台垒积，大陆沦胥，其害四也。司法独立，宪法所同，八议之条，已成刍狗，所以瀹通民隐，保护法权，杜究防奸，胥归约束，自恃重兵在握，任意执行，假军法为护符，视民命为儿戏；甚至无辜士庶遽饮青锋，未谳官员，横罹黑弹，帝阍不开，阎曹难问，吞声敛涕，莫敢谁何，茂荫春凋，冤霜夏结，茫茫惨黩，不辨晦冥，其害五也。军兴以来，疮痍满目，农工辍业，商贾凋残，抚死恤伤，未遑筹议。今分遣军队驻防外县，奉命远来，庞然自大，勾结绅吏，蹂躏闾阎。有司不敢绳，委员不敢怼，堂高帘远，惟强是从。抢掠则白骨埋冤，奸淫则红颜毕命，杀气所薄，江水为哀，犹复粉饰其词，掩人耳目，商民解体，老弱逋逃，邦本既倾，国运以尽，其害六也。仕途拥挤，糊口无资，怀刺塞途，挟竽穿限，女无媒而买笑，士无介而呈身，捷足者宣骄，摽门者觖望，乃复联络军人，结集会社，芦中穷士，竞逞辨锋，稷下先生，争谈时政，隐善阐恶，则四座快心，假公济私，则万夫鼓掌，羽翼既盛，胆魄俱雄，军营一呼，政界俱倒，虽有圣智，亦难维持，其害七也。军民并辖，积厚培高，权力之雄，罕与伦匹。夫位高则启争，势重则招轧，综一省军官最高之级，何啻数百？综一省行政最优之差，何啻数千？一人更动，全局推翻，稍推重兵，即图反侧。纵使服从命令，遵守范围，而游士乱民，群相趋附，流言荧听，浸语铄金，假部令以观兵，托民岩而伐罪，兵连祸结，更嬗为雄，鹬蚌同灾，猿虫共化，其害八也。兵权既重，省界斯分，画畛区疆，各为风气，乡邻有斗，则闭之不前；越人弯弓，则含笑而道，甚或扩张权力，消纳内乱，以近省为尾闾，藉邻封为瓯脱，郑芟周稻，楚刈吴瓜，蛮触纷嚣，靡有底止，内讧不息，外患相乘，其害九也。强藩坐绾，阃外自尊，厚集党援，广招朋类，上不承于总统，下不谋诸庶民。叱咤则山岳为崩，挥霍则江湖局竭，稍有异议，立煽兵灾。犹复封章乞骨，露布陈情，阳居谦谦之名，阴示把持之实，虽有中央政府，亦苦于威弧不弦，长鞭莫及，周代列邦，唐朝藩镇，积重难返，可为寒心。列强眈眈，已操成算，迁延不改，即召瓜分，其害十也。凡此十害，皆由于军民不分，范围太广，流弊所趋，虽贤者亦有不免。……窃谓消隐患于无形，垂宏规于久远，惟有将军务、民政划为二途，除路航、邮电盐税、海关应划归政府，不立专司。司法独立，直隶中央，其余庶政，归民政长官辖，以一事权；财政一司，撙节核计，综一省收支之款项，交会议决而岁纳其赢，庶足以统一政权，培持国力。至每省定一都督，专辖军队，悉归中央委任节制，一除干预政治、擅举军官之弊。此外各项名目概行取消。

易国幹等编《黎副总统政书》第9卷，台北文星书店1962年版，第11～13页

△ **孙中山在武汉受各界欢迎，并发表演说。**

孙中山《在湖北军政界代表欢迎会的演说》：

此次革命，乃国民的革命，乃为国民多数造幸福。凡事以人民为重，军人与官吏，不过为国家一种机关，为全国人民办事。自光复以来，共和与自由之声，甚嚣尘上，实则其中误解甚多。盖共和与自由，专为人民说法，万非为少数军人与官吏说法。倘军人与官吏借口于共和与自由，破坏纪律，则国家机关万不能统一。机关不统一，则执事者无专责，势如一盘散沙，又何能为国民办事。是故所贵夫机关者，全在服从纪律，如机械然，百轮相错，一丝不乱，而机械之行动，乃臻圆满。……仆前言之矣，共和与自由，全为人民全体而讲。至于官吏，则不过为国民公仆，受人民供应，又安能自由！盖人民终岁勤动，以谋其生，而官吏则为人民所养，不必谋生。是人民实共出其所有之一部，供养少数人，代彼办事。于是在办事期内，此少数人者，当停止其自由，为民尽职，以答人民之供奉。是人民之供奉，不啻为购取少数人自由之代价。倘此少数人而欲自由，非退为人民不可。自由之范围本宽，而在勤务期间则甚狭。……在

尽力革命诸君,必且发问曰:“吾辈以血泪购得之自由,军人胡乃不得享受之?”须知军人之数少,人民之数多,吾辈服务之时短,为普通人民之时长。朝作总统,夕可解职,朝为军长,夕可归田。完全自由,吾辈自可享之。故人民之自由,即不啻军人之自由,此语最须牢记,惟在服务期间,则不可与普通人民一律,此其异点耳。

中国社会科学院近代史研究所等编《孙中山全集》第2卷,中华书局1982年版,第334~335页

孙中山《在武昌十三团体联合欢迎会的演说》:

近来团体之多,至不可数,此可征民智之发达矣。而仆深恐其不能抱一目的,为一致之进行。夫民族思想,根于天性,故十余年来,各团体群趋于革命,一言排满,举州[国]同声,乃遂有今日。满洲专制政府倒矣,以中国史例征之,大可以本族专制政府代之,而乃不然,帝王思想,不谋而绝迹于天下,意见虽偶有参差,而无不同向于共和。是种族革命与政治革命两种,皆以一致之目的行之。今社会革命着手伊始,仆以是希望各团体,复以其一致之精神,从事斯业。

今之反对社会革命者,谓中国之当急者乃政治问题,至社会问题则相去尚远。盖吾国生活程度低,资本家未尝发见,欧美现象与吾相反,社会主义且忧其捍格不入,奚言吾国?为此言者,真浅见之徒,不足与言治也。诸君须知,欧美改良政治之时,其见解亦胡不同于吾人。当其时社会之流弊未生,彼以为政治良,百事皆良,遂不注意于社会事业。及至社会事业败坏,至于今日之欧美,则欲收拾之,而转无从。诸君只知欧美今日社会上补苴罅陋之政策,为应于社会问题而起,而不悟倘欧美早百年注意社会问题,而今日补苴罅陋之政策可不发生。甚矣,其疏陋也!当美利坚离英自立,岂不于政治上踌躇满志,乃未及百年,而社会上之苦痛以生,国利民福,以此牺牲者多,倘起百年前美洲政家询之,彼必自叹其失策。今吾国之革命乃为国利民福革命,拥护国利民福者,实社会主义。故欲巩固国利民福,不可不注重社会问题。夫美洲之不自由,更甚于专制国。盖专制皇帝,且口不离爱民,虽专横无已,犹不敢公然以压抑平民为帜志。若资本家则不然,资本家者,以压抑平民为本分者也,对于人民之痛苦,全然不负责任者也。一言蔽之,资本家者无良心者也。

迩来欧美工人,对于资本家之无良,常为同盟罢工之事,然总无效。盖工人皆贫,无持久之宿粮,工人求增值,资本家故靳之,逾两三月,工人以不能耐饿,不得不以原值俯就羁勒。至用货者,有时亦复同为新家所阨,盖用货者嫌价昂,相率不购,而储货者可转运他国,或居奇久囤,以困用者,使终不得不就而购之。世间颇误认同盟罢工为社会主义,而实非也。罢工一事,乃无法行其社会主义而始用之,以发表其痛苦,非即社会主义也。

中国社会科学院近代史研究所等编《孙中山全集》第2卷,中华书局1982年版,第332~333页

4月11日(二月二十日)　孙中山在武汉谈八大政纲。

《孙中山莅临武汉五日记》:

11日晨,牟鸿勋、李四光等来迎,先生于谈话中示以八大政纲:“一搜罗人才;二建设议院;三订办选举;四绘制服图;五研究官制;六改编军队;七厘定饷章;八振兴利源。”

政协武汉市委员会文史资料研究委员会编《武汉文史资料》第4辑,第5页

△ 袁世凯派范源濂、张大昕到武汉欢迎孙中山北上。

袁世凯致孙中山函(由范、张交孙):

中山先生阁下:大业告成,高飞遐举,鸿冥天幕,蝉蜕尘埃,企慕私忱,匪言可喻。顷得沪

上消息，知大驾将赴鄂中与黎君宋卿倾谈国事，两贤相聚，天炳德星，世凯羁滞幽燕，不获饫闻政论，伊人秋水，寤寐交萦，本拟欢迎旌节，示我周行，因前承电复先回粤一行。粤事棼如乱丝，非先生才望不足以转危为安，世凯何敢以一人之私，辜粤中父老云霓之望？惟数月后，粤事大定，务请屈临指教，俾纾稠饥。兹遣范君静生、张君真吾两员莅鄂，上候起居，并呈小影，一如世凯躬陪盛宴，亲挹雄谈，临颖神驰，无任延跂，惟为自重不宣。

寻又函云：

逸仙先生鉴：顷上寸椷交由唐君在礼、范君源濂赍呈，并面致区区，兹复加派张君大昕、王君赓偕同前往，所有鄙意统嘱由四君代达一切，幸垂教焉。手此再问起居。袁世凯再叩。

中国国民党中央党史史料编纂委员会库藏史料抄件，转引《中华民国史事纪要》1912 年 4—6 月（初稿）

△ 驻南京赣军哗变，即日敉平。

《黄兴年谱长编》：

是夜，驻宁赣军第十四旅邓文辉部在南京场内哗变，劫掠白门桥、太平桥一带商户。经李书城商请王芝祥派队弹压，未致蔓延。

毛注青《黄兴年谱长编》，中华书局 1991 年版，第 294 页

李书城《辛亥前后黄克强先生的革命活动》：

当时最感困难的问题是南京拥有十余万人的军队，军费没有来源。……我不得已，只得把南京军队的伙食从干饭改为稀粥。以后连稀粥也不能维持了，乃将南京城的小火车向上海日商抵借二十万元，暂维现状。某夜，江西军俞应麓所部突然哗变，在南京城内肆行抢劫。经请广西军王芝祥军长派队弹压，到天晓才平定。除由军法处将罪据确凿的犯兵予以惩处外，其余均遣送回籍。经过这次兵变，我才认识到有兵无饷的危险。

李书城《辛亥前后黄克强先生的革命活动》，《辛亥革命回忆录》第 1 集，文史资料出版社 1981 年版，第 202 页

1912 年 4 月 15 日《民立报》载《南京兵变事详记》：

此次乱事之发生，实由赣军中之不法者，与土匪地痞勾合，且受张勋之煽惑。张勋与宗社党勾结，思乘机起事已非一日，张又赣人，故此次赣军少数竟为张利用。当十二日粤、桂各军及宁垣各师之分途堵截搜捕乱兵也，桂军驰至劝业场赣军驻在之地，奋勇进内，搜出大黄龙旗四面，系用黄绸新制者；并当场拿获乱兵四十余名，且搜出票布上有“忠义堂”三字，并盖有“同心协力”四字图章。……

黄兴《致袁世凯等电》：

万急。北京袁大总统、武昌黎副总统、孙中山先生、上海唐总理、各部总长、各省都督、各军师长、各报馆鉴：昨晚十一时半，宁垣居民不戒于火，焚烧房屋数间，当即熄灭。今晨三四钟时，匪徒数十人乘机抢劫白门桥铺户，幸军队防卫严密，弹压迅速，毙匪多名，并拘获数人，随即敉平。城内外各处现均安靖如常，仍一面督饬军队注意警备，以保治安。谨此奉闻。黄兴叩。文晨十钟。

湖南省社会科学院编《黄兴集》，中华书局 1981 年版，第 160 页

4 月 12 日（二月二十一日）　黄兴在平息军队哗变后发布安民告示。

黄兴《黄留守安民告示》：

昨夜匪徒滋扰，今晨一律剿平，已筹善后办法，居民安心勿惊。

湖南省社会科学院编《黄兴集》，中华书局 1981 年版，第 160 页

△ **孙中山到湖北省都督府辞行,并发表答谢武汉各团体布告。**

《孙中山莅临武汉五日记》:

12日往都督府辞行,与黎元洪谈论统一政策甚久,旋因同盟会湖北支部假省城湖南会馆开欢迎会,乃偕黎元洪同往,先生除演说民生主义外,尚发表关于宜以武昌为首都之意见,是日,黎元洪在都督府举行盛大宴会,先生于席间演说外交、兵工、商场、女学等事。

政协武汉市委员会文史资料研究委员会编《武汉文史资料》第4辑,第6~9页

孙中山《答谢武汉各团体布告》:

敬启者:文此次薄游武汉,得与我首义诸君子暨父老昆弟相见,无任感幸!重承各界、各团体厚意欢迎,尤所惭谢。本期稽留时日,得相与从容讨论此后之建设问题,只以粤事孔殷,函电交迫,势难久延,拟先回粤一行,再谋相见。此次各界、各团体诸君盛意隆情,统此申谢。尚有函柬相邀,而以时间迫促,未获一一领教者,有负期望,实为歉甚,尚希鉴谅为盼。兹定于明日首途,谨此布告,并申谢悃。

中国社会科学院近代史研究所等编《孙中山全集》第2卷,中华书局1982年版,第335~336页

孙中山《致武汉报界联合会函》:

报界联合会诸君大鉴:文薄游武汉,备承报界诸公厚意欢迎,所以勖勉期望之者,至殷且切,曷胜惭感!重承订约相会,文甚愿一聆诸君子之謦欬,以匡所不逮。惟文解职时,广东已举代表前来,述粤乱新定,诸事待理,坚邀回粤一行,此后更函电交驰,敦促就道。文抵沪后,即拟买舟南旋,适奉黎副总统之大教,且与我鄂中父老昆弟周旋于一堂,慰百战之辛劳,谋建设之端绪,诚知非数日间所能竣事,只愿以最短之时间,慰向来之渴想,其不尽之情,留待他日重来再为详叙,想报界诸公当不以匆匆见责也。此次民国成立,舆论之势力与军队之势力相辅而行,故曾不数月,遂竟全功。我报界诸公鼓吹宣导于前,尤望所引维持于后,俾我国民得所指南,是则文所属望于报界诸公者,愿以此为临别之赠言。临楮神驰。肃此,敬候
撰安

中国社会科学院近代史研究所等编《孙中山全集》第2卷,中华书局1982年版,第336页

△ **黄兴就兵变事致呈袁世凯引咎辞职。**

黄兴《致袁世凯呈》:

兴于初九夜赴沪,与唐总理商议要事。十一夜专车回宁,至已天明,始知匪徒勾结江西军队暴动之事。随即入城巡视,幸赖各军队竭力弹压,未致蔓延。然实由兴德薄能鲜,镇抚无方,致有此乱。留守任重,决非所胜,务乞另选贤能,俾免倾覆。并严加处罚,以谢国民,无任感祷。……

湖南省社会科学院编《黄兴集》,中华书局1981年版,第160~161页

△ **临时政府屈从四国压力,承认以后再借款均由银行团办理。**

1912年4月12日《民立报》北京电报:

我国政府因英法德美四国公使抗议比国借款,将承认此后一切借款均由各国银行团承办。

4月13日(二月二十二日)　袁世凯颁发布"豁除五大民族婚姻禁令"。

《豁除五大民族婚姻禁令文》:

现在国体改定,联合五族组织新邦,必宜使畛域胥除,情谊日洽。查旧例于汉、满、蒙,皆

有擅通婚姻之禁令，即回藏两族与汉族结婚者亦少。近年屡议豁出旧禁，疏通习俗，或颁布而尚少奉行，或劝告而犹多疑阻。刻下共和伊始，五族一家，若仍于婚姻一节，有此疆彼界之拘，则睽隔殊多，何以免参差而昭联合？为此用劝汉满蒙回藏五大族，各宜互通婚姻，一以除异同之迹，一以期情谊之孚。其习俗确有室碍，如缠足等类，均宜亟为改更，所望五大族士绅耆老，苦口相勖，毅力坚持，作为楷模，用广推暨。庶我国民共除旧见，敦睦新欢，行联合之实，使我五大民族相亲相爱于无极。所有各地方民政各机关，均即出示劝谕，俾众周知，益扩胞与之怀，同登熙皞之治。是则本大总统有厚望焉。此令。

徐有朋编《袁大总统书牍汇编》第2卷，上海广益书局1920年版，第13页

△ **袁世凯公布南京留守条例**。

《袁世凯令》：

国务总理唐绍仪电呈：谨拟南京留守条例七条，请予核夺。本大总统业经认可，兹公布之。此令。

南京留守条例：

第一条 南京留守，直隶大总统，有维持整理南方各军及南京地面之责。

第二条 凡南方陆军水师要塞，均归留守处理，随时通报陆海军部及参谋部。

第三条 南方如有事变不及申请大总统时，留守得先调遣军队军舰相机处置，随即通报大总统并海陆军部及参谋部。

第四条 关于南京府知事交涉巡警所管事务，均归留守管辖。

第五条 南方各军及南京地方各官厅之人员，统由留守会同江苏都督任免，申报大总统。

第六条 关于留守管辖范围内所需款项，由留守咨商理财部筹解。

第七条 南京留守府，俟南方军队整理就绪，即行裁撤。

1912年4月15日《临时公报》

△ **汤化龙、刘崇佑、林长民等组织共和建设讨论会**。

1912年4月16日《民立报》载《共和建设讨论会成立记》：

共和建设讨论会久经发创，签名入会者已三百人。本日下午一时在上海靶子路会所开成立大会。先由汤化龙致开会词，继推刘崇佑为会场主席。干事胡瑞林报告，谓：本会缘起实基于前数年"谘议局联合会"，故会员多含有此分子。报告既毕，乃由主席提出会章草案等，一一通过，乃讨论政纲。由林长民报告近日各政党彼此相谋合并情形，如民国公会、国民协进会、民社、统一共和党、国民协会等，咸欲联为一气，成一大党。本会虽未成政党，而宗旨即在于集合同主义之人，为将来政党之备云。乃公议于干事中推人与各团体接洽联合组党事。后讨论政纲，语及社会主义与女子参政权之利害，吴敬恒与饶孟任互有辩论。

△ **安徽都督孙毓筠拿获并处死宗社党分子张达**。

《安徽拿获宗社党》：

本日南京第一军第一支队，在皖省拿获宗社党张达一名。讯供同行有二三十人。在南京浦口一带，散布谣言，煽惑军心，图谋起事。当经孙都督讯明枪毙。

《东方杂志》第8卷，第12号，中国大事记

4月14日(二月二十三日)　孙中山自武昌返抵上海。

1912年4月15日《民立报》报道:

孙前总统在武汉盘桓三日,于十二日午后一时乘联鲸兵轮下驶,翌日午前九时半抵安庆,与孙都督晤谈;十二时船行,直驶上海,在宁未尝停泊,于昨日午后五时半抵沪。船泊高昌庙制造局,局中人以未得消息,不及供张,拟电陈都督,孙君阻之。旋自雇马车与从者偕赴三马路客利旅馆。孙君与其男女公子宿友人宋君之家,延见宾客则在汇中。孙君本拟即日赴粤,惟招商轮昨早已开赴香港,次当发者乃泰顺,正在制造局船坞修理,并迟三四日不能行,故不得已而滞沪也。

△ 南京黄留守黄兴查禁军人组织大公党。

《南京留守严禁大公党》:

南京军界中,忽有大公党名目,由军人发起,入会者亦皆军人。并将留守列为赞成人,事为黄留守所知,即出示严禁。凡军人曾收该党证据者,从速呈缴销毁。即日解散,并移咨各省军师。一律查禁。

《东方杂志》第8卷,第12号,中国大事记

4月15日(二月二十四日)　袁世凯批准唐景崇等在上海创设之神州大学备案。

1912年4月17日《临时公报》:

……唐景崇、唐文治、伍廷芳、张謇、严复、李家驹、熊希龄、陈锦涛、庄蕴宽、雷奋、杨度、王荣宝、谢远涵、赵熙、马良、姚文枏、袁希涛、程明超、嵇岑孙、钱竟民、丁镕、吴鼎昌、吴匡时等……窃不自揣猥,以棉[绵]薄合力鸠资择地上海创造神州大学,业于上月招生开学,……伏乞大总统领会予维持,饬部备案,实为公便。谨呈。

袁大总统批曰:

据呈已悉。交教育部备案。此批。

△ 唐绍仪即将与蔡元培、宋教仁离沪北上,孙中山为其饯行。

4月16日(二月二十五日)　孙中山在上海南京路同盟会机关及上海商界欢迎会发表演说,并参观《民立报》社。

孙中山《在上海南京路同盟会机关的演说》:

……愿诸君以推翻满洲政府之精神,聚以求以后之进步,使吾人向持之三民主义实行无遗。……夫吾人之所以持民生主义者,非反对资本,反对资本家耳。……要之,本会之民族主义,为对于外人维持吾国民之独立;民权主义,为排斥少数人垄断政治之弊害;民生主义,则排斥少数资本家,使人民共享生产上之自由。故民生主义者,即国家社会主义也。

中国社会科学院近代史研究所等编《孙中山全集》第2卷,中华书局1982年版,第337～338页

1912年4月17日《民立报》:

……下午五时,先生至《民立报》社,并与社员讨论新闻事业,同往者为胡汉民、沈缦云。于右任致词欢迎。先生答词略谓:"此次革命事业,数十年间,屡起屡仆,而卒睹成于今日者,实报纸鼓吹之力。……惟知报纸有此等力量,则此后建设,关于政见政论,仍当独抱一真理,出全力以赴之。

△ **袁世凯通令劝农保商。**

《通令劝农保商》令曰：

现在国体确定，组织新邦，百务所先，莫急于培元气，兴实业。东南各省，自上年重罹水患，又近军兴，农商之业，损失已多。困苦流离，言之泪下。现届春令，耕作既贵得时，丝茶又将上市，而警耗时告，人心未安。设误农功，荒商市，则收获无望。阛馈[阓]大伤。富者化为穷民，贫者流为饿莩。民不聊生，何以为国。此本大总统所最痛心者也。应责成各省都督，劝谕农民，及时耕种，严饬兵警，镇摄[慑]地方，保护市面，使农劝于野，商悦于途，庶秋稔可期，商市渐复。民皆有以赡其生而殖其产，以克迓幸福于无既也。有军民地方之责者，其共体此意焉。

《东方杂志》第8卷，第12号，中国大事记

4月17日(二月二十六日)　孙中山出席中华实业联合会欢迎会，被该会举为会长。

1912年4月18《民立报》载《中华实业联合会欢迎孙先生记》：

本日上午十一时，中华实业联合会假张园安恺第欢迎先生，到者五百余人。全体公推先生为该会正会长。先生演说振兴实业、实行社会主义、举借外债问题。

孙中山《在上海中华实业联合会欢迎会的演说》：

……中国乃极贫之国，非振兴实业不能救贫。仆抱三民主义以民生为归宿，即是注重实业。顾推倒满清政府，民族主义已达，改良专制政治，民权主义已伸。至于民生主义，非以社会主义行之，不能完全。然人多未明，以致有从而反对者，谓社会主义系反对资本家，又谓社会主义系均贫富，中国万做不到。不知资本家应维持，如何反对，特资本家之流弊，则不能不防备。譬如美国大资本家如煤油大王、铁路大王，全国财政几操此数人之手，任其专利，以致其国虽强，其民仍复苦楚。中国有鉴于此，既求国利，更应求民福，至贫富相均之谓，乃谓富者不能以专制剥削民财，贫者乃能以竞争分沾利益。彼谓夺富者之财以济贫，如是谓之均，乃误会也。至于致富之法，中国最富者莫如煤铁，欧美富强之国，无不重在煤铁。中国汉冶萍为富国基础，倘全国有数百汉冶萍，安得不富。论资本一层，外债非不可借，但合办则流弊甚大。仆之意最好行开放主义，将条约修正，将治外法权收回，中国有主权，则无论何国之债皆可借，即外人之投资亦所不禁。欧美各国无限制投资之事，盖一国之财力有限，合各国之财力则力量甚大矣。仆既承贵会举为会长，敢勉尽义务。但仆之宗旨在提倡实业，实行民生主义，而以社会主义为归宿，俾全国之人，无一贫者，同享安乐之幸福，则仆之素志也。

中国社会科学院近代史研究所等编《孙中山全集》第2卷，中华书局1982年版，第339～340页

△ **袁世凯派代表致谢美参议院于三月十六日通过祝贺中华民国成立案。**

1912年4月17日《民立报》载《美国上下两议院已将发电祝贺中华民国成立一案通过》：

原案系纽约议员威廉苏沙二月二十九日在代表议会提出，其文曰："中国国民既已宣布统治权为四百兆人民所有，政府受人民之支配，从兹内乱已归乌有。我美国人乃建设代表政体之先祖，对于他国人民之争此者，莫不表同情。故议会应赞成我美国政府发电祝中国人民得达握政权任义务与乎负自治责任等之目的……。"当由议员达尔沙起而赞成并演说……。

1912年4月18日《民立报》北京电报：

袁大总统闻美议院开会祝贺我国共和，特派专员代表向美国道谢。

4 月 18 日(二月二十七日)　孙中山在上海出席自由党欢迎会,并发表演讲。

孙中山《在上海自由党的演说》:

数月来,各处政党民党发生甚多,然皆未能十分组织完备。当此共和时代,无论政党民党,有互相监督、互相扶持之责,政府善则扶持之,不善则推翻之。然现在我民党之势力,尚甚薄弱,恐未能达此目的。惟既具此心,不可不互相勉励,各谋进行。对于今后民国前途,获益非鲜。切盼诸君,勉而行之!

中国社会科学院近代史研究所等编《孙中山全集》第 2 卷,中华书局 1982 年版,第 343 页

△ 黄兴复函黎元洪,赞同军民分治。

黄兴《复黎元洪电》:

侵、篠两电均已诵悉。尊意将军务、民政划界分权,诚为至论。民政为平时行政最要部分,泰西各国近甚注意。所以保持安宁,增进幸福,国家生存,端赖乎此。军务性质乃属特别,混而为一,实成两败。强则把持,弱则废弛,军无节制之实,民有凋敝之忧,流弊愈深,譬舟靡届,前清蹈此,致速覆亡。民国初兴,权限未析,建设方始,重在民生,岂可沿讹,贻误来轸。务当早日分厘,期与各国一致,庶几军民安帖,分道进行。我公爱国铭心,救时有道,屡披来电,辄想仁风,陈贾谊之策,痛哭时闻;读陆贽之文,指掌如数。凡兹硕画,实牖私衷。敢乞主持,无任拜祷。

湖南省社会科学院编《黄兴集》,中华书局 1981 年版,第 164 页

4 月 19 日(三月初三日)　戴天仇在《民权报》上发表《袁世凯之罪状》一文,此为民初较早声讨袁世凯之文。

戴天仇《袁世凯之罪状》:

共和既成,维持大局,协和民意,为国民天职。袁氏既为大总统,则凡我共和国之国民,皆应爱之敬之,何必固执已意,横加诬蔑耶?虽然,欲明吾辈所以反对之原因,须知袁世凯之为大总统,并非国民公意,而自始至终,其行为亦未有能满人意者。夫事势虽不可挽,公理自在人心。吾人对于袁世凯之将来,不能不希望其力改前非,勉于为善,以巩固共和国之根基。然于其已过及现在所为之种种,则虽欲谓为真心共和,而良心所系,殊不敢作昧己之谈也。比来舆论界渐归雌伏,民党人多成软化,而醉心利禄者,更尊现在之政府中人为神圣,视人民如土芥。监督政府发挥民权之说,昔时犹有人道及,今日不惟不发现于事实,即言论亦不遑及矣。民气至此,宁不可叹耶!爰就近日对于袁氏之不满意处,略揭示之。凡我民人,当急起图之,以组织完全之国会,作根本解决之法,夫然后共和之实可期。不然,任袁世凯之所为,中华民国之根基,将不固矣。

第一款　近日政府党之人,或民党之软化于政府者,多谓袁氏为共和之功臣,非袁氏则共和难于成立;并谓袁氏出山,即有赞同革命之意。惟吾之所不解者,袁氏入京之时,共和之声,已遍全国,袁氏若欲赞成共和,何必极力主战?且派宵人南来,鼓吹君主立宪,并请人著为英文论说,寄诸美国,谓中国今日之人民程度,即君主立宪,尚觉过早,何况共和。其文尝登载纽约、芝加哥、旧金山各大报,不难觅其原文为证也。

第二款　北方未赞成共和以前,南京之临时政府,不过统治南方各行省。北方既赞成共和,则北方之统治权,全归消灭,而南京临时政府之统治权,即为中华民国全部之统一国权,南京政府,即为南北统一之政府。此在政府替换,国家继续之法理上,必无可议者。而袁氏

乃必谓须另组织统一之临时政府，是袁氏心目中，并无南京也。至组织统一临时政府之全权，袁氏居然自握之。派唐绍仪为总理，以垄断用人行政之大权，其野心辣腕，已达极点矣。

第三款　袁氏既电孙总统慰留黄兴，又使唐绍仪面留，措辞恳切，木石生感，经几次磋商，黄兴始允继任。及唐电告袁氏，袁忽翻悔，谓陆军非段祺瑞不可，不然，彼则辞总统之职，前后判若两人，显系另具野心，故意要挟。盖恐陆军之权，操诸民党，将有不利于彼也。

第四款　戊戌事变，袁实陷害康、梁。虽康、梁为现在民党之罪人，然以事实论，袁既与康、梁同党，在良心上则无论如何不应为此。今忽欲召回康、梁，畀以评政院之位置，盖知康、梁不容于民党，欲假康、梁之手，以摧残民党势力，而造成开明专制之实耳。

第五款　周自齐之为人，何如柏文蔚，而袁畀以鲁都督；赵尔巽残杀民党，反对革命之事，尽人皆知，而谓为有功民国，推其存心，盖欲使政府中人，无一不为民贼而后快。所谓借刀杀人此者也。

第六款　南来就职与否，一言可决，而故用手腕，酿成兵变，以塞南使之口，南京参议院北移，须用重兵拥护，此蔡元培在京时，袁氏亲允，而后电南京宣示者也。今北京政界，忽反对参议院带兵北上。种种手段，无非为造成一人专制之势力，以与民党为敌而已。

以上六款，其大者耳。就此种事实观之，吾虽欲谓袁氏为真意赞成共和，其将何由。昔南京政府成立之初，公举孙中山为大总统，袁即电南京诘问，谓公然擅举大总统，是诚何心？及中山电复谓虚位以待，则不复再有诘辞。此司马昭之心，路人皆见者也。蓝天蔚经营满洲，民党中之重要人物也，共和既成，既不令其督东，置之又觉不能自解，乃荐为海军总长。袁明知天蔚为陆军留学出身，且久经戎伍，而使之作海军总长者，盖决料海军中人必出而反对，故借此以达排斥民党之目的耳。且对于革命中健全分子，置之又恐民党反对，用之又恐阻其私图，故仅以工商、农林等，于重要国权无甚关系之位置，令民党中有声望者居之，用心之狡而险，尽已至已。谭人凤宿学名士，向称刚直，又负时望，仅位以粤汉路督办，此尤险狠之最者。就此种种观之，袁世凯之用心，盖昭然若揭矣。斩草不除根，春风吹又生。呜呼，此次革命之失败至此，死者不瞑目，而生者之恨，亦无穷期矣。愤激之余，书此以告国人。

唐文权、桑兵编《戴季陶集》，华中师范大学出版社 1990 年版，第 340～342 页

4 月 20 日（三月初四日）　黄兴复函美洲华侨、同盟会员伍平一，说明辞去陆军部长职务之因。

黄兴《复伍平一书》：

平一先生大鉴：屡辱电缄，备承垂注，拳拳之意，良不能忘。弟前任陆军部时所居之楼，有一飞弹破窗而入，戕我副官。事后详查，确系猎者流弹，并无谋刺情事。平生屡频危殆，幸荷天全。射三发而皆远，许为剑再舞而不及刘季，我生有命，亦无怖焉。至辞陆军总长之职，实有不得已之苦衷；又自问非军学专门，且少经验，不能不避贤路，非敢放弃责任也。知我者当能谅之。政府北移，留都军队林立，整理一切，颇费周章，弟以凡才，肩兹重任，究不知何日方能布置就绪。前数日驻宁赣军被宗社党徒煽惑，忽尔哗变，幸兵机奋迅，立即平之。现在筹办善后事宜，盖已心力交瘁矣。党事有劳擘画，热心毅力，始终不渝，至深佩仰。尊意拟改政党，并推广办法，大收会员，以厚势力，洵为卓见，弟亦极表同意。遥遥瀛海，相印以心，何日东归，藉慰饥渴，临颖无任神驰之至。专此布复，敬请撰安，诸维亮照。弟黄兴顿首。中华民国元年四月二十号。

湖南省社会科学院编《黄兴集》，中华书局 1981 年版，第 165～166 页

编者按:伍平一,系美洲华侨,同盟会会员。关于黄兴复致伍平一书的背景,据《伍平一先生革命言行录》载:"余于黄兴君在留守府遇刺一事,曾函黄君,责以辞陆军总长,并言吾党孙公让位,已属失策,而南军不达到北京,究难认为革命告成,因是数函黄君及孙君论列此旨,旋得黄君四月二十日由南京复函,其文如次。"(湖南省社会科学院编《黄兴集》,中华书局 1981 年版,第 165 ~ 166 页)

4 月 21 日(三月初五日)　中华民国国务院成立。

《国务院通告京外各衙门文》:

现在国务院在铁狮子胡同前陆军部署内办公,凡有京外各衙门咨呈国务院文件及咨呈前内阁文件,均至本院收文处投递掣取收照可也。特此通告。

收文时刻:午前九时至十二时　午后二时至四时。

1912 年 4 月 26 日《临时公报》

1912 年 4 月 24 日《民立报》载《总统命令》:

二十一日临时大总统令:现在国务院业经成立,在京原有各部事务,应即分别交替,由各部总长接收办理。此令。

4 月 22 日(三月初六日)　唐绍仪谕外交部以正式国书通告各国,请承认中华民国。

1912 年 4 月 25 日《民立报》北京电报:

昨日(二十二日)唐总理已谕外交部,饬速整备通告各国,请承认中华民国之正式国书。外交部奉令赶办,日内即可交递各国。

△ 袁世凯令满蒙回疆归内务部管理。

《令满蒙回疆归内务部管理》:

现在五族共和,凡蒙藏回疆各地方,同为我中华民国领土,则蒙藏回疆各民族,即同为我中华民国国民。自不能如帝政时代,再有藩属名称。此后蒙藏回疆等处,自应通筹规划,以谋内政之统一,而冀民族之大同。民国政府于理藩不设专部,原系视蒙藏回疆与内地各省平等,将来各该地方一切政治,俱属内务行政范围。现在统一政府业已成立,理藩部事务,著即归并内务部接管。其隶于各部之事,仍归各部管理,在地方制度未经划一规定以前,蒙藏回疆应办事宜,均各仍照向例办理。

《东方杂志》第 8 卷,第 12 号,中国大事记

4 月 23 日(三月初七日)　袁世凯通令各省,限期办竣参议员选举;并催促参议员起程来京。

袁大总统发布通令:

各省选举参议员,迭经通电并限期办竣,现据报到者尚无多人。饬各省都督行文省会,已经选定者迅即起程,未经选定者速行选举,均限于电到五日内将起程及选举日期由电呈报。此令。

1912 年 4 月 25 日《临时公报》

△ 袁世凯通令各省都督、军警长官及地方官吏:各省不得自为风气,各顾其私。

1912 年 4 月 27 日《民立报》载《廿三日临时大总统令》:

民国肇建以来,各省政令,犹仍用一时权宜之制,以是筹裕民生,谋复秩序,事非易易。

现今统一政府完全成立,凡内外百司,职权所在,责任宜明。所有各省都督、军警长官及地方官吏,既以保民为专职,即以定乱为考成。使法出不信,令出不遵,则乱日以滋,民日以困,安危存亡,机决于此。自今以往,各机关以次完备,各法令以次实施,不得自为风气、各顾其私。设有阻挠侵越,致妨大局,是为人民之公敌,即为国法所不容。若复姑息迁延,养痈成患,辜负国民托付之重,其何以对天下?应责成各省都督、军警长官及地方官吏,宣布斯意,申儆邦人,毋畏强御,毋侮鳏寡,庶几公道日明,人心向善,民国之基得以巩固。本大总统受五大族公同推举,际此时艰,惟不能称职是忧,夙夜轸念,惟在民生未敢博宽大之美名,而酿隐忍之实祸也。此令。

4月24日(三月初八日)　孙中山所乘轮船抵香港,因港当局不允登岸,乃乘宝璧舰赴广州。

1912年4月25日《民立报》广东电报:

香港居人闻孙中山先生将到,已拟开欢迎大会,在遇安馆布置。

香港政府闻港人将开欢迎会,下令禁升悬欢迎旗,又禁登报,又禁派送传单,又禁鸣炮,港人甚愤。

孙先生辰刻抵鲤鱼门。省城政界派宝璧战舰。港用六十八团体名义、省用八十团名义,派代表乘十轮分泊过船,至泰顺号谒见先生,行握手礼,即各返原轮。随泰顺后,午刻抵港。

午后三时,孙先生备[偕]男女公子、胡汉民……诸君等乘宝璧舰进省。

4月25日(三月初九日)　孙中山抵广州。

1912年5月2日《申报》载《孙中山先生由港回粤记》:

先生途经虎门时巡阅炮台,至十一时抵广州天字码头。陈炯明派出军队数千,自码头至都督府沿途迎接保护。先生登岸时,长堤中万头攒拥,均欲一见伟人为荣。先生登岸后先至旧水师公所一憩,随至财政公所。所经各街,军队则举枪欢迎,商民则引领属望。先生于财政公所少作勾留,即由陈炯明派代表迎至督署,陈炯明及各司长、各代表在大堂迓迎。坐[座]谈片刻后在会议厅开宴。……

△ 国务院通电各省取缔购运军械。

《中华民国临时政府新法令》:

现在南北统一,所有各省购运军械,应由中央政府收回,承认给价,以归划一。前经查明江苏、福建、浙江、湖南、贵州等省,均持有购运军械护照报关,业由税务处电饬该税司扣留。并通饬各关税司,遇有军械进口,一律照办。特通电各省,所有订购军械,凡已运送到关,或尚未运到者,分别数目若干,给过价银若干,尚欠价银若干,迅即电达陆军部税务处,以便核办。

《中华民国临时政府新法令》第11册,第46页

△ 南京留守黄兴电请国务院变通购械办法。

黄兴《复国务院电》:

准有日通电,敬悉。详绎尊旨,自系为图统一起见。但今各省购械情形虽有不同,要无非因地方秩序未复,土匪蠢动,宗社党到处煽惑,军械不容缺乏之故。且各省经济困难,百计罗掘,仅能购得此数,良非易易。若径一律收回,电关扣留,似于目前情形,诸多窒碍,且恐因此遂酿他变。兴对于此事,亦已筹计再四,不得已故前曾拟具特别护照,商由唐总理转温交

涉使,与沪税司交涉免税。实欲就已购之械分别准拨,而将来亦可借以稽查约束,免至滥购。现各省纷纷来领此护照者已属不少。今准来电,又忽与前项办法,事出两歧,似亦有所未妥。拟请贵院仍将前令变通,凡在中央政府未成立以前各省所购军械,无论已未到关,凡持有本府护照者,应请税司一律放行。一面通电各处,此后不得再由各该省径自订购,以归划一。鄙见如此,尚希斟酌示复为荷。

湖南省社会科学院编《黄兴集》,中华书局1981年版,第167~168页

△ **内务部通饬各省,将共和大义撰成白话告示,遍贴乡间,以开民智。**

《内务部遵谕通饬各直省速将共和大义撰成白话告示遍贴乡间以开民智文》:

为通行事:奉大总统谕:据郭葆昌呈称:国体变更,乡愚误会,请将共和大义撰成白话告示,遍贴乡闾等语,交内务部迅速筹办等因。并原呈抄交到部。方今民国成立,五族大同,蚩蚩之氓,安喻斯旨,若不剀切宣谕,深恐疑误横生。中国地方辽阔,各省风气不同,方言各异,亟应由各直省都督迅饬各州县民事长,按照地方方言,妥拟白话告示,遍贴村镇,庶几共和大义家喻户晓。相应抄录郭葆昌原呈,通行各省都督、都统转饬所属,一体迅速遵办可也。

附郭葆昌原呈:

敬禀者:葆昌请假三日,归里省亲,抵定兴后,城乡亲友争相来谈。佥以时局为问题,士绅之家咸晓然前清政治积弊太深。大总统此次煞费苦心,始成共和民国,不致被人瓜分,沦为奴隶,无不额手称庆,喜现于色。其一般乡间务农之夫,于世局茫然不解,一闻共和,莫知所指,更相疑虑,更相误会。有谓现在国无皇帝,即无王法,何分皂白?有谓京津保定,均被抢劫,皆系无皇帝管束之故。有谓世事亦变,我辈惟有坐以待抢,然我辈亦不敢抢人。又有谓既无皇帝,既无粮税,完粮纳税,缴与谁人?种种不经之谈,充塞盈耳,顽愚之状,睹之可悯。更有不安本分之辈,游手好闲之徒,平日桀黠,武断乡里,谂知京、津、保之乱,谓无帝无法,抢人财物无人过问,皆蠢蠢欲动。前者张令正法三人,地方镇静。然似此日久,地方何堪?其粮税不能畅输,而地方官办公无需,势必束手无策,恐土匪之自由行动,将层见迭出也。葆昌两日以来,口陈指画,愚者百说而不解,黠者群笑以为诳。查看情形,似宜以开通民智、解释民疑为要义。盖彼辈并不知大总统之位为何位,事为何事,终日以无皇帝为虑,服从专制之习,一时不能改。不知共和国体,亦先重服从。定兴一邑如此,北数省之民,可隅举也。若冀人之明白共和大义,似宜撰成白话告示,由北数省都督发交藩司转各府州县,仍循旧例办理。其有目前实行便民之策者,即将命令用白纸刷印盖印,如前清之誊黄然,遍贴乡间。盖愚民识浅,目前有益,即为善政,因势利导,莫此之便。如此由浅入深,再得良有司以治之,将咸知共和之政策矣。惟谈变法者,动辄举旧制而一反之,即皮毛细事,亦悉数更张,往往启愚民以惊疑,反多扰累。昔者民可使由,不可使知;今则民可使知,不可使由。势必先使之知,而后可使之由,否则无意识、无道德之事毕现矣。譬之登高及卑,必缓步以趋,层折而下,一落千丈,惟有不倾踬也。葆昌目见桑梓情形,甚为可惧,一得之见,不敢缄默。又以昨日面呈,未能详达,是以缕陈大总统钧听。是否有当,伏乞鉴核祗遵。郭葆昌谨呈。

1912年4月25日《临时公报》

△ **《民立报》报道江苏都督程德全在沪发起政见商榷会。**

1912年4月25日《民立报》载《融和党见之一策》:

江苏程雪楼都督,以现时海内党会林立,意见多有分歧,爰特邀约各党会中知名之士发

起政见商榷会。昨得黎副总统复电,极表赞成。……拟条则录如左方:

一、本会定名为政见商榷会。

一、本会暂设机关部于上海。

一、本会集各政党同志专以互相研究政纲,期于完善为宗旨。

一、会员如有政见,可公布讨论。

一、会员皆有联络各党感情之义物[务]。

一、凡成立各会党由本会商请每会党推举二三人为本会会员。

一、本会即以发起人组织之,如有同志欲加入此会者,须经发起人三人以上之介绍。

一、本会经费临时筹集。

一、本会每月开常会。

一、每年开茶话会恳亲会一、二次。

一、国家有阳政时,可开特别会。

一、开会时员会[会员]不能到者,可投意见书。

编者按:据同日上海《时报》所载,该会发起人当有黎元洪、唐绍仪、伍廷芳、汪兆铭、王人文、蔡元培、宋教仁、于右任、赵凤昌、熊希龄。

△ 外交团为承认中华民国问题特开会议。

1912年4月25日《民立报》北京电报:

今日外交团为承认中华民国问题特开会议,闻有某国藉词财政紊乱,提议派员监督,惟英美二国均反对此议。

4月26日(三月初十日) 北京临时政府财政总长熊希龄莅宁会商财政问题。

《黄兴年谱长编》:

南京留守政府成立时,所需经费,曾造具预算,咨请财政部筹解。财政总长熊希龄靳而不与,函电催促,置若罔闻。是日,袁世凯始派熊希龄来宁,会商解决。熊至宁后,虽面允由上海捷成洋行贷款项下,拨交现银、钞票各百万元,但实际并未拨足,财政危机仍难解除。

毛注青《黄兴年谱长编》,中华书局1981年版,第298页

柏文蔚《五十年经历》:

袁世凯于留守府正当开支,诸多窒碍,暗中却以大批金钱收买民党。据柏文蔚自述,当其驻军浦口时,袁派其亲信章聿骏送来交通银行支票一百万元,给其作私人应用及老亲生活费用。当被婉言谢绝。

中国社会科学院近代史资料编辑组编《近代史资料》1979年第3期,中华书局1979年版,第27页

4月27日(三月十一日) 孙中山出席广东省议会欢迎会,发表演讲,主张即推胡汉民为都督。

孙中山《在广东省议会的演说》:

今次旋里,承诸位雅意欢迎,感谢不已。兹将有涉于广东最紧要最急迫之事情为诸君言之。兄弟到香港时,即闻有人欲行第二次党[革]命,以图推翻广东政府,其印信及旗帜等物,均已齐备,兄弟曾亲见之,未知贵会诸君有所闻否?此等举动,不独关于广东之安危,实关于中华民国全部。广东为全国之肢体,一有祸乱,全国牵动。若辈一发难,北京政府为保全大

局计,势必调兵南下,各省必互相救援,玉石俱焚之祸不免,可不寒心!又广东不用一兵,而达反正目的,实为桑梓幸事。当军政府成立未久,一般贪鄙之流,欲假第二次革命之名,谋破坏广东大局。我辈若不急起维持,将目前紧要事件,速为筹划,恐祸端即见于顷刻,欲图补救,已无及矣。

陈都督此次离省,蓄志已久。陈都督极有本领,不避劳怨,前屡辞职,屡经函电挽留,隐忍至今。兄弟到省时,与谈时局未尝不殷殷求治,未稍露去任之意,今去如此其速,实由于外界不甚原谅,多诬捏之词。即如此次汪精卫先生不回,竟有谓为陈都督阴令拒之,以固其位者。此种妄词,陈都督如何能受?所以一见胡汉民先生抵省,即恝然以去,不得已也。至汪精卫先生不回广东,别无他意。汪之生平,只敢担当义务,权利一节,毫不计及。其去也,亦欲避权利耳。与陈都督有何关系?

今日论选举都督问题,顷兄弟到时,闻议长谈及。贵会本日已经表决请胡汉民先生暂行权理,另日再开正式会选举。以平常论,此为正常办法。今则不然,盖目下之时势如此危迫,亟应即日举定胡汉民先生为正任都督,以安大局,否则乱象立生。若论胡汉民先生为人,兄弟知之最深,昔与同谋革命事业已七八年,其学问道德,均所深信,不独求于广东难得其人,即他省亦所罕见也。前革命军起时,兄弟约其同到江南,组织临时政府,彼力为多,兄弟蒙参议院举为临时总统,一切措施,深资臂助。迹其平生之大力量,大才干,不独可胜都督之任,即位以总统,亦绰绰有余。故敢推荐于贵会,务请早为解决。若再延迟,恐一般争权利之流,乘机以逞,则广东前途,不堪设想矣!且广东军界,经陈都督组织,已著成效。窃谓主持广东军事者,非陈都督不可;但其志存谦让,若不另举都督,彼必不肯复出。至汪精卫先生之意,亦与陈都督同。兄弟曾电促其返粤,彼谓如能举定胡汉民为都督,一星期内即可返粤。否则虽返香港,亦必不来广东。是举(胡)都督一人,可得陈汪二人之用。抑念广东今日舍此三人外,更有何人能胜任广东都督之任?非敢谓广东无人,但一时实难其选耳。盖今日为广东择都督,须有学问,而兼有道德者,始能胜任。苟用非其人,则一般不逞之徒,必乘机窃发,万一广东为其所据,由长江而黄河,长驱直进,大局尚堪问乎?窥若辈之用心,无非欲等九五,破【坏】共和,复行专制而已。虽现在共和建设尚未完全,一切疾苦亦未尽除,然此是必然之事。盖欲行大改革,非有多少心血,多少时日,必不能达其目的。总之,目前之最急者,惟速举胡汉民先生为正任都督一事。胡汉民先生前在都督任内,外人或有不深满意之处,此不足为怪,即以孔子复生处于今日,亦必有人非之者,然不能以一眚掩大德也。贵会为人民代表,窃谓此事关系全粤安危,其责任重大,万不可稍涉迟疑,务请于今日解决,是所厚望!

中国社会科学院近代史研究所等编《孙中山全集》第2卷,中华书局1982年版,第346~347页

△ 孙中山在广州发表演说,希望报界与民国政府合作,以言论一致导致人心一致。

孙中山《与粤报记者的演说》:

诸君:此次中国推倒满清,固赖军人之力,而人心一致,则由于各报馆鼓吹之功。各报之所以能收效果者由于言论一致。惟今日虽已共和,尚未大定;欲其大定,必须统一。统一之法,非恃人心,则恃武力。若恃武力,其流弊必至于专制。然人心不能统一,必生祸乱。尔时外人不视我为共和,视我为乱贼,起而干涉,此大乱之道。与其如此,毋宁专制之为愈。继任总统袁君,其人甚于建大功于民国,服从舆论,无自私自利之心;但祸机既生之时,亦迫其不得不以武力统一。北方军队虽服袁君,而其人民不知共和为何物。又有宗社党为之煽惑,在前月之乱,第三镇兵向称知方,亦不免乱,其它可知。今日中国果有帝制自为者,外人犹不敢

借口,但举目实无其人,不过藉以为掳掠,安能免瓜分之祸?人心不统一之弊如此。

近观上海各报,言论不能一致。今回粤省,见各报之言论,亦紊乱不按公理,攻击政府。不知一般人民重视报纸,每谓报纸记载,必有其事,以致人心惶惶,不能统一。粤都督陈炯明,其人本甚难得,然欲其任劳任怨尚可,欲其不避嫌疑则难。伊未去之前,屡电汪精卫回粤,汪恐被报纸攻击,不肯就任,伊亦未去。至今以兄弟及胡汉民回粤,可以卸责,乃即潜行。现举胡君复任,惟胡仍惧攻击,仍恐其不安于位。王和顺、杨万夫、关仁甫等在外招摇,人心不一,彼即乘机而至。迨至乱者四应,牵动外交,糜烂我广东人民生民财产,岂非自取其咎!报纸在专制时代,则利用其攻击,以政府非人民之政府;报纸在共和时代,则不利用攻击,以政府乃人民之政府也。政府之官吏,乃人民之公仆。譬如设一公司,举人司理,股东日言其司理人之狡诈,生意安望兴盛?如果政府行恶,人民一致请除之,若我三千万人一致请除此官吏,又谁敢留!惟报馆记者,攻击之积习,今仍如前。诸君有习见动物学者乎?动物学言,有一种蟹,穴于草陂,必将其穴外之草除去,其遗传性然也。不料有一种鸟,专认无草之标志,下啄食之,蟹种几无噍类。后生一种蟹,改易方针,穴处必护以草,其种乃得保全。故今日报纸,必须改易其方针,人心乃能一致。现在人民每谓共和不如专制,不知共和之结果,须在十年以后。譬如生子虽好,反哺必在二十年之后,若产下数月,即望食报可乎?

不知汪精卫返粤,大是有益;盖其人熟悉北方之情形,为北人所信服,遇有南北意见不洽,伊可解释调和。

兄弟回粤欲办两事:其一则练兵。粤省军队此次甚有名誉,南京、宿州之役,战胜有功;徐州之戍,徐人留不使去。必须练兵十万,乃能为民国之后盾。其一则办实业,使粤人生计不致困难。均愿诸君赞同,言论一致,而人心亦能一致也。

中国社会科学院近代史研究所等编《孙中山全集》第2卷,中华书局1982年版,第348~349页

孙中山《在广州与记者的谈话》:

廖平庵起问:借债问题。

孙先生曰:现在外人不欲瓜分中国者,不过惧北京之十数万,武昌之数万、南京之数万,共三十万训练之师耳。查度支部月用经费二千万,兵费为多,而杂税多免,民间又缓不纳粮,不借外债,兵费何取?一旦乏支,立即哗溃。明知借债遗累后人,然不借债,则连后人皆无,故明知其苦而食之。

廖平庵又问:外人监督财政若何?

孙先生曰:现在虽抗比国借款,然究以有路可借,不致监督,若果监督,则应拒之。

陈藻卿起问曰:指斥政界,是报界确有一事,非出于私意,则言论统一,自是无难。第以后报界对于政府行政确有差谬,官吏确有不法,又当如何办治?

孙曰:忠告政界,属监督行政范围,自是正当之舆论,第不可轻信谣言,攻讦私德耳。

中国社会科学院近代史研究所等编《孙中山全集》第2卷,中华书局1982年版,第349~350页

4月28日(三月十二日)　广东省议会正式选举胡汉民为都督、汪精卫为参谋、陈炯明为军政。

1912年4月30日《民立报》广东电报:

陈炯明君离粤后,省议会于二十七日午前八时表决请胡汉民君权理都督,另开正式选举。午刻孙中山先生受省会欢迎演说,粤事危险,颇有人欲行第二次革命,宜急选定正任都督,以定人心,因推荐胡汉民君能胜任此任。并言,胡君若选,陈炯明、汪精卫两君皆允回粤。

孙先生别后,省议会即提议此事,多数表决,即开正式选举,胡汉民君得百十三票,孙先生得五票。

1912年4月29日《民立报》广东电报:

今日(廿八日)省议会正式公举胡汉民为粤都督。汪精卫为参谋,陈炯明为军政。胡君已接任,大局安靖。陈炯明尚在港,粤军界已派代表迎归任事。

△ **黄兴于4月28日发表留守启事。**

黄兴《南京留守公启》:

启者:鄙人承乏留守,实因南方军队尚待整理,故暂任斯职。俟办理就绪,即当归田。署内一切设施,概从简约。而怀才欲试之士,近多误会,以致远道频来,荐书盈尺。在诸君殷勤相与,意诚不薄,而鄙人迫于事务,未能一一延请,心实难安。况民国用人行政,务求实际,从前乾修诸名目,理应一律铲除。所有款项均属国帑军需,筹措极难,未能遽以私情移赠旅费。兼以军事纷繁,昕夕靡暇,复书接见,实未能周。徒使诸君旅馆淹留,益滋愧歉。兹特登报声明,嗣后亲族故旧,非经鄙人函电敦约而来者,恕未能一概招待。谨此奉布,统希谅鉴。

湖南省社会科学院编《黄兴集》,中华书局1981年版,第169页

△ **国务员到京,开第一次会议,订开会之期。**

1912年4月28日《民立报》载《国务员会议纪事》:

国务员到京后,订定每星期一、三、五为会议之期。第一次会议关系新旧人员之事,因多用南京同来人员,则恐旧日部员失其位置,多用旧员则恐新来人物又多失望,故议调停之法。旋因理财总长熊希龄未到,而各部用人皆与理财大有关系,故是日卒未能决议。……

△ **北京军界不承认王芝祥督直。**

1912年4月28日《申报》报道:

王芝祥督直一事,因北方军界抗不承认,将取消前议。

4月29日(三月十三日)　临时参议院移北京行开院礼,袁世凯偕国务员莅会发表宣言。

1912年4月28日《民立报》北京电报:

廿九日参议院仪式:一、议长议员就席。二、大总统、国务员就席。三、奏乐开会。四、议长报告。五、大总统宣言。六、议长致辞。七、奏乐闭会。八、摄影。

1912年4月29日《申报》专电:

参议院准明日(二十九日)上午十时开会,九时袁大总统亲临行礼。

袁世凯《莅参议院宣言》:

世凯忝承五大民族推举,夙夜祇惧,恐不能胜。谨鞠诚悃,敬告我国民。在志气高远者,谅必以世凯莅任伊始,必有宏大之议,以一新闻听。然审时度势,未敢以语此也。古今立国之道,惟在整饬纪纲,修明法度,使内外相系,强弱相安,乃可巩固国基,争存宇内。迩来兵事扰攘,四民失业,公私交困,已达极点。而士卒多昧服从之谊,人民鲜知公共之益,空谈者偏于理想,善私者多牟权利。循此不变,必将纪纲废坠,法度荡然,欲保障人民之生命财产而不可得,尚敢侈言铺张乎?世凯向持锐进主义,不甘以畏难保守自居。数十年之苦心经营,当

为诸君所共见共谅。但现值改革之后,亟当维持秩序,利用厚生,建设从稳健入手,措置以事实为归。譬如建造巨室,须将基础审慎测量,择工选料,层层稳固,处处坚实,非可徒侈外观,虚事粉饰;然后广厦落成,方能历久不敝。倘以孟浪潦草出之,恐墙壁未立,而倾覆随之,其损失何可胜言!是以必须根本完固,再行急起直追,则观成可操左券矣。

百废待兴,要在财政。去岁度支预算,虽云入不敷出,然尚虚称有二百六十余兆两之岁入。半年以来,工商荒废,税入锐减,外债暂不能偿。近以改良政治,必须输入外资,故先定整理财政大纲,增加财政信用。每年应还借款,赔款本息约五千余万。借款多以关税作抵,亦有以厘金作抵者。赔款以关税及盐课作抵。速与有约之国,商拟加税,一面废去厘金及减少出口税,每年海关、常关所入,可由四千四百万两增至六千余万两,可抵支前项外债而有余。至铁路及他项借款,另以铁路及他项借款偿还,不足则由盐课拨补。尚有各省所借外债,其总数约一千余万两,又去冬欠交庚子赔款一千二百余万两,均归组织新政府所用大借款项下速为偿还。建设行政所需,应迅速成立预算,以定支用大借款标准。目前先发出暂时短期库帑券,以济急需。此项库帑券,由将来大借款归还。此事极为要着,舍此无他法可恢复财政信用。仿照新法,整理盐政,可增盐课五千万两。清理田赋,剔胥役之积弊,轻人民之负担。未经升科之地,搜集专门人才,从新测量,酌定税章。改良国币画一圜法,为财政最要关键,即须迅速实行。我国财政专门人员尚少,又乏经验,将来庶政具举,亦须借用异才,以资先导,而备顾问。

民国成立,宜以实业为先务,故分设农林、工商两部,以尽协助提倡二意。凡学校生徒,尤宜趋重实业,以培国本。吾国实业尚在幼稚时代,质言之中国实农国也。垦荒森林,牧畜渔业,茶桑富藏于地,类多未辟之菁华。愿我国民毋从空中讨生活,须从脚底下着想。即以矿产言之,急需更改矿章,务从便民,力主宽大,以利通行。且商律与度量权衡,亦应迅速妥订实行。

近日军队复杂,数逾常额几倍,消耗过巨,闾阎何以堪此?已饬财政、陆军两部研究实行收束之方。

人民信教自由,举凡各教,均一视大同,毫无偏倚,不论其信教与否,亦不论其信仰何教,均须互相尊重,悉泯猜嫌,冀向幸福。

我国民习惯积重,急切难趋大同,教育尚未普及,改革尚多疑沮,军人缺乏精神,训练当探本原;法律亦未完备,法权仍多放弃;交通未能畅达,风气难期划一,均当与国务员随时筹商,力求进行。

迩来外国对我态度类皆中正和平,藉示赞助之诚。固征世界之文明,更感友邦之睦谊。凡我国民,务当深明此义,以开诚布公,巩固邦交为重。凡从前缔结之条约,均当切实遵守,其已缔约而未办之事,迅速举办。

从数千百年专制之后,一跃而跻共和,宜我国民之色然而喜也。然世凯深以吾国之未进步为忧者,深望我国民常处于不足,勿夸张自满也。深望以公诚推与,勿互相猜忌也。四万万心惟一心,国乃强。此次特任国务总理唐君与各部总长,皆一时济变之才,世凯正资倚任,相与共支大局,愿国民深信之,赞助之。为幸。

徐有朋编《袁大总统书牍汇编》,上海广益书局1920年版,卷首,第1~4页

附《参议院议长致词》:

维中华民国元年四月二十九日,即统一政府成立。参议院移至北京开会之第一日,临时大总统袁世凯躬莅宣言,本院代表国民谨致之辞曰:国于大地,各殊其体,惟至于善,系我中

华民国肇基于武汉起义,底定于南北统一。今者统一政府成立,大总统躬莅本院宣言。凡我五族同胞,罔不欢祝,冀观厥成。惟搏扰四千余年之古国,廓清秦政以来十二朝专制之锢习及晚近时代社会传染之恶风,虽假敏手,是乃大难。望大总统及执政诸君用人各当其才,行政急所先务,所秉着公意,所察者舆情,民国前途,庶几有豸。本院代表国民,尤不能已于言者,当此内政废弛,外交困厄,民庶穷蹙,军士俶扰,政府排万难,冒万险,苟有利于国者,措施虽有时以权济变,本院亦靡不乐为赞助期于成功。否则苟且之策,补苴之术,形式徒具,精神坐亡。本院职司所在,万不能同流自陷,辜负国民。行政立法机关相切伊始,共矢斯言。

徐有朋编《袁大总统书牍汇编》,上海广益书局1920年版,卷首,第4～5页

△ **袁世凯拟定借债公约五条。**

1912年4月29日《民立报》北京电报:

袁大总统拟定借债公约五条如下:(一)须与公家直接,不得以私人资格借债。(二)必经参议院承认,不得由政府擅措。(三)须总统签字承认方为有效。(四)借定后必须由总统公布。(五)凡借债所用数目,概登公报,以昭信实。

△ **南京留守黄兴发布通电,倡议劝募国民捐,减少对外借债。**

黄兴《致袁世凯等电》:

万急。北京袁大总统、唐总理、参议院、各部总长、武昌黎副总统、广州孙中山先生、各省都督、各政党、各报馆、军学工商农各界、男女同胞钧鉴:民国肇兴,政府成立,建设之事,无虑万端,而要以厚民生、强国力为本,则此后所最当研究者,财政问题是也。今之论者,见需款甚巨,而国内经济久已支绌,难于筹措,于是乎一弃其在前清时代所主张之外债拒绝论,而利用其投资,以应吾急。是说也,多数明通之士,类能知之,盖诚非得已耳。虽然,兴尤有说焉。天下之患,常伏于所倚,拒债所以杜外患,而政事不无废弛。借债可以应急需,而国权未免亏损。在主张借债论者,夫岂不曰前清时代公款之用途不明,投资未属于生产,而民国则无之。然不知起义以来,公家事业多付废缺,官署新设,军队环布,筹置整理,需款浩繁,将来所借巨款,能否即用于生产之一途,尚未可知,而担负抵押,国家负累已深,则较之空言拒债,而不别筹善后方法,坐视衰败者,其弊将无不同。故贸贸然徒言拒债者,因噎废食之见也。断断然侈言借债者,食饵吞钩之为也。两者均未见其可。兴旰横时局,统筹国计,终夜旁皇,靡知所措。顾深念权借外债,原属万不得已,若恃为唯一方法,而其危险将至债额日高,债息日多,债权日重,抵押从此益穷,监督财政之举,且应时以起。二十年来,忠义奋发之士,所以奔走呼号于海内外,糜顶捐躯,不稍稍退却者,徒以救国故,徒以保种故,徒以脱奴籍而求自由故。乃一旦幸告成功,因借债以陷入危境,致使艰难缔造之民国,沦为埃及,此则兴血涌心涛所不忍孤注一掷者也。夫国家者,吾人民之国家,与其将来殉债而致亡,无宁此时毁家而纾难。况家未至毁,而可以救国不亡,亦何戚而不为?则惟有劝募国民捐,以减少外债之输入乎。吾国人数,约计四万万,其中一贫如洗者,与夫遍地灾黎,固无余力可以捐助国款。而中人以上之产,即可人以银币一元为率。最富者更可以累进法行之。所得较多者亦可以所得税法征之。逆计收入裒多益寡,当不下四万万元。于特别劝募之中,仍寓公平征收之意。在贫者不致同受牵累,在富者特著义声而仍不失为富。且捐率有定,可免藉端苛扰之虞,而国家骤得此巨款,以资接济,俾可移新借外债,尽投入生产事业。后来工作繁兴,利源充裕,以公经济之发达,调和社会私经济,贫者可因以生活,富者经营实业,可由国家提挈或补助之,而前

此外债更易偿还，岂非两得之道乎。使果全恃外资挹注，则初次所借巨款，只可供革命后之收束，既如前所述，而生产资本更待外求，纵有赢余，无论误时已久，即补前次积欠犹恐不足，复至债台愈高，上下交困，仓皇束手之际，仍不能不取求于吾民。彼时虽竭泽而渔，国已不可救药，行见沦胥以亡耳。此筹国者不可不早计也。兴岂不知今日民生多半凋瘵，而故倡此不韪之论。诚以两弊相衡，宜取其轻，大局至危，惟呼将伯。天下往往有至苦之言，听者狃于闻见，不加谅察，遽相诘难，以是智者多塞口，致误事机者屡矣。昔普法战争，法认赔普款二十万万，其人民土地，少于我何止十数倍计？而负此巨款，一呼捐集，卒成强国，诚晓然于计学公例，利公即所以利私。兴又安敢臆测吾国人爱国之心，竟不如法？失此不言，后恐噬脐。且兴亦欲使吾国人知此次共和建设，皆出自国民至痛苦之膏血，允宜廓清积弊，慎重用途，以此铢积寸累之金钱，造成最璀璨庄严之民国，为亿万年留一大纪念耳。若大富者平居宴游之费，车马之需，辄耗弃巨赀，何止十户中人之赋？则更不过略加节啬已足供此。矧革命为何等事，死者肝脑涂中原，白骨转丘壑，吾辈幸存，保邦之责，非异人任，区区之款，复何足云？言念及此，心怀增恸。爱国之士，能不凄然。此尤兴所不敢不痛哭流涕以言之者也。惟是事属捐助，原非正供，如何收集之法，尤当博采众见，切实研究，务期劝导人民共喻此旨，而黠者不得缘以为奸，斯为善耳。所赖政学军商农工各界诸君子，共矢热诚，持以毅力，早为提倡，其庶几有济乎。兴自愧庸才，救时乏术，临风洒涕，不知所云，惟垂鉴而采择之是幸。黄兴叩。艳。

湖南省社会科学院编《黄兴集》，中华书局 1981 年版，第 170～172 页

耿毅《辛亥革命广西援鄂回忆录》：

熊希龄就任财政总长，即在上海借比利时款三百万元。袁（世凯）闻借款容易，立令熊活动大大借款。黄兴反对，主张举办国民捐。袁云南方富庶可以倡办，北方贫瘠不能不借外债，即请黄筹办国民捐为发留守府所辖军队的粮饷。黄由于自己所出主张，只好进行，可是应者很少，军饷无法维持。

中国社会科学院近代史研究所史料编译组编辑《辛亥革命资料》，中华书局 1961 年版，第 484 页

△ 孙中山答复香港电报公司代表关于借外债的问题。

1912 年 5 月 1 日《民立报》载《孙前总统借款谭》：

香港电报公司之代表于前日至广州谒见孙中山先生，先生谓之曰："倘四国利用中国现今财政困难而阻中国之进步，则国人必将发愤自助，设法在国中募集公债，以济目前之急。盖中国非困穷，惟筹款之机关不完备耳。"

4 月 30 日（三月十四日） 国务总理唐绍仪借华比银行款遭四国财团反对，今首次与四国银行团磋商借款事宜。

1912 年 5 月 2 日《民立报》西报译电：

唐总理与四国银行团自三月会议后，今日（四月三十日）为第一次开会，重开谈判，无甚结果。

1912 年 5 月 1 日《民立报》载《大借款交涉之真相》：

北京特派员函：外人要求监理财政，否则停付借款，其原因系由借比款而起。盖英、德公使极不以中国用比款而然也。自唐总理入京，美公使出为调停，令唐赴各使馆道歉，唐遂于二十三日下午拜谒英、德、美、法四公使，声明借用比款并无押抵，于四国权利毫无损失，不得

为之失信约。惟事前因需款孔急,未能关照,不免冒昧。……

又一函云:日前唐总理与四国公使开谈判一节情形如下:唐总理见四国公使时,仍声明此次中国向比国借款,纯系为目前之急,只希图其交款敏捷,此外并无半点信用失堕之处,贵代表等以此为眉目不清,实在太不原谅局中人苦楚,至于本政府之财政方针,熊希龄总长就职以前,必当有正式宣示。今对于各代表之抗议,除声明此次比款问题之原委,俾两方早释其疑团外,更复道歉云云。

1912年4月27日《民立报》载《资本团之大警告》:

探悉比款原议草合同系从一百万磅起,至一千万磅止。头一批一百数十万磅已陆续交付,惟剩十余万两未交,因外国资本团调查由唐总理携去之五百余万两用途暧昧不明,群起反对,故第一批之尾数即停止未付。并宣言:中国各处军队扰乱分子太多,带兵者毫不能约束,各国万不能再借巨款。且此种扰乱分子不除,外人损失甚大,故我辈愿以赞成倾覆清政府之初志,再赞成中国政府剿灭乱兵。如北京政府果能确定方针,无论用款多少,愿为担任。否则中国既无镇压内乱之能力,当请求本国政府出兵代为平乱。即先由某国就近派两师团,分途驻扎,一有警动即行用武云云。近日所传监督财政一节,即由此种宣言生出。又资本团前拟俟唐总理到京,令渠将所用之五百余万两,开一详细报告云。后由唐约期与四国公使会晤,解释误会,此事已可作罢矣。

1912年4月28日《民立报》载《借款问题之纠葛》(上海公论西报社论):

借款事之扰乱,较前益甚,两党争点,三数日前似可望融化,然而六国团毅然诘问,欲唐总理负荆请罪,或欲令其幡然辞职,遂使两方磋议无可转圜。……唐与银行团所争之点甚微,唐曰"此误会也",六国团曰"我权力所及,目光所照,无地不被,何得误会?蹈误会之病者惟汝。不独误会,且失信"。其意盖欲令中原政府俯首贴耳,躬自引咎,甘居柔懦庸碌之名,而后肯交纳借项。借项交纳之际,又必保持垄断。故曰比公司贷款条约必作为废纸。甚且用其势力运动政府,使以承认民国为缓图其计,良狡矣。盖承认而后,民国政府固可自由商借,惟值国基未固,政府若有若无之顷,方可以要挟行事,谋实进垄断之方针,从而释之曰:此垄断之举,足以为六国团保障预防异日反动革命。抑亦知未受承认之政府在国际上并无价值,其担保本无实力,反动革命起,即可以销除其担保。若既承认之后,则其约章,其借贷均必为继受承认者所不能漠视。故六国团实宜促进承认以求交际上之便利。……不独此也,民国需财孔急,款项一日不集,则政纲一日不能理,商业一日不能振,军队一日不能解遣,民心一日不能安堵。六国团固执不移,必压抑民国,耻辱民国而后已。民国不肯降心相从,两方相持悬而不断,理财界将大受其影响,全局瓦解,军事骚然。方斯时也,更有在焉起而责民国政府之荼弱,罪己也轻,罪人也重,吾不知其可矣。

△ **是月下旬,孙中山为北京报纸诬其"私攫比款"事复电朱芾煌。**

《孙中山致朱芾煌等电》:

自民国成立,由文经手借海外华侨□□百余万,其债□同盟会会员,今国内有同盟会改立政党之议,各债主多愿报效,此捐助同盟会三十万之所由来也。但政府尚未还款,而此三十万亦未交付。此外尚有民国政府未立之前,屡次起兵□□外而声明属于借款,许以成功后几倍偿还者,亦在百数十万之数,有债券收条发出,行将详核开列,呈请民国政府偿还。由此观之,政府尚负同盟会巨债,焉有同盟会受惠于政府之事,私攫比款,尤为无稽。该报造谣,本不值辩,既承兄等垂询,谨此奉复。弟见近日人心卑劣,惟利是趋,厌世之心不禁大发,毁

誉之来早已度外置之矣！孙文。（广州发）

黄彦、李伯新编著《孙中山藏档选编》，中华书局1986年版，第624~625页

附《朱芾煌致中国同盟会本部电》：

上海大马路中国同盟会总机关部鉴：霰电悉。今日向《中国日报》经理陆君诘问比款证据，据云并无实证，若孙先生能将此款来历宣布，渠可更正，否则静俟法堂裁判等语。望转达孙先生。朱芾煌。廿一。（北京发）

黄彦、李伯新编《孙中山藏档选编》，中华书局1986年版，第624页

△ 是月，孙中山为辞职事通告粤中父老。

孙中山《通告粤中父老昆弟书》：

在昔满人专制，国是日非，吾人感外界之激刺，惧中国之沦亡，奔走呼号，流离转徙，图谋改革，越十余年，屡经失败。迨武汉兴师，各省响应，复历几许艰难，糜几许血汗，乃幸而告成。方今南北统一，大局粗安，正吾人破坏告终，建设图始之时也。

就吾粤言，上年光复，兵不血刃，市不易廛，举动文明，中外称许。因民军云集，冲突频闻，复有王和顺辈者，包藏祸心，图谋不轨，以致行者戒途，居难安枕，此等状态，邦人诸友当能念之。幸而一举扑灭，于是得所藉手，以次第遣散民军，粤局于焉敉平，商民于焉复业，此亦见天不助逆，相我粤人，使吾人得以着手办事之良好机会也。

鄙人当返粤时，目睹夫城市依然，人民无恙，吾粤气象有日新之机，方以为慰。乃风闻有不逞无赖之徒，妄借扶正同盟会为名，及推举某某人为首领，散布谣言，谓将起第二次革命。此种无稽之言本不是[足]道，惟察其原因，此等风说，实由两种人而起：其一，则无意识之人也，误会平权自由之说，以为革命功成，吾辈可以逾闲荡检，为所欲为，迨见政府偶加限制，不能任意胡行，于是互相诋毁，希冀一旦有事，得于扰攘之际，复行其鬼蜮之私，此一因也。其一，则不得志之人也，当反正之初，淑慝未明，贤愚并进，如黄世颂者流，遂得恣肆于一时。迨军务渐平，是非大定，彼辈遂不得逞，乃从而多方煽惑，结党营私，冀人售其欺，而彼亦得于中取利，此又一因也。大约近日造谣之人，不出此两种。夫无意识而造谣者愚也，不得志而造谣者妄也。以非愚则妄之人，而作行险侥幸之事，欲望有成，殆无是理。且民国成立，实由多数志士牲牺[牺牲]生命财产构造而成，断非一二希荣谋利之徒，瞎进盲从之辈，行同盗贼，志图利禄者，所可同日而语。试更以革命二字论，具有真理，何等神圣。共和之国，只有改良政治之事，更无二次革命之可言。为此说者，其人之不学无术已可概见，稍有识者，必不受其愚。此鄙人深愿我父老兄弟，毋轻信此等乱言也。

虽然，尤有说者，鄙人抱三民主义，此次辞识[职]归来，实有无穷之希望于吾粤。思以我粤为一模范省，诚以我粤之地位之财力，与夫商情之洽固，民智之开通，使移其嚣张躁妄之陋习，好勇斗狠之浇风，萃其心思才力于一途，以振兴实业，谋国富强，不出数年，知必有效。若此而不思，日以谬妄觊觎之心，为犯上作乱之事，使商务凋残，民生疲敝而已，亦何赖焉？且多行不义，终必自毙，纵幸逃乎法网，亦不齿于乡评，彼即不为大局计，可不为一己计耶！是诚何心而乃忍为此？此鄙人所以复愿父诫其子，兄勉其弟，勿效此暴乱之行为也。

方今之时，外人尚未承认民国，则窥伺堪虞，满人或私结宗社，则隐忧未已。凡我同志，务宜万众一心，维持粤局，即所以保安全局，使他日民国史上，我粤得大光荣，此则鄙人所昕夕期之而馨香以祝者也。特此通告，其各鉴诸。

中国社会科学院近代史研究所等编《孙中山全集》第2卷，中华书局1982年版，第351~352页

△ **教育部部长蔡元培对民国的教育方针提出个人见解。**

蔡元培《关于教育方针之意见》:

近日在教育部与诸同人新草学校法令,以为征集高等教育会议之预备,颇承同志饷以说论。顾关于教育方针者殊寡,辄先述鄙见以为喤引,幸海内教育家是正之。

教育有二大别:曰隶属于政治者;曰超乎政治者。专制时代(兼立宪而含专制性质者言之),教育家循政府之方针以标准教育,常为纯粹之隶属政治者。共和时代,教育家得立于人民之地位以定标准,乃得有超轶政治之教育。清之季世,隶属政治之教育,腾于教育家之口者,曰军国民教育。夫军国民教育者,与社会主义僢驰,在他国已有道消之兆。然在我国则强邻交逼,亟图自卫,而历年丧失之国权,非凭借武力,势难恢复。且军人革命以后,难保无军人执政之一时期,非行举国皆兵之制,将使军人社会,永为全国中特别之阶级,而无以平均其势力。则如所谓军国民教育者,诚今日所不能不采者也。

虽然,今之世界所恃以竞争者,不仅在武力,而尤在财力。且武力之半,亦由财力而孳乱。于是有第二之隶属政治者,曰实利主义之教育,以人民生计为普通教育之中坚。其主张最力者,至以普通学术,悉寓于树艺、烹饪、裁缝及金、木、土工之中。此其说创于美洲,而近亦盛行于欧陆。我国地宝不发,实业界之组织尚幼稚,人民失业者至多,而国甚贫,实利主义之教育,固亦当务之急者也。

是二者,所谓强兵富国之主义也。顾兵可强也,然或溢而为私斗,为侵略,则奈何?国可富也,然或不免知欺愚,强欺弱,而演贫富悬绝,资本家与劳动家血战之惨剧,则奈何?曰教之以公民道德。何谓公民道德?曰法兰西之革命也,所标揭者,曰自由、平等、亲爱。道德之要旨,尽于是矣。孔子曰,匹夫不可夺志。孟子曰,大丈夫者,富贵不能淫,贫贱不能移,威武不能屈。自由之谓也。古者盖谓之义。孔子曰,己所不欲,勿施于人。子贡曰,我不欲人之加诸我也,吾亦欲毋加诸人。礼记大学曰,所恶于前,毋以先后;所恶于后,毋以从前;所恶于右,毋以交于左;所恶于左,毋以交于右。平等之谓也。古者盖谓之恕。自由者,就主观而言之也。然我欲自由,则亦当尊人之自由,故通于客观。平等者,就客观而言之也。然我不以不平等遇人,则亦不容人之以不平等遇我,故通于主观。二者相对而实相成,要皆由消极一方面言之。苟不进之以积极之道德,则夫吾同胞中,固有因生禀之不齐,境遇之所迫,企自由而不遂,求与人平等而不能者。将一切恝置之,而所谓自由若平等之量,仍不能无缺陷。孟子曰,鳏寡孤独,天下之穷民而无告者也。张子曰,凡天下疲癃残疾茕独鳏寡,皆吾兄弟之颠连而无告者也。禹思天下有溺者,由己溺之。稷思天下有饥者,由己饥之。伊尹思天下之人,匹夫匹妇有不与被尧舜之泽者,若己推而纳之沟中。孔子曰,己欲立而立人,己欲达而达人。亲爱之谓也。古者盖谓之仁。三者诚一切道德之根源,而公民道德教育之所有事者也。

教育而至于公民道德,宜若可为最终之鹄的矣。曰,未也。公民道德之教育,犹未能超轶乎政治者也。世所谓最良政治者,不外乎以最大多数之最大幸福为鹄的。最大多数者,积最少数之一人成者也。一人之幸福,丰衣足食也,无灾无害也,不外乎现世之幸福。积一人幸福而为最大多数,其鹄的犹是。立法部之所评议,行政部之所执行,司法部之所保护,如是而已矣。即进而达礼运之所谓大道为公,社会主义家之所谓未来之黄金时代,人各尽所能,而各得其所需要,要亦不外乎现世之幸福。盖政治之鹄的,如是而已矣。一切隶属政治之教育,充其量亦如是而已矣。

虽然,人不能有生而无死。现世之幸福,临死而消灭。人而仅仅以临死消灭之幸福为鹄的,则所谓人生者有何等价值乎?国不能有存而无亡,世界不能有成而无毁,全国之民,全世界之人类,世世相传,以此不能不消灭之幸福为鹄的,则所谓国民若人类者,有何等价值乎?且如是,则就一人而言之,杀身成仁也,舍生取义也,舍己而为群也,有何等意义乎?就一社会而言之,与我以自由乎,否则与我以死,争一民族之自由,不至沥全民族最后之一滴血不已,不至全国为一大冢不已,有何等意义乎?且人既无一死生破利害之观念,则必无冒险之精神,无远大之计划,见小利,急近功,则又能保其不为失节堕行身败名裂之人乎?彦曰,当局者迷,旁观者清。非有出世间之思想者,不能善处世间事,吾人即仅仅以现世幸福为鹄的,犹不可无超轶现世之观念,况鹄的不止于此者乎?

以现世幸福为鹄的者,政治家也,教育家则否。盖世界有二方面,如一纸之有表里,一为现象,一为实体。现象世界之事为政治,故以造成现世幸福为鹄的;实体世界之事为宗教,故以摆脱现世幸福为作用。而教育者,则立于现象世界,而有事于实体世界者也。故以实体世界之观念为其究竟之大目的,而以现象世界之幸福为其达于实体观念之作用。

然则现象世界与实体世界之区别何在耶?曰,前者相对,而后者绝对;前者范围于因果律,而后者超轶乎因果律;前者与空间时间有不可离之关系,而后者无空间时间之可言;前者可以经验,而后者全恃直观。故实体世界者,不可名言者也。然而既以是为观念之一种矣,则不得不强为之名,是以或谓之道,或谓之太极,或谓之神,或谓之黑暗之意识,或谓之无识之意志。其名可以万殊,而观念则一。虽哲学之流派不同,宗教之仪式不同,而其所到达之最高观念皆如是(最浅薄之唯物论哲学,及最幼稚之宗教祈长生求福利者,不在此例)。

然则教育家何以不结合于宗教,而必以现象世界之幸福为作用?曰,世固有厌世派之宗教若哲学,以提撕实体世界观念之故,而排斥现象世界。因以现象世界之文明为罪恶之源,而一切排斥之者。吾以不然。现象实体,仅一世界之两方面,非截然为互相冲突之两世界。吾人之感觉,既托于现象世界,则所谓实者,即在现象之中,而非必灭乙而后生甲。其现象世界间所以为实体世界之障碍者,不外二种意识:一、人我之差别,二、幸福之营求是也。人以自卫力不平等而生强弱,人以自存力不平等而生贫富。有强弱贫富,而彼我差别之意识起。弱者贫者,苦于幸福之不足,而营求之意识起。有人我,则于现象中有种种之界划,而与实体违。有营求则当其未遂,为无已之苦痛。及其既遂,为过量之要索。循环于现象之中,而与实体隔。能剂其平,则肉体之享受,纯任自然,而意识界之营求泯,人我之见亦化。合现象世界各别之意识为浑同,而得与实体吻合焉。故现世幸福,为不幸福之人类到达于实体世界之一种作用,盖无可疑者。军国民、实利两主义,所以补自卫自存之力之不足。道德教育,则所以使之互相卫互相存,皆所以泯营求而忘人我者也。由是而进以提撕实体观念之教育。

提撕实体观念之方法如何?曰消极方面,使对于现象世界无厌弃而亦无执著;积极方面,使对于实体世界非常渴慕而渐进于领悟。循思想自由言论自由之公例,不以一流派之哲学一宗门之教义梏其心,而惟时时悬一无方体无始终之世界观以为鹄。如是之教育,吾无以名之,名之曰"世界观教育"。

虽然世界观教育,非可以旦旦而聒之也,且其与现象世界之关系,又非可以枯高[槁]单简之言说袭而取之也。然则何道之由?【曰】美感之教育。美感者,合美丽与尊严而言之,介乎现象世界与实体世界之间而为津梁。此为康德所创造,而嗣后哲学家未有反对之者也。在现象世界,凡人皆有爱恶惊惧喜怒悲乐之情,随离合生死祸福利害之现象而流转。至美术则即以此等现象为资料,而能使对之者,自美感以外,一无杂念。例如采莲煮豆,饮食之事也,而一入诗歌则别成兴趣。火山赤舌,大风破舟,可骇可怖之景也,而一入图画则转堪展玩。是则对于现象世界,无厌弃而亦无执著也。人既脱离一切现象世界相对之感情,而为浑然之美感,则即所谓与造物为友,而已接触于实体世界之观念矣。故教育家欲由现象世界而引以到达于实体世界之观念,不可不用美感之教育。

五者,皆今日之教育所不可偏废者也。军国民主义、实利主义、德育主义三者,为隶属于政治之教育(吾国古代之道德教育,则间有兼涉世界观者,当分别论之)。世界观、美育主义二者,为超轶政治之教育。

以中国古代之教育证之,虞之时,夔典乐而教胄子以九德,德育与美育之教育也。周官以卿三物教万民,六德六行,德育也;六艺之射御,军国民主义也;书数,实利主义也。礼为德育,而乐为美育。以西洋之教育证之,希腊人之教育为体操与美术,即军国民主义与美育也;欧洲近世教育家,如海尔巴脱氏纯持美育主义;今日美洲之杜威派,则纯持实利主义者也。

以心理学各方面衡之,军国民主义毗于意志,实利主义毗于知识,德育兼意志、情感二方面,美育毗于情感,而世界观则统三者而一之。

以教育界之分言三育者衡之,军国民主义为体育,实利主义为智育,公民道德及美育皆毗于德育,而世界观则统三者而一之。

以教育家之方法衡之,军国民主义、世界观、美育皆为形式主义,实利主义为实质主义,德育则二者兼之。

譬之人身:军国民主义者,筋骨也,用以自卫;实利主义者,胃肠也,用以营养;公民道德者,呼吸循环机也,周贯全体;美育者,神经系也,所以传导;世界观者,心理作用也,附丽于神经系,而无迹象之可求。此即五者不可偏废之理也。

本此五主义而分配于各教科,则视各教科性质之不同,而各主义所占之分数亦随之而异。国语国文之形式,其依准文法者属于实利,而依准美词学者,属于美感。其内容则军国民主义当占百分之十,实利主义当占其四十,德育当占其二十,美育当占其二十五,而世界观则占其五。

修身,德育也,而以美育及世界观参之。

历史、地理,实利主义也。其所叙述,得并存各主义。历史之英雄,地理之险要及战绩,军国民主义也;记美术家及美术沿革,写各地风景及所出美术品,美育也;记圣贤,述风俗,德育也。因历史之有时期,而推之于无终始;因地理之有涯涘,而推之于无方体;及夫烈士、哲人、宗教家之故事及遗迹,皆可以为世界观之导线也。

算学,实利主义也,而数为纯然抽象者。希腊哲人毕达哥拉士以数为万物之原,是亦世界观之一方面;而几何学各种线体,可以资美育。

物理化学,实利主义也。原子电子,小莫能破,爱耐而几(Energy),范围万有,而莫知其所由来,莫穷其所究竟,皆世界观之导线也;视官听官之所触,可以资美感者尤多。

博物学,在应用一方面,为实利主义,而在观感一方面多为美感。研究进化之阶段可以养道德,体验造物之万能,可以导世界观。

图画,美育也,而其内容得包含各种主义。如实物画之于实利主义,历史画之于德育是也。其至美丽至尊严之对象,则可以得世界观。

唱歌,美育也,而其内容亦可以包含种种主义。

手工,实利主义也,亦可以兴美感。

游戏,美育也;兵式体操,军国民主义也;普通体操,则兼美育与军国民主义二者。

上之所著,仅具崋较,神而明之,在心知其意者。

满清时代有所谓钦定教育宗旨者,曰忠君,曰尊孔,曰尚公,曰尚武,曰尚实。忠君与共和政体不合，尊孔与信教自由相违（孔子之学术，与后世所谓儒教、孔教当分别论之。嗣后教育界何以处孔子，及何以处孔教，当特别讨论之，兹不赘），可以不论。尚武，即军国民主义也。尚实，即实利主义也。尚公，与吾所谓公民道德，其范围或不免有广狭之异，而要为同意。惟世界观及美育，则为彼所不道，而鄙人尤所注重，故特疏通而证明之，以质于当代教育家，幸教育家平心而讨论焉。

中国第二历史档案馆编《中华民国史档案资料汇编》第3辑，教育，江苏古籍出版社1991年版，第16～22页

编者按：此文件提出时间依《东方杂志》记载为1912年4月。

△ 教育部提议：将内务部官制礼教司移入教育部。

《议以内务部官制之礼教司移入教育部案》：

宗教为国民精神界之事，占社会教育之一大部分，故欧洲各国间有名文部为宗教及教育部者。礼俗所含之分子亦多隶于宗教，二者皆教育之事也。宪法公例有信仰自由，谓国民信仰何教，一任自由，政府不加干与[预]，非谓宗教范围以内举非政令之所及也。我国宗教至为复杂，国民对于宗教之观念尤为朦混。如相承儒教、道教云云者，率以种种妄诞鄙陋之事，淆杂其间，于宗教之本旨实相刺谬。至于礼俗，不今不古，非中非西，尤有不合于共和时代者，使不为之厘订，以与各种教育界之设施互相因应，则其为教育前途之阻力势必至巨。在内务部本以维持秩序，保障治安为专责，对于礼教一门，即不立专司，而于其妨治安破秩序之事，可以警政司干涉之。至改良内容，别择良措，则虽立专司，而亦无从措手。何则，内务部之权限固如此也。在教育部则不掌礼教，而教育之业遂生种种窒碍。业于国务院会议时提议以礼教事项由内务部移入教育部，经内务部总长及总理、各部总长赞同。奚请修改内务部及教育部官制条文如左：

（一）于内务部官制第一条删“宗教礼俗”四字，而于教育部官制第一条增此四字。

（二）于内务部官制第三条删“礼教司”三字，而移其第八条所列各事项于教育部之第七条。

中国第二历史档案馆编《中华民国史档案资料汇编》第3辑，教育，江苏古籍出版社1991年版，第11～12页

编者按：该文件提出时间标示为1912年。暂列入四月内。

5月1日（三月十五日） 北京临时参议院改选正副议长，吴景濂当选为议长，汤化龙当选为副议长。

1912年5月2日《民立报》北京电报：

今日下午一时，参议院开改选正副议长会，议员出席者共七十六人。开会时，宣布秘密，禁止旁听。选举结果：正议长为吴景濂，吴系统一共和党员，得票四十六；副议长为汤化龙，汤系旧立宪党员，得票二十七；其次多数为张耀曾，张系同盟会会员，得票二十六，只欠一票未当选。闻系由共和统一党与旧立宪党暗相提携所致。

《参议院咨大总统改选议长、副议长文》：

四月三十号林议长森提出辞职书，内称：森于四月四号在南京已提出辞职书，经本院覆函，略称：本院即须北迁，各事均待维持，仍请执事任职等语。是以暂行继续任职，现在本院已迁到北京开议，各地方选参议员到院亦已及法定之数，议长一职自应改选，谨再提出辞职书，请即日改选等语，经本院决议认可。又本院王副议长正廷现就工商次长之职，副议长亦当然改选，经于五月一号下午一时开正式选举会，出席议员七十六人。按临时约法第二十四条之规定，用记名投票法互选，吴景濂得四十六票，当选为议长；汤化龙得二十七票，当选为

副议长。此咨。

1912年5月份《政府公报》,公文,第5号

△ **袁世凯颁布各地调用军舰条例。**

1912年5月4日《民立报》载《总统命令》:

初一日临时大总统命令:本大总统据临时约法第三十一条,制定各地方调用军舰条例,兹公布之。此令。

第一条　各地方如有重要事故,需用军舰,须经海军部或总左、右司令核定指派。

第二条　各地方因何事需船,须预为声明,以便视其事之性质分别派遣,始免贻误。

第三条　军舰派赴各地方防守,其更番接替,或调集会操,均有章程,由驻沪总司令依序施行,各地方官不得以某舰派驻该处,任便请留,或令出差,致碍军政。

第四条　军舰开往各地方弹压或剿匪,非奉有司令之命,不得擅行开炮;惟遇有紧急之事,不及通电请示者,须由地方长官商诸舰长相机办理,仍一面将事由通报海军部或总左、右各司令复核。

第五条　各地方如突遇紧急警变,不及电请海军部或左、右各司令,可由该地方长官经商驻泊该地之司令,或队长、舰长,接洽一切机宜,仍一面将事由通电报告海军部及总左、右司令,以便筹备后援。

第六条　各地方调用军舰,其行动时刻,须有司令官或舰长主持。缘风雾之险阻,潮汐之涨落,须具有经验,方免蹈于危机。

第七条　军舰非奉有海军部或总左、右司令之命令,不得擅许他人搭船。

第八条　舰长有管理全舰之责,凡因公附船者,无论何级官长,不得任便号令,设有违背船规,该舰长有禁阻之权。

第九条　军舰不得装运兵勇及拖带船只。

第十条　军舰非经海军部特许,不任迎送,至载运家眷之陋习,永为革除。

△ **北京军界统一会决议取消,并发通电。**

1912年5月1日《民立报》北京电报:

军界统一会因南方各军队、王芝祥军统等屡电力争,黄留守黎副总统亦电请取消,今日下午开会决解散,即分电各省都督。

1912年5月2日《民立报》载《军界统一会决议取消》:

黎副总统、黄留守、各都督、各司令、各团体、各报馆公鉴:概自军兴以后,兵制纷歧,省自为界,军自为域,徒存畛域,公私莫睹统一之实,言念前途,辄用痛苦。本会不谅,集合各处代表各就本省本军情形,条陈意见,商榷办法,冀以融洽情感,疏通界域,俾中央政府命令可以畅行,各处军队逐渐统一,区区此心当蒙鉴谅。发议以来,遍蒙赞许,各省各军纷派代表,会期三阅月,章程廿八条,均经决议通告在案。乃正式开会仅仅匝月,南京王军统芝祥等发电劝告取消,当业经电奉覆,计得公览。旋接南京黄留守等电,亦主取消,黎副总统首撤鄂省代表为天下倡。伏念本会私人集议,既非法定机关,本无统系可言,不过效野老之献曝,为从帝之协助。黎副总统老成谋国,黄留守精心毅力,均为军界泰斗,既称军界统一,似已确有把握,本会复何敢越俎代谋?谨遵来命,即日解散。但愿此后军界同袍,各除私见,力图统一。黎、黄二公,军界所重,尤愿极力维持,克竟本会未竟之志,此则同人等所馨香祝祷者也。至

代表等系被派遣之人，自无未经遣派者之许可自行取消之理，但事有专责，当轴诸公，既以本会之存在，自虑政令之纷歧，复何敢妄事盘据，致累我都督、我司令知人之明？用敢不揣冒昧，竟议解散，尚祈鉴谅是幸。军界统一会四十处代表全体同叩。

耿毅《辛亥广西援鄂回忆录》：

这个军界统一会是袁世凯教段祺瑞主办的，专为牢笼羁縻当时各省的若干革命头目和军界有力人物而设的，工作人员还是原军谘府的一般人，会址设在煤碴胡同前清的贵胄学堂，招待之优，诚所罕见。

中国社会科学院近代史研究所史料编译组编《辛亥革命资料》，中华书局1961年版，第484页

附《段祺瑞为发起组织军界统一会致袁世凯呈》：

军界统一会会长段祺瑞为呈请事：窃维军兴以后，兵数骤增。各省自练军队以外，复有他省军队驻扎。名目繁多，军籍互异，管辖既殊，号令不一。时因意见之歧，致启萧墙之衅。且以客军数万云集一方，物力维艰，民情困苦，风俗习惯，在在歧违，众情疑惧，商贾不兴，常此不改，后患何堪。本会以筹画军事善后为宗旨。兹经全体代表决议，拟请大总统迅速电饬各处，速将驻扎他省军队一律调回原籍。先清根本，然后徐谋善后，以图进行。嗣是以后，全国无论何处只准遣散，不得再行添招兵队，以为统一入手办法，是否有当，迅乞大总统核定施行。须至呈者。右呈　临时大总统袁　军界统一会。

中国第二历史档案馆《中华民国档案史资料汇编》第3辑，政治，江苏古籍出版社1991年版，第748～749页

△ **银行团致函行政部，重议借款及商订用途。**

银行团致财政部函稿（译文）（5月1日）：

论及大总统及汇丰、德华、汇理、美国银行团各代表，于三月九日交换函件，关于中国借款一事，现奉英、法、德、美各国公使传知，已得中国政府答复，与比国借债问题，业经如愿解决，中国政府并认三月九日函件为有效。

本银行团因此奉各公使命，重议借款事。现正预备下文所开款项，以应目前急需。至中国六星期内所需之大宗款项暨六月十五日以后所需款项，俟得总行训条再议，或按国库债券垫付，或将中国建设费借款之债票发售。

关于此项一切办法，俄亚、正金两银行，各代表本国资本家，得中国政府同意加入，各占全数六分之一。

与日、俄银行家协议完结后，应将对于已交未交垫款之各项条件，订立正式合同，由中国政府与六国代表两方签押。现在本银行团已预备规银一百五十万两，于本月六日在上海交付，听中国支用。本月十日再备规银二百万两听支，由中央政府应任命之代表，发给收据正副二张。兑换金磅价目，按照交款日期，由上海各银行核之。

现经约定此项垫款总数，上海现银三百五十万两，须以国库金磅债券，按交银日金价照数填写。此项债券，关于抵押暨其他条件，俱仿照三月九日函件所指垫款，一律办理。

此项垫款系为南京、上海两处遣散军队之用，中国政府应迅速选派军官一人或数人，并由各使馆选派外国军官一人或数人，偕往南京或上海，会同地方军政府，发付饷银，遣散军队。

发饷及遣散兵队，俱由上条所指军官等亲临监视，并须呈交付饷清单。

前项暂时办法，系专为目前急需而设。至于下次支取垫款，财政部须开具清单，此款开消何用，并即刻请银行选聘外国精通核算一人，为各银行代表，由银行支给薪水，隶于财政部。该部并选华洋帮手数人，助伊办理，由部支给薪水。但所选各员，须得核算人之同意。

核算之职,在支取垫款亲自签名,分期造册报告银行,并扶助财政部,改良核算办法。

陆军部应会同各该使馆所派武员,组织一委员会。所有遣散军队及发给军饷所需款项,拟由核算员承该委员会之命令办理。该委员会之经费,即由垫款内支付,并须遣派中外武员一人或一人以上,作为该会之代表,前往驻扎重兵各处,将支领军饷或拟行遣散之军队,报告该会。此等报告,应与北京陆军部所送该会之报告,互相核对。

遣散军队时,应先由委员会将该军队之人数及应付饷项,知照核算员,准伊签字支款,并须先期知照武员代表,予以发饷清单。

凡拟行遣散之军队,其承领饷项,缴还军械戎装,均须由武员代表监视。至于不拟遣散之军队,如其饷项由垫款内支出者,应由委员会订定相当章程,俾得按时发饷无误。

至于文官薪俸、行政经费,应先将所需款项之大略,先行刊登公报,再由理财部将详细说帖、付款清单,交与核算员,使其签字,支取应需款项。所有该项详细说帖及付款清单,亦须刊登公报。设有浪费或不实不尽之条目,一经核算员向财政部指出,财政总长应即查办。

垫款用项,前条未曾指明者,应由财政部与各银行商订特别条件,仍由核算员监督。

盐厘既属此项垫款及将来垫款之抵押,中【国】政府须设法聘请外国专家,将管理征收办法从速改良。

以上条件,务祈中政府承认答复。

熊希龄复函(5月9日):

径启者:五月一号贵银行团面交节略,诵悉一切。昨经会晤贵银行团,因本国目前之急需,承允先付银陆百万两,甚谢,已将此款用途分别开单送览矣。

查节略内所论,选派外国军官监督遣散军队,及选聘精通核算之人为银行代表各节,虽征贵银行团协力扶助之至意,然其中困难情形颇觉甚多,昨已面达。兹将现在详细筹划此项用款之方法,为贵银行团详述如下:

遣散军队一节,本国大总统早已筹及,历开各级军事会议,今日又开高级军事会议,各国务员均已列席,议定正当稳妥之条件。按照此项会议条件切实进行,必能将各处应裁减之军队妥为遣散,不致有他项可虑之事。若选派外国军官会同遣散,按之目前华军情形,非徒无益,反多障碍,亦非贵银行团赞助本国之本意,另将会议所定条件附送察览。

自六月十五日至十月十五日四个月,每月需银壹千万两,为行政经费之用。本部当即会同各部切实预算,开出详细用项清单,由国务院会议决定,再付参议院通过后,送贵银行团阅看接洽。照此办法,似极周密,且北京一方面关于行政经费及军饷之需向有定数,近来亦无甚悬殊。即南京各处将应裁军队遣散之后,则各种用款亦有一定之数,按照参议院临时约法,均应预算、决算,造具细册、详表,刊登公报,以示中外。且此项册表并仿东西各文明国最新式样,及严限用途、项目不准通挪之一定章程,将来公布时,亦必赠送贵银行团一份,以备参考。如贵银行团对于此项公布账册中之借款所指用途、数目尚有怀疑之处,亦可向本部质询,本部当将关于此项册内所指借款用途之确实证据指告贵银行团,以释其疑,而昭公正。至于此后借款,兴办各种实业,自可援照成案办理,由各项主管人延聘外国专家,以为辅助。如修造铁路,则可聘用外国工程师及司账员;如整顿盐务,则可聘用外国顾问及制盐专家;办理银行,则可聘用外国银行专家为大班。以上各项,既均有外国专家身亲其中,一切收支账目均所目睹,当可昭信。总之,本国即向贵银行团借此巨款,必力筹确实可靠之办法,以保贵资本家债票之绝无危险。若知贵银行团所要求之件,全国人民必群起反对,既伤彼此之感情,且于事实亦多隔阂障碍之患。本总长前在东三省办理屯垦局务,即系四国银行团借款,彼此商定取款之时开具用途清单,交银行团代表人查照支付。本总长收款后均按照用途所指事项筹划办法,并未丝毫通挪。上年十月交代局务之时,余存之款,本总长并用正式公文陈明东省赵总督,声明此项余存之数,关系四国借款信用,无论财政如何困难,不得挪作他项。成案具在,贵银行团可向东省调查也。

今为此次借款计,似请贵银行团查照前清币制实业借款合同办法,最为稳妥。贵银行团既具协助之热心,本国尤愿交谊十分融洽,想贵银行【团】对于此种办法,亦必深表同情也。至于盐税担保及改良盐务,本总长另拟有详细办法,俟后详商贵银行团可也。此泐。顺候日祉。熊希龄,五月九号。

中国第二历史档案馆编《中华民国史档案资料汇编》第3辑,财政,江苏古籍出版社1991年版,第1008~1012页

5月2日(三月十六日)　袁世凯下令禁止地方聚众以武力胁迫议会。

1912年5月5日《民立报》载《初二日临时大总统命令》:

民国成立各地方设立议会,为该地方立法机关与司法行政机关并重,应切实拥护,免致侵权,方足以昭民国尊重立法权之意。乃近日各地方每有聚众假借名目以武力胁迫议会情事,甚至强令解散,伤害议员,种种不法,殊于民国前途大有妨碍。须知议会一经成立,苟非按照法定手续,不能取消,无论何国议会决不能。无异议之党派要在改选之时,于法律范围内用和平方法以求达其目的,断不能于议会行使职权之时,强行干涉,更不容以一部分人之私见任意要挟希图破坏。查刑律于聚众为强暴、胁迫及附和随行、助劳之刑罚定有专条,其因此犯杀伤损坏等罪,并须依俱[据]发罪处断。例禁森严,岂能玩视。兹特通令各地方官长,对于各该地方议会切实注意,如有侵扰或聚众为强暴胁迫者,立即酌派得力军警前往保护,并逮捕犯人,交司法衙门按律审办,以惩不法。此令。

5月3日(三月十七日)　教育总长蔡元培请任命文科大学学长严复署理北京大学校校长,袁世凯准其所请。

《教育部总长呈荐任大学校校长等文》:

为荐任大学校校长事:北京大学堂前奉大总统令:京师大学堂监督事务由严复暂行管理等因,业经该监督声报接任在案。窃维部务甫经接受,大学法令尚未订定颁布,北京大学既经开办,不得不筹商目前之改革,定为暂行办法。查从前北京大学堂职责,有总监督、分科监督、教务提调,各种名目、名称似欠适当,事权亦觉纷歧。北京大学堂今拟改称为北京大学校;大学堂总监督改称为大学校校长,总理校务;分科大学监督改称为分科大学学长,分掌教务;分科大学提调即行裁撤;大学校校长须由教育部于分科大学学长中荐一人任之,庶几名实相符,事权划一,学校经费亦得藉以撙节。现已由本部照会该总监督任文科大学学长,应请大总统任命该学长署理北京大学校校长。其余学科除经科并入文科外,暂仍其旧。俟大学法令颁布后,再令全国大学一体遵照办理,以求完善而归统一。谨呈。批:据呈已悉,准如所拟办理。

《政府公报》1912年5月5日,第5号,呈文

△ 国务总理唐绍仪与银行团代表开第二次借款会议,银行团以监督中国财政为借款条件,遭唐总理拒绝。

1912年5月9日《民立报》载《借款交涉之破裂》:

五国资本团(俄代表未列席)于五月三日下午二时与唐总理在北京国务院开第二次借款

会议,银行团对唐总理私借比款有失信用一层,大肆讥评,经施肇基、胡惟德、颜惠庆等极力解释,始谈到交款问题。银行团旋提出监督财政一节为交款之前提,如中国不承认监督财政,则各国款不能交。唐谓:此事国民决不承认,故不能允诺。资本团谓:贵国政府若不承认此事,我辈对于借款之用途,殊不放心,则借款一事即无可商议之处。并问总理对于监督财政之事,意见如何?唐谓:国民既不承认,我何敢擅自作主,以招全国人民之反对?商议良久,双方均坚持不让。其后,银行团谓:中国政府于此事既不承认,则借款事项,以后可不必直接与我辈资本团交涉,不若径向各公使交涉云云。语罢即散,此次之谈判遂决裂,不可挽回。

1912年5月7日《民立报》西报译电:

借款问题又生纠葛,因此阻滞。唐总理毅然决然拒绝财政顾问官,而银行团固执不稍让。唐氏云:倘银行团不肯将款听中国自由使用,彼能于他处筹款。唐之位置势难久居。唐欲表其坚持到底之意,曾云:无论如何,银行团所要求者,参议院必须拒绝之。

1912年5月10日《民立报》载《借款交涉破裂续闻》:

京函:初二日,唐总理与银行团正式之交涉终以坚持监督财政问题以致谈判决裂。据银行团所持之理由,谓中国目前现象尚属危险,所谓统一者,不过其名,其实暗中所埋伏暴烈分子甚多,谁肯以资本投入至危险之域?此时所议,虽非大宗借款,不过应付目前之用,而目前至巨之用款,第一即为军费问题。据银行团意中,与其言应用之军费,不如言裁撤军队之费用。中国军官人人皆思独立,靡有服从之真性质。甲与外国洋行私购一批军火,乙与外国洋行私购一千快枪或数十尊之机关炮,……究竟裁撤军队能否办到?唐知非允从则款不能借,遂承诺裁撤军队一事。而银行团又提出监督财政说,并云:裁撤军队之时须由外国派二三武官监督执行,然后借款可以成立。唐知此举,即亡国之徵,遂宣言不允,而谈判于是中止。

国库空虚已达极点,现确实调查,预算所存之款,北京可支持五日,南京可支持七日。4日午前,国务院开特别会议,由唐报告贷款决裂,非另设法不可。教育总长蔡曰:裁撤军队时晓以大义,令其自行归农,如不肯去则与以委任状令其投门捐纳,或以将扰乱秩序驳之。唐主张搜刮富户,资财百万者指捐四十万,约可得数千万。国务员均不赞成。……农林总长宋曰:暂时总须借款,敷衍目前,再筹至当办法。段、赵深然其说。财政部长熊亦赞成。

5月4日(三月二十八日)　孙中山出席广州报界欢迎会,并演说平均地权的具体方法。

孙中山《在广州报界欢迎会的演说》:

我党二十年来,持三民主义奔走海外,以谋中国之大革新。幸今日时机已熟,人心不死,自武汉起义,不三个月而全国底定,五族共和,民族、民权目的已达。今后欲谋国利民福,其进行之方针,惟有实行提倡民生主义。若美利坚、若法兰西为共和之先进国,在今日社会主义尚阻碍不行,何以故?则以两国之政治,操之大资本家之手。考我国革命,为五千年来未有之举,故所主张不必取法于各国,或且驾美、法而上之。惟革新伊始,在在需财,现时国家岁入,比之亡清尚少,欲救其弊,必须实行税契及平均地权之法,双方并进,事简而易行。

平均奈何,非如封建时代行井田之法也。古者,通力合作,计亩均分,不过九而取一。今日地少人稠,无论面积不能平均,即税率亦有不同。以长堤繁盛之区,与清远、花县荒僻之地较,其价值已有天渊之异。若与伦敦、纽约比,真不可同日而语矣(纽约一亩有高至六百万者,清远一亩最高不及百两者)。后此民国必以工商发达为本务,将来可望致太平,一二年后即当建设,十年八年,物质之进步,当未可量。二三十年后,不切实整顿,则地权愈不平均,将举国成一赌世界,而团[国]家愈不可闻矣。赌不必博弈也,世界最大之赌赛,莫如卖土地之投机业,如今日英属之加拿大是。世界有一公例,凡工商发达之地,其租值必日增,若香港、若上海,前一亩值百十元者,今已涨至百十万有奇。及今不平均地权,则将来实业发达之后,大资本家必争先恐后,投资于土地投机业,一二十年间,举国一致,经济界必生大恐慌。虽其间价有涨落,地有广兴[狭],资本家因而亏折,然土地有限,投机者无限,势必至有与平民以失业之痛苦之一日。嗟乎!我国数千年未尝以文明法治之,今治之,而亦既进步矣;乃一旦将社会为赌世界(即土地投机业)所累,不大可哀耶!然当此过渡时代,投机业愈盛者,其工商业必为阻滞,若实行税价法及土地收用法,则大资本家不为此项投机业,将以资本尽投资于工商,然后谋大多数之幸福之目的乃可达。税地之法,莫善于照价纳税,若纽西伦之值百抽一,若英伦敦新例抽二百四十分之一(即每磅税一边尼)。我国则查看情形,然后定税地之标准,因地价现在不平均故也。今于无可平均之中,筹一自然平均之法。其法若何?一、即照价纳税;二、即土地国有。二者相为因果,双方并进,不患其不能平均矣。照价纳税之法,浅而易行,宜令有土地之家,有田亩多少,值价若干,自行呈报,国家即准是以课其若干分之一,则无"以多报少"及"过抬地价"之弊。又土地国有之法,不必要收归国家也,若修道路、若辟市场,其所必经之田园、庐墓或所必需之地亩,即按照业户税契时之价格,国家给价而收用之。惟买卖之定例,卖者必利其价高,买者必利其价廉。业主既冀国家之收用土地,其呈报价格高,而国家之土地收入税亦因之而增长。此两方面不同,而能相需为用。准是而折衷之,则地权自无不平均矣。地权既均,资本家必舍土地投机业,以从事工商,则社会前途将有无穷之希望。盖土地之面积有限,工商之出息无限,由是而制造事业日繁,世界用途日广,国利民福,莫大乎是。否则,我辈推翻专制,因[固]为子孙谋幸福,而土地一日不平均,又受大地主、大资本家无穷之专制耳。遗害子孙,何堪设想?此则在今日宜实行民生主义之第一级也。

舆论为事实之母,报界诸君又为舆论之母,望诸君认定宗旨,造成健全一致之言论,使全国人民均晓然按价纳税及平均地权之大利,则百废无不举矣。

又欲本国工商业之发达,当收天然税,而不收人工税。人工税如亡清政府之厘金、盐税,均有害于民。天然税如耕地税、房地税,只收其价百分之一或二百分之一,于平民无痛苦也。至于换印新契,而收一次之契租[税],亦能补救目前财政之困。旧政有土地买卖印契之税,常抽百分之九;此在今日则不行,因买卖不常有,而换契则必一律通行,故当从而减轻至值百抽三或值百抽五。先由省会通过,定一标准,如今年值百抽三,明年值百抽五,又明年值百抽九之类。成法一立,业户当无不乐从,且将争先恐后。此款为收入一大宗,即为救贫之第一策。用之广东,不患不给,且足供中央之征求,而厘金杂税可免,一举而数善备。余外测绘全省详图,调查全省人口,所费之巨,亦由此出:扩而充之,则水力、发电、垦荒、开矿,均可由此进行。是则余所厚望,亦望诸君子于此加意也。

中国社会科学院近代史研究所等编《孙中山全集》第2卷,中华书局1982年版,第354~356页

△ **黎元洪电袁世凯,请速定划一官制。**

黎元洪《致袁世凯电》:

北京袁大总统、国务院、参议院、南京黄留守、各省都督、各埠报馆公鉴:政府虽幸告成,各国尚未承认,欲扶持危局,必先尊重国权;欲尊国权,必先划一官制。自东南反正,仓促更张,沿事设官,因人建署,机关林立,譬彼乱丝,流弊所趋,更仆难数。官无常格,人有强权,角长争雄,莫相为下。党厚者既席势以兼包,位卑者复抗颜而独立,斗群龙于穴隙,揣寸木于岑楼,秩序荡然,莫可究诘,一也。省无定制,事无定员,别部分曹,随心所欲,名录齐于熊耳,冠

盖密于牛毛,群情逐逐,终日营营,前减后增,朝生暮灭,棼扰孔亟,憯莫惩心,二也。军民纠结,府县纷歧,因革损益,漫无标准,各阿其党,各恤其乡,一方则溪水分流,千里则车轮异轨,迷离扑朔,莫知适从,三也。裂土分疆,省自为政,倭[峨]冠美履,采制各殊,夫东周列国,西德联邦,从风尚之不同,岂宪章之互别?纲隳罟废,蜻乱琴残,魑魅前途,罔知税驾,四也。新旧搀和,南北乖离,非燕藩之北徙,而秣陵又设分都,等周命之维新,而沫土犹沿曩制,民情惶惑,众议沸腾,刺史节度之议,则讼诸牍书,公推简任之争,则讼诸矢石,戈操共室,[illegible]击同舟,谁秉国成,铸此大错?五也。因此数端,遂生奇祸:言军政则波决尘飞,大权旁落;言司法则猩吟鬼啸,上诉无门;言民事则苛税繁兴,贪吏交作,神明之胄降为舆儓;言度支则府海自雄,债台私筑,开门揖盗,白首同归,昊天不庸,降此大戾。哀我胞与沦胥以亡,诸公亦何忍视此?窃谓临时官制,必须早日议决颁行,俾全国有所准则,然后量才授职,为事择人,道一风同,源澄流治,以此布政,何政不兴?以此交邻,何邻不服?否则补苴掇拾,日迈月徂,度量尺寸之间,衡准钱铢之事,纵无窒碍,已嫌枝节,况事变之来,未有极乎。或乃虑末流难挽,严令不行,欲以因噎废食之心,聊为藏拙度时之计,私心耿耿,窃不谓然。夫以我神州铁血,协造共和,戴总统为元首,倚国卿为股肱,托议员为喉舌,其喁喁望治之心,固久已敬爱无违,呼号交迫,壶浆箪食,非期乱也。元洪虽闇,犹知轸念民隐,服从国权,况各都督或居耆望,或倡元勋,谁无弟昆,忍此终古!伏恳我大总统、参议院、国务院将官制案迅速颁布,并乞各省极力赞成。俟命令昭垂,元洪当率鄂中全体首先奉行,以谋统一。驷驰过隙,去日苦多,其亡其亡,悬于眉睫,若藉诸公之灵,济以忠贞,加以敦促,或者彼苍犹有悔乎?临风引领,言与泪俱。元洪叩。支。

1912年5月6日《申报》

5月5日(三月十九日)　孙中山在广州与报界记者谈话:解决民生问题须从税契入手。

孙中山在广州与报界记者的谈话:

【孙先生】略谓:民生问题,须从税契入手。实行税契,似乎多取于民,其实不然。税契实行,各税可免,外债不举,息款不需。故表面虽屡增税,而内容实是减税。

朱民表曰:生计学说,固有如是之例者。

孙先生又曰:实行税契,全国每年可得四十万万,今日支出之数不过四万万。度支既足,可用于再筑铁路、开采矿山两种实业。计此两项税,二十年后亦可得四十万万。尔时国家不患其贫,且患其富。盖富而无所支销,亦甚难耳。至时乃将所入支作教育费,年八岁至二十岁者皆令入学,饮食、衣服一切供备;又支作养老费,年五十以上皆令归休,饮食衣服亦一切供备。

王秋湄曰:至此不患行政官自肥耶?

孙先生曰:议会有监理财政之权,可以稽核也。此种问题须耐心研究,甚愿报界诸君设一谈话会,讨论其事,余可以随时答问。

中国社会科学院近代史研究所等编《孙中山全集》第2卷,中华书局1982年版,第357页

5月6日(三月二十日)　熊希龄到京任职。国务总理唐绍仪函告银行团,谓财政总长熊希龄现已抵京,请银行团与熊总长另行会商借款事。

1912年5月7日《民立报》北京电报:

理财部熊总长到京后,定今日(六日)接受部务。

国务院对于贷款意见:如外人要求监督财政用途则决不承认,多赞成分借数宗小款者。

惟于六国借款亦未全示决裂。昨日唐总理函告银行团，谓财政部长熊希龄君现已抵京，请银行团与熊君另行会商实为上策云云。

5月7日(三月二十一日) 临时参议院议决国会采两院制，定名为参议院与众议院。

1912年5月13日《民立报》载《初七日参议院全院委员会记》：

是日上午九时，参议院召开全院委员会，出席者共五十四人，由委员长谷钟秀报告今日讨论国会选举法及组织大纲案。首先讨论两院制，全体一致赞成；次讨论两院之名称，多数反对用元老院及上议院名称。于是纷纷提议，张耀曾主张用评议院、议政院；李肇甫、平刚等主张用参议院、庶政院；丁世扬、杨策等主张用左议院、右议院；汤化龙、殷汝骊、王振垚、杨廷栋、金鼎勋等赞成之；又，秦端玠主张用上议院、下议院。各有理由，相持不决。主张前两说者，谓名必称实，故必慎重讨论；主张左右说者，谓只有符号以分别两院即可。又有谓张耀曾之主张，则评政院即可以评而不议，议政院既可以议而不评，其言近于滑稽；秦端玠谓左右名称不妥当，专制之时，有左右侍郎及左右丞、参种种名词，今日不宜袭用等语。而杨策诸人又力争上下名称之不当，谓民国既曰五族平等，自不能于议院中再标出阶级。彼此争辩有一点半钟之久，委员长遂提讨论终止之议。其主张用评政院、议政院者，赞成仅一人，无人表决，因此以参议院、庶议院表决，赞成者十八人，少数；又以左议院、右议院表决，赞成者二十四人，亦少数。时已十二时，委员长提议下次讨论，遂散会。

附《黎副总统论两院制》：

个电敬悉。两院制为大多数国家所采用，中国国会自宜从同。尊论极富。承商各节，就鄙见条复如下：(一)现举总统副总统，系属临时机关，即以临时约法为根据。制定宪法之权，属于国会，约法第五十四条已有明文。至召集国会为临时总统之权，国会组织及选举法，则由参议院定之，约法第五十三条，亦经规定。似尚无甚窒碍。(二)将来国会如采两院制，则鄙意上院为地方代表议员，应由各地方议会及行政长官分别选派。下院为人民代表议员，应一律由人民选举。人口比例一节，系属选举法问题，尽可查照近年统计，酌定员额。至蒙藏青海情形，与内地不同，可另定特别选举法，应俟将来详细讨论，规定适宜之制。(三)现在南京参议院系临时过渡机关，照约法第十八条，本须另行组织，俟约法上之参议院一经成立，则现在之参议员即当交代，至参议院与将来国会之关系，约法第二十八条，亦已明定。总之，此次办法，约可分为三期：自临时政府组织大纲发布，至临时约法成立为第一期，已属过去之事；自约法发布至宪法成立，为第二期，正系现今之事；宪法成立以后乃为第三期，系属将来之事。兹第一期之事，既经结束，吾人应将第二期之事，努力办理，以开第三期之端绪。以上界限解剖明晰，一切歧异之点，自可消弭。愚虑所得，用敢缕陈，仍乞大教。

民国初建，百端待理，立法机关，尤属重要。查欧美各共和国国会制度，不尽相符，多数所趋，咸为两院。以吾国幅员之广，户口之蕃，政见之棼如乱丝，国基之危若累卵，采用两院，自不俟言。惟是默窥现情，熟审大局，问题种种，尚待磋商。宪法从国会生，总统从宪法生。今吾国举定总统，既在未颁宪法以前，而制造宪法之国会，尚未完全成立。且组织国会及召集国会之权，亦无明文为之规定，可疑者一。又法国代议院议员，悉由人民直接选举，元老院则由各州立法部人分举。美国制度，大概相同。今吾国军事甫竣，各省议会，名目纷繁，人口多寡，尚无正确比例。且议局议会，新旧杂糅，资格庞杂。青藏诸边，尚有向无议局者。根本问题，已不能划归一律，将来实行选举，究竟以何为据？可疑者二。又法国参议院，仅为起草法律之一机关，德国参议院，则明载宪法，其权与代议院等。今吾国大总统副总统既由参议院投票公举,国务总理,及各国务员均须经参议院之赞同,是其资格无殊国会,已决无取消之理。然将来统一政府告成,可否即以参议院改为上议院,尚难臆断。可疑者三。以上三端,亟宜解决,稍不察慎,大患随之。敬请吾公综揽全规,妥筹办法,迅速宣布各省,俾有遵循。庶不至议论纷生,转滋歧异。无任祷企。

徐有朋编《袁大总统书牍汇编》第5卷,上海广益书局1920年版,第21~23页

△ 财政总长熊希龄代表中国政府与外国银行团谈判借款事宜。

高劳《银行团借债及垫款之交涉》:

……借款会议既决裂,各国公使乃商量补救办法。英、美二使以此款为中国建设之用,与各国国际商业有间接之关系,设竟决裂,不免多所妨碍。日本资本代表小田切氏(时日本虽未正式加入,但派有代表与闻借款事)亦谓各国银行团既承政府之意,以经济能力辅助中国,两方面皆应有所迁就,不宜遽尔破坏,咸拟出而调停。唐总理则以中国库藏匮乏,需用急切,除借款外,实无急救之善策。时适财政总长熊希龄于三日抵京,唐即于五日函告银行团,谓借款事当归财政总长一手办理。是日,熊总长遂与银行团开始谈判,说明将来中国之财政计划、借款大宗用途与偿还办法、暨盐茶增收改革方法,而于监督一切,则仍表示不能承认;复提议大借款未成以前,先请垫付小款,以济眉急。银行团对熊尚表好感,即允先付六百万两。熊亦承诺银行团所要求交出借款用途及抵押收入各项之清册,即为造送。

《东方杂志》第9卷,第1号,第5~6页

1912年5月10日《民立报》北京电报:

前日财政总长熊希龄君与六国资本团初次会议为:熊君先向资本团说明将来财政计划大要,又声明大宗借款用途及偿还方法,并盐茶增收改革方法,不日当另具详细说明书送阅,至监督财政问题,须待国务院、参议院之协赞同意再为回答。熊君当日又提议大借款未成立之前,先小借以济燃眉之急。预算现时之状态,每月约需八百万两,按月交付八百万两至本年十月为止。此项小借款偿还,商定由大借款成立内扣偿。闻六国资本团已有允诺之意。

1912年5月10日《民立报》大陆报特约电:

借款事已呈险象,中国似极不愿从银行团监督财政之请。

借款作罢而自集公债之说日炽,此公债或竟以强迫出之。

参议院今日开秘密会讨论借债事,极注意于国内募债,现时政府罗掘已空,而明日某军队发饷期届,政府求银行团速借三百万两,以付官饷,然银行团坚持非监督财政事酌量允认,则不付借款之态度。

多人对此情形皆抱悲观,中国急需外债,银行团宣言,非监督财政则不愿承借,而中国政府又显然不愿让步。

△ 孙中山五月上旬与香港《士蔑西报》记者谈对外贷款及蒙古等问题。

孙中山《与香港〈士蔑西报〉记者的谈话》:

访员问:比国借款若何?

孙曰:现因四国反对,恐不能成议。

访员问:然则无从借款以应急需乎?

孙曰:予可以与华人资本家借款。若为四国所迫,则宁借本国人之款。华人一旦明白政府财源困乏,需财行政,则其热诚之心,立即发生,自愿将资财输出。中国之资财极大,不过

无完善之机器以取集之,而又未能遽与列国经历多年之机器互相比美。试将中国与别等商业之国比较,则中国凡事皆在幼稚时代。吾侪未尝因经济缺乏之故,自缩其志,其问题是求资于本国人,而不求自外人。本国之人姑愿循其旧习,完全拒绝外人,自闭门户,或杜绝外人资本及外国品物。吾侪革命中人,见为国民所信任,及革命军起义后,局面亦变,故今日愿取外国资财,以开放中国原有之大财源。现在政府初成立,取财于外国,较易于本国,故吾侪乃乐设法以求外国之财。惟外国欲握我国财权,及多生阻力,倘仍不转机,吾侪不得不另筹别法。彼等在北京停止交款已有两星期,当初虽订定每星期交款若干,然因北京小有风潮,遂不交款。内阁总理然后向比国借款,列强又多方阻止。倘四国自认误会,吾等亦将领受其款。若不能调停及不能销其阻力,则惟有与本国人借款之一法。昔粤汉铁路集股时,转瞬间集巨款四千万元,于此可见国人之热心矣。

访员问:然则先生信中国之多财矣。

孙曰:诚然,中国隐藏资财当多,惟中国之交通不如外国耳。

访员曰:国民何时方识革命之益?

孙曰:现在亦觉共和之益。此次革命非在于战,是由国民醉心共和所致。

访员曰:先生让总统之位与袁世凯,是由于个人之意乎?抑以为如此更换更有益于国家乎?

孙曰:两者皆是,因袁君鼓动共和久矣。

孙君又论借款之事曰:倘四国乘我财政薄弱之时,阻我通行,则国民将受其激刺,必奋然应我之求,敢信政府之所需,定能容易满足。本国人一知为外人挟制,必出维持之矣。

访员又问:蒙古之事若何?

孙曰:料蒙古无甚大事,不久可停妥。最好是将蒙古改为行省,与中国各省平等。内蒙古极赞成共和,外蒙古则尚未知其益处,彼等一明白后,必绝对赞成。彼等教育未足,未易明白此问题,惟逐渐开导之而已。

中国社会科学院近代史研究所等编《孙中山全集》第 2 卷,中华书局 1982 年版,第 362 ~ 363 页

5 月 8 日(三月二十二日)　黄兴致电孙中山,恳请通电全国人民及各处华侨,劝导国民捐。

黄兴《致孙中山电》:

广州孙中山先生鉴:艳电提倡国民捐,实万不得已之举。中央政府连日商议贷款,外人竟要挟甚巨,决难承认。而承办政务,整理军队,需款浩繁,非奔走呼号于国民之前,劝其捐助,以救危迫,万无幸理。国务院复电极表同情,拟提交参议院议决。上海各处不贪[?]亦多赞成,有已经捐款者。惟事体重大,关系存亡,须请我公登高一呼,方能四处响应。敬恳迅即通电全国人民及各处华侨,竭力劝导,使共晓然大义,踊跃输将。庶几内固国本,外拒狡谋。谨贡愚忱,伏维鉴察。黄兴叩。庚。印。(南京发)

黄彦、李伯新编《孙中山藏档选编》,中华书局 1986 年版,第 208 页

△ 5 月 8—9 日,南京留守府举行筹募国民捐会议,积极认捐,以为倡导。

1912 年 5 月 11 日《民立报》报道:

……与会者有留守府职员及驻宁各军将领,讨论劝募国民捐案。议决除呈请大总统咨交参议院通过颁行全国一致进行外,并自捐薪俸(按成数扣除)以为军界倡导。各军官慷慨

陈词,至有痛哭流涕者。最后通过:"将军阶级各员捐全月薪俸,都尉阶级各员捐三分之二,军校阶级各员捐二分之一,司书捐月薪三分一,充任国民捐。"并通电全国,指出"借款棘手,时局危迫,非急倡国民捐,不足以资挽救"。

5月9日(三月二十三日)　财政总长熊希龄与六国银行团谈判有起色,社会上有贬唐绍仪舆论。

1912年5月11日《民立报》载《借款交涉之变态》:

京函:唐总理因借比款致四国资本团啧有烦言,熊总长来京后宣言借款一事,应由理财总长直接与各国银行团交涉,总理不必出席。唐借此机会将借款一事全然让归熊总长办理。近日,唐向四国资本团及政界中人云:我已不与闻此事。兹闻,唐因借债问题对于外人已失信用,近日各国报纸同声攻击,唐不自安,已抱退志云云。

1912年5月11日《民立报》载《英人论财政监督》:

本社驻京特派员前以借款决裂关系重大,特往访英国财政团,详询真相。据云:各国所以必须监督财政者,只为不信任唐绍仪君,因其人滥用无度,若中国肯推倒唐氏,不任其为内阁,则各国对于监督财政,必可让步。所言如此,特志之。

△ 黄兴在5月上旬复电财政总长熊希龄,请取消借款条约。

《黄留守书牍》:

公对银行团要求,既甚愤懑,又云取消极易,应请立即取消。……万乞毁约,并速照前电发布命令,通告全国,实行不兑换券及颁布国民捐章程,以图自救。

转引毛注青《黄兴年谱长编》,中华书局1991年版,第302页

△ 共和党在上海正式成立,以"保持全国统一,采取国家主义"为党义。举黎洪元为理事长,张謇、章炳麟、伍廷芳、那彦图为理事。

1912年5月10日《民立报》载《共和党成立大会》:

昨日统一党、民社、国民协进会、国民党、民国公会合并为共和党,是日召开成立大会,到会者千余人。会中,选举理事长、理事。黎元洪当选理事长,得票六百三十五。当选理事者:张謇,得票五百七十六;章炳麟,得票五百七十五;伍廷芳得票五百七十五;那彦图,得票四百七十五。得票次多者:程德全、蓝天蔚、李经羲等。干事由各团选出五十四人。五十四人名单略。

5月10日(三月二十四日)　参议院讨论国旗统一案,通过以五色旗为国旗。

1912年5月18日《民立报》载《初十日参议院会议记》:

……由特别审查员杨廷栋说明国旗统一案审查报告,略谓:"五色国旗各处久用,中外咸知,自难更易。现用十八星旗为陆军旗,即武昌起义之旗;青天白日旗为海军旗,即革命初起所用之旗,其文致与国旗大无关连。拟于五色国旗左方上角缀以星旗,其大小居全旗四分之一,即定为陆军旗;缀以青天白日旗,即定为海军旗,商旗式样尚待细商。"议员有提异议者,如曾有翼、籍忠寅等以为十八星本代表十八省,将置东三省、新疆、内外蒙古于何地?既有二十六省,即可添至二十六星,此以区域为标准之说也;张伯烈、刘成禺、谷芝瑞等则谓十八星确非代表十八省,天下一家,何分省界?将来于案内声明十八星并非代表十八省,即不至再

有误会。两派争论甚多，高家骥谓请先表决五色国旗，陆军星旗可再付审查。议长请赞成以五色为国旗者起立，遂经多数通过。

△ 黄兴发布通电，呼吁禁烟。

黄兴《致袁世凯及国务院等电》：

……鸦片流毒，垂及百年，弱种瘠国，实其媒介。岁耗千万，超过吾国之岁入。稍有国家思想者，久已深恶痛绝。前清政治腐败，有司之能奉行法令者，对于禁烟要政，尚有微效可睹，自光复以来，军事倥偬，不遑内政，烟禁大弛，有妨观听。吾辈改建共和，原期生人肉骨，设竟听其变本加厉，遗害内国，腾笑外邦，蒿目沉疴，能无愧愤。……兴之愚见：一面请中央政府速与英人磋商改约，缩短限期；一面速订禁烟特别刑律，处分必严，期限必短。但并禁吸实行，鸦片贸易自然衰落。禁种一事，开明之地尚易服从，僻隐之区动生抵抗，则非慑以武力，不克竟此全功。总之，禁烟三种办法，禁种、禁吸，主权在我，兼营并行，期绝根株，外人见吾力谋禁吸、禁种之实施，即以促成禁运之效果也。……

湖南省社会科学院编《黄兴集》，中华书局1991年版，第175页

△ 袁世凯任命钟颖为西藏办事长官。

《任命钟颖为西藏办事长官》：

去年九月西藏拉萨兵变，钟颖时为陆军统领，竭力维持，得以安谧。经四川都督从权委任为西藏行政使。本年四月，华兵在拉萨开会，与藏人冲突，酿成激战，英人以保护该国在藏商务为言，进兵藏中，藏事日亟。故任钟为办事长官，以资应付。

《东方杂志》第9卷，第1号，中国大事记

5月11日（三月二十五日） 熊希龄与六国财团谈判借款问题，有新进展。

1912年5月11日《民立报》西报译电：

近日借款问题甚有进步，一切谈判由财政总长熊希龄君为政府力谋进行。熊别有所要求为唐总理所未提及者。惟熊拟借之款有一定之限制，其数较小，以足救燃眉之急为度。故熊现在极见信于外人。借款问题，行将解决。闻星期六（即今日）银行团与熊君将开正式之谈判。

1912年5月10日《民立报》西报译电：

阁臣对于银行团监理费用之说，稍有磋改，后似颇有允洽之意，六百万两一款不日即将交付，以济急需。最后部署之希望，亦极有进步。

闻政府以借款之约得磋改后，甚为快愉，此事实熊总长因对于磋商借款处理坦直之故。

△ 袁世凯命令：禁止私立团体干涉行政。

1912年5月14日《民立报》载《总统命令》：

十一日临时大总统命令：共和制度，以人民代表为监督机关，法令原有范围，职权不容侵越。比来政团等会，以次发生，组织固听自由，而机关本非法定。若各持一党之意见，皆求官厅以执行，不特政策无所适从，亦使立法乱其系统。现在各省临时议会，皆依迭次法令组织，职权既有专属，舆论得所折衷。地方官厅，按法应受省议会之监督，亦惟省议会乃得直接行此法定之职权。其以私立团体，对于立法、行政两机关，尽可陈请建言，以资博采，不许动辄

干涉,致妨进行。用特通谕,勿违。此令。

△ **袁世凯通令恢复秩序尊重人权。**

《袁总统通令:恢复秩序尊重人权》:

共和以法治为基,民权以财产为重,保护财产,为世界万国法律所同,自顷战事告终,元气未复,正宜同谋乐利,以奠民生。况保护公产,保护私产,禁止滥捕、禁止撞骗,均经前孙大总统办理有案。乃捕人索争之事,迭有所闻,国法何存,民业奚恃。本大总统既膺公选,即当以国利民福为己任。用特申诫国人,须知人民权利,载在临时约法,保有财产自由,无故不得侵犯。从前用兵之际,虽有将无主财产及官吏私产充公等事,乃出于军事上之便宜,断难沿为习惯。现在政府成立,自应实行严戒武断。嗣后应由各省长官及各军队长官,恪遵约法,严饬所属,切实保护人民财产,倘有逞私谋夺情事,一经告发,务必按法惩治。其从前迫胁立约尚未履行者,自奉令之日始,概失效力。至若坐赃犯科,应行籍没者,自可按照法律,由检察官提起公诉。归司法衙门审断。决无尽人可得越俎之理。本大总统为恢复秩序起见,深愿国民同享幸福,共保和平,其各懔遵。

《东方杂志》第9卷,第1号,中国大事记

5月12日(三月二十六日)　南京军界成立同袍社。

1912年5月13日《民立报》南京电报:

南京军界为谋团结起见,特于是日成立同袍社,公推黄留守兴为正社长;王军长芝祥为副社长;陈师长懋修为庶务部主任;朱师长先志为义助部主任,留守府总参谋李书城为编纂部主任。

△ **黄兴致电唐绍仪、熊希龄告急电。**

黄兴《致唐绍仪熊希龄电》:

此间经济又已告罄,千万罗掘,敷衍至今。日来奇窘之状,几于不敢告人。不但各军积欠饷项无从发给,即目前伙食已无术支持,告急之声,不绝于耳。似此情形,一两日内必有绝大险象。务恳无论如何,请由尊处火速电知中国银行,立拨百万元以救眉急。万分危迫,立盼电复。黄兴告急。五月十二日。

湖南省社会科学院编《黄兴集》,中华书局1991年版,第177页

5月13日(三月二十七日)　外国银行团提出监督借款用途办法七条,函送国务院处理。

1912年5月16日《民立报》北京电报:

十二日晚间外国资本团拟定监督用途办法七条,送交国务院。

顷由资本团探得所拟七条:(一)于财政部毗连处,设集合所,由资本团与财政部各派一人为稽核员,薪金用费概由中国给发。(二)应拨用之款项须由稽核员批准。(三)财政部将所有一切用款,或以二月为一期,按期报告;并须令各部用款均出具收条二张,一存财政部,一存稽核员。(四)每次开支款项所有收条,应如西洋最新簿记法登载后再将收条交财政部存留,准稽核员随时调查。(五)各省裁兵费由中央派高级军官,会同本地税务司查明,造册三份,一存税务司,一存各省都督,一存集合所。(六)由本地税务司经手拨款充本地之用,不

足者由资本团补发。(七)北京及北方各省裁兵亦须出具三收条,一存陆军部,一存财政部,一存稽核员。

△ 国务总理唐绍仪及各国务员在参议院宣布政见。

1912年5月15日《民立报》北京电报:

十三日上午九时,唐总理偕外交胡总长、财政熊总长、陆军段总长、海军刘总长、教育蔡总长、交通施总长、司法王总长、农林宋总长、署工商王总长莅参议院。内务赵总长请假。其余到者:政府特派员十二人,外宾十一人,女宾五人,议员八十八人,旁听及新闻记者约二百人。……

《各国务员之政见》:

唐总理绍仪:前次绍仪等随大总统恭莅贵院时,蒙大总统宣示政见,于财政、实业、军事、法律、外交诸端,均已包举。尤所谆谆者,曰建设从稳健入手,措置以实事为归,绍仪等自当本诸大总统之政见,以为措施之方。当此建设肇始,经纬万端,绍仪等忝任国务,夙夕以不克负荷为惧。审度现状,至艰且巨,惟分别其先后缓急,而后措施有所根据,谨布其愚,候诸君教。

我国土宇广大,二十二行省与蒙藏诸边地,旧习相承,未能一旦化除,固难以一种制度统治。然军民分治,黎副总统倡议于前,大总统赞成于后,绍仪等按之东西各国,皆持此法以为治,行之久远,因以进于强盛之域,我民国自当引为导师。绍仪等拟本军民分治之意,期渐举行政统一之实,因时因势因地,施合宜之地方制度。

军兴以来,各处增兵,以广势力,军队不免繁多而复杂。循此不变,不独人民之负担,有加无已,抑地方秩序,亦无从保其安宁。现已由参谋部、陆军部筹划善后方略,务期按照全国形势,统一军政,简选精锐,加以训练,整饬纪律,俾成劲旅,庶饷糈不致虚糜,而国防因之巩固。

外人对我之态度,皆以保守和平为宗旨,今日痛定思痛,宜深感谢各友邦之恳诚,今后当益敦睦谊,推诚相与,维持东亚和平之局。从前清廷所订各项条约合同,自应切实履行,以彰信用。

改良法律、建设独立司法制度、普及教育、统一币制、整顿金融机关、振兴实业、发达交通等事,亦当以渐进主义,次第施行。

目下尤为紧急者,厥为财政,往年岁入,号称有二百九十余兆。自军兴以来,迄今七月,各地消耗之费,已数倍之。现虽全国统一,而农废于野,工荒于肆,商贾滞于途,求有敷于政府所规划之用,茫然无所取给。如租税、公债、金融等事,皆关于财政之最要者,而又缓不济急,故不得已,惟以输入外债,以救急需。迭经财政总长与各国银行团,竭力磋商,尚未达正确之解决,俟有成议,再提交贵院决议。至于借债之条件,则政府确信其必为正当,不至有损害权利之事。虽然,筹借外债,固以救目前之急需,又必自有切实之预备,方能为继。已由财政部编制决算,结束以前之支出,编制预算,规定以后之支出,必守节约主义,令支出之款,皆属正当之用途。然仅恃外债,仍不能使我国财政,复见生活之机。就目前方法而论,尚应有国民捐、国库券等项,以为运转之枢纽,则于租税、货币、银行、实业等事,方可筹划整理之策,次第励行,否则急无已时,而救急之术,亦难为继也。

抑绍仪等所尤为切望者,共和精神,端在国会,国会不开,基址不固,深愿贵院将国会组织及选举法,从速议定,使国会得以早日观成,我五大民族之幸福,实攸赖焉。

刘海军总长冠雄:海军为自强要图,论吾国海军,甫有萌芽,尤当仿效最强国之筹划,力图扩张,乃足振国权而奠疆土。然当此财政困难,若一时必求完备,恐非力之所及,故于急起直追之中,仍须寓循序渐进之意。查教育、训练、制造、缮防,为海军四大要端。教育训练在于人,制造缮防资乎器,有人无器,与无人同;有器无人,与无器同,二者固不可偏废。然财力既纾,器可克期立办。学务有等,人须先事预图,故冠雄意,以推广学堂,多派留学,为教育入手办法,即为海军根本之图。人才既备,余者以次举行,约期十年,可望成军。至眼前训练、制造、缮防三节,应责成总司令,就原有各舰队、厂坞、炮台、港塞,督促进行,冀款不虚糜,功归实际,可决海上商旅畅行,然此第言其崖略耳。至于详细章程,自当由部另行编订颁守。惟凡事非款不办,现须急筹者有四:一为海军常年经费及推广学堂、多派留学两费,每年约需洋三百二三十万元;一为新旧各船操演各费,每年约需洋二百余万元;一为已定内外各厂巡船、炮船、鱼雷船,尚须找付洋约一千万元;一为新船不久回国,养船经费,每年约需洋一百二三十万元。以上四项,应请财政部指定的款,预备筹拨应用,以后逐年添购船械,推广制造,开辟军港,各款随时加增,亦须预为筹划。冠雄学识谫陋,谬领海军,实恐不能胜任,深愿我议院诸公,行政同官及全国同胞,愿念海军为立国之本,扶持赞助,使得雄盛振兴,威加环宇,则诚民国之大幸,不禁心[馨]香祷祝之也。

熊财政总长希龄:中国财政困难,在前清时代,已有国家破产之兆。民国初兴,各省独立,财政更形分裂。以今日之中央现状言之,对于财政一方面,可谓违国家之原则,以其仅有支出,并无收入;以其支出纯恃外债,而国民无担负之能力。言念前途,危险万状。兹先将财政亏竭情形,分为两端:

甲、民国纪元以前之财政:

(一)岁入不敷银五千四百余万两;

(二)追加筹备经费银二千四百万两;

(三)新外债息款银一千余万两;

三共不敷银八千八百万两。

乙、民国纪元以后之财政:

(一)临时筹经费约银一万一千余万两(内分外债二千零八十万两;南北补发军饷一千九百二十万两;恩恤六千万两;建设一千万两);

(二)常年不敷经费约银一万七千五十二万两(内分岁入减收五千万两;军费加增三千万两;内债息款二百五十二万两;旧额不敷八千八百万两);

两共不敷银二万八千零五十二万两。

以上虽属约占之数,未足以为确据,然其大约不离夫此。此种枯窘问题,在今日实有岌岌不可终日之势,其危机殆有二焉,一曰度支之奇绌,二曰金融之窘迫,前者为财政上之问题,后者为经济上之问题,而二者之中,有一焉不急为救持,则其结果皆足以亡国。虽然,财政与经济二者,互相为因,互相为果,而较其先后缓急,则先财政而后经济。统览东西各国政治历史,未有财政不理之国,而民间之经济能发达者也。然中央政府新告成立,关于一切统一制度,均未议定,财政部欲于此时统筹全局,积极进行,恐难达其目的,不得不审度时势之缓急,斟酌事务之轻重,以决定办法之先后。综其大要,约分八端:

一曰节减军费,以求收支之适合:民国初兴,各省支出,以军饷为大宗,其它行政费,不及十分之二,应解中央款项,均为截留,故今日非从军费裁减下手,几无财政之可言。

二曰速立国家银行,以期金融之复活:军兴以来,工商停滞,几成死症,国家税源,将何所出？非速办国家银行，不足以苏目前之困。而银行宗旨，必使息率低减，然后民立银行方能发达，一切工商业方能振兴。

三曰预筹币制办法，以应时机之需要：凡一国改定货币，民间贸易生计，皆受极大变动，今乘此时机，将各省币厂，一律开铸通用银元，一切收支，均以圜计，废去生银习惯；一面建设极大新厂，购买新式机械，以为本位铸币之预备。

四曰改良税则，以均国民之负担：中国旧日税法，几无不近于恶税，农工商民，莫不为其所困。今欲兴利除弊，惟以改通过税为营业税，以为加税免厘之准备；其余旧税之当改者，以田赋为大宗，然须缓以时日；新税之当改者，以印花所得税为大宗，然亦非可猝办。惟目前所可筹者，在契税、酒税，尚能设法速办，一则国体既更，民间所执旧契，理应更新；一则征收不良，亟须改易章程，无妨加重也。

五曰筹划盐烟专卖，以增大宗之收额：盐务为借款之抵押，改良征收，内有担保之信用，今拟折衷于就场抽税及纯粹专卖之说。渐为就场专卖，行之一二年，再于沿海产盐省分，设立专厂，以机器制盐，实行抽税之后任其所之之法。至于烟草专卖，虽有外交上之关系，然亦可逐渐设法，以为抵制之计。

六曰划分税目，以别国家地方之权限：国家行政经费，固重量入为出，然欲划分国家税、地方税之负担，又不得不量出为入，因国家较地方利害为重，须先国家而后地方也，此虽非目前所能办到，然不能不先为调查预备。

七曰速定会计法规，以期出纳之确当：前清时代，各部、各省行政衙门，收支款项，漫无规则，以致财政紊乱，均由无一定会计法规也。今虽未能详定细则，亦当先定简章，以期易于执行。

八曰整理公债办法，以保国民之信用：今日外债问题，事事为其挟制，已现最大之危险，须于内债奖励担保，设法推行，方可以示限制，而便财政之伸缩。

以上八端，有为目前所宜急办者，有为目前所未能办到而须逐渐预备者。总之，改良财政之计划，以间接于经济问题，实为今日不可稍缓之办法也。至于编置[制]预算，统一财权，关系立法行政之一切制度，应与各部、院及各省协同商定，非本部独力所能及，此则当于将来另陈其详细理由也。民国初创，头绪纷繁，希龄以菲薄之才，躬兹巨大之任，姑贡一愚，以俟诸君公酌，幸赐教言，匡兹不逮。

段陆军总长祺瑞：武昌起义，军民不分，刻下政府统一，自当筹军民分治之计划，唐总理已言之矣。鄙人军事学问，本甚浅陋，仅就所见，白于诸君。

一曰消纳军队，以恢复地方秩序：武昌起义以来，各省相继招募，于是军队林立，较原有增多一倍不止，且率多仓猝成军，未受教育，既难保不为地方之祸，而值此国家经济万分困难之时，饷项亦必不能继。前数日开高级军事会议，商议消纳手续，大略办法，业经拟定，总以解散后地方不至生他种危险为断。至解散军士之费，以及军官裁汰者之慰劳金，均应候参议院通过方能实行。

二曰拟制定军官为终身官：在东西各国，凡军官皆为终身官，我国不然，今日为兵官，明日不为兵官即可就他项事业，殊非整顿军事之道。盖军事乃专门学问，非研究经验二者均有心得，不能胜统兵重任，倘不定为终身官，则办事难望切实，惟此事现在亦尚无把握。

三曰培植陆军人材：中国陆军人材，曾在外国留学者，统计之四五千人而已。此虽前一二年内所调查，然即目下实数，合格者亦不多。查每师团需用四五百军官，四五千人仅敷十师之用，此外何所取材？是宜将军官资格，确实调查，堪派往东洋者，则派往东洋；堪派往西洋者,则派往西洋,以便学成回国,可供录用。至于水陆军学校,亦应急速成立,加意培植,庶人材不至缺乏。

四曰编定将来征兵制度:中国前此之兵,皆由招募而来,居处率无稽考,此后宜实行征兵制度,庶人民当兵义务年限以及居住之地,皆可随时查考。分为军官区、士官区,如此则兵之来去,均有定所,兵乱自然消灭。

五曰设立大制造厂:刻下中国虽有制造厂十余处,然皆各自为政,枪炮子弹,每不一律,甲处所制造者,乙处不能用;乙处所制造者,丙处亦不能用。是宜极力整顿,设法联络,某厂宜造枪,某厂宜造炮,某厂宜造子弹,以及某某厂每月每日能制出某物若干,分别指定,限期造成,而后军械可期统一。

六曰设立被服厂:中国军队被服等事,向由商人承办,非特形式上不能整齐,且于国家经济,亦多损失,故被服厂万不可不设。

七曰改良马政:中国北方,素称产马之区,迩来蒙古各地,所产之马,愈出愈小,即体格大者,其力量亦多不充足,骑马或尚可用,若以为炮马,则万不适用。夫军事上以炮为骨干,倘拖运不灵,与无炮等。外国之马,大于中国一半,故能负重行远,军事上往往得利,此马政所以不可不讲求也。

以上数端,第略举目前应筹办者,其它应改革之处,容当继续提出,尚望贵院纠正,以匡不逮,实所幸甚。

宋农林总长教仁:适顷唐总理演说之政见,其关于教育、实业、交通等事,谓当取渐进主义,鄙人固同抱此见,且以为关于农业政策,尤不得不然。语曰:十年树木,其明证也。故鄙人对于农林一项,拟以十年为期,定国家施政之大方针,并逐渐实行。夫吾国以农立国,农业之发达,颇有可观,然较之各文明国有不及者,国家关于农业之施政缺乏也。农业纯为生产事业之一,当以增加生产力为要着。今后政府拟即以此为主义,而行种种之政策,并一以增加土地之生产力为主,而副以设备,关于农业之金融教育各种机关,为助长生产力。增加土地之生产力,其策有三:

一曰垦土地:东北西北土地荒废者不少,拟由政府定奖励保护之法,使人民开垦,其方针以注重农民自行经营而政府辅助之为主。

一曰修林政:森林之利益,已无待赘言,东北边地,宜用消极的方法;中原腹地,宜用积极的方法,均拟以次设定各种制度法律,实行提倡,而尤注重于官有事业。

一曰兴水利:中国水利不讲已久,不但失灌溉之利,且为害滋甚。拟以新式之技术,兴修水利工事,先除害而兴利继之。

中国农民之缺点,以乏于经营农业之资力及知识为甚,故拟设立拓殖之金融机关、劝农之金融机关,以辅助农民之资力;设立学校及其它教育机关,如试验场等,以增长农民之知识。

以上诸事业,按诸中国国力,颇有不能负担之势,然此皆为生产的事业,酌量输入外资以为挹注,亦无不可。经营之法,不可不有次第,拟分数期,逐渐举行。第一期则行调查之事,第二期则定诸制度法律及诸行政机关,至于实施各事,则在第三期以后矣。有不逮处,尚望诸君教正。

王司法总长宠惠:宠惠德薄能鲜,谬膺司法重任,深惧弗克负荷,无以拥护人权,用是惴惴。顾当兹共和肇造,建设方新,大政方针,不容或舛,宠惠既任仔肩,不敢不殚竭愚虑,勉从国务员之后,敬为贵院约略陈之。窃惟世界共和国体,构造虽有不同,而政权胥贵统一。盖必有健全之政府,而后能成巩固之国家;有巩固之国家,而后能卓立于世界,此建设问题之第一要义也。司法行政所以特立者,莫要于谋司法之统一。前清时代,各省自为风气,因陋就简,流弊无穷,法庭既不完全,法官亦无学识,遗害闾阎,久为诟病。今我中华民国之司法,必须竭力整顿,而规划全国,尤宜统筹司法经费,经费出自中央。而后司法区域之分划,司法制度之规定,司法官吏之任用,均不难由中央统一。宠惠能力有限,所望贵院力予赞成,俾免陨越。而宠惠所当尽力者,尚有五端:

一曰实行司法独立:是为宪法之精义,三权鼎峙,司法一权,为人民之保障,绝对不受行政之干涉。而司法行政之别于普通行政者,所以维持司法之独立。故司法官之任用,虽属于司法行政,惟既经任用之后,非依据法律不得干涉之。诚以司法权之行使,寄之于司法官,欲令其保障人民,不得不先予以法律之保障。夫然后司法官独立审判,非惟不受行政之干涉,并不受上级司法官之干涉,始为真正独立之精神。特欲免行政干涉之弊,要不可不使其与行政截然分离,故司法官亦应绝对不预闻行政之事,此关于司法官任免所宜慎重者也。

二曰培养司法人才:欲求司法独立,必须有独立之司法官,【设】使法官无高尚之道德,完全之学识,裁判之经验,则人民之自由、生命、财产,将受无穷之危险,虽武断作弊,而莫敢谁何,吾恐未见司法独立之利,而先蒙司法独立之害。我国之倾向,固已趋重于近今世界最文明之制度,然对内对外,犹不能有绝大之信用者,即患无合格之司法官,而滥竽充数者,比比皆是,此关于裁判传习所之所宜广设者也。

三曰厉行辩护制度:近今学说,以辩护士为司法上三职之一,既可牵制法官,不至意为出入,且可代人民诉讼,剖别是非,其用意深且远也。且以中国现状而论,国体既变为共和,从事法律之人,当日益众,若尽使之为法官,势必有所不能,故亟宜厉行此制,庶人民权利,有所保障,而法政人才,有所展布,此关于辩护制度所亟宜仿设者也。

四曰采取陪审制度:近今世界各国,多采陪审制度,盖因司法独立,无论何人,不得干涉,故不可不特设机关,以监督之,使审判公平,而无法官专断之弊,此陪审制度所由来也。惟实行此制度,各国方法不同,而中外情形,又大相悬绝,必须法律知识,普及全国,而后推行可望尽利。又当博采欧美各国之制,而分别利弊,酌定适当之法,庶可收陪审之利,而无牵掣审判之害,此普通法律知识所宜推广者也。

五曰提倡改良监狱:今近刑法主义,趋重改良犯罪,其功用专在监狱,自英国约翰华尔德氏鼓吹改良监狱之说,东西各国莫不翕然从风。迨美国外因司博士,游说欧洲各国,发起万国监狱会,列邦互相观摩,学说日精,真理日出,而其它辅助之慈善事业,又复遍于全国,是以良民日多,犯罪减少。东方文明输入较迟,而我国古代黑暗之监狱,至今如故,领事裁判问题,未尝不由此发生,而监狱不良,则法律亦等虚设,此关于执行刑罚所宜改良者也。

蔡教育总长元培:元培于教育行政,见识甚浅,实不称总长之任,但既勉强担任,即断不敢存五日京兆之心。今将所规划之办法,为诸君陈之。

一曰教育方针:应分为二:一普通;一专门。在普通教育,务顺应时势,养成共和国民健全之人格;在专门教育,务养成学问神圣之夙习。

二曰教育设施:应分为二:(甲)普通教育之设施:一曰普通学校,如中小学校及中等以下之职业学校等;二曰社会教育之含有普通性质者;三曰特殊教育,如盲哑废疾者之教育。(乙)专门教育之设施:一曰专门学校,如大学及高等专门学校是;二曰派遣游学;三曰社会教育之含有专门性质者。

三曰划定中央教育行政之权限:(甲)专门教育,由教育部直辖分区规定,次第施行。

(乙)普通教育,由教育部规定进行方法,责成各地方之教育行政机关执行,而由部视学监督之。(丙)私立学校,务提倡而维持之。

四曰教育经费之规定:(甲)专门教育经费,取给于国家税,或以国有财产为基本金。(乙)普通教育经费,取给于地方税,或以地方公有财产为基本金。

五曰对于京师教育界之现状:(甲)以京师学务局为普通教育行政机关,其经费及所辖各学校经费,应暂由教育部直接筹拨。(乙)各种高等专门学校,取其内容近似者合并之,以期经费易给,而学生均免荒学。查旧学部预算直辖高等专门各学校经费,岁出约一百二十五万八千有奇,临时岁出约五十五万三千有奇,统计一百八十一万一千有奇,而农工商部之实业学堂、法律馆之法律学堂、度支部之财政学堂、顺天府之高等学堂等,现均归教育部管理,其费尚不在内。(丙)对于大学校图书馆等未完成者,皆渐图结束前局,而于一定期间内,为革新之起点。

六曰对于海外留学生之计划:全国高等教育,既归教育部直辖,以后派遣留学,拟归中央政府直接办理;并以直接能进外国高等专门学校,及在本国高等专门学校毕业,成绩最优而更求深造为限。

七曰对于蒙、藏、回之教育:现既合五大民族为一国,自应使五族人民均受同等之教育,除满人已习惯用汉文汉语,毋庸特为计划外,至蒙古、西藏及回部,习俗语文,尚多隔阂,是宜特定教育方法,以期渐归统一。

元培对于教育行政之方针,既如上所陈,此外尚有附属陈述者二事:一则民国国旗,闻诸君对于国旗统一案,均主张用五色旗。元培窃以为国旗者,所以表明国民之程度,亦历史上时代程度之标记,用旗之程度,实根于文明程度,全国统一旗帜,精神特色,无不包罗。外人亦尝以我国人民比较日本人民与欧西人民,或谓中华人民,纯粹奴隶性质;或谓中华人民,具有远志,具有高尚之思想,与欧西人同;每用图画比较曰,此日本人图画,此中华人图画,由图画而知中华人民有深远之志。鄙人对于五色国旗,颇不谓然。由科学论,则颜色应有七色,非止五色;由历史上之习惯,则又与青黄赤白黑不相吻合。若谓为起义时之纪念,则用之于前,仍之于后,适足以表明苟且之行动。第一层与前清之八旗相淆混,第二层以五色表明五大民族,取义亦不确当。国旗为全国人民精神所系,贵院提议此案时,应请诸君注意。其二则教育普及者,人人受同等之教育,即权利义务之思想,亦无不同等,男子与女子同系国民,所谓男国民女国民者是也。诸君于议定国会组织法及选举法时,于女子似不必加以限制。以上二事,于教育前途,亦甚有关系,故鄙人连类及之,尚望诸君匡其不逮。

施交通总长肇基:交通部承前清之旧,当军事之余,组织多未完全,损失极为重大。现当民国初建,革故鼎新,所有路、电、邮、航四政,急宜通盘筹划,以策进行。现拟分别次序,定三大纲:一恢复秩序,二改革弊政,三统一进行,均以切实能举为主,不敢侈语高速,徒作快心之论也。恢复秩序之理由何在?军兴以来,路政、电政、邮政,迭遭蹂躏。路政如车辆失修,路线损坏,商货停运以及各方面之破坏路章、损失进款,不胜枚举;电政则各自为政,彼此不相闻问,线路割截,价目纷歧;邮政则道路梗塞,抢劫频仍,中外责言,机关日滞;均宜竭力设法,先将已损之重要大端,复修完善,以巩固进行之基础。否则无所依据,将固有之基业,尚难保护,何论促进之计划耶?改革弊政之理由何在?前清专制时代,以命令为法制,以请托为用人,政令则朝夕迭更,局员则品流复杂,中央监督之机关,因而破坏。又况官民争利,迭起风潮,国利民福,均所不计。急宜从速改革,修订法律,审慎用人,如路政弊窦,由于管理不善,且借款合同,多方抑制,彼此互歧,宜就财力较充之路,切实改良,以期推行尽利。电政应限制官报,规定价目,以昭划一;再修勘线路,以期通达;更定局制,以示整齐。邮政则推广邮路,并入万国邮会,以备要求各国撤去分设我国内地之各邮局。航路则保护公司,提倡商办,以重商本。以上种种设施,必须有法律以规定之,尤必以专门人才或富有经验才识优长者,分别从事,庶百废具举,而交通促进之机关,方能成立。统一进行之理由何在?我国交通各政,尚在幼稚时代,方之欧美,诚难并论,必须谋全国统一进行办法。如路线、电线、邮线、航线,以次派员测勘,罗列图册,公同讨论,定次第设施之次序,酌定年限,策异日完备之功。所有全国交通血脉,务求灵活。其公家力所不及者,由商家协助之;商家力所不及者,由公家补助之,通力合作,以期媲美列强。一面造就人才,以备任使,方可渐次永久之计。以上三端,为今日整饬交通之次序,惟仍视财力之盈绌,为进行之迟速。现在路款所入,除拨补不敷及协济他处外,几无盈余,电政又将亏短,邮政向称短绌,此后进步如何,尚难逆料,欲为根本之图,尤不能不与财政各方面共筹补救之法,至于四政详细情形,异日出席,再行详为诸君言之。

王工商总长正廷:二十世纪之世界,各国皆以工商为全国之命脉,工商能战胜于人,则国强;不能战胜于人,则国弱,已几乎无人不知。鄙人既以次长暂任总长,敢就提倡实业之计划,振兴工商之大端,约略为诸君说明:第一在驱除工商之障碍;第二则在保护现有之工商。何谓驱除障碍?因从前中国工商,国家毫不思保护之方法,不独不思保护,而且还有种种之剥削,如厘卡之密布,杂税之重捐,皆足以阻滞工商之进步,妨碍工商之发达。民国成立,对于工商事业,首应扫除障碍,以谋振兴。何谓保护现有之工商?盖政府虽极力提倡工商,而种种事业,有政府所不能办到,而人民能办到者,如造全国度量衡一事,政府即不能自办,惟有令人民自办,而国家为之监督。又如丝绸颜色,政府势亦不能遍设染色场所于各处,但政府可派专门学问之人,留学外洋,学成归国,教人民以改良之方法,极力提倡,自然臻于完善之地步。次则订定商律、工律、矿律,有法律而后工商始有所遵守,其权利亦始能保护。又次提倡资本,政府力或不足,国民亦可同时出资;中国之资不足,并可输入外资以济之。又次则养成专门人才,以增工商之智识,本部办理伊始,于此途颇为注重,聘请顾问,大总统已有此命令,正廷现正在罗致。再如经济问题,亦工商之必要,然此必合财政、农林、工商、交通数部合谋而成,始有效果,非一部所能办到。再如一国之中,有进货无出货,其国必穷,是外货输入,本非政策,然只要中国货物输出,则实业亦仍可发达,国家亦不至于穷困。是宜派有工商经验之人,至各国考查外人需用我国何种对象,即随时报告本国工商,极力制造,以广销路。正廷规划工商发达之意见如此,一面俟总长就职,禀承办理,一面仍请诸君加以匡正。

《东方杂志》第9卷,第1号,内外时报,第37~45页

△ 南京留守黄兴电请销职,并报告遣散军队情形。

黄兴《致袁世凯等电》:

统一政府成立之时,兴自维才力已竭,曾经迭请归田,以安愚拙。惟当时值南北交代,军队林立,人心未靖,暂设南京留守,命兴勉强支持其间,兴不敢以难于收拾之局,遗祸于人,故暂抑私愿,勉承其乏。甫经任事,即遭赣军之变,兴之德薄能浅,不能抚驭兵士,保卫人民,已可概览。现虽竭力维持,无如力不称志,时虑陨越,幸赖各将士爱国心长,力顾大局,南方各军,整理已略有端绪。第三军军长王芝祥,已将所部桂军六大队,全数遣散回籍;第四军军长姚平,除已遣散兵士三千回籍外,亦拟整顿全军,陆续开拔回粤;第五军军长朱瑞,前已将所部全军移回浙省,第二师师长朱先志,则自请取销司令部;其余各军,已经遣散者,约计不下二万余人。此外减缩军队之各种办法,已迭次与各军师旅长等会同协商,依次进行。仅就缩

小军队编制一端而言,约计两月之内,已可减少兵数三分之一。此外裁遣之法,同时并举,所减之兵数,尚不止此。嗣后南京附近之军队,不难如期整理,则留守一缺,即可裁撤,多此机关,反形赘疣,且于行政之统一,诸多窒碍,拟请大总统准予销职。即将第一军所属之第一师、第四师、第九师、混成一旅及淮军,交军长柏文蔚整理;第二军所属之第十一师、第十二师,交军长徐宝山整理,均直隶陆军部管辖;其余除第三十九旅,已蒙允拨归山东都督管辖外,分驻江苏地面之第三师、第五师、第七师、第八师、第十师、第十六师、第十九师、第二十三师、第二十六师、独立第三旅、第三十五旅、南京东北区西南区两警备队、独立步兵团、江阴步兵团、吴淞要塞步兵团、交通团、宁镇澄淞四路要塞、驻宁光复军、福字敢死队、前南京卫戍总督所辖宪兵二营,及前陆军部宪兵一营、守卫队一混成团,均归江苏都督统辖。必能实行整顿,竭力裁汰,不辞劳怨,以济时艰。兴赋性愚拙,罔知矫饰,凡自量力所能为,无论如何艰难困苦,非所敢辞,十余年来矢志如此。今兹所请,非敢自图暇逸,实为国家制度计。统一政府既经成立,断不于南京一隅,长留此特立之机关,以破【坏】国家统一之制,致令南北人士,互相猜疑,外患内忧,因以乘隙而起,甚非兴爱国之本心也。况整理南方军队之办法,已略有端绪,但循此而行,则云屯雾集之军队,不难渐次消散。裁此机关,事实上并无窒碍,而少一机关之糜费,于国家财政,尤不无微补。故敢披沥陈请,伏望大总统鉴此愚衷,准予即行销职,俾全大局而偿私愿,无任迫切待命之至。

湖南省社会科学院编《黄兴集》,中华书局 1981 年版,第 177 ~ 178 页

5 月 14 日(三月二十八日)　六国银行团在伦敦中英协会召开第一次会议。

1912 年 5 月 19 日《民立报》载《四国银行团历史》:

京讯:四国银行团之所自始,乃由于民国纪元前三年,顷满铁中立之提倡,暨锦瑷铁道之计划,其所主张全出于美国资本团之代表司戴德,向中国满清政府建议,由英、法、德、美四列强组成一银行团,共同提供对中国之借款,并协助中国政府多年期望之关税改革,经满清政府赞同,四国乃于同年十一月十日正式成立银行团,总部设于伦敦。此后,满清政府粤汉铁路之借款、改良币制之借款、筹划东三省移垦事业之借款,皆由四国银行团承揽,日、俄政府,对此皆表不满,迭次向四国抗议、交涉。自武昌起义后,南北和议成立,中国复与四国交涉借款,四国因恐日、俄两国破坏,乃邀请两国参加。日、俄本存打散四国银行团之心,但经法国之劝说,始改有加入银行团之志愿。故本月初,北京之银行团各次会议,两国均曾派代表列席,惟尚未正式纳入银行团组织。本日,日、俄银行团第一次派代表参加伦敦之银行团会议,商议加入事。会议在伦敦之中英协会举行。

5 月 15 日(三月二十九日)　孙中山率同志及粤省文武官员公祭黄花岗七十二烈士。

孙中山《祭黄花岗七十二烈士文》:

维民国元年五月十五日,乃黄花岗七十二烈士殉义一周之辰,文适解职归来,谨为文致祭于诸烈士之灵曰:

呜呼!在昔建夷,窃夺中土,凶德腥闻,天神怨怒。嗟我辕孙,降侪台隶,含痛茹辛,孰阶之厉。种族义彰,俊杰奋发,讨贼义师,爰起百粤。觥觥诸子,气振风雷,三日血战,虏胆为摧。昊天不吊,忽焉殒踬,碧血一坏[抔],歼我明懿。寂寂黄花,离离宿草,出师未捷,埋恨千古。不有先导,曷示来兹?春雷一声,万汇番滋。越有五月,武汉师举,荡荡白旄,大振我旅。天厌胡德,乃斩厥祚,廓清禹域,腥膻尽扫。成仁之日,距今一周,民国既建,用荐庶羞。虔告

先灵,汉仪光复,九泉有知,庶几瞑目。呜呼!尚飨。

中国社会科学院近代史研究所等编《孙中山全集》第2卷,中华书局1982年版,第365~366页

△ **北京各界举行黄花岗纪念大会**。

1912年5月17日《民立报》:

……北京各界在东安市口织云公所开黄花岗纪念大会,中外男女来宾及新闻记者到者约近千人。首由主席张继报告,次由宋教仁报告当日黄花岗事迹綦详;次总统特派员傅良佐代总统致辞,深表悼念;次唐绍仪、蔡元培、章太炎、胡瑛、刘冠雄、景耀月、王宠惠、于右任相继演说,其大旨表明同盟会真性质,愿我同胞化除党见,牺牲权利,志诸烈士之志,行诸烈士之行,造成我真正共和民国,实行民生主义。

△ **黄兴再次致电唐绍仪、熊希龄告急**。

黄兴《致唐绍仪希龄电》:

此间军队伙食已数日不能发给,今日有数处竟日仅一粥,每日索饷者门为之塞。危险情形,日逼一日。加以急报密陈,日必数十至。哗溃之势,已渐发端。二日内倘再无款救宁,大乱立至。兴德薄能鲜,支持至今,实已才尽力竭。此后东南大局如有变乱,则兴不能负此责任,合先陈明,想大总统暨诸公救国为怀,当不至坐视此间之糜烂。危在旦夕,用敢密陈,无任迫切待命之至。南京留守黄兴告急。五月十五日。

湖南省社会科学院编《黄兴集》,中华书局1981年版,第179页

5月16日(三月三十日) 南京成立国民捐总会,推孙中山为总理,黄兴为协理。

5月17日(四月初一日) 财政部与四国银行团订立暂时垫款合同及监视开支暂时垫款章程。

暂时垫款合同:

中国政府,因本银行团代表,现在伦敦会议拨付中国大宗方法,令先行垫付上海平银三百万两以应急需。本银行团现已将此三百万两备齐,静候拨用,但中国政府必得照以后所开各节办理。此款磅价,已由银行团定为合上海平,在上海交银一百五十万两。其余一百五十万两,在北京以宫磕平核算拨付。兹将各节开列于后:

(一)此次三百万两先行垫付之款,应照本年三月初九日银行团与袁大总统所垫三百一十万两,同一办理。函件备齐时,亦应如前封固,送交银行团。本团所出之钞票(此等钞票,系注明本年五月十七所出),除应扣者之外,其数应等于所垫付之数。此垫付之款及银票,皆以现行之盐厘作抵,以后无论何等借款,此垫付之款,应尽先偿还。

(二)道胜、正金两银行所代表日俄之资本团,已承中国政府许可邀入,所有借款事件,即当各任六分之一。但此函签字人,该两银行现未列入,一俟各方面商洽之后,无论先借后借之款,皆当为一体看待,该时再由中国政府与六国银行团或即银行团,订正式合同。

(三)当银行团代表在伦敦会议每月若何拨款之际,中国政府当严守本年三月十九日函内之第三、第四两条。即各省长官遇有借款事宜,须先向银行团磋商,否则政府不得允许。

(四)此三百万两垫款开支时,即须照所议监视开支草章办理。此垫款之一百五十万两,系为收回中国银行所出军用票之用。因此,中国政府,即命在上海之本银行团,将此款拨交

中国银行,并取回收据。其如何交付之法,听其彼此商定。此款开支之际,所有流行及取消之票,应送交银行团核查,以符定章。

监视开支暂时垫款章程:

(一)在财政部附近地方,设立核计处,用核计员二人,一由银行任用给薪,一由中国政府任用给薪,其它需用之中外人员,由该核计员等选派,薪俸俱由政府支给。

(二)凡由银行提款、拨款一切支票,须由该核计员等签押。

(三)财政部定随时将各项用途、预备说帖送交银行团核允。此项说帖,经参议院核准之后,应即刊登官报。每次开支时,财政部备具应有详细清单、说帖等类,送交核计员,以资查核。该核计员查对无误,应即照章签字支单,不得再问。

(四)每次开支款项,均须具详细领款凭单,按照新式簿记法办理。此项凭单,财政部须编订留存,以备核计员在核记处稽核。

(五)关于各省发给军饷暨遣散军队费用,须由该地方军政府备三联领饷清单,由中央政府委派高等军官及该地方海关税司,会同签押,并须予该军官、税司以调查应需之便利。此项签押之三联清单,一分存该省都督府,一分存陆军部,其余一分与领款凭单一同送交北京财政部,再由该部送交核计处稽核。

(六)预备支付之款,应由税司存储。为节省汇费起见,由中央政府派该地方税司,得由海关收入项下拨款,但须预由该核计员等由暂时垫款项下,照所拨关税数目支出,汇存上海总税司存款项下。如税司所有款项,不敷拨用,可由该核计员等将不敷之数,从暂时垫款内开支票汇补。

(七)如在北京及其附近地方,发放军饷或遣散军队,由中央政府派一高等军官,会同该核计员,将三联领饷清单查核签押,并予该军官、该核计员等以调查应需之便利。该项签押之三联清单,一份交陆军部;一份与领饷凭单具交财政部,其余一份由核计处收存。

湖南省社会科学院编《黄兴集》,中华书局 1981 年版,第 198 ~ 200 页

△ **黄兴为款项事复电熊希龄**。

黄兴《复熊希龄电》:

……已悉借款为难情形。公艰苦卓绝,不辞劳怨,稍知大局者皆当曲谅,何恶名之有?民国前途艰巨万状,尤望公力任其难。此间待款万分迫切,前借三井二十五万,早已到手一空。前清沪道存款能否到手,殊不可靠,且于上海市面关系甚切,亦未便过事逼索。承拨汇丰借款一百三十万两,请电嘱英达谂君,迅换银行钞票三百余万解宁,以救危急。惟区区此数,仍属杯水车薪,支付立尽。尚乞速拨大宗接济,俾敝处得以按日实行所定裁兵计划,迅速了此残局。否则节节敷衍,终无止局也。兴叩。五月十七日。

湖南省社会科学院编《黄兴集》,中华书局 1981 年版,第 187 页

5 月 18 日(四月初二日)　黄兴致电袁世凯等,请迅速取消留守府。

黄兴《致袁世凯等电》:

大总统、国务院、参议院、副总统、各都督、各报馆均[钧]鉴:前元电请即取消留守府,请予销职各节,谅蒙鉴察。待命至今,竟未奉到大总统批示,无任焦灼。窃以留守机关一日不取消,行政一日不能统一,即南北疑虑一日不能消除。况南方军队情形,已如前电所述,循此而行,万无窒碍之处。务恳大总统英断,迅赐取消留守府,立予解职,俾得早赋归田,以偿初

志,则受赐多矣。北望燕云,据鞍以待。南京留守黄兴叩。

湖南省社会科学院编《黄兴集》,中华书局 1981 年版,第 187 ~ 188 页

5 月 20 日(四月初四日)　孙中山与香港《士蔑西报》记者谈时局及个人打算。

孙中山《在香港与〈士蔑西报〉记者的谈话》:

访员谓:近日香港华商劝省城商人不可用洋人资本,以免瓜分之祸,此说是否?

孙答以"涂[胡]说"二字。

问:中国不得不用外款乎?

答谓:然,此乃旧日之政见用于今日者也。吾侪将劝导商人,使彼等知借用外款乃为互相利益起见。

谓:将款作何用法?

答谓:用于办各种实业,如建设新城邑,开通全国及建筑铁路等,皆为要政。

问:兴农业用款多否?及能仿效英美两国开垦如许之田亩否?

答曰:予不能料,然此固要政。

访员又谓:华人谣传英国欲扩张新界,方肯承认民国。

孙笑曰:予不理此等言语,予知其言之不确。以我意见而论,敢信英人不至如此自利。予素知英国人,别等华人或不知之,有意识之人断不理会其言。

问:孙君是否欲隐居澳门?

答曰:否。

问:人传孙君在澳门建屋,此说是否?

答曰:此是兄居,非予居也。

问:孙君现在对于中国之设施,是否尚未告竣?

答曰:予已卸却政治上之事业,专办振兴工艺,及改良社会之大设施。

问:注重教育否?

答曰:然。

问:从何处入手,是否先办学堂?

答曰:予将从根本上入手,先使每乡皆有蒙学校,由蒙学校而至高等,由高等学校而至大学堂。

问曰:然则欲仿英美之法矣。

答曰:然。

问曰:既如是,则先生定以此次革命,为促进中国社会之教育道德矣。

答曰:然。

孙先生言次又谓:中国政府将取消各口岸【之租界】。

访员问曰:如此则沙面亦归中国政府管辖权内矣。

答曰:吾侪将扩张沙面,与共和国全境无异。

问曰:英人在中国之权限,将与中国人之在英国者同乎?

答曰:必然!曰:此是数年后之问题。曰:吾人将取法日本。日本所有之外国人,皆受日本管辖,而吾人之政见,又欲极力保存国体。

孙又言:中国人进步极快。

访员问曰:其快捷如日人乎?

答曰:然。此次革命,即为明证。

问曰:五六十年后,则与日本相等乎!

答曰:甚似。

中国社会科学院近代史研究所等编《孙中山全集》第2卷,中华书局1982年版,第366~368页

△ **参议院为借外债事召开秘密会议,国务总理唐绍仪等列席说明。**

1912年5月19日《民立报》载《念日参议院秘密会记》:

二十日上午九时,参议院开秘密会议,唐总理及各国务员均出席。首由熊总长力陈此次借款之艰难,并谓此问题尚未完全解决者,由于伦敦会议某国力持反对主义,致银行团观望不前。议员李国珍起立质问,略谓:各国总理进退以外交为第一重要问题,唐总理在前清时代以长于外交著名,故参议院公推为开始之总理。唐总理既受此重大之任务,应有周密之布置,敏活之手腕,忠诚之果断,以副吾国民愿望。乃据本员所见,实陷吾国外交上之地位于一败涂地,非徒唐总理一身之辱,实致吾民国将为埃及之恶因,今遂一问之。一、借债之事,第一次为英、德、法三国之经济同盟,成于前清粤汉借款;第二次为英、美、德、法四国之经济同盟,成于前清币制问题。经济上之垄断实政治上之垄断,推其危险,必可亡国,故吾人对于唐总理之另借比款,实认其为有意识之举动。但外交上之操纵分合,其事至精微,彼既有固结之牢笼,以钳制我,我必有周密之布置,以防维彼。本员窃计唐总理既有此决心为借比款之事,则其利用比国而吸收四国银行团以外之四国资本家,以牵制四国银行团,亦必大有计划。乃何以忽有四国公使之抗议?何以忽有四国公使指定各银行之行为?何以忽言比款之取消?何以忽有四国贷款之复活?唐总理若有计划则决不至此,若无计划而轻逞意气以为一掷,驯至辱己辱国,则本员不能不认为民国第一次外交上之大失败,即不能不认为总理之责任上问题,此应质问者一。二、外交既失败于前,即不能不补救。比债取消,既仍就银行团范围,则当放开眼光统筹全局,自审财政未能整理以前确须借款若干,定一概算,明指用途,交参议院议决后,即按所定之数借大债一宗,以畅施设。外人既生财政上之信用,则条件亦可稍轻。今乃不然,未指定用途,未问过国民,开口必借六万万之大数,资本团既难之,乃复于六万万未借之前,先借短期小债,巧名之曰垫款,外人知我偿还此小债必不得不有后来之大债,遂苛重小债之条件,以为大债之程序。请问唐总理有何依据必借六万万?既为外人识破其轻妄之举动,不信用之,不许诺之,又有何把握只借此短期小债?由前而观,实启外人侮辱之心;由后而观,实授外人钳制之柄,此又不能不认为民国外交上第二次大失败,即不能不认为总理之第二责任问题,此应质问者二。唐总理起曰:贵议员所质问者,本总理应负责任,但事已至此,务请诸公磋定此中条件,暂行借来此七千五百万,以济眉急。以后之事,国务院已拟定八种办法,三四日内,即提出贵院,请诸公决议施行。李国珍复诘唐总理,此七千五百万之借款如何偿还?曾否筹定?唐未答。熊总长又谓:现在借款虽未完全成立,然某等必与银行团磋商,设此项借款不成,诸君尚有何法?亦希明示。时有某议员起谓:财政问题乃财政总长责任,参议院岂能代谋?熊又谓:今日政府实有不得已之苦衷,仍须诸君格外原谅。遂散会。

5月22日(四月初六日)　唐绍仪因借款问题遭参议院议员斥责,向袁世凯请辞,未准。

1912年5月23日《民立报》北京电报:

闻唐总理昨日(22日)见总统,发表辞职,总统坚意挽留。余(特派员)详访各政界及外交团探悉,系因财政总长熊君于此次借款纯用私智小术,实不谙交涉。银行团要求七条,熊

既一一签字。十八日业交到三百万,而十九日熊在国务院对新闻记者谈话,犹诡言不曰交三百万,致各报函称已取消监督,即稽核处亦只限于垫款范围。为巧于卸过以自邀功之计。外人阅报已有微言,近益得步进步,又追加各省地方借款须银行团认可一条,并将来大借款亦必须依此七条办理,失败已达极点。昨偕唐总理赴参议院,统一党议员李国珍藉端攻诘,集矢于唐,熊反置身事外。唐知熊巧诈,又恐外人着着得手,要挟更不止此,中国前途危险万状,因决意辞去总理,让熊专任,以免李代桃僵之误。并闻昨日农林宋、教育蔡、交通施、海军刘各总长均提出辞职,而熊知为众议所不容,亦自言辞职,值兹民国初立,各国尚未承认,若内阁再一动摇,借款必难成立,而军人无饷立致暴变,关系诚为重大。京中报纸多非同盟派,往往推波助澜,扬熊抑唐,纯以党见用事,未有以国家为前提者。余与各报驻京记者语及此事,多抱悲观云。

1912 年 5 月 23 日《民立报》北京电报:

统一党员因总统留唐总理不准辞职,昨日(22 日)特开会议决联合民社在院议员,提出弹劾案,期推倒唐内阁,戴熊希龄重新组织。闻已推定起草员。并闻有议推黎副总统为总理者。

1912 年 5 月 24 日《民立报》北京电报:

闻二十日国务员与参议员谈话时,议员诘问借款事,统一党议员李国珍等竟拍案怒詈唐总理卖国,然其后仍将借款条件含糊认可。唐等知议员狃于党见,借题发挥,并非真为借款问题,故决计辞职。总统力加乃止。日内唐内阁将倒之声甚盛。

1912 年 5 月 25 日《民立报》北京电报:

今日(23 日)上午九时,余(特派员)诣总统府……总统云:现民国初立,外国未尽承认,而我华人党派纷歧,纯以感情用事,不以国家为前提,即舆论亦未能一律,致外人疑我内讧,邦基必难巩固,相率观望不遽承认,若不党派牺牲意见,对内对外均于民国莫大危险。我国民不亡于专制之政府,而亡于革命后之党人,是中华民国,反为瓜分之前导。念及于此,可为寒心。今设法维持,已派多人双方调和,以期一致进行。尤望代表舆论之报界诸君,主持公理,勿党同伐异,议论偏激,庶足昭应外人。

余又问总统,唐总理辞职事。据总统云:当此时势孔棘,内阁一有动摇,大局益形岌岌,故前与唐总理言,力劝勉为其难,决勿以受人攻击,事事掣肘,遂萌退志。我已置身家性命于度外,足下岂得不然?将来俟民国大成立后,身虽退而责已完,再议可也。

△ **黄兴致电袁世凯、唐绍仪、蔡元培,申明礼教,强调法治。**

黄兴《致袁世凯等电》:

……民国初建,百端待理。立政必先正名,治国首重法治。我中华开化最古,孝弟忠信、礼义廉耻,为立国之要素,即为法治之精神。以忠言之,尽职之谓忠,非奴事一人之谓忠。古人所称上思利民,以死报国是也。以孝言之,立身之谓孝,非独亲其亲之谓孝。……是以政治革命、家庭革命诸学说,原为改良政教起见,初非有悖于忠孝之大原。惟比来学子,每多误会共和,言论驰于极端,真理因之隐晦。循是以往,将见背父离母以为自由,逾法蔑纪视为平等,政令不行,伦理荡尽。家且不存,国于何有?应请通令全国各学校老师申明此义,毋使邪说横行,致令神明胄裔误入歧【途】,渐至纲纪荡然,毫无秩序,破坏公理,妄起私心,人惟权利之争,国有涣散之势。孟子所谓猛兽洪水之害,实无逾此。兴频年奔走,志在保邦,睹此危机,五内焦灼。用敢披沥上陈,伏乞采纳,立予施行,毋任盼祷。黄兴叩。

湖南省社会科学院编《黄兴集》,中华书局 1981 年版,第 193 页

△ **黄兴致电袁世凯、唐绍仪等,建议裁兵,并愿主动先裁。**

黄兴《致袁世凯唐绍仪等电》:

……方今兵多饷绌,非裁减军队不足以救危亡。此间军官多深明大义,愿先解释兵柄,以为天下倡。前第二师师长朱先志、第五师师长刘毅均先后呈请裁撤师部,归并军队,迭经通电布告。本日第二十六师师长杜淮川,亦自愿取消该师部,第十旅旅长袁华选,亦自愿取消该旅部,当将该师部、旅部即行裁撤,以成其顾念大局,牺牲权利之美德。特此奉闻,伏希鉴察。南京留守黄兴叩。祃。

湖南省社会科学院编《黄兴集》,中华书局1981年版,第195页

△ **上海民权报主笔戴天仇(季陶)遭英租界捕房拘禁。**

1912年5月23—24日《民立报》载《租界内之言论不自由》:

是日午后四时,有捕房西探及华探各一人至民权报编辑部晤该报主笔戴天仇。甫坐定,该探等取出会审公堂提票一张,因二十日该报《论说》及《时评》反对熊希龄等允借监督财政之外债,措辞激昂,捕房指为鼓吹阅报者杀袁、唐、熊、章(按戴氏每有议论袁世凯、唐绍仪、章炳麟文字),破坏和平,已在会审公堂控准,须提戴天仇及陈华堂讯。戴氏告以本报无陈华其人。该探等遂提戴氏押入英租界四马路老巡捕房内。

……戴氏延德雷斯律师代表上堂,译称:即使捕房以被告报载毁谤之词,亦应出单传讯,不应拘提;且际此共和时代,报馆为舆论机关,有言论自由之权。捕房代表侃克律师声称:捕房因被告报载毁谤有名人物之名誉,此中颇有关系,以故出票拘提,并无不合等语。关谳员与美强副领事会商判戴氏交保,候下礼拜四再夺。旋由通义银行经理张静江投案具保始获释。又,日报公会以此事关系言论界甚大,民权报虽未入会,而各报馆不能不共图对付,乃于下午五时(二十三日)特邀集各报到会研究。各报对于此案均表示愤慨之意,当即议决先由日报公会函请沪军陈都督及通商交涉使陈贻范据理力争。

5月23日(四月初七日)　中国同盟会与全国联合会进行会合并。

1912年5月25日《民立报》北京电报:

中国同盟会与全国联合会进行会双方协议合并,是日午后一时,开全体职员会,彼此接洽筹商一切事宜并订定合并条款。

5月24日(四月初八日)　袁世凯通令不得再售排满及诋毁前清各项书籍。

《政府公报》:

据融洽汉满禁书会发起人陈其美、王人文等电呈:窃民国肇基,共和初建,亟宜联络五族协力维持,始能收美满结果。从前鼓吹排满各书,实为联络之障碍,若不禁止,终难融洽,且悖共和宗旨,特倡议发起融洽汉满禁书会,请通电各省一律禁止。已出版者,由本会筹资收毁等语。中华民国由五大族共同组合而成,自宜联络感情以收协同统一之效。况优待条件早经颁布,所有从前排满等说,显与民国宗旨不符,自应一律禁绝。该会规划宏远,用意至可嘉尚,应通令各省行政长官饬属出示晓谕,嗣后不得再售排满及诋毁前清各项书籍,已出版者一律取缔销除,以联汉满之感情,而昭大同之盛治,民国前途实利赖焉。

1912年5月份《政府公报》,命令,第26号

△ **黄兴发布通电,反对北京政府签订有监视开支条件的借款。**

黄兴《致各省都督座谈会等电》:

万急。各省都督、各议会、各报馆鉴:敝处昨致大总统、副总统及参议院电云:蒋次长来宁,阅悉十七日银行团与熊总长所订垫款已经签字之合同,又监视开支暂时垫款章程,不胜骇异。查核章程损失国权处极多,其最甚者,如发给军队及遣散军队费用,均须由海关税务司或银行核计员会同签押。其领饷清单,并须以一分送交核计处稽核,且对于军队,予该税司及核计员以调查应需之便利。此种章程,匪独监察财政,并直接监督军队。军队为国防之命脉,今竟允外人干涉至此,无异束手待毙,埃及前车,实堪痛哭。二十年来,海内各志士赴汤蹈火,粉身碎骨所辛苦缔造之民国,竟一旦断送于区区三百万之垫款,吾辈一息尚存,心犹未死,誓不承认。熊希龄身负重任,竟敢违法专断,先行签约,悍然不顾,此而可忍,孰不可忍?闻章程已提交参议院核议,祈痛加驳斥,责令毁约。一面请由大总统提交参议院议决,发行不兑换券,以救目前之急。并实行国民捐,以为后盾。南方人心异常愤激,皆愿自输膏血以救危亡。望大总统暨参议院诸公,毅然决然,立即施行,勿怀疑惧。即本留守直辖各军队,欠饷已久,危迫万状,均不甘受此亡国灭种之借债,为饮鸩止渴之图。总之,吾辈九死一生,只知以爱国保种为前提,有破坏我民国,断送我民国者,即视为民国之公敌,决不稍存党见,顾惜私交,区区此心,可誓天日。临电痛切,泪尽声嘶,伏维谅鉴,共保大局等语。谨以奉闻。此举关系存亡,即乞贵处速电抗拒,责令毁约,并请主张发行不兑换券及实行国民捐,以救危急,无任企祷。

湖南省社会科学院编《黄兴集》,中华书局1981年版,第197~198页

△ **财政总长熊希龄通电陈述财政困难及借款情形。**

1912年5月27日《民立报》载《熊总长布告借款情形》:

黎副总统、黄留守、国民捐总会、都督、省议会、各报馆、各团体钧鉴:借款事,外人要求监督财政,人心激愤,各报所载集矢于龄,内疚神明,外惭清议,不敢为个人名誉稍有辩护,惟此中艰难曲折有不得不详陈于左右者。希龄前以国民委托,深知财政困难,未敢担负,五辞不获,乃就斯职。接代后,南京库储仅余三万,北京倍之,不及六万,东张西借,寅食卯粮,危险之状不敢告人。到京时,正值银行团与唐总理谈判激烈,要求请派外国武官监督撤兵,会同华官点名发饷,并于财政部内选派核算员监督财政,改良收支,两方争论几将决裂,人心皇皇,谣言百出。适龄承乏其间,屡次驳辩,武官一节,乃作罢论。然支发款项,各银行尚须信证,议由中国政府委派税务司经理此项垫款。至于财政部内设立核算员,无异日本之于朝鲜,无论何人无不反对。银行团坚持前清时代各路借款均用洋员司账、查账为词,不肯让步,遂改议于财政部外设一经理垫款核算处,财政部与银行团各派一人为核算员,管理支付垫款,会同签字及稽核账目;并声明此项账目只能及新垫款所指之用途,不能出于垫款用途范围之外,俟至阳历十月垫款支销罄尽后,即将核算处裁撤。此等勉强迁就办法出于万不得已,曾经于国务院参议院会议时据实直陈,事关国家重要,希龄虽不敢自擅专,然外交无术,咎所难辞。窃维希龄束发读书,稍知廉耻,关于借债及华洋合办之事,向亦主张反对,国人所知,何至一入政府即丧失天良?无如国事危迫,实逼处此。当与银行团抗争时,屡欲决裂,而南北两方军饷甚迫,南京来电,兵已食粥;北方各军衣尚着棉。阴历四月初一至初五须放急饷八十万两,哗溃之势,即在目前。而黄留守告急之电一日数至,并称二日之内,若无接济,大祸一至,谁当此咎?留守不负责任等语。昨日上海各商会来电,并为沪部都督要求速汇欠

款三百五十万两，以济急需。此外山、陕、甘、新、皖、浙、鄂、闽等督飞电请款，迫不及待；陕西代表于右任等屡次坐索，应付俱穷，告贷无路，甚至大清银行房地亦不得已而抵押，存亡呼吸，间不容发，希龄自顾何人，敢借国家为孤注之一掷乎？前见美使力劝中国节用，不可借债；英使并谓华人反对借款，何不自己捐钱，免得借款等语，尚且如此，龄等亦岂愿甘出此借款之举？今银行团虽已拨款三百万两，稍救燃眉，然所约七款大纲系属信函，并非正式合同，公等如能于数日内，设法筹定，或一概谢绝，复我主权，天下幸甚，非仅保全希龄名誉也。现在南北两京数日之外，即速须巨饷，并乞公等速派专员来部查看情形，切实担负，以救危急。希龄智力薄弱，值此财政极紊，饷需奇急之时，责备之加，固不敢辞，而大局所关，不敢不广征众议。诸公爱国热忱，世所钦仰，如有嘉谋良策堪以救此眉急者，务望迅速电示，如希龄力所能逮，无不切实奉行。临颖无任翘盼之至，除将各处催饷电文另密电呈览外，特此奉布。希龄叩。敬。

5月25日(四月初九日)　黄兴拟劝募国民捐章程，电请袁世凯交参议院议决施行。

黄兴《致袁世凯及国务院等电》：

……艳电提议国民捐，谅邀鉴察。现在借款一事，愈出愈奇，名为磋商，实甘愚弄，财政、军政均受监督，国权丧尽，生命随之。故观此次垫款合同及监视开支章程，而不痛心疾首者，非人也。于此而欲救亡，舍亟募国民捐以为后盾，决无幸理。旬日以来，南省输捐，极为踊跃，北省应者亦多，如果办理得法，非特不难凑集巨款，实足增长国民爱国心。今征集众见，拟将国民从前所纳军饷，一律酌换公债票，周年照章给息，以便一意举办国民捐。拟订简章二十余条，大要以资产计算，除不满五百元之动产、不动产，捐额多少，听国民自便外，其余以累进法行之。五元至千元为一级，纳捐千分之二；由千元至二千元为一级，纳捐千分之三；二千元至五千元为一级，纳捐千分之四；由五千元至二万元，每五千元为一级，二万元至三万元为一级，均递加千分之一至千分之八为止；三万元至五万元为一级，递加千分之二；五万元至十万元为一级，递加千分之四；十万元至二十万元为一级，递加千分之六至千分之二十为止；由二十万元至百万元，每十万元为一级，递加千分之十，至千分之百为止；百万元至五百万元，递加千分之百二十，五百万元至千万元，递加千分之百四十；千万元以上，统以千分之百六十推算。凡超过每级之价额，在万元以下数，不满百元；十万元以下数，不满千元；百万元以下数，不满万元；五百万元以下数，不满五万元；千万元以下数，不满十万元者，仍照原级计算。至政学军商各界及各工厂之职工等，除以资产计算纳捐外，应按照其月俸多寡，分别纳捐十分之一二，以三个月为限；月不满十元者，捐纳多少随便。其有捐至百元以上者，由政府另给证书；例外特捐至百元以上者，给予铜牌；千元以上者，给予银牌；万元以上者，给予金牌。其收款用联单，由财政部制成盖印，省议会加印，分别存根、存查、持票、收执四种。凡经手人，非有此联单，不得收款。款由省镇乡各公共团体，或银行收集，列榜而汇总于财政司。随时交银行生息，登报公布，并由省议会稽查。非经国会认可，不得拨发，以昭慎重。似此不另设局，不另支薪，可免虚縻，而归实用，大信既昭，人民无疑。其详章另呈。乞大总统，速交参议院议决施行，以全大局，无任盼祷。黄兴叩。

湖南省社会科学院编《黄兴集》，中华书局1981年版，第202~203页

附《袁世凯复黄兴电》：

南京黄留守：二十五电悉。批阅章程，大致用累进法，而税其所得，斟酌颇为完备。值此经济困难之日，我同胞果能热诚相助，则莽莽神州，或不致有陆沉之痛，已交国务院核明提

议,以副殷拳提倡之怀。详章望速寄。大总统宥。

湖南省社会科学院编《黄兴集》,中华书局1981年版,第203~204页

△《民立报》记者对参议院举动不满,发表《哀参议院》一文。

1912年5月26日《民立报》社论《哀参议院》(血儿):

参议院……党见竞争尤为日趋剧烈。共和党联合各党派,其力独厚。遂有称雄一院之概,而遇事则轻躁专断,其罪厥有数端:一曰偏袒熊希龄,甘心亡国也;一曰通过垫款条件,使吾民无自救之余地也;一曰动摇现内阁,以撼初建之国本也。

夫熊希龄本前清属吏,曾奔走于铁良、端方、赵尔巽之门,人格卑下,久为贤哲唾弃,乃者藉统一党之势,幸邀国务员之列。自接办借款交涉后,以唐氏所抵死坚拒不承认者,一旦而许,资本团财政之事,遂瞬息忽见端倪,其亡国之罪,实浮于盛宣怀。吾民呼吁反抗力有不及,乃不得不望吾参议员树立义声,弹劾熊氏,而参议院不出此,遇事偏袒,此可哀一也。

监督用途施于垫款,七条件丧权失体,莫此为甚,此而不拒,必踵埃及……而参议院遽行通过,此可哀二也。

六国经济团以财力胁我于内,暴俄强英以兵力扰我于外,国势岌岌不可终日,此时之内阁特立于风雨飘摇之候……使内阁一有不测,则国命随之立陨,故参议院亟宜指导政府以进行,……而参议院又不出此,集矢于唐总理一人,阴存更迭代兴之志,此可哀三也。

5月26日(四月初十日)　黄兴在留守府特别会议上发言,谈取消留守及发行不兑换券问题。

1912年5月28日《申报》黄兴曰:

留守本是赘疣。北京政府既已成立,南方又有留守,不知者以为有碍统一,反对者且谓我拥兵自固,不肯解散,以私其位置,以致北京各报攻击不已。今宜示人以袒[坦]白,方足以调和南北之意见。且留守虽取消,而各军队仍可解散者解散,归部者归部,分隶都督者分隶都督,必不致别生事端。故此事以取消为是。现在三百万之外款,熊总长已擅自签约,此约不独失财政权,且失军政权。……据我之意,若发行不【兑】换券,任何多数之款,均可卒得。即以国民捐为不【兑】换票[券]之基本金,并于各省设立银行。非此不能济急,我之请取消留守,欲以诚意感动北京政府,庶国民捐与不【兑】换券皆可实行,云云。

5月27日(四月十一日)　财政总长熊希龄通电引咎辞职。

1912年5月29日《民立报》北京电报:

熊总长以舆论反对甚力,于昨日呈请总统、国务院,自劾辞职。总统及唐总理均挽留,惟熊自谓退志甚坚。

1912年5月29日《民立报》载《熊希龄之自劾》:

武昌黎副总统、南京黄留守、国民捐总会、各省都督及省议会、上海民立报鉴:银行团垫款本非正式合同,有款足恃,即可停借,前电已经详陈。龄外交无术,愧对国民,刻已上书自劾,即日辞职,谨此电闻。希龄。感。

△ **蔡锷致电黄兴劝勿引退。**

1912 年 5 月 31 日《申报》载《云南蔡都督电》:

北京大总统、国务院、参议院、鄂副总统、宁黄留守、各省都督鉴:留守亟思引退,古义高风,足以廉顽立懦,无任钦佩。然锷窃有说:夫引退理由,不外功成身退,见难而退二义。留守之引退,揆诸第一义乎?则此次革命功成应分三段,一破坏,二收拾,三建设;破坏易,收拾难,建设尤难。今仅完成第一段功夫,尚有第二、三段之难事在其后,功尚未成,身何能退。揆诸第二义乎?则吾辈今日所处地位,内政之丛脞,外祸之逼人,财政之支绌,险象杂陈,危机四迫,加以佥人媒孽其间,横生谤议,睹此种种,直求速死之为愈,惟自我发难,沧海横流,中途遇风,我独返棹,非惟不勇,抑亦不仁。

5 月 28 日(四月十二日)　财政总长熊希龄通电宣布垫款收回军钞原委。

1912 年 5 月 29 日《民立报》载《熊希龄宣布垫款收回军钞原委》:

南京黄留守、蒋次长、上海陈都督、朱财政司、民立报鉴:借款事,敬日通电,想均达览。昨接朱葆三君电谓:中国银行收回军钞,市面恐急等语。查唐总理回京后与银行团议借款事,开出预算表,六星期内,需银三千五百万两,指款为撤兵、收回军钞及行政经费之用,载入会议记录中。嗣龄接续开议,银行团遂注重裁兵、收回军钞两项,前次议拨南京军饷,该团坚执由税务司经手为词,龄因未经商定,不允所请,始指照唐总理所商各款,以百五十万两收回军钞,该团遂无异议。龄乃电嘱中国银行监督另行设法筹款五十五万元,汇解南京,不与收回军钞相涉。此中委屈不得已之苦衷,惟交通部施总长及外交部颜次长、总统府蔡参议在场目睹,兹恐国人误会,用敢实陈。现在黄留守及国人,既不主持借款,龄非国人许可,亦不敢再议兹事。现经上书辞职,此后关系饷项,乞另电总统总理为荷。希龄。俭。

△ **财政总长熊希龄通电提出国民公债筹募办法。**

1912 年 5 月 30 日《民立报》载《财政熊总长提议国民公债办法》:

火急。武昌黎副总统、南京黄留守、国民捐总会、各省都督暨各省议会、上海民立报钧鉴:民国初立,财政困难,中央毫无涓滴之收入,借款又有种种之要求,各处军需告急文电一日数至,库空如洗,束手无策。现闻各省仁人义士爱国血诚发起国民捐,以救危亡,实为今日起死回生之一方法,本部感激不可言状。惟是国民捐为一种特别捐输,大半出自各省会商埠人民所负担,未能普及全国。现在本部拟发行国民公债,九五扣售,五厘起息,内有一条,自公债颁布日起,有出国民捐之捐户,愿领公债票者,亦可照所捐银数给予债票,此为各省会商埠特别捐之一种奖励办法。至于普及全国,本部拟仿照四川、湖南铁路租捐章程,凡各属居民应纳钱粮者,按照纳税亩数,限自若干亩起,先缴租捐,后纳钱粮,地方经收官吏给予收据,呈解国家,还给债票,按年付息,均交地方商号或邮政局管理。再各省盐斤拟一律加价二文,按照各属地方销盐数目给予债票,永远充为地方学务公益经费;此外各属港地商税,如有愿附加国民捐者,亦可照盐斤加价办法给予债票,充为商会及公益等经费。如此办法,不但国民捐可以普及全国,而公债政策从此推行。地方公益经费,国民受此公债,流通交换,较之不动产尤为缓急可恃,实于将来民生经济、国家财政大有裨益。如公等以为可行,即乞迅交省议会议决电复,本部再将详章电告。此举有着,即使目前支用外人垫款,吾人受此数月之苦痛,不转瞬即可偿还,振我民气也。希龄虽负咎辞职。而管见所及,不敢不举以上闻,伏候采择电复。财政部总长熊希龄。俭。

5月29日(四月十三日) 黄兴复熊希龄电,再请毁约,并劝勿辞职。

黄兴《复熊希龄电》:

……现在大局危迫,间不容发。吾辈均以国家为前提,于个人关系,绝不宜稍存意气。而于国家生死关头,尤当审慎,岂得因一时一事办理骤难得手遽萌退志。此次贷款,公固煞费苦心,但条件损失主权甚巨,又岂公所愿意。仍望录兴所历次电陈救亡办法,从速决议实行。一面将借约毁销,始于尽力国事,以期共济艰难,则公之心乃大白于天下也。倘因借款失败,国人反对,即绝不谋及善后办法,仅欲以辞职卸责,千载而下,其谓公何。兴与公本系至好,责公劝公,固皆为国,亦即所以为公。惟熟思而审处之,不胜盼祷。

湖南省社会科学院编《黄兴集》,中华书局1981年版,第204页

附《熊希龄复黄兴电》:

艳电悉。承责大义,敢不自勉,无如才智薄弱,实不能胜此重寄。当前在南京时,与公所筹办法,不料到京后,全局皆变。外人见我愈急,要挟愈坚,我之窘状危险,均在此数日之中,绝无丝毫后援,以壮胆力。各军索饷之电,一日数至,不应则哗溃之变,咎固在龄,应之则条约之损,咎亦在龄。近日反对风潮,日烈一日,各省责备之言,无虑数千。而接济之饷,不见涓滴。仅湖南允助三十万金,然只供南北两方二日之用,山穷水尽,龄何能为?然此犹为财政言也。至于内容,则南北之疑虑,各党之攻击,无法可以解释。前清时代,贤能之吏,精神才略,均消磨于猜疑应付之中,不料民国初立,此弊更甚前清。希龄身无尺寸之功,谬膺非分之选,当此潮流无法支持,南北之间,救过不暇,有此恶因,难结良果,内忧外患,相逼而来,不如退避贤路,以让能者,此实龄之美意,诚非敢与国民负气也。至于借款函约,一经停借,即可取销,并无难处,龄亦可谢天下。惟公手造民国,南方责任之重,较龄万倍,近闻亦有去志,殆亦鉴于时局人心之为也。敢乞以己度人,见谅微忱,无任感祷。再,不换纸币事,已由唐总理照公办法,即日宣布,并告。

湖南省社会科学院编《黄兴集》,中华书局1981年版,第205页

△ 孙中山电约黄兴同赴北京,以调和党派,提倡国民捐为目的。

5月30日(四月十四日) 农林总长宋教仁向国务院会议提出关于官制、行政、裁兵、理财之大政方针。

1912年6月2日《民立报》北京电报:

昨日,国务院会议,农林宋总长提议关于官制、行政、裁兵、理财之办法:

(甲)方针:实行军民分治,集中军政、财政于中央政府。

(乙)计划:

(一)都督改为专管军队之官,直隶于总统;其任免及军饷,均由中央政府主之。

(二)另设地方行政长官,隶于内务总长,其任免由总统;其行政费由地方税支办。

(三)以清政府时代原有兵额为度,裁汰军队。

(四)每省设一税务局,直隶财政部,掌征收新税:其旧税中,如地丁、漕粮、盐税、契税,亦改归该局征收;海关税亦速由中央政府派专员监督;新税如烟酒税、印花税等。

(五)设立中央银行,定资本五千万元,立为股分公司,官股三千万元,民股二千万元,筹集五分之一之资本,即行开办,官股按照其数先缴六百万元。该银行有发行钞票权,并得贷款于政府。政府定钞票发行律,并规定该银行得以国库券、公债票及其它有价证券作准备

金,发行钞票可至二万万元。

(六)此次所得垫款三千五百万元,只以二千九百万元作中央及各省行政裁兵费,余六百万元作银行股本第一次缴股金。

(七)自七月十五日以后,每月可得垫款一千万元,亦提一百万元,作银行官股第二次以后缴股金。

(八)此数月间行政费不足者,政府以国库券作抵,由银行借款支给。

(九)此数月间速定裁兵及清理财政之法,必期十月以后政府得有收入,可不至再仰藉外债充行政费。

(十)裁兵时,军人可分别给以官衔并年金。

(十一)各省造币厂均提归中央直辖。

(十二)发行加彩公债。

编者按:此一草案在国务院提出时,财政总长熊希龄突然请辞,遂未及决定。

△ 袁大总统电准南京留守黄兴销职。

《袁世凯准黄兴辞职令》:

南京留守黄兴,以整理军队业有端绪,迭请取消留守机关,以保行政统一。当因南方人心尚需坐镇,再三电令缓撤,并派陆军次长蒋作宾驰往商办,该留守去志甚坚,情词恳切,并称整理军队实已就绪,决不因裁此机关而生影响,言出至诚,未便拂其初意。所有南京留守机关,候程德全到宁接收后,准即取销。黄兴俟解职后,迅即来京,用资赞助。此令。

湖南省社会科学院编《黄兴集》,中华书局1981年版,第188页

附章太炎《上大总统书》:

闻留守取消之令,旦莫将下,克强萧然解职,果能无觖望否?夸者死难,壮士常态,且胡、黄密谋,欲以湘、粤独立。今克强不从乱略,而欲乘桴东游,此岂须臾忘大计哉,顾不敢进寸而退尺耳。南北军之不敌,意计所知,以令拒命,亦为无名。夫其东游之志,必将外有国交,内招日本留学诸生,为其羽翮,此素所闻于此党也。同盟会人材乏绝,清流不归,常见诮于舆论,今欲得此一部,振刷旧污,人望渐归,势能复振,此不力争而以心竞,其患转深,然非克强所能及也。王采丞、沈幼兰习于吏事,善察物情,而皆为彼股肱,能建谋议,此可为长太息者。

公昔经营中夏,南方良吏,未暇留心,贤豪失位,必思有以发舒。王、沈已为彼用,雪楼复挠而从之,独岑西林、李仲宣未往耳。今不存恤,则王、沈复是继起之王芝祥也,请速相延致,待以上宾。参政院果能建设,必将特虚左位,以待二君,庶几耆秀归心,不为敌用。……

炳麟一介腐儒,何知折冲尊俎,但目观近势,非广延良士,无以预储来岁之需,而或足以资寇。辱承知遇,敢不竭情以对。

汤志钧编《章太炎政论选集》下册,中华书局1977年版,第612~613页

5月31日(四月十五日)　5月27日程德全等在上海建立政见商榷会,黄兴派代表到会,并电允担任主任一职。

黄兴《致上海政见商榷会电》:

《民立报》速转江西路政见商榷会鉴:贵会成立,消除党争,共谋国是,极力赞成。特派秘书员杨君德邻代表到会,希与接洽。黄兴叩。宥。印。

湖南省社会科学院编《黄兴集》,中华书局1981年版,第204页

黄兴《复上海政见商榷会等电》：

上海政见商榷会诸公，苏州程都督均鉴：电敬悉。民国肇造，各自人士多仓卒联合，竞立党派，邀集一切学识经验不相等之人合为一群，对于国家列一定政见，故党派愈觉纷歧，往往一二人浊见，蛊惑多人，互相排挤。有一重大问题出，专攻他党，不问是非。除排挤外，几无所谓正当之解决。窃查各国政党，皆由几个人独立自由之意见择其相同者结为一团体，平日研究，均有一定不移之方针，决非他人所可奴使。故一旦立身政府，或被选议员，全国皆知其必有何种议论，世界皆测其必行何种政策。盖其初本因政而为党，非临时以党而为政也。以党为政，其弊专横而无理，他党又必效尤而加甚，贻误国事，实非浅鲜。今日吾国正坐斯病，使长此不改，复至是非倒置，则人之借政党以立国者，吾国且将因政党而召亡，岂不可痛！程雪老有见乎此，特于沪上发起政见商榷会，盖欲借此消除党派私意，而发挥正确之政见，使政府有所适从，不至如漫漫长夜。其心甚苦，其意甚盛。前日开会，兴因事冗未到，派员代表，极为歉仄。乃谬蒙推举与雪老同为主任，实深惶愧。兴频年奔走，学殖荒落，恐难胜重任。惟勉附骥尾，相与随时研究真理，冀得实行，以保危局。尚望诸君子赐我教言，无任感荷。黄兴复。印。

湖南省社会科学院编《黄兴集》，中华书局1981年版，第205～206页

6月1日（四月十六日）　四川民众反对中央政府向外国借款，情绪激昂，袁世凯特电四川都督，说明借款真相。

1912年6月7日《民立报》西报译电：

据各处领事报告知，各省颇有因反对大宗借款而变为仇视洋人者，以四川省最为激烈。

袁世凯《致四川都督说明借款真相》：

闻川省误会事实，反对借款，有人捏造谣言，聚众演说，人心浮动。其鼓吹煽惑之由，误以吾国输入外资，为外人逼勒借债，以财团稽核用途，为外人监督财政。纷扰情形，较上年争路时尤为激烈，并有红灯照匪等乘机蠢动，酿排外风潮。自上年秋冬以后，各省困于兵革，民间疾苦已深。现共和告成，国基未定，岂可以无稽谰语，激成事端。即如武汉起义，各国严守中立，继又赞成共和，其于中华民国甚表同情，绝无恶感，此为确证。至借债一端，苟本国财政可支，何必向外人借债？无如中央饷源久竭，外省告急频闻，甚至全军食粥，五月着棉。若待国民踊跃输捐，无论生计凋残，未忍重为剥削，即使零星凑集，亦属缓不济急；且恐金融受其影响，市面虚空。是以商诸银行团，暂借外资，以图收拾。所开条件，要求颇多。嗣经往复磋商，仍以互派稽核人员为归结。其所谓稽核者，不出借款用途以外。借款何日停止，稽核即何日撤销，与监督财政性质绝异。此犹个人交涉，甲借乙款，乙询诘用途，以保资本；若甲款清讫，乙既无债权，凡银行铁路之合资股东会皆有此例。但使吾国实业渐振，财力日丰，虽举前清积欠而尽还之，亦非难事。近日参议院议决，请交财政总长仍与银行团磋商，改轻条件，以期妥善，更何监督之有？此次黄留守提倡国民捐，各省军民闻风响应，热诚所感，足以激发人人之爱国心，用意极为可敬。若如川省之造谣生事，则失之毫厘，谬以千里。万一假爱国之名，行排外之实，则将以拒款之原因，而得永远借债之结果。试思前清庚子拳匪，当时谕旨何尝不奖为义民？卒之联军入都，失权赔款，民穷挺走，国随以亡。今民国方新，萌芽初茁，譬诸羸病之人，亟宜调养。若乃虚阳上升，手足乱动，外患乘之，宁有完理？不为埃及，即为波兰。自南宋以后，虚骄之气，误人家国，宋末明季，皆坐此病。今列邦环视，已来诘问，于民国前途，关系綦重。人必自辱，而后人辱；国必自伐，而后人伐；民之讹言，职为厉阶。川省

西南要地,正多未辟之富源,岂可张脉偾兴,自取颠蹶?应由该都督等编成白话告示,庶为晓谕,务使释其疑窦,以遏乱萌。倘有瞻徇依违坐待生变者,该都督当任其责。

徐有朋编《袁大总统书牍汇编》第5卷,上海广益书局1920年版,第28~30页

△ 黄兴发布通电倡议劝募国民捐,并于5月16日在南京成立国民捐总会,推孙中山为总理,黄兴自为协理。本日孙中山复电国民捐总会,允任总理。

孙中山《复国民捐总会电》:

万急。南京六十团体公鉴:号电悉。民国危急,确以现刻为至甚。国民捐为救死之良剂,公等热心提倡,至为钦佩!举弟为总理,义不敢辞,望速以弟名分电各省,使四方闻风响应。粤中自接黄留守电,认捐者甚为踊跃。民国存亡,胥视此举,望公等勉之。孙文复,东。

中国社会科学院近代史研究所等编《孙中山全集》第2卷,中华书局1982年版,第368~369页

6月2日(四月十七日)　袁世凯明令保障八旗人民原有私产。

袁世凯《保护旗人公私财产文》:

据民族大同会会员刘揆一、吴景濂等呈称:民国肇建,五族一家,旗人公私财产,宜设法保护等语。上年军兴之际,各省旗人公私财产,间被没收。现在五族共和,已无畛域之分。查关于满、蒙、回、藏待遇条件内,载明保护其原有私产,又载先筹八旗生计,我中华民国人民一律平等。方念八旗生计之艰难,岂有复没收其财产之理?除近来迭据京外旗人呈报,私产被收者已分别饬查外,亟应再行通令声明,凡八旗人民私有财产,统应按照待遇条件,仍为该本人所保有;其公有财产,应由地方官及公正士绅,清查经理,以备筹划八旗生计之用。倘有藉端没收侵害者,准由该本人或有关系人按法提起诉讼,地方官吏应即分别查复发还,切实保护,以示廓然大公之至意。

徐有朋编《袁大总统书牍汇编》第2卷,上海广益书局1920年版,第14~15页

△ 王芝祥督直问题引起政潮,袁世凯令国务院电天津都督张锡銮转饬所属,不得擅电干政。

1912年6月10日《民立报》北京电报:

前天津军界两次电拒任命王芝祥为直督,袁总统以军人应守服从主义,于任用官吏等事,断不能任意迎拒,已令国务院电致天津暨各统制严申诰诫。

1912年6月13日《民立报》载《国务院致天津张都督锡銮转饬顺直保卫局电》:

奉大总统令:用人之权,非该局所当干预,艳电辄以王芝祥督直之说极力反对,殊属不合等因,理合电达遵照。国务院。东印。

1912年6月13日《民立报》载《国务院致天津张都督锡銮电》:

奉大总统令:天津统一党支部等电称:直隶迭经黄留守、前谘议局参议员及旅各省直人电举王君芝祥,迄未蒙委任,殊堪诧异。现闻天津劣绅刘宁等及绅商保卫局,以少数人捏电淆惑闻听,直人必有对待之法,尚望速任王君芝祥为直督等语。又保定绅学商边守静等电称:直督问题,久悬未决,致百政俱废,现王公芝祥,既已来京,乞急速任命等语。查都督统辖文武,责任重大,任免之权,理宜操自中央,即使将来官制稍有变通,人民得参与其事,然亦必有法定机关以为代表。若听本省人民随意迎拒,势必至各树党援,彼此残贼,祸乱相寻,靡所底止。言念及此,能无寒心?南省当改革之初,暂用权宜之策,都督多由军人拥戴,并非出自

民选，然一经解职，则仍由中央另行任命，亦不由人民公举，赣都、苏都、黔都皆其例也。天津各团体及保定绅、商、学界，不乏明达之士，必能洞明是理。以上两电或系少数人假藉名目，希图扰乱，应由直隶都督切实查访。若实系各团体及绅、商、学界来电，应剀切劝导，俾喻此此意；若系奸人托名擅电，应即依法严惩，以免煽惑等因，相应电达遵照。国务院。冬印。

△ 北京中央新闻社经理张莩华、编辑部郑翰之等十二人，为步军统领衙门逮捕。

1912年6月4日《民立报》北京电报：

今晚（二日）六时许，突有警兵多人入中央新闻社将主笔郑翰之、张我华、史启藩三人及丁役十余人捆去，送至步军统领衙门，并将该社稿件文书详细检查一过，一并携去。

编者按：事后，袁世凯颇不以军队此举为然，经张继、于右任从中调处，遂于五日由赵总长【秉钧】交会外城总厅，转步军统领衙门，饬令诸人一律释放。

6月3日（四月十八日） 孙中山致电袁世凯暨参议院，盼提倡国民捐。

孙中山《致袁世凯及参议院电》：

民国存亡，千钧一发，前经留守发起国民捐，实为救亡要策。南京已由六十团【体】组织国民捐总会，举文为总理，义不容辞。现在各省闻风响应，认捐踊跃。惟此举须由参议院采取累进法颁行一定章程，方能有效。务祈诸公竭力提倡，庶使共和基础得以巩固，民国幸甚。孙文叩。江。（留守府代印）

中国社会科学院近代史研究所等编《孙中山全集》第2卷，中华书局1982年版，第369页

△ 黄兴致电袁世凯、程德全，告知解职时间。

黄兴《致袁世凯电》：

大总统鉴：奉命准予取消留守府，此后行政可期统一，无任庆幸。本府交待清楚，已经办齐。兴准于本月六日实行解职，请大总统电令程都督刻日来宁接收为盼。如逾期不来，此后责任即不在兴。合先陈明，伏维鉴原。黄兴叩。江。

湖南省社会科学院编《黄兴集》，中华书局1981年版，第214页

黄兴《致程德全电》：

急。苏州程都督鉴：敝府既奉大总统令准予取消，我公亦承认来宁接收，所有交代事已经办齐，兴准于本月六日停止办公，实行解职，即日离宁，务请先来，以便接洽。黄兴。

湖南省社会科学院编《黄兴集》，中华书局1981年版，第214页

6月4日（四月十九日） 国务院令禁止行政机关在职人员兼差。

《政府公报》：

兼差为旧日恶习，庶政废弛，胥由于此。盖人才各有专长，精力不可分用，专责始克有功，兼任不免两败。民国初建，百度维新，岂宜重蹈覆辙，致坏首基？为此通令行政各机关在职人员勿得兼任他差，其有兼差者，由各该机关查明开去，以肃官纪，而饬吏治。

1912年5月份《政府公报》命令第44号

△ 孙中山表示，日内将赴北京。

1912年6月4日《申报》报道：

孙中山前日由粤来电言，6月初旬即行北上。闻其来京原因：一、调停党派；二、拟来北

方提倡民生主义；三、因满蒙一带对于共和恐不能确实承认，拟遍游一次，以侦察北方之真情；四、因外债累起波折，拟竭力提倡国民捐，将粤东设箱街市之办法，行之直、豫、鲁、晋一带，以期收效神速；五、华侨要求代议权，中山极为赞成，特来代为说明理由，以求参议员之同意；六、因南洋华侨对于国民捐极为热心，特来与总理商定鼓励办法。

6月5日（四月二十日）　黄兴通电公布南京留守财政实况，坚持反对借外债所订条例，并指责财政总长熊希龄不应委过于人。

黄兴《致袁世凯等电》：

北京袁大总统、国务院、参议院、武昌黎副总统、各省都督、省议会、上海民立报鉴：阅报载：留守府向熊总长请款之密电，及国务院咨参议院文，有银行团垫款三百万两，南北各半等语，不胜骇异。查留守府成立之时，曾将本府应行支出之军队额给及应行筹备各节，开具说明书，送交熊总长，大约月需经常费三百六十余万元。即军队额给一项，已占三百零六万余元，均完全之师计十六师，每师奉饷乾银约十五万五千余元，仅步兵一旅者，计四处，每旅奉饷干银约七万七千余元；加以四路要塞及宪兵卫队、警备队、独立团等，未编成者约三万人，约月需三十万元；留守府约需三万元，所辖各局、所、学校如金陵军械所、机器局，月需三万五千余元；兵站、病院及卫生材料厂，月需四万八千余元；军官、军需两学校及入伍生队约月需十三万元；上海制造局约月需十五万元；此外南京行政公署，如巡警监狱、审判厅、交涉局、南京府、测量局、长江营地调查局等处，约月需六万四千余元；兵站三处，约三万元；辅助教育费约一万元，此经常费之预算大概也。至临时费用，如欲整理军队，则添建兵房费，扩充制造费，皆属切不可缓之需。况陆军部接办之日，又有欠付各洋行商店之服装、枪炮、马匹费，约四百七十六万余元，又五十九万五千余元。综计以上预算，两月以来，应领款千万元以上，始敷分布。然自留守府成立至今，已逾两月之久，共收财政部交来之款，仅二百零五万元。此外期票五十万元，但能作为支还陆军部欠缴商店之款。而兴统此南方重兵，一面抚驭，一面遣散，计南方军队初二十万人，近已分别裁遣将近七八万之谱。凡遣散军队，除发给月饷，并补给月饷外，并须备船车，给旅费。当时因遣散军队，需款孔急，两月以外，仅得此区区二百万元，除以私人名义筹借若干接济伙食外，已万分竭蹶，朝不保夕，故迭次电请熊总长拨款，并密告窘迫之状，自属实情。当时并不知借款条件损失主权。迨蒋次长抵宁，始悉借款条件危险。兴天良未泯，不忍坐视国亡，故发电争拒，熊总长以为借款之忍辱签字，均系兴请款急切所迫，宣布本府密电，以图洗刷一身，而将中国财政奇窘情形，尽行发露，令外人愈有所要挟，不知所存何心，竟忍出此？且此次借款，所谓南方百五十万，均由该总长交沪中国银行收回军用钞票之用，并未拨充南方军饷一文。该总长借款时，以南京催款急迫为词，而南京并未实得此款之用。查军用钞票在宁、沪市面，颇资周转，今一旦收回，致宁、沪经济界陡起恐慌，此种政策，无异自制死命。兴前以关于南京一隅之事，迹近争执，隐忍不言。及熊失败，借此条约，尚复多方掩饰，冀图诿卸，欺蒙国人，以速外祸，故据实详陈，以符事实。至兴之责其毁约，非反对借款，实反对此次借款条例，于熊个人更无私恨。本日熊来电谓兴反对借款，而参议院同盟会员竟在即日将七条通过表决，与公意极端反对，龄实惶惑无主，莫知所从等语，此真儿戏之言。兴对于国家存亡所关，既有所见，自当忠告，岂敢挟持党见，而以国家殉之？无论何党何人，兴均以诚意相劝，务期平情论事，共维大局。敬请主张毁约，勿拘党见，勿争意气，致陷我国家于悲境。忧心如焚，无暇择言，诸祈谅察为幸。黄兴叩。微。

湖南省社会科学院编《黄兴集》，中华书局1981年版，第215～217页

△ 中国同盟会、共和党及统一共和党共同设立政见会，以为协商政见之组织。

1912年6月7日《民立报》北京电报：

同盟会、共和党及统一共和党为联络感情，交换政见，共同设立政见会，凡三党之国务员、议员均可在会讨论一切，以资融洽。

△ 章太炎针对黄兴倡行国民捐的建议刊布《论国民捐之弊》。

章太炎《论国民捐之弊》：

国民捐者，发于志士热忱，商民乐助，以是抵拒借债，似有利无弊，然审其实情，非无缘起存焉。世固有桀黠者，以利权外溢之名，鼓舞士庶，热忱者急不择音，信以为实，开会演说，泣下沾襟，言之感人，捷于桴鼓，是以鼓掌雷动，不数刻间，而簿籍已盈数万。然当民穷财尽之时，能实在出资者几何？……国民捐不期于勒迫，而勒迫必自之生；勒迫不期于永远借债，而永远借债必由之起。吾愿深思远虑之士，审察源流，无为虚言所饰矣。熊总长倡议变通三法，亦是勉强调停，以是为他日预备固善，欲救目前之急，犹非借债不能，但当以借款之大小，及其条件之得失，分利害之途耳。

汤志钧编《章太炎政论选集》下册，中华书局1977年版，第603～604

6月8日（四月二十三日）　袁世凯公布参议院议决案：以五色旗为国旗，商旗亦适用国旗；以十九星旗为陆军旗；以青天白日旗为海军旗。

《参议院6月7日咨请临时大总统规定国旗及陆海军旗式样请公布施行文》：

查本院前在南京议决国旗统一案，准孙前总统函覆，以为未可遽付颁行，应俟国会成立之后，付之国民公决等因到院。查国旗为全国徽志，于对内对外关系綦重，现在统一政府业经成立，若非将国旗式样规定通颁，不足以昭划一。本院为全国立法机关，于国旗统一当然有议决之权，迭于五月初十日、十四日常会期内复加讨论，佥以前当起义之初，沿江各省即以五色旗为国旗，通行既广，全国几已一致。盖旗者，常也。周官司常掌九旗之名物。中国汉宋诸儒学说，则均以仁义礼智信为五常。而凡制度等威之辨，声音臭味之殊，载籍所传，又率以五为定数。至采邑一端，近世科学家虽分为七，而在中国习惯则"五色"二字早以贯彻人民心理，况中华民国由五大民族结合，而成于旗色之五亦隐然不谋而合，是以五色旗为中华民国国旗。就道德上、历史上、习惯上、政治上种种方面观察，非惟足以代表全国精神，且为中华民国永久不磨之特色。现友邦公使、外域华侨，函电所通，均已共晓。而外人并有目此旗为虹旗，为中国驱除专制，建设共和，正如彩虹亘天，阴霾尽扫者，此尤可见此旗荣誉，中外欢迎，应即定为中华民国国旗。并略采美、法、日本诸邦之制，商旗亦得适用国旗，以一群情，而免繁复。此外，陆军所用之星旗，为武昌首义之旗；海军所用之天日旗，原为十余年前共和党人倡始革命之旗，亦已通行各处，惟与国旗五色尚少关连，应就五色旗之左方上角缀以星旗，其大小居全旗四分之一，即定为陆军主旗，又就五色旗之左方上角，缀以青天白日，其大小亦居全旗四分之一，即定为海军主旗，仍于星旗及青天白日之四周留一白色虚线，以清界限。至星旗原系十八星，兹于旗之中央，增绘一星，合成十九星，其星点大小，则中央与内外四周均为一律，庶众星环绕，既昭统一之规，而薄海大同兼寓平等之义，若夫天日旗之取象，则示青天白日光明正照，固已无待赘言。以上各节均经于五月初十日、十四日，开会公同议决。兹将绘成旗式三纸，咨送公布施行。抑有进者，国旗五色固含五族同等之意，以免误会而化畛域。此咨。计咨送旗式三纸。

1912年6月份《政府公报》公文，第47号

△ 四川都督尹昌衡为征藏军事召开西征会议。

1912年6月10日《民立报》四川电报:

今日(8日)午前都督府召集各法团各报馆会议西征事。尹都督宣布十策,并调胡文汤回任军事全权,张副督愿保全省治安。午后军官全体会议,每镇出一标,组织西征军队,定于十日以内出发一支队。众赞成,并捐饷助械以表决心。

6月10日(四月二十五日)　国务院通电各省不得自定省临时约法。

《国务院通电》:

吉林陈都督暨各省都督鉴:奉大总统令:前据吉林都督电称:吉林省议会自定本省临时约法,可否准该议会自定?现在全国统一,各省应否有此项省约法,似应先行解决。据国务院呈请咨询参议院后,兹准参议院复称:于六月初四日常会讨论,佥以东南各省本未一律订定临时省约法,间有一二省在光复之初,因南北尚未统一,暂行订定省约法者,亦经声明中央宪法颁布后,即失其效力。现在中央临时约法早经颁布,与宪法效力相等,自应全国一律遵守,不得更由各省订定省约法,致妨统一。应将决议情形咨请查照办理等语,饬即电知吉林,并通电各省都督等,一体遵照等因。除将原咨刊报公布外,特达。

1912年6月份《政府公报》,公文,第44号

△ 外交总长陆徵祥莅任。

1912年6月12日《民立报》北京电报:

外交总长陆徵祥已到任视事,以要求列强承认民国为第一急务。刻正筹备手续数端:一、检查旧条约以备修正;二、保举人才承充驻使;三、缮具国书格式提交参议院决议。并拟明日拜会驻京外交团以便联络。

△ 黄兴致电教育总长蔡元培,陈述新教科书编纂原则,主张小学应废读经,用国语教授。

黄兴《致蔡元培范源濂电》:

教育部蔡总长、范次长鉴:民国教育,剪除积习,发皇新知,重编课本,实为急务。满清之世,扼于种界政体之箝束,官府愚民,书贾射利,能人鲜有著述,出版各书,不惟宗旨全非,即选材取法亦无教育之经验,以此授徒,遗害匪浅。今欲课本期于完善,必上有确实之指导,下网群才之辑述,庶免前弊。兹取斯旨,陈说数事:其一,课本提倡民间自由编辑,不限制用国定本。……其二,普通教科材料应取实利主义,教育方针不宜泛骛。……其三,初小学读本应用国语教授。小学废止读经,良由儿童不能接受。以古文为读本,其弊相等。国民教育原重应用,以至短之期限,期其了解《尔雅》之文辞,势必不能。况既教事物,兼授文义、文法,又与普通讲话不出一致,数层隔阂,领受实难。若用国语教授,但多识字,口所欲言,笔即能述。及义务期满,虽不再入学,亦能写通常之信札,便利实多。且练习文话,避去土音,于统一国语亦有裨益。近者编辑课本,民间稍有从事。然抉择无本,未必尽适国势。应请宣示大旨,俾有依从,实为教育前途之幸。愚见如此,敢乞采择。黄兴叩。灰。

湖南省社会科学院编《黄兴集》,中华书局1981年版,第227页

6月11日(四月二十六日)　袁世凯颁布政令:禁种鸦片。

袁世凯《通饬禁种鸦片文》:

禁烟为除害救民之要政,前经特令内外各长官,将从前办法继续进行。乃闻各省自上年军兴以来,禁令废弛。无知愚民,往往贪图近利,偷种烟苗,若不痛予铲除,则毒卉复萌,何以导新机而除旧染。应责成各省都督,无论已报禁绝及未报禁绝省分,一律剀切晓谕,如再有私种鸦片情事,即严饬分别犁拔。凡我国民,尤宜互相惩戒,毋得干犯禁网,致贻后悔。

徐有朋编《袁大总统书牍汇编》第2卷,上海广益书局1920年版,第15页

△ 孙中山与荷兰银行家士丕文于广州订立《中华振兴商工银行草约》。

孙中山《拟创办中华振兴商工银行说帖》:

股本:一千万元分为十万股,每股一百元。又一百万磅分为十万股,每股十磅。

地点:总银行设在上海。又中国境内与亚、美、欧三洲及环球各处,皆可酌量设立分行。宗旨:本银行为统[纯]粹之商工银行,其宗旨专求发展中国一切之营业,又对于中国之商业与工业在经营创始之际,当间接、直接与以助力,且助中国兴办矿务、铁道、航路以及一切经营之事业,能于中国之福利与贸易实有补益者。

性质:本银行之性质,纯系商办处理中国商界上之银市与财政,与政府毫无关涉。

管理:欧洲银商既愿协助本银行资本之半,又愿对于实行本银行之宗旨所有一切要款皆将得自欧洲。欧商之意,不但认招股本一百万磅而已,所有将来商业、工业、农业、矿务、铁道、水利以及安设电灯、行使电机等,凡需集款者其总额可代筹至一百兆磅,或可多于此数,故欧商不能不谋妥保其利权。

因欧商对于欧洲人之愿投巨资者,自以慎保其权利为必要,即无论于欧于华,对于社会上银行之信用,亦必郑重。所以,欧洲银商主张管理本银行必用西法,其权当操于素有经验及富于习练者之手,总经理必聘用西人。其余一切席位,华人能相宜者,皆可聘用华人,惟处办之权必授于外国总理,他人不能干预。

董事:设立一董事部,皆以中国股东为之,不能少于五人,亦不能多于九人。孙逸仙先生为总董。

顾问:欲谋本银行之发达及得欧洲入股者之普通信用,宜在欧洲设一顾问团,遇有重大事件可献议而致助力于中国之董事部。

簿记:簿记必用西文,且用西国最新之簿记法。(荷兰银行家士丕文拟)

附《创办中华振兴商工银行草约》(略)。

中国社会科学院近代史研究所等编《孙中山全集》第2卷,中华书局1982年版,第376~377页

6月12日(四月二十七日)　临时政府教育部筹划召开临时教育会议。

教育总长蔡元培关于召开临时教育会议咨:

为咨明事:承政厅文书科案呈:本部办临时教育会议,前经酌定章程规则,并定期于新历七月初十至八月初十日为会议时期,呈报通行在案。现距开会期近,所有第四条第四项议员应由内务、财政、农林、工商、陆海军各部派出,亟应先期咨明内务部请派民治司司长一员,将职名咨送过部,以便排列席次,届时到会与议。除分咨外,相应咨行贵部,请烦查照办理可也。此咨(附会章规则一册)右咨　内务部　中华民国元年六月十二日　蔡元培

临时教育会议章程

第一条　教育部为谋教育改良进步,亟欲征集全国意见,讨论方法,特开临时教育会议。

第二条　临时教育会议由教育总长主持,开设于京师。

第三条　临时教育会议应议事纲如左:

学校系统。学校规则。学校由中央管辖与地方管辖之划分。蒙回藏教育。小学教员优待及检定法。国歌。高等教育会议组织法。此外,如有应议事件,得由教育总长具案交议,或由议员具案提议。

第四条　临时教育会议议员员额,由教育总长酌定,分四项如左:

甲、由教育总长延请者。乙、由各行省及蒙藏各推举二人,华侨一人。丙、由教育总长于直辖学校职员中选派者。丁、由教育部咨行内务、财政、农林、工商、海陆军各部派出者。

第五条　临时教育会议开会闭会日期,由教育总长酌定。

第六条　临时教育会议设干事长一人,干事四人,由教育总长派充,干事长听议长指挥,整理庶务。干事听干事长指挥,办理一切事务。

第七条　临时教育会议议事规则由教育部另行订定。

第八条　临时教育会议设非常机关,闭会后即行解散,俟颁布高等教育会议章程后,再行照章召集。

第九条　本章程于闭会日同时废止。

中国第二历史档案馆编《中华民国档案资料汇编》第3辑,教育,江苏古籍出版社1991年版,第624~625页

△ **财政部向参议院陈述与银行团商改垫款草案章程经过**。

《财政部陈述与银行团商改垫款草案章程经过咨》:

为咨请事:六月初四日,准国务院抄出参议院咨复大总统文,内开:六月初二日,准咨开:查国务员与银行团商议垫款一节,迭经国务员前赴贵院报告,并将该银行团来往函件暨开具垫款用途清单咨送贵院查照各在案。现在库藏支绌,业已竭蹶万分,而各省义赈之款、遣散军队之款与陆、海各军饷需、中央行政经费,一切无从支付。长此宕延,百废不举,正恐源无自开,即流亦愈难节。揆时度势,非继续筹借,更无良策足以急救目前。惟垫款草章七条暨银行团致国务员函四条,关系重要,非得贵院同意,未便向银行团接续再商。相应抄录草章暨原函译文各一分,按照约法第十九条第四项提交贵院查照议决可也。等因。到院。经由本院于六月初三、初四两日开会提议,佥以垫款一事本院自可同意,惟垫款草章七条,应磋商者尚多,应由政府向该银行团极力磋商。以上各节,均经公众可决,为此咨请大总统查照办理可也。此咨。等因。准此。本总长当于初四日午后三时约集银行团在汇丰银行会议,抗争甚久,未能解决。复于初六日午后三时续开谈判,稍为就绪。敬将前后辩论情形,为贵院详晰陈之,查参议院咨文内有垫款草章七条,可磋商者尚多,应由政府向该银行团极力磋商等语。本总长当以初四日在参议院出席时所闻于各议员辩驳之词,以与银行团相磋商,并就草章中最重要者分为两端。一、第一条:在财政部外附近地方设立稽核处,各派核计员一人,实为各省疑为监督财政之点,因即详告银行团,请其将稽核处机关裁撤,以释国民之疑。该团等询问:若无稽核处核算员,何所附丽?本部长谓:该员等即在银行内办事,亦甚无所窒碍。该团等坚不肯允。初六日续开谈判,该团仍执前说。本部长以初四日参议院会议时,曾有议员主持附设部内,由部给薪雇用之说者,当即举以相商给薪雇用。该团不以为然,惟附设部内,勉强应允。遂与商议,将稽核处裁撤,并于部内,有设垫款股,以核算员专管垫款,所

指之用途,不能出于垫款范围之外。俟呈咨大总统、国务院、参议院允准后再定。二、第五条:三联领饷清单,由中央政府委派高等军官及该地方海关税司会同签字,并须予该军官、税司以调查应需之便利一节,又为各省军民所反对重要之点。本部长当与该银行团等商请更改此条,该团谓:税司为中国延用之人,此条又声明由中央政府委派,贵国人有何疑虑?本总长答以军人脑筋简单,不知历史,见税司为外人,即不免有所疑虑。该银行团谓:税司并不亲至军营,即有调查,亦可用该关所属华员前往。再三争论,坚执不允。本部长遂谓:前清旧制,税关款项均由海关道台兼海关监督与税司一同签字,此事即可由中央选派高等华官为江海关监督,办理垫款事宜,其予该军官、税司以调查应需之便利一语,改为遇调查时,由该关督、税司委派该关所用华员办理,该团以海关监督系属旧制,允其添入。惟调查改用华员,只肯列于私订办法节略,不肯明载条中,因虑税司有此一条不负责任也。本部长遂述:海关委派华员调查一节,系由法使马大臣见大总统时所言及之件,既该银行团不肯照办,应由本部长陈明大总统请示再定。此磋商垫款草章之大概情形也。又查前次参议院质问拨款函内第三项,伦敦会议未决定以前,各省借债须向该团先行磋商,究竟伦敦会议之期应以何时为终止一节,本部长当即告以参议院质问之意,坚询伦敦会议何时为限,会议毕后,此条即应取销。该银行团等声称:伦敦会议终期虽不敢必然,两三日内必有确电,此次迟缓,实抱欠忱。本部长谓:所以要求贵国订明伦敦会议期限者,因各处有伦敦资本家议决不借款之谣传,参议院以本国需款孔急,万一果如谣传所云,必须先行知照,以便我国与他银行另借款项,而免贻误要政也。该团等佥谓:必不致有迟误,拟俟两三日后再行函催,以杜藉口推宕。至于垫款数目,虽经唐总理定为七千五百万两,本总长当与该银行团等声明,目前本国急需款项预估此数,现在各省来电,多允协济中央军饷,一俟汇到后,足敷按月开支经费之用。无论何时有款可恃,即将垫款股裁撤,该团等均经允诺。此磋商垫款信函所载之大概情形也。惟是垫款事宜,参议院虽以国家危急为前提,仍令国务员设法磋商,以救目前燃眉之急。然全国舆论所在,亦不能不兼听并顾。现在南方各省纷纷函电,均主毁约。本总长于会晤该团时,乃将国民反对情状一一传述,并以毁约为言。该银行团等谓:此次垫款均照前清时代铁路、币制各项借款,设立查账、司账等员成案办法,只求取信于外国资本家,并无政治上之野心。倘中国自能筹款,无须银行团垫借,即可将七条立时取销,实为银行团等所至愿。本总长观其所言,尚属真诚,用特一并详陈,恳由贵院速开国务会议,转呈大总统,咨交参议院议决,以定可否。如因磋商不合,力主毁约,其事非难。倘另有再加磋商之处,请即改派熟习外交之员,前与该团等切实商改,以免国人致疑本总长之文护前议也。相应咨请贵院查照办理。此咨。

右咨　国务院

中国第二历史档案馆编《中华民国史档案资料汇编》第3辑,财政,江苏古籍出版社1991年版,第1012~1014页

6月14日(四月二十九日)　熊希龄为商议借款垫款条件致银行团函。

《熊希龄函》:

敬启者:奉读十三号复函,承询种种敬条,答于左:

一、来函云:伦敦资本家所允三星期垫款,电内明载视所押抵押品之管理法何如一节。查本国历来借款合同,均以抵押品为前提,乃经济上不易之原则,本部长于上月第一次会议时,即先询贵银行团对于此次垫款、借款,何以不先问抵押担保、偿还方法,而反及于撤兵等事,出乎经济问题之外。嗣后屡次会议,贵银行团始于[终]未尝提及抵押品详细办法,即两次拨款函件,亦只载明以盐厘作抵,并无涉及管理。直至本月十号,本部长请再垫六月份巨

款时,贵银行团始询盐务抵押法,本部长当将改良之意宣告,贵银行团亦未言及管理,足见贵银行团深信本国之抵押品确实可为垫款、借款之担保也。管理盐法为本国自主之权,既经议及改良,本部自必有切实管理办法,无论何时,本总长均可将一切情形详答贵银行团之询问也。

一、上回礼拜四垫款未能如数交齐一节。查此次六百万垫款,始因磋商垫款章程,继因稽核员商榷改良清单式样,以致迁延时日,非本国之不急需此款也。至于六月份尚需巨款二千一百余万两,前星期即已将各项数目与贵银行团面商其数,并与唐总理所开六星期请垫三千五百万两之款相合,亦与三月九号第三条请接济三、四、五、六等月之意不相违背。良以本国习惯,最重节期,六月十九为本国阴历端午节,一切用款,如优待前清皇室费以及各署政费,南京、上海、烟台、甘肃等处兵费,均属刻不可缓,必须于六月十七以前预备六百万两,方足以应急需。十七以后距节期仅两日,若非早行知照,深虑或有迟误也。

一、本月十五日巴黎会议,是否本总长误会为会议结果一节。查本总长十二号函内所云十五以前须有准信,系因要求贵银行团于六月十七以前垫款六百万而言,非指巴黎会议之事。盖垫款为贵银行团屡次承允之件,而巴黎会议关系日、俄加入问题,始终未闻贵银行团指为垫款问题。本总长前函所指六月十五以前须有准信者,实因节期已近,不得不提前数日,以求答复也。至于另向他资本团筹借之意,实系本月十号与贵银行团会议时,当面商拟电致伦敦资本团,催促垫款,概照贵银行团代拟电稿之宗旨而行。总之,本总长自与贵银行团开议垫款以来,均承和衷商办,甚为感沕。此次实因端午节期所迫,甚盼望贵银行团按照前函所需二千一百余万两之数,于六月十七以前及十九以后至月底预备垫交,以应本国之急。盖因本国要需,全恃贵银行团所允垫款,如其未邀允诺,本国万不得已时,不得不另筹他款,想为贵银行团所原谅也。专此肃复。敬候回玉。

中国第二历史档案馆编《中华民国史档案资料汇编》第3辑,财政,江苏古籍出版社1991年版,第1015~1016页

△ 黄兴正式交卸留守职务,发布解职通电、告将士书及解职布告。

黄兴《解职通电》:

自临时政府北迁,此间军队林立,亟待整理。大总统特设留守机关,以资震慑。此时兴以将去之身,强被任命。就职以来,深恐抚绥失宜,贻误大局,夙夜祗惧,如履春冰。幸赖各军将士深明大义,诚信相孚,得免重咎。自四月至今,与署内各员极力筹备整理方法,依次施行。约计宁垣军队,现已裁撤者数逾三分之一,其存余各军队亦均商定办法,按期分别裁并。虽其间饷项支绌,积欠数百万,罗掘既尽,应付俱穷,而各军士兵幸尚安堵。自借债条件失败后,共念时局危迫,除一律减薪助捐外,更有自请解甲归农,减轻国家负担者。可见男儿爱国,心理所同,起义光复之人,断无拥兵自卫之举。嗣因北方言论猜忌环生,不审内容,每多臆测,以为南方存此特别机关,势同树敌。且北方来电,谓此借款,外人亦注意南方军队。兴睹此情形,殊非国福。窃恐内讧迭起,外患丛生。又以宁垣军队整理已有端倪,地方秩序自赣军变后亦渐恢复,不如将留守机关早日取销,可使南北嫌疑尽泯,庶几行政统一,民国基础日趋巩固。故自去月十三日起,迭次电请大总统取销留守一职。至本月四日始奉令允许。所余军队,分别归陆军部、江苏都督管辖。兹于十四日已将一切经手事件交代妥帖,此后机关概已付托后人,务望各勿猜嫌,同舟共济。惟是财政奇窘,百废待举,外款要挟,实可召亡。自救之道,不宜或缓。公等谋国深远,愿好为之。兴江海奔驰,已弥年载,行能无似,肝胆犹存,本非畏难而卸责,亦非高蹈以沽名。自此退居田里,同为国民。倘有一得之愚,仍当竭诚

贡献，借尽天职，以副初衷。兹值去位，聊布区区，伏惟谅察。黄兴。印。

湖南省社会科学院编《黄兴集》，中华书局1981年版，第229~230页

黄兴《布告将士文》：

兴对于我忠爱之军人，酬庸未竟，积歉方深，近日力谋所以安置之方法，规划甫定。略分两端：其一退职军官补实之法也，其一退伍兵士之周恤也。军官之补实之法，前已电请中央政府允准施行，一俟各军表册造齐，即可按级请补。军士周恤之法，按照道里远近，除应给饷银外，酌发川资，必使安返里闾，不致流落道左。以上二者，必期实践，凡我将士，可无疑虑。惟兴自今以后，所殷殷期望于诸君子者有三：曰爱国，曰保民，曰服从军纪。……兴虽去位，心不忘国，尚期互相劝励，永保治安，以竟全勋，而保荣誉。此则日夜所祷祝于诸君子者也。……此后之关系，不在形式，而在精神，不在私情，而在公义。如兴有不忠于国，遗害于民者，愿诸君子以正义责之，兴俯首受罪以谢天下。诸君子之行动，兴苟见以为不合者，亦当勉效忠告。……

湖南省社会科学院编《黄兴集》，中华书局1981年版，第232~233页

黄兴《布告各界文》：

兴自交卸陆军部事务，忝任南京留守，与诸父老子弟相处，又已逾两月。兹当解职，谊不能无一言。……民军起义，实首南方各省，南北统一后议设留守，不过因时制宜，而北方物议沸腾，或疑与政府对峙，或谓机关不一易兆分离。兹幸南方各军整理已有端倪，若不及早取消，不独有碍行政统一，且使南北猜疑益深，实非民国前途之福。……此间对于各军队布置均已略定，留守一职，势同赘疣，实以取消为宜。本月四日，奉大总统令，允许取消，所有军队归陆军部、江苏都督接管。从此付托得人，不难日臻上理。望诸父老子弟毋怖毋惑，毋以兴之去留为念。自今以往，兴归为共和国民，区区之私，诚极愉快。所歉然者，与诸父老子弟相依相处，前后凡五月，对于地方各要政，其已计划者，或议而未行，或行而未就绪，是因时与势为之，不免引为内疚耳。务望我父老子弟勤勤自治，以与都督程公共为辅助，则不惟东南半壁颂兹福利，将来大局实攸赖之。临别依依，不尽所怀，惟共谅是幸。黄兴。

湖南省社会科学院编《黄兴集》，中华书局1981年版，第230~232页

6月15日（五月初一日） 国务总理唐绍仪因袁世凯漠视国务员副署权而离职出京。

1912年6月16日《民立报》北京电报：

京中今日盛传唐总理已赴天津，其原因未知。

1912年6月23日《民立报》载《唐总理出京记》：

出京之秘密：总理此次出京极为秘密，国务院、总统府无知之者。十五日早八时许，有内务部某员于京奉火车站见总理便服乘人力车至站，直入头等车内，而同行之人，衣洋服、华服者各一人，外有一西洋妇人。该员颇怀疑讶，即驰回内部告赵总长，当飞报总统。总统闻知异常惶急，立有派梁士诒赴津之命。

行踪之所在：总理乘火车赴天津，至老车站下车，寓利顺德饭店。梁士诒奉大总统命，当日乘晚四点半钟火车追至天津，至利顺德饭店与总理会晤，述总统之意，请其回京。

出京之种种原因：总理关于用人行政，外受本党之要求，内不得大总统同意，已屡情怏怏，近因王芝祥督直问题，总统因北方军界反对，不得已，改派王芝祥南行，……总理谓直隶都督一席已允王芝祥，今无端失信，绝不副署。又自借款归熊希龄接办后，生出种种波折。熊又以种种手段欺侮，唐大灰心。又近日财政支绌，积欠皇室经费，清内务府大臣世续屡与

大总统交涉,唐以此为不急,欠款待国库充裕,自当补给。大总统以信条宜守,不应予人以口实,遂饬梁士诒转告交通部,在铁路余利项下提出银十五万两解交清内务府。唐力争之,与总统语有冲突。此数事皆出走之原因也。

各政党之意见:同盟会对于唐总理出京一事,其态度极为郑重,以唐忠于党见颇致钦仰,……共和党对于唐总理之出京视为极好之资料肆意攻奸[讦]以便该党取而代之。……统一共和党则主张就现在各总长中择人兼署,以免摇动大部云。

派陆军部长赴津:大总统虽派梁士诒赴津,然唐总理回否终无确信。昨日异常焦灼,又派陆军总长赴津,追询总理之意见。闻段总长已于昨日晚四点半钟出京。……

附《唐绍仪请假文》:

国务总理唐绍仪为呈请事:绍仪现因感受风热,牵动旧疾,恳请给假五日,赴津调治。惟总理职务关系重要,不容一日旷废,并乞大总统于国务员中简派一员暂行代理。1912 年 6 月 23 日。

1912 年 6 月份《政府公报》,公文,第 49 号

△ 北京中国同盟会本部为唐绍仪辞职事通电。

1912 年 6 月 24 日《民立报》载《北京中国同盟会本部来电》:

成都尹都督、南昌李都督、安庆柏都督转同盟会宁、沪、粤、浙、鄂、苏、鲁、滇同盟会支部鉴:唐总理于十五日微行至津,此间人士不识真相,谣诼繁兴,人心颇为摇动。实则唐自就职后,因所抱政策多不能行,郁郁不得志,屡欲求去。其最近原因则为王芝祥都督一事。王被举时,唐在南方荐于总统,请加任命。总统允其请,招王来京。王至,而总统又以他故派王赴宁整理军队。唐以王既被公举又系直产,任为直隶,可藉以融洽南北之感情,消除统一之障碍,且在南方与本党要约在先,更难失信,坚拒不肯副署。适王君十四日出京,唐见事不可挽回,遂浩然有去志。唐之此举,不徒拥护共和、尊重信义、服从党见之点,为晚近政客所难能,而就法律政治上观之,尤有极大之关系。民国约法采法国制,参议院为最高之机关,而国务院为责任之主体,总统所发布之法律命令及一切公文,皆须国务院副署。总统虽有任免文武官吏之权,而主张此项权利必待国务院之副署始能发生效力,其实权握于国务员之手。盖总统之地位至巩固、至尊严,除非常事件外,对于参议院不负责任,惟国务员则常立于被指斥弹劾之地位,约法既予以重大之责任,则其所以监督之者不可不严也。副署之权如可放弃,则国务院不过总统之器械,责任内阁之大义湮矣。唐以主张约法上之特权之故,不惜以国务员之地位为保障之代价,吾人闻之当如何崇仰效法。至其始则委曲求全,继见事不可为,内断于衷,决然舍去,断绝葛藤,态度之严正果决,较之东西大政治家,实无愧色。或以其身为总理,不告而行,似嫌手续有关,不知唐之行,在星期六已将一切事物部署就绪,次日为星期日,例得休息,总理虽为国务公仆,非比囚徒,不能夺其行动之自由。星期一为国务例会,恐不能到会,有碍政务,即电公呈请假,于手续并非不合。反对党吹毛求疵,百计中伤,倘我党不察,从而和之,适堕奸计,不得不详为报告。北京中国同盟会本部。

△ 工商总长陈其美为唐绍仪出京事与袁世凯来往电答。

《工商总长陈电》:

临时政府甫成立,忽传有逼退总理之噩耗。丁兹时艰,奚堪演此闹剧?唐总理固受逼而退矣!试问逼之者何心?继之者何从?果于大局无害而有益,即可举总理可也。何若是。

不然,宁毋躁,鄙见止此。窃愿与各界诸君子亟起图之。

又东电谨悉,援古语以相勖,深佩至言。吾人向日作为,正冒不韪,犯斧钺,初何敢希冀舆论之赞同,亦惟如郑大夫所言,苟利于国,生死以之耳。哿电呈词迫切简直,欲挽唐公之行,免其挫折。其与尊谓信使往还数四挽留之意,正同一辙。不知起人惊疑者何在。美纵不文,审诸词意,并无不通,讵智者见智,仁者见仁,南北人士,观念有所不同欤?报纸以司言而越涉行政,前项呈词,似不可不善处之。此风不戢,为害剧烈。幸垂察焉。

徐有朋编《袁大总统书牍汇编》第5卷,上海文益书局1920年版,第14页

袁世凯《复工商总长陈其美》:

寄电悉。唐总理奔走国事,积劳成疾,匆促赴津调治,连日再三派员慰问,劝其回京,信使往来不绝于道。来电谓有逼退总理之噩耗,殊堪骇诧。参议院为各省代表机关,聚集都下,众目昭彰,讵能听人逼退?即鄙人亦何能坐视?此必幸灾乐祸之徒,造作谣言,挑拨恶感,败坏大局。人心至此,恐中国不亡于前清时代,而亡于此等簧鼓是非者之手。陈总长素明大局,乃竟误听浮言,殊出意外。鄙人受国民付托之重,一日未经卸责,一日不能为壁上观。苟更举有人,得轻负荷,为个人计,乐莫大焉。副总统与各都督,俱以爱国为前提,决不为浮言所惑,幸各剖晰,以释群疑。是所厚望。

徐有朋编《袁大总统书牍汇编》第5卷,上海文益书局1920年版,第13页

△ 章太炎所属统一党宣布脱离共和党,自行独立。

△ 章太炎为唐绍仪辞总理职撰《内阁进退论》,主张"循旧贯",用"老吏"。

章太炎《内阁进退论》:

唐总理之仓皇出走也,于东南形势,非有动摇,于借债亦无影响,外人则既以匪党目之矣,同盟会人又以穷奢极侈恶之矣。奉身而退,足以自完,于国事固无损益;若谓其因事要求,能致祸变,实未然也。然同盟会之攻唐也,猝然发起于秘密会议之中,而非同盟派,亦与戮力。是何故?则有欲取而代者为之枢纽尔!……吾意政党内阁,在今日有百害而无一利,两党交构,亦有轧轹之忧,乘兹废置之间,以建无党总理,犹足以持危定倾。各部总长,各数党杂糅也,调和于无党总理之下,则意见销而事举。大抵不应偏任京曹,亦不应偏任新进,惟取清时南方督抚著有材名者,以充阁员之选,比于京曹,则度量较宽;比于新进,则经验较富,虽有一二署名党籍者,大抵随波逐流,行所无事,任其材略,必视新旧阁员为胜。……盖汉之良相,即亡秦之退官;唐之名臣,即败隋之故吏。政治不能凭虚而造,非素有涉历者不理。今虽有君主、民主之异,特以元首代更,三权分立,为异于专制之时,而不能不循旧贯,以施因革,则方镇老吏自优,一二新材,宜处参议,固不可骤居大长,以堕万事,而丧令名,此亦事理至明者也,但惧同盟会人,惟以光复有功者为先,非同盟会人,又以诵习法政讲义者为主。夫勋臣不可为吏,而习于讲义者,惟是比附笼罩之谈,不剀切于实事,必以二流秉政,中国可炊而僵也。纵不然者,人民愁痛而思清之故政,则新政府愈可危也。

汤志钧编《章太炎政论选集》下册,中华书局1977年版,第608~609页

6月17日(五月初三日) 四国银行团以三百万两垫款,交中国政府应急。

1912年6月19日《民立报》西报译电:

银行团因各公使之规劝,特于今日交银三百万两。且因欧洲之规劝,将续交款项以济中

国目前之急需。

△ 袁世凯给唐绍仪五日假期,令陆徵祥代理总理事务。

1912年6月21日《民立报》载《总统命令》:

十七日临时大总统:国务总理唐绍仪呈因病请假赴津调治等语,唐绍仪著给假五日,任命外交总长陆徵祥暂行代理国务总理事务。此令。

6月18日(五月初四日) 财政总长熊希龄向新闻界透露:目前中国财政之危机,唯有借可靠外债,以渡难关。

1912年6月21日《民立报》西报译电:

德文报访员谒见熊财长,畅谈良久。熊氏先述借款情形,云:于银行团收到银三百万两后,付南京一百二十万两;皇室优待费五十万两;兰州五十万两;烟台四十万两。目下,极望巴黎银行代表会议妥定续借款项,以济急需。而七、八、九、十等四个月,每月均需银一千万两。此皆熊氏所切望者。熊氏表示不愿与俄国银行另定他约,盖恐法银行团主志不坚,或且不附入该团。又言及国内筹款一节,熊氏自谓:深知决无良善之结果,故能救目前中国财政上之困难者,惟有借可靠之外债……

△ 民立报为黄兴离开南京留守职位发表社论。

1912年6月18日《民立报》载《论黄留守》:

黄留守昨解职来沪,中外人士多倒屣迎之;而悠悠之口,颇复飞短流长。语云:"德修谤兴,道高毁来",其公之谓矣。……黄兴本一书生,以战术绝人誉之,此诚阿附之言;然其能以死报国,义勇盖天下,则神人之所共信。黄兴本一武夫(此与书生之谊并行不悖),于政情法理,研求或不深;至迩时所发政见,诚不必尽餍人意,即记者持论,亦恒有立于反对之地位者;至其心地之光明磊落,其不失为一明道之君子,记者梦寐之间,未或疑之。……

6月19日(五月初五日) 中国同盟会代表张耀曾等与袁大总统谈论时局。

1912年6月23日《民立报》北京电报:

昨日同盟会代表李肇甫、张耀曾向袁世凯陈述同盟会政党内阁主张,并声明无论其为任何政党组织之内阁,或超然内阁,同盟会均不再参加。袁世凯说:"日前总理出京后,余派梁秘书长、段总长、梁孟亭君前后赴津挽留速来。日前唐递请假呈,现在假期尚未满,如唐仍肯回任,自无问题发生,如必要辞职,则总理改派自不容缓,惟诸君所说超然内阁及政党内阁,余均不赞成。余意现吾国情形,两种内阁均不适用:第一,人材缺乏,今如专取共和党、同盟会或超然无党之人组织内阁,无论何方面均不能得许多人才,故余之意见非联合数党及无党之人共同组织断不能成一美满之内阁。诸君以为组织内阁系从政党上着眼,余则纯从人才上着眼,如宋遯初天姿才识,超越侪辈;蔡鹤卿学问道德,一时敬服;王亮畴法学专家,当世寡俦;刘子英于海军学有专门,才具亦可佩服。余荐举此数人为国务员,并非以其为某党之关系,乃以为当世人才而荐举之也。我国现今党派虽多,而于一党之中,求其人才与国务员地位相当者,一时恐难齐全,故余不注意党派而专注重人才,其人为余深服者,无论甲党乙党或并无党,但热心国事余必引为辅助。诸君深知吾国今日政党方始萌芽,纯粹政党内阁尚难完全成立,若再越数年,民国基础巩固,政党亦皆发达,人才辈出,彼时余已退老山林,听诸君组织政党内阁可也。今余意实不能赞同诸君之说。余主意在得人才,但问其才与不才,不问其党与不党。吾国今日国势危急,举国共和,而政党幼稚,亦吾人所不能讳。余提此主意亦属不得已之故。余尝与二三国务员谈及,余前此退居林下何等安闲,此次出山冒兹艰险,担兹重任,实为国民一分子不能不尽之义务。余宗旨在于建设民国,诸君如热心建设者,余皆引为同志,否则余亦不能强人所难。至此次总理及二三国务员或有辞职之意,余以为全非党派关系,不过因个人意见未能十分浃洽,故如唐决计辞职,则第二次内阁,余以为可一切仍旧,惟总理及一二国务员必不肯留者,略为更动可耳。此外余尚有一言,今人多谓民国成立矣,南北统一矣,自余观之,半年以来,外则各国尚未承认,内则各省秩序尚未恢复,再论眼前一切制度毫无头绪,如此之民国,但能谓有其名耳,何得谓之完全成立?譬之建屋,地址虽定,而图式未成,以云落成,相去尚远。不宁惟是,数月以来我国改造共和,一举一动系人观听,如内部自行纷乱,人将谓我何?故余以为此次内阁在形式上断不能为全部之更动也。总之,余奉告诸君当放大眼光,从中国全局着眼,从世界大势着眼,断不可沾沾于一党关系,亦不能硬以平和时代政党更迭消长成例,适用于今日危急存亡之中国,总须大家破除成见,协力同心,共同建设。为国务员者,以热心任事为主,须有自信力,万不可轻听局外褒贬,以为进退。为议员为国民者,当体当局者之苦衷,力与维持,不宜以党派意见拘束而牵制之,使其无发展之余地,如是则中华民国庶有完全之日乎。此外尚有为诸君告者,须知组织内阁大非易事,约法上定明大总统任免国务员须得参议院同意,然一经参议院不同意,则名誉丧失,人亦何苦轻于尝试?前次余约梁如浩为交通总长,南京参议院不同意。梁之为人,舆论如何,余姑不问,自余观之,则外交极为熟悉,办事亦至周密,其后予虽以个人名义请其到京辅助,而梁均不肯,后经予数次电催,始于日前到京,然对余宣言万不能再任国务。当世贤才,原自不乏,然既怵于危局无措,或又均以梁氏为戒,不任国务,或并北京亦视为畏途,故予深愿参议院诸君能知此中为难情形,断不可使人人短气也。临时约法特设总理,大总统不负责任,然以予观之,不负责任者亦有大小区别:譬之商店,国民如东家,大总统如领东,国务员如掌柜,商业之计划布置,银钱货物之经理出入,固掌柜责任,然苟掌柜不得其人,驯至商业失败,濒于破产,则领东不能不负其责,东家亦不能为领东宽,现在国务员当行政之冲要,一国政务罔不赖其筹划,政务得失自属国务员之责成,然苟国务员失职,驯至国随以亡,或虽不亡,而至于不可救药,则大总统究能不负责任否?国民能不责备大总统否?"

袁纵谈逾半句钟,闻张、李两君有所申说后乃言,今日某等为代表同盟会而来,同盟会之意见谓宜组织超然内阁或政党内阁,大总统之意见则谓宜组织超然总理混成内阁,其间异同所差至少,同盟会之意见不能不陈述于大总统之前。至大总统之苦心伟论某等无不悦服,当以此意报告于本党,惟尚有一语不能不声明者,此次唐总理及同盟会国务员之辞职,实因政治不能进行,深恐贻误大局,绝非对于他党别有意见。此次辞职之后,无论大总统任命何人组织内阁,同盟会无不力表同意,竭力维持。袁谓:如是则诸君热心,余实十分满意。于是各代表起辞出。

附戴天仇撰《共和国政治与政党内阁》:

唐绍仪去矣,同盟会之国务员全辞职矣,政客之逐鹿场开矣,党报攻击之风烈矣。当此政海恶潮澎湃之时,人民几不知所从,夫内阁之更替,在宪法政治之国,本寻常事。而独于此次内阁之变动,则实有绝大之原因。在天仇素不愿为无味之政谈,然吾国民殊多不明于此事之远因者,且此一发千钧之时,临时期内之内阁,再不容其有第二次之动摇,而陷中华民国于亡也,则此论之作,实又有不得已焉者也。唐内阁为政党内阁乎?抑超然内阁乎?则总理及阁员大都列党籍者,则为政党内阁无疑也。然共和党有之也,同盟会亦有之也,无党籍而表同情于一党者亦有之也,则又为混同内阁无疑。夫一内阁中而政见之混杂至此,且两党之冲突又如彼,宜乎唐内阁之倒也。故唐内阁之倒,则倒于党见混同。假使唐内阁而纯为同盟会之内阁,则必不能有今日之怪剧也,国务员中之财政总长与总理之政策进行,尤有密切关系者,而与唐氏反对最力者,则为熊希龄,此又一原因也。而况总统之袁世凯,其主张固党于共和党,而事实上又抑唐而扬熊者,此唐之所以万不能一刻立于国务院中也。此种理由,前已述之矣。虽然,共和党何以与同盟会立于极反对之地位乎,此中有历史上之原因在,不惟吾国民在今日急宜明此内容,即在将来中国政党史及中华民国史中,亦一至宜研究之问题,姑破工夫而与热心时局者一述之。

(一)同盟会者,中国之革命党也。在共和未成,同盟会未改为政党之前,同盟会所守之主义曰民族主义、民权主义、民生主义三者而已。中国之革命,由于政治不良而生,而最能引起一般人民革命之思潮,即种族问题。是故中国革命之成功也,不曰革命成功,而曰光复,此二字实吾国革命史最特色之一也。又进政治革命,废君主而为共和,是亦主义贯通之一事实也。又进则社会革命,此即改为中华民国同盟会一政党后,所以执民生主义,即国家社会主义之所以也。

(二)在同盟革命之时代,与同盟会对峙者,亦有一大团体,此团体惟何?即保皇党是【也】。亡清之宣布预备立宪也,保皇党即改其保救大清皇帝会之名而为帝国宪政会,即所谓宪政党是也。其后又有所谓政闻社者,皆一系也。革命成功,而此一般主张君主立宪者,已为大势所驱逐,立于一失败之地位。然而其逐鹿之心,固未已也,于是恐政权之全操诸同盟会之手,遂合而组织政团,以为抵制同盟会之地位,更以同盟会之党势甚扩张也,遂联合其同宗旨之政团而为一大团体,于是共和党出现矣。故共和党之人物,大抵可分为三派:一种为立宪派,即前此之宪政党政闻社之人物也。一种为官僚派,则一般旧日之官僚而欲附党以谋食之流是也。一种为无识派,此一种不必尽限于共和党,即同盟会亦未必无之,欧美各国之政党中亦多有之也,即慕政党之名,而不问其主义如何,政纲如何,而附之以为荣者是也。此一部分,并无一定之手腕,惟识前二派之行动,仰前二派之鼻息而已。

(三)有此历史上之原因,则可知共和党之所以成者,虽为共和政治之产儿,而成立之初,已含有一抵制同盟会之原因在,故共和党之自标其主义曰随世界之大势为转移者,已可表示。其由保皇进为立宪,由立宪进而为共和之历史矣。故共和党与同盟会之所以反对者,质言之,则向日保皇与革命之二主义,以种其根,再加以失势官僚之加入,更成为一两不相下之势。盖同盟会若让步,则民权、民生二主义之目的不能达,而失其革命之初心;共和党若退步,更恐进步主义扩张,而夺其揽政夺权之余地,此又二党之所以争也。

(四)袁世凯未加共和党者也,而何以亦与同盟会死力相抵制哉?盖袁氏者,专制政体中之健儿也,其所笼络之人物,大多数皆宪政党及政闻社之滑才也,其部下又皆专制无二之武夫也。其所以赞成共和者,亦与宪政党及官僚派等,同一受大势之逼迫而至也,故与同盟会死力抵制者,亦恐革命成功者之健儿再握政权,而占领其逐鹿场耳。

以上之论,即同盟会与共和党之所以成,亦袁世凯之所以附和共和党之原因也。袁氏欲利用共和党,而固其位置;共和党亦欲利用袁氏而开其升官发财之路,如斯而已矣。唐绍仪之与袁世凯,其感情最密者也,唐亦旧日官僚派之一人也,而唐何以独加入同盟会哉?盖当南北和议之时,革命之势尚炽,南方各军队大有不入虎穴不休之慨。唐氏又为粤人,广东者,中国革命之产地也。唐又为美国之留学生,美国者,共和之先进国也。有此二因,而唐氏南来,又受革命之感化,此唐之所以深表同情与革命也。观和议时,唐致清廷及袁氏前后之电文,已可知其大略矣,此唐氏之所以加入同盟会也。夫唐与袁之私感及关系皆甚深者,和议为绝大事件,而袁氏亦委唐以全权,可知袁之于唐于政治上之信用,亦殊非浅,而以欲保位置之故,遂排同盟会至此,遂排唐绍仪至此,袁氏之道德堕落至此极矣,可知现在共和党与同盟会二政党之历史关系,已立于一极反对之地位,虽然,无论何国,其政党之成立,皆必有历史上之原因,至于极有势力,对峙不相下之两大党尤必有最深之历史关系也。而况吾国素为专制之国,今一旦以革命之故,变而为宪法政治,且更为共和政治,则此一部历史,当然铸造极端反对之两党,无足怪者。故共和党虽如何竞争,如何运动,亦为当然之事。所恨者,既不循政争之道德,更不顾全亡之大局,而徒利禄熏心,是可怪耳。今后组织内阁,应如何乎?大概同盟、共和两党之政见如下:

(一)同盟会主张政党内阁,理由为欲图全国之统一,及免再起国务员之冲突,以同一之政策,定唯一之国是。统一共和党赞成之。

(二)共和党主张超然内阁,袁世凯之主张同。共和党之主张,亦所以附袁也。

此两党主张之大要也。吾先举示共和党政略之卑劣,以示国人,然后再论其他。

夫政党既为党于主义而不党于人,今日关于国家问题之主义,大概已为党派所全占,凡稍有智识者,不党于甲之政见,即党于乙之政见。若然,则不属于党派中而有政见者,其良心上亦必有一判断,以定甲、乙党之是非。苟有不党于一党之主义者,是则可谓之骑墙政治家,而绝无政治上活动之能力者也。若曰调合各党政见而折中之,以定进行方策,则其政见必无系统,是使全国政治上失敏捷之效,而增紊乱纷扰之度者也。夫今日之情形既如是,而真理亦如是,共和党亦非竟无一人知所谓超然总理,超然内阁,为不值一笑之政见,竟以全体之精神主张之者何耶?且彼辈官僚派及宪政派,其争权夺利之风固甚烈者,其所以组织彼党,盖已有抵抗同盟会之性质矣。此次之反对唐绍仪,即欲排斥同盟会,而独占政界之势力也。而独主张超然内阁者,盖欲以此政略愚国民耳。今试列举如下:

1. 共和党在熊希龄到京后,即力排斥唐绍仪。其时彼党所定之共和党候补总理,即为熊希龄;而熊希龄运动作总理之心亦甚盛。厥后以监督财政问题,熊大受国民攻击,几为舆论所不容。唐绍仪既去,共和党公然举熊为总理,则一经国民反对,共和党必大失败。此共和党所以不敢继推熊者,盖原于此。

2. 陆徵祥本来加入共和党,及到京后,共和党即极力运动之。陆赴共和党两次,商议一切进行,已允就总理后,即加入共和党。

(三)有此二因,故共和党必不能举熊为总理,而属意于陆,遂一面攻击同盟会,一面主张超然内阁。盖表面既可以欺国民,而实际仍可扩张党势。故其主张超然内阁者,实欲以此欺国民耳。虽然,此种卑劣手段,三尺童子,犹且知之,而以为一党最高之政略,其无道德、无智识,实达极点矣。

(四)袁世凯之帝制自为,其迹已昭昭在人耳目,本报斥之详矣。此次蹂躏国务总理之副署权,亦其一端也。唐即去,袁之反对同盟会之目的亦已达,遂欲借此扩张其权力,恐第二次组织国务院,有总理而掣其肘,殊不能达专制之目的也,遂力荐举徐世昌任总理。徐世昌之为人,其历史国民知之详矣,任满清军机大臣之时,国民反对之程度,亦达极点矣。所谓徐死人之名固与王文韶并著者,徐世昌现果为总理,姑无论其不知共和为何事,而庸愚之度,固等于庸夫俗子者。辱民病国,至此极矣,而袁世凯固利用之,且曰非徐世昌即自行兼任,盖欲位置一糊涂昏聩之徐世昌,而达其拿破仑之目的者。共和党本为极守旧之旧官僚,趋炎附势之猾政客方为以类聚,物以群分,知徐世昌若为总理,亦共和党之好友,则赞成而附和之,故共和党与袁世凯皆朋比为奸,而利用糊涂昏妄之徐世昌,以达揽政夺权破共和之目的者也。

就以上种种观之,则所谓超然内阁者,共和党及袁世凯最卑劣之政略,欲借此以愚民弄权者。嗟乎,其手段既纯为虚伪卑劣绝无丝毫之诚心以待国民,徒为一人一党之权利计耳,且彼辈本反对共和之恶魔,专制主义下之饿鬼,其服从共和特为大势所迫而然者。若国民竟任若辈之肆行无忌,其不破坏共和而复行其专制政策也,不可得矣。至于混同内阁之弊害,前论固已述之。此次内阁之所以倒者,一由于袁世凯之专制,而一则因国务院中意见之纷杂而然者。痛定应思痛,今痛尚未定也,而遂又欲蹈此次之覆辙。吾中国今日之危险已达极点,内忧外患叠起交侵,宗社党浸淫乎肘腋,专制魔坐拥其威权,尚能于此暧昧不明之临时期中,再起政府之紊乱,而陷国家于危亡乎?故主张超然内阁、超然总理、混同内阁者,直是亡民国之逆贼而已。故欲救中国危亡,定政府之内讧,以唯一之政策,收健全之效果者,舍完全之政党内阁而外无他策。我国民而有救国之热诚,当此危亡生死关头,急宜审利害定方针,而勿为邪说之所惑也。

唐文权、桑兵编《戴季陶集》,华中师范大学出版社1990年版,第432~436页

△ 银行团巴黎会议结束,获一致协议:日、俄加入,并以六国名义向我国提出大借款之根本条件。

黄远庸《借款内脉之解剖》:

巴黎会议者,以五月十五日伦敦会议之决裂,法国代表为调和起见,乃移至巴黎者也。自六月十七日以至二十日,其会议大纲(一)监督条件,(二)债券发行方法,(三)关于大贷款之种种。其会议情状及条件虽至今言人人殊,而要之伦敦会议之破裂之点,于表面上在此会议中似已一一解决。(一)经济问题,虽发行者仍限于四国之代表银行,而俄国于事实上得在比利时发行,日本则不在本国发行时于其所承认之借款额数以内,得许其托法国之共同引受银行(即日法银行)发行之。(二)政治问题,日俄虽声明满蒙特别问题,由外交上解决,不在银行团会议之问题范围以内,然其中实有一最大条件,吾人须切实记忆者,其文曰:六国合同借款虽以六国之合议成之,然关于特定问题,即令只有一国提出异议,则此合议即可作废。

至六国已以觉书表示认为大借款之根本条件者约如左方:

(一)大借款总额为六万万两。(二)六万万两以五年内陆续支出。(三)大借款以六银行(汇丰、德华、道胜、汇理、正金、花旗)为代表。(四)借款用途之监督以六银行之权限行之。(五)对于作抵之中国盐税,当以现在之关税制度整理盐政,并代为征收盐税。

黄远庸《远生遗著》,民国丛书第2编,第99册,上海书店1991年影印,第1卷,第165~168页

6月21日(五月初七日) 工商总长陈其美、司法总长王宠惠,继唐绍仪请假离京后呈请辞职。

《政府公报》:

陈总长前以沪军事未能交卸,而未来京就职,尝迭请开缺另简,亦未经允准。袁世凯前已任命次长王正廷暂行署理其职,是日,继总理唐绍仪辞职之后,乃提出辞呈:

"为呈请事:其美承大总统任命工商总长,因沪军事未能交卸,不克一日就职。其美才绌多病,学无专长,工商重任,本非所胜,已迭请开缺另简,未蒙俞允。再四思维,与其旷职误

公,愆尤丛集,何如让贤引退?陨越无虞,伏乞大总统眷念微忱,准予开去工商总长一缺,另简贤能,以襄政务,不胜企幸之至。

1912年6月份《政府公报》,公文,第61号

司法总长王宠惠辞呈:

为呈请辞职敬避贤路事:宠惠前奉任命为司法总长,自知学识褊浅,不足膺兹重任,只因时局艰难,政府急待成立,是以不辞竽滥之讥,勉力就任。视事五旬以来,时形竭蹶。现在地方秩序渐次回复,人心既安,大体已定,若再恋栈不去,深恐陨越贻羞,为大总统知人善任之累。用敢披沥愚忱,恳请辞职,以避贤路。理合呈请鉴核,俯赐批准,不胜屏营待命之至。

徐有朋编《袁大总统书牍汇编》第4卷,上海广益书局1920年版,第8页

6月22日(五月初八日)　孙中山由粤抵上海,接见记者,期以十年完成全国铁路事业。

1912年6月23日《民立报》载《孙先生莅沪记》:

孙先生已于二十一日夜十二时到埠,即寓沧州旅馆。昨晨,陈都督即前留守暨地方各长官均赴旅馆面谒。

《在上海与〈民立报〉记者的谈话》:

孙中山6月22日由粤至沪,《民立报》记者往访,问以粤中近事。

孙答谓:日前少有谣言,近已敉平无事。

记者问:关于政界近情之意见何若?

先生谓:此时不欲发表,现拟专办铁路事业,欲以十年期其大成。目下正与黄君克强商议一切,俟过数日,当可发表计划。

记者遂问:是否到京?

答谓:铁道计划定后,当赴京商诸政府,促其实行。

记者因先生不欲问政界事,甚为投机,乃言曰:北京政界近颇险恶,南方人心因之摇动,若得先生一言,国民当可知所遵守。

先生闻此笑谓:时局虽少混沌,然亦无大变动。此时余以别有所图,故不欲干预时事。鄙意欲握政权者既大有人,似尽可使之肯负责任。设时局竟不可为,余固不能坐视。惟目前小小争执耳,不足虑也。

中国社会科学院近代史研究所等编《孙中山全集》第2卷,中华书局1982年版,第381页

△ 教育总长蔡元培、农林总长宋教仁、署工商总长王正廷相继呈请辞职。

《蔡元培辞职文》:

为呈请辞职事:元培迂愚无状,猥承任命,承乏国务院两月于兹矣。以大总统之英明,唐总理之同志,谬谓追随其间,尚能竭千虑之一得,以贡献于民国。不图理想与事实,积不相容,受事以来,屡进屡退,毫不能有所裨益。始信国务重大,诚非迂愚如元培者所能胜任,屡欲提议辞职,而国务院为有机体,国务院之一员不得有单独行动之自由,牵率因循,负戾滋重,今值总理辞职,国务院当然解散。元培窃愿还我初服,自审所能,在社会一方面尽国民一份[分]子之责任,以赎两月来负职之罪。为此呈请辞职,伏乞照准。

徐有朋编《袁大总统书牍汇编》第4卷,上海广益书局1920年版,第7页

《宋教仁辞职文》:

为沥陈下情恳准辞职事:教仁自奉钧命,承乏农部,夙夜祗惧,期于国事稍有裨益。乃任

事已及三月,部事既未就绪,国务亦不克有所赞助,伴食之讥,在所不免。虽由于开创时代建设事业之不易,实由于教仁政治之素养与经验不足有以致之。抚躬自问,深为惶恐。屡欲向我大总统呈请辞职,以避贤路,以民国新立,人心易动,不敢以一人之故,摇撼大局,故隐忍未发。今者国务总理唐绍仪已辞职,国务院亦有改组之势,教仁窃幸得告退之机会,谨披沥下情,恳请准予解职。抑教仁更有不能已于言者,教仁少孤,长避地东瀛,历十余年,未尝一归觐也。迩来祖母、长兄,相继去世,惟母氏抚媳课孙,撑持门户,近且七旬矣,思子情切,门闾倚遍,每手示促归,谓教仁知有国,而不知有家;知有亲爱同胞,而不知有生身之母。教仁捧书涕泣,悔恨者久之。终以迫于旧政府禁忌,欲束装而不能。然当阴雨晦暝,或长夜不寐时,一念及鞠育之恩,未尝不抚膺长叹,冀早毕吾事,而因得稍伸其孝养之诚。今幸共和告成,国基底定,正教仁退休故园,定省温情之日也。倘犹迟迟恋栈,上何以慰慈闱之望?下何以问人子之心?即向之海外羁迟,亦将无以自解。人孰无情,教仁独忍出此耶?伏维大总统俯鉴愚忱,准解农林总长之职,俾得归省慈帏,遂乌私之养,作太平之民,是所至愿。教仁思亲情切,率直上陈,不胜迫切待命之至。谨呈。

徐有朋编《袁大总统书牍汇编》第4卷,上海广益书局1920年版,第9~10页

《王正廷辞职文》:

为呈请事:窃正廷以樗栎之材,辱承大总统委任工商次长,自度才力菲薄,难膺重任。第念民国新立,天下士夫望治情殷,又以总长在沪,不能不暂时承乏,故正廷慨然受职,勉任其难。曾经电陈钧座,一俟部务粗就,即当解职,以避贤路。乃总长迟滞未至,而组织部务,委任部员,又不遑暇待,大总统计出权宜,委署总长。正廷俯念时艰,大义所在,不敢胶持私见,冒昧受职。数旬以来,夙夜兢兢,时虞陨越。今幸部务粗定,可以重申前请,务请大总统鉴其愚忱,准其开去署工商总长及次长之职。俾可从国民之后,改良社会,辅助盛明,实如至愿,伏祈批示祇遵。谨呈。

徐有朋编《袁大总统书牍汇编》第4卷,上海广益书局1920年版,第10~11页

△ 袁大总统与国务员会议西藏问题。

1912年6月25日《民立报》报道:

是日,袁大总统与国务员会商西藏问题,决定办法如左:一、达赖喇嘛仍为全藏教主,仍其名号,以调和藏人。二、特设军务司驻打箭炉。三、设民政总监驻拉萨。四、藏事平靖后,将前后藏划分为省。

△ 同盟会、共和党及统一共和党三党干部举行联合会,商谈唐绍仪出京后之内阁危机。

1912年6月25日《民立报》《北京电报》:

查唐绍仪辞职后,6月22日,同盟会、共和党、统一共和党召开三党联合会,同盟会到有张耀曾、李肇甫等,共和党到有汤化龙、张伯烈、丁世峄等,统一共和党到有谷钟秀、吴景濂等。同盟会主张政党内阁,"非民国所信仰之人,则本党惟有退出内阁";共和党宣布"同盟会员实不宜再为总理","坚持超然总理、混合内阁之说,对于同盟会政党内阁之主张,诬为扶植党利,宣言决不承认"。

6月23日(五月初九日)　孙中山自广州抵沪,上海各界假张园举行欢迎孙中山、黄兴大会。

黄兴《在上海各界欢迎会上的演讲》:

鄙人自被推任南京留守以来,无日不以民国为忧。今日虽已推倒满清政府,而障碍之物尚多,且现在各国尚未正式承认我民国。目前最要问题,即是财政与内阁两问题。政府既拟借外债,不顾后患,但是稍有知识者无不知外债之可畏。且外国资本团,即欲因此监督我财政。……组织内阁,当政见洽和者方可福国家。【以】今日之现象观之,非政见相争,实以党名相争,前途非常危险。而今后之内阁,若不速为解决,我知非驴非马将继续出现。民国之危,甚于累卵。故当此未解决时,诸君当研究其故而图救。

湖南省社会科学院编《黄兴集》,中华书局1981年版,第237~238页

6月25日(五月十一日)　孙中山在上海分别与《民立报》、《大陆报》记者谈政局、铁路计划、外债、国民捐等问题。

孙中山《在上海与〈民立报〉记者的谈话》:

问:先生对于近日北京之政争,胡为一若不甚措意也者?

先生微笑曰:我国之现象,时人之意,皆隐隐以为缺乏人才,故未能一致进行;以吾观之,颇为不然。吾觉现在无论政府、议会及各处政界、军界,皆有极有本领之人主持其间,尽足以奠安吾民国而有余。所以意见分歧,有才莫展者,皆为经济问题所窘,间接直接遂生困难。因困难而督过,因督过而参差,甚而至于因参差而诟讥。局外之人,又因部分之诟讥,而生全局之恐怖,始成最近不静稳之现象,其实多有所误会也。故我国之经济问题不解决,甚难得一致进行之效果。惟经济问题,每当急迫之时,只能舍本而图末。因本务每乏近效,而末法可以应急,此亦处于无可如何之势。然非本末俱举,将永无手足宽闲之日,必继续而陷于应急之地矣。我政府近日所居之地位,即日夜迫促,止能使用末法聊以应急,此最为可悯者!吾人悠然处于民间,若复从而议其后,即或言之成理,恐不免于隔靴搔痒。

我国一般之舆论,能作务本之谈者,皆以为振兴中国唯一之方,止赖实业。果其此说而信,胡为吾人皆骑马寻马,并不十分注意于实业,仍一意乞灵于不得已之政府?故吾既居国民之地位,应追逐国民之后,力任不计近效之本务。所谓振兴实业者是其旨,暗助我政府渐自拔出于应急之漩涡,还而力助吾国民实业之进行,本末并举,循环相救,此官民协力之道也。且与吾人注重于民生一方面,亦为循序而进,当然必至之手续。

实业之范围甚广,农工商矿,繁然待举,而不能偏废者,指不胜屈。然负之而可举者,其作始为资本,助之而必行者,其归结为交通。今因从事于资本之企画[划]银行财团之组织,随在有人;而谈论交通者稍寡,热心留意于交通事业中之重要所谓铁道者尤鲜。盖承前清扰乱于铁道事业之后,而厌倦之,亦当然之趋势也。

虽然,铁路顾可冷淡视之,以为置之于实业中,仅占区区部分乎?请问苟无铁道,转运无术,工商皆废,复何实业之可图?故交通为实业之母,铁道又为交通之母。国家之贫富,可以铁道之多少定之;地方之苦乐,可以铁道之远近计之。仆之不敏,见识浅薄,然二十年来每有所至,即收其舆图,虽用意颇杂,适用于舆图之计划甚多。但留心比较世界之铁道,实偏有所嗜。故戊戌以前,国内虽知铁道之利者已多,然能大气包举,谋及于内部重要之干路者卒少。仆曾首绘学堂应用之中国地图,精神所最注射者,为内部之干路,幸而亦有助于变易时人耳目之小效,于是京汉、津浦、粤汉、川汉等之干路问题,人人视为重要矣。

独是此仍为腹地狭隘之计划,屈于前清孤儿寡妇愚弱政府之下,得此苟且聊以自足而已,尚非通筹全局,诚得完全强固,捷速振兴之要图者也。以吾策之,沟通全国之真干路,则有三条:(一)南路:起点于南海,由广东,而广西、贵州,走云南、四川间,通入西藏,绕至天山之南。(二)中路:起点于扬子江口,由江苏而安徽,而河南,而陕西、甘肃,越新疆而迄于伊犁。(三)北路:起点于秦皇岛,绕辽东,折入于蒙古,直穿外蒙古,以达于乌梁海。论者必对于北路尤有难色,且谓张家口至库伦之直线为更要;余则以为北路更急。北路乃固围之要道,亦破荒之急务,殖边移民,开源浚利,皆为天然之尾闾。张库直线,虽亦当并作,但彼尚不过连续俄路,依人篱下而已。然三路次第进行,缓急自有斟酌,非与君今日对谈时可毕,故比较上之论争,今可暂置。

记者问:先生之筹此三干路者,其为过屠门而作大嚼之希望乎?抑竟有所把握耶?

先生笑应曰:此曾无袁大总统建设中华民国之难也。

又正色曰:仆虽不敏,以为此策决无困难,(有客至,谈话中断)建筑此三路之计划,吾已思之审且详矣。虽然,今不暇语君,恐简言之,有所误会,仆当择暇详言之。

惟吾有求于一般国民之注意者,先当知振兴实业,当先以交通为重要,计划交通,当先以铁道为重要;建筑铁道,应先以干路为重要;谋建干路,尤当先以沟通极不交通之干路为重要。盖交通尚便之地,人见僻远之干路正在兴筑,而投资相应起营稳便之内部干路者必多。故吾人能放大目光,全力注意于其所难,是不啻四面包围,适促全国人群起而竟成计划之内线,是难之适以易之也。

更有进者,货之弃于地,必荒僻为多,荒僻之足以移民,为世界公认。生齿之繁,至吾国而极矣。仅以内部容吾民,恐即交通便利,而谋仍难。即兴矿物,尚有工不应人之虞,农产无可加辟,早有食不应工之患。世界皇皇然,日夜止有一争点,致糜其倾国之财,以扩张军备而不惜者,则开辟殖民地之问题是也。吾有天然固有之殖民地,置而不经营,则以患贫之国,又自重过庶之困,乃所谓大愚不灵者也。

中国社会科学院近代史研究所等编《孙中山全集》第2卷,中华书局1982年版,第382~385页

孙中山《在上海与〈大陆报〉记者的谈话》:

先生曰:粤东以及各省均并无乱象。有之,只见于报纸上,或发于数西人之心意中而已。倘有兵士一时病狂,轰放空枪,报纸即捕风捉影,指为又起政治革命矣。

记者问:先生对于袁世凯及现在政府能否信任?

先生答:余深信不疑。我知袁世凯实能斡旋大局,必不至有变动。中国人情性和平,为天下最易治理之民。试观香港,以英国寥寥数人,即可管辖数万华人。顷者,吾方潜心规划铁路大计,将使中国全境四通八达,此诚发展中国财源第一要策。此事告成,则中国虽有一千兆之外债,亦不患无力偿还矣。外国不允借债中国则已,苟信任中国而借之以债,则不应过问中国作何用途。假使中国将款投弃于海,亦系自由权。中国于财源发展时,无论债款如何浩大,必有力以如数清还也。

记者问:先生反对政府商借外债否?

先生答:中华民国成立伊始,固不得不借外债,惟各国资本家不应要求监督财政权。

记者问:先生曾与黄克强君筹商招募国民捐办法否?

先生答:吾现居黄君寓所,固曾与黄君商及其事。粤省已认捐三千万元,惜各省不若粤人之踊跃耳。鄙人来沪之宗旨,在于筹办铁路之大计划,大约须留沪两阅月。但顷尚未组织公司,亦未开办其事。吾拟先与国人筹商一切,然后晋京,并赴各省,与袁世凯及各都督熟商

开办章程。建筑之路,拟全归国有。一俟各路告成,则货物流通,苦乐可均,而饥馑之灾亦可免矣。惟所需经费极巨,非一国之资本家所能应借。

记者问:外间传先生在南京任临时大总统时,收受贿赂一百万始允让位于袁世凯。此种污蔑之词,亦闻之否?

先生答:此款我实未见,大抵传播此种谣言之各报纸,应给余此数也!南京政府所有款项,系归财政部收支,一切余不过问。故余闻此谣言,即驰电向唐绍仪诘问,第电未抵京,而唐已出走天津矣。

中国社会科学院近代史研究所等编《孙中山全集》第2卷,中华书局1982年版,第385~386页

△ 袁世凯针对社会上各种猜言致电副总统及各省,申言忠诚于民国之心。

袁世凯《致副总统及各省解释猜嫌》:

世凯束发受书,即慕唐虞官天下之风。以为历代治道之隆污,罔不系乎公私之两念。洎乎中岁,略识外情,目睹法美共和之良规,谓为深合天下为公之训。客岁武昌起义,各省影从,遂使二千余年专制之旧帮一跃而为共和政体。世凯以衰朽之年,躬兹盛会,私冀从此退休田里,共享升平;乃重荷国民委托之殷,膺兹重任。当共和宣布之日,即经通告天下,谓永远不使君主政体再见于中国。就职之初,又复沥悃宣誓,皇天后土实闻此言。乃近日以来,各省无识之徒,捏造讹言,惑摇观听,或以法兰西拿破仑第一之故事,妄相揣测,其用心如何,姑置不闻。大抵出于误解者半,出于故意者亦半。民国成立,迄今半年,外之列强承认尚无端倪,内之各省秩序亦未回复,危机一发,稍纵即逝。世凯膺兹艰巨,不得不力为支柱,冀挽狂澜。乃当事者虽极委曲以求全,而局外者终难开怀以相谅,殊不思世凯,即负国民之委托,则天下兴亡安能漠视?倘明知其不可为而复虚与委蛇,致陷民国前途于不可收拾,纵人不我责,宁独无疚于中?区区此心,可质天日。惟当此艰难缔造之秋,岂容有彼此猜疑之隐?用是重为宣布,凡我国民苟以救国为前提,则当能见其大,万不宜轻听悠悠之说,重为煽乱之媒。若乃不逞之徒,意存破坏,藉端蛊惑,不顾大局,则世凯亦惟有从国民之公意与天下共弃之。事关大局,不敢不沥披素志,解释猜嫌,知我罪我,付诸公论。特此宣言,诸祈亮鉴。

徐有朋编《袁大总统书牍汇编》第5卷,上海广益书局1920年版,第9~10页

6月26日(五月十二日) 袁世凯公布参议院修正国务院官制。

1912年6月28日《民立报》载《总统命令》:

26日临时大总统命令:参议院议决修正国务院官制,本总统按照约法第二十二条公布之。此令。

《国务院官制》:

第一条 国务院以国务员组织之。

第二条 国务员为国务总理及左列各部总长:外交总长、内务总长、财政总长、陆军总长、海军总长、司法总长、教育总长、农林总长、工商总长、交通总长。

第三条 国务总理为国务员首领,保持行政之统一。

第四条 国务总理,于各部总长之命令或其处分,认为有碍前条之规定者,得中止之,取决于国务会议。

第五条 国务总理,依其职权或特别委任,得发院令。

第六条 国务总理,就所管事务,对于地方长官,得发训令及指令。

第七条　国务总理，就所管事务，于地方长官之命令或其处分，认为违背法令，或逾越权限者，得停止或撤销之。

第八条　临时大总统公布法律，发布教令及其它关于国务之文书，关系各部全体者，由国务员全体副署，关系一部或数部者，由国务总理会同该部总长副署；其专属国务总理所管辖者，由国务总理副署。

第九条　左列事项，应经国务会议：一、法律案及教令案。二、预算案及决算案。三、预算外之支出。四、军队之编制。五、条约案。六、宣战媾和事项。七、简任官之进退。八、各部权限争议。九、依法令应国务会议事项。十、参议院咨送之人民请愿案。十一、国务总理或各部总长认为应经国务会议事项。

第十条　国务会议事件，以国务员之同意定之，会议时，以国务总理为议长。

第十一条　国务总理临时遇有事故，呈明临时大总统，以他国务员代理；各部总长临时遇有事故，亦同。

第十二条　本制自公布日施行。

6月27日(五月十三日)　袁世凯准国务总理唐绍仪辞职。

袁世凯《批唐总理辞职呈》：

据呈已悉。前因该总理患病，特准给假五日，派陆徵祥暂行代理。方冀早就痊复，剋日视事。兹据来呈，声称连日延医诊视，旧病渐剧，恳请准免国务总理本官各等情。披阅之余，曷胜系念。该总理于共和宣布以前，南北奔驰，为民国效劳备至。及就任总理，经营擘划，错节盘根，困苦艰难，非可言喻。民国草创，正赖长才，岂容听其退休，失其臂助。特以情词恳挚，出于至诚，不得不谅其苦衷，遂厥初志，应即准允请免国务总理本官，任为政府高级顾问，仍望趁此宽闲，勉自调护。以养疴之余暇，备政治之咨询，将来倚重正多，当有以副国民之望。此批。

徐有朋编《袁大总统书牍汇编》第4卷，上海广益书局1920年版，第3～4页

附《唐绍仪辞呈》：

为病难速痊呈请解职调治事。窃绍仪因病请假赴津就医，荷蒙大总统允许在案。连日延医诊视，旧病转剧，回思去年迭遭家难，闭户养疴，久已无志于宦途，自分沉埋而没世。嗣奉派充议和代表，痛时局之阽危，哀民生之荡析，不敢自逸，力疾驰驱。数月之间，寝食失常，忧劳过甚，精力愈惫。犹幸战祸已息，国事聿新，冀可葆素休神，从容调摄。讵意百废待举之余，忽受首揽政纲之命，自揣病躯，敢膺重寄？徒以南北初合，政府未成，勉竭愚庸，罔辞劳怨。视事以来，夜不成寐，日必发寒，竭蹶以从，未敢言疾。然而蒲柳之质，非可御疾风；驽骀之材，不足以致千里，驯至今日，惧膏肓之渐入，捐顶踵而何裨？惟有恳请大总统俯鉴愚忱，准免国务总理本官，迅简贤能接任，以维大局，俾获乞灵药石，退处清闲，冀得痼疾之疗，长享共和之幸福，无任屏营，待命之至。

徐有朋编《袁大总统书牍汇编》第4卷，上海广益书局1920年版，第4页

《三水梁燕孙先生年谱》：

自唐氏任国务总理，颇有意举责任内阁之实，以避免袁氏与各方之冲突。而袁不之谅，且疑唐挟国民党以自重，有独树一帜之意。而旧北洋官吏之在袁左右者，复日媒蘖之。致使袁、唐之裂痕因之大，会王芝祥督直问题发生，唐遂去职。先是，南京参议院议决接收北方统治权案，有各省督抚一律改称都督，并由谘议局改为省议会公举都督之规定。直隶士绅属意

王芝祥，谘议局并为正式之公举。是时唐方组织政府于南京，亦主张王督直。回京后，袁曾面许之。于是有电王来京之举。唐意此事当无中变，故于直绅晋谒时，亦告以总统已许可，俟王到京即发表。比王至，而直隶五路军界忽来反对之电，盖袁意也。袁氏于北洋大臣之故习，以为此席不可轻以与人，而王氏尤非其旧部，至是即以军界反对为词，改派芝祥往南京遣散军队。唐拒绝副署，谓政府不当失信于直人。嗣袁径以唐未副署之委任状交王芝祥受领。唐知事无可为，乃称病请假，留辞呈而去天津。袁因遣梁士[氏]往津慰留，除传述袁旨外，复谈及私交。唐对梁曰："我与项城交谊，君所深知。但观察今日国家大势，统一中国，非项城莫办；而欲治理中国，非项城诚心与国民党合作不可。然三月以来，审机度势，恐将来终于事与愿违，故不如及早为计也。国家大事，我又何能以私交徇公义哉！"嗣梁与唐深谈竟夕，知唐意终不可留，遂返京复命。至是有准辞之令。

凤冈及门弟子编《三水梁燕孙先生年谱》，民国丛书第2编，第85册，上海书店1991年版，上册，第121～122页

△ 袁世凯命梁士诒邀请参议院正、副议长吴景濂、汤化龙到府，商量改组内阁事。

1912年6月29日《民立报》北京电报：

袁令梁士诒邀请议院正副议长到府，为改组内阁事征询各议员意见，即语以陆徵祥继任总理，求其同意。并嘱其疏通各党，免致纷歧，吴、汤均无反对。大约陆之继任，交议院决议时可望通过。

△ 袁世凯召各枢要人员集议维持现状办法。

1912年6月30日《民立报》北京电报：

昨日袁总统召各枢要人员集议维持现状办法：（一）辞职各国务员竭力挽留。（二）命陆总理、熊财政长速商借款。（三）命段陆军长、赵内务长妥劝军警勿生疑虑。（四）速将国务员名单交参议院通过。

△ 各国务员集议，俟总理任定，各部总、次长即同时解职，由新总理另行组织，以符共和国制度。

1912年6月30日《民立报》

6月28日（五月十四日）　中国同盟会决议，会员不参加新组织之混合内阁。

1912年7月1日《民立报》报道：

是日晚八时，同盟会本部开临时全体职员大会，对于此次内阁问题究应执何态度，讨论结果，决议：袁总统既决任陆徵祥，同盟会决不反对。但混合内阁既经实验于政治进行上生出滞碍，无论此次内阁如何组织，同盟会会员决不加入，即从前之同盟会籍阁员，亦决退出，纯然为在野党监督地位，令他党组织之。

△ 财政总长熊希龄再次提请辞职，袁世凯批复"断难照准"。

《熊希龄辞职呈》：

为呈请事：窃于本月二十九日准国务院咨，称奉大总统发下本总长辞职呈文批开：据呈已悉，该总长接任以来，擘划措置悉臻妥协，商议借款，尤具苦心。现在交涉甫有头绪，更未便遽行引退。至所称物议沸腾，实由外交无术，以致失败等语。查此事前经总长随时面陈一

切,复经国务会议,由国务总理签字,无庸引咎自责。当此国事艰难,该总长当以国家为前提,勿以洁身为尽职。务望熟权时势,勉为其难。所请辞职之处,碍难照准。此批。等因奉此。敬聆之下,仰蒙大总统勉谕至意。本总长虽极庸愚,亦岂不识国家之危险,应尽公仆之义务,无如就职以后,南北两京均值财政奇绌之际,危险状况又在顷刻之间。外界乘我危急要挟愈坚,内部则不问财政之缓急,惟责其立拨巨款,应付稍迟,恫吓即至。非曰咎有攸归,即曰谁认其咎。本总长既乏点金之术,岂能无米为炊?近因垫款章程,各省反对,责备之言,无虑数千。而接济之饷,不见涓滴。虽湖南电允筹助三十万金,然只能供南北两京二日之用。其余各省,半无复音。岌岌情形,不可终日。设有饥军之哗溃,又为本部之愆尤。此外,党派纷争,猜疑恶感,在在皆为政界之障,希龄倘再不知进退,对于国家恐无丝毫之益,而有邱山之损。用敢重申前议,伏乞大总统迅予解职,俾免陨越贻羞。不胜迫切待命之至。须至呈者。

徐有朋编《袁大总统书牍汇编》第4卷,上海广益书局1920年版,第5~6页

袁世凯《批财政总长熊希龄辞职呈》:

据呈已悉。该总长所称困难情形,本大总统亦所深悉。当此财政奇绌,险象环生,吾辈既受国民委托,为两害取轻之计,即名誉亦应牺牲。但求事实进行,不至停滞。该总长苦心孤诣,素以国家为前提,盘根错节,乃别利器。万勿稍存退志,以致全局动摇。所请重申前议迅予解职之处,断难照准。此批。

徐有朋编《袁大总统书牍汇编》第4卷,上海广益书局1920年版,第5页

△ 北京同盟会本部开职员大会,讨论内阁总理问题。

1912年7月6日《民立报》载《同盟会与陆总理》:

北京特派员函:六月二十八日夜,同盟会本部开职员大会,讨论内阁总理问题。经宋教仁、蔡元培、刘揆一、魏宸组诸君先后演说,谓此次陆徵祥出任国务总理,本会断不可反对,其理由有二。一、中国未经各国承认,此时须得一为外人所信任者为总理,于国家前途有绝大关系。陆君在海牙和平会,外人推为亚东第一外交家。前清时掌外部之人到任后,必先谒各国公使,陆氏回国就职,即按各国外交通例,并不往谒,预函通知,约在外交部接见。前清外部接见外宾,均先见大国后见小国,陆君到任力矫前清之失,按照罗马字母次序接见。故德国公使在外部候至两点余钟并无不豫之色。俄公使因蒙古之事用意欺骗,经陆部长洞悉拒绝,又不伤两国交际感情,外交手段最为灵活,是当今仅见之人才,以之充任总理,必得外人之信任,此不可反对者一。二、本会立于监督地位,岂不甚善?此不可反对者二。演说毕,全体拍掌。于是二十九号选举总理,同盟会之通讯员无不投票选举陆征祥君。是以得七十四票之多数通过。北京舆论无不服同盟会大公无我云。

6月29日(五月十五日)　袁世凯特任陆徵祥为国务总理,以代替27日免职的唐绍仪。

1912年6月30日《民立报》北京电报:

袁总统前延询参议院正副议长意见,昨晨七时,将任命陆徵祥继任总理咨文提交参议院。当即报告,公决于本日开全院特别大会取决此事。本日上午九时十五分开会,议员到者八十三人,外宾四人,政府特派员四人,旁听及新闻记者百数十人。首由大总统代表梁士诒报告,略谓:"现值国基初定,最重外交,陆君徵祥学行正大,识见宏通,历充参随、专使、公使十余年,于外交情形知之最稔,各国政治源流尤能洞见本末,实为中外信仰,匡时济变之才。

大总统拟任命为总理，请贵院同意”等语。梁君退，共和党员张伯烈登台演说：陆为外人信用，且于袁总统感情甚密，任陆可结袁欢心，免生意见。语未竟，众嗤声起。郑万瞻言：今为取决问题，非讨论时。众鸣掌如雷。议长令张退，众请议长宣布投票法。议长言：票分白、蓝二种，赞成用白票，否用蓝票，别用记名片，各投一柜。王嘉宾言：专用白票，上写同意、不同意字样。公决赞成。于是议长令扃门投票，连议长共八十四票。投毕，议长请谷钟秀、张耀曾、郑万瞻、殷汝骊、曾彦等五人监督开票，同意七十四票，不同意十票，同意票得过半数，决即日由参议院咨覆袁总统，闭会约近十时。

《袁世凯咨参议院文》：

为咨行事：前据国务总理唐绍仪呈称：因病请假，赴津调治。当经本大总统给假五日，并任命外交总长陆徵祥暂行代理国务总理事务在案。兹复据该总理呈称：连日延医诊视，旧病转剧，惧膏肓之渐入，捐顶踵而何裨，恳请准免国务总理本官，迅简贤能接任以维大局，俾获乞灵药石，退处清闲各等语。本大总统迭次派员赴津诊视勉留，据各该员回称，该总理一再固辞，情词恳切，毫无回京就职之意等语。民国肇兴，百端待举，边方驿骚尚未绥靖，友邦承认尚无正式，总理一职有保持行政统一之责，关系重要，未便久悬。除批准该总理辞职外，自应速行遴员任命，庶一切政务得以进行。现在国基初定，缔造维艰，必须富有经验，中外翕服之人，始堪胜任。本大总统一再遴选，查有现任外交总长陆徵祥，宅心正大，识见宏通，历充参随、专使、公使十有余年，于外交情形知之最稔，各国政治源流，尤能洞见本末，实为中外信仰，匡时济变之才，拟任命其为国务总理。兹特按照中华民国临时约法第三十四条，请贵院同意，即希查照见覆可也。

徐有朋编《袁大总统书牍汇编》第1卷，上海广益书局1920年版，第1～2页

△ 参议院咨大总统拟任命陆徵祥为国务总理案提出公决多数同意文。

《参议院咨》：

……经本院于六月二十九日开特别会议，将此案提出公决，已得多数同意，为此咨请大总统查照。

1912年6月份《政府公报》，公文，第61号

△ 袁世凯对王宠惠、蔡元培、宋教仁、王正廷等辞请均予挽留。

《袁世凯批王宠惠辞职呈》：

来电已悉。司法行政为立国要素之一大部分，该总长湛深法学，众望久孚。现当国事艰难，万端待理，虽大体业已粗定，而前途渺无津涯，所赖群策群力，共扶大局，若复连翩远引，其如国事何？所请辞职之处，实难照准。

徐有朋编《袁大总统书牍汇编》第4卷，上海广益书局1920年版，第7页

《袁世凯批蔡元培辞职呈》：

来呈阅悉。该总长道德高尚，学问湛深，夙所敬佩。当此时局艰难，该总长素以爱国为前提，则此外之得失是非皆可勿计。前经面请辞职，当已再三慰留。至唐总理因病去职，于政治本无关系，万望念国民付托之重，与士类企望之殷，勉抑高怀，同扶大局。安危所系，披沥言之。

徐有朋编《袁大总统书牍汇编》第4卷，上海广益书局1920年版，第6～7页

《袁世凯批宋教仁辞职呈》：

来呈阅悉。该总长学问优长，究心政治，民国前途，正资倚任。现当临时政府期内，国务

员不宜更迭,实为全国公言。该总长平生立志,向以国事为重,则此外皆所勿计。来呈谓不敢以一人之故,摇撼大局,断章取义,异地皆然。谋国之忠,固当如是。若云念母思归,捧书涕泣,具见孝养至情,惟揽辔澄清,正贤母开颜之日。况今交通便利,板舆迎养,尚无跋涉之劳,报国奉亲,公私两尽。该总长素明大义,决不以独善为高也。

徐有朋编《袁大总统书牍汇编》第4卷,上海广益书局1920年版,第8页

《袁世凯批王正廷辞职呈》:

来呈阅悉。前因陈总长迟滞不至,部事无人主持,是以任命该署总长署理此缺。今总长一席仍在虚悬,而时事之艰,无异往日,该署总长素以爱国为前提,尚期贯澈始终,毋萌退志。所谓开去署工商总长及次长之处,碍难照准。

徐有朋编《袁大总统书牍汇编》第4卷,上海广益书局1920年版,第10页

△ 有报纸撰文诬孙中山受贿,孙中山本日致函袁世凯等,要求公布比款用途。

孙中山《致袁世凯等电》:

北京袁大总统、国务员、参议院、财政部、各省都督暨唐少川、陈锦涛二先生钧鉴:报纸喧传文私受比款百万。比款用途,财政部有底账可查,请详细宣布,以昭大信。此事为国家名誉、政府信用、国民道德所关,政府应有明白宣布之责。如文受贿之事果确,国法具在,甘受不辞。倘实为少数私人平[凭]空捏造,更岂能任其逍遥法外?而南北报纸喧传殆遍,政府诸公坐视不理,文一人之信用不足惜,宁不为国家信用计乎?文毁家奔走国事迄数十年,共和告成,虽不敢自居有功,亦自信未有大过。而以党见纷争之故,少数私人竟不惜以毁文一人之名誉者牺牲中华民国,该辈造谣毁谤之徒,清夜扪心,宁无汗背。要之,比款用途既为国家经费,政府应有宣示于国民之责。请财政部将前后用途,正式通告全国,以全国家信用,不胜翘盼之至。孙文叩。艳。印。

中国社会科学院近代史研究所等编《孙中山全集》第2卷,中华书局1982年版,第387页

1912年7月3日《民立报》载袁世凯《复孙中山电》:

执事以国民先觉,奔走国事垂二十年,力排万难,百折不回。际兹共和成立,凡我国人,饮水思源,谁不心折?近日南北报纸,言论庞驳,凡所讥弹,恒逾常轨。执事毁家为国,中外人士共见共闻。乃一二报馆,辄复信口雌黄,造谣误众,殊失言论之责。已交内务部分谕各报馆格外注意,并交财政部迅将比款用途底账详细公布,以息浮议而示大公。

6月30日(五月十六日) 袁世凯颁发通令,禁止勒派国民捐。

《政府公报》:

民国建设,经纬万端,而财政困难达于极点,于是仁人志士思欲合全国之力共相维持,遂发起国民捐之议。忠义激发,可敬可嘉。凡具爱国热心者,自必忍痛割爱,以谋公益。乃发轫未久,流弊颇滋,间有好事之流,假托美名,阴行逼勒,实为倡议诸人所不及料。本大总统既受国民之委讬,愧未能培养元气,若复听闾阎惊扰,而不为之所,问心何以自安?查临时约法定有保护人民财产之条,苟非自愿乐捐,断无侵犯自由之理。当此凋敝之余,乃以饷项支绌,贻累民间,抚衷循省,惄焉如捣。为此申告全国人民,如有强迫勒捐情事,应由各地方长官指交司法衙门,各按本律办理,其即一律晓谕,俾众咸知。

1912年7月份《政府公报》,命令,第63号

△ **中国同盟会上海支部召开夏季常会,请孙中山、黄兴莅会。孙中山委托黄兴代表到会。**

黄兴《在中国同盟会上海支部常会上的演讲》:

本会本有特别之党纲,更当有宏大之党德。所谓特别之党纲者,即孙中山先生夙所主持之民生主义。虽此主义在他党人多未认为必要,或且视为危险,实则世界大势所趋,社会革命终不可免。而本会所主张之社会主义,又极为平和易行。盖十年前本会初成立时,即标明四大主义,其一为平均地权,乃本会与他党特异之点。其详细办法,中山先生于南京、武昌两处均有演说,凡我同志,均当知此主义之必要,力谋进行。现在欧美各国,其政党均略分两种,一为国权党,一为民权党。国权党主增重政府权力,民权党主扩张个人之自由。本会既抱持社会主义,自为民权党无疑。至政党道德,吾人尤宜以宏大之心理对待他党。现在共和党竭力诬蔑本会,如谓孙中山先生得比款一百万,又谓唐总理尽将比款送人,又谓同盟会得比款三十五万,其实皆是捏造。天下事,是非曲直,终有大明之一日,吾人尽可以大度处之,切勿与他党谩骂。况比款事,中山先生已电请财政部宣布,不久即可水落石出乎!至国务总理,已推定陆子兴,吾人亦决不反对,且当竭力维持之。惟既与本会主张之政党内阁不同,自可确守文明国在野党之态度,实行监督。故所谓党德者,即以宏大之心理对异党,断不可尤而效之,捏造谩骂也。

本会亟应举办之事凡三:一、设立政法学校,造就建设人才,因现在为当力谋建设时代;二、扩张言论机关,因本会虽不计较他党机关报之谩骂,却不可不普及政见于国民;三、兴办调查事业,以洞悉国情,使本党所主张,不为纸上空谈。惟此三事,皆非经济不可。现有基本金仅徐固卿君捐万元,及他项捐款两万元,而办学校等事需款正多,望诸同志协力筹议。

湖南省社会科学院编《黄兴集》,中华书局 1981 年版,第 238~239 页

《黄兴代孙中山在会议上的演说词》:

中华民国成立已半年,而一切未能就绪,其原因在于政党未能确立。今日内阁风潮,实非好现象。如何办法,实政党一大问题。前次本会专致力于破坏事业,后革命成功,于南京大会始决议改为政党。夫政党者,以政为党,非以党为政也。本党成立与他党异。中山先生倡三大主义,其特注重者则平均地权一语。本党对于社会亦甚出力,全体一致,此乃本党之特色,可以谓之党风。本党性质与民权党无别。凡此特色,本党须发挥出来。民生主义,孙先生曾屡次演说,惟外间尚未明晰。以世界大势观之,社会革命岌岌不可终日,吾人此次革命,即根据社会革命而来。民生主义繁博广大,而要之则平抑地权。反而言之,即是土地国有。土地是不能增加的,而生齿日繁,土地私有则难于供给。他人见吾党持社会主义,群相惊讶,不知吾人于建国之初,不先固根基则难以立国。故吾党员极宜注意此点,宏其党风。而欲宏党风,须有包含一切之宏量。他党之攻吾也,虽含种种嫉忌而不好之点,吾人亦当引以为戒,认彼反对者为好友,不必反报,含养大度,培植党德,成一个最大政党,于攻击风潮中特立不移,以一特别党风造成一种党德。故吾党从前纯带一种破坏性质,以后当纯带一种建设性质。欲言建设,当得人才;欲得人才,当兴教育。故本党能从教育一方面着手,是绝好方法,先在上海立一宏大学校,教育本会会员,养成法政人才,然后各地再依次增设,渐渐忍耐进行,则本党人才自裕。至现在言论机关,与我为不正之反对者可不理会。惟本党自当多设言论机关,发挥本党政见。二者之外,其最要者为设调查专部。如不加调查,则一切事情不得明了,而万物纷如乱丝。调查部之性质,是国家大事均归调查,而各地分部可任调查之责。然欲调查之完美,必先养成调查之人才。故本党宜集中学以上意志坚卓之人才,授以简单之学科,使分赴各地而得其真相,然后本党对此确切之布告,则始不致谬误。今日政治中心虽

在北京,而实在长江流域。故本机关部之责甚重,即可于上海办起。所得各地报告,然后报告本部,而复合本党政治上人才,研究本会政见,确定进行,布告各支部,使外间知本党政见之所在,或选善于口辩之人,分赴各地演说本党政见。然而此种措施,须有绝强之财力。今本党基金尚无确数,故本党一切应行之事,尚未能着手。……

湖南省社会科学院编《黄兴集》,中华书局1981年版,第239~241页

7月1日(五月十七日)　袁世凯于6月29日经参议院同意正式任命陆徵祥为国务总理。同盟会为此通电党内各支部,宣布绝对主张政党内阁,同盟会员一律不得自由加入陆徵祥的超然内阁。

1912年7月3日《民立报》载《同盟会本部宣布政见》:

上海同盟会支部、机关部、各分部钧鉴:本会于唐总理去职后,开第一次全体职员会,鉴于混合内阁之弊,而超然内阁其害亦与之相等,即绝对主张政党内阁,盖非是则无以袪政治进行之障碍。此次陆徵祥君为总理,陆君硕材,中外同仰,惟义取超然,不合于本党之主张。吾党国务员蔡元培、宋教仁、王宠惠、陈其美、王正廷诸公已遵本会多数同志之决议悉行引退,然非有慊于陆君也。吾党在野之士,丁兹危局,须捐除意见,同德一心,以助当道之不逮,使国人共晓然于吾党乐为政治之牺牲,无所爱于权利,而表其诚洁专一之精神。又本日职员会决议:此次既系超然内阁,凡本会会员皆不得自由加入,务使本会主张先后一致,是为至要。同盟会本部。东叩。

△ 中国同盟会本部致上海机关部解释国务总理唐绍仪离京原因。

1912年7月1日《民立报》载《同盟会本部揭出唐总理野游原因》:

驻沪机关部鉴:唐总理自上礼拜六日出京后,礼拜一由津来电,请假五日,不知者辄以为过,且谣诼纷与,迄未能已。考此次实因唐总理以种种之障碍,莫能实行其所抱之政策,而又不欲悻悻然以去就决绝,故不得已循各国大臣野游通例,于十五、十六出游天津,借请假以为平和之退去,所处得体,无可訾者。今将种种原因揭出,以释当世之疑。唐总理自身任媾和以来,首以南北统一不分畛域为目的,次以整理现今之财政为最要策,故其结果南军着着退让,而孙总统之解职,参议院之北移,黄留守之撤兵销职,盖无一不出于开诚布公;而所约以柏文蔚督山东,王芝祥督直隶者,亦为调和之苦衷。袁总统皆临时异议,谓南军曾北伐,不可与相近,乃别思位置,欲强唐总理副署,唐数言之终不之听,竟将失约法上之副署权。唐为保持民国计,为保持约法计,不能不退者,此其原因一。财政总长熊希龄罔识外交,喜弄骗计,骄谩不才,稽核条件八款,几陷民国危亡之地,独断独行,目无总理,致唐之政策非特不得实行,而反受连带之累,此其原因二。此次内阁本非政党,政见既不无猜疑嫌忌,难以和衷共济,而奸狡者且肆其倾轧排挤,此种弊端实非民国幸福,责任内阁遂致徒托空言,此其原因三。外间不察,助以反对者之巧诋,致令是非颠倒,黑白不详,且有捏造外人书函以诬蔑唐者,伤心病狂莫此为甚。如此行为非污唐氏一人,直辱及民国全体,吾党爱中华民国,只求不愧对国民,至于无价值者可不必多与较量也。

△ 宋教仁复函孙武,解释辞职原因。

1912年7月4日《民立报》载《宋教仁致孙武书》:

接读手书,劝弟以不宜遽萌退志,并以不可负气灰心相戒,所以奖励而督责之者备至,仰

见真诚爱国，并推及弟，人非木石，能无感愧？虽然，弟此次所以辞职，固有不得已之苦衷，政治施展之方，不一其途，此途不遂，则转而之他，或暂退以待，原无所不可，弟虽无似，岂悻悻然为小丈夫之所为者耶？公肇造民国，险阻艰难，备尝之矣，政治方术，定为解人，故谨述衷曲，以明真实，幸垂听焉。政治家之生活，以政见为要素者也，既有一政见，以为非此不足以达国利民福之祈向，则未有不希望其政见之实行者，此天下之通义也。弟此次忝任国务，分治农事，当此急则治标之时，而为此迂缓之任，已非中心所愿，然犹以为既列阁员之群，亦参赞大政方针之一人，则主持所信之政见，以期见诸施行，或亦易事，故姑且承乏其间，以图展布有日。弟尝潜观宇内大势，默筹治国方策，窃以为二十世纪之中国，非统一国家，集权政府，不足以图存于世界，而当兹丧乱之后，秩序败坏，生计凋敝，干戈满地，库帑如洗，外则列强未之承认，内则各省俨成封建，尤非速行军民分治，集中行政权力，整理军队，励行救急财政计划，不足以治目前之危亡。而欲实行此种政策，更非国务员全体一致志同道合行大决心，施大毅力，负大责任，排大困难，坚忍以持之，忠诚以赴之，不足以见最后之功效。乃弟自入国务院以来，迄今已将三阅月，大政方针茫然未见，日开会议，惟问例事，军民分治之方法如何，未尝研究，集中行政权力之手段如何，未尝提议。言裁兵，而各省兵权无收回之策，言理财，而六国银行团垫款用尽后之财政，无善后之方。因循苟且，以延时日，是国务院无全体一致志同道合实行大政方针之精神，已可想象而知。虽唐总理有提纲挈领之志，各部总长各有励精图治之心，而人自为战，相互掣肘，不复成为有系统，有秩序之政见，加以党见分歧，心意各别，欲图和衷共济，更所难得。夫如是而求其成立集权政府，建设统一国家，岂非缘木求鱼之类乎？前月十二日，弟以愤懑之余，目睹借款条件受亏，此心如焚，不能复息，乃于国务会议时，提议决定临时政府大政方针，痛陈国家危急，于政府不可不大决断，以速图救急之故，各皆感动，命弟试草一大政方针之案，并约明日开特别会决定，再明日送交参议院，弟得此命，以为自此政府当大有转机，遂于是夕草政见书（书见后幅），彻夜不寝，次日夕各员皆集院，将讨论此书，乃突接熊财政总长辞职信，众惊，遂中辍讨论，而往熊君寓百方劝留，夜半方归，政见书遂未决定，次日为出席参议院发表此政见之期，各员皆赴议场，而唐总理以政见书尚未决，不敢提出，仅告以借款情况，议员群起诘责，总理受窘而归，则有辞职之议，政府动摇，经数日乃已，于是弟所提议之大政方针案遂无有人论及者，厥后弟提议一二次，亦无有响应者。弟自是乃确知此政府之不足有为，辞职之心，不可遏矣。然犹以为须俟借款事定始可发，故迟迟以迄于今也。今者唐总理业已辞职，则是政府动摇之端已开，弟于是正得告退之一好机会矣。今后任命新总理，其为何人，虽不可知，然弟敢为豫下一断语，其必非能行弟所主张之大政方针之人物，则彰彰也。若犹复游移不决，伈伈伣伣，以伴食其间，人纵不议其后，其如自己良心之责备何哉？（有谓弟为唐总理负连带责任而退者，更皮相之论，）夫合则留，不合则去，原为政治家之常轨。弟虽不足与于政治家之列，然亦窃尝闻其义矣。今弟之所抱，既不能合于以往或将来之当局，则挂冠而行，亦当然之事，又何所容其顾虑耶？至于辞职之后，拟一归省十年久别之慈帏，然后尽力党务，苦战奋斗，伸张所信之政见，以求间接收效异日。天假之缘，或有实行之一日，其结果与恋恋目下之国务院中，当胜数倍。大隈重信云：政治为吾人之生命，吾人一日未死，一日不忘政治。弟昔颇私淑其说，负气灰心之事，固断断乎无有也。尚乞公察弟境遇，鉴谅一切，勿事苛求，不胜愿望之至。闻公已南旋，在京只一晤谈，未克畅意为歉。不日弟事当讫，当于江汉之间，再图握手耳。言不逮意，敬候伟安。宋教仁顿首。

1912年7月3日《民立报》社论《同盟会加入第二次内阁否》(血儿):

内阁改组之势,现已成熟,虽有一二国务员不欲更动,非不更动也,实无异于重行加入也。陆徵祥之任国务总理,既见明文,则新内阁人员发表,当为旦夕间事。同盟会阁员宋教任、蔡元培、王宠惠、王正廷呈请辞职,袁总统虽极意慰留,而诸人去志坚决,恐归无效,其余阁员,陈其美已免官,刘冠雄军人自由,赵秉均与党中感情不洽,未连带辞职,使宋、蔡等果不加入,由大势观之,则新内阁中殆无同盟会之分子,同盟会之不愿加入第二次内阁,非与新总理之意见有所不合也,以实行其主张之政见,故遂不得不牺牲政权,以养成政党内阁之习惯,促进政党内阁之成立也。且夫他党与同盟会恶感甚深,同盟会果恋禄位,一旦加入,则将来排挤之风必起,与其由一党之权利,致陷内阁于危险,何如退而在野,以稍尽监督之责乎?同盟会于未见混合内阁之先,即以不加入混合内阁之意,宣言于大总统之前,可见同盟会对于新内阁之毫无成心矣。论者或以无不赞助之语相疑,然观今同盟会本部之通电曰:吾党在野之士,丁兹危局,须捐除意见同德一心以助当途之不逮,使国人晓然于吾党乐为政治之牺牲,无所爱于权利,而表其诚洁专一之精神。论者观于此,其亦可以释然乎?夫患得患失,朝秦而暮楚,可耻之甚也。主张纯一,履其政见而实践之,大政党之风也。吾于是知同盟会之决不加入第二次内阁,于国于党两获其益矣。

7月2日(五月十八日)　袁世凯正式任命陆徵祥为国务总理后,戴天仇在上海《民权报》上发表《对于陆徵祥之希望》。

1912年7月2日《民权报》载戴季陶《对于陆徵祥之希望》:

陆徵祥为内阁总理,参议院已同意矣,则在此临时期中,陆徵祥对于民国,对于国民即负有绝大之责任,吾人当陆氏登台第一声,其注意当如何也,吾人对于陆氏之政治活动,其希望又当如何也。

陆氏之对外也,外人颇为景仰之,信用之,陆氏为中国第一流之外交家。今陆氏任为内阁总理,当此外交失败,边乱紧急之时,应如何而后始能外服列强,内安百姓乎,此吾人之所最希望于陆氏者也。抑今日陆氏之责任,不仅于外交也,皮之不存,毛将安附,内治不整,外交亦徒委诸空言已耳,陆氏久居异国,本国之国情,尚未十分明了也,今既当总理之任,更望一换其眼光,而注意于内治也。民苦矣,民食问题,急宜注意者也。外患急矣,国防问题,亦急应注意者也。不特此也,财政紊乱,何以理之?预算废弛,何以清之?军队庞杂,何以整之?工商凋敝,何以兴之?若此者,皆吾人所以希望于陆氏者也。且今日外人之所以不能遽承认我民国也,其最大原因,皆借口吾国之国会未成立,正式选举未实施也。吾尤望陆氏登台第一声,则以实行正式选举成立国会为第一表现。然后民国之国体固,共和之精神具矣。非然者,名为共和,而法律也,政治也,无往而不带专制帝国之臭味,内启民疑,外贻国耻,其究也,不造成专制之国家,则酿成第二次之革命,法国往事,可为寒心,大智大仁,应为先备,此又吾之所最望于陆氏者矣。

△ 上海《民立报》发表《论湖北省议会议决没收汉冶萍公司事》的社论,指斥湖北省议会议决没收汉冶萍公司是摧折实业,主张集股商办该公司。

1912年7月2日《民立报》社论《论湖北省议会议决没收汉冶萍公司事》(行严):

本报连日登有汉冶萍公司为鄂议会没收三厂事呈总统文,此吾国实业前途之一大波折,国人万不能不于此注意,请于政海多事之余,为读者抽隙一论列之。

鄂议会所据以没收三厂之理由,在坐实三厂为盛宣怀私产,股东之说,夙为该议会所未闻,今之号为汉冶萍股东会者,乃盛宣怀串捏多人为之,而盛为民国罪人,其私产当作为公有,故公有之案,断不可摇。鄂议会之主张既如此简单,则解决此问题之法,岂容词费?其法为何?即质问鄂议会,如有人能证明汉冶萍公司非属盛宣怀私产,确系商办,而股东会亦实有其事,该议会果云何也?今本报所载公司呈文,即本此质问,胪列左证,而以打消该议会议案之责,课之总统者也。稍有眼光者,皆能烛照鄂议会所议之无结果,而鄂议会非绝无常识,亦决不愿终尸破坏实业之名,故记者之论此题,对于鄂议会颇觉无忠告之必要。惟鄂议会胡乃有此议案,此必为最强之普通心理所中,而此普通心理,今方流行而未已,记者请为推论此点,以告天下焉。

吾国夙患财产分配之不均,迩来不完全之社会主义尤频闻于国中,民军起义一反前清政治之组织,而不平者之理想,自推及于社会上之革命。所谓社会革命者,即财产革命也。于是嫉视资本家,前以形格势禁,不敢昌言者,今则昌言以外,进而实行。军兴以来,国内资本之以此而丧失者不少,鄂人之欲甘心于汉冶萍公司,其一例也。盛宣怀于此,虽有特别理由,可以没收其产,而公司股本之不全出于盛,谓鄂议会未之前知,亦谁信之。明知而明昧之,敢为摧破商办实业之事而无所惜,是必有先入以为之主者矣,是何也?即仇视资本之一念也。此念如印入普通人之脑中,骤不可爬梳,则实业家将失去其信用,无法号召资本,而资本集中之策必不能行,此策不行而实业乃永无发达之望,而吾徒坐视外货如洪水怀山襄陵以灭吾国而已,此其关系岂小也哉?

吾人财产不均之苦,果何若欧美,全美百分之七十之富,为不足百分之二之人口所享,而百分九十之人口,其所享者,仅全富百分之十八。其在英伦,合英爱之人计之,且有人口四分之三至无财产之可言,分配不均如此。以人道言,自应鼓吹社会主义以救正之,而通世界之生计家,未敢放胆为此言者,则实鉴于近世生产之发达为资本凝聚之结果,苟资本动摇,则生计状态将立现退步也。盖国人运用资本有其自由,企业心将因之发展,而生产额因以增加,欧美社会之成为今形,即以此也。反之,资本不握于少数人之手,而散布于人人,则无论在何种极富之国,个体之得数必微,得数既微,而国中以资本不集之故,生产复无可望,则其国必终致槁枯以死,此欧美学者所以对于昌言变更分配组织者诋之为不识时务也。在欧美如此,而吾国尚无生产之可言,且无资本之可言,倘更从实业上仅有之萌芽而摧折之,使以后所有商办实业,微有资者相戒裹足,不敢投焉。此不谓为自杀之愚计不可得矣,不谓素负时望之鄂议会而乃出此。

7月5日(五月二十一日)　英国外交部提出承认中国新政府之前须解决若干问题。

《英国外交部致中国驻英公使刘玉麟说帖》:

其一,我英政府对于承认中国新政府一事,雅不欲参入鸦片问题,然望我英之承认中国共和,实端在中国政府之于我英条约权利能与以完全保护之证据,中国一日不能责令其各省尊重约章,则所谓保护之证据即一日不得谓之为满意,中国中央政府之号令,多不能行于其国,此其破坏一年前所自请签订之条约,特其端耳,长此不已,则英政府之承认中国共和一事,必致延缓。是非于承认期前,对于此等事大有进步之可见,盖不办也。

其二,自中国建立新政体以来,其云南西部之官吏常有仇外之象,又虐待其本国人,……照此情形,则所有关于干犯边界及在缅甸拘捕刘[通]商之人员,我政府务必索请惩办。其李根源一员如仍留于腾越,则中英两国在缅甸边界之交际至有可危,亦务请将该员降调。总之,政府苟不能号令其属员以遵守其与列国订定之条约,则将来须行承认中国共和政府之时,英政府对于如是之政府,殊不能承认,此外部大臣之所以不惮重言以相告也。

中国第二历史档案编《中华民国史档案资料汇编》第3辑,外交,江苏古籍出版社1991年版,第41页

△ 北京国光新闻、民主报、国风日报等各报经理到国民公报社,责问该社总理徐佛苏讥评同盟会及指南京临时政府为假政府事。

1912年7月9日《民立报》北京电报:

昨日国民公报时评痛诋同盟会行亡国政策,有误国害民之罪恶,并指南京为假政府。下午六时,国光新闻、民主报、国风日报各总理率多人向该报总理徐佛苏责问主笔蓝公武潜避去因,将徐扭赴警厅,并捣毁馆中家具及印字处机器,提起诉讼。徐亦具呈诉讼。

7月7日(五月二十三日) 谭人凤著文主张铁路国有,并提出七项理由。

1912年7月8日《民立报》载谭人凤《铁道国有之理由》:

(一)铁路发达,首推英美,然公司势力专横,左右金融,收买政客,抑遏他业,苦累编氓,我国幸未至此,正宜引为鉴,况今日讲求民生主义,无非欲全国资财分配于一般人民,而不愿集中于少数团体之手,倘路归商民个人私有,则此主义终难实现,国民必有陷于痛苦之一日,故今日不讲民生主义则已,欲讲民生主义,当先防异日大铁道公司之弊,欲免此弊,须使铁路归国家公有,以杀其势,此国有政策合于民生主义者一也。

(二)铁路吸收资本,而金融利在流通,使多数金钱固定而不可移,则社会经济杌陧而不能安,此经济学之公例也。我国金融现状,正苦凝滞不通,收铁路以为国家公有,减轻人民负担。使私有资本,得分配活动于他种实业之中,尤为酌剂盈虚之要着,此国有政策可以调和社会经济者二也。

(三)路归民有,利在个人,路归国有,利在国家。在个人为私利,在国家为功[公]利,国家由个人集合而成,个人有维持国家之责,故牺牲私利以利公,实为公理所当然,个人受国家法律之支配,斯国家有限制个人之权,此国有政策合于一般公理者三也。

(四)粤汉路线,约三千里,修路及开车费,约万万元,粤省收股仅及两期,弊窦丛生,股价竟落至二三折矣。股东徘徊观望,越趄不前,欲收三期,谁肯应者,现状如此,无可讳言。降及湘鄂,饥馑连年,贫鲜盖藏,富无猗顿,招股六七载,仅收数百万元,鉴往知来,岂能自饰?故今日欲弥补商股之亏损,救济民之支绌,非由国家完全担负大任不可,亦舍国家公有,无他良策,此国家政策可纾民力之困者四也。

(五)借贷契约,非至清债,不能中断效力,且满清条约,继续有效,起义之初,业已宣言,则借外赀以修此路,实为万不得已之举,铸错已成,补牢未晚,与其蹉跎岁月,做亏利息,何如利用外资,早兴路政,凭借债以从事生产,尤为各国通例乎?各国国有铁路资本,或筹自政府,或人民与政府合资,今以从前商股为人民资本,所借外债为政府资本,公私并筹通力合作,路工早成一日,即外债早还一日,挽救之道,莫善于此,此国有政策可补借债之失者五也。

(六)世界大势,由水运而趋陆运,故欧美列邦,路线密若蛛网,近且有横贯欧亚之大计划。盖国势随路线而扩张,实业因交通而发展,历史具有,班班可考。我国幅员广漠,为统一计,沿边各路,方亟待次第兴办。粤汉一线,北连京汉,西接川滇,南通岭海,物产赖以转输,边陲借以控驭,腹地干线,莫重于此。此年商办公司,虽经成立,然或因贫瘠而股款难筹,或因虚縻而耗财过甚,几经寒暑,成路无期,外视列强,内觇国势,勇猛激进,犹悔其迟,瞻顾因

循，实为非计，此国有政策可以促进实业巩固国防者六也。

（七）各国国有铁路，德最完备，法虽国有民有时相递嬗，然卒行国有主义，挪威、瑞典、荷兰、丹麦、南美、澳洲，相继效仿，澳大利【亚】国有铁路，占十之九，意大利初借民力经营，终收国有，日俄两国，近亦决行国有主义，虽其政策有渐进激进之分，要以路权归国家为主旨，是国有主义，已为世界学者所公认，民国发轫伊始，政策宜取大同，岂可自封故步，此国有政策合于世界趋势者七也。

7月8日（五月二十四日） 日、俄签订第三次《日俄密约》划分内蒙古为两国势力范围。

1912年7月25日《民立报》北京电报：

前日，驻日俄两代表同时来电报告日俄新约已经成立。其要点有三：（一）北满外蒙为俄势力范围，南满内蒙为日势力范围；（二）关于蒙满有一国受人侵犯者，两国共同防御；（三）两国互相尊重日俄、中俄、中日三次条约规定之权利。

1912年7月27日《民立报》社论《日俄新协约之成立与外交界之大势》（血儿）：

日俄新协约之成立，日本外交之大成功也。日本者，素抱野心于我国，而利与俄人共同进行以取优胜者也。夫第二次协约成（西历1910年），而朝鲜并，今第三次新协约又成，满、蒙其亡乎？呜呼！开扰乱和平之局，握东亚之霸权，左提右挈，无所不利，哀矣！日本雷霆风雨之大陆政策，今竟逐渐逼人矣。列国之对日本，俨然有共推为东方盟主之势，然而受愚而不悟者，则俄人也。俄人自日俄战役败挫之后，远东外交无不在在立于被动地位，至其终则狡，而且捷之。日人独享其优厚之利益，而俄不自察，乃与日本愈趋接近，终有今日新协约之订者。迫于欧洲纵横之局，俄人以为非与日本携手于满、蒙为共同之处分，不足解决远东之问题，且竞争接近之故，苟非明划区域一致进行，恐将酿二次战争之祸也。而日人遂利用此心理，以播弄俄人，暗侵其利益矣。第二次协约，日人以之合并朝鲜，进掠南满，俄人于伊犁虽有文牒之恫吓，然绝未收若何利益，如日本之巨者也。今第三次新协约方成，其效果尚未尽知，而日人已公然于俄人势力范围内攫内蒙，而去俄人东侵之路，于满蒙方面接壤，中国者遂尽为日本所占据，俄人将终以北满、外蒙自限，不复可长驱其可萨克之铁骑以南下，俄人之失计，未有过于此者，故曰俄人之受愚也。然而自新协约成立而后，日俄二国对于中国之根据已确实不移，一举手间可任意以施宰割，而日本大陆政策今愈立其基础，毋论日、俄外交之得失如何，正中国危亡之秋，满、蒙宣告死刑之期也。顾日、俄于满、蒙方面，敢明目张胆为共同处分之谋者，则列国对于东亚感情已默许为事所应尔。英国有英俄协约、英日同盟之关系，且有承认英国在西藏自由行动之交换条件，故英国对于日俄之新协约颇表同情，力赞其成。英为世界列强首，英既同意，则二国协约之障碍已去其半。且德、法二国于银行团会议许日、俄加入时，已默许日俄在满蒙有特殊利益。德以最近与俄皇定芬兰之会，情谊日密，而法则本有英、法、俄协商之雅。则德、法二国现于中国虽未明定特殊之利益，然绝不干涉日俄之处分满蒙，已了然可见。于列强中，求一左袒中国之大国，厥惟美。美国者，对于中国素持和平主义，反对日俄在满蒙之特权者也，宜今可与中国以助力矣。然而美国今亦自处于爱莫能助之地，以多方诿间，美人亦疑吾现状不支，且美在中国仅有经济上之关系，对于英、日、俄三国结合而为政治之侵略，绝难独立对付。故吾人意想中以为可得美国牵制之者，今乃无效。吾人对于日俄新协约之成立，外交界所表现之大势如此，能不为之神飞心碎乎？呜呼！邦人君子，曷亟起自图，共谋所以御外乎？警惕猛进，或尚有挽救之地步。不然坐待瓜分之至，宁有幸哉？

△ **国务会议审议通过暂行新刑律施行法草案及其理由。**

《暂行新刑律施行法草案理由》:

凡法典颁行,莫不以无溯及力为原则。然此原则,若绝对适用,则新旧绝续之交,每多室碍。是以各国颁布一种法典,必有所谓施行法者,以救其穷。施行法有时制限新法之效力,有□□[时]认旧法之效力,不惟民商法有之,即刑法亦应有之。盖就刑法而论,有初犯,发现于旧法尚有效力时,而再犯或其它罪,发现于新法实行时代者。有已依旧法判决,而未执行之犯罪,其应行之刑,新法业已废止,无从执行者。有新法无专条,旧法以为罪,非依旧法,则碍难办理者。此等问题,皆应有以解决之。现在暂行新刑律既已颁行,从前施行之法令之关于刑事而在新刑律范围以外者,又未经明文废止,两者之关系,纠纷错杂,不可不有适当之规定。是即本施行法之所由发生也。本法内容共十一条,第一条为具发罪,第二条为累犯罪,第三条为具发罪与累犯罪之并合。凡此皆与单纯之犯罪不同。刑法上有应加重或制限加重者,不能以其一罪发觉在旧法时代,遂不用新法之规定,此为理论上当然之解释。第四条对于已判决未执行或新法已经废止其刑名之案件,比较新旧酌易以相当之刑名、刑期。第五条至第十条为执行所必要之手续,与旧法亦有异同。第十一条系对于三月初十日大总统命令暂行援用各种法律之解释。以上各条,若不明白规定,则施行时,诸多窒碍。此本法之简单理由也。现在各处报部案件,属于第四条者最多,人犯羁禁累累不能执行,故施行法必须从速颁布,始免积压之患。

暂行新刑律施行法

第一条　在旧刑律时,一罪先发,已经确定审判,余罪在新刑律施行后始发者,依该律第二十四条第一项规定,更定其刑。

第二条　在旧刑律时已经确定审判之案,于暂行新刑律施行后,发觉为累犯者,依该律第十九条、第二十条规定,更定其刑。

第三条　在旧刑律时,一罪先发,已经确定审判,余罪在暂行新刑律施行后始发,并与累犯互含者,依该律第二十五条之例处断。

第四条　新刑律未施行前,已经确定审判之案未执行,及遗留案件在执行中者,分别执行如左:

一、现决人犯,无论斩绞,均处绞刑。

二、秋后人犯,例入情实者,处绞刑。

三、秋后人犯,情实例应声叙免勾或改缓,及例入缓决者,处无期徒刑。

四、秋后人犯,例应减遣者,处一等有期徒刑十五年。

五、秋后人犯,例应减流者,处一等有期徒刑十二年,应减徒者,处二等有期徒刑五年。

六、永远监禁人犯,仍处无期徒刑。其监禁若干年者,按照所定年限,处有期徒刑,但不得逾二十年。

七、遣刑人犯例应实发者,外遣处一等有期徒刑十五年,内遣处一等有期徒刑十三年。但已经发配者,外遣处一等有期徒刑十四年,内遣处一等有期徒刑十二年。

八、流刑人犯例应实发满流者,处一等有期徒刑十一年。流二千五百里者,处二等有期徒刑九年。流二千里者,处二等有期徒刑七年。但已经发配满流者,处一等有期徒刑十年。流二千五百里者处二等有期徒刑八年。流二千里者,处二等有期徒刑六年。

九、遣流人犯例不实发者,均照原定年限,处有期徒刑。

十、监候待质人犯,无庸待质,按照所定之刑,依以上各项分别执行。

十一、改处有期徒刑人犯,从前受刑期日,均准算入刑期。

第五条　前条第一款、第二款,应候复准文到三日内执行。其余各款于颁布本律之公报到后七日内执行。

第六条　前条及暂行新刑律第四十条之复准,由司法部行之。前法部所拟即决案件办法,即行废止。

第七条　死刑案件,如系孕妇,虽经前条之复准,非产后逾百日,不得执行。

第八条　犯罪如应特赦或减刑者,由司法部呈请大总统宣告之。

第九条　犯罪如有犯人或其亲属及他人请求大总统特赦或减刑者,由大总统交司法部查复。

第十条　无期徒刑以下各刑,于审判确定后次日执行。但须报部存案。报部程序,以部令定之。

第十一条　凡暂行新刑律未施行以前,关于刑事之法令,为暂行新刑律所未规定,而与国体及暂行新刑律不相抵触者,仍照原条比照施行。

中国第二历史档案馆编《中华民国史档案资料汇编》第3辑,政治,江苏古籍出版社1991年版,第277~280页

7月9日(五月二十五日)　外长陆徵祥、财长熊希龄向六国公使商议大借款,交涉未果。

1912年7月11日《民立报》特约路透电:

财政总长熊希龄昨日下午致书六国银行团,其大旨如下:

前月12号余致贵团书,旨谓讨论借款合同之际,急应磋商垫款问题,故贵团代表于是月24日会议时,曾允电致伦敦议与中政府商订借款英金一千万磅,事逾两星期,尚未接覆,现在各省急需款项,屡请政府协助,但借款未成,政府力难供应各省要需,此余所以昨日有续付垫款数十万两之请,讵意贵团不肯垫付所请之款,故余乃声明不续付垫款,则不得不通告各省令其自行设法筹款,或待中政府另筹他法,以济彼等要需,余又说明当于9号或10号以文书证明余说。今特具函奉达,敬希贵团各代表审夺为盼。再者,中政府与六国银行团之交际虽因前事而受影响,然俟贵团接得总部复示后,窃信仍可续行会议,以期贵团仍得供应中国将来所需之款也。

中政府改革盐课之计划今探悉如下:

政府拟将盐场租户所出之盐尽行并入每担加税洋二元后,再行售与商民,俾得总揽税务,而免产主与商民通同舞弊,一二年后,拟将内围盐场收归国有,在沿海各省设立新式盐厂,仿荷兰之法制造盐砖,行销各处。按从前盐税每年约收银四千一万两,每担征税银二两五钱,熊希龄预算由政府专卖后,虽将来每担税额仅及目下之半数,而收入可增一倍有奇,盖奸商自此将无从漏税故也。且谓将来设立盐厂每所约需银五万两,至是收入税额更可大增云。昨日六国公使与国务总理陆徵祥会晤时,熊总长向各公使宣述改革盐政办法,此事始为外人所知。

7月10日(五月二十六日)　袁世凯通令劝告各政党蠲除成见,同扶大局。

七月十日临时大总统命令:

政党勃兴,我国民政治之思想,发达已有明征,较诸从前帝政时代,人民不知参政权之宝贵者,何止一日千里,环球各国,皆恃政党与政府相须为用。但党派虽多,莫不以爱国为前

提,而非参以各人之意见。我国政党,方在萌芽,其后起之领袖,亦皆一时人杰,抱高尚之理想,本无丝毫利己之心,政见容有参差,心地类皆纯洁。惟徒党既盛,统系或歧,两党相持,言论不无激烈,深恐迁流所极,因各人之利害,忘国事之艰难。方今民国初兴,尚未巩固,倘有动摇,则国之不存,党将焉附?无论何种政党,均宜蠲除成见,专趋于国利民福之一途。若乃怀挟阴私,激成意气,习非胜是,飞短流长,藐法令若弁髦,以国家为孤注,将使灭亡之祸,于共和时代而发生。揆诸经营缔造之初心,其将何以自解?兴言及此,忧从中来,凡我国民,务念阋墙御侮之忠言,怀同室操戈之大戒,折衷真理,互相提携,忍此小嫌,同扶大局。本大总统有厚望焉。

1912年7月12日《民立报》

△ **教育部为征集全国教育家意见,以谋教育事业的发展,在北京召开临时教育会议。**

《蔡元培在全国临时教育会议上开会词》:

今日之临时教育会议,即中华民国成立以后第一次之中央教育会议。此次会议关系甚为重大,因有此次会议,而将来之正式中央教育会议,即以此次会议为托始。且中国政体既然更新,即社会上一般思想,亦随之改革;此次教育会议,即是全国教育改革的起点。此次议决事件,如果能件件实行,固为重要关系;即使间有不能实行者,然为本会已经议决之案,将来亦必有影响。诸君有远来者,即或在近处者,亦是拨冗而来,均以此次会议关系重大之故。

民国教育与君主时代之教育,其不同之点何在?君主时代之教育方针,不从受教育者本体上着想,用一个人主义或用一部分人主义,利用一种方法驱使受教育者迁就他之主义。民国教育方针,应从受教育者本体上着想,有如何能力方能尽如何责任,受如何教育始能具如何能力。从前瑞士教育家(沛斯泰洛齐)有言:昔之教育,儿童受教于成人;今之教育,乃使成人受教于儿童。何谓成人受教于儿童?谓成人不敢自存成见,立于儿童之地位而体验之,以定教育之方法。民国之教育亦然。君主时代之教育,不外利己主义。君主或少数人结合之政府,以其利己主义为目的物,乃揣摩国民之利己心,以一种方法投合之,引以迁就于君主或政府之主义。如前清时代承科举余习,奖励出身,为驱诱学生之计;而其目的,在使受教育者皆富于服从心、保守心,易受政府驾驭。现在此种主义已不合用,须立于国民之地位,而体验其在世界在社会有何等责任,应受何种教育。

社会逃不出世界,个人逃不出社会。世界尚未大同,社会与世界之利害未能完全一致。国家为社会之最大者,对于国家之责任与对于世界之责任,未必无互相冲突之时,犹之对于家庭之责任与对于国家之责任,不能无冲突也。国家、家庭两种责任,不得兼顾,常牺牲家庭以就国家;则对于国家之责任,自以与对世界之责任无冲突者为范围,可以例而知之。至于人之恒言,辄曰权利、义务。而鄙人所言责任,似偏于义务一方面,则以鄙人对于权利、义务之观念,并非相对的。盖人类上有究竟之义务,所以克尽义务者是谓权利;或受外界之阻力,而使不克尽其义务,是谓权利之丧失。是权利由义务而生,并非对待关系。而人类所最需要者,即在克尽某种责任之能力,盖无可疑。由是教育家之任务,即在为受教育者养成此种能力,使能尽完全责任,亦无可疑也。

当民国成立之始,而教育家欲尽此任务,不外乎五种主义,即军国民教育、实利主义、公民道德、世界观、美育是也。五者以公民道德为中坚,盖世界观及美育皆所以完成道德,而军国民教育及实利主义,则必以道德为根本。我国人本以善营业闻于世界,侨寓海外,忍非常之困苦,以致富者常有之,是其一例。所以不免为贫国者,因人民无道德心,不能结合为大事业，以与外国相抗；又不求自立而务侥幸。故欲提倡实利主义，必先养其道德。至于军国民主义之不可以离道德，则更易见。我国从前有勇于公战、怯于私斗之语。现在军队时生事端，何尝非尚武之人由无道德心以裁制之故耳。教育者非为现在，而专为将来。从前言人才教育者，尚有十年树木、百年树人之说，可见教育家必有百世不迁之主义，如公民道德是。其它因时势之需要而亦不能不采用，如实利主义及军国民主义是也。吾人会议之时，不可不注意。

又有一层，我中国人向有一弊，即是自大；及其反动则为自弃。自大者保守心太重，以为我中国有四千年之文化为外国所不及，外国之法制皆不足取；及屡战屡败，则转而为崇拜外人，事事以外国为标准，有欲行之事，则曰是某某国所有也；遇不敢行之事，则曰某某等国尚未行者，我国又何能行？此等几为议事者之口头禅，是由自大而变为自弃也。普通教育废止读经，大学校废经科，而以经科分入文科之哲学、史学、文学三门，是破除自大旧习之一端。

至现在我等教育规程，取法日本者甚多，此并非我等苟且，我等知日本学制本取法欧洲各国。惟欧洲各国学制多从历史上渐演而成，不甚求其整齐划一，而又含有西洋人特别之习惯，日本则变法时所创设，取西洋各国之制而折衷之，取法于彼，尤为相宜。然日本国体与我不同，不可不兼采欧美相宜之法。即使日本及欧美各国尚未实行，而教育家正在鼓吹者，我等亦可采而行之。我等须从原理上观察，可行则行，不必有先我而为之者。例如十三个月之年历，十二音符之新乐谱，在欧美各国为习惯所限，明知其善而尚未施行，我国亦不妨先取而行之。学制之中，间亦有类此者。

此刻教育部预备之议案，大约有四十余种之多，第一类，是学校系统；第二类，是各学校令及规程；第三类，教育行政之关系；第四类，学校中详细规则；第五类，大概含有社会教育性质。

其中有一大问题是国语统一办法。现在有人提议，初等小学宜教国语，不宜教国文。既要教国语，非先统一国语不可。然而中国语言各处不同，若限定以一地方之语言为标准，则必招各地方之反对，故必有至公平之办法。国语既一乃可定音标，从前中央教育会虽提出此案，因关系重要，尚未解决。

此外，又有种种问题，不能单从教育界解决者。如前清学部主张中学以上由中央政府直辖。中学以下归地方政府管辖。日昨有几位谈及，谓废府以后中学校应归省立或县立，此等须俟地方官制颁布后始能规定。现在只能假定一划分之方法，即如中等以上教育取给于国家税，或以国家产业作基本金；中等以下取给于地方税，或用地方产业作基本金。亦只能为假定之方法。

诸君此次来京，想亦有许多议案提出。其间与本部及他议员提出之问题略同者，可以合并讨论。此次临时教育会议时期甚短，而议案至多。若讨论过于繁琐恐耽误时间，不能尽议。盖诸君多半担任教育事务者，即使延会恐亦不能过于延长。所以希望诸君于议案之排列，将重要者提前开议。又每案之中，先摘出重要诸点详细讨论；共他无关宏旨者，不妨姑略之。鄙人今日所欲言者止此。

中国第二历史档案馆编《中华民国史档案资料汇编》第3辑，教育，江苏古籍出版社1991年版，第624～629页

7月12日（五月二十八日） 袁世凯通令各省遵守从前与各国所订条约。并正式任命湖北等十省都督。

七月十二日临时大总统命令：

方今万国并峙，所赖以保持和平者，惟在信守条约，勿相侵越。民国肇造以来，迭经宣布

列国,将从前条约继续遵守。幸赖各国袒怀相与,力赞共和,民国丕基,于焉永奠。大信所在,岂容或渝?现在国内秩序,虽有回复之象,而对于列邦,尤须讲信修睦,乃可巩固邦基。安危存亡,胥视乎此。须知我国此次脱离专制,改建共和,实千载一时之会。当此破坏已终,建设伊始,前途辽远,险象方多,自今以往,正国家祸福之所由分,亦吾人功罪之所由判。凡我国人,各宜履薄临深,互相告诫,着各省都督,各地方长官,各率所属文武军民,讲究约章,切实遵守,勿得稍有违犯,致失大信于天下,而陷国家于危险之途。特此通告,其各懔遵。……各省统一以来,秩序渐就恢复,各该都督绥靖地方已著成绩,除业经任命之都督外,亟应正式任命以专责成。兹任命黎元洪领湖北都督事;谭延闿为湖南都督;孙道仁为福建都督;蒋尊簋为浙江都督;李烈钧为江西都督;尹昌衡为四川都督;张凤翙为陕西都督;胡汉民为广东都督;陆荣廷为广西都督;蔡锷为云南都督,其各整肃军旅,保卫闾阎,肇造民国之丕基,共扶艰危之大局。此令。

1912年7月14日《民立报》

△ **袁世凯通令各省行政官及省议会蠲除意见。**

《通令各省行政官暨省议会蠲除意见》:

民国建设,甫在萌芽,上下一心,官民协力,涤嫌蠲忿,乃克有成,凡我国民所共当猛省者也。各省议会立于监督官厅之地位,论名义则显相对待;论事实则隐相维持,若行政官厅日在忧谗畏讥之中,朝不保暮,必至百事废弛。放弃职权,地方秩序,无以保持,人民将何所托命?即在议会,若惟抵瑕蹈隙,使贤智之精神才力,销磨于言论争执之间;而国家观念,转形薄弱;民间疾苦,未遑调查,亦岂代表人民之本意?数月以来,各省行政长官与该省议会,或因权限而起纷争,或因意气而生冲突,始由误会,继走极端,既无曲谅之诚,复鲜交让之美。本大总统自惟薄德,不能使我邦人士庶化洽太和,内疚于怀,不可终日。要知政府保障民福,议会疏通民情,分虽各殊,道无二致。若彼此抨击,暗斗弗休,何异言居而毁其室家?言行而弃其輗軏?特此布告各省行政长官及各省议会,务宜共体时艰,互相提携。官有不及,则人民拥护而进为后援;民之所欲,则官吏尽力而助其发展。勿胶成见,勿挟私图,庶几开诚布公,以渐臻于大同之治。

《东方杂志》第9卷,第3号,中国大事记

△ **唐绍仪辞职后,北京、上海报纸即传宋教仁将继起组阁,是日,宋教仁借《民立报》发表公开信,说明情况和本人立场。**

宋教仁《致北京各报书》:

连日读贵报载关于鄙人之事,诸多失实,敢为一言。自总理更迭问题发生,蔡王诸君与弟即主张全体辞职,退而在野,即同盟会亦同此意见。乃贵报谓弟自运动为总理,甚且牵及汤君化龙。请贵记者详加访察鄙人所素识在京之人,有曾受鄙人此等运动者否?若有之,即请指出其人。即同盟会间有主张政党内阁者,又何尝即指鄙人为总理耶?

又谓唐少川之走,为鄙排斥,尤非实事。此事问之各国务员便知详细,若不信则问之唐氏,更容易洞晓,无容弟自辩也。

又谓鄙人在南京时,截留湘款六万,运动总理,并主张采用法国制,大宴参议员,亲往鄂运动黎副总统,此等事若皆真实,则必有其相手方,亦请贵报电询湘都督副总统,并面询各参议员,果有此等实事否?至主张采用法国制,虽确有之,然中国究竟应置总理与否,识者皆知之。

弟之主张,岂即自为谋耶?且当日在南京所拟之总理,实为黄克强君,岂尚不可以证明耶?

又谓鄙人迫挟同盟会之国务员辞职,此事亦容易查明,请贵记者询之蔡君元培、王君宠惠、王君正廷等三君之辞职果鄙人所迫挟乎,抑三君自由之意志乎?固不必待鄙人之明辨也。

总之,当此群言淆乱、党争剧烈之时,往往论人论事易走于感情与误会。明知诸公皆以党见之故,箭在弦上,不得不发,然以攻击个人为党争之唯一利器,则有失言论机关之价值,亦非大新闻之所宜出。方今时事日非,外交上危机日迫,内治上整理无术,吾人乃日日为处巢之燕雀,为相持之鹬蚌,何所见之不远耶?窃谓今日党争之法,只宜以政见为标准,即有人欲组织内阁,只问其政见之宜不宜,不当问其人之属于何党。鄙人无似,实不敢有此希冀,目下之计,只欲闭户读书,以预备将来,何必如是咄咄逼人耶?敢布腹心,诸维鉴察,敬候撰安。宋教仁顿首。

陈旭麓主编《宋教仁集》下册,中华书局1981年版,第408~409页

7月16日(六月初三日)　袁世凯令准财政、司法、教育、农林、工商五总长辞职,并任命由赵秉钧等代理。

1912年7月16日《民立报》临时大总统令:

财政总长熊希龄呈请辞职,熊希龄准免财政总长本官。此令。司法总长王宠惠呈请辞职,王宠惠准免司法总长本官,此令。教育总长蔡元培呈请辞职,蔡元培准免教育总长本官,此令。农林总长宋教仁呈请辞职,宋教仁准免农林总长本官,此令。署工商总长工商次长王正廷呈请辞职,王正廷准免署工商总长工商次长本官,此令。任命内务部长赵秉钧代理财政总长,此令。任命工商部参事张新吾代理工商次长,此令。

△ 袁世凯公布法典编纂会官制,共八条。

十六日临时大总统令:

参议院议决法典编纂会官制,本大总统按照约法第三十条公布之。此令。

《法典编纂会官制》:

第一条　法典编纂会掌编撰民法、商法、民事诉讼法、刑事诉讼法,并上列附属法,及其余各项法典。

第二条　法典编纂会,会长一人,由法制局局长兼任。

第三条　法典编纂会,设纂修八人,掌编纂事宜。

第四条　法典编纂会酌设调查员,调查中外法例,助理编纂事宜。

第五条　法典编纂会设事务员二人,掌理文书、会计及庶务,由会长委任。

第六条　法典编纂会为缮写文件及其它庶务,得酌用雇员。

第七条　法典编纂会俟法典完成即行裁撤。

第八条　本制自公布日施行。

1912年7月18日《民立报》

△ 中国同盟会与共和党、统一共和党举行政治谈话会。

1912年7月17日《民立报》北京电报:

昨日同盟会与共和党、统一共和党三党,假财政学堂开政治谈话会,各党员到者为内阁

事在财政学堂开政治谈话会,各党员到者二十余人。首由吴景濂宣告宗旨谓:本会讨论之事应以国家为前提,勿论何党,不能单纯持本党意见,众赞成。各党均有演说。宋教仁言:此次决议不加入内阁为同盟会会内一种法律,各党亦应尊重。谷钟秀、杨廷栋颇反对。旋散会。所有方案俟下次会再行提出。

△ 中国同盟会开全体职员会,讨论有关会务,并表决胡瑛、沈秉堃、孙毓筠不加入内阁。

1912年7月17日《民立报》北京电报:

昨日午后一时,同盟会开全体职员会,提议五条:

(一)研究本会进行方法,由代理主任干事魏宸组提议拟改定名称,组织完全政党。多数谓现值各党竞争剧烈之时,本党若稍有动摇,恐他人利我改名而分势力,其危险有不堪设想者,俟开大会时再行表决。

(二)商讨大会日期,决下礼拜日举行。

(三)妥议对待国民公报案,决通电各支部。

(四)教育会代表李陈述意见,挽留蔡元培,决不再加入。

(五)表决胡瑛、沈秉堃、孙毓筠不加入内阁,因日前袁总统以胡、沈、孙加入国务员,惟本党全体坚执前议,三人亦恪守党议不愿加入,并拟先函告袁大总统预阻委任。遂散会。

7月17日(六月初四日)　袁世凯下令改东三省都督为奉天都督,不再兼辖吉林、黑龙江;东三省外交事项由奉、吉、黑都督会同办理。

1912年7月17日《民立报》临时大总统令:

参议院复议议决,改东三省都督为奉天都督,毋庸兼辖吉江一案,本大总统按照约法第二十二条及第三十条公布之。此令。

《参议院咨大总统议决改东三省都督为奉天都督文》:

查本院议决改东三省都督为奉天都督毋庸兼辖吉江一案,前于六月初六日准咨交复议到院,旋经本院通讯员等将本院议决原案提出修正,先后交特别委员会并案审查,经于七月十一日常会讨论,佥以此案除三省民政由三省都督分别自行办理不相兼辖,已得大总统同意毋庸置议外,其外交、军事两端,东三省逼处强邻,外交事项动关紧要,与他省情形迥殊,应仍照向例由吉江都督会同奉天都督办理。至军政,除关涉边防应令三省直接中央外,其保卫地面,剿办盗匪应归吉江都督专办,毋庸会商奉天都督,以期敏捷,免误事机。此系官制未更改时暂行办法,俟地方官制颁行后,仍遵各省通例办理。以上各节均经公众公决,应即咨请大总统查照公布施行,此咨。

1912年7月17日《民立报》

△ 临时副总统兼鄂军都督黎元洪借谋叛罪名捕杀湖北首义军官祝制六、江光国、滕亚江。

《鄂省军官祝制六等谋乱被诛》:

黎元洪据侦探密报,有军官祝制六、江光国、滕亚江等人,煽惑军界,假改革政治为名,希图推翻军政、民政二府,破坏各司。即经调集近卫军并饬军警将祝、江、滕三人分头拿获,搜出檄文、布告、文书、名册、徽章、令旗、传单、请愿书等项证件,当将三人正法。次日,复在汉口法租界，续获乱党多名，黎都督不欲深究，特出示剀切劝告，并将搜出名册立时销毁，以免牵累。

《东方杂志》第9卷，第3号，中国大事记

1912年7月20日《民立报》武昌电报：

匪首祝制六、江光国、腾亚江等图谋不轨，谬称第二次革命，司令官已拿获正法。

7月18日（六月初五日） 国务总理陆徵祥出席参议院发表政见，并提出国务员人选征求参议院同意。

《参议院四十一次会议速记录》：

七月十八日上午九时三十分开议。议长吴景濂主席，议员出席者九十五人。

议长 今日大总统有咨文到院，拟任国务员求本院同意。

秘书长宣读大总统咨文

议长 大总统咨文拟任命国务员，今日可否投票，刻已电请陆总理十一钟到院。

七号（李素） 同意不同意可于明日投票，须经审查方为慎重。吾辈到院非为维持政党而来，乃为国家支撑危局而来，既受国民委托之重，须以国事为前提。

二十七号（战云霁） 本席以为今天可以投票，何必更待明日？

四十五号（刘成禺） 今日万不能投票，大总统所拟任命之人，其生平事迹大家还未能详知，且今日议员未出席者尚甚多。

一号（苗雨润） 今日不能投票，大总统所拟任命之人能否胜任俱未可知，组织内阁不得不特别慎重，总以明日投票为是。

二十七号（战云霁） 既足法定人数即可投票。

五十七号（宋汝梅） 二十七号之言太无理由，今日大总统有咨文来今日即投票，万无是理。

八十号（陈时夏） 对于国务员同意不同意乃参议院一种特权，议长既未预先通告，今日万不能投票。

九十四号（秦瑞玠） 国务员姓名尚未周知，何能投票？

议长 俱详载于咨文，业经油印分送。

二十八号（张伯烈） 大总统拟任命国务员，议长未发通告，议员不知者甚多，何能即刻投票？

议长 本席所以问大众今日可否投票？

一百十号（丁世峄） 大总统咨文某部某人，其人能否胜任还须调查，今日不能投票。

四十五号（刘成禺）、一百十九号（李述膺）互为争辩。

三十号（谷芝瑞） 议长可以干涉议员之发言，议员不能干涉议员之发言。

议长 诸公发言均应遵守议事细则，否则不能维持秩序，既今日议员未出席者甚多，或可不必投票，俟明日再投亦可。

五十六号（彭允彝） 俟陆总理到院说明之后再行投票为是。

一百十号（丁世峄） 大家均未预备即行投票同意不同意，莫名其妙，岂非无意识之投票？

七号（李素） 应仿照南京办法先交审查，审查之后再行投票。

八十一号（金鼎勋） 主张今日投票者有许多人，主张今日不投票者亦有许多人，请议长付表决。

七十二号(刘显治) 本员以为无论何事均应前二日发通知,以便大家研究。如此重大之事,大家均应详细调查方能投票,今既未先发通告,若当时投票何以对于未到诸君?

一百十三号(覃振) 今日既提出于参议院即可投票,不可迟延,兹事并无法律上之关系,亦无讨论之必要,本员以为事体关系重大愈速愈妙,今日可以投票。

百二十三号(刘彦) 国务员事体关系重大,今日既经提出,原可以投票。俟十一钟陆总理来院说明之后,今日下午投票亦可,明日投票亦可。若赞成者今天赞成,明天仍然赞成,不赞成者今天不赞成,明天仍然不赞成。

议长 顷接陆总理电话据云十一钟准来,俟陆总理将六人历史说明之后,或下午或明日再行投票,现在可按照议事日程先行议事。

五十二号(谷钟秀) 此事关系重大,须先登载于议事日程,今日临时提出,下午投票似乎不可。若谓议员有未出席者不能投票则不成理由,议员本应天天出席,无故不到,过在自己。陆总理来说明之后,明天即可投票。

四十六号(李国珍) 应按照参议院法三十二条办理,参议院议事日程由议长编定先二日通知各参议员,并登载公报。

四十八号(王家襄) 当然登载于议事日程或变更议事日程。

五十六号(彭允彝) 陆总理亦是国务员,何以当日投票时不变更议事日程?

四十六号(李国珍) 虽未登载于议事日程,然而先有通知。

九十四号(秦瑞玠) 应先付审查。

百二十三号(杨廷栋) 俟十一钟陆总理来说明之后再表决明天投票或后天投票,现在可先议事。

议长 现在先开议,俟十一钟陆总理来再将议事停止,陆总理来说明六人历史后明天再行投票。

二十三号、三十号、百十九号、四十五号同时发言。

百十九号(李述膺) 四十五号发言已过四次以上,请议长付禁止。

四十五号(刘成禺) 本员并未发言四次以上,不可信口诬人,诬人者亦应禁止。

二十八号(张伯烈) 一百十九号,不得干涉刘君之发言。

百二十一号(陈同熙) 四十五号何以恶言伤人?

七十九号(张耀曾) 刘君确已发言四次,须尊重议事细则为要。

议长 投国务员之票系国家之事,非个人之事,不可因此事而起冲突。今日之过全属本席不能维持秩序,俟陆总理来院说明六人之历史,明天再行投票,相差不过一日而已,若抱定主义以为同意者仍同意;不同意者仍不同意。

三十三号、四十八号均请付表决。

三十号(谷芝瑞) 无须表决,表决则必又起争执,可先照议事日程开议。

议长 不可因此事彼此生意见,现照议事日程开议,即不表决,诸君以为何如?

三十四号(田骏丰) 相差不过一日,无须表决。

三十号(谷芝瑞) 不能付表决。

二十三号(卢士模) 何以不能付表决?

议长 陆总理现已到院,可请渠说明各国务员之历史,并任用各国务员之意。

陆总理 徵祥今日第一次到贵院与诸君子相见,亦第一次与诸君子直接办事,徵祥非常欣幸。徵祥二十年来一向在外，此次回来又是一番新气象，当在外洋之时，虽则有二十年，然企望本国之心一日不忘。公使三年一任之制尚未规定，所以二十年中回国难逢机会，然每遇中国人之在外洋者，或是贵客，或是商家，或是学生，或是劳力之苦民，无不与之周旋，因为徵祥极喜欢本国人。在衙署时不过一小差使而已，并无了不得，厨役一层，亦要烦自己之开单。此次回来本国朋友非常之少，尚望诸君子以徵祥在外洋时周旋本国人来对待徵祥，则徵祥非常厚幸。二十年间第一次回国仅三个月，在京不过两星期。第二次回国还是在前年，在本国有十一月左右，回来之时与各界之人往来颇少，而各界人目徵祥为一奇怪之人物，而徵祥不愿吃花酒，不愿恭维官场，还有亲戚亦不接洽，谓徵祥不引用己人，不肯借钱，所以交际场中极为冷淡。此次以不愿吃花酒，不愿恭维官场，不引用己人，不肯借钱之人居然叫他来办极大之事体，徵祥清夜自思，今日实生平最欣乐之一日。在外国时不知有生日，因老母故世颇早，此日实可谓徵祥再生之日。以上所说之话，不在公事之内，今且言政事，今日徵祥到院为说明提出国务员之理由，当时徵祥得大总统之厚垣孢子意，蒙贵院诸君子之推爱，不得不勉为担任。任职之后，国务员相继辞职，与大总统商量数四再三挽留，未能转圜，不得已熊、蔡、宋、王四君准其辞职，还有工商总长陈其美君、交通总长施肇基君已经免其本官。后与大总统商议内务部、陆军部、海军部三部总长照旧外，拟任周自齐为财政总长、章宗祥为司法总长、孙毓筠为教育总长、王人文为农林总长、沈秉堃为工商总长、胡惟德为交通总长。外交总长一席此时尚无相当之人，暂由徵祥兼任。今且说明所以任数君之理由。周君在美国有十余年之久，外交上甚有经验，于财政上亦研究颇精。当时未往东省之先，在北京度支部对于借款问题甚为出力，将来民国之财政必然采用外国制度，则周君之任财政总长颇为相宜。章君是法学专家，前清时代所定之法律皆其所擘划，现在法制局所拟各种法律颇为周详，司法制度要从根本上改良，章君当之诚可大有作为克展其学。孙君于哲学原理研究颇深，前后为国家奔走几十余年，纯粹以觉民为宗旨，使其任教育部甚为相宜。王君久在外省，主张民权，不肯沿用前清污吏，其所持政策，社会上颇为欢迎，使其任农林部必能融洽舆情，为农林谋进行。沈君向在广西、贵州等处提倡实业不遗余力，所以任工商部最为相宜。胡君前在外洋，熟悉外情，于合同条约知之最精，将来交通部有订立条约等件必能不误其事。以上数君分任部务皆甚相宜，尚望贵院诸君子赞成通过，使内阁早日成立，因为有数部总长十四日起已经不到部视事，当此存亡危急之秋，万万不能使内阁一日不成立，今日提出六君子甚望贵院诸君通过。

议长 各国务员之历史并任用之意均已由陆总理详细说明，可俟明日用投票方法以决众意。现时间尚早，可赓续议事日程之次序讨论。

1912年8月份《政府公报》附录"参议院会议速记录"

7月19日(六月初六日) 临时参议院投票否决了袁世凯所提六国务员。

1912年7月20日《民立报》北京电报：

袁总统将所拟定各新国务员咨交参议院后，曾派国务院秘书长王广圻往访议长吴景濂，请其设法疏通，吴议长以所提出诸人多数不能同意为对，王退告袁大总统及陆徵祥，知难通过，复致函参议院请暂勿投票，而参议院已定今日开会表决矣。本日开会时，吴议长景濂请假，汤副议长尔和主席，议员到九十八人，外宾女宾各二人，旁听及新闻记者约百数十人。首由秘书长报告袁函，汤询众意。刘彦、李肇甫、谷钟秀等议员佥谓：既拟定交院议决，今复函阻，几同儿戏。该函应无效，仍请投票表决。全体赞成，并定陆总理暂兼外交总长，毋庸投票。

1912 年 7 月 20 日《民立报》特约路透电(本国之部):

袁总统提出之国务员,今晨经参议院以投票否认,致袁总统任定之国务总理,目下孤立无助。陆知此非持久之局,故已宣言拟即辞职。参议院此次否认总统提出之国务员,其理由:(一)因同盟会派之议员反对混合内阁;(二)因他党之议员以党员入阁数少不能满意;(三)提出之国务员内有为议员个人所不赞成者。此据其小焉耳。各党领袖今日下午开会集议,举定代表晋谒袁总统,讨论此事。闻袁总统拟劝各党消泯意见,重行熟商彼此提出之国务员。据半官方消息,参议院不从其言,则将令参议院自行组织国务院。说者谓:参议院党派甚多,互相水火,断难成此。惟其效果或将使参议院知组织内阁之难耳。今日参议院投票表决之前,议长曾宣告总统来文请暂延数日再行表决,各员不允。内有数人公然谓:总统无此权力。(十九日北京电)

1912 年 7 月 20 日《民立报》报道:

今日参议院会议到者九十八人,正议长因事告假,故由副议长主席。秘书官宣读袁总统来文,请暂缓投票表决所举之国务员,以便将该名单撤回修改。各议员辩论此事,投票表决应否从总统之请。主张不从者居多数。因将所举之国务员挨名表决:周自齐得三十四票,章宗祥得三十六票,胡惟德得三十二票,孙毓筠得十二票,王人文得四十二票,沈秉堃得三十二票。议长乃报告,袁总统所举之各国务员全行否认。……闻袁总统已请参议院议员于二十一日宴会,显欲于该院投票表决之前,有所谈论,今参议院竟否认所举各国务员。……

7 月 20 日(六月初七日)　参议院否决六位国务员后,统一共和党、共和建设讨论会皆主组织政党内阁,共和党将此次组阁失败诿过各党。同盟会乃发通电辨证。

1912 年 7 月 24 日《民立报》北京电报:

……有清失政,天下共起,本会免随国人后,略效驰驱,无非欲建立民国,扫除专制,惟飘摇之是惧,何权利之可言?故自南北统一以来,持己以让,待人以诚,往事历历,天日可鉴,而宵人未谅,旧怨日寻,丑诋横诬,无微不至。本会犹坚持党德,尽付公论,所以唐总理辞职,四总长免官,本会绝无异言,并电各省支部切勿误会,要以国家为前提,乃阅共和党效电,谓统一共和党暨本会欲陷国家于无政府,故于国务员六人全不同意,并有推翻陆总理之说,抑何居心险诈,不留余地至于此极?本会如果不爱国家,当时何必毁家舍身,主持革命?本会如果坚持党见,何以参议院前次提出陆总理,出席者八十四人,同意者有七十四票之多,至此次六总长之不通过,实缘当日陆总理到院演说,词旨之猥,胸襟之陋,有迥出人意料之外者,全场面觑,心胆俱灰。共和建设讨论会即晚发出传单,谓如此世难,如此政府,真有亡国之惧。并闻提出各员,多未经本人承认贸然相付,国事焉托,是以有此次之结果,否则统一共和党素抱维持主义,何以有多数不同意之票?共和建设讨论会问学相求,不近政权,何亦有多数不同意者多至八十七票,少亦五十七票,足见人心所同,绝未杂以党见。夫参议院议决多数,议员投票自由,一经确定,懔若民岩,乃共和党恐中央党争之不烈,而播越全国,知一己主张之大误,而嫁衅他人,一纸谬传,全局动摇,本会有深痛焉。当此国基未固,内外交迫,非有同德同心之人,曷克当大艰大难之任?杂揉强合,适以速亡。本会主张政党内阁,确有苦心。不幸吾谋不用,内阁混合,本会会员诚不敢掺入以自欺,而国务重大,亦岂能盲从以逢恶?取舍从违?唯知救国,何得假无政府之谰词,妄相劫蔽?

7月21日(六月初八日)　袁世凯开茶会招待参议院议员协商内阁问题。

1912年7月24日《民立报》北京电报:

昨日下午五时,袁总统在府招待参议员。到者七十七人,……袁先述近接各省电,秋收可望,……惟外交危急较报纸所载万倍,外交人才极为难得,陆君办和会及俄国外交,素著能声,久得外人信仰,为当世第一人才。今财政困难,中央月需三百万,各省索款月需四百万,欠偿外债已近三千万,舍借债实无他法,愿诸公与政府同心协意,维持大局。吴议长请假未到,汤副议长答辞,略谓:本院开院以来,即抱定同心协意主义……,此后,政府如有确定方针,本院断无不同意。

副总统黎元洪通电请参议院即日表决国务院人选。《黎元洪通电》:

六部改组,竟成泡幻,谁为厉阶,遂使莽莽神州陷于无政府地位?国之不存,党于何丽?筹思及此,五内如焚。推厥原因,皆由误解共和,漫无界说,宪纲不振,秩序棼如,内讧不已,外患斯乘,不有法律,其何能国?元洪内查我国之现状,外审列强之视线,蠡测所及,不能不为大总统暨参议院诸君痛切陈之。按文明国法律原则,命令不能变更法律,然非常紧急之时,得发大权命令,紧急命令,是命令可济法律之不及,我国政府一日不巩固,即外人一日不承认,危亡之祸,近在眉睫,此诚危急存亡之时矣。大总统受国民委托之责,责有专归,应请当机立断,无徇党见,无拘常法,但以民福国利为前提,并按约法第十五条、第三十一条、第三十六条得以敏活从事,庶可秩序不紊,而邦本以宁,元洪之期望于大总统者此也。参议院诸君为国民代表,即为国家命源,立法之机关停滞一日,即政府之危险增加一分,争议不决,延宕时日,如国家何?如大局何?识者谓前清之亡,既由立宪,后来之祸,亦在共和,诸君伟划尽筹,谅早见及。人孰无心,何忍出此?惟望知识互换,意见消融,不拘党争,但谋福利,共促国基之巩固,勿滋他族之狡启,庶共和前途,视此为转圜;国会基础,赖此而稳健。觥觥诸公,宁容代虑?元洪之切祷于参议院诸君者此也。尤有进者,财政之磋商,日形困难,邻邦之谋议,正在进行,毫厘偶差,千里贻谬,稍纵即逝,间不容发,长此迁延,噬脐何及?元洪才疏,补苴无术,覆巢可虑,堂燕何安?惟有诉请各都督共扶纲维,以救危局,自兹以往,大总统主持于上,各都督维持于下,并请参议院速为赞同,俾国务员即日表决,政府早日稳固,勿启他人以无政府之笑诮而生其觊觎。元洪虽牺牲性命,冒犯斧锧,诚不忍坐俟灭亡,止沸沃羹之余,偷乐积薪之下,故于政党荣誉无不赞成,意见争执决不阿附,谨策驽骀,为诸君后,前车既覆,来日大难,临电呜挹,不尽神驰。

易国幹等编《黎副总统政书》第12卷,台北文星书店1962年版,第6页

北京军警为国务员否决案,于本月24日,散发传单,诘责参议院;本月25日,又开特别会议,请总统劝告参议院勿持私见,否则解散参议院。1912年7月25日《民立报》北京电报:

京军警界因袁总统前交参议院六国务员案全未通过,愤极,现发传单,拟日内假军事教练所开特别大会,意谓:目下时局危迫万分,若此次所提交六国务员再不通过,当决以最后手段对待参议院云。

1912年7月30日《民立报》载《北京军警界之通告》:

此次阁员全体未能通过,实因参议院议员挟持党见,故作艰难,破坏大局。行政机关一日未能完备,即借款一日无从提议,南北军队如林,饷糈无着,一旦哗溃,则大局不堪设想,参议院身为人民代表,而丧心若此,实为人民之公敌,共和之障碍,虽其中不乏明智爱国之士,然亦苦于口众我寡,而未可如何,加以国基未固,外患已深,各使员之警报,桂太郎之游西,动魄惊心,祸不旋踵,稍有知觉,当如何共济时艰?乃不虑此,而谬执党见,陷国家于无政府险

象,我等厕身军警,熟知祸机将发,不得不先为警告,冀为最后之补救,万一事机危迫,一经破裂,则大势已去,不可收拾,虽食若辈之肉,悔之已晚,应请各界诸君以真正国利民福为前提,激发血诚,共扶危局,否则我同胞掷头颅流鲜血所博得之共和乃为若辈争党见攘私利所断送,想亦非我四万万同胞所能甘心也,言尽于斯,伏维垂察。军警两界全体泣告。

△ **中国同盟会本部举行夏季会员大会改选职员。**

1912年7月23日《民立报》北京电报:

昨(22日)同盟会北京本部开夏季大会,到五百余人,首由代理总干事魏宸组报告:本部成立三月,新会员已得八百余人。次宣布:目下为预备国会选举,亟须注意各方面工作以期发展,但同盟会名义于历史上关系颇为深远,遽行改名,似亦不必,惟名称不改则又易召社会上之嫉视,不能扩张,故如何因应以期两全,应请公决。蔡元培继起表示不能舍己从人,名称万不能改。会众报以热烈掌声。次改选三部主任干事,宋教仁以二百三票当选总务部主任干事;孙毓筠以百六十票当选财政部主任干事;张耀曾以百五十票当选政治部主任干事。

7月22日(六月初九日)　孙中山在上海就任中华民国铁道协会会长,就筑路与借债发表演讲。

孙中山《在上海中华民国铁道协会欢迎会的演说》:

各国人民之文野,及生计之裕绌,恒以交通为比例。中国人民之众,幅员之大,而文明与生计均不及欧美者,铁路不兴,其一大原因也。今中华民国业已成立,发起此会,督促铁道进行,余极赞成。凡立国铁道愈多,其国必强而富。如美国现有铁道二十余万里,合诸中华里数,则有七十万里,乃成全球最富之国。中华之地五倍于美,苟能造铁道三百五十万里,即可成全球第一之强国。否则人民虽多,不能一呼即集,与少何异?幅员虽广,自南而北,自西徂东,交通不便,载运不灵,虽大无济。

惟现欲筑路,因国库款支绌,不得不借外债。然借债立约得当,则永不失败。倘如前清之借债筑路,实亡国之导线。必于订立合同时,脱离国际关系,俾成个人交涉,方无后患。美国未造路以前,其贫与我国相同,后向外国借债兴路,刻已收效。务望诸君勉力进行,于十年内将全国铁路赶紧造竣,以期早收国利民福之效。

中国社会科学院近代史研究所等编《孙中山全集》第2卷,中华书局1982年版,第391页

7月23日(六月初十日)　袁世凯将第二次任命的六位国务员名单,咨行参议院征求同意。

黄远庸《远生遗著》:

大总统以前次所拟阁员未获通过,至为焦灼,昨日复出六人,咨行参议院,略谓:"时局阽危,朝不保暮,阁员悬旷,百务废弛,中外共瞻,险状何可思议?前次提出六员,既经贵院否决,兹重行遴选,拟任周学熙为财政总长、许世英为司法总长、范源濂为教育总长、陈振先为农林总长、蒋作宾为工商总长、朱启钤为交通总长,依临时约法第三十四条咨请贵院同意云云。"此次阁员提案,极其迅速秘密,毫未与各党商议,各党至今日始知之,闻大总统之意,提案乃我固有权限,同意乃参议院自有之权限。此后若不通过,我亦只管多挪几辈人提案,无容先为协商稽延时日也。至其通过与否,则以各党混沌,进退维谷,其态度尚不可预知,惟共和党则已决议一律同意而已。

黄远庸《远生遗著》,民国丛书第2编,第99册,第1卷,上海书店1991年版,第193页

黄远庸《陆总理演说后之政界》:

自陆总理十九日出席演说后,于是参议院中显分维持、推倒二派。推倒者之理由,则谓陆总理之言词猥琐,绝无政策,决不足以当总理之任。主持推倒者,并非故意陷国家于无政府,实缘急切得良政府耳。维持派之言,则有种种理由:(一)陆总理是日出席,系说明提出阁员案之理由,并非发表政见,无所谓信任不信任。(二)凡责任问题之发生,必总理政策失败或违反法律,今总理就职未久,政府空悬,既无政策失败及违反法律之可言,则推倒问题从何发生。以上二则,系从法律上立论者。(三)时事阽危,有政府胜于无政府。况现陆内阁未经试验,并无从判为善为恶。(四)陆总理是日言词即嫌失当,然其外交上之成绩荣誉,断未有以二三十分钟之谈话即可消灭,且彼既兼外交部长,外交上之物望姑不置论,即每逢各国公使谒见外交卿之时,皆一一依次接见,此为自来外交部所未有,今一时从何得此相当之外交卿?若令陆总理退出外交部而舍去总理一席,亦安有此情理?今日时势,是否外交为急?以上二则,则系从政治上立论。(五)陆总理当日谈话,猝然听之,似嫌猥琐,然其自叙生平,绝无矫饰,正见其不欺之处。其甚者至谓其所述不赌、不博、不做生日,实系微讽今日人心风俗之病,足为救国之方药,较之寻常敷衍时务策论语者有金屎之别。(六)谓陆总理习居外国,此次演说,乃以西洋文纡曲之故调演成中语,故一般听之猝以为异,要实无损其人格及政见。(七)据大总统之见,谓即演说不长,亦不见不足为总理。卑斯麦克一到议会,便面红耳赤,则又将何如?(八)陆总理之同意票七十有四,并非共和党之所专举。今日一席谈话,便谓其人一钱不值,则当日之七十四票岂非盲举?以上系从事实上立论者。记者身居中立,不欲下一断语,录此以供国民之公判可也。

大总统据以上种种意见,既坚不准陆君去职,故陆君今已愿留,此着又殊出人意外。惟此次提出六员,若又否决,则陆未必仍居此位耳。且即通过之后,而现在反对党居议会多数,政府与议会感情恶劣,以后如何行政,是又将来一大疑问也。

自否决后,各党之态度,殊无缕述之必要,以混浊吾清洁国民之胸襟。盖记者虽于政闻涉猎殊少,惟颇觉吾国政党之所谓党见者,殊简单耳。同盟会一意认为超然总理之政策失败,则政党内阁之论复活,有主张宋教仁内阁者,此隔宿之腐饭也。有主张黎元洪内阁,而其下由同盟会、统一共和党党人组织之者,此为某日在什刹海集贤堂所决议之计划,魏宸组君提议,宋教仁君亦赞成。盖既足以杜共和党之口,又能令黎君离开武昌,以诸葛武侯出之,其妙计亦不过如此。然此议决非时势所能办到,又不待言。于是又议以蔡锷君为总理者,此亦旧年已有之文章也。此中内情,据一政客告我,谓实有莫大妙用在。盖蔡君系统一共和党人,而其所主张,有颇与共和党接近,提出蔡君,既足以联同盟及统一共和党为一气,又令共和党无从反对。而蔡君之在云南,种种方面人,多不愿意,而不能直言,故莫如用阳推阴倒之术以去之。而统一共和党暨一般迷信蔡君者,乃有拍掌欢笑以为适如我心焉。盖今日政客计策之陋劣如此,政客脑筋简单如此,吾国民何所托乎?然其说之幼稚不能实行,则又无足道矣。

各方面对于此次否决阁员之愤激,因令政界发生一种极新极恶暗潮,此最可注意者也。盖自十九日后事有天巧地合,而日俄同盟之约,及英国在西藏自由行动之宣言,皆发表各报。于是有北京军警特别联合会议通电各省公函规劝参议院之举,有章太炎等联名电致黎副总统请主张许大总统便宜行事之举,有武昌健将邓玉麟君等公函移责参议院之举,其它各省方面移责规劝之书之络绎于参议院者,不可胜述。而京中各报中乃有昌言解散参议院者,此皆恒情所能见及。惟同盟会健将现被推选为本部财政部长之孙毓筠君,亦函致总统请解散参议院,谓与其无政府不如无参议院云云。又参议员田骏丰、郭同等公电各省,痛陈参议院破坏政府之罪,中有刘星楠及段宇清二君,则亦同盟会也。刘星楠君,即于参议院否决大众欢呼拍掌之时,泪涕沾襟,谓此为中华民国最悲极惨之事,诸君不可高兴之,【此】唯一无二之伤心人也。今仅举章、邓之电函如下,以见潮流之一斑而已。

一、章太炎等致武昌电云:“武昌黎副总统鉴:借款不决,东使西行,处分支那,已在商议,往返四月,势在瓜分。原其借口,在中国政府之无能力,政府之无能力,在参议院之筑室道旁。议在锥刀,破文折字,用一人必求同意,提一案必起纷争,始以党见忌人,终以攻人利己。财政部制议二月而不成,陆总长名单以众妬而反对;裁兵之案,延宕逾时;省制之文,磋磨累月,以致政务停顿,人才淹滞。名曰议员[院],实为奸府。时不待人,他族入主。当是时,议员已各为鸟兽散矣,尚能为国民任责任耶?追念前清之亡,既由立宪,俯察后来之祸,亦在共和。迩来南北智士,佥谓改定约法,尚待来年,急在燃眉,岂可坐俟?大总统总揽政务,责任攸归,此存亡危急之顷,国土之保全为重,民权之发达为轻,国之不存,议员焉托?宜请大总统暂以便宜行事,勿容拘牵约法,以待危亡。为议员者,亦当重国家,暂舍高权,总己以听。此盖众心所同而未敢冒死以争者也。某等轻才棉力,人微言轻,以公首倡大义,勋业格天,一言之重,逾于九鼎,为此冒死直陈,不避斧钺,敢请昌言建议,并与各都督府协商速振纪纲以救灭亡,不胜惶悚迫切之至。章炳麟、张绍曾、孙毓筠、王赓叩。”

二、邓玉麟等电。前鄂军第四镇统制邓玉麟、军务部长阎鸿飞、鄂军政府军谘官方兴,愤此次国务员之不予通过,联名致参议院诸君书。其文如下:“参议院诸君惠鉴:诸君非代表全国自负为忧时爱国者乎?亦曾思二十世纪为何时代?中国所处地位为何地位乎?自第一期内阁推翻,新内阁组织月余尚未完全,列强对于远东政策为之大变,外交团借债决裂,日皇亲临议会,西藏风云日形紧急,库伦之兵进攻科布多,瓜分惨祸,悬诸眉睫。其所以迟迟未发者,盖一二野心国欲肆鲸吞独占优胜,均势之局尚未协议妥洽耳。今则桂太郎业已首涂西游矣,日俄同盟业已腾播世界矣。当此千钧一发之时,诸君即协力同心,消融一切,孜孜焉讨论大计,力图补救,尚虞不济。乃不谓辜民国之望,骋意气而昧公理,动则争持党见,以与政府相水火,竟于日昨政府提出之新国务员六名,概以不同意否决之。但此视国事如儿戏,觍然糜月薪二百元,真全无心肝,不知人世何者为耻辱。无论该六员中若沈、王、周之久历封疆,夙著成效,即胡、孙、章亦为近今人才,诸君于其中二三人不能满意,尚属情理,今概以否决了之,揆之诸君心理,无非以大总统施行超然总理混合阁员之政策,未达诸君政党内阁之目的。故要挟全院,事事与之为难,非特此六人不能通过,即使政府再提出六人,知诸君对待方法一仍从前,必欲使大总统、陆总理暨国务各员束手不能措一策,逼令自行辞职,以便诸君之攘窃权利而后已。诸君乎,亦曾思前之推举袁总统、陆总理全院一致者,究为何人?国民之选举诸君,责望诸公,又为何事?当此瓜分间不容发之时,乃以党见为前提,置国事于不顾,一旦民德沦亡,诸君之肉其足食乎?参议院为立法之机关,诸君为全国人民代表,今若此,是立法反为破法,代表反为公敌,科其罪,直与卖国之李完用相去不能以寸。玉麟辈嫉恶如仇,不知忌讳,今与诸君约,苟能痛改前非,以国家为前提,则宽其既往,予以自新,以观后效。如仍怙过不悛,则玉麟辈一介武夫,为国家起见,惟知以武力判断,虽受破坏立法机关之痛骂,亦所不计。稔知诸君对于政府有监督行政之权,玉麟辈身隶军籍,对于政治有不能干预之律,但诸君既舍其正当之任务,则玉麟辈亦不妨弃其应守之法律以监督诸君。矧在玉麟辈身经千磨百折图谋革命,武汉血战之苦,诸君与有何功?今幸大功告成,乃因党见贻误前途,玉麟辈断不能以同志数十年之奔走呼号,拼几许之头颅,溅几许之颈血,方构成如火如荼之民国,一日丧诸君之手，心有所不甘，即义有不容缄默耳。良言止此，听则国民之福，不听则努力自爱，各行其是，逆耳之言，惟希亮察。”

以上诸君之崇论宏议，记者实多不敢赞同，然潮流之相激而成，既已至此，吾辈书生，不必多着议论，惟谨告多数之国民，内外大局，如许之危险而已。

黄远庸《远生遗著》，民国丛书第2编，第99册，第1卷，上海书店1991年版，第188～193页

7月24日（六月十一日） 袁世凯令各省都督各派代表三人入京，以备咨询。

《电令各省都督选派代表进京》：

国务院奉袁大总统令："大局岌岌，非中央与各省同心共济，无以图统一而救危亡。数月以来，内外情形，渐趋一致，顾以距离辽远，脉络不灵，尚不免时有隔阂之虞，将欲图一致之进行，收指臂之实助，心所甚愿，势有未能。本大总统深知各都督洞明大局，力顾艰危，特以无疏通意思之机关，故随在每生捍格。兹定每省各派代表三人，须熟于军事及内政各门，由各都督切实遴选，以阅历甚深，素有经验，而为各都督所信任者为合格。选定之后，即由各该都督加给委任状，迅即来京，以备咨询，并将该代表姓名及起程日期先行电复。"

《东方杂志》第9卷，第3号，中国大事记

7月25日（六月十二日） 姜桂题、段芝贵、马金叙、陆建章与同盟会会员陈策宴请参议员及新闻记者等，希望蠲除党见，完成内阁。

1912年7月27日《民立报》北京电报：

姜桂题、马金叙、陆建章、陈策昨晚（25日）招宴在院各党主干议员、新闻记者及在野政治家百余人于安庆会馆，席中公推孙毓筠主席，由陆建章报告招宴之理由。略谓："当内忧外患相迫而来之秋，正吾人赤心报国之日，务望各党各报蠲除党见，勿尚感情，同心戮力，从事建设，完成内阁，以御外侮。现外间传吾军人有发传单，及函致参议院等事，皆系好事者，或奸人所伪造，吾军人决无此等越分不稳举动，嗣后如有假军人名义，妄肆干涉者，请即按名送来，即惩治不贷。"继陆演说者有各党议员、新闻记者，均以蠲除党见，共图国事相励。

7月26日（六月十三日） 参议院投票表决，同意袁世凯第二次提请任命的六位国务员。

1912年7月27日《民立报》北京电报：

今日（26日）议院开会投表决国务员票，共到九十一人，投票结果，同意票：财政周学熙五十四票，司法许世英七十票，教育范源濂七十票，农林陈振先五十七票，交通朱启钤四十七票，工商蒋作宾四十四票。除蒋少两票未通过，余五人皆得过半数，均通过。

7月27日（六月十四日） 参议院谷钟秀等提案弹劾国务总理陆徵祥，因不足法定人数未能开议。

1912年7月29日《民立报》北京电报：

参议院弹劾陆总理失职案原案如下："民国告成已逾半载，内治尚未就绪，外患相逼俱来，险象环生，不可终日，此诚危急存亡之秋也。然苟有强健之政府，措施悉当，亦未尝不可冀幸万一，转危为安。乃自南北统一以来，唐内阁以混合不一致之故，中道而蹶，而超然总理之陆徵祥遂应时而生。当时国人望治之殷，与本院希望政府成立之切，以为超然总理既可免

党争,陆徵祥在外二十余年,采其虚声,亦或不至大谬,故不惮投同意之票,表示多数之赞同。不料陆徵祥就任二十余日,碌碌无所表现,组织国务员迟之又久,而杂凑成章,以致提出参议院后,因未曾得本人同意之故,纷纷辞谢不就,视国务殆如儿戏,此其失职一也。国务员提出后,陆徵祥到院陈明,是为国务总理第一次出席参议院,然未闻有何政见,惟历叙其履历,能开菜单,不吃花酒,不做生日,种种支离猥屑之词,使全院面觑,旁听诧骇,总理如此,实民国之羞。若谓陆徵祥非发表政见而来,不过出以寻常交际之词,试问参议院为何地?国务总理为何人?国务总理第一次出席参议院为何时?以寻常交际视之,随意乱谈,非属实全无心肝,何以致此?若谓政治家不尽能言,卑斯麦克每登演坛即面赤手战,是其先例,然闻有呐呐不能出诸口之政治家,未闻有出词鄙俗之政治家也,此其失职二也。前此提出之国务员既得全体不同意之结果,第二次组织国务员,宜如何慎选详择以求有补于国务,乃第二次提出之国务员,竟以陆军学校毕业现充陆军次长之蒋作宾强移为工商总长,倒行逆施,殆难索解,此其失职三也。尤可异者,本院同意国务员之权载在约法,同意与否,为本院固有之权,无论何人不得干涉,乃本院不同意之案始行议决,而军警即通电干涉,由此以推,议院对于政府苟有异议,政府即可利用军警以为后援,甚至蹂躏议院,推翻民国,亦事理所必然,此等现象,无论共和国所无,即君主立宪国亦少见,而国务总理视若无睹,经本院议员函诘,尚诿为不知,若非利用有心,即形同聋聩,此其失职四也。夫同舟遇风,惟期共济,覆巢之下,岂容完卵?当此危急存亡之秋,正立法机关与行政机关宜一致进行之际,故国务员但有可以维持之道,决不愿仓促轻易,致涉纷更。但当此国务苟且迁就,必致贻误,心所谓危,难安缄默,谨依约法第十九条及参议院法第五十九条之规定提出弹劾案,请付诸公决后,咨请大总统即免陆徵祥国务总理之职,实于国务大有裨益。"

黄远庸《三日观天记》:

自陆总理演说不佳问题发生以来,内外风云腾跃,记者不才,实有坐井观天之感。因自定纂录二十四至二十六日所闻如左,名曰三日观天记。呜呼!天之苍苍,其正色也耶!其非正色也耶!

(一)二十四日日记

二十四日,军警会议之公电既发,大总统之招待议员,已将无政府之危险尽情披露,统一共和党、同盟会已大生动摇,而是日复有数怪事发生:

(一)有署曰军界公启者,声讨吴景濂、谷钟秀、殷汝骊罪状,并牵及谷之死力为王芝祥君督直者,受得贿赂若干云云,且谓将与天下共诛之。

(二)又另有一传单,谓但能取得吴、谷二人头颅者,赏洋一万元,下不署名。

(三)有署名曰健公十人团者,封送一百零三封信分配各议员,谓若再不牺牲党见者,将以炸弹从事云。

(四)参议院守卫长张某于是日忽向议长请假五日。

(五)不知何人以电话告参议院谁某,声称军警异常激烈,请贵院注意。

此等据记者观察,军警会议公所,系常设机关,其言论举动自有相当负责任之人,决不虑有意外之举动,至于匿名揭帖中之手枪炸弹,在吾人今日视之,何啻寻常茶饭?本无可道之价值,亦决无指使之可言。不料参议员中竟纷纷有议搬出财政学堂外者,有议不出席以暂避者,亦何可笑乃尔?而是晚一时,鼎鼎大名统一共和党之一二等党魁,打电话与共和党院内干事,商量延期投票之事矣。延期投票者,议员诸君之高妙政策也。欲来俟大总统出命令取缔军警之后,乃投同意票,以敷衍面子耳。

(二)二十五日日记

午前,参议院决议延至明日(二十六日)投票,共和党中之激烈家刘成禺等极力反对,痛数吴议长前此于第一次提出阁员时,意欲即时投票。今则时隔二日,而尚欲以何日投票付之表决,高下在心,上下其手,议长是日之尊严为之大损,幸有该党之平和家杨廷栋、李国珍极力调和,卒以多数通过缓期明日。事后刘成禺等出场大骂,记者眼见张耀曾君在休息室中拍桌而笑,谓共和党人真正奇怪,难道主张今日投票,便能通过么?记者深佩张君之言,谓通不过者,必将永远通不过耳。

午前十一时,军警会议公所复开特别会议,中级之军警官皆到;并有来宾马毓宝、余大鸿、邓玉麟(前湖北第四镇统制)、王天纵(现充稽查处总稽查)等出席。席中自有主张激烈之议论,如何如何用兵力解决参议院云云。而决议之结果:(一)请大总统规劝参议院。(二)公举代表往谒陆总理竭力挽留。(三)如参议院此次再不通过,则请大总统解散。并宣言明知军警不得干预政治,但为国家起见,故经由法定机关用和平手段之规劝云云。

午后二时,姜桂题、马金叙(直隶提督)、陆建章(执法处总办)、段芝贵(拱卫军翼长)、陈策(同盟会员)假安庆会馆宴请参议员、新闻记者及政界各员,到者七十余人,并有北伐队长沈佩贞女士一人列席。首由陈策君言:今日主人实为军界四公,不过以策素与诸君稔悉,假以介绍之意,当请孙君少侯为临时主席。孙君报告联络感情,即请主人发表意见。当由陆建章演说,大意谓:各界平日不甚联络感情,以致生出种种误会,久思邀请各界,藉资联络,所以有今日之举。然以军人而有此举,于是外面又生出两种误解。或谓今日之会,为调和党见,诸君之各有其党,各持其党之政见,此为诸公之天能,无调和之必要,更无军人调和之必要。或又谓出于干涉,然以军人干涉政治,我等虽愚,何至出此下策?亦不敢有此举动。既非调和,又非干涉,不过军人等抱一种国家观念,以外患之迫,财政之危,劝告诸君舍内而对外,移缓以救急。今之国务员等内事尚缓,外患及财政之危,其最急者也。并言闻今日有一种谣传,谓军人将至参议院干涉等语。则我等军队虽多寡各有不同,然敢保其必无此事,只要诸公能查出实系军人之证据,则我等自当惩办。

又谓此次共和之成立,新闻记者实与有大功。譬如报告南军如何精强,如何雄猛,如何众多,铺张扬厉,皆系为鼓吹共和起见,决不能谓之造谣。今民国既已告成,诸君何妨用其固有主张,为国家鼓吹之?有如财政虽勉可支持,然即十分困难,诸君何妨在报上说得并不十分困难?国内本无十分党见,然即内部稍有异同,诸君何妨说得并无党见?国内并无何等不统一,然即稍有不十分统一之处,诸君何妨说得统一?则国家之受赐不既多乎?其言语之巧妙,恰合分寸,若令充任总理,必不致有陆子欣君之失败也。随由彭允彝、李国珍、刘成禺、刘彦、宋教仁、张伯烈诸君相继演说,不外大家无不爱国,并无党见等语。惟景耀月君尚极言政党内阁之足以救亡。洋洋一大演说,几令人忘身在宴会之场。殴打国民公报之田桐君尚言别人都说不要党见,我意独以为不可不要党见,又声言舆论之不正当者,须由执法处干涉。北京时报总理陈绍唐忽起而痛骂参议院,谓:明日再不通过,当宣布议员死刑。于是景、刘、宋、白及平日具有意见之议员、新闻记者,同声鼓噪,高呼亡国亡国之声不绝。秩序大乱。张继君急起演说,谓:我们今日在此作客,不可无客人体统,政治之演说,可以不必多作,不如大家多吃几杯酒。陈君亦起答谢,谓:今日因为多吃了几杯酒,又一天忙碌未曾吃饭,措辞稍有失当,用心实属无他。大众和之鼓掌,满天星月矣。刘成禺君曰:如此,不如请溥泉君唱几句歌罢。溥泉君应声而唱法兰西某某之歌,其声呜呜然,大众皆大欢喜。事后有人问记者此席何所比似,记者答之曰:大似鲁智深请泼皮饮酒,特人数多耳。然是日有一异彩,则沈佩贞女士之演说是也。沈君之说甚长,纵论女子参政权、军国民教育等等,于各大纲之下,附以简单说明。其最趣之语,谓男子们皆斗党见,我们女人决无党见云云。座中并有人提议由军界、政界、新闻界共组织一俱乐部,大众皆极赞成。于是段芝贵即离席而言,何妨拿本簿子来,就此发起。嗣复商及场所,有人云就是这个会馆也罢。后又有人云太小太小。其开办日期,不知何日,然若此会竟成,则记者必闻风而遁也。

章太炎主张请大总统便宜行事之电,张绍曾、王赓、孙毓筠皆登报声明并未与闻。是日记者之友之某记者既遇孙君,问以此事原委,孙君答称此等意思,大致我亦赞成。某日在德昌饭店同席,章君痛斥参议院谓非云云不可。我亦甚佩其说,然发电一举,实未与闻。事后章君亦不曾以原稿相示,故非声明不可。记者敢以二语评此一文曰:先生之志则大矣,先生之言则不可也。

日来多数之报,几以组织政府问题事,充满其篇幅,而为人所注视,莫如南北都督党会之公电。参议院所接到讨罪之文,可以盈尺,而秘书处概不发表,亦是闷在里头臭之一法。然据今日多数政客之推测,以为明日二十六日投票之结果,必一半同意,一半不同意矣。后事如何,下回分解。

(三)二十六日日记

天有不测风云,人有旦夕祸福,许多政客预料不能通过或一半通过一半不通过,居然金榜及第,非也,但一人落第耳。

蒋作宾之文章何以名落孙山?及第之五位秀才何以比从前六位做得出色?我辈矮子观场,无从批判。所可注意者,此日阅卷同考官,共九十一人,以共和党出身者,特三十五人。其它同盟会、统一共和党党员同意之票及始终全体不投同意票者,张耀曾、谷钟秀等耳。是日全场秩序,甚为静肃,不知何故同盟会及统一共和党员某君某君,不肯将自己所投之票送到议台,托共和党某君某君代理,此某君某君不肯答应,乃只得亲自出马,而一种扭捏之态,妩媚生姿。有一议员于大众投票之时,拈一条子与其邻席议员,从旁观席上用千里镜视之,则议员无骨四字也。同盟会党员段宇清,此次同意之人也。主张用记名投票,同党议员大哄,问其将向谁人讨好,乃遂作罢。出议场后,遇一常服之军人某君,前南方某军标统也,气象赳赳,大有项庄自鸿门宴上归来神气,胸袋间赫然有物,记者笑问:此中得无手枪乎?究竟其中有子否?某君笑曰:他们若不要国家,我们就不要法律。记者唯唯,一笑而散。

午前十一时,军警界代表四十余人皆赴国务院谒陆总理,陆总理服燕尾服雅步而出,与四十余人一一握手,问姓名籍贯,一一就座。首由余大鸿君致词说明来意,谓:外交危急,非总理维持不可,外间虽有纷纭,总理千万不可去位,此是我等军警界全体之意。本来我等军警界并不干预政治,惟以我等亦是国民之一,国家到如此地步,我等本于国家观念,不能不有此一来。且南北统一,共和大局之成,本系南北军人以国家为前提,不忍流血伏尸,致同胞受涂炭之苦。若总理一去,国事瓦解,外患相侵,战祸必不能免,故我等尤不能不有此一来也。总理答词甚长,大略谓:自十余岁作学生以来,即想牺牲一身为国家尽力,至于今日,此意未尝改变。所以唐内阁时代屡次辞职,而卒奉命于今者,即抱此种思想而来。今诸君全体之好意,甚为感谢。我在外国,亦未曾见军人对于国务员有如此之诚恳者,故我异常感激。我此后无论如何,必将牺牲名誉,牺牲位置,牺牲性命,为国家尽力云云。绝未谈及不吃花酒、不打牌云云,故代表诸君皆大欢悦。有一代表某君告记者曰:陆君演说之短处,一、声浪太低,二、不脱上海土音,三、有外国人说话纡曲之致。非仔细静听,不能得其一贯之意思。然其对人一种亲蔼诚实之气,实属可感。记者曰:有此三种毛病,宜其不为议员欢迎,寄语诸君,以后说话不可带上海白或苏白，尤不可学洋派也。陆君答谢既毕，又由马君毓宝致词谓：凡人办事，不可顾忌阻力，越有阻力，越应前进云云。陆君答谢而散。及此等代表归后，得通过五人消息，喜可知也，然而勿喜，二十七晚弹劾案出矣。呜呼，前之通过是，则今之弹劾非；今之弹劾是，则前之通过非。此等议员之不解议员之神圣，而以国事为儿戏如此。

黄远庸《远生遗著》，民国丛书第2编，第99册，第1卷，上海书店1991年版，第194~200页

△ 河南省议会议员被刺，议员受伤者八人。

《河南省议会议员被刺》：

本日上午，河南省议会正在开议之时，有剪发着长衫者二人，求见议长，守卫两次禁阻，当出枪将守卫击伤，闯入议厅，向议长击射，有预伏于议厅左近者七八人，出而相助，同时复有十余人由大门闯入，分头搜击，并有邀击于东西辕门者，旋即向东城踰垣逃窜，议员被伤者凡八人。

《东方杂志》第9卷，第3号，中国大事记

7月29日（六月十六日） 袁世凯令军警不准干预政治。

二十九日临时大总统令：

军人不准干预政治，迭经下令禁止在案。凡我军人，自应确遵明令，以肃军律。闻近日军界、警界仍有干涉政治之行为，殊属非是。须知军人为国干城，整军经武，日不暇给，岂可旷弃天职，越俎代庖？若挟持武力，率意径行，万一激成风潮，国家前途，曷胜危险？至巡警职在维持治安，尤不应随声附和，致酿祸端。除令陆军、内务两部传谕禁止外，特再申告诫，其各守法奉公，以完我军警高尚之人格。

1912年7月30日《民立报》

△ 本月孙中山接见纽约《独立杂志》特约代表、美国长老会在华代言人李佳白时，作对中国当时政治局势基本看法的讲话。该讲话被发表于当年9月9日《独立杂志》上。

孙中山《中华民国》：

目前，我对我们中国的社会革新，比党务与政治问题更有兴趣。政治革命的任务已经完成，现在我正集中我的思想与精力于从社会、实业与商务几个方面重建我们的国家。对于西方国家劳资间的不协调以及劳工大众所处的困境，我所见已多，因之，我希望在中国能预防此种情形的发生。由于实业的发展，生产必将增加；而此种情形的变化，必将有加深劳工阶级与资本所有者之间分野的危险。我希望看到人民大众的生活状况获得改善，而不愿帮助少数人去增殖他们的势力，直至成为财阀。中国迄今尚没有形成大的中产阶级，我们没有欧美产业发达国家社会上的那些缺点，我们今天所需要的是开发自己广大的资源，对数量上占优势的农民灌输新观念，建立有助于资本成长与流通的新实业，并准备对水灾及其它灾害的受难者，迅速提供救济。这些问题，乃是我目前所关注的，我希望能够完成一些有益于我们民众的事。

我被问及，关于共和政体是否真正适合于中国人民这一问题，我是否反对阐明自己的意见？

那一直是我的计划的一部分，我不但要推翻满清政府，并且要建立共和政体。民主的观念在中国一向颇为流行，没有理由要以君主政体来妨害这种民主观念。中国人民不但爱好

和平，遵守秩序，而且也浸染了选择自己的代表管理自己事务的观念。我们所需要做的，只是把这种民主观念付诸实行。为此，人民须有自己选出的全国的及各省的代表，他们为人民所选，代表人民，将为人民的最高利益而工作。我们现在为建立一种最能适应我们广大国土与众多人口的共和政体所遇到的困难，是不可避免的，但我确信没有其它的政体再会在中国建立。中华民国将永久存在。

对于一个政党政府是否构成共和政体的主要部分此一问题，我的答复是：中国和其它所有国家一样，不管政府是民主的或是君主的，政党总是存在的，而且政府的指导权也总是从此一党转移到彼一党的。中国也已开始有自己的政党。事实上，中国的党、社，已经太多，最好他们能联合成两三个有力的大党。每一政党的明确的政策将会随着时间的推移而确定下来。

鉴于目前临时政府时期就有若干政党并存的危险，以及对于人们将热心于其所属的党，而忽视共和以致减弱建立共和政体的努力一事所生的忧虑，我个人的希望是：所有各方均应集中全力于组织新政府，并获得其它国家的承认。临时政府结束之后，民国的首任总统被推选出来，那时组织政党将是安全的。我赞成由行政官员对国民议会负责，犹如几乎所有欧洲国家所采行者。在此种制度之下，政党必须有存在之地位，而且政党间的竞争也无可避免。目前，我以为我们都不应计较彼此间的分歧，共同致力于全国各方面的团结。自从我为让袁世凯出任民国总统而退职以来，我已尽全力支持他并建议一致行动。我深知不和将为国家带来危险，因之，我将运用我所有的影响力以努力于国家的统一，人民的福利和我们资源的开发。

中国社会科学院近代史研究所等编《孙中山全集》第2卷，中华书局1982年版，第392～394页

8月1日（六月十九日）　袁世凯聘英人莫理逊（Morrison）为政治顾问。

《聘英博士莫理逊为政事顾问》：

莫博士为伦敦泰晤士报北京访事，熟悉中国情势，袁大总统特聘为顾问员，本日由内务总长与莫博士订立合同，任期五年，岁俸英金三千磅。

《东方杂志》第9卷，第3号，中国大事记

△ 孙中山与黄兴就北上问题联名致电袁世凯，告以“拟缓数日，即同北上”。

1912年8月13日《申报》载孙中山《致袁世凯电》：

国基新创，缔造维艰。我公雄略伟划，夙深景仰。久欲一亲謦欬，以慰私衷。拟缓数日，即同北上。承过爱派员及轮，愧不敢当。谨此布谢。

8月5日（六月二十三日）　湖北省城发生兵变。

《湖北省城军队因退伍事哗变》：

鄂省军饷支绌，拟将军队酌量裁汰。第一镇二协三标兵士，因刘协统、胡标统驭下专横，夙多恶感，先是该营兵士，有请退伍者，长官不之许。三日刘协统点名放饷，将该标大加裁汰，兵士咸怀不平，佥谓愿退者既不允准，而不愿退者，乃强迫之，殊失军人之意，遂于四日秘密会议，谋所以推倒刘、胡之策。适本日该镇黎统制（黎天才，编者）派谢参谋莅营演说退伍之事，谢参谋语言粗率，多不近情，兵士有驳之者，即以恶声相向，且声言如敢抗违，当以军法治罪，于是兵士大哗，群至军械房抢夺子弹，相率溃变，当场击毙军官二名，伤数名。楚望台军械所守兵，闻声响应，分兵拦守通湘、起义二城门。黎都督闻报，即饬各军飞往弹压，将变兵包围，一面派唐、黄两参谋协同统制黎天才，步行至变兵占领区域内，剀切劝道，并允将刘、

谢撤差,变兵遂陆续回营。旋由兵士指出为首起事陈兆鳌一名,讯实正法。

《东方杂志》第9卷,第3号,中国大事记

8月9日(六月二十七日)　黎元洪指《大江报》鼓吹无政府主义,图谋不轨,派军警查封报馆,并通缉该报主任何海鸣、编辑凌大同。

1912年8月11日《民立报》汉口电报:

汉口大江报因持论于政界有微词,忽被封禁,并拘去主笔三人。又闻黄祯祥已奉副总统命令查拿何海鸣君。

8月10日(六月二十八日)　袁世凯公布中华民国国会组织法、参议院议员及众议院议员选举法。

《中华民国国会组织法》:

第一条　民国议会,以左列两院构成之:参议院、众议院。

第二条　参议院以左列各议员组织之:一、由各省省议会选出者每省十名。二、由蒙古选举会选出者二十七名。三、由西藏选举会选出者十名。四、由青海选举会选出者三名。五、由中央学会选出者八名。六、由华侨选举会选出者六名。

第三条　众议院以各地方人民所选举之议员组织之。

第四条　各省选出众议院议员之名额,依人口之多寡定之。每人口满八十万,选出议员一名,但人口不满八百万之省,亦得选出议员十名。

人口总调查未毕以前,各省选出之名额如左:直隶四十六名;奉天十六名;吉林十名;黑龙江十名;江苏四十名;安徽二十七名;江西三十五名;浙江三十八名;福建二十四名;湖北二十六名;湖南二十七名;山东三十三名;河南三十二名;山西二十八名;陕西二十一名;甘肃十四名;新疆十名;四川三十五名;广东三十名;广西十九名;云南二十二名;贵州十三名。

第五条　蒙古、西藏、青海选出众议院议员之名额如左:蒙古二十七名;西藏十名;青海三名。

第六条　参议院议员任期六年,每二年改选三分之一。

第七条　众议院议员任期三年。

第八条　两院议长副议长,各由本院议员互选之。

第九条　无论何人不得同时为两院议员。

第十条　民国议会之开会及闭会,两院同时行之。

第十一条　民国议会之会期为四个月,但依事情之必要,得延长之。

第十二条　民国议会之议事,两院各别行之。同一议案不得同时提出于两院。

第十三条　民国议会之议定,以两院之一致成之。一院否决之议案不得于同会期内,再行提出。

第十四条　民国宪法未定以前,临时约法所定参议院之职权,为民国议会之职权。但左列事项,两院各得专行之:一、建议。二、质问。三、查办官吏纳贿违法之请求。四、政府咨询之答复。五、人民请愿之受理。六、议员逮捕之许可。七、院内法规之制定。预算决算,须先经众议院之议决。

第十五条　两院非各有总议员过半数之出席,不得开议。

第十六条　两院之议事,以出席议员过半数之同意决之。可否同数,取决于议长。

第十七条　临时约法第十九条第十一款、第十二款及第二十三条,关于出席及议决员数之规定,于两院各准用之。临时约法第二十一条之规定亦同。

第十八条　临时约法第二十五条、第二十六条,关于参议员之规定,于两院议员各准用之。

第十九条　两院议员之岁费,及其他公费,别以法律定之。

第二十条　民国宪法案之起草,由两院各于议员内选出同数之委员行之。

第二十一条　民国宪法之议定,由两院会合行之。

前项会合时,以参议院议长为议长,众议院议长为副议长。非两院各有总议员三分之二以上之出席,不得开议,非出席议员四分之三以上之同意,不得议决。

第二十二条　本法自公布日施行。

《东方杂志》第9卷,第3号,第15~16页

《参议院议员选举法》:

第一章　总则

第一条　参议院议员,依国会组织法第二条之规定分别选举之。

第二条　参议院议员选举人,于本法各章定之。

第三条　凡有众议院议员被选举之资格,年满三十岁以上者,得被选举为参议院议员。华侨选举会选出之参议院议员,除前项规定外,以通晓汉语者为限。

第四条　参议院议员之选举期日,以教令定之。

第五条　选举用无记名单记投票法。

第六条　选举非有选举人总数三分之二以上到会,不得投票。

第七条　选举以得票满投票人总数三分之一者为当选。当选人不足额时,应再行投票,至足额为止。

第八条　当选人足额后,并依议员定额,选定同数之候补当选人。其当选票额,依前条之规定。凡得票满当选票额,因当选人足额不能当选者,即作为候补当选人。

第九条　当选人及候补当选人名次,以选出之先后为序。同次选出者,以得票多寡为序。

票数同者,抽签定之。

第十条　当选人及候补当选人之姓名及所得票数,由选举监督当场榜示,同时通知各当选人。

第十一条　当选人接到前条通知后,应于二十日以内,答复愿否应选。其逾期不复者,以不愿应选论。但交通不便地方,得延长十五日以内。

第十二条　当选人不愿应选时,依次以候补当选人递补之。但本法有特别规定者不在此限。

第十三条　凡应选者为参议院议员,由选举监督给予议员证书,同时制造名册呈报内务部。

第十四条　议员出缺时,依第十二条之规定递补之。

第十五条　候补当选人之有效期间,至每届议员改选之日为止。

第十六条　第一届选出之参议院议员,于开会后,依左列规定,分为二十七部,每部以抽签法均分为三班。第一班满二年改选,第二班满四年改选,第三班任满改选,嗣后每二年就任满之议员改选之。

各省省议会选出者每省为一部,蒙古选举会选出者为一部,西藏选举会选出者为一部,青海选举会选出者为一部,中央学会选出者为一部,华侨选举会选出者为一部。议员名额,不能三分时,以较多或较少之数,为第三班。

第十七条　议员退任,再被选者得连任。

第十八条　关于选举投票、开票检票、选举变更及选举诉讼,本法所未规定者,准用众议院议员选举法之规定。

第二章　各省

第十九条　各省选出参议院议员之名额,依国会组织法第二条第一款之规定。

第二十条　选举人以各该省省议会议员充之。

第二十一条　各省选举参议院议员,该省省议会议员被选者,至多不得逾定额之半。候补当选人之选举及每届议员之改选亦同。

第二十二条　候补当选人之递补,依名次之先后。但应选或现任之参议院议员,由省议会议员被选者,已满定额之半时,其缺额应以省议会议员外之被选为候补当选人递补之。

第二十三条　选举监督,以各该省行政长官充之。选举场所,以省议会会所充之。选举时间,选举监督定之。

第三章　蒙古及青海

第二十四条　蒙古及青海选出参议院议员之名额,依国会组织法第二条第二款及第四款之规定。

第二十五条　蒙古及青海之选举区划及议员名额之分配如下:哲里木盟二名;卓索图盟二名;昭乌达盟二名;锡林郭勒盟二名;乌兰察布盟二名;伊克昭盟二名;土谢图汗部二名;车臣汗部二名;三音诺颜部二名;扎萨克图汗部二名;乌梁海二名;科布多及旧土尔扈特三名;阿拉善一名;额济纳一名;青海三名。

第二十六条　选举人以蒙古及青海选举会会员为之。

第二十七条　蒙古及青海选举会,依第二十五条规定之区划,以各该王公世爵或世职组织之。前项选举会,得依便宜联合二区以上组织之。

第二十八条　选举监督,以选举会所在地行政长官充之,但得委托相当之官吏代理。选举时间及场所,选举监督定之。

第四章　西藏

第二十九条　西藏选出参议院议员之名额,依国会组织法第二条第三款之规定。

第三十条　西藏之选举区划及议员名额之分配如左:前藏五名,后藏五名。

第三十一条　选举人以西藏选举会会员为之。

第三十二条　西藏选举会,依第三十条规定之区划,由达赖喇嘛及班禅喇嘛会同驻藏办事长官,遴选相当人员,分别于拉萨及扎什伦布组织之。前项人员名额,各以该区应出议员名额之五倍为率。

第三十三条　选举监督,以驻藏办事长官充之,但得委托相当之官吏代理。选举时间及场所,选举监督定之。

第五章　中央学会

第三十四条　中央学会选出参议院议员之名额,依国会组织法第二条第五款之规定。

第三十五条　选举人以中央学会会员充之,但被选举人不以该会会员为限。

第三十六条　选举监督,以教育总长充之。选举时间及场所,选举监督定之。

第三十七条　中央学会之组织,别以法律定之。

第六章　华侨

第三十八条　华侨选出参议院议员之名额,依国会组织法第二条第六款之规定。

第三十九条　选举人以华侨选举会会员为之。

第四十条　华侨选举会,由华侨侨居地所设各商会,各选出选举人一名组织之。前项商会以经本国政府认可者为限。

第四十一条　华侨选举会设于民国政府所在地。

第四十二条　选举监督,以工商总长充之。选举时间及场所,选举监督定之。

第四十三条　华侨选举会会员,因故不能到会时,得具委托证书,委托相当之代理人到会行使其选举权,但代理人以代理一人为限。前项委托证书,须经本人签名,并钤该商会图记。凡选举会会员,不得为代理人。

第七章　附则

第四十四条　本法自公布日施行。

《众议院议员选举法》:

第一编　总则

第一条　众议院议员依国会组织法第四条及第五条之规定分别选举之。

第二条　选举年限,以三年为一届。

第三条　每届选举年限,其选举日期,以教令定之,临时选举日期亦同。

第四条　凡有中华民国国籍之男子,年满二十一岁以上,于编制选举人名册以前,在选举区内住居满二年以上,具左列资格之一者,有选举众议院议员之权。一、年纳直接税二元以上者。二、有值五百元以上之不动产者。但于蒙、藏、青海,得就动产计算之。三、在小学校以上毕业者。四、有与小学校以上毕业相当之资格者。

第五条　凡有中华民国国籍之男子,年满二十五岁以上者,得被选举为众议院议员。于蒙、藏、青海,具有前项资格,并通晓汉语者,得被选举为众议院议员。

第六条　凡有下列情事之一者,不得有选举权及被选举权。一、褫夺公权尚未复权者。二、受破产之宣告,确定后尚未撤销者。三、有精神病者。四、吸食鸦片烟者。五、不识文字者。

第七条　左列各人,停止其选举权及被选举权。一、现役陆海军人,及在征调期间之续备军人。二、现任行政司法官吏及巡警。三、僧道及其他宗教师。前项第二款及第三款之规定,于蒙、藏、青海不适用之。

第八条　左列各人,停止其被选举权。一、小学校教员。二、各学校肄业生。

第九条　办理选举人员,于其选举区内,停止其被选举权,但监督员及蒙、藏、青海之办理选举人员,不在此限。

第二编　各省议员之选举

第一章　选举区划及办理选举人员

第一节　选举区划

第十条　初选举以县为选举区,各以所辖地方为境界。地方行政区划及名称未改正以前,左列各区划均以县论。一、府、直隶、厅、州之直辖地方。二、厅及州。

第十一条　复选区合若干初选区为选举区,其区划别以表定之。

第十二条　行政区划之境界有变更时,选举区一并变更。但原选议员,不失其职。

第二节　办理选举人员

第十三条　各省设选举总监督,以该省行政长官充之,监督全省选举事宜。

第十四条　初选区设初选监督,以各该区之行政长官充之,监督初选举一切事宜。初选监督,各以本署为办理选举事务所。

第十五条　复选区设复选监督,于初选期三个月以前,由选举总监督委任,监督复选举一切事宜。复选监督驻在地,由选举总监督定之。

第十六条　初选、复选,均设投票管理员、监察员,开票管理员、监察员各若干名,由初选监督、复选监督分别委任。但监察员应以本区选举人为限。

第十七条　投票管理员职务如左:一、掌投票所启闭。二、决定投票之应否收受。三、掌投票柜、投票簿、投票纸及选举人名册。四、保持投票所秩序。五、其他本法所定属于投票管理员职务之事项。

第十八条　开票管理员职务如左:一、掌开票所启闭。二、清算投票数目。三、检查投票纸真伪。四、决定投票之是否合法。五、保存选举票。六、保持开票所秩序。七、其他本法所定属于开票管理员职务之事项。

第十九条　投票监察员、开票监察员,各监视管理员办理投票、开票事宜。监察员如与管理员意见不同时,得呈明选举监督决定。

第二十条　凡办理选举人员,均为名誉职,但得酌给公费。

第二章　初选举

第一节　投票区

第二十一条　初选监督应按照地方情形,分划本管区域为若干投票区。

第二十二条　投票区应于初选期六十日以前,由初选监督筹定,呈报复选监督核定后转报总监督。

第二节　选举人名册

第二十三条　初选监督应就本管区域内,分派调查委员,按照选举资格,调查合格者,造具选举人名册。调查员办事细则,由初选监督定之。

第二十四条　选举人名册,应载选举人姓名、年岁、籍贯、住址、住居年限及左列第一款或第二款项。

一、年纳直接税之数,或不动产价格之数。二、某种学校毕业,或与某种学校毕业相当之资格。

第二十五条　选举人名册,应于初选期六十日以前一律告成,由初选监督分别呈报复选监督及总监督。

第二十六条　初选监督应按各投票区,分造选举人名册,于初选期六十日以前,颁发各投票所,宣示公众。

第二十七条　宣示选举人名册,以五日为期。如本人以为错误遗漏,得于宣示期内,取具证凭,呈请初选监督更正。前项呈请更正,初选监督应自收呈之日起,五日以内判定之。

第二十八条　宣示期满,即为确定,不得再请更正。其由初选监督判定更正者,应更正选举人名册,补报复选监督及总监督。

第二十九条　选举人名册确定后,应分存各投票所及开票所,并由总监督呈报选举人总数于内务部。

第三节　当选人名额

第三十条　初选当选人名额,定为议员名额之五十倍,每届由复选监督按照该复选区议员名额,用五十乘之,为该复选区内初选当选人名额,分配于各初选区。

第三十一条　初选当选人之分配,由复选监督以该复选区应出之初选当选人之名额,除全区选举人总数,视得数多寡,定每选举人若干名,得选出当选人一名,再以此数分除各初选区选举人数,视得数多寡,定各该初选区应出初选当选人若干名。初选区有选举人数不敷选出当选人一名,或敷选若干名之外,仍有零数,致当选人不足定额者,比较各初选区零数多寡,将余额依次归零数较多之区选出之。若两区以上零数相等,其余额应归何区,以抽签定之。初选当选人名额分配定后,由复选监督于初选期十日以前,榜示各初选区。

第四节　选举通告

第三十二条　初选监督应于初选期四十日以前,颁发选举通知,其应载事项如下:一、初选日期。二、初选投票所及开票所地址。三、投票方法。

第五节　投票所及开票所

第三十三条　投票所每投票区各设一处,开票所设于初选监督所在地,其地址各由初选监督定之。

第三十四条　投票所及开票所周围,得临时增派巡警保持秩序。

第三十五条　投票所及开票所,除本所职员选举人及巡警外,他人不得阑入。开票所因参观之选举人过多不能容时,管理员得限制人数。

第三十六条　投票所及开票所,自投票及开票完毕之日起,十五日以内,一律裁撤。

第三十七条　投票所启闭,以午前八时至午后六时为率,逾限不得入内。

第三十八条　投票所及开票所办事细则,由初选监督定之。

第六节　投票纸、投票簿及投票柜

第三十九条　投票纸应由复选监督按照定式制成,于初选期三十日以前,分交初选监督。初选监督应于初选期七日以前,分交各投票所。

第四十条　初选监督应按照各投票区所属选举人,分别造具投票簿,并按照定式制成投票柜,于初选期七日以前,分交各投票所。

第四十一条　投票簿应载明选举人姓名、年岁、籍贯及住址。

第四十二条　投票柜除投票时外,应严加封锁。

第七节　投票、开票及检票

第四十三条　投票人以列名本投票所之投票簿者为限。

第四十四条　投票人届选举期,应亲赴投票所自行投票。

第四十五条　投票人于领投票纸时,应先在投票簿所载本人姓名下签字。

第四十六条　投票人每名只领投票纸一张。

第四十七条　投票用无记名单记法,每票只书被选举人一名,不得自书本人姓名。

第四十八条　投票人于投票所内,除关于投票方法,得与职员问答外,不得与他人接谈。

第四十九条　投票完毕后,投票人应即退出。

第五十条　投票人倘有冒替及其他违背法令情事,管理员及监督员得令退出。

第五十一条　管理员及监察员,应将投票始末情形,会同造具报告,连同投票柜,于投票完毕之翌日,移交开票所,并呈报初选监督。

第五十二条　初选监督自各投票柜送齐之翌日,应酌定时刻先行宣示。届时亲临开票所,督同开票,即日宣示。

第五十三条　检票时，应将所投选举票数与投票簿对照。

第五十四条　凡选举票应作废者如左.：一、写不依式者。二、夹写他事者，但记载被选举人职业或住址者，不在此限。三、字迹模糊，不能认识者。四、不用投票所所发票纸者。五、选出之人为选举人名册所无者。

第五十五条　开票所管理员及监察员，应将开票始末情形，会同造具报告，于开票完毕之翌日，呈送初选监督。所有选举票，应分别有效无效，一并附呈，于本届选举年限内，由初选监督保存之。

第八节　当选票额

第五十六条　初选以本区应出当选人名额，除投票人总数，将得数三分之一为当选票额，非得票满额者，不得为初选当选人。

第五十七条　凡因不满当选票额，致无人当选，或当选人不足定额时，由初选监督就得票较多者，按照所缺当选人名额，加倍开列姓名，即行榜示。于开票后第三日，在原投票所，就榜示姓名内再行投票，至足额为止。

第五十八条　当选人名次，以选出之先后为序，同次选出者，以得票多寡为序。票数同者，抽签定之。

第五十九条　凡得票满当选票额，因当选人足额不能当选者，即作为初选候补当选人，其名次准用前条之规定。

第九节　当选通知及证书

第六十条　当选人确定后，即行榜示，并由初选监督具名，分别通知各当选人。

第六十一条　当选人接到通知后，应于五日以内答复愿否应选。其逾期不复者，以不愿应选论。

第六十二条　凡应选者，由初选监督给与当选证书。

第六十三条　当选证书，由复选监督按照定式制成，于初选期二十日以前分交初选监督。

第六十四条　当选证书给与后，应将当选人姓名榜示，并呈报复选监督。

第六十五条　初选当选人，受领证书后，由初选监督按照距复选投票所路程远近酌给旅费。

第三章　复选举

第六十六条　复选举，由初选当选人齐集复选监督驻在地行之。

第六十七条　复选人名册，以初选当选人为限，依各初选区之顺序编列之。其册内应载事项，除依第二十四条规定外，应载明初选当选票数。

第六十八条　复选当选人，不以初选当选人为限。

第六十九条　各复选区应出议员若干名，每届由总监督按照各该复选区选举人名册总数，以全省议员名额分配之。

第七十条　复选当选人之分配，由总监督于各复选区选举人名册报齐后，按照名册，以该省议员名额，除全省选举人总数，视得数多寡，定每选举人若干名，得选出议员一名。再以此数分除各复选区选举人数，视得数多寡，定各该复选区应出复选当选人若干名。复选区有选举人数不敷选出议员一名，或敷选若干名之外，仍有零数，致议员不足定额者，比较各复选区零数多寡，将余额依次归零数较多之区选出之，若两区以上零数相等，其余额应归何区，以抽签定之。复选当选人名额分配定后，由总监督于初选期三十日以前，通知各复选监督。

第七十一条　复选监督,应于复选期三十日以前,颁发选举通告。其应载事项如左:一、复选日期。二、复选投票所及开票所地址。三、投票方法。四、复选当选人名额。

第七十二条　复选投票所、开票所地址及其办事细则,由复选监督定之。关于投票所、开票所事项,准用第三十四条至第三十七条之规定。

第七十三条　复选投票纸、投票簿及投票柜定式,与初选同。

第七十四条　复选投票、开票及检票,准用第四十三条至第五十四条第一款至第四款及第五十五条之规定。

第七十五条　复选以本区应出议员名额,除投票总数,将得数之半为当选票额。非得票满额者,不得为复选当选人。

第七十六条　凡因不满当选票额,致无人当选,或当选人不足定额时,由复选监督在原投票所重行选举,至足额为止。

第七十七条　复选当选人足额后,并依该区应出议员名额,选定同数之候补当选人。其当选票额依第十五条之规定。凡得票满当选票额,因复选当选人足额不能当选者,即作为候补当选人。

第七十八条　复选当选人及候补当选人之名次,准用第五十八条之规定。

第七十九条　复选当选人确定后,应即榜示,并由复选监督具名,分别通知各当选人。当选人接到通知后,应于二十日以内答复愿否应选,其逾期不复者,以不愿应选论。

第八十条　凡应选者,为众议院议员,由复选监督给与议员证书。

第八十一条　议员证书给与后,复选监督应将复选举始末情形,造具报告,连同投票簿,并有效无效之选举票及议员名册,呈送总监督,于本届选举年限内保存之。并由总监督汇造该省议员名册,呈报内务部。议员名册,应载明议员姓名、年岁、籍贯及所得票数。

第四章　选举变更

第一节　选举无效

第八十二条　凡有左列各款情事,为选举无效。一、选举人名册,因舞弊牵涉全数人员,经审判确定者。二、办理选举违背法令,经审判确定者。

第八十三条　前条之规定,于初选举及复选举均适用之。初选举无效时,复选举虽经确定,一并无效。

第二节　当选无效

第八十四条　凡有左列各款情事,为当选无效。一、不愿应选。二、死亡。三、被选举资格不符,经审判确定者。四、当选票数不实,经审判确定者。

第八十五条　当选无效时,当选证书已给发者,应令缴还,并将姓名及其缘由宣示。

第八十六条　当选无效时,应以各该区候补当选人递补。

第三节　改选及补选

第八十七条　改选于每届选举年限行之。选举无效时,应于该选举区一律改选。

第八十八条　补选于议员缺额,该选举区无候补当选人时行之。

第八十九条　关于改选及补选事项,均依本编之规定行之。

第五章　选举诉讼

第九十条　选举人确认办理选举人员有舞弊及其他违背法令行为,得自选举日起,初选于五日内,向地方审判厅起诉;复选于十日内,向高等审判厅起诉。未设审判厅之处,得向相当受理诉讼之官署起诉。

第九十一条　选举人确认当选人资格不符，或票数不实者，得依前条之规定起诉。

第九十二条　落选人确认所得票数应当选而未与选，或候补当选人确认名次有错误者，得依第九十条之规定起诉。

第九十三条　选举诉讼事件，应先于各种诉讼事件审判之。

第六章　罚则

第九十四条　关于选举之犯罪，依刑律处断。

第九十五条　初选当选人已受选举旅费，不于选举日期到复选区投票者，除追缴旅费外，加倍罚金。

第三编　蒙古、西藏、青海议员之选举

第九十六条　蒙古、西藏、青海选举区划及议员名额之分配如左：哲里木盟二名、卓索图盟二名、昭乌达盟二名、锡林郭勒盟二名、乌兰察布盟二名、伊克昭盟二名、土谢图汗部二名、车臣汗部二名、三音诺颜部二名、扎萨克图汗部二名、乌梁海二名、科布多三名、阿拉善一名、额济纳一名、前藏五名、后藏五名、青海三名。

第九十七条　选举监督，以各该选举区之行政长官充之，监督区内一切选举事宜。选举监督得酌派办理选举人员，并定其职务。

第九十八条　选举监督，应分派调查委员，按照选举资格，调查合格者，造具选举人名册。选举人名册应载事项，准用第二十四条之规定。

第九十九条　前条之调查，选举监督若认为不能遍行时，得专就其驻在地行之。

第一百条　选举监督专就其驻在地为调查时，对于驻在地以外之本管区域，应先期详列选举事由选举资格。并限定日期，令各地之行政长官，宣示公众，听选举人合格者自行呈报。各地行政长官于呈报期满时，应即查实，汇报选举监督。

第一百一条　选举监督应将前条呈报之选举人，一并列入选举人名册。

第一百二条　关于选举人名册之宣示及更正，准用第二十六条至第二十八条之规定。

第一百三条　选举监督应于选举期前，颁发选举通告，令本管各地之行政长官宣示公众。选举通告应载事项如左：一、选举日期。二、选举投票所及开票所地址。三、投票方法。

第一百四条　投票所及开票所，设于选举监督驻在地。选举监督得依便宜分划本选举区为若干投票区，每投票区设投票所一处。

第一百五条　关于投票所及开票所事项，准用第三十四条至第三十八条之规定。

第一百六条　投票纸、投票簿及投票柜，准用第三十九条至第四十二条之规定。投票纸除汉字外，得书各该地通用文字。

第一百七条　投票、开票及检票，准用第四十三条至第五十四条第一款至第四款及第五十五条之规定。

第一百八条　选举按照本区应出议员名额，以得票较多者为当选。当选不足额时，应就原投票所再行投票，至足额为止。

第一百九条　当选人足额后，以得票多数者为候补当选人，其名额与议员名额同。候补当选人不足额时，准用前条之规定。

第一百十条　当选人及候补当选人名次，准用第五十八条之规定。

第一百十一条　当选人通知及证书之给与，准用第七十九条、第八十条之规定。

第一百十二条　议员证书给与后，选举监督应将选举情形详细记载，连同投票簿并有效无效之投票纸及议员名册，于本届选举年限内保存之，并造具该区议员名册，呈报内务部。

议员名册,适用第八十一条第二项之规定。

第一百十三条　关于选举无效及当选无效,适用第八十二条及第八十四条至第八十六条之规定。

第一百十四条　改选及补选,适用第八十七条、第八十八条之规定。关于改选及补选事项,均依本编之规定行之。

第一百十五条　选举人确认办理选举人员有舞弊及其他违背法令行为,得自选举日起,于五日内向受理诉讼之官署起诉。

第一百十六条　选举人确认当选人资格不符或票数不实者,得依前条之规定起诉。

第一百十七条　落选人确认所得票数应当选而未与选,或候补当选人确认名次有错误者,得依第一百十五条之规定起诉。

第一百十八条　选举诉讼之审判,适用第九十三条之规定。

第一百十九条　关于选举之犯罪处断,适用第九十四条之规定。

第四编　附则

第一百二十条　本法施行细则以命令定之。

第一百二十一条　本法自公布日施行。

《东方杂志》第9卷,第3号,第17～27页

8月11日(六月二十九日)　中国同盟会联合统一共和党、国民公党、国民共进会、共和实进会举行合并筹备会。

1912年8月18日《民立报》载《五党大合并详志》:

同盟会主张政党内阁主义不能实行,继以柔懦无能之陆内阁为统一共和党所不容,两党感情日渐亲密。乃统一共和党推翻现内阁之计不成,又受共和党以及军警界之攻击,该党党员异常愤激,遂欲与同盟会一致进行,为正式国会竞争选举地步。同盟会与统一共和党感情素不恶,近因政见相合,亦欲左提右携,以达政党内阁之目的,于是合并之议成。先由统一共和党提出两党合并之条件三项:(一)变更同盟会名义;(二)废去民生主义;(三)改良内部组织。此三条件在未发布之先,已由同盟会北京总干事宋教仁通知孙中山、黄克强两先生,得孙黄许可后,遂由本部干事张耀曾将党名、党纲组织另拟一草案,于五日与统一共和党开谈判。到会者除同盟会、统一共和两党外,又有上海新加入之国民公党代表共计十三人。当时先将党名协定,原案系用民主党名义,后因反对者多数,遂改用国民党。其次议及党纲,原案系用巩固共和、保育民生八字。后因国民公党代表反对民生二字用意太狭,与同盟会所持之民生主义相浑,统一共和党亦赞成此议,遂改为巩固共和,实行平民政策十字。而同盟会代表李肇甫力持民生二字,万不可去,恐一般激烈分子出而反对,与合并之事有碍,经张溥泉设一调停之法,将政纲列举之第四条所标采用社会政策六字改为采用民生政策,各党谅其苦衷,皆表赞成。于是续议列举之党纲,共计五条:

(一)保持政治统一。

(二)发展地方自治。

(三)厉行种族同化。

(四)采用民生政策。

(五)维持国际和平。

各党以所拟各条均甚平安,遂一律通过。其次议及机关之组织,原案采用理事会议制,

设理事七人,各党大致赞成。惟于会议制内应设理事长一人,究竟系暂设机关,抑临时机关,此条稍加讨论,赞成常设者多数。惟理事长系由七人互推,不由大会公选,以免权力有高下之殊,理事七人,已拟定孙文、黄兴、岑春煊、蔡锷、吴景濂、张凤翙、宋教仁。议毕,由三党到会之代表假定签字,各自通知本党,以便下次会议取决。此外又有国民共进会、共和实进会两小团体,因恐该会势力薄弱,难久自立,亦愿加入合并,各举代表与三党接洽。于十一日在安庆会馆开正式大会议。

是日举宋教仁为临时主席,报告同盟会昨开会全体赞成。共和实进会代表许廉报告,对于合并极表同情。统一共和党谷钟秀报告,极表同情。国民公党代表虞熙正报告已得本部电复极表赞成。国民共进会代表徐谦报告,均表同情。惟对于党纲第四条颇有诘问,继经详细解释,亦无异议。于是由临时主席宣言:(一)议决宣言书,大体表决,所有字句之间,仍由原起草员略加修正,即行发表,举手表决为多数。(一)议决通告各支部由各党自行办理,但通告书须一致。(一)议决国民党筹备事务所暂借西草厂胡同东大陆报馆。(一)议决各党会支部合并事宜,由各党之本部负责任。(一)议决筹备事务,由各党会各派四人担任。(一)议决办理筹备事务,以八月十三日为始,每日午前九时至十一时,午后五时至七时为办事时间。第一次各党会委员接洽订于十三日午后五时至七时。(一)举定张耀曾、李肇甫、马邻翼于十二日先至事务所办理通告事务。嗣又续议草章,原案拟设干事长一人。各代表以理事之下,设一干事长,权利太大,遂决议删去。将干事分为五部:(一)总务部。(二)文事部。(三)政事部。(四)交际部。(五)会计部。各部设部长一人,各党均赞成。此时宋教仁起立提议:政党以选举为要务,美国民主党曾将选举独列一科,本党可否仿行?谷钟秀谓:政党固以选举为重,惟我国社会对于政党之选举运动视为卑陋,不宜另设一科,本定归入政事部中,分为执行与选举二科,至政事部中应行研究事宜,另设一政务研究会,会中分设调查与讨论二部,以资考究。既议决,遂讨论支部与分部章程。原案于各省设立支部,各州县设立分部,但于各省之下,州县之上,不可无一机关以司复选举事宜,于是公同决定设一分部联合会,以为临时机关。议至此,大致均已就绪,因公推起草员三人,拟定详章。同盟会推宋教仁、张耀曾,国民公党推杨南生,合拟一宣言书,筹备事务所开始之日,登报宣布。

8月12日(六月三十日)　云南都督蔡锷首倡解散政党,并自行宣布脱党。

1912年8月16日《民立报》载《蔡锷毁党脱党通电》:

大总统、国务院、参议院、副总统、民立报转各报馆钧鉴:临时政府成立数月,内阁瓦解,改组綦难,政府现兀臬之形,国本有动摇之虑,非必当世贤达置国家于不顾,实因政党为之厉阶。自改革以来,政党林立,在诚心爱国者,察世界之趋势,欲以政党起趋国家之进步,用意非不甚善。无如标帜既揭,浅者不察,辄复剽窃名誉,竞相标榜,是丹非素,伐异党同,如旋风卷地,一入其中,迨颠倒而不能自拔,常士固然,贤者不免无是非之心,则泾渭莫辨;有门户之见,则冰炭难容,祸机伏于萧墙,乱象悬于眉睫。驯至强邻伺隙,狡焉思启,犹复争持意见,等国事于弁髦。嗟我邦人,莫肯念乱,谁为为之?孰令致之?以锷之愚,窃谓治化演进,政党自然发生。然政党之成,必几经陶养,始达健全,而不能为一时之凑合。目前吾国人士,岂惟乏政党之智能,抑且少政党之观念。今以数月之号召,遂纷纷树政党之帜,以博名高,霸上棘门,皆儿戏耳。一哄而集,无裨国闻,万窍齐鸣,徒乱人意,其弊一。政体新更,人心浮动,如新潮出闸,横气四溢,沙砾走盘,屡抟不聚,故须齐一心志,维持统一,虽极力芟薙枝节,使群伦视体同归一鹄犹惧弗克。若复多立门户,竞长争雄,感情所驱,不可遏制,党争之极,斯互相倾轧,倾轧之极,斯敢于破坏,恐法兰西恐怖时代之惨剧,复演于神州,其弊二。政党者基于宪法,系国家政治之进行,而非必由政党之势力,可以制定良宪法,法国革命后,以政党制定宪法,因政党迭相起伏,而政体之变更者九。北美建国后,以人民之公意,制定宪法,虽政党时有消长,而政党仍定于一。今吾国宪法未立,党派已繁,正恐编纂不成,已起盈廷之聚讼,他日奉行不力,取作翻案之文章,机局转变,轻若弈棋,根本动摇,危于累卵,其弊三。锷初不察,亦尝预闻党事,今旷观时局,熟审国情,窃谓此时,以讨论为重,而不必强于主张;以培养为先,而无庸急于号召,较为得之。若广召党员,坚持党见,究之,利也而不胜其弊,有也而反不如无。今海内大党,无出同盟会、共和党、统一共和党数者,锷妄不自揣,愿与各党诸君子,首倡解散之议,以齐民志,而定危局。前锷为同人敦迫,勉厕党籍,今谨宣告脱党,诚不敢隐忽瞻徇,致贻国家之祸,尽此狂声,惟赐察纳。滇都督蔡锷叩文。

8月13日(七月一日)　统一党、民社、国民协进会、国民公会等筹组为共和党,与同盟会对抗。已退出内阁的宋教仁在征得孙中山、黄兴同意后,联合其他四党组成国民党。本日孙中山、黄兴联名致电同盟会各支部,并宣布国民党政纲。

《宋渔父组成国民党之别记》:

……是时会外有会,名称不一,宗社党无论矣,其他若统一党,若社会党,若自由党,若民党,而共和党为最盛,共和急进党次之。渔父叹曰:国不可无党,前南京黄留守,适解职入觐,渔父甚喜,相与更新组织,改组同盟会为国民党,名义正大,而范围亦较广,已而组成,共举黄兴为本部长,而渔父为理事,而遂飞电各省会支部转电府厅州县诸分部,吸收异党以厚己力,甫匝月,遂合八党而一之。惟共和党岿然独存,然北地颇盛,而南方浸微矣。

中国国民党中央委员会党史史料编纂委员会编《革命文献》第41辑,中国文物供应社1967年版,第2~3页

孙中山、黄兴《致同盟会各支部电》:

各支部鉴:接北京本部来电云:"连日与统一共和党、国民公进会、国民公党协商合并,另行组织。彼此提出条件如下:一、定名国民党。一、宗旨巩固共和,实行平民政治。一、党纲五条,保持政治统一,发展地方自治,厉行种族同化,采用民生政策,保持国际和平。一、用理事制,于其中推一人为理事长。昨日开全体职员、评议员联合会,合并条件已通过。"云云。文等以上列各条,与本会宗旨毫不相背,又得此多数政团同心协力,将吾党素所怀抱者见诸实行,此非独同人之幸,亦民国前途之福也。文等深为赞成。且同盟会成立之始,其命名本含有革命同盟会意义,共和初建,改为政党,同人提议变更名称者日益众,即此时而易之,可谓一举而两得矣。特此通电贵支部,务求同意,以便正式发表。文等屡承袁大总统遣使持函来邀,已定十七日起程北上,赐复即交北京同盟会本部为盼。孙文、黄兴。

中国社会科学院近代史研究所等编《孙中山全集》第2卷,中华书局1982年版,第395页

附《国民党宣言》:

一国之政治,常视其运用政治之中心势力以为推移。其中心势力强健而良善,其国之政治必灿然可观;其中心势力脆薄而恶劣,其国之政治必暗然无色。此消长倚伏之数,固不必论其国体之为君主共和,政体之为专制立宪,而无往不如是也。天相中国,帝制殄灭,既改国体为共和,变政体为立宪,然而共和立宪之国,其政治之中心势力,则不可不汇之于政党。

今夫国家之所以成立,盖不外乎国民之合成心力。其统治国家之权力,与夫左右此统治权力之人,亦常存乎国民合成心力之主宰而纲维之。其在君主专制国,国民合成心力趋重于一阶级、一部份,故左右统治权力者,常为阀族、为官僚。其在共和立宪国,国民合成心力普

遍于全部,故左右统治权力者,常为多数之国民。诚以共和立宪国者,法律上国家之主权在国民全体,事实上统治国家之机关,均由国民之意思构成之,国民为国家之主人翁,固不得不起而尽此维持国家之责,间接以维持国民自身之安宁幸福也。

惟是国民合成心力之作用,非必能使国民人人皆直接发动之者。同此圆顶方趾,其思想智识能力不能一一相等,论者众矣。是故有优秀特出者焉,有寻常一般者焉。而优秀特出者,视寻常一般者常为少数。虽在共和立宪国,其直接发动其合成心力之作用,而实际左右其统治权力者,亦常在优秀特出之少数国民。在法律上,则由此少数优秀特出者,组织为议会与政府,以代表全部之国民。在事实上,则由此少数优秀特出者集合为政党,以领导全部之国民。而法律之议会与政府,乃不过藉法律,俾其意思与行为,为正式有效之器械,其真能发纵指示为议会或政府之脑海者,则仍为事实上之政党也。是故政党在共和立宪国,实可谓为直接发动其合成心力作用之主体,亦可谓实际左右其统治权力之机关。

且夫政党之为物,既非可苟焉以成,故与他种国家之他种中心势力同其趋向,非具有所谓强健而良善之条件,不足以达其目的。强健而良善之条件者非他,即巩固庞大之结合力,与有系统有条理真确不破之政见是也。苟具有巩固庞大结合力,与有系统有条理真确不破之政见,壁垒既坚,旗帜亦明,自足以运用其国之政治,而贯彻国利民福之蕲向。进而组织政府,则成志同道合之政党内阁(责任内阁制之国,大总统立于超然地位,故政党不必争大总统,而只在组织内阁),以其所信之政见,举而措之裕如。退而在野,则使他党执政而己处于监督之地,相摩相荡,而政治乃日有向上之机。是故政党政治,虽非政治之极则,而在国民主权之国,则未有不赖之为唯一之常轨者。其所以成为政治之中心势力,实国家政治进化自然之理,势非如他之普通结社,可以若有若无者也。

今中国共和立宪之制肇兴久矣,举国喁喁望治,皆欲求所以建设新国家之术。然为问国中运用政治之中心势力,果何在乎?有识之士,皇然忧时,援引徒众,庞杂糅合,树帜立垒,号曰政党者亦众矣。然为问适于为运用政治之中心势力者谁乎?纵曰庶几将有近似者焉;然又为问能合于共和立宪国之原则,不以类似他种国家之他种中心势力杂乎其间,而无愧为共和立宪国运用政治之中心势力者谁乎?质而言之,中国虽号为共和立宪,而实无有强健而良善之政党焉,为运用政治之中心势力而胜任愉快者。夫共和立宪国之政治,在理未有不以政党为其中心势力,而其共和立宪犹可信者,而今乃不然,则中国虽谓为无共和立宪国之实质焉可也。嗟乎!兴言及此,我国人其尚不知所以自反乎!我国人之有志从事于政党者,其尚不知所以自处之道乎!

曩者吾人痛清帝之专制也,共图摧去之,以有中国同盟会。比及破坏告终,建设之事,不敢放置,爰易其内蕴,进而入于政党之林。时则志士云起,天下风动,结社集会,以谈国事者比比焉。吾人求治之心,急切莫待,于是不谋而合,投袂并起,又有统一共和党、国民公党、国民共进会、共和实进会之组织。凡此诸党,蕲向所及,无非欲以利国福民,以臻于强健良善之境。然而志愿虽宏,力行非易,分道扬镳,艰于整肃。数月以来,略有发抒而不克奏齐一之功,用树广大之风声,所谓不适于运用政治之中心势力者,吾党盖亦不免居其一焉,此吾人深自引责而不能一日安者。若不图改弦更张之策,为集中统一之谋,则是吾人放弃共和国民之天职,罪莫大焉。

且一国政党之兴,只宜二大党对峙,不宜小群分立。方今群言纷乱,宇内云扰,吾人尤不敢不有以正之,示天下以范畴。回顾茫茫,此尤不得不以此遗大图艰之业,自相互勉者耳。爰集众议,询谋佥同。继自今,吾中国同盟会、统一共和党、国民公党、国民共进会、共和实进会,相与合并为一,其舍旧而新是谋,以从事于民国建设之事,以蕲渐达于为共和立宪国之政治中心势力,且以求符于政党原则,成为大群,藉以引起一国二大对峙之观念,俾其见诸实行。

共和之制,国民为国主体,吾人于使人不忘其义也,故颜其名曰国民党。党有宗旨,所以定众志,吾党以求完成共和立宪政治为志者也,故明其义曰巩固共和,实行平民政治。众志既定于内,不可不有所标帜于外,则党纲尚焉。故斟酌损益,义取适当,概引五事,以为揭橥:曰保持政治统一,将以建单一之国,行集中之制,使建设之事纲举而目张也。曰发展地方自治,将以练国民之能力,养共和之基础,补中央之所未逮也。曰厉行种族同化,将以发达国内平等文明,收道一同风之效也。曰采用民生政策,将以施行国家社会主义,保育国民生计,以国家权力,使一国经济之发达均衡而迅速也。曰维持国际和平,将以尊重外交之信义,维持均势之现状,以专力于内治也。凡此五者,纲领略备;若夫条目,则当与时因应,不克固定。

嗟乎!时艰方殷,前途正远,继自今,吾党循序以进,悬的以赴,不务虚高,不涉旁歧,孜孜以吾党之信条为理,其余所谓巩固庞大之结合力,与有系统有条理真确不破之政见,庶几可以计程跻之欤!由是而之极则,将来运用政治之中心势力,亦庶几可以归于政党之一途,而有以副乎共和立宪国之实质。世之君子,其亦有乐与从事者乎!是尤吾党人所乐为执鞭者耳!

中国社会科学院近代史研究所等编《孙中山全集》第2卷,中华书局1982年版,第396~399页

8月14日(七月初二日)　外交部致电我国驻各国代表及各国驻京公使,声明中国在满、蒙、藏之五项主权。

1912年8月16日《民立报》北京电报:

外交部分电我国驻各国代表,向各驻该国政府声明数事:一、满、蒙、藏为中国领土,凡关于满、蒙、藏各地之条约,未经民国承认者,不得私订,已订者亦均无效。二、满、蒙、藏各地矿产,无论何人,不得私自抵押向各国借款,各国亦不得轻易允许遽行开采。三、民国政府对待蒙、藏,有自由行动之主权,各国不得干预。四、民国政府对于各国侨民力任保护,各国不得藉保护侨民为名增加军队及分派警察等。五、蒙、藏反抗民国,为国法所不许,外人不得暗中主使一切。以上五条并由外【交】部向各国驻京公使声明。

△ 孙中山准备北上与袁世凯会晤,特先函告宋教仁,其将专心致志于铁路建设的打算。

孙中山《致宋教仁函》:

民国大局,此时无论何人执政,皆不能大有设施。盖内力日竭,外患日逼,断非一时所能解决。若只从政治方面下药,必至日弄日纷,每况愈下而已。必先从根本下手,发展物力,使民生充裕,国势不摇,至政治乃能活动。弟刻欲舍政事,而专心致志于铁路之建筑,于十年之中筑二十万里之线,纵横于五大洲之间,计划已将就绪,而资本一途,亦有成说,弟所拟之借资办法较之往日借资筑路条件优胜甚多:一、事权不落外人之手。二、国家不负债务。三、到期收路,不出赎资。今日所待者,只要参议院之赞同,政府之特许,便可从事。然多数同人不免以此举规模过于宏大而起惊讶者,故现尚未敢发表,拟先来北京一行,以觇人心之趋向。

中国社会科学院近代史研究所等编《孙中山全集》第2卷,中华书局1982年版,第404~405页

8月15日（七月初三日）　黎元洪密电袁世凯，谓张振武、方维等蛊惑军心，破坏共和，倡谋不轨，请立予正法。袁世凯据黎电，未经合法审判，即下令枪毙张、方，引起舆论哗然。

黎元洪《致袁世凯电》：

张振武以小学教员赞同革命，起义以后，充当军务司副长，颇为有功，乃怙权结党，桀骜自恣，赴沪购枪，吞蚀巨款。当武昌二次蠢动之时，人心皇皇，振武暗煽将校团乘机思逞，幸该团员深明大义，不为所惑。元洪念其前劳，屡予优容，终不悔改，因劝以调查边务，规划远谟，于是大总统有蒙古调察员之命。振武抵京后，复要求发巨款，设专局，一言未遂，潜行归鄂。飞扬跋扈，可见一斑。近更蛊惑军士，勾结土匪，破坏共和，图谋不轨，狼子野心，愈接愈厉。冒政党之名义，以遂其影射之谋；藉报馆之揄扬，以掩其凶横之迹。排解之使困于道途，防御之士疲于昼夜。风声鹤唳，一夕数惊。赖将士忠诚，侦探敏捷，机关悉破，弭患无形。吾鄂人民，胥拜天赐。然除孽虽歼，元憝未殄，当国家未定之秋，固不堪种瓜再摘，以枭獍习成之性，又岂能迁地为良？元洪爱既不能，忍又不可，回肠荡气，仁智俱穷。伏乞将张振武立予正法，其随行方维系属同恶相济，并乞一并处决，以昭炯戒。此外，随行诸人，有勇知方，素为元洪所深信，如愿归籍者，请就近酌发川资，俾归乡里，用示劝善罚淫之意。至振武虽伏国典，前功固不可没，所部概属无辜，元洪当经纪其丧，抚恤其家，安置其徒众，决不敢株累一人。皇天后土，实闻此言。元洪藐然一身，托于诸将士之上。阘茸尸位，抚驭无才，致起义健儿变为罪首，言之赧颜，思之雪涕。独行踽踽，此恨绵绵。更乞予以处分，以谢张振武九泉之灵，尤为感祷。临颖悲痛，不尽欲言。

易国幹等编《黎副总统政书》第13卷，台北文星书店1962年版，第8页

1912年8月20日《民立报》北京电报：

据云袁总统十一日接黎元洪电后颇不慊黎所为，又恐鄂军界或有暴动称乱，大借款将成亦必因乱而止，于大局甚有关系。夜不成寐者数夕，曾复电婉商欲生振武等，乃黎于十三日又发一电，并派该秘书原电主笔之饶华生及军官十余人乘快车到京，即往袁府告袁以军队俱已布置妥协，万无他虞，请即日行刑。袁欲交军事裁判，因饶等力请刻不容缓踌躇再四，不得已牺牲名誉为此违法举动。

1912年8月18日《民立报》社论《论张振武被杀事》（血儿）：

张振武之被杀非法也，仓卒拘捕而枪毙，人命不若是之贱也，民国法律不若是之严酷也。以迅雷不及掩耳之手段，竟于数小时中处决起义有功之人物，迫不及待，虽前清之诛锄党人，亦不若是之敏且速也。张振武以莫须有之罪名而罹惨祸，不幸或酿成法兰西大革命后恐怖时代之悲剧，以大贻共和前途之隐忧，是则可为心伤不已者也。夫张振武之赴京，袁总统所延，请黎氏派为代表者也。黎氏欲杀之，不杀之于武昌，而杀之于北京，且不杀于未受使命以前，而杀之于已受使命已抵北京之后，殆所谓故驱之往北，假刀于袁氏以分其责耶。不然，其犯罪既在武汉，何必待其赴京后，始电请袁总统杀之？且其电文中所指为张振武罪状者，类皆莫须有之词，并无确据可指，而即贸然请立与处决，其藐视法律诚百口莫解。而况副总统无杀人之权，是必假都督之名义出之。以都督之权，亦无有以一纸空言无据之电文，请中央政府代拘杀人之理。黎都督果以何职权而能请杀张振武与方维乎？任意好恶，操生命于指掌之间，虽威焰自恣之专制恶魔，亦不若是之甚。违逆民意，绝鲜善果，黎氏此举，斯诚大悖，而犹复假仁厚以为名焉，真欺世也。

然以黎氏之过举，袁总统果尊重法律者，则宜暂将张振武等拘管于执法处讯问，汇集各方面证据，研讯其真伪，然后一一判决其罪案，公布天下，始得为合法。苟证据确实者，则张

振武自无所逃其罪,而国法可伸。今袁总统不出此,仅凭黎氏一纸电文,即假为确定不移之罪状,而毫不讯诘,遽行枪毙,违法昭然,实无可掩。夫张振武未经讯供,又无确实证据可指,其有罪否,一时尚不能决,安得即受枪毙之极刑?张振武无可死之罪,而亟欲死之者,一经研讯,则张振武罪不至是,诬陷且立见也。呜呼!黎元洪亦不过二十二省中之一都督耳,仅少负虚名,竟违法妄请杀人,而总统亦曲徇其请,都督之跋扈固如是乎?使各省都督群起效尤,对于所不快意之人,任意捏成其罪案,即电请中央立与处决,而总统亦唯唯应命,则人人自危,天下尚有宁日乎?且夫张振武在京现状,一无所扰,即使犯罪,非执行军法之时,何袁总统独断独行,为不顾法律之举也?是盖互相利用而锄灭有功之人,以逞己意耳。呜呼!专制余毒,犹祸神州,共和前途,黑黯滋甚,谁为罪魁祸首,寖使天下及于糜烂者?吾民宜伸公理,争法律,而自保矣。盖兹案之发现,实令吾民以寒心者也。

黄远庸《张振武案始末记》:

此次武昌第二次骚动时,张振武在武昌一切情形,记者阅本报始知之。张振武之第二次来京也,在本月上浣。同行武昌将校十三人,系特来会合北方将士,交换意见,另随带仆役等三十余人。张十四日在德昌饭店请客,大宴同盟、共和两党名士,演说调和党见云云,记者亦在座。临行时,张君尚执手云:“仰仗,仰仗。”不料十五晚十时许,记者路经前门,沿途戒严,断绝交通,已是张君被捕之时,而即夕已为异世之人也。人生朝露,死生之际,为之了然。

(一)被捕前光景　十五晚六时,王天纵宴集北方及鄂来将校五十余人,张君等赴宴后,于八时复偕湖北诸将校自作主人,请北方诸将士于六国饭店,姜桂题、段芝贵等皆在座。段时已挟军令在身,一席未终,而段芝贵先云有点小事情告辞,先走。其余众客亦多纷纷以事离席,精神已异常离奇。又是日中午执法处总长陆建章宴请宋教仁诸同盟会中之名士,席次忽问张振武在湖北曾为何官,而人答以曾为军务副司长,其必先有所闻可知也。

(二)被捕时之光景　六国饭店在东交民巷,由东交民巷至前门之西,现修马路不通,暂开大清门之栅栏,以绕棋盘街而通之。(略)张君归时,约在十时左右。其中表(指前面略去之图表,编者)前江西协统冯协统马车在前,张君在中,时功玖君(鄂议员)马车在后。冯张二人马车同至栅门之内,两旁已伏有绳索缠住马蹄,伏兵四起,首先缚冯,冯问:“为什么事?”有一军服者答曰:“君不是姓张么?”冯答称:“非是,我乃姓冯。”盖冯、张二人皆长身中瘦,形颇相似也。比军官答称:“错误。”即解其缚,而冯君已身受微伤。时张君马车刚至栅栏门时,栅门已闭,不准通行。时君惟闻前面有以指挥刀斫马车玻璃门之声,盖即张君被缚之时。张及其所带差官,颇有抗拒,故亦受伤。其车夫与随从二人,皆被拘拿,此则事后始悉者也。张被捕后,随用大车解送西单牌楼玉皇阁军政执法处。大车共三辆,有马步军队数十人,持枪露刃,拥护而行,军队先将行人驱散,其后则有民装数十人,两人一排,拥簇蝉联,尾随其后,过路铺户,皆熄灯灭火,悄于门隙窥视动静,而是时至前门以东及小沙土园一带,均戒严焉。

(三)补记方维被捕光景　方维,湖北将校团长,该团日来方奉鄂都督命退伍。闻颇不安谧,然方则已随张君来京同寓金台馆。被捕之时,在夜九点钟。金台馆前后约有百余之游缉队围绕,住客皆熄灯火。张君之随从人等皆暂时看守,直待十六日午前为止,不许住客出入,到黎明时,则已将张、方二人罪状宣布金台馆门首矣。

(四)执法处中之光景　方之被捕在九时,张君之被捕在十时,故二人约皆先后至玉皇阁之执法处。张、方二人既到执法处后,该处总长陆建章出见,解缚对语,其言自不能详。惟据确实消息云:张、方二人先所说者尚是寒暄语,张君云:“我虽被捕,我的马夫无罪可放去。”陆即遵命释放。后张君要索纸笔写一短柬与邓君玉麟，书中大意略谓："弟忽被大总统之军队所缚，不知是死是活，请兄为我分明，身边未有分文，请兄为我设法。"嘱邓君看待其随从人等及家属而已。书后即由陆付人送交十二条胡同邓寓。张君又云："我带的家人无罪请君释去。"陆即命将其家人释放，但均由兵役解交极远极远之处而后释放者也。（其地名未详）故嗣后张君情形，即不能知。惟据官府中人相传谓陆此后即将军令交阅，张君云此电恐是捏造，方则云身死尚晚，乃即一律付刑。张君不肯受缚，陆乃命平服受枪，共发二枪，一中肩，一中腹肚，其时方夜中一时，所云黎明者妄也。

（五）此后之张君之友　时君马车在后，具见前述。张君既被捕而去，冯君仰卧在车，时君问其所苦，冯答无害，至是乃知张君被缚情形，大骇，乃急行归共和党本部（石桥别业）遍告大众，大众均骇。时君乃赴东城邀集孙武、邓玉麟诸君前往执法处，时已夜中三时，陆建章已睡，大众促起问话，力请保释，其言深切。陆君乃中断其语曰："君等勿复如此，张君已伏刑矣。"夹带中出军令交阅，谓："此令系段翼长交来，有陆军部员来监视行刑"云云。时君等哀惨异常，乃偕孙君武、邓君玉麟、刘君成禺、张君伯烈、张君大昕、哈君汉章等于十六早八时同往总统府质问，总统出见，其言大致谓："我明知对不住湖北人，天下人必将骂我，我实不能救他。"孙君等乃偕出赴长椿寺张君停棺之处，抚棺大痛。复至金台馆抚慰其家属，经理其丧事。后往哈汉章家会议，议定之事如左：（一）致电副总统质问。（二）以军令中有陆军总长段祺瑞署名，故拟弹劾段君。（三）湖北同乡提出质问书，公同质问。

（六）张君之如夫人　闻张君共有如夫人者六，此行有一如夫人偕住金台馆。黄祯祥君亦与张君合住。刘君辅周，亦武昌义士之一，闻此信后，悲慨异常，黎明即至金台馆，欲偕黄君同去往质问总统。门口卫兵阻之，黄君大怒，拔刀欲斫之，兵不敢阻，而马车车夫见此情形，不敢拉缰，乃由黄、刘二君自御之而出，其事未知结果。嗣后即由黄君伴张夫人同往长椿寺，抚棺大恸。黄告坚欲开棺验视，兵官等不肯，黄君又大怒大哭，拔刀欲斫，乃开棺焉。黄君等乃命拍相，于是雇得骡马市大街三义泰照相店拍其遗相焉。

（七）湖北之将校及张君随从三十余人，前文所称湖北将校，其姓名具记者所知者，共吴兆麟、黎天才、唐牺支、何锡藩、冯嗣鸿、马祖全、刘绳五、熊秉坤、张厚德、童序鹏十君。十君者，皆已于十六早快车赴鄂。其张君随从兵役三十余人，则由邓君玉麟、马君武妥为安置，一时暂不归鄂。

（八）黎电袁令之真情　黎副总统系十三来电，袁总统恐系不确，乃于即晚发电询问是否真电，十五早得回电声明是真，故十五即下秘密军令。事后以大将礼葬之，并以三千元赙其丧。

（九）事后之舆论及观察　此事迅雷不及掩耳，记者但与张君有一二次交涉，殊不能深知其人。惟闻此惨报，悲悼甚深而已。一部之舆论，颇以此次办法过其秘密，未能公开军法会议为憾。而湖北孙武君既有往日交恶事实，今日实被不白之嫌疑。而刘成禺、郑万瞻、罗虔诸君，本系此次回鄂调和相率来京之人，尤恐被【背】卖友之名，故诸君对此事实异常悲梗，此弹劾案质问书之所由来也。惟同盟派中则以此为利用攻击总统之机会，颇有人谓袁世凯杀张，利用武昌有乱，然后乃以兵力下南方，此则不中事实矣。至观察此后有何变动，据深知其事者，谓张君深得下校欢心，而不慊于士大夫，颇有翼德遗概。武昌上级将校，既倾服黎副总统，颇倾诚用命，或不至别有意外之变焉。

黄远庸《远生遗著》，民国丛书第2编，第99册，第1卷，上海书店1991年版，第216～221页

8月16日(七月初四日)　黎元洪为应对张振武案所引起的全国舆论,于本日、19日、21日三次通电解释。

《黎元洪8月16日通电》:

大总统、国务院、参议院、各省都督转各团体、各报馆钧鉴:窃民国初奠,共和肇基,我神圣军人应如何保护治安,顾全名誉。矧武汉首义之区,为全国视线所注,岂可重事破坏,致蹈危亡?乃有张振武等,蛊惑军士,勾结土匪,破坏共和,昌谋不轨。鄂中几次风潮,伊等均为主动。元洪念起义有功,曲事保全,曾电大总统荐充顾问,并拟任东省屯垦使,优给薪金,隆以礼遇,所以酬答前劳,无微不至。讵伊等潜返鄂垣,多方煽乱,不时悉索,糜款数十巨万,竭万民之脂膏,供沪上之挥霍。犹复密布党羽,分设机关,藉京汉铁轨之交通,假改革政治为煽惑,每一往返,则风鹤频惊,欲事羁縻,则虎狼成性,神人共愤,妇孺皆知。此次电促赴京,实望革心向善,岂期显露逆谋,图翻全局?倘再为隐忍,糜烂何堪?万不获已,只得电请大总统,将张振武并同恶共济之方维,严饬查拿,按军法惩办,以维大局,而保治安。元洪夙昧知人之明,复鲜维持之法,应得处分,实无可宽。其盲从诸人,概免株连。惟溯自起义以来,相从军旅,情谊难忘,并将其家属从优给恤,以示法外施恩之至意。挥泪沥陈,俾咸闻知。元洪。铣印。

1912年8月份《政府公报》,公电,第111号

《黎元洪8月19日通电》:

铣电谅达览。张振武以初等小学副教员,曾充鄂军务司副长。昔为功首,今为罪魁。元洪业于真电请大总统严饬查拿,按军法惩办在案。惟恐传闻失实,致起误会,爰将伊等谋逆原因,再行宣布,以与天下共见之。起义以来,赴沪购枪,糜款六十余万两,枪械腐窳,无裨实用,任意浮报,鄂财政司有案可稽。误军需之要公,恣一己之挥霍,其罪一。自募军队六百余人,私立团名,强索饷需,人月二十元,实为逾格。又私收退伍兵士六大队为护卫队,坐糜巨饷,阴遂私图。该团军士,大义素明,现愿退伍,是知伊之蓄谋,匪伊朝夕,其罪二。兼充军统,私夜横行,带队放枪,居民惶恐,其罪三。抢夺兵站枪支、军米,其罪四。强占铁路,立中小轮船,自由行动,其罪五。暗煽义勇团团长梅占鳌,增加营数。诱令石星川往联领事团,许事成任为外交司长。该员等不为所动,谋遂无成,其罪六。广纳良女为姬妾,伙串某报为鼓吹,其罪七。私立民国公校,当众演说,革命非数次不成,流血非万万人不止,言者称心,闻者咋舌,其罪八。亲率佩枪军队,逼迫教育司讹索学款,挟之以兵,其罪九。又令逆党方维,勾结已开革之管带李忠义及已正法之祝制冲[六]等,分设机关,密谋起事,伊为原动,大众皆知。恐牵一以动百,故吞舟而漏网,其罪十。此外索款巨万,皆密济其党援,来往京都,实阴行其诡计,种种不法,不胜枚举。元洪荐充大总统顾问,拟任东省屯垦使,并有蒙古调查员之命,无非追录前功,冀收将来。犹复请兵配饷,议设专局。又在汉口私立屯垦事务所,月索款千余元,档案具在,欲壑未填,野心益炽,揭其始末繁夥,实属无可再原。鄂中亲故多碍情面,虽稔逆谋难予显戮,一击不中,大局遂危,倘非请由中央明正国典,何以昭示天下。自闻令下,宣传武汉,万众额手,欢声若雷,元恶既殄,民心大安。元洪自请大总统量予处分者,实因上负大总统,下负国民,既不能烛照于机先,惟冀补苴于事后。从优抚恤,俾生者得所,死者瞑目,天远听迩,吾言不食,临电揽涕,咽不成声。元洪。皓印。

1912年8月份《政府公报》,公电,第114号

《黎元洪8月21日通电》:

袁大总统、国务院、参议院、国维报、亚细亚报、并转各政党、各团体、各报馆、各省都督、议会、上海民声报、并转各报馆公鉴:铣电谅达。连日函电纷驰,诘难群起,前电仓卒,尚未详

尽。报告政府书，复未赍到，诚恐远道不察，真象愈隐，敢重述梗概，为诸公赧颜陈之。振武初充军务司副长，汉阳失败，托词购枪，留函径去。当命参议丁复追至上海，配定式样，只限购银二十万，乃横拨贾铜元银四十万，仅购废枪四千枝，子弹四百万，机关枪三十六枝，子弹二百万，枪械腐窳，机件残缺，有物可查，设有战事，遗害何堪设想？且除买械二十六万，余外另滥用浮报三十二万，无账二万，尚借谭君人凤五万。陈督复来电索款，均系不明用途，有账可据，罪一。南北统一，战事告终，振武由沪返鄂，私立将校团，遣方维往各营勾串，募集六百余人，每名廿元，鄂军屡次改编，该团始终不受编制，兵站总监兵六大队，已预备退伍，伊复私收为护卫队，拥兵自卫，罪二。二月二十七串谋煽乱，军务部全行推倒，伊复独遣方维，要挟留任，复谋杀新举正长曾广大，经元洪访查得实，始将三司长悉改顾问，罪三。冒充军统，私夜横行，护卫队常在百人以外，沿途放枪，居民惶恐，每至都督府，枪皆实弹，罪四。护卫队屡遣解散，抗不遵令，复擅抢兵站枪枝、粮米，藐无法纪，罪五。强占铁路，立中小火轮，勾串军队，夤夜来往，罪六。暗煽义勇团长梅占鳌，增加营数。诱令石龙【星】川，往联领事团，许事成任为外交司长。该员等不为所动，谋遂无成，罪七。革命后，广纳良女为姬妾，内嬖如夫人者将及十人，叶某及鲁某皆女学生。复伙串某报为鼓吹，颠倒黑白，破坏共和，罪八。民国公校开校，当众演说，革命非数次不成，流血非万人不止，摇动国本，骇人听闻，罪九。亲率佩枪军队，逼迫教育司，勒索学款，挟之以兵，罪十。令逆党方维，勾串已革管带李忠义及军界祝制六、滕亚纲、姜国光、谢玉山、刘起沛、朱振鹏、江有贵、黄翊生，暨汉口土匪头目王金标，分设机关，密谋起事，并另举标统八人，伊为原动，大众皆知，虽名册已焚，祝、滕正法，刘、朱尚寄监可质，罪十一。机关破露，移恨孙武，复密遣四十人，分送[途]暗杀，罪十二。前次所购机关枪弹，除湖北实收外，近证蓝都督报告，接济之账，尚匿交机关枪二枝，子弹三万颗，私藏利械，图谋不轨，罪十三。此次电促赴京，实望革心向善，乃迭据侦探报告，伊以委命未下，复图归鄂，密遣党羽，预归布置。复查悉函阻将校团，不得退伍。武汉一隅，关系全局，三摘已稀，岂堪四摘？罪十四。此外索款巨万，密济党援，朘削公家，扰害商庶，种种不法，不胜枚举。元洪荐充大总统高等军事顾问，并有蒙古调查员之命，无非追录前功，冀挽将来，犹复要索巨款，议设专局。又在汉上私立屯垦事务所，月索千余元。凡此诸端，或档案具在，或实地可查，揭其始末罪状，实属无可再原。诸公老成谋国，保卫治安，素为元洪所趋向，倘使元洪留此元憝遗害地方，致碍全局，诸公纵不见责，如苍生何？顾或有谓杀非其地，杀非其道者，责以法理。夫复何辞？然此中委屈，尚有万不获已之衷，为诸公告者。武昌当革命之余，丁裁兵之会，地势冲繁，军心浮动。振武暗握重兵，潜伏租界，一经逮捕，即召干戈，既痛生灵，更酿交涉，操切偾事，谁尸其咎？况北京为民国首都，万流仰镜，初非邻省，更异敌邦，明正典刑，昭示天下，揆诸名义，似尚无妨，此不获已者一。振武席军务长之余焰，凭将校团之淫威，取精用宏，根深蒂固，投鼠忌器，人莫敢撄，卷土重来，拥兵如故，狼子野心，更无纪极。前此以往，杀既不敢，后此以往，杀更不能，千里毫厘，稍纵即逝，先此不图，噬脐何及？况谋叛民国之犯，果有确据，随时皆可掩捕，此不获已者二。振武分遣党羽，密布机关，属奸谋败露，应命赴京，更怀疑惧。居则佩刀盈室，出则荷枪载途，京鄂之使，不绝于道，心机叵测，消息灵通，一电遥飞，全国立变，联电请求，举兵要挟，虽有国典，亦无所施。况振武现参军政，遥领兵权，绳以军法，洵为允当。且北京军事裁判，尚无完法，南中军法会议，已非一次，询谋佥同，始敢出此，此不获已者三。元洪数月以来，踌躇再四，爱功忧乱，五内交萦，柔肠九回，忧心百结，宁我负振武，无振武负湖北；宁取负振武罪，无取负天下罪。刲臂疗身，决蹯卫命，冒刑除患，实所心甘。夫汉高明武，皆以自图帝业，遭际庸儿。越践吴差，皆以误信谗言，戕残善类。藏弓烹狗,有识同悲,至若怀光就戮,史不论其寡恩,君集被擒,书不原其战绩。矧共和之国,同属编氓,但当为全国奠金瓯,不当为个人保铁券乎?第以念其前劳,既未忍悉行宣暴,安此反侧,复未敢稍事牵连,遂致真、铣两电,词多含蓄,迹似虚诬,又何怪诸公义愤之填膺而责言之交耳也?伏念元洪素乏寸功,忝窃高位,爱民心切,驭将才疏,武汉蠢动,全楚骚然,商民流离,市廛凋瘵,揭[损]失财产动逾巨万,养痈贻患,责在藐躬,亡羊补牢,啜将何及?洪罪一也。洪与张振武,相从患难,共守孤城,推食解衣,情同骨肉,乃恩深法弛,悖道寒盟,瘏口罔闻,剖心难谅。首义之士,忍为罪魁,同室弯弓,几酿巨祸,洪实凉德,振武何尤?追念前功,能毋怆涕?洪罪二也。国基甫定,法权未张,凡属国民应同维护。乃险象环生,祸机密切,因加指失肩之惧,为枉寻直尺之谋,快一隅黎庶之心,解天下勋庸之体,反经行政,贻人口实,鼠思泣血,不敢告哀,洪罪三也。有此三罪,十死难辞,纵诸公揆诸事实,鉴此苦衷,曲予优容,不加谴责,犹当跼天蹐地,愧悔难容,况区区寸心,不为诸公所见容乎?溯自起义以来,戎马仓皇,军书旁午,忌餐废寝,忽忽半载。南北争议,亲历危机,蒙藏凶顽,频验噩耗。重以骄兵四起,伏莽潜滋,内谨防闲,外图排解,戒严之令,至再至三,朽索奔驹,幸逾绝险,积劳成疾,咯血盈升,俯仰世间,了无生趣。秋荼尚甘,冻雀犹乐,顾瞻前路,如陷深渊。自时厥后,定当退避贤路,伫待严谴,倘有矜其微劳,保此迟暮,穷山绝海,尚可栖迟,汉水不波,方城无索,虽死之日,犹生之年。世有鬼神,或容依庇,百世之下,庶知此心。至张振武罪名虽得,劳勋未彰,除优加抚恤,瞻[赡]其母使终年,养其子使成立外,特派专员迎柩归籍,乞饬沿途妥为保护,俟灵柩到鄂,元洪当亲往奠祭,开会追悼,以安哀魂。并拟将该员事略,荟蕞成书,请大总统宣示天下,俾昭然于功罪之不掩,赏罚之有公,斗室之内,稍免疚心,泉台之中,或当瞑目。临风悲绝,不暇择言,瞻望公门,尚垂明教。元洪叩。箇印。

1912 年 8 月份《政府公报》,公电,第 118 号

8 月 17 日(七月初五日)　自黎元洪首倡军民分治后,各方反应不一。国务院以一时无法推行,遂采取折中之道,分电各省谓过渡时期,各省都督、省尹可以相互兼任。

《国务院电》:

黎副总统、各省都督鉴:军民分治,问题重大,揆诸法理,自不可易。前据湘、粤、闽、赣等省都督电请缓议,而他省都督绅民又有电请速行者,大抵对于分治一事,无可否之问题,特【殊】时期之讨论,意见虽殊,归宿则一。本院博稽舆论,综察时机,以为当此过渡之始,不妨参用活笔,以利推行。现将前案改正,令各省都督、省尹,原案总监得互相兼任,都督兼省尹,则于其下设民事长;省尹兼都督,则于其下设军事长,庶因材任命,以免用非所习之弊。如各省情形实有不便,遽行分治者,则就现任长官,分别文武,任为都督或省尹,即令兼任省尹或都督,其下各机关,均令照案设立,俟分治省分,利益昭然,模范既成,然后再废兼任之制,撤销民事长、军事长,以期划一。既与现情相适,又于经制无背,全材得握,蝉以遵涂,而国事亦可分辙而就理。已饬法制局修正原案,呈请大总统咨院议决后,即行颁布。特通电奉闻。国务院。篠印。

1912 年 8 月份《政府公报》,公电,第 114 号

8 月 18 日(七月初六日)　参议院认为政府处理"张、方案"违法,联名提出弹劾案。

1912 年 8 月 19 日《民立报》北京电报:

参议院以张振武、方维案,认为政府失职违法,全院震怒,刘彦、刘成禺、陈家鼎等拟联名

提出弹劾案。

△ **黄兴就处决张、方事致电袁世凯，严词诘责。**

黄兴《致袁世凯电》：

袁大总统鉴：南中闻张振武枪毙，颇深骇怪！今得电传步军统领衙门宣告之罪状，系揭载黎副总统原电。所称怙权结党，桀骜自恣，飞扬跋扈等，似皆为言行不谨之罪；与破坏共国[和]，图谋不轨之说，词意不针对。全电归结之语，注重于"爱既不能，忍又不可"八字。但张振武不能受爱与受忍之处，出于黎副总统一二人之意乎？抑于共和国法律上有不能爱之、不可忍之之判断乎？未见司法裁判，颇难释此疑问。乞更明白宣布，以解群惑，共和幸甚。兴略有事，稍迟当趋承钧教。黄兴。巧。

湖南省社会科学院编《黄兴集》，中华书局1981年版，第248～249页

附《袁世凯复黄兴电》：

黄克强先生鉴：巧电悉。张振武一案，黎副总统原电有"蛊惑军士，勾结土匪，破坏共和，乞立予正法"等语。黎副总统为鄂军督帅，对其所部宣布罪状请正典刑，自应即予照办。至原案颠末，已电黎副总统明白宣布矣。中山先生北上，无任欢跃！执事因事稍缓，望眼欲穿。仍祈即日启行，得罄肝鬲，大局幸甚，鄙人幸甚。袁世凯。皓。

湖南省社会科学院编《黄兴集》，中华书局1981年版，第249页

黄兴二十日《复袁世凯电》：

北京袁大总统鉴：皓电敬悉。黎副总统原电述张、方罪状，语极含混。凡有法律之国，无论何级长官，均不能于法外擅为生杀。今不经裁判，竟将创造共和有功之人立予枪毙，人权国法，破坏俱尽。兴前在留守任内办理常州军政分府赵乐群一案，舆论均谓可杀，兴犹迭开军法会审，由王军长芝祥率同会审各师长暨法官，调齐人证，悉心研讯，业经取具确供，复汇案呈请大总统，饬交陆军部复核。原期详慎议定，使成信谳，以示尊重法律，拥护人权，为各省都督开一先例。庶几共和开幕，国民不至有死于非法之惧。而张、方案乃如此，两事相距，为期甚迩，张、方独因一面告讦者擅定极刑，未讯供证而死。国民生命财产权专恃法律为保护，即共和国精神所托。且在前清专制时，汪精卫谋炸摄政一案，讯供确凿，尚能出于详审，仅予监禁。纵使张、方对于都督个人有不轨之嫌疑，亦岂能不据法律上手续，率请立予正法，以快私心？现在外患日迫，政府信用未固，益以此事，致群情激动，外人轻视，民国基础愈形危险。顾瞻前途，良用滋戚，旁皇终夜，不知所措。洒涕陈言，伏维谅察。黄兴。哿。

湖南省社会科学院编《黄兴集》，中华书局1981年版，第249～250页

8月19日(七月初七日)　参议院开会，议员张伯烈等二十人提出质问政府枪杀张振武案。

1912年8月25—26日《民立报》载《质问政府枪杀武昌起义首领张振武案》：

张振武者，武昌起义首功之一人也，毅勇坚诚，出谋定难，勋绩昭著，海内同声。乃本月十六日，忽见政府揭有将张振武正法一示，所列罪状，不一而足。然按之法律，揆诸事实，则有令人骇异者。倘不据实宣布，恐天下闻之，惊疑群起，影响所及，大局攸关，兹据约法第十九条九项，提出质问如左，请即咨送政府，迅予答复，以释群疑，而彰法纪。

一、质问张振武赴沪购枪吞蚀巨款之罪。当武汉战事吃紧之际，军火缺乏，伊时黎副总

统特派张振武赴沪购办,以振武廉干可恃也。其中有无吞蚀情弊,固非局外人所能臆断,但振武自沪回鄂时,已由都督会同军政各界,开特别会议,将其经手之款,根据清单,逐一核销,当时并无异言。姑无论民国首功,义当保全,即使罪不容逭,亦宜即时惩办,始足警一戒百,乃事逾数月,忽翻前案,死者含冤,闻者酸鼻,此不可解者一也。

二、质问张振武武昌二次蠢动乘机思逞之罪。武昌二次蠢动,原系少数军人,被京汉保及苏州兵变之影响,意图劫财之所为。是时振武甫自沪归,改任都督府高等顾问,闻此警耗,即奔走各处,晓以大义,始未酿成巨祸,此事武汉妇孺,犹能言之,何得谓为乘机思逞?况据黎副总统此次来电,有振武暗煽将校团,乘机思逞,幸该团员深明大义,不为所惑云云,是将校团之人员,显与蠢动无关。而今与张振武同杀之方维,即将校团团长,凡属团员,莫不感服,既谓团员深明大义,则团长之督率有方可知。振武曾副长军部,嘉而善之,岂得为罪?乃奖诩如彼,杀戮如此,行背乎言,何以服人?此不可解者二也。

三、质问张振武近来蛊惑军士,勾结土匪,破坏共和之罪。湖北自光复以后,秩序帖然,洎后编余散兵,被裁游卒,小有滋扰,旋经弹压,得以无事,初无所谓土匪,更何所谓勾结?且振武军官一职,解任已久,其于各营兵士既无统带之权,安有操纵之术?谓为蛊惑,究何证据?凡天下事必有事实发生而后有罪案可定,腹诽莫须,岂能见于今日?至振武此次在鄂革命,为满清政府言之,诚属狼子野心,昌谋不轨,然铲除专制之淫威者,即系造共和之幸福,谓振武破坏专制则可,破坏共和则不可。不然,当其起义之日,敦请副总统出而视事,果何为者?改称中华民国,又果何为者?况此次入都,曾席请各党贤杰消除意见,其维持共和之苦心,有耳共闻,有目共睹。乃竟谓其勾结土匪,破坏共和,不知所指土匪者为何人?所谓破坏者为何事?此不可解者三也。

四、质问张振武要求发巨款设专局之罪。张振武前次奉调入都,大总统命其调查蒙古屯垦,固是任材录功,为事择人。但国家设官,原贵审实;请款设局,亦办法中所应有。然准否之权,固非彼所自操,此而为罪,致罹刑辟,则盈廷衮衮,谁宜生者?乃竟谓其飞扬跋扈,贯胸以死,此不可解者四也。

五、质问张振武冒政党藉报馆之罪。原电谓张振武冒政党之名义以遂其影射之谋;藉报馆之揄扬以掩其凶横之迹。试问共和国家,主权全在人民,非约法所明定者乎?不行政党政治,人民之意力,何从表现?言论自由亦系约法明定,报馆之臧否,自有法定之权,此而为罪,则今之政党诸人,及姓名之在报纸者,多于繁星。试问政府将任之乎?抑聚而歼之乎?即以副总统言,既为共和党之理事长,又为同盟会之协理,统一党之名誉理事,其姓字之见诸报纸者,与张振武孰多?试检全国报纸而统计之,当可得数学上之证明,试问政府亦将执而杀之乎?抑舍之乎?又试问黎副总统,于人则入之罪而杀之,于己则居之不疑,果又何说?此不可解者五也。

以上五端,仅就所列罪案,合之事实,条举疑义。至于办理此案之法,亦多暧昧难明,更列于下。张振武为起义首功之人,即令有罪,比之普通罪犯,应否可从末减,一也。即云尊重法权,舍功论罪,应与齐民同等,亦当捕送审判厅,供证具完,公开定谳,始得宣告处刑,今何不然?二也。论罪既与齐民同等,张振武虽曾为鄂军务部副部长,然退职已久,犹是中华民国人民,何以须出军法?三也。即云此案关系军事者多,然军法会议,亦必各官齐集,及一干人证到案,经审问辨(辩)诉判决之程序,始得执行刑罚。何夤夜邀袭,旋捕旋杀?四也。战时间谍,可以就地正法,现行犯拒捕,可以格杀无论,今观电开各罪,既非间谍,复非现行,何以遽加刑戮若不及待?五也。副总统真电,不过告发之词,并非判决之词,何以指定刑名?

六也。约法所载，大总统有特赦之权，并无特杀之权，盖有罪者大总统可以特权生之，无罪者无论何人，不得以特权死之，所以重视人命也。今据一偏之论，一电之传，何以遽夺其生，七也。总之，共和国家，全赖法治，惟法律乃能生杀人，命令不能生杀人，惟司法官乃能执法律以生杀人，大总统不能出命令以生杀人。当前清专制之时，汪兆铭谋刺摄政王，事发之后，搜得铁瓮累累，证据如山，审判之结果，犹仅予以监禁。萍乡之役，胡瑛、朱子龙、刘家运谋响应于武昌，事发被系，亦系予以监禁十年。今以民国首功之人，大总统、副总统乃口衔刑宪，意为生杀，本院有保护人民生命之天职，心滋疑虑，无可缄默，不能不一探其究竟也。连署者：张伯烈、李国珍、林翰、张华澜、周翰、刘成禺、田骏丰、战云霁、彭占元、俞道喧、郑万瞻、陈鸿钧、王树声、喜山、胡壁城、时功久、卢士模、曹玉德、李槼、顾视高。

8月21日(七月初九日)　参议院议员商议弹劾政府案，无结果。

1912年8月23日《民立报》北京电报：

二十一日参议院为弹劾案开会……共和党主张弹劾全体国务员，……国民党以此次袁总统违法杀人，并未开国务院会议，除总理代总统负责任及段陆军长连同副署外，余难连及，主张只弹劾陆段二人。陈家鼎、刘彦言：弹劾问题表决兹，两说须服从多数，以贯穿大弹劾之目的。众同声赞成，惟王家襄坚主该党党议，以致相持不决。……闻某某议员受政府运动，故出此弹劾全体难题，使弹劾案不成立，并延缓时间，俾政府预备。……

8月22日(七月初十日)　袁世凯令：慎重执行参众两院议员选举。

二十二日大总统命令：

国会组织法及两院议员选举法均经公布，此次正式国会，为民国建设之根本，国会早日成立，即国基早日奠安。现在选举为时甚迫，尤当力促进行，勉赴程限，勿逾约法所定临时期间，方足昭信中外。所有选举事宜，关系綦重，各地方行政长官务各按照法定程序，遵守应有职权，慎重执行，认真监督。至凡有选举权之国民，咸宜以公平诚实之心，求灼见真知之选，期得真能代表民意，熟悉地方情形，通达国家政治者，任为议员，庶可契合代议制度之精神，巩固共和立宪之基础，民国前途，实嘉赖焉。此令。

1912年8月24日《民立报》

△ 中国社会党首领江亢虎因宣扬无政府主义，在汉口被捕，旋获释。

1912年8月27日《民立报》载《江亢虎虎口逃生》：

日前传闻江亢虎君在鄂被捕，兹将社会党鄂支部致上海本部函转录，以见此事真相。“社会党上海总部诸公鉴：顷接飞电谨悉，江君亢虎于日昨(二十二日)下午抵汉下车时，竟被都督府参议，即前江汉关军政分州失汉口脱逃之指挥吕丹书及亡清时代、大小探队头目充租界之包探、无恶不作之刘有才(小名狗贵)等，忽将江君行囊搜索殆遍，并将江君拘入警视厅。次早(二十三日)本支部接江君由厅来函骇异无既，常驻干事鲁君，即赴该厅拘留处晤江君，始知此事发生于无声无臭之中，当即由本支部拍电各地，午时本支部陈君又往晤厅长质问江君被捕理由，该厅长谓由科员彭某接洽，嗣又往访彭君，彼谓本厅并不知其中细情，只因奉副总统秘密命令，而江君并未约束自由行动也，江君所吐同人极为钦佩云云。陈君遂约其同往面江君，彭云：‘江君已为汉阳铁厂总办刘君邀往该厂午餐去矣。’陈君始归汉。今早得信，江君日昨实系渡江往谒黎督，该督面变红色耳轮皆赧，并云万分抱愧，实未有拘捉江君等情事,并特派人欢迎,来汉致抱歉意,江君现在本支部事务所,大约有一星期盘桓,不日开大会也。兹特发快信用释锦注。余情后详。”

1912年8月29日《民立报》载《社会党本部致武昌电》:

武昌黎副总统鉴:本党全体及沪上各团体,对公捕江事甚为愤激,同人特派干事沙淦君来鄂调查事实,请明白答复社会党本部。

1912年8月29日《民立报》载《江亢虎致黎元洪书》:

宋卿副总统座下:敬启者,不佞此次旅行,专为宣布本党宗旨,调查各部情形,向闻武汉一带党员众多,而流品不皆一律,推行未能尽利,更有不宵小人假冒名称,招摇生事,其于民国法律,本党声誉关系匪轻,昨日北京部正式成立后,即专车来汉,一面以总代表名义向行政官厅请交电,一面以发起人资格举内部办法,纠正改良,乃亢虎误伪风鹤传警,切懔在匡之畏,横罹无妄之灾,幸赖我公明察如天,立予省释,重蒙派员招待设宴欢迎,雅意殷拳私衷感愧,现拟勾留数日,特开讲演大会,本学理之根据,为鼓吹的进行,并拟谒见尊颜面陈积悃,缘我公为民国首义第一人,亟以一识荆州为幸事也,退食余暇,伏希示召,当即遵趋。社会主义在今日世界实为唯一之问题,最有研究之价值,倘届会期,望驾临莅尤为祷祈,专肃。即请勋安。不尽一一。江亢虎顿首。

8月23日(七月十一日)　参议院开会,袁世凯派陆军总长段祺瑞列席答复张振武质询案。

《政府公报》:

今天出席,专为答复贵院质问张振武一案。此事于十三日,据十一日黎副总统来电请中央正法,中央政府以为此事关系于湖北治安问题非常重要,当时曾集湖北派来军官讨论一番,不得不照如此办法,所以于十五日大总统发一命令,由执法处立予枪毙。十九日贵院提出质问书,本想即行出席,因为此事关系于湖北一方面治安非常之重大,并且所牵涉之人及所牵涉之事,此时不能和盘托出,盖于军机上有秘密之关系也,所以未便即行宣布。于是电达黎副总统,请其审查现在情形,如可以宣布之处,不致滋生枝节,即行回电中央,由中央政府答复贵院。此事已经声叙于八月十九日之咨文,二十日又准贵院来咨,仍然要求出席。当时以十九日政府去电黎副总统,未曾答复可以宣布之范围,依旧仍未清楚,所以咨复贵院,俟黎副总统有电来,再行答复。昨天黎副总统来一长电,今将可以宣布者说明一下,以答复贵院之所质问各条。第一条:质问答复购办枪械一节,并非由黎副总统特派,是自己去购办者。至于糜费款项,前天已有电说明,有六十余万两。并且所购枪械尽是腐窳,浮报款项,有案可稽。当时开军法会议,早想惩办,念其初犯未曾加罪。质问书谓已经逐一核销,并无其事,此答复者一。武昌第二次蠢动,纯系张振武主谋,因为军务部都倒,而都督尚未推倒也。并极力排挤司长曾广大,黎副总统极力中间调停,始以无事。质问书所谓振武甫自沪归,解任都督高等顾问,与此中事实,甚不相符。蠢动之后,黎副总统戒严非常,一方面开导将校,幸各将校深明大义,方得相安无变,此非方维之督帅有方,实各将校之力顾大局,洞明大义故也,此答复者二。张振武勾结已开革之管带李忠义及军官朱某,前电并称及正法之祝制冲[六]等,此非煽惑军人之确据乎?还有勾结王鑫标,此非勾结土匪之确据乎?并暗煽义勇团团长梅占鳌,诱令石龙[星]川往联领事团,许事成后,任石为交涉司长。幸该员深明大义,不为所动,而事遂未成,机关亦以破坏。如此种种事情,张振武实鼓动之人。黎副总统深恐就地惩办于湖北治安上有妨碍,所以来电请中央治罪。还有私招将校军队有六百余人,强索饷糈;

又复招收退伍军人六大队为护卫兵,如此行为,军士而可以私招,团名而可以私立,尚有何事不可为耶?当此共和建设之际,首重秩序,如此破坏共和,摇动国本,安能任其逍遥于法外?此答复者三。大总统任命张振武为蒙古调查员,要求巨款,是实在之事情。彼张振武既归武昌,在汉口私立屯垦事务所,月索款千余元,为集党之地,此湖北人所共见共闻者,此答复者四。据黎副总统来电说,张振武凭藉报馆,为鼓吹机关,该报馆名,现可不说。言论自由,虽在约法,然而不能假此言论鼓动扰乱,此答复者五。于五条之外,贵院质问,尚有数款,今亦一一答复。第一,至论张振武固系有功民国,即使有罪亦宜末减,此就普通的犯罪而言。至于张振武案情重大,关于民国国本至大且巨,未便以普通之律例末减其罪状。第二,质问书谓应当捕送审判厅供证具完,公开定谳,始得宣告处刑。须知张振武是一军人,不能捕送审判厅,他任湖北都督府军事顾问,此非军人乎?第三,质问书谓张振武犹是中华民国人民,何以须用军法?抑如犯罪的事实均在其任军务部时所为,无一事不关系军务,所以军法从事。第四,质问书谓军法会议,亦必由会议各官齐集,及一干人证到案,假审问辩诉判决之程序,始得执行刑罚云云。此事在武昌已经开过军法会议,证据齐集,并不是未开军法会议。因为在武昌执行刑罚,恐于湖北治安有碍,所以不得已请中央正法。至于判决手续,已经在武昌经过,不过由中央执行而已。第五,质问书谓既非间谍,又非现行犯,何以即行刑戮?须知张振武一案,事机苟不慎密,必致另生枝节,所以临时即决。第六,质问书谓副总统真电不过告发之词,并非判决之词,何以指定刑名云云。此层已经报告,说明军法会议在武昌早经开过判决,不过在此间执行而已。第七,质问书谓约法所载大总统有特赦之权,并无特杀之权云云。张振武入京,党羽甚多,总而言之,现在总以国家为前提,如有危险国家之前途,动摇民国之国本者,罪在不赦。此案既关系于民国共和前途甚大,所以不得不如此办法。此次出席贵院,如以为尚不满意,则黎副总统日后当有电来,一俟得有黎副总统详电后,再行详细报告。至于关系秘密的地方,此时未便即行宣布。

1912 年 9 月份《政府公报》附录

△ 孙中山进京途经塘沽,在与记者谈话中表达了北上目的。

孙中山《在塘沽与某报记者的谈话》:

记者问:先生在津可稍住否?

先生曰:然。

记者问:先生北上之用意。

先生曰:予此次来北之意,不外调和南北感情,巩固民国基础。至于外交、财政、内政各事,若袁总统有问,余必尽我所知奉告袁总统,以期有所裨补。如袁不问及,余亦不便过问。

记者又问:先生之铁道政策如何?

先生云:余之来意尤在振兴实业,但欲振兴实业,必自修造铁道入手。余意全国铁道当有全国大计划,但此计划须俟政府之政策决定及得参议院之同意,始能决定。余意如国民全体不尽赞同,得数省同意,亦可就数省开办。

记者又问:资本金之筹划政策。

先生云:如国民有力担任,自应由国民兴办;如国民无力担任,只好大借外债兴办。但借债必须有最良之条件,不至如前清时之损失权利。总之,铁道政策为中国近日最要问题,无论政府、议院意见如何,余必尽力提倡此事。

中国社会科学院近代史研究所等编《孙中山全集》第 2 卷,中华书局 1982 年版,第 405 页

8月24日(七月十二日)　孙中山应袁世凯邀请抵京。

1912年8月29日《申报》报道:

……下午五时三十分抵北京,袁世凯派赵秉钧代表欢迎。先生与来欢迎之国务员及团体代表见面后,乘袁世凯所备之朱漆金轮马车,由正阳门入城至石大人胡同迎宾馆。先生原拟次日始拜会袁,因袁派人迓迎,乃赴铁狮子胡同总统府,袁世凯出迎。八时入席,袁亲为先生执盏,致词欢迎先生,略谓:"刻下时事日非,边警迭至,世凯识薄能鲜,望先生有以教我。""财政外交,甚为棘手,尤望先生不时匡助。"先生答词表示"如有所知,自当贡献";并谓:"惟自军兴以来,各处商务凋敝,民不聊生,金融滞塞,为患甚巨。挽救之术,惟有兴办实业,注意拓殖,然皆恃交通为发达之媒介。故当赶筑全国铁路,尚望大总统力为赞助。"

1912年8月26日《民立报》北京电报:

余(指特派员)与孙中山同车,今日午后二时半自津开,五时半抵京。各部总长及驻京各司令长官、各界、各党代表均上车欢迎中山,略与周旋,即下车换乘双马黄车,前后袁派亲兵马队护卫入石大人胡同旧总统府,休息三十分钟,即乘车赴袁总统府拜见袁。

△ 孙中山到京后与施愚等谈话,再次表达来京之意。

孙中山《与招待员施愚等的谈话》:

此次北来,惟一宗旨在赞助袁大总统谋国利民福之政策,并疏通南北感情,融和党见。

本拟即时进见大总统,面商一切,因路途困顿,须暂休养。祈将此意转袁总统,并订明日相会,畅谈一切。

中国社会科学院近代史研究所等编《孙中山全集》第2卷,中华书局1982年版,第406页

编者按:当天晚上,孙中山即拜访了袁世凯,进行了长时间的谈话,改变了原来的安排。

8月25日(七月十三日)　孙中山到京,受到北京同盟会本部欢迎,在欢迎会上发表演说:同盟会对会外人应互相亲爱,以巩固中华民国。

孙中山《在北京同盟会欢迎会的演说》:

中华民国成立以来,兄弟第一次到京,今日得与同盟会诸君子共话一堂,乐何如之?此次革命成功,如此神速,实梦想不及。去岁武昌起义,全国响应,未及四月,满清推倒,共和告成。虽同盟会之主动力,然亦实系我中华民国各界同胞之赐助,始得成功。今破坏已终,建设伊始,破坏固难,建设尤难;破坏尚须众同胞之助力,建设岂独不需同胞之助力乎?望勿以满清时代对待会外诸同胞之手段,对待现时会外诸同胞,须同心以谋建设,不可存昔日之心理。

满清时代同盟会,多为人仇视,共和时代,无人仇视,而同盟会之少数人,尚以满清时代为人仇视之心理,对待今日会外诸同胞,故外间有今日之同盟会,如昔日贵胄之说。此种谣言,皆由同盟会少数人尚存昔日之心理,有以致之也。今日之政体既变,同盟会诸君子昔日之心理,亦当随之而变。盖既无仇视共和之人,同盟会对会外人尤当极力联络,毋违背昔日推倒黑暗政体,一视同仁,互相亲爱之宗旨,以巩固中华民国。此我所希望于同志诸君子者也。

中国社会科学院近代史研究所等编《孙中山全集》第2卷,中华书局1982年版,第407页

△ 中国同盟会联合统一共和党、国民公党、国民共进会、共和实进会等,在北京召开国民党成立大会。选举孙中山为理事长,黄兴、宋教仁、王人文、王芝祥、张凤翙、吴景濂、王宠惠、贡桑若尔布等八人为理事;张继、柏文蔚、唐绍仪等为参议。孙中山于本日下午出席大会

并发表演说。

1912年8月26日《民立报》北京电报：

今日(25日)午前九时至十二时，同盟会假湖广会馆开欢迎孙中山大会，午后一时至六时，开国民党成立大会。

1912年8月27日《民立报》北京电报：

国民党开会，投理事票，开箱验票，其结果如下：孙文一千一百三十票，黄兴一千零七十九票，宋教仁九百十九票，王宠惠九百十五票，王人文九百零九票，王芝祥七百九十七票，吴景濂、张凤翙均五百七十八票，贡桑诺尔布三百八十四票，以上均当选为理事。次公布五十票以上者：张继、汪兆铭、胡汉民、蔡元培、于右任、胡瑛、唐绍仪等。

孙中山《在国民党成立大会上的演说》：

自去年武汉起义，各省响应，不数月间，南北即已统一。发端虽始于南方，实以北方将士军人，同心一德，以故成功之速，无与伦比。鄙人深信中华民国之共和，皆四万万同胞人心之所趋向，非用兵力强迫所能解决，实我南北爱国军人同心同德之所肇造也。近来嚣嚣之口，或不免恐军队干预政治；吾则谓我爱国军人，既造成此庄严璨烂之中华民国，决不至有此破坏之举。但衮衮诸公，亦当消除意见，以国家为前提，毋使我爱国军人苦心孤诣，经数十年创造之而不足，一旦任一二挟持意见者败坏之而有余；则中华民国，当可蒸蒸日上，超轶全球，自不至惹军人之干涉。否则各人权利自私，排斥异己，萧墙之内，祸起须臾，则我爱国军人或亦有不忍坐视者。

譬之一家然，请武士防守门庭以自卫，家内秩序井然，固不至太阿倒持，引武士之过问。假一旦兄弟阋墙，自相鱼肉，武士虽专司御侮，或亦有不得不设法调停之举。治国亦犹是也，使我国之内，人人以中华民国为公共之中华民国，合群策群力，以图富强；牺牲一己之权利，完固共和之政治。我爱国军人自不至扰攘于其间，而放弃其保卫之天职者也。盖军人所以卫国，非以乱国；所以防外，非所以防内。国乱则不得不以兵力为最后之解决，以召危亡；国治则军人自不得干涉其间，摇动全处。而况造成此中华民国者，皆我南北爱国军人，吾决其不至前后异辙也。

国家之有政党，原以促政治之进行，故世界文明各国，无不有政党以维持之。今日合五大政党为一国民党，势力甚为伟大，以之促进民国政治之进行，当有莫大之效果。但望诸君振刷精神，组织完备，力求本党之发达，以冀有裨于国家，并须化除畛域，毋歧视异党，毋各持党见。(中略)则本党之成立，即为中华民国富强之嚆矢焉。

国民党之主旨，首在注重党德，已为诸君略发其端倪。惟鄙人尚有一言，即民生政策是也。从前同盟会原取三民主义，今则民族、民权均已解决，惟民生尚待进行。然民生问题，一般人之心理，每多误解。甚或谓为劫富济贫之法，以至小康之家，闻之即有戒心。殊不知此理本极平常，约而言之，即在预防资本家压制贫民耳。若在英、美各国，其煤油大王、钢铁大王等，皆以一资本家之操纵，贻祸全国，过于天灾，甚或影响且及于世界。则欲解决此问题甚难，而贫民之受祸最惨。吾国则资本家尚未发生，但能预防资本家之压制，民生目的即可达到。如英国虽有皇帝，而实权操之全国之人民，初无须于武力，而政治问题，即已解决也。男女平权，实属天经地义。但现在国势危急，当先设法巩固政府。盖有国家，不患无平权之一日；若有平权而无国家，虽平权将无所用。惟鄙人亦深望诸君赞助女界达此目的，并深信吾国女界必终能达到此目的也。

中国社会科学院近代史研究所等编《孙中山全集》第2卷，中华书局1982年版，第409～411页

△ **飞行家冯如在广东试演飞机失事陨命。**

《飞行家冯如在广东演放飞机毙命》:

冯如,广东恩平人,留学美国,初攻机械学,继慕飞机之制造,潜心研究。去年曾将所造飞机运至广东试演。本日复在城外燕塘演放,已飞高百尺矣,因急于转舵,机轮被阻,身与机同时下坠,头胸股各部均受重伤,旋即毙命。

《东方杂志》第9卷,第4号,中国大事记

8月27日(七月十五日)　黄兴在沪得知:北方谣传其与张振武案有关,立即致电袁世凯请彻底查办。

黄兴《致袁世凯电》:

北京袁大总统鉴:兴前因病赴西湖疗养,今晚返沪,始见孙中山先生自津来电谓:"顷见一总统府秘书云:张振武被执时,在张处搜得一书,系与兴者。内容有云托杀黎元洪事,已布置周妥"等语。今日又阅沪报译载,《文汇报》北京电云:"此间谣传张振武之谋第二次革命,黄兴实与同谋,故不来京"云云。阅此两电,不胜骇异。张案鄂、京尚未尽情宣布,读漾电亦云案情重大,牵涉尤多,今京、沪忽拟议及兴,若不将张案明白宣布,则此案终属暗昧,无以释中外之疑。务请大总统勿徇勿隐,彻底查办。如兴果与张案有涉,甘受法庭裁判。如或由小人从中诬捏人罪,亦请按反坐律究办,庶全国人民皆得受治于法律之下,鄙人幸甚!大局幸甚!立盼电复。黄兴,叩。

湖南省社会科学院编《黄兴集》,中华书局1981年版,第251页

△ **孙中山到京后与袁世凯多次会谈。交流颇为顺洽,并议及蒙藏问题。**

1912年8月27日《民立报》北京电报:

孙中山先生前日到京,初见袁总统,寒暄后纵论今日时局,互摅诚悃,欢洽逾恒。约畅谈至数小时之久。中山先生出语人云:袁总统可与为善,绝无不忠民国之意。国民对袁总统万不可存猜疑心,妄肆攻讦,使彼此诚意不孚,一事不可办,转至激迫袁总统为恶云。闻者以为知言。

1912年8月27日《民立报》:

中山先生拟特约袁总统作十日畅谈,如海军港问题,如对外政策,如银行政策,如振兴实业政策,如国防问题,如整理军队办法,如借债问题,如铁路政策,皆将尽情商榷。蕲有完善之国是大方针。

1912年8月27日《民立报》:

中山先生所抱铁路政策,规划甚详,其大致为拟借毋损路权之借款六百万万,于五年内修成铁路二十万里。

《三水梁燕孙先生年谱》:

先生在北京期间,除出席袁世凯之宴会外,尚与袁会谈多次,据参与会谈之梁士诒忆述,先生与袁世凯会晤十三次,每次谈话时间自下午四时至晚十时或十二时,更有三四次谈至二时之后者。所谈皆国家大政、中外情形,论事最为畅洽。一夕,先生语袁,请袁练陆军一百万,自任经营铁路,延长二十万里。袁微笑曰:办路事君自有把握,若练精兵,百万恐非易易耳。某夕夜深,梁士诒送先生返行馆,先生问梁:"我与项城谈话,所见略同,我之政见,彼亦多能领会,惟有一事,我至今尚疑,君为我释之。"梁问:"何也?"先生曰:"中国以农立国,倘

不能于农民自身求彻底解决，则革新匪易；欲求解决农民自身问题，非耕者有其田不可。我说及此项政见时，意以为项城必反对。孰知彼不特不反对，且肯定以为事所当然，此我所不解也。”梁对曰：“公环游各国，目睹大地主之剥削，又生长南方，亲见佃田者之痛苦，故主张耕者有其田，项城生长北方，足迹未尝越大江以南，而北方多属自耕农，佃农少之又少，故项城以为耕者有其田系当然之事理也。”先生大笑。

凤岗及门弟子编《三水梁燕孙先生年谱》上册，民国丛书第2编，第85册，上海书店1991年版，第123页

孙中山《与袁世凯的谈话》：

现在蒙、藏风云转瞬万变，强邻逼视，岌岌可危，凡我国人，莫不注目。近日报纸所载蒙、藏情形，多不免得之传闻。须知蒙、藏如此危急，国人又如此注意，若以误传刊登报章，引为事实，使人心恐慌，外人将乘此直来谋我，当以何法对付。故文主张此后蒙、藏消息，责成各该处办事长官逐日报告一次，由政府再分送各报登载。既免误传，且得真相。

中国社会科学院近代史研究所等编《孙中山全集》第2卷，中华书局1982年版，第412页

△ 参议院议员刘星楠等六人提请政府查办黎元洪案。该案未成立，决定缓议。

1912年8月28日《民立报》北京电报：

参议院提出请政府查办黎元洪案，原文如下：“黎元洪以副总统、湖北都督兼任参谋部参谋总长，对于全国军队，有发纵指示之大权。乃遂恃势妄作，暴戾恣睢，草菅人命，弁髦约法，种种罪状，指不胜屈。举其最著者如祝制六、江光国、滕亚纲等罪状，尚未分明，该总长即不依法定手续，遽下就地正法令，立置死地。遂使武汉义士，人人自危。大江报何海鸣、凌大同等罪状，亦未分明，该总长又不依法定手续，遽下就地正法之令，通电严拿，急于星火。张振武、方维等，即罪在可诛，亦宜经过法庭审判，乃该总长恃有全国军事上之大权在握，仍不依法定手续，坚持其就地正法之蛮横办法，密电北京，强陆军部以必行。查临时约法第六条第一项，人民之身体，非依法律不得逮捕、拘禁、审问处罚。乃黎元洪任意行使其参谋总长之权力，竟以就地正法四字，为其杀人之惯例，是显然为破坏约法，背叛民国之元恶大憝；凡属国民，人人得而诛之。为此遵照约法提议，咨请政府严行查办，以维法律，而巩固民国之前途，即俟公决。”提出者：刘星楠。赞成者：刘盥训、赵世钰、宋汝梅、彭占元、苗雨润五人。

8月28日（七月十六日） 孙中山到京后，受邀出席袁世凯为其举行的欢迎宴，并发表演说。

1912年8月29日《民立报》北京电报：

今晚（28日）袁总统于府中特设盛宴招待中山先生。参议院全体议员则定于明午公宴。

孙中山《在北京袁世凯欢宴席上的答词》：

今日承大总统特开大宴会，备极嘉许，实深感谢！

我中华民国成立，粗有基础，建设事端，千头万绪，须我五大民族全体一心，共谋进步，方可成为完全民国。现有少数无意识者，谓中国空有共和之名，而无共和之实，大不满意于政府。殊不知民国肇建，百废待举，况以数千年专制一变而为共和，诚非旦夕所能为力。故欲收真正共和效果，以私见所及，非十年不为功。今袁总统富于政治经验，担任国事，可为中国得人庆。

兄弟所最崇拜袁总统者有一件事。中国向以积弱称，由于兵力不强。前袁总统在北洋时，训练兵士，极为得法，北洋之兵，遂雄全国。现共和粗建，须以兵力为保障。昔南非洲有某二共和国，以无兵力，卒至被人吞并。可见共和国家，无兵力亦不足救亡。今幸有袁总统善于练兵，以中国之力，练兵数百万，保全我五大族领土；外人素爱平和，断不敢侵略我边圉，

奴隶我人民。但练兵既多,需费甚巨。我辈注重人民,须极力振兴实业,讲求民生主义,使我五大族人民,共叡富源,家给人足,庶民生有赖,而租税有所自出。国家岁入,日见增加,则练兵之费,既有所取;教育之费,亦有所资。我五大族人民既庶且富,又能使人人受教育,足与列强各文明国,并驾齐驱。又有强兵以为之盾,十年后当可为世界第一强国。想在座诸公,亦乐观厥成。

中国社会科学院近代史研究所等编《孙中山全集》第2卷,中华书局1982年版,第418~419页

△ 孙中山在北京答《大陆报》记者问。

孙中山《在北京与〈大陆报〉记者的谈话》:

记者问:现在政局大势如何?

先生答:余已与袁世凯开诚布公,面商一切。倘公举袁世凯为正式总统,余亦愿表同情。至于大局,较前颇有进步。

记者问:除袁世凯外,尚有他人谋任总统否?

先生答:容或有之,但未能指定何人。

记者问:外间风传南北分离,果有此事否?

先生答:此事亦未可断必无。但以现在时局而论,此事断不至有。若万一有之,余与袁世凯亦可以有能力阻止之。

记者问:关于银行团要求监督借款用途一节,先生之意见若何?

先生答:此事余极端反对。盖银行团无须要求监督,中国自有措置之方。倘银行团以不得监督而不允借款,则中国政府便在国内自筹款项。

记者问:满、蒙现状若何?

先生答:中国方今自顾不暇,一时无力控制蒙古。惟俟数年后,中国已臻强盛,尔时自能恢复故土。中国有四万万人,如数年以后,尚无能力以恢复已失之疆土,则亦无能立国于大地之上。余深信中国必能恢复已失之疆土,且绝不需要外力之帮助。

中国社会科学院近代史研究所等编《孙中山全集》第2卷,中华书局1982年版,第413~414页

△ 参议院议员张伯烈等十二人提出弹劾陆徵祥、段祺瑞案,因出席议员不足法定人数,未能开议。

1912年8月29日《民立报》北京电报:

今日参议院提议弹劾陆段违法案,未能成立。

1912年8月29日《民立报》载《参议院呈请弹劾案原文》:

临时大总统捕杀张振武、方维一案,查临时约法第六条第一款载明:人民之身体非依法律不得逮捕、拘禁、审问、处罚。又第九条:人民有诉讼于法院,受其审判【之权】。此次临时大总统枪毙张振武、方维二人,未依法律,未经审判,与上举临时约法所载条文大相违反,本院认为,蔑视约法之举动,非立宪行为,国法既坏,国本随之。倘不急予纠绳,则前途何堪设想。查临时约法第四十四条:国务员辅佐临时大总统负其责任。今因张、方案陷临时大总统于违法之地位国务员首领陆徵祥及副署之国务员段祺瑞辅佐乖谬所致,不能不负其责。依据临时约法第十条第十二款,提出弹劾案,请众公决。咨请临时大总统按照临时约法第四十七条,将国务陆徵祥、段祺瑞两员,即予免职,以彰国法而固国本。提出者:张伯烈、刘成禺、时功玖、郑万瞻……

1912年9月4日《民立报》载《二十八日参议院会议记》：

八月二十八日晨九点三十分参议院开会，议长、主席、议员出席者八十六人。张伯烈、刘成禺到院十五分钟即去。议长云：今日第一案为弹劾国务总理、陆军总长，按照约法须有九十五人出席，始能开议，现出席仅八十六人，将如何定处，诸君公决。王家襄云，请议长限以钟点坐候，议长以候至十点二十五分为准，众称善。覃振云：本院弹劾案，非敷衍人耳目之事，如此重大事件，尚不到会，可谓忍心，我辈求其不失代表天职，则国民有不平者，本院当代平之，乃必以几个人数而误大事，殊属不合，且约法已为政府破坏，民国根本动矣，自应赶急维持。陈同熙云：请议长查明有多少请假者，如未到者，为请假之人，则一时未必能到院。芦士模云：此案前既全体通过，今交大会何以不到？宋汝梅云：既已报告，坐候，则可稍候，尚何争议之有？议长昨日照议事日程，今日亦当然照议事日程。彭允彝云：此不能怪议长，顷系虞君所言然否，由公众决之，不必节外生枝。王家襄云：请议长以议事日程第八十八条所规定宣告。覃振云：今日万不能满九十五人，不如请议长变更议事日程，先开议。第二咨请政府查办参谋总长违法案，免得消耗有用时间，议长云时间已满，可否另议第二案。刘星楠云：第一案既不能开议，第二案亦当缓议。俞道暄云：本院注重在第一案，黎为起诉人，中央政府为裁判人，起诉人诉状不实，固属有罪，裁判人仅凭起诉人之语，不问证据，即加以罪，是其违法远过于起诉人。第二案与第一案有连带关系，参谋部不过运谋，其负责任当在执行者。是时宋汝梅、金鼎勋、李兆年均争先发言，一时议场秩序大乱。彭允彝请议长维持议场秩序。宋汝梅云：彭君何得屡次发言？彭云：此是请议长维持，何得谓之发言？本员现有质问刘君处，请问刘君提此案时，是否因弹劾案有连带而始从出？张联魁云：第二案本可缓议，何必多争？刘彦云：本员只问应该查办与否，如应该查办，则不能从缓，如不应该查办，则当时何必提出弹劾案，应遵约法所规定人数开议查办，经查约法既无规定，只要合法定人【数】即可开议。李兆年云：因不信任政府始有弹劾国务总理之案，不信任政府，尚何请查办之有？秦瑞玠云：第一、第二两案均可从缓。陈玉祥问：议员提议之案，自己可取消否？李矩云：前次江君提议国民捐之案，自己取消，此事亦可援例。时争出发言者，喧闹不休，议长维持不听，拍案大闹，约七分时间，始稍清静。陈家鼎云：此次弹劾案，若不能成立，不独贻笑中国，并且贻讥东西洋，因为本院对于张、方案一出，即全体一致，大有不平反此狱不止之势，于是而有弹劾案之提出，又恐人数不能一致也，于是有两次谈话会之开议，今意思已交换矣，一致赞成弹劾矣，值大会开议，尚有不到会者，岂开谈话会时，其赞成非本心耶？至于查办案，其能成立与否，须众公决，不得以个人私意，强众人以必同。田骏丰云：本员有多少话要问议长，昨日宋君负气出场，本员请议长请回，议长以议事细则无此规定答之，今日议案，应当以大总统交者编入前面，议员提议者编入后面，而议长反此何故？江辛云：本员提议之案，并未打消。田骏丰云：江君既未取消此案，已过两月，议长何以不编入议事日程，而故为压下，是议长专制，应该弹劾。议长云：江君不过有缓议之言，尚未有正式函件来到，本席如何能编入议事日程？刘崇佑云：议长不应代人受过。谷钟秀云：议事日程之次第应以急不急定之，此是议长之权，议员不应侵犯。曹玉德云：不特查办案可取消，即弹劾案亦是假的，亦可取消。宋汝梅云：本员亦谓可以取消，说毕，拍案者再，谷钟秀亦拍案云：你一人有何能力取消议案，于是群起争论，拍案者，跳脚者，李兆年等冲出议场，李述膺离位，摩拳欲打反对缓议者，为张耀曾、杨永泰力劝始止。一时议场几成战地，吵闹至十四分钟之久，始稍安定。李肇甫云：案之缓议与否一表决即可了结，诸君必定以私见相急，致议场如此扰乱，己既不治，何能责人？请诸君平心静气讨论为是。籍忠寅仍拍案不止，汪荣宝附之，经陈时夏力劝，秩序始稍回。刘彦云：维持中华民国,维持约法,就是此两案:一为弹劾案,一为查办违法案。弹劾案既因人数不足不能成立,而查办违法案,又从缓议。试问参议院是何种机关?参议院不能维持中华民国,不能维持约法,安用此参议院为,本员主张还是表决。覃振云:本员于提出弹劾案,本是个赞成员,弹劾案提出来为维持约法,维持中华民国,方才有人说弹劾案是假的,则凡议员所提出案子均是假的。参议院是何等地位,议员是何等资格,提出案子是假的,何能见信于人民。其时谷芝瑞焦灼万分,呼议长云:议事细则还要不要?李兆年云:弹劾案说是假的,从何处看来?杨永泰云:刘君星楠提出此查办违法案,只能作为普通一种动议,当然付表决。刘显治云:议场动议本可以取消,但是既列作议案,不能随便取消。陈景云:既是提作议案,一个人提出一个人不能取消,应当要表决。侯延爽云:不信服政府,所以提出查办案,恐查办不对,所以提出弹劾案,今弹劾案不能成立,而查办案又要取消,反复无主,当然无效。张耀曾云:刘君星楠不是取消查办案,不过请与弹劾案一并提出,弹劾案未能,此案亦可缓议,请大家细想一想,研究代表资格,没有见有代表资格者可以骂人,可以拍案,可以乱说,以后大家要斟酌从事,勿取人笑可也。宋汝梅云:请议长查看今日是何方面先起冲突,又大呼议长云:要以国家为前提,你们是要推倒政府。金鼎勋云:大家要宁心静气,此乃是自己的事。刘崇佑又云:只问今日可以开议,不可以开议,若是要开议,一定要变更议事日程,议第三案,张君谓不能变更议事日程,不知张君【对】议事日程如何解释?金鼎勋阐之云:今日是研究张君议事日程,亦[抑]是研究刘君议事日程?陈家鼎云:弹劾与查办违法两案,皆当进行办理,以目前情形看来,弹劾案万不能成立,而查办又要从缓议,是查办案亦不能成立,参议院是保护人民生命财产的机关,是维持约法的地方,欲保护人民生命财产,维持约法,须大众团结坚固,精神灌注,方能有济,请议长付表决。王家襄云:有许多人谓弹劾案是假的,令人寒心,所以才有今日之争持,现在刘君星楠请从缓议是自己取消意思,无须乎表决。殷汝骊云:刘君所说是缓议,不是取消,方才有两说,一说是缓议,一说是即议,请议长以此两说付表决。议长云:因为弹劾案不能开议,所以才发生此事出来,言未毕,刘崇佑又参入云:弹劾也好,查办也好,但是今日讨论是在议事日程,本员只问议事日程成立不成立,讲到议事日程议长是错了。发言者,纷纷不已。刘崇佑又大呼云:今日不必开议,可以散会。杨策云:观今日议场情形,刘君查办案万不能成立,纵云表决成立,断不能议决有效,可以从刘君之言,缓议,不必表决。杨永泰云:今日有两说,可以表决,一表决弹劾案成立不成立,二表决查办案缓议不缓议。刘崇佑又云:不照参议院法编订议事日程,把议员提出议案置之开首,当然作为无效。彭允彝云:谓把政府提出议案置之篇尾,议员提出议案,置之篇首,为无效,试问以前所编皆如是,应作为有效,抑作为无效?杨永泰云:说日程为违法,要在将开选之先,不能到未了之时。殷汝骊云:刘君缓议之说,有说须表决,有说无须表决,请议长先表决,表决不表决。议长看表谓:时已十二钟将如何?刘崇佑等大呼散会,附和者众,遂散会。

1912年9月4日《民立报》载《参议院大冲突之里面》:

京讯:廿八日参议院因提出弹劾国务总理、陆军总长案,及咨请查办参谋总长案,国民党及共和党两派议员大起冲突,自九钟半开议,至十二钟散会,并未议及一事。兹经调查如下:当廿七晚,各党对于此事,皆有计议建设。讨论会与共和党连衡抵制此事,无论如何必使此两案皆不能成立。国民党于廿七日下午亦开会议,张耀曾、吴景濂、谷钟秀诸人,皆谓此次提出弹劾案,一定无效,查办案即勉强通过,亦毫无实力,盖无论弹劾案及查办案,照约法咨送大总统后,大总统如不以为然,可以交回复议,如非三分之二之同意,仍执前议,不能有效。试问此次提出查办案,即令大会通过,将来交回复议之时,能否有三分二之议员仍执前议,况弹劾案既不能提出，查办案其力甚微，决定开会之时，如弹劾能提出国民党不能不赞成，若实在不能提出，国民党亦听其自然，不必再与共和党开衅，徒增恶感。惟讨论此事之时，该党议员如彭允彝、覃振、卢士模诸人，皆未在场，廿八日到会时，彼此亦未接洽，故开会之后，仍执前议，故与共和党不免冲突，在共和党一方面，亦不知国民党有此计议，以为今日必有一场恶战，故作种种之预备，及至开议后，国民党议员如张耀曾、谷钟秀、殷汝骊、李肇甫人皆未发言，惟刘彦、覃振、彭允彝、卢士模等仍主张甚力，而原提案之张伯烈、时功玖、刘成禺、郑万瞻四人亦不发言，及至彭允彝与宋汝梅、谷芝瑞诸人冲突，国民党见事已决裂，遂不能不发言，后又由李矩、籍忠寅、侯延爽诸人群起攻击吴议长，而其攻击之理由，又系题外之事，国民党始大愤，共和党亦以激烈相对待。因有两党之恶感，当秩序紊乱之时，在共和党以谷芝瑞、汪荣宝、李兆年、李国珍为最激烈，在国民党以李述膺、彭允彝、卢士模、刘彦为最激烈。所有两党议员，虽正伏案写字，亦必拍案数响，大叫三声。幸由张耀曾、杨策诸人分项劝解，国民党议员之怒始稍平息，而共和党议员李兆年等皆大骂出议场。吴议长左瞻右顾，不能维持，旁听席中亦有大呼助阵者，及至散会后各议员仍有不肯干休之势，将来两党之冲突，益不能免矣。

又是日参议员到院者，计八十六人，并无蒙古议员一人，闻其原因系以蒙古议员，皆系共和党，前日决议以蒙古议员向不发言，又不主张激烈，此次抵制弹劾案惟有不出席一法，因商定该党蒙古议员概不出席，并所有现在请假各议员即不足法定之人数，其余共和党议员仍照旧到会，故是日议场中无蒙古议员一人云云。

黄远庸《张振武案一礼拜之经过》：

张振武君被杀详情，已具见前函。其最为热忱根本于人道主义为张君愤恨者，莫过于湖北诸议员及孙武、邓玉麟诸君。诸君或对于武昌为严厉之质问，或对于袁大总统为免死券之要求(孙武、邓玉麟)，或对于总统纷纷辞顾问之职(孙武第一次辞职书上后未蒙批准昨又复上)。但其最为激烈之活动者，莫过于参议院，既有十九日第一次之质问，嘱陆军总长次日出席，明日答复。及临期不到，复有二十日第二次之催促。议场中之光景，几于以痛骂、痛哭、顿足、鼓掌之声充满。总之激烈派为爆火之导线，其次则同盟派议员，亦未免有利用机会，思想以助成其党略。而和平中立之人，则持唯诺主义，不敢有所异同，此连日议院之真相也。兹汇述其数日以来经过之事情如左：

(一)当张振武案发现后，总统府秘书某君方由天津归，在车中阅报知有此事，即大惊愕，即上言于总统谓："政府虽以事情逼迫为此，然杀人手续之违法，则无容讳。明日总理及陆军总长宜正式赴院声明，事非得已，责无可辞。在政治上虽系以国家之前提，于法律上实无可解免，政府甘受违法之责任，请诸君弹劾。而陆总理及总长不能用此光明正大之言，实为可惜。"

(二)参议院十九日第一次质问，刘成禺首先要求出席说明，虽议长制止，谓质问无说明之必要，而刘成禺谓："今日之事，不比寻常质问。"于是痛快淋漓为一篇激烈之演说。张伯烈更继之以哮咷大哭，全院震动，议场内外乃知此事之重大，非旦夕能了者矣。至次日发表政府第一次之答辩，谓："此事关系重大，其所牵涉之人及所牵涉之事，非仅关湖北治乱，实关全国之安危。"又加以军机秘密等语，其词若隐若现，似明似昧，和平派乃深疑其中别有隐情，激烈派乃格外觉其糊涂荒谬。发表之后，激烈派之热度亦复继长增高，于是即席起草催促陆军总长次日出席。

(三)二十日晚，政府已将第二次答辩书拟就，大致谓："前咨商令黎副总统择其可发表者发表之，今黎电未到，纵令国务员出席，其所能发表者，不过如前咨所云，本大总统为尊重立法机关,不敢敷衍搪塞起见,仍候黎副总统电文到后,再行答复。"而二十一早,段祺瑞就到总统府,谓还是我自己去罢。后又左思右想,决以不去为是,于是乃命法制局长施愚送呈答辩书到院。刘成禺君等愤火中烧,乃痛骂施一顿,以泄其怒。于是乃转入弹劾问题,而前一日陆总理请假五日之事亦发表矣。

(四)陆总理请假之呈,系于二十日呈递,而其身早于法国医院养病。此次杀振武系用军令,第一次第二次答辩书,亦系如此。究竟总理应否副署大总统军令负其责任,于国法上确系一重大问题,然事实上则丝毫不相干涉。陆久有辞意,迭向总统请假,总统皆慰留之而中止。今又值此重大风潮,故其请假呈文,实与辞职书并上。其辞职书中有云:五日假满之后,请准解职。而其秘书长仅为递请假之呈,不为递辞职之呈,大总统亦决意不许其辞职,故陆之退否,实在未定之秋,而政府摇动,则已成为事实。于是同盟会政党内阁之论,宋教仁总理之论,恰挟此弹劾案声中而出。而某派之天真烂漫纯持公道,与某派之乘机强劫主义,互相矛盾,却能互相利用,不可谓非政治界之一奇现象也,知此乃可与论弹劾案之真相。

(五)弹劾案之议论,自张振武被杀后本已发生,至两次质问而不能满意,则箭在弦上,不能不发,实无足怪。二十一日之同议于谈话会中,嗣又各党分议于休息室内,议后又复议于谈话会中,未决则又议于二十二日之谈话会中。大致分为二派:一、共和党、共和建设讨论会持法律主义,谓弹劾必须弹劾政府全体,始合连带责任之本意。二、国民党(即统一共和党与同盟会)则持利便主义,主张弹劾陆、段二人。于是乃有牵就派之某君,谓弹劾全体也可,弹劾二人也可,总之要弹。则热心于其主张者也,又有利用派之某君等,则谓既共和党主张弹劾全体,我们亦可变为弹劾全体,则利用之心,情见乎词。而两党中之多数人,坚持党议,不肯互让,于是反变成为参议院之内讧。其实尚另有消极一派持不出席主义者,故弹劾案之能否成立,尚未可定。

(六)二十一日会散时,刘成禺复发表谓:"总统府约我们湖北议员于今日四点钟前往说话,我明天一定发表他说的是什么话,我此后一丝一毫都要发表的。"故是日四时总统专约四议员之谈话,确为一重要关键。据记者所亲闻于四议员中之一人,大概总统谓此次罪案系武昌所定,既关系武昌安危,即不能不照黎副总统来电办理,此为第一段说话。又谓现在上海一带关于此事风潮甚烈,诸君不可不顾大局,是为第二段说话。故诸君对于此等说明不甚满意,而外间因此生出种种揣测,大总统已经将秘密凭据及其关系人名尽告四君者,皆因风起浪之谈,不可轻信。

黄远庸《远生遗著》,民国丛书第2编,第99册,第1卷,上海书店1991年版,第221~224页

黄远庸《张振武案之研究》:

自张振武案发现后,记者以事关重大,见闻未确,殊不敢轻于置笔,两函特直书所闻而已,兹特述其所感觉与所闻之有关于罪案者如左:

(一)据袁、黎所布虽前后文电一,条件多端,而其最要之点,在张君实[是]否与武昌第三次革命有无关系。若无关系,则所述种种,皆系旧眚,似在功高可原既往不咎之列。然黎副总统第一次真电有云:近更蛊惑军士,勾结土匪,破坏共和,昌谋不轨。二十日电云:近令逆党方维勾结已开革之管带李忠义及已正法之祝制六等,分设机关,密谋起事,伊为原动,万众皆知。二十三日武昌将校黎本唐第二次电云:七次蠢动,造端宏大,祝制六之名册,滕亚江之供词,王金标之罪状,石龙川、梅占鳌之人证,证据确凿,众所共睹。袁总统八月二十三日复黄克强君电云:两次煽乱案,有同谋罹法而死者之供词,有如情告发现可询问之人证,则若实指张君与武昌第三次革命为最有关系之人物者也。

（二）对于武昌为第三次革命者，对于全国实为第二次革命，煽乱者之谋，决不专注武昌可知也。故袁总统第一次答复参议院文曰：所关系者，不只武昌一隅安危，实关大局全体治乱。又此案发现，当局中人虽严守秘密，然记者多方侦探，则多谓此案关系不只一人一事及武昌一隅，且有谓将于武昌、天津、南京、北京同谋大举者。又特派员施愚到院答辩，谓此案关系军情，陆军总长方谋布置，必俟布置妥帖之后，乃能发表，而后不生意外之变。然则纵使张君为与武昌第三次革命有关之人，是否于此等全盘计划有无关系，若无关系，则其奉命来京，前事即已消灭，若有关系，则其来京后尚有继续之关系矣。据湖北议员诸君之在京者所言，似张君不特来京后甚为谨慎，即与武昌第三次革命亦无关系。盖张君此次来京，系刘成禺君等在鄂拍胸向黎副总统担保，黎、张二君握手作别，且刘君等特劝张君等携眷来京，以示无他之意者也。又张君来京时，携带兵役等，以记者所知共三十余人，在金台旅馆居住。张君受刑后，乃由邓玉麟君安置，而段总长到院答辩，则谓其尚有四五百人在外。又一与军警有关系之人告记者，谓其随人等密带军械甚多，此不审是否罗织之词，抑实张君等所为有为其同伴所不及觉者，此大疑案也。

（三）自唐内阁倒后，第二次革命之说大盛，不审是否误传，抑实确有其事。兹特汇记所闻事件发生之在张案以前者，亦有已登本报者，亦记之以为研究之线索。（第一事）传闻南方有一部分人开会秘议于南京要处同时起事，推定某某为南京都督，某某为武昌都督，决议共二十余条。（第二事）前有一部分人来京勾结前清宫监及下级军队，为内务部所破。（第三事）又有一部分共三十余人于上月月底在陶然亭开秘密会，密谋勾结下级军队之法，为秘密侦探所悉。因有（第四事）本月初八日在某处捉获高丽人三名，解交天津日本领事，并搜获军械数十具，云系某所主使，即此三十余人中之一支分。（第五事）闻冯国璋、姜桂题曾有密电致某，谓君所谋机关悉破，若不从速撤回，即将发表。此等事案，惟自第二次革命后北京所受之影响也。

（四）据秘密探访，袁总统于十三日接到黎副总统密电时（凡密电皆总统亲自开拆），即自开其室中保险柜，此柜钥匙离合多端，不易开合，其秘匙则惟袁总统及梁士诒佩之。总统久不得开，乃命某官助之，开后取得密码本，自行拆阅，神色异常仓皇，即命人打电话请赵秉钧、冯国璋、段祺瑞、段芝贵四人至，秘密商议，良久良久之后，乃传发一秘电致武昌，电底则中西码并用，足知非一人所书。至翌日傍午，赵等四人至总统府，府中传宣官谓方睡未醒，四人云不须传报总统醒后自知之。及总统醒，乃即问四人来未，即接见之，良久良久，又发一电致武昌，此电不由总统府电报房发，而由外间电报房发。此事果实，则有二种断定：一即参与最先秘密商议者为此四人，二即此事或关系军务及内务范围之内也。

（五）据段总长到院答辩，谓以上情形，特据副总统电一一答复。又接来电尚有详细报告书，如诸君对于此案尚未十分满意报告，到时再行抄送察阅，亦无不可。惟此外尚有一二关系军事秘密者，现在尚未能悉行宣布。袁总统八月二十三日复黄克强电云：情节重大，牵涉尤多，鄂乱初平，不敢遽然宣布，兹择其可宣布者，择要宣布（此电是实）。又有一报载袁总统致黄君电云，如果无确实证据，世凯当自认处分，以谢国人，其言外之意，尚有未能尽行宣布之隐。则历次袁、黎二人所宣布者，据当局之意，皆非十分真相可知。即就段总长所言断之，第一尚有黎副总统之详细报告，第二尚有不能发表之秘密军情也。

记者附白：以上仅据推论及所见闻之事实记之，至政府之所表白，是否足以信任，若不信任，则其不信任之程度，应达何点为止。又其杀人手续之正当与否，皆不在记者记载范围之内，阅者鉴之。

(六)据鄂人与张君有关系者所谈,则于袁、黎所宣布者,概不置信。惟谓湖北有二种势力,一起义诸人之新势力,一旧派如刘心源君等之势力。惟有第三派人,新旧势力皆插不进,乃构陷张君而杀之,此派人与张君无嫌无怨,惟欲杀起义派之势力,以扰乱湖北而代之耳。其言意外皆有所指,一指武昌幕府派之某君,一指湖北在京最高级军官之某君某君,并有谓尚有一人在上海阴谋,合成此事者,录之以备参考。至于此事真相之在今日,真如教会中人恒语,惟上帝知之耳。

黄远庸《远生遗著》,民国丛书第2编,第99册,第1卷,上海书店1991年版,第221~228页

8月29日(七月十七日)　孙中山出席北京全国铁路协会举行的欢迎会,并在会上发表演讲。

孙中山《在北京全国铁路协会欢迎会的演说》:

现在中华民国成立,得达共和目的,人人皆志愿已足,愚则以为未也,必使中华民国在地球上为莫大之强国而后快。特今日中国既贫且弱,曷克臻此,欲能自立于地球上,莫如富强。富强之道,莫如扩张实行交通政策。世人皆知农工商矿为富国之要图,不知无交通机关以运输之,则着着皆失败。譬如香山县,由县城至敝乡,不过五十里。但因舟车不通,人以肩负物,每百斤脚价约一元,以每吨计之,不下十七元。若由美国经数万里运货至中国,每吨不过两元五毛。以中西同一货物,价值五元,加以水脚计之,由美来不过七元五毛,而中国自运则二十二元矣。人情喜便宜,断不能舍贱而买贵。故交通不便,则实业不能发达,可以断言。前时在安南、广西曾见农家烧毁陈谷,询之,因运道不通,无处可藏,故毁弃之,此可为旁证。故今日欲谋富国之策,非扩充铁路不可。

愚见拟于十年建筑廿万里铁路,在旁人乍听之,不免诧异。若以最浅近最简单之法言之,则人人共晓。譬如十人筑路,一年可成一里,则廿万人一年可筑两万里,二百万人一年可筑二十万里矣。以中国四万万人计之,能当路工者岂止二百万人乎?若因一人驾驭二百万人不易,可由各小团分办,则规划自易。期以十年,则范围更宽,其成功可操左券。惟是此项预算,必须有经费六十万万元。以美国铁路每年收入七万万元为准,则每年收入当不下十五万万元。将收除支,大约盈余有六七万万元,合十年计之,尽可还本。将来每年增加十数万万,比现在中国每年总收入三万万多出四倍,则民间之负担可以锐减,兴办各事,不患贫矣。但鄙人尤以缩短时间为最要。今日草创伊始,或者以为路之速成与否,似无关得失。但若在后来获利之日,回首当初则其时间一刻千金,至为宝贵。即如美国之收入,每年十五万万,平均计之,每日四百万,若迟筑十日,则四千万矣。若延误光阴,坐弃巨款,岂不可惜!故鄙人尤以迅速为要。至于藉此铁路,振兴农工商业,官民受益,岂止倍蓰!故今日欲言富国,必自此始,舍此亦别无良策也。

至强国一节,譬如中国有二百万兵,分布二十余省,平均每省不过十万人,以三十万兵,即可制我而有余。盖人以三十万兵敌十万,非敌二百万也,其制胜可断言矣。且交通不便,则运兵运饷,俱不能速,及其到时,则大事已去矣。故名为有兵二百万,与无兵同。若助以铁路交通,有兵百万已足。盖运输便利,不过数日可到,分之虽少合之则多。以百万敌三十万,加以主客异势,蔑不胜矣。故鄙人以为欲谋强国,亦必自扩充铁路始也。

以上各节,仅就愚见所及,布臆于诸君,祈诸君有以教之。如果诸君不河汉斯言,各出其经验及专长以经营之,鄙人可决中华民国不难成为世界上最富最强之国也。

中国社会科学院近代史研究所等编《孙中山全集》第2卷,中华书局1982年版,第420~422页

△ 孙中山在北京邮政协会欢迎会上演讲:“谋邮政之发达,以富国便民”。

孙中山《在北京邮政协会欢迎会的演说》:

鄙人于邮政素无学问,但现由欧美回来,颇有新知,愿以贡献于诸君之前。一、邮政:各国邮政,向来用邮船或铁路输送,现在发明一种新法,用汽车运输,其快便比船路数倍。二、电报:中国用号码翻译甚为不便,现在外国发明一种绘图电机,将来用写中文,亦可仿办。三、因邮政之便利,以运送各物。各国近今所发明,且为收入之大宗。至于储金一事,德、美二国最为发达,于人民生计上甚有关系者也。以上各节,略举所闻,以贡献于诸君曰:谋邮政之发达,则中华民国幸。

中国社会科学院近代史研究所等编《孙中山全集》第2卷,中华书局1982年版,第422页

△ 孙中山本日下午接受北京《亚细亚日报》记者访问。

孙中山《与〈亚细亚日报〉记者的谈话》:

问:先生来京,各界认为于政治上、社会上皆有莫大之影响,今日特竭诚访问先生,可容许若干时间之谈话?

答:该有要事出门,但可腾挪三十分钟。

问:见各报传载,先生近主张铁路、练兵两策,欲以十年工夫筑铁路二十万里,练兵五百万,有之乎?

答:事诚有之。惟两策以铁路为先,工商、教育可一呼而起。若铁路不成,有兵亦无所用。中国政府与社会向来作事因循,以区区数千里铁路,往往数年不成。此后应为积极的进行,必须年筑二万里,方可奏效。不过,国民刻尚反对外资输入,将来或须加以开导功夫为费手耳。

问:二十万里铁路兴筑费须六十万万,我国焉能有此巨款?先生所谓外资,是否仰给外债?

答:但能兴利,又无伤害主权,借债自不妨事。我现已筹有绝好方法,将来借债筑路,有利无害。

问:此项铁路归国有乎?抑民有乎?

答:初办宜定为民有,便于竞争速成,国家与以保护,限四十年后收为国有。盖与以四十年期间,民有铁路已获利甚巨,国家可以不须款项,以法律收回。无害于民,有益于国。

问:路归民有,将由国家借债,抑人民自行借债?

答:二十万里铁路,可分为十大公司办理,得各以公司名义自行借债。

问:以民有铁路公司借外债,能否达到目的?且以四十年之久,此十大公司得勿变为托辣斯乎?

答:民有铁路公司借外债,必能达到目的。彼外国银行惟恐我不借债,借则皆争先恐后。

至托辣斯亦可预防,若国家见某路获利最多,亦可于未至限期以前,随意择其尤者,用款收买之。

问:先生铁路、练兵二策,既以铁路为第一着手,对于练兵若何主张?

答:练兵五百万,系二十年后事,刻下焉有此巨款。且所谓五百万,指常备兵而言。如依征兵制,练兵百万,二年一退伍,有十年功夫,即可得常备兵五百万。再者,练兵乃专指陆军而言,海军需款过多,我国纵不能不兴海军,要只先办到防守一方为止。但使铁路贯通全国,有常备兵五百万,即不虞外人欺侮。

问:然则练兵从缓,铁路居先,先生此后将专从事于开导人民及借外债事乎?

答:然。

问:先生将从事社会事业,实令人钦佩!但第二期选举总统为期不远,恐国民不许先生从事社会事业奈何?

答:我有我之自由权,国民不能强也。

问:先生既不欲重当政局,第二期总统恐难得其人。

答:仍以现总统袁公为宜。依我所见,现在时局各方面皆要应付,袁公经验甚富,足以当此困境,故吾谓第二期总统非袁公不可。且袁公以练兵著名,假以事权,军事必有可观。

问:现在一部份议论,对于国体、政体颇有怀疑者,以先生高见,以为民国国体、政体,现在已确定稳固否?

答:何待多疑?民国招牌已经挂起,此后无足虑者。

问:记者亦知民国招牌已经挂起,但如买货者,虽见招牌,更必考查所卖之货物。此问题甚大,敢望先生明白赐教。

答:此语予颇不解,是否谓政体与国体恐有不相符者?此在国民心理如何,国民既欲共和,则非当局人所能强以所不欲。彼拿破仑之为皇帝,非拿自为之,乃国民皆欲其为皇帝。否则,虽有强力武功,不能为所欲为也。

问:先生现在对于统一问题之主张,可得闻否?

答:今日国家已经统一矣。

问:中央法令尚不能行于全国,各省意见尚未化消,军民分治及省官制争议不决,其他各种权限问题,皆悬搁停滞。先生所谓已统一者,果何所见?

答:此固为现在待解决问题。但予以为无难。将来军民分治后,兵权全归中央,都督可由中央任命,其他交通、财政、外交、司法,皆中央独占大权,余则可放任地方。至民政长则以民选为宜。非谓中央任命者皆非好官,以各省人心多趋向民选,若任命则必群起反对,恐更调撤换,政府不胜其烦耳。再者,国家统一,各有限度,如英殖民地坎拿大,濠[澳]大利亚等,尚有自练海军及与外国结条约者,然亦终不妨其统一也。

问:先生此项政见,欲在北京发挥之,见于实行乎?

答:予亟欲从事社会上事业。政治上问题,颇拟从缓。

问:对张、方事件,先生之意云何?

答:据我观之,张、方不得谓为无罪。但在鄂都督,似当就地捕拿,诛之于武昌,即不生此问题。假手于中央,未免自无肩膀。而民国草创时代,法律不完,中央政府即接电报,若无依据,以致惹起反对。吾谓中央政府当日应将张、方拿获,解去武昌为上策;否则,亦当依法审判。而中央政府又不在行,故吾谓鄂、京两方皆有不当处。

问:此案误似在北京,鄂督并无违法。盖督恐张、方党羽众多,杀于武昌,难保不致糜乱,故不得已假手中央。案各省有犯罪者,电请中央拿捕,事理似不为过,在法亦无违背。特中央接电后欠审慎耳。先生谓民国初创,无法可据,难道约法上人民身体非依法律不提逮捕、拘禁、审问、处罚之条文,政府亦未之注意乎?故此案误在政府不在行,于鄂督不相干。

(记者报道:孙中山闻言默然点首,时已至约定时间,遂握手而别。)

中国社会科学院近代史研究所等编《孙中山全集》第2卷,中华书局1982年版,第415~418页

△ 袁世凯为张振武案复黄兴电,并电各报馆代为辟谣。

袁世凯《致陈交涉使及各报为黄克强辩诬》:

克强先生奔走国事数十年,共和告成,亟谋统一,取消留守,功成身退。日夜望中央政府臻于巩固,使中华民国不复动摇,其光明磊落,一片血诚,中外咸知,人天同感。乃一般幸灾乐祸之徒,以挑拨恶感为长技,甚至谓张振武被执时,在张处搜得一书,系与克强先生者。凭空捏造,毫无风影,诬蔑英豪,败坏民国,殊堪发指。近闻上海文汇报转载北京电云:此间谣传张振武之二次革命,黄某实与同谋等语。系属全无影响。损人名誉,淆惑是非。应嘱亟为更正,并由陈交涉使根究来由,呈请核办,以彰中外之公道,而破谗构之诡谋。

徐有朋编《袁大总统书牍汇编》第6卷,上海广益书局1920年版,第11页

△ 袁世凯邀请孙、黄同时赴京,但黄兴因张、方案发生,对袁政府生疑,迟不赴京。本日,孙中山致电黄兴,促其速赴北京,并为袁世凯解释。

孙中山《致黄兴电》:

上海黄克强先生鉴:到京以后,项城接谈两次。关于实业各节,彼亦向有计划,大致不甚相远。至国防、外交,所见亦略相同。以弟所见,项城实陷于可悲之境遇,绝无可疑之余地。张振武一案,实迫于黎之急电,不能不照办,中央处于危疑之境,非将顺无以副黎之望,则南北更难统一,致一时不察,竟以至此。自弟到此以来,大消北方之意见。兄当速到,则南方风潮亦止息,统一当有圆满之结果。千万先来此一行,然后赴湘。幸甚。孙文。

中国社会科学院近代史研究所等编《孙中山全集》第2卷,中华书局1982年版,第450页

8月31日(七月十九日) 孙中山在北京参议院欢迎会上发表演说,主张迁都。

孙中山《在北京参议院欢迎会的演说》:

兄弟今日所最希望于参议员诸君者,在于民国建都一事。北京以地势论,本可为民国首都,故自明至清俱无迁移。而北有山海关,南有津沽,炮台林立,国防亦固,此兄弟二十年前北来所目睹者也。无如庚子以后,国权丧失,形式[势]一变,南北险要,荡然平夷。甚至以一国都城之内,外人居留,特划区域,炮台高耸,兵队环集,是无异陷于外人势力包围之中,被人束缚其手足。此后我若举行练兵增防,彼必横行干涉,甚且彼亦愈增兵设防,而况都城地点,北邻两大强国,俄在蒙古,日占南满,韩、满交通日便,一旦有变,五日间日兵可运到十万,北京内外受困。如此,可知时势不同,断难拘守旧说。在前清时代,举国上下,敷衍因循,遗误至此,可胜浩叹!兄弟之为此言,非好事变更,实国家中心之政府,处此危城,万无腾展之余地,为可哀也。

即如兄弟此次来京,前日至【东】交民巷,我兵有一人误入外人门户,次日外人即有公文到外交部,责我违背条约。本国人在本国都城内,尚受外人限制,此地尚可一朝居乎?古人谓城下之盟,为丧权辱国,诸君试想,国都内受此限制,辱岂仅如城下之盟!夫亚洲国家,强如日本,弱如暹罗,皆无受困至此者。而今我以莫大之古国,新造之邦基,岂可不于此首谋所以位置。故兄弟谓北京万不可居,将来须急速迁移。至于地点,则长安、开封、太原、武昌、南京,无处不可。春间武昌、南京之争,皆不成问题。亦非谓武昌离海较远,即可图存。盖图存在能自强,如不自强,即远至成都,贼亦能往。不过目前要择一离外人稍远,免于就近受缚如北京之地者,便于自由练兵,从容活动耳。

今日世界各国,乃武装的和平,无事时不知感觉,一旦有事,北京政府只有坐以待毙。兄

弟来京,认此为最大问题,二三日后,即将与袁总统详细协商。在袁总统对此亦无甚成见,将来不难得其同意。至有谓迁都为外人所不许者,兄弟谓外人断不至如此野蛮。我之国都,我欲迁徙,外人不应无理干涉,只须担保其无意外危害,谅外人亦必以我之迁都为然。兄弟所见如此,愿参议员诸君加以注意,是所切望!

中国社会科学院近代史研究所等编《孙中山全集》第2卷,中华书局1982年版,第425~426页

△ **是月,袁世凯致电蒙古活佛哲布尊丹巴,劝其取消独立。**

袁世凯《致库伦活佛书》:

外蒙同为中华民族,数百年来,俨如一家。现在时局阽危,边事日棘,万无可分之理。贵喇嘛,慈爱群生,宅心公博,用特详述利害,以免误会。各洲独立之国,必其人民、财赋、兵力、政治皆能自主,乃可成一国,而不为人所吞噬。蒙古地面虽广,人数过少,合各蒙计之,尚不如内地一小省之数。以蒙民生计窘迫,财赋所入至微,外蒙壮丁日求一饱,尚不可得,今乃欲责令出设官、养兵、购械诸费,不背叛,则填沟壑,何所取给?若借之于人,则太阿倒持,必至喧宾夺主。又自奉黄教以来,好生忌杀,已成天性,各部箭丁,只知骑射,刀矛尚不能备,何论于炮?欲让攻战,必无可恃。政治则沿贵族之制,行政司法,以较各洲强国,万无可企,更难自立。且各蒙并未尽能从服,贵喇嘛威令所及者,仅图车三音三部,且闻尚未尽服。阅时稍久,人怨财匮,大众离心,虽悔何及?试问百年以来,凡近于蒙古,而不隶中国蒙、回各部,有一自存者否?有不为人郡县者否?各蒙与汉境唇齿相依,犹堂奥之于庭户,合则两利,离则两伤。今论全国力量,足可以化外蒙之贫弱为富强,置于安全之域。旧日苛政,当此新基创始,自必力为扫除。此外如有要求,但能取独立,皆可酌商。贵喇嘛识见通达,必能审择祸福,切勿惑于邪说,贻外蒙无穷之祸。竭诚致告。即希见复。

徐有朋编《袁大总统书牍汇编》第5卷,上海广益书局1920年版,第2~3页

编者按:此事日期无从查考,故列于本月末,待考。

△ **孙中山到京后与各报记者的一次谈话。**

孙中山《在北京与各报记者的谈话》:

记者问:先生此次来京,约有几日勾留?

先生答:约三四星期,即须他往。

记者问:先生离京之后,尚往何地游历?

先生答:当由东三省往日本,并须赴欧洲一行。

记者问:闻前清隆裕太后欢迎先生,有此事否?

先生答:未闻此说。

记者问:黎氏于张、方案,先生意见若何?

先生答:黎氏办理张、方案件,实属过当,若张振武有罪,尽可径由鄂省办理,不必移至京师也。

又,先生极主张迁都,其地点或在南京,或在武昌,或在开封均可。谓北京乃民国首都而东交民巷乃有大炮数尊,安置于各要隘,殊与国体大有损辱。且北京乃前清旧都,一般腐败人物,如社鼠城狐,业已根深蒂固,于改良政治颇多掣肘。又以地势衡之,北京地点偏于东北,当此满、蒙多事之秋,每易为外人所挟制。故迁都问题,实为目前之急务。

中国社会科学院近代史研究所等编《孙中山全集》第2卷,中华书局1982年版,第426~427页

△ 孙中山在京与袁世凯的一次谈话。

孙中山《在北京与袁世凯的谈话》：

袁氏问：国人对于借款，多不满意，现在借款已决裂，影响所及，究竟如何？先生高明，幸有以教我。

先生答：目下财政困难，势不能不出借款之一途。但用途宜加详审，数目不可太多耳。

现大借款已决裂，其影响于国内，必有以下之数端：一、各省自由借款，恐引起外人无穷之干涉。二、地方自由借款，中央失其统一能力，财政愈觉紊乱。三、中央财政困难，则惟恃盐税等为补苴，对内外之信用，不易确立。四、中央恃地方协济，则必力撙节行政经费，人才必不愿入新政府任事。

袁氏问：先生对于军民分治问题，有何意见？

先生答：军民分治，法美意良。惟须规定一妥善之法，务使分治得宜，两方俱有完全之责。然军权亦不可尽归都督，须由军长与兵士分掌之，庶免仍蹈专制故智。故消纳军队，实为分治之要着。文意莫如俟国会开时，乃行讨论，较为妥善。

袁氏问：西藏独立，近有主张以兵力从事者，先生以为然否？

先生答：余极端反对以兵力从事，一旦激起外响，牵动内地，关系至大。故余主张两事：一、速颁待遇西藏条例。二、加尹昌衡宣慰使衔，只身入藏，宣布政府德意，令其自行取消独立。

中国社会科学院近代史研究所等编《孙中山全集》第2卷，中华书局1982年版，第427～428页

9月1日（七月二十日）　乌里雅苏台等处密谋独立，驱逐政府官员，国务院举行临时会议商讨对策。

1912年9月4日《民立报》报道：

乌里雅苏台所属之三音诺颜、车臣汗、札萨克图汗三部及土谢图汗、唐努乌梁海等处，同时举谋独立，驱逐政府派驻官员，刻已派有大队蒙兵分驻要隘，局势严重，国务院特举行临时会议，秘密商讨对策。

△ 钟颖电呈政府，达赖喇嘛派员议和。

1912年9月4日《民立报》：

驻藏办事官钟颖，以达赖派堪布二员携同所提条件前来议和，特据情转电呈报政府。其条件如次：

一、恢复达赖教权，如崇封号。

二、华人对于佛教及僧寺，不得仍前侮慢。

三、西藏行政重大事宜，可与华官商议，惟不得于西藏改设行省及绝然视为领土。

四、中国不得于拉萨驻扎兵队，办事官卫兵限制二百人。

五、撤退尹司令征藏兵队。

△ 孙中山出席蒙藏统一政治改良会举行的欢迎会，演说五族共和的真义。

孙中山《在北京蒙藏统一政治改良会欢迎会的演说》：

今日此会，聚蒙藏同胞于一堂，实为亘古以来未有之盛举，至足佩慰！我国民以自由、平等、博爱三主义，造成共和国家。凡我蒙藏同胞，首即当知共和国家异于专制国家之要点。专制国家，其利益全属于君主；共和国家，其利益尽归于国民，此即共和与专制之特异点。前

清极盛时代,合并蒙古、西藏、青海、回疆为亚洲东部一大部,然国民实无丝毫之利益,其利益尽为皇帝一人所占有。即如今之俄国,其政府之强固,国力之充实,正如前清盛时,且或过之。然而俄国人民不惟不能享受国家何等之利益,于政治上且感受种种之苦痛。盖专制国通例,国愈强者其人民之苦亦愈甚,共和国则反之。在共和国度中,其国民利益之增减,视国家之强弱为正比例。国家强盛,其国民之利益日日增多;国家衰弱,其国民之利益日日减少。盖共和国以国民为国家之主体故也。

今我共和成立,凡属蒙、藏、青海、回疆同胞,在昔之受压制于一部者,今皆得为国家主体,皆得为共和国之主人翁,即皆能取得国家参政权。方今共和初建,各种政治条理尚未发生,将来国家立法,凡有利己者,我同胞皆得赞同之;有不利于己者,同胞皆得反对之。非如前清之于蒙、藏部落视之;俄国之于人民,奴隶视之;日本之于高丽,牛马视之。日本虽强,高丽人乃日即于苦痛,无丝毫利益之可言。凡我蒙、藏同胞,亦当知所以审择矣。惟以蒙、藏同胞目前未知此理,日受外人挑弄,乃发生种种背谬之行为。吾辈丁此时艰,所当力为劝导,俾了解共和之真理,与吾内地同胞一致进行,以共享共和之幸福。此为贵会诸君之责任,亦即鄙人所希望于诸君者也。

中国社会科学院近代史研究所等编《孙中山全集》第2卷,中华书局1982年版,第429~430页

△ **孙中山出席北京军警界举行的欢迎会,在会上发表演说。**

孙中山《在北京军警界欢迎会的演说》:

军警为立国之基本,世界各强国皆由军警购来。我国去岁起义武昌,各省响应,亦皆由军警界同胞热心向义,始得将专制政府推翻。今共和告成,外侮环伺,所赖于军警界同胞较革命时为尤甚。盖未革命之前,吾人所反对者为专制,故不得不藉军警界同胞之力,将帝制锄而去之。今专制已革,中国一家,所恃以保护我国民者,即军警界同胞是也。我军警界同胞既能同心一志,破坏专制,必能同心一志,稳建共和。当此国势频危,日人驻兵于南满,俄人驻兵于蒙古,英人驻兵于西藏,法人驻兵于滇、黔,思为瓜分,以印度我,波兰我,而我之所赖以为对待者,则军警界同胞是。是军警界同胞之责任,较革命之责任为尤重。我军警同胞须知合力同心,以尽对外之义务,决不可干预政治,忧乱腹地,以促中国之亡也。

我国共和程度,尚在幼稚时代。我军警界同胞只宜扶持之,保护之,决不宜鞭笞之,摧残之。专制时代之军警,专为保护皇室,残害同胞。共和时代之军警,则为捍御外侮,守卫同胞,共享利益。外国军警,皆以对外为主义,于本国之内政,立于观望之地,各尽天职,不相妨害,故其国之富强,蒸蒸日上。今我军警界同胞,果能以国家为前提,努力前途,对于外尽捍御之劳,对于内尽维持之力,则我中华民国自此日进富强,可称雄于东亚也。兄弟承诸君厚意,欢聚一堂,实于诸君有无穷之希望焉。

中国社会科学院近代史研究所等编《孙中山全集》第2卷,中华书局1982年版,第428~429页

9月2日(七月二十一日)　教育部公布教育宗旨。

教育部部令:

兹定教育宗旨特公布之。此令。

注重道德教育,以实利教育、军国教育辅之;更以美感教育完成其道德。

中华民国元年九月初二日部令第二号

中国第二历史档案馆编《中华民国史档案资料汇编》第3辑,教育,江苏古籍出版社1991年版,第22页

△ **教育部公布学校管理规程令。**

教育部部令：

兹订定学校管理规程十条，特公布之。此令。

《学校管理规程》

第一条 本规程为各学校管理学生之准则。

第二条 凡关于养成学生品格之各项管理规则，学生应遵守之。

第三条 校长、教员及学监负训育学生之责任，其对于学生所施之劝告，学生应服从之。

第四条 校长应按照学校种类状况，订定管理细则。前项应订之细则，凡教室、自习室、操场、食堂、寝室等，及其他关于应守之规约，须分条规定之。管理细则在国立学校，应呈报教育总长；在地方立及私立学校，应呈报本地方监督官厅。

第五条 学生在校，得于课余设游艺、体育、音乐等有益身心之会，但须得校长之允许，并由职员督率之。

第六条 学生对于教授上及校务事宜，如确有意见，得上书或面陈于本校职员听候采择，但不得固执己见，藉端要挟以致妨碍学业。

第七条 学生行为有违背学校规则者，校长应分别轻重予以相当之儆戒。

第八条 学生有因犯校规退学者，非实已悛改有正确之确保，不得再入他校。

第九条 本规程适用于各种学校，但小学校规则应由各校长用浅近文字规定，并以话言训导之。

第十条 本规程自公布日施行。

中华民国元年九月初二日部令第三号

中国第二历史档案馆编《中华民国史档案资料汇编》第3辑，教育，江苏古籍出版社1991年版，第58～59页

△ **中国驻俄使馆电呈政府：俄政府密议破坏蒙古与我国关系。**

1912年9月4日《民立报》报道：

驻俄郑代表密电政府报告：俄国政府密议破坏我国此次优先蒙古条件，大略有二。（甲）暗中派员至蒙地演说，优待条件乃为诈计，苟一旦取消独立，大兵立至，蒙人必无噍类。（乙）如前策无效，则用强迫法威吓，使其不能内向。

△ **各省都督拟定驻京代表权限四项，国务院电复：室难施行。**

1912年9月3日《民立报》北京电报：

各省都督各派三代表来京备总统咨询，计到有十余省，惟多不愿为袁总统单纯顾问机关，谓既会议，即应有议决权，向总统要求。国务院以此种议决权与国务院会议相冲突，反对甚力。现袁对此事颇难处置。各省代表定九月二日（今日）开始会议。

1912年9月3日《民立报》报道：

国务院规定各省代表权限四条：

一、国务会议各省政务时，应咨询代表，征其意见。

二、国务会议，代表得列席旁听，并准其出席陈述意见，但无表决权。

三、法制预算案交院以前，应征各省意见，由代表转达。

四、凡中央命令与某省政府有特别关系，应先询本省代表有无室碍。

1912年9月19日《民立报》载《各省代表权限》:

……国务院通电各省都督云:"奉大总统令……此次中央政府特令各省选派代表来京,本为咨询各省情形,疏通意思起见。复据来电,均择经验宏深,道德高尚之士,中外意思,藉资交通,地方情形,赖以上达,所关定非浅鲜。惟来电所陈条件四条,颇有窒碍施行之处。盖此项代表,纯属行政上作用,并非法律上之机关,故如来电第一条咨询各省代表,第三条征集各省都督意见由代表转达,第四条咨询各省代表各就地方情形有无窒碍各节,在事实上固不妨酌量实行,而在法律上则万不能一一规定。至第二条之列席旁听,出席陈述,则与国务院规制显有冲突,恐至牵动立法问题。盖此事纯系政府内部之事,与立法上毫无关系,故当时并未以法律或官制规定,并未定明暂时或永久之局,今如明定条文,则事涉立法问题,并须筹及永久。参议院对于此节,有无异议,尚未可知,已饬国务院将来电分别酌订此项人员办事规则,务以浑括简要为主,俟定议呈候核定后再于通电遵行等因,相应电达,即希遵照。"

△ **孙中山出席北京报界举行的欢迎会,在会上发表演说。**

孙中山《在北京报界欢迎会的演说》:

今日蒙报界诸君欢迎,甚幸!此次中国革命,数日成功,皆报界诸君言论鼓吹之力。

今日得与主持言论机关诸君一堂握手,鄙人现有一种意见,欲与诸君详晰言之,尚望诸君协力提倡,以底于成。

鄙人之意见,以现在政治之事,有袁大总统及一般国务员担任,鄙人从此即不厕身政界,专求在社会上作成一种事业。如蒙诸君赞成,俾鄙人所怀抱之计划得实行,必与民国前途大有利益。鄙人所计划者非他,即建筑铁道问题是也。鄙人此种计划,在上海时既已宣布,到京之后,亦与袁大总统商议。如得国民多数之同意,鄙人即着手进行。鄙人拟于十年之内,修筑全国铁路二十万里。惟现当民穷财竭之时,国家及人民皆无力筹此巨款,无已,惟有募集外资之一法。惟借外资修路一事,在前清之时,已成弊政,国民鉴于前者之覆辙,多不敢积极主张。殊不知满清借债修路,其弊病在条约之不善,并非外资即不可借。当满清之时,反对借债修路者,以四川、湖南、湖北几省为最烈。然鄙人亦与该数省之人士讨论此问题,皆谓当日之反对外债,实因条约不善,动辄妨害国权,并非借外债即反对。若能使借债之条约不碍主权,借债亦复何伤!近日各省舆论皆如此。况且我国现有铁路,如京汉、京奉、津浦、正太各线,何一非借债而成。惟京张铁路,系中国自己出资所修,然其资本又系京奉铁路之余利,其实仍系间接借债,并非中国自出资本。惟中国借债,往往将各种权利抵押外人,或以厘金为投[抵]押,或以关税为抵押,故人民多不赞成外债。现在鄙人之计划,虽预计借款六十万万,其实此项借款,并非全用现款。综核计之,不过用五分之一现款,其余仍由外国购办材料。所余五分之一之现款,为数不过十余万万,在外国资本家视之甚易。

又有谓现在我政府屡次与各国资本团磋议借款,其额数多则六万万,少则二万万,然至今仍未成立,将来能否续行开议,尚不可定,岂六十万万借款,反可立集乎?不知铁路借款,与他种政治上之借款不同。我用外国之款,转购外国之材料,所有各国公司工厂,皆有利益,各国必争先投资,绝无观望之可虑。又有谓地球之上,安有此多数之款,以借我用。此说尤误。譬如饥荒之人,以为天下皆无钱无米,其实米店之中,惟恐米不畅销,钱铺之中,惟恐钱不流通。盖在饥荒人之眼光,以为自己无钱无米,则谓天下皆无钱无米。此大不然。吾国今日处此财穷物尽之秋,以为本国资本缺乏,即谓各国皆无资本。不知各国之资本家,即如米店钱铺,惟恐我不借他之款。今我若以借款修路为计划,募集外债一层,决不甚难,无可过虑。英国现在提出铁路之资本,已达三百万万之数,就此一端,已可概见。

又有谓二十万里之铁路,虽有资本,十年亦不易修成。此又非也。今以十年为计划,此中已有宽余之岁月。以二年募齐外债,以二年测量线路,有五年之工夫,可以全路告成。此亦并非空言。坎拿大修筑铁路,全线亦计十万里有奇,在中国招集华工十五万,三年全路告成。我国自修铁路,不用远涉重洋募集工人,难易已大不同,五年之内,必定可以竣工。又有谓鄙人之计划,未免言大而夸,万难办到。不知以我国幅员之广大,修路二十万里,此为至小之计划。美国全国现有之铁路,已在八十万里之数,然美国之幅员,不敌我国之大。以此计之,我国十年之内,修路二十万里,确系极小之规模,并非大言夸众,千万不可误会。又况以国防而言,以政治而言,以文化而言,铁路皆有极大之关系。

现在以国防不固,俄在北满及蒙古进行,日本在南满洲进行,英国在西藏进行。我国兵力若能保护边围,断无此等事实。然我国果无兵乎?则何以筹借外债,遣散军队。既遣散军队,人人皆知兵少[多],然用兵之处,则并一兵而无之。此何故哉?此即交通不便之故。又如现在俄国政府议由恰克图修至张家口一条铁路,筹议已久,转眼即见事实。试问俄国向我政府提议之后,我政府将何以应付?将拒之乎?仰[抑]承认之乎?我若及早自修,俄政府即无所藉口,而可以保全我之领土。且闻我政府提出此议后,法国资本家皆欲附股,将来筹款必易。我国若能趁此自修,法资本家亦必投资于我,此必然之势。至虑将来资本家压制劳动社会,此层不必过虑。鄙人之铁路计划,系预定四十年后,由国家赎回,仍为国有。不过开办之时,由民间与外国借款,政府每年仍可得利。铁路公司并不能专利垄断,如美国之有钢铁大王及铁路大王等名目。至于以保全领土而论,此事尤不可缓。东三省非我之完全领土乎?现在何以入于日,入于俄?此无他,即因俄有东清铁路,日有南满铁路故也。

总之,今日修筑铁路,实为目前唯一之急务,民国之生死存亡,系于此举,惟民国之主权在人民,人民以为可则可,人民以为否则否。此事如人民以为然,鄙人可以担任,十年之内一律修成。惟诸君为舆论代表,务望诸君一致鼓吹,使全国之人趋向一致,鄙人即可壹志进行,总期达此目的而后已。此事总须诸君竭力协助,方可有成。鄙人之所祈祷于诸君者此也。

中国社会科学院近代史研究所等编《孙中山全集》第2卷,中华书局1982年版,第431~434页

△ 孙中山为迁都等事在北京发表谈话。

孙中山《在北京的谈话》:

一、关于迁都事

予不至北京已二十年,此次重来,未改旧观。惟国都有外兵驻扎,城头安置各国巨炮为可慨耳!试思举一国之首都,委之他国人代为守护,是可忍孰不可忍?所以予有迁都之建议也。

二、关于达赖背叛事

达赖背叛,纯系外人运动所致,我如诱以爵位,饵以重金,或可就我范围。若志恃正式讨伐,微[非]特无济,恐益坚其外向之心。

三、关于张、方案

弹劾大可不必,盖于事实毫无补救,徒费良好时光。

中国社会科学院近代史研究所等编《孙中山全集》第2卷,中华书局1982年版,第437页

9月3日(七月二十二日)　教育部公布学校系统令。

教育部部令:

兹定学校系统特公布之。此令。

小学校四年毕业为义务教育,毕业后得入高等小学校或实业学校。

高等小学校三年毕业,毕业后得入中学校或师范学校,或实业学校。小学校及高等小学校设补习科,为毕业生欲升入他校者补修学科,兼为职业上之预备,均二年毕业。

中学校四年毕业,毕业后得入大学或专门学校,或高等师范学校。

大学本科三年或四年毕业,预科三年。

师范学校本科四年毕业,预科一年;高等师范学校本科三年毕业,预科一年。

实业学校分甲乙二种,各三年毕业。

专门学校本科三年或四年毕业,预科一年。

明表所注年龄,系略示标准,非限定某年龄入某种学校。

各学校修业期限有随宜增减者,详见各学校令及规程。

中华民国元年九月初三日部令第七号

中国第二历史档案馆编《中华民国史档案资料汇编》第3辑,教育,江苏古籍出版社1991年版,第59~60页

△ 教育部公布学校制服规程令。

教育部部令:

兹订定学校制服规程五条,特公布之。此令。

学校制服规程

第一条　男学生制服

甲、男学生制服形式,与通用之操服同。乙、寒季制服用黑色或蓝色。丙、暑季制服用白色或灰色。前二项制服,一校中不得用两色。丁、制帽形式与通用之操帽同,寒季用黑色,暑季顶加白套,或用本国草制帽;靴鞋亦用本国制造品。前项制帽、靴鞋,一校中不得用两色。戊、各学校得特制帽章,颁给学生缀于帽前,以为徽识。己、大学生制帽,得由各大学特定形式,但须呈报教育总长。

第二条　女生制服

甲、女学生即以常服为制服。乙、寒季用黑色或蓝色。丙、暑季用白色或蓝色。前项制服,一校中不得用两色。丁、女学生自中等学校以上着裙,裙用黑色。戊、女学校可特制襟章,颁给学生佩于襟前,以为徽识。

第三条　制服质料,以本国制造品之坚固朴素者为主。

第四条　高等小学以上各项学校学生,均应遵照本规程一律着制服,但依地方情形,不能即时遵行者,暂准变通办理。

第五条　本规程自公布日施行。

中华民国元年九月初二日部令第四号

中国第二历史档案馆编《中华民国史档案资料汇编》第3辑,教育,江苏古籍出版社1991年版,第61~62页

△ 教育部公布学校仪式规程令。

教育部部令:

兹订定学校仪式规程八条,特公布之。此令。

学校仪式规程

第一条　元旦及民国纪念日，行祝贺式；学年开始日，行始业式；学生毕业时，行毕业式；各种纪念日（如孔子诞日、本校成立日等）行纪念会式。

第二条　祝贺式：立国旗于礼堂，职员学生以次向国旗正立，奏乐，唱国歌；职员学生行三鞠躬礼；校长致训词；复奏乐、唱国歌，毕退。

第三条　始业式：职员学生齐集礼堂，学生向职员行一鞠躬礼，职员答礼；校长、教员致训词，毕退。

第四条　毕业式：职员学生齐集礼堂（可兼设教育长官及来宾席），学生向职员行一鞠躬礼，职员答礼毕，就坐；校长依次授与毕业证书，学生趋前受领，一鞠躬，退就坐；授讫，校长、教育长官、教员依次致训词；来宾演说，既毕，学生一人代表答谢；行一鞠躬礼，毕退。

第五条　纪念会式：得由各校校长自定，但拜跪及其他宗教仪式不适用之。

第六条　学校举行仪式时，职员服礼服，学生均服学校制服，惟小学校不以此条为限。

第七条　本规程详细节目，均由各校校长临时定之。

第八条　本规程自公布日施行。

中华民国元年九月初三日部令第五号

中国第二历史档案馆编《中华民国史档案资料汇编》第3辑，教育，江苏古籍出版社1991年版，第62～63页

△ 孙中山出席五族共和合进会、西北协进会举行的欢迎会，在会上发表演说。

孙中山《在北京五族共和合进会与西北协进会的演说》：

五族共和合进会、西北协进会欢迎鄙人，愧不克当！窃维民国成立，五族一家，地球上所未有，从古所罕见，洵为【盛】事。大【抵】革命之举，不外种族、政治两种，而其目的，均不外求自由、平等、博爱三者而已。征之历史，世界革命有因种族而起，有因政治而起。（中略）我国去年之革命，是种族革命，亦是政治革命。何则？汉、满、蒙、回、藏五大族中，满族独占优胜之地位，握无上之权力，以压制其他四族，满洲为主人，而他四族皆奴隶，其种族不平等，达于极点。种族不平等，自然政治亦不能平等，是以有革命。要之，异族因政治不平等，其结果惟革命，同族间政治不平等，其结果亦惟革命。革命之功用，在使不平等归于平等。（中略）

我国去年革命，影响及于全部，而仅以数月之短时期，大功告成。成功之速，可云天幸。今者五族一家，立于平等地位，种族不平等之问题解决，政治之不平等问题亦同时解决，永无更起纷争之事。所望者以后五大民族，同心协力，共策国家之进行，使中国进于世界第一文明大国，则我五大民族公同负荷之大责任也。现在世界文明未达极点，人数［类］智识，犹不免于幼稚，故以武装求和平，强凌弱，大欺小之事，时有所闻。然使文明日进，智识日高，则必能【推】广其博爱主义，使全世界合为一大国家，亦未可定。

原夫国之所由成，成于团体。自有人类，即有团体，随世运之变迁，小团体渐并而为大团体。蒙昧之世，小国林立，以千万计，今则世界强国大国仅六、七耳。由此更进，安知此六、七大国不更进而成一世界唯一大国，即所谓大同之世是也。虽然，欲泯除国界而进于大同，其道非易，必须人人尚道德、明公理，庶可致之。今世界先觉之士，鼓吹大同主义者已不乏其人，我五大种族皆爱和平，重人道，若能扩充其自由、平等、博爱之主义于世界人类，则大同盛轨，岂难致乎？

民国人口繁殖，占地球全人口四分之一，为他国所莫及；版舆辽阔，除英、俄二国以外，无与比伦。然美［英］属地虽多，过于散漫，将【来】难免不分裂。俄则领地瘠寒，可生产之沃土

不多。惟中国地带温和,物产较【繁盛】,占天然之优胜。加以人物聪秀,比白晰人种有过之无弗【及】。从前衰弱,实因压抑于专制淫威【所】致。此时国体改定共和,人民生息于良政治之下,其文化进步甚速,不出十年八年,必成一至强极盛之国无疑。是故以前之中国,为悲观失望之中国,以后之中国,为有望之中国。但愿五大民族相爱相亲,如兄如弟,以同赴国家之事。主张和平,主张大同,使地球上人类最大之幸福,由中国人保障之,最光荣之伟绩,由中国人建树之,不止维持一族一国之利益,并维持全世界全人类之利益焉。此则鄙人所欲与五大民族之同胞共勉者也。

中国社会科学院近代史研究所等编《孙中山全集》第2卷,中华书局1982年版,第438~440页

△ 孙中山在京与人谈及对袁的看法、自己今后的打算。

孙中山《与某人的谈话》:

保持现状,我不如袁,规划将来,袁不如我。为中国目前计,此十年内,似仍宜以袁氏为总统,我专门尽力于社会事业,十年以后同,国民欲我出来服役,尚不为迟。

中国社会科学院近代史研究所等编《孙中山全集》第2卷,中华书局1982年版,第440页

9月4日(七月二十三日) 袁世凯公布省议会议员选举法。

《省议会议员选举法》全文:

第一章 总则

第一条 省议会议员依省制第五条规定之名额选举之。

第二条 选举年限以三年为一届。

每届选举年限以七月一日为初选日期,八月一日为复选日期。临时选举日期,由本省行政长官定之。

第三条 凡有中华民国国籍之男子,年满二十一岁以上,于编制选举人名册以前,在选举区内住居满二年以上,具左列资格之一者,有选举省议会议员之权:

一、年纳直接税二元以上者。

二、有值五百元以上之不动产者。

三、在小学校以上毕业者。

四、有与小学校以上毕业相当之资格者。

第四条 凡有中华民国国籍之男子,年满二十五岁以上者,得被选举为省议会议员。

第五条 凡有左列情事之一者,不得有选举权及被选举权:

一、褫夺公权尚未复权者。

二、受破产之宣告确定后尚未撤销者。

三、有精神病者。

四、吸食鸦片烟者。

五、不识文字者。

第六条 左列各人停止其选举权及被选举权:

一、现役陆海军人及在征调期间之续备军人。

二、现任司法官吏及巡警。

三、现任本省行政官吏。

四、僧道及其他宗教师。

第七条　左列各人停止其被选举权：

一、小学校教员。

二、各学校肄业生。

第八条　办理选举人员于其选举区内停止其被选举权，但监察员不在此限。

第九条　承揽本省工程之人及承揽本省工程之公司办事人，停止其被选举权。

初选举以县为选举区，各以所辖地方为境界。地方行政区划及其名称未改正以前，左列各区划均以县论：

一、府直隶厅州之直辖地方。

二、厅及州。

第十一条　复选举合若干初选区为选举区，其区划别以表定之。

第十二条　行政区划之境界有变更时，选举区一并变更，但原选议员不失其职。

第十三条　各省设选举总监督，以本省行政长官充之，监督全省选举事宜。

第十四条　初选区设初选监督，以各本区之行政长官充之，监督初选举一切事宜。

第十五条　复选区设复选监督，应于选举年限六月一日以前，由选举总监督委任之，监督复选一切事宜。复选监督驻在地，由选举总监督定之。

第十六条　初选、复选均设投票管理员、监察员、开票管理员、监察员各若干名，由初选监督、复选监督分别委任之，但监察员应以本区选举人为限。

第十七条　投票管理员职务如下：

一、掌投票所启闭。

二、决定投票之应否收受。

三、掌投票柜、投票簿、投票纸及选举人名册。

四、保持投票所秩序。

五、其他本法所定属于投票管理员职务之事项。

第十八条　开票管理员职务如左：

一、掌开票所启闭。

二、清算投票数目。

三、检查投票纸真伪。

四、决定投票之是否合法。

五、保存选举票。

六、保持开票所秩序。

七、其他本法所定属于开票管理员职务之事项。

第十九条　投票监察员、开票监察员各监视管理员办理投票开票事宜。监察员与管理员意见不同时，呈明选举监督决定之。

第二十条　凡办理选举人员均为名誉职，但得酌给公费。

第二章　初选举

第一节　投票区

第二十一条　初选监督应按照地方情形分划本管区域为若干投票区。

第二十二条　投票区应于选举年限之前年十月一日以前，由初选监督筹定呈报总监督。

第二节　选举人名册

第二十三条　初选监督应就本管区域内分派调查委员，自选举年限之前年十月一日起，按照选举资格调查合格者,造具选举人名册。调查员办事细则由初选监督定之。

第二十四条　选举人名册应载选举人姓名、年岁、籍贯、住址、住居年限及下列第一款或第二款事项:

一、年纳直接税之数或不动产价格之数。

二、某种学校毕业或与某种学校毕业相当之资格。

第二十五条　选举人名册,应于前年十一月三十日一律告成,由初选监督呈报总监督。

第二十六条　初选监督应按各投票区分造选举人名册,于前年十二月一日颁发各投票区,宣示公众。

第二十七条　宣示选举人名册以二十日为期,如本人以为错误遗漏,得于宣示期内取具证凭呈请初选监督更正。前项呈请更正,初选监督应自收呈之日起,二十日以内判定之,不服者,得呈请于总监督,其判定期间同。

第二十八条　凡经初选监督或总监督判定更正者,应由初选监督更正选举人名册,并补报总监督。

第二十九条　选举人名册确定后,应分存各投票所及开票所,并由总监督呈报选举人总数于内务部。

第三节　选举人名额

第三十条　初选当选人名额定为议员名额之二十倍,每届由总监督按照该复选区应出议员名额用二十乘之,为该复选区内初选当选人,名额分配于各初选区。

第三十一条　初选当选人名额之分配,由总监督以该复选区应出初选当选人名额,除全区选举人总数,视得数多寡定每选举人若干名得选出当选人一名,再以此数分除各初选区选举人数,视得数多寡定各该选区应出初选当选人若干。初选区有当选人数不敷选出当选人一名,或敷选若干名之外,仍有零数,致当选人不足定额者,比较各初选区零数多寡,将余额较多之区选出之,若两区以上零数相等,其余额应归何区,以抽签定之。初选当选人名额分配定后,由总监督于六月二十六日以前通知各初选监督。

第四节　选举通告

第三十二条　初选监督应于六月二十日颁发选举通告,应载事项如下:

一、投票所及开票所地址

二、投票方式

三、本区初选当选人名额

第五节　投票所及开票所

第三十三条　投票所每投票区各设一处,开票所设于初选监督所在地,其地址各由初选监督定之。

第三十四条　投票所及开票所周围,得临时增派巡警保持秩序。

第三十五条　投票所及开票所,除本所职员选举人及巡警外,他人不得闯入。

开票所因参观之选举人过多不能容时,管理员得限制人数。

第三十六条　投票所及开票所,自投票及开票完毕之日起,十五日以内裁撤之。

第三十七条　投票所启闭,以午前八时至午后六时为率,逾限不得入内。

第三十八条　投票所及开票所办事细则,由初选监督定之。

第六节　投票纸、投票簿及投票柜

第三十九条　投票纸由总监督按照定式制成,于五月一日以前分交初选监督,初选监督于六月二十日以前分交各投票所。

第四十条　初选监督应按照各投票区所属选举人分别造具投票簿，并按照定式制成投票柜，于六月二十日以前分交各投票所。

第四十一条　投票簿应载明选举人姓名、年岁、籍贯及住址。

第四十二条　投票柜除投票时外，应严加封锁。

第七节　投票、开票及检票柜

第四十三条　投票人以列名本投票所之投票簿者为限。

第四十四条　投票人届选举期，应亲赴投票所自行投票。

第四十五条　投票人于领投票纸时，应先在投票簿所载本人姓名下签字。

第四十六条　投票人每名只领投票纸一张。

第四十七条　投票用无记名单记法，每票只书被选举人一名，不得自书本人姓名。

第四十八条　投票人于投票所内，除关于投票方法得与职员问答外，不得与他人接谈。

第四十九条　投票完毕后，投票人应即退出。

第五十条　投票人倘有冒替及其他违背法令情事，管理员及监督员得令其退出。

第五十一条　管理员及监察员应将投票始末情形，会同造具报告连同投票柜于投票完毕之翌日，移交开票所，并呈报初选监督。

第五十二条　初选监督自各投票柜送齐之翌日，应约定时刻先行宣示，届时亲临开票所督同开票，即日宣示。

第五十三条　检票时，应将所投票数与投票簿对照。

第五十四条　凡选举票无效者如下：

一、写不依式者。

二、夹写他事者，但记载被选举人职业或住址者不在此限。

三、字迹模糊不能认识者。

四、不用投票所所发票纸者。

五、选出之人为选举人名册所无者。

第五十五条　开票所管理员及监察员应将开票始末情形，会同造具报告，于开票完毕之翌日，呈送初选监督。所有选举票应分别有效无效，一并呈送，于本届选举年限内，由初选监督保存之。

第八节　当选票额

第五十六条　初选以本区应出当选人名额除投票人总数，将得数三分之一为当选票额，非得票满额者，不得为初选当选人。

第五十七条　凡因不满当选票额致无人当选，或当选人不足定额时，由初选监督就得票较多者，按照所缺当选人名额加倍开列姓名，即行榜示，于开票后第三日，在原投票所就榜示姓名内行决选投票。决选投票以得票较多数者为当选。

第五十八条　当选人名次，以得票多寡为序，票数同者，抽签定之。被决选人之名次亦同。

第五十九条　凡得票满当选票额，因初选人足额不能当选者，为初选候补当选人，其名次依前条之规定。决选投票后，以被决选人之未经当选者，为初选候补当选人，其名次依前条之规定。

第九节　当选通知及证书

第六十条　当选人确定后,应即榜示,并由初选监督具名分别通知各当选人。

第六十一条　当选人自接到通知之日起,应于十日以内答复愿否应选,其逾期不复者,以不愿应选论。

第六十二条　凡应选者,由初选监督给与当选证书。

第六十三条　当选证书由总监督按照定式制成,先期分交初选监督。

第六十四条　当选证书给与后,应将当选人姓名榜示,并呈报复选监督及总监督。

第六十五条　初选当选人受领证书后,由初选监督按照距复选投票所路程远近酌给旅费。

第三章　复选举

第六十六条　复选举由初选当选人齐集复选监督驻在地行之。

第六十七条　选举人名册,以初选当选人为限,依各初选区之顺序编列之,其册内应载事项,除依第二十四条规定外,应载明初选当选票数。

第六十八条　复选当选人,不以初选当选人为限。

第六十九条　复选当选人,名额依议员名额定之。

第七十条　议员名额之分配,每届由总监督以该省议员名额除全省选举人总数,视得数多寡,定每选举人若干名得选出议员一名,再以此数分除各复选区选举人数,视得数多寡,定各该复选区应出议员若干名。复选区有选举人数不敷选出议员一名,或敷选若干名之外,仍有零数,致议员不足定额者,比较各复选区零数多寡,将余额依次归零数较多之区选出之。若两区以上零数相等,其余额应归何区,以抽签定之。议员名额分配定后,由总监督于六月二十日以前通知各复选监督。

第七十一条　复选监督应于七月一日颁发选举通告,其应载事项如下:

一、投票所及开票所地址。

二、投票方法。

三、复选当选人名额。

第七十二条　复选投票所、开票所地址及其办事细则,由复选监督定之。

关于投票所、开票所事项,准用第三十四条至第三十七条之规定。

第七十三条　复选投票纸、投票簿及投票柜,定式与初选同。

第七十四条　复选投票、开票及检票,准用第四十三条至第五十四条第一款至第四款及第五十五条之规定。

第七十五条　复选以本区应出议员名额除投票人总数,将得数之半为当选票额,非得票满额者,不得为复选当选人。

第七十六条　凡因不满当选票额致无人当选,或当选人不足定额时,由复选监督就得票较多者,按照所缺当选人名额加倍开列姓名,即行榜示。于开票后第三日,在原投票所就榜示姓名内再行投票,至足额为止。

第七十七条　复选当选人足额后,并依该区应出议员名额选定同数之候补当选人,其当选票额,依第七十五条之规定。凡得票满当选票额,因复选当选人足额不能当选者,即作为候补当选人。

第七十八条　复选当选人及候补当选人之名次,以选出之先后为序,同次选出者,以得票多寡为序,票数同者,抽签定之。

第七十九条　复选当选人,自接到当选通知之日起应于二十日以内答复愿否应选,其逾期不复者，以不愿应选论。

第八十条　凡应选者为省议会议员，由复选监督给与议员证书。

第八十一条　议员证书给与后，复选监督应将复选举始末情形，造具报告，连同投票簿并有效无效之选举簿及议员名册呈送总监督，于本届选举年限保存之，并由总监督汇造该省议员名册呈报内务部。议员名册应载明议员姓名、年岁、籍贯及所得票数。

第四章　选举变更

第一节　选举无效

第八十二条　凡有左列各款情事为选举无效：

一、选举人名册因舞弊牵涉全数人员，经审判确定者。

二、办理选举违背法令，经审判确定者。

第八十三条　前条之规定，于初选举及复选举均适用之。

初选举无效时，复选举虽经确定，一并无效。

第二节　当选无效

第八十四条　凡有左列各款情事为当选无效。

一、不愿应选。

二、死亡。

三、被选举资格不符，经审判确定者。

四、当选票数不实，经审判确定者。

第八十五条　当选无效时，证书已给发者，应令缴还，并将姓名及其缘由宣示。

第八十六条　当选无效时，应以各该区候补当选人递补之。

第三节　改选及补选

第八十七条　改选于每届选举年限行之。选举无效时，应于该选举区举行改选。

第八十八条　补选于议员缺额，该选举区无候补当选人时行之。

第八十九条　关于改选及补选事项，均依本法之规定行之。

第五章　选举诉讼

第九十条　选举人确认办理选举人员有舞弊及其他违背法令行为，得自选举日起，初选五日内向地方审判厅起诉，复选于十日内向高等审判厅起诉。未设审判厅之处，得向相当受理诉讼之官署起诉。

第九十一条　选举人确认当选人资格不符或票数不实者，得依前条之规定起诉。

第九十二条　落选人确认所得票数应当选而未与选，或候补当选人确认名次有错误者，得依第九十条之规定起诉。

第九十三条　选举诉讼事件，应先于各种诉讼事件审判之。

第六章　罚则

第九十四条　关于选举之犯罪，依刑律处断。

第九十五条　初选当选人已受选举旅费，不于选举日期到复选区投票者，除追缴旅费外，加倍罚金。

第七章　附则

第九十六条　本法自公布日施行。

第九十七条　本法施行细则以命令定之。

第九十八条　第一届选举日期以教令定之。

第九十九条　本法所定关于选举事项之日期,于第一届选举及临时选举得由本省行政长官酌量情形更定之。

《东方杂志》第9卷,第4号,中国大事记

△ **国务院布告:人民如有民刑诉讼,均应遵法起诉,以符司法独立制度。**

《国务院布告》:

立法、行政、司法分权鼎立,为共和国体之精神。凡司法范围以内之事,无论何项行政机关,均不得侵越干涉。乃京外各社会人民,辄以民刑事件,呈向大总统府或本院控诉,或请交大理院提审,或请饬某省都督、民政长提审,殊于司法独立之制未能明了。嗣后各该社会人民,凡有民事、刑事,均应遵法起诉,毋得越级具呈,本院收到此类呈词,碍难批答。特此布告。

1912年9月份《政府公报》,通告,第129号

△ **孙中山在北京行辕接见上海《时报》记者黄远庸,并回答了他的提问。**

孙中山《在北京答记者黄远庸问》:

问:先生之政见,已经各处发表,大都领悉。惟闻先生意图推举袁总统,以为可以救治中国,但袁总统与参议院之多数党及各省都督,尚未能诚信相孚。长此迁延,国家必无统一之望,先生有何法以维持之?

答:袁总统尚未言及此事。然此事却不甚难,只须袁总统略为迁就,便可互相了解矣。

问:所谓迁就者,于法律上减少中央权限乎?抑用别种方法乎?

答:并非于法律上。即如各省都督,多半主张民选也,有主张中央派的(中山君随将手中所持电报示曰:此即贵州来的电报,他们是主张中央派的)。然欲由中央派去,即于中央不利。

记者急问之曰:即是有主张民选,也有主张简派,然则欲求调和之法,必愿意民选者即任其选举,愿意简派者即由中央简派乎?

答:照原理上,总是民选的好。何以说中央简派反于中央不利呢?此话须得解释。第一,中央派人,不见得尽是好的,而且难得见好。若都督与地方冲突起来,则地方人民抱怨中央,反生地方与中央之恶感,而且中央往往无相当之人可派。譬如我们广东,中央不晓得情形,派哪个去才好?若由民选,则即都督不好,他们只能由少数党埋怨多数党,说他不应该选出这种都督,就埋怨不到中央了。第二,都督既由民选,则地方上有不满意都督之处,他就来京依重中央的势力去牵制他。都督恐怕他们牵制,也就不能不借重中央。中央之权力,反能因此增大。譬如我们广东,前有少数人不满意于现在都督,就来京想法子推倒他,即是先例。

问:军民既未分治,则所谓民选者,由军人选举出之耳。先生既主张民选,是否主张军民分治?

答:五六年内,军民分治的事情,也是办不到的。因为不主张分治的人,中央未必能派兵去打他。

问:然则有何方法以处之?

答:此必等待兴征兵制度,将此等的新兵,尽归中央管理。而地方老兵,或归天然淘汰,或改归警察。地方上无兵权,自然渐渐可以分治矣。

问:然则如先生所定,五六年之内,中国必无统一之望矣。

答:五六年不统一,有甚么要紧,何必如此心急,美国到如今还没有统一。

问:美国之统一,似应比中国更难。因为中国向来是统一的,美国却原是联邦的雏形。

答:美国革命之后,乃是联邦,其先并非联邦也。

问:若是国内可以自立,照现在情形,本没有什么要紧。但现在外蒙之乱,已及内蒙。西藏原有驻军,已自大吉岭送归,而四川征藏之兵,又不能前进。外患情形,如此逼迫,国内四分五裂,何以对外?

答:对外一层,是与这个问题没有关系的。若是现在要打仗,我们广东尽可出兵三万,自行筹饷。说到外国的事情,我们中国的人心,人人是一致的。

问:现在蒙、藏情势如此,外交紧急,全体皆动,先生以为中国有亡国之忧否?

答:决无,决无。

问:先生政策,记者向颇研究,也有懂的,也有不懂的。自先生到京后,记者深佩先生为中国第一之乐观派。但全国人心多半是消极悲观,有一部分人对于先生乐观之说,颇怀疑义。以为人已快死,你还是那里说种种高兴的说话。故记者之意,以为先生必须将蒙、藏诸紧要问题,设法与袁总统解决,令全国人心恍然大悟,中国之必不至于亡,而后对于先生所说种种事业,亦必异常踊跃。

答:这个是关系外交很复杂的很秘密的法子,是有不能宣布。

问:记者决不发表,先生作为个人的秘密谈话何如?

答:决不可以,决不可以。

问:先生的铁路计划,定于何时切实发表,真正实行?

答:这个我已经与政府商议。政府答应的条件是很宽的。只要外国人肯借,没有十分损害主权,就会答应。将来看参议院怎么样通过,我就按照所定条件,去募债,去造路。

问:铁路计划既是先生发起,别人不能十分明白,将来光景是要由先生一个人承办的。

答:那个我总得要同各省商量,即如湖南现在就有电报请我去帮他们的忙。

问:先生所开三条路线,内有好多已归外人承办,此等如何办法?

答:本来是外国人办的,原是归他们办,我们不过辅助他们,并无妨碍。

问:先生将来必须还要到外国直接募债罢?

答:募债的事情,非到临时不能豫计,将来或是直接募债,或是与外国工程师订立合同,共同办理。

问:究竟先生对于袁总统之批评何如?

答:他是很有肩膀的,很喜欢办事的,民国现在很难得这么一个人。

问:他的新知识、新思想恐怕不够么?

答:他是很清楚的。象他向来没有到过外国的人,能够这么清楚,总算难得的。

问:他有野心没有?

答:那是没有的。他不承认共和则已,既已承认共和,若是一朝反悔,就将失信于天下,外国人也有不能答应的。除非他的兵不特能够打胜全国,并且能抵抗外国,才能办到。这是怎么能够的事情?况且现在已经号令不行于地方,他若改变宗旨,于他有什么利益呢?

问:这种说话,都是由各政党生出来的,于国家有种种不利,究竟先生看看现在中国政党之弊病,在什么地方,有何方法可以救正?

答:这个一时是没有甚么法子的。让他们自己闹闹,闹过几年,自然明白。

问:先生向来主张地价单税,这就是国家社会政策之一种,就是先生向来所提创[倡]民生主义之最要政策,究竟现在要实行不要实行?

答:这是要从速实行的,因为地价不定,地皮一天贵一天,将来造办铁路购买地皮时,异常不利。现在英吉利、纽锡兰均已实行了。

问:地价单税法,系专按照地价收纳租税。此税一行,则其余租税是应该一律停办的。先生既欲实行地税,则其余租税,一概停办乎?

答:一时试办,是不能停办一切的。等待有把握之后,再想办法。

问:先生之乐观说,我们是很佩服。但是先生的老同志,如汪精卫、蔡孑民,个个都上西洋,似乎又很消极。就此看来,似乎乐观派的人不很多。

答:他们都是很乐观的,所以上西洋求学,不然他们就不去了。

问:先生从北京就要往东京、欧洲,有此说乎?

答:现尚未定。

中国社会科学院近代史研究所等编《孙中山全集》第2卷,中华书局1982年版,第442~446页

9月5日(七月二十四日) 袁世凯密令筹立征蒙研究会讨论进行方法。

1912年9月6日《民立报》报道:

闻袁总统密令陆军部,称据奉督赵尔巽密报,蒙古现竟建立国号,是叛离民国,形已显露,万难宽恕,亟应筹备征讨问题,即密饬各省都督,克日筹立征蒙研究会,讨论进行方法,所有意见限本月内汇报政府,以凭择行。陆军部已遵令密电各省都督。

△ **袁世凯公布《众议员选举日期令五条》。**

《公布众议院选举日期》:

按照众议院议员选举法第三条制定公布。

第一条　各省及蒙古西藏青海议员选举日期均依本令行之:

前项规定遇有必要情形得由初复选举监督或本管地方行政长官呈报选举总监督或选举监督酌量延期,但至长以十日为限。选举总监督或选举监督决定延期后呈报于内务部。

第二条　初选举于中华民国元年十二月初十日举行。

第三条　复选举于中华民国二年正月初十日举行。

第四条　筹备日期与选举日期有关系者以内务部令定之。

第五条　本令自公布日施行。

《东方杂志》第9卷,第4号,中国大事记

△ **孙中山约请国务员、参议员、各界、各团体在迎宾馆举行茶话会以示答谢。会上发表演说。**

孙中山《在北京迎宾馆答礼会的演说》:

鄙人此次北来,蒙各界诸君盛意欢迎,实甚感谢。今日特约诸君来此一谈。鄙人此次到京,所见各界现象,十分满意。鄙人在南方时,不料北方有此奋发有为之气象,及至来京之后,与各界诸君接洽,始见北方程度之进步,实出意外。且深信从此南北绝无界限,国内问题,今日即为圆满解决。所可虑者,惟蒙、藏尚不尽知共和真理,颇有反对之趋势。然此情事,实由于两情之不融洽,遇事隔阂。即在前清之时,因内地与蒙、藏不通闻问,此等现象,亦所不免。不过今日之事,比以前较甚,一时不易解决。然此事虽为国内之问题,其实则皆关

于外交之问题，今日欲解决此问题，非先解决外交问题不可。

我中华民国自成立以来，及今已有九月之久，尚未得各国正式之承认。此事之原因有二：【其】一，由于临时政府字样，为各国所不信任。在各国之解释临时二字，以为非稳固永久的机关，乃一时假设的机关，将来有无变动，尚不可知，故对于承认一节，亦多有迟回顾虑之态度。当南京设立临时政府之时，鄙人初由海外归来，承南方同志委托，组织临时政府事宜。其时以革命尚未成立[功]，若不亟行组织政府，与大局上非常危险，然此[彼]时皆谓南北尚未统一，组织政府，本为一种临时之机关，故皆主张定为临时政府。鄙人虽知此事不妥，亦不便勉强，而当时主张此议之人，亦不料有今日外交上之问题。今我国内问题，悉已大定，所困难者，惟此外交上之问题耳。临时政府已成立九月，此刻"临时"二字，已不适用，鄙人主张及早取消"临时政府"字样，以免惹外人之疑虑，冀求早得各国之承认。即如前巴拿马之革命政府成立一日，即首得美国之承认。盖美国深信巴拿马之新政府，为稳固永久之政府，并非一时假设之政府，故美国敢首先承认。今我民国因"临时政府"四字，受害非浅。

其二，即各国现在对我之态度，皆取一致进行，未有一国肯予先犯众怒，故于承认一事，皆迟迟不决。此中原因，盖以各国对于我国皆有种种权利之关系，如一国有单独之行动，即启各国之惊疑，必须各国同时承认，而一国不能先自承认，此亦最大之一原因也。故鄙人以为目前重大问题，莫如外交。将欲解决此困难问题，非改变从前之闭关主义不可。

今人多以为外交问题无从解决，其实不然。我若改变闭关主义而为开放主义，各国对于我国种种之希望，必不能再肆其无理之要求。暹逻在前清之时，视之不如高丽、安南，人口仅有五百万，且为实[专]制政体，较之我国从前时代，殆有过之。然至今能保其独立国之资格，其领土如故，主权如故，无他，即用开放主义。使其国中之矿山、铁路，皆准外人经营，不加以种种限制，因开放其小者，而获保全其大者。即如俄国之制造厂、兵工厂，皆用英、美人为之。日本、意大利国其关于制造事业，亦多由英人主持。

今日为钢铁世界，欲立国于地球之上，非讲求制造不可。我国因排斥外人，不肯由外人办一工厂，而出重价以购他国之军器，其不合算亦甚矣。惟今日欲办一可用之兵工厂，其资本至少须一万万。现我国绝无此力可以筹此大款，仍必以借款为之。与其如此，何如与外人合办。由外人入股五千万，我国自出五千万。如准外人入股，外人因有希冀可图，绝非如雇佣之关系可比，于我必有利益，此无待言。鄙人主张用外人办理工商事业，乃订立一定之期限，届期由我收赎，并非利权永远落于他人之手。惟我国以卖路、卖矿皆为世所诟病，故于此事不敢主张。然鄙人敢保此事有利无害，日本行之已获大利，此又彰明较著者也。

即如主张十年修二十万里之铁路，势不能不用外资，即开放主义。我国之受害，即因凡事自己不能办，又不准外人来办。然一旦外人向我政府要求，或以其政府之名义向我政府要求，我又无力拒绝，终久仍归外人之手。如满洲铁路，全归日、俄之手，即此例也。但路权一失，主权领土必与俱尽，此大可为寒心。若因保全小事而失大事，何若保全大事而开放小事之愈也。故今日欲救外交上之困难，惟有欢迎外资，一变向来闭关自守主义，而为门户开放主义。此鄙人对于现在外交问题之意见，尚望诸君切实研究。

中国社会科学院近代史研究所等编《孙中山全集》第2卷，中华书局1982年版，第447～449页

1912年9月12日《民立报》《章太炎在会上演说》：

中山北来，实为调和政党起见，此实中华民国莫大之要图。鄙人与中山相知最久，从前时对于中山行事不无责备，因其故形宽和，事多放任，因之往往或有弄权之弊。然此不得不

归咎于首领,亦犹今之责备袁大总统之意也。但南北调和之际,孙中山对于项城事事相让,岂徒能弃万乘,实为天下得人计也。解职以来,失职者或谋暴乱,结党者惟务夤缘,而中山超然事外,从未赞成一语,至可佩服。惟现在有一部分地方党,不惟不顾国家,兼亦不顾本党,即如中山为革命元勋,今日亦遭排斥,人之无良,一至于此。然以鄙人观之,彼地方党之排斥中山,不啻以卵投石耳。何则?彼一般结党营私者,固不可一日无党。若长厚如中山,功名如中山者,又安用党为!鄙意谓孙、袁、黎三公,皆不用党,亦不必以党为凭借。行事而当,发言而正,人心助顺,孰不风从草偃,是四万万人皆其党也,又安用私党为哉!彼地方党者,不义必自毙,适足以自败耳,而欲排斥中山,于中山庸何伤哉!

9月7日(七月二十六日)　袁世凯为顾问院官制草案提请议决。

《临时大总统为咨行事》:

据国务院呈称:顾问院官制已经国务会议议决,应请按照约法,提交参议院议决。等语。相应提交贵院,即希查照议决见复可也。此咨　参议院。

计咨送顾问院官制一件

中华民国元年九月初七日　赵秉钧

《顾问院官制理由》:民国肇兴,政务繁赜。行政之事,以国务院为总汇之区,顾国务员日勤庶政,势不能从容坐论,以备大总统之咨询。故特设顾问院,以为采纳群言,征求众见之地。考法国参政院之设,其职掌较繁,而法意所存,大略同揆,此设立顾问院之本旨也。夫草创之初,设官务求其简,故一部一总长,一次长,以至司曹分职,亦期勿旷厥官。然吾国地广事繁,加以建设之初,万端待理。各地方随时发生之事件,须派专员调查办理者,所在多有,非平日豫储相当之人才,则临时或不能为适当之处置。此第六条规定之所由来也。至于建国元勋,造时巨子,责之吏事,或所不习,置之闲散,又所不能。以顾问院为聚集豪俊之区,即以为训练吏才之地,此又立法之附属理由也。

《顾问院官制草案》

第一章　组织

第一条　顾问院为大总统最高顾问机关。

第二条　顾问院设院长一员,副院长一员,左列顾问无定员:

政治顾问　外交顾问　军事顾问　财政顾问　法律顾问

第三条　前条所列人员,以勋劳卓著或富有学识经验者,由大总统特任。

第二章　职务

第四条　顾问于大总统咨询事件,应详陈其意见。

第五条　顾问于主任事件有意见时,得自行建议于大总统。

第六条　顾问依大总统特别之委任,得执行其委任范围以内之事。前项事件关系各部主管者,应商同各部总长办理。

第三章　会议

第七条　各主任顾问于大总统咨询事件关系重大时,得开会议决之。

第八条　会议由各主任顾问中公推一人为主席。

第四章　院务

第九条　顾问院设秘书长一人,承院长之命,总理本院庶务。

顾问院设秘书官四人,承秘书长之命,分掌文牍、会计、纪录及其他庶务。

附则

第十一条　顾问院议事及办事细则，由院长定之。

第十二条　本官制自公布日施行

中国第二历史档案馆编《中华民国史档案资料汇编》第3辑，政治，江苏古籍出版社1991年版，第59～61页

9月8日（七月二十七日）　国务院答复达赖喇嘛议和条件。

1912年9月11日《民立报》北京电报：

达赖喇嘛要求议和条件五款，昨日国务院会议议决答复案如下：

第一条：恢复达赖教权，可照允，惟须加入达赖不准干预政治字样。第二条：不得侮慢佛教及僧寺，可照允。第三条：西藏行政重大事宜，可举华官商议，惟不得在西藏改建行省，改为西藏重大行政问题，藏民有陈请权，由中国政府察择施行。俟藏局安定后，中国政府如何改建行省，达赖不得干涉。第四条：中国办事官卫兵限制二百人，应取消。第五条：撤退尹司令征藏兵队，改为现在一面电饬川军缓进，一面另派兵赴藏镇抚，闻即将此电饬钟颖转告达赖。

9月10日（七月二十九日）　袁世凯任命各省及蒙古、青海、西藏参议员、众议员选举监督。

《任命各省及蒙古、青海、西藏参议院议员选举监督，众议院议员选举监督》：

……本日令：参议院议员选举法第二十三条之选举监督，众议院议员选举法第十三条之选举总监督，均应以各该省行政长官充之。现在省官制尚未颁布，选举法所称行政长官，未能确定，经咨询参议院议决，凡各省有于都督外特设民政长者，其民政长即为行政长官。其未经特设民政长，……应以都督为选举法上所称之行政长官。……又令，参议院议员选举法第二十八条之蒙古及青海选举监督，第三十三条之西藏选举监督，众议院议员选举法之蒙古、西藏、青海选举监督，经咨询参议院议决，分别专充、会充。……

《东方杂志》第9卷，第4号，中国大事记

△ 陆军部通咨各省，禁止任意以军法杀人。

1912年9月10日《民立报》载《严禁军法杀人》：

陆军部特通咨各省："为通咨事，民国缔造，首重法律，近查各省杀人，虽系以军法从事，无论是否死罪，并不通知本部，竟自出令解决，如有奸佞诬陷，悔之无及，以致人心不服，内讧时生，殊属与法律权限，两有违碍。以后凡属宣布死刑案，须先电知本部核准电复之后，方可施行，不得草率从事，是为至要。为此咨行各省迅即札饬军务司转行各师长、各团长一体遵照可也。"

9月11日（八月一日）　袁世凯特授孙中山"筹划全国铁路全权"。

1912年9月12日《民立报》载《袁世凯令》：

富强之策，全藉铁路交通，亟宜从速兴筑。兹特授孙文以筹划全国铁路全权，将拟筑之路先与各国商人商议借款招股事宜，按照将来参议院议决条例订定合同，报明政府批准，一面组织铁路总公司，以利进行。此令。

1912年9月18日《民立报》报道：

上项命令总统府于9日拟出，10日午后始派秘书长送交先生，与先生商定：一、借款　纯然

输入商家资本,不涉政治意味;一、权限　未动工之路概归先生经营,已修未成之路线管理权限尚须与交通部详细商定;一、公司　择地修建,尚未觅妥;一、经费　暂由交通部每月拨款三万元以资开办,日后再行续筹;一、用人　公司内一切用人之权,归中山主权,政府概不干预。

△ 黄兴、陈其美抵北京。受到各界群众欢迎。

1912年9月12日《民立报》北京电报:

今日下午二时,黄克强、陈英士出天津专车入京,抵站时,赵署总理、段陆军长、刘海军长,各国务员均上车与黄、陈二公握手,略周旋即下车。各界欢迎者甚众,计外宾、议员、政界、学界、各党会、自治界、工商界、女界、慈善会等数千人,均在站行列。脱帽鸣掌,欢声雷动……

△ 黄兴与陈其美于午后五时,前往总统府会见袁世凯。

1912年9月18日《申报》报道:

大总统出见,行鞠躬握手礼,畅谈一时许。黄君谓非陆军出身,辞上将职位。大总统未允,并盛赞其历年之功绩。当晚在总统府留宴。……黄、陈出后,大总统谓人曰:黄克强人甚笃实,陈英士人甚明敏,均为今日难得之才云云。而黄克强亦语人曰:大总统实为今日第一人物,深致倾服。

△ 孙中山出席广东旅京同乡会举行的欢迎会,与谈琼州设省及借债筑路等问题。

孙中山《与广东旅京同乡的谈话》:

陈治安问:中国有两岛:一台湾,一琼州。台湾已被日本占去,惟余琼州,万一再为法占,则全国受影响。若欲整顿,非将琼州改为一省不可。但一切行政之费,非得中央政府扶助及借外债不可。此事望孙先生帮忙。

梁士诒继云:广东僻处一隅,去中原颇远,且山多田少,民食不足自给。从前粤人争往外洋谋食,近因各国禁阻华工,粤华侨恐无立足地。近虽有殖民于东三省或蒙古之说,然其地苦寒,与粤人体质不相宜。琼本广东九府之一,粤人移此,必能相合。然非改为省,而请中央政府协济,则此事原不易言。昨与孙先生谈及此事,今日又得琼州陈君为之萌芽,诸君如以为然,则请研究此问题可也。

中山先生起立答云:近日江苏人欲将江北改省,然其地与江南仅隔一扬子江耳,改省与否,无关紧要也。琼州则孤悬海外,当民国之最南,其海峡之最狭者,亦与内地口岸隔八十里,万一不能关照,失去琼州,则高、廉、雷等府及广西之太平等处大有危险。今为边防起见,宜将琼州另立一省。其五指山内黎峒所未辟之地,则移广州[东]八府之人以实之,则琼州或可自守矣。况琼州有一榆林港,极合军港之用。此港为欧亚航路所经,如立为军港以守之,则不特可以固中国之门户,且可以控制南洋一带。至于实业,则琼州四面滨海,海物甚丰。琼多山木,其材木足供数百铁路上枕木之用。农田岁数熟,矿产又极富。琼地又能种树胶之木(近日树胶之用极广,每树胶一磅,值银数元,一树能出十余磅)。琼之糖产、槟榔等又极丰。若为外人所占,则大利外溢,贻患无穷。且檀香山面积不过六七千方里,从前粤人侨此者四万,日本七万,土人数十万,亦足供殖民之用。今琼地万余方里,地大于檀,产腴于檀,美人为海防起见,尚极力保全檀香山,何中国人不以琼为意乎?今陈君提倡设法保卫琼州,琼全则粤全,诚急务也。

张汝翘问：先生之办全国铁路，必须要求大总统付以全权，是否含有官场性质乎？

中山答云：全国铁路二十万里，非借外债无此巨资。如以私人资格借债，则外人不信，不能借，非政府授以特权不可。例如日本之正金银行，亦系私人营业，而政府假以大权者也。如国家以全权授我，照日本之邮船会社办法，俾我办全国铁路有对外借债之全权，复又须得参议院通过，则我以私人营业造路，与外国大公司商量，造成之后四十年，将全路交回国家。不观香港之批地建屋者乎？批地以四十年为期，建屋收租，到期则连地连屋皆归还地主，而建屋之人亦获大利也。况建路之费，比建屋为省得多乎？如不用此策，我度十年以后，中国亦不能造成五万里之铁路。若用此策，则政府对于外国资本家不负责任，而我公司则对外国资本家负完全责任，则国家可免许多棘手之处也。不观日本东京之电车乎？先由民办二十五年后，收归国有。今我仿此办法，四十年后全路收归国有，则此时人材已出，条理亦臻完善，政府可以坐享其成矣。但此事非得国民赞成亦不能办。大总统系四万万国民之代表，故非由大总统任命不可，并非含有官场性质。

中国社会科学院近代史研究所等编《孙中山全集》第2卷，中华书局1982年版，第453～454页

9月12日（八月初二日） 逊清醇亲王载沣奉隆裕太后之命设宴欢迎孙中山和黄兴。

1912年9月19日《民立报》报道：

是日下午七时，载沣奉隆裕之命设宴欢迎国父与黄兴及陈其美。载沣因病未能到会，由溥伦代表主持，到皇室约百人。溥伦谓：兄弟意见，革命本国家进化应有之事，故汤武革命，称为圣人。且此次革命，原属国体问题，现在建设共和，不特皇室仍受优待，并使满洲人民同享共和幸福，迥非前古帝政时代可比。此敝皇族所极为感谢者。言毕即读颂词如下：

“语有之，非常之人始能建非常之业。斯言也，乃于中山、克强二先生暨诸杰士见之。两先生洞观四千余年之历史，二十世纪之时艰，非以共和定国礼，不能为人民谋福利，不能与列强谈竞争，于是遍游欧美，参以时机，数十年苦口热心，始达共和目的，方诸华盛顿，何多让焉？此固见两先生有志竟成，亦由我皇太后及皇上大公无私之心，遂以天下神器，举而还之天下，不图唐虞揖让休风，复见于今日也。独是建设以来，内忧外患，险象环生，大陆风云，更亟于两先生未创共和伟论以前。然则时势造英雄，抑英雄造时势耶？今两先生翩然北上，北方人士，争以望见颜色为荣，且与大总统握手言欢，论道经邦，一堂抵掌。本爵现因小恙，未能亲接鸿言，心殊抱歉。深愿海内升平之治，将于两先生倚之赖之，正不仅我皇室享优待之荣也。非常之人，非常之业，惟于两先生是望。”

△ 参议院讨论鄂省都督黎元洪电请派员赴武昌参加武昌起义纪念典礼案，会议认可派员与会。

1912年9月18日《民立报》载《十二日参议院会议记》：

九月十二上午九点四十分钟开会，议长吴景濂主席，议员出席者六十余人，政府委员到者六人。议长报告……武昌来电，系因八月十九日阳历十月十日，系武昌起义之期，拟开会以志纪念，本院应否派代表前往。谷钟秀云：纪念应天下共之，八月十九并非武昌一地之纪念日，各省皆应开会，何必定在武昌。刘崇佑云：纪念日宜天下共之，但武昌系纪念地，似应派人前往，众赞成。

1912年9月20日《民立报》报道：

参议院公举副议长汤化龙代表赴鄂参预民国起义纪念盛典。

9 月 13 日(八月初三日) 教育部公布学校学年学期及休业日期规程令。

教育部部令:

兹订定学校学年学期及休业日期规程五条,特公布之。此令。

学校学年学期及休业日期规程

第一条 各学校以八月一日为学年之始,以翌年七月三十一日为学年之终。学校有因特别情事,须另定学生入校始期者,或经部令规定或由本校声明理由,经教育总长许可,得变通办理。

第二条 一学年分为三学期。元月一日起至三月三十一日为一学期。四月一日起至七月三十一日为一学期。八月一日起至十二月三十一日为一学期。

暑假休业日定为三十日以上、五十日以下,其起止日期观地方气候由各校自定之。但高等专门及大学,得再延长二十日或三十日。年假休业定为七日以上、十四日以下。春假休业定为七日,自四月一日起至七日止。乡立小学校得依习惯放麦假、秋假,而缩短年假、暑假、春假之日期,惟在暑假期内仍应减少授课时间。在气候严寒地方之各种学校,得酌放寒假而缩短年假、暑假、春假之日期。

第四条 纪念日、日曜日,均休业一日。前项纪念日为民国纪念日、孔子诞日、地方纪念日、本校纪念日等。

第五条 本规程自公布日施行。

中华民国元年九月初三日部令第六号

中国第二历史档案馆编《中华民国史档案资料汇编》第 3 辑,教育,江苏古籍出版社 1991 年版,第 63 ~ 64 页

9 月 14 日(八月初四日) 黎元洪通电为黄兴辩诬,声明黄兴与张振武案无关。

1912 年 9 月 15 日《民立报》载《黎副总统为黄兴辩诬电》:

大总统、国务院、参议院、各报鉴:黄克强君硕德重望,薄海内外,靡不推服。顷闻其因张方案横被诬蔑,初谓道高毁至,原无损于日月之明,道路谣传,不攻自息。嗣接南京程都督电,始知外间竟有此种议论,不胜骇诧。鄂中倡乱不止张方一次,历破机关,于黄君毫无影响。元洪目击其事,知之最详,深恐以讹传讹,淆乱事实。用特通电陈明,伏希垂詧。黄君此次北行,维持大局,元洪甚为钦佩。将来消融南北意见,为民国造幸福,实攸赖焉。时局维艰,伟人难得,伏望诸公主持公道,毋使贤者忧谗畏讥。民国幸甚。元洪叩。

△ 孙中山在迎宾馆招待北京报界同人,讨论铁路问题。

孙中山《在北京招待报界同人时的演说和谈话》:

鄙人今日邀请诸君,仍系为讨论铁路问题。因近见有一二报纸对于鄙人主张修全国铁路事,尚有误会,时发反对论调,此等反对论调可分为二派:一派系未明此事真理,一派明知此事有益,而故意反对。因不明白而批评讨论,鄙人极为欢迎;若故意反对,立于极端反对地位,以推翻此事为目的,则鄙人期期以为不可。要知此次鄙人主张修筑全国铁路,实关系中华民国存亡之大问题。若推翻此事,即无异推翻民国立国之根本,故鄙人不得不再将此事为诸君分析详言之。

属于第一派之报纸,谓鄙人主张民办铁路,而由政府委任,且大总统命令中有"全权"二字,在法理上、事实上俱有不合。在法律上,对于国内之职官,无此委任。在政治上,则不免侵越各国务员行政官厅之权限。此说大谬,且最为无聊。盖国家委任命令,有职务之委任,

有事务之委任。职务委任者，即委任各职官之谓，事务委任者，即以一事一物，特别委任之谓。今鄙人所受委任，乃事务委任也。国民既承认国家应修筑铁路，即不能反对大总统发此命令，更不能反对鄙人接受此命令。

且鄙人包办此事，不过一工头资格，并非职官。今试设小譬以喻诸君。例如此迎宾馆，乃美国工头坚利逊所包工修造。然坚利逊在我国土地上，本无建造房屋之权，所以得建造此迎宾馆者，以有前清政府之委任耳。鄙人今日受此全权委任，计划铁路，以迎宾馆之坚利逊例之，直可谓中国之铁路工头，不得谓之官职。铁道与迎宾馆事业之大小虽不同，而法理上、事实上初无差异，则于行政官斤有何妨碍乎？若谓政府委任一包工之人，仍须得议院同意，然则前清委任坚利逊，亦曾交资政院通过耶？以此为反对理由，抑何可笑！即以一报馆论，欲建房屋，即可由经理觅一包工之人，而以全权委之，不能谓建屋觅工，仍须得股东同意也。

至于必用"全权"二字，亦有理由。鄙人计划，拟修筑二十万里铁路，需款六十万万元。以中国现在财力，必不能举此，势必要利用外资，此人人所知也。然欲招外债而无政府特别之委任，则我全国四万万人，皆可以铁路名义招集外债矣。其谁信之者？故此项委任，又稍与寻常委任工头包办工程不同。因既委任包工，必先有资本放出，包工者始能着手。但今委任鄙人办理铁路，并无一文交来，其资本仍须由鄙人设法筹借。既欲本人担任筹借资本，则必须交给鄙人以一种特别证据，鄙人始能持此与外人交涉。外人见我有政府全权委任，始不疑我，而资本始能募集也。

且鄙人现所受任之全权，亦有范围，须按照参议院将来议决之借债办法，并非一名全权，即可不守国家法律。盖现在我政府实无款修筑铁路，不得已而借外债。然若以政府之名义借债，动辄牵起国际交涉。如开平煤矿之事，前清以政府资格，派人至英国与英商起诉，其丧失国家体面莫此为甚！今鄙人既受全权委任，即可以私人资格，组织公司，而以公司营业性质，与外国资本家直接交涉借债。此则脱离政治上、国际上种种之关系，一切交涉，皆以私人资格，与外国资本家磋商。惟对我政府负责任，对外国资本家负责任，不对外国政府负责任，我政府亦不对外国政府负责任。此种办法，自信最为稳当。即有轇葛，亦不致惹起国际交涉，诸君其知之乎？

又或有不明批给外人包修铁路之真相，以为国家吃亏太甚，或至丧失主权，此亦属过虑。鄙人拟于十年内修筑全国二十万里铁路，若得国民全体赞成，深信不待十年，可以完全告竣。若国民处处反对，不但十年，即五十年，亦不能修成。鄙人曾与外人商量组织公司，批修铁路事，外人亦多赞成，将来可望有成。鄙人批修之计划，原定修成二十万里铁路，俟四十年后，由国家收回。或谓四十年后，国家若无此六十万万之巨款，不能收赎，则将奈何？殊不知此路收回，并不要钱，四十年后，国家不用一文，即得二十万里铁路。四十年内，不论赚钱赔钱，概与国家无干。四十年后，国家不出一文，即得价值六十万万之铁路。以四十年平均计之，国家每年已得一万五千万，不但不用钱赎，且已获利。

若谓铁路事业，获利甚大，即如京张铁路，五年即可归本。若全国铁路，皆批给外人办理，则四十年内应得之利，皆为外人所赚，不吃亏太大乎？此又不然者。我等若不先行存此贪心，尽可由他赚去。因倘使此路不能修成，即千万年我亦无利可赚。今让他先赚四十年，以后完全归我所有，合计尚是便宜。况鄙人另有一条件，各路初修之时，或即与外人先订合同，俟二十年后，可由我备价收赎。故凡可以获大利者，我即可以赎回，不获利者，即由他们办去，在我亦不吃亏。即如将来，由上海修至伊犁八千里一条铁路，必能获利，俟二十年后，我即可按照该路股票之市价收回。如原价一万万，我即出到二万万亦不吃亏。

总之批修办法,较之借债修路,利益甚大。如沪宁铁路,乃借债所修,然第一年赔二百八十万,第二年仍赔二百五十万。凡赔钱在我,赚钱在人,即收回之时,仍须照出原价五千万,其吃亏为如何!至于丧失主权,更可无虑。现今政府提交参议院三项条件:一、借款修路:如京汉、京奉、沪宁等路办法与外人订立借款合同。二、招股修路:按照华洋合办公司办理,其主权仍属中国。三、批给外人承办:凡有资本者,皆准包修一路,四十年后,收归国有。关于一、二两项,自办有危险之担负。但若实在不获利之铁路,如西藏铁路,在我不为不紧要,然若批给外入,外人亦必不肯包办。故此项铁路,惟有借债自修,或招股合办。惟批办一项,今人多不明此中道理,以为路权一亡,主权随之,此殆不知外国之成例。外国修路,以批办为最妥。批办之合同,不牵及主权,与我何害?现在法国,其资本总较我国充足万倍,然法国之铁路,尚多批给英人承办,意大利亦然。至西班牙、秘鲁等国,皆将全国铁路,一律批给外人包办,亦未闻丧失主权。盖此事纯以私人资格办理交涉,与国际上初无丝毫关系也。

此就资本与利益言之也。又以人材论,亦不能不批给外人包办。中国此时所最可虑者,厥为人材缺乏。合计全国现有之铁路人材,其实在可用者,不过百余人,而经理之材,尤为难得,即外国亦不多有。如美国之铁路公司,雇一主任总经理人,其岁俸往往在百万元以上,高出于大总统十倍。在中国今日欲求此人材,顾可得乎?若无此人,则又必至有折阅之患。借债修路,我虽折阅,仍必岁还利息,其亏损不更多乎?故不若批给外人承办,既无还利折阅之患,又得借用其人材。订立合同,约定四十年后,不论赢亏,仍归中国所有。则我不费一文,不负危险,其利益盖至大也。

以上所述,系不明此事真理,而加以反对者。至于明知此事有益,而故意反对之报纸,其持论更为可笑。鄙人今日限于时间,不能详辩,请撮其最有力之三要点而批驳之。

第一,该报谓比来临时政府大小借款,均未成立,鄙人在上海拟办银行,借款不过一千万,尚须将官产抵押,今欲借款修路恐目的难达。不知此事之原因,乃因六国银行团要挟太甚,条件太苛,故借款久不成立。鄙人是时在上海与外国各资本家商议,拟图抵制,皆谓此事非办一中西合股之银行不可,由华洋各出资本一千万。如此银行组成,即可将此项债票寄往各国发卖,担任六万万之借款。因该行有华股在内,鄙人当时即电商政府,问是否可以筹划一千万现款以办理此事。当时政府不名一钱,安能筹此巨款。后又与外国资本家商议,由我国先出二百五十万。因上海有一项官产,可以抵充此数,故有此议。此纯为抵制六国银团,使见我由此抵制,或能改善其条件,以促成大借款也。现大借款已有转圜之望,鄙人亦未再议此事。鄙人以为今日之借款问题,亦犹之二十年前之革命。当鄙人主张革命之时,国人皆谓为无理取闹,万无成功之望,然今日已达到目的。此事总比革命较易,将来自有美满结果之一日也。

第二,该报因鄙人主张民办国有,乃以美人亿黎博士所著之经济学为根据,以相诘难。不知亿氏乃主张资本家垄断,而鄙人则主张民生主义者,以亿氏与鄙人相提并论,未免冤人太甚。且亿氏著书,乃在二十年前,彼谓美国之铁路已太多,应从此停止修筑。但何以当亿氏时,美国尚只有四十万英里铁路,而今乃反增至八十万英里乎?是该博士之言,久已不适用矣。考求外国之政治者,不可徒读外国之古书,尤不可徒震于外国博士之名,遂谓其说无以难之也。

第三,该报更有一种最离奇之议论,谓中国版图东西三千里,南北二千里,何能筑二十万里之铁路等语。不知法国之领土,长仅三百英里,宽仅二百英里,而铁路之长,乃至七十万里,此又何说?盖土地纵横之里数,纯以直线计算之,而铁路之在国内,则回环屈曲,各随其势,其道里岂能与国境方里相合。

由此观之，该报反对之说，毫无价值，诸君当可了然矣。且鄙人所主张铁路民办国有，确有最好之办法与先例。日本之东京铁路，即是民办二十年后，乃由国家收回。若由国家自办铁路，试问究竟能赚钱否？此无论中国之京汉、沪杭已有成例，即如法、如英、如美亦莫不皆然。盖凡百事业，公办不如私办之省时省费。私人之经营，往往并日兼程，晷之不足，继之以夜。官之经营，则往往刻时计日：六时办事，至七时则以为劳，一日可完，分作两日而犹不足。吾敢断定，借款六十万，必先消耗三十万。故往往一种事业，有官办之十年不成，私办之五年可就者。若批给外人承办，彼必不肯迁延时日，任意消耗，而可断言者。故鄙人主张借款修路，更主张批给外人包办。惟私人经营之事业，每易流于垄断之弊，是以鄙人又主张民生主义，四十年后，收归国有。

中国社会科学院近代史研究所等编《孙中山全集》第2卷，中华书局1982年版，第461～466页

△ **黄兴出席北京报界欢迎会，在会上发表演说。**

黄兴《在北京报界欢迎会上的演讲》：

兄弟到京承诸君优待，甚感。鄙意此次改革政体，虽五大族行动一致，实赖报界鼓吹之力。……试想武汉起义，固是军界之力，然非报界之鼓吹不能成。彼时各省报同一鼓吹，故是军人始发生起义，推源索本，仍为报力。兴本学校教员，因阅报始输入革命思想，故对于报界鼓吹效果，敢代五族感谢。现在之共和国，如太阳行于海，光明未定。此后凡我在党者，同负责任。况报界本为监督政府，指导人民。政府现在如初生小孩，智识似有非有，保其良知，端赖保姆，报界如孩提之保姆，不可不指导之。人民程度不齐，民智不开，革命以后，民气大涨，应各维持指导，则赖报界。现在报界对于政府固负极力监督指摘，但须忍此一时。现在国家处此危急时际，诸君须牺牲意见，共维大局。

蒙古问题，多主剿者。兴意：蒙古亦我领土，国内交涉，似可不必战争，须极联络，使其内向。共和成立，此五族共和，南北现已统一，而尚有以为仍未实行统一者，并非南北不愿统一实现，在政府无一定政策，南方各省无从遵守，故似未统一。若中央将此策拟定，则南北行政自然统一矣。即现在政府，对内对外问题，因无一定政策，诸事似甚敷衍。不知现在为临时政府，本为将来正式政府之预备，故诸事皆甚简略办理。

至于反对借款一层，更可不必。借款固重人民负担，此后非借款不可。此时借款，虽抵押失利甚巨，若往后则易见其重利息，倍蓰有逾于今，何此时即借乎？望此后牺牲党见，勿极力攻击借款。其在南京政府时，非兄弟反对借款，实因条件有害于人民。现在用盐务抵押，借款六万万元，定五十年归还，吃亏甚大。又仿海关办法，又吃亏尤甚，我人民本应当反对，然此虽是吃亏已大，将来必有甚于此者，故又不得不勉强允许。试思革命以前，用款是否出在人民，革命以后，借款亦出在人民，与其间接负担，不若直接为快。故我人民现在对于借款，仅可监督，不必反对……。

湖南省社会科学院编《黄兴集》，中华书局1981年版，第258～260页

△ **黄兴与袁世凯晤谈，讨论库伦“独立”后的外蒙形势及征蒙问题。**

1912年9月16日《民立报》：

黄克强谒袁总统，谈及蒙问题，黄（兴）陈意见四条：（一）速建蒙军用铁路；（二）电饬陕甘东三都督分道进兵；（三）由中央派精兵分前中后三队直往；（四）军队宜维持地方，保护外人，以杜俄人藉口干涉。袁总统极然之。

9月15日(八月初五日) 北京国民党开会欢迎孙中山、黄兴、陈其美等,黄兴发表讲话。

黄兴《在北京国民党欢迎大会上的演讲》:

鄙人前在上海接电,知五党合并为一大政党,即非常盼望。今日能与各党员相见,欢慰之情,欲言不尽。鄙人对于国民党未尽丝毫之力,蒙诸君推为理事,且感且惭。惟以民国成立之要素,端赖政党。然政党之组织,则当因乎时势。中国今日虽已成立,而各国尚未正式承认,即不能算完全成立。夫国家既未完全成立,则国民党亦不得为完全成立。处今日危险时代,内忧外患,相逼而来,政党之责任尤为重大。凡我党员,对于民国前途,应改革者,当如何改革;当恢复者,应如何恢复,方不失为政党。日本维新,不过三十年,今为世界头等国,声势震于环球者,即本于政党之力。其初政党,亦是流派分歧,以后逐渐合并,故有今日之势力。我辈今对于民国,亦当合无数小党,以成为一大政党。政党之政策,尤须规其大者远者。如日本政党政策之所定,有在百年以后者,卒能进行者,确乎政党所定之政策不错也。其政党维新何?即所谓政友会是也。中华民国今日尚未完全成立,尤当有极大之政党以维持之。国民党于此时能大加扩张,成立一极大政党,使国家日趋于巩固,则是鄙人之所最希望者也。惟有此希望,则有当注意者二事:第一,重道德心。一党有一党之道德,道德不完,则希望即不能达,权利心重,义务心即消亡于不觉。我辈今日当提倡人人除权利心,以国家为前提。党德既高,则希望可达。然党德者,又不仅本党应有之,无论何党,亦当保而有之也。第二,重责任心。此后民国建设,手续甚繁,凡我党员,均应共负责任,照党纲所定次序办法,人人尽力之所能为,以巩固中国,即以巩固政党,乃不失政党之本义,因以成立之大政党。对于内政,复极力研究,以求平靖。对于国际,极力辑睦,以求平和。人人均以此责任为天职,而又保守道德,则破坏与大建设之目的以达,能享真正共和之幸福。此非独本党一党之幸,实中华民国之幸,亦实世界各国之幸。鄙人所抱持之主义如是,诸君深明之。若能对于他党,极力贡献斯旨,使各党同遵一轨,是尤鄙人所希望者。

湖南省社会科学院编《黄兴集》,中华书局1981年版,第261~262页

△ 孙中山本月中旬在北京迎宾馆与某君谈话,谈及南北争执的解决之方。

孙中山《在北京迎宾馆与某君的谈话》:

某君问:先生对于近来党争,将如何调和,以维持大局?

先生答:政党竞争,各国皆然,惟当以国家为前题,不当以党派相倾轧。且各党尤当互相磨砺,交换意见,否则固守私见,借政党之名,行倾轧之实,报复无已,国家必随之而亡。余为调和党派,一言以蔽之,愿各以国家为前题而已。

某君问:先生解决南北所争持之种种问题,其意见可得闻否?

先生答:南北所争持之问题,解决之法有三:一、中央政府务须开诚布公。二、取决于国民公意。三、组织强有力之政府。至于进行之手续,则一言难尽。

中国社会科学院近代史研究所等编《孙中山全集》第2卷,中华书局1982年版,第477页

9月16日(八月初六日) 孙中山、黄兴出席在中山行馆召开的国民党重要干部和议员茶话会,讨论国民党财政及内阁总理问题。

1912年9月19日《民立报》报道:

……下午7时,先生与黄兴、宋教仁、吴景濂、贡桑诺尔布及各部主任干事、在院议员于北京迎宾馆开茶话会,讨论该党财政及陆徵祥辞职后内阁组织问题。对后一问题,佥谓宜取

稳健态度与袁总统相提携，南北猜疑自然消灭，外人观瞻，当然一变，承认民国及借债问题，自易着手。又对袁世凯拟以赵秉钧、沈秉堃中选一人继任总理问题进行讨论。佥谓沈无毅力，政治经验远不如赵，万一再为短命内阁，于国民党名誉及选举甚有关系，且沈又为前次六国务员中未通过之一人，表面上亦做不到。众决议以赵秉钧继陆后任，并推黄兴向袁世凯转达国民党之主张。是夜，先生赴总统府赴袁之饯别宴会。先生与黄兴以陪客众多，乃邀袁世凯至密室，黄兴即将国民党理事、干事会之主张告知袁世凯并力赞赵秉钧才能堪膺总理重任，复推荐朱启钤、梁士诒分任内务、交通两长。

△ **海牙和平会，商讨承认中华民国问题。**

1912 年 9 月 18 日《民立报》报道：

政府接驻荷代表来电报告，海牙和平会公议承认中华民国问题，各国公决五条议同，察看我国情形，再议承认。一、各省能否停止内战。二、从前条约是否继续遵守。三、蒙藏及东省问题能否解决。四、人民生计能否独立。五、地方有无自治能力。

△ **宋教仁致各报书：声明合并多党为国民党全出于遵行孙、黄二公指示。**

宋教仁《致各报书》：

记者足下：连日各报载国民党事诸多失实，甚且如民视报等谓孙中山先生辞理事职，出于鄙人之排斥，新纪元报等谓孙黄有冲突，皆不胜骇异。此次国民党之合并成立，全出于孙黄二公之意，鄙人等不过执行之故。党员无论新旧，对于孙黄二公皆非常爱戴，此次选举理事，孙先生得票最多，惟孙先生以此后欲脱离政界专从事于社会事业，故不欲任事，曾经辞职，已由鄙人与各理事再三挽留，始允不辞，现已推为理事长。鄙人与孙先生从事革命，几及十年，何至有意见之争？且国民党新立，正赖有功高望重如孙先生者为之主持，亦何至有内讧之原因耶？至于黄克强先生与孙中山先生同为吾党泰斗，关系之亲切，天下皆知，此次北来调和南北意见，主持大计，两公无丝毫之异，更何至有冲突之事，如各报所云云乎？方今时事艰难，非有强大真正之政党作中流之砥柱，何能挽回危局？而强大真正之政党，尤非社会扶持，各党互相奖勉不能成立。关于政见，各党即互有不同，然总不宜猜忌离间，日望敌党之不发达。吾人改组国民党时宣言政党宜二大对峙，希望自党发达，同时并希望反对党亦发达，能至旗鼓相当而后已。诚以政党须有道德，其态度固应如是也。作此等谣言之各报，属于何党固不必辨。鄙人总深盼其守政党道德，不再事无谓之猜忌与离间，平心静气以评论国家事，扶持各党，使渐臻于健全之发达，庶几各党乃得即日稳固，从容研究。其在议院有正当之主张，不事喧嚣，其对政府有适当之监督方法，以促成强固有政策负责任之内阁，是岂非国家之大幸事乎？区区之心，乞鉴谅之。宋教仁顿首。

陈旭麓主编《宋教仁集》上册，中华书局 1981 年版，第 420～421 页

△ **陆军部关于更改军队名称咨令。**

《陆军部通行更改军队名称文》：

为咨（令）行事：查陆军建制，名称亟须规定划一。前经拟订官兵等级暨军队名称，业奉大总统发令公布，并由本部分行知照在案。惟自客岁军兴以来，各省军队或沿袭旧称，或便宜编制，殊于统一军政之旨不相符合，应即通行各省，凡沿用镇、协、标、队名称之军队，查照新订军队名称，一律更改，藉免纷歧。所有统制、统领、统带、管带、队官等项名称，应改为师长、

旅长、团长、营长、连长。其余各项官称,应俟新订编制议决后,再行通布遵改。此咨(令)。

中国第二历史档案馆编《中华民国史档案资料汇编》第3辑,军事,江苏古籍出版社1991年版,第149页

9月17日(八月初七日)　袁世凯设宴为孙中山饯行。孙中山拟离京赴晋调查铁路。

1912年9月18日《民立报》报道:

昨日袁总统在府设宴饯孙中山,邀黄克强及杨皙子作陪。今日上午十二时,孙中山出京,坐专车赴晋调查铁路情形。站前高搭彩棚,赵代总理由参议院告假赴站送行。除周财政长出席议院,其余国务员均到站……

1912年9月20日《民立报》报道:

闻中山先生来晋之故:(一)因晋省各团体与阎都督先派代表入京,坚邀先生来晋游历,慰藉晋人渴慕民国第一伟人之诚意。(二)考查亚太铁路及晋省矿产。(三)视察娘子关等各地战后状况。(四)联络各界发展铁路政策。闻定于二十一日专车返津。

△ 黄兴在北京出席共和党举行的欢迎会,在会上发表演讲。

黄兴《在北京共和党欢迎会上的演讲》:

今日辱承贵党开会欢迎,兄弟实为感谢。原来贵党党员多系兄弟故交新知,今日得握手一堂,共谈衷曲,何幸如之。贵党与敝党本无嫌隙,而两党党纲渐相接近,将来携手同行,共谋福利,彼此均以国家为前提,尚有何事不可商榷。盖讨论政见与党派毫无关系,即同党人亦往往有因政见之不同而生差异者。且党员政见不贵苟同。政治本无绝对之美观,政见即有商量之余地。如贵党以为是,敝党以为非者,一经平心讨论,贵党所主张果属可行,则敝党必牺牲党见而赞同之;敝党以为非,而贵党以为是者,一经平心讨论,果不可行,则贵党亦将牺牲党见而赞同之。盖彼此均以国家为前提,只求真理,固无丝毫成见于其间也。至于实业,兄弟毫无学问,不过审察中国情形,非此不足以立国,故不揣愚陋,欲为全国同胞担任此事。且中国实业,张香涛先生提倡于湖北,袁大总统振兴于北洋,均有成绩可观。然皆借政府之力而为之。惟季直先生在野提倡,不遗余力,所办各公司,各工厂成绩灿然,兄弟极为佩望。此后中国实业,仍求季直先生规划一切,愿尽力赞助。兄弟于政治少研究,不敢多谈,区区之愚,仍恳有以教之。

湖南省社会科学院编《黄兴集》,中华书局1981年版,第266页

△ 袁世凯在总统府设宴饯送孙中山,特邀黄兴及杨度作陪,黄兴乘机劝杨度加入国民党。

1912年9月21日《申报》报道:

……杨度与黄克强相见于总统府。二人本系旧交,握手言欢,畅谈时事。黄邀杨入国民党,意极诚恳。杨答:我数年前本主张君主立宪,去冬为国家大计,牺牲党见,改换宗旨,赞助共和,即并将我一身信望尽付牺牲。政治活动,必赖信望为先,然后效用始大。如某信望丧失,不宜再入政界,拟以后投身社会事业,以报国家,云云。黄极力解释,谓立宪亦为改革政治。而去岁共和告成,由于我二人在上海秘密会议之定局。北方一切,全由公一人担任计划,其功甚大。我党中人知者甚多,方共仰望,何丧失信望。杨云,人贵有自知之明,未必遂如公言耳。……大总统坚欲杨度出山相助,黄克强极力赞成。杨言与以机关职务决不敢任,惟大总统与克强若以个人交情与之谋议国事,则当知无不言,言无不尽云。

9月18日(八月初八日)　教育部公布各省图书审查会规程令。

教育部部令：

兹订定各省图书审查会规程十八条，特公布之。此令。

《省图书审查会规程》

第一条　图书审查会直隶于省行政长官。审查适合于各该省小学校、高等小学校、中学校、师范学校教科用图书。

第二条　图书审查会每省设立一处，以左列各员组织之：

甲、省视学。乙、师范学校校长及教员。丙、中学校校长及教员。丁、高等小学校校长。戊、小学校校长。

前项甲款会员由省行政长官委任；乙款至戊款会员由各学校互选，其名额及互选规则由各省行政长官定之。

第三条　图书审查会设会长一人，由会员中互选，会长、会员之任期，各以二年为限。

第四条　图书审查会每年开会一次，其日期及会所由各省行政长官定之。

第五条　图书审查会征集图书，由会长将应付审查者分配各会员审查，至开会时由公众议决，方作为择定。

第六条　图书审查会审查教科用图书，以经教育部审定者为限。依前项规定外，图书审查会认为必要时，亦得审查；但须报由省行政长官呈请教育部核定后，方生择定之效力。

第七条　图书审查会经全体会员决议，得为风土特殊地方，择定适用之图书。择定前项图书仍须遵照第六条第二项之规定。

第八条　图书审查会对于教育部审定之教科用图书，有意见发表者，得报由省行政长官呈请教育部酌定办理。

第九条　图书审查会遇必要时，得由审查会延请专门学者加入审查。

第十条　图书审查会会长于闭会后，应将择定之图书呈报省行政长官宣布之。前项呈报之期，应在学年开始四个月之前；但有特别情事，经省行政长官许可，得酌量展期。

第十一条　省行政长官对于审查会择定之图书有异议时，得声明理由，令其复加审查；但经图书审查会复查后，仍主张择定者，省行政长官应即宣布。

第十二条　图书审查会会员，于其本身及与有密切关系者之著作，不得参预审查。

第十三条　图书审查会会员如有受贿赂请托情事者，应予以行政上之处分。

第十四条　图书审查会会长、会员应予以相当之津贴，其津贴额由省行政长官定之。

第十五条　凡经择定之图书，如有修正、改版或变更定价，即失择定效力。

第十六条　图书审查会之施行细则，由各省行政长官定之。

第十七条　图书审查会审查细则由审查会定之，但须呈报省行政长官。

第十八条　本规程自公布日施行。

中华民国元年九月十八日部令第十号

中国第二历史档案馆编《中华民国史档案资料汇编》第3辑，教育，江苏古籍出版社1991年版，第875～77页

△ 财政部令：设立银行号暂照前清度支部各种银行则例及注册章程办理。

财政部关于设立银行号暂照前清度支部各种银行则例及注册章程办理令稿：

令京师商务总会

为令知事，现在市面日渐恢复，设立银行号者络绎不绝，殊堪欣喜。惟前清银行各种则

例及注册章程一时尚未能修改完竣,故一切呈报无所根据,往复批商手续又繁,如无一定之办理,则有碍企业之进行。兹暂定在则例未修正以前,仍暂照前清度支部奏定各种银行则例及注册章程办理。凡有设立银行号者,即转饬知遵照办理可也。则例及章程各一册并发。此令。

中华民国元年九月十八日

(清度支部准银行通行则例、清度支部奏准银行注册章程、清度支部奏准储蓄银行则例、清度支部奏准殖业银行则例略)

中国第二历史档案馆编《中华民国史档案资料汇编》第3辑,金融,江苏古籍出版社1991年版,第19页

9月19日(八月初九日)　各省代表会原定9月2日举行首次会议,嗣因代表权限问题致集会未成。折衷各方意见后,决定将各省驻京代表改称行政咨询员,中央为此订定简章九条。

1912年9月25日《民立报》载《简章九条》:

第一条　行政咨询事件分类如下:(甲)民政,(乙)财政,(丙)军政。

第二条　行政咨询事件,即由各主管部按照情形分别办理。

第三条　各主管部应由部中特派专员,以资接洽。

第四条　各部特派员及各省特派员,得各就主任事件随时建白或答复其意见。

第五条　各部及各省特派员,对于主任事有认为应开会议者,得三人以上之赞同,即可开会,其规则由各部自定之。

第六条　凡议决或陈述事项,应呈候主管各部议长裁夺。

第七条　各省特派员关于主任事项会议完竣时,得经主管各部,总统得派员加入会议,或遇事咨询于各主任员。

第八条　设立总事务处一所,以为各省特派员会集之机关,并酌派专员,以司接待。

第九条　各省特派员到京后,应先赴该事务处报告,并接洽一切。凡请谒大总统、国务总理暨各部总长一切事宜,即由该处接待专员分别介绍。

9月20日(八月初十日)　袁世凯通令国民尊崇伦常。

袁世凯《通令国民尊崇伦常文》:

前据南京留守黄兴电陈:民国肇造以来,年少轻躁之士,误认共和真理,以放恣为自由,以蔑伦为幸福,纲纪隳丧,流弊无穷,请讲明孝悌忠信礼义廉耻,以提倡天下,挽回薄俗等情,仁人之言,闻之感喟。本大总统深惟中华立国,以孝悌忠信礼义廉耻为人道之大经,政体虽更,民彝无改。盖共和国体惟不以国家为一姓之私产,而公诸全体之国民,至于人伦道德之原,初无歧异。古人以上思利民,朋友善道为忠,原非局于君臣之际。自余七德,虽广狭有殊,而人群大纪,包举无遗。自顷以来,人心浮动,于东西各国科学之精微,未能通晓,而先醉心于物质文明,以破个人道德。缘饰哲学,比附名词,厚诬彼贤,私遂己过。抑知立国各有本末,岂能举吾国数千年之嘉言懿行,一扫而空?前述八德,百姓与能。乃妄者以为不便于己,弃如弁髦。造作莠言,误人子弟,几欲化全国人民为不孝不悌不忠不信无义无廉耻而后快。孟子有言:"人伦,无君子。率兽食人,人将相食。"任其自然,不为别白,则五季之荡无法纪,复见于今,必为人类所不容,环球所共弃。言念及此,忧心如焚。为此申明诰诫,须知家庭伦理,国家伦理,社会伦理,凡属文明之国,靡不殊途同归。此八德者,乃人群秩序之常,非帝王专制之规也。当此存亡绝续之际,固不必墨守旧说,拘拘于一家之言,亦岂可侵轶范围,毁冠

裳而随鳞介？惟愿全国人民恪循礼法，共济时艰，其或倡作诐词，引人入阱，国有常刑，岂能宽维？本大总统痛时局之阽危，怵纪纲之废弛，每念今日大患，尚不在国势，而在人心，苟人心有向善之机，即国本有底安之理。凡我邦人父兄子弟，敬而听之。

徐有朋编《袁大总统书牍汇编》第2卷，上海广益书局1920年版，第17～18页

△ 袁世凯令：凡效忠民国赞成共和的蒙古各札萨克王公等，加进封爵一位。

二十日临时大总统令：

民国建设，联合五族，组织新邦，全赖各民族同力同心，维持大局，方能富强日进，巩固国基。现在边事未靖，凡效忠民国实赞共和之蒙古各札萨克王公等，均属有功大局。允宜各照原有封爵，加进一位；汗颜亲王等无爵可进者，封其子或孙一人，以昭荣典。其著有异常功绩，或首翊共和，或力支边局，以及劝谕各旗拒逆助顺者，并应另加优奖，用励殊庸。此令。

1912年9月22日《民立报》

△ 蒙古活佛章嘉、甘珠至北京。蒙藏交通公司在京成立。

1912年9月28日《民立报》载《蒙藏交通公司》：

京讯：蒙藏交通公司在京设立机关，每月经费五万元，业经国务院批准，于9月20日在北京开成立大会，决定办法八条：(一)设立总公司及各处分公司。(二)测定铁道路线，先筑官道，试行无轨汽车。(三)增设旅舍，酌建都市。(四)调用学生，开办学堂。(五)保护游历，奖励营业留学。(六)推广实业，增设场所。(七)募集民股，划拨国股。(八)设立蒙藏交通公司筹办处。是日开会者二三百人，当选职员如下：总理伍廷芳，协理王人文、温宗尧，名誉总理世续、贡桑诺尔布、马安良、姚锡光、达赖喇嘛，梁士诒为评议长，于右任、陈其美、刘正雅、曾述棨、钱应清、傅琦、张锡之等分任总务、交涉、调查、文牍、会计、庶务各干事。

9月21日(八月十一日)　袁世凯欢宴黄兴，并致词。

1912年9月23日《民立报》载《袁氏致欢迎词》：

现在世界专制国断不能存立，非建设共和不可。盖专制国为家天下，仅以少数人负国家责任，故国事愈颓废；共和国为公天下，以全国人负国家责任，故国事可振兴。时至今日，我国非采用共和国体不足以巩固国基。克强先生有见于此，惨淡经营，苦心创设共和，其丰功伟烈，彰彰在人耳目，无俟赘述。在南京留守府时，军队林立，鄙人未能时时接济饷项，先生于军饷缺乏之余，不仅能镇慑军心，并能首倡退伍，此先生至诚感人，是谓武备的精神。望我辈军界诸君均以先生武备的精神为模范，然后可维持于不败。曾涤生云真心爱国，百折不回，先生艰苦卓绝，成此大业，乃所谓真爱国苦心百折不回者，鄙人极为钦佩。就一般人观之，皆谓克强先生为磊落英雄，据鄙人所见，不仅是磊落英雄，更是诚笃君子，鄙人对于先生敬之爱之，莫可言喻。此次先生北来，各界极欢迎。我两人相见，所谈政见，均属相同，先生所筹划各事，皆出于真挚爱国之心，由惨淡经营而来，切实可行，今人言以国家为前提者甚多，大率口头禅，惟先生真是以国家为前提云。

黄兴《在袁世凯宴会上的答词》：

今谬蒙大总统奖饰逾恒，愧不敢当。共和成立，实赖大总统救国之决心及国务员与各军长、师长各位一致赞助，始能收此效果，兴极为感佩。现在国基初立，建设之事甚多，大总统代表中华民国人民，当此艰巨困难之时局，一方面要维持破坏秩序，一方面要建立共和国家

基础,其困难情形,可以想见。兴此次来京,亲见大总统为国宣劳之苦心,及一切规划,尤为感佩。以后国家困难之事,或较今日为尤甚,凡中华民国之人民,无论在政界在社会,须出真实爱国心,以赞助大总统建设之伟业,使中华民国与各国立于平等之地位,维持世界之真正和平。此兴之所希望于在座诸君,并用以自勉者。

湖南省社会科学院编《黄兴集》,中华书局1981年版,第271页

△ 内务部颁发通告:著作物暂照前清著作权律核办。

《内务部通告》:

为通告事:著作物注册给照,关系人民私权。本部查前清著作权律,尚无与民国国体抵蚀之条,自应暂行援照办理,为此刊登公报。凡有著作者,拟呈请注册及曾经呈报未据缴费领照者,应即遵照著作权律,分别呈候核办可也。中华民国元年九月二十一日

《中华民国史档案资料汇编》第3辑,文化,中华书局1981年版,第433页

9月22日(八月十二日)　熊希龄通电宣布伦敦一千万磅借款成立。

1912年9月24日《民立报》载《熊希龄报告新借款事件通电》:

各省都督,上海民立报鉴:借款事前因七月初八日六国银团要求监督条件太严,又未能按照三月初九函照垫七月款项,当经希龄声明另借他款,并电达各省在案。迨龄因病辞职,本拟归田,复以大总统挽留,仍令经理借款事宜,特念国家生死所关,不敢不始终其事。自七月初九后由希龄与北京姜克生国际银团代表白启禄商订借款草约,并由财政部国务院会用咨文,付驻英刘代表以议借全权。两月以来,商承大总统及国务院总理、财政部总长借定伦敦借款一千万磅,已于八月三十日签押,议于本年交三百万磅,明年交七百万磅。幸赖国民舆论之力,得以免除监督条件。虽彼政府尚有阻扰,然第一批五十万磅业经交清,我政府必能维持一切,而希龄经手之事,亦已完结,足以告无罪于我国人。

△ 国务院拟定国庆日及纪念日,呈请袁世凯咨询参议院同意。参议院通过大总统转咨国务院所拟国庆日及纪念日案:定十月十日为中华民国国庆日,并以一月一日为开国纪念日,二月十二日为清帝逊位,民国统一纪念日。

1912年9月22日《民立报》报道:

国务院拟定国庆日及纪念日,呈请袁总统咨询参议院。据法国成例,以武昌起义日,去年阴历八月十九日,即阳历十月十日为国庆日。是日应举行事(一)放假休息。(二)悬旗结彩。(三)大阅操。(四)追祭。(五)赏功。(六)停刑。(七)恤贫。(八)宴会。以南京政府成立日,即正月一日,又北京宣布共和日,即二月十二日为纪念日,是日均放假休息。

1912年9月22日《民立报》报道:

九月二十日,国务院拟定国庆日及纪念日案,呈大总统咨请参议院审议。二十三日,参议院开会,指定张伯烈等七议员组特别委员会审查。本日,该特别委员会向院会提出审查报告,主张同意国务院所提原案;但为三二九广州起义未列为纪念日事,引起辩论,终因表决时赞成原案者居多数,遂照原案通过,即:以十月十日为国庆日,以一月一日南京政府成立为开国纪念日,二月十二日清帝退位,宣布共和民国统一之日为纪念日。

△ 吴稚晖发表专文，主张国庆日应采行阳历，并首称国庆日为“双十节”。

1912年9月22日《民立报》载吴稚晖《答客问革命纪念日应有之盛况》：

……十月十之三字甚为凑巧，正与三月三，五月五，七月七，九月九等，一样好记，大较八月十九为直捷，如其援重九等之例，命名为双十节犹为简便，而有致，以后每年庆罢双十节，即知年事将近，整备过年，略如旧历时代之有冬至节，双十节之隔夜，依商业之习惯，亦可作一小结账之收束，并可上省结帐之旧中秋，下省结帐之旧冬至。民国成立，本在阳历元旦（各国通例，成国纪念日，礼必稍杀于起义日之纪念），元旦亦应庆祝，嗣后可名元旦为建始节，一以标明改建民国之始，二以标明改建阳历之始，三以标明改张每年月日之始也，一名而三义赅，亦似有致。……

9月23日（八月十三日） 袁世凯准国务总理陆徵祥辞职。

《东方杂志》：

准国务总理陆徵祥辞职。

《东方杂志》第9卷，第5号，中国大事记

1912年9月1日《民立报》载《陆总理声声辞职》：

陆总理于八月十三日即请病假，袁总统派梁士诒前往慰问，十五日陆总理进法国医院疗病，于十九日递第二次呈请续假五日，二十日陆总理又具呈辞职。二十一日袁总统复派梁士诒前往慰留，将辞职呈送回，并语总统云：此时请稍忍须臾，俟二礼拜后去留听公之便。二十三日陆总理又具呈辞职，并将前次辞职呈续缴，袁总统乃又派赵总长（秉钧）前往慰问，而陆氏辞职之心已极坚决。其大原因，则以总理一席已同赘疣，难以措施，不得不去位。

1912年9月25日《民立报》载《总统命令》：

同意总理陆徵祥因病呈请解职，陆徵祥准免国务总理本官。此令。

△ 英国舆论对六国银行团把持中国借款表示不满。

1912年9月24日《民立报》英国电报：

英国舆论近日态度全变，对于六国银行团之把持攻击不遗余力，谓六国银行团此种行为实使欧洲投资者自失其机会，其势不能久存。

1912年9月24日《民立报》北京电报：

昨英伦来电，伦敦近日舆论对于六国银行团中国借款事畅言利弊，及其种种刁难把持是否合于公道，均极于反对。谓照该银行团办法，必不能久存云。

9月24日（八月十四日） 参议院投票通过赵秉钧任国务总理。

1912年9月25日《民立报》报道：

今日（二十四日）参议院开会，九时半入席，共到议员七十一人，先投赵秉钧任国务总理票。开票结果，同意者六十九票，不同意者仅二票。吴议长宣布，同意票过半数，照章通过。即备文咨告政府。

△ 教育部通电各省，以十月十七日为孔子诞日。

1912年9月29日《民立报》公电《孔子诞日纪念期》：

各省都督鉴：查孔诞日，应以阴历就阳历核算，本年阴历八月二十七日，即阳历十月十七日,自民国元年为始,即永以十月十七日为举行纪念会之日,请即通饬遵照。

9月25日(八月十五日)　袁世凯通电宣布:与孙、黄二先生讨论后,并征询黎副总统同意,决定八大政纲。

《宣布八大政纲》:

自孙中山君莅京后,黄克强君旋亦抵京,总统叠与筹商国是,协定内政大纲八条。并电询黎副总统,得电赞同。本日由总统府秘书厅通电宣布。电文如下:

"民国统一,寒暑一更,庶政进行,每多濡缓,欲为根本之解决,必先有确定之方针,大总统劳心焦思,几废寝食,久欲联合各政党魁杰,损人我之见,商救济之方。适孙中山、黄克强两先生,先后莅京,过从欢洽,从容讨论,殆无虚日。因协定内政大纲八条,质诸国务院诸公,亦翕然无间,乃以电询武昌黎副总统,征其同意,旋得复电,深表赞成。其大纲八条如左:一、立国取统一制度;二、主持是非善恶之真公道,以正民俗;三、暂时收束武备,先储备海陆军人才;四、开放门户,输入外资,兴办铁路矿山,建置钢铁工厂,以厚民生;五、提倡资助国民实业,先着手于农林工商;六、军事、外交、财政、司法、交通皆取中央集权主义,其余斟酌各省情形,采地方分权主义;七、迅速整理财政;八、竭力调和党见,维持秩序,为承认之根本。此八条者,作为国民共和两党首领与总揽政务之大总统之协定政策可也。各国元首,与各政党首领,互相提携,商定政见,本有先例,从此进行标准,如车有辙,如舟有舵,无旁挠,无中阻,以专趋于国利民福之一途。"

《东方杂志》第9卷,第5号,中国大事记

1912年9月19日上海《民立报》社论《孙袁黄交欢之将来》:

孙袁黄之交欢,吾人视为民国前途之幸福,诚以孙袁黄为民国中心人物,孙袁黄合则全国国民之心理因之而合,孙袁黄分则全国国民之心理因之而分,其关系弥深,其效用弥大,自统一而后形式虽成,精神未具,其故即缘孙袁黄未能相合,致谗慝之徒肆其播弄,两派之人互相攻讦,猜嫌所积,使现状愈以杌陧不安,而论者乃致疑民国不能真正统一,南北恶感之说尤为阴谋之日本人所倡言。冀民国叠起内讧,自相残贼,彼得坐收其成,其用心至阴且毒也。当南北议和之顷,日人极力破坏和议,及南京政府将次取消之际,又出种种手段,使统一不成。凡此皆日人所期以为大利者,国人浅识,亦时为彼所愚,然孙黄二公忠诚为国,悟敌人以此误我,不堕诡术,南京参议院诸君亦以大局为重,而统一之局遂成,是皆得孙黄爱国诸杰之所赐也。然而素抱阴谋之日人,离间之心不灭,复乘孙袁黄未能合一之隙,作种种挑拨,冀起两派人士之恶感,而不正当之党争与夫只图私利之宵小从而和之。南北暗潮乃日形增剧,民国前途亦以岌岌,今孙袁黄各以至诚相见,颇有推心置腹之概,使全国国民之心思才力出于一途,为共同之进行,救危图存于是乎在,敌人之间术不行,宵小之私图不遂,同心协力,庶几其可望乎,故孙黄之北上,实本救国之热忱,为交欢之举,非故矫饰之态以欺世也。当孙袁黄握手言欢之顷,北方舆论作一致之赞助,功效实盛,果长此以进,实我民国前途之福,乃不数日间而态度骤变,赞助孙袁黄者或忽誉袁而攻孙黄,或忽誉孙黄而攻袁,南方舆论亦中此病,致孙袁黄之交欢,于民国前途仍不能增进何等之幸福,伤心之事宁甚于此耶?国民分而孙袁黄必使之合,孙袁黄合而国民必使之分,诚莫可如何已矣,然吾以为孙袁黄果以精神相合,则虽有谋不利于国者力肆破坏,亦必不足售其术,所望者孙袁黄交欢之决心何如耳,故孙袁黄交欢之将来,当以能屏止左右谗慝之言与否以为断,孙黄皆爱国之杰,其德当足以化顽梗,而袁公对于部下尤宜在在示以对于国家忠诚之意,勿以霸道行于共和之世,则庶几修德弭谤,而使民国前途得其交欢之效矣，凡我国民其亦体孙袁黄交欢之旨，策以大计，而为共同救亡之谋哉。

1912年9月23—25日《民立报》社论《论内政进行方针八大政策》：

民国成立，举四千年专制制度而破坏之，建设之事今日为亟，万绪千端，实难一一处理而得其当，本之不立，倾摇堪虞，建设重任固赖愉快之才，而尤须有诚挚之特性，伟大之眼光，殚智竭能始无陨越。盖为政府在得其要，提纲挈领，百凡皆举，条理既清，进行至易，若舍本而求其末，枝枝节节，劳而无功，政事棼如，虽历时日，亦罕言治。譬之建屋，为大工者必先竖其栋梁，若不一砖一石之是谋，欲成全功盖不可得矣。民国自统一政府成立以来，大都困于内阁问题之风潮，莫能定止，无暇专心一志，从事于建设之大业也。孙黄二先生北上，消弭南北意见，商榷行政方针，今由袁总统与孙黄二先生商定内政进行方针八大政策，黎亦赞同，尔今而后民国内政，悉本此八大政策进行，建设之事，庶有可言矣。记者于此，请得而论之。

（一）立国取统一制度。

民国根本之建设，取统一制度者也，当国事初定，论者有统一联邦二大主张，采联邦制，则各省各自为政，中央权力至狭，考之中国国情，数千年相沿历史，宜于合而不宜于分，一言联邦其弊必至自裂，而使国家发达蒙大不利，故民国立国之基础即建筑于统一主义之上。自参议院成立，所立议案亦莫不采统一制度，则民国立国问题，其必取统一制度，已无可疑，且国民共和二大政党于统一主义俱标列于党义党纲之内，联邦主义之于今日，本属不成问题，故立国取统一制度，早为当然之事实，无论何党皆不能示其反对之意者也。

（二）主持是非善恶之道以正民俗。

光复功成，自由平等之说大盛于中国，苟能得平等自由之正轨，岂非国民之大幸？而浅识之士，不明自由平等之真谛，误会所至，奸巧诈伪，民俗日偷，道德荒堕，礼教荡然，中国数千年相守之文明精神悉将毁裂于今日，社会无主持是非善恶之人，以至民俗每况而愈下，人心不端，为政匪易。今内政进行方针以正民俗列入，可谓务本，黄克强先生任南京留守时，即提倡孝悌忠信礼义廉耻八德，盖道德为建设根本，德之存废系于国之兴亡，今既由大总统命令，申儆国人，反以此事列入内政进行方针，固至善矣，若得社会有力者竭力提倡之，则庶几耳。

（三）暂时收束武备先储备海陆军人才。

二十世纪之国家莫不以武装立国，强权盛而公理微，武备不修，外侮侵凌矣。况中国为世界列强所眈眈瞵视以为逐鹿之场者乎，故吾敢谓中国于十年内无强大之海陆军不足以立国于世界，而竞生存。中国贫穷极矣，自革命底定以后，有百万之兵，而无力供给，遂岌岌为裁减之谋。蒙藏告警，政府亦时言征讨，日俄干涉一起，政府用兵蒙藏之志受一打击，俯首退让，不敢与争，非以力不足乎，欲雪国耻，舍扩充实力无他策。然以言中国之现状，财政艰困，行政经费尚虞不支，遑有余力以张军备耶？且海陆军人才甚形缺乏，即言扩张，亦不足取材，故民国今日，盖处于有心无力之境，宜为他日扩充之准备，而储备人材实为当今亟务，收束武备，岂得已乎？然吾更以能保持目下之实况为宜矣。

（四）开放门户，输入外资，兴办铁路、矿山，建置钢铁工厂，以厚民生。

中国地大物博，矿产之富，甲于世界，国民不知采掘，使宝藏不兴，利源不辟，以致日形穷蹙，民生难艰。反以数千年来持闭关主义，与世界断绝交通之故，民俗习于保守，今犹有拘泥风水，死护坟茔者，且铁路未筑，运输不便，亦阻碍办矿之一大原因。不知培植民国国本首当厚裕民生，裕民生之策，在辟利源，而采掘矿山其要也。筑铁路以利交通，便输运，而矿山皆免亏本，而获厚利矣。故民国今日宜当筑铁路，铁路成有运输之道，而后采矿山，矿山掘有五金质品，而后建置钢铁工厂，即在目前已足使小民各得其所矣。为政最要莫过于使民无失业,厚民生裕国力,悉在于是。然吾国今日所患不在土地劳力,而在资本,以目前现状,欲兴办铁路矿山,建置钢铁工厂,盖决不可能之事,此所以必利用外资也,开门户而不损主权,亦民国救国之一道矣。

(五)提倡资助国民实业先着手于农林工商。

中国苦贫久矣,其病源所在,实以实业之窳败,而实业界之衰落,起于满清之末叶,至经兵燹之后,民物愈形凋敝,而实业界之生气索然,加以各省内政之纷扰,群盗如毛,出没不常,秩序未尽恢复,实业何由振兴?而政府之目光短浅,不遑兼顾远图,非警于外患之频闻,即震于党争之日剧,于国民实业之垂败无根本补救之方,实业界之前途有足令人心神俱痹矣。中国以农立国者也,中国农事不讲新法,复以时遭水患,遂致收成大减,民食缺乏,是为大忧。而工业不精,外货充塞,自制之品欲求一一竞胜,而无其道,商之于今日,更无论矣。以今日国民实业之现状,使政府犹不亟事保护之策,吾知愈不可言,是故政府对于国民实业提倡之方,固不宜缓,而资助之道尤为最切。盖国民实业不在不能提倡而振兴之,而在无以资助而挽救之耳。

(六)军事外交财政司法交通皆取中央集权主义,其余参酌各省情形采地方分权主义。

中央集权主义与地方分权主义,舆论交讼,非一日矣,不知集权分权乃相对的,在中央集权之国,亦不妨行地方分权,而不见有冲突之点,盖立法必须集权,而行政则可分权,立法集权则全国受统辖,于同一之法制中,而莫能或外,行政分权,则以地方情形,各各不一,参酌而行,始能尽善。是以集权分权之界说,有立法行政之分,不得以行政分权,而遂得谓妨碍统一也。军事外交财政司法交通五项,虽各有立法行政性质,然必取中央集权庶不致有分歧错乱之弊。军事指挥,外交应付,财政清理,司法划一,交通规划,皆必须归于中央,始能毕举而得当,故宜皆取中央集权主义,若内政工商教育诸事,其关于立法性质者,自应受制于中央。而关于行政者,则以兼地方分权主义为宜,故第言集权与第言分权者皆无当也。

(七)迅速整理财政。

中国财政棼如乱丝,苟整理不得其道,适所以益紊乱之象,而中国财政现状,且至日以不支。夫财政为国家血脉,血脉既纷无条理,血液不能尽贯输注掖[液]之力,一息奄奄,生气垂尽,不能整理财政,即为国家沦亡之大原因。是以言治国者必先理财,中国财政紊乱于满清末叶,主理财者大率皆贪鄙之夫,致岁入不敷岁出,国家经费动倚外债为活,革命军兴,饷糈浩繁,财政前途愈以岌岌,至于今日,中央与各省皆有非借款不支之势,内政进行,多致停滞,而财政尚无整理之望,其原因以国税与地方税未划定,中央与各省之意见,亦时多不合,地方不汇解于省,省不汇解于中央,即有汇解之款,亦属少数。中央理政之策又不从根本着手,往往为挖肉补疮之谋,欲财政能于顷间收整理之效,岂可得乎?夫财政能早整理一日,即国家血脉得早苏活一日,而内政亦得早进行一日,故整理财政尤贵迅速,迁延不救,贻祸实深,然欲迅速整理,非从根本上清理不可,而划定国税地方税之范围与清厘税则为尤要矣。

(八)竭力调和党见维持秩序为承认之根本。

民国成立至今,列强尚未承认,一切外交,皆艰于对付,吾政府与国民固引为忧矣。而外人所持以藉口者,则以吾国政府尚未巩固,各省现状亦欠宁谧,观于海牙和平会条件所列,尤足凭信,则吾国今日欲要求各国正式之承认,首宜竭力维持国内之秩序,统一以后全国秩序之未尽回复,原因实繁,而党见水火亦其一。夫中国之党争不尽限于政党,言政党只二三党以政见对垒耳,而地方党与私党则无数。其争非在意见之倾轧,即在权利之攘取,稍涉激烈,即足使国家现状因之杌陧不安。故吾观中国政党正常之党争少,而地方党与个人之私党之争多,盖正当之党争,正足以策励内政之进行,不见其损,若地方党与个人私党不正当之党争，则在在为害，故政府所欲竭力调和者须在消弭地方党与私党之见，而息其争，则秩序自足维持，国家秩序能长保治安之状，承认问题或易解决，而政争无取于竭力调和也。

△ **袁世凯特任赵秉钧为国务总理。**

《东方杂志》：

特任赵秉钧为国务总理。

《东方杂志》第9卷，第5号，中国大事记

△ **袁世凯接见章嘉及甘珠尔瓦。**

1912年9月26日《民立报》报道：

章嘉胡图克图及甘珠尔瓦胡图克图，今日由蒙藏事务局正副总裁贡桑诺尔布、姚锡光带谒见袁总统，详陈蒙古过去及现在情形，力言蒙人误解共和，并非甘心反抗民国云云。袁总统甚为嘉许。

△ **袁世凯公布各省第一届省议会议员名额表。**

《第一届省议会议员名额表》：

直隶	一八四名	奉天	六四名	吉林	四〇名	黑龙江	四〇名
江苏	一六〇名	安徽	一〇八名	江西	一四〇名	浙　江	一五二名
湖南	一二八名	山东	一三二名	福建	九六名	湖　北	一〇四名
山西	一一二名	陕西	八四名	甘肃	五六名	新　疆	四〇名
四川	一四〇名	广东	一二〇名	广西	七六名	云　南	八八名
贵州	五二名	新疆	四〇名	河南	一二八名		

上项名额，系以各省众议员名额之四倍为准。

《东方杂志》第9卷，第5号，中国大事记

9月26日（八月十六日）　交通部向英国交涉收回邮政权。

1912年9月28日《民立报》载《邮政收回之动机》：

京讯：邮政司司长王文蔚到任，复拟与帛黎交涉，将已失之主权渐行收回，现交涉颇称顺手。颇有数事已见实行。（甲）邮票向由总局托英伦公司印刷，利权外溢，实为莫大漏卮，现部中印刷光复纪念、共和纪念各邮票，已与帛黎言明，归司直接向财政部向印刷局定印。（乙）预算决算各表册，向由总局直接办理，每年出入款项，司中不得而知，款项之有无虚浮，司中亦无从查考，本期办理预算决算各册，由总局派员另编成册。（丙）邮局向例华员与洋员位置不能一律，华员升至一等供事为止，作邮政司帐及邮务总办者，曾无几人。今由邮政司与总局极力磋商，凡华员升级，嗣后悉与洋员一律。其在邮局办事过十年以上，或未至十年办事精明勇敢者，均得升为试用司帐或司帐。此事已由目下施行。计华员此次升为司帐之华员，除留奥专习邮政出身者外，计二十七员。

9月27日（八月十七日）　孙中山在济南行馆召集各报记者谈话会，并答记者问。

孙中山《在济南记者招待会的谈话》：

（孙中山首先发言）先生即谓：今日演说度必有速记，恐记录有失真者，可将稿出阅，俾免误会。

先生复言:日间所言推行铁路三政策,借资开办,中外合资二层,尚不如批归外人承办,于国家较为有益。例如借资外人,而我国人材不足,材料不足,外国人应募而来,惟计力而受值,对于我本无甚感情,工程上求其适可而止,已属万幸,安望竭尽心力。且购买材料,折扣殊多,收利不可知,而彼已坐获六厘安稳之保息。至合资开办,以中国现在状况,即半数合资,亦非易言,反不如直接批归外人承办,限年无偿收回。则此限期内,以彼之资本,彼之人材,营彼之事业,自无不竭尽所长,而我于一定年限后,不啻坐获资财。惟此事对于人民现在之心理,颇难通过。但此事并非将主权送之外人。从前外人造路,路之所至,兵即随之,故路一经外人承修,不啻割地,此则所宜注意者。至外国人批办,仍宜用私人名义交涉,不牵外交问题。

旋由《齐鲁报》记者王君东平、蔡君春潭提出四条款,请先生宣布政见:一、集权分权之得失;二、铁路政策利用外资,能否不用国家名义;三、现在之外交;四、省长民选简任问题。

先生答:第一问题,实无所谓分、集,例如中央有中央当然之权,军政、外交、交通、币制、关税是也。地方有地方当然之权,自治范围内是也。属于中央之权,地方固不得取之权,属于地方之权,中央亦不得代之也。故有国家政治、地方政治,实无所谓集权、分权也。第二问题,若用第三政策,当然可以办到。第三问题(略)。第四问题,(先生转询各记者以本省所主张)我系主张民选者,但现在之都督,带军事性质,当然任命。至省长问题,以现在人民数目调查未能确实,以言选举,亦有为难。

某记者又进叩先生谓:现在领事裁判权尚未收回,铁路骤归外人承办,外国法人不受我国制裁,得勿有流弊否?

先生谓:开放门户,正所以为收回法权地步,开放正所【以】保全领土。如满洲开放过晚,即为日本所干涉。至将来收回裁判权,自应先从内地法庭着手,次第推及商埠。

中国社会科学院近代史研究所等编《孙中山全集》第2卷,中华书局1982年版,第482~483页

9月28日(八月十八日)　袁世凯发布命令,公布参议院所通过的国庆日纪念日案。

二十八日临时大总统命令:

参议院议决国庆日纪念日案兹公布之:

武昌起义之日,即阳历十月初十日,为国庆日。应举行之事如下:

一、放假休息。

二、悬旗结彩。

三、大阅。

四、追祭。

五、赏功。

六、停刑。

七、恤贫。

八、宴会。

南京政府成立之日,即阳历正月初一日,及北京宣布共和告南北统一之日,即阳历二月十二日,为纪念日。均放假休息。此令。

1912年9月30日《民立报》

△ **赵秉钧对记者发表政见**。

1912 年 9 月 29 日《民立报》报道：

赵总理被任命后，余(特派员)特往谒询其政见，据云：才微力薄，本不胜任，现在内忧外患，交相逼迫，临时政府期限又将满，设再辞职，陷国家于无政府地位，中国危亡大祸立见，故只得黾勉从事，以期正式政府，早日成立。至行政方针，即本八大政纲次第进行，并望报界诸君，时时指导赞助，万勿感情用事，意气纷争，致碍大局。

△ **教育部公布中学校令**。

教育部部令：

兹订定中学校令十六条，特公布之。此令。

《中学校令》

第一条　学校以完足普通教育，造成健全国民为宗旨。

第二条　专教女子之中学校，称女子中学校。

第三条　中学校定为省立，由省行政长官规定地点及校数，报告教育总长。教育总长认为必要时，得命各该省增设中学校。

第四条　省立中学校经费，以省经费支给之。

第五条　各县于设立法令所定应设学校外，尚有余力时，得依本令之规定，或一县或联合数县设立中学校，为县立中学校。

第六条　私人或私法人，得依本令之规定设立中学校，为私立中学校。

第七条　中学校之设立、变更、废止，须经教育总长认可。

第八条　中学校修业年限定为四年。

第九条　中学校之学科目与其程度及教科书之采用，别以规程定之。

第十条　中学校之编制及设备事项，别以规程定之。

第十一条　中学校学生入学资格及关于转学退学事项，别以规程定之。

第十二条　中学校教员，以经检定委员会认为合格者充之。

第十三条　中学校校长、教员之俸给，依部订规程之标准，由省行政长官定之。

第十四条　中学校征收学费额，依部订规程之标准，由校长定之；其有因特别理由免收或减收学费，必经省行政长官许可。私立中学校征收学费额，由设立人定之，报告于省行政长官。

第十五条　本令第四条、第十二条、第十三条之施行期，别以部令定之。

第十六条　本令自公布日施行。

中华民国元年九月二十八日部令第十三号。

中国第二历史档案馆编《中华民国史档案资料汇编》第 3 辑，教育，江苏古籍出版社 1991 年版，第 282 ~ 283 页

△ **教育部公布小学校令**。

教育部部令：

兹订定小学校令四十七条，特公布之，此令。

《小学校令》

第一章　总纲

第一条　小学校教育以留意儿童身心之发育，培养国民道德之基础，并授以生活所必需之知识技能为宗旨。

第二条　小学校分初等小学校与高等小学校。初等小学校与高等小学校并置于一处者,名初等高等小学校。由城镇乡担任经费者,名某城镇乡立初等小学校或高等小学校。由县担任经费者,名某县立高等小学校。由私人或私法人担任经费者,名私立初等小学校或高等小学校。地方制未颁布以前,凡有直辖地方之府、直隶厅及州均以县论。

第三条　蒙养园、盲哑学校及其他类于小学校之各种学校,亦如前条第三项之规定。

第二章　设置

第四条　初等小学校由城镇乡设立之。前项设立初等小学校经费之负担,依法律所规定,乡之财力不能设立初等小学校者,得以二乡以上之协议组织乡学校联合,以设立初等小学校。城镇乡乡学校联合,得设学务委员办理教育事宜。

城镇乡乡学校联合,得划分若干区,以分设初等小学校。

前三项均依法律所规定,并别以部令订定施行规则。

第五条　县行政长官因特别情事,得指定私立初等小学校为该城镇乡代用初等小学校。

第六条　高等小学校由县设立之。高等小学校之校数及位置,由县行政长官规划,并得咨询县议事会之意见以定之。

城镇乡除设立初等小学校,足容本区域学龄儿童外,财力有余,亦得设立高等小学校,但须经县行政长官之许可。

城镇乡得以协议组织学校联合,以设立高等小学校。

凡组织前项之学校联合及其解散时,须经县行政长官之许可。

依本条第三、第四条所设立之高等小学校,遇有变更或废止时,亦须经县行政长官之许可。

第七条　凡私立小学校之设置,须经县行政长官许可,其废止及变更时亦同。

第八条　高等小学校之设立、变更、废止,应由县行政长官报告省行政长官。

第九条　蒙养园、盲哑学校并其他类于小学校之各种学校,得适用第四条之第一、第三项,第六条之第一、第三、第四项及第七条。

第三章　教科及编制

第十条　初等小学校修业期限为四年,高等小学校修业期限为三年。

第十一条　初等小学校之教科目为修身、国文、算术、手工、图画、唱歌、体操,女子加课缝纫。遇不得已时,可暂缺手工、图画、唱歌之一科目或数科目。

第十二条　高等小学校之教科目为修身、国文、算术、本国历史、地理、理科、手工、图画、唱歌、体操,男子加课农业,女子加课缝纫。

视地方情形,农业可以从缺或改商业,并可加设英语;遇不得已时,手工、唱歌亦得暂缺。视地方情形,可改英语为别种外国语。

第十三条　小学校得设补习科。

第十四条　小学校之某科目,遇有儿童身体所不能学习者,得免其学习。

第十五条　小学校之增减科目或加设第十二条第二项之科目时,在城镇乡立者,由城镇总董、乡董或学校联合长报经县行政长官许可;在私立者,由设立人报经县行政长官许可。补习科之设置或废止时,亦应按照前项办理。

县立高等小学校,遇有前二项之情事,由县行政长官定之。

第十六条　小学校所用教科图书,由省图书审查会择定之。补习科所用教科图书,亦适用前项之规定。

第十七条　小学校之休业日，除日曜日外，每年不能过九十日；补习科不在此限。遇有特别情事，县行政长官受省行政长官许可后，得增加休业日数。遇有传染病预防或非常灾变时，县行政长官得命临时闭校；其他有急迫情事时，校长临时闭校，惟须呈报县行政长官。县行政长官遇有前项情事，须呈报省行政长官。

第四章　设备

第十八条　小学校应设备校地、校舍、校具及体操场、学校园。高等小学校加课农业者，应设农业实习场。视学校情形可暂缺学校园。

第十九条　小学校之校地、校舍、校具、体操场等，除非常灾变外，不得作为他用。

第二十条　小学校校舍之设备，依部订规程之标准，由县行政长官定之。

第五章　就学

第二十一条　儿童达学龄后，应受初等小学校之教育。儿童满六周岁之日起，至满十四岁止，凡八年，为学龄期。

第二十二条　儿童未届学龄时，不得令入初等小学校。

第二十三条　高等小学校之入学儿童，以初等小学校毕业及与相当程度者为合格。

第二十四条　小学校校长察知多儿童中有患传染病及有可虞之情状者，或性行不良、妨碍他儿童之教育者，得停止其出席。

第六章　职员

第二十五条　凡教授小学校之教科者，为本科正教员；其专授手工、图画、唱歌、体操、农业、缝纫、英语、商业之一科目或数科目者，为专科正教员；辅助本科正教员者为副教员。

第二十六条　凡充小学校教员者，须受有许可状。

第二十七条　受许可状者，必须在师范学校或教育总长指定之学校毕业，或经小学教员检定委员会检定合格者。

第二十八条　遇有特别情事，小学校教员不敷时，得以未受许可状者代用为小学校副教员。

第二十九条　小学校校长，以本科正教员兼任之。

第三十条　城镇乡立小学校校长之任用，由城镇总董、乡董或学校联合长，呈由县行政长官定之；其教员之任用，由各该校校长定之，但须报由城镇总董、乡董或学校联合长呈报县行政长官。

第三十一条　小学校教员之俸额及其他给与诸费，并支给方法，别以规程定之。

第三十二条　小学校校长、教员，认为教育上不得已时，得加惩戒儿童，但不得用体罚。

第三十三条　城镇乡立小学校校长，有违背教育法令或怠废职务，及有不名誉行为者，城镇总董、乡董或学校联合长，应呈请县行政长官予以惩戒处分，城镇乡立小学校教员有前项情事者，校长得报由城镇总董、乡董或学校联合长，呈请县行政长官予以惩戒处分。

县立高等小学校校长有本条第一项情事者，县行政长官应予以惩戒处分。其教员有本条第一项情事者，校长得呈请县行政长官予以惩戒处分。

县行政长官认为必要时，虽未据呈报，亦得施行惩戒处分。

本条所称惩戒处分，为训戒、减俸、免职三种。

第三十四条　私立小学校校长、教员，遇有前条第一项情事者，县行政长官得停止其业务。前条惩戒处分之减俸、免职，及本条之停止业务，应呈报省行政长官。

第三十五条　受小学校教员许可状后，若犯下列各款之一，其许可状即为无效：

一、被处禁锢以上之刑者；二、犯丧失信用或败坏风俗之罪，被处罚金或被褫夺公权者。

第三十六条　受小学校教员许可状后,若有不正行为或其他玷污师资之行为,察其情状较重者,县行政长官得呈请省行政长官核明,褫夺其许可状。

第三十七条　小学校教员有不服第三十三、第三十四、第三十六条之处分者,得呈诉省行政长官。前项呈诉人对于省行政长官之处理尚有不服者,得呈诉教育总长。

第七章　经费及学费

第三十八条　城镇乡立小学校之经费,由城镇乡或学校联合担任之,其概目如下:

一、设备费及维持费。二、职员俸及其他给与诸费。三、校内杂费。前项城镇乡担任初等小学校之经费,仍依第四条第二项办理。关于委托儿童教育事务经费,亦照前二项办理。县立高等小学校之经费,由县经费支给,其概目如本条第一项。

第三十九条　城镇乡立初等小学校不征收学费,其补习科及高等小学校不在此限。城镇乡立初等小学校视地方情形,经县行政长官认可,亦得征收学费。

第四十条　城镇乡立小学校之学费,作为城镇乡或学校联合或本区之收入。

第四十一条　征收学费额,别以规程定之。

第八章　掌管及监督

第四十二条　城镇总董、乡董及学校联合长,承县行政长官之指挥,掌管属于本城镇乡或学校联合之小学校。以县经费设立之高等小学校,由县行政长官掌管之。

第四十三条　县行政长官得令城镇乡或学校联合之区长,承城镇总董、乡董或学校联合长之指挥,辅理本区教育事务。

第四十四条　城镇乡立小学校及县立高等小学校校长、教员所执行之教育事务,由县行政长官监督之。

第四十五条　私立小学校由县行政长官监督之。

第九章　附则

第四十六条　本令第二十六条、第二十七条之施行期,得展延至三年以内。

城镇乡制未施行之地方,暂由本县之学务机关斟酌办理。在北京地方非县所管辖者,暂由京师学务局办理。在未设行省地方,由该地方办事长官察度情形,酌定变通办法,报经教育总长认可办理。

第四十七条　本令自公布日施行。

中国第二历史档案馆编《中华民国史档案资料汇编》第3辑,教育,江苏古籍出版社1991年版,第441~447页

9月29日(八月十九日)　袁世凯令各省:严禁秘密结社集会。

袁世凯《通饬严禁秘密结社文》:

结社集会之自由,载在约法,凡我国民权利,但使无妨公益,无害治安,自不能强为限制。惟自由应由法律为范围,现在破坏已终,建设伊始,我国民之组织政事结社,政谈集会,以及关于公事之结社集会者,既系为改良政治,合谋公益起见,是为正当之自由,应受约法之保障。若易公开为秘密,阳假结社集会之美名,阴为藏垢纳污之渊薮,国法具在,岂便姑容?查近日沿江海各地方,尚有巧立会社种种名目,一切组织,均取秘密,既无宗旨,又无政纲,惟日以号召党徒为事,若辈假托名词,当缘误解自由所致。殊不知约法上之自由,惟书信乃能秘密,其余权利,无一非与国民以共见,是以东西立宪各国,无论自由程度如何,而对秘密社会,莫不各有限制之法条。我国国体甫更,人心未定,此等秘密之集会结社,若不先事预防,小之则流毒社会,大之且危及国家,应由各省都督民政长督饬军警严行查访。各该地方如有秘密

组织意图聚众骚扰者,不问是何名称,均即按照刑律、命令解散。自经解散以后,倘再有秘密组织,意图聚众骚扰,甚或有阴谋内乱,及妨害秩序各情事,则刑律均列有专章,尽可随时逮捕,按法惩办。一面令各该地方官振兴实业,并谋普及教育,以为安插游民,改良社会之资。务使业经解散之会党,人人足以谋生,各该官吏方称尽职。本大总统以爱国为心,断不能任艰难缔造之共和,转为巨猾神奸所败坏,各该都督、民政长亦须共念大局之危迫,实力奉行。语曰:涓涓不塞,将成江河。幸各都督、民政长三复斯言也。此令。

徐有朋编《袁大总统书牍汇编》第2卷,上海广益书局1920年版,第18~20页

△ **教育部公布学校征收学费规程令**。

教育部部令:

兹订定学校征收学费规程十六条,特公布之。此令。

《学校征收学费规程》

第一条　初等小学校应免征收学费,但照小学校令第三十九条第二项办理,每月得收学费银圆三角以下。

第二条　高等小学校征收学费,每月至多不得过银圆一元;补习科至多不得过银圆六角。

第三条　乙种实业学校征收学费,每月至多不得过银圆六角。

第四条　中学校征收学费,每月银圆自一元至二元。

第五条　甲种实业学校征收学费,每月自银圆八角至一元五角。

第六条　高等专门学校征收学费,每月银圆二元至二元五角。

第七条　大学征收学费,每月银圆三元。

第八条　师范学校、高等师范学校均免征收学费;但于入学时征收保证金一次,以银圆十元为限,除中途自请退学外,毕业日仍照原数发还。

第九条　初等小学校、高等小学校及乙种实业学校征收学费,每月一次,于入学前及每月初五日以前缴清,

第十条　中学校、甲种实业学校、高等专门学校、大学征收学费,每学期一次,于入学前缴清。

第十一条　征收学费之初等小学校,有学生无力缴费者,仍应酌核轻减或竟免除之。

第十二条　乙种实业学校、高等小学校及补习科学生,有无力缴费者,得呈请校长酌减其学费之一部分。

第十三条　各学校为鼓励学生起见,得于成绩最优者分别减免学费。前项减免学费章程,得由校长定之;但须呈经管辖官厅认可。

第十四条　公立学校遇有特别情形须变通办理者,应由省行政长官声明理由,报经教育总长认可。

第十五条　私立学校不以本规程所定为限。

第十六条　本规程自公布日施行。

中华民国元年九月二十九日部令第十五号

中国第二历史档案馆编《中华民国史档案资料汇编》第3辑,教育,江苏古籍出版社1991年版,第64~66页

9月30日(八月二十日)　袁世凯就任半年,三易国务总理,本日蔡锷电请袁世凯,慎重更动总理。

《蔡锷致袁世凯电》:

……大总统对于陆总理之辞职,迭准续假,未许免官,为国惜贤之心,已为国民所共谅。现陆总理病既难支,赵总理已经通过,继起得人,自能胜任愉快。惟数月之内,总理屡更,国势迍邅,何堪再改继? 自今深望举国一心,共图巩固,实民国无疆之庥。滇都督锷印。卅印。

1912年10月份《政府公报》,公电,第1610号

△ 北京地方检察厅传讯北京报馆十五家。

1912年10月6日《民立报》载《北京报界大风潮》:

讯:九月二十九日,检察厅因九月十七、十八等日各报馆登载参议院秘密会议之借款事项,出传票,传中央、国风、民主、国光、亚东、民视、北京等十五家,于三十日十钟到庭审问。是日到庭者有民视、北京日报等数家,其余均未到。当由检察官依据九月廿七日总检察厅会文,向民视等报严诘十七、十八等日所登载之借款条件,追索人证物证,随经该报等据理辩驳,该庭遂命法警多名将该报等记者带回报社,寻取证物,若无人证物证,须将原人带厅。现民视、北京等报已向法庭提起诉讼。

△ 财政部提出完全组织中国银行各办法议案。

财政部等关于完全组织中国银行各办法议案及咨:

《财政部议案》

拟将中国银行完全组织并将大清银行清理处归并办理议案

财政部此次成立之初,即将大清银行宣告清理,另设中国银行。当时大清之名既已消灭,大清银行自无存在之理。中国银行当南京政府时业已创始,此时在北京开办亦固其所,而数月以来,两行之事务每多轇轕不清,不能葛藤永断。推原其故,皆由中国银行可与大清银行分离,中国政府不能与大清银行之商人分离,中国银行之办法虽不牵涉大清银行,中国银行之款项乃不能不牵涉大清银行,以致名虽分而实不能不合,与其离之两伤,何如合之双美。试将其理由一一陈述。先言中国政府与大清银行不能分离之理由。中国所以改革者,谓将矫前清之失而救正之耳。前清之所失,在政府无信用,人民皆不信任政府,以至于亡。今民国初基,若不以确立国信为第一义,将对内、对外处处不能见信于人,仍是事事无从着手。欲立国信,亦必先有一事以为之鹄,欲为民国政府树信用之鹄,莫如将大清银行商民所受之亏损一一由政府任之,使商民知在前清已失之资财,民国犹为之偿补,则此后于民国新营之事业,如募集公债,发行纸币之类,皆可不类为诳己,自然咸乐于投资。此中国政府所以万不能与大清银行商人分离也。再言中国银行款项不能不牵涉大清银行之理由。夫使两银行始终判然,资本、营业皆不相涉,自无可议。乃始则孙、袁两总统批准,准以大清商股作为中国商股,继复以股东之请,改为中国存款,终复以银行无款,不能任存款偿还之重,复思以大清产业划归中国收管,而大清所负商存、票存之类,无确实之产业以为抵当,势必仍取偿于政府,故大清银行清理处期期以为不可。此中国银行款项不能与大清银行分离,而间接仍涉及政府之情形也。中国银行缘此之故,又以资本未齐,以致营业不能进行,物议且相攻击,本部不得已,始有国家银行筹备处之设,将取前两端所言不能分离之处,一炉冶之,庶办理易于就绪。兹拟具办法三端,以资商榷。一曰合并之次第。中国银行之外,已设大清银行清理处,又设国家银行筹备处,非将大

清银行之存欠了清,清理处即一日不能撤,非将国家银行之基础确定,筹备处亦一日不能无。然举上所云不可分离之事实如彼,而办理此事乃歧而二之如何能济?故拟将三者合而为一,仍以中国银行为主体,即以筹办处附设其中,办理中国银行之事,因监督业已辞职,银行条例尚未通过,不能无人主持故也。再以大清银行清理处归并其中,候清理完竣,即将清理处与大清银行之名一同消灭。届时筹办必早有成,中国银行已成完全之国家银行,筹办处亦自可毋庸矣。此合并之办法也。合并既定,然后再定办事之宗旨。一曰清理处之宗旨。大清银行旧有之款为官股、官存、官欠、商股、商存、商欠、票存七项。现在即以清厘此七项款目皆有着落有结束为其宗旨。除官股、官存暂可缓议,官欠、商欠应行催缴,由清理处随时办理外,目前办法应以归结商股、商存、票存三者为最亟。商股改为中国银行存款已有成议,票存为数尚不过巨,当由清理处筹备现款兑付。商存一项共有五百八十七万一千七百九十余两之多,一时断难尽付,内中五百两以下者,共约十九万四千余两,为数无多,且多贫户,应由清理处筹款先还,其余仿照大清银行商股办法,一律作为中国银行存款,由银行发给存单,再行分期归还。其办法亦分两种:二千两以下者,共约七十二万八千余两,于一年内还清;二千两以上者,共约四百九十四万八千余两,分三年还清。如有存票届期而愿授给中国银行股票者,亦听其便。其以前浮存无息者,现在亦一律给息五厘,以示优待。此清理大清银行之办法也。一曰筹办中国银行之宗旨。中国银行开办广告既明言招股,又明言商股未招集以前,由政府先拨股本七百五十万两。乃拨款既未照付,复有改招股为国有之议,并有疑设国家银行筹办处即为另办国有银行者,谣诼纷乘,全乖本意,使果如此,国信何存?夫国家银行之有商股,为世界大多数之办法,商股未集,由政府拨款垫办,为目前不能不如此之办法。现在筹办处即应守此二义为筹办中国银行之宗旨,一面招股,一面由政府陆续筹拨足此七百五十万两之数,以昭大信。当股未招得,款未拨到之时,中国银行既已承受大清银行商股、商存均改存款之一千万两,又须将商股于四年内、商存于三年内还清,自不能不将大清银行之财产,如浚浦经费,长芦盐商之借票,天津、上海、汉口行基之类,其价值足敷一千万两之抵押品者,归入中国银行,银行即可先押数百万两以为资本,而为之备。此外大清银行之欠款应收者尚多,但能否收齐,尚无把握。如果收齐之后,抵还债务尚有盈余,亦可作为中国银行资本。此在新行既有资营运,易于周转,旧行亦可分年还款,不致为难,所谓合之双美者也。此现在筹办中国银行不易之办法也。本部对于此事筹思至再,以为中国今日非速设国家银行为全国经济流通之血脉,为外利挽回抵制之权舆,则财政永无转机,而银行非有确实之信用,亦断不能成立。故拟以筹还商股、商存,恢复旧日国家银行之信用,以招入商股,拨足七百五十万开办之款,确立今日中国银行之信用,而即以树此后民国办事信用之鹄,为将来中央银行巩固之基。至于银行则例,当俟此问题解决之后,再行提出会议。是否如此,应请公决。

附分年筹还大清银行商存细数清单一纸(略)

《国务院咨》:

为咨复事:前准贵部咨送拟具完全组织中国银行并大清银行清理处归并办理议案一件,业经本月二十七日会议公决照办,迅速实行。相应咨行贵部,即希查照,从速办理可也。

中国第二历史档案馆编《中华民国史档案资料汇编》第3辑,金融,江苏古籍出版社1991年版,第316~319页

△ 民国建立后,废清亲贵组织的宗社党仍在东三省频繁活动,军事侦探员宋恩鸿向陆军部密报宗社党在东三省活动情形。

《恩鸿报告宗社党在东三省活动情形密禀》:

塘榆海防雷队局总办兼军事侦探员宋恩鸿谨禀。陆军部钧鉴:敬密禀者:窃闻有宗社党密遣多人在东三省各地方勾结匪类,布散流言,以恢复社稷为名,号召游民树立标帜,联合满洲,蛊惑军队,俾具揭橥独立之观念。似此潜煽至心,阴谋不轨,杞忧共切,蔓草难图,实酿无穷之隐患,益启外人之觊觎。设使篝火狐鸣,揭竿而起,将来满洲大局,何堪设想。兹经密探诇得该党魁招军谕委凭照,文语以假借恢复为词,而肆行恣睢之志。是否确实,虽未可必,但恐传播益广,日久势成,贻此尾大不掉之患,故敢飞速禀报,冒尘钧听。兹将其凭照原文照录清折密呈,仰祈鉴核查夺施行。肃禀。恭敬钧安。伏乞垂鉴。总办兼侦探员恩鸿谨禀。

中国第二历史档案馆编《中华民国史档案资料汇编》第3辑,政治,江苏古籍出版社1991年版,第632页

10月2日(八月二十二日)　袁世凯公布各省省议会议员复选区表、施行法则、选举法施行细则及省议会议员第一届选举日期令。

二日临时大总统令:

参议院议决省议会议员各省复选区表兹公布之。此令。

参议院议决省议会议员各省复选区表施行法,兹公布之。此令。

兹按照省议会议员选举法第九十八条制定省议会议员第一届选举日期令公布之。此令。一、各省省议会第一届选举依本令所定日期行之。前项规定遇有必要情形得由初复选监督暂呈报选举总监督酌量延期,至长以六日为限,选举总监督决定延期后,呈报于内务部。二、初选举于中华民国元年十二月初六日举行。三、复选举于中华民国二年正月初六日举行。四、本会[令]自公布日施行。

1912年10月4日《民立报》

10月3日(八月二十三日)　赵秉钧在参议院宣布政见:对内维持现状,对外和平亲睦。

1912年10月5日《民立报》报道:

昨日赵总理在参议院宣布政见,演辞详录如下:"现在民国初成,百度更新,总理一席尤为繁难,鄙人自维谫陋,恐难胜任。不过既承大总统提出,又荷诸君同意,不能不黾勉从事,以期不负委托,未识能做到否。大政方针,曾经大总统提出八大政纲,业已宣布,宏规远矩,当我国民一般心理所共盼。现在临时政府时间有限,鄙人欲本此意先将入手政策,略为宣布。有国家必有政治,有内政即有外交,内政日有进步,外交亦随之转移,此一定不移之至理。鄙人对内政策,采取维持现状主义;对外政策,采取和平亲睦主义。查自去年起义以来,至今地方秩序尚未恢复,盗贼横行,民不聊生,其实皆是生计问题,无业游民太多,饥寒所迫,非甘为匪也。目前治标办法,要先改良警察,变通军队,以镇慑之,使其不敢为匪。治本办法必须兴实业、劝工艺、开矿、修路,用人既多,生计活动,自然无人为匪。根本着手,非数年后不能见功,急切补救之法,只要行政官得人。盗则捕之,匪则剿之,饥则抚之,先使四民复业,地方自然安靖。各国人民之居我境内者,无不确信我能保其治安,身命财产,竟无危险,秩序才算恢复,中华民国才算真正成立。鄙人甚愿与诸君共图之。然此时无论何种政策,必须先问财政,财政之难,人所共知,不借外债一切周转不开。要借外债必先豫筹还债之法,方不为外债所累,否则不借危险,借更危险,所以鄙人志在先行整顿自己之财政,急切应办各项整顿盐法,免厘加税,改良币值,扩充银行,赶行纸币,速设审计,不独慎于入,并且谨其出,只要用得其当,不事虚糜,虽借巨债对于国民亦觉无愧,此鄙人十分注重者。此时先从盐税两项着手,虽有加增皆是民间之间接负担,仍不失为休养之意。粗浅政见大略如此。各部总长均表

同意,并望诸君随时匡正,以图共济,民国幸甚,鄙人幸甚。拜祷拜祷。”

1912年10月6日《民立报》社论《读赵总理在参议院宣布政见演说词感言》(次环):

吾国政府之脆弱,至今而极甚也,共和成立未及一周,而内阁纷纷更迭,已历二次,无怪乎政务之废弛,而国基之漂摇焉矣。今赵总理适为第二次之内阁,新陈代谢,却值国家多难之时,此诚贤劳鞅掌,所咨嗟而太息者也。数月以来,蒙藏之背叛,日、俄之阴谋,军人之跋扈,皆接迹而至,亦可谓多事之时矣。而此多事之时,前此之总理,或以借款之纷争,或以意见之分歧,咸疲精劳神于上下交斗之间,而不遑他顾,坐使内政外交大有不堪收拾之忧,此谁之过乎?今赵总理受任于多难之秋,不后不先,却在临时期限之内,然一国之政府,虽有临时之限,而一国之大政则绝无临时之别。国家者,永久存立也,而一国之大政亦当随国家永存之性质,而有久远之宏规,如舟之舵,如水之流,则全国之精神,方有所集注,而庶政可无废弛之虞。德之挫法,日之胜俄,皆此物此志也。昨读赵总长在参议院宣布政见演说辞,对内政策,则采维持现状主义,对外政策,则采和平亲睦主义。夫以现状之有待维持,外交之贵乎亲睦,固不待言,然今日之中国,不可拘拘于此,何以言之?吾国自共和以来,边患日纷,民生日敝,而外人之环伺,无理之要求,又属层见叠出。于斯时也,对外之心理不可过为退缩,过为退缩,则蒙藏之主权尽失;对内之状态不可过为保存,过为保存,则全国之生命坐敝。自吾国光复以来,疮痍满目,百业萧条,全国现状皆有岌岌不可终日之势,并无现状之可维持,唯有取急进之方针,多开生计之途,使全国人民皆有安富乐生之心,则生计裕而秩序自复,秩序复而国基自固,又何由招外人之藐视乎?近今我国之政策,亦有确定之势,如经济之取开放,教育之重道德,皆有进行之方针,独于内政则付阙如,近见本报赵总理所商榷政策五条,以光明正大为行政之主旨,如能光明正大,则党派自然调和,政治自然统一。然光明正大者,行政之手段,非行政之方针也。宜如何垂久大之宏规,以为全国之趋向乎?虽在临时政府期限内,要不容一日缓也。若言对外,则民国告成之日,即蒙藏背叛之时,蒙藏之所以敢叛中国,而亲英俄者,其原因虽不一,要以两国之从中煽惑,暗济军饷,有以助其焰,有以壮其胆,是以至今不可收拾。彼两国之觊觎蒙藏久矣,于前清之时,两国早已互订协商,而今则协商之余,其所发现者,几认蒙藏为中国之属国,不得改置行省,不得增设官吏,若迁延因循,慑于英俄之强悍,以处处和平为外交之职帜,则前清既误之于前,民国又败之于后,虽蒙藏一旦归顺,而蒙藏终非我有也。况蒙藏之执迷不悟,而英俄之阴谋不戢乎?近观于黑龙江追获输运军械之俄舰,其设心正未有已也,危哉蒙藏,愿政府三复思之可耳。总而言之,一国之政策,非永久不变也,要随时与地为转移,外交固不可不亲睦,现状固不可不维持,然今日之中国,当更有进,此又记者之不能不属后望于我政府也。

10月4日(八月二十四日)　黄兴、陈其美邀请全体国务员,国民党籍议员、国民党本部各部正副主任、干事及报界记者一百余人,在北京六国饭店举行叙别会,并宣布全体国务员加入国民党。

1912年10月6日《民立报》报道:

昨晚(四日)七时,黄克强、陈英士宴全体国务员及国民党议员、各部正副主任干事同事,报社记者,假六国饭店开叙别会。与宴者百数十人,席次,黄克强起立演说。

黄兴《在北京叙别会上的演讲》:

弟此次偕陈君北来,承本党理事、干事、议员、报界诸君及国务员诸君赏赐宴集,至感厚谊。现因事南旋,迫于时间,不克与同志一一握叙,良为抱歉。现在临时政府期限已迫,内政外交，诸多棘手，将欲组织强有力之政府，必赖强有力之政党，然后足彰政府威信，巩固国基，隐销外患。本党惟一宗旨，原在扶助政府，然使政府与政党不相联属，扶助之责容有未尽，曾与袁大总统一再熟商，请全体国务员加入国民党，袁氏极表赞成。后又商诸国务员，亦均表同情。今于濒行前夕邀约诸君讌叙，并代表本党欢迎新加入本党之国务员诸君，此次各国务员加入本党，实为维持民国前途起见，深望诸同志此后同心协力，共济时艰，俾成强有力之政府，早得各国之承认。民国之福，亦本党之幸。

湖南省社会科学院编《黄兴集》，中华书局1981年版，第278页

1912年10月7日《民立报》报道：

各国务员加入国民党之缘由，一为黄兴与袁世凯所力劝。二为各国务员同信国民党为民国第一完全政党，若加入后，与党内各重要人物日日接触，互相提携，对于政治进行，必可得一日千里之势。三为各国务员深爱黄兴诚笃，皆乐于引为同志。四以国民党议员现居议院之多数，得此后援，可成强有力之政府，不致再生动摇不稳情事。

10月6日（八月二十六日）　赵秉钧与财政总长周学熙商定整理财政进行办法。

1912年10月7日《民立报》报道：

赵总理商财政周总长整顿财政进行方法五条：

（一）整理盐务应速设盐务处，任张謇为总裁，俾实行其盐政计划。

（二）变通税务，拟实行裁厘加税，并厘订征税规则。

（三）改良币制，议采用金本位，速造新银币，俾资流通。

（四）扩充银行，将中国银行规模加大，并资助国民组织实业银行。

（五）发行纸币，拟暂印纸币四千万元，公配各省搭用，由中央银行担保。

△ **国务会议恢复在国务院举行。**

1912年10月7日《民立报》报道：

袁总统以国务会议移至总统府中开议，外函因此颇有误会，以为总统干涉总理权限，故商诸赵总理，凡单日例会仍在国务院开议，遇有特别要件，须讨论者，则在总统府另行召集，不作正式会议。以清界限。

△ **唐内阁倒台后，社会上即流传将出现宋内阁之说，民立报特派记者访问宋教仁，宋为此发表谈话，予以澄清。**

1912年10月7日《民立报》载《追记政局之变迁》：

京函：自唐内阁倾倒后，外间即有宋内阁之传说，共和党诬宋暗用手段，迫唐使出，思攫取其位，宋前既投书辩明矣。嗣因党议主张政党内阁，袁大总统惑于共和党，取超然总理混合内阁说，与本党议龃龉，宋决辞职去，而陆内阁成。迨陆总理出席议院后，舆论大哗，佥谓陆无组织内阁能力，且素羸弱疾不堪繁剧，各国务员意见不一，一切国事不能进行，陆既退志甚坚，袁大总统亦悟人才内阁之终归失败，于是共和党超然总理混合内阁之主张，大为世所诟病，而政党内阁复活宋内阁之说，遂洋洋盈满吾人耳鼓中，咸拭目以观厥成。共和党耻其说不行，嫉国民党议之复活，且系黄北上，益见国民党势力膨胀，几有一日千里之象，而共和党内失援于政府，外受攻于国民，终不足与国民党竞争，既愈穷谋愈险，乃授意该党机关报纸巧肆簧鼓，捏造谣言，创为系黄宋不和种种谬说，故挑恶感以淆观听。今赵内阁业既成立，从前之

闻有宋内阁者亦疑团满腹,莫得真相,余(特派员自称)特走访宋钝初,据前后外间所传闻面询一切,宋君各揭其真相以答,而共和党诬蔑之辞,可不烦言而解矣。爰将问答之词备志于下:

(问)陆总理辞职后,闻袁大总统甚属意于君,信乎?

(答)上月二十日前后,范源濂,刘揆一二君访余,勉以国事为重,力劝余担任总理,余以组织内阁必与各国务员负连带责任,若仅更换总理,不能与各国务员一致进行,必不能成一强固之政府,且与国民党政党内阁之党议大相刺谬,故坚辞不允,俟孙黄两先生到京后再议。

(问)外间言中山到京后,袁大总统与中山商议继任总理,中山即以君对,黄克强来电亦力劝君就总理,有是事否?

(答)诚有是事,余当时坚辞决绝,其原因有二:(一)因临时政府期内,为时太促,不能多所展布。(二)因调和南北感情,须有威望素著之人始能得人信仰,故力荐黄克强担任内阁,当时所以有黄内阁之说。

(问)外间又言君在天津时,晤唐绍仪,唐君亦劝君担任总理,君又力荐黄克强,然否?

(答)余至天津晤唐君,唐力劝余组织内阁,余力荐黄克强,又与黄克强、陈英士同往访唐,会议良久,余以现在大势如裁兵借款,外交各重要问题,非威望素著如黄君者出任总理,恐不能无他项掣肘,反于进行有碍,仍请唐君力荐黄为总理,唐陈两君均极赞成。

(问)黄克强到京不肯担任总理,亦有故乎?

(答)黄君谒见袁总统,袁亦力请黄君担任总理,黄君即绝不肯任,闻黄与孙皆注重实业,尽力于社会,故不肯担任。

(问)外间言袁总统因黄不担任总理,同时提出沈秉堃、赵秉钧二人,黄均赞成,君则赞成赵,不赞成沈,其理由安在?

(答)当时国民党多数不赞成沈,余不表同意于沈者,非反对个人,实恐有违党议,若沈任总理,国民党政党内阁之党议,必为所破,且沈为总理,或能请各国务员均入本党,或照刘揆一自请出党,方不背本党素所主持,诚恐沈一时不能办到,又沈或提出不能得参议院之同意,于沈反有妨害,当时与章勤士同往黄处商议,黄亦深以为然,余并非不赞成沈之为人也。

(问)赵亦隶国民党籍,君何以又赞成之?

(答)赵虽入国民党,与袁总统实有密切关系,可云袁派内阁,且政治经验甚富,力量亦较厚,于各方面易收效,当得孙黄两先生及国民党多数之同意,此所以赞成之也。

△ 孙中山10月3日由青岛乘轮抵上海,本日出席上海国民党举行的欢迎会,在会上演说了赴京观感,希望国民党全力赞助政府及袁世凯。

孙中山《在上海国民党欢迎会的演说》:

今日承同志诸君欢迎盛意,并得此机会与诸君相见,甚幸!

兄弟现方从北京归来,甚愿将在京之事,一述于诸君。初兄弟在上海时,外间颇谓南北意见不同,兄弟不以为然。及至京,探访北方同志,觉南北意见并无有不同之处。当南北统一之顷,余即推荐袁大总统,因平日甚慕其为人。在前清官场中,项城有真实能力,勇于干事,迥异常庸。其在北洋练兵,卓著成效,故此人而入民国,亦必为重要人物。当南北战争时,袁项城表示君主立宪,与吾人意见不合,故不能合气作事。后袁赞成共和,南北统一,袁与吾人意见已同。惟南方人士,尚有疑其非出于真意,目民国为假共和者,余则决其出于真诚之意,盖凡经宣布政见之后,即无反悔之余地。大丈夫做事,能相信即从之而行。故余推荐袁项城于国民,得参议院同意,举为临时总统,遂有统一之好结果,而使民国入安宁之域,得享莫大之幸福。然嗣后南北意见,往往因误会而起,且造有南北分治之一说。余绝不赞同,故思协力调和南北,以为国家永久之联合。惟南方人士爱国之热忱,余素所知,而北方人士意思之真象,尚未能晓。自余抵京,觉北方人士之意思,与南方无异,其想望共和之热度,亦与南方等,其意见表示之方法,则容有不同耳。

余在京与袁总统时相晤谈,讨论国家大政策,亦颇入于精微。故余信袁之为人,很有肩膀,其头脑亦甚清楚,见天下事均能明彻,而思想亦很新。不过,作事手腕稍涉于旧,盖办事本不能全采新法。革命起于南方,而北方影响尚细,故一切旧思想,未能扫除净尽。是以北方如一本旧历,南方如一本新历,全新全旧,皆不合宜。故欲治民国,非具新思想、旧经练、旧手段者不可,而袁总统适足当之。故余之荐项城,并不谬误。不知者致疑袁总统有帝制自为之意,此种思想,且非一省有然。故袁总统今日实处于嫌疑之地位,作事颇难,其行政多用半新旧之方针。新派以其用旧手段,反对者甚众,其今日欲办之事,多方牵制,诚不易于措施也。

余注全力于铁路政策,以谋发达民生。黄克强抵京后,主张政党内阁,调和各派意见,袁总统均甚赞成。余出京时,邀国务员加入国民党之议始起。今阅报,国务员已入加本党。是今日内阁,已为国民党内阁,民党与政府之调和,可谓跻于成功。嗣后国民党同志,当以全力赞助政府及袁总统。袁总统既赞成吾党党纲及主义,则吾党愈当出全力赞助之也,建设前途,于此望之矣。今日合六党成一国民党,其功与南北统一同。故宜以谋国家之公见为前提,不可以一党之私见相争,应一心一德,以图进行。选举方法,应以大团体为前提,不可专顾小团体,并宜以北京为模范。上海此次选举,余甚望诸君以完全研究之手续行之。欲选举得一好结果,必先定好选举方法,然后可以成功。今日似不必汲汲也。

中国社会科学院近代史研究所等编《孙中山全集》第2卷,中华书局1982年版,第484~485页

10月8日(八月二十八日) 梁启超自日本归抵天津。

梁启超《十月初八日书》:

今日初八了,吾侪犹在大沽口也。十五年前,仓皇去国,在此地锢闭十一日,今兹得毋亦须作一应笔耶?望归国,望了十几年,商量归国,又商量了几个月,万不料到此后,盈盈一水,咫尺千里,又经三日矣。……

丁文江、赵丰田编《梁启超年谱长编》,上海人民出版社1983年版,第650页

10月9日(八月二十九日) 袁世凯令各省慎重办理国会议员及省议员选举。

九日临时大总统命令:

共和为现今世界最良之政治,而国会又为发抒共和政治之筦枢。本大总统受职以来,凡所规划,悉以保持统一,恢复秩序为宗旨,盖惟能统一而有秩序,然后可以谋共和之建设,而建设之要端,率应取决于国会。本大总统前经饬令各地方行政长官,所有选举事宜务各按照法定程序,慎重执行。现距正式国会召集之日,为期不远。本届选举调查,行将蒇事。迭据各该选举总监督暨选举监督报告筹备情形,均能认真办理。我国民对于选举,亦复咸具热心,将来正式国会成立,共谋国民福利,必可预期。惟选举议员,为我五大民族平等之权利,此次众议员及省议会议员初复选举,不久即将依令举行,各该选举监督务须督饬办理选举事务人员,依照法令各尽职权,总以国会选举一切筹备进行,不致稍涉疏漏为要。至凡有选举权之国民,亦宜各以尊重权利为心,于应选议员时,不可随意放弃,庶几国会成立,确有精神,

国本既固,民权自张。本大总统实深嘉赖焉。此令。

1912 年 10 月 12 日《民立报》

△ **袁世凯令各省行政长官不得追论光复以前罪状。**

九日临时大总统命令:

前清之季,各处官绅,禁止革命,捕戮无辜,不无过激行为,亦系职守使然。共和成立,咸与维新,自应既往不追,共相更始,乃旧日官绅,仍多疑畏匿迹,或竟托非其所,而不知大体之官吏,亦辄苛求瑕隙,于其返里之时陷诸刑网,均于民国政体及共和之真意有乖。特此通告各省行政长官,自今以往除现在犯罪者外,自不得追论反正以前罪状,肆意诛求。其播迁流寓之人,亦宜各复乡闾,以安生业。

1912 年 10 月 12 日《民立报》

△ **工商部电告各省,保护回籍侨商。**

《工商部通电》:

查我国商业,最不发达,对于海外贸易,亟待扩张,待遇侨商,尤宜体恤。以前华侨回籍,每苦官吏勒索,匪徒扼诈,殊失保商之道。应请通饬各行政官厅,嗣后对于回籍侨商,务宜尽力保护,俾获安全之福,是为至要。

1912 年 10 月份《政府公报》,公电,第 171 号

10 月 10 日(九月初一日)　袁世凯在北京举行首次国庆典礼。武昌亦举行盛大庆典,北京及各省均派代表参加。

1912 年 10 月 10 日《民立报》报道:

本日为中华民国第一个国庆日,全国各地热烈庆祝,放假三日,并分别举行纪念会,及各种庆祝活动。兹志中枢及各大都市庆祝实况如下:

首都北京:

甲、中华门开幕:将大清门易名为中华门,由国务总理赵秉钧代表大总统,于七时举行开幕。

乙、大总统阅操:袁大总统于上午八时在东四牌大街戎骑阅操,受阅者由京中驻军以马、炮、步一万三千余人临时编为一旅,于巡阅后,并举行分列式。

丙、追祭先烈:袁大总统因阅兵时间冲突,不克亲临,委赵秉钧总理代表主祭,于九时至十时举行,并恭上祭文。

丁、共和纪念会(由《革命纪念会》改称)开幕:共和纪念会设琉璃厂,于十时正开幕,由胡瑛主席,开幕后首由宋教仁演说中国革命史,继由白逾桓、陈家鼎、胡瑛、朱民史、何振雄、郑人康、周震鳞、张伯亚、郑师道、田桐、王振东、蒋翊武、姚雨平等分别演说各地革命历史。会场中分设祭坛、陈列馆、运动场、杂技场、演剧场等,全日到会者逾十万人。

戊、国庆茶会:上午九时至下午五时,袁大总统分次举行国庆茶会,上午招待中枢文官,各省代表暨外宾,下午招待高级武职人员。

武汉:

甲、国庆典礼:上午十时举行首义地庆祝国庆典礼,国父代表孙科、总统府代表哈汉章、参议院代表汤化龙及各省代表、各界代表四百余人出席,民众及学生、军队参加者数万人。

乙、纪念先烈:晚九时举行祭典,残伤兵士及烈士遗孤并至,亦歌亦泣,情至感人。

△ 孙中山出席上海寰球中国学生会的国庆纪念会,在会上演说武昌起义成功的原因。

孙中山《在上海寰球中国学生会武昌起义纪念会的演说》:

去年今日,为武昌举义之日,即中华民国开始之第一日。其时余在美国,同志居正君有电达香港黄克强先生,托余筹款助饷。余阅电文,知革军已得武昌,不胜忻喜。从前在广州、惠州、河口等处革命事业,种种失败,皆因同志过少,未达目的。自广州失败后,乃运动武昌军界,一举而成此大事。所以然者,国民有坚忍心,武昌军界有冒险心,无畏难心之效力。但民国虽成立,而今尚在危险时代,内乱未靖,外患顿闻。譬之大厦,基础已定,尚待建筑。愿吾同胞,自今以后,亦须有冒险心、坚忍心,协力赞助政府,以造成地球上头等大国,是鄙人深望于诸君者也。

吾国向来闭塞门户,不与外人往来。暨后中外通商,愚民又常行排外主义。继见彼海、陆军之优,器械之精,转而生畏惧心。然排外与畏惧,两端皆非。要知凡事须论公理,放胆而自行公理,不必更有一毫畏惧心。前年英、脱开衅,英有精兵四十万,甲于环球,而脱之全国人数,亦不过四十万,且军士皆以农夫充之。英国何难一举而灭脱,而所以不能即胜者,因脱人有合力坚忍无畏之心,而能恃公理以敌强权也。嗣后各大国渐知强权不敌公理,遂不敢侮慢小国,地球上各小邦,尚能久立而不亡。

中国数千年来,本一强大之国,惟守旧不变,故不及欧美各国之盛强。满人入关后,愈形衰弱,渐渐召列强之侮。近数年间,留学外洋者日多,初则见彼国种种景物,顿生乐观之念,继见彼种种较吾国为强,乃生悲观之念,甚至悔心废学,以求一死者有之。但处于今日,不当有悲观之念,务须坚忍冒险,发愤求进。即士、农、工、商,见吾侪能忍苦如此,亦必愤志图强。如是,则中国前途大有冀望。故"畏惧"两字,自今日起,消灭无有,从兹专心一致,合力以助新造之民国。今年今日,为去年今日举行纪念。愿明年今日,全球各国为吾中国举行纪念。

中国社会科学院近代史研究所等编《孙中山全集》第2卷,中华书局1982年版,第494~495页

10月12日(九月初三日)　孙中山出席上海报界欢迎会,并发表演说。

孙中山《在上海报界公会欢迎会的演说》:

(一)悲观之心理为民国最危险之事

革命成功,全仗报界鼓吹之力。今民国成立,尤赖报界有言责诸君,示政府以建设之方针,促国民一致之进行,而建设始可收美满之效果。故当革命时代,报界之鼓吹不可少,当建设时代,报界之鼓吹更不可少,是以今日有言责诸君所荷之责任甚重。惟以仆观察社会之心理,多不免抱一种悲观,而报界尤甚。此悲观之由来,则因恐怖而起,以为中国今日外患之日逼,财政之艰困,各省秩序之不恢复,在在陷民国于极危险地位,觉大祸之将至,瓜分之不免。悲观心理,遂酿成全国悲惨气象。简单言之,即病在一怕字。余以为在人人心理中,这一怕字,当先除去,然后才有可为。盖事事存一怕字观念,则无事能行,而建设之业,必永无进步。故吾以为外患之日逼,财政之艰困,皆不足危险,惟此人心中之悲观,最为危险。若人心中之悲观不去,则即无外患等等之危险,而民国亦必不免于灭亡。然欲全国人人心中无极端悲观之心理,首望我报界诸君先去此足以致亡之悲观,然后始足及于全国之人心。今余有一不足存悲观心理之论据,即以革命发难,民国成立一事,即足为最强之佐证。

革命起义之时,人人心中有勇猛进取之精神,而无一丝怕念存于其间,故成功得若是之

迅速也。当革命未起之时,人人心中俱抱一极大之悲观,以为一革命则外人必起而干涉,乘机瓜分,故虽明知满洲政府之腐败,不革命必不足巩固国基,而谋自存,然以怕故而不敢为也。幸有少数不怕者倡始,而多数怕者始恍然知不足惧,大功遂得于数月之间告成,而民国亦安然成立。设当时无一人能打破其心中怕之一念,则国人今日仍受制于满清专制政府之下,亦未可知。故可知怕字最不足成事,欲谋进行,非去怕不可。盖最危险时间,无过于革命起义,南京政府未成立之时。今民国已完全成立,危险之量已较曩者锐减。吾人当革命时,有一副勇猛进取之精神,不畏不惧之气概,何至于革命底成,民国草创之后,反致消灭此种精神气概之理?故可必其不然。余深盼报界诸君,将悲观之心理扫除,生出一极大之希望,造成一进取之乐观,唤起国民猛勇真诚之志气,则于民国建设前途,实有莫大之利。而使全国俱焕发一种新气象,厥惟报界诸君是赖!

(二)建设大业以交通为最要

夫人人心中既无无谓之恐慌,则建设各事,自可依次进行。但建设之大计,当远测于十百年后,始能立国基于永久。建设最要之一件,则为交通。以今日之国势,交通最要者,则为铁路。无交通,则国家无灵活运动之机械,其他建设之事,千端万绪,皆不克举。故国家之有交通,如人之有手足四肢,人有手足始可以行动,始可以作事;国家有交通,始可收政治运用敏活之效。否则国家虽有广大之土地,丰富之物产,高尚思想之人民,而无交通以贯输之,联络之,则有亦等于无。譬之人无手足,不能行动,不能发挥,即有聪明才力,亦归无用。是以人而无手足,是为废人;国而无交通,是为废国。余现以全力筹划铁道,即为国家谋自存之策,然一言借款筑路,则反对群起,盖非自今日始矣。

人之反对借款筑路者,未必全有理由,而占反对地位者,四万万人中几有三万万五千万人,其最大原因,则以未能明了其中利害关系之故。大率以修筑铁路,或有碍于风水,或不利于小工,然其所凭据不坚,苟与之详言铁路种种之利益,即可恍然醒悟,而三万万五千万人之反对者,不难尽为赞成。惟明白事理,明知铁路于国有益之人,而反对,且其反对似有理由,于此欲使之晓然于利害之真际,则颇不易。然须知国家以交通便利而强者,随在可证。世界最小之国家,其幅员只及中国一府之大,而强盛愈于吾国者,盖以彼有交通机关,而吾无交通机关。故吾人今日非不知路之有益也,知其益而不敢行者,则中于恐惶之心理。彼以为中国今日果兴筑铁路,必借外国资本,而外国必乘机以侵略中国,瓜分中国。此实大误。余谓民国苟不兴筑铁路,便利交通,则虽有五百万之强兵,数百万吨之战舰,亦不能立国于此三四十年之内。盖有铁路,则尚足以图存。其关于国之危亡者,则纯系于兵力强弱问题,初不能与兴筑铁路并为一谈,而谓铁路之不易筑也。外人果欲瓜分中国,则虽不筑铁路亦可为;外人果欲保全中国,则虽筑铁路亦何害?且使中国于今后不兴筑铁路,而第扩张武备,则民智不启,实业不兴,政治不能收敏活之效用,国家精神不备,亦决其难以长久不敝,一有不幸,亦终归于覆亡之运耳。如中国昔日,亦曾有海军,强有力之战斗舰,且多于日本,而甲午日本海一役,乃致败挫,自此而后,益复不振。则可知国家只有强兵巨舰,亦不足恃。

余主张筑二十万里铁路,乃为民国立国永久之计划。而修筑铁路,又以利用外资为宜。盖瓜分之说,列国倡之有年,而未遽实行者,则以各国在中国利益,不忍破弃于一旦之故。今使彼输入中国有六万万之大资本,用于兴筑铁路之上,彼欲保此资本之安全,则有投鼠忌器之思,而不甘破坏和平,是乃断然之事。反之,若用本国资本筑路,则一年筹一千万,亦须六十年,始达六万万之数,而已精疲力尽,一切流通资本,悉归之铁路建筑之上,金融机关必然停止;则铁路告成之日,即为国家灭亡之时。且不待是,各国羡吾有巨大之母财以筑铁路,必起而为攘夺之谋,分割之祸,必于此起,是即所谓慢藏诲盗也。盖吾国若有武力,即外资所筑铁路,遇紧急时,亦可据为己有,若无兵力,本国资本所筑之路,遇紧急时,外人仍得占据。此关于武力问题,不问其属于本国资本及外国资本也。明乎此,惶恐之念,亦可以释然矣。

(三)开放门户政策利于保障主权

利用外资,可以得外资之益,故余主张开放门户,吸收外国资本,以修筑铁路,开发矿山。吾国今日,若以外资筑铁路,反对者尚少;若以外资开矿山,则举国无一不持反对之议者,以为利权为外人所夺。若细思之,尚不尽然。譬如外人以一千万资本开掘一矿,则必以五百万购买机器及其他器具,其余五百万,必尽分配于工人,则是采矿之成败未可知,而已散其资本之半于中国之工人矣。使其开掘亏本,彼必弃其机器而去。盖运费甚巨,彼不愿为,或只出于竞卖。吾人于斯时,或可以数十万而购其值五百万之机器。如是,则吾人承其后,成本既轻,收效自较易。就令外人开矿,竟至获利,然经种种消费,已复不赀资本家所净得之赢余,为数未必过巨。若每矿以一千万资本为标准,则十矿即有一万万,而中国工人得占其五千万之巨额。社会上有此五千万之流动资本,金融机关必形活泼,直接有利于民,间接有利于国,此盖较之借款为善者也。故今人犹持昔日之闭关主义,实于时势不合。

现在各国通商,吾人正宜顺此潮流,行开放门户政策,以振兴工商业,如日本即采门户开放主义者。或以为吾国贫弱,不能与日本同日语;则请以弱小于吾国者为例,暹罗介于英、法两大之间,而能保其独立国之资格,即以行开放门户政策故。外人以得商业之经营,亦不过事侵略,此可见开放门户,足以保障主权。前清以闭关为是,而上海租界及青岛,我无主权,是皆外人强我开放,故有此结果。若济南商场,由我自行开放,即有完全主权,此亦自行开放门户无损主权之一证。亚洲有二完全独立国,强于中国者有日本,弱于中国者有暹罗,而中国则为半独立国,尚不得与完全独立国之列,盖以中国现在尚未收回领事裁判权也。中国欲收回领事裁判权,若以实行开放门户为交换条件,则庶几得进于完全独立国耳。

(四)借款筑路与批给外人筑路利害之比较

今欲筑路,必用外资,用外资非全无害也,两害相权,当取其轻,故吾人欲用外资,当择一利多害少之方法实行。以愚见则批给外人包办,较之抵押贷款为有利。然自余主张批给外人,国内报纸竟起反对,以为此事丧权失利,而以抵押借款筑路办法为然。其实未明于兹二者利害之分量若何耳。余为外人言及批给办法,外人多持反对之说,而无不乐从借款抵押之办法,可见借款抵押之方法,外人所得之利多;批给包办之方法,外人所得之利少也。不利于外人,必利于吾人,何以吾人亦如外人之反对乎?今请就借外款自办,与批给外人包办二法,一比较其利害,以供诸君之研究。

中国昔日铁路,多为借款自办者,如沪宁等路是也。借款自办之害处,在受种种亏损,如当借款交付时之回扣,包购种种材料,亦有回扣。而此借款,每年出息五厘。次则如铁路亏耗,亦全由政府担任,至期满,其借款全额,尚须清还,故外人视此为绝良之营业。而经手此事者,多为商业性质之洋行,彼于铁路学一无所知,只求其经手回扣及购料回扣及政府担保为已足,而将来铁路之盛衰,皆非所问也。铁路修筑事宜,委之工程师,工程师之聘定,大率五年期限,或八年期限不等,彼第于职务期中,日作其所应为之事,而不负完全之责任。则欲工事之精良,消费之节省,盖不可能之事也。如沪宁一路,其受害为最著矣。使余之铁路政策,系用借款自修,则二十万里,需款六十万万,以最轻九五扣计算,当扣为五十七万万;常年以五厘息计算,则每年三千万,十年则三万万,四十年则十二万万,至期尚须偿还原本六十万万。夫材料回扣,其数已巨,历年亏折,又复不赀,则兴筑铁路,不待十年,而中国已有破产之祸矣。故熟思审虑,惟有批给外人承办一法,较为害少而利多,较之借款自办,可免五害:一无交款回扣之害,二无购料回扣之害,三无按年出息之害,四无亏耗津贴之害,五无至期偿还之害。既免五害,且有二利焉:即工程坚固,建筑合法事也。

又铁路批给外人包办,大约四十年可以收回,时或逾之,然终未有出六十年外者。按中国富庶状况,则四十年期限,即足抵外国人六十年期限。在此四十年内,盈亏皆非我责,一俟期满,吾人可不出一钱,获得二十万里铁路。盖铁路于十年之内,大概不能获利,且不免有亏赔焉,惟极迟至三十年后,亦必可以获利也。至于批给外人合同,拟由铁路公司出面协定签字。由公司购定地皮,画定路线,交外人修筑。此合同中,尚须附带条件:其一条件,此纯为商业性质,不稍含政治意味;其二条件,公司有随时监察之权;其三条件,中国可不俟期满,得备价赎回。如是,可一一按必要情形,加入条件,则不致过于失利。若此路特别繁盛,或关于军事重者,得视国力之何如,付外人以代价,酌量收回,于吾人亦不算吃亏,此两善之法也。总之,批办一法,利多而害少;借款一法,利少而害多。两两相较,盖可择别矣。此愿与诸君研究而讨论也。

(五)国法之改良

今日尚有关于国家建设之数事,亦望报界诸君一致鼓吹。而其一则为改良圜法,中国圜法之不善,不待智者而知,金融界之屡起恐慌,亦多本此原而起。国内银币,非价格之不一,即流通之不普遍。银币有市价,因地有变迁,因时亦有变迁。甚至一地而洋价各不同,且或此省而不能通用于他省,中间遂受种种之亏蚀,而小民蒙其害矣。其次则无汇兑机关,如以银一万,由上海汇至北京,必经外国银行之手,至北京收取此款,已不能如数。若由京沪间往返将此款汇兑至十数次,则此款即可耗蚀净尽,此其受害为何如?外国银行在中国获大利者,即操我汇兑机关故也。至于金价银价之高低,外人复操纵自如,任意抑扬,而吸收我之大利,我之因此为彼所侵蚀者,复不知其几何数矣。如此次英伦一千万磅新借款成功,六国银行团大肆破坏,将现银垄断,使麦加利金磅无从购换现银,以供中国急需。若至赔款期限,则又抑勒银价,高抬金价,故中国受金磅之亏折,实因圜法不善所致。故改良圜法,厘定金本位,实为今日不可缓之要图。设不然,则将来六十万万外资输入,何堪复受此无穷之亏耗乎?此盼望报界诸君,督促政府进行者也。

(六)地价之厘定

圜法而外,则有地价,中国地价,尚未有划一之厘定,而今日最便实行,过此则难。余对于地价之主张,在北方亦尝发表,而一般人多不解其意义,致生疑虑。其实,若能依余主张实行,则有地者绝不受损。平均地价,即厘定地价之高下,为一定准则,地主本之纳税,而国家得随时照其原价收买。今民国成立,前清土地契约,当然作废,可由政府下令各省及各府、州、县,令民间更易新契;并令其易契时,报明该地现时价值若干,一一登记,收什一之税。至地价之高低,则一任民间之所报,若多报于原值,则是先负重税,且不知国家何时收买;若少报于原值,则暂时固可减省税量,然一俟国家收买,则必大受亏折。如是,以此两种心理自衡,则必能报一恰如原值公平之价额。国家既得地价之真数,则收买时不患民间有故意高抬价额之事。可因将来交通之便利,于其集中繁盛之区,一一收土地为国有。则将来市场发达,地租涨高,皆国家共有之利,可免为少数地棍所把持。如纽约一埠,其地租皆为美政府所有,每年收入有八万万元;例之中国,全国岁入不过仅有三万万之数,若将来交通便利,以中国之大,苟能速成如纽约者三四处之繁盛市场,则政府收入,即地租一项,已足供支拨而有余,而民间他项税则,皆可蠲免矣。此非利国福民之大者乎?鄙意所见如是,深望诸君竭力鼓吹,俾底于成,则非第[仅]兄弟一人之幸也。

中国社会科学院近代史研究所等编《孙中山全集》第2卷,中华书局1982年版,第495~502页

10月13日(九月初四日) 孙中山致电袁世凯辞大勋位。

孙中山《致袁世凯电》:

北京袁大总统鉴:奉真电,特授文大勋位,无任惭惶。去岁民军起义,东南十余省已次第光复,文甫归自海外,其时因国内同胞感情尚有隔阂,须急谋统一,组织临时政府,勉从众议,承乏南都。后赖我公以救国决心,力全大局,几经艰苦,乃有今日。文始终因依其间,实无功可述。今承大命,特授殊位,中夜扪心,适以滋愧。且文十余年来,持平民主义,不欲于社会上独占特别阶级。若滥膺勋位,殊与素心相违,务乞鉴兹微忱,收回成命,实深感荷。孙文叩。

中国社会科学院近代史研究所等编《孙中山全集》第2卷,中华书局1982年版,第504~505页

10月18日(九月初九日) 民立报创刊二周年纪念,该社举行庆祝大会,于右任、黄兴、陈英士、黄膺白、王正廷等均在大会上致词。

1912年10月19日《民立报》报道:

……于右任起述报所经之历史并扩张报之计划。大致谓自民呼民吁以迄本报,投资约计十五六万,此后欲扩张事业,冀成强固之舆论机关,拟添招股本至五十万元,以十万为建筑费,十万购备机器,又以十万为种种设施活动之基金。责任所在归于社员辅助进行,期于来宾。继由黄克强谓:民立报于破坏建设两时代均极尽力,所持言论态度尤各如分际,破坏时则激烈,建设时则稳健,此不独吾党所公认,即一般国民对于民立报皆具一种敬之爱之之心理,于君扩张计划在中国容为大公司矣,若比之欧美报馆诚藐乎其后,吾同志诚能视报纸为强国必要之元素与视民立报为中国前途之师友,则合力经营,数十万资本不崇朝而集成矣。陈英士谓:自述在上海运动革命时与民立报之关系,及民立报与革命事业之关系,并及去年三月广州之役,民立报以财产之一部分抵押现款以为运动之费,至今未赎,至武汉起义以后,吾党种种之计划及临时政府种种之政策,皆自民立报发生,是民立报不仅文字上之功,实事实上之主动者也。既又痛陈民国建设时,民立报所立之地位,终乃言民立报社员艰难困苦以尽力于民国,吾同志当如民立报之所以尽瘁于民国者,以尽力于民立报,方足见吾同志之真见识,真力量也。黄膺白谓:先述纪念之词,后言国民当知民立报为真正爱我民国者,故吾人当以爱民国者爱民立报。王正廷谓:民立报所历之艰苦为自来办报者所绝无,民立报所主张之言论又为中国报界所仅有,中国近年群治进化,一切经济事业渐渐趋于联合,吾人固能联合群力以扶助民立报为东方泰晤士,使民立报舆论之势力不独为国中强有力之新闻纸,进而为世界强有力之新闻纸。与伦敦纽约各大报相与提携驰骋,则我中国之政策中国之舆论亦足以左右世界,此视我今日诸君之沉心毅力而已。周金箴、庞青城相继演说,一言商界与报纸之关系;一言民立为民呼、民吁之后身,以三民报馆创成民国,尤宜不忘三民主义以鼓吹民生,以巩民国之基也。

10月19日(九月初十日) 国务院主张省制省官制采虚三级制,拟妥大纲交法制局起草。

1912年10月20日《民立报》报道:

省制省官制自由参议院两次撤回后,国务院会议修正讨论多次,迄无结果。数日前,参

议院曾咨催政府速行交议。本月十六日，国务院会议时，又提出此案，多数主张采用虚三级制，即于道县之上设立总监督机关；而总统府所提交之省制省官制说帖亦主张虚三级制。昨日，国务院会议已将大纲拟定，是日交法制局重新起草。其大纲如下：

第一，地方之国家行政：（甲）省设总监一人为特任官，余外设各种官吏。（一）代表中央政府处理特别委任事务；（二）处理一道以上及全省之国家行政，（三）监督省以下各官署之行政。（乙）每道设道知事一人，由总统简任，余外设补助官吏。（一）道之地方行政，如选举及警察卫生等事；（二）受中央各部之指挥监督执行其命令之事务；（三）监督各县之行政及特别市。（丙）县设县知事一人，由内务总长荐任，余外设各种补助官吏。（一）监督县内之地方行政；（二）受道知事之指挥监督执行中央命令之事务；（三）监督市乡。

第二，地方自治团体：（甲）市乡为自治团体之初级：（一）市乡为议事机关；（二）市乡长各一人为行政机关。（乙）道为上级自治团体：（一）道会为道之议事机关；（二）道之行政机关采用会议制；（三）道之自治行政以关于两道或一县以上事务为其范围。

10月20日（九月十一日） 英、德、美三国公使派员至外交部洽商拜会问题。

1912年10月23日《民立报》报道：

……各国驻京公使，除法国公使康田系新到任曾至外交部拜会梁总长如浩外，余均与外交部迄无交往。其原因为各公使以五十年来，外务大臣就任，辄先拜会各国公使，已成定例，故不能破例先至外交部拜会新任总长。而梁总长则以我国数千年之帝制，近已推翻，故此事亦须破除旧例，希望能照国际通例办理。双方相持，已历多日。是日英、德、美三使为谋打开僵局，特各派翻译官同至外交部，讨论此事。目前暂依旧例办理，约定俟各国承认我国后，再行商讨解决。

△ 梁启超由天津入京，受到各界欢迎，并发表演说。

梁启超《到京第一次欢迎会演说辞》：

鄙人去国，十五年于兹矣。此十五年间，国中所经变迁，殆视百五十年为尤剧，无论物质的方面，精神的方面，以昔况今，皆如隔世。古诗称辽东化鹤，重返国门，人民城郭，疑是疑非。鄙人今日之感慨，殆类是矣。今坐中诸豪，虽强半旧交，然欲求十五年前在此地相与往还者，邈然不可复得，则人事迁移之急，可略见矣。此十五年间，刹那刹那，流转不住，以成今日之新现象，此新现象为迁而至善耶？抑况而愈下耶？此当付诸各人客观的判断，不能强同。以鄙人观之，则今日中国之地位，乃立于可以进化可以退化之中间，而进退惟国人所自择者也。外人之评我国谓我社会凝滞不动，此在前此诚有，然试读西史，觉其变化流转，一时代有一时代之特色，若佳山水无一处平板也，我国则自秦汉以迄清季，史迹若一丘之貉，盖二千年立于不进不退之域矣，而自戊戌至今十五年间，乃由静而之动，悬崖转石，速率日加，至去岁而轩然起大波以有今日，虽其所动之方向，未敢断定，而其脱离永静界则既有朕兆矣。所虑者，吾国人之惰力性受诸先天而不易拔，事过境迁，遽复其旧，据鄙人归国后观察隐微，此惰力性已渐渐发现而侵入于多数人之心矣。其乐观者流，谓经此变革，国家当能自致太平，默然不复知忧危，惟乘此以营其私计。其悲观者流，谓纪纲法度，废堕至此，人心风俗，败坏至此，陆沉在即，无复可救，吾亦惟颓然自放委心任运而已。此两种观察虽不同，要之其为惰力性则一也，实则乐观者识量固愚下，悲观者志行亦薄弱，从来国家之兴衰，世运之隆替，皆由少数人筦其枢耳。凡欲我就一事业者必须责任心与兴味心两者具备，在坐诸公，皆国中贤者,其对于国家之责任心,甚深且固,鄙人熟知之,亦不劳更以此相劝勉,所欲为诸公进一解者,则兴味心而已。鄙人自问生平无他异人处,惟对于一切事,皆觉兴味浓挚,求学有然,治事亦有然,凡有可以劳吾心劳吾力者,则当其服劳之时与既劳之后,皆觉有无限之愉快,至于其勤劳所得之报酬如何,则不暇问也,以故亦永无失望沮丧之时。尝见法人布弥氏所著大英国民一书,极言英人之特色,谓其人缘、地理、气候、人种、遗传种种关系,养成好活动之天性,非活动则块然不乐,其蹴鞠竞渡等团体竞争,终日不休,他国人骤视之,几不解其何谓,彼固非此不能娱乐也。而其政治上之活动,亦视之与蹴鞠竞渡等为娱乐之一种,故他国政治家,失败之后,辄意气消沉,英人则无论为胜为败,泰然自若也。此言虽小,可以喻大,英国政治所以常能为世界矜式者,皆以此也。要之,吾辈无论欲为何事,必先有兴味,然后有精神,必自有精神,然后能引起他人之精神,精神贯注,何事不成?若仁人志士,嗒然厌世,则乾坤或几乎息矣。吾国今日,实处于极艰窘之地位。吾侪忧国之士,亦随之而处于极艰窘之地位。故吾愿以兴味之说进,愿诸君以今日欢迎鄙人兴味欢迎中国前途,则国家之福也。

梁启超《饮冰室合集》第4册,文集之29,中华书局1989年版,第6~8页

梁启超《莅共和党欢迎会演说辞》:

鄙人今日承国中最有历史最有价值之大政党开会欢迎,实归国以来第一荣幸之事。吾称共和党为最有历史最有价值之党,绝非泛泛作面谀语。吾常以为人类道德之最可宝贵者,莫如不畏强御之精神。观共和党过去之成绩,庶足以当之。盖共和党常出其能力与专制政治奋斗,而着着奏效,去年八月,其蹶起以摧破二千年君主专制政治使无复痕迹者,共和党党首及党员之力也。共和成立迄今一年间,其防御寡人专制政治使不能发生者,亦共和党党首及党员之力也。去年八月十九以前,其间接鼓吹奔走思摧专制之焰者,诚不乏人,若夫直接实行,一蹴而倒彼魔王者,谓非共和党党首及党员之功得乎?八月十九以后,其被动响应协力以集事者,尤不乏人,若夫主动首义,树旗帜以为天下先者,谓非共和党党首及党员之功得乎?是故人人所痛恨之君主专制政治,实假手于共和党锄而去之,此共和党不畏强御之一表征也。临时政府成立以后,革命元勋满天下,其中热诚爱国劳苦功高者固多,而假托名义希争权利者,抑亦不乏,充事势迁流所极,几使人与法国革命时代之山岳党生联想,夫使山岳党出现,则恐怖时代至而国不可问矣。且去君主专制而得寡人专制,革命之志,不其荒耶?共和党乃集国中稳健分子,舍破坏而图建设,党基既立,渐引国人入政治轨道,使寡人专制之现象,无自发生,此又共和党不畏强御之一表征也。

共和党对于国家之功德既若是,其对于政党之功德,又可得言焉。小党分裂,非国之福,此义多人能言之,然最初能合并各党以成一大党者,则共和党也,此其有造于政党者一也。因共和党发荣盛大,而影响及于他党,遂使他团体之本不为政党组织者,亦改为政党组织,党制党义,亦随而改良,使中国渐入于大党对峙之正轨,此在他方面虽有主动力,而共和党之助动,亦不为无功矣,此其有造于政党者二也。由此言之,则将来中国政党史,以共和党为最有价值,夫复何疑?

共和党有极名誉之过去历史,既如是矣,然共和党固以建设为目的者也,故其重大之责任,实在将来,既思举建设之大业,则当研求近世政治之原则而向往之,以鄙人所见,则共和党之党义,最可诵矣,请更引申说明之。近世以来,各国之政体,其特色虽多,而其大原则不出二者,一曰政治之公开,二曰政治之统一。夫国家政治,是否必由公开然后能得良好之结果,此理原难断定,何以言之?往昔独裁之治,当其得一二豪杰,未尝不可致政治于修明,虽然,迨乎人亡,则政因而废,其为术可偶尔不可常,可暂而不可久,此在欧洲十九世纪以前之

政治及中国数千年之政治，大抵若此也。近一世以来，各国实行立宪之政，于是有君主立宪，有共和立宪，同属君主立宪国，英与德异，德与意异，意与比异，比与日异；同属民主立宪国，美与法异，法与葡异，葡与南美诸国异，然有一共通之原则，则政治之公开是也。所谓政治之公开者，凡一切行政立法财政，大抵经人民公议，议决以后，又必以种种形式从而公布，然后执行，其借口于运用之便宜而付诸秘密者，独外交一端而已。外交为物，乃此国之国家人格与彼国国家人格相互之交涉，与一切行政立法对于人民强制有遵守之效力者，稍有不同，故得为例外，自其根底论之，一阶级或一私人之特权，经多少反抗，归于消灭，乃政治所由公开之大因也。近世学者，常谓立宪政治，为国民参政之历史，以鄙人观之，则政治之参与，不过立宪政治之一种特色，若预算之公布，法律之公布，乃至行政手续之公开，法庭之公开，皆此政体上应有之作用，故不如谓为政治之公开，能隐括一切，而表彰各种之特质也。由此言之，政治公开之原则，实由各国先民积多少年之经验，认此为改良政治之不二法门，故其民不惜呕心溅血，必求得之而后即安，历观各国革命史立宪史，其所为牺牲一切以求易得者，舍此更有何物？而今日中华民国之政治，果已采公开主义耶？抑仍采秘密主义耶？抑又公开其名而秘密其实耶？内观中央，外察地方，彼公开主义之未尝实行，虽阿好者恐亦不能为讳矣。而秘密之习一日不革，则政治一日不能改良，循此以往，则去年革命之结果，所得果何物者，趣一国政治之轨，使向于此第一原则以进行，此共和党不可辞之责任也。

第二政治之统一，中国曩为大一统之国，以理而论，应无统一不统一之问题发生。然不知数千年来，掌握统治大权者，虽在君主，而实际中央与地方之关系，至今无正当明确之解决，起义以还，离心力之进行尤甚，继今以往，此统一问题，殆非一二年所能解决也。夫世界各国，其因此问题而费国中英豪之心血者，不知凡几矣。意大利素为分裂之小邦，因三杰之协力，仍得统一；德经三次战争，德意志帝国乃成；日本维新，其最苦者尚不在去德川氏而在废藩置县；美国离英而独立，中间五六年，成一无政府之状，当时发生二派，一为巩固国权派，一为保守州权派。数百年二派遥相对峙，未知所决。林肯以后，政渐集中，至罗斯福为主张国权最烈之人，提倡之新国家主义。盖正为美国分权派对症发药也；英国本部，只三岛而已，本无集权分权之争(阿尔兰自治问题暂置勿论)。近年海外，殖民日拓日广，为抵御外侮计，于是张伯伦派倡大英帝国主义，今与自由党为剧烈之竞争，即此二主义之竞争也。要而论之，各国情形，虽有不同，而其大势皆纽分以为合，团小以为大，史迹昭昭可见。我国前此本仅有统一之名，而无统一之实，民国既建，乃至几并其名而去之，省自为政，县自为政，其势殆非尽破行政系统不止，他国历史上本属分裂，绞心血以求合，我则历史上本属统一，争意气以求分，为道不太相反耶？循此以往，则全国支离破碎，人不瓜分我，而我先自瓜分矣。趣一国政治之轨，使向于此第二原则以进行，此又共和党不可辞之责任也。

鄙人以以上二者为近世政治之特色，非谓各国能尽实行而无憾也。日本自颁布宪法以来，其政体之进行，大抵悉依立宪国之原则，然于责任内阁之外，又有元老一级，立于政局之后，至今为国中众矢之的，思有以去之，而其他各国中类于此者，亦非尽无。吾国成立以来，行政机关则有国务院，立法机关则有参议院，自表面视之，固近世之新式政治也，然窃尝取参议院议案而考之，每日议事日表中，其无关宏旨者十而八九，其系乎国家大本者不获二三焉，即令系乎国家大本矣，在议场之所议与议场以外之所行是否一一相应，即令行矣，其所行者又是否按议案之宗旨而收其效果。鄙人返国日浅，不敢妄下批评，想吾全国民自有公论也。夫以二千年之专制，一跃而进为共和，事事以西洋立宪惯例相绳，固不免近于太酷，然十余年志士仁人费多少心血求得有百度修明之日，而今之效果如此，则政党员之责，必尚有所未尽也。故鄙人之意,共和党员起义之功,与其维持调护之力,犹不过民国开幕之第一剧,至其最精彩最出色之活剧,当在今后也。

鄙人于共和党之党义,尝取而服膺之,以上所云,即系隐括三义而言之,然鄙人以为凡党有党义矣,则不可不抱其党义为奋励无前之进行,于是当研究党之进行。

凡言党之进行而求贯彻其主张,第一事之现于脑际者,则爱党是否即为爱国一义是矣。大抵各党对立,各有其所标之党义,谓我为独是,谓彼为尽非,以理而论,实不尽可通。要知凡政党须以国为前提,不以国为前提,不足为政党。夫既以国为前提,则所标之党义,虽各有异同,要之,不谓之爱党即爱国不可得焉。且各党虽各为极端之主张,而其现诸实行者,恒应于国家之利益,然后能与国中舆论相应,则一党之所主张,诚自认为切中国家利益者,虽极端主张之可也,且欲求一党主张之贯彻,并非含有妨碍他党之意,西方各国政党中,父子兄弟有在异党,各尊重其党义各行其主动,而毫不相妨,而各能有利于国家。此鄙人所以谓真求本党之发达者,间接即尊重他党者也。

然一党欲贯彻其主张,则于党之内部不可不加注意。第一则意思之统一,第二则行为之统一。盖党犹军队,军队之号令之不一者,不能效命疆场,党亦犹是焉。美国南北战争以后,共和党握政权数十年,民主党居于政府地位者不过四五年。一二年来,共和党中渐见分裂之兆,至最近候补总统问题发生,而罗氏与塔氏分离,抑不仅至今日而始现分裂之兆,昨年国会总选举,民主党人当选者多,而共和党大抵皆落选。返观民主党一方,则今次候补总统定时,民主党白里安,本屡次之候补者,甘居退让,为威尔逊尽力,投票至四十余次之多,卒决定威氏为民主党候补者,此其一致之精神,已足移国民之观听,而对于历年战胜之共和党,已表示一种不可侮之态矣。英国亦然,沙时勃利氏死后,保守党无能统御全党之人物,即以巴尔福论,赞成者多,反对者亦复不少,故保守党在今日,视昔全盛时迥不相同矣。

夫党之统一与否,与党之进行,其关系既若是其大矣。鄙人以为吾国历年来政治上之主张,得分二派,一为渐进派,一为急进派,此二大潮流也。今民国成立,局面一变,今之党派,固不必以昔之党派为界限,然人类性质,有此两大潮流,所望共和党能与同性质之分子为同一之进行,则共和党将于一年来有光荣之历史上,更增无穷之光彩,而吾国基础,亦得处于磐石之安矣。

梁启超《饮冰室合集》第4册,文集之29,中华书局1989年版,第8~13页

梁启超《鄙人对于言论界之过去及将来》:

鄙人今日得列席于此报界欢迎会,而群贤济济,至百数十人之盛,其特别之感想,殆难罄言。去秋武汉起义,不数月而国体丕变,成功之速,殆为中外古今所未有。南方尚稍烦战事,若北方则更不劳一兵折一矢矣,问其何以能如是,则报馆鼓吹之功最高,此天下公言也。世人或以吾国之大,革数千年之帝政,而流血至少,所出代价至薄,诧以为奇,岂知当军兴前军兴中,哲人畸士之心血沁于报纸中者,云胡可量,然则谓我中华民国之成立乃以黑血革命代红血革命焉可也。鄙人越在海外,曾未能一分诸君子之劳,言之滋愧,虽然,鄙人二十年来,固以报馆为生涯,且自今以往,尤愿终身不离报馆之生涯者也。今幸得与同业诸英握手一堂,窃原举鄙人过去对于报馆事业之关系及今后所怀抱,为诸君一言之。鄙人之投身报界,托始于上海时务报,同人多知之,然前此尚有一段小历史,恐今日能言之者少矣。当甲午丧师以后,国人敌忾心颇盛,而全瞢于世界大势,乙未夏秋间,诸先辈乃发起一政社名强学会者,今大总统袁公,即当时发起之一人也。彼时同人固不知各国有所谓政党,但知欲改良国政,不可无此种团体耳。而最初着手之事业,则欲办图书馆与报馆,袁公首捐金五百,加以各

处募集，得千余金，遂在后孙公园设立会所，向上海购得译书十种，而以办报事委诸鄙人。当时固无自购机器之力，且都中亦从不闻有此物，乃向售京报处托用粗木版雕印，日出一张，名曰中外公报，只有论说一篇，别无记事，鄙人则日日执笔为一数百字之短文，其言之肤浅无用，由今思之，只有汗颜。当时安敢望有人购阅者？乃托售京报人随宫门钞分送诸官宅，酬以薪金，乃肯代送，办理月余，居然每日发出三千张内外，然谣诼蜂起，送至各家门者，辄怒以目，驯至送报人惧祸，及悬重赏，亦不肯代送矣。其年十一月，强学会遂被封禁，鄙人服器、书籍皆没收，流浪于萧寺中者数月，益感慨时局，自审舍言论外，末由致力，办报之心益切，明年二月南下，得数同志之助，乃设时务报于上海，其经费则张文襄与有力焉，而数月后，文襄以报中多言民权，干涉甚烈。其时鄙人之与文襄，殆如雇佣者与资本家之关系，年少气盛，冲突愈积愈甚。丁酉之冬，遂就湖南时务学堂之聘，脱离报馆关系者数月。时务报虽存在，已非复前此之精神矣。当时亦不知学堂当作何办法也，惟日令诸生作劄记，而自批答之，所批日恒万数千言，亦与作报馆论文无异。当时学生四十人，日日读吾所出体裁怪特之报章，精神几与之俱化。此四十人者，十余年来强半死于国事，今存五六人而已。此四十分报章，在学堂中固习焉不怪，未几放年假，诸生携归乡里，此报章遂流布人间，于是全湘哗然，咸目鄙人为得外教眩人之术，以一丸药翻人心而转之，诸生亦皆以二毛子之嫌疑，见摈于社会。其后戊戌政变，其最有力之弹章，则摭当时所批答记之言以为罪状。盖当时吾之所以与诸生语者，非徒心醉民权，抑且于种族之感言之未尝有讳也，此种言论，在近数年来诚数见不鲜。然当时之人闻之，安得不掩耳？其以此相罪，亦无足怪也。戊戌八月出亡，十月复在横滨开一清议报，明目张胆，以攻击政府，彼时最烈矣，而政府相疾亦至，严禁入口，驯至内地断绝发行机关，不得已停办。辛丑之冬，别办新民丛报，稍从灌输常识入手，而受社会之欢迎，乃出意外。当时承团匪之后，政府创痍既复，故态旋明，耳目所接，皆增愤慨，故报中论调，日趋激烈。壬寅秋间，同时复办一新小说报，专欲鼓吹革命，鄙人感情之昂，以彼时为最矣。尤记曾作一小说，名曰新中国未来记，连登于该报者十余回，其理想的国号，曰大中华民主国，其理想的开国纪元，即在今年，其理想的第一代大总统，名曰罗在田，第二代大总统，名曰黄克强。当时固非别有所见，不过办报在壬寅年。逆计十年后大业始就，故诧言大中华民主国祝开国五十年纪念，当西历一千九百六十二年。由今思之，其理想之开国纪元，乃恰在今年也。罗在田者，藏清德宗之名，言其逊位也；黄克强者，取黄帝子孙能自强立之意。此文在座诸君想尚多见之，今事实竟多相应，乃至与革命伟人姓字暗合，若符谶然。岂不异哉？其后见留学界及内地学校，因革命思想传播之故，频闹风潮，窃计学生求学，将以为国家建设之用，雅不欲破坏之学说，深入青年之脑中，又见乎无限制之自由平等说，流弊无穷，惴惴然惧。又默察人民程度，增进非易，恐秩序一破之后，青黄不接，暴民踵兴，虽提倡革命诸贤，亦苦于收拾，加以比年国家财政国民生计，艰窘皆达极点，恐事机一发，为人劫持，或至亡国，而现在西藏、蒙古离叛分携之噩耗，又当时所日夜念及而引以为戚。自此种思想来往于胸中，于是极端之破坏，不敢主张矣。故自癸卯甲辰以后新民丛报，专言政治革命，不复言种族革命。质言之，则对于国体主持现状，对于政体则悬一理想以求必达也。及丁未夏秋间，与同人发起政闻社，其机关杂志，名曰政论，鄙人实为主任，政闻社为清政府所封禁，政论亦废。最近乃复营国风报。专从各种政治问题，为具体之研究讨论，思灌输国民以政治常识，初志亦求温和，不事激烈，而晚清政令日非，若惟恐国之不亡而速之，刿心怵[钵]目，不复能忍受，自前十年以后至去年一年之国风报，殆无日不与政府宣战，视清议报时代，殆有过之矣。犹记当举国请愿国会运动最烈之时，而政府犹日思延宕，以宣统八年宣统五年等相搪塞。鄙人感愤既极，则在报中大声疾呼，谓政治现象若仍此不变，则将来世界字典上决无复以宣统五年四字连属成一名词者。此语在国风报中凡屡见，今亦成预言之谶矣。计鄙人十八年来经办之报凡七，自审学识谫陋，文辞朴僿，何足以副立言之天职，惟常举吾当时心中所信者诚实恳挚，以就正于国民已耳。今国中报馆之发达，一日千里，即以京师论，已逾百家。回想十八年前中外公报沿门丐阅时代，殆如隔世，崇论闳议，家喻户晓，岂复鄙人所能望其背？虽然，鄙人此次归来，仍思重理旧业，人情于其所习熟之职业，固有所不能舍耶？若夫立言之宗旨，则仍在睿牖民智，熏陶民德，发扬民力，务使养成共和法治国国民之资格。此则十八年来之初志，且将终身以之者也。而世论或以鄙人曾主张君主立宪，在今共和政体之下，不应有发言权，即欲有言，亦当先自引咎，以求恕于畴昔之革命党，甚或捏造谰言，谓其不慊于共和希图破坏者，即侪辈中亦有疑于平昔所主张，与今日时势不相应，舍己从人，近于贬节，因嗫嚅而不敢尽言者，吾以为此皆訾词也。无论前此吾党所尽力于共和主义者何如，即以近年所主张，对于国体主维现状，对于政体则悬一理想以求必达，此志固可皎然与天下共见，夫国体与政体本不相蒙，稍有政治常识者类能知之矣。当去年九月以前，君主之存在，尚俨然为一种事实，而政治之败坏已达极点，于是忧国之士，对于政界前途发展之方法，分为二派，其一派则希望政治现象日趋腐败，俾君主府民怨而自速灭亡者，即谚所谓苦肉计也，故于其失政，不屑复为救正，惟从事于秘密运动而已。其一派则不忍生民之涂炭，思随事补救，以立宪一名词，套在满政府头上，使不得不设种种之法定民选机关，为民权之武器，得凭借以与一战。此二派所用手段，虽有不同，然何尝不相辅相成，去年起义至今，无事不资两派人士之协力，此其明证也。然则前此曾言君主立宪者，果何负于国民？在今日亦何嫌何疑而不敢为国宣力？至于强诬前此立宪派之人为不慊于共和，则更是无理取闹。立宪派人不争国体而争政体，其对于国体主维持现状，吾既屡言之，故于国体则承认现在之事实，于政体则求贯彻将来之理想。夫于前此障碍极多之君主国体，犹以其为现存之事实而承认之，屈己以活动于此事实之下，岂有对于神圣高尚之共和国体而反挟异议者？夫破坏国体，惟革命党始出此手段耳，若立宪党则从未闻有以摇动国体为主义者也。故在今日，拥护共和国体，实行立宪政体，此自论理上必然之结果，而何有节操问题之可言耶？若夫吾侪前此所忧革命后种种险象，其不幸而言中者十而八九，事实章章，在人耳目，又宁能为讳，论者得毋谓中国今日已治已安，而爱国志士之责任从是毕耶？平心论之，现在之国势政局，为十余年来，激烈温和两派人士之心力所协同构成，以云有功，则两俱有功，以云有罪，则两俱有罪。要之，此诸人士者，欲将国家脱离厄区跻诸乐土，而今方泛中流，未达彼岸，既能发之，当思所以能收之，自今以往，其责任之艰巨视前十倍，又岂容一人狡卸者，今激烈派中人，其一部分则谓吾既已为国家立大功成大业矣，畴昔为我尽义务之时期，今日为我享权利之时期，前此所受窘逐戮辱于清政府者，今则欲取十百倍之安富尊荣于民国以为偿。此种人自待太薄，既不复有责备之价值。其束身自好者，则谓吾前此亦既已尽一部分之责任，进国家于今日之地位矣，自今以往，吾其可以息肩，则翛然于事外而已。而所谓温和派者，忘却自己本来争政体不争国体，因国体变更，而自以为主张失败，甚乃生出节操问题，又忘却现在政治，绝未改良，自己畴昔所抱志愿，绝未贯彻，而自己觉得无话可说，则如斗败之鸡，垂头丧气，如新嫁之娘，扭扭捏捏，两方面之人，既皆如此，则国家之事，更有谁管？在已治已安之时，人人不管国事，尚且不可，况今日在危急存亡之交者哉？若谓前此曾言立宪之人，当共和国体成立后，即不许其容喙于政治，吾恐古往今来普天率土之共和国，无此法律，吾侪惟知中国为中国人之中国，尽人有分，而绝非一部分人所得私，前清政府，以国家为私产，以政治为私权，其所以迫害吾侪不使容喙于政治者，无所不用其极，吾侪未尝敢缘此自馁而放弃责任也，况在今日共和国体之下，何至有此不祥之言？此鄙人所为欲赓续前业，常举其所信以言论与天下相见也。添列嘉会，深铭隆贶，聊述前此之经历与今后之志事以尘清听，情与词芜，伏希洞亮。

梁启超《饮冰室合集》第4册，文集之29，中华书局1989年版，第1～6页

10月22日（九月十三日） 赵秉钧发表演说，论我国外交、财政现状。

1912年10月23日《民立报》载《赵秉钧演说》：

目前政治进行状况、大旨分外交、财政两项，蒙藏问题近稍得手，将来不难和平解决。日本自我革命后，对民国多有疑心，近亦醒悟，知中国必能完全成立一大共和国，今后国交上将日形亲密。新任法使日前来谈谓：目睹中国现状与在欧所闻不同，将来必无危险，已将目前可靠情形详达本国，俾免误会。但从前中国尚能勉支，今何以须借巨债，亦一疑问。余答以有二原因：（一）南北两军损失均须政府承认；（二）革命时，许人民免厘税之说不能不实行，人民因政府初建，纳税迟疑，故各省筹款极难，而军队难于裁撤，尤为支出增加大原因。法使颇韪余言，允从中为力请资本团减轻条件，使中国大借款成功，此外交大略也。至财政问题，则年前约需款二千万，徒恃旧收入缓不济急，目前仍须仰赖借债。外人昧我真相，谓各省停止解款为中央政府不见信任之证，不知向来各省收入解中央甚少，大半用于本地，黔陇各边省尚待中央接济，革命后地方政费、军费陡增数倍，不惟停解中央款项，其边省更有赖中央设法救济者，此显而易见之事实，并非各省不信任中央，现各友邦皆晓然于此为难情形，疑虑既释，解款必成，然此为不得已救急办法，仍以整理租税开辟财源为先，务齐心努力，以图国家财政之有着。刻正为财政根本的计划，望各省代表相助为理。

△ 梁启超出席民主党在北京湖广会馆召开的欢迎会，发表演说。

梁启超《莅民主党欢迎会演说辞》：

鄙人归国后，赴民主党盛会，三度于兹矣。初至天津之夕，受本部干事诸贤张燕慰劳，翌二日，承直隶支部全体相邀茶话，鄙人皆尝于席间略摅所怀，奉尘清听，今复承开全体大会于首善之区，群贤咸集，猥相奖借，荣幸何如。今日中国已确定为最神圣最高尚之共和国体，而共和国政治之运用，全赖政党，此不待烦言者也。国中先觉，深知此义，故一年以来，注全力以从事于政党之建设，其先各党林立，派别繁多，至今日已渐合并成为数大政党，若共和党国民党皆是也，民主党成立虽稍晚，然其分子之健全，则不让他党，此亦天下所共见，不劳鄙人再为颂祷者也。

政党事之重要既若是，然则如何始能办成真正之政党，此举国所应研究者也。外人对于中国今日政体之变迁，每多为失望轻薄之词者，故鄙人在海外，已几不愿与外人为政治谈。彼以为中国人无运用立宪政体之能力，推求其原因，则谓中国人之性质，不能组织真正之政党，此言实足令人愧愤，但愧愤无益，我辈当有以雪此辱，且我辈固不能承认此等外人之言，然我辈不能不承认组织政党为一至难之事，其艰难之责任，亦惟我辈负之而已。

将欲令一国真正政党之成立，必先有一模范之标准，今举所见略陈数义。

（一）凡政党必须有公共之目的

政党者，团体也。凡团体皆具有人格，政党之为人格，虽非法律上之人格，然社会学上则不能不认为一种人格，例如国家及自治团体等然。中国国家，虽存于四万万人中，而实立于四万万人之上，北京自治团体，虽在于数百万人中，而实立于数百万人之上，皆有自己之意思

及自己之行为者也,否则即不名为人格。故凡团体虽合多数人而成,然一面既存于多数人之中,一面仍立于多数人之上,别有自己之意思及自己之行为。譬如今日在座诸君,皆民主党党员,然于诸君之外,尚有一人焉,其人之姓名为谁,则民主党是已。明夫此义,则知团体之人格与自然之人格性质无异。凡人所以生存者,必有其目的,惟有目的,故能为有机之发达,团体亦然,惟人之发达,人所易见,若团体则难见。其目的自何而来?视之无形,听之无声,除其组织此团体之团员以外,又何从而认识之?然团体之生命,虽寄存于团体之中,而欲集合多数人之目的为一团体之目的,则断乎其有不能者也。譬如集三四人于此,各有其目的,欲集合此三四人之个人目的而成一三四人之总目的,人多知其不可。况以一团体之大,又谁能集合无数人之目的,而以算学上加减乘除之法得其总目的乎?是必于个人私目的之外,尤有一公共之目的焉,为团体之目的。故凡团体员必有两种之人格,一为私人之人格,一为公人之人格,譬如某某一私人也,然又为中华民国之国民,团体与团体员之关系皆若是矣,自构成团体之个人言之,虽各有其私目的,而自团体言之,则有一公共之目的以立于各私目的之上,各个人放弃其私目的,以服从此公目的,始能成为团体,若有一丝一毫之私目的以加入此公共目的之中,则虽以父子兄弟之亲,亦不能成为团体也。故凡为政党员者,必辟除其个人之私目的,以服从政党之公目的,此政党存立之根本要素也。试问我中国人有此精神道德以履行此说乎?我观于今日之政党,而又有不能不为之慨然者,分明政见不相同,而居然可以同党,分明无意识之人,而亦居然加入党中,几令人不能知其公共目的之所在,若此之结合,决非以公目的结合,乃以私目的结合者也,以私目的结合者,决不能谓之政党,乃亦有公共目的相同而不能联合者,是必有私目的杂乎其间以为之障耳。故不同目的而相合者,其原因固在私目的,同目的而不相合者,其原因亦在私目的,去合数私目的不能成一公目的,孰谓可以私目的成政党乎?就令成党,终亦必分,长此以往,我恐必有一日四万万人为四万万小党,而真正之政党则永无成立之望矣。故为政党员者,须深去私目的,以服从政党所有为国为民之公目的,以私克公[以公克私],其事虽难,愿诸君有以自勉之。

(二)凡政党必须有奋斗之决心

和衷共济,国民美德,今以奋斗为训,似与协和之精神相背,然奋斗为成功之母,美国前大总统罗斯福常盛道之,以此振美国国民之精神焉,此不独政党为然,盖人生实与奋斗常相终始也。风雨酷日,冬寒夏暑自然界之所以逼迫人者甚矣,非最初人类之能奋斗,人类界早已绝灭尽矣。今日之文明幸福,何一非自奋斗来乎?且一国之中,先知先觉者实居少数,其大多数,只能见近而不知远,见小而不知大,必俟先知先觉者之诰诫而后能知能觉者也。当其未知未觉之时,先知先觉者欲使之趋于进步之正道,其必有所不愿而起反对,非有奋斗之力量,又岂能知后知而觉后觉哉?先知先觉之所以有益于国民者,全恃此奋斗之力量耳。凡百学问政治,莫不以奋斗为成功之要素,政党无奋斗之力,又安能行其所志?且政党必有其政见与他党不能相同者,自主观视之,必以己党之政见为足救国,而以他党之政见为足误国,以大决心贯彻己党之所主张,是实国民对于国家之道德也。譬如统一与联邦两义,在言联邦者,亦自有其所主张之理由,然自主张统一者观之,则必以联邦为足亡国,而不可不蓄奋斗之精神以贯彻己之主义。其他凡百政见之差异,莫不有然。故政党活动,除奋斗外,别无他语可言。若往来于诸党之间,但求遂其私图,无所谓主义之奋斗,是又安成为政党?此种弊病,言之痛心。其为人世所至可耻者,则尤莫过于服从强权,我国人数千年有此恶性,此所以常甘处于专制政治之下而不能自拔也。设此恶性不除,则我恐地老天荒,中国一永无良政治之出现也。昔希腊大哲曾痛论政治之变迁,谓暴君政治既去,人民若无运用政治之能力,必成暴民政治，而暴民政治之后，又必有暴君政治，如是循环不已，何日有良政治之可见？我亦谓国人服从强权之恶性不去，则暴民暴君之政治终亦必循环无已，此在闭关时代，尚不能自存，况今日乎？故若政党员而服于权力之下，或且为强者之甘言所诱，以内阁之椅子为进退，是皆孟子所谓妾妇之道，尚何面目立社会之中而论政治乎？是以真有政党员之资格者，必也刚亦不茹，柔亦不吐，为天下之公理而奋斗，为国家之大计而奋斗，为一党之主义而奋斗，为一己之所信而奋斗，成功固得行其所志，为国谋进步，为民谋幸福，即失败至无余地，亦为最有名誉之失败。观现在欧美各国政党之能发达者，莫不具有此种资格。两党对立，一胜一败，败者志气曾不为之少衰。鄙人对于美国共和、民主两党，于主义上虽表同情于共和党，然于民主党奋斗之精神，则实钦佩不已。白莱雄曾三次失败，计自南北战争后，五十余年，彼党仅有四年的政权，而其志气曾未稍衰，我每言其人，未尝不佩其人格之高贵也。且凡居先知先觉之地位者，其言论行动，必规久远，当其初同情者固未必能多，愈失败愈足证其理想之高尚耳。今总选举即在目前，凡政党员者当各勉力奋斗，纵未必即能得国民之同情，亦当奋益加奋，以求同情之集，即选举结果一议员不得，甚至党员星散，主持党者，于其所信，亦不能稍为之枉。而一党之中必人人能有此奋斗之精神，始可以成真正之政党，而为国家谋进步，为国民造幸福，为政党员者其勉之。

（三）凡政党必须有整肃之号令

人身虽有各机关，各呈其用，而其主宰实在脑部，脑有所思，百体从令，人格始能统一，若耳、目、口、鼻、四肢各不相应，则不仅人格分裂，自问尚可以为人乎？政党亦然，种种机关，所以能联络巩固运用灵敏者，由于有大总机关为之主宰，而能令分机关随其号令而转移耳。鄙人适言，政党非法律上之人格，乃社会上之人格，故与自治团体等按法而行者不同，其精神当与军队相同，一军之中，有步、骑、辎重等兵，而尤必有总司令官以统率全军，发整肃之号令，庶可以成军而言战守，其在地广人众之国家，欲成一强有力之政党，尤不可不采军队之精神以整齐严肃之。例如美国，其政治为极自由之政治，而其政党则为亟专制之政党。今中国人民自治之力，智识程度，皆远不如美，欲办成一真正之政党，非以整肃之号令齐一多数之步伐，其能成乎？然以我所观，则中国今日之政党，殊不能有此精神，理事干事，机关甚多，至于谁负责任，则性质极不明了，是犹集无数散人，强名曰军队，而旗鼓所司，不知谁属，谓可以克敌致果，夫孰能信之？鄙人历观外国政党势力之消长，而深窥其微，则号令之整否实为之原，如英之统一党，当狄氏沙氏在时，党中有中心之人物，号令一下，全党信服，故英国为统一党之势力，及沙氏云亡，张氏巴氏辈，虽皆一时人才，然地醜德齐，意见间有龃龉，党员莫知所适，故全党不能齐一，党力为之衰微。又若日本之国民党，其党员类多有学稳健之士，而三常务员，亦皆负国中一时之望，然亦以三人能力声望相等，乃至各有其所钦佩之人，而成一国三公之势，一切党事，非三人会议不能行，是以国民党欲得机会以实行其政策，事甚难也。故一国三公之办法，最不适宜于政党，非得学识才能之士为中坚人物，则不能指挥全部，为政治上之奋斗，尤非得望重天下之人为总司令官，则总司令部之活动，亦必不能有整肃齐一之精神，而为政治上之大奋斗，譬如军队，无总司令部，则全军无统率，无大将则虽有总司令部，号令不能一致，又安能指挥全军而临前敌哉？政党亦然，必有一中心人物，若大将之于三军，统率党员，躬赴前敌，然后党员始有奋斗之精神，为一致之活动，以贯彻一党之所主张，否则机关虽多，行动不一，党虽大而实则涣散耳。然我国人数千年来习于不规则之活动，愈有才者，其不规则之活动愈甚，欲得一整齐严肃若军队之政党，恐非易事。故我所望于今日政党员者，则愿其入政党，若入将校学校以自训练其整肃之习惯，奋斗之精神，党为政治活动之时，则尤须自量其才能如何,以择处之地位,听齐一之号令以活动,党员之与职员,职员之与党魁,犹若兵士之于将校,下级将校之于上级将校,支部之于本部亦犹联队之于总司令部,夫然后始可谓之有精神之政党,而为国谋进步为民造幸福也。至若今之政党,自外貌上观之,固皆俨然有大政党之概,然自精神上察之,则颇有一团散沙之惧,能否运用共和政治,尚属疑问,愿今之政党员师法欧美之大政党,而求整肃齐一之精神,以为政治上奋斗之准备也。

(四)凡政党必须有公正之手段

政党既各抱有主张为政治上之奋斗,自不能不有所谓党略,若用兵之有兵略然。既曰党略,则权谋不能不行乎其间,此不足为深讳也。虽然,亦有一定之界限焉,一定之界限维何?曰手段须公正。手段公正,主义始可以表白于天下,而得国民之同情,否则终亦必被弃于国民而致大失败耳。譬如演说办报游说,皆政党所用之公正手段也,若阴谋诈术,则非政党所宜用矣。顾今之政党,则往往因不能善用此公正手段,而乃行阴谋诈术之手段,或捏造浮言,对于他党中坚人物,为人身上之攻击,或施离间手段以挑动他党中坚人物之冲突,或主义相同之党,唆之互相敌视,以收渔人之利,甚或行种种不正之手段,以吸收他党之党员,凡此种手段,自政党原理观之,实毫无用处,虽能朦人于一时,终必为国民所深恶。若一党既结合于公共之目的,有奋斗之精神,而复济之以公正之手段,则一时党势虽小,终必大得国民之同情,而发达扩张其党势,况大政党而能行之者乎?故我所望于今之政党员者,但使一党主张之无误,以公正之手段求国民之同情,自必能发达其党势,至破坏他人之党,图发达自己之党,此等小智小术,非惟不能成功,抑且速其失败,愿各从大处着想,则政党前途之福也。

(五)凡政党必须有牺牲之精神

天下事断无有利而无害者,有大利则亦必有小害,但令能保全其大利,则固不妨因小害而有所牺牲,若必顾小害,则不仅必致牺牲大利,恐一事亦不能成也。故当大利在前之时,小苦痛万不能不忍受,此大而为国为民,小而为党内之事,皆所当知者也。且党纲本属抽象之物,固可以永久遵守而不变动,至若由党纲所发生之政策,则往往时而变动,是以党内先知先觉之士所认为应为之事,自未必能得全党之赞成。当此之时,苟认定无误,则虽有反对,亦必贯彻其主张,甚而至于党员分离党势分裂,亦必固持其所主张而不少为摇动,此无牺牲之精神者其能之乎?昔英国格兰斯敦于一千八百九十六年因爱尔兰自治案,彼实确见为英国内治上最利之事,主张甚坚,党员因此反对而脱党者几至半数,格氏亦不少为动,曾作一诗以表其志,大意谓多少至亲爱之弟兄,舍我而去,固为最苦痛之事,然为国家起见,则即与至亲爱之弟兄,亦不能小有顾惜云云。又如美之罗斯福,其在共和党势力之大,想在座诸君之所共知,设能稍枉其主张,则今日美国之政权,自必仍在罗斯福之手,乃罗氏因主张不合,宁牺牲其势力,牺牲其党员,与多年携手之共和党分离。夫此等牺牲精神无误与否,今姑不论。惟为大政治家者,须有道德气魄,身命、名誉皆可牺牲,独主张不可牺牲,因主张之不可牺牲,故不可不有牺牲之精神,而忍受苦痛。谚所谓毒蛇绕手,壮士断腕,惧其以小害大也。至或有疑我所述第三、第五为过专制而不宜者,此疑诚有所见,惟政党与他种法律上之团体不同,法律上之团体,可以按法而行,若政党出入,既可以自由,而政治上之活动,又不能有法律以规定其事,故非具第三第五之精神,则一党主张不一,行动背驰,又安能贯彻一党之精神,实行一党之所主张?势必溃散而后已。且党员合则留不合则去,本有自由之权,亦不谓之专制强迫,此因政党之性质而不得不然耳,欲成大政党者,愿先具此精神也。

(六)凡政党必须有优容之气量

无论何国,既有政党,自不仅存一党,必有相与对立之党,既有对立之党,主张利害,自不能强为相同,故凡为政党者,对于他党,不可有破坏嫉忌之心,且尤必望他党之能发达,相与竞争角逐,求国民之同情,以促政治之进步。譬如弈棋,必求高手对弈,棋势始有可观,若与劣者相弈,则所成之棋局,尚可观乎?故政党对于他党,必须有优容之气量,主张虽绝相反对,亦各自求国民之同情以谋政治之进步耳,至对于党内党员,则优容更为切要,人有所长,必有所短,而性质之不同则犹如其面,善用其长而忘其短,党始能发达,况今日人才甚乏,以吾国人办党,岂能求英国美国之政治家入吾党以共事者?但使人人能负责任,而党魁与中坚,又有感化党员之力,又何患党之不发达?若求全责备,则内部必常冲突,而有分裂之虞矣。此又言政党者所宜三致意也。本尚有数义,因时间已促,不能多为陈述,要而言之,共和政治,非有政党不能运用,而不完全之政党,其障碍共和政治之前途,较之无政党为尤甚。就今之政党而观,每多缺点,遂至政党发生未久,已渐取厌于国民,愿党员思所以自警也。鄙人今尚有言者,各国政党之潮流,皆有两派,一急进,一渐进,中国十余年,亦本有此两派,使各一心为国,团我二派,各自发达,则中国之进步,尚可限量乎?乃各杂以私见,异派固相倾陷破坏,而同派之中,亦往往互相忌刻,势若水火,卒致以主义目的精神思想丝毫无区别之人,亦复分派相抗,不欲联合,此种现象实非好兆,亡国之根,恐即在此耳。我今敢忠告一言于今之政党员,当日法国大革命之时,亦分急进渐进两派,急进派以人而分三派,渐进派亦复分为两派,急进派之互相残杀,固无论矣,即渐进派之两派,亦以不肯联合,为急进派所利用,挑动离间,使之时相水火以杀其势,及国会选举以后,急进派乃一一收拾之,使渐进派中两派重要之人,皆登断头之台,然不久急进派亦不能自存,而全法国之中,乃至无复一人有政治上之势力,独余拿破仑专制称帝耳。此其故岂可不深长思乎?夫法国当日,政党虽灭,国家元气未尽,国尚可存,若以中国今日之现象而论,苟政党不改善,而致复演法国之往事,则我恐国亦与之偕亡矣,愿今之政党其各三思之。

鄙人短于演说,今日承贵党欢迎,敬聊述对于政党之所见,供诸君之参考。

梁启超《饮冰室合集》第4册,文集之29,中华书局1989年版,第13~22页

△ 上海民立报刊载《论国语与教育之关系》一文,呼吁以国语教学增进民智。

1912年10月22日《民立报》载《论国语与教育之关系》:

国家发达,首视教育之程度,近世之国家尤然也,而其国之文字,与教育尤有绝大关系。余素主张中国文字不适于一般教育,而欲以国语代之,顾近日教育部召集之临时教育会议则主张第一步采用切音字母,而以国语代用国文一事,竟不见通过,吾以为非以国语代用国文则切音字母不呈其效,即或收效亦需时日,而民国教育发达则绝非可以缓图者也。近者编定切音字母之事已开始矣,教育部于切音字母编定之后,是否即继以施行,国语教授政策,抑从临时教育会议之结果,而置之缓图,皆未可知。吾则欲抒其所见,以供当局者参考焉。

吾谓高等小学以下之教育,苟必欲纯用国文,则永远不能见其发达,其理由不止一端也。中国文字艰深,习之而粗有成就者十人仅二三耳,而能以之教人者,但就小学言其程度要非十年专攻者不能办,以十年之时日而专攻不可必通之国文,而仅得小学教员之地位,则人之愿为者必少,又况国文而外,尚需涉及其他之学科,所需时日何止倍徙[蓰]?民国教育,能与此久长之岁月相俟乎?夫今日师范学校生徒国文之成绩,尚有可观,而小学教员于国文教授尚多能勉胜其任者,吾恐其尚袭科举之余阴,此等之人习气虽深,常识尚全,教授之法虽拙,国文则尚粗通,数年以后,师范学校之生徒名额日增,小学教育之需要日广,恐并此辈而不可得,此教育得人之难也。

虽然吾所谓需十年专考者,指教人者言耳,若仅通粗浅文学,以供日常之用,则所需时日或可减半至半以下,但此则就成人言耳。而小学之中,特如初等小学者其年龄大约七八岁左右,经验与悟理力远逊于成人,其难也当更倍之。今人徒见今日之小学生有成绩良善足以惊人者,辄以为国文教授之不足成为问题,不知其所睹者,为不规则之小学,而非规则之小学(其小学中年龄大抵甚长),为都会之小学,而非乡镇之小学,都会小学(其教员多程度甚高,教授亦工,甚有足为高等中学以上之教员者,而其生徒亦大率预受家庭教育,或受家庭教育之补助),若夫一般小学,则宜以规则的且在乡镇者为标准也。夫国文之难易,与教育之程度有关,但观日本小学之课程与欧美小学之课程,程度相去颇远,其故即以日本教科书多用汉字耳(日本法令,定国语教科书采用汉字不得过五百字)。夫日本虽用汉字,而教科书仍以语体为主,又况吾国之并欲沿其旧日最变化难测之文法者耶?夫学生之精力有限,专于此则疏于彼。纵让一步,高等小学或初等小学之期间,足以修了国文,而于其他之学科,将必少所心得,更让一步,谓其竟能于此短期间内,修了国文及其重要学科,而因课程之繁杂,致敝生徒之精力,似亦非计之得者,此学生修习之难也。教员既难以得人,学生又难于修习,则成绩必无可观,成绩既无可观,则学生父兄必怠于子弟就学之义务,地方人士必惮于学校之维持,此又因成绩之不良,而迟缓教育之普及者也。若夫代以国语则前举弊可以悉蠲,而更有可举之利益数焉,学校之教科,即为日常之谈话,不知不识之间而国语自通,不必徒资器械之诵读,以为练习,其利一也。语法,文法相与对照,最便于说明,今则先学国语,次及语法,次及文法,吾之规划尽自初等小学始,至高等小学止,国语而渐入于文,高等小学卒业之时,可通粗浅之文字,不特国语完全修了,且造成国文之最良阶梯,小学卒业以后,有自修之基(习国文而不能通者,则无自修基础),无遗忘之患,其利二也。文学专攻则委之于大学专门之人,一般社会则用浅文白话,重文之习破则著述之业易,其利三也。国语之传习,视国文为易,传习易则教员之材必多,教员之材多,则检定可以严,检定严则教授之成绩必良,其利四也。此皆其直接及于教育之利益也。若夫间接之利则吾尚不举焉,其与上述国语之弊为反比例之利,则吾尚不复述焉。或曰,以吾国今日之方言孔多,口音庞杂,而语法互歧,国语统一之事,殊为至杂之业,其视国文为繁杂之点,不亦有乎?曰然,认有之,然不可以畏其杂也,抑其难亦不足畏也。国语统一之事,为万不可少之事,纵其难也,犹必速企之,况夫其难也为一时,至数年后全国语言约略统一,而益以交通之渐便,则其应用之于教育也,视之国文有便利之足言,而无困难之加甚。然则何患而不忍此须臾之难乎?虽然国语教授,必与切音字母相辅而行者也。今者切音字母研究既开始矣,敬告与其事者诸君,速毕而业,勿蹈吾国往昔文人之积习,经年聚讼,迄无解决之期,以迟我中华民国教育之进行焉可乎?

△ 孙中山在临离开南京前,参加南京各界举行的欢迎会,并发表演说。

孙中山《在国民党及各界欢迎会的演说》:

兄弟自解职回粤,旋出游北京及满、蒙、晋、鲁一带,复来南京。游历所得,知我中国大有可为。因南北人心,一致趋于共和,前途必无危险。以我国地方之大,人口之众,物产之丰,人材之众,革命之后,若能一心一德,从事建设,必能为世界第一富强之国。但建设不一端,如政治、实业种种皆是。以政治言,袁总统及国务院与各省都督,皆能胜任愉快。兄弟因此担任铁路一事,愿以十年为期,建造全国念万里铁道,促实业之发达。惟二十万里之铁道,非六十万万元不能成功。以吾国从前已修铁道比较之,费十余年之力,仅成万余里之铁道,则今二十万里之铁道,又非二十余年不能成功。待二十余年而后求国之富强,未免有河清难俟之叹。欲求速效，则惟有借用外国资本，聘请外国人材，故兄弟主张此铁路政策，采取开放门户主义。

现今世界日趋于大同，断非闭关自守所能自立，但开放门户，仍须保持主权。如日本先时，亦不乐与外人交通，近数十年，因开放门户，遂成亚东强国。暹逻，亚洲之贫弱国耳，近数十年，亦因开放门户，遂得独立，收回领事裁判权。可知开放门户，不论强弱，能行此政策，必能收效。我国向多持保守主义，忽聆开放门户之说，必多反对。不知即以修造铁路一事而言，如不恃开放主义，则吾国人必无此财力，虽有政策，亦徒托空言。甚愿全国一心，不倡反对，使外人信用投资，铁路易底于成，而各项政策，皆得因此而进行，中华民国富强，庶几可待。

且兄弟所主张开放之说，不仅一人之意见，袁总统及各国务员多表赞同。盖人人知美国为世界第一富国，其铁路有八十万里，每年收入较各国为独多。如我国二十万里之铁路告成，收入之数，不独供行政费用有余，而各项政策，亦皆得从此着手，何忧不富？何忧不强？兄弟今日重来南京，与父老兄弟相见，发表政见，甚愿诸父老兄弟同将此图富图强之事，互相担任，则幸甚矣！

中国社会科学院近代史研究所等编《孙中山选集》第2卷，中华书局1982年版，530～531页

10月23日(九月十四日)　袁世凯召集临时会议，商讨省制问题。

1912年10月25日《民立报》报道：

为省制问题，迁延未决，袁大总统特于是日召集总统府要员及各国务员会商。发言者约分三派：甲、赵总理等赞成原案，主张即日提交参议院。乙、梁士诒、朱家宝等以自治区域过大，行政权限不能普及，主张将虚三级制改实二级制，皆用总监，直隶总统，处理行政、自治各事宜。俟宪法颁布后再行更改。丙、农林陈总长、工商刘总长等以自治区域应照国会选举区域，乃一定办法，现在宪法未颁，省制不能解决拟请同时拟定宪法纲要，并交参议院，期可同时发生事实。惟不主张三级制，拟参用总监名义，实行联邦自治。

△ 财政部拟定国税、地方税大纲草案。

1912年10月24日《民立报》载《国税、地方税大纲草案》：

国税、地方税草案大纲，分现行及将来新兴税目两种。现行以田赋、盐课、海关税、常捐税、统捐、厘金、牙帖、当捐、矿、契、烟、酒、茶、糖、渔业等税属国税；牧畜、商船、杂货等税，粮米、土膏油、店、房、戏、车、妓、茶、饭馆、鱼、屠、夫行等捐，及其它杂捐属地方。其将来新兴以印纸、登录、遗产、营业所得、出产、纸币发行等税属国税。其地方税又分两类：甲、特别税如家屋税，国家不课税之营业，消费税、销场税、使用物与人税之类。乙、附加税如营业与所得附加税之类。又规定将来应废税目：(一)登录税行则契、牙、当诸税废。(二)营业税行则牙、当捐废。(三)国产税行则常关、统捐、厘金废。(四)营业附加税行则课税物件与新兴税目重复者废。(五)家屋税行则房捐废。又加特别附加税之限制，如特别税行后，财政部认为不正当或妨碍国税收入，得通令禁止。又附加税不得超过下列之限制：田赋百分之十，营业百分之二十，所得百分之十五，有超过者，必得财政部特别认可。

△ 财政筹备委员开会讨论袁世凯提交议案多件，议决五条。

1912年10月25日《民立报》报道：

袁大总统提交财政委员会议案多件，经议决如下：

一、筹备赔款　以关税金款作抵,预算汇丰银行存款,及本年关税收入款,足敷拨还之用,应先通告各使馆,以免有所顾虑。

二、请还短期公债　饬令各省将公债数目分别查明,并查原定偿还期限,报告核办。

三、前清皇室经费　俟比国借款成交后,所欠百十余万,补交清结。

四、协济边省军饷　除蒙边由中央设法筹拨外,其余各省,概应自筹。

五、统一币制　禁止各省发行钞票。

△ **孙中山本日抵安庆,在安庆都督府发表演说,赞扬安徽焚毁鸦片的举动。**

孙中山《在安徽都督府欢迎会的演说》:

现在中华民国已成立,皆我四万万同胞,应世界革命潮流,同心协力,将数千年专制政体,不数月而推翻,改造共和政体。自武汉起义以至今日,亦不过将近一载,而中华民国俨然完全成立,此世界革命史所未有,可为中华民国革命史上一大特色。但破坏之事虽已告终,而建设之事方始,仍请诸同胞同心协力去做。建设之事可分为两大端:一兴利,一除害。

除害之事很多,最要紧的就是禁烟。禁烟事办理最认真者,要算贵省。如贵都督日前焚毁鸦片土,办理亦颇得法。英领事受奸商唆使,带军舰两艘至贵省,无理干涉,卒能和平结果。虽是贵都督外交手段,然亦是我中国政体改革,人民皆有国家观念,不比前清专制,上下隔阂,始能如此。若不信,请回忆前清时所有外交,有哪一件未失败?贵都督初烧鸦片土时,人人都替贵省担忧。因前清道光年间,林则徐焚毁烟土一案,酿起莫大祸事,此次又烧烟土,惟恐亦酿出事端。不知中华民国官吏,与前清官吏不同。前清官吏烧烟土,是未根据条约,不知公理之野蛮举动。且人心涣散,政府不顾督抚,官吏不顾人民,人民亦不知国家为何物,所以外交失败。现在是中华民国,人民、官吏、政府皆是痛痒相关。且贵都督之焚毁鸦片,又根据条约,所以外交不致失败。贵省禁烟办法,实可为各省模范也。

兴利之事亦很多,最要紧的就是修铁路,开矿产,讲求农业,改良工艺数大端。但要想实业发达,非用门户开放主义不可。日前兄弟在北京与袁大总统及各部总长协定政策,就是开放政策。何以名为开放政策?就是让外国人到中国办理工商等事。兄弟说这个话,不知者一定要疑惑,以为我中国土地,何能让外国人随意进来?这等见识,名为闭关主义,为前清所利用。当时满洲政府做专制大皇帝时,最怕人民有国家思想。以为人民若有国家思想,满廷即不能永远存在。所以利用闭关主义,不许外国人来。使人民将一国当作天下,自然没有国家思想,皇帝之位亦即无人干涉。嗣后外国人到中国来通商,定租界,辟商埠,并不是清政府欢迎,是外国人强迫。现在中华民国,人人皆有国家思想,同心协力,保全领土,拥护主权,外国人进来,毫无妨害,有何不可?况开放主义,我中国古时已行之。唐朝最盛时代,外国人遣派数万留学生到中国求学,如意大利、土耳其、波斯、日本等国是。彼时外国人到中国来,我中国人不反对,因中国文明最盛时代,上下皆明白开放主义有利无弊。

现在中华民国已将满清政府推翻,改造共和政体。共和政体在地球上,要算第一最好政体,我们何等幸福!但诸位同胞要知革了命,不能就算事业完了,大家就可享幸福。请看现在游手无业、饥寒交迫诸同胞,遍地皆是,我们能忍心不顾他们?只顾自己享福,岂能长享?我们要永远享文明幸福,必先使全国同胞人人有恒业,不啼饥,不号寒,然后云可。要想达此目的,就要办理铁路、开矿、工商、农林诸伟大事业。办理此等伟大事业,必先有伟大度量,将意见二字消灭尽净。诸君试看日本国,土地不过我中国两省大,人民亦不过我中国两省多,四十年以前,亦是一个最小、最穷、最弱之国,自明治维新以后,四十年间,俨然称为列强。全球上能称为列强者，不过六七国，而日本俨然是六七国中之一国。他是用何种方法，始能如此，亦只是用开放主义。我中华民国土地比日本大二十倍，人民比日本亦多二十倍，要照日本办法，亦采用开放主义，不到三五年后，兄弟可决定，比日本富强十倍。

又，我中国是四千余年文明古国，人民受四千余年道德教育，道德文明比外国人高若干倍，不及外国人者，只是物质文明。物质上文明，就是农工与各种实业，比较起来，实在不及外国多矣。例如军器一门，我们从前所用是弓箭刀枪，试问现在战争，能用不能用？试问现在战争，不用外国枪炮，能胜不能胜？我们既采用西法，即不能不借用外国人才。倘不借用他国人才，我们中国就要先派十万留学生到各国去留学，至少亦要学十年才能回国，办理建设各种事业。试问此十万留学生经费，现在能筹不能筹？试问此建设事业等到十年后再办，能等不能等？款既筹不出，又时等不及，我们就要用此开放主义。凡是我们中国应兴事业，我们无资本，即借外国资本；我们无人才，即用外国人才；我们方法不好，即用外国方法。物质上文明，外国费二三百年功夫，始有今日结果。我们采来就用，诸君看看，便宜不便宜？由此看来，我们物质上文明，只须三五年即可与外国并驾齐驱。我们道德上文明，外国人是万万赶不及我门大。结果岂不比东西各国更加倍文明？彼时我中华民国在地球上，不特要在列强中占一席，驾乎列强之上，亦意中事。彼时我中华民国国民，自然就可永远享真正自由文明幸福。但此种伟大事业，决不是少数人责任，定要我四万万同胞同心协力担负，方可达圆满之目的也。

中国社会科学院近代史研究所等编《孙中山全集》第2卷，中华书局1982年版，第531～534页

10月24日(九月十五日)　教育部公布大学令。

教育部部令：

兹订定大学令二十二条，特公布之。此令。

《大学令》

第一条　以教授高深学术，养成硕学闳材，应国家需要为宗旨。

第二条　大学分为文科、理科、法科、商科、医科、农科、工科。

第三条　大学以文理二科为主，须合于下列各款之一，方得名为大学。

一、文理二科并设者。二、文科兼法商二科者。三、理科兼医农工三科或二科、一科者。

第四条　大学设预科，其学生入学资格，须在中学校毕业或经试验有同等学力者。

第五条　大学各科学生入学资格，须在预科毕业或经试验有同等学力者。

第六条　大学为研究学术之蕴奥，设大学院。

第七条　大学院生入院之资格，为各科毕业生，或经实验有同等学力者。

第八条　大学各科之修业年限三年或四年，预科三年，大学院不设年限。

第九条　大学预科生，修业期满，试验及格，授以毕业证书，升入本科。

第十条　大学各科学生修业期满，试验及格，授以毕业证书，得称学士。

第十一条　大学院生在院研究有新发明之学理或重要之著述，经大学评议会及该生所属某科之教授会认为合格者，得遵照学位令，授以学位。

第十二条　大学设校长一人，总辖大学全部事务，各科设学长一人，主持一科事务。

第十三条　大学设教授、助教授。

第十四条　学遇必要时，得延聘讲师。

第十五条　大学各科设讲座，由教授担任之，教授不足时，得使助教授或讲师担任讲座。

第十六条　大学设评议会,以各科学长及各科教授互选若干人为会员,大学校长可随时召集评议会,自为议长。

第十七条　评议会审议左列诸事项:

一、各学科之设置及废止。二、讲座之种类。三、大学内部规则。四、审查大学院生成绩,及请授学位者之合格与否。五、教育总长及大学校长咨询事件。

凡关于高等教育事项,评议会如有意见,得建议于教育总长。

第十八条　大学各科设教授会,以教授为会员,学长可随时召集教授会,自为议长。

第十九条　教授会审议左列诸事项:

一、学科课程。二、学生试验事项。三、审查大学院生属于该科之成绩。四、审查提出论文请授学位者之合格与否。五、教育总长、大学校长咨询事件。

第二十条　大学预科须附设于大学,不得独立。

第二十一条　私人或私法人亦得设立大学,除本令第六条、第十一条、第十七条第四款、第十九条第三款、第四款外,均适用之。

第二十二条　本令自公布日施行。

中华民国元年十月二十四日部令第十七号。

中国第二历史档案馆编《中华民国史档案资料汇编》第3辑,教育,江苏古籍出版社1991年版,第108～110页

10月25日(九月十六日)　省制中省长是由民选抑或简任,几经改订,迄未决定。是日,浙江都督朱瑞联合其他十五省都督共同致电参议院,力主省长简任,反对省长民选。

1912年11月3日《民立报》载《朱瑞等都督致参议院电》:

省制交议以来,省长问题政为三说,一主人民选举,一主总统委任,一主省议会选举候补二人,请总统简任,其最后之说,登庸省长之实权,操诸省议会,质言之间接之民选也。今闻政府撤回原案,似踵武普制,分作两种机关,一任官治,一任自治。任官治者,仍由总统委任,政府此举,亦所以调和民选问题,夫图治不慎,必有后忧,立法不善,难以利行,瑞等熟审民选之弊,期期以为不可,敢摘所知,为诸君子痛切陈之。夫联邦列邦之长,由人民选举,美利坚瑞士是也。单一国各省之长,由总统委任,法兰西智利是也。盖一邦之长为代表,代表乃人民所推戴,必由选举本意,始契于共和,一省之长为官吏,官吏乃总统之属员,不由委任,政策将何以贯通?吾国既非联邦,则各省行政之长是为官吏,宜委任不宜选举,夫复何言?更以事实论之,省长民选,必起党争,甲擁其魁,乙弹其后,即不去位,亦或坐困,弊一。省长民选,必为本省之人,亲戚交游近在咫尺,趋炎希宠,易与为非,弊二。光复以后,省各为政,扶植中央,是为急务,各省长如由民选,则中央与地方弛其维系之道,庸暗者漠视政府,桀黠者割据一方,二十余省之瓦解,翘足可待,弊三。国家多事之秋,非强有力之政府不足以转危,故集权之说,已成舆论,若省长民选,乃地方分权最力之举,坐视政府,徒拥虚名,无术振作,弊四。省长为本省所选之人,往往私其一省,忽于全局,各省贫富悬殊,协款皆有前例。若此界彼疆,要相调剂,贫瘠之省或固而倍,弊五。省长民选,则其负责之处,对于省会者为多,对于总统者为少,但为省会赞同之人,即梗中央之命,总统亦无如之何,以下凌上,呼应不灵,行政统系乃如散沙,弊六。各省开明之区,政治能力每苦孱弱,选举之制尚难利行,边远之民相去倍徙[蓰],放弃权利犹属无知,名曰民选不便,其实拥戴长官将成垄断,弊七。即此七弊观之,民选省长,在在自速其灭亡,苟能掊而去之,采委用之制,则于理论事实两得其平,固不易之良法也。乃或谓省长委任,恐酿中央专制,不知监督省长,既有省会,省长委任,由于总统监

督，总统又有国会，专制之弊，其何以萌？况缩短总统任期及法定总统不得三次连任，杜微防渐，其道良多，何必过虑？或又谓省长委任，反于共和之精神，不知共和精神，即主权在民之一端，主权在民者，谓国家最高权一发轫于议会立法一方之准绳，固宜如此，若任免官吏，在行政一方者，与是何涉？故法之省长，虽由总统委任，毫末不害于共和，其故可深长思也。瑞等以为省制问题，无论取法何国，均无不可，总之，民选之制，有百弊而无一利，委任之制，有百利而无一弊，贵院职司立法，一言可以兴邦，必能博稽外制，详审国情，造民国前途之福，谨就管见所及，覙缕上陈，尚祈协力主持，以维大局，民国幸甚。此电系浙江朱都督主稿，合并声明，领鄂都督黎元洪，浙江都督朱瑞，江苏都督程德全，安徽都督柏文蔚，直隶都督冯国璋，河南都督张镇芳，四川都督尹昌衡，民政长张培爵，山东都督周自齐，山西都督阎锡山，民政长谷如墉，甘肃总督赵维熙，陕西都督张凤翙，奉天都督赵尔巽，吉林都督陈昭常，黑龙江都督宋小濂，广西都督陆荣廷，贵州都督唐继尧。

1912年11月2日《民立报》社论《省长民选之主张》（血儿）：

省官制聚议纷纭，迄今尚无定论，而省长民选与简任问题，尤为此制争论之烧[焦]点，大率保守派主简任，进取派主民选，本报主张省长民选者也，前此已论列民选省长之理由，我国民当能忆之，记者无似，愿本所信，于此一缕陈之。国民能悟解民选是省长之利益，一致主张期于实行，则平民政治之福也。

省长民选，在专制之世，欲巩其帝政之权威，决不能行，而今当民国初基，省官制草订之始，则正使吾国政制完全筑于平民之上之一机会，而省长民选，最宜实行于今日，吾国民幸无忽此时机矣。夫世之反对省长民选者，莫不以为有妨中央集权，而不知中央集权有立法行政之别，立法之范围，在集权之国，万不可分，而关于行政，在集权之国，则未尝不可分，故立法集权而行政分权者，不得谓非中央集权之国也。省长民选，行政之事，非立法之事，则民国虽采行政分权，果立法不分，而亦无碍于统一矣。英美省长，皆由民选，美虽属联邦，而英则为统一，可以明省长民选无关于为联邦为统一也，盖中央集权之神髓，重在立法而不重在行政也，则有妨集权制之说，不足以难省长民选论矣。其次又有谓民智不及不可民选者，而实所谓以矛陷盾也，苟执民智不及之说以相难，则共和亦不能成，民国亦不能立也，民智说果以何为标准乎？民智能行共和制度，选举全国之总统，独不能选一省之长乎？则民智之说，殆无成立之余地也。准之集权说其无妨碍既如彼，按之民智说其不能成立又如此，则省长当由民选，盖无可摇撼之理由也。其以他说相难者，亦本问题之旁枝，无关大旨，要亦不难解决耳。请再申言民选省长所生之利益如次：

一曰省长民选无更迭频繁之病也，省长民选，必为全省夙所信仰敬仰之人，并非以一朝之好恶而言，则苟省长不为大违民意之事，则国民必不遽思更迭，且省长有一定任期，任满始行辞职，而后国民再行使其选举，其更迭不得谓速也。若较之简任，则所简任之人，往往不合民意，可于就任之始，即生莫大之冲突，于是有生心害政之虞，冲突既甚，政府不得不徇民意另简他人，而其更迭之频繁，不亦甚耶？不特此也，国家既采内阁制，则省长之简任必属于内阁之意思，不过以总统命令之形式行之耳，则由内阁意思简任省长，其中必含有党派之臭味，内阁更迭一次，各省长亦即随之更迭一次，不问其合于民意否也，更不问其任期满否也，则其纷扰之害，尤不可胜言矣。此盖证之于往事而可知，故省长民选，较诸简任，无更迭频繁之病也。

一曰省长民选可以养成国民参政能力也，省长必由民选之要义，即在使国民得养成参政之能力。盖省长而由民选，则国民与省长关系密切，非如由中央简任之淡漠，而欲得为省长者，必励志修德，奋勉学问，求副众望，而尊重名誉尊重公义之心，益以发达，即不至为省长，苟欲自立，以得一职者，亦必如是，而国民政治道德，遂以日进于纯洁。且省长由国民选出，国民注意政治之变迁，因以养成参政之能力，必非浅鲜，若由简任，则省长一进一退，皆由中央命令行之，国民视之为与己无直接关系，而感情遂成隔膜，且省长由中央简任不必尽孚众望，则可以夤缘而求，幸冀而得。如是，既不能诱起国民政治观念养成其参政之能力，而政治道德又必至日趋堕落，此万不能比于民选者也，故省长民选可以养成国民参政能力也。

一曰省长民选可以扫除官僚之积习也，中国政治之不进，则以官僚积习之不能革除，前清政治之腐败，官僚之卑恶，实为其大原因。官僚之劣德，不可胜言。今民国成立，永宜铲除官僚积习，然官僚积习于今数百年，虽共和成立，而非可以一朝净尽，今官僚派有渐渐活动之势，不预遏其源则萌孽滋长，将至不可收拾。惟预遏之道不一端，而使省长民选，则旧日染官僚恶习太深者，将无由进廓清而扫除之，实赖于此。苟非然者，则中央简任，势必以资格进阶级之念，必牢不可拔，得其胜利者，则必尽属于官僚派之一流也。夫此事本无关与民选省长之宏旨，惟吾敢言，中国今后政治，若不扫除从前官僚之积习，必难望治理，则欲求政治之进步，省长不得不归民选，盖以近日国民思想之发达，其不取乎从前恶劣之官僚派可知，故省长民选可扫除官僚之积习也。

一曰省长民选民意不致遏抑不伸也，共和之真际，务使民意必影响于政治是已，省长而由民选，其受任之初，已无违于民意，则以选举人以公意有所请愿于被选举人，而被选举人受理之，本政治之常经也，则国民利害痛切之所在，皆得为应兴应革之谋，而无所阻抑，此民权舒展之极轨，政治社会根本改革之要图矣。（若以私人关系，而为私意之要求，本在屏绝之列，其妨碍政治进行，不可以公义一例视，无民选简任一也。）至于中央简任之省长，而往往有恃于政府之后援，而遏抑民意，国民之所欲，而省长之不必计之，于是冲突以起，或弹劾之，攻讦而不动，则必诉之于暴力，其危实甚。盖省长于国民之情不易疏通，此其所以敝也。若民选省长苟违民意过甚，则省议会一投不信任票，即须解任，故民选省长，不致使民意遏抑不伸也。

△ 中国社会党召开第二次联合大会，议决该党宗旨：于不妨害国家范围内主张纯粹的社会主义。

1912年10月30日《民立报》报道：

是日中国社会党联合大会，各部代表出席者共五十八人，由总机关代表江亢虎主席，公议指定审查员七人。经议该党之宗旨为：本党于不妨害国家范围内主张纯粹的社会主义。

1912年11月3日《民立报》载《中国社会党宣言》：

本党成立，瞬届周年，党员众多，支部林立，兹第二次联合大会，各代表修订规章，业经公决通过。而一部分党员抱无政府主义者，又一部分党员抱国家主义者，别谋独立，互相非难，甲派之宣言，以为社会党无国家，而本党明明有之，不知本党固明明规定其名义曰社会党，在中国所组织之团体，而任何国人居留中国者，皆得为本党党员，是中国仅为标举本党所在地一名词而已，何得谓为有国界？又以为社会党反对政府，而本党明明不妨害之，不知本党固明明揭橥其宗旨曰："不妨害国家存立范围内，主张纯粹社会主义。"妨害国家岂即不妨害政府乎？且果为无政府社会党，即应言无政府，不应仅言反对政府，政府有可反对者，普通国民皆可反对之，不必社会党，更不必无政府社会党也。此不能不为无政府主义派正告者。乙派之宣言以为社会主义应以国家为本体，若纯粹社会主义，尤不应以国家为范围，不知本党宗旨,固以不妨害国家存立之事件为进行之范围,初曷尝有以国家为范围之说,至谓社会主义必以国家为本位,则本党期期不敢苟同。盖本党固认个人为社会之单纯分子,社会为个人之直接团体,质言之,即以个人为本位,而以社会即世界为范围者也,此不能不为国家社会主义派正告者,推两派之意,皆疑纯粹社会主义,必至妨害国家之存立,而本党则以为有一部分可以相容而并存,试即以党纲征之,共和非郅治之极轨也,而在今日实一切政治较善之制度,以不妨害国家存立故,特先赞同之,而由此一变至道。法律非制治清浊之原也,而为今日有国家时代所必不可废,以不妨害国家存立故,特先改良之,而由此以服从天然。租税应罢免也,而今日中央地方之公共经济,将无以维持,以不妨害国家存立故,特先专征唯一之实地价税,而由此以达各尽所能,各取所需之原则。军备应撤除也,而今日能保我不侵略人,不能禁人不蹂躏我,以不妨害国家存立故,特先限制之,而由此以期同登极乐永庆升平之隆风。他如融化疆界,破除世产,普及教育,奖励劳动,则皆丝毫不妨害于国家之存立,而实即纯粹社会主义之根本问题也。故非难者,但谓本党所主张之纯粹社会主义,因不妨害国家存立,而已牺牲其一部分。则本党亦承认无异言,若谓纯粹社会主义,与不妨害国家之存立二言,全然绝对的相反,而主张纯粹社会主义,即无一事不须妨害国家之存立,不妨害国家之存立,即无一事可以主张纯粹社会主义。即主张纯粹社会主义者,除推倒国家外,更无一事之可行,则与本党之用意颇有不符,但本党有内诬之言,为外人所不及指摘者二事:一纯粹二字,囫囵意语,以目的言,则手挥五弦,目送飞鸿,非至个人自治世界大同,则本党之目的为未尽,以事实言,似乎有所顾忌,有所牵掣,不能一本纯粹之精神,放手做去,然尝远虑深思,周诹博采,生今日之时,处中国之地,欲社会主义纯乎其粹,惟有秘密结社则已,若谋鼓吹号召之便利为明目张胆之施行,似舍此外,别无长策,天地有憾,莫可如何。一中国二字,本就无党所在地而称之,唯本党除汉满蒙回藏疆域外,日本、暹罗、缅甸、夏威【夷】、金山、南洋群岛,皆已有支部之发生,似此二字已难概括,名实不副,毋宁取消,此同人意想所及亟待榷商者也。至于甲乙两派,非皆本党之分子乎?向使一年以来,无本党为机关,此种议论,何由表见?此种团体,何由组织?则水源木本,薪尽火传,对于本党,皆极有亲密之关系,其事亦在本党规章所称以特别目的组成各种小团体中,且甲乙两派诸君,非皆本党之党员乎?一致而百虑,同归而殊途,事无足怪,所不解者,诸君一年以来入党之心理耳。当时既以十分热忱,对于本党之党纲而宣誓,兹党纲未改一字,而诸君忽然脱离,今日之脱离是,则昔日之入党非,昔日之入党是,则今日之脱离非,生死以之,言犹在耳,了解之谓何?信从之谓何?俛仰前尘,徘徊歧路,自崖而返,感慨系之,虽然学术天下之公,人心不同如面,海枯石烂,公理常存,入主出奴,自由无碍,本党甚乐与两派诸君从容讨论,务祈至善之归,黾勉提携,藉便众擎之事,前途万里,来日大难,倘各勉旃,爰特发其主张之本怀,致其勉励之,诚意如此,至于不规则之论调,无意识之讥评,所不辩矣。中国社会党总代表江亢虎宣言。

△ **教育部公布学生学业成绩考查规程令**。

教育部部令:

兹订定学生学业成绩考查规程二十条,特公布之。此令。

《生学业成绩考查规程》

第一条　学生学业之成绩,分为平时成绩、试验成绩。

第二条　平时成绩,由教员查察学生勤惰与其学业之优劣,随时判定。

第三条　试验,分学期试验、学年试验、毕业试验三种。前项三种试验外,又有入学及编级试验,于招募学生及收受转学学生时行之。

第四条　学期试验,于学期终行之;但自一月至三月之一学期,得免试验。专门以上学校得免学期试验。

第五条　学年试验,于每学年终行之;但届毕业时得免除学年试验。

第六条　毕业试验,于修业最后之学年终行之;但在未届毕业以前,遇有一科目教授完竣时,得先行试验,届毕业时,即以所试验之分数为该科目之毕业试验分数。

第七条　评定成绩,分甲乙丙丁四等:甲、八十分以上;乙、七十分以上;丙、六十分以上;丁、不满六十分。

前项丙等以上为及格,丁为不及格。及格者毕业或升级,不及格者留级;留级两次仍不及格者,命其退学。

第八条　学期成绩之评定法如左:

一、本学期每学科之试验成绩,参合平时成绩判定分数,为每学科之学期成绩。

二、本学期各学科判定之总分数,以学科数除之,得平均数为总学科之学期成绩。

第九条　学年成绩之评定法如左:

一、本学年每学科之试验成绩,参合平时成绩,判定分数,为每学科之学年成绩。在施行学期试验之学校,以学期成绩分数相加以二除之,为每学科之学年成绩;但内有一学科或数学科为学期试验所不及者,得照前款办理。

二、本学年各学科之学年成绩总分数,以学科数除之得平均数,为总学科之学年成绩。

第十条　毕业成绩评定法如左:

一、最后学年每学科试验成绩,参合平时成绩,判定分数,为本学年每学科成绩分数,又与前各学年每学科成绩分数相加,以学年数除之,为各学科毕业成绩分数。在施行学期试验之学校,先以学期成绩分数相加以二除之,得每学科学年成绩,再依前法得毕业成绩分数。

二、各学科毕业成绩之总分数,以学科数除之得平均数,为毕业总平均分数。

依第六条先经试验者,应免除试验。

第十一条　各项试验,由各教员评记分数,校长核定之。

关于升级毕业事项,有应协议者,经教员会议后,由校长决定之。

第十二条　学业成绩有应与操行成绩参酌者,适用操行成绩考查规程第五条。

第十三条　初等小学校、高等小学校,即以平时成绩评定学业成绩,不施行试验;但遇必要时,亦得施行适宜之试验。

专门以上学校,得视特别情形,只以试验成绩评定学业成绩。

前项外其他学校,遇有平时成绩无可参合时,得以试验成绩为准。

第十四条　专门以上学校之学年试验或毕业试验,其主要科目有一学科分数不及丙等者,不得升级或毕业。

第十五条　学生因不得已事故不能与学期或学年试验者,得请求补试。

中等学校得酌量情形,以平时成绩评定学业成绩,免其补行试验;但分数须减十分之三。

第十六条　学生缺席时间逾授课时间三分之一者,不得与学期或学年试验。

第十七条　各项试验规则,由各学校定之。

学生违背试验规则者,其试验成绩作为无效,或酌减其分数。

第十八条　学生缺席在一学年内至四十小时者,应减学业成绩总平均一分;多于四十小时者,每逾二十小时递减半分,不满二十小时者免减。

第十九条　学校有实地练习者，其练习分数除特别规定外，应占学业成绩五分之一至五分之二。

第二十条　本规程自公布日施行。

中华民国元年十月二十五日部令第十九号

中国第二历史档案馆编《中华民国史档案资料汇编》第3辑，教育，江苏古籍出版社1991年版，第67~70页

△ 孙中山本日抵南昌，在当地的欢迎会上谈了铁道、借债、集权分权等问题。

孙中山《在南昌百花洲行辕的谈话》：

【铁道问题】拟由外人承修，四十年后仍归中国。另附条件，不及四十年，亦得依股票时价，随时收归国有，以防流弊。盖可免回扣之耗失、材料之抬价、工师之要挟。四十年后，不费一钱，坐享其成，利益颇大。况外人修筑之时不能不雇华人，用华材，尤为利中之利。

【借债问题】六国要挟过甚，深可愤慨。现已与外国资本家数人联络，拟开办中西商办银行，中外各出资本千【万】磅。将来中国借债，即由该行出名，纯为经济问题，以免国家借债，惹起政治交涉。且可利用该行发行公债票，销售外国市场。

【集权分权问题】中央集权地方分权，本来不成问题，不过反对者藉此鼓簧。实则集权、分权，皆由人之成见而生，如外交、海陆军，不容有地方分权，其他利民之事，不容有中央集权。盖须相因而行，不能执一。民权为天经地义，专制恶风，断难久存于二十世纪。

【江西城围扩建问题】现在街市可不必再改，惟须择一最大之地段另辟新埠，将衙署、公所及学校、营房迁至其所，则旧有者不期废而自废，改建甚易矣。至于地皮，只可由公家购买。然恐公家无力，或人民不愿，惟有乘此换契之时，任人民自定价值，有二条件：（甲）照价抽税，（乙）照价收买。向来地皮价值，本极不齐。中国旧法，照面积抽税，故贫民乡间之地，往往吃亏，而富人私有城市之地，往往唾手得利。如美国现有一富人，从前收买十亩地时，该富人某日醉后，归途遇人拍买［卖］，随意以二百元立约。当时人皆笑其过昂，迨今竟成数十万之富家翁矣，故此种致富，乃非人力经营所致，不过得好机会而已。然彼之好机会，又由国家路政、矿政而致，实非彼有丝毫之力，而乡村力作之农，乃至终身困穷，故此为不平之道。……但此事从何入手？须从交通入手。交通之法，铁路为急务，然马路尤不可少，盖马路费较省便。且马路行自动车，自动车费亦较少。如每车坐十二人之自动车，每里只须万元可修，路之平坦者，每里仅五千元或二千元可以修好。有此自动车，然后铁路亦能获利。不然，距铁【路】较远之人，即不便搭坐，即修小枝路，亦不十分便利。如冷落之地，每日枝路开车一次，其搭坐者有非常不便。若马车、自动车，即可每日开十余次，此最便之事也。英国从前枝路甚多，现皆拆去，改用马路，此其明证。

中国社会科学院近代史研究所等编《孙中山选集》第2卷，中华书局1982年版，第534~535页

10月26日（九月十七日）　黄兴抵鄂，在平湖门各社团欢迎会上发表演说，并出席江汉大学欢迎会。

1912年11月1日《申报》报道：

黄克强君于十月二十三日乘楚同兵轮返湘，……二十六号上午十时即驶抵鄂垣。旋在平湖门外下碇。国民党鄂支部长石瑛君及各政团成员在江岸欢迎【者】不下千余人。黎副总统亦派杨时杰、程明超等代表接待。……当导入乙栈行台小憩，未几乘马车入城，诣都督府。黎公亲率军务司长并各上级军官暨军乐队降阶相迎。

黄兴《在鄂都督府的讲话》:

鄙人谬承欢迎,诚不敢当。惟今日有两种观念:一是极悲伤的。回忆去年今日,鄙人督战阳夏,阵亡烈士横卧沙场,惨不忍睹,今日始见五色旗之飞扬。惟列强尚未正式承认,倘再经一次破坏,波兰、埃及岂可免耶?愿诸君同舟共济,以国利民福为前提,勿争权夺利,勿侵人利己。一是极欢乐的。同人组织革命以来,日在患难忧戚之中,即起义后,亦从未与在座诸君同室畅谈。今日第一次一堂欢聚,实不知愉快之由来。愿彼此以往,日日若是,月月若是,年年若是。

湖南省社会科学院编《黄兴集》,中华书局1981年版,第287页

黄兴《在江汉大学的演讲》:

列强承认问题,只须求我国内政修明,秩序恢复,有可以承认之实而已。至人之承认与否,可不计也。调和南北感情之事,本来不成问题,不过外人轻信一种无识者之言,妄相拟议。此次孙先生及兴北上以来,此种浮言已归冰释。但此后建设需材孔急,则教育至为急务,诸君求学务以远大自相期许,潜心力学,切戒浮动,庶几蔚为新共和国建设人材。先民艰苦缔造之美满河山,可期久远,可谋光大。

湖南省社会科学院编《黄兴集》,中华书局1981年版,第287页

△ 外交部为外人游历订定新章,颁行各省。

1912年10月27日《民立报》报道:

新章规定各省当道,应将游历人之名字官衔等,及其从者之姓名开报部中,并将入省出省之日期,在本省游历之名地,或曾从事测量,或仅摄影,沿途有无肇生事端各节,详细报部。

10月27日(九月十八日) 中华民国派陈锦涛赴美,向美国旧金山万国博览会致贺。

1912年10月30日《民立报》报道:

美国旧金山巴拉玛万国博览会干事,柬邀各国代表,认定会场地点,各国多由驻在领事代表莅会,我国国务院审计处总办陈锦涛亦奉政府派为代表,应邀参加。行礼之际,鸣炮二十一门,各国即于会场竖立国旗,我国五色国旗,立时飘摇会场之中,会场所悬万国国旗,我国五色国旗亦与同列。此为我国五色国旗出现国际之始。

10月28日(九月十九日) 袁世凯公布国史馆官制。

《国史馆官制》:

第一条 国史馆掌撰辑民国史,历代通史,并储藏关于史之一切材料。

第二条 国史馆置职员如下:

馆长 特任

秘书 荐任

纂修 荐任

协修 荐任

主事 委任

第三条 馆长一人,掌全馆事务,直隶于大总统。

第四条 秘书一人,承馆长之命,业理文书事务。

第五条 纂修四人,协修八人,分任编辑事宜。

第六条　主事二人，承馆长之命，掌会计及庶务。

第七条　国史馆荐任官由馆长呈请大总统任命，委任官，馆长专行之。

第八条　国史馆为缮写文件及其他庶务，得酌用雇员。

第九条　本制自公布日施行。

1912年10月份《政府公报》法律，第181号

△ **袁世凯重申鸦片禁令。**

袁世凯《严禁种植贩卖吸食鸦片文》：

鸦片之害，至为剧烈，损人神志，害人生命，耗人财产，不可纪极，而种烟之处，吸食尤易，竟致老幼男女，皆染此习。易嘉禾以蟊贼，视毒品为良剂，驯至谷麦日少，游惰日繁，灾祲猝遘，饿殍满野，丁口减少，市井为墟，竟将召灭国灭种之祸，此必宜禁绝者也。现行刑律，于制造贩卖收藏栽种者，均订有罪名专条，所以芟除害本，防遏流毒者，至为周密。自上年以来，各省秩序，多未十分还复，有司未暇注意于此。风闻向来以此为业者，间或故态复萌，冀牟厚利，外召讥议，内长贫弱，此害不去，国何由振兴？应再由民政各机关，严切出示，晓谕国民，力除痼习，吸者立即戒除，贩者分别停歇。尤要者，现在时令，正当从前烟苗下种之期，切宜劝令相地所宜，种植他项农产，万勿轻弃本植兹毒卉，如有违抗者，一经发觉，均照律治罪，决不宽贷。官员故纵者，一并分别重轻，按律惩治。总期沉痼悉蠲，生机日裕，以邀共和之幸福。此令。

徐有朋编《袁大总统书牍汇编》第2卷，上海广益书局1920年版，第20页

△ **外蒙宣布独立后，内蒙各族颇受影响。东蒙哲里木盟盟长齐公赞成共和，为免除内蒙各族疑虑，特发起蒙旗会议，约合该盟十旗王公集会于长春，解释共和真理。会前先期通告政府，政府派阿穆尔灵圭、吉林都督陈昭常、东三省宣抚使张锡銮莅会与议。**

《政府派员与东蒙十旗会议于长春》：

自外蒙库伦反抗共和，宣布独立，内蒙各旗，受其影响，颇怀疑虑。东蒙哲里木盟盟长，于共和政体，极意赞同，特发起蒙旗会议，约合该盟十旗王公，集会于长春。解释共和真理，藉泯嫌猜。先期通告政府，由政府派阿穆尔灵圭，暨吉林都督陈昭常、东三省宣抚使张锡銮莅会与议。本日开会以于长春道署，到会者共四十人，内有各旗王公及代表十五人，并于二十九、三十、三十一等日继续开议，政府委员提出意见如下：

（一）各王公赴各本旗劝慰，力陈五族共和之利益。

（二）请内外蒙务于年内取消独立。

（三）如能效忠民国，或从事宣慰，蒙古早日取消独立者，由政府格外奖叙。

（四）请各王公宣告民国对于蒙古固有权利，概不剥夺。

（五）凡蒙古所借外债，均归民国担保归还。政府复宣示十条：

（甲）蒙边安隘地点，许府派兵填驻。

（乙）蒙王无论向何国借债，非经中央政府允准，不准实行。

（丙）取消独立后，请大总统颁发特别优待蒙人条件。

（丁）蒙人不准私将产业抵押外人，以保领土。

（戊）蒙人举办新政，准由政府许可。

（己）创办华蒙联合会，以敦感情。

(庚)组织蒙文报,以开民智。

(辛)蒙人改用五色国旗,以符国体。

(壬)蒙人应遵民国法律。

(癸)蒙人练兵所需枪械,概由各省都督代购,不准私运,亦经开会时宣布。各旗王公对于此会,均甚形满意。

《东方杂志》第9卷,第6号,中国大事记

△ 熊希龄建议以田赋作抵发行公债二万万。

《熊希龄致大总统等电》:

袁大总统、国务院、财政部、鄂黎副总统、奉赵都督、吉陈都督、黑宋都督、天津冯都督、鲁周都督、晋阎都督、豫张都督、陕张都督、甘赵都督、新杨都督、蜀尹都督、沪胡都督、皖柏都督、赣李都督、宁程都督、浙朱都督、闽孙都督、粤胡都督、桂陆都督、湘谭都督、滇蔡都督、黔唐都督钧鉴:伦敦借款既不敷用,六国银团仍复把持,金融机关停滞不灵,各省银根吃紧,纸币价落。鄂、粤两省减折七、八,东三省汇银至沪,每千两仅兑五百六十两,湖南则每千汇水增至一百五十两。其故皆由纸币逾额,现款缺乏,以致贸易衰颓,市面货物无人过问,工商各界几濒死症。今若不从整顿金融下手,则商务日疲,税源日竭,国家财政亦终不可救药。希龄前在财政部任内,即拟定金融政策,中央设国家银行,各地方设省银行,并奖励民间广设国民银行,美之富强由斯道也。嗣以借款挫折,力未能及。今察时局,仍非此不足救亡。惟内外银行同时并立,筹集资本,收回纸币,必须发行全国公债方有办法。查前南京政府八厘公债一万万元,以田赋及将来印【花】税作抵,年息八厘,还期六年,贸价发行,并无折扣,本不合于公债原理。又为经手者舞弊减售,致使信用跌落,中外皆不肯受,希龄到任后即议停止,以销额一千万元为度。现为中央、地方计,拟请就原案更正,改为国内五六厘公债,仍以田赋作抵,年息五六厘,还期四十年,发价九五,净价九扣,概照伦敦新款办法,中外人皆可承售。其总额二万万元,以一半为中央银行资本,以一半为各省银行资本,宜就地方繁简,拟分资本多少,名为整理金融公债,发行国家银行纸币,将各省旧抄[钞]收回。但因中央银行基础未定,信用未孚,时拟委托通商各埠之外国银行代理发行债票及按时付给本息等事。统计债额二万万元,应付年息一千一二百万元,每年上下忙后,由各省于田赋项下分别两次汇解,各埠外国银行收存付利息,迨至第十一年起摊还本款,按年加付八百八九十万元,合计本息约二千万元。以现在各省田赋收入总额五千一百三万二百十四两,合国币七千六百五十四万五千三百二十元,扣算各省筹抵此项公债本息亦不过七分之二,分任摊解,为数不多。此议能行,现[既]于伦敦合同不致冲突,广东美款抵押问题亦可从此解决。希龄现在此间与洋商议及江、浙两省筹拨地方公债、办理省银行之事,该洋商亟愿承售一百万磅。举此例推二万万元公债或可如愿,且有外国银行担保付息,信用亦必巩固。事关全国金融命脉,舍此别无起死回生之法,如荷公等赞成,即由财政部提院议决也。顷来沪上目击商艰,谨贡此策,是否有当,乞酌裁,并望电复。希龄叩。

中国第二历史档案馆编《中华民国史档案资料汇编》第3辑,财政,江苏古籍出版社1991年版,第865~866页

△ 黄兴参加国民党鄂支部欢迎会,在会上发表演说。

黄兴《在国民党鄂支部欢迎会上的演讲》:

今日承本党鄂支部开会欢迎,愧不敢当,惟鄙人今日与本党诸君相会一堂,有许多心事,

得乘此机会发表于诸君之前，甚欣幸也。我鄂支部在武汉甚得地点，诸君不可不知此地为我民国肇造起义之地，且为副总统驻节之处，为南北之中枢，集党争之中点，于谋本党之发达利便莫大，支部诸君既得此独一无二之地，为本党政争之中坚，责任重大，荣誉亦罕与伦比，在今日之民国，所以不可不有政党者，因为欲产出真正之共和政治，必待政党对于政治为专门之研究。本党前身为同盟会，彼时从事革命运动，故其目的、性质、手段，纯然为破坏的。今日则民国成立，建设伊始，时势已迥不同，即目的不得不改变。今所以与各党合并而改称国民党者，盖将应时势之要求，为解决建设问题之研究，自然之归结也。至本党对于民国建设事业当取如何之方针，是则不可不借鉴先进诸国。欧美各国之已成为完成之国家，而能代表共和政治者，仅法、美两国。法、美两国政治之运用，需待政党之力为多，而共和之真精神，亦于此发挥，我民国为数月甫经成立之国，一时国内政党勃兴，政党太多于政策之进行不无妨碍，欲追踪法美，以收共和之美果，不可不造成伟大政党，俾对于国家政治，力加研究，以得稳健之主张，发表于国民之前。使全国人心有所趋向，而后得多数国民同情，国政进行可免障碍，国家之发达亦于此基之矣。本党痛今日民国之政党虽多，然有精确而伟大之政策者极少，乃不惜苦心孤诣，结合多数小党，组成一极强有力之大党，相与制定党纲，以表示将来政治进行之方针。此国民党成立之由来，及将来进行之目的，当与诸君所共喻，而不忘者也。

本党所抱持之国家社会主义，实于国民今日现状最为适当，盖其精神纯为全体国民谋完全之幸福，本党向来宗旨如此，由破坏以至于此后建设，一贯不渝。故对于全国为不可少之政党，固不待言，即以对于全世界而论，本党所主张之保全国际和平，原为谋人类真正的和平幸福计，故对于世界，本党亦为必不可少之政党，望我党员抱定决心，扩充此主义，使达完全圆满之目的，则本党前途正未可限量。惟兹事重大，断非一二人所能荷担，故必党员人人负完全责任。且此等事业，亦非一党所能自私，故对于他党，亦务期互相提携，交换意见，俾克砥砺观摩，收他山之助，凡他党之所主张不可为无意识之反对，只当以国利民福为前提，平心静气为稳健之批评，以待民国抉择，盖政党必具此党德，方能光辉发达成极伟大之政党，否则亦终归失败而已，前路茫茫，其各勉之。

至若本党对于现在已成立一周年之民国，宜持如何态度，要为吾党所不可不研究。民国虽曰成立，然尚未得外人之承认，此后对内须维持现状，更谋所以整顿之，必使国基稳固，秩序安宁，做到外人不得不承认地步，方得谓本党党员之责任，略尽一分，况诸君在此地如前述所云，为我辈极好舞台，尤为负极大的维持责任，望此地本党党员将本党精神发挥尽致，以维持一切。此地既为首义之区，对于有功将士须敬而爱之，又须以一片公心，调和各党保全秩序，则对于外人承认问题自易解决。今日调和恶感最为急务，国人譬之亲兄弟，若互争己见，则阋墙祸起，分崩离析，不能保全内部之团结和平，又何能得外人之承认，此层更愿与诸君共勉之。今日北有袁大总统，南有黎副总统，犹之屋有栋梁，而吾辈方能住居寝食歌哭于其下，故我辈一面监督现今之政府，同时复当尊重此两大伟人。今日国家之急务，在谋内部之统一，我辈于此不可不慎其言论行动，非惟本党诸君当如是，并愿非本党党员而到会之诸君亦共体此意焉。最后有为本党诸君告者，则目今选举在即，党员须大家共负责任，多赴地方演说，使人人知共和之真精神，并知本党之精神所在，而后国人皆知本党之可恃，共表同情，以助成本党之所主张。譬之草野，本党当先走出一条平路，使后来不患迷途，譬之铁路，本党须先造出一条轨道，使多数国民齐上此轨道，而更使政府上此轨道。盖政党本来一方有指导人民，代表人民意思之责；一方有监督政府，护持政府之责。约言之，即政党者对于国家负完全维持之义务，为国民之耳目，使全国之人免于盲人瞎马，半夜深池之危险者也。

抑鄙人对于民国有罪无功,重劳多数同胞欢迎,愧感交集,惟向来在武汉为时颇久,历计自肄业两湖书院,以至去年督战汉阳,特与武汉同胞有密切之关系,故对于武汉同胞尤形亲爱,今日欢聚一堂,不啻家人父子兄弟之关系,则亦鄙人所欣幸而敬谢诸君者也。

湖南省社会科学院编《黄兴集》,中华书局1981年版,第288~290页

10月31日(九月二十二日)　国务总理赵秉钧咨送《中央学会选举参议院议员暂行规则》至司法部。

《中央学会选举参议院议员暂行规则》:

第一条　中央学会未组织以前,选举国会组织法第二条第五款所规定之议员,由中央及各省选举之。

第二条　凡年满二十五岁,具有左列资格之一者,得为选举人。

一、中外高等专门以上学校毕业者。二、有高深著述者。

第三条　选举人在中央,则以居留北京之人充之,在各省则以各该省人充之。但被选举人,不以此为限。

第四条　选举监督在中央,则以教育总长充之,在各省则以各该省行政长官充之。

第五条　选举监督应于参议院议员选举期六十日以前,在本管区域内设立选举事务所。

第六条　凡有选举资格者,应于选举期六十日以前,至选举事务所填写履历书,并须提出毕业文凭或著述。

第七条　选举监督应将选举人之姓名、年龄、籍贯、住址及某种学校毕业、有无著述等事项,载于选举人名册。

第八条　选举监督应将选举人名册,于选举期六十日以前宣示公众。

第九条　宣示选举人名册,以五日为期。如本人以为错误,得于宣示期内,取具证凭,呈请选举监督更正。

前项呈请更正,选举监督应自收呈之日起,五日以内判定之。

第十条　选举监督应于选举期三十日以前,发布选举通告。其应载事项如左:

一、选举日期。二、投票所及开票所地址。三、投票方法。

第十一条　选举监督得委任投票管理员、监察员、开票管理员、监察员各若干人。

第十二条　各省选出之人应由该省选举监督,于选举期后三日以内报告教育总长。

第十三条　教育总长于选举期后十日以内,汇集中央及各省选出之名额,择其票数最多者为当选人,次多数者为候补当选人。同时将其姓名及所得票数榜示之,并通知各当选人。

前项候补当选人之名额,至多不得逾十人。

第十四条　除以上各条规定外,应依据参议院议员选举法。

第十五条　本规则至中央学会组织法颁布时,即行废止。

中国第二历史档案馆编《中华民国史档案资料汇编》第3辑,政治,江苏古籍出版社1991年版,第371~372页

△ 梁启超留京旬日,受到各界欢迎。返天津之前,在湖广会馆开茶话会,答谢各界代表。并作演说。

梁启超《答礼茶话会演说辞》:

鄙人此次来京,因时日太促,旧好新知,不克一一畅叙,今日邀请同志诸君,一堂聚会,聊谢日来诸君招待之盛情,而诸君惠然肯来,则又鄙人所当首表谢意者也。

鄙人以十余年流离海外之身，重返故乡，得与邦人君子握手言欢，衷心欣悦，何可言罄，今日之会，亦借演说以作坐谈而已。

今日结社集会，遍于中国，而北京为全国中心，爱国之士，经世之才，皆萃于一隅，于是党会随之而生。夫以十余年前专制之根据地，而今为政团之活动区，此中消长之机，一言以蔽之，则中华民国之成立实为之焉。中华民国何以成立？一言以蔽之，世界大势之逼迫实为之焉。

古往今来，世界之国家众矣，然古代之国家，如埃及，如希腊，如罗马，以及种种之古国，皆澌灭以尽，所仅存者，则留一国名于历史上而已。今世号称强国者，如英、德、法皆新造之国，其最短如美国者，则百数十年耳。盖国家组织之法古与今异，昔希腊以市府立国，罗马以大一统之观念立国，因地理风俗之异同，各成一种特别之组织。中世纪以后所谓古国者，均归消灭，其间世界民族中，以政治天才之特优，又以其境遇足以发挥其政治天才，乃向于政治改革之进路以行，而今日政治之新局面以出，所谓政治改革之进路，其重要之特点，则由稀疏而致密，一也。下自动植以上达于人类组织之社会，其在下等之列者，则质点稀疏，贵重者，则质地坚强。譬如木，入之以钉，则不能御而屈矣。如金刚石，则非钻石不能分析，人类社会犹是焉。古代之个人，古代之社会，古代之国家，视今日大相悬绝，何以故？盖古代封建制度盛行之日，各私其土，各子其民，因地理的界限，而国中分裂现象出焉。十七世纪以降，列国君主竭全力削诸侯之势，于是国家归于一统，且自人的方面观之，有贵族，有平民，有僧侣，平民之中，又分学者、工商家、官僚等种别。凡此阶级，各不相通，分贵贱大小而自相凌辱，法国革命后，此风乃一变矣。不特此也，国家之组织，非仅由稀疏而致密即能了事也。一方不可不由陈旧而进于健全，此政治改革进路之特点二也。古代之国，其操政权者，不过少数，而多数人民处于被统【治】之地位，国之盛衰兴亡，民之疾痛苦痒，大多数之人民，莫得而知，于是其政治天才，日即于消灭，而人为不健全之个人。立宪政治之行也，国家以政权分诸大众，于是一部【分】人民得直接参与政治，又一部【分】人民得由选举之法，间接参与政治，又不仅参与政权已也，全国政治于议会之外，又有政党报纸及种种机关，使国民平常日用之间，于眼帘耳鼓中，时时与政治相接触，如是国中分子乃由陈旧而日趋发达矣。

夫此种种方法，考之各国实情，虽不能谓今日已趋完成，而大体则已近似，即或不然，其背于此原则者，已属极鲜，若联邦国是也，如德如美，今日统一问题，尚未完全解决，不独联邦国，即统一国中，亦有争论不决之事。如参政权人数之多寡，国会权限之广狭，责任内阁之组织，皆与前举二原则有关，而各国认为政界之大问题也。

西方各国，近百年来，专致力于改良政治，因政治改良，国民生计随而发展，于是资本充足，人口增加，不能不以外国为尾闾也。人方惊其侵略之可畏也，则以优国强国侵略国等名词以名之，抑知世界固无天然之侵略国，其所以不能不侵略者，势为之也。盖最近各国之膨胀，皆由内部充实之结果，与古代罗马波斯之所谓侵略者，迥乎不同。一言以蔽之，十九世纪之前半，为各国内部改革之期，十九世纪之后半，乃移其精神以对外，此近世政治之大关键也。

中国为数千年古国，土地广大，人口众多，欧洲诸国，既占有非、美、澳诸洲，环顾世界，无可以为舞台者，乃马首东向，群集于中国，而吾千年古国，内治不修，外竞辄北，与欧人之内治充实，然后言外竞者，适得其反，此胜败之势，所以异也。

夫世界之国，可分二部，一为能侵入之国，一为受侵略之国。能侵入之国，侵入受侵略之国，一定之理也。亚洲诸国中如印度、朝鲜、暹罗诸国，受此世界潮流之鼓荡，既已力不能敌而为人席卷以去矣,惟有日本,以环海之国,一经刺激,爱国志士,翻然惊觉,察知各国侵入之动机,乃推本穷源,为根本的改革,不数十年而与欧美并驾齐驱。昔为受侵略之国,而今为能侵入之国,于是侵入吾国者,除欧美外,又多一日本,诸君试思之,以若此古国,其何堪此重重叠叠侵略耶?

近数十年,忧国之士,争言改革,然求之实际,则所谓改革者,虽不能一一枚举,然其一贯之原则,则不外迁就旧机关,补以西洋物质而已。夫各国之风俗制度,虽各不同,然当改革时代,能先立大本者,斯其改革收功,反是有改革之名,无改革之实,中国之十余年之改革,为有本之改革乎为无本之改革乎,稍有识者当自知之,不待鄙人辞费矣。卒之,此腐败政府不能永存,而革命以起,是故民国之成立,虽为内部之事,而其动机,则生于对外,换词言之,世界大势之逼迫,实为之也。今者国体由君主而共和矣,所贵乎共和者,贵实而不贵名,窃闻恒人所常言者曰,中国既挂共和之招牌,吾人当勉力以副此招牌,诸君试一思之,夫以一国国体,而以挂招牌三字了之,了乎不了乎?

更考之今日之政治,方今庶政,与前清末年相较,究有多少进步,不惟不进步,甚且生退步之现象。试以统一问题论之,吾国数千年来,人知为统一之国,大权操于中央,进退黜陟由中央,惟其用人行政,以私而不以公,故操政权者,但知私人之利益,而忘其所执行者之为公务,上下相朦,合全国为一舞弊之国,然偶一得人,上下犹可收指臂之效,而勉强图治,今则何如?以云制度,固犹昔日之制度,而中央之不能号令地方,视昔日为尤甚,以云人物,自必较前清督抚为胜,然往往以大本领之人而不能运用此大机关,其故果安在耶?譬之一大船,行于大海之中,当其触礁石或遇风而不能行焉,则修理其机器,或其机器之制造有不适用者,则从而修改之,盖必如此,乃能达彼岸焉。今者大舟之在海中流,既已一年,修者不修,改者不改,全部机器,不加改造,且东西南北,听其散佚,不加收拾,若此危舟,其何以堪此惊风骇浪耶?昔人有言,同舟遇风,则胡越相救,今一部分人既取旧船主而代之,自以为功成身退,其他一部,则以为舟处乎中流,机器全不适用,心见而厌恶,如此岂特机器不免散失,此大舟又宁能免于永沉九渊之祸乎?

十余年来,国中言政治改革者,约分两大潮流,一为急进派,一为渐进派,各有主张,各以奋励无前之气,为积极之进行,于是今日之局面以成。时至今日,有一极可惧现象,则惰力性渐渐发生是焉。譬之饮酒者,始焉,借酒力鼓兴,未尝无效,且精神奋发,有出人意外者,一旦病酒以后,则精力减少,四肢麻木,虽日日大饮,只增其神经之紊乱而已。自革命以后,全国国民,经一度之兴奋,数月以来,渐成病酒之状,此事宁待远求,试证之国人心理。今日国人心理,可分三类,一类则以为中国既挂共和招牌,从此可抗衡世界;其一类以为经若此大变,外人犹未干涉,日积月累,自能进于开明;其一类则以大局已定,定思谋位置以自安。凡若此者,皆由于苟安之意多,而忧危之意少,鄙人所谓惰力性者此也。鄙人到京,不过数日,便敢以一时之观察,妄下批评,特心所谓危,不敢不畅言之耳。

鄙人十余年来,持乐观主义之一人也,返国以来,考察国中政治、财政、外交,皆有岌岌不可终日之势,衷心未尝不为之悚惕,然鄙人之所大惧者,并不在制度文章,而在人心风俗之微,如上所述之三类心理,中国前途,乐观乎?悲观乎?国中贤豪之所观察,吾不敢知,以云鄙人,惟有悲观而已。凡抱一目的,奋励无前以进行者,斯为真乐观,反是者,委心任运,妄托一时之豪兴,虽名乐观,实消极的乐观而已。

诸君慎勿以仆为危言耸听已也,请证之事实,外债总额,已达十七八万万,前清末年,载泽、盛宣怀发议募外债一万万元,全国相顾失色,争言抵拒,今民国之成,不过一年耳,政府借比款,又借六国团之垫款,最近又募伦敦新借款一千万磅,所谓一千万磅,即前之所谓一万万元。昔所引为大戒者,而今则名之曰小借款,若即增多一二千万磅而犹以为未足者,诸君念之,此种心理,进化欤?退化欤?夫谓今日不借债而可图财政之整理,虽至愚者知其不可,然此种心理之由来,果为整理财政以立国家百年之大计乎?抑人人贪目前之安乐,以为得此则可以图饱暖乎?鄙人敢断言曰,图饱暖而已。呜呼!新兴国之气象果如此乎?且以外债政策论之,大借款与小借款之比较也,若借款之使用方法也。若国内财政之整理也。凡若此者,不一一为之立计划而预算焉,虽有外债,徒以速亡。昔唐内阁初成立,即提议六万万元之巨债,幸以六国团条件严酷,不能即时成立,如其成也则鄙人以为不一二年,行且消耗以尽,而大政之根本改革,永远绝望而已。庄子有言,事成则有阴阳之患,事不成则有人道之患。中国今日国情,正类是也。又如省制问题,国家组织之大关键也,中央地方权限之划分,胥于是取决。近数月来,政府与议院之争,中央与地方之争,大抵为此一事。鄙人以为今日而扩张行省之权乎?势必益趋散漫,使中央处于不能号令之地位。今日而缩小行省之权力乎?则中央能力,是否足以及远?且是否有此魄力足以举此大器?尤可惧者,全国人讨论此问题者不出于公平之眼光,而另怀一特别之目的,双方逆億[意],互相对付,于是迁延复迁延,而若此大问题,搁置一边。又如政党内阁,今日政府与国民所心营目注而不能解决者也。今日而求完美之共和政治,非行两大党交迭之政治,殆不克致,然即今而行两大党交迭之政治,则各党人才是否足以任此?且各党是否能居之不疑,而内部不至生冲突之患?前日胡君在六国饭店席上,有言今日非党争之为患,乃无真正党政之为患。夫即无政党,尚何内阁可言?更以外人言论观之,鄙人返国已二十日,于国外言论,稍稍隔膜,然以去年以来之闻见,外人之论中国者,久已不视为国家,而视作亚细亚东部之一片土地而已。换词言之,中国者,今世界列国所欲处分之目的物而已。今日政府与国民朝夕所希望者,非承认问题乎?抑知外人之承认与否,与国家之成立,并无关系,前清时代,外人何尝不认我为国家?交通往来已数十载于兹,而彼之所侮我侵略我者则何如?我而能自立焉,虽不承认何妨?我而不能自立焉,虽承认又何益?昔日拿破仑之治法,当其改民主为帝政也,奥地利为见好拿氏计,与法订约,其第一条曰,奥承认法国之帝政,拿氏勃然大怒曰:吾法之为帝政为民政,系法国内部事,不待外人之承认,视吾政府国民朝夕希冀而不得者,相去何如?抑不特希冀而已,有派人运动,或闻外人稍有一二语涉及承认者,则喜形于色。诸君试思之,此种心理,谓为非惰力性得乎?

鄙人于万事悲观之中,默察近十余年风气变迁之潮流,及国人心理之趋向,则知吾国人具有一种特质,即好善而能虚受是矣。国中上流人士,其更事多而阅历深者,则以饱经世故,视社会变迁动摇,若无足动其意,而要以不害个人利益为前提,至若大多数之国民则异是。凡国际之竞争与国内之变更,有人将利害得失为之恺[剀]切陈说,则不移时而靡然从风,举国一致,且必有爱国之士,奋励无前,为国民效奔走之劳,近数年官民之争,中央与地方之争,其风起水涌之状,皆赖此种元气为之推波助澜,卒之武汉起义,东南响应,不数月而民国以成,则好善而能虚受之特质实为之也。然天下事长短相依,利害相伏,吾国人性质之优点既若是,而弊亦随之,轻躁喜动,乏抉择之力,一也。暂动又止,不能为继续秩序之进行,二也。因此二弊,凡提倡风气者,甲有甲说,乙有乙说,而附和之者,常不乏人,且社会之活动,常如水泡幻影,不移时而止,凡一种国民的活动,其始未尝不见效,然于社会及政府根本改造,不能生大影响者,弊皆在此。鄙人以为欲矫此弊,在国人之倡道而已,天下之事,决非旦夕所能告成,而于提倡风气为尤甚。吾辈诚悬一鹄以为进行之准,日之不足,继之以月,月之不足,继之以年,其有非一人之力所能为者,则合一团体以图之,行之期年,安患无健全之国民,以为国家柱石哉？今日所当提倡者不一，要之，对于国民之政治智识，政治能力，政治兴味，加以根本的促进，此今日先觉应有之责也。鄙人更有一言为诸君告者，今日筹划国家之大任，非一党私见之所能尽也，对外问题，不能一二数，谓一党之力能解决之乎？对内问题，不止一二数，谓一党之力能解决之乎？以今日外界之逼迫，建设之艰难，虽合各党之心思才力，尚犹恐有所未周，谓以一党之力能转运其间乎？今日党之自待，与国人之待党，恐不足见信，且以今日号称大党者，略有二三，然视他国小党所为，相去犹远不逮，不必远证西方，即以日本论，各党之政务调查，与其各方之游说，吾国人能及其一二否乎？且也国家而安固，先党而后国可焉，国家而不安固，国且不存，党又何有？此鄙人所谓今日筹划国家之大任，非一党之私见所能尽也。此来承同志相爱，并各大党欢迎，鄙人虽无似，然有一语可相告者。综之，鄙人一己之责任，此后决不放弃，并望各党咸知各党所作者，系同一之事，并非反对之事也。

以外如教界，如商界，既同为一国国民，不可有依赖性，应明自立之义，宗教之责任，在培养国民道德，商业又与政治有密切之关系，此后政治之基础，能否巩固，实业家实有大半之责任，望诸君为国家努力也。

梁启超《饮冰室合集》第4册，中华书局1989年版，文集之29，第44～51页

11月1日(九月二十三日)　工商部在北京召开工商会议，征集全国实业家及专门学者意见，以谋工商矿业的发展。

《工商部开临时工商会议》：

工商部为谋工商矿业改良发达，欲征集全国实业家及专门学者之意见，特发起工商会议。其代表分三种：(甲)由工商部长延请者；(乙)由各省实业司或劝业道遣派该署行政官各一人，并商同各该省工商团体遴选工商业者二至四人；(丙)由各驻外领事，或各埠华侨商会，选派侨商各二人。会期以一月为限。本日举行开会式，次日开选举会，举李镇桐为议长，吴鼎昌为副议长。

《东方杂志》第9卷，第6号，中国大事记

11月2日(九月二十四日)　教育部公布订定法政专门学校规程。该规程共九条。

《法政专门学校规程》：

第一条　法政专门学校以养成法政专门人才为宗旨。

第二条　法政专门学校之修业年限，本科三年，预科一年。

第三条　法政专门学校得为本科毕业生设研究科，其年限为一年以上。

第四条　法政专门学校预科之科目如左：

一、法学通论。二、经济原论。三、心理学。四、论理学。五、伦理学。六、国文。七、外国语，英、德、法、日本语择一种。

第五条　法政专门学校分为三科：一、法律科。二、政治科。三、经济科。前项政治、经济二科，不分设者，得别设政治经济科。

各科应设科目(略)。

第六条　以上各学科由校长酌量设置，呈报教育总长认可。

第七条　法政专门学校各科目授业时间，由校长订定，呈报教育总长。

第八条　法政专门学校，应就各科设置各项图书及供参考之标品等。

第九条　凡公立、私立法政专门学校，除遵照专门学校令、公立、私立专门学校规程外，

概依本规程办理。

第十条　本规程自公布日施行。

中华民国元年十一月初二日部令第二十二号

中国第二历史档案馆编《中华民国史档案资料汇编》第3辑,教育,江苏古籍出版社1991年版,第111～114页

△ 袁世凯公布财政部官制令。

临时大总统令:

参议院议决财政部官制,本大总统按照约法第三十条公布之。此令。中华民国元年十一月初二日

《财政部官制》

第一条　财政总长总辖国家之财务,管理会计、出纳、租税、公债、货币、政府专卖、储金保管物及银行事务,监督所辖各官署及公共团体之财务。

第二条　财政部职员除各部官制通则所定外,置职员如左:

驻外财政员,简任。编纂,荐任。技正,荐任。技士,委任。

第三条　驻外财政员一人,承总长之命,驻扎外国,掌调查各国财政及办理汇兑公债各事务。

第四条　编纂八人,承长官之命,编纂关于财政书籍事务。

第五条　技正三人,技士六人,承长官之命,掌技术事务。

第六条　财政部置左列各司:

赋税司　会计司　泉币司　公债司　库藏司。

第七条　赋税司掌事务如左:

一、关于国税之赋课及征收事项;二、关于国税之管理及监督事项;三、关于土地清册事项;四、关于赋税之调查、稽核、计算事项;五、关于财政部所管之税外一切收入事项;六、关于公共团体收入事项;七、其他关于赋税一切事项。

第八条　会计司掌事务如左:

一、关于总预算、决算事项;二、关于特别会计之预算、决算事项;三、关于主计簿之登记及各计算书之检查事项;四、关于编制岁入岁出计书事项;五、关于支付预算事项;六、关于预备金之支出事项;七、关于金钱及物品会计事项;八、关于公共团体岁计事项;九、其他关于会计一切事项。

第九条　泉币司掌事务如左:

一、关于整理币制事项;二、关于调查货币事项;三、关于货币计算事项;四、关于金属货币及生金银输出入事项;五、关于监督造币厂事项;六、关于监督银行事项;七、关于发行纸币事项;八、关于稽核准备金事项;九、关于国内外金融事项;十、其他关于币制及银行一切事项。

第十条　公债司掌事务如左:

一、关于公债之募集发行事项;二、关于公债之出纳管理事项;三、关于公债之偿本及付息事项;四、关于公债之注册更名事项;五、关于公债簿之登记及公债计算书之调制事项;六、关于整理公债事项;七、关于地方公债稽核事项;八、关于财政部证券事项;九、其他关于公债一切事项。

第十一条　库藏司掌事务如左:

一、关于国资之运用出纳事项;二、关于发款命令之稽核事项;三、关于国库之出纳管理事项;四、关于国库之出纳计算书事项;五、关于国库簿之登记事项;六、关于监督金库事项;七、关于监督出纳官吏事项;八、关于政府各种基金事项;九、关于储金保管物事项;十、其他关于一切出纳事项。

第十二条 财政部主事员额,至多不得逾一百二十人。

第十三条 财政部参事、佥事、主事员额,以部令定之。

第十四条 本官制自公布日施行。

中国第二历史档案馆编《中华民国史档案资料汇编》第3辑,财政,江苏古籍出版社1991年版,第1~4页

11月3日(九月二十五日) 孙中山致函袁世凯,主张各省行政长官由民选。

孙中山《致袁世凯函》:

慰庭先生钧鉴:别离以来,自鲁返沪,辄务宣达我公爱国之真意,经邦之大猷。此次游历扬子流域,历二星期。见人民真爱共和,同谋建设,益为民国前途庆。惟对于省行政长官,则有大多数人民主张公选,谓矢志力争,期于必达。文前旅京时,曾与燕孙谈及,谓若由民选,则无论其人良否,人民不怨中央,且遇有地方冲突,必待中央解决。若由简任,则其人胜任,人民以为固当如是,无所用其感激中央之心;若不胜任,则中央实为怨府。故文意各省行政长官不若定为民选,使各省人民泯其猜疑;且以示中央政府拥护民权之真意,于统一实大有效力。又据法理言之,谋全国统一,在法制之确定,而不关于官吏之任命。前清督抚何一非中央任命,而卒至分崩者,法制不统一也。敬陈鄙见,以待钧裁。即颂勋绥,孙文 元年十一月三日

中国社会科学院近代史研究所等编《孙中山全集》第2卷,中华书局1982年版,第539~540页

附梁启超《省制问题》:

近两月来之立法事业,当以问题为最重要矣。而政府所草之案凡有三:

第一案 于都督之外,别设省尹,由中央简任,专管民政,省尹与省议会对待[峙],省议会有弹劾省尹之权。

第二案 于都督之外,别设省总监与省总董,总监为国家地方行政长官,由中央简任;总董为地方自治团体长,由省议会选举。

第三案 暂存省总监,缩小其职权,不认为自治团体,于省之下别置道,道有知事,有议会,有总董。知事为国家地方行政长官,由中央简任,总董为地方自治团体长,由道议会选举。

右第一案已提出参议院,院议未决而政府撤回。第二案由法制局拟定,移交国务院,院议否决,故未提出参议院。第三案则今正提出院议,在讨论中也。窃意兹事体大,于国家组织,全体攸关,实为国家根本法之一种,宜与议院法等同附属于宪法,临时参议院有权议决此法案与否,尚属一问题,但今既交院议,故吾亦欲贡其所见以资世论之参考云。

政府于一月之内,迭制三案,朝令夕改,步骤凌乱,即此一端,既已难逃责备。其第一案,则几欲毁单一国体,以为联邦国体。其第二案,则为无理取闹之三头政治,为弊视前清之督抚同城尤甚。其第三案,即彼所名为虚三级制者,将以为废省置道之过渡,较进步矣,而其中仍多敷衍轇轕不适国情之处。今得综而论之。

欲解决此问题,其应商略者有七:

甲 军区是否应与行政区域同一?若同一,能否举军民分治之实?

乙　省为行政区域,是否失之太广?

丙　省是否应认为一方自治团体?

丁　省议会在事实上能否遽行裁撤?未裁前其职权当何若?

戊　所谓虚三级制,是否为废省置道过渡适宜之办法?

己　地方行政长官与地方自治团体长官对峙之制,是否合理可行?

庚　地方自治团体长官是否必须由本地方人民选举?

右甲、乙、丙、丁、戊五项,吾将别为文论之,今先论己、庚二项。

第一,论地域中不宜以官治、自治两机关对峙。

法制局第二案,以省总监省总董并峙,而复益之以都督,成为卤莽灭裂之三头政治,国务院反对之宜。而第三案所谓虚三级制者,其道知事与道总董对峙如故,微闻倡议之人,乃取范于普国之 Oberpresident 与 Landesdirector,东人译为州知事与州长者也。我国是否宜采此制?是否不得不采此制?此极有研究价值之一问题也。考各国凡地方行政区域与地方自治团体同在一地域范围内者,皆以设一机关兼行两种事务为原则。而其法系复分二派,英美派则以地方自治团体长之资格而兼司国家之地方行政也,其地位由市民选举得之,欧陆派除最低级团体如英美制外,其高级者,则皆以国家地方行政长官之资格兼理地方团体事务者也,其地位由中央简任得之,惟普国之州,则于一地域中,分设两机关,各事其事,一由简任,一由民选,此唯一之例外也,普国所以创此奇制之故,全由历史上沿革而来。盖普本沿封建采地之旧,向来地方行政,皆掌于大地主之手,及一八七二年格尼斯德草定地方制度,划定国家地方行政与自治团体之权限,其属于国家行政之一部分,中央监督极严,大地主弗堪也,咸思去其职,而本自治团体事务,又以利害关系太密故而不能舍,于是划分为两,使大地主继续其旧事务之一部分,其他一部分则以新任之官僚代之,彼所以演成此奇制者,其动机非由人民之争权,而实由人民之让权也。我国本无此历史而强袭其迹,得毋有效颦之诮乎?两机关同设于一地域中,权限最易生冲突,其敝也,必至互相对抗,而彼此皆一事不能办,即欲强为划清而事实终不可致。何也?凡办一事,必与他事相附丽相牵涉,欲求绝对的独立而不可得也,况如该第三案所列举道知事之从事务二十一项,几已举本道自治团体应执行之事务,尽括于其中矣,则道总董复有何事可办而虚设此职何为也?既已设之,则必与道知事常争权限,此取乱之道也。故窃以为无论最高区域为省为道,要不宜别设一民选之总董以与简任之省尹、道知事相对峙,若虑自治团体事务之废弛也,有议会以议决之,有参事会以辅助匡救之,苟如是亦足矣,是故以采欧陆派之原则为最适,而参用普国之例外,实无谓也。

第二,论高级地方行政官吏不宜由民选,尤不宜限于本籍人。

政府所以忽采普制拟设总董者,以国中一部分人士,主张地主官吏当由民选,政府知其不可,而又不敢批其逆鳞,故别设此一机关以搪塞之云尔。政府之不主民选,其用意何在,非吾所知,顾吾亦反对民选之一人也,吾之所以反对民选者,一方面为国家组织计,一方面为地方吏治计。其为国家组织计者,谓民选之结果,或致破国家之统一,此义于拙著《中国立国大方针》篇中既略言之。然闻者或将疑为有所私爱于今之中央政府而为之道地也,今请更从地方吏治上穷极民选之利病以祛其惑,愿主张民选者平心察之。

第一义　吾以为中国今日情形,凡官吏必须由考试授职,积资推升,始可以举澄清吏治之实也。敷奏以言,明试以功,三载考绩,黜陟幽明,此种命吏之法,本由吾国首先发明,直到近世,各国乃相仿效,即以最尊选政之美国,自一八九二年改正文官任用令后,亦已变易其一部分矣。畴昔日耳曼人,条顿人皆起于小部落,积数百年,累部落以成国,其所成之国,亦不过当我数州县耳,而中含部落无数,其部落另变为国家权力下之一自治团体,而旧痕犹俨然存也。(美国乡镇在殖民时各成聚落,与古代部落发达次序正同。)故公举本部落之人,以办本部落之事,而其人大率皆名誉职,只尽义务,别无报酬,然此种制度,今惟行之于最低级之自治团体耳,其稍低级之自治团体,已多不复适用此原则。此其故何耶?(一)今世行政,日趋复杂,当其局者,率须有特殊之智识,特殊之技术(所谓特殊者,非超群之谓也,专门之谓耳。他种之智识技术虽极长,而或不宜于作官,亦犹作官之智识技术虽极长,而或不宜于理发,不宜于制靴也。)故凡任官吏公吏之人,率不能一面自执其固有之职业,而一面以余力旁及公职也(今各国低级之地方自治行政公吏尚大半皆如是)。于是行政渐变为一种专业,而官吏公吏渐变为一种专职,此种专业专职,既为国家所必需,国家自必设法直接间接以养成之,既养成之,则必当谋所以竟其用,必当有一贯之系统,一定之程式,以为进退官吏之标准,故其性质与名誉职绝异,名誉职但有消极的资格而已足,专业专职之官吏,更须有积极的资格而始可任。夫所谓特殊智识,特殊技术者,必试验而始能得其程度也,且必历以事,然后知其适用之能力何如也,故既认为一种专业,则凡执此专业之人,必试以学而信其及格,试以事而信其胜任,夫然后授之职也。而此种试验之标准,宜别设机关,或托之上级机关,而公众选举,决非能得其真。譬诸一公司,其公司分科执事之人,与夫各地之支店长,必以由总司理察材录用,较易得人,而或者乃谓股东公举乃易得人,实谬想也。(二)具备此种特殊技术之人,非能各地皆有,又非一地方所有适足供一地方之用也,或一县之大而无一人焉,或一县之大而有千数百人焉,若限本县之人而办本县之事,其不得一人之县,不能借才于异地,势必以不及格者充数而已,其有千数百人之县,公职不敷分配,而其人又不能自效于他县,则弃材遍地焉。夫弃材且勿论,而人亦浮于事,则争夺倾轧必起,而政象日泯棼耳,两者皆非为地得人之道也。(三)此种特殊智识、特殊技术,以阅历愈深,操练愈熟,则愈能发挥淬厉其所长,必其人有不失此业之券也。(谓不犯法,不溺职则不失此业耳)然后安心以奉职焉。且必缘此而可以望地位之日高也,然后为向上心所驱而益忠于厥事焉。今其地位既从选举而得,次期能否当选,无一定之保障也,而选举之力,不能使之升转,奖励无自得施焉,故惟议员及乡市之公职得兼营他业而以公职为兼差者,宜用选举,其稍高级之官吏公吏应认为专业专职者,选举决非宜也。(四)低级自治体之公职,既以名誉为原则,有特务而无特权,则人之争就此职者,乃为义务心所驱,而非为权利心所驱,故弊不至因缘而生也。今高级官吏之地位,既示人以极可歆,其权复能凭藉之以罔无穷之私利,则欲得者必众矣。夫惟始以试验,继之以积资,使人人共知夫非有相当之资格,则此地位决不能得也,则自能销其非分之望,而息其无谓之争,公众选举决非所以语于斯也。(五)凡行政贵有系统,内外相维,指臂相处,然后治理乃有可言也。质言之,则必长官有黜陟赏罚僚属之权,庶可以语于吏治,若官吏之地位,由人民选举而得,则长官安从而进退之者?行政系统,断截麻木,何以为治?号令不能风行草偃,虽有极良之政策,犹之具文耳,虽使管葛执政,而纪纲之不肃如故也。且行政官吏,其执行之成绩,不容不负责任,此天下之通义也。而纠问其责任者,宜一乎?宜多乎?宜在上级机关乎?宜在对峙机关乎?此最不可不熟审也。今地方长官既由民选,则纠问其责任者,自当属于民选之地方议会,则试问其措施之得失,尚许中央政府一过问否?若许其过问,则地方长官一方面对于中央政府而负责任,一方面对于地方议会而负责,两姑之间难为妇,其悫者疲于因应,百事束手,其黠者时而借此方面以抵制彼方面,时而借彼方面以抵制此方面,鬼蜮变幻,而结局乃最适于营其私利耳。若竟不许中央过问耶,其利害之影响于国权统一者何若,姑勿深论。即以地方吏治计,则长官虽有不率职者,而政府不能任其咎,即理想的责任内阁成立,而其能造福于全国人民者,盖亦鲜耳。若夫每一易人,必须更选,迭代之际,动费时日,而行政机关,遂悉停滞,此又其弊之显著者矣。综此诸义,故惟最低级之自治行政,其公吏可由选举,为其职务简而不必有特殊之学识技术也,为其无甚权利可争也,为其职务之性质与中央政府联属不甚切密,不必严重指挥也。若我国之一省,则比欧洲一国焉,即一道,亦比德意志联邦之一邦焉,为之长官者,非有相当之学识技能,而复加之以甚深之操练阅历,安足以善治?夫吾非敢谓简任之必能得此等人也,亦非谓选举之必不能得此等人也,但他日所以得之之道,则简任较易而选举实难。此则可以种种事理证明之,安可诬也?更质言之,则文官任用令,文官限令,文官惩戒令等,实行政法之骨干,政务所以能贯注于全国,胥赖是焉。而人民选举地方长官,则与此精神不相容,而使此诸种法令不能适用者也。吾所以反对选举制者,此其一大理由也。

第二义　吾以为今日中国情形,凡地方官吏,不宜专用本籍人,不宁惟是,且以能多用他籍人为善。夫主张选举制者,其初意固非必专限于选本籍人也,然既已行选举制,其结果必致非本籍人不能候选不能当选,此又事实之不可避者也,于是乎本籍与他籍熟适之问题,乃相缘而起。夫此本何足成为问题者,然在我国,则自昔固尝为久悬始决之问题,至今又成为新起待决之问题也。其在汉世,郡国曹掾诸职,皆限用境内人士,其有借才异地,须请命中央,得其特许,六朝唐宋以来,土外参用,及明则限南北,明之中叶始著回避省籍之例,乃直至晚清,沿为定制,明清之制,不胜其敝,昔贤论之详矣。即不佞亦抨击此制之一人也,乃由今思之,窃叹凡一制度之因革,必有其不得已之故,未易执纯理以为论定也。大抵吾国原社会习俗,有与西人不同者数事,而回避省籍之例,即缘此发生,西人家族体甚小,期功以上,视同陌路,我国反之,人人皆有莫大之宗族,益阿之以姻戚,西人贵自立,贱依赖,虽有宗族姻戚,不相为谋也。我国则一人宦达,待而举火者数百,受者若素,而施者以为美谈,西人公私之界甚明,无所谓情面,故无所用其破除,而中国人则未足以语于斯也。西人久为法治国,所谓地方豪猾,无自发生,而我国之为政者,则以不得罪于巨室为难能也。坐此数因,故我国人从政于本籍,其不便之点滋多,而其弊亦较外籍服官者为尤难防制。坐此数因,故回避本籍之制,虽非有何等积极的作用,然未尝无消极的作用也。今若选举而限以本籍,则弊之缘而生者略可得指焉。本籍无相当之人物,终不能借材异地必至以下驷滥芋,一也。任职者为家族姻戚所缠绕,末由破除情面,政界愈增混浊,二也。地位由议会得来,事事仰议会鼻息,将以议事机关压倒执行机关,而一事不能举废,三也。其黠者则与相狼狈,能使议会日趋腐败,失其作用,四也。举之者率为地方豪强,故决不敢为摧抑豪强之举,有敢为者,则决不能安其位,而吏治无从整顿,五也。政党之争,延及地方行政,各国悬为厉戒,选举限于本籍,此弊愈积愈甚,驯至地方人士,日生恶感,争意见而事不举,六也。在今日之中国,决无真选举,然真选举益无真人物,七也。稍自好之人,决不肯出而争选,而要职将尽落于佥壬豪猾之手,八也。此八弊者,或咸备焉,或见五六焉,或见二三焉,要之,皆与选举制相缘而生之弊,在今日之中国,万不能免者也。夫主张选举制者,岂非欲为地方得人乎哉?信若此则何取焉?

今之主张选举制者,言选举都督或省长耳,未尝及于州县也。虽然,古谚不云乎,城中好高髻,四方高一尺。今省民以得选省长之权,故争选省长,及其得之,则州、县民亦必以未从选州、县长之权,而复争选州、县长,此理所当然,亦势所必至也。彼时将拒之耶?则按诸法理,衡诸事势,无一而可通,谓高级自治体公吏必须由民选,而低级自治体公吏反可以不由民选,此成何理由者?谓上级地方行政长官不当由中央任命,而下级地方行政长官反须由上级地方行政长官任命,此成何理由者?各州县公民据此以发难,则政府与省长皆无术以拒之也明矣。信如是也,则省长亦何复一事能办者?信如是也,则内外之维全裂,长属之系尽破,省自为政,道自为政,县自为政,乡自为政,我中国分为百千之土司耳,复何国家可言?呜呼!爱国君子,其慎毋出此亡国之言哉?

难者曰,吾子极言选举制之弊谓其不能得人,然则简任遂可以无弊而得人乎?曰是安敢言?政哲有云,政治无绝对之美,吾国二千年来行简任制,而良二千石之见于史传者,曾几人哉?虽然,但使得良政府以立乎中央,而各地方官经试验授职,积资望迁升,则其于得人之道较易,此安可诬者?故我国民亦惟宜注全力以求得中央之良政府而已,且行简任制者,不得人则已耳,苟得其人,则固可以善其治。行选举制者,不得人,固勿论,即得人,亦事事束缚,而一切不能有为也。诚有爱本地方之心,则何必以爱之者贼之哉?

吾于兹事,所怀尚多,他日当更论之,今姑止于此。

梁启超《饮冰室合集》第4册,文集之28,中华书局1989年版,第31~38页

11月5日(九月二十七日)　直隶总督冯国璋与直隶省议会因用人、财政等问题发生冲突,势成水火。冯国璋电请辞职,并赴京谒袁。袁世凯知冲突内情后,命冯氏归任,并令国务院转电直隶省议会,不得干预用人行政。

1912年11月3日《民立报》载《直隶省议会为陈述冲突原因致政府电》:

冯督到任后,滥引私人,将议案一律驳斥,且无一案交议;又省议会非不允借款,惟财政内容,冯督并不坦白宣示,难以曲从。

1912年11月9日《民立报》载《袁世凯令国务院转给省议会电》:

奉大总统命令,东电悉。时局万难,端赖官绅和衷共济,力图进行。冯督公正和平,诚毅笃实,为本大总统所深知,且以直人都直,讵有不为桑梓幸福之理?前以直隶省议会于一切行政计划多不同意,至于用人一节,不免过于干涉之处,来电辞职,本大总统实深诧异。省议会之设,原以代表民意,不能干预行政,此证诸各国议会权限而可证明者也。若事事干涉,不使行政官有完全用人之权,必至赏罚不明,政务废弛。况用人之权,操自政府,约法载明,毫无异议。有志之士胡能降心俛首,为人傀儡?代表受过,尤何能听人违法,不为阻抑?冯都督正己守法,毅然求去,其心良苦,其意可原。兹据直隶省议会电呈,于冯都督行政计划,并非不同意,亦无何种恶感等语。是则兹者,冯督之言,出于误会,亦未可知。本大总统固知直隶省会多明达之士,何至为此非理越法之干涉?及阅此电,始释然。除冯国璋已电令不准辞职外,仰该省议会顾全大局,即与冯都督开诚布公,以谋公益,守定权限,勿稍侵越,则非独直隶一省之幸,亦民国之幸也。合转达。

1912年11月6日《民立报》载《冯国璋省议会受窘记》:

津函:十月二十日直隶都督冯国璋及直隶各行政官都督府各科员同赴省议会宣布政见,并与省议员磋商要政。是日议员出席者极多,旁听约五百人,午后一时开会,即请冯都督登台演说。冯一开口便云:今日鄙人是来与诸君商议本省要政的,不是来与诸君打吵子的。议员王卓山即谓:都督此言有点不对,省议会为一省人民之代表,如都督所云打吵子的话,岂非视省议会为打吵子的地方,使外人听见生出一种轻视中华民国议会之心乎?

冯都督谓:此后有人说错了话罚一千元。某议员谓:我等不能如都督,实在罚不起。冯都督谓:罚十元可乎?后冯都督提出用人及学务农林工商等项之政纲。各议员以用人一项互相质问,讨论最后又将省议会预备磋商用人条件提出:(一)改组都督幕府,(二)改组各司道衙门,(三)更换司道须得省会同意,(四)实行本会议决考试厅州县案,(五)关于农工商暨财

政各机关之总办或坐办，须由省会公举，并先自财政总汇处、直隶省银行、筹款局三处实行。

又某议员谓：都督以本会议决考试州县章程为不妥善，此项章程，根据都督府交议，本会煞费研究，以学识经验为依归，如照此考试，或可得人，且无论前此州县官多由捐纳、保举、议叙而来，不能担任目下民国初立一切改革之责任，即为科举出身者，值此行政、司法集于州县一人之身，亦恐不能胜任。都督若以本会议决之法为不善，当有正式之驳议，不能以一空空用人一片文字搪塞。议员吕复谓：都督之用人主张，仅以府、厅、州、县四项而言，夫府、厅、州、县不过为用人之一部分，若司道及都督府、幕府各局所之总办等，并不复提及，殊属非是。议员王建中谓：都督甚知吾省贪官污吏及不肖州县荼毒生民，有如水深火热，而必以维持现状四字为政治秘诀，则误己误人，莫此四字为甚。夫维持现状之名词，即保存积弊也，而一般不肖官吏，无不利用此名词为之拥护。如近日都督对各州县人民控告该州县知事已有百余起，都督无不姑息之，其姑息之原因，皆为一般幕友官吏所蒙蔽，恐不但地方事更行败坏，即首创民国之都督名誉，亦将因之而俱坏，是以改组幕府，更换司道，尤为要政。

某议员又谓：关于用人、财政等事，当由藩台答辩；学务、警务各事，当由警道学台答辩，都督立于旁听地位，不但不致代人受过，亦可藉此以知各行政官之腐败，盖都督总揽大权，一切细微皆知之不详也。议至此时已五钟，遂无结果而散。

散后，冯督乃致议会一函云：议长钧鉴：国璋同行政各机关暨本府幕友诸人到会茶话，本拟通洽情谊，磋商政务，进行一切手续，国璋本无法律知识，发言未免粗率，以致议员三五责问，言语稍有讽刺，但国璋性情粗直，心无万见，万不能以直隶大局因事而与至好同乡起冲突。奈本日讨论无结果，继续讨论亦必无效，国璋等明日不必到会，请议长与众议员公同筹划根本办法，议决条件如何施行，国璋等仍当勉力进行，决不以一己之偏，干诸君之怒。因事体重大，关系全局安危，国璋亦不能附和雷同，破坏终局，误在国璋一人之手，惟有早为告退，别选良能，以奠省基，而安国本，国璋不禁庆幸之至。此请大安。国璋脱帽自笔心事云云。又闻直隶各司道行政官因省议会有更动各司道之议，皆相率向都督辞职云。

11月6日(九月二十八日)　袁世凯公布《制定公文书程式》。

《公文书程式》：

第一条　法律以大总统令公布之。前项大总统令，须记明经参议院之议决，由大总统盖印，国务总理记入年月日副署之，或与其他国务员或主管国务员副署之。

第二条　教令以大总统令公布之。前项大总统令，由大总统盖印，国务总理记入年月日副署之，或与其他国务员或主管国务员副署之。

第三条　国际条约之发布者，以大总统令公布之。前项大总统令，须记明经参议院之同意，及批准之年月日，由大总统署名盖印，国务总理记入年月日，与主管国务员副署之。

第四条　预算以大总统令公布之。前项大总统令，须记明经参议院之议决，用大总统盖印，国务总理记入年月日，与主管国务员副署之。

第五条　特任官、简任官、荐任官之任免，以大总统令公布之。前项大总统令，由大总统盖印，国务总理记入年月日副署之，或与主管国务员副署之。

第六条　院令由国务总理记入年月日署名盖印。

第七条　部令由各部总长记入年月日署名盖印。

第八条　事实之宣示及就特定事项，对于一般人民，命其行为或不行为之文书，以布告公布之。大总统布告，由大总统盖印，国务总理记入年月日副署之，或与主管国务员副署之。

行政各官署之布告,由该官署长官记入年月日署名盖印。

第九条　第一条至第八条之公文书,须于政府公报公布之。

第十条　特任官、简任官之任命状,由大总统署名盖印,国务总理记入年月日副署之,或与主管国务员副署之。荐任官之任命状,由大总统盖印,国务总理或主管国务员记入年月日副署之,委任官之任命状,由各该官署长官记入年月日署名盖印。

第十一条　大总统对于官吏,及上级官对于下级官,有所差委,以委任令行之;有所指挥,以训令行之。其因呈请而有所指挥者,以指令行之,第八条第二项及第三项之规定,得于委任令、训令、指令准用之。

第十二条　行政各官署,对于特定人民,就特定事项,命其行为或不行为者,以处分令行之。

第十三条　参议院与大总统或国务员之往复文书,以咨行之。

第十四条　行政无隶属关系者之往复文书,以公函行之。

第十五条　左列各款文书,以呈行之:

一、人民对于大总统及行政各官署之陈请。二、官署或官吏对于大总统之陈请或报告。三、下级官署对于上级官署,或官吏对于长官之陈请或报告。

第十六条　行政各官署,对于人民之呈,分别准驳之文书,以批行之。

第十七条　第十一条至第十六条之文书,得于政府公报公布之。

第十八条　本令所揭各项令状,各依年月日先后编号,每一年更易一次。自第一号起至何号止,于政府公报公布之。

第十九条　公文书程式,依附表所定。(附表略)

第二十条　本令自公布日施行。

《东方杂志》第9卷,第6号,中国大事记

△ 袁世凯通令各省保护侨民。

《通令各省保护回籍商民》:

军兴以来,各省富室殷商,往往避地偷安,不遑企业,以致金融久滞,元气日凋,在商民虽昧于事机,京官吏之疏于保护。方今商战之世,保富为先,民国肇兴,尤宜和协群情,共图上理。前经通饬播迁流寓之人,各复乡闾,以安生业,诚恐影响所及,仍多观望。须知共和宣布,五族一家,既属中华人民,即同受法律保障,嗣后回籍商民,应责成该管行政长官及该处军警切实保护,其有藉端需索扰害公安者,悉予按法严惩,以靖人心而维商业。

《东方杂志》第9卷,第6号,中国大事记

11月7日(九月二十九日)　袁世凯宴会招待英使朱尔典,与谈藏事及大借款问题。

1912年11月9日《民立报》报道:

……袁提及藏事,大意欲达赖来京一次,其余行政、驻兵仍前清旧制,一切条约共同遵守,以睦邦交。朱使答称:英国对西藏本无侵略主义,中国果能照旧章办理,英决不干涉。旋提及大借款事,袁谓:资本团现与财部未正式开议,已有和平商办之说,若贵政府劝谕该团,当可速成,外间谓中国拒绝借款实属误会。朱使答:资本团所提条件,系六国共同目的,敝政府不敢主张,但嗣后必尽忠告。

11 月 8 日(九月三十日)　俄国驻华公使克金斯基(Kroupensky)将《俄蒙协约》送交我外交部。北京政府外交部旋即照会俄使,声明蒙古为中国领土,无权与他国订立条约,无论俄蒙间成立何种协定,中国政府概不承认。

《驻京俄使以俄蒙协约通告政府》:

库伦自宣布独立以来,与俄国交接,甚形密切。日前俄国遣专使廓索维慈至库伦,与活佛及各蒙王代表等缔结协约。初二日签字。本日俄使以该约条文正式通告。其条文如下:

第一条　帝国政府,扶助蒙古保守现已成立之自立秩序及蒙古编练国民军。不准中国兵队入蒙境及以华人移植蒙地之各权利。

第二条　蒙古主及蒙古政府,准俄国属下之人及俄国商务照旧在蒙古领土内享用此约专条所有各权利及特种权利,其他外国人自不能在蒙古得享权利。加多于俄国属下之人在彼得享之权利。

第三条　如蒙古政府以为须与中国或别外国立约时,无论如何,其所订之新约,不经俄国政府允许,不能违背或变更协约及专条内外条件。

第四条　此友谊协约,自签押之日实行,两方全权,将此协约俄蒙文平行缮备两份,校对无讹,签押互换为记。

俄正一千九百一十二年十月二十一日即蒙民公众推戴之蒙古王治理第二年季秋月二十四日立于库伦。

闻俄国同时以此约通告各国,并闻外复有秘约多条,政府对于此项协约,绝不承认。当提出抗议,向俄使及俄政府交涉矣。

《东方杂志》第 9 卷,第 6 号,中国大事记

1912 年 11 月 12 日《民立报》报道:

外交部于收到约文后,旋即照会俄使,声明蒙古为中国领土,无权与他国订立条约,无论俄蒙间成立何种协定,中国政府概不承认。

11 月 9 日(十月初一日)　袁世凯通饬解散秘密结社集会。

袁世凯《通饬解散秘密结社集会文》:

前因各项秘密结会,多有妨害秩序,危及国家情事,业令各都督各民政长分别解散,及按法惩办在案。近闻各省秘密结会之风,仍未稍戢,名目繁多,宗旨毫无,并有骗取重资,设会结党,以图暗杀破坏大局者。现在局势甫定,人心未定,凡我国民,均应联合一致,谋新治之进行,期国基之巩固,方为正办。且察秘密各会结集之初,多出明代遗老,痛愤神州陆沉,迫而为此。今民国告成,五族联合,皆如一家一人,若再图同室操戈,岂非自相残害,以速灭亡,祸及全国,甘为罪魁。此而不惩,何以立国?应再由该都督等,饬所属民政各机关,剀切出示,设法劝谕,凡以前秘密结会,如能知悔,自首解散者,均准予不咎既往。其有愿改组社会者,但能不背法律,不扰公安,自应在保护之列。我国民其共维邦本,毋蹈匪彝,以承共和幸福于无极。特此布告。

徐有朋编《袁大总统书牍汇编》第 2 卷,上海广益书局 1920 年版,第 21 页

11 月 10 日(十月初二日)　总统府召开秘密会议,拟定西藏善后办法四条。

1912 年 11 月 14 日《民立报》报道:

是日,总统府召开秘密会议,拟定西藏善后办法四端:一、达赖投诚后,关于藏事,均应和

平办理;二、川督尹昌衡暂驻打箭炉,该部队改作警察,布置里塘一带,保护地方治安;三、各省援军限一月内撤回本省;四、另派宣慰使入藏宣布共和旨趣。

△ **国务院召开特别会议,通过划一币制手续。**

1912年11月12日《民立报》报道:

……划一币制手续计分三种:一、维持银元法:限制墨西哥银元进口。二、疏通铜元法:各省不准再铸,并严防私铸,铜元充斥之处,由国家运往缺乏地方。三、杜绝纸币法:各省军用纸币,设法收回,不准再发。各国通行纸币与各银行交涉,令酌量收回。

11月11日(十月初三日)　上海国民党、共和党、民主党联合在大马路汇中西饭店开会,欢迎日本议员考察团。

1912年11月12日《民立报》报道:

是晚七时,上海国民党、共和党、民主党联合在大马路汇中西饭店开会欢迎日本议员考察团,宾主及新闻记者约共百余人。由国父主席。三党居主位者,每党八人,国民党:温宗尧、陈其美、平刚、虞汝钧、拓鲁生、吴颂华、周钰、庞青城;民主党:梁善济、梅光远、陈焕章、林琮、何竣业、徐承庶、陈明善、张嘉璈;共和党:解树强、汪彭年、汪东、张一鹍、孟森、徐俊、陆兰丹、陈光武。此外,各党到者,如张謇、汤化龙、陈贻范,及日领事有吉朋、译留耕一君。

日议员考察团到会者十四人,姓名如下:伊东知也、伊藤英一、田中善立、野添宗三、齐藤圭次、三土忠造、岛田俊雄、桶口典常、工藤善太郎、白川友一、望月圭竹、守屋此助、寺田巢、江川芳光。

中华民国上海三政党开会欢迎日本议员观光团,参议院平刚代表三政党致欢迎词曰:

“夫日本与我于历史上为同种同文之国,于地理上为辅车唇齿之邦。其感情相投,其利害相同,固世界所共认,无愚贤所共知也。今我中华民国推倒数千年帝制而造成东方大陆之共和,其破坏之大,其建设之难,其事体之关系于各国,为至密且切,又世界所共认,无愚贤所共知者也。今者,日本议员诸君之来观光我国,岂偶然云尔哉?溯我中华民国自去岁创始以来,各国不为干涉之举,而有中立之约,其为消极之赞助,既明明有所表示于我国民,而我国民之自处,方且铭心在口,夙夜颂其功德矣。今一回忆,我国民当预谋共和之时,犯大难涉重洋游学外国,观风问俗以联络其国民之情好,以冀为今日之赞助,夫固为各国所共晓而优许优容,而劝掖刺激,以希望我国民造成今日之中华民国也。期间尤以我同种同文同利害关系之日本为最。呜呼!日本与我国之关系之感情岂一朝一夕之故哉!夫议员者,国民代表也,观光者,修旧好也,今日本之议员团来观光我国,我知其为日本之国民欲与我国民修旧好也,我国民敢不热诚致意以欢迎之乎?政党者,国民之意思团也,欢迎者,谢旧德增新交也,今日本之议员诸君怀量至美之忱,惠然肯来,我国民情致恳切具一片热诚以纳交之,则我更知此后各国之对于吾国其为积极之赞助也,亦必以我同种同文同利害关系之日本为最矣。吾于是望我国民,自兹厥后,修我国政,扬我国光,以副今日邻邦观光之美意,吾于是更望我最亲睦之日本,自兹厥后,继其旧德,展其微音,以永今日修好之盛情,是区区三党不尽今日欢迎之意矣。”

日议员齐藤珪次致答词曰:

“中国自去秋改革进行甚速,日本上下以不知真相,特由众议院推举敝团来华观察,今由东三省而北京,而武汉而南京,而苏沪,见中国秩序早复,与寻常破坏以后须扰乱三数年者不同，足见中国人建设能力。惟建设事甚不易，敝团来华，深感与诸君互效所长，互弃所短，前在北京见袁大总统，又承各党各报欢迎，继至武昌晤黎副总统，均各倾肺腑，全无隐余，更承中山先生及三党诸君厚意，更是感激。敝团于中山先生久深企慕，刻承欢迎，愿此后两国邦交益形亲密。昨承商务总会欢迎，又承商界见告明年将组织游日团，此亦极可喜者。闻明年三月中华正式国会成立。从前欧人有言亚洲人无立宪能力者，两国国会互相提携，则此后东亚事自可由吾两国主政。"

11月12日(十月四日)　外交总长梁如浩亲至俄使馆，要求俄使电告其政府，速即取消《俄蒙协约》。

1912年11月14日《民立报》报道：

是日，梁总长亲至俄使馆访见俄使，告称：此次俄国政府与外蒙密结条约，并未先告知我国政府，此条约不独与中俄一八八一年所订伊犁条约大相抵触，且与各国严守中立规约显行违背，此条约之成立，则蒙古与脱离民国归属俄国何异？我国政府对此协约绝不承认，请公使电告贵国政府，速即取消此协约，否则中俄邦交恐将决裂，东亚和平亦由此破坏。俄使答以此次敝国与蒙所结条约已经成立，断无取消之理。梁总长与俄使辩驳多时，毫无结果，遂辞归。

1912年11月15日《民立报》载徐血儿《国民今日当以全力对外为唯一职志》：

国民国民，今何时乎？俄蒙交涉正紧之时，全国存亡之所系，而瓜分大祸之征兆也。俄公使以俄蒙条约通告我矣，而外蒙亦从此亡矣。假或列国相继并起，以争均势，则民国之命运必随之垂绝矣，外患日酷，是非亡吾国奴吾民不止，浩劫临头，此吾国民所宜尽释猜嫌，消弭内讧，全国一心，全力对外，以黑铁赤血保卫国家之日也。

呜呼痛哉？际此千钧一发之秋，而国民犹以意气用事，务为内争，未尝一审念国家之前途也。夫今日之事，暴俄欲假一纸条约以灭我外蒙，此纯然成今日最重大之对外问题，非全国全力，同仇敌忾，生死以之，一致对外，决不足以救亡也。呜呼痛哉！吾国民果有爱国心否乎？对此全国生死问题，宜如何各发天良，尽其固有之天职以报国乎？奈何于政府百般困难之中，而忽思共起以仇政府，是非欲于外患方亟之时，挑起内讧，而自速其亡乎？休矣！休矣！

夫共和国之主体在国民，政府之罪，亦国民之罪也。今日之事，当以对外为亟，对外之事，虽在政府，而要当全国国民为政府之后盾，而政府始不致失败。故政府之失败，非政府之失败也，国民处于旁观无责任地位，第以空言责难政府，而不思为政府之后援也，蒙事之坏，不自今日始，因循贻误，固属政府之过，然今日者，要非从容归过政府之时，外交风云，瞬息万变，国民既有以知政府之贻误，即当共起辅助政府，一致对外，始不失国民当尽之义务也。平时一如政府之麻木不仁，而至危难之时，反藉词以攻政府，亦太不思也。

且夫政党者，居政府国民之间，占国中重要位置，当此存亡之顷，应取共同之目的，以为一致之进行，而即于此时期内，隐隐消灭其党界焉。故各政党于国家危亡之日，即毫无党见之足云，宁言党争乎？今吾国有国民、共和、统一、民主四政党，则此四政党者，宜联合一致，为政府后援，为国民前驱，而尽消弭党争，化除意气，以效忠于国家矣。乃今闻除国民统一二党以对外为亟主张合全国之力同御外侮外，而民主党竟思假此机会，以倾覆现政府，草政府十大罪，快其私意，共和党亦有一部分起之。政党不用救国大义，而倒行逆施如此，诚当为国民所共弃矣。呜呼！意气乎？党争乎？是岂可用之于国家危亡之时乎？今民主党之所为，实不啻引刃自戕，而为暴俄灭我之臂助也，是乌乎可。

今者暴俄实逼处此,为政党者,正宜竭其全力,拥护政府,以助政府外交能力之不逮,政府有数大政党,一致为其后援,亦得用以自壮。大则外交态度,始可坚持不屈。非然者,强敌恫喝于外,政党攻击于内,政府一旦失国民后援,灰心丧志,必致有倾覆之虞。则政府一倒,秩序瓦解,全国扰乱,虽无强敌之压境,已将不免于亡,矧野心者方置我于刀俎,眈眈注视之时,其不欲立见瓜分惨祸,尚可得乎?是故政府即不免因循之过,亦当鞭策未来之进行,而不可置外患于不顾,以政党地位,为旁观无责之举,第以攻击政府为能事也。夫蒙事败坏至此,其由来者已渐,非尽可为现政府咎,而政党盖亦不可不分任其责者。政党不责政府于事起之先,而乃巧言于事后,政党之罪,已无可辞,而况甘心亡国,为虎作伥,于此施其颠覆政府之诡谋乎?民主党草政府十大罪之举,其不顾国家前途,摇动大局,居心不堪问矣。然我国民当知今日欲谋不利于政府者,即不啻欲谋不利于国家,切不可为感情所动尤而效之也。

今日俄蒙交涉事件,已达于最紧急最危险之境,舍战争外,殆无挽救蒙古之术,今为吾全国国民对待敌国之时,即当竭力辅助政府,力为政府后援,以弭止瓜分大祸之未发。盖既处此水深火热之顷,非仅属政府之责,亦全国民共同之责,生死之机,待决须臾,吾国民安可不稍反天良,捐弃私见,共心协力,以捍邦家而却仇敌乎?呜呼!此记者所欲崩角泣血为我国民告,而绝不可为无意识之内讧,以自速其亡也。

1912年11月16日《民立报》载徐血儿《四万万人救亡之决心》:

暴俄攘夺外蒙事起,国民主战,政府主战,全国一致,而各政党亦翻然变计,协助政府,巩固内局,此诚我四万万人今日最大之决心也。夫四万万人既共抱此最大之决心,即宜并力实行,从事种种方面之准备,有力者从军,有财者助饷,有智者尽谋,各出所长,各尽所能,以救外蒙之亡,以救全国之亡。奋励哉,我四万万人之决心。

外蒙者,我完全之领土东北之屏障也。外蒙亡则均势局破,屏障失则全国沦胥。为国民者有爱国之义务,爱国即有救亡之天职,盖国家领土,苟有丝毫之损失,即当并起力争,何况一隅领土之沦灭,系乎全国之生死,焉有不各涂肝脑,诉之铁血,而与仇敌战乎?此吾四万万人对于暴俄以最大之决心主战,而不敢稍怠其救亡之责任也。

昔者吾民困处专制暴政之下,无道政府,在在种亡国之因,故健儿攘臂并起,推翻专制政府,先烈死者不可以数计,所以谋根本之救亡也。今民国成立一岁,而亡国之祸,终至即时爆发,吾国民怀念先烈,故必思有以竟先烈救亡之志,而定万年不拔之基,曩时革命健儿更当挺身前敌,始不负改革之大愿,而有以挽回万劫难复之奴运也。

四万万人共抱最大之决心与暴俄战,吾可断其必胜,盖欲御外侮,患在民志之不坚,今四万万人既同此决心,乌有不战败暴俄,恢复外蒙,消弭全国沦亡厄运之理乎?惟是今日一战,生死存亡,悉视此举,而国民则尤以筹备饷糈为急,饷糈一裕,则军食足而可力战不却,不然则饷糈不济,无以行军,何以为战,虽四万万人有救亡之决心,而亦无裨于救亡之实际也。吾民既有救亡之决心,不当徒托诸志愿,而宜迅速进行,全国共同担负战费,不使政府稍怀顾虑,此今日最要之举也。

四万万人以同一之决心对俄国,若更有他国效暴俄之行,乘吾之危而思攘夺吾疆土者,吾四万万人,亦必以同一之决心对付之,故即使不幸而卒成瓜分之局,吾四万万人必同为最激烈之抵抗,宁四万万人尽与仇敌战死,最大之流血,决不低首下心饱尝亡国之痛苦。此吾四万万人对于暴俄之义愤,列国所宜共知,而当共守公理,不可与暴俄一致行动也,英日尤宜知此义矣,不然惹起东亚最惨之战场,则非吾人所当任其咎,而四万万人有此救亡之决心,则终不可侮也。

今者暴俄大举进兵，且又煽惑新疆，事机日亟，一发千钧，时乎时乎，切实进行，不可须臾缓也，稍事懈怠，则亡国之祸立至矣，奋励奋励，四万万救亡之决心。

△ **各政党关注《俄蒙协约》，连日开会讨论，主张不一。**

1912年11月13日《民立报》报道：

自《俄蒙协约》发表后，舆论激沸，各政党对此事尤为关注，连日在本部开议，兹录各政党主张如左：

一、国民党以对外为急，不主张攻击政府，以为当合全国之力同御外侮。

二、统一党与国民党略同。

三、共和党分两派：一为赞成首先对外；一为主张弹劾政府。

四、民主党欲推倒现政府，以拥护其党魁梁启超，提出政府十大罪状，通电各省。

11月13日（十月初五日） 川汉铁路收归国有。

《川路收归国有》：

川汉铁路为长江中枢至西南部一大干线，民国前一年，因收回国有问题，激动风潮，演成革命。然人民心理，不过借此推翻专制，并非绝对的主张。民国成立以后，川中人士，因该路工程之困难，徒恃民力，难期蒇事。本年三月，特开会议，将川路请归国有，公举程德全、赵熙、刘声元，熊成章、李肇甫等五人为代表，迭与交通部开议，决定合约七条，经部提出草案于国务会议公决，由该部签字，一面派员前往分别接收。

《东方杂志》第9卷，第7号，中国大事记

附《交通部为接收川汉铁路呈袁世凯文》：

为呈报事：窃维民国肇兴，百端经始，统一政治，首重交通，铁路为国家气脉所关，干路为路线经纬所系，各国干路多归国家经营，盖一由政治上之作用，当属之国家，一由财力上之负担，不能责之人民也。川汉铁路起自成都，达于汉口，与京汉衔接一气，将来接轨分出，更当联贯滇黔，西达藏卫，实为南部一大干线，其于政治上关系至为重要。前清末造，规划及此，徒以国情不协，政治不良，遂致以国有问题激动风潮，演成革命。然人民心理不过借此推翻专制，而于反对国有之说，并非绝对的主张，现在国民一体，自应从事实上速谋归宿，以期早观厥成。惟该路轨线延长山川险阻，工艰款巨，缔造实难，考查旧日情形，研究现时状况，徒恃民力，蒇事难期。撮其要端，略有数事：川路集款全恃摊捐，招股数年，仅逾千万，集资匪易，罗掘几穷，股力既微，路工何恃？此困难者一也。租股反抗，曾起风潮，军兴以来，金融更涸，民力已竭，路款未充，此困难者二也。每年入款，从宽约计，仅得数百万金，即使按年收足，亦须二十年始克全路竣工，国步方艰，河清难俟，此困难者三也。人民集资，尽投路股，既乏流动资本，他项实业何由振兴？窘束财源，影响实大，此困难者四也。以上所述皆川路历史上实在情形，而倍拨亏欠，存款倒闭，本金消耗，为数已多，若不亟图补救，致使人民膏血消灭无形，徒令外界生心，冀收渔利，路权民产关系匪轻，贻误事机，噬脐何及？川中人士见及于斯，本年五月开会议，将川路请归国有，公举程德全、赵熙、刘声元、熊成章、李肇甫等五人为代表，迭与本部开议，决定合约七条，举凡路线之规定，存款之提收，债欠之偿赎，工款之摊息，以及清理倒欠，取换债票等事，皆经悉心商定，众意佥同，相见以诚，毫无隔阂，其每年归还股票等项，需款颇多，须由政府担负，自应量度情形与财政部商酌办理。至川路股东，间有主张国家将现有股票全数换给国家铁路股票公司，权利义务悉归政府继承，并不发回现款者,此法在政府虽有不付现款之便利,然与川省提回现款,另办实业原意未合,且股东权利义务牵涉贷款合同,尤难规定,故仍采用还股办法,俾免别生枝节,经将合约草案提出国务会议公决,由部签字,一面派员前往分别接收,以期迅速,此本部与川路代表议定接收合约之大概情形也。伏查合约七款,各方协定意见同孚,国家人民合为一体,实由川省人士洞明时局,锐志建设,同尽一致,拱翼国权,乃能翕然定议。兹谨将议定川汉铁路接收办法,并合约草案七条并文呈报大总统鉴核备案。

1912 年 11 月份《政府公报》,公文,第 197 号

附《交通部接收四川川汉铁路合约》:

四川川汉铁路公司(以下称公司代表)刘声元等(以下称代表人),今受川汉铁路全体股东委托,全权代表该路与交通部(以下称部)商订该路让归国有事宜,兹经彼此议决订立条款如下:

一、川汉铁路公司所有宜万一段全线工程地段、机材、厂房等项,照川路股东会议决办法让归国有,此外川汉全线(即成都至万县线)当然照此办理,但将来国家改定路线,除宜万外,如此路有不作为干线者,得仍归公司承办。

二、公司现存之款,照股东会议决办法,由公司提回自办实业,此项现款系指分存交通银行、汉阳铁厂水泥公司及上海、汉口、重庆、成都各处之现款而言。此外,重庆铜元局之机料厂房及附属财产均照以上办理。又现存各款中,借与交通银行及预付汉阳铁厂两款,由国家担任提回。

三、宜昌路工发出包工工价之公债票,及所负各洋行料价,鄂军饷糈处借款,共约九十余万两,所有工价债票应由国家代赎;各洋行料价,由国家代还,鄂军借款应归公司自行经理。

四、凡公司直接间接用于路工之款,均由部给予定期期票,自接收之日起,年息六厘,每年付息一次。其直接用于工程之款,截至民国元年八月底止,分十年摊还;其间接用于工程之款,如股息、薪工、学费等,自接收后第十一年起,至第十五年止,分五年摊还,其细数以另表定之,至接收以前公司未付股息均照间接用款办理。所有以上直接间接用款数目,即以四川铁路股东会及前清邮传部历年成案为根据,直接用款由部派员与宜昌总理核算,间接用款,由部派员与成都总公司核算,以凭接收,其非直接间接用于路工者,不在此内。

五、上海倒账之款,归公司自行清理,由国家催收。

六、如将来组织川粤汉铁路总公司时,凡第四款所指之期票,得自由向该总公司换收股票。

七、按照以上条款,应续定各项详细手续,由代表人与部再行协议定之。

《东方杂志》第 9 卷,第 7 号,中国大事记

11 月 14 日(十月初六日) 教育部公布公立私立专门学校规程。

《规程十六条》:

第一条 公立、私立专门学校应依专门学校令第六条呈报教育总长认可,在公立专门学校,由该地方行政长官呈报;在私立专门学校,由代表人呈报。

第二条 公立私立专门学校呈报教育总长认可时,须开具事项如左:

一目的,二名称,三位置,四学则,五学生定额,六地基房舍之所有者及其平面图,七经费及维持之方法,八开校年月。在医学专门学校并须开具临床实习用病院之平面图,及临床实习用病人之定额,解剖用尸体之预定数目。本条第一项第六款及第二项之平面图应备载面积地质及附近状况,并附饮用水之分析表。本条第一项第一款至第七款及第二项所载事项,

如有变更时，应呈请教育总长认可。

第三条 私立专门学校呈报教育总长认可时，除依前条规定外，并须开具代表人之履历，代表人对于该校应负完全责任。私立专门学校如系一人设立者，即以设立者为代表人，如系二人以上设立者，应推举一人为代表人，其他非负完全责任之发起人及赞成人，均不在代表之列。代表人如有变更之时，应详具理由及继任者之履历呈报教育总长认可。

第四条 凡私立专门学校呈报教育总长认可时，其呈报书中未经代表人签名盖印者，概不收受。

第五条 公立私立专门学校于校地、校舍、校具及其余需要者，均须设备。

第六条 校地须具有相当之面积，并须于道德及卫生上均无妨害。

第七条 校舍宜朴雅坚固，合于卫生，尤须便于教授管理。其应备之各室如左：

一、普通教室及各种特别教室。二、事务室。三、其他必须具备之室，如实验室、实习室、图书室、器械标本室、药品室、制炼室等。

第八条 校具须备图书器械标本模型及其他用品。

第九条 公立私立专门学校应备各种表簿如左：

一学则、课程表、教科用图书分配表。二职员名簿、履历簿、考勤簿、担任科目及时间表。三学生学籍簿、出席簿、请假簿等。四试验问题簿、成绩表等。五资产簿、图书簿、器物簿、消耗品簿、银钱出纳簿、经费之预算决算簿等。学生学籍簿中应记载学生姓名、籍贯、住址、出生年月日、入学前之履历、入学转学退学之年月日及学年毕业之年月日、入学时有无试验、转学退学之事由，保证人之姓名、住址等。

第十条 凡具有左列各款资格之一者，得充公立、私立专门学校教员，具有左列各款资格之一，且曾有专门学校教员一年以上者，得充校长。

一在外国大学毕业者，二在国立大学或经教育部认可之私立大学毕业者，三在外国或中国专门学校毕业者，四有精深之著述，经中央学会论定者。如校长教员一时难得合格者，得延聘相当之人充之，但须呈经教育总长认可，其认可之效力，以在该校任职时为限。

第十一条 公立私立专门学校每学年开始之前，招收本科生一次。

第十二条 学生有犯下开各项之一，校长得命其退学：一性行不良难望悛改者，二成绩过劣难期成就者，三陆续旷课至两学期以上者，四无正当事故接续旷课至一月以上者。

第十三条 校长认为教育上有重要关系时，得依学校管理规程第七条施儆戒于学生。

第十四条 公立私立专门学校之学则，应规定之事项如左：

一入学资格、修业年限、学科、学科目、学科程度等。二常年、学期、休业日等。三入学、退学、升级、毕业等。四儆戒事项。五学费事项。六预科、研究科事项。

第十五条 公立私立专门学校因事废止，依专门学校令六条吁请教育总长认可时，须详具理由及处置学生之方法。

第十六条 本规程自公布日施行。

1912 年 11 月份《政府公报》，命令，第 200 号

△ 黄兴邀杨度入国民党，杨度致电黄兴，提出以取消政党内阁为加入国民党条件。

杨度《致黄兴电》：

前承不遗，邀入国民党，只以才识无似，未敢遽诺。近日京中贵党干部诸君继续招邀，议及党略，度以为贵党以前之经过及以后之行动，皆不免于困难者，实为政党内阁四字所缚。

虽云根据学理,然贵党从前对于项城尚未充分信用,含有防闲政策,亦事实之昭然。度意此后贵党对于民国,对于总统,宜求根本解决之方,若不信袁,则莫如去袁,而改举总统。度必劝隐,袁必乐从。若能信袁,则莫如助袁,而取消政党内阁之议,宣布全国,以求实际沟通,度方有可效力之处。若仍相挟相持,互生疑虑,实于国家大计有损,非上策也。度姑以党外之人,预为建议。自分于贵党党员,关系甚浅,不敢轻于投身。乞公据度此电,通电全国,贵党本部、支部征集意见,若多数赞成鄙议,见诸实行,方敢追随左右。不仅以此觇贵党之方针,且以此卜一身之信用。进退所关,伏维裁察为幸。

湖南省社会科学院编《黄兴集》,中华书局 1981 年版,第 301 页

附黄兴《复杨度电》:

教育部范总长转杨皙子先生鉴:寒电因兴赴萍乡看矿,昨始接阅。政党内阁制度创始于英法,各共和国均采用之。即君主立宪如日本,近亦倾向此制。益欲使内阁得一大政党之扶助,与国会多数议员成一统系。其平日所持政见,大略相同,一旦发表,国会乃容易通过,不致迭起纷争,动摇内阁,陷国家于危险。故对于内阁,可令负完全责任,对于总统,可永远维持尊荣;而大政之计划,始能贯彻。国民党主张此制,纯为救国起见,亦不能反于各国先例,而轻为尝试。至来电以为与总统有妨,并指为不信袁总统之证,于学理、事实,实均属误会。国民党于今日政府,专取维持主义。袁总统经营国事,不辞劳怨,兴在京亲见,实所钦服。公前与兴面谈,亦曾极力主持政党内阁。今忽变更前议,并别生枝节,恐非出自本心。望始终赞同,勿为浮言所动,大局幸甚。黄兴叩。养。

湖南省社会科学院编《黄兴集》,中华书局 1981 年版,第 300 ~ 301 页

附《黄兴致胡瑛电》:

国民党本部转胡经武君鉴:电悉。本党主张政党内阁,专为维持政府,使得负完全责任起见,与总统权限,毫不相妨,皙子误会,已复电说明矣。请晤时,再从旁解释。黄兴。梗。

湖南省社会科学院编《黄兴集》,中华书局 1981 年版,第 302 页

11 月 15 日(十月初七日)　袁世凯公布《暂行审计规则》及《暂行审计国债用途规则》。

《暂行审计规则》:

第一章　总则

第一条　本规则为审计国家之岁入岁出及一切财政之规程,会计法及其他法律未公布以前,京外各官署及其所属局所,均应遵守。

第二条　财政部及各主管官署暂定之一切会计章程,收支规则等,与本规则不抵触者,仍有效力。

第二章　稽核支出

第三条　各主管官署应编造每月支付概算书,咨送财政部核办,转送审计处覆核后,再行知照财政部办理。各主管官署编造每月支付概算书,应将人数、银数详细分填,其系购置物品及一切用项,应分别将物品种类及其价值,详细开列。

第四条　各主管官署每月领款时,应按照支付概算数目,填写领款凭单,咨送财政部核办,由财政部发交发款通知书,一面将领款凭单送由审计处查核。领款凭单格式,由审计处编定,但于未颁布以前,应先与财政部及主管官署协议。

第五条　各官署接到财政部发款通知书时,应具三联式总收据,由该管长官签名,派员赴库领款,以一联留库备查,以一联由库转送财政部会计股存案,以一联由库转审计处备核。

第六条　各官署每月支付概算书之款目中,有以国债筹办者,应依照暂行审计国债用途规则处理。暂行审计国债用途规则另定之。

第三章　审查决算

第七条　财政部编造总决算后,应经审计处审查确定,再行提交国会议决。

第八条　总决算未成立以前,各主管官署应编造每月决算书,咨送财政部核办后,送交审计处复查,如对于各款项中有疑义者,得质问各主管官署,要求其答复。

第九条　各主管官署每月编造决算,应将收入各凭单、发款各收据及一切凭单,一并送财政部复核,由财政部转送审计处复查。

第十条　关于邮电、船路及其他官业暨受政府补助之事业之收支之决算,均应由审计处详细审定。

第四章　检查国库

第十一条　审计处每月月杪,得派员检查国库现存款项及其票据。

第十二条　国库每月月杪,应将月内收支款项,列表报告审计处,以备查核。

第十三条　国库簿记内所载收支数目,应与现存之款项及其票据相符,不论何时,审计处均得临时派员检查。

第五章　检查簿记

第十四条　审计处编写各官署之主要簿记及一切表册、凭单等格式,但于未颁布以前,须先与财政部及主管官署协议,各官署所订补助簿记及一切表册凭单,均应送交审计处审定,一面报明财政部查核。

第十五条　审计处得随时派员分赴各官署,检查其填写簿记等项,是否合式。

第十六条　各官署于审计处所颁布之簿记填写之法,有不明了者,得随时派员或备文到审计处询明办理。

第六章　检查官有财产

第十七条　凡关于官有财产,应由各主管官署造册报明审计处,以备查核。

第十八条　凡关于建筑工程、购置器械,及一切需费较大之用款,应先具详细说明书及价格表图式,报明财政部。转送审计处检查后,方可照办。前项如用投标方法,应由审计处派员监视。

第十九条　凡关于官有财产,除价值在五百元以下,可由各主管官署自行发卖,将所卖价值报明审计处备查外,其价值在五百元以上者,应用投标方法,由审计处派员监视。

第七章　检查国债

第二十条　各主管官署应将新借国债之数,及偿还国债之数,随时报明审计处备查,遇有收到借款或收回债券,亦应分别造报,以备查核。

第二十一条　各主管官署不论商借外债、募集内债,应将条件及指定之用途,报告审计处。

第二十二条　偿还内债之时,如用抽签方法,应由审计处派员监视。

第二十三条　第二十条至第二十二条之规定,于关于国债检查事项之法律未公布以前适用之。

第八章　处分

第二十四条　各主管官署,应将所属出纳官吏姓名、履历,送审计处备查,遇有应行处分时,即由审计处通知该管长官行之。

第二十五条　出纳官吏,适用本规则及各种法令,若有错误,审计处对于该管长官可发质问书,或注意书。

第二十六条　出纳官吏,如有违背本规则及各种法令者,得由审计处要求该管长官行使惩戒处分。

附则

第二十七条　本规则自公布日施行。

《东方杂志》第9卷,第7号,中国大事记

《暂行审计国债用途规则》:

第一条　关于国债检查事项之法令未公布以前,国债用途之稽核,由审计处行之。

第二条　政府募集公债,不论外债内债,应由财政部将贷款合同及公债章程报告审计处。

第三条　政府募集内外公债,应先指定用途,由财政部将分配数目先期报告审计处。

第四条　前条指定之用途,如临时有变更者,应由财政部随时报告审计处。

第五条　政府所有用款,如指定由国债项下开支者,财政部应先将发款命令,连同领款凭单,送交审计处稽核,由审计处承认签字。

第六条　审计处稽核前项发款命令及领款凭单,如有疑义或认为不正当者,得叙明理由,送回财政部转达主管官署,而要求其答复。前项之答复,如仍认为有疑义或不正当者,审计处得叙明理由而拒绝签字。

第七条　前条第二项审计处拒绝之际,若主管长官有不服者,可由财政总长提出国务会议。如议决发款须由财政总长及主管长官负完全之责任,并仍将领款凭单、发款命令及国务会议议决之事由,送致审计处查核。

第八条　除前条之规定外,未经审计处签字之发款命令,国库不得支付现款。

第九条　每月由国债项下开支数目,应由财政部列表交审计处签字后,刊登公报。

第十条　由国债项下开支各款,其审查决算办法,适用审计规则第七条至第十条之规定。

第十一条　本规则自总统批准之日起施行。

第十二条　本规则如有未尽事宜,随时由审计处总办呈请总理转呈总统修订施行。

《东方杂志》第9卷,第7号,中国大事记

△ 俄蒙签约引起国民党热切关注,本日,北京国民党本部召开大会,讨论俄蒙协约问题,达成办法数条。

1912年11月18日《民立报》载《国民党之主张》:

昨日午前九时,北京国民党本部开职员大会,讨论对待“俄蒙协约”问题。首由主席吴景濂报告开会宗旨,由魏宸组报告主任干事会经过,关于此事之历史地理外交公法上种种之研究,全体意见,对政府主张维持,对库伦主张以兵力取消其独立,对暴俄主张外交上解决,以军备为后盾。

△ 袁世凯表示对俄蒙协约的基本态度。

1912年11月18日《民立报》载《袁总统之对俄策》:

兹探得袁总统决定对俄蒙之三策(一)平和解决,仍设法与库伦活佛谈判取消独立;(二)外交解决,由他国出为解决,彼此让步;(三)武力解决,预备战事。

△ **孙中山为俄蒙协约致参议院电。**

1912年11月20日《民立报》载《中山先生之伟论》:

日前,孙中山先生致参议院电略谓:"俄蒙事件据所得确信乃俄一二野心家主动,非俄政府多数主张,若我坚持生死力争,必可转圜,倘稍退让,新疆藏满必继去,本部亦难保全,望诸公协助政府否认俄蒙协约,坚持到底,此事关系民国存亡,务望留意。"

△ **黄兴致北京国民党本部陈述对征蒙意见。**

1912年11月20日《民立报》载黄兴《致北京国民党本部电》:

俄国近来革命风潮,早有跃跃欲动迫不及待之势。惟一二狡诈之政府中人,反利用此时机,故作种种繁难对外之行为,藉为靖内之方针,以期两得其便。又见吾国数月来党争时有所闻,一旦即有外患,必无一致进行之策。且库伦僻处荒漠,而又正值冬令严寒,吾国目前进兵,天时地利均犯兵家之忌,比至春暖可战,则彼一切布置俱已周备,即可反客为主,以逸待劳矣。然据弟愚见,彼若一与我国用兵,国内立见瓦解动摇,不可收拾,必不能阻我征库为强硬之干涉。至实行进兵,则北兵素耐寒苦,而又习知边情,可即用为先锋,立赴前敌,南兵当即整备完毕,一俟阳和令转,便能长驱直进,以为后援。至人心饷项一层,现国民被其刺激,踊跃非常,自能源源筹划,继续接济,亦无容过为疑虑,乞襄助政府早定大计。昔人有言:自非圣人,外宁必有内忧。吾国此时亦当以一切党见之精神岁月移以对外,切不可迁延违误堕彼术中,致遗后兹无穷之祸。

11月16日(十月初八日) 孙中山密电袁世凯,主张立即进行中日联盟,以应对俄蒙协约。

孙中山《致袁世凯电》:

北京大总统鉴:新密。华日联盟大有可望,假以半年至一年之时,当可办到,故俄蒙之约万不可承认,当出以最强硬之抗议,使此问题延长时日,则必有良善之结果,目下尽可以不理处之,以观俄政府之行动。再俄蒙之举,不过一二好大喜功之徒,欲乘我之不备以博功勋,实非俄政府之本意,故对此事以牵延为第一办法。孙文。铣。

中国社会科学院近代史研究所等编《孙中山全集》第2卷,中华书局1982年版,第542页

11月18日(十月初十日) 袁世凯依据约法第三十条公布参议院议决之国籍法。

《国籍法》:

第一章　固有国籍

第一条　左列各人属中华民国国籍。

一、生时父为中国人者。

二、生于父死后,其父死时为中国人者。

三、生于中国地,父无可考,或无国籍,其母为中国人者。

四、生于中国地,父母均无可考,或均无国籍者。

第二章　国籍之取得

第二条　外国人有左列各款情事之一者,取得中华民国国籍。

一、为中国人妻者。

二、父为中国人,经其父认知者。

三、父无可考,或未认知,母为中国人,经其母认知者。

四、归化者。

第三条　外国人因认知取得中华民国国籍者,须具备左列各款条件:

一、依其本国法尚未成年。

二、非外国人之妻。

第四条　外国人或无国籍人,经内务总长许可得归化。内务总长非对于具备左列各款条件者,不得为前项之许可:

一、继续五年以上在中国有住所者。

二、依中国法及其本国法为有能力者。

三、品德端正者。

四、有相当之财产或艺能足以自立者。

五、本无国籍,或因取得中华民国国籍,即丧失其本国国籍者。

无国籍人归化时,前项第二款之条件,专依中国法定之。

第五条　妻非随同其夫不得归化。

第六条　左列各款外国人,现于中国有住所者,虽不具备第四条第二项第一款条件,亦得归化:

一、父或母曾为中国人者。

二、妻曾为中国人者。

三、生于中国地者。

四、继续十年以上在中国有居所者。

前项第一款至第三款之外国人非继续三年以上在中国有居所者,不得归化,但第三款之外国人,其父或母生于中国地者,不在此限。

第七条　外国人现于中国有住所,其父或母为中国人者,虽不具备第四条第二项第一款、第二款及第四款条件,亦得归化。

第八条　外国人有殊勋于中国者,虽不具备第四条第二项各款条件,亦得归化。内务总长为前项归化之许可,须经国务会议。

第九条　归化须于公报公布之。归化非公布后,不得对抗善意之第三人。

第十条　归化人之妻及其未成年之子,应随同取得中华民国国籍,但妻或未成年子之本国法有反对之规定者,不在此限。

第十一条　归化人及随同取得中华民国国籍之子,不得为左列各款职员:

一、大总统、副总统。

二、国务员。

三、国会及省议会议员。

四、最高法院长。

五、平政院长。

六、审计院长。

七、全权大使。

八、陆海军将官。

九、各省行政长官。

前项制限,除第一款外,依第八条规定归化者,自国籍日起,十年以后,其他自取得国籍日起，二十年以后，内务总长得经国务会议解除。

第三章　国籍之丧失

第十二条　中国人有左列各款情事之一者，丧失中华民国国籍：

一、为外国人妻，取得其夫之国籍者。

二、父为外国人，经其父认知者。

三、父无可考，或未认知，母为外国人，经其母认知者。

四、依自愿归化外国，取得外国国籍者。

五、无中国政府许可，为外国官吏或军人，受中国政府辞职之命令仍不从者。

依前项第二款、第三款丧失国籍者，以依中国法未成年及非中国人之妻为限。

依第一项款丧失国籍者，以依中国法有能力并内务总长许可者为限。

第十三条　依前条第一项第四款之规定，须经内务总长认为无左列各款情事者，始丧失国籍：

一、届服兵役年龄未免除兵役义务尚未服兵役者。

二、现服兵役者。

三、现任中国文武官职或各议会议员者。

第十四条　中国人虽有第十二条第一项各款情形之一，并无前条各款情事，若有左列各款情事之一者，仍不丧失国籍：

一、为刑事嫌疑人或被告人。

二、受刑之宣告执行未终结者。

三、为民事被告人者。

四、受强制执行处分未终结者。

五、受破产之宣告未复权者。

六、有滞纳租税或受滞纳租税处分未终结者。

第十五条　丧失国籍人之妻及未成年子，若随同取得外国国籍时，丧失中华民国国籍。

第十六条　中国人丧失国籍者，丧失非中国人不能享有之权利。丧失国籍人，在丧失国籍前，已享有前项权利者，若丧失国籍后三个月以内，不让与中国人时，归属于国库。

第四章　国籍之回复

第十七条　中国人因婚姻丧失国籍者，关系消灭后，经内务总长许可，得回复中华民国国籍。

前项规定，于依第十五条规定丧失国籍之妻准用之。

第十八条　依第十二条第一项第四款规定丧失国籍者，既于中国有住所，并具备第四条第二项第三款至第五款条件时，经内务总长许可，得回复中华民国国籍，但归化人及随同取得国籍之子，不在此限。

前项规定，于依第十五条规定丧失国籍之子，具备第四条第二项第二款者准用之。

第十九条　第十条规定，于第十七条、第十八条情形准用之。

第二十条　回复国籍人，自回复国籍日起五年以内，不得为第十一条第一项各款职员。

前项制限，内务总长得经国务会议解除之。

第五章　附则

第二十一条　本法施行规则，以教令定之。

第二十二条　本法自公布日施行。

《东方杂志》第9卷，第7号，中国大事记

△ 外交总长陆徵祥在国务院发表对俄蒙事宜之意见。

1912年11月20日《民立报》载《陆总长之卓见》:

昨陆外交长在国务院表示意见三端:(一)先交涉而缓用兵:俄以协约通告日、英、法,虽别有关系,足征尚待他国赞同,未能即行武断,若遽用兵,各国或不免有词;(二)对库对俄宜分为两事:库伦独立系对内关系,前既有碍,未能先事平定,现俄出而干涉,应分别对待,不可牵混,反落俄人彀中;(三)交涉宜从旁面着手:世界均势已定,非一国所能破坏,此事关系极大,各国未必放松,若中国无敏活手腕,他国自不便掺言,此中机括,当视吾手段何如以定之。

△ 袁世凯召集军人代表会议,讨论整饬各省军队办法。

1912年11月19日《民立报》报道:

总统府消息:袁总统与段总长、陈次长、姜军统及各省军事代表会议整饬军队办法:(一)统兵上级之军官佐领,均由总统任命。(二)练兵及师旅数目,分大小省规定,大省四师,小省三师为限。边紧省分不在此例。(三)用兵不敷时,招募续备兵补充。(四)军服、械饷、辎重、工程、幕营等件,悉尊中央规定,如向外洋订购炮械,须中央认可。(五)驻京军队及各省防营统改成陆军编制。(六)实行征兵,目兵夫役之服装、食米,照禁卫军规定。

11月19日(十月十一日) 外交总长陆徵祥访俄使交涉《俄蒙协定》问题。

1912年11月22日《民立报》载《陆外长之交涉说》:

兹探悉十九日,陆外交长赴俄使馆拟开第一次正式谈判,俄使答称:此事关系重大,现尚未奉到本国命令,未便开议。陆总长云:刻呈准大总统,拟在外交部设《俄蒙协约》交涉处,并草拟办法四条:(一)确定中俄交涉专员须负担全权责任;(二)请各国派代表旁听;(三)每日会议一次,自午前十时至十二时止,惟至多会议三十次即须解决;(四)专研究协约内容及如何解决,不涉军事,以免有碍军权。请转电贵政府,俟得同意,即当实行,期早解决,不伤中俄感情。

11月20日(十月十二日) 袁世凯令:在京蒙古王公有功大局者各予进封。

二十日临时大总统命令:

据蒙藏事务局呈称:在京各蒙古王公首翊共和,有功大局,请予加封等语。科尔沁左翼后旗扎萨克和硕博多勒噶台亲王阿穆尔灵圭无爵可进,应移奖伊长子头等台吉和希格进封辅国公。喀喇沁二等塔布囊都凌阿,应进封头等塔布囊。喀尔喀四等台吉车林端都布应进封三等台吉。科尔沁多罗贝勒阿勒坦瓦齐尔,应进封郡王。绰罗斯固山贝子唐古色,应进封贝勒。科尔沁贝子衔辅国公博迪苏,应即进封贝子。科尔沁辅国公达赉,应加贝子衔。喀尔喀三音诺彦部落公衔头等台吉祺诚,武祺克坦,应均进封辅国公,并加镇国公衔。喀尔喀公衔二等台吉鄂多台、土默特公衔二等台吉扎木巴拉多尔济,应均进封头等台吉,并加镇国公衔。科尔沁辅国公衔头等台吉鄂里雅苏,应进封辅国公,并加镇国公衔。科尔沁二等台吉阿勒坦巴图尔,应进封头等台吉。喀喇沁二等塔布囊卓凌阿,应进封头等塔布囊。敖汗固山贝子德色赉都布,应进封贝勒。

1912年11月22日《民立报》

△ **财政部禁止印刷工人成立联合会，印刷局联合会据理力争。**

财政部训令第九号令印刷局总办陈恩焘：

为令知事。风闻印刷局工人有假财政部印刷局全局名义，设立联合大会。定于阴历十月十七日在崇效寺开成立大会，散布传单，要结入会等情。查民国成立，自由集会本所不禁。惟工人职在服务，计值程功，既无学理之研求，复无政治之关系，费时失业，义无取焉。宗旨既不分明，乃复假财政部印刷局以为号召，若不及早禁绝，将来聚众要挟，妨害职务，势所难免。除函请外城总厅届时派警前往禁止开会，以维秩序外，合行令知该总办即便遵照，严切诰戒该工人等，务宜安分作工，不得沾染此等恶习。将联合大会名目即行取消，并将为首鼓动之人，查明呈部，以凭核办勿违。此令。中华民国元年十一月二十日

中国第二历史档案馆编《中华民国史档案资料汇编》第3辑，民众运动，江苏古籍出版社1991年版，第1页

《财政部印刷局全局联合会会员等谨上书》：

总长钧鉴：窃同人等昨日奉阅钧部二十日所发之第九号训令，系关于解散本会之事。披读之余，甚为骇异，惟细绎其词，全属风闻，于本会实在情形毫未研悉，深恐以讹传讹，致同人受无妄之灾，钧部蒙误察之责。兹特就实在事实为我总长逐条缕陈，乞顾全大局，即予收回成命，以顺人心，而重工业。

一、原令云：风闻等语，本会成立事项，钧部既属风闻，自应据实调查，究竟利害何如，对于本局有何损失。

一、原令云：有假财政部印刷局名义，设立联合大会等语。按本会系由全局员司及各科工人联合组织而成，京师印刷营业局所林立，冠以钧部字样不过联示区别，并希图招摇。

一、原令云：散布传单，要结入会等语。本会既系本局员司及各科工人联络组织而成，声气相通，何至要结。且工作一处，何须散布传单。

一、原令云：查民国成立，自由集会，本所不禁等语。钧部既知约法，何故强行解散。

一、原令云：工人职在服务，计值程功，既无学理之研求，复无政治之关系等语。按工业发达，实由研究学理而得。著书立说者，几风行全球，此中分晰精微，靡所不至。各地设有学堂，国家立有专部，无非精益求精，力期进行，岂有无学理研求耶？况本会名之曰会，则非政党、政团之性质，更不待辩。至于职在服务，计值程功，自属我辈之天职，然与兹会之成立与否，固各不相谋也。

一、原令云：费时失业，义无取焉等语。按本会开会时间均在星期及休息之时，向未妨及局中操作，何谓费时失业。况本会正互相研究，藉谋全国工业之发达乎。

一、原令云：宗旨既不分明等语。则本会既如部令所云，无政治之关系，则联络感情，研求学理，是乃同人之必要，何能以不分明加之。

一、原令云：若不及早禁绝，将来聚众要挟，妨害职务，势所不免等语。则本会规约之条件，缕列甚详，防范甚密。况本局工人前与蔡总办之交涉，事历半载尚无结果，亦不过据理力争，并无何等要挟。若谓势所难免，则只要在上者秉公正直，何患之有。

一、原令云：函请警厅禁止开会，以维秩序等语。试问警厅之职务不过维持秩序，保卫治安。开会之事，并非扰乱秩序，妨害治安之举，警厅固无从干涉。

一、原令云：不得沾染此等恶习等语。开会结社，视为恶习，诚属创闻。若以此为恶习，则政府诸公，无一非沾有恶习者，各地党会，无一非恶习渊薮者。

一、原令云：取消本会，并将为首鼓动之人查明呈部，以凭核办等语。斯言犹为奇离，按本会之成立，实由全局同人精神上之结合，既无强迫要结等情，何至云为首鼓动，罪状何在，

何云核办。以上所言，纯属据理力陈。务望钧部俯察舆情，实事求是，勿为浮言所惑，致启无谓之干涉，以遗笑外人，不胜待命之至。伏乞　钧鉴　中华民国元年十一月　日

财政部批第二十八号《批印刷局联合会呈》：

两呈均悉。结会自由，虽为人生应有之权利，但立会原则，实因人群散处，故藉会社以谋集合。若印刷局系隶于行政官厅，有系统、有职守，自成一完全机关，既不必有联合之组织，断无藉社会名目别立机关之理。且世界各国，无论为立宪，为共和，观其官立局所几无不法纪森严，秩序井然，所属人员服从主任员司之命令。现在民国肇造，百度维新，必使人人遵循法令，郑重职守，均纳于轨物之中，庶成为法治之国。若各机关人员，恃众要挟，越俎代庖，非徒淆乱秩序，抑且妨害职务，此等行为，亟须痛戒。仍着该局员司工匠，将印刷局联合会立即解散，以肃局规。至局中办事情形，本部自有稽察，毋庸该员匠等逾分干涉。此批。中华民国元年十二月十二日

附《印刷局联合会呈》(12 月 23 日)：

财政部印刷局全局联合会为据理力争，仍恳收回成命事。窃本会前奉部令解散，当即据理逐条辩驳，呈请收回成命。昨奉批示，再三研究，措辞之间仍多误会。兹谨根据约法及实在事实，再为钧部缕晰陈之。按本会集合之原理，纯系联络感情，交换智识，力谋工业发达，挽回国家利权，载在会章，于约法毫无抵触。钧部谓：隶于行政官厅之局所，有系统、有职守，断无藉会社名目，别立机关之理。详查约法并无此项规定，未识钧部何所根据。若谓工人知识浅陋，倘任其自由集会，不早禁绝，将来势必酿成同盟罢工，恃众要挟之举。则工人等虽无高尚学问，究皆稍具国家观念，遇事遵守法律，毫无淆乱秩序。自夏间将局中所有积弊据实告发以来，事历半载有余，钧部对于局务未见丝毫整顿。即前清度支部局章，亦未见一字修改，工人等亦不过据理力争，并无何等要挟。况本局制版、制色、印刷、活版完成各科工艺，均有密切相互之关系。而在局工作各有专司，除所习之外，余均无从研究。所赖以实行联络感情，交换知识，力谋我工业之发展者，端在本会维持，始有今日之实效。此等集会钧部应如何极力提倡，藉以鼓励之不暇，何竟一再迫令解散，不留余地。故同人对于钧批始终否认。盖以压制手段解散斯会，欺我工人之事小，因解散斯会而使工界前途终无发达之希望其事大也。至谓局中办事情形，部中自有稽察，毋庸该员匠等干涉。则临时约法第十条所规定，人民对于官吏违法损害利权之行为，有陈诉之权。工人亦人民也，何以钧部对于约法所许之会，一再迫令解散，并剥夺其陈诉之权。而对于违犯法律之官吏，不一过问，是则本会所更不解者。敢更请明白批示，以释群疑，而尊约法，是所盼祷。此肃祗请　钧鉴。

中华民国元年十二月　日

中国第二历史档案馆编《中华民国史档案资料汇编》第 3 辑，民众运动，江苏古籍出版社 1991 年版，第 2 ~ 5 页

11 月 22 日(十月十四日)　袁世凯公布众议院议员选举开票规则。

《众议院议员选举开票规则》：

第一条　初选举开票，除依众议院议员选举法第五十二条暨施行细则所规定外，初选监督应于开票管理员具报各投票柜送齐时，即行酌定开票时刻，以不逾各投票柜送齐之翌日午前十时为限。

第二条　初选开票，自初选监督所定时刻起至午后六时为止，若逾限尚未完毕，约计未开之票数在三分之一以下者，开票管理员得酌量延长其时间，其数在三分之一以上者，于翌日午前八时起接续行之。

前项接续开票,投票柜之封锁,准用众议院议员选举投票纸、投票柜管理规则之规定。

第三条　复选开票,除依众议院议员选举法第七十四条暨施行细则所规定外,投票管理员应于投票完毕后,即行将投票柜移交开票管理员,呈由复选监督亲临开票所,于当日开票,其时间以至开票完毕并宣示为限。

第四条　前三条之规定,于初复选再行投票之开票适用之。

第五条　初复选开票事宜,开票监察员除依众议院议员选举法第十九条之规定随时监视外,若认为有疑义时,得为临时之检查。

前项检查情形,记载于开票录。

第六条　初复选开票事宜,若入所参观之选举人,认为有疑义时,得以十人以上之请求,由开票监察员即时当众检查。

前项请求人之姓名及检查情形,须记载于开票录。

第七条　本规则于省议会议员之选举准用之。

本规则自公布日施行。

《东方杂志》第9卷,第7号,中国大事记

11月23日(十月十五日)　袁世凯令国务院晓谕蒙旗,尊重其信仰,保护其原有私产。

袁世凯《饬令宣布优待蒙回藏条件文》:

现在联合五族,组织新邦,务在体贴民情,敷宣德化,使我五族共享共和之福。前据绥远城将军张绍曾电呈乌兰察布盟札萨克等来文,以共和为扰害蒙古,抛弃佛教,破坏游牧,请民国内务部嗣后关于饬令尊行新政、异怪各事件暂行停止等语。查优待蒙、回、藏民族条件第七条,蒙、回、藏原有之宗教,听其信仰,是宗教申明信仰,何有抛弃之事?第二条保护原有私产,是产业申明保护,何有破坏游牧之事?又参议院议决公布待遇蒙古条例第一条:中央对于蒙古行政机关,不用殖民等字样;第二条各蒙古王公原有之管辖治理权,一律照旧,是皆重在维持蒙古原有权利,何有扰害之事?又原电该盟呈内指除藩属名称,为混乱蒙人种族一节。查宣布共和,迭经申明联合汉、满、蒙、回、藏五大族为中华民国,名为蒙族,何有诬为混乱?至不用理藩字样者,所以进为平等,免致待遇偏畸。中央刻又复封达赖,振兴黄教,各呼图克图来京及助顺者,均加进封号,优予礼赉,蒙回王公之赞同共和者,亦并优进爵秩,民国优待蒙、回、藏各族,崇重宗教,实有确征,无非欲同我太平,安生乐业。惟该盟原呈,既多有误会,自应赶为宣播,以释群疑。即由国务院将优待蒙、回、藏各族条件待遇蒙古条例及复封达赖札赉、各呼图克图优进各王公爵秩等公布命令,译成各体合璧文字,刊刻颁发各旗各城,榜示晓谕,俾众周知。此令。

徐有朋编《袁大总统书牍汇编》第2卷,上海广益书局1920年版,第21~22页

11月25日(十月十七日)　外交部长陆徵祥与驻京俄使就《俄蒙协约》问题举行第一次正式谈判。政府亦于是日召开军事会议,讨论和战问题,结果主张和平解决。

1912年12月2日《民立报》载《第一次大谈判》:

外交团消息:二十五日,陆总长与日、法、美三国公使邀集俄公使克金斯基在外交部开第一次谈判。俄使表明该政府此次与库伦缔结协约,实系库伦活佛再四请求。俄政府于未结此约之先,已电告中国政府,并无异词,此时协约既已成立,若另行改订,似有不妥,况中国所提出各条件,虽已电致俄政府,今尚未接得训令,政府如何答复,允否尚难料定,此刻虽谈判,

亦无一定之结果。陆总长力言中俄素敦邦交,勿为此次库伦事生出恶感,各国均以保东亚和平为上义,贵国政府当亦不愿为此而失邦交。此次库伦协约,我国举国鼎沸,政府困难情形已在洞鉴,如此次交涉不能以和平解决,将来两方均不能有优胜之结局。库伦既系我国领土,主权自在中国政府,而俄政府与库伦结约,未经中国之认可,已属违法,是非自有公论,中国政府力主和平,不追究前事,贵国能体此意,则世界之福,亦东亚之福。如仍照前约所定,不稍更改,则中国亦不能再持和平之义。是时,陆总长与俄使几至冲突。经日、法、美三公使从中调解,始又再议。俄使谓:既中国重申和平之意,俄政府亦不能故意刁难,此事尽可和平解决。谈判许久,俄使已允为电致该政府先行取消库伦协约,重新另行交涉,我政府所提出之各条件,仍恐无甚效力,须得两方另订条件。俄使并言:中国期以和平,而各省军学各界及报馆,肆行污骂俄国,有失中国政府之意,须力为取缔。陆总长云:此系外间舆论,政府不能干涉,又与正事无干,此可勿虑。此次谈判遂无结果而散。

1912 年 12 月 1 日《民立报》载《军事会议结束》:

二十五日,总统府在秘书厅特开军事会议,段总长、参谋陈次长、本府军事顾问各员均列席。梁秘书长提出:各省都督复电到京者计十余省,首愿担任战事者有七省,而最得其要领者为黎副总统、广东都督胡汉民、江苏都督程德全、山西都督阎锡山、江西都督李烈钧,此外,皆持之有故,言之成理。此次会议之结果,仍主张和平解决。其结论要点如左:

一、请驻京内蒙各王公、贝勒、贝子、台吉等分赴各盟旗合谋抵抗库伦。

二、与俄使磋商改《俄蒙协约》为《中俄条约》,作为永久之证据;并派大员与俄人重勘界线,以泯争端。

三、蒙藏局已派沈钧赴蒙劝谕,拟加派本府某顾问员携带多金往库伦,仿行陈平离间之计。

四、自东蒙以至外蒙添设卡伦,并令齐贝子等回旗,即速筹办国防,稽查匪类。

五、已调禁卫各军遣往关外,饬令择地驻扎,严守要塞,毋得轻启战端。

六、电山东都督周自齐、山西都督阎锡山、安徽都督柏文蔚等预备出关各军渐缓开拔。

七、令察哈尔都统何宗莲联合绥远将军张绍曾速即收复达里岗崖。

八、请甘珠活佛邀集各盟活佛及有势力之喇嘛,切实劝导,申明五族一家,建设共和之真理,以孤哲布尊丹巴之势。

11 月 26 日(十月十八日)　袁世凯通信各省都督、民政长暂行划一官吏名称,府、厅、州、县官名一律改称知事。

袁世凯《通饬各地方官统一名称令文》:

民国成立以来,各省府、厅、州县,分职设官率皆自为风气,或早改从知事之新名,或尚沿袭牧令之旧制,同此一国,而官吏名称,乃竟歧出若此,其何以示统一而策进行?现在地方官制制定需时,自宜体察各省情形,暂行划一办法。查知事一官,沿江沿海各地方,多有成例,应令各省参照复选区表所列各初选区,将所属各县以及凡府直隶厅、州之有直辖地方者,所有长官官名,一律先行改为知事,一应管辖区域暨办事权限,悉依现制办理;其未裁道及无直辖地方之府各省分,该道府官名,均暂仍旧,一俟地方官制公布施行后,再行分别遵照;至各省行政长官以下,现设各司,南北不同,尤非整齐之制,应由各该都督民政长,限于令到十日内,迅将该省现设若干司,连同其他直辖官署局所现行名称,分别电呈,以凭核办。此令。

徐有朋编《袁大总统书牍汇编》第 2 卷,上海广益书局 1920 年版,第 23 页

△ **袁世凯令直隶都督及各省都督、民政长遵行统一官制、官规；各省行政长官、地方议会均不得擅越范围。**

袁世凯《令各省行政长官不得逾越范围文》：

官制、官规，应由本大总统制定。参议院议决约法，专条具在，无论各省行政长官及地方议会均不得稍逾范围。昨据国务院呈据直隶都督冯国璋呈称：现经酌拟考试府、厅、州、县官暂行办法，咨送顺直临时省议会开会公决。爰将前经议决任免简章，酌量加入，并略为修改，定为办法十七条，准咨录请核复等语。查考试官吏办法，系属官规性质，既非该都督所应提议，亦非该省议会所应议决，此等显违约法之案，若不立予撤销，设或各省相率效尤，则国家统治大权，势将旁落。现既外患内忧之交迫，正以振纲饬纪为要图，长此政令纷歧，试问何以为国？况任免职员，为本大总统约法上特权之一，该议会竟将任免简章，率行加入，是中央议会所不能自行提案者，而地方议会转得因以为伸张权限之谋，弁髦约法，莫此为甚，应饬将该方案作废，以一政权。惟细核所呈考试府、厅、州、县各办法，尚出于整顿吏治之苦心，本大总统前已制定文官考试任用各法案，提交参议院，不日即将议决，一俟公布施行，该都督、该议会所欲藉以为澄叙官方之具者，届时不患无所遵循。在各项官规未公布施行以前，所有府、厅、州、县以上各官吏，应责成各省行政长官，依照现行法令，认真考核，随时分别呈由本大总统任免，俾策进行。其现行法令之关于官制、官规事件，如须改定办法，均应呈明本大总统核办，应咨参议院议决者，本大总统自当按照约法，分别交院，各该都督、民政长，不得率向省议会提议，以符约法而杜纠纷。此令。

徐有朋编《袁大总统书牍汇编》第2卷，上海广益书局1920年版，第25～26页

△ **袁世凯通令严惩倡言二次革命党徒。**

袁世凯《通令严惩倡言二次革命党徒文》：

自政府成立，五族一家，薄海人心，倾向共和，实为千载一时之会。乃有不轨之徒，藉端煽惑，意在摇动民国，扰乱治安，以重生灵之祸。幸人心厌乱，迭经先事破获，不致危及地方。本大总统深维国势之艰难，不忍见五族人民，罹于涂炭，所望共为良善，巩我邦基，若任少数凶徒，隐谋蠢动，养痈成患。本大总统何以对我人民？近据广东都督胡汉民电称：各省立心不正之徒，每以二次革命为口实，若不严诛一二，将何以遏止乱萌？请谕知各省，现在国本已定，如有倡言革命者，政府定予严办，俾奸人知所敛迹等语。指陈剀切，洵为弭乱要图，著各省都督、民政长，严饬所属，凡有倡言革命者，敢为国民公敌者，查有实据，即行按法严惩，以寒匪胆而顺民情，断不能狃煦煦之仁，以贻民国前途之隐患也。此令。

徐有朋编《袁大总统书牍汇编》第2卷，上海广益书局1920年版，第27页

△ **北京政府财政部公布驻外财政员办事章程令。**

中华民国元年十一月二十六日，财政部令：公布驻外财政员办事章程。

《驻外财政员办事章程》

第一条　驻外财政员承财政总长之命，驻扎外国，掌调查各国财政及办理汇兑、公债事务。

第二条　驻外财政员办事处设于伦敦。驻外财政员以伦敦为常驻所，若因办理前条事务应赴他国，或回本国时，须随时陈明财政总长。

驻外财政员每届三年，虽无前项情事，亦得回国一次。

第三条　驻外财政员事务处得酌设助理员一人，或二人，办事员一人。

财政部设经理驻外财政事务处,酌设助理员及办事员各一人。助理员由财政总长于财政部荐任官中、办事员于委任官中选派之。助理员及办事员均仍支本官之俸。

第四条　助理员及办事员之人数,若因事务繁多,或须分驻他国应行增加之时,得由驻外财政员陈明财政总长核定。

第五条　驻外财政员得酌量情形,呈请财政总长咨商工商部派委现驻各国之商务委员兼充驻外财政助理员。

第六条　驻外财政员于调查事务遇有繁重译件,得随时就近佣聘译员。

第七条　驻外财政员伦敦办事处经费,由财政总长核定后编入财政部预算。

第八条　驻外财政员伦敦办事处办事细则及财政部经理驻外财政员事务处办事细则,另定之。

第九条　本章程遇有应行增修之处,当由驻外财政员随时陈明财政总长核定。

中国第二历史档案馆编《中华民国史档案资料汇编》第3辑,财政,江苏古籍出版社1991年版,第13～14页

11月27日(十月十九日)　在北京之各省代表因须返本省竞选,呈请辞职,袁世凯准允。

1912年11月29日《民立报》报道:

袁总统准各省代表辞职,各给嘉禾章及川资三百元,今日派赵总理、梁秘书长在德昌饭店设宴宠其行。

△ 财政部提出整理赋税办法。

1912年11月29日《民立报》报道:

财政部提议整理赋税办法七端:(一)各省地方官经收田赋,拟用三联单法,实征实解,并酌定盈虚比较,以为知事考成。(二)责成地方官调查土地价值,详分等第,以定税率。(三)房税定为地方税,城乡一律担负。(四)常关厘捐亦采用三联单法,实征实解。(五)消费税如烟酒两项加重,饬各省详查报部,为加税准则。(六)契纸、当帖、牙帖,由部刊印,发交各省,民间须用时,备价请领,税率暂从轻征,以免隐漏。(七)析家契纸,由部定式颁发,为将来承袭税先声。

11月28日(十月二十日)　汉粤川督办谭人凤被改任长江巡阅使,袁世凯任命黄兴继任该职,黄兴先辞,后允暂任,但到任仅两月,次年(1913年)1月辞职。

二十八日临时大总统命令:

交通部呈汉粤川督办一差,请简员办理,任命黄兴督办汉粤川铁路事宜,此令。

1912年11月30日《民立报》

附黄兴《致袁世凯》(12月2日):

大总统钧鉴:顷接国务院勘电,十一月二十八日临时大总统令,任命兴督办汉粤川铁路事宜。闻命之下,无任惭惶。吾国路政极关重要,办理手续尤属繁难,须有专门人才方能妥善筹划。兴既愧无常,又才略不足以胜此,敬请收回成命,另简贤能,深为感荷。黄兴叩。

湖南省社会科学院编《黄兴集》,中华书局1981年版,第302页

附黄兴《致袁世凯电》(12月4日):

顷准国务院江电,接奉钧令,奖饬逾量,劝勉并发,无任惭悚。窃惟路事繁重,历年纠葛,至今颇难结束。奈向之主持者素乏学识经验,不能坚人信仰,以致隔阂日深,筹办难期迅速。

兴目睹前事，顾念要工，实不敢冒昧就职。今承再三电令，本欲荐贤自代，仰承钧意，而筹思竟日，仓卒难得适宜之选，欲仍即乘轮，而空言相渎，又近于故意违命。日前督办谭人凤于今日离湘赴鄂，无法挽留。深恐因兴力辞之故，以致无人接洽，路事停止，转滋贻误。踌躇反复，进退难艰。乃于万不得已之中，特为一时权宜之计，谨拟暂为接管，俟调查明晰，改组机关，疏通意见，确定款项，可以大兴工作时，即行辞职。务恳我大总统仍一面务色众望素孚、富有经验之人才，届时另行委任，令其切实督办，俾用一人、用一钱，均有实效，不致糜费愆时，以维路政，国家幸甚。黄兴叩。支。

湖南省社会科学院编《黄兴集》，中华书局1981年版，第302~303页

11月29日(十月二十一日)　教育部公布中央学会法令。该法共十八条，规定中央学会直隶于教育总长，以研究学术，增进文化为目的。

《中央学会法》：

第一条　中央学会直隶于教育总长，以研究学术，增进文化为目的。

第二条　中央学会会员无定额，由具左列资格之一者互选之。

一　在内国、外国大学或高等专门学校三年以上毕业者。

二　有专门著述经中央学会评定者。

前项互选，以得票满五十票以上者为当选。互选细则，以教育部令定之。

第三条　外国人对于民国学术之发达有特别功绩者，得由中央学会推为名誉会员。

第四条　中央学会会员任期三年，任满改选，但得连举连任。

第五条　中央学会依学术之种类，分为若干部，会员各依其专攻学科分属之。

第六条　中央学会设会长一人，副会长一人，由中央学会会员互选之。

第七条　中央学会各部各设部长一人，由各部会员互选之。

第八条　会长总理会务，会长有事故时，副会长代理之。

第九条　部长辅助会长分理部务。

第十条　中央学会随时开会讨论关于学术及文化各事项。

第十一条　中央学会得募集关于学术之论文及材料。

第十二条　中央学会经教育总长之认可，得与外国各学术团体联合研究。

第十三条　中央学会关于学术及文化事项，得陈述意见于教育总长。

第十四条　中央学会每年应将会内事项，作成报告书，呈报教育总长，并宣布之。

第十五条　中央学会会员，得随时就其专攻之学科，提出论文，经中央学会认可宣布之。

第十六条　中央学会会长、副会长及各部长，得酌给公费。

第十七条　中央学会会章由中央学会定之。

第十八条　本法自公布日施行。

中国第二历史档案馆编《中华民国史档案资料汇编》第3辑，教育，江苏古籍出版社1991年版，第722~723页

11月30日(十月二十二日)　袁世凯令财政总长周学熙经理借款事宜。

1912年12月2日《民立报》载《袁世凯令》：

现在财政计划亟须统一，嗣后关于借款事宜，应由财政总长一手经理，以专责任而杜纷歧。此令。

12 月 1 日(十月二十三日)　中央司法会议开幕,会期二十五天,会议主题为司法改良、统一与独立,及领事裁判权问题。

1912 年 12 月 7 日《民立报》京讯:

十二月一日午后,司法会议开会,司法许总长到会行开会礼后,按照中央司法会议简章第六条,由总长于议员中指定正副议长各一人,复由各员制定席次。总长报告开会宗旨略谓:"今日是我中华民国第一次司法会议第一日开会,为从前所未有。司法为三权之总束,故法制国之强弱,皆视乎司法之良否,现在组织此会,合全国司法界之人才之精神,研究司法妥善方法,凡在司法界者,不可不注意也,司法上最要研究者,即为领事裁判权。此外更有两问题,一是司法之统一。谋司法之统一不可徒有其名,而无其实,必须综核名实。第二是谋司法之改良。于此义中又分狭广二义。就狭义言之,则求司法界之进步;就广义言之,则谋以司法促政治之进行。希望诸君对于此会不要视为研究法律一种机关,要视为司法进行之一手续。"

次由议长王黻炜讲云:"要司法之进行,非谋司法之独立不可。但谋司法之独立,则宜除去司法独立之障碍。此障碍为何? 一为行政官之箝制,二为军界之干涉。欲除此种障碍,必须根据约法三权独立之规定。故本员以司法独立为第一希望。第二希望大家和衷共济,以图进行,并希望每年要有此一回会议,欲中央司法会议之召开,须先开各省司法会议。"

演讲完毕后,会员依议事规则第二十七、【第二十】八两条,自由认定各审查股:(一)法令股;(二)总务股;(三)民事股;(四)刑事股;(五)监狱股。订每日上午九时至十一时开各股议案审查会,随即散会。

《司法计划书》(略)。

△ 梁启超创刊《庸言报》半月刊于天津,并亲撰《庸言》一文。

梁启超《庸言》:

庸之义有三:一训常,言其无奇也。一训恒,言其不易也。一训用,言其适应也。振奇之论,未尝不可以骤耸天上之观听,而为道每不可久,且按诸实而多阂为。天下事物皆有原理,则其原理之体常不易,其用之演为原则也,则常以适应于外界为职志,不入乎其轨者,或以为深赜隐曲,而实则布帛寂[菽]粟。夫妇之愚可与知能者也。言之庞杂,至今极矣,而其去治理若愈远,毋亦于兹三义者,有所未惬焉,则庸言报之所为作也。

《庸言报》第 1 卷,第 1 期,第 7 页

12 月 2 日(十月二十四日)　南京各界举行光复纪念会,致祭阵亡诸先烈。

1912 年 12 月 3 日《民立报》南京电报:

今日光复纪念会日,致祭阵亡诸先烈。各军队及各学校生徒均如仪到祭,程都督三时赴祭,午宴各长官及陈英士、王铁珊于都督署。参观会场者达数万人,极一时之盛,人心大为振奋。

△ 教育部公布《读音统一会章程》。

教育部令第二十七号《读音统一会章程》:

第一条　教育部据官制第八条第七项筹议国语统一之进行方法,特开读音统一会。

第二条　读音统一会由教育部主持,于民国二年二月十五日开设于教育部,会期预计历

两三月。

第三条　会员之组织如左：

一、教育部延聘员无定额。二、各地代表员各省二人，由行政长官选派；蒙藏各一人，由在京蒙藏机关选派；华侨一人，由华侨联合会选派。

第四条　会员之资格如左：

一、精通音韵。二、深通小学。三、通一种或二种以上之外国文字。四、谙多处方言。

合右例四种资格之一者，均得充本会会员。

第五条　本会职务如左：

一、审定一切字音为法定国音。二、将所有国音均析为至单至纯之音素，核定所有音素总数。三、采定字母，每一音素均以一字母表之。

第六条　行政长官选派代表，宜就本省之合格人员选派，亦得就本省人员之侨居京津等处者就近指派。

第七条　聘员川资旅费，由部酌量支给；代表员川资旅费，各由原派机关酌量支给。

第八条　会议各项细则，俟开会时订定。

中华民国元年十二月二日

中国第二历史档案馆编《中华民国史档案资料汇编》第3辑，教育，江苏古籍出版社1991年版，第767～768页

12月3日（十月二十五日）　孙中山发表通电，主张钱币革命。

孙中山《倡议钱币革命对抗沙俄侵略通电》：

北京大总统、国务院、参议院、各省都督、省议会、全国国民暨各报馆鉴：窃闻遇非常之变，当出非常之方以应之。今者俄人乘我建设未定，金融恐慌，而攫我蒙古，以常情论之，我万无能抵抗之理，在俄人固知之素，而审之熟，故甘冒不韪行之。我国人皆知蒙亡国亡，与其不抗俄，屈辱而亡，孰若抗俄而为壮烈之亡？故举国一致，矢死非他也。以文观之，民气如此，实足救亡，惟必出非常之策，事乃有济。非常之策维何？请为我政府国民言之：

第一行钱币革命，以解决财政之困难。今日我之不能言战者，无过于财政困难，自南北统一后，则谋借外债，以救我金融之恐慌，然至今六国之借款无成，若一有战事，则更复无望。然则就财政上言之，无论有战无战，财政问题之当解决，必不容缓也。文于谋革命时，即已注意于此，定为革命首要之图。乃至武昌起义，各省不约而同，浸而北军赞和，清帝退位，进行之顺适，迥出意表，故所定方略，百未施一。民国大定后，财政虽困，以为皆可以习惯之常理常法以解决之，使不欲以非常之事而惊国人也。不图借债无成，而俄祸又起，存亡所关，不能不出非常之策以应之也。钱币之革命者何？现在金融恐慌，常人皆以为我国今日必较昔日穷乏，其实不然，我之财力如故，出产有加，其所以成此贫困之象者，则钱币之不足也。钱币维何？不过交换之中准，而货财之代表耳。此代表之物，在工商未发达之国，多以金银为之，其在工商已发达之国，财货溢于金钱千百万倍，则多以纸票代之矣。然则纸票者将必尽夺金银之用，而为未来之钱币，如金银之夺往昔之布帛、刀贝之用，而为钱币也。此天然之进化，势所必至，理有固然。今欲以人事速其进行，是谓之革命，此钱币革命之理也。其法维何？即以国家法令所制定纸票为钱币，而悉贬金银为货物，国家收支、市廛交易悉用纸币，严禁金银，其现存钱币之兑金银，只准向纸币发行局兑换纸币，不准在市面流行，如此则纸币一出，必立得信用，畅销无阻，则财运可通矣。但纸币之行用，无论古今中外，初出时甚形便利，久之则生无穷之流弊，必至归天然淘汰而后止。此其原因，则纸币之本质价廉而易制，不比金

银之本质价昂而难得,故纸币之代表百货也,其代表之性质一失,则成为空头票,若仍流行于市面,则弊生矣。而金银之代表百货也,其代表之性质虽失,而本质尚有价值,尚可流行市面而无弊。此两物代表百货之功用同,而性质不同,故流行之结果有别。昔人多不知此理,故无从设法防其流弊。今我人既明此理,则防弊之法无难,其法当设两机关,一专司纸币之发行,一专司纸币之收毁。纸币之功用,既为百货之代表,则发行之时,必得代表之货物或人民之担负,而纸币乃生效力。今如国家中央政府每年赋税应收三万万元,税务处既得预算之命令,即可如数发债券于纸币发行局,该局如数发给纸币,以应国家度支。至期,税务处当将所收三万万元租项之纸币,缴还纸币消毁局,取消债券,如是发行局于得税务处之债券,如数而发出纸币。此等纸币以有人民之担负,成为有效力之纸币,名之曰"生币";及税务处于所收税项如数缴赎债券之纸币,为失效力之纸币,因代表赋税之功用已完,名之曰"死币",故当毁之也。如收税之数溢于预算之数,则赢余之纸币效力,尚可再流转市面无碍也。以上为国家赋税保证所发之纸币。至于供社会通融之纸币,则悉由发行局兑换而出,当纸币之存在发行局,为未生效力之币,必需以金银或货物或产业兑换之,乃生效力,如是纸币之流于市面,悉有代表他物之功用,货物愈多,则钱币因之而多,虽多亦无流弊。发行局发出纸币而得回代价之货物,其货物交入公仓,由公仓就地发售,或运他方发售,其代价只收纸币,不得收金银,此称由公仓货物易回之纸币,因代表之货物去其效力,立成为死票,凡死票悉当缴交收毁局毁之。如此循环不息,则市面永无金融恐慌之患,而纸币亦永无流弊之忧,一移间而全国财源可大活动,不必再借外债矣。如国家遇有非常之需,只由国民议决预算表,如数责成国民担任,或增加税额,或论口输捐,命令一出,钱币发行局便可如数发出纸币,以应国家之用,按期由税务局收回纸币,此款便可抵消。若论口捐输,每人二元,全国之数八万万元,若收金银,则必无此数,若收纸票,则必易行,因政府已将所定额先期发出,行用市面,泉源已加多此数,人民或以工取,或以货易,求之市面,必能左右逢源,非若金银之只有此数,一遇减少,必成恐慌,中国人或更埋之地中,外国人必然输之海外,如此紧急正需金钱之时,而金钱因之愈乏,适成穷上加穷,而各国银业奸商遂从而垄断之,人民虽激于义愤,欲报效国家,然如苦无金银,爱莫能助,徒唤奈何耳!此吾中国现在之境况也。若行钱币革命,以纸币代金钱,则国家财政之困难可立抒,而社会之工商事业,亦必一跃千丈。由此观之,纸币之行用有方,流弊不生既如彼,而利益之大又如此。况值非常之变,非先解决财政问题,必不能言战。乃有热血之士徒责政府之无能,而不为设身代想,殊不共谅当局人为难之甚也!当此强邻逼处,实行瓜分之秋,非徒大言壮语所能抵御,非有实力之对待不可,是宜政府与人民同心同德,协力进行钱币革命,以救今日之穷。在政府当速行立法:一、筹备设立铸币局,制出一元、十元、百元、千元四种之纸币,五毫、一毫之银币,五仙、一仙之铜币以辅之。其本位可仿日本,以金为定制,制出若干之时,便可发命令颁行,限期将市面现银之币收换,过期有仍用旧币者,加数没收充公,并严罚其受授之人。二、筹备设立公仓工厂,以使人民以货换币,或以工换币之地。三、筹备设立纸币收毁局。此各种机关立法必臻完善,方可无弊。在人民当一面设立救穷会,鼓吹其道,以助政府实行钱币革命,此事成功之后,金银既贬为货物,则金银出口毫无影响于经济界,因我不以此物为钱币,纵全国无金银,我之经济事业亦能如常活动。况我既行纸币,是则财货必流通,工商必发达,出口货必多于入口货,而外货不能相敌,必有输其金银珠宝以为抵者。金银一物我既不以为银币,只有作为器皿,或贮之外国,以供全国之借贷,而我为债主,以享其利子而已,此钱币革命之结果也。总之,一经此次革命后,我之财政立可活动。

第二谋不败之战略以抗强邻,而保领土。语曰"能战而后能和",惟我今日不能战,故俄敢公然侵我领土，若徒然与办交涉，与之言仲裁，悉归无效，必也。照第一策先行解决财政问题，然后乃能言战，而战必期于不败，乃能言和。不败之道若何？必备屡战屡败而气卒不挠，乃能求最终之一胜。语有之，知己知彼，百战百胜。今俄有常兵百万，战时兵五十万，我现在练兵五十万，民兵无量数。就俄之现势而观，六个月之内必难出至五十万之兵，而我则于此期之内，可出五十万于外蒙北满，六个月之后，又可加新练之兵五十万。然以此而敌俄，在第一年之战胜负未可知，惟第二年我当出兵二百万，意料中当可逐俄出满蒙之野，而复我黑龙江沿海州之侵地。然万一仍败，则第三年当出兵四百万，若犹不能得利，则第四年当出兵六百万，则未有不胜者也。在此期内俄必有财政之恐慌，革命之起义，与我可乘之隙者甚多。若彼犹不屈服，则期第五年之大举，必出兵至八百万或至千万，必直抵莫斯科、圣彼得堡而后已。或疑此作战之计划，为万不能行之事，不知此乃以常理而言耳。若出以非常之力，则未有不能行者也。近世战斗之力，每以金银为限，吾先既已行钱币之革命，则不受金钱之限制矣。而以四万万人之人工物力，而供给千万之兵五年之饷，实绰绰有余也。证之以南非杜阿二国，以四五十万人口之国，能出兵五六万以抗英，支持三年之久，而谓我不能出千万之兵，作五年之战，有是理耶？又证之以十年太平天国与满清战，为期至十五六年，而两方前后合计皆出兵千余万。五六年前中国国内之战，已有三倍之长期，三倍之兵数，而当时人工物力尚能给之，无待取助外债，而谓今日则不能乎？无是理也。况今日乃举国一心，生死与共，远非往昔惟知自相残杀者之可比耶？今日民国成立已一年，而列国互相阻难，无一国肯首先公开承认，而蒙古一域之独立，俄乃首先承认之，各国不以为难，此非故为瓜分之余地乎？与其俯而听人瓜分，何如发奋一战以胜强俄，而固我国基于万代之为愈也？况当此民气正盛，国体方新，战有必胜之道，不战为必亡之阶，孰利孰害不待智者之决也。纵以常理论之，今日战亦亡，不战亦亡，与其屈于霸道强权而亡，不如一殉人道公理而亡。一战不独不亡，而更可扬国光，卫人道，伸公理于世界也。望我政府我国民，当仁不让，毅然以非常之力，应非常之变，先行钱币革命，而后定作战之计划。民国幸甚！全球幸甚！孙文叩。

中国社会科学院近代史研究所等编《孙中山全集》第2卷，中华书局1982年版，第544～549页

12月4日（十月二十六日）　西藏侦查委员张鎏奉西藏办事长官钟颖之命回内地报告藏情。本日，在皖遍谒各界，陈述西藏危迫情形，并具报告书。

1912年12月15日《民立报》载《万里归人血泪书——藏事确情》：

皖函：西藏侦查委员张鎏因奉西藏办事长官钟颖派往内地侦查，于本月三号抵皖，四号遍谒各界，陈述西藏危迫情形，并具报告书云："西藏自去秋光复后，民国成立，声传于藏，军、学各界均极欢欣，到处剪发，易旗，改官设局。奈程度高之军队绝无仅有，而假公报私者甚多，图财害命者尤不少，市面为之大坏。达赖喇嘛早有违抗之意，暗备快枪子弹，乘我国组织内地秩序，无暇边防，于今岁正月间，突调藏兵数万，于灯节后，先于后藏之四处少数汉人居住之地下手，次第进兵围困前藏。迨后藏防兵得前藏告急信息，欲发兵救援，而番兵抗不支应汉兵，其势不能不极力抵制，以下决裂，大开衅端。于阴历二月初五等日，迭次开战，连战半载，军队死伤约四五百人，藏外四境官商兵民死亡殆不止千数。番兵死亡亦约有七八千之谱。番兵虽众，我兵虽寡，此彼攻敌，至七日间，我军仍未失利于番，无如孤军久战，粮尽援绝，大有疲困之势。嗣经廓尔噶（即尼泊尔）国派来往藏交涉官员出为调停，勒令汉军缴枪方准议和，并勒令陆军退伍。当此之时，不能不如是。汉军官员集议将军队暂行假退藏英边界驻扎，俟援至复返进攻。讵意军队退到江孜、靖西一带，番边以重兵日日催逼出关；英人亦日

日过问,并代办支应火车轮船送回本国,否则即行用武。斯时,内地援兵未到,番边其势汹汹,汉军假退,几至弄假成真,其危急惨状,岂堪设想!现钟颖长官只留汉兵二百余名,加以汉民数百家守藏待援,番边仍不相容,竟背七月间两下停战议各条约,意欲将汉人洗杀净尽。鋆闻此信息,驰抵印度,约同商会凑费。曾叠次电报大总统,请催川兵速进救援,嗣接回电刻有英人干预,碍难进兵,该员只好就近调停等语。鋆伏思西藏系中原紧要边防,如此危迫,急急待救,而政府视为缓途,诚恐藏失而中央内地亦处危急之势矣。所谓唇亡齿寒者是也。鋆才疏识浅,日多忧愁,无法可施,只得赴回本国哭救秦庭。况藏通川滇陆地,处处易于入内,较之蒙古吃紧重加百倍;且援久不至,则藏地所有汉军暨汉民数百家即有灭种之祸,岂不惨哉!"

△ 各政党为一致对外,决定泯除党见。

1912年12月15日《民立报》载《政团联合进行》:

国民、共和、民主、社会四党各举代表,昨日在国民党支部会议,决定泯除党见,合力对外,组织政团联合会,预筹征库事宜。

12月5日(十月二十七日)　孙中山为银行团借款事致电袁世凯。

孙中山《致袁世凯电》:

北京大总统鉴:新密。兹得确实消息,法国银行家决意,若六国团借款月内尚无成,则明年正月初一当离开该团,自由行动云。现巴黎联合银行债权代表在上海与文议订中西合股银行章程,彼意民国政府对于六国团,宜假以下台之法。此法莫[甚]妙,暂与之借一小款,订以随时可还。此款借后,便可谢绝而解散之,然后向巴黎另议借大款以还之。如此似于外交上面面周至云。是否有当,即希鉴察。昨上救亡策一道,务乞主张进行。再,现派王正庭[廷]徐谦即日北上,面陈铁路总公司条例事宜。并闻。孙文。微。

中国社会科学院近代史研究所等编《孙中山全集》第2卷,中华书局1982年版,第550~551页

12月8日(十月三十日)　袁世凯公布参议院选举法施行细则及第一届选举日期令。

《参议院议员选举法施行细则》:

第一章　总则

第一条　每届选举,各选举监督各就本署设办理选举事务所。所有选举事宜,由各选举监督各就本署人员内分别派令兼办。

前项办理选举事务所,于选举完毕之日裁撤。

第二条　每届选举,由各选举监督于选举日期前,分别委左列各员:

一、投票管理员、开票管理员。

二、投票监察员、开票监察员。

第三条　投票管理员应制成投票录,开票管理员应制成开票录,各选举监督应制成选举录,详记关于投票、开票、选举始末情形,于本届选举期内保存之。

第四条　除各省选举场所依本法第二十三条所规定外,其他选举场所,由各选举监督于选举期十日以前筹定榜示之。

第五条　投票纸、投票柜由选举监督依式制成,颁发投票管理员。

第六条　凡投票、开票,均于选举场所内进行。

第七条　投票开票时间,由各选举监督于选举期十日以前,酌定榜示于选举场所。前项

时间，不得在上午八时前，下午六时后。

第八条　依本法第六条到会之选举人，不满总数三分之二时，由选举监督宣告于次日投票。

第九条　凡当选人不足额，应再行投票，已逾第七条第二项时限者，于次日接续行之。

第十条　被选举人年龄，以举行选举之日计算。

第十一条　被选举人除本法别有规定外，各会选出者，不以各该选举人为限。

第十二条　被选举人于被选前已当选为众议院议员，或于被选后复当选为众议院议员者，如依本法第十一条答复愿应选时，其众议院议员应选在前，即须辞职，未应选者，以不愿应选论。

第十三条　有本法第三条之被选举资格，而当选时，系现任官吏，或公吏，如依本法第十一条答复愿应选者，须于未答复前呈请辞职。

第十四条　选举人已被选，而当选人尚不足额时，其已被选之选举人，不得再行投票。

第十五条　关于投票、开票，本细则所未规定者，得适用众议院议员选举法施行细则。

蒙古、西藏、青海众议院议员选举施行令，暨众议院议员选举投票纸投票柜管理规则、众议院议员选举开票规则之规定。

第二章　各省

第十六条　每届选举，由各选举监督于选举期十日以前，就各本省省议会议员名额造成选举人名册。

第三章　蒙古及青海

第十七条　蒙古及青海之选举监督，应各就本管区划内之王公、世爵、世职，造成选举人名册。

第十八条　选举会之组织，系联合二以上之区划者，就各本选举区划内之王公、世爵、世职，合造一选举人名册。

第十九条　蒙古王公、世爵、世职之住居京师者，如各本选举区划，已届选举日期，尚无人组织选举会时，得由该王公等就近组织之，其选举监督依本法第二十八条之规定，委托蒙藏事务局总裁代理。其本选举区划组织有选举会者，如住居京师之王公、世爵、世职满十人以上时，得呈明蒙藏事务局转报该选举监督，列入选举人名册，就近投票，俟投票完毕后，由蒙藏事务局总裁将投票柜移交该管监督汇总开票。

第四章　西藏

第二十条　依本法三十二条组织选举会时，选举监督应分别前藏、后藏，各造一选举人名册。

第五章　中央学会

第二十一条　每届选举，由选举监督就现在中央学会会员名额造成选举人名册，但名誉会员不得为选举人。

第六章　华侨

第二十二条　华侨选举会会员，由各该华侨侨居地之商会、中华会馆、中华公所、书报社，于具备左列资格之人内，依历年公推会长、馆长、所长、社长等相当职员之习惯办理。

一、有中华民国国籍之男子，年满二十五岁以上者。

二、有值五百元以上之不动产或动产者。

三、无众议院议员选举法第六条所列情事之一者。

前项各商会、中华会馆、中华公所、书报社公推之人到京时，即行呈报该选举监督，俟审查凭证相符，认为会员后，依其名额造成选举人名册。

第二十三条　前条会员,非依参议院议员选举法、华侨选举会施行法第二条第二项之规定审查相符,其选出之人为无效。

第七章　附则

第二十四条　选举人名册、投票簿、投票纸、投票柜、投票录、开票录、选举录、当选证书,另以表式定之。

第二十五条　按照本法暨本细则所规定应需之选举费用,本选举费用补助令行之,其选举人须给旅费者,由各选举监督核定。

第二十六条　本细则自公布日施行。

《东方杂志》第9卷,第7号,中国大事记

《参议院议员第一届选举日期令》:

第一条　各省省议会之参议院议员选举,于民国二年二月初十日举行。

届前项规定日期,该省议会尚未成立时,得由选举监督呈报内务总长,延期至该省议会成立后第一次开会之翌日。

第二条　蒙古青海选举会之参议院议员选举,于民国二年正月二十日举行。

前项规定,遇有必要情形,得由该选举监督呈报内务总长,酌量延期,但至长以不逾第一条第一项所定之日期为限。

第三条　前条规定,于西藏选举会之参议院议员选举准用之。

第四条　中央学会之参议院议员选举,于民国二年二月初十日举行。

届前项规定日期,该会会员之到京人数尚不满三分之二时,得由该选举监督报告内务总长酌量延期。

第五条　前条规定于华侨选举会之参议院议员选举准用之。

第六条　本令自公布日施行。

《东方杂志》第9卷,第7号,中国大事记

12月9日(十一月初一日)　英使朱尔典借口安庆查禁私运鸦片有违章约,提出抗议并要求赔偿,外交部据理与商。

《驻京英使向外交部抗议禁烟事》:

本年九月间,有中国商人在安庆违章私运烟土,被警察厅查获,追索运单,该商仅将下等营业照呈验,皖督柏文蔚以货单两离,确系私货,当时禁烟业已尽绝,遂将此货销毁。嗣英人藉口违约,竟调兵轮,至皖干涉。上月下旬,驻京英使朱尔典向外交部提出抗议,经外交部据理驳覆,谓此事纯属稽查问题,为我国内政,与外交绝不相关,于约章条件更无违碍。本日,英使朱尔典忽偕驻沪总领事,携运单等件至部,要索赔偿,由陆总长徵祥、颜次长惠庆及安徽驻京代表徐君与之辩论,英使一味坚执,旋又照会外交部,谓浙、皖、赣、鄂、湘各省严令禁烟,不但违背章约,且致英商销路窒滞,赔累甚巨,请中国政府妥筹办法。外交部仍拟切实驳覆,现尚在交涉中。

《东方杂志》第9卷,第8号,中国大事记

12月10日(十一月初二日)　国务院开会讨论孙中山提出的钱币革命主张,无结果。

1912年12月13日《民立报》载《中山救亡策之研究》:

兹探得:十号国务院会议孙中山纸币革命、累进练兵两大策情形,各国务员约分为四派:

(一)赞成派:总理赵秉钧、外交总长陆徵祥、司法总长许世英及海军总长刘冠雄等,略谓:征库困于财政,而战时急务,非财力富强不能办到,因此不得不仰赖纸币、练兵累进之法。(二)反对派:陆军总长段祺瑞及财政总长周学熙等,略谓:中国现银少,若全用纸币,不免滥发;既无准备,现金将来如何收回?且赔偿外款须用现金,非纸币可搪塞。至于军队,自革命后累次增加,已在五百万以上,再召集退伍兵,足有一千万,以之对外,何虑不足?(三)中立派:交通总长朱启钤及农林总长陈振先等,因人可否,毫无定见。(四)旁观派:工商总长刘揆一及代理教育总长董鸿纬等,始终未发一言。经热烈讨论后,并无结果。

△ **教育部公布师范学校规程八十六条。**

《师范学校规程》:

第一章　教养学生之要旨

第一条　师范学校宜遵师范教育令之本旨,注意左列事项以教养学生:

一、健全之精神宿于健全之身体,故宜使学生谨于摄生,勤于体育。

二、陶冶情性,锻炼意志,为充任教员者之要务,故宜使学生富于美感,勇于德行。

三、爱国家,尊法宪,为充任教员者之要务,故宜使学生明建国之本原,践国民之职分。

四、独立博爱,为充任教员者之要务,故宜使学生尊品格而重自治,爱人道而尚大公。

五、世界观与人生观为精神教育之本,故宜使学生究心哲理而具高尚之志趣。

六、教授时常宜注意于教授法,务使学生于爱业之际悟施教之方。

七、教授上一切资料务切于学生将来之实用,以克副小学校令及其施行规则之旨趣。

八、为学之道不宜专恃教授,务使学生锐意研究养成自动之能力。

第二章　预科及本科

第一节　学科及程度

第二条　本科分为第一部、第二部,但第二部视地方情形可以不设。

第三条　预科为欲入本科第一部者,施必需之教育。

第四条　预科修业年限为一年;本科第一部修业年限为四年;本科第二部修业年限为一年。

第五条　预科之学科目为修身、国文、习字、英语、数学、图画、乐歌、体操。女子师范学校加课缝纫。

第六条　本科第一部之学科目为修身、教育、习字、英语、历史、地理、数学、博物、物理、化学、法制、经济、图画、手工、农业、乐歌、体操,视地方情形得缺农业,或以世界语代英语。视地方情形得加课商业,其兼课农业者,令学生选习之。

第七条　女子师范学校本科第一部之学科目为修身、教育、国文、习字、历史、地理、数学、博物、物理、化学、法制、经济、图画、手工、家事、园艺、缝纫、乐歌、体操,视地方情形得加英语或世界语为随意科。家事、园艺科之园艺得缺之。

第八条　修身要旨在养成道德上之思想情操,勉以躬行实践,具为师表之品格,并解悟小学校修身教授法。修身首宜采取嘉言懿行,就学生平日行为,指示道德要领,渐及对国家社会家庭之实务,兼授伦理学大要及教授法与演习礼仪法。

第九条　教育要旨在授以教育上之普通知识,尤当详于小学教育之旨趣方法,习其技能,并修养教育家之精神,教育首宜授以心理学、论理学之要略,进授教育理论、哲学发凡、教授法、保育法、近世教育史、教育制度、学校管理法、学校卫生及教育实习。

第十条　国文要旨在通解普通语言文字,能自由发表思想,兼涵养文学之兴趣,以启发智德,并解悟小学校国文教授法。国文首宜授以近世文,渐及于近古文,并文字源流文法要略及文学史之大概,使熟练语言,作实用简易之文,兼课教授法。

第十一条　习字要旨在练习书写,具端正敏捷之能力,并解悟小学校习字教授法。习字宜授以端正姿势及执笔运笔之法,习楷书、行书及草书,并练习记录与黑板写法,兼课教授法。

第十二条　英语要旨在习得普通英语英文,以增进智识,并解悟高等小学校英语教授法。英语首宜授以发音拼字,渐及简易文章之读法、书法、译解、默写,讲授普通文章及文法要略、会话、作文,兼课教授法。

第十三条　历史要旨在知历史上重要事迹,明于民族之进化,社会之变迁,邦国之盛衰,尤宜注意于政体之沿革,与民国建立之本。并解悟高等小学校历史教授法。历史分本国历史,外国历史。本国历史宜授以历代政治文化递演之现象,与其重要事迹,外国历史宜授以世界大势之变迁,著名诸国之兴亡,人文之发展及与本国有关系之事迹。兼课教授法。

第十四条　地理要旨在知地球之形状运动,及地球表面与人类生活之状态,本国、外国之国势,并解悟高等小学校地理教授法。地理宜授以世界地理之概要、本国地理,及有重要关系之外国地理,并略授地文学与人文地理,兼课教授法。

第十五条　数学要旨在明数量之关系,熟习计算,兼使思虑精确,并解悟小学校算术教授法。数学宜授以算术、代数、几何、簿记要略及教授法。

第十六条　博物要旨在习得天然物之知识,领会其中相互关系,及对于人生之关系,并悟高等小学校理科教授法。博物宜授以重要植、动、矿物及标本之采集制作法,人身生理卫生之大要,并教授法与教授时必需之实验。

第十七条　物理化学要旨在习得自然现象之知识,领会其中法则,及对于人生之关系,并解悟高等小学校理科教授法。物理化学宜授以重要现象及定律,并器械之构造作用,元素化合物之性质,并教授法与教授时必需之实验。

第十八条　法制经济要旨在养成公民观念及生活上必需之知识。法制经济宜授以现行法规及经济之大要。

第十九条　图画要旨在详审物体,能自由绘画,练习意匠,涵养美感,并解悟小学图画教授法。图画以写生画为主,兼授临画、想像画、用器画及美术史之大要,并练习黑板画,兼课教授法。前项美术史得暂缺之。

第二十条　手工要旨在具物体正确之观念,制作简易物品,以养成工作之趣味,勤劳之习惯,并解悟小学校手工教授法。手工宜授以天然物之模造,及日用品器具各种细工,并示以材料之性质,工具之保存法,兼课教授法。女子师范学校手工应兼授编物、刺绣、摘棉、造花等。

第二十一条　农业要旨在习得农业之知识技能,以养成农作之趣味,勤劳之习惯,并解悟高等小学校农业教授法,农业宜授以土壤、水利、肥料、家具、耕耘、栽培及蚕桑、畜牧、森林、农产制造、农业经济等事,并教授法。视地方情形可加授水产。

第二十二条　家事、园艺要旨在习得理家及治圃之智识,养成勤俭整洁之习惯。家事、园艺,宜授以衣、食、住及侍病、育儿、经理家产、家计、簿记及栽、培、莳、养等事,兼得实习烹饪。

第二十三条　缝纫要旨在习得缝纫之知识技能,养成节俭利用之习惯,并解悟高等小学校缝纫教授法,缝纫宜授以普通衣服之缝法、裁法、补缀法及教授法。

第二十四条　乐歌要旨在音乐之知识技能,以涵养德性及美感,并解悟小学校唱歌教授法。乐歌宜先授单音,次授复音,及乐器用法,并教法。

第二十五条　体操要旨在使身体各部平均发育,强健体质,活泼精神,兼养成守规律、尚协同之习惯,并解悟小学校体操教授法。体操宜授以普通体操、游戏及兵式体操,并教授法。女子师范学校免课兵式体操。

第二十六条　商业要旨在习得商业之知识,并解悟高等小学校商业教授法。商业宜授以商事要项、商业簿记、商业算术、商业地理及本地重要之商品,并教授法。

第二十七条　预科及本科第一部各学科目,每周教授时数,师范学校依第一表,女子师范学校依第二表(表均略),但遇不得已时,校长得通计各科历年教授时数,就各学年变通增减,每周至少须满三十小时,至多不得过三十六小时。

第二十八条　本科第二部学科目为修身、教育、国文、数学、博物、物理、化学、图画、手工、农业、乐歌、体操。

第二十九条　女子师范学校本科第二部学科目为修身、教育、国文、数学、博物、物理、化学、图画、手工、缝纫、乐歌、体操。

第三十条　修身依第八条教以道德要领,并演习礼仪及教授法。

第三十一条　教育依第九条兼课历史、地理、教授法。

第三十二条　国文依第十条以近世文为主,又令熟练语言,作实用简易之文,兼课教授法。

第三十三条　数学依第十五条授算术及簿记要义,兼课教授法。

第三十四条　博物依第十六条就天然物补习已得之知识,并授标本采集制作法及教授法,与教授时必需之实验。

第三十五条　物理、化学依第十七条就自然现象补习已得之知识,兼课教授法与教授时必需之实验。

第三十六条　图画依第十九条补习已得之知识技能,并练习黑板画,兼课教授法。

第三十七条　缝纫依第二十三条补习已得之知识技能,兼课教授法。

第三十八条　手工、农业、乐歌、体操,依第二十、第二十一、第二十四、第二十五条,兼课教授法。

第三十九条　本科第二部各学科目,每周教授时数,师范学校依第一表,女子师范学校依第二表(表均略),但遇不得已时,得依第二十七条所规定,变通增减其时数。

第四十条　师范学校教科用图书,由各省图书审查会选定之。

第二节　学年学期休业日教授日数及典礼日

第四十一条　学年学期及休业日,别以规程定之。

第四十二条　每学年教授日数须在二百二十日以上,但因第四十三条情事特别休业者,不在此限。试验及修学旅行不计入前项教授日数中。

第四十三条　遇有传染病、非常灾变及其他特别情事,得临时休业,但须呈由省行政长官报告教育总长。

第四十四条　典礼日之仪式依仪式规程行之。

第三节　编制

第四十五条　师范学生之定额须在四百人以下。学校应以同学年之学生编制之。一学级之学生数须在四十人以下。

第四十六条　修身、缝纫、乐歌、体操,得合异学年或异学级之学生同时教授。英语、法制、经济、农业或商业,亦得合异学级学生同时教授,但其人数不得超过前条第三项之制限。

第四十七条　预科及本科入学之资格,须身体健全,品行端正,并具有左列各项学力之一者:

在高等小学校毕业或年在十四岁以上,与有同等学力者得入预科;在预科毕业或年在十五岁以上,与有同等学力者,得入本科第一部;在中学校毕业或年在十七岁以上,与有同等学力者,得入本科第二部。

第四十八条　凡志愿入学者,须由县行政长官保送,并由妥实之保证人具保证书送校长试验收录,其在高等小学校毕业者,并呈验毕业证书。前项试验科目,在高等小学校毕业生试国文、算术二科;非由高等小学校毕业者,试国文、算术、历史、地理等,以高等小学校毕业程度为标准,入学后须试习四个月以内。

第四十九条　学生有缺额时得以资格相当者补之,但须施行入学试验,并试习四个月以内。前项规定在二学年以上者,不适用之。

第五十条　本科生修毕四学年课程,试验合格者,应授以毕业证书。

第五十一条　学生犯左列各款之一,校长得命其退学:

一、身体羸弱难望成就者;

二、成绩过劣者;

三、性质不良,不宜于教职者。

第五十二条　学生不得任意退学,但因特别事故,经校长许可者不在此限。

第五十三条　校长认为教育上不得已时,得儆戒学生。

第四节　学费

第五十四条　公费生免纳学费,并由本学校给以膳费及杂费。前项费额由校长预算,呈请省行政长官核定,其杂费由省行政长官预定标准。各地方得酌量情形,减给前项费额之半数。

第五十五条　师范学校得收自费生,其人数费额由省行政长官核定。

第五十六条　学生因第五十一条及第五十三条事故退学,或自行告退,在公费者应令偿还学费及给予各费;在自费者,应令偿还学费,但得酌量情形免其一部或全免之。前项偿还学费之数,以中学校学费为标准。

第五节　服务

第五十七条　本科毕业生应在本省小学校服务,其期限自受毕业证书之日起算:第一部公费生七年,半费生五年,自费生三年,第二部生二年。女子师范学校本科毕业生应行服务之期限:公费生五年,半费生四年,自费生三年,第二部生二年。

第五十八条　本科毕业生有因特别情事经省行政长官认可者,可就职于他省,或华侨所居地,但以教育事业为限。

第五十九条　在服务期限内,欲入国立学校更求深造者,省行政长官得允许之。在前项学校修业时,得展缓其服务期限,如毕业时该校有应尽义务而其年限相当者,得免除本校之义务。

第六十条　本科毕业生有特别情事不能服务者,省行政长官得酌量减免之。

第六十一条　本科毕业生在服务期限中有左列各款之一,在公费者应令偿还学费及给予各费;在自费者应令偿还学费,但得酌量情形,免其一部或全免之。

一、无正当事由而不尽第五十七、第五十八条之义务者；

二、因惩戒免职者；

三、依小学校令之规定其许可状已失效力或受褫夺者；

四、依前条情事免服务者。前项偿还学费之数，依第五十六条第二项。

第三章　讲习科

第六十二条　小学教员讲习科为既得小学教员许可状更求讲习者设之，遇特别情形，亦可为欲任初等小学校教员者设讲习科。

第六十三条　前条第二项讲习科分为副教员讲习科、正教员讲习科。副教员讲习科入学之资格，须身体健全，品行端正，在高等小学校毕业或与有同等学力者，讲习期一年以上；正教员讲习科入学之资格，须身体健全，品行端正，有初等小学校副教员许可状，或有同等学力者，讲习期二年以上。

第六十四条　蒙养园保姆讲习科为欲任保姆者设之。

第六十五条　讲习科之规程由省行政长官定之。

第四章　附属小学校与附属蒙养园

第六十六条　师范学校应设附属小学校，女子师范学校设附属蒙养园。地方长官得酌量情形，于一定期限内，以公立小学校代附属小学校，或以公立私立蒙养园代附属蒙养园。

第六十七条　附属初等小学校应并设单级编制之学级、二学年以上合编之复式学级，及一学年编制之单式学级。附属高等小学校应编制相当之学级，不适用前项规定。

第六十八条　附属小学校应行二部教授，但视地方情形得暂缺之。

第六十九条　附属小学校教员须有正教员之许可状。

第七十条　附属小学校之学费，应以征收学费规程为标准；附属蒙养园之保育费，由校长酌定。

第五章　设备

第七十一条　师范学校校地须具有相当之面积，并须于道德及卫生上均无妨害，设农业科者，须有农事实习场，女子师范学校须有艺圃。

第七十二条　师范学校应设学校园，但视地方情形得暂缺之。

第七十三条　校舍宜朴雅坚固，并与教授管理卫生适合。

第七十四条　师范学校应备各室如左：

一、普通教室。

二、博物、物理、化学、图画等特别教室。博物、物理、化学之特别教室，得便宜兼用。

三、礼堂。

四、图书室、器械标本室。

五、事务室、教员预备室、学生休息所、自修室、寝室、学监室、浴室、疗养室及其他必要诸室。

第七十五条　体操场分屋内、屋外二处，屋内体操场视地方情形得暂缺之。

第七十六条　校具须备图书、器械、标本、模型及其他用品。

第七十七条　师范学校应设左列各表簿：

一、关于师范教育之法令。

二、学校日记簿。

三、学则、课程表、教科用图书分配表、校医诊察表。

四、职员名簿、履历簿、考勤簿、担任学科及时间表。

五、学生学籍簿、出席簿、身体检查表、操行考查簿。

六、试验问题簿、学业成绩表、实习教授评案。

七、资产簿、器物簿、消耗品簿、银钱出纳簿、经费之预算决算簿、图书器械标本模型等簿。

八、往来文件簿。

第七十八条　师范学校学则应规定之事项如左:

一、学科课程、教授时数。

二、修业、毕业事项。

三、学年、学期及休业日。

四、学生入学退学及儆戒事项。

五、学费及其他杂费事项。

六、管理学生事项。

七、寄宿舍事项。

八、讲习科事项。

九、附属小学校及附属蒙养园事项。

十、其他必要事项。

第七十九条　视地方情形得设校长、教员、学监等住宅。

第八十条　校地如须变迁,应由省行政长官核定,报告教育总长。

第六章　职员

第八十一条　省立师范学校校长由省行政长官任用,教员由校长任用,但须呈报省行政长官。县立师范学校校长由县行政长官呈请省行政长官任用,教员由校长任用,但须呈由县行政长官转报省行政长官。私立师范学校校长、教员由设立人任用,但须呈报省行政长官。

第八十二条　凡四学级之学校,应有教员十人以上,如学级增多,则每增一学级,平均应加一个半以上。

第七章　设立变更及废止

第八十三条　设立师范学校依师范教育令呈请教育总长认可时,应开具事项如左:

一、名称。

二、位置。

三、学则。

四、学生定额。其有附属蒙养园者,并开具幼儿之定额。

五、学级之编制。其有附属蒙养园者,并开具幼儿之级数。

六、开校年月。

七、经费。

八、校长、教员之姓名及履历。

前项第二款位置应加具图说,列载校地面积、地质、校舍及各场所、区域面积,并附近状况饮用水之性质。

第八十四条　师范学校变更或废止,须经省行政长官认可,并转报教育总长。

第八十五条　师范学校报告教育总长时,在省立者由省行政长官报告;在县立或私立者,由县行政长官呈由省行政长官报告。

第八章 附则

第八十六条 本规程自公布日施行。

1912年12月份《政府公报》,第227号

12月11日(十一月初三日) 袁世凯布告:保护归国侨民。

1912年12月14日《民立报》载《总统命令》:

闽、粤各省民,懋迁为业,转徙海外者,所在多有。以彼久居殊域,犹复眷怀祖国,先后来归,乃地方有司往往扶辑无方,致情意每多隔阂。前清末造,亦有保护侨民之议,而奉行不善,实效未彰。方今民国肇兴,凡属中华国民,咸得享同等之权利,所有闽粤等省回国侨民,应责成各该省都督、民政长,通饬所属认真保护。其有藉端需索,意存侵害者,务当随时查察,按法严惩,俾遂侨民内向之诚,益彰民国大同之治。

△ 外交总长陆徵祥与驻京俄使就《俄蒙协约》问题举行第二次谈判,仍无结果。

1912年12月14日《民立报》载《二次谈判仍无结果》:

十一号下午四时,驻京俄使克金斯基至外交部与外交总长陆徵祥就《俄蒙协定》问题举行第二次谈判。俄使不肯废弃《俄蒙协定》,又坚请另订中俄协约,谓既订中俄协约,则《俄蒙协定》自然取消。至于中国统治蒙古一如民国以前旧制一节,俄使谓中国既认蒙古有自主权,即不能与前清旧制一例。陆外交总长均予以驳拒。双方各有辩论,仍无结果。

△ 司法部令法官勿参加政党,以维持司法独立地位。

《司法部令》:

法官入政党,先进各国大都引为深戒。诚以职在亭平,独立行其职务,深维当官而行之义,重以执法不挠之权。若复号称为党人奔走,于党事微论,纷心旁骛,无益于政治;抑恐遇事瞻顾,有损于公平;党见横亘,百弊丛之,非所以重司法也。查法院编制法第一百二十一条,推事及检查[察]官在职中,不得为政党员、政社员及中央议会或地方议会之议员。条文深切著明,规定至为严密。乃者,京外政党林立,颇闻有现充法官置身党籍者。本总长认为非司法范围内应有之事,即当然认为违法之行为。所有京外现充法官各员,除关于研究法律讲习法学等会不予限制外,其余无论何项政党、政社,凡未入党者不得挂名党籍,已入党者即须宣告脱党。倘以党籍关系不愿脱离,尽可据实呈明,将现充法官职务即行辞职。各该法官等学养有素,中外法理当所熟闻。须知法官一职,绝对处于独立地位,司法之不能干涉他项政治,犹之行政机关之不能干涉司法。本总长尊重法官,即所以尊重法权,望京外法官其共勉之。此令。

1912年12月份《政府公报》,命令,第229号

12月13日(十一月初五日) 袁世凯公布众议院议员初选时同姓名者被选决定令。

《众议院议员初选时同姓名者被选决定令》:

第一条 入户籍法未公布施行以前,众议院议员之初选举,于同一选举区,而被选举人有二人以上同姓名时,除别有方法能证明其当选应属何人外,依决选投票方法决定之。前项证明,于三日内,有本投票区选举人十人以上,确认为不实者,仍行决选。

第二条　同姓名者之决选投票,如住居各为一投票区时,就各本投票区分别行之。但依地方之便宜,得由选举监督临时择一适中之投票所,令其连合投票。

第三条　同姓名者之决选投票,应先一日分别记载各该本人之职业及住址,榜示于投票所。

第四条　同姓名者之决选投票,除于选举票书被选举人姓名外,并须于姓名字样以下,记载被选举人之职业及住址。

第五条　同姓名者之决选投票,以得票较多数者为当选,票数同者,抽签定之。

第六条　同姓名者之决选投票,准用众议院议员选举投票纸、投票柜、管理规则及开票规则之规定。

第七条　本令规定于省议会议员之初选举准用之。

第八条　本令自公布日施行。

《东方杂志》第9卷,第7号,中国大事记

12月14日(十一月初六日)　俄国驻华公使向我外交部提出交涉六条件作为续开中俄谈判之先决条件。

1912年12月16日《民立报》载《竟是哀的美敦书口气》:

中俄交涉原定十三号续议,昨俄使又提出六条,需中国政府承认方能开议:

(一)中俄未缔约以前,俄国已承认蒙古为自主国。

(二)道胜银行损失,应由中国赔偿。

(三)次损失若在百万以上,须偿十分之五现银。

(四)以后华人再有抵制情事,须负完全赔偿责任。

(五)中国政府如承认以上条件,须限二十四小时内答复。

(六)如有异议,亦限二十四小时内声明;否则即作为默认。

12月15日(十一月初七日)　袁世凯颁布《戒严法》,宣布在战争或非常时期,总统有权宣告戒严,停止集会结社和新闻出版自由等。

临时大总统令:

参议院议决戒严法,本大总统依约法第三十条公布之。此令。

中华民国元年十二月十五日

法律第九号

《戒严法》

第一条　遇有战争或其他非常事变,对于全国或一地方,须用兵备警戒时,得依本法宣告戒严或使宣告之。

第二条　戒严之地域分为二种:一、警备地域。二、接战地域。

第三条　警备地域,为遇战争或其他非常事变之际,应警戒之地域。接战地域,为因敌之攻击或包围应攻守之地域。前两项之地域,应时机之必要区划,布告之。

第四条　战争之际,要塞、海军港、海军造船所及其他镇守地方,遽受包围或攻击时,该地司令官得临时宣告戒严。出征司令官因战略上须临机处分时亦同。

第五条　遇有非常事变须戒严时,由该地司令官呈请大总统行之,若时机切迫,且通信断绝无由呈请时,该地司令官得临时宣告戒严。

第六条　依第四条、第五条规定，得临时宣告戒严之司令官，以军长、师长、旅长、要塞司令官、警务队司令官、分遣队队长或舰队司令长官、舰队司令官、军港镇守长官或特命司令官为限。

第七条　依第四条、第五条之规定，临时宣告戒严时，须将戒严之情状及事由，迅速呈报大总统及其所隶属之长官。

第八条　戒严宣告之地域，应时机之必要得改定之。第四条至第七条之规定，于戒严区域之改定准用之。

第九条　在警备地域内，该地方行政及司法事务，限于与军事有关系者，以其管辖权移属于该地之司令官。于前项情形，地方行政官及司法官须受该地司令官之指挥。

第十条　在接战地域内，该地方行政及司法事务之管辖权，移属于该地之司令官。前条第二项之规定，于接战地域准用之。

第十一条　于接战地域内，与军事有关系之民事及刑事案件，由军政执法处审判之。

第十二条　接战地域内，无法院或与其管辖法院交通断绝时，虽与军事无关系之民事及刑事案件，亦由军政执法处审判之。

第十三条　对于第十一条之审判，不得控诉及上告。

第十四条　戒严地域内，司令官有执行左列各款事件之权，因其执行所生之损害，不得请求赔偿。

一、停止集会、结社，或新闻杂志、图画告白等之认为与时机有妨害者。

二、凡民有物品可供军需之用者，或因时机之必要，禁止其输出。

三、检查私有枪炮、弹药、兵器、火具及其他危险物品，因时机之必要，得押收或没收之。

四、拆阅邮信、电报。

五、检查出入船舶及其他物品，或停止陆海之交通。

六、因交战不得已之时，得破坏毁烧人民之动产、不动产。

七、接战地域内，不论昼夜，得侵入家宅、建造物、船舶中检查之。

八、寄宿于接战地域内者，因时机之必要，得令其退出。

对于前项第六款之被害人，应酌量抚恤之。

第十五条　戒严之情事终止时，应即为解严之宣告。

第十六条　戒严于解严宣告后失其效力。

第十七条　本法自公布日施行。

《临时军律》

一、任意掳掠者，枪毙。

二、强奸妇女者，枪毙。

三、焚杀良民者，枪毙。

四、无视长官命令，窃取名义，擅封民屋、财产者，枪毙。

五、硬搬良民箱笼及银钱者，枪毙。

六、勒索强买者，论情抵罪。

七、私斗杀伤人者，论情抵罪。

八、私入良民家宅者，罚。

九、行窃者，罚。

十、赌博者，罚。

十一、纵酒行凶者，罚。

十二、有类以上滋扰情形者，酌量罚办。

《中华民国史档案资料汇编》第3辑，政治，第280～282页

12月16日（十一月初八日） 袁世凯布告：竞争选举宜遵守法律。

1912年12月18日《民立报》载《总统命令》：

世界公权发达之国民，其运用政治之能力愈强，则竞争选举之热诚亦愈富，盖其竞争心之所由集，即其公共心之所由生，虽急进渐进，主义容有不同，而好雨好风，民情于焉可见。故每经一次选举，无论竞争之程度如何，要皆以国家为前提，竞争之手段如何，要皆以法律为轨道，断未有牺牲国家之利益，冲决法律之范围，而徒为无意识之竞争，可以得选举之公平，期政治之发达者也。我中华民国艰难缔造以来，将及一年，建设之业，何啻万端？无一不待正式国会之解决。本大总统前于元年八月，公布国会组织法及参议院众议院议员选举各法，迭经饬由内务总长，督令筹备国会事务局，赶速筹备，并通令各省行政长官，于国会选举事务，各依法定程序，慎重执行在案。现已初选届期，据各省呈报选举人总数，每省多者竟达五六百万，少亦不下数十万，足见我国民之尊重公权，已非帝政时代之自甘放弃者比。惟查近来各省地方，往往有以竞争选举，因而激动风潮者，或强夺投票柜，以妨害选举之进行，或擅毁投票所，以扰乱选举之秩序，甚或暴行胁迫，种种坏法乱纪之事，日出不穷，究其原因，率由党派意见之不同，一方观念之各别，互相攻击，遂若仇雠，其有因一人私图少数私见，起而为犯法之竞争者，利害虽仅系于一隅，而影响实可及于全体，似此情形，若不严行查办，诚恐我国民欲藉总选举以求幸福者，将因总选举而贾奇祸，民国前途之危险，念之宁不凛然？各省行政长官身为监督，既有办理选举之责，尤有维持秩序之权，自此次布告以后，如有藉竞争选举为名，敢于干犯国家法律者，务须督饬该管官吏，即时按照刑律妨害选举各罪，从严惩治，无论何人，不得稍涉宽假。至刑律为国常宪，国民本宜周知，应由各初复选监督，摘录刑律第八章关于妨害选举之罪各条，揭示于投票所，俾我国民咸晓然于科条所在，不敢尝试。一面依照选举法，于投票所、开票所周围，临时增派警兵保持秩序，但有违背法令情事，轻则立予制止，重则立加处罚，以维国本而保公安。总之，国会议员为组织国会而设，非一党派，一地方所得而私，我国民既已久处于水深火热之中，含辛茹苦，以至于今日，而犹不能正式选举，激发公诚，使得有夙具政治常识，素悉地方利病者，出而为我新造之国家，多数之人民，共谋幸福，徒为一党派之势力，私人之意见所左右，则我神圣庄严之中华民国建设事业，尚何可言？自此次布告以后，我国民于初覆选举时，务须各于法律范围以内，行使公权，不得辄事违法之竞争，致阻政治之进步。本大总统亦国民之一，区区爱国之诚，当为我五大民族所共谅。现在国会召集，为期不远，非仅勉符约法定限，遂谓责任已完，本大总统迭次肫肫告诫之苦心，尚望我国民三复致意。此日之注重选举，将来之共济艰难，国利民福之前途，实深倚赖焉。

12月18日（十一月初十日） 教育部通令所属重视体育，提倡运动。

《教育部令》：

本部公布教育宗旨，以军国民教育为道德教育之辅，原期各学校学生重视体育，养成强壮果毅之风。惟学校教课，势难于体操一科，独增教授时数，凡办理学校人员，宜体此意，引导学生于体操正科外，为种种有益之运动。专门以上学校体操，不列正科，尤宜组织运动部，随时练习，以免偏用脑力。每年春秋两季，应酌开学校运动会，互相淬励，以惰弱为耻，以勇健为荣，庶学生体躯日强，智德亦因以增进。处兹外患交迫，非大多数国民具有尚武精神，决

不足以争存而图强也。

1912 年 12 月份《政府公报》,命令,第 233 号

12 月 22 日(十一月十四日)　孙中山承担筹办全国铁路建设后,提出中国铁路总公司条例草案,并派王正廷、徐谦等送至北京,请袁世凯交参议院审议。是日,袁世凯将经国务院通过的中国铁路总公司条例草案提请参议院议决。

临时大总统为咨行事:

据国务院呈称:前奉大总统发下中国铁路总公司条例草案一件,当交交通部详细核定。现经国务会议公同议决,应请按照约法,提交参议院议决施行。等因。相应将中国铁路总公司条例草案,咨行贵院公同议决可也。此咨参议院。

《中国铁路总公司条例》(草案)

第一条　铁路总公司系按照中华民国元年九月初八日大总统令组织。除政府所办已成、未成及经签押,或载在草约成案上订归政府办理之路属交通部直接办理外,总公司得指定各省及边地各干线,协商政府经认为必要修筑者,铁路总公司得按照本条例各节全权承办。

第二条　铁路总公司除依法律享普通权利外,兼有下列各款之权:

一、协定第一条所指各路线之权。

二、承办第一条所指各路募借华洋股本债款之权

三、行使管理第一条所指各路之权。

四、兼办附属于第一条所指各路所必要之事业之权。

五、关于承办第一条所指各路因建筑所必要领用官地及收买民地之权。

第三条　不属于第一条所指各线,如政府或原办之公司愿授与总公司承办时,总公司得有权承办。不属于第一条所指各线,得由他公司按照政府定章承办,但不得与总公司所办路线之利益有所妨碍。

第四条　铁路总公司所办各路,应预定建筑年限,报明政府立案。如逾期不能举办,或政府认为国防军事之必要须提前建筑,经指定年限,令总公司照限办理。而总公司不依限办理时,政府得另行筹办。

第五条　铁路总公司所办之路,政府应尽保护及辅助之责。

第六条　关于承办铁路年限,及政府收回办法等项,铁路总公司应遵照政府对于普通商办公司之规定办理。至现在及将来关于铁路及其附属事业之一切法令,除本条例特别规定外,铁路总公司均应一律遵守。

第七条　铁路总公司所办各路借款、招股,不论华洋股款,均应遵照国家法律办理,即同享国家法律保护之利益,其所拟借款合同及招股章程,应报明政府批准施行。铁路总公司之权利,不论分属何人,政府只认与总公司直接。

第八条　政府对于铁路总公司所办各路认为有军事必要情形时,应行收为军用或行使优先权及寻常运载兵警、军需、移民、赈灾、通邮等事,应行减收或免收车价者,悉照普通商办铁路公司之规定,一律办理。

第九条　铁路总公司所办各路及其附属事业,应尽先购用本国自制之材料。

第十条　铁路总公司所办各路各种价率,应随时报明政府立案。其一切运价之最高、最低限度,政府得限制之。

第十一条　铁路总公司不得将全部移让于他公司。如移让一部分之权利时,须先经政府许可。

第十二条　铁路总公司得依据本条例规定各项章程。但应报明政府立案。

第十三条　本条例之全文或一节,如有重大窒碍时,得由总公司或政府提议,经国会议决修改之。

第十四条　本条例自公布之日施行。

中国第二历史档案馆编《中华民国史档案资料汇编》第3辑,政治,江苏古籍出版社1991年版,第283~285页

12月23日(十一月十五日)　英使朱尔典向民国政府提出西藏问题要求,外交部今日回复时声明:不改西藏为行省,并拒另订新约。

1912年12月30日《民立报》北京电报:

兹探得,中英藏事交涉,政府自前次接到英抗议书后,因俄库事亟,未暇答复。二十三日,始备文复英政府。其两方争议要点如下:(一)英使提出要点:(甲)中国不得干涉西藏之内政,并不得于西藏改设行省。(乙)中国政府不得派无限制之兵队,驻扎西藏各处。(丙)英国现已认定中国对于西藏有宗主权,应要求中国改订新约。(丁)英政府前曾遵据条约,特设通信机关,后经中国军队擅行截断,以杜绝印藏之交通。(戊)如中国政府不承认以上各条件,英国政府亦绝不承认中华民国之新共和政府。(二)中国答复要点:(甲)中国按照一千九百零六年之中英西藏条约,除中国之外,其他国皆无干涉西藏内政之权,今谓中国无干涉西藏内政之权,理由甚无根据。至于改设行省一事,为民国必要之政务,各国既承认中华民国,即不能不承认中国改西藏为行省。况中国对于西藏,并无即时改设行省之意,此中颇有误会,惟现在中国认定不许其他一切外国干涉西藏之领土权及其内政。(乙)查中国并无派遣无限制军队驻扎西藏之事,惟按照一千九百零八年之通商条约,英国以市场之警察权及保护印藏交通,委任于中国,故中国于西藏紧要各处,当然派遣军队。(丙)中英关于西藏之交涉,已经两次订立条约,一切皆已规定确,今日并无改订新约之必要。(丁)中国政府从前并无有意断阻印藏交通之事,以后更当加意保护,断不阻碍印、藏交通。(戊)承认中华民国,是另一问题,不能与西藏问题并为一谈,中英交谊甚笃,承认民国对彼此有益,深望英国先各国而承认中华民国。

△ 孙中山致电王正廷、徐谦,认为被公布的《铁路总公司条例草案》被修改过多,希望其力争。

孙中山《致王正廷徐谦电》:

北京六国饭店王儒堂、徐季龙鉴:条例修改太多。若无特权,即不须有条例。若照修改之条例通过,则总公司无权办事,宁可取消。请商吴连伯争之。……孙文。漾。

中国社会科学院近代史研究所等编《孙中山全集》第2卷,中华书局1982年版,第561页

△ 财政部为举办元年公债向临时参议院提出提案稿。

《财政部提案》:

军兴以来,各省入不敷出,多无余力协济中央。中央政府迫不得已,致日恃外债以为挹注之谋,迁延以迄于今,大借款既尚待磋商,小借款又不敷展布。揆时度势,举凡中央银行以及各省之纸币零星之借款等,其应行整理之处又刻不容缓。夫以经费支绌之极如此,而庶事

待理之亟如彼，则其势自不得不出于募集内债之一途。现拟举办民国六厘公债二万万元，而以五千万元拨充中国银行之资本，五千万元借换旧有零星借款，其余一万万元则以之整理各省之纸币。查各国中央银行大半系由商股创立，但我国近年一般商民对于投资事业殊不踊跃，而当此岁计不敷，国家又无兼顾之余力，若不特觅一种财源以为筹垫，则银行决无从着手，此为拨充中国银行资本计，不能不举债者一也。自光复以来，无大宗收入以为军饷、行政之需，而较巨借款，只六国银行团垫款及伦敦新借款二宗，当银行团垫付期间以外、伦敦新借款未成之时，零星筹借，寅吃卯粮，分之不见其多，合之已成巨数。其他南京政府以及前清政府所遗债项，有借自外商者，有筹之内国者，要皆迫不及待，克期清偿之款，万不能不设法清理，此为借换各项零星借款，不能不举债者二也。据前度支部去年调查各省纸币之数，约合银币九千六百万元。又据本年闽、粤、江、浙、湘、鄂、赣、滇、陕、奉等省报告，共和以后所发行之纸币约银币五千四百万元。虽其余诸省未经报告，然自去年起义以后，各种旧纸币收回者为数不少，即现在发行之纸币亦有不能流通者，故新旧两项并计纸币总数要在一万五千万元内外。本部通盘筹划，必须按照发行纸币较多各省先行整理，以杜恐慌之渐。否则全国财政必生危险，而财政亦愈以紊乱矣。此为整理各省之纸币计，不能不举债者三也。总之，以上三者苟能次第举办，则既可使金融活泼，又可全国家信用，一举而数善备，诚莫有逾于此者矣。用拟章程条具如左方，是否有当，仍希公决。

民国元年六厘公债条例（略）。

中国第二历史档案馆编《中华民国史档案资料汇编》第3辑，财政，江苏古籍出版社1991年版，第868～869页

12月25日（十一月十七日） 袁世凯通令行用中国银行兑换券，所有官款出纳，商民交易，均准一律行用。

1912年12月28日《民立报》载《总统命令》：

据财政总长周学熙呈称：现在中央政府所设之中国银行，已经筹备组织，次第设立。请在纸币则例未定以前，即以该银行所发之兑换券，先行通用全国，所有官款出纳，商民交易，均准一律行用，并多储准备金，以供兑换，多设兑换所，以使取携，一俟纸币则例经参议院议决颁布之后，再照新章办理等语。查中国银行，所以操纵全国之金融，与商业银行，性质迥异，前清时代之中央银行，滥发纸币，抵押物产，信用堕地，覆辙昭然。此次中国银行组织方新，必须查照各国中央银行通例，宽筹准备现金，严杜一切流弊，首在引起人民信用，以通全国之脉络，剂市面之盈虚。目前大宗纸币，尚未准备，此项兑换券，先代将来法定纸币之用。系为整理金融，速谋统一起见，所有公私出纳，应准一律通行，但使公家信用既坚，商民无不乐于行使。著将此项暂行章程，通知各部暨各省都督、民政长，于已设该银行兑换所之处，晓谕商民，一律遵行。

12月26日（十一月十八日） 袁世凯公布《诰诫军人训令》及《诰诫军人训条》。

袁世凯《诰诫军人训令》：

我中华民国，位于亚洲中部，文化之兴，远自隆古，溯黄帝开基，战胜蚩尤，首以兵力，奠兹中土，迄今共和成立，四千六百有余年。其间国势迭更，兵制屡变，三代盛时，司马总戎，田赋出卒，寓兵于农，法良意美，弊在封建众多，权失统一。秦改郡县，废井田，兵农始分，征变为募。汉唐初制，尚称近古，沿及宋明，积成文弱，兵事非所乐闻，武人多不识字，重文轻武，遂为积习，兵学不昌，为日久矣。顾尔时用兵，不逾东亚，鹿逐中原，楚弓楚得，虽内备稍弛，

未足为虞。西方东渐,世变日急,以我脆弱,当人精强,并无正当防卫之方,惟有张脉偾兴之气,割地赔款,为国大辱。于是改练新军,兴学讲武,爱国志士发愤为雄,卒起义师,革除专制,不数月间,合汉、满、蒙、回、藏成一民国,增历史之光荣,辟亚洲之奇局,非军人之力不及此。本大总统有统率陆海军之责,取军国民制度,以定兵制,冀去文弱之旧,而跻强盛之域,或军人当念缔造艰难,同心戮力,以复我国权,湔我国耻。本大总统受五族付托之重任,军人对于本大总统有服从之义务,休戚相关,荣辱与共,军人乎,国之爪牙,责在御侮,我璀灿之河山,庄严之境土,神明胄裔,生斯长斯,自前古以迄今兹,何莫非国民铁血之所熔铸?擐甲枕戈,发扬备厉,以巩我民国之丕基,而远绍我黄帝之武略,名誉之美,永垂无穷,本大总统在任时愿逢其盛,离任时亦乐享其成,我军人其深体此意,所有应加训谕之件如左:

一、军人宜爱国家也。中华民国,以铁血成之,必以铁血保之;军人以身许国,视死如归,尊重国体,保卫国权,不惑于浮言,不牵于政治,热心从事,舍命不渝,毋出位以侵权,毋忘分而旷职,毋逞忿以轻生,毋苟全以惜死,军人其念诸。

二、军人宜正礼仪也。礼以敬致,仪以成之,所以示别,所以表亲,阶级不同,无别则乱,出入为伍,不亲则离,服务之时,加以威严不为刻,公余之暇,联以情意不为私,礼仪不正,貌离情疏,虽有技能,直同乌合,军人其念诸。

三、军人宜尚武勇也。无雄健之力,不足言武;无充足之气,不足言勇,沈毅刚果,不避艰险,奋发精神,前无劲敌,怯于私斗,奋于公战,勿鲁莽以偾事,勿粗暴以启争,勿以拔山之力,等于匹夫,勿以盖世之气,侪于竖子,军人其念诸。

四、军人宜重信义也。语云:人而无信,不知其可。又云:义以为质,信以成之。矧在军人,云为动作,关系成败,一时失信,则时时可疑,一事不义,则事事难倚,勿欺人以自欺,由不为达有为,宁愿谨,毋诈虞,宁迂拘,毋放恣,军人其念诸。

五、军人宜崇质朴也。好务外者,中必无有;求悦人者,己先自轻,浮华为依法之媒,侈丽即文弱之渐,岁费亿万,养成骄子,国家有事,将安用之?况吾侪来自田间,终归乡里,踵事增华,何以自给?俭为美德,诚者天道,身体而力行之,军人其念诸。

六、军人宜知廉耻也。淡泊为高,惟廉乃耻,羞恶未泯,惟耻乃廉,分外之权利,丝毫不苟取,应尽之义务,纤介不苟遗,轻私惠,重公愤,砥廉砺隅,明耻教战,养成高尚之性质,勉为愧奋之精神,军人其念诸。

徐有朋编《袁大总统书牍汇编》第2卷,上海广益书局1920年版,第27~30页

《诰诫军人训条》:

中华民国虽改元于二十世纪,实创始于五千年前,首辟鸿蒙,开化最早,英豪代作,贤圣相承,黎庶众多,物产饶富,大好河山,实赖数千年间神圣军人保护维持之功。继自今,亿万斯年,永永无穷,仍惟军人是赖,必也能坚信用,增荣誉,具超拔之性质,有纯洁之精神,始足拱卫国家,雄飞寰宇。兹特布告训条,用示圭臬,吾军人其共怀之。

第一条　本忠诚,守信义,不容有虚伪矫诈之行为。

第二条　正礼貌,肃威仪,不容有亵慢放荡之行为。

第三条　修道德,崇朴素,不容有纷华侈丽之行为。

第四条　敬长官,睦同侪,不容有倨傲粗暴之行为。

第五条　重服从,明退让,不容有抵抗夸张之行为。

第六条　爱名誉,励廉耻,不容有污辱贪鄙之行为。

第七条　耐劳苦,尽职分,不容有推诿敷衍之行为。

第八条　奋事功，竞进步，不容有委靡柔懦之行为。

第九条　急公益，端志趣，不容有营私结党之行为。

第十条　尊人道，重公德，不容有残忍扰害之行为。

以上所揭，实军人不易之法守，亦军人应有之精神，吾等军人宜各珍重宝爱，拳拳服膺，倘违此旨，不啻自放其法守，自灭其精神，何以对前人？何以示来者？况陆军刑法惩罚令，条例綦严，出此范围，必将陷入刑网，得罪民国，辱及家声。甚且剥夺天赋之公权，丧失平等之势力，小则辱及一身，大则兼累子孙，尚何面目立于四万万同胞之群乎？善恶荣辱，皆所自取，何去何从，吾军人其慎之哉。

徐有朋编《袁大总统书牍汇编》第2卷，上海广益书局1920年版，第30～31页

12月27日（十一月十九日）　孙中山致电梁士诒，请向财政部设法转拨五万两交国民党本部收用；并复电黄兴该事办理情况。

孙中山《致梁士诒电》：

北京总统府梁燕荪先生鉴：新密。前克强先生商拨香港借款转借党用，请向财政部竭力设法，转拨五万两交国民党本部收用为荷。孙文。感。

中国社会科学院近代史研究所等编《孙中山全集》第2卷，中华书局1982年版，第562页

孙中山《复黄兴电》：

汉口黄克强先生鉴：缃密。有电悉。已电燕荪，请向财政部转拨港款五万两，交国民党本部。请兄另电催之。文。感。

中国社会科学院近代史研究所等编《孙中山全集》第2卷，中华书局1982年版，第562页

12月28日（十一月二十日）　外交部拒绝德使提出有关山东地方权益之无理要求。

1912年12月31日《民立报》报道：

前日驻京德使接该政府命令，向我外交部提出四事：（一）租借高密宇山作屯兵场；（二）鲁省胶、沂两州矿产，允德人投资开采；（三）德国有修筑鲁省铁路之权；（四）德人有在鲁省自由游历之权。闻陆外长已据理拒绝。

12月31日（十一月二十三日）　埋有七十二烈士的黄花岗在民国建立后仍是一片荒冢，是日，邓铿、朱执信等呈请广东都督胡汉民拨款建筑黄花岗墓园，以供后世瞻仰。

1912年12月31日《民立报》载《黄花岗万古不磨》：

粤函：黄花岗七十二烈士，为造成民国伟人，允宜庙依百苞，讵自反正自今，荒塚垒垒，仍未加葺治。现由邓铿、朱执信具呈都督，请拨二万元，建筑纪念碑，其余不敷之数由邓、朱等自行捐输，以成盛举。

邓铿等原呈文（略）。

△ 自1912年12月底至1913年1月期间，日、法公使与陆徵祥就借款用途及聘用顾问等问题进行了三次会谈。以下是会谈记录。

第一次会谈（1912年12月31日）：

元年十二月三十一日上午十一时,日伊使偕翻译高尾亨、法康使偕翻译柏良材来部,陆、周总长接见。

伊云:今日与法康使代表六国使团关于六国借款事来见。借款事已由周总长与各银团代表直接会商,将有成议。惟有两问题周总长以为有关外交,不便自行解决。故特行约同造访,以便解决此两问题,俾借款得有成议。此两问题之一系将因革命洋人所受损失赔偿一款载入借款合同内,其他系财政管理问题,其聘用财政顾问等员,亦宜载入合同内。非先行解决此两问题,借款恐终无成。

陆总长答云:外间已纷传此次借款系有政治关系,今竟欲加入此两问题于借款合同内,岂非竟如所传。且赔偿受损乃另一问题,与借款无涉。聘用财政顾问等员,系财政总长分内应办之事,似宜仍由财政总长先行将借款定议。盖赔偿一事应行研究者甚多,非一二日能收效者,岂不因此而误借款之进行乎?

康云:此次借款有政治关系无足讳者,本国政府要求先解决赔偿问题,方允借款,亦有先例。如前古巴革【命】后向法国借款,本国亦要求其解决赔偿问题,方允借之。以故此次借款合同,仍宜加入赔偿洋人损失一条。

周总长云:前次借款会议中止,寻得法使、日使好意调停,故复能开议。本总长亦推诚布公,望借款之有成,庶不负诸公使维持之好意。今方冀借款之议可成,而乃横加一赔偿问题。此问题纯乎系外交性质,而与借款初无关系者,岂非使此会议复行中辍乎?

伊云:法公使刻所谓非先解决赔偿问题,则法政府不允借款,此论甚当。本大臣与法公使今日来意,实望赔偿问题之解决,而促借款会议之进行也。至管理财政一层,虽属财政总长分内之事,然因其不能由财政总长与银团所能解决,故特来贵部以议决之。

康云:更有进者,若不先将赔偿问题解决,恐将来借款债票亦不能在法京发售也。

周总长云:现在借款二千五百万磅,其用度均有限制,实无余款足以作赔偿损失之用。且赔偿问题非一两日所能定,岂非反贻误借款之事。且赔偿问题实有二点:一系何者应赔偿,一系赔偿之数目若干。

康云:借款数目本可以加多,为今计何不多借二百万磅,特为赔偿损失之用,其详细待后日再议。

伊云:现在应定者系大纲,故所宜定者系允赔偿与否,其他详细事待异日。

康云:现宜先拨出一款为赔偿之用,何者应赔偿,及其数若干,日后再议。到时若不能解决,仍可付之公断,一如文尼苏依拉之先例。盖其详细解决尚需时日,若已拨有的款,则事一解决,其赔款即可交付。

陆总长云:法公使所言尚是,本国政府于应行赔偿者,本决意赔偿之。然所未决者,一系何者应赔偿,一系赔偿之数目若干,将来两造如有异议,据法公使所言,仍可付之公断也。

康云:此事尚须与各使团接洽,得其同意方可。

周总长云:加借二百万磅为赔款之用,尚须有公函方好照办。

康云:现已解决赔款问题,可更进而谈管理财政问题。

周总长云:其为难者系现在已多有谣言,谓财政受外人之监理,用人之权亦操之外人,以故若将聘用财政顾问等员载在借款合同内,更易引起国人之反对,本国政府对于聘用外人之有名望、有学问经验者相助为理,已久怀此意,各使署当表同情。但于借款合同内加入此条,则政府反觉为难也。或于合同之外另用私函,彼此秘密询问,亦无不可。

康云:借款条件原有管理财政一层,但须为中国政府承认,方允借款。但承认之法,或载在合同,或另行订定,原可通融。

周总长云:如能给一封信,询问聘用外人条件、薪数等事,当必明白答复。

伊云:当以今日所言各事,报告六国使团中各同僚。

周总长云:原议今日下午四时再与各银行团会议,但彼等未有使团复音,则不与本总长会议云云。

康云:大概到期当有复音与各银行团也。

中国第二历史档案馆编《中华民国史档案资料汇编》第3辑,财政,江苏古籍出版社1991年版,第1017~1022页

第二次会谈(1913年1月15日):

民国二年正月十五日下午六钟,法公使康德来新公所会见总长,谈借款事。

法公使云:今日初想无事不来烦渎,故未关照柏翻译。不意适才接到本国政府一电,关系甚大,故自来拜访贵总长,当知法国在借款上所处地位如何紧要。无法国资本家之认可,借款不能成功;无法国政府之认可,借款亦不能成功。一则为出资之人,一则有使中国债票流行于巴黎市上之权。中国政府当了然于此,尤当优视法人利益。不料今本公使所闻之事,殊难使法国政府满意,果其如此,借款上将又生阻力,不敢谓借款必因是而取消,将恐其不成耳,是中国政府所最宜注意者也。闻财政部已聘定顾问二人,一丹马人,一德人;一在盐税上办事,一在债款上办事。按之借款合同,中国政府须聘请顾问三人,今已去其二,而其中一人且与借款无关系,其志留以待法国者不亦薄乎,前者财政周总长曾面许,关于用人上法国当得相当利益,然对于他人之事已发表,而许于法国者尚无,此种举动,殊为失望。今将本国政府来电送上一阅,当知本国政府所主持之议矣。

电云:"关于聘请顾问事,以理论应用出资国之人,以势论应按出资之多寡以定供给顾问之数,此两端宜主持。"

总长答:此事恐未为定,本总长尚无所闻。

法公使云:此事虽未为定局,恐已成为定议。

总长云:将来借款成后,本国政府聘用洋员处甚多,想财政总长当已虑及,不得谓现在法人已失利权。

法公使云:将来用人虽多,恐皆为属员一流。本公使欲使法人应聘重要位置,得直接发议办事,不仰人鼻息。譬如关税上法人无何等影响,其所定用人条件即与法人不利。前者本公使保荐一人于海关,因其人年逾二十三岁,与关章不符,未能收用。新关只收用二十三岁以内之人,不知法国人人有当兵义务,由二十一岁至二十三岁,正当兵之时,不能于此时入新关任事,而兵期满后又为关章所不许,欲使法人合此格,法国只可供给有残疾不能当兵之人。

总长云:出款者有六国,以均势言,法国只得出一人为顾问。今聘丹、德人,不得即谓有反对法国利益处。

法公使答:若六国出资平等,固应一国一人,今已有一国请法国代其出资,是法国亦当多出一人。

总长云:不能出资之国可得闻其名乎?

法公使答:此节现不能相告,当俟诸异日。

总长云:贵政府既有此意,本总长当从速告知赵总理及周总长,请为注意,惟须声明,当日贵公使与周总长面谈时,对于聘请外人一节,但说明可用私函密询。盖本政府之意,实不欲他国干涉用人之权,务请注意。

法公使答云:虽如此说明,而事实上如至事后始行见告,必致生出种种窒碍。今奉政府

命,特来告知。遂辞别。

中国第二历史档案馆编《中华民国史档案资料汇编》第3辑,财政,江苏古籍出版社1991年版,第1017~1022页

第三次会谈(1月21日):

二年一月廿一日午十二时,日本伊使偕翻译高尾亨、法康使偕翻译柏良材来见,陆总长接见。

伊使云:前次会晤,关于赔偿问题及财政监理与顾问问题,彼此妥议,而使团亦甚满意。当日以财政部周总长须于下午四时与银行团会议,故本大臣与法公使将所议一切报告使团,转告银行团,并电达各该国政府在案。本以彼此已协商妥当,即可作准,若见诸笔墨,恐反生误会。日前将所议定各点备一节略,以便存案耳。乃贵部所答复者,竟尽翻前议。今日本大臣与法公使代表使团来见贵总长与财政总长,重申前议,以解决一切。今财政总长既因病不到,即请将所言各事转达周总长,大总统前亦请转陈一切。查对于前次所议赔偿因此次革命受损各洋人一事,贵部节略内所答复者,仅限于武汉战界内所受损伤者。然洋人之因此次革命受有损伤者何止武汉一隅,中国各处均有之,今立此限制,颇不以为公允。至于聘用财政顾问,本以合同一时难定,且不便以此事载在借款合同内,彼此乃商妥,以公函询问贵国政府有无其事,贵国亦以公函答复,乃贵部之节略,易公函为私函,使团亦不能表其同意。

总长答云:财政总长因偶尔违和,今日不能在座,贵大臣所言各节,当与周总长会商后再行答复。前此节略系会同财政总长办理,当无不当。赔款一事,当日所言略嫌范围过广,故不得不设为限制,故于节略内加入之。至聘用顾问一层,周总长当日系明言用私函,并非公函也。

伊使云:当日只言中国政府担任赔偿,其详细待后日再议,若议而不成付诸公断,即欲设为限制,亦应俟诸异日。私函一事,何能作准,各国政府殊不放心,故非用公函不可。当日周总长系明言,各公使用信询问贵国,政府亦用信答复,并请各公使秘不宣布而已。

陆总长云:关于聘用顾问一事,一般国民反对极力,各国政府诚不宜干预之。中国政府本允聘用财政顾问,但有鉴于前财政总长熊君之因此事受国民排击,故亦欲各国不干预之。用私函即所以避各国有干预我国用人行政之嫌耳。

总长又云:现有欲宣布者,请贵大臣注意,并请代达各公使。昨日总统府会议后,以银行团不能垫款,不能不停止会议,以待时机。贵大臣等好意出而调停,中国实深感之,中国亦开诚布公,停止各小借款,以与六国银行团商议借款,凡可迁就者无不迁就。今既议而无成,甚为可惜,中国需用巨款甚急,不能不另向他处筹借款项。今日贵大臣等所提议各款,系根据于借款条件。今借款既停议,则此次提议各件亦宜暂行搁置不议也。

伊使云:贵总长所言,当报告各公使再行奉复。但本大臣以为现在尚有商议之余地,若久行搁置,则前此所定数款恐因而动摇,根本动摇,将来更难收拾也云云。

中国第二历史档案馆编《中华民国史档案资料汇编》第3辑,财政,江苏古籍出版社1991年版,第1017~1022页

1913年(民国二年·癸丑)

1月1日(辛亥年十一月二十四日) 中华民国开国周年,总统府招待各署荐任以上人员集会庆祝。

1913年1月9日《民立报》载《新年之总统府》:

京讯:元旦日,总统府招待各署荐任以上人员集会庆祝。午前九时,文武官员及议员到者约千余人,并有中国聘用之外籍人士数十人,先集于国务院,于十时由国务总理赵秉钧率赴总统府礼堂,向袁大总统行三鞠躬礼,大总统答礼毕,由赵总理致颂词云:"中华民国二年元旦,为南京政府成立之一周岁,阳和扇淑,海宇乂安,五族一家,衢歌巷舞,秉钧承乏政界,幸觌昌运,愧无补掖之长,躬遇休明之盛,谨代表拜手而飏言曲:中华民国万岁,中华民国大总统万岁。"

大总统袁世凯答词云:"今日二年元旦,天气晴朗,以气象观之,民国前途似乎宜有福利。唯是生于忧思,古有明训,愿诸君子勿稍懈怠,必期巩固万年而后快,本大总统实与有荣幸焉。"

又,陆军总长段祺瑞代表陆海军人全体致词云:"今日元旦,共和成立,一年于兹,列强环伺,内国猜疑,经济艰窘,国本动摇,我等陆海军人自应悉力上体大总统之筹计,尽力辅佐,俾我海军将媲美于英吉利,陆军将驾于德意志之上,令我五色国旗照耀环球,庶无负我大总统兢兢业业之苦心,及我等军人之天职。"

袁大总统答词云:"二年元旦,距南北政府统一,盖亦八阅月矣。此八阅月间,一以秩序未定,一以法规不全,故所办之事不过恢复秩序而已,殊无一毫新事业之可言,即此恢复秩序之事,亦绝非我一手一足之烈,仍赖我军人诸君官佐之筹谋,兵士之努力,群策群力,共相补掖,共相维持,乃克见此现象。自今日起,我等当振刷精神,从事新事业,俾我民国自二年,以至万万无穷之年,吾有奢望焉。"

1913年1月3日《民立报》载《民国元年政局变迁之回溯——鉴既往而察将来》(血儿):

志士并起,光复华夏,民国纪元已一年矣。回溯元年一年以来之政局,其变迁之迹,有可得而言者。鉴既往而察将来,实今日国民所当念念不忘者也,夫元年之政府,临时之政府也,内困于财政之竭蹶,外敝于边祸之迭乘,且益以内阁之更递频繁,政党之交争莫定。一年来政局变迁之迹,徒呈一纷扰之现象而已。民国承大破坏之后,建设完善之政治,乃当此纷扰之冲,致政务不举,可谓民国之不幸。际此二年之始,所当引前车以为炯戒,去无谓之纷扰,以利政治之进行,则民国前途,庶有豸乎!

溯自武汉举义,底定东南,定南京为临时国都,十七省代表共莅,开正式选举临时大总统大会,举孙文为第一任临时大总统,中山以人望所归,受国民之托,膺临时大总统任,而民国于以肇基矣!孙总统莅任之始,即宣言政见,期军政民政财政之统一,将以中华民国建筑于纯粹平民政治之上,采总统制内阁,不设总理,而人才济济,皆一时之彦。当时同盟会以天之骄子,首执国政,有组织政党内阁之势,与组织政党内阁之力,而不为者,非弗善政党内阁也,不欲以政权私于一党而博揽群贤以共治也。然阁员若张謇、汤寿潜之流,挟非党之嫌,或屡屡辞职,或终不履任,以故南京政府实有意见不一之众,而为时短促,无可展布,故政绩亦属难言。然南京政府之所善,则在俯从舆论,不惮更易,舆论之是者是之,舆论之非者非之,颇具舆论政治之实。此南京政府所不可几及者也。且南京政府当破坏未终,建设伊始之际,其所难能而可贵者,则在消弭南北战争,力图全国统一,使兵祸促短,共和速成,免生灵涂炭,列国干涉者,南京政府之力也。及和议告成,清帝逊位,孙大总统以袁氏转移清柄,力任调和,且负济变之才,乃推荐于国民之前,继总统之任,得十七省代表之认可,袁世凯氏遂被举为第二任临时大总统。当时以国都问题,辩论蜂起,南京政府遣汪兆铭、宋教仁、蔡元培诸氏为欢迎袁新总统专使,迓赴南京就任。专使抵京,适值兵队因乏饷哗变,专使几遭不测,而袁总统以此,乃中止南行,南京政府亦深谅北方秩序维持乏人,乃由参议院议决通融办法,允袁总统在北京以电报宣誓就职,袁总统乃以誓词电南京参议院,参议院布告全国,袁总统遂于北京举行正式就任礼,统一之局,于斯大定。内阁议仿法国内阁责任制,以唐绍仪君奔走南北,议和有功,并得孙、黎同意,任为内阁总理。内阁分十部,唐总理提出阁员名单交参议院求同意,除交通部长梁如浩外,俱得通过,总理乃兼任交通,是之谓唐内阁,而临时统一政府,于以完成矣。自唐内阁成立后,孙总统以大局已渐形稳固,始愿已遂,乃决然引退,于四月一日行解职礼于参议院,南京政府至是取消。夫唐内阁之组织,犹南京政府之混合内阁也,而混合内阁之弊,亦于唐内阁之倾覆而益见之,政局之变迁,其与吾人以从违抉择之经验,诚匪浅矣。唐内阁任内,实以借款事件为主要,唐鉴于银行团之居心不测,乃拒绝其严酷之条件,而另与比国资本团接洽小贷款,冀有以破六国团垄断之阴谋,不幸而计划不成,颇受六国团之诘责。唐总理不欲以一身当贷款之冲,乃以财政部熊希龄氏接手与六国团磋商,熊氏欲藉此倾轧唐内阁,乃交欢六国团,将承认其要求之条件,舆论以承认严酷条件将以监督财政亡国,竭力抗议。党熊者亦由此反响而攻击唐总理甚力,此事遂成为政党之争与报纸之争。当是时,同盟会已改组政党,共和党亦合并数小政团而成立,两党有对峙之势,共和党势稍杀,其左右于两党之间者,则为统一共和党。唐氏籍隶同盟会,而共和党之在内阁者,只熊氏一人,故拥护之无不至。其实此事不成为党争问题也,唐熊既不相能,内阁政见乃多冲突,宋教仁氏草大政方针,得阁员同意,拟赴参议院宣布决定择行,而熊氏避不面,大政方针,遂未能发表于参议院,唐内阁以此经验,益知混合内阁政见不一之害,政党内阁之主张,实于是大盛,唐总理终以负副署责任而解职。蔡、宋、王、王四总长联带去位,陆总长亦相继辞职,于是唐内阁乃倒。唐内阁既倒,提出继任者为前外交长陆徵祥氏。陆总理第一次赴参议院宣布政见,即以言语小故为参议员所病,后提出继任六总长,悉数为参议院否认,陆总理遭一大打击,而舆论群不直参议院,第二次提出阁员,愈形不及,参议院以受舆论攻击,故乃通过其五,舆论尤非之,时同盟会议决不加入陆内阁,后刘揆一氏竟违党议加入,而陆内阁于以成立矣。陆内阁者,超然总理混合内阁也,陆氏以政治运用不活,乃以病辞,卒去位,而所谓陆内阁又倒。国人鉴于内阁之更迭太繁,颇惴惴然惧,后提出继陆氏任者为赵秉钧氏,阁员一无变动,而内务则自兼之,是之谓赵内阁。赵内阁成立,舆论颇表欢迎,时已在国民党成立之后。赵本国民党员,黄克强赴京与袁总统握手,乃邀国务员加入国民党,欲以成政党内阁之形式,共和党报纸则反对之。其实赵内阁于政党关系不深,可谓之为袁派内阁耳。自蒙瞽日亟,民主党欲乘机推翻政府,宣布政府十大罪状,舆论诋之乃罢议,后外交长梁如浩氏以外交失败,辞职赴津,政府遂以陆徵祥氏继其任。而俄蒙交涉谈判,至今尚无头绪也。此民国元年一年政局经过变迁之大略也。

1月2日(十一月二十五日)　袁世凯邀请各国公使赴宴。袁世凯于新年发表新政策。

1913年1月4日《民立报》报道:

今日袁总统在府款待外宾,执行招待者为各国务员及总统府重要人员,驻京各使除俄使声称有病外,余均到会。席次,谈笑甚欢,互相庆祝,惟各使声称仍为私人酬酢。

1913年1月9日《民立报》载《袁总统之新政策》:

京讯:袁总统现拟将此数月一切要政提前办理完善,以免将来国会成立,致贻后人之讥。已将大纲拟定五条:(一)外交,以民国成立已阅一载,而外交多有不善之处,拟将一切外交于数月内办理完善,此事专责成陆征祥。(二)内政,以民国成立以来内政已渐臻良美,然尚有不完全之处,拟此数月内一切内政办理完善,此事专责成赵秉钧。(三)财政,民国成立,财政日益困难,几有司农仰屋之叹。拟俟大借款成立,极力整顿,以苏财困,此事专责成周学熙。(四)边事,边境风云日益紧急,刻下蒙边妖氛毒雾,尤为焰炽,亟应速筹善策,务于此数月内,各边一律肃清。(五)用人,民国建设伊始,需才孔亟,应力图延揽,拟饬各国务员、各省都督保荐人才,无论外交内务财政军事,只须择其一长,保荐来京,以为用之基础。……"

1月4日(十一月二十七日) 财政部为举办元年公债停止各地发行内债咨。

财政部《为举办元年公债停止各地发行内债咨》:

为通咨事:照得各省自光复以来,政费军饷支出浩繁,欲求收支适合之谋,不得不出募集内债之计。然军兴至今,时逾一载,各地方自行募集公债者甚多,而报部有案者殊属寥寥。或以风气未开,募不足额,或以急于得款,强迫应募,权衡轻重,利不胜弊。查公债之发达,首在人民之信用,若地方人民昧于公债性质,而各该省长官勉强发行,非特债额永无募足之期,抑且债票永无信用之日。况内债与外债情形之利害虽异,而吾民之负担则同,即经该省议会之决议,尤须中央政府之核准。现在本部发行六厘公债,定额二万万元,业经参议院议决,不日公布施行,所得债款即为整理内外金融机关之用。若各省再假地方公债之名,同时发行小额债票,非特淆人耳目,且非统一财政要旨。所有各该省发行之地方公债,应即查明原案暨募债章程细则,迅速报部查核。其未经开募正议发行者,速即停止;已经发行者亦应截数报告,克日停止发行,俾昭统一,而免流弊。除分行外,相应咨请贵都督、民政长查照办理,并希见复施行。此咨。中华民国二年一月初四日。

中国第二历史档案馆编《中华民国史档案资料汇编》第3辑,财政,江苏古籍出版社1991年版,第869~870页

1月5日(十一月二十八日) 财政部拟订《中国银行兑换券章程》呈请袁世凯核定施行。

《财政部呈大总统文》:

为呈请事,窃维一国经济之流通,全恃银行纸币为其枢纽。自去秋以来,金融机关一切停滞,公私出纳皆以现金,遂至周转无方,商民交困,非有大宗钞币流行国内,不足以救济恐慌。现在中央政府所设之中国银行,已经筹备组织次第设立,应请在纸币则例未定以前,即以该银行所发之兑换券,暂时通行全国。所有官款出纳,商民交易,均准一律行用。并由该银行多储准备金,以供兑换;多设兑换所,以使取携。总期信用渐孚,藉以维持市面。一俟纸币则例经参议院议决颁布之后,再照新章办理。是否有当,伏祈大总统鉴核施行。谨呈。

《中国银行兑换券暂行章程》:

一、中国银行兑换券,由中国银行及中国银行指定之代理处一律发行。

二、凡下开各项用途,一律通用此项兑换券:

甲、完纳各省地丁、钱粮、厘金、关税;

乙、购买中国铁路、轮船、邮政等票,及交纳电报费;

丙、发放官俸、军饷;

丁、一切官款出纳及商民交易。

三、此项兑换券按照券内地名,由中国银行随时兑现。

四、凡兑换券内印有两处地名者,在此两处皆可通行兑现,不取汇费。

五、此项兑换券,如有拒不收受及折扣贴水等情,从严取缔。

中国第二历史档案馆编《中华民国史档案资料汇编》第3辑,金融,江苏古籍出版社1991年版,第78页

△ 袁世凯借口军民分治,于1912年12月16日任命汪瑞闿为江西民政长,但汪到赣后遭到赣人反对。本日,江西都督李烈钧电请暂缓施行军民分治。

1912年12月26日《民立报》载《汪瑞闿官运不佳——赣人大反对》:

南昌函:本省民政长多数人民主张民选,以达巩固民权之目的,持论已非一日,讵某党运动汪瑞闿,得任斯职,刻已抵浔。识者多谓李督电告中央赞成军民分治尚未逾旬,何以政府即委任汪瑞闿,又何以汪又即来江西,此中种种怪相不问可知。且汪去岁湘省光复不甚效力民国,私自窜逃,昔充本省大学堂总办、常备军统领及署理按察使时,政绩又属平常。近顷各界人民全体开会研究,不但无一欢迎者,并拟拍电北京阻止。请袁总统收回成命。

1913年1月12日《民立报》载《都督仍负全责》:

李都督前以某协统之言,主张军民【分治】,其结果反致上下纷扰,祸乱时虞,不得不谋一救治之法。初五日,特通电大总统、国务院、参议院、各省都督,谓正式议会行将成立,于此数月内,拟即勉为其难,于军民要政担负完全责任。原电如下:"烈钧以孱弱之躯,膺繁重之任,前因积劳成疾,曾经乞假休养。嗣以时艰任重,未敢自安,故仍力疾视事。然精神未复,终有顾此失彼之虞。遗误要公,问心多疚。窃思军民分治,为治国切要之图,鄂省行之于前,成效卓著。赣居腹地,庶政既渐就理,自宜接踵实行,以至完备。惟烈钧承乏江右,本由省议会所公举,大总统所任命。重以桑梓义务,未敢告劳。现在正式议会行将成立,于此数月内,拟即勉为其难,于军民要政,担任完全责任。一俟正式国会、省议会成立后,即当呈请大总统分别简任贤能,以期共臻郅治,烈钧亦得藉卸仔肩,息养林泉,享共和国民幸福。用布区区,统帷监察。赣都督李烈钧叩。"

△《民权报》鉴于北京参议院屡次遭到军警干涉,提出正式国会择地自行召集的主张。此主张随即遭孙毓筠等都督反对。

1913年1月5日《民权报》载《国会自行集会与另择地点之理由》:

本报往者之所主张,于夫上海欢迎国会团之倡议,第一届正式国会,当然自行召集,并自行择定集会地点,先开预备会于上海,随即开成立会于南京,以保持立法机关之安全,预防北京军警之干涉,使议员得自由议定宪法,选举总统,以达真正共和之目的,诚如孙君所云,而亦为举国之人所共知者。然孙君所谓"援法国一八七五年所定宪法第九条,以惠塞尔为国会所在之例为证,不知法国国会地点所以变更,因避巴黎之纷扰,出于万不得已"云云。其言甚为误会,盖孙君误会法国国会由巴黎迁于惠塞尔,而指一八七五年之宪法第九条,谓为宪法之规定也,故下文又有先经宪法规定而后实行一语,殊不知一八七五年法国宪法第九条,原以惠塞尔为议会地点,至一八七九年六月二十一日,两院始联合决议,移之巴黎,至七月二十二日,又始布之法律,削去一八七五年所订者之第九条,即所谓第一次宪法修改是也。及既迁巴黎之后,如两院再行修正宪法,或选举大总统,则又避巴黎之纷扰,而会于巴黎以外之地点。如第二次修改宪法,于一八八四年八月四日会于佛尔萨伊,其一证也。孙君之言,颠倒而不贯串。但就其宪法规定之说观察之,似非注重西史之成例,而以未经宪法规定为病。记

者按法国一八七五年，五法既颁，民宪大定，迁移议会之地点，在一八七九年六月二十一日，七月二十二日之修改宪法，孙君所谓规定者，或即指此。然中国今日民宪并未定也，欲得规定之证据，惟须于临时约法中求之，而又为国会组织法第十四条，"民国宪法未定以前，临时约法所定参议院之职权，为民国议会之职权云云"。之所规定者也。据此，又按约法第二十条"参议院得自行集会开会闭会"，是国会有自行集会之职权，固已经约法所规定，而惟患不明晰耳。如定欲明晰，而又欲求其进行之有效，吾人俟得大多数国民同意时，自能按法定之手续，要求修改国会组织法而明规定之。孙君今日既未见吾人不循法定上之手续，强为进行，胡遽以吾人之言语为法律外之举动乎。况法国既迁议会于巴黎之后，又移国民会于他地，一八七九年修改后之宪法，并未规定之，而行之之时，亦无有责其为违法也。岂吾人发为是言，即能遽定吾人有违法之行动而先以非法加之乎。至于民国现状安宁一语，政府尚不自讳，观于去年禁止军人干政之命令，可想见也。……

罗家伦主编《革命文献》第41辑，台北，中央文物供应社1967年版，第359～361页

附《欢迎国会宣言书》：

中华民国者，世界中后起之共和国也。共和国之政府者，有定制的政府也。以顺承国民意志故，以适应国民要求故，分政府为三部分，通力合作，其权相等。又谓为遏制政府，即所以防政权之偏拥，保国民之利益也。此种政权偏拥之遏制，在中国今日国会尚未成立，仅具参议院立法机关之雏形，而临时政府间不能去其昔日专制时代遗传之尊严，此故在立法部分脆弱无力，不能争此政权偏拥之危机，因循萎靡，至于今日，幸正式国会成立之期不远矣。大选举继之，行将有正式大总统及完全内阁出现，秉此强项之遗传性，行政部分，其威严当不少减。惟此脆弱无力之立法部，应如何善其后，以达到遏制政府真正共和之目的，在今日诚为第一重大之问题也。此重大之问题，窃谓能于将来正式国会中解决之，使正式国会组织及选举之手续，均甚优善，则此国会定能具独立之精神，今日政权偏拥之危机，定能挽救，正式国会乎，将来之大选举乎，吾人寄托无数之希望，又乌得不手舞足蹈以欢迎之乎，此欢迎国会团之所由起也。虽然，吾人岂仅欢迎已哉，在理民国成立，一年于兹，彼创国之志士，牺牲其心力脑力性命血肉，从事革命，以自由幸福权利，遍予我大多数国民，我大多数国民之自由幸福权利，谨受于诸志士之手赐，而托寄于中华民国之宪法中，国会者，宪法所自出，而又护持此宝贵之宪法者也，则吾人对于国会成立之日期，诚不能不表欢迎者，又岂仅吾人已哉。顾吾人之所以欢迎者，大有异于常众。盖欢迎巩固健全之国会，而并希望其健全维持其巩固者也。今试以吾人之旨趣，作本团一次之宣言，凡我国民，祈共鉴之。

今日者，国会组织法与两院议员选举法已公布矣，初选复选之期已定矣，吾国人亦备知此次选举之郑重，将以议决宪法选举总统之权，托之新选之议员矣，顾今日之参议院，非将来国会之缩影乎，今日参议院之覆辙，非将来国会之殷鉴乎。

参议院北迁失败，陷入于武力世界之旋涡中，故有今日之萎靡不振，则将来正式国会之议员选齐后，当然自行集会于其他地点，庶得尽立法之职权，而组织最强固之宪法。按国会组织法第十四条，民国宪法所定参议院之职权，为民国议会之职权。据此，又按约法第二十条，参议院得自行集会开会闭会，足征国会有自行集会之职权，与法国议院不待大统领之召集，于一定时期，议员自行集会者，固与大统领之召集，并行相成不相悖也。至于国会之所在地，固必设在中央政府。然以昔日先有参议院，而后有政府，先有参议院之所在地，而后有政府之所在地，乃能确定，以立法之惯例论之，则今袭有参议院之职权，如将来之国会者，自应以先定国会之所在为政治办法，况约法第十六条，中华民国之立法权，以参议院行之，则审定

建都之法律案,又实原始于国会之自由变更矣。

罗家伦主编《革命文献》第41辑,台北,中央文物供应社1967年版,第366~367页

附《前皖督孙毓筠电》:

近日有人在上海组织欢迎国会团,倡议第一届正式国会当然自行召集,并自行择定集会地点,所拟办法,先开预备会于上海,随即开成立会于南京。其宗旨在保持立法机关之安全,预防北京军警之干涉,使议员得自由议定宪法,选举总统,以达真正共和之目的。此说一倡,急激之徒多附和之。不佞远观大势,近察国情,知斯议之发生,影响于民国前途安然者至巨,不避嫌忌,敢贡一言。说者之意,以为共和国之国会,可以自行审定集会地点,援法国一八七五年所定宪法第九条,以惠塞尔为国会所在地之例为证。不知法国国会地点之所以变更,因避巴黎之纷扰,出于万不得已,且先经宪法规定,而后实行。今民国国都现状安宁,并无变更国会地点之必要。临时约法,亦未明定有此条文。即令国会地点果有必应变更之正当理由,亦须俟中央立法机关议定,著之宪法,乃生效力。今于法律毫无依据,而遽然自行变更地点,此种法律外之行动,断非立法机关所应为。果其行之,则国会已失其资格,对于国内,决不生法律上之效力者也。此其不可一也。说者所持变更国会地点之理由,在于防北京军警之干涉也,军警为行政部所管辖,质言之,即逆意行政部之将出于干涉,而欲立法部迁徙以避之而已。不知行政部果有干涉之事,是为违法行动,行政部违法时,立法部当然依法定之手段,以处分之,无所用其避也。况行政部将来果干涉与否,尚不可知,乃逆意其必出于此,而预迁地点以避之,其行事之不忠诚不正当若此,出之个人,且犹不可,况出自代表民意之立法机关乎。此其不可二也。且立法行政两机关,关系最为密切,苟非有绝大之变故,绝不容设在两地者也。今国家方当建设之初,政治上诸大问题,胥待国会解决,应时时与议员接洽,以免隔阂,果如说者之意,政府在北京,而国会在南京,国务员将各派代表耶,抑亲来南方耶。且每一议案,多则数千言,少亦数百言,势难悉由电达。而文牍往来,至速亦须数日。又况关于外交重要事件,遣人赍送,难于秘密,一经漏泄,贻误匪轻,其为不便,更不待言矣。倡此议者,乃并此而不计及,此真吾所大惑不解者也。此其不可三也。细绎说者之意,以上所陈诸弊,非不知之,而必倡此议者,其意实别有在。不观其宣言书之言乎,曰国会之所在地,固必设在中央政府,然以昔日先有参议院,而后有政府,与先有参议院所在地,而后有政府所在地,乃能确定,以立法惯例论之,则今袭有参议院职权,如将来之国会者,自应以先定国会之所在地,为政治办法,况约法第十六条,中华民国之立法权,以参议院行之,则审定建都之法律案又实原始于国会之自由变更矣。由是说观之,所谓变更国会地点者,质言之,即是变更国都地点,欲假国会之力,迫政府使必迁南方而已。夫迁都之说,发生于南北统一之始,经国内大多数舆论反对,已无成立之余地,不意当国会选举之时,又有死灰复燃之势,此说在今日事实上万不能行,就令多方鼓吹,除少数之极端改革附和外,断不足风靡一世,生若何之效力。不佞所鳃鳃过虑者,南北意见自孙、黄入都后,渐已消融,国民方相庆幸,以为国家政治从此可期统一,乃无端忽有此问题发生,其事虽未必见诸实行,而斯说一倡,徒令南北人心又生一重恶感,影响所及,大之则有全国分裂之变,小之亦启扰乱公安之渐,而况今日何日,满蒙西藏,岌岌不保。彼外人者,正欲以我南北纷争,为侵略之口实,窃恐迁都之议未定,而列强瓜分之案,已先我而解决矣。我国会议员苟心目尚有国家存者,决不肯主张此议,以贻我国民前途无穷之祸也。毓筠赋性庸愚,学识简陋,国家大政,未敢妄有论列。惟念斯说发生,其结果足以扰乱人心,动摇国本,不遏其流,又将缘是而种异日无数之恶因,心所谓危,不敢不告,惟望中外行政、立法各机关,暨各政党,各新闻社,力维大局,共持正论,通告各省新选国会会员,

务依法定集合期限，齐至北京，勿为此种非法之言论所愚，以破坏我新造之民国，则幸甚矣！毓筠叩江。

罗家伦主编《革命文献》第41辑，台北，中央文物供应社1967年版，第368~370页

1913年1月22日《民立报》载《冯都督反对欢迎国会团电》：

大总统、国务院、参议院、各省都督、民政长、省议会、各报馆钧鉴：顷接柏都督代转孙君少侯来电，辟惑世之谣词，铸保邦之伟论，维共和之危局，保立法之精神，远虑危言，曷胜钦佩。国璋关怀民国，蒿目时艰，险象环生，情难缄口，略陈固陋，聊当刍荛，从来法律为国家之体干，国民之准绳，而尤以人民之守法毋违，维持国本，实为共和之盛轨，治国之先河。民国国会组织各法，由参议院制定，由国务院颁行。将来各省选政告成，国会议员当然由中央召集，以成立正式国会。至于集会地点，当然在中央政府所在地无疑。而上海欢迎国会团，以第一届正式国会应自行召集，自行指定地点，并拟开预备会于上海，开成立会于南京。是以南北统一之前，组织参议之惯例，以推之于正式国会，其为显然违背约法第三十条，大总统公布之法律。可知国体虽改，定律綦严，不法行为，在刑律原有相当之科罚，该团员宁不知之？然其所持变更国会地点之理由，则在保持立法机关，预防北京军警之干涉。岂知立法、行政皆为独立之机关，法令各有范围，彼此不容侵越。前者北京军警会议，小有意见冲突，旋经大总统谆谆训诰，禁令频颁。数月以来，秩序不紊，是固海内所共闻共见，非国璋一人之私言也。如逆意国会成立，北京军警必将出而干涉，至欲变更国会地点以避之，岂南京遂无军警，而必无行政干涉立法之事乎？抑以开国会于南京，而议员等遂有诪张国政之自由，且可箝制行政部，使之不敢少动乎？吾有以知其必不然也。推该团之私衷，谓欲以变更国会地点，藉立法机关之势力，牵掣中央政府之肘，迫之使出于迁都之途。夫迁都问题，全国舆论之研究，多数政治家之讨论，以北京为政府所在地，已成铁案，不可再生异议。外忧内患，纷至沓来，复何容启嚣争，贻后日无涯之祸？乃国会选举期内，该团员竟肆其无意识之谬论，冀破坏我民国初基，其罪既不容诛，其心不可问。国璋嫉恶如仇，爱国若命，凡有敢簧鼓其僻辞邪说，冀以动摇国本，蛊惑人心者，惟有执国法以随其后，而冀消巨患于无形。所望于政府及各省行政长官者，宜按照临时约法第十五条，设法限制，以维持社会之治安，使邪说不至日张，至危共和之初步。所望于当选各议员者，宜知大局日亟，政务急待进行，依限齐集北京，毋为违法叛道之言所惑，则民国前途之万幸矣！安然所系，一发千钧，恳恳微忱，统希亮察。直督冯国璋真印。

1月7日（十二月初一日）　各地响应武昌起义后，省自为政，始则因兵饷不足截留盐款，继则以意见参差破坏盐法，各地失职盐员更乘机紊乱盐政。是日，袁世凯通令各省不准截留盐税。

1913年1月9日《民立报》载《袁世凯令》：

盐务为国家岁入大宗，举凡新旧外债，悉恃此为抵偿。自军兴以来，省自为政，始则因兵饷不足，截留盐款，继则以意见参差，破坏盐法。而各处失职盐员，无业驵侩，又复购私串运，利盐纲之紊乱，便一己之私图，究之在各省收入未必增多，而中央信用转难巩固。现值整理财政，当以盐务为先，在新盐法未颁布以前，自应恢复机关，保存秩序，以为进行之预备。嗣后关于全国盐务产运行销，用人设局，均责成财政部，督饬各处盐运使，查照向章，切实办理。倘仍有越境影射，私运私销情事，务宜认真查缉，执法以绳。各省都督民政长及统兵将领，均应力顾大局，辅助赞成，俾资挽救。其各省军饷及行政各费，均应另行设法筹补。至盐务收

入各款,应自民国二年一月份起,专款存储,无论何事,概不得挪移动用。庶几内巩财权,外昭国信。所有盐务,应设稽核造报所,专司考核款目,即由财政部迅速拟订章程,呈核施行。此令。

1月8日(十二月初二日)　袁世凯公布划一现行中央直辖特别行政官厅组织令。

临时大总统令:

兹制定划一现行中央直辖特别行政官厅组织令公布之。此令。

中华民国二年一月八日

教令第六号:

《划一现行中央直辖特别行政官厅组织令》

第一条　各省现设之外交、外务、交涉等司使,均改为外交部特派交涉员。其设置地方,以通商巨埠为限。

第二条　各省现设之司法、提法等司,均改为司法筹备处。其司长、司使等官,均改为处长。

第三条　各关监督、各省盐运使,均暂照现行之例办理。

第四条　除前条规定外,各省现设征收税捐等项之局、所,均改为某项征收局,以其税捐等项之名称冠首,各依现行之例,改设局长。

第五条　外交部特派交涉员署、各关监督署、各盐运使署、各项税捐征收局,除该署局长官外,划一现行设官之名称如左:

一、科长。二、科员。

监督、运使附属之局、所,均设委员,以一人为之长。

除外交部特派交涉员署外,各署得参照现行官制之例,酌设技士办理技术事务。

第六条　司法筹备处,除处长外,均依现行之例,酌设委员,分别派充科长或科员。

第七条　前各条之科长、科员及技士员额,由该管长官拟具现行相当人数,呈报主管总长核定之。

第八条　特派交涉员、司法筹备处长之职务、权限,以各该管总长依现行官制委任者为限。司法筹备处处长,得由司法总长酌量地方情形委任,该省行政长官监督之。

第九条　各关监督、各省盐运使、各项税捐征收局长之职务、权限,以依照现行法规之例及主管长官所委任者为限。

第十条　特派交涉员、司法筹备处长、各关监督、各省盐运使,依现行之例,由主管总长经由国务总理呈请简任,各项税捐征收局长,由主管总长经由国务总理荐请任命。

第十一条　各署局科长、科员、技士等官,依现行之例,由该署局长官委任之,但须呈报于主管总长。

第十二条　各署局为缮写文件,办理庶务,得参照现行官制之例,酌用雇员。

第十三条　本令自公布日施行。

附则

第十四条　本令施行后,凡从前各省所设之特别行政官厅,其署名、官名有与本令划一办法抵触者,应即裁撤或改正之。

中国第二历史档案馆编《中华民国史档案资料汇编》第3辑,政治,江苏古籍出版社1991年版,第67~69页

△ **袁世凯发布命令，暂行划一地方官制。**

临时大总统令：

利国福民，首在改良政治。而改良政治之枢纽，系于法律之良窳与官制之得失。自统一政府成立以来，虽中央官制业已公布施行，而地方官厅，尚多各为风气。诚以共和宣布，其时政府计划，惟注重于军事、财政、外交诸大端，对于各省地方，亦只以回复秩序为急。故官厅之如何组织，不暇一一深求，究非整齐划一之道，就目前现象而论，各省同此一司，而南北之名称互异。同为一长，而彼此之权限各殊。至于道府并存，府县相辖，则尤沿袭前清之弊政，大戾改革之初心。此外特别官厅，警察厅系统，既不分明编制，复多歧出，以致纪纲愈坠，政令愈疲，官治愈棼，民生愈悴。本大总统慨念时艰，疚心无已。迭经饬据国务会议，佥以地方制度，固为民国百年之远谟，而现行机关，宜有暂时划一之办法。是以本大总统决定方针，特就各地方现行官厅，先从划一组织入手。所有现设各省、各道、各县，以及特别行政警察行政各官厅，于其各本官制未公布以前，均应悉依各本令办理。为此通令京外各官厅，凡现行各项官厅组织，有与各本令所定划一办法不符者，均须分别遵照改定，一面为整齐现制之图，即一面为施行新制之备。至地方制度，其关系于国家之强弱与国民之休戚者，非常重大。究应采取如何主义，始可得国利民福之精神，政府提案，业已至于再三，现正从长修正，不厌求详，一俟参议院决议，再行公布施行。各该长官当念国体骤更，物力不易，行政所需费用，悉出国民脂膏，组织能早一日就绪，即地方可少一分更张，我国民亦可稍轻一重担负。此次各令公布后，务各力任其难，按照政府计划，以民国二年三月以前为限，一律办齐，以慰国民喁喁望治之心。共和建设，来日方长，日为改岁，勖哉勖哉。此令。

中华民国二年一月八日

中国第二历史档案馆编《中华民国史档案资料汇编》第3辑，政治，江苏古籍出版社1991年版，第114～115页

教令第二号：

《划一现行各省地方行政官厅组织令》

第一条　地方行政编制法及地方各项官制未公布以前，民国之国家行政区域，除蒙古、西藏、青海地方别有规定外，其各省地方划一现行行政长官之名称如左：

一、已设民政长省分，以民政长为该省行政长官。

二、未设民政长省分，以都督兼任民政长为该省行政长官。

第二条　各省行政长官之职务、权限，依现行法规之例行之。其依现行中央各部官制所定，属于各部总长主管事件，得临时委任各省行政长官办理。

第三条　各省行政长官应依现行法规之例，于该省设一行政公署。

第四条　各省行政公署，除各设一总务处外，划一现行分司之名称如左：

一、内务司。二、财政司。三、教育司。四、实业司。

第五条　各省行政公署之总务处，划一现行设官之名称如左：

一、秘书。二、科长。三、科员。

第六条　各省行政公署之各司，划一现行设官之名称如左：

一、司长。二、科长。三、科员。

前项规定外，各省公署得参照现行官制之例，酌设技正、技士，办理技术事务。

第七条　各省行政公署之总务处及各司，为缮写文件，办理庶务，得参照现行官制之例，酌用雇员。

第八条　除各省行政长官由大总统任命外，司长以下各官，依现行法规之例，司长由该

省行政长官呈由国务总理呈请简任,秘书、科长、技正呈国务总理荐请任命,科员及技士由该省行政长官委任。

第九条　各省行政公署秘书、科长、科员、技正、技士员额,由该省行政长官拟具现行相当人数,呈由国务总理呈请大总统核定之。

第十条　本令自公布日施行。

附则

第十一条　本令施行后,凡从前各省所设之官厅,其署名、官名,有与本令划一办法抵触者,应即裁撤或改正之。

第十二条　本令施行后,各省地方遇有特别事件,须设直辖局、所办理者,应于未设以前声叙理由,呈报国务总理及该管总长核准施行。

中国第二历史档案馆编《中华民国史档案资料汇编》第3辑,政治,江苏古籍出版社1991年版,第115~117页

教令第四号:

《划一现行各道地方行政官厅组织令》

第一条　现设巡道各省分,该道官名,均改为观察使,由该省行政长官呈由国务总理呈请简任。

第二条　各道观察使之管辖区域,仍以该道原管之区域为准。前项原管区域,该省行政长官认为有必需改正时,得呈由内务总长、国务总理呈请大总统核定之。

第三条　各道观察使依现行法规之例,办理该道行政事务及该省行政长官委任之事务,仍受监督于该省行政长官。

第四条　各道观察使依现行法规之例,设观察使公署。除设秘书一人外,划一现行分科之名称如左:

一、内务科。二、财政科。三、教育科。四、实业科。

第五条　各道观察使公署之各科划一现行设官之名称如左:

一、科长。二、科员。

前项规定外,各道公署得参照现行官制之例,酌设技正、技士,办理技术事务。

第六条　各道观察使公署之秘书、科长、技正,依现行之例,由该道观察使报由该省行政长官呈由内务总长经由国务总理荐请任命,其科员、技士,由该道观察使呈请该省行政长官委任之,但须呈报于内务总长。

第七条　各道观察使公署之科员等官,由该道观察使拟具现行相当人数,报由该省行政长官呈由国务总理核定之。各道公署为缮写文件,办理庶务,得参照现行官制之例,酌用雇员。

第八条　已裁巡道省分,如该省行政长官认为地方有必要情形,得就该省原设巡道地方,依以上各条之例,酌设观察使。前项酌设之观察使,须由该省行政长官先将必需酌设理由,报由内务总长、国务总理呈请大总统核定之。

第九条　本令自公布日施行。

附则

第十条　本令施行后,凡各道所属各府之无直辖地方者,应即裁撤。其各道现设官名有与本令划一办法抵触者,须改正之。

中国第二历史档案馆编《中华民国史档案资料汇编》第3辑,政治,江苏古籍出版社1991年版,第118~119页

教令第五号：

《划一现行各县地方行政官厅组织令》

第一条　各县地方行政长官，依现行之例，以知事为之。划一现设各县之名称如左：

一、现设有直辖地方之府及直隶厅、州地方，该府、该道直隶厅州，名称均改为县。

二、现设厅州地方，该厅、该州名称，均改为县。

第二条　各县知事，依现行法规之例，各办理其行政事务及该省行政长官委任之事务。

但各县地方彼此关系事件，应互为法律上之协助。其现设巡道各省分所属知事，除受监督于该省行政长官外，仍直接受该道长官之监督。

第三条　除现设各县外，其由有直辖地方之府，或直隶厅州，或厅州，改称为县者，各以原管地方为其管辖区域。

第四条　各县知事公署，依现行之例，得置佐治员。划一现行设官之名称如左：

一、科长。二、科员。

前项规定外，各县公署得参照现行官制之例，酌设技士，办理技术事务。

第五条　各县知事公署分科方法，量其事务之繁简，设二科至四科，称第一、第二等科字样。其科数由该省行政长官核定之，但须呈报于国务总理及内务总长。前项科数，现设巡道省分，须报由该道长官呈请核定之。每科科员二人至四人，技士至多不得过三人。

第六条　各县知事公署为缮写文件，办理庶务，得参照现行官制之例，酌用雇员。

第七条　各县知事，由该省行政长官呈由国务总理、内务总长荐请任命。科长、科员、技士，由该省行政长官委任之。

第八条　本令自公布日施行。

附则

第九条　本令施行后，凡从前各府、厅、州、县所设之官厅，其署名官名有与本令划一办法抵触者，应即裁撤或改正之。

第十条　本令施行后，各县地方之未设有审判厅者，除依现行法规办理外，得酌设帮审员一人至三人，管狱员一人，由各该知事呈由该省司法筹备处长委任之，仍报告于司法总长。

中国第二历史档案馆编《中华民国史档案资料汇编》第3辑，政治，江苏古籍出版社1991年版，第120～121页

教令第三号：

《划一现行顺天府属地方行政官厅组织令》

第一条　顺天府依现行法规之例，设府尹一人，为该府行政长官，由内务总长经由国务总理呈请简任。

第二条　顺天府依现行法规之例，设府尹公署。除设秘书一人外，划一现行分科之名称如左：

一、内务科。二、财政科。三、教育科。四、实业科。

第三条　顺天府府尹公署之各科，划一现行设官之名称如左：

一、科长。二、科员。

前项规定外，该府公署得参照现行官制之例，酌设技正、技士，办理技术事务。

第四条　顺天府府尹公署之秘书、科长、技正，依现行之例，由府尹呈由内务总长经由国务总理荐请任命，其科员、技士，由府尹委任之，但须呈报于内务总长及主管总长。

第五条　顺天府府尹公署之科员等官员额，由府尹拟具现行相当人数，呈由国务总理核定之。该府公署为缮写文件，办理庶务，得参照现行官制之例，酌用雇员。

第六条　顺天府所属各州县,准用划一现行各县地方行政官厅组织令之规定。

第七条　本令自公布日施行。

附则

第八条　本令施行后,凡从前该府所设之官名,有与本令划一办法抵触者,应即裁撤或改正之。其有特别事件,须设直辖局、所办理者,应于未设以前声叙理由,呈报国务总理及内务总长核准施行。

中国第二历史档案馆编《中华民国史档案资料汇编》第3辑,政治,江苏古籍出版社1991年版,第122~123页

1月9日(十二月初三日)　袁世凯公布《关于制定文官任免执行令缘由令》作为文官考试、任用、保障、惩戒、甄别等法规草案的暂行依据。

临时大总统令:

国家设官分职,所以保卫民生。任免之途,即应以法令为衡,力彰公道。本大总统前经将关于官规之文官考试任用及惩戒保障各法案,按照约法制定,先后提交参议院咨请议决在案。各项法案关系重要,自非一时所能议决。惟民国成立以来,地方行政机关,率皆改组,用人行政,既无共贯同条之制,遂有此疆尔界之嫌,甚且任免自由,各为风气,萧艾杂进,吏治不修,破坏之余,难期建设。此任用无法之失也。至于赏罚不明,人怀侥幸,名誉既所不惜,率以逾闲荡检为自由,政事尤所不谙,日以罔利营私为惯技,遂致巧宦者,图一时利禄之计,贤者存五日京兆之心,百事悉从委徇,上下务为姑息,扬清激浊,戛戛其难。此又惩戒及保障二者无法之失也。本大总统深鉴于此,前经特颁训令,责成各省行政长官,将所有现在人员,分别严加考核。顾无依据之明文,斯爱憎得行于察典,欲臻上理,其道莫由。兹特制定关于文官任免执行令,声明以上各项法案未经正式公布以前,所有文官任用、惩戒、保障各事宜,暂行适用各该草案办理。一俟参议院议决后,再行公布施行。为此,通令中央、地方各该行政长官,自关于文官任免执行令公布之日起,嗣后荐任以上文官,无论何省有未呈请本大总统任命者,速行依照各该草案所定资格,分别呈请任命。凡未经呈请任命之员,即不得就相当之保障。其余惩戒事件,既有一定范围,亦应切实举行,以肃官纪。各该长官务宜力谋行政之统一,共济时局之艰难,本大总统有厚望焉。此令。

中华民国二年一月九日

临时大总统令:

兹制定关于文官任免执行令公布之。此令。

中华民国二年一月九日

教令第十号

第一条　左列各草案于其本法未公布以前,关于文官考试、任免适用之。

一、文官考试法草案。

二、典试委员会编制法草案。

三、文官任用法草案。

四、文官任用法施行法草案。

五、秘书任用法草案。

六、文官保障法草案。

七、文官惩戒法草案。

八、文官惩戒委员会编制法草案。

九、文官甄别法草案。

第二条　文官保障法草案，于已经大总统任命甄别合格之员适用之。

第三条　本令自公布日施行。

中国第二历史档案馆编《中华民国史档案资料汇编》第3辑，政治，江苏古籍出版社1991年版，第285～304页

《文官考试法草案》：

第一章　总则

第一条　文官考试除另有法律规定外，别为文官高等考试及文官普通考试二种，均依本法行之。

第二条　民国男子，年满二十一岁以上者，得应文官考试。但有左列各款之一者，不在此限。

一、褫夺公权，尚未复权者。

二、受禁治产及准禁治产之宣告确定后，尚未有撤销之确定裁判者。

三、受破产之宣告确定后，尚未有复权之确定裁判者。

四、其他法律有特别规定者。

第三条　关于考试之不法行为，另以法律定之。

第二章　文官高等考试

第四条　文官高等考试之次第如左：

一、甄录试。二、初试。三、大试。

第五条　甄录试以笔试行之。初试及大试，皆先以笔试、次以口试行之。

第六条　甄录试之科目如左：

一、国文。二、历史。三、地理。四、笔算。

第七条　初试之科目如左：

一、国法学。二、刑法。三、民法。四、国际公法。五、行政法。六、经济学。七、财政学。以上七种为主科。

一、商法。二、政治学。三、刑事诉讼法。四、民事诉讼法。五、通商约章。

以上五种为附科。主科不得去取，附科任应试人自择其一。

第八条　大试之科目如左：

一、现行法令解释。二、设案之判断。三、草拟文牍。

第九条　凡甄录试落第者，不得应初试。

第十条　在中学以上学校毕业，或有与中学以上学校毕业相当之资格者，得免甄录试。

第十一条　初试及第者，授以学习员证书，由国务总理咨送各官署学习。学习规则，以院令定之。学习期间，以二年为满。

第十二条　学习员于学习期满时，经由各该长官呈请大试。学习员呈请大试时，须提出学习中之日记及关于学习所得之著作。

第十三条　长官受学习员之呈请，认为其学习及格者，须提出学习成绩证书及学习员学习中之日记、著作，并加具考语，连同履历，呈由国务总理咨送大试。

第十四条　长官受学习员之呈请，认为其学习未及格者，得延长其学习期一年以下，期满再行咨送大试。

第十五条　大试落第者，由文官高等委员会决定补习期间，经由国务总理通知于各该长官责令照期补习，期满再试。至三试落第者，不得再与试。

第十六条　大试及第者，授以试补官证书，按照其等第之高下，依文官任用法叙补。

第三章　文官普通考试

第十七条　文官普通考试之科目如左：

一、国文。二、历史。三、地理。四、笔算。五、法学通论。六、经济学。

除前项科目外,各官署得斟酌情形,将该署所掌事务,加入一、二科目,但须于考试期一个月前登报公布。

第十八条　考试及格者,授以试补官证书,按照其等第之高下,依文官任用法叙补。

第四章　附则

第十九条　文官考试法施行细则,以院令定之。

第二十条　本法自公布日施行。

中国第二历史档案馆编《中华民国史档案资料汇编》第3辑,政治,江苏古籍出版社1991年版,第287~290页

《文官任用法草案》:

第一条　文官任用分为四种如下:一、特任。二、简任。三、荐任。四、委任。

第二条　文官任用,除特任官及别有法律规定者外,均依本法行之。

第三条　简任文官,由左列各资格之人中任用之:

一、现任三等荐任文官及曾任三等荐任文官者。但教官、技术官及依特别任用法任用之官,不在此限。

二、曾任简任文官满一年以上者。但教官、技术官及依特别任用法任用之官,在职之年数,除去计之。

三、曾任简任文官,有本法第四条第一项资格者。

第四条　荐任文官,由左列各资格之人中任用之:

一、受文官高等考试及第者。

二、曾任荐任文官满一年以上者。但教官、技术官及依特别任用法任用之官,在职之年数,除去计之。现任荐任审判官、检察官满一年以上及曾任审判官、检察官满一年以上者,得任为司法部荐任文官。现任北京大学校及官立中等以上经教育部认可之诸学校教官,满一年以上,及曾任北京大学校及官立中等以上经教育部认可之诸学校教官,满一年以上者,得任为教育部荐任文官。陆海军将校,得各任为该部荐任文官。

第五条　委任文官,由左列各资格之人中任用之:

一、受文官普通考试及第者。

二、受文官高等考试初试及第者。

三、受文官高等考试及第者。

四、曾任委任文官满二年以上者。

五、曾充各官署雇员满三年以上者。

第六条　依本法第四条第二项、第三项、第四项规定,任用各官,非经文官高等考试,不得任为各项所指定以外之文官。

第七条　凡官除法律定为兼任外,均不得兼任。法律所定兼任之官,仅给本官之俸。但兼官之俸多于本官之俸时,兼任中给其兼官之俸,停其本官之俸。法律所定兼任之官,除法律定有津贴者外,不得受津贴。

第八条　文官服务规则,以教令定之。

第九条　本法自公布日施行。

中国第二历史档案馆编《中华民国史档案资料汇编》第3辑,政治,江苏古籍出版社1991年版,第292~294页

《文官任用法施行法草案》：

第一条　自文官任用法施行之日起，满三年内，关于简任文官之任用，除依文官任用法所定资格外，得以有左列资格之一者任用之：

一、在本国或外国大学或专门学校修政治、法律、经济之学三年以上，得有毕业文凭者。

二、曾任简任文官者。

三、现任或曾任四等荐任文官者。

四、曾有与简、荐任官相当之资格，并历办行政事务满五年以上有成绩者。

第二条　自文官任用法施行之日起，满三年内，关于荐任文官之任用，除依文官任用法所定资格外，得以有左列资格之一者任用之：

一、有前条第一、第二、第四各款之资格者。

二、曾任荐任文官者。

三、曾有与荐任文官相当之资格，历办行政事务满三年以上有成绩者。

四、在本国或外国专门以上各学校，或本国法政讲习所修政治、法律、经济之学一年半以上得有证明书，并曾办行政事务满二年以上有成绩者。

五、受文官高等考试初试及第，学习半年以上有成绩者。

第三条　自文官任用法施行之日起，满三年内，关于委任文官之任用，除依文官任用法所定资格外，得以有左列资格之一者任用之：

一、在本国或外国中学校及与中学相当或以上之学校毕业者。

二、有与前款毕业相当之资格者。

三、曾任荐任文官者。

四、历办行政事务满一年以上有成绩者。

五、曾任委任文官者。

第四条　本法自公布日施行。

中国第二历史档案馆编《中华民国史档案资料汇编》第3辑，政治，江苏古籍出版社1991年版，第294～295页

《文官保障法草案》：

第一条　本法除特任官、公使、秘书及其他法律有特别规定者外，凡文官皆适用之。

第二条　凡文官，非受刑法之宣告，惩戒法之处分，及依据本法，不得免官。

第三条　凡文官有左列各款情事之一者，得免其官：

一、因身体残废，精神衰弱，或年老不胜职务者。

二、因自己之便宜，自请免官者。

第四条　依前条第一款之规定免官者，简任、荐任官，须付文官高等惩戒委员会审查，委任官须付文官普通惩戒委员会审查。依本条第一项规定，付惩戒委员会请求审查者，准用文官惩戒法关予惩戒程序之规定。因前条第一款情形，依本条第一项规定，付惩戒委员会请求审查者，惩戒委员会据其请求为审查时，须于开始审查前，先征取顾问之意见。

第五条　凡文官非得其同意，不得转任同等以下之官。

第六条　凡文官有左列各款情事之一者，得命其休职：

一、依惩戒法之规定付惩戒委员会审查者。

二、关于刑事案件被告发者。

三、因官制之变更，有官署或额缺裁废合并者。

前项休职之期间，第一款以惩戒委员会审查完竣，第二款以法院判决确定，第三款在简

任、荐任官以二年,委任官以一年为满。

第七条 休职之官除不执行事务外,其他均与在职官无异。依前条第一项第三款被命休职者,于休职期间内,遇有相当之额缺,应即叙补。

第八条 依第六条第一项第三款之规定被命休职者,休职期满时,当然退官。

第九条 简任官属于国务院或直隶于国务总理者,其免官及休职,由国务总理呈请大总统行之,属于各部或直隶于各部总长者,由各部总长经由国务总理呈请大总统行之。荐任官属于国务院或直隶于国务总理者,其免官及休职,由各该长官呈由国务总理呈请大总统行之,属于各部或各省各级行政官署或直隶于各部总长者,由各部总长经由国务总理呈请大总统行之。

委任官之休职,由各该长官行之。

第十条 本法自公布日施行。

中国第二历史档案馆编《中华民国史档案资料汇编》第3辑,政治,江苏古籍出版社1991年版,第295~296页

《文官惩戒法草案》:

第一章 总则

第一条 凡文官非据本法不受惩戒,但特任官及其他法律有特别规定者,不在此限。

第二条 凡文官有左列各款情形之一者,应受惩戒:

一、违背职守义务。二、玷污官吏身分。三、丧失官吏信用。

第三条 应付惩戒之事件,在刑事法院系属中,对于同一事件,不得开惩戒委员会。于惩戒委员会议决前,对于应付惩戒之人开始刑事诉讼之时,须停止会议,待刑事判决终了,再行续开。

第四条 本法于学习试补及受同等待遇之文官,皆准用之。

第二章 惩戒处分

第五条 惩戒处分如左:

一、褫职。二、降等。三、减俸。四、申诫。

第六条 受褫职处分者,自受处分之日起,非经过二年,不得复任。

第七条 受降等处分者,自受处分之日起,非经过一年,不得再叙进。受降等处分无等可降者,减其半俸,其期间为一年以上、二年以下。

第八条 减俸期间,为一月以上、一年以下。减俸数目,为月俸十分之一以上、三分之一以下。

第九条 简任官属于国务院或直隶于国务总理者,其褫职、降等及减俸,经惩戒委员会议决报告后,由国务总理呈请大总统行之。属于各部或直隶于各部总长者,经惩戒委员会议决报告后,由各部总长经由国务总理呈请大总统行之。荐任官属于国务院或直隶于国务总理者,其褫职及降等,经惩戒委员会议决报告后,由各该长官呈由国务总理呈请大总统行之。荐任官属于各部或各省各级行政官署,或直隶于各部总长者,经惩戒委员会议决报告后,由各部总长经由国务总理呈请大总统行之。荐任官之减俸及委任官之褫职、降等及减俸,经惩戒委员会议决报告后,由各该长官行之。

申诫均由各该长官专行之。

第三章 惩戒程序

第十条 简任官属于国务院或直隶于国务总理者,国务总理认为有应付惩戒之行为时,须呈请大总统组织惩戒委员会审查之。

第十一条　简任官属于各部或直隶于各部总长者，各部总长认为有应付惩戒之行为时，须备文声叙事由，呈由国务总理呈请大总统组织惩戒委员会审查之。

第十二条　荐任官属于国务院或直隶于国务总理者，各该长官认为有应付惩戒之行为时，须备文声叙事由，呈由国务总理呈请大总统组织惩戒委员会审查之。

第十三条　荐任官属于各部或各省各级行政官署或直隶于各部总长者，各该长官认为有应付惩戒之行为时，须备文声叙事由，呈由各部总长经由国务总理呈请大总统组织惩戒委员会审查之。

第十四条　委任官各该长官认为有应付惩戒之行为时，须组织惩戒委员会审查之。

第十五条　前五条请付惩戒之长官，须于请求惩戒时，附具证据。

第十六条　惩戒委员会对于长官所送证据，认为确有疑点时，得经由该长官通知本官，令其提出意见书，详细答复，或令其莅会面加询问。依前项规定本官须莅会者，各该长官须照内地川资规则发给川资。

第十七条　惩戒委员长及委员，于关于自己或关于亲属之事件，不得与议。

第四章　附则

第十八条　本法自公布日施行。

中国第二历史档案馆编《中华民国史档案资料汇编》第3辑，政治，江苏古籍出版社1991年版，第296～299页

《文官甄别法草案》：

第一条　本法适用于未经文官考试任命之官吏，但有甄别委员之资格者，不在此限。

第二条　甄别之方法如左：

一、检验毕业文凭。二、调验经历。三、检查成绩。四、考验学识。五、考试经验。

第三条　检查成绩之法如左：

一、审查其服官后历办之事务。二、质问其服官后历办之事务。

第四条　考验学识之法如左：

一、论文。二、现行法令之解释。

第五条　考试经验之法如左：

一、条举现办行政事务之得失。二、就于其职掌之事务，为设案之问答。

第六条　有文官任用法施行法第一条第一款、第三条第一款之资格任命为官吏者，须检验其毕业文凭。

第七条　有文官任用法施行法第一条第四款、第二条第三款、第三条第二款、第四款之资格任命为官吏者，须调验其经历。有第二条第五款之资格者，须检查其学习之成绩。

第八条　有文官任用法施行法第二条第四款之资格任命为官吏者，须检验其毕业文凭，并调验其经历。

第九条　有文官任用法施行法第一条第一款、第四款、第二条第四款、第三条第一款资格之官吏，经甄别委员会依前三条之程序检验或调验合格后，须再检查其服官后之成绩。有文官任用法施行法第二条第三款、第五款、第三条第三款、第四款资格之官吏，经甄别委员会依前三条之程序检验或调验合格后，须再考验其学识。甄别委员会对于无毕业文凭或不能证明其毕业资格，及无经历或不能证明其经历者，须检查服官后之成绩。若认为成绩优良者，须先考验其学识，次考试其经验。

第十条　依前四条之程序甄别合格者，给与甄别合格证书。

第十一条　有左列各款情事之一者，简任及荐任官，由高等甄别委员会呈请大总统免

官,委任官由普通甄别委员会报告其各该官署长官免官。

一、无毕业文凭及不能证明其毕业资格,或无经历及不能证明其经历,而服官后又无成绩可取者。

二、依第六条、第七条、第八条、第九条之规定,甄别不合格者。

第十二条　甄别由甄别委员会行之。

第十三条　甄别委员会分为二种:

一、高等甄别委员会。二、普通甄别委员会。

第十四条　高等甄别委员会以左列各员组织之:

一、国务总理。二、各部总长。三、各部次长。四、各厅局长官。五、各局各部参事。六、各部司长。

第十五条　第十四条第一款、第二款各员,由大总统任命之。

第十六条　第十四条第三款至第六款各员,于每次开甄别评议会时,由国务总理呈请大总统任命之,但以有文官任用法施行法第一条第一款、第四款之资格,而成绩优良者为限。除第十四条所列各员外,其有前项资格之一者,大总统得特派为甄别委员。前二项委员员额,每次至少须二十人,但特派之员至多不得逾总额四分之一。

第十七条　普通甄别委员会,由各官署长官自该署有甄别委员资格及甄别合格之荐任官中,选派组织之。前项委员员额,每次至少须十人。

第十八条　高等甄别委员会,以国务总理为会长。普通甄别委员会之会长,由各该官署长官指定之。

第十九条　甄别由甄别委员会开评议会以多数决之,可否同数时取决于会长。

第二十条　关于甄别委员会预备及辅助事宜,由铨叙局办理。

第二十一条　第十六条之甄别委员,得酌给津贴。

第二十二条　应来京受甄别之官吏,须给以相当之施[旅]费。

第二十三条　本法与文官任用法施行法同时施行。

附则

第二十四条　文官任用法施行法施行前所任命之官吏,其甄别于本法施行之日起行之。其依文官任用法施行法任命之官吏,于其服官满一年后行之。甄别之程序及日期,以教令定之。

第二十五条　在本国或外国大学专门学校修文、理、工、医之学三年以上得有毕业文凭,现在为教育部荐任以上文官,修工、商之学三年以上得有毕业文凭,现任为工商部或交通部荐任以上文官,修农林之学三年以上得有毕业文凭,现任为农林部荐任以上文官者,准用第六条及第九条第一项规定甄别之。

第二十六条　充大学或专门学校教授三年以上,现任为教育部荐任以上文官,从事工商或农林事业五年以上,现任为工商部、交通部或农林部荐任以上文官,准用第七条及第九条第二项规定甄别之。

中国第二历史档案馆编《中华民国史档案资料汇编》第3辑,政治,江苏古籍出版社1991年版,第301~304页

△ **袁世凯公布官吏服务令。**

临时大总统令:

兹制定官吏服务令公布之。此令。

中华民国二年一月九日

教令第十一号

《官吏服务令》

第一条　凡官吏应竭尽忠勤,从法律命令所定,以行职务。

第二条　长官就其监督范围以内所发命令,属官有服从之义务。但有左列各项情形者,不在此限。

一、所发命令有违法令之规定者。

二、命令形式不完具者。

三、非属官职守所应为者。

第三条　于两级长官同时所发命令,以上级长官之命令为准。主管长官与兼管长官同时所发命令,以主管长官之命令为准。

第四条　属官对于长官所发命令,如有意见,得随时陈述。其遇有长官以第二条所列各项强属官以执行者,属官得依据法令拒绝。

第五条　官吏对于官署机密事件,无论署内署外,及是否本管事件,均不得漏泄,退职后亦同。官吏在审判官厅为证人、鉴定人时,如讯及职务上之秘密事件,非经本管长官许可,不得陈述。

第六条　官吏于该管事件,不得以未发之文书通知该事件有关系之人。

第七条　官署报告文件,未经发刊者,非得该管长官许可,不得私自宣示。

第八条　官吏应于法定时间到署。但有特别职务得长官许可者,不在此限。各官署办事时间,以国务院令定之。

第九条　官吏除左列假期外,不得请假。

一、年节。二、星期。三、病假。四、其他法令所定休假日期。五、遇有特别事故,经该管长官批准给假者。

前项假期内,应分班轮值者,依该官署所定班次到署。其有特别职务不能适用前项假期者,依该官署办事章程办理。

第十条　遇有紧要事件,除病假外,虽在假期内,如奉长官命令,仍应到署。

第十一条　遇有紧要事件,如逾办事时间未完结者,不得任意离署。

第十二条　凡属官于所管册档、文卷、器物、财产,均有典守之责,不得遗失弃毁。

第十三条　官吏除法定外,不得兼充他官厅之职。

第十四条　官吏非经本管长官许可,不得擅离职守。

第十五条　官吏住所,应以每日能依办事时间到署为限。

第十六条　凡官吏有统属关系者,无论涉及职务与否,不得馈受财物。其因家族或用别项名义及其他方法间接馈受者,亦同。

第十七条　长官对于属官该管事件,不得为其亲故关说请托。

第十八条　官吏遇有关涉本身或其家族之事件,应行回避。一、自请回避。一、由上级长官饬令回避。一、由与该事件有关系之人请求回避。

第十九条　他人对于官吏所办事件有馈遗者,无论用何名称,均不得领受。

第二十条　官吏不得兼充公私商业执事人员。

第二十一条　凡左列各项之人与官吏所管职务有直接关系者,不得私相借贷。

一、包办官署工程者。二、经管官署来往款项之银行、庄号。三、承办官署应用物品之商号。四、受有官署补助费者。

第二十二条　官吏于该管事件，不得滥用职权。

第二十三条　官吏不得假用权力，以图本身或他人之便利。

第二十四条　凡他项职业与官吏所管事件有利害关系者，官吏本身及家族，均不得为之。

第二十五条　官吏除惯例所许外，不得有嘱托公事之酬宴。

第二十六条　官吏应恪守官箴，不得狎妓聚赌及一切非法之举动。

第二十七条　官吏不得兼充报馆之执事人员。

第二十八条　官吏有得外国政府赠与之勋章及其他赠送者，应经由国务总理呈请大总统认可，始得领受。

第二十九条　凡官吏有违上开各条者，该管长官依其情节轻重，分别训告或付惩戒。

第三十条　本令于官吏均适用之。特别官吏，依其他法令另有规定者，应各依其本法令。

第三十一条　本令自公布日施行。

中国第二历史档案馆编《中华民国史档案资料汇编》第3辑，政治，江苏古籍出版社1991年版，第69~72页

△ 蒙藏局拟呈《待遇西藏条例大纲》。

1913年1月12日《民立报》报道：

蒙藏局本日呈袁大总统待遇西藏条例八则：(一)不以藩属待遇。(二)原有土地统辖治理权照旧。(三)封号照旧。(四)各喇嘛俸饷照给。(五)裁撤华官另设行政机关以藏人治理。(六)西藏矿产定为藏人生计。(七)藏人晓汉文者得任民国官吏。(八)以上大纲如未尽善，将来由国会修改。

△ 袁世凯公布现行都督府组织令。

《教令第九号》：

《现行都督府组织令》

第一条　于民国领域内，分为若干师区，其情形必要之地方，得合二师区或数师区，设都督一人，统辖各该区内各军队。但师区未经划定以前，各省得暂设都督一人，统辖该省各军队。

第二条　都督之设置、废止或兼任地方行政长官，由国务会议定之。

第三条　都督直隶大总统。凡关于军令事宜，受参谋部之指挥，关于军政事宜，受陆军部之处分。

第四条　都督于地方治安之关系上，依地方长官或其他地方官之请求需用兵力时，得酌量情形派兵协助。但遇紧急事故，得径行处置。惟均须同时呈报大总统，并通报参谋、陆军两部。

第五条　都督于该管区域内，因执行职务有与地方关系者，应与地方官协议行之。如遇特别事故奉有中央戒严令时，依戒严例行之。

第六条　都督府之组织如左：

都督、参谋长、参谋、副官长、副官、书记、课长、课员。

兼任地方行政长官之都督，并得适用划一外省各官厅组织令。

第七条　参谋长一人，辅佐都督，参赞一切事务。

第八条　参谋五人或六人，辅佐参谋长，分任各种计划及教育事宜。

第九条　副官长一人，承都督之命或参谋长指导，执行事务。

第十条 副官四人至六人,辅佐副官长,分任人事及其他事务。

第十一条 书记二人,承上官之命,办理文牍事宜。

第十二条 都督府设左列各课:

军务课、军需课、军医课、军法课。

第十三条 各课课长一人,承都督之命或参谋长指导,总理课务。

第十四条 各课课员二人至四人,承上官之命,分任课务。

第十五条 都督府为缮写文件及其他特别事项,得酌用雇员。

第十六条 本令自公布日施行。

中国第二历史档案馆编《中华民国史档案资料汇编》第3辑,政治,江苏古籍出版社1991年版,第128~130页

1月10日(十二月初四日) 孙中山在上海国民党恳亲大会演说政党道德之精义。

孙中山《党势之盛衰全视党员智能之高下》:

今日兄弟躬与吾党恳亲大会,足增荣幸。现时为民国成立之第二年,国基初定,百端待理;今后之兴衰强弱,其枢纽全在代表国民之政党。各政党集一般优秀人物组织而成,各持一定之政见,活动国内,其影响及国家政治至远且大。惟政党欲保持其尊严之地位,达利国福民之目的,则所持之党纲,当应时势之需要,以合乎世界之公理;而政党自身之道德,尤当首注重,以坚社会之信仰心。此征诸各文明国之党史,莫不如是。

吾国民党由革命志士合各政团组织而成,本吾民国之盛举。吾革命党人,昔为秘密团体,一言一行,虽理由充足,然以干犯专制政府之忌,不能公然宣布。吾党所持之民族民权民生三大主义,适合世界大势及国民心理,故一呼万应,卒达革命目的。

自去岁民国成立,吾党竟堂堂正正开大会于国内,研究建设民国诸问题,一言一行,均足以为轻重。须知此等境遇,悉由诸先烈之热血换来,吾党诚不可不珍重视之,稳健进行,有以慰诸先烈于地下。况吾党方破坏专制政府,正值建设之始,不得谓革命成功,责任已尽。盖破坏乃暂时的作用,建设乃永久的事业。例如法、美革命而后,共和告成,日谋建设,犹未敢曰尽臻完善。故法美政党尚日谋建设之法,进步乃无已时。吾中华积数千年专制国之恶习,一旦改革,千端万绪,不易整理,而今而后,立国大计,即首在排去专制时代之种种恶习,乃能发现文明国家之新精神,此亦国民不可不注意之事。吾国民党现在国内能占优势,全恃乎群策群力,但政党之发展,不在乎一时势力之强弱,以为进退,全视乎党人智能道德之高下,以定结果之胜负。使政党之声势虽大,而党员之智能道德低下,内容腐败,则安知不由盛而衰。若能养蓄政党应有之智能道德,即使势力薄弱,亦有发达之一日,例如前清时代,吾革命党势力甚微,国人附和清政府者甚多,只以同志诸公,抱定宗旨,誓死不变;吾党主张之理论,又适应乎社会之需要,故不及十年,举前清雷霆万钧之压力,一扫而去之。由是观之,党势之大小不必问,只须问吾党所主张之政策,及平日行动之能否合乎公理,能否与时势相应。果所抱之政策正大明确,且得一般国民之赞同,虽千难百折,必可望最后之战胜。至于对他党,除商榷政见而外,一切意气之争,匪特非所必要,且足损政党之荣誉。

今者正式国会,正式政府成立之期不远。尤不能不细心研究,冀产出一最良之宪法,以为立国之根本,吾国民党员果人人以当年经营革命之精神,用温和稳健之手段,共谋建设民国之事业,则党事发展,与国事之进步,必有十倍于昔日者。今日兄弟对于党员,窃有无穷之希望焉!

广东省社会科学院历史研究室等编《孙中山全集》第3卷,中华书局1984年版,第1~3页

△ **袁世凯颁布召集正式国会令。**

1913年1月13日《民立报》载《总统命令》:

正式国会召集之期,依照约法以十个月为限,民国元年八月,业将国会组织法暨参议院众议院议员选举各法公布施行在案。民国正式国会为共和建设所关,本大总统躬承我国民付托之重,迭经饬由国务总理、内务总长,督令筹备国会事务局,及各该参议院议员选举监督、众议院议员选举总监督选举监督等,分别妥速筹备。并先后制定参议院众议院议员各选举日期令,俾各依限进行。自约法施行以来,现已十个月届满。据国务总理内务总长呈据筹备国会事务局呈称"众议院议员覆选举,除据报延期各省分外,余均于民国二年一月十日遵令举行。其参议院议员选举亦将次第遵令举行"等语。本大总统深维我中华民国缔造之艰难,夙夜兢兢,未敢以临时期内稍涉暇逸。兹幸国会议员已如法选出,亟应依照约法下令召集。自民国二年一月十日正式国会召集令发布之日起,限于民国三年二月以内所有当选之参议院议员及众议院议员均须一律齐集北京,俟两院各到有总议员过半数后,即行同时开会。至关于国会开会之筹备事项,应由国务总理内务总长督饬筹备国会事务局速为筹备完全。共和政治之良否,政府固有完全之责任,而尤以正式国会为筦枢。一德一心共图盛业,斯则本大总统代表我汉满蒙回藏五大民族所馨香祷祝,以求之者也。

1月12日(十二月初六日)　自外蒙在俄国策动下自作"独立",西藏亦在英鼓动下蠢动,达赖喇嘛以"西藏国"皇帝名义,与库伦伪组织哲布尊丹巴私订蒙藏协约,本日,双方签字。

1913年2月15日《民立报》载《西藏与外蒙协约》:

一、西藏国皇帝达赖喇嘛,承认蒙古构成独立国,且将一九一一年十一月九日所宣言之黄教首领哲布尊丹巴喇嘛,认为蒙古国皇帝。

二、蒙古皇帝哲布尊丹巴喇嘛,承认西藏构成独立国,且承认达赖喇嘛为西藏国皇帝。

三、蒙藏两国,和衷共济,互行咨询,以请求黄教繁荣之方法。

四、蒙藏两国,将来若有内忧外患时,互相援助,永矢不渝。

五、两国政府,对于游历领土之公私人,互相设法保护。

六、两国政府自由贸易产物及家畜,从新设立商业机关。

七、所有商业上债权,以政府及商业机关所承认者,定为有效,若未经允许而争诉者,两国政府决不考察,但缔结本条约以前之买卖,暨因本条约第七条结果被损害者,按照政府所规定,可以要求代偿。

八、若将本条约再行修订时,由两国简派代表,预先规定日期及地点,以便协商。

九、本条约自签押之日起发生效力。

西藏子岁十二月四日

蒙古共戴二年十二月四日　两国代表署名。

△ **教育部公布大学规程。**

教育部令第一号:

《大学规程》

第一章　通则

第一条　大学依大学令第二条之规定,分为文科、理科、法科、商科、医科、农科、工科。

第二条　大学之文科分为哲学、文学、历史学、地理学四门。理科分为数学、星学、理论物理学、实验物理学、化学、动物学、植物学、地质学、矿物学九门。

法科分为法律学、政治学、经济学三门。

商科分为银行学、保险学、外国贸易学、领事学、税关仓库学、交通学六门。

医科分为医学、药学二门。

农科分为农学、农艺化学、林学、兽医学四门。

工科分为土木工学、机械工学、船用机关学、造船学、造兵学、电气工学、建筑学、应用化学、火药学、采矿学、冶金学十一门。

第三条　大学之修业年限,文科、理科、商科、农科、工科及医科之药学门为三年,法科及医科之医学门为四年。

第四条　大学学生入学之资格,须在预科毕业或经试验有同等学力者。

前项预科或与预科相当之学校,非遵照本规程办理者,其毕业生应行入学试验。

第五条　大学毕业生欲更入他科修业者,得免除入学试验;但欲列在二年级以上,须经试验合格方许编入。

第六条　学生因不得已事故自请退学,在二年以内,仍请入原级修业,得免除试验;但欲列在原级以上,须经试验合格方许编入。

第二章　学科及科目(略)

第三章　预科

第十六条　预科学生入学之资格,须在中学校毕业及经试验有同等学力者。中学校毕业生如超过定额时,应行竞争试验。

第十七条　预科分为三部:第一部为志愿入文科、法科、商科者设之。第二部为志愿入理科、工科、农科并医科之药学门者设之。第三部为志愿入医科之医学门者设之。

第十八条　第一部之科目为外国语、国文、历史、伦理、论理及心理、法学通论。在志愿入文科者,于前项科目之外加课经济通论。在志愿入文科之哲学门者,于前二项科目中缺伦理及心理,加课数学、物理。外国语除继续中学校所习外,并须选习英、德、法之一种为第二外国语。在志愿入法科者,于第一项科目之外,得加拉丁语为随意科。

第十九条　第二部之科目为外国语、国文、数学、物理、化学、地质学及矿物学、图画。在志愿入农科及医科之药学门、理科之动物学门、植物学门、地质学门者,于前项科目之外,加课动物学及植物学。在志愿入工科之土木学门、机械学门、电气工学门、采矿学门、冶金学门、造船学门、建筑学门、理科之数学门、物理学门、星学门,农科之农学门、农艺化学门、林学门者,并加课测量学。外国语之选习与第一部同,但志愿入农科之林学门及工科之电气工学门、应用化学门、造兵学门、采矿学门、冶金学门及医科之药学门者,应习德语。在志愿入医科之药学门,理科之动物学门、植物学门、地质学门、矿物学门,并农科之兽医学门者,得加拉丁语为随意科。

第二十条　第三部之科目为外国语、国文、拉丁语、数学、物理、化学、动物学及植物学。外国语之选习与第一部同,但应以德语为主。

第四章　大学院

第二十一条　大学院为大学教授与学生极深研几之所。大学院之区分为哲学院、史学院、植物学院等,各以其所研究之专门学名之。

第二十二条　大学院以本门主任教授为院长,由院长延其他教授或聘绩[积]学之士为导师。

第二十三条　大学院不设讲座，由导师分任，各类于每学期之始提出条目，令学生分条研究，定期讲演讨论。

第二十四条　大学院之讲演讨论，应记录保存之。

第二十五条　大学院生经院长许可，得在大学内出席担任讲授或实验。

第二十六条　大学院生自认研究完毕欲受学位者，得就其研究事项提出论文，请求院长及导师审定，由教授会议决遵照学位令授以学位。

第二十七条　大学院生如有新发明之学理或重要之著述，得由大学评议会议决，遵照学位令授以学位。

第二十八条　本规程自公布日施行。

中华民国二年一月十二日教育总长范源廉

中国第二历史档案馆编《中华民国史资料汇编》第3辑，教育，江苏古籍出版社1991年版，第114～141页

1月13日(十二月初七日)　袁世凯通令整饬官常。

袁世凯《通令整饬官常文》：

民国成立，瞬逾一年，百度更张，日不暇给，深维礼教之不修，法律之未备，对于从前秕政未能一一廓清，本大总统深为负疚。顾提纲挈领，以整吏治为最先；正本清源，以旌别人才为尤急。国家之败由于官邪，将欲慎选贤能，必须严惩贪墨。自吏道隳坏，贿赂公行，剥民脂膏，以官为市，社会不平之气郁久必泄，故人人以改革为方铖。今政体既已变更，断不容蝇营狗苟之恶风稍留萌蘖。况平民政治，官吏所受俸给，不啻雇佣之对于主人，此外妄取丝毫即干重典。现行刑律，官吏于其职务要求贿赂或期约或取受者，处三等至五等有期徒刑。因而为不正之行为或不为相当之行为者，处一等至三等有期徒刑。惩罚不为不重，用特申儆。京外有职人员如有容受赃贿，一经发觉，立即按律惩治。其各洗心涤虑，谨尔官常，倘或簠簋不饬，失德昭彰，决不能稍予宽容，致为民国前途之污点也。此令。

徐有朋编《袁大总统书牍汇编》第2卷，上海广益书局1920年版，第38～39页

1月14日(十二月初八日)　财政总长周学熙将其所拟《币制委员会章程草案》呈请袁世凯批准。

《周学熙呈文》：

为呈请事：维改良币制，关系重大，非专设机关讨论一切，不足以明得失而定取舍。本部于去年设立币制委员会，叠次开会讨论币制重要问题，辨明利弊，粗有眉目。惟会员均系部员兼充，责任不专，亟应改组以图进行。一则会员须有专任之职，一则会员中宜列重要之员。谨本斯旨，拟具币制委员会章程十一条，伏乞大总统钧裁，批示施行。

《币制委员会章程草案》：

第一条　本会为筹议币制机关，一切改良币制之重大问题，主要办法先由本会决议，拟具方案，提出国务会议，再行咨送院议。

第二条　本会以左列各员及专任兼任会员组织之。

一财政总长。二财政次长。三驻外财政员。四中国银行总裁。五中国银行副总裁。六汇业银行行长。七泉币司司长。

第三条　本会以中外币制专家五人为专任会员。

第四条　本会以他种机关职员富于币制学理经验者为兼任会员，至多不得逾八人。

第五条　本会以财政总长为会长,会长有事故不克到会时,得指定会员一人代理之。

第六条　本会应议之事略举如左:

一本位问题。二货币之重量成色。三主币与辅币之比价。四处置旧币之方法。五纸币政策。六关于货币一切问题。

第七条　本会应议各项问题先由专任会员详悉讨论,拟具草案,随时开会公决。

第八条　本会议决事项,除应送国务会议者外,即由本部总长交泉币司执行之。

第九条　专任会员应酌给薪水。

第十条　本会应设书记员一人,管理本会编辑记录事务,并得酌用雇员以司缮写速记各事。

第十一条　本会议事细则另行规定。

1913 年 1 月 16 日《政府公报》,第 250 号

1 月 16 日(十二月初十日)　教育部本日公布《私立大学规程》。

教育部令第三号:

《私立大学规程》

第一条　私人或私法人设立大学,除遵照大学令第三条及第二十一条所规定外,应开具左列事项呈请教育总长认可:

一、目的。二、名称。三、位置。四、学则。五、学生定额。六、地基房舍之所有者及其平面图。七、经费及维持之方法。八、开校年月。

在设置医科者,并须开具临床实习用之平面图,及临床实习用病人之定额、用尸体之预定数目。

本条第一项第六款及第二项之平面图应备载面积、地质及附近状况,并附饮用水之分析表。本条第一项第一款至第七款及第二项所载事项,如有变更时,应呈请教育总长认可。

第二条　私立大学呈请教育总长认可时,除依前条规定外,并须开具代表人之履历。代表人对于该校应负完全责任。私立大学如系一人设立者,即以设立者为代表人;如系二人以上设立者,应推举一人为代表人。其他非负完全责任之发起人及赞成人均不在代表之列。代表人如有变更时,应详具理由及继任者之履历,呈请教育总长认可。

第三条　私立大学呈请教育总长认可时,其呈请书中未经代表人签名盖章者,概不收受。

第四条　私立大学于校地、校舍、校具及其他需要者,均须完全设备。

第五条　校地须有宽广之面积,并须于道德及卫生上均无妨害。

第六条　校舍除各种教室及事务室外,应设备图书室、实验室、器械标本室、药品室、制炼室等,以供实地研究。在文科并应设历史博物室、人类模型室、美术室等。在理科并应设附属气象台、植物园、动物园、临海实验所等。在商科并应设商品陈列所、商业实践室等。在医科并应设附属病院。在农科并应设农事试验场、演习林、家畜病院等。在工科并应设各种实习工场。

第七条　校具除教授上必须具备者外,并应采集本国天然物自制标本、模型、器械等。

第八条　凡具有左列各款资格之一者,得充私立大学教员。具有左列各款资格之一且曾充大学教员一年以上者得充校长。

一、在外国大学毕业者。二、在国立大学或经教育部认可之私立大学毕业并积有研究

者。三、有精深之著述经中央学会评定者。如校长教员一时难得合格者,得延聘相当之人充之,但须呈请教育总长认可。

第九条 私立大学之学则,应规定之事项如左:

一、入学资格、修业年限、学科、学科目、学科程度等。二、学年、学期、休业日等。三、入学、退学、升级、毕业等。四、儆戒事项。五、学费事项。

第十条 私立大学之学科目应遵照大学规程第七条至第十三条所规定。

第十一条 私立大学各科之授业时间及学生应选修之科目,由校长订定呈报教育总长。

第十二条 校长认为教育上有重要关系时,得依学校管理规程第七条施儆戒于学生,或命其退学。

第十三条 私立大学因事废止,须详具理由并处置学生之法,呈请教育总长认可。

第十四条 本规程自公布日施行。

中华民国二年一月十六日教育总长范源廉

中国第二历史档案馆编《中华民国史档案汇编》第3辑,教育,江苏古籍出版社1991年版,第141~143页

△ 司法部本日训令各省司法筹备处,附发监狱图式等件,饬各省嗣后新建监狱时,应按图式标准施工,俾革新狱政,作收回领事裁判权之先声。

《司法部训令》:

监狱之与刑法,其利害常息息相关,狱制不良即不能达刑期无刑之目的。矧吾国监狱黑暗久为各国所訾讥,前清末年亦思力祛积弊。顾新监狱之建设至今仍只十数省,每省亦不过一二处,然建筑与组织亦多未能完备故,或工程太费而收入无多,或收容过多而空气不足。不求统一,安望改良。本部企想宏图,窃惩前失,念当时之财力,固未敢踵事以增华;稽列国之规模,亦未便因陋以就简。用特博采各国狱制制成图样,并附监狱图目录及图式说明书作法说明书各一件,虽不敢谓遽跻完善,但使依式建筑或可收改良之效果。为此令行各该处长嗣后新建监狱,务须按照部颁图式,切实办理,庶期与世界各邦同立于平等之地位,而为收回领事裁判权之先声,本部有厚望焉。

1913年2月15日《政府公报》,第279号

△ 工商部公布《办理华侨选举事务所章程》九条。

《办理华侨事务所章程》:

第一条 事务所依参议院议员选举法施行细则附设于工商部内,定名曰"办理华侨选举事务所"。

第二条 办理华侨选举事务所置干事九人,由工商总长委派职员兼充,办理关于选举一切事宜。

第三条 办理华侨选举事务所之职务,除由工商总长指定干事一员为主任外,分为招待、文牍、庶务三科,由工商部长分派各干事任之。

第四条 依参议院议员选举法施行细则应设之投票管理员、开票管理员、投票监察员,由工商总长于干事及其他工商部职员中遴员充之。

第五条 前条各员,应遵参议院议员选举法施行细则之规定,各任其责。

第六条 办理华侨选举事务所干事不另支薪,但得酌给公费,其额数由工商总长核定之。

第七条 办理华侨选举事务所置事务员二人,由工商总长临时委充。

第八条　办理华侨选举事务所于选举完毕时,即行裁撤。

第九条　本章程自公布日施行,于选举完毕时废止。

1913年1月30日《政府公报》,第264号

1月19日(十二月十三日)　孙中山邀集国民党要人在上海国民党交通部开茶话会,在会上阐发政党政治。

孙中山《在上海国民党茶话会的演说》:

……今年为中华民国之第二年,中华民国成立以来,一切建设,尚未完备,今日实为草创时代。然有一事,吾等深可引为庆幸,实生前途绝大之希望,即政党成立是也。政党之基础巩固,则中华民国之基础自然巩固。

本党为革命党改组,当中华民国成立之初,凡所有同志,皆奔走国事,无暇顾及党事。同盟会虽成立于七年以前,基础虽非常巩固,而从事政党之生涯,乃转在他党之后,后由数党合并,始成国民党。因从前诸同志之精神才力,身家性命,皆用于革命一事。至中华民国成立以后,其他各政党次第成立,本党转毫无力量,一切经济进行皆落人后。吾等莫不以为本党日有退步,将处于失败之地位。然此次国会议员之选举,本党竟得占有过半数,吾等以为失败者,乃竟不然,足见国民尚有辨别之能力,亦可见公道自在乎人心。本党未尝以财力为选举之运动,而其结果,犹能得如此胜利,足见本党党纲,能合国民心理。以后本党宜更并力进行,以求进步。今本党自以为处于较弱势之地位,而其成绩已如此,则将来之进步,诚未可限量。

然而本党既占优胜地位,须知本党所负之责任,亦必加重也。中华民国以人民为本位,而人民之凭藉,则在政党。国家必有政党,一切政治始能发达。政党之性质,非常高尚,宜重党纲,宜重党德,吾人宜注意此点,以与他党争胜。吾国政党,今始发生,一般人闻党争之说,非常畏惧,是不知党争之真相者也。党争必有正当之方法,尤必具有高尚之理由,而后始得谓之党争。一般人以党争为非,实误以私争为党争也。一国之政治,必赖有党争,始有进步,无论世界之民主立宪国,君主立宪国,固无不赖政党以成立者。本党今既得占优胜地位,第一应研究者,即为政党内阁问题。然此问题甚耐研究,此时尚不能决。本党将来担任政治事业,实行本党之党纲,其他之在野党,则处于监督地位。假使本党实施之党纲,不为人民所信任,则地位必至更迭。而本党在野,亦当尽监督责任,此政党之用意也。互相更迭,互相监督,而后政治始有进步。是以国家必有政党,政治始得进步,而党争者,绝好之事也。须知所争者,非争势力,乃争公道,可见党争实不可少。譬之亲爱之友,相对围棋,而各人必求自己胜利,此亦争也。国家欲求政治发达,争之一字,岂可忽视之乎!

政党出与人争,有必具之要素,一党纲,一党员之行为正当。国家之进步与否,系于党争之正当与否。凡我党员,必注意于争,尤必注意于正当之争。本党此次并未出力与人争,而已收得佳果,此后更当以党事为己事,以国事为己事。劈头第一事,须研究一部好宪法。中华民国必有好宪法,始能使国家前途发展,否则将陷国家于危险之域。研究宪法之责任,在于政党,吾人宜非常注意。无论参议院、众议院、省议院、县议院之议员,皆须共同一致,以本党之党纲为标准,研究宪法,以求佳果。尤当知党事即为国事,国事即为己事也。前此本党党员,不无散漫,团结力未能发扬,殆因预作悲观,以为必归失败也。今日之胜利,竟出意料之外,可见中华民国之国民党,将来必占最大之势力。吾人不可放弃责任,大家努力做去,将来之佳果,必不止此……。

广东省社会科学院历史研究室等编《孙中山全集》第3卷,中华书局1984年版,第4~5页

△ **内务部准教育部函请，通令各省清查旧有各府厅州文庙学田，专充县属小学经费之用。**

《内务部令》:

准教育部函开:据北京教育会呈称:案前清旧制,各府厅州县设立学官,典守文庙祭祀,并增置学田以赡贫生。现在文庙祀典归内务部掌管,学官已归裁汰,此项学田自应仍留归学校,不得视同寻常祭田。惟不设法清查,恐不免为书斗所侵没。因思地方小学经费正苦难筹,拟请特颁训令,饬由主管官厅将各处学田切实清查,交由地方自治机关管理,按年征收田租,专充地方补助小学经费之用等语。查各属学田原系地方公有财产,向来用途专在赡给学子。今既情事变更,该会所请移交学校之处,应责成县知事认真清理,作为县教育之基本财产,每年征租济用,无任不肖之徒侵吞隐没,庶于教育前途裨益匪浅。函请核定并通行各省遵办。等因前来。查该教育会呈请通行各省清查文庙学田专充小学经费各节,事属因公尚无不合,除函复教育部外,相应通行民政长,请烦转饬遵办施行。

1913 年 1 月 19 日《政府公报》,第 253 号

△ **教育部公布《视学规程》。**

《视学规程》:

第一条　全国视学区域划分为八,一直隶、奉天、吉林、黑龙江。二山东、山西、河南。三江苏、安徽、浙江。四湖北、湖南、江西。五陕西、四川。六甘肃、新疆。七福建、广东、广西。八云南、贵州。九蒙古、西藏,暂作为特别视学区域。其规程别定之。

第二条　每区域派视学二人,视察该区域之普通教育及社会教育,并得酌派部员协同视察。

第三条　各区域视察,分定期及临时二种。定期视察,每年自八月下旬起至次年六月上旬止。临时视察,依教育总长特别命令行之。

第四条　视学每年视察之区域,由教育总长临时指定。

第五条　有荐任文官资格而合于左列各项之一者,得任用为视学。

一毕业于本国外国大学,或高等师范学校,任学务职一年以上者。二曾任师范学校校长或教员三年以上者。三曾任教育行政职务三年以上者。

第六条　视学应视察之事项如左:

一教育行政状况。二学校教育状况。三学校经济状况。四学校卫生状况。五关系学务各职员执务状况。六社会教育及其设施状况。七教育总长特命视察事项。

第七条　前条第一款至第六款事项,视学应于出发之前,公同研究,酌拟办法呈教育总长核定。

第八条　视学遇左列各事项,得就主管者表示意见。

一与教育法令抵触事项。二部议决定事项。三学校教授管理事项。四社会教育设施事项。五教育总长特命指示事项。

第九条　视学于所至各地方,应先与地方长官、省视学及国立学校校长等接洽讨论,藉知该地方学务,已往之历史,现在之实况,及将来之企划。

第十条　视学至各地方视察学校,毋庸向该校预期通知。

第十一条　视学遇必要时,变更教授之时间。

第十二条　视学遇必要时,得试验学生之成绩。

第十三条　视学遇必要时,得调阅各项簿册。

第十四条　专门学校及其他特别事项,教育总长得派临时视学,或命该区域之视学兼司

其事。

第十五条　第十条至第十三条临时视学皆适用之。

第十六条　视学应依第六条第一款至第六款,切实调查,随时报告,至视察完毕,除面陈概要外,应提出本年度之总报告书。

第十七条　本规程自公布日施行。

1913年1月22日《政府公报》,第256号

1月23日(十二月十七日)　俄皇接见伪外蒙"专使"杭达。

《库伦派遣专使至俄》:

库伦派杭达亲王偕专使十五人赴俄,于本月十二日抵俄京圣彼得堡。本日由俄皇接见。赏给杭达头等圣安澜宝星。蒙人赠献甚多。其奉使之意,系答谢俄国承认蒙古自治,且求赞助其完全独立。并要求俄国代练蒙军,多给军械及互派专使等事。

《东方杂志》第9卷,第9号,中国大事记

1月25日(十二月十九日)　汪瑞闿受袁世凯委派到赣任民政长,遭到赣民反对,汪遂称病不任,袁氏对此耿耿,乃指使陆军部转令九江镇守使扣留江西所购枪械。江西都督对此举不满,遂发通电说明枪械由来,要求发还。黎元洪随即通电调和双方龃龉。

《江西李都督通电》:

赣省前马督,在沪地亚士洋行定购七米粒九步枪七千枝,子弹三百万颗。业于元年二月间,迭电南京陆军部发给护照,饬关验放。四月枪弹将到,复经烈钧于二十一号电请北京陆军部知照,饬关验放。并分电南京黄留守,查案填照。嗣因领到黄留守特别护照,又于七月间,准陆军部电承认特别护照,作为有效,并由部知照税务处,电饬各海关查放,各在案。查此项枪械,系赣省练军额内应需之件,早经采运到沪。因机件旧蔽,与合同不符,屡经交涉,起运稍迟。昨据运械员电陈,子弹二百五十箱,暂留沪行交涉外,步枪七千枝,子弹八百六十二箱,具日由沪载镇江轮,运送来赣。当以枪械关系重要,于元日分电海军部总司令,商派湖鹏鱼雷艇护送,并电九江镇守使通知海关查照验放。乃于铣日接九江来电,以所运枪弹业已到浔,参谋、陆军两部,有饬浔镇守使及税关扣留之电。烈钧当以军械关系重要,部中或以为非赣所购,疑系私运,审慎办理,扣留查验,经即检查此案,详述原委,电陈参谋、陆军两部,请知照税务处电浔关查放。本日接陆军部段总长来电,此项枪弹已分给各水师军舰,实深骇异。查赣省此次购运之枪弹,系经马前督订购,事阅一年,南北军部案据确凿,一切运购手续,并未违背定章,军部遽行扣留,分给兵舰,不解用意之所在。现时各省都督,均负编练军队、捍卫国家,保护地方之责,额内应制军械,既不违背定章,军部似不宜特别制止。是非自有定论,原不必呫求表白于国人,惟中央、地方关系密切,若稍有隔膜,致滋误会,实非大局之福。区区愚衷,伏乞公裁示教。

易国幹等编《黎副总统政书》第16卷,台北文星书店1962年版,第19~20页

附《黎元洪电》:

赣省汪民政长,本系全省公意敦请,与李都督保荐之人。据本府派员调查,赣人绝不反对军民分治。前汪民政长过鄂,亦云都督再三挽留。伊系设词离赣,本来彼此无他。只因一二怀私报怨之徒播弄谣言,挑动恶感,始则有将于某党不利之风说,继则有将派员带兵平赣之流言,以至激动公愤,互相猜忌。适值省有分兵湖口防冬,与领运旧购枪械到浔

两事发见。蜃楼顿起,市虎竟成。中央有拨给军火于军舰之举,相持益激。本以良法美意,变为戎首祸胎。行旅戒严,居民失措,倘不急求解决之方,因隔间而起猜疑,信谣传而成决裂,不独劳民伤财,铸兹大错,而兴师动众,亦出无名,是亦不可以已乎?元洪管见,水陆不退师,无以保地方之安宁,非发还军火,无以平赣人之疑虑,非迎回汪民政长,无以重政府之威信。应由李都督省议会公派代表往迎汪民政长莅职。其谓汪民政长不因地方公请而来,专为中央任命而来,与系都督私意保荐,非经公议保荐者,皆无充分之理由,即不应存此无谓之意见。民政长到省后,仍由都督责成各军警,负完全保护责任。并应查明将怀挟私忿造谣生事之人,量加处分,以除祸本。至谓赣省反抗中央,据报并无此事,即令万一不测,尚有皖鄂可以朝发夕至,宁、湘、浙、粤均属毗连,如果显违公理,自当分任责成,共同干涉。此时均由误会,原可不必张皇,军部尽可将水师移泊沪、汉,赣督亦应将防兵撤回,以昭坦白。其所拨军火,段总长原电业已自认筹还,赣军即不相信,鄂省尽堪垫拨,彼此开诚相见,何事不了?方今忧患凭陵,边疆多故,凡我同胞,方专力对外之不暇,岂容操同室之戈?赣军素明大义,赣绅亦前表同情。汪民政长当不以所恶废乡,李都督亦自能维持终始,但有宁人息事之方,军部当亦不为已甚。所望大总统当机立断,各都督排难解纷,毋以美因,而收恶果,大局幸甚。

易国干等编《黎副总统政书》第16卷,台北文星书店1962年版,第16页

△ 冯国璋提出公私出纳事项概以银元计算,并提出拟请先从京津试办。

《冯国璋咨》:

直隶都督冯为咨明事:据布政使刘若曾呈称:本月六号奉都督四十四号指令:准财政部俭电开:国通货向用银块,其成色、分量、形式素无一定,国库出纳,人民交易,均受其害。近年各省虽已渐次改铸银元,然币制未能统一,行用尤属纷歧。本部现拟明定章程,凡民间完纳丁课税厘,并发放俸饷官款及一切出纳事项,概以银元计算,由沿江沿海交通利便之省分先行改革,再以次推行于内地。在币制未颁布以前,所有银两改折银元办法,另由本部酌中核定公布施行。一面由中国银行迅速推设分行,经理国库出纳事务,以为划一币制,改良征收之基础。惟各省情形不同,向来银钱折合,价值亦参差不一,如此办理,于现在事实有无窒碍,希即查明电复,以凭核办。等因。应令藩司就本省情形克日察议,呈候电复。此令。等因。奉此。窃查国家货币之流通与人民生计之程度互为消长,尤重在核明货币之实质,使成色、重量悉得其平,庶几一般人民公认为交易上之媒介物,国家始得据法律以保护之,否则法价与市价相差,其结果必至恶货流行,而良货归于乌有,此国家绝大漏卮也。中国沿江沿海各省分银元交易早已一律通行,以本省而论,如京、津、保三处以及永平府张家口一带,亦均银洋并使,不碍交通。惟民间完纳租粮以及发放俸饷,均缘从前习惯,仍以生银为本位,一但[旦]改易洋元,由中央核定价值,折合银数,于法理上原无出入,于事实上实多参差。如果中国银行有强固不摇之魄力,划定法价不随市面为转移,或入或出毫无损耗,厚人民之信用,即为统一币制之先声。奈通商口岸既因价值涨落而居奇,边僻人民又苦货币供求之不给,收支既难整齐,即出纳不免窒碍,种种原因,笔难罄述。惟文明各国均有法定货币以维持市面金融,民国成立以来,从整饬财权为入手,倘因噎废食,任其币制纷更,不谋统一,不惟金磅日受其损伤,即财政亦无从而整理矣。拟请本省行使银币,从京、津、保定三处所辖地面先行试办,将来中国银行设立一处,即将银币推行一处,总之民间信用之力既坚,斯国币流通之机不滞。至于收支办法,随时由司察看情形,匀配额数,再行呈明核示办理。所有察议缘由,拟合

呈请核明,先行达部等情。相应咨明贵部,请烦查照。

此咨

财政部

中华民国二年一月二十五日

中国第二历史档案馆编《中华民国史档案资料汇编》第3辑,金融,江苏古籍出版社1991年版,第102~103页

1月26日(十二月二十日)　库伦活佛哲布尊丹巴,受俄策动,僭立"蒙古帝国",并于本年1月10日致电袁世凯妄言"各主其民"。袁世凯本日复电晓以大义。

哲布尊丹巴《致袁世凯电》:

吾两国均系前清之臣民,因其政治不良,各乘时立国,各主其民,非互相攘夺者可比。君主汉族,吾主蒙族,本极公允。现吾立国在君立国之先,似无仇视之理由,惟无识者,以五族共和一言愉阁下,而阁下深信不疑,以致自处洪炉之上。细译共和二字之字义,必系自相合和方能名称其实。未闻以兵力相近而能成共和者也。汉蒙本非一族,语言文字本不相同,君非前清之子孙,又非其同姓,何以强言理应承受其原管领土。若云兵力强盛,即能合并人国,以拿破仑之强,尚且未能善其后,阁下岂未熟悉耶?自阁下附和黎元洪骤杀张振武等以来,南省人士之感情谅君必自知之。南方尚且如此,遑言朔汉绝域。鄙人素以慈悲为怀,敬劝阁下深思远虑,以语言相同之蒙族归吾国,以文字相同之汉族归贵国。立约通商,各修内政,俾两国人民享太平之福,似为上策。若云取消独立,仍归中国,此系腐儒迂谈,后勿再言。近阅各报纸暨南省人士之议论,均云俄蒙协约关系中国灭亡,立言殊属非是。无论汉明时代数百年中均未能禁住蒙古立国,即前清君临中国之际亦未先行合并蒙藏各族。而今忽以俄蒙协约关系中国灭亡,非用武装解决不可等语,骇人听闻。此系越人欲吴王伐齐遂其邪谋之故智,情形显然。闻阁下阅历已深,谅早鉴悉。倘果酿至以兵戎相见,涂炭生灵,不仅一边受亏,而胜败利钝,非人之所能逆料也。请君思之又思之。泐此,敬请大安。候复不庄。蒙古帝国顿首卦(十日)。

1913年1月30日《政府公报》,第264号

《袁世凯回电》:

卦电悉。库伦不宜与中国分裂,前已迭电详述。前清以统治权让于民国,民国人民以总揽政务权,举付于本大总统。承前清之旧区域内,有外蒙古一部分,本大总统受全国付托之重,理应接管。至库伦独立,前清并未允行,中华民国亦断无允准之理。库伦本为民国领土,来电所称立约一节,是与统治权内之领土而立约,实所未闻。前有暴徒,谋坏共和,有妨统治,曾以正当法律处之,全国士庶莫不称快。贵喇嘛以兵力扰乱乌里雅苏台、科不多、达里岗崖一带,致令人民惨受兵祸,王公或被擒掳,极悖人道,焚杀淫掠,甚于盗贼。民国重在保安秩序,岂能长此坐视。今各蒙旗,除贵喇嘛用兵迫胁之附近库伦各地外,其他蒙旗各部落,无不赞成民国力拒。库伦王公喇嘛等,或亲身赴京,或遣代表前来,献尽输诚,络绎不绝。贵喇嘛何得以一隅之地,冒称蒙古全国。现各省将领,佥以领土损失,治权亏缺,愤激甚烈,各思纠集健儿,以与贵喇嘛相见。本大总统以仁慈为怀,多方解劝,令其静候,和平解决,以望贵喇嘛之悔悟,甚盼熟筹利害,使我民国受于前清之领土及统治权完全无缺,民国当优礼有加,尽泯前嫌,共谋黄教之发达,永保全国之和平,无负本大总统与贵喇嘛慈惠之初心。推诚布告,尚望裁复。

徐有朋编《袁大总统书牍汇编》第5卷,上海广益书局1920年版,第5~6页

△ **中国同盟会广东支部本日更名国民党粤支部,仍由胡汉民任支部长。**

《同盟会粤支部易名国民党支部开幕之报告》:

一月二十六号,同盟会粤支部易名国民党,在东堤广舞台开幕,到者几盈万人。容伯挺宣布易名理由,容允慎书记,部长胡汉民先生演说,略云:同盟之历史,我党员无不知之,而所改组国民党之宗旨,我党员恐未必尽知之。盖北京本部所以联合各党者,因欲组织一健全之政党,前奉国民党理事长孙中山先生电,以改组相属,当时未即改组者,以选举期迫故。今选举已过,遵照孙总理前电办理。但本党五大政纲及进行方法,非立谈可尽。惟我同盟会同志,向来抱负者为最高尚之党德,以故各先烈各同志,牺牲无数,购此价值。今虽改名国民党,所期于我党员者,在保守同盟会之精神,以为政治之中心点,故定政治之中心点,必先趋重党德,中庸之德,古已鲜能,惟狂狷二字,求之今日,尚堪进德,盖狂者进取,狷者有所不为,合二者之精神,方为政党之道德。故鄙人所期于我党员者,在保守同盟会之精神,即为国民党之道德,愿与党员共勉之。(众鼓掌)次陈军长演说:今日同盟会改组国民党,是曰政党,殆由秘密时期,达于开放时期也。今既改为政党,凡我党员,必须增进政治学识,所谓政治学识,非徒读几篇法政学说而已。民国新造,举凡宪法、外交、军事、财政,事事均须研究,处处均赖人才,故今日必须扩张党势,吸收人材,始能达到开放主义,凡我党员,万勿分新旧畛域,盖党员愈多,人材愈众,多一党员,则将来多一选举权,并可多得一议员,政党上始有权力。此次改组之后,仍望诸君振刷精神,整顿政党机关,以求将来进步。(众鼓掌)(后略)次杨永泰君演说,略谓:本党真精神,胡、陈二君已发挥尽致。惟同盟会之改组国民党,小弟颇知其梗概。缘当日南京会议同盟会开放主义,不能通过,及宋教仁君等既到北京,视察种种情形,始知我同盟会有万不能不开放三理由,缘一般人民心理,或疑同盟会尚持秘密主义不肯加入,或更为种种谣言中伤之。其实各国政府,须有两大政党对峙,一保守,一进取,断不容有第三小党出而牵动两大党,致任其操纵,反不能发挥政纲。我国光复以后,各小党纷纷并立,而以宗旨稍异之故,因是诸多窒碍,宋君因与孙、黄两先生及各同志讨论,于是与各小党联合,初拟改为民主党,后因美国民主党数十年来,不能一握政权,于是国民党名称始定,而各省同盟会支部亦均赞成。但同盟会改组国民党,若手段,若名称虽可改,而同盟会真精神,则必不可改,无他,以破坏之精神,行建设之事业而已。论者毁同盟可与破坏不可建设,殊不知中国习惯,遇有大建设,必有旧社会魔力障碍,相与抵抗,如欲恢张本党精神,发挥而光大之,须将旧社会魔力,推陷而廓清之,即所谓以破坏之精神,实行建设之事业也。(发挥民生主义)我国今日政策,宜用进步的,不宜用保守的,我党纲之进步主义,与他党之主张保守主义,截然不同。至进步之精神,先须无权利思想,然后能尽心义务。所谓无权利思想者,如本党理事长孙先生,成功不居,逊位让贤,宋、黄诸君,高风让德,类皆为本党之真精神。以一党真精神,组成一国真精神,国民基础,即在于是,本党员责于吾党者如此。(众鼓掌)(后略)次朱元伯君演说,注重民生政策。(中略)痛快淋漓。(众鼓掌)次叶竞生君演说,注重保全党中威信,并忠告党员,以口舌笔墨金钱三者帮助本党,合力维持,以固党中之团结力,即所以为保全威信之法。(众鼓掌)(后略)次陈援菴君演说,演译叶君保全威信之论。(略云)叶君所云保存本党威信一语,非可托之空言,须要从今日一般社会对于我党员之心理求之,夫秘密时代,人民对于同盟会之言论,尚是疑信参半,最得威信者,莫如推倒满洲政府之时。反正以后,我同盟会之弱点,完全在一骄字。(众鼓掌)然此系会员中之无识者所为,遂惹起社会之厌恶,我同盟会在广东之势力,虽间不踶于社会,似亦尚可支持,试问除广东外,他省势力,果尽在同盟会否,如以从前急激骄傲手段,循而不改,试问能保全威信否。故谓欲固党权、扩党势，须得一般人民之信仰，自无忧党势不扩张。我党员昔日既可以同盟会破坏手段，破坏满清专制政府，今日我国民党不可不改用建设手段，以建设中华民国。（众鼓掌）万不能仍以破坏之手段，行建设事业之理。夫嘑蹴之与乞人不屑，若施行政策，而不能顺社会潮流因势利导，则无不得人民之怨恐。即如迷信神权，及有碍卫生等事，取缔之必以理及得法之手段，而不能逼胁之以强权。今日保守我党之政权，不能不望我党中之党员之政客之言论家，将外间议我之言论，研究一番，以得其改易名实之方针，而后可望党务之发达，若徒易其名，而不易其实，未见其可也。（众鼓掌）茶会而散。

罗家伦主编《革命文献》第41辑，台北，中央文物供应社1967年版，第115～118页

△ 黄兴出席国民党上海交通部举行的欢迎会，在会上演讲了宪法问题。

黄兴《在国民党上海交通部欢迎会上的演说》：

兄弟此次由湘、汉到沪，调查一切政治状况与选举状况，大略与交通部所得相同。惟现今最重大者，乃民国宪法问题。盖此后吾民国于事实上，将演出何种政体，将来政治上之影响良恶如何，全视乎民国宪法如何始能断定。故民国宪法一问题，吾党万不能不出全力以研究之，务期以良好宪法，树立民国之根本。若夫宪法起草，拟由各政团先拟草案，将来由国会提出，于法理事实，均无不合。至于吾党自身，则当养成政党的智识。首先依政党政治之常轨，求达利国福民之目的，不可轻易主张急进，以违反政党进步之原则。本党于各省选举既占优势，亟宜讨论政见，主张一致，共谋平和稳健之进行，则本党幸甚，民国幸甚。

湖南省社会科学院编《黄兴集》，中华书局1981年版，第309页

1月28日（十二月二十二日）　国务院布告：查禁并令检举究办卖官鬻爵劣行。

《国务院布告》：

官吏受贿，刑律綦严，复经大总统特颁明令剀切申儆，其有簠簋不饬之员，自必按律严惩，不稍宽假。乃风闻近日有人在外招摇，声称京外官缺可以金钱代人运动，此等诈骗行为，在稍明事理者，决不受其愚惑。惟当国基新造，建设需才，若任听若辈肆意诪张，既易启佥壬倖进之心，且足阻贤士登庸之志，影响所及，殊于政治前途大有妨碍。嗣后如有以前项情事向人招摇撞骗者，无论何人，均准其向该管官厅指名告发，悉予彻究严办，以肃政纪而正人心。特此布告。

1913年2月1日《政府公报》，第266号

1月29日（十二月二十三日）　财政总长周学熙与法人密议合办中法银行，已签约，因恐参议院异议，托王鸿猷函请孙中山向国民党籍议员发函解释。孙中山本日密电袁世凯及周学熙，切陈利害，力劝重视国体利权。

孙中山《致袁世凯周学熙电》：

北京大总统、财政总长鉴：新密。昨得王鸿猷君函，述财政总长所议办中法银行，已经签约，惟恐参议院有异议，王君欲文发函解释，以便早日通过云云。按合办银行一事，文为极端赞成之一人，月来在沪，亦正与法国巴黎联合银行代表磋商条件，办一合资银行，本拟一俟商妥之后，即遵前电办理，合并为一，以免冲突等情。乃细绎财政总长与法人所订十一条章程，与文在此与法人所议者，权利得失，相差甚远。兹将此处所议者撮列如下：一、银行在中国注册，悉遵中国法律。二、董事局全为华人，西人居顾问。三、总办十年内用西人，十年后可用

华人。四、督理各举二人,总办执行,悉惟督理之命是听。现尚相持不下者,则四督理之决事,如遇可否各半,总办有表决权;除此点之外,华股皆略占优胜地位。文之意以为我中国现在国势不如人,财力不如人,知识不如人,故合资银行,我当得条件之保护略优,将来乃望得平等权利,否则流弊不堪设想。故磋商之际,事事争持,法代表亦多迁就,只有前一点耳。若我能让此一点,则事立成矣。两利相权取其重,况得失相反者乎?且巴黎联合银行,为世界极大银行之一,与彼联络通融者,皆势力宏厚之财团,固非泛泛然欲向中国承揽一事业之权利而转售于人者可比。望大总统及财政总长再细酌夺,如能舍彼就此,则利国福民,诚非浅鲜;否则外人永无就我范围之日,而所办之中法银行,亦不过多一华俄银行而已,恐非我当轴者之初心也。且此事一成,恐他国援以为例,用某国之资,则必遵某国之律,如此主权丧失,永无收回治外法权之望。事关国体利权,不得不质直言之,幸为亮察。孙文。艳。

广东省社会科学院历史研究室等编《孙中山全集》第3卷,中华书局1984年版,第8~9页

△ **袁世凯批准黄兴辞卸汉粤川铁路督办职务。**

一月二十九日临时大总统令:

汉粤川铁路督办黄兴迭次电陈因病辞职,应照准,此令。

1912年1月31日《民立报》

△ **国务院奉袁世凯命,本日通电各省,声明中央与江西都督之误会,系赣省要员拨弄之结果。**

1913年2月9日《民立报》载《政府之态度》:

国务院通电各省云:"大总统令:黎副总统宥电,程都督感电,均悉。自上年十月以来,迭接赣沪来电,攻讦李督者甚多。旅京江西绅耆,联名呈诉。又参议院胪列多款,备文质问,或以请派镇抚使为词,或以特派大员为诘,群情愤激,文电交驰。政府以李督惩治洪江会匪,为民除害,著有前劳,尚未派员查办。适接李督来电,请'民政长接理民事,实行军民分治'其意甚诚。方谓民政长简任得人,群言自息,即李督名誉,亦可保全。遍询各方面,佥云汪瑞闿与李督夙契,曾七次邀请到赣相佐,若即任命,必能相得益彰。是中央所以爱护李督,维持赣省者,不为不至。李督及省议会亦来电欢迎。乃蔡锐霆、陈廷训等数人,怀私报怨,散布谣言,勾串煽惑,竟有谋害民政长之说。赖李督暗通消息,始得出险。此种举动,实属破坏大局,摇惑人心。嗣据李督电告国务院称:分治手续,条理粗具,正待进行,询汪踪迹所在,经复以汪已力疾来京。究竟该督能否担任保护?蔡锐霆等如何处治?望即电复,以凭核办等语。迄今尚未据复。又探闻蔡锐霆添练兵队屯扎湖口。赣省各军分调要隘,虽称为冬防起见,而中外环瞻,成何景象?副总统谓:赣省并无反抗中央之事。程都督谓:李督热诚爱国,决不反抗中央。自是公论。倘按照副总统办法,由都督议会公派代表往迎汪民政长莅职,责成各军警负完全保护责任。前提既已解决,即他项误会,自可同归消灭。本大总统受国民付托之重,但求保全人民之安宁、幸福,去祸乱臻治安。苟反乎此,则国法具存,断不敢博宽大之名,贻分裂之祸,区区此心,可表天日,特将此事始末,通告各省,以息浮言等因,特达国务院艳印。"

1月30日(十二月二十四日)　新闻记者刘天猛,因政治言论过激,被拿送法院处以徒刑。司法总长许世英据情呈请袁世凯从宽赦免。袁氏本日发布命令:依临时约法第四十条

规定予以特赦。

1913年2月1日《民立报》载《袁世凯命令》:

司法总长许世英呈称:湘汉新闻记者刘天猛,欲谋改革政治,言论过激,适有匪徒刘重阴谋三次革命,炮队营以刘天猛迹涉嫌疑,拿送高等检察厅提起公诉。经同级审判厅判决,按照刑律第一百零三条处二等有期徒刑定徒八年,并于刑期内褫夺公权。惟查刘天猛光复有功,虽迹涉嫌疑,其情尚有可原,请予从宽赦免等语。本大总统依临时约法第四十条特赦刘天猛免其执行。即由该部转行遵照办理。此令。

△ 临时教育会议先已议决:全国大学共分七区,拟将北洋大学归并于京师大学。伍廷芳、陈锦涛、温宗尧、王宠惠、王正廷等联名呈请教育部,请取消这一合并方案。

1913年1月30日《民立报》载《大学不宜合并》,伍廷芳等原呈:

窃阅大部临时教育会议案,拟将全国划设大学校七区,广育人才,储备国用。民国肇兴,百废待举,而大部能首注意于斯,伟画尽筹,莫名钦佩。惟查方案中,载有以北洋大学校归并京师大学校之议,其命意所在,无非以京师大学为全国模范,瞻仰攸尊,不可不宏。厥规模厚其势力,而应当地属毗连,北洋大学又成效素佳,移此并彼,既节经费,又崇观瞻,合之两美。在大部深心擘画亦诚,持之有故。惟我国教育尚在幼稚时代,大学校之设,更属寥寥无几。北洋大学校,创自甲午,至庚子五六年间,人才辈出。其时学风未昌,该校已树之风声。庚子因拳乱中止。然事定之后,咸以乱之所生,由教育知识未能普及所致。故庚子之后,北洋即以兴学为务,而北洋大学亦同时恢复。十二年来,毕业者数次,送留学返国者亦达数十人。由是该校之事业与名誉,非徒为国人景仰,亦为欧美各国所注视。故今欲振兴教育,宜扶植该校,大加扩张,完全组织,使屹立于北方绾毂之区,以为七校之基础。若京师大学,则冠冕全国,造端宏大,尤不必与他校附合也。且将合并之利害进为大部陈之。同为大学校,而学生不同年级,勉强合班,程度参差,倘各自为班,仍照原课教授,何贵合并,此其有害而无利者一。教习与学生往往感情密洽,倘行合并,则同等专门之教习,可酌为辞退。试问应辞者为何校之教习?设并辞退另行聘请,虚耗金钱,多费手续,此其有害而无利者二。北洋大学,旧系博文书院地址。庚子之乱,售与德人。乱平后,就西沽武库旧址,拓为校舍,大加修改。十余年来,规模始就,一旦荒弃,前功虚掷,深为可惜,此其有害而无利者三。民国肇建,人心振奋,群知教育之要,大学生徒,莘莘日盛,北洋承学之士甚众。一旦合并,校舍将壅塞不容,此合并之有害而无利者四。天津为北洋门户,风气早开,交通利便,华洋人士,观光所经,向来学校林立,为北方文明之中心,设无大学,何以壮观瞻而资仪式?此有害而无利者五。总此五端,足证利害。大部有提倡全国教育之责,支配各校之权,廷芳等一得之见,何敢妄为越俎,惟廷芳等于北洋大学校,或肄业有年,或承乏一职,眷怀旧校,情愫弥殷,且该校已毕业,未毕业各生,一闻归并,群志激昂,大局统筹,有怀欲白,是以廷芳等不揣冒昧,谨代表新旧全体学生,呈请取消合并方案,而重民国之新教育。伏祈察核。

1月31日(十二月二十五日) 国务院公布《各部委员讨论会细则》。

《各部委员讨论会细则》:

第一条 委员依办事规则第二条第三条所载事项,得开讨论会。前项讨论会国务院秘书、法制局参事、蒙藏事务局参事得加入之。

第二条 关于地方行政事项有必要情形时,得由院函请富有经验学识各员到会讨论。

第三条　凡关系各部事件,必须该部主管员说明时,得随时邀同该主管员到会说明。

第四条　火曜木曜土曜日十二时至二时为讨论时期,其有不能中止者得延长之。遇有特别事项得开临时讨论会。

第五条　委员到会十人以上方能讨论。

第六条　讨论时应设主席一人,依法定各部次序按周轮任之。

第七条　应行讨论事项,由主席先一日分送各委员。其有紧急事项得临时提出。

第八条　凡讨论事项须将各员所陈述之意见呈报于国务院。

第九条　会议事项须缮册存查。

第十条　本则未尽事宜得随时增改。

第十一条　本则自公布日施行。

1913年2月1日《政府公报》,第266号

△ 中国银行发表公函,陈述为军饷官俸及一切经费均用中行钞票筹办兑换所情形。

中国银行公函二年公字第二号:

径复者:一月二十一日准贵部库藏司函开:奉大总统面令:自本月起,军饷、官俸及一切经费均用中国银行钞票,应由银行多备一元零票,于内外城及通州等处多设兑换所数十处。等因。查兑换所一事,本行现正筹办,内外城地方业经委托殷实商店分收,其通州、海甸、保定等处,亦派人前往专设矣。合即奉复。此致　财政部库藏司

中华民国二年一月　日

中国第二历史档案馆编《中华民国史档案资料汇编》第3辑,金融,江苏古籍出版社1991年版,第427页

2月1日(十二月二十六日)　袁世凯通令各省:在《省议会暂行条例》议决公布前,各省省议会仍照前清谘议局章程办理。

二月一日临时大总统命令:

各省省议会,业已通令各省行政长官分别定期召集。惟查省议会本为地方议事机关,民国元年三月本大总统通令改组各省临时省议会时,曾经声明此项议会章程系属法律,应候参议院议决公布施行。在此项法律未经公布以前,所有该省议会组织及选举方法,暂照普通选举简易办法办理。此次正式省议会议员既系依照省议会议员选举法选举而来,该议会召集以后,如何组织,当与临时办法不同,实未便各省自为风气。是以政府提出地方行政编制法施行法草案,即已声明别定有议会暂行条例,并声明前清谘议局章程自省议会暂行条例公布施行后废止等语,咨请提议在案。在省议会暂行条例未经公布施行以前,前清谘议局章程系属现行法律之一,所有各省省议会一切组织及其职权,除该章程与民国国体及新颁法令抵触者外,当然适用。为此通令各省行政长官于该省省议会召集后,应令暂照此项现行章程分别办理。一俟省议会暂行条例议决公布后,此项章程即行废止,俾重舆论而杜纷歧。此令

1913年2月9日《民立报》

2月3日(十二月二十八日)　江西人民对北京政府简派前清污吏汪瑞闿出任江西省民政长、扣留军械及派舰赴九江等事不满,又因正式省议会尚未成立,乃于本日在南昌集合全省各界、各公团,召开联合大会,决议组织公民联合会,通电反对北京政府种种不当措施。

1913年2月9日《民立报》江西电报:

今日开联合大会,数千人反对汪瑞闿及中央违法命令、颁省官制、派兵舰泊浔、扣留军械。李都督及各团演说有流涕者。十时至四时散。现各团举代表办理,誓达反对目的。

1913年2月16日《民立报》载《浔阳江上怒潮声》(江西公民联合会致各省通电云):

吾赣自不认汪瑞闿为民政长以来,一二怀私挟怨之不肖赣人,如郭同、李国珍、梅光远等,在京沪间,布散谣言,构成疑窦,遂致外间腾喧沸之声,内部兆恐惶之象。而陆军部扣留江西军械,海军部派赴九江兵舰之事,亦因之前后发生。同人等窃为此惧,以为大则关于全省安危,小则关于本身利害。痛已切肤,势难缄默。而又适值临时省会已停,正式省会未立,机关不备,维系无人。爰于本月三号,集合全省各界各公团,并请李都督暨各司长莅临,联合大会。经议决,凡属赣省大事,对内对外代表,暂以本会为总机关,除电请袁大总统将江西民政长汪瑞闿成命收回,并祈命陆海军部掷还军械,退去兵舰,暨电请参议院提书质问外,尤不能不环告同胞,一为将伯。盖此事虽仅属于江西,又不仅属于江西,一省如此,他省可知。今日如此,他日可知矣。再前月八号,大总统乘参议院休会期中,擅以命令颁布省制及各种文武官制,显系出于专制,实有背乎共和,吾民若不抵死力争,则约法几等弁髦,民国将成泡影,履霜坚冰,宜防其渐。伏冀共表同情,咸伸公论,以维政体,巩固民权幸甚。江西公民联合会叩。

1913年2月17日《民立报》载《致各省电》:

赣省自李都督莅任以来,裁兵治匪,秩序井然,中央不问地方意见如何,遽简前污吏汪瑞闿来长民政,全省反对,出自公意。乃汪请假回京,肆口择弄、架罪个人。中央复不调查实情,径将赣省所买枪械,全数扣留。查此项枪械,实系前马都督任内所购,部案可稽。今中央听信谗言,显用武力干涉,视赣人如大敌,道路纷传,群情愤激。万一因误成仇,致酿巨祸,则一省糜烂,牵及全国,强邻环伺,乘机而起,豆剖瓜分,谁尸其咎?务请贵处,急电中央,速将九江枪械发还,以符原案。至民政长问题,亦应请中央许赣省另推贤能,电请简任,用示大公,而顺舆情。敝会系由一省公团联合组织,志在维持大局,保全民序,对于中央毫无恶意。区区苦衷,并乞垂鉴,危机迫切,临电彷徨,江西公民联合会叩佳。

1913年2月17日《民立报》载《江西人民联合会致参议院电》:

……除电请袁大总统,将江西民政长成命收回,并分命陆海军部掷还军械,退去兵舰,应请贵院依临时约法第十九条第九项,提出质问。再有请者,前月八号大总统乘贵院休会期中,擅以命令,颁布省制,及各种文武官制,显系蔑视贵院,反畔共和。贵院若舍此不争,则约法几等弁髦,民国将成泡影,何以对诸先烈,何以对我人民?尤望尊重立法机关,维持共和国体,为杜渐防微之计,出绳愆纠缪之言,民国幸甚。江西公民联合会叩。

2月4日(十二月二十九日) 袁世凯任命岑春煊继黄兴督办汉粤川铁路事宜。

二月四日临时大总统令:

交通部呈:汉粤川铁路督办一差请简员接办。任命岑春煊督办汉粤川铁路事宜。此令。

1913年2月9日《民立报》

△ 孙中山分电袁世凯、胡汉民、朱启钤等,告知将访日本。

孙中山《致袁世凯等电》:

北京大总统、国务总理、各部总次长钧鉴:新密。文定期本月十一日由沪起程往日本,此行欲以个人名义,联络两国感情。按以彼国现状,此事不难办到,或更有良好结果,亦在意中。务望诸公一致赞成,并望将我政府最近之对日、对俄方针,详为指示,幸甚。孙文。支。

孙中山《致胡汉民电》:

广东胡都督鉴:文定本月十一日往日本,联两国交谊,往还四星期。如有要事,请电东京。文。支。

孙中山《致朱启钤电》:

北京交通部总长鉴:新密。兹定本月十一日往日本,谋联络两国交谊。钧部二月份垫款,请于行期前电汇来沪。三月份垫款,若能同汇尤盼。孙文。支。

广东省社会科学院历史研究室编《孙中山全集》第3卷,中华书局1984年版,第10~11页

2月5日(十二月三十日)　交通部令邮政司筹备办理邮便储金。

《交通部令》:

邮便储金关系于国计民生,亟应从速试办,惟兹事体大,应先筹划精详,方足以利推行而望遵守。兹将于部中设立筹备邮便储金委员会,由参事、邮政司司长主持一切,并于部员中选择曾习邮政及有经验者充作会员,从长计划,妥拟施行方法,呈候核阅,以备开办时有所依据。

1913年2月28日《政府公报》,第285号

2月7日(壬子年正月初二日)国民党、民主党、共和党、统一党组织宪法讨论会,在北京江苏会馆召开成立大会。

《国会丛报》第一期:

正式国会不久将成立,其根本问题,即为宪法。此法议决权,自当属之国会,而研究讨论之责,即当公之国民。近有共和、统一、国民、民主四党党员,组织一宪法讨论会,专为研究宪法上各种重要问题。兹将该会之简章录下:

《宪法讨论会简章》:

一、本会以讨论宪法上各种问题,预备国会之提案为宗旨。

二、本会以共和、统一、国民、民主四党中各推出八人之党员组织之。

三、本会以每星期二为常会期,但得开临时会议。

四、四党皆有提出议题之权。

五、凡议题提出后,各会员应报告各本党,于下会期开会时陈述本党之主张公同讨论。

六、讨论终结,应将各党之主张及理由详记于记事录。

七、会议时应以会员一人为主席,主持会场秩序,主席由各党之会员轮任之。

八、本会公推会员二人为干事,掌理会务。

九、本会聘用书记员一人,庶务员一人,分掌一切事件,由干事指挥之。干事得因必要情形临时雇用人员。

十、本会经费由四党平均负担。

十一、本会以国会制定宪法之日解散。

十二、本章程经二党以上之提议,得公决修改。

罗家伦主编《革命文献》第41辑,台北中央文物供应社1967年版,第233~234页

△ 上海成立欢迎国会团,袁世凯致电孙中山请在沪就近解劝,孙中山复电袁世凯。

孙中山《复袁世凯电》:

此间人士组织欢迎国会团,只为欢迎国会议员,激发人心起见,缘无别故。文更未加入

其间，非所闻问。惟当兹国势危急，强邻进窥之际，既承嘱命，自当相机向与文相识者妥为开导，以副雅命。

广东省社会科学院历史研究室编《孙中山全集》第3卷，中华书局1984年版，第11～12页

2月10日（正月初五日） 北京筹组宪法起草委员会。

1913年2月11日《民立报》特约路透电：

据北京日报载称：宪法起草委员会国务院已选定李家驹、汪荣宝、杨度三人，并将另举三员：广东都督今举伍廷芳；山东都督举籍忠寅、项骧，安徽都督举严复；江苏都督举王宠惠云云。

筹备方面今并议定办法六点：（一）该委员会草定宪法后，应交国会核议。（二）该委员会应在北京组织。（三）该委员会之组织，系参议员八人，国务院选派六人，各省都督各派两人，各省议会各选一人。（四）任期以三个月为限，到京三分之一时即行开会。（五）经费由中央及省担任。（六）关于该委员会责任之详细章程容后规定。

2月12日（正月初七日） 南北统一共和纪念日，北京各界开会纪念。

1913年2月12日《民立报》载《南北统一纪念日》：

今日为民国成立后，南北统一共和纪念之期，本邑各官厅停办公事一天，藉申庆祝。中枢在国务院内集合百官及外宾举行纪念会，惟会中并无演说。北京各界则自本日起在先农坛举行纪念大会三日。是日，袁大总统并设席宴请在京蒙古各亲王。

△ 参众两院复选，国民党获三百九十二席，共和、统一、民主三党仅得二百二十三席，其他兼党及党籍不明者二百五十五席。国民党取得占绝对多数的胜利。

1913年2月16日《民立报》特约路透电：

现就国会议员选举之结果观之，国民党似最占优势。

邹鲁《国民党史稿》：

自国民党成立后，临时参议员占有三分之二议席。及至民国二年二月各省选举告竣，国民党所得议席果占多数，另三党合计尚不及三分之二。兹列举当时各党议员比较于下：

党籍	院名	人数	院名	人数	合计
国民党	众议院	二六九	参议院	一二三	三九二
共和党	众议院	一二〇	参议院	五五	一七五
统一党	众议院	一八	参议院	六	二四
民主党	众议院	一六	参议院	八	二四
跨党者	众议院	一四七	参议院	三八	一八五
无所属者	众议院	二六	参议院	四四	七〇

邹鲁《中国国民党史稿》第1篇，上海书店1944年版，第145～146页

2月13日（正月初八日） 袁世凯派王芝祥到江西查办赣事。

1913年2月14日《民立报》报道：

王芝祥查办赣事，十五日出京。

2月15日(正月初十日)　清隆裕太后寿诞,袁世凯派秘书长梁士诒代表往贺。

1913年2月16日《民立报》报道:

今日为清隆裕后寿辰,闻袁总统派秘书梁士诒代表入贺。赵总理及各国务员皆用民国礼服行三鞠躬,并由国务院知照各署,应各派员入贺,用觐见外国君主礼。

袁世凯《清隆裕太后寿诞祝书》:

大中华民国大总统谨致书大清隆裕太后陛下:伏以征音早播,式传令德之徽,懿训聿宜,更普大同之化,群生赖以全济,同承慈爱之施,中夏进乎升平,宜懋期颐之庆,溯二十二朝之宫范,无此鸿庥,合九万里之弦图,胥赓盛美,兹际春熙辑瑞,欣逢寿宇延洪,符明新至善之经,协悠久无疆之吉,尧尊舜卣,示五帝之至公,华祝嵩呼,讴三多以介嘏,化干戈而为揖让,综京垓伯兆以胪欢,光日月而颂炽昌,集禄位寿名而笃祜,谨遣梁士诒前往恭祝,代达鄙忱,临书无任欢忭之至。

徐有朋编《袁大总统书牍汇编》第1卷,上海广益书局1920年版,第14页

△ **梁启超正式加入共和党。**

1913年3月1日《民立报》报道:

梁启超确于十五日在津正式加入共和党。

梁启超《与娴儿书》:

吾顷为事势所迫,今日已正式加入共和党,此后真躬临前敌也。计议员以二百八十八人为半数,吾党顷得二百五十人,民主党约三人十人,统一党约五十人,其余则国民党也。三党提携已决,总算多数,惟吾断不欲组织第一次内阁,或推西林亦未定耳。借款各路俱绝,政局危险不可言状,此时投身其中,自谋实拙,惟组合终不能袖手奈何?

丁文江、赵丰田编《梁启超年谱长编》,上海人民出版社1983年版,第663页

△ **司法部制定公布《假释管理规则》二十一条。**

《假释管理规则》:

第一条　假释者,须受居住地该管警察署之监督。

第二条　假释者于释放时,监狱须将到达于居住地之期限记载于假释证书。假释者须按照前项所定期限,向该管监督警察署呈验证书,请求钤印。若行期涉及数日期,对于寄宿地之警察署亦同。

第三条　假释者因天灾疾病及其他事故不能依第二条规定时,即须将其事由向所在地之警察署声明,呈请发给证明书。前项之证明书须向监督警察署呈请钤印。

第四条　监狱交付假释证明书时,应将假释之事由报告于下列各官署:

一、释者居住地该管之地方检察厅。

一、释者原判决之检察厅。

一、释者居住地监督警察署。

第五条　假释者欲为三日以外十日以内之旅行时,须呈报其事由及旅行地、旅行日数于监督警察署。

第六条　假释者将移居或十日以外之旅行时,须报告其事由、移居地或旅行地及其日数,呈请监督警察署许可。得前项之许可时,监督警察署须交付旅券;但移居于监督警察署之区域内不在此限。有前项情形时,第二条、第三条之规定准用之。

第七条　许可移居时,监督警察署须报告其事由于第四条第一款、第二条之官署、及新住居地该管之地方检察厅及警察署。有前项情形时,应附送该假释者之关系书类于新监督警察署。

第八条　假释者欲为国外之旅行时,须报告其事由及旅行地、旅行日数经由监督警察署及交付假释证书之监狱,呈请司法总长认可。监督警察署及监狱须调查事实附以意见。得第一项之许可时,第四条第一款、第二款及第六条第二项、第三项之规定准用之。

第九条　旅行之假释者归于居住地时,即须报到于监督警察署缴还旅券。

第十条　假释者关于职业及其他生计事项,须具意见呈报于监督警察署。假释者有保护人时,须署名于前项之呈报。

第十一条　假释者须依第十条之规定,每月一次赴监督警察署陈述其最近状况。旅行之假释者于同一地点为一月以上之居留时,须赴所在地警察署为前项之陈述,该警察署须通告节略于监督警察署。

第十二条　监督警察署对于假释者须使之就正业、保善行,并得发相当之命令或训示。

第十三条　监督警察署关于假释者行状之良否、职业生计之种类及动情、亲族之关系等,每六月一次作调查报告于第四条第一款、第二款之官署及交付证书之监狱。

第十四条　假释者之监督得依交付假释证书之监狱长官之意见,委任于下列各项人员:

一、适当之亲族故旧。

一、从事于出狱人保护事业者。

一、其他慈善团体之职员。

依前项受委任者,每月末日须按照第十三条规定,报告其事项于监督警察署。

第十五条　检察厅及警察署认假释者该当于刑法第六十七条时,须具意见申报司法总长。

前项之申报须经由居住地该管之地方检察厅。

第十六条　司法总长取消假释处分时,须通报于假释者所在地方或居住地之该管地方或初级之检察厅,或交付假释证书之监狱使执行之。

第十七条　有第十六条情形时,检察厅或监狱须报告于第四条所列各官署。

第十八条　取消假释者非在监者时,检察厅发捕票。

第十九条　假释者死亡时,监督警察署须通报于第四条第一款、第二款各官署交付假释证书之监狱,受前项报告之监狱须呈报其节略于司法总长。

第二十条　凡警察官吏因监督上必要事项须至假释者居住所中时,不着制服。

第廿一条　本规则自公布日施行。

1913 年 2 月 18 日《政府公报》,第 282 号

2 月 16 日(正月十一日)　英、俄私订西藏协约七条。

1913 年 2 月 16 日《民立报》载《暴俄狡英之联络》:

兹由外交界秘密消息称:英俄又订西藏协约七条:(一)俄国在藏立有五处领事外不再增设。(二)俄国在藏除领事馆卫兵外不再派兵。(三)西藏政治及铁路矿权俄国不干预,亦不许自由投资。(四)俄国不再派人至西藏传布希腊教。(五)无英人介绍,俄国不受西藏派使及游历人。(六)俄国认尼泊尔、廓尔喀为英国完全属国,所有通商须得英国许可。(七)俄国废止一九〇二年俄清条约。

△ 赣事查办使王芝祥离京赴赣。

1913年2月19日《民立报》载《王芝祥一诚字》:

王芝祥任赣事查办使后,袁总统曾询以处理此事之方法,王答称:"芝祥此行惟携一诚字以往,其他俱无可恃,开诚布公,使人人视大总统如父兄,大总统亦视赣人如子弟,则赣事不足了矣。"

2月17日(正月十二日) 王芝祥、杨曾蔚、孙毓筠、李书城等南北军政名人,鉴于正式政府即将成立,而内忧外患纷至沓来,为谋国内和谐团结,在北京发起国事维持会,于本日开会,宣言"保障民国,消弭隐患"。

1913年2月17日《民立报》载《国事维持会之宣言》:

京讯:正式政府成立在即,内忧外侮纷趋杂达[遝]。顷有王芝祥君诸人发起一国事维持会,以维大局而固邦基。兹得其第一次宣言书如下:

"欲建强固有力之国家,非先建强固有力政府不可;欲建强固有力之政府,非国民与政府相信任不可。满清之季,政治萎败,武汉豪俊,首搴[擎]义旗,全国响应,曾不半载,清社为墟。何则?人心所向,天命难回故也。民国肇建,五族共和,政体、国体,焕然俱改。临时政府成立以来,虽俄英藏边患日亟,国际承认悠渺无期。然果使内政先修,威信渐立,外交问题,尚可徐图解。至若各处军队哗变,时致枭杰横行,伏莽盈,闾阎憔悴,民不聊生,此则革命后不可免之阶级,亦不足重为诟病。况正式国会及政府成立在即,凡百政治,方将实行兴革,吾人处此,亦唯有忍目前须臾之苦痛,以冀享将来无涯之幸福。新造之共和国家欲其一跃而几法美之郅治,此事实上万不可能者也。

"临时政府成立,距今已及一年。自孙黄入都,南北感情渐臻融洽,二次三次革命之风说久已消灭无闻,就表面观之,宜若太平不难徐致矣。然而顿月以来,库藏主权之丧失,六国大借款之破裂,外交财政上之危险,为有目共见者,姑置不论。但就近日各省新发生之事实略为审察,知绝大之危机,已潜伏于萧墙之内,有足令吾人怵目刿心者。如河东之于阎锡山,赣人之于汪瑞闿,闽人之于张元奇,黔人之于唐继尧,川人之于胡景伊,而欢迎国会团又适于斯时发生于上海,近且于皖赣粤桂及南洋各岛组总支部矣。更观川桂滇黔四督之通电,知谣言纷传,且远及于边省。以上数事,皆全国分裂之兆端,若听其滋生,不亟设法消弭,数月以内,必有绝大变动。祸患之来,有非吾人所忍言者。呜呼!以正式国会及政府成立在即之日,而有此种种恶现象演出,此吾人所椎心泣血寝不安枕者也。

"夫时局危急至如此,其具有维持匡救之能力,足以奠国家于磐石之安者,宜莫如政党。而一观吾国之内,其号称富有势力之诸大政党,则大率以一党权利为前提,而置国家大局于不顾。甲党之所是,乙党必以为非;乙党之所非,甲党必以为是,其于国家前途利害如何非所计也。其党员之据要津者,虽明其行为非法,亦群起而拥护之,反是虽举动并无不合,亦多方攻讦,不留余地,甚且包藏祸心,造为蜚语,挑拨恶感,使不安于其位而后快。近数月来,此类事实,发见于参议院及各省议会者,亦已书不胜书。政党党员为代表国之一部分舆论之人,而乃颠倒是非,淆乱黑白。若此欲得政府国民之信用,冀其发生效力,庸有幸乎?今祸机之发,即在目前,非挈国内公正明达热诚爱国为中外所信仰之人,同心协力,组织一特别机关,发伸公论,维持大局,则民国分裂之祸,殆无可免。国事维持会之发起,诚须臾不容缓矣。本会发起之宗旨,其大纲有三:第一,维持立法与行政之冲突。凡议会与行政有意见隔阂之处,当由本会设法疏通。第二,维持中央与地方之冲突。凡各省与中央有误会抵触之处,当由本会委曲解释。第三,维持政党与政党之冲突。凡甲党与乙党有激生恶感之处,当由本会居间调和。以上三者,为本会最大之前提,应尽之责任,其属于立法行政权限者,本会但可陈述意见,决不丝毫干预。入会之人不论隶何党籍,但在会中发言持论,必须一秉至公,不得稍执党见。会中订有规约,亦当一律遵守,违则立即除名。总之本会之设,志在于维持国家,匡扶时局,以至诚恻怛之心,为排难解纷之举。苟利于国,身家可弃,名誉可捐。所望政府与国民各方面,能从此化除意见,共矢忠诚,俾由强固有力之政府,以建设强固有力之国家,而吾人今日所预料之危险,胥归消灭,勿使不幸而言中,此则本会同人所柱香以祀,祷祀以求者也。

"发起人王芝祥、杨曾蔚、孙毓筠、庾恩旸、李书成[城]、孙棨、于右任、胡万泰、耿觐文、黄瑞霖、程克、温寿泉、陆建章、王人文、李经羲、林述庆、孙多森、章士钊、冷遹。"

1913年2月25日《民立报》载《北京国事维持会通电》:

黎副总统,各省都督、民政长,国民、共和、统一、民主各党支部,各报馆鉴:窃维共和成立,岁星甫周,政体虽更,邦基未固。内有军队哗变之患,外有强邻窥伺之虞,库、藏藩篱尽撤,国体承认,悠渺无期。而且统一以来,中央财政全倚外债,近日大借款又复破裂,库帑耗竭,罗掘俱穷,即此一端,已足断吾国临时之局,危迫万分。夫当风雨飘摇之日,正吾人卧薪尝胆之时。自非丧心病狂,宁肯攘利争权,自速灭亡之局?乃一观吾国现状,则南北新旧各主门户,党同伐异,冰炭不容。议会与政府有争,政党与政党有争,中央与地方有争,地方与地方又有争。内讧之势,日烈一日。生于其心,害于其政,受其祸者,乃在国家,言念前途,忧方未艾。且正式国会、正式政府,非全国四万万同胞所托命者耶?今成立之期不远,而就各方面言论之实,详为观察,知已伏有绝大之危机,不亟先事设法消融,万一将来冲突过烈,激成意外变故,彼外人者将借口军乱,以兵力攫我主权,瓜剖豆分,势有必至,无论南北新旧各党,皆不免为亡国之奴,此尤令人不寒而栗者也。毓筠、芝祥等,同为国民一分子,国家兴亡,实与有职。近念生平至交,十年以来,因国事牺牲生命者,指不胜屈,民国成立,实受其赐。今以诸先烈颈血所造之山河,乃听少数无意识之人任意断送,九原有知,岂能瞑目?我辈即死有何面目见故人于地下乎?用是激发天良,奋袂兴起,联合中外热心爱国众望素孚之士,发起组织国事维持会。其宗旨在维持时局巩固国家,以至诚大公之心,为排难解纷之举。凡国会与政府、政党与政党、中央与地方及地方与地方冲突之处,其影响足以危及国家者,本会甘受完全维持之责。至维持之方法及手段,则因时制宜,不能悬定。总之,不外藉公论及法律之势,以制裁人,非专以调停迁就者所可同日而语。诸公或掌兵权,或司民政,或任立法职务,或居言论机关,所抱政见,容有殊途,而以维持国家统一为前提,则大都无不一致,于本会宗旨谅必深表同情。现本会业于本月十七日在北京设立本部,公选职员,分担事物。各省支部,不日亦将推定职员,各任组织,期于联合全国一致进行。惟望诸公鼎力提倡,共支危局,本会幸甚!民国幸甚!谨电闻。本会宣言书及简章,已邮寄台阅,倘蒙赐教,匡我不逮,尤所企祷。国事维持会理事孙毓筠、王芝祥、林述庆、温寿泉、杨曾蔚同叩。

1913年2月26日《民立报》载《异哉,国事维持会》(一民):

近北京有志者,以时局有分崩离析之兆,而政党无维持匡救之力,乃发起国事维持会以济其穷。其第一次宣言书揭其宗旨有三:曰维持立法与行政之冲突;曰维持中央与地方之冲突;曰维持政党与政党之冲突。本至诚恻怛之心,为排难解纷之举,斯会盖当今政府之一大和事老也。和事老例无责任可言,而其日昨通电则又曰:"本会甘受完全维持之责。"其所甘受者,不知为何责?而其所谓责者,不知又谁课之?出于其所维持不了之政府或政党欤?抑将出于其不善维持之自身欤?或将出于非维持者,亦非被维持者之国民欤?而其通电又曰

"维持之方法及手段则因时制宜,不能悬定。总之不外藉公论及法律之势以制裁人,非专以调停迁就者所可同日语",其措辞之严厉,盖远过于其第一次宣言书。第一次宣言不过曰"议会与行政有意见隔阂之处,则设法疏通。各省与中央有误会抵触之处,则委曲解释。甲党与乙党有激生恶感之处,则居间调和",今则不曰疏通,不曰解释,不曰调和,直曰制裁之矣!不特曰以言论制裁人,且曰以法律制裁人矣。然则国事维持会者,不仅为介于政府政党间之和事老,直俨然临于政府政党上之裁判官也。国家之法律必藉该会之力始收制裁之效乎?抑法律本有制裁之效而国家昧于运用之方,唯该会能执行之乎?抑不受法律制裁者,国家无如之何,而该会别有最终之手段能强行之乎?是则该会中人,虽极公正、极明达、极热心、极爱国自信,极为中外所信仰,而谓有是能力人,盖莫之能信。即该会度亦莫能自信也。使该会今后所持论果公正、果明达,足以代表国民而收指导政府、左右政党之效,则其言论虽非国家之法律,比亦自具一种威力,吾人即谓政府与政党咸受其制裁,亦无不可。然据该会所提出之三大纲领,固始终以和事老自居,而欲望其持论之公正明达,恐亦卒不可得。曰"设法疏通"、曰"委曲解释"、曰"居间调停",皆所以标示其敷衍主义之词也。直言之,即其维持之方法手段,不外调停迁就四字而已,夫苟欲特置一机关,主张公论,亦惟有讨论真正是非所在,径行是非已耳。总统而果违法也,不妨鸣鼓攻之,都督而果跋扈也,不妨扬檄讨之,会党而果谋乱也,不妨声罪诛之。何所用其疏通?何所用其解释?又何所用其调停?夫立法部与行政部之冲突,中央政府与地方政府之冲突,此权力分配问题。今吾国方将入于正式第一立法期,公正明达之士,就此问题尽可明目张胆,是其所非,发表其所自信者,以唤起舆论。苟将来政权分配得宜,则各机关之冲突,自莫而生,正勿劳诸公特设一机关,待其冲突,而后有以维持之也。若调停政党相互间之冲突,则政客临时所有事也。天下安见于政党之间,别设一团,专门为之排难解纷者哉。使此团体与政府或政党冲突,吾不知排难解纷者,又为谁?何其又将别设一维持会以维持之耶?古今排难解乱之其境,偶一为之,或专门以是为业者,亦无以是号召天下,呼朋引类,为常续之团结者。今国事维持会方极力罗致人材,设立支部,推任职员,分任组织,是殆将以是为恒业。将来政府政党间有何冲突,该会如何维持,吾不得而知。若就目前言,河东之于阎锡山,赣人之于汪瑞闿,闽人之于张元奇,黔人之于唐继尧,川人之于胡景伊,固该会所认为全国分裂之兆端者。名为某省人与某长官之冲突,实则政府与地方之冲突,亦即政党与政党之冲突也。该会现在所亟宜维持者,固莫此。若是则不特鲁赣闽黔蜀人之所翘望,亦天下之人所乐观其成者也。然而国家之威信扫地尽矣,诸公能达其志,能尽其职与否,固非记者所欲问也。该会之发起人,诚多知名之士,又十九皆政党中人物。诸公苟能维持其己党则不必有是会,诸公而不能维持己党,请更勿言维持他党,并请立即脱去己党,明一己之责任,示天下以大公,然后发抒伟论,箴顽订愚,或有万一之效,各党即顽梗如昔,知名之士洁身而去,彼辈失其魂灵,无所凭借,其技亦至有限,其为崇,当亦烈不至此,是则不待有是会,而国事受诸维持之赐者,不少矣。今观诸公所宣言,历布政党之罪恶。其言至为沈痛。以现隶党籍者,而乃出此,是诚不愧为公正明达之士。然诸公不能维持政党之明证,亦即诸公脱离政党之理由也。乃不脱党而立会,是殆所谓马上寻马,豫为组织新党地耳。其宣言固稳然有所主张,其所谓非调停迁就者可同日而语,亦殆确有所指,是则不若光明磊落,直抒胸臆,纠合同志,以求贯彻其所主张之为得也。夫于政治上有命令权者,唯国民之声而已。诸公苟能以国民之声为声,则固不妨大声疾呼,疾起直追,乃故迂曲其径,闪烁其词,将何为者?若纯以调整政府、政党间冲突之故,而设为是会,直一无政府之反证耳。不特不足以为调停冲突之具,且将以是为酿造冲突之媒,外为人所笑,内为人所疑,诸公又何取焉？真心爱国者其加之意也可。

2月18日(正月十三日) 孙中山到日后,受到日本各界欢迎,本日孙中山到日本邮船会社参加招待会,在会上作演说。

孙中山《在日本邮船公司招待会的演说》:

……今者,中国之政治改革已有端倪,今后不能不图实业之发达,而交通机关,实为一切实业之母。日本为海国,必先求水运便利;中国为大陆国,必先务陆运,即铁道之发达,然后经济、政治、教育、军事等乃有可言。但航路与铁道有直接密切之关系,即余所任事业与贵社之事业关系最多,窃望此后东亚最强之日本与东亚最大之中国,于经济界互相提携,互相扶助。日本维新岁月较中国久,一切有所经验,吾国人希指导之日尚长也。

广东省社会科学院历史研究室编《孙中山全集》第3卷,中华书局1984年版,第16~17页

2月19日(正月十四日) 宋教仁日前抵沪,出席国民党上海交通部欢迎大会,即席作政见演说,提出政党内阁与省长民选主张。

1913年2月18日《民立报》载《宋钝初先生欢迎大会预志》:

国民党上海交通部昨发参选云:敬启者,宋钝初先生奔走革命,夙为本党重要人物,尤负重望,昔任民立报主政,自号渔父,凡所主张均引起国人之注目。并筹划中枢革命事宜,往来大江,备极艰苦。民国成立,草拟法制。政府北迁,出任农林部总长。主持本党党务,一切就绪。回湘省亲,已由湘汉浔皖顺江来沪。游土重来,景象一新,必能大抒伟论,惠我同人。特定于本月十九日午后一时假纱业公所内开欢迎大会,共表诚意。

《宋钝初先生演说辞》(血儿笔述):

今兄弟拟提出两大问题与诸君磋商,而亦吾党今日所亟当研究者,顾为诸君言之。今中华民国二年矣,中华民国成立,虽届二年,而一切政务多使国民抱种种之失望。而此国民种种之失望,吾国民党要不能不负其责。盖当同盟会政府时代,事在草创之始。及统一政府成,而吾党又不免放弃监督之天职也。故吾党自今以后,宜将国民所以失望之点,为之补救,而使国民得一一慰其初愿,此吾党所应怀抱之大决心也。夫国家有政治之主体,有政治上之作用,国民为国家政治之主体,当有运用政治之作用,此共和之真谛也。故国民既为国家之主体,则即宜整理政治上之作用,天赋人权无可避也。今革命虽告成功,然亦可只指种族主义而言,而政治革命之目的尚未达到也。推翻专制政体,为政治革命着手之第一步,而尤要在建设共和政体。今究其实,则共和政体,未尝真正建设也。故今而欲察吾国今日为何种政体,未能遽断。或问吾国今日是共和政体否?亦难于猝答也。此由于根基未固,而生此现象。今临时政府期限将满,约法效力亦将变更,至于正式政府成立以后,如能得建设完全共和政体,则吾人目的始可云达到一部分也。政府分三部:司法可不必言。行政则为国务院,及各省官厅;立法则为国会。而国会初开第一件事,则为宪法,宪法者共和政体之保障也。中国真为共和政体与否,当视将来之宪法而定。使制定宪法时,为外力所干涉,或为居心叵测者,将他说变更共和精义,以造成不良宪法,则共和政体不能成立。使得良宪法矣,然其初亦不过一纸条文,而要在施行之效力。使亦受外力牵制于宪法,施行上生种种障碍,则共和政体亦不能成立,此吾党所最宜注意,而不能放弃其责任者也。讨论宪法,行政、立法、司法三权应如何分配,中央与地方之关系及权限应如何规定,是皆当依法理、据事实,以极细密心思研究者。若关于总统及国务院制度,有主张总统制者,有主张内阁制者。而吾人则主张内

阁制,以期造成议院政治者也。盖内阁不善可随时更迭之,总统不善则无术变易之,如必欲变易之,必致摇动国本,此吾人所以不取总统制,而取内阁制也。欲取内阁制则舍建立政党内阁,无他途,故吾人第一主张,即在内阁制也。又若省制问题纷扰多时,有主张道制者,有主张省制者,故不具论;又一派主张省长归中央简任者,而予则绝对不赞成。盖吾国今日为共和国,共和国必须使民意由各方面发现。现中央总统国会俱由国民选出,而中央以下,一省行政长官亦当由国民选举,始能完全发现民意,故吾人第二主张即在省长民选也。今又有倡集权说者,有倡分权说者,然于理论,则不成问题,今姑从实际着想,准中国情形立论,有若干权应属诸中央者,有若干权应归之地方者,如是故吾人主张高级地方自治团体,当畀以自治权力,使地方自治发达,而为政治之中心。夫自治权力,本应完全授之下级地方自治团体。而在中国习惯,则下级地方自治团体,如县乡、镇之属,与国家政治关系甚浅,故顺中国向来之习惯,而畀高级地方团体以自治权,与国情甚吻合,而政治亦得藉以完全发达也。故分权与集权之说,不可仅从学理上之研究。如立法权自应属之中央,而地方亦当有列举之立法权。如此则既非联邦制,又非完全集权制矣。如行政权之军政、外交二者,纯为对外关系,当然集于中央。司法宜有划一制度。交通、财政其权,均中央所有为多。而余则可分诸地方者也。此皆关于政体之组织也。

至于政治组织言之,可为太息痛恨。政治组织,大别之为内政、外交。以言外交,则中华民国成立以来,可谓无一外交,有之,则为库伦问题,而库伦问题,悬隔已久,民国存亡,胥在于此,然至今尚未得一正当解决。吾国民于此,当知此问题之重大,亟宜觉醒。盖政府于此问题,无心过问,即当然属于国民之责任也。忆兄弟七八月间,在北京时,库约尚未发生。当即以桂太郎游俄之目的与满蒙之危机说诸政府,亟为事前之筹备。而总统等狃于目前之安,置之不问。及至俄库私约发生,而政府亦无一定办法。吾人试思俄库条约与日韩条约有异乎?无异乎?韩既并于日矣!而库伦岂不将见并于俄耶?夫使库伦沦亡也,而得以专心整理内治,犹可说也。无如库伦既失,而内政之不治如故也,此大可以破政府之迷梦也。

夫曩者列强对于中国问题,倡保全领土,机会均等之说。姑无论究出于诚意与否,而此所谓保全领土、机会均等之说,实足以维持中国之现状,故中国自十年以来,外交界即少绝大之危险,职是故也。故今日中国所应出之外交政策,当使列强对于中国此等关系,维持不变,而维持之道,又非出以外交手腕不为功。政府不特无此外交之手腕,并不知道维持此种外交之关系。故中华民国之外交,直毫无进步也。夫列强之保全中国领土及机会均等之主义,见之于《日俄协约》、《英俄协约》,互相遵守,不敢违畔。殆时局变迁,此主义已渐渐动摇,不过尚无机可乘,得公然违反其所持之主义。今以政府之无能,局面愈变,适以授外人莫大之机会耳。彼俄人首与我库伦缔结协约,破坏保全中国领土机会均等之主义,显然与日俄协约、英法俄协商等之旨相违背。而日、英、法诸国对于俄之行动,毫未加以抗议,试一寻外界之蛛丝马迹,即可知英、法、日已默认俄之行动,而于此一测将来之结果,则列强保全中国领土及机会均等之主义,将归完全打消。而已见之于事实者,则为英之于西藏。其若他国于其势力范围之内效英、俄之行动,结果至为可危。故欲解决藏事,当先解决蒙事。蒙事一日不解决,即藏事亦一日不解决也。而政府于此,乃先将藏事解决,而后始解决蒙事,可谓梦呓矣。故预测政府外交之结果,尤不可知。而其过则在政府毫无外交政策,致成此不可收拾之象也。然国民于此尚不知,所以监督政府,亦自放弃其责任耳。此关于外交问题也。以言内政万端,而其要莫如财政。吾人试一审思吾国今日财政之状况,可谓送掉吾中华民国者。夫财政问题,本极困难。吾国各省财政,勉强可以支持。惟中央自各省改革之后,府库如洗,支持匪易,而政府对于整理财政之政策,亦惟借债一端。夫借债未尝不可,但亦当视条件如何。当唐少川先生当国时,与六国团商借六千万磅,亦并无苛刻条件之要求。及至京津兵变而后,六国团以吾现状尚未稳固,乃有要求之条件,唐未承认遂中止。及至熊希龄任财政总长,一意曲从六国团,将承认其要求之条件,当时阁员多不同意,唐内阁遂倒。今政府以借六千万磅太多,改为一千五百万磅,然政府亦并无若何计划,不过只筹至临时期限而止,是后财政当如何整理,非所问也。而且大借款条件之苛,为向所未见,惟埃及始有之耳。然埃及之结果,则以监督财政亡其国者也。且盐税为国家收入大宗,今以之为大借款之抵押,使将来正式政府而欲借款即无有如盐税之抵押品者,是正式政府成立以后,虽欲借款,而不可得也。如不借款,则一千五百万磅已为临时政府用罄,其将何以支持?是今日之政府对于财政问题,眼光异常短促,盖毫未为将来留余步作打算也。至若民生困穷,实业不兴,政府亦无策以补救之,此关于内政问题也。如上所述,只得其大概,欲详言之,虽数日而不能尽。一言以蔽之;则皆不良政府之所致耳。然今尚非绝望之时,及早延聘医生,犹可救药。兄弟所言,未免陷于悲观,而吾人进行,仍当抱一乐观。盖延聘医生之责任,则在吾国民党也。而其道,即在将来建设一良好政府,与施行良好政策是已。而欲建设良好政府,则舍政党内阁莫属,此吾人进行之第一步也。

陈旭麓主编《宋教仁集》下册,中华书局 1981 年版,第 459 ~ 463 页

2 月 20 日(正月十五日)　因共和党报纸诬称国民党密议发难、抵借日债、购置枪械、割据东南,国民党代表吴景濂、孙毓筠、张耀曾本日谒袁世凯,声明全无其事,并为此发表通电。

1913 年 2 月 23 日《民立报》载《国民党通电表明别党诬捏情形》:

上海国民党交通部及各省国民党支部鉴,顷本党接蜀支部来电,据称:共和党报载京电:诬本党密议拥戴孙黄发难,以苏、浙、皖、赣土地抵借日款,购备枪械,割据东南云云,不胜骇异。按政党竞争,应以政见异同为范围。今该党无故捏造种种谣言,诬讵本党、谣乱听闻,此种卑劣行为,实已逸出政争范围以外,本无申辩之价值,特以构陷本党其事尚小,而殃及国家,其祸实大,前途辽远,曷胜杞忧。为此通电表明该党诬捏情由,庶此后全国同胞,不致再受其荧惑也。国民党本部。胥。

△ 司法部通令各省改组法院。

《司法部通令各省改组法院》:

司法部以查照临时约法,法院须以临时大总统司法总长分别任用之法官组织。光复后,全国法院多系新立更张,不免迁就。现京师各级法院,经已改组,各省亦应按照办理。特饬令各省高等审判厅厅长高等检查厅检察长,就各该高等以下审判检察厅现有人员,按照京师改组办法,将各该员毕业文凭及办事成绩,认真考验,出具切实考语。详细报部,由总长核定后,分别呈请任命,以符约法而昭属一。

《东方杂志》第 9 卷,第 10 号,中国大事记

2 月 22 日(正月十七日)　清隆裕太后逝世,国务院通告以外国君主之最优礼待之。

1913 年 2 月 23 日《民立报》报道:

昨日报告,清隆裕后已于午前二时逝世。

袁总统闻清后逝世,甚为悲悼,已饬财政部预备殡葬费。并请载沣逐日入宫照料溥仪。

《清隆裕太后崩逝》:

清隆裕皇太后,自数月前患中满之症,遂于本日丑刻崩逝,国务院即通告各官署,遵照优待条件,以外国君主最优礼待遇。一律下半旗二十七日,现任官及现役军官,均于臂上围黑纱二十七日,以志哀悼。

《东方杂志》第9卷,第10号,中国大事记

《国务院通告》:

据清室内务府总管报称:二月二十二日丑时,隆裕皇太后仙驭升遐,等语。当经派员查检医官曹元森、张仲元等所开脉方,俱称虚阳上升,症势丛杂,气涌痰塞,至二十二日丑刻痰壅薨逝。敬维大清隆裕皇太后,外观大势,内审舆情,以大公无我之心,成亘古共和之局,方冀宽闲退处,优礼长膺,岂图调摄无灵,宫车宴驾,追思至德,莫可名言,凡我国民,同深痛悼,除遵照优待条件另行议定礼节外,特此通告。

1913年2月24日《政府公报》,第288号

《国务院通告》:

兹值大清隆裕皇太后之丧,遵照优待条件,以外国君主最优礼待遇,议定各官署应一律下半旗二十七日,现任官及现役军官均持服二十七日,左腕围黑纱,军官刀柄并缠黑纱,自二月二十二日始,自三月二十日止。以志哀悼,特此通告。

1913年2月24日《政府公报》,第288号

2月24日(正月十九日)　教育部公布《高等师范学校规程》。

教育部令第六号:

《高等师范学校规程》

第一章　学科

第一条　高等师范学校分预科、本科、研究所。

第二条　本科分国文部、英语部、历史地理部、数学物理部、物理化学部、博物部。

第三条　预科之科目为伦理学、国文、英语、数学、论理学、图画、乐歌、体操。

第四条　本科各部通习之科目为伦理学、心理学、教育学、英语、体操。

第五条　本科各部分习之科目如下:

国文部:国文及国文学、历史、哲学、美学、语言学。

英语部:英语及英语学、国文及国文学、历史、哲学、美学、语言学。

历史地理部:历史、地理、法制、经济、国文、考古学、人类学。

数学物理部:数学、物理学、化学、天文学、气象学、图画、手工。

物理化学部:物理学、化学、数学、天文学、气象学、图画、手工。

博物部:植物学、动物学、生理及卫生学、矿物及地质学、农学、化学、图画。

各部可加授世界语、德语、乐歌为随意科。英语部可授法语。

第六条　预科及本科各科目授业时间,由校长订定呈报教育总长。

第七条　研究科就本科各部择二、三科目研究之。

第八条　高等师范学校得设专修科。

前项专【修】科于师范学校及中学校某科教员缺乏时设之。

第九条　专修科之科目及授业时间由校长订定,呈请教育总长认可。

第十条　高等师范学校得设选科。

前项选科为愿充师范学校及中学校教员者设之。其科目得选习本科及专修科中之一科目或数科目。但伦理及教育学均须兼习。

第二章　学额及修业年限

第十一条　预科、本科学生之总额须在六百人以下,研究科及专修科无定额。

预科学生之定额一百五十人,本科每学级之定额国文部、英语部、历史地理部各三十人,数学物理部、物理化学部、博物部各二十人。研究科及专修科之额数,由校长酌定呈请教育总长认可。

第十二条　高等师范学校之修业年限,预科一年,本科三年,研究科一年或二年,专修科二年或三年,选科二年以上三年以下。

第十三条　本科第三年级学生应令在附属中学校、小学校实地练习;专修科、选科生最后年学年亦如之。

第三章　入学退学及儆戒

第十四条　预科及专修科入学资格,须身体健全、品行端正。在师范学校中学校毕业或与有同等学历者,由省行政长官保送,并由妥实之保证人具保证书送校长试验收录。

前项保送之人,非由师范学校及中学校毕业者,其试验科目之程度应以师范学校、中学校毕业者为标准,并加口答试验。

第十五条　预科每年招生一次,专修科临时招生,其日期及额数由校长酌定,先期通告。

第十六条　预科均为公费生。但得酌量情形收录自费生。

第十七条　本科由预科毕业生升入。

第十八条　研究科公费生由校长在本科及专修科毕业生中选取之。

在本国或外国专门学校毕业及从事教育有相当之学识、经验者,经校长认可,得以自费入学。

第十九条　专修科生及选科生之入学规则,由校长订定呈请教育总长认可。

第二十条　学生犯下列各款之一,校长得命其退学:

一、身体羸弱难望成就者,二、成绩过劣者,三、性质不良不宜于教职者。

第二十一条　学生非有不得已事故经校长许可,不得任意退学。

第二十二条　学生违背科规,校长得施以儆戒。

第四章　学费

第二十三条　公费生免纳学费,并由本学校给以膳费及杂费。

前项费额由校长预算,呈请教育总长核定。自费生之人数及费额由校长酌定,呈请教育总长认可。

第二十四条　专修科生、选科生俱为自费,但专修科生亦得视特别情形给与公费。

第二十五条　学生因第二十条及第二十一条事故退学或任意告退者,在公费生应令偿还学费及给予各费,在自费生应令偿还学费,但得酌量情形免其一部或全免之。

前项偿还学费之数,以专门学校学费为标准。

第五章　服务

第二十六条　本科公费生之服务自受毕业证书之日起,以六年为限。但经教育总长特别指定职务及服务于边远之地者,得减至四年。

第二十七条　专修科公费生之服务期自受毕业证书之日起,以四年为限。但经教育总长特别指定职务及服务于边远之地者,得减至三年。

第二十八条　本科、专修科之自费生,其服务期限均视公费生减半。

第二十九条　本科及专修科毕业生遇有特别情事,不能依规定期限服务者,教育总长得酌量展缓或免除之。

第三十条　本科及专修科毕业生在服务期内,有左列情事之一,在公费生应令偿还学费及给予各费,在自费生应令偿还学费,但得酌量情形免其一部或全免之。

一、无正当事由而不尽第二十六、第二十七、第二十八条之义务者,二、因惩戒免职者,三、教员许可状被褫夺者,四、依第二十九条情事免服务者。

第三十一条　在服务期内,入大学或高等师范学校研究科者,得呈请教育总长认可。

第三十二条　本科毕业生依第二十九条展缓服务期限及第三十一条入大学或研究科之在学时期,均不得算入义务年限。

第六章　附属学校

第三十三条　高等师范学校应设附属中学校及小学校。

第三十四条　附属中学校应遵照中学校施行规则办理,但每学级之学生数须在四十人以下。附属初等小学校应分设单级编制之学校二学年以上,合编之复式学级及一学年编制之单式学级酌用二部教授法。附属高等小学校得仅设一学年编制之单式学级。

第七章　附则

第三十五条　本规程自公布日施行。

中华民国二年二月二十四日教育总长刘冠雄

中国第二历史档案馆编《中华民国史档案汇编》第3辑,教育,江苏古籍出版社1991年版,第143～147页

2月25日(正月二十日)　司法部训令各省高等审判厅及高等检察厅,在民国法制未颁布及印铸局未铸印以前,一律暂行刊用关防,并划一尺度及格式。

《司法部训令》:

自国体变更以来,各省审检厅钤用印信多未一律,或沿用前清旧印,或虽改铸而印文分歧,宽长各异,非整齐划一之道也。兹特先从高等两厅办起,所有各该厅印信在民国法院编制法未颁布及印铸局未铸印以前,准其暂行另刊二寸五分长、一寸七分宽,木质关防,高等审判厅,文曰:某某省高等审判厅之关防;高等检察厅文曰:某某省高等检察厅之关防。俟刊就启用即将旧用印信解部销毁。

1913年3月6日《政府公报》,第298号

△ 教育部拟定留学生给费标准。

1913年2月25日《民立报》报道:

教育部现拟定:留学西洋,年给费千二百元;留学日本,月给费五十元。

2月27日(正月二十二日)　孙中山致电胡汉民,嘱联南方各督同情政府。

1913年2月27日《民立报》广东电报:

闻孙中山先生电胡都督谓:"探悉日本新内阁俟我国正式政府成立,当首先承认。"又谓:"国会将开选举总统,宜先预备。现任袁总统,雄才伟略,薄海同钦。就任以来,所有措施,中外慑服,请联南方各督共表同情。一面怂恿国会赞成,务使人心一致,藉支危局。"

2月28日(正月二十三日)　日本二十余团体在东京开联合大会,欢迎孙中山,会议由桂太郎主持,通过承认中华民国及确保中国领土完整等议案。

1913年3月1日《民立报》报道:

闻孙中山先生到日后,联络廿余团体,前日在东京开联合大会,推桂太郎临时主席,表决三问题:(一)确保中国领土及东亚和平;(二)承认民国由日本主唱,期速实行;(三)联络两国国民感情。已拟请议院认可。

3月1日(正月二十四日)　司法部本日命令京内外高等审判厅及暂时行使司法权的县知事,对财产诉讼中理曲而家产净绝者,应送作工习艺,查其是否隐匿财产,以保债权者利益。

《司法部令》:

二月二十四日据上海地方审判厅呈称:民事财产诉讼须经上诉期限,方可强制执行。奸宄之徒尽有从容匿产之余地,请援用前清各级审判厅试办章程第四十二条办理等因。查民事诉讼律未颁以前,各级审判厅试办章程自应继续有效,该章程第四十二条,因理曲人家产净绝,不能依前条方法执行者,得将理曲人收教养局作工一月以上,三年以下;如工作中查出有隐匿家产实据者,仍照前条办理,得将理曲人释放等语。是凡地方设有教养局者,第四十二条之理曲人即可送入作工;倘无教养局,而有习艺所,亦可送交所内习艺。如此庶奸人不至漏网,而债权者获完全之保护。除令上海地方审判厅查照办理外,相应令饬遵照。

1913年3月6日《政府公报》,第298号

△ 赣事查办使王芝祥抵南昌。

1913年3月9日《民立报》载《赣人欢迎王使君》:

三月一日,王铁珊先生抵赣滕王阁,河干先搭盖雨棚,悬挂五色彩布,并用棉扎成欢迎两字,所有本省各官长均执白旗,上书"欢迎"两字。二句半钟,王先生乘西平轮船来省,……由招待员导入滕王阁内憩息,军政长官随入客厅陪坐茗茶。首由蔡锐霆宣言,谓:"大总统任命汪瑞闿来赣主长民政,原为保人民宗旨,奈全赣坚不承认,以致汪瑞闿败兴而返。孰意梅郭等无故臆度,私造谣言,向中央播弄是非,诬余与巡警总监陈君廷训等拒去汪瑞闿,违抗中央命令。总统听一方面之言,不分皂白,遽入人罪。余冤甚三字,牺牲性命,虽不足惜,其如全赣同胞何?"王答曰:"赣省乃吾旧游之地,贵处民情,莫不洞悉,君等违抗命令,断无此事。今中央政府使吾来赣,原为解释一切误会。"

1913年3月10日《民立报》载《王铁珊访问记》:

本报南昌访员前往谒见王芝祥,问中央最近对赣之宗旨与王君此次来赣查办之事件……。王君答言:"赣事发生,大都由宵小挑拨所致。中央对于江西原无成见,汪民政长被拒之初,袁总统即拟命张勋来,寻不果;旋议派岑春煊及孙瑶清,亦中止;最后乃任兄弟为镇抚使兼理江西都督事,兄弟力辞。但以此事关系江西、影响全国者甚大,故勉任查办一层。兄弟来时,北京浮言颇多,其实兄弟此行牺牲名誉,总求江西与中央两得其平,物议之加,亦惟听之而已。兄弟查办事颇多,然主要者,分治、军械两问题及郭同等对近日李督所提出之弹劾案。汪民政长决不再来,将来是否由李督兼署或另简人,此时未能预定。军械扣留案,陆军部嘱兄弟看江西枪弹是否足用,足则仍归中央,不足则发还江西,此案政府已表示退让之意,当不难了结。……"

3月2日(正月二十五日)　民国成立后,旧各旗满族官民愿做民国国民,纷纷申请冠姓、更名及改隶籍贯。本日内务部核准满族官民冠姓更名改籍。

《内务部令顺天府》:

准步军统领衙门函开:千总凌寿呈称:"系镶蓝旗满洲达崇阿佐领下人,请冠姓关,更名得寿,并改隶宛平县民籍。军事执法处帮审耆庆,系镶红旗满洲松鉴佐领下人,请冠姓李,更名其庆,并改隶宛平县民籍。"等因前来,本部自应照准,除由部注册及函达值年旗转知各该旗备案外,合行令仰该府转饬该管地方官遵照备案。

《内务部令京师警察厅》:

据京师警察厅呈:据右一区警察署呈称:"职区学习署员广泽,系镶白旗满洲荣贵佐领下人,今拟请冠姓更名为鄂博仁,并请改注文凭"等因据情转呈前来本部,自应照准。除由部注册并函达镶白旗满洲都统备案外,合行令仰该厅转饬该员遵照。

《内务部令四川民政长》:

据京师警察厅呈:据内左一区警察署长呈称:"署员连润祖姓周氏,原籍热河承德府大格镇人。先世曾宦四川,自前清乾隆时,始入京籍蒙古镶黄旗。现在四川尚有遗产,拟复祖姓,更名之润,并改隶四川成都民籍。"等情前来本部,应即照准。除由部注册外,合行令仰该民政长转饬该县备案。

1913年3月2日《政府公报》,第294号

3月4日(正月二十七日)　中华民国政府向六国银行团提出大借款拒绝书。

1913年3月5日《民立报》报道:

大借款聘用问题,昨由六国公使协商,以英人任盐务造报稽核所,德人任公债局,俄法人任审计处。议定后咨请我国照办。闻政府决意不允。已复称须照前此商定办法。

△ 周学熙就善后借款谈判中止原委暨中央财政涸辙等情致电各省都督、民政长。

《周学熙电》:

各省都督、民政长鉴:午密。自大借款问题发生以来,前后磋商将及一年。学熙莅官之始,正值谈判中止之时。窃见百端待理,库藏空虚,罗掘补苴,不可终日,舍借款外几无救急之方。惟六国团原开条件过严,必须自定范围,以为进行标准。当经国务会议拟定借款大纲,并经参议院同意。维时英使正有开单索价之举,俄库协约亦接踵发见,外交困难,不可名言。而小借款复为六国团所扼,多成画饼,即克立士卜亦不敢担承,续借来源尽绝,岁事将阑,适法使居间调停,始予十一月杪复行正式开议。两月之中,该团种种要求愈逼愈紧,降心忍性,委曲磋磨,舌敝唇焦,屡濒决裂。直至本年二月四日,所有合同条件大致议妥,尚不越原定范围,该团允即日签字垫款。不意事在垂成,外交界忽生枝节,法使从中梗议,竟致未能签定。现又迁延匝月,仍无成立确期。昨英使竟有指定洋员地位之请,原因复杂,变态万端,审势度时,即使稍加退让,恐亦未能遽定,此大借款经过困难之情形及目前中止之原委也。惟是临时政府成立以来,中央财政久成涸辙,凡百政费,每月待支者既巨且迫,直接收入涓滴毫无。赔洋各款,除以海关收入摊还外,上年旧欠尚有一千四百余万金,追呼迫切,势难再缓。若不设法筹还,祸机猝发,殆不忍言。风雨漂摇,沦胥可惧,兴思及此,骨竦神焦。学熙愧无活国之方,复鲜点金之术,支持危局,倏忽半年,力尽精疲,惶悚待罪。所望群贤,共体时艰,各抒伟略,救危亡于眉睫,苏喘息于中央。嘉诲良谟,望云待泽。谨陈肝膈,伫盼德音。

周学熙。支。

中国第二历史档案馆编《中华民国史档案资料汇编》第3辑,财政,江苏古籍出版社1991年版,第1024页

△ 全国禁烟联合会在北京开幕,会期三天,议决订定期限,统一机构,确定犯刑、严厉查禁等案。

《全国禁烟联合会闭会》:

全国禁烟联合会由各省都督派遣代表,组织而成。是日开会于北京。至六日午后闭会。其议决事件如下:(一)期限 新刑律有鸦片烟罪专章,应以新律公布之日,为烟禁净绝之期。惟各省情形不一,应由院部通饬,限期本年六月内,将禁绝情形,报告于政府。(二)各省机关 各省原议机关名称不一,权限分歧。拟一律定名为禁烟局。(三)京师机关 京师向无专管,仅原内务部卫生司之科,拟请特设机关,以昭郑重。(四)罪名 关于鸦片烟罪,重者为无期刑;而贩卖吗啡,尚无专条。拟请凡关鸦片烟罪,一律加等,并将贩卖吗啡,私藏烟土之罪,另行特定。(五)兵力禁烟 对于聚众抗拒禁烟拔苗者,准以兵力从事。所犯重大者,按军法惩办。(六)警戒官吏 拟请特定禁烟不力之处分专则,交国会议决颁行。(七)经费 拟请内务、司法两部通饬各省,将烟犯罚款,一律充禁烟经费,不准移作他用。(八)专卖问题 风闻有收买上海存烟,作为专卖之说,如有其事,请即取消。(九)禁烟人员之保障 凡亲历城乡之禁烟各员,往往致被殴打,或事后报复,应请定明保护方法。(十)烟犯专庭 地方官吏往往对于烟案,竟存歧视,应请司法部于各省或禁烟事繁之区,增设烟犯专庭,或于普通刑庭增派推检专理烟案。(十一)禁革手续 各处痞棍对于禁烟事项,往往藉词干涉,请速饬各省,有阻扰者,从重惩办。(十二)严重审判 各省原定禁烟专律,视新律为重,现在专律虽已取消,如有请求翻案者,不许受理。

《东方杂志》第9卷,第10号,中国大事记

3月6日(正月二十九日) 司法部订《华洋诉讼办法》,训令各级法院实行。

《司法部训令》:

前准外交部函称华洋诉讼事件,前经贵部拟定权宜办法,暂照旧例,归行政官审理,并通令各省法院遵照在案。查贵部通令中有地方官不谙新律,得临时请通晓法律官员帮审等语。此举最为扼要,拟请规定划一办法,通令各法院,至公判上诉一切手续,亦请酌定暂行简章,俾资遵守。如得同意,请即拟定办法,会商本部,通饬各省办理,交涉官署遵照等因。当经本部拟定办法三端,函复去后,兹准函称所定办法与条约法权两无窒碍,本部意见相同。除各省办理交涉官署及地方行政官厅由本部直达各民政长饬令遵照外,应请通行各省法院一律遵守等因。查华洋诉讼审判厅本不拒绝受理,若外人于起诉后而要求观审,拒之不可,受之不能,只有以抛弃为保全之法。但行政衙门受理此等诉讼,亦必须有一定办法,方昭划一。此次本部所定办法,既经外交部同意,亟应早日实行,为此令各厅此后遇有华洋诉讼案件,均遵照后开三端办法处理。此令。

一、地方官衙门审理华洋诉讼案件,如该承审官不系法律或法政专门毕业人员,应即函请同县或附近地方审判厅长,酌派法官;或函请该县审检厅,酌派帮审员,帮同该地方官承审。

二、地方官衙门审理华洋诉讼案件,如该当事人有不服上诉之时,应以该省通商交涉使衙门或该省外交部特派交涉员署为其上诉机关,收理上诉案件。前项上诉案件承审官之资

格,适用第一条之规定。

三、地方官及通商交涉使衙门或外交部特派交涉员署审理华洋诉讼案件,其诉讼程序除有与条约抵触及行政官厅不能适用之处外,一切皆依通常诉讼办法。在诉讼律未经颁布以前,准照审判厅试办章程办理;诉讼律颁布以后,准照诉讼律办理。

1913年3月10日《政府公报》,第302号

3月9日(二月初二日)　宋教仁在沪发表大政方针。

《代草国民党之大政见》:

吾人曩者大革命之目的何在乎?曰推翻不良之政府,而建设良政治也。今革命之事毕矣,而革命之目的则尚未全达,是何也,不良之政府虽推到,而良政治之建设则未有也。故民国成立已届年余,而政治之纷扰,无一定策画如故也。政治之污秽,无扫荡方法如故也。以若斯之政府,而欲求得良善之政治,既不可能,亦不可望矣。则吾人今日所负责任,当继是进行,以赴吾人大革命最终之目的,努力从事于良政治之建设,而慰国民望治之热心,则所不能辞也。今有将倾覆之大厦焉,居者知危象之日著,非补缺救隙所可将事也,乃共谋破坏之,而为永固之建设。则目的非仅在破坏之成功,而在永固之建设可知也。及至破坏既完,乃不复殚精竭虑为永固建设,使第形式即为已足,风雨一至,其易倾覆,故无异于曩时也。此苟安之计,非求全之策也,而今日民国之现象则如是也。故吾人今后之进行,当觉悟于吾人目的之未达。本此现具之雏形而为,一木一石一椽一栋,选择坚筑基础,确定本干,则庶几大厦之建设乃完成,而始不违破坏之本意也。夫今日政治现象,既错乱而无头脑,而国民意思,亦无统系条理之可寻,则建设良政之第一步,首宜提纲挈领,发为政见,公布天下,本此纲领以为一致之进行,事半功倍之道矣。吾党此届选举,已占优胜,是国民所期望吾党者殷,而吾党所担负责任者重。爰举关于建设之大纲,以谋良政治之实现。吾党君子,其本此而奋励其进行焉。

一、对于政体之主张

(一)主张单一国制:单一国制,与联邦国制其性质之判别,尽人能知。而吾国今日之当采单一国制,已无研究之余地。临时约法已规定吾国为单一国制,将来宪法,亦必采用单一国制,自不待言。惟今尚多有未能举单一制之实者,故吾党不特主张宪法上采用单一国制,并力谋实际上举单一国制之精神。此本党对于政体主张者一。

(二)主张责任内阁制:责任内阁制之精义,世之阐明者已多,无俟殚述。盖责任内阁制之要义,即总统不负责任,而内阁代总统对于议会负责任是也。今吾国之现行制,责任内阁制也。然有责任制之名,而无责任内阁制之实,故政治因之不举。吾党主张将来宪法上仍采用责任内阁制,并主张正式政府由政党组织,内阁实行负责任,凡总统命令,不特须阁员副署,并须由内阁起草,使总统处于无责任之地位,以保其安全焉。此本党对于政体主张者二。

(三)主张省行政官由民选制以进于委任制:吾国省制,行之数百年,已成为一国政治上之重心。将来欲谋吾国政治之发达,仍不得不注重于省行政。省之行政长官,历来皆为委任制。将来地方制度,既不能不以省行政长官为官治行政之机关,则省行政长官,须依旧采用委任制,亦事理之当然。惟各省自反正以来,其行政长官之都督,由地方人民选举,行之既久,其以下各机关,亦大都由地方主义而组织而任用者甚多。且军政财政上之关系,亦无不偏重于地方。若遽以中央委任之省行政长官临之,其无生疏扞格之弊者几希。甚或因是以生恶因于将来预定之委任制焉,亦未可知。故吾党主张以省长委任制为目的,而以暂行民选

制为逐渐达到之手段。此本党对于政体主张者三。

（四）主张省为自治团体，有列举立法权：在单一国制，立法权固当属诸中央。然中国地方辽阔，各省情形各异，不能不稍事变通。故各省除省长所掌之官治行政外，当有若干行政，必须以地方自治团体掌之，以为地方自治行政。此自治团体对于此等行政有立法权，惟不得与中央立法相抵触。至于自治行政之范围，则当以地方关系密切之积极行政为限。其目有六：1. 地方财政；2. 地方实业；3. 地方工程；4. 地方交通业；5. 地方学校；6. 慈善公益事业。皆明定法律，列举无遗，庶地方之权得所保障。此本党对于政体主张者四。

（五）主张国务院总理由众议院推出：临时约法规定，国务员须得参议院同意，其事行之多所窒碍，固亟宜修正者。然吾人既主张责任内阁制，则尤希望此制之实现，欲此制实现，则莫若明定宪法，国务总理由众议院推出。考英国为行责任内阁制之国，虽无明定国务总理由国会推出之宪法，然英宪法为不成文法，其习惯则英王所任命之国务总理，例为下院多数党之首领不可移易。实不啻由下院推出，且不啻宪法中有此明文。盖必使国会占多数之政党组织完全政党内阁，方举责任内阁之实。而完全政党内阁，则非采用此法不能容易成立也。故吾党主张宪法中规定国务总理由众议院推出，以促责任内阁制之容易成立。其他国务员则由总理组织之，不须国会同意。此本党对于政体主张者五。

二、对于政策之主张

（一）主张整理军政：今日处于武装和平之世，对外方面，军备亟须扩张。然扩张军备，当自整理军政始。盖扩张军备之举，须待三四年后。而今日入手方法，则在整理军政，整理有序，而后始有扩张可言也。整理军政方法，一曰划分军区于行政区域之外，别划分全国为数大军区，独立处理军事，使军民分治易于实行。一曰统一军制，今各省军队之编制亦至不一，分歧错乱，非军事所宜，故当使全国军队按一定之编制，俾军事归于统一。一曰裁汰冗兵，军备虽应扩张，而冗兵则不可不裁，盖兵备贵精，其操练不勤，老弱无用者，理宜一律裁尽也，冗兵既裁，然后于其强壮者训练纯熟，使之成军，始可为扩张基础。一曰兴军教育，欲扩张军备，则当求良好之将校，吾国今日将校人才，异常缺乏，故此数年中，亟宜振兴军事教育，以养成一般将校人才。一曰扩充兵工厂，吾国今日军备上最大缺点，则为器械不足，兵工厂只有数所，而制出品为数亦微。今日即欲扩张军备，然无器械，与徒手何异，故宜极力扩充兵工厂，先使器械丰富。此数者皆本党整理军政之计划，而本党对于政策所主张者一。

（二）主张划分中央地方之行政：欲划分中央地方之行政，须先明中央与地方之区别。中央为全国行政主体，即中央政府是也。地方为一地区之行政主体，而在中央下者有二：1. 地方官治行政主体，即地方官。2. 地方自治行政主体，即地方自治团体。如是则可知地方自治团体与地方官治主体之区别，即划分中央行政与地方行政及中国宜采之制度，有三要义焉：一曰中央行政消极的多，地方行政积极的多也；一曰中央行政对外的多，地方行政对内的多也；一曰中央行政政务多，地方行政业务多也。既明乎是，则当知地方分权，本不问官治自治。今世人所谓地方分权，皆指地方官治言。而地方分权，实与地方自治不同。吾人不重在地方分权，而重在地方自治也。本此定义，中央之行政权宜重以政务之性质与便宜分配于中央与地方。而中央则统括的，地方则列举的。故本党所主张之划分如左：

1. 中央行政由中央直接行之，其重要行政曰军政（一行政，二事业），曰国家财政，曰外交，曰司法，曰重要产业行政（如矿政、渔政、路政、垦地）（移民、通商、船政），曰国营实业，曰国营交通业，曰国营工程，曰国立学校，曰国际商政。

2. 地方行政：分二种，一曰官治行政，一曰自治行政。官治行政，以中央法令委任地方行之,其重要行政曰民政(警察、卫生、宗教、户口、田土、行政),曰产业行政,曰教育行政。若自治行政,地方自行立法,其重要行政,曰地方财政,曰地方实业,曰地方交通业,曰地方工程,曰地方学校,曰慈善事业,曰公益事业。此划分之大较也,而本党对于政策所主张者二。

(三)主张整理财政。中国财政,棼如乱丝,久言整理,而终无整理之望者,固由于不得其人,而亦以整理之非道也。整理财政之道若何,试约举之,一曰励行会计制度,订会计法,立会计机关,为严密之预算决算,并掌支纳,以尽祛浮滥之弊。一曰统一国库,现在国库久不统一,宜将国家岁入,悉统一于国库,于中央设总库,于地方设支库,他机关不得代其职权。一曰设立中央银行,集中纸币发行权吸各地官银局,立一规模宏大之中央银行,复集中纸币发行权于中央银行,其私家银行及地方银行不得发行纸币,使中央银行有支配全国金融界之能力。一曰整理公债,今日公债信用不坚,而利息则厚,且中央公债与地方公债担负不清,尤非所宜。此后当酌量情形,其应归诸中央者,则中央完全担负之,其应归诸地方者,则地方完全担负之。其利息过重者,则换借之,其有公债之必要者,则新发之。一曰划定国费地方费,今者何为国费,何为地方费,殊不明晰。宜按国家行政与地方行政之划分,地方自治经费为地方费,余者则皆为国费,属于中央,统一于国库。一曰划定国税地方税,此项划分,当依国费地方费为标准,事实上宜为地方税者,则为地方费,事实上宜为国税者,则为国费。划分之后,有应增加新税者,有应裁去旧税者(如厘金之类),总以有利无害为前提。一曰改良币制,行虚金本位,中国币制,欲求实际达改良目的,当采金本位制,然事实上有所不许。盖中国金极少,而银极多,若骤改金本位,则大宗废银无可吸纳,必蒙巨大之损失,莫若先采虚金本位制,定一定之价格,以为国际汇兑,国中仍以银币为国币,使无生无意识之涨落,以渐期达于能行金本位之时代。此数者皆本党整理财政之计划,而本党对于政策所主张者三。

(四)主张整理行政。整理行政最先之方法,而今后亟须本之进行,始可收整理之效者,约五大端:一曰划分中央与地方之权限,从来中央与地方官,权限多不明晰,权限亟应划分,行政始可着手,若军政,若国家财政,若外交,若司法行政,若矿业行政,若拓殖行政,若国际商业行政,若国有交通业,若国有实业,若国立学校,若国家工程等,宜为中央各部所直辖,或于各省特立机关掌之,地方官不复过问。若警察行政,若卫生行政,若户口行政,若田土行政,若宗教行政,若礼俗行政,若教育行政,若产业行政等,宜为省行政长官所掌,由中央以法令委任之。夫如是中央与地方官之权限乃可无虞其冲突。一曰汰冗员,现用人行政,大率为人择事,并非为事择人,故各机关冗员异常众多。故宜严定职掌,凡属冗员,务期汰除净尽而后已。一曰并闲署,现在财政支绌,多一机关,即多一消费,然为便利政治进行,则机关固有不可不立者,惟闲署处于无用之地,可裁则裁,可并则并,以节国费。一曰励行官吏登庸考试,今日任用官吏,往往用违其学,或毫无学识,仅有私人吸引者,故政治日趋腐败,故宜励行官吏登庸考试,庶得各尽所长,而真才易得。一曰实行惩戒官吏失职,前此官吏之纵肆无忌,而今亦不免者,以官吏虽失职,而不能惩戒于其后也。故欲政治修明,非实行惩戒官吏失职不可。是二项均须专立考试及惩戒机关,而以法律为之保障,以免为官吏势力所摧残。此数者皆本党整理行政之计划,而本党对于政策所主张者四。

(五)主张开发产业。中国今日苟欲国强,必先致富,以国内贫乏之状况,则目前最亟之举,莫若开发产业。第举首宜进行者数端:一曰兴办国有山林,中国有最佳最大之山林,政府不知保护兴办,弃材于地,坐失大宗利源,今农林既特设专部,则国有山林宜速兴办也。一曰治水,中国农产国,然以人力不修,时遭水患,以致饥馑频闻,今欲民元气之回复,农产物之发达,则为治水。一曰放垦荒地,以未辟荒地放于人民,实行开垦,以尽地利。一曰振兴矿业,中国矿产有十之八九尚未开掘，非民间物力有限，不能开掘，实政府保护不得其道，故今后宜持提倡，或保护主义，使之振兴。一曰奖励仿造洋货工业，工业衰败，由来已久，其当奖励者，固不之一端，而仿造洋货工业奖励尤宜力，盖外货充塞，母财流出日多，故须亟提倡仿造，以为抵制。一曰奖励输出品商业，今世界列强，皆以工商立国，商战日烈，吾国当其漩涡中，输入之额，超过输出之额，不亟奖励输出品商业，行将坐毙。此数者皆本党开发产业之计划，而对于政策所主张者五。

（六）主张振兴民政。民政之事，当为中央委任地方办理，其振兴之道，又得而言：一曰整顿警察，为保持地方治安，须切实整顿，并普及于各地，使军队专事对外。一曰厉行卫生，中国地方卫生，素不讲求，以致厉疫时起，民生不宁，故宜励行卫生，谋人民幸福。一曰厘正礼俗，社会之良否，系于礼俗之隆污，故敝礼恶俗，亟宜厘正，以固社会根基。一曰调查户口，往日调查户口，多属敷衍，尚无确数，今后宜再行切实调查。一曰励行地方自治，中国地方自治不发达，如地方自治范围中，地方学校，地方实业，地方财政，地方交通业等，均须励行。此数者皆本党整理民政之计划，而本党对于政策所主张者六。

（七）主张兴办国有交通业。交通事业，其属于完全商办者无论已。若国有交通，则政府急宜兴办，责无可辞。其应兴办者：一曰急办国有铁道，建筑与实业固有极大关系，而于军事上国防上，亦属紧要，应酌量现状，审其缓急，急办国有铁道。一曰整理电信，一曰扩充邮信，邮电二者，虽久举办，然或未完善，或未普及，故宜切实整理而扩充之。一曰兴办海外航业，列国皆谋于海上称雄，而我一蹶不振，不特海军之不足数，而外海航业亦极幼稚，故首宜振兴外海航业，以发达商务。一曰整理铁路会计，中国铁路会计，弊窦丛生，欲尽蠲诸弊，宜使铁路会计机关独立，严立预算决算，并兴办交通银行等。此数者皆本党兴办国有交通业之计划，而本党对于政策所主张者七。

（八）主张振兴教育。教育为立国根本，振兴之道，又可稍缓。其今日所亟宜振兴者，一曰法政教育，一曰工商教育，一曰中学教育，一曰中小学师范教育，一曰女子教育。法政教育，所以使国民多得政法常识。工商教育，所以输进工商新知识，发达工商。中学教育，为小学之模范，大学之基础。中小学师范教育，所以为普及教育之第一步，而养成师范人才。女子教育所以增进女子知识，发达女权。此数者皆本党振兴教育之计划，而本党对于政策所主张者八。

（九）主张统一司法。司法为三权之一，亟宜统一。其今日统一方法，一曰划一司法制度，各省司法制度并不一律，宜实行四级制，使各省归于统一，其未设裁判所地方，亦须增设。一曰养成法官律师，盖增设裁判所，则今法官尚形缺乏，一面养成法官，并设法保持法官地位，俾司法得以独立；一面养成律师，保障人权。一曰改良监狱，中国监狱制度，极形野蛮，今宜探访各文明国监狱制度，极力改良。此数者皆本党统一司法之计划，而本党对于政策所主张者九。

（十）主张运用外交。当吾国之积弱，非善运用外交，不足以求存。然欲运用外交，非具世界之眼光，不足以尽其用。中国向来外交，无往而不失败，盖以不知国际上相互之关系，一遇外人虚声恫喝，即惟有让步之一法，是诚可伤者也。外交微奥，有应时事发生者，未可预定，亦难于说明。惟有外交方针，则可约略言之，一曰联络素日亲厚之与国，今国于世界，孤立无助，实为危象，故必当联络素日亲厚之与国，或缔协约，或结同盟，或一国，或数国，俱为当时之妙用。一曰维持列国对我素持之主义，吾国现势，非致力对外之时，故宜维持列国对我素持之主义，使之相承不变，而得专心一意于内政之整理。此数者皆本党运用外交之计划,而本党对于政策所主张者十。

综上所述,皆本党所主张,提纲挈领,略得其凡,苟本是锐意进行,则良政治可期,国利民福之旨可达。国民若赞成吾党所陈之政见,则宜拥护吾党,以期实行吾党所抱之主张,惟国民审择之焉。兹第叙其概略,欲知其详,请俟专篇。其不过于重要之问题,亦不备述,非忽略也。

陈旭麓主编《宋教仁集》,中华书局1981年版,第488~496页

3月12日(二月初五日)　内务部通令各省,禁止父母、官吏强人出入僧尼。

《内务部令》:

按照临时约法人民有信教之自由,是奉教与否本属个人之特权,非依法律不得加以强制。查从前各省人民往往因家贫之故,而以未成年之子女送为僧尼者,一经剃度终身梏桎,其父母既不履行教养之义务,其子女亦不保其身体之自由,于民刑两事均有违背。又从前各省官吏,对于僧徒往往有无罪而勒令还俗者,虽无摧残教众之恶意,究为专制时代之弊端,均非国家以法律保障人民之意也。共和成立以来,此等情实各省仍复不免,非从严申禁,何以湔恶习而焕新猷。为此令仰各省民政长顺天府迅饬所属,并晓谕人民,一体遵照,凡父母对于子女,官吏对于信徒,无论何项宗教,均不得滥使权力,强令出入,致违约法,而乖人道,切切此令。

1913年3月12日《政府公报》,第304号

3月13日(二月初六日)　孙中山抵神户,出席各方欢迎会并作演说。

孙中山《在神户华侨欢迎会的演说》:

今天蒙神户在留男女老少诸同胞开欢迎会欢迎,兄弟心里最欢喜,最感激!

此次汉族光复,系由祖宗手失落,而我同胞万众一心,居然将表[丧]失之河山恢复,何幸如之!但诸君须知,我同胞从前与现在之地位不同。从前之天下,系满洲一家之天下,汉人受满人专制压制,我同胞为奴隶,为亡国民二百六十余年。令[今]日之国家,为我四万万五族公共之国家,我四万万人成了中华民国之主人。在主人之地位,与奴隶之地位不同,故全国人对于此次光复,非常欢喜,非常希书[望],且将来子子孙孙永享主人幸福。

但中华民国成立,不遇[过]第二年,改革虽已成功,惟建设尚在幼稚。我四万万同胞应同心同德,力图建设,以谋富强。但建设虽不比破坏之难,无大危险,无大牺牲,然当此新破坏以后,我四万万人,尚在艰难困苦之中,必俟建设完全,方能安享幸福。譬之建屋,旧屋不好,必须[推]倒旧屋,一面扫除,再谋新筑。但新屋未成,我同胞仍是在困苦地位,尚非谋安乐之时。待至新屋成功,方可以共享幸福。故此幸福二字,断不能与建设二字同日语。大家总以为改革之浚[后],即能享幸福,万无此理。凡事由渐而来,现在中华民国如生子,新生出一男儿,举家欣庆,以为将来有莫大之幸福,莫大之希望。须知望子孙成人,必要培养他,教育地[他],使他建功立业,报答父母。现在造成之民国,无比[异]各初生之子,正须培养,方能成人,方有基础,可以成才,可以享幸福。故今日我中华民国成立,本来最欢喜之事,但欢喜之中,切不可忘了我等现尚在艰难困苦之地位。

但是,一般不明白的人以为从前革命成功,即马上能享幸福。现在幸福未至,且内地也有遇乱之地方,人民谋生,比从前稍难。故不明白之人,以为现在共和政体,不及从前专制政体之善,因满清时代尚不至于此。此种不明白人,内地尚屡[属]不少。此不运[但]无国家思想之言,忘记了从前奴隶人格,即以人格而论,现在我四万万人恢复了主人之地位、之人格,便可以算幸福矣。昔日美国有一种作白人之奴隶,此种生长南美洲之黑人,可以叫他为

黑奴，任白人鞭策，不识不知，反以作白人之奴隶为荣，非常安乐，非常幸福。后来南北战争，有一美国人救他，把他等放了。此何人乎？即美国之大人物最尊重人道之林肯也。在黑奴本来与禽兽无异，不知人道之可贵，只知佣工，有衣有食，以为无限幸福。一旦林肯将他等释放，反以为林肯害了他等之生路，怨声载道。今日之中华民国成立，一般无知无识人，以为遇乱之内地，农夫不能耕种，工人不能作工，反不及从前之优游快乐。此种人与黑奴之心理，同出一辙。不过此种人在中国是个少数，大约也不知人格可贵之缘故耳。后来黑人也知林肯是英雄，当时所以不知此理，不知此地位之可贵，此不过从前见识卑陋之原故。

总而言之，今日艰难之建设，为最高之代价，可以买将来之安乐，为子孙谋幸福。无识此虽然反对，有识此自然欢喜，俟三五年后，自然知道今日之价值矣。所望我同胞同心协力，共谋民国巩固，以图异日之幸福。

现在我国外交非常危险，内政非常纷乱。现在中华民国之国民，要知政府是为人民造幸福的。从前专制政体，权在独夫；今日共和政体，权在国民。我中华民国谋完全建设之方法，全赖我四万万同胞组成一个完全国家，故我等民权愈大，而责任亦随之而愈重。我同胞若自己放弃责任，不担国事，则民国是造不成功矣。故为国家前途计，惟有人人负应负之责任，则国家自然能达富强之目的。

此间商人最多，可否以商比国。譬商人中有两种：一种是东家之生意，一种是公司之生意。我等从前是东家生意，所获利益，全归东家独享。现在民国是公司生意，我等人人皆是股东，司事人就是各[现]今之大总统，各部总长、国务员等，就是一切四[办]事人员，都系我股东之公仆。今我四万万人作了主人之地住[位]，应有主人之人格，主人之思想，主人之度量，方能谋公司之发达，享公司之幸福，从前为满清奴隶，今日显民国主人，中华民国就是国民之身命财产，民国之衰弱，即国民之衰弱；民国之富强，即国民之富强。人人皆知爱身、爱家，即我华侨无论在日本、南洋、欧美、澳洲，受千辛万苦，离乡远航，艰险备尝，恬不自顾，何为乎？爱身爱家耳。若我四万万人，以爱身爱家之思想之能力，合而爱国，则我国之富强，对内对外，可以在地球上占第一强国。现在改革之初，人多不知此种道理，实因习惯成自然。若不爱国，何有于家？故人人应担一系责任，或尽大力量，或尽小力量。先知先觉，以引导后知后觉，不必专依赖政府。须知政府之责任，即我之责任也。今日财政外交，各[如]此困难，人人都依赖政府。其实外交之棘手，系因条约；条约之困难，是外债而已。我国财政所拮据者，不过二万五千万元。以中国四万万人每人负担一元，即得四万万元。本来不须借外债，但须人人能尽应尽之义务，负担此种责任耳。不担义务而能享权利幸福，世无此理也。人人存爱国心，何事不成！

今日蒙诸君欢迎，特将此理与诸君说知。今日与从前之地位不同，我国之能否富强，实系乎我同胞之能否负国民之责任耳。当此艰难困苦之时，愿诸同胞努力为国，以图将来幸福。是兄弟之所希望于诸同胞者也。

广东省社会科学院历史研究室等编《孙中山全集》第3卷，中华书局1984年版，第46～49页

3月16日(二月初九日)　北京临时政府坚持省民政长应由政府简派，江西省议会通电拒绝。

1913年3月25日《民立报》载《赣江分治潮》：

南昌函：十六日都督接北京电云："南昌李都督转江西省议会鉴：大总统电文悉。各省简任民政长创始于山西，继之者为湖北、四川等省，参议院与政府往来公牍曾经明认，毫无异

议。是民政长一职,与各省都督、司长、知事、警察总监等官同一性质。虽无官制可据,而政府简任此项官吏实不能谓其违法。盖改革之初,法制未备,约法固必须遵守,而政务未可停止进行。省官制固须经参议院议决通过,然当未议决通过以前,无论何官均无根据,则无论简任何官均可谓为违法,又岂能因此之故,并各省都督、司长、知事、警官一概停止任命,使我国成一无官无法之国耶?况议决官制,约法载明惟参议院有此特权。今参议院对于民政长一职,业已承认,而该省议会独偏见否认,蔑视参议院,蔑视约法,莫此为甚。省会议员多明达之士,尚望力顾大局,勿再为此违法之言,是所至望。"

1913年3月28日《民立报》载《省议会拒赵之两电》:

南昌函:国务院因赣省议会反对民政长,于十五号电驳该会。该会已议决复电逐条纠诘如下:"北京国务院钧鉴:奉删电,愕甚。查各省约法载明都督职权及临时省议会有编订省官制之权。中华民国约法对于此项职权无变更之条,即参议院对于此案亦未翻异。是都督司长知事等官确有根据,至民政长一职,发生于约法颁布后,依第三十三条规定,须交参议院议决,依第二十二条规定,议决事件咨由大总统公布施行,方生效力。此项民政长官职,未经参议院通过,咨请公布。徒据政府与参议院往来公牍,即可视为明认。按之以上二条,甚为不合。至称法制未备,政务未可停止进行,查赣省政务各司分理,尚觉就绪,民政长一官,尽可俟参议院议决省官制颁布后,一体进行。若于约法有效最短期间,骤增官厅,实滋纷扰。敝会虽无议决省官制之职权,然有巩固现状维持民国约法之责任。文寒二电确为体察事实,尊重约法起见,来电斥为蔑视约法,蔑视参议院,窃所不解,敢布区区,伏冀察亮。赣省议会。叩皓。"

1913年3月28日《民立报》载《致各省电》:

省议会十九日为反对民政长通电各省云:"民政长为大总统命令官制中之一,人民既绝对不承认此代法律之命令,即当然不承认此命令官制中之民政长。本省拒驻一案,业经李督咨由本会议决,根据法律,按诸事实,均无承认之理由,已由本会咨覆李督,并电中央查照,讵中央复前赵从蕃为赣民政长,命令官制,必欲实行。专制进步一日千里,删日电覆本会,竟以民政长与都督、县知事相提并论。查都督为各省约法所规定,县知事为地方议会所议决,当然法律,讵能混牵?本会忝为代表,维持约法,保障民权,是其天职。况目睹现象,遥测前途,观察使之任命,形同驴马,国务院之东电,上之祖龙,履霜之余,坚冰将至,法律既亡,民国随之,稍有常识,能不力争?总之,命令官制,实无效力之发生,民选简任尚为未决之问题。此次如承认简任之民政长,其事虽小,因承认民政长而遂已承认其命令之官制,其关系实大。本会不敢冒昧服从,躬为祸首。谨就事实,聊布腹心,尚祈主持正论,保障约法,民国幸甚,江西幸甚。"

3月19日(二月十二日)　湖北商民裘平治上书袁世凯提出:"总统尊严不若君主",请改"帝国立宪"、"缓图共和"。袁世凯于本日颁布命令,斥帝制之谬;并令湖北民政长严刑查拿裘平治等人,按律惩治,以资儆戒。

袁世凯《令湖北民政长查拏裘平治文》:

共和为最良之国体,治平之极轨。中国共和学说酝酿于数千年前,只以压伏于专制之威,未能显著。近数十年来,志士奔呼灌输全国,故义师一起,遂收响应之功,洵为历史之光荣,环球所敬叹。本大总统受国民付托之重,就职宣誓,深愿竭其能力,发扬共和之精神,荡涤专制之瑕秽,永不使帝制再见中国,皇天后土实闻此言。乃竟有湖北商民裘治平等呈称总统尊严不若君主，长官命令等于弁髦。国会成立在尔，正式选举关系匪轻，万一不慎，全国糜烂，共和幸福不如亡国奴隶，曷若暂改帝国立宪，缓图共和等语。谬妄至此，阅之骇然。本大总统受任以来，自维德薄能鲜，夙夜兢兢，所以为国民策治安求幸福者，心余力绌，引为愧疚。而凡所设施，要以国家为前提，合共和之原则，尚为全国人民所共信，不意化日光天之下，竟有此等鬼蜮行为，若非丧心病狂，竟存尝试，即是受人指使，志在煽惑。如务为宽大，置不深究，恐邪说流传，混淆观听，极其流毒，足以败坏共和，谋叛民国，何以对起义之诸人，死事之先烈？何以告退位之清室，赞成之友邦？兴言及此，忧愤填膺，所有呈内列名之裘平治等，著湖北民政长严行查拿，按律惩治，以为猖狂恣肆干冒不韪者戒。此令。

徐有朋编《袁大总统书牍汇编》第2卷，上海广益书局1920年版，第39~40页

△ **袁世凯发布命令，定于民国二年四月八日举行民国议会开会礼。**

三月十九日临时大总统令：

民国二年一月十日本大总统业经按照约法发布国会召集令，所有当选之参议院、众议院议员，均限于三月以内，齐集北京。查国会组织法载，民国议会之开会两院同时行之等语，兹定于中华民国二年四月八日行民国议会开会礼。此令。

1913年3月21日《民立报》

△ **教育部公布《中央学会互选细则》。**

教育部令第十四号：

中央学会互选细则

第一条　中央学会会员之互选，由中央及各省举行之。

第二条　互选日期由教育总长规定，于一个月以前布告之。

第三条　在内国、外国大学或高等专门学校三年以上毕业者，应于互选日期布告后二十日以内，呈验毕业证书。具有前项资格居住北京者，可将毕业证书送教育部审查；住居各省者，送该省教育司审查。合格者得列入中央或各省互选人名册。

第四条　凡有高深著述，经中央学会评定者，由中央学会会长于互选日期布告后十日以内，汇送教育部，列入互选名册，前项规定在第一届互选时不适用之。

第五条　互选用记名投票法。

第六条　投票纸，在京由教育部发给，在各省由教育司发给。

第七条　中央及各省均于互选之次日开票，并须通知该地之投票者二人以上莅场监察。

第八条　左列各款之投票均作为无效。

一、选举人之姓名不在互选人名册内者。二、不用发给之投票纸者。三、不依式填写者。四、污损投票纸者。五、字迹不明者。

第九条　各省选出之人，无论票数多寡，应由教育司于互选之次日将姓名得票之数，电告教育总长，并将投票纸呈送教育部。

第十条　凡得票满五十票以上者，为当选。前项票额，得汇集中央及各省投票之数计算之。

第十一条　凡当选者由教育总长给与当选证书。

第十二条　各省互选办事规则由教育司定之。

第十三条　本细则自公布日施行。

中国第二历史档案馆编《中华民国史档案资料汇编》第3辑，教育，江苏古籍出版社1991年版，第723~724页

3月20日(二月十三日)　宋教仁应袁世凯邀请,北上商讨国事,是日晚十时,在上海沪宁车站遇刺,二十二日不治逝世。

1913年3月21日《民立报》载《国民党消息》:

宋钝初先生今日赴宁,突于车站受刺客击伤。

1913年3月21日《民立报》载《可骇之暗杀案》:

昨晚十时四十五分,沪宁铁路车站忽发现一可骇之暗杀案,即宋钝初先生定于十一时乘特别快车赴宁,转附津浦车北上,而忽有刺客于此时狙击宋先生。

《宋钝初先生遇害始末记》:

宋钝初先生为革命伟人,国家柱石,丰功伟绩,昭著人间。自光复以迄今兹,种种建设宏谋,要非常人所能企及,而其大政见大规划,亦非一般政客所可步武后尘,是先生不特为吾党之中坚,要亦中华民国之栋梁也。本年二月间,以正式国会成立在即,亟宜组织强有力之政府,乃本其十数年来所抱负之政党内阁之政策,披露于国中。自京而湘、而鄂、而浔、而皖、而南京、而浙江、而上海,名言谠论,卓识远谋,国民之聆其言论者,至今犹萦回五内,念先生弗置也。三月中旬,应总统命北上,国人对于先生之行也,以建设事业之大任属望于先生,方且喁喁以望,举颈歧踵,以睹新猷,孰意群谋不逞之徒,乘先生三月廿二夜,频行之际,使奸徒狙击于上海沪宁车站,延至次日而毙命。呜呼!惨已。兹将遇害始末,分别录之如下:

(一)前先生之十数日,先生得友人之密告,谓北方忌先生者欲杀之,愿先为戒备。先生曰:吾一身光明磊落,平身无夙愿无私仇,光天化日之政客竞争,安有此种卑劣残忍之手段,吾意异党及官僚中人,未必有此,特谣言耳,岂以此懈吾责任心哉。卒意三月二十日准备行装,乘沪宁夜车赴宁,取道津浦铁道北上。当时沪上同志设筵祖饯者甚多,皆留言郑重而别。

(二)先生于二十夜十时许至车站,偕行者及送行诸公在议员招待室小憩。十时四十分,由国民党交际处干事吴仲华君引导,与拓鲁生、黄克强、陈敬宣、廖仲恺诸君(先生居陈廖二君之间),同向车站出口处进发,甫至剪票处,枪声即起,共闻三响,第一响声最低,后两响声较高。时于右任君在招待室谈话,闻声即出现,遇宋黄二先生于剪票处门口。宋先生曰:吾中枪矣,伏地不能起,盖为第一响枪声之最低者所中。时铁路巡警杳如黄鹤。有人谓目击该凶手连放三枪,发第一枪后即匍匐于地,以枪左右连发二枪,殆吓止追捕之人也。凶手身材短小,着黑色军衣。当时送行诸君,急欲护救先生,未遑顾及,竟任其扬长而去。先生既中枪,送行诸公,亟借某君汽车,送先生至沪宁铁路医院疗治。

(三)先生至医院后,因医生出外未归,暂在休息室小憩,先生痛甚,抚于右任君首至其胸际而言曰:吾痛甚,殆将不起,今以三事奉告:"(一)所有在南京北京及东京寄存之书籍,悉捐入南京图书馆。(二)我本家寒,老母尚在,如我亡后,请克强与公及诸故人为我照料。(三)诸公皆当勉力进行,勿以为我念,而放弃责任心。我为调和南北事,费尽心力,造谣者及一班人民,不知原委,每多误解,我受痛苦,也是应当,死亦何悔。余无他语。……"俄而医生至,十二时三十分始取出枪子,子形尖小,似系六寸九响郎克宁手枪所用。先生受弹处,流血不多而痛苦特甚,盖以受伤处适近心脏,故痛苦殊甚。然痛苦中犹不忘国事,犹授意黄克强先生代拟致袁总统电文一通如下:"北京袁大总统鉴:仁本夜乘沪宁车赴京,敬谒钧座,十时四十五分在车站,突被奸人自背后施枪弹,由腰上部入腹下部,势必至死。窃思仁自受教以来,即束身自爱,虽寡过之未获,从未结怨于私人。清政不良,起任改革,亦重人道,守公理,不敢有一毫权利之见存。今国基未固,民福不增,遽尔撒手,死有余恨。伏冀大总统开诚心,布公道,竭力保障民权,俾国会得确定不拔之宪法,则虽死日,犹生之年。临死哀言,尚祈鉴纳。宋教仁哿。”

罗家伦主编《革命文献》42、43合辑，台北中央文物供应社1968年版，第33～35页

1913年3月24日《民立报》载《袁总统之慰唁》：

袁总统接到宋先生哿电，报告受刺情形，随有复电慰问，关念至切。此电于二十二日上午十一时方抵沪。其文如下：“上海宋钝初先生鉴：阅路透电惊闻执事为暴徒所伤，正深骇绝。顷接哿电，方得其详。民国建设，人才至难，执事学识冠时，为世推重，凡稍有知识者无不加以爱护。岂意众目昭彰之地，竟有凶人敢行暗杀，人心险恶，法纪何存？惟祈天相吉人，调治平复，幸勿作衰败之语，徒长悲观。除电饬江苏都督、民政长，上海交涉使、知事，沪宁铁路总办，重悬赏格，限期严拿凶犯外，合先慰问。袁世凯马。”

△ **黄兴致电谭延闿及国民党湘支部，告知宋教仁被刺情况。**

黄兴《致国民党湘支部电》：

长沙谭都督、国民党支部鉴：本夜十一时，遯初兄由沪赴京上火车时被刺客枪击腰部，伤甚重，刺客逸。特闻。兴。哿。

湖南省社会科学院编《黄兴集》，中华书局1981年版，第310页

△ **宋教仁被刺后，上海国民党发出通电。**

《上海国民党通电》：

万急，北京袁大总统、国务院、参议院、各省省议会、各都督、各报馆暨国民党支部鉴：二十晚十时半，黄克强先生送宋钝初先生北上，在沪宁车站登车时，有奸人连放三枪，宋君腰部中弹，立即舁往医院，子虽取出，伤尚危重。克强先生等无恙，凶手在逃。特闻。国民党上海交通部。

罗家伦主编《革命文献》第42、43合辑，台北，中央文物供应社1968年版，第108～109页

3月21日（二月十四日） “宋案”发生次日，黄兴致电北京大总统、国务院、参议院，报告案情经过。

黄兴《致大总统电》：

袁大总统、国务院、参议院钧鉴：昨夜十时四十五分，兴送钝初兄北上，在沪宁车站突遇凶人，自背后枪击钝兄，连发三响，中其一弹，由后腰上部斜掠肾脏，穿过大腹，直入下腹皮层停止。当即送入附近铁路医院，十二时三十分取出子弹，系卜朗林式。今日午后二时集大医士五人，又加剖治，将腹缝补，食物污血，一概涤尽，然后合其刀口，现神思昏炫，状甚危险。据医者云，若不发炎热，方有希望。当此人心摇惑之际，而有如此凶徒，不顾大局，戕贼人道，殊深浩叹，当场凶手窜逸，未及捕获。知注特闻。黄兴叩。个。

湖南省社会科学院编《黄兴集》，中华书局1981年版，第310～311页

△ **袁世凯电令江苏都督、民政长等，立悬重赏，限期破案。**

《袁世凯令》：

程都督、应民政长、陈交涉使、县知事、沪宁铁路钟总办，按宋钝初君哿电称，日乘沪宁夜车赴京，十时四十五分，在车站，突被奸人自背后施枪弹，由右腰上部入腹下部等语。车站为众目昭彰之地，竟有凶徒，敢行暗杀，该管巡警所司何事，人心险恶，法纪何存，瞻望前途，曷

胜忧愤。仰该都督民政长交涉使县知事暨铁路总办,立悬重赏,限期破获,按法重惩。一面由该交涉使县知事亲莅医院慰问宋君,切劝静心调治,以期速愈。此令。大总统。个。

罗家伦主编《革命文献》第42、43合辑,台北,中央文物供应社1968年版,第132～133页

附《交涉使致袁世凯电》:

北京大总统钧鉴:个电,养奉悉。宋君教仁寅故,已往唁。并商钟文耀悬赏缉凶,催县知事会警购拿。昨晚十时,医院收到寄宋邮信,著救国协会铁民,称自湘汉至沪,意在某,误中宋,道歉忱等语。谨闻。陈贻范养。

罗家伦主编《革命文献》第42、43合辑,台北,中央文物供应社1968年版,第133页

△ 宋教仁被刺翌日,在医院收到一邮信,系自上海寄发,其信封信纸皆为上等外国纸,信封署"铁民自本埠发"七字,用黑色墨水写,函内字用红色墨水,均以钢笔书写。

《离奇之函电》:

钝初先生足下:鄙人自湘而汉而沪,一路欲送某君赴黄泉国大统领任,昨夜正欲与某君握别,赠以卫生丸数粒,以作纪念。不意误赠与君,实在对不起了。虽然,君从此亦得享千古之幸福了,因某君尚未赴新任,本会同人昨夜曾以巨金运选举,选举结果,则君最占优胜,每票金额五千元,故同人等请君先行代理黄泉国大统领,俟某君到任后,自当推举你任总理,肃此恭祝崇喜,并颂千古。救国协会代表铁民启。

罗家伦主编《革命文献》第42、43合辑,台北,中央文物供应社1968年版,第80页

3月22日(二月十五日) 宋教仁不治身亡。

《宋钝初先生遇害始末记》:

二十一日夜间十时许,医生言先生或有转机之望。讵十二时许,医生二人复来互相讨论,中有势极危险之语,又恐其肾部受伤,流血过甚,已呈无可奈何之状。廿二日晨三时许,先生目睛有仰翻之象,周身热度渐低,手足已冰,急请医生至,则注视良久,谓恐已无救。呜呼,宋先生于十二时顷,曾与刘君白言:"我所欲言,已尽与右任言矣,吾死后,请与右任商之。"云至此,刘君犹伏枕问其有遗嘱否,宋先生微言:"一二时内,我将死矣,尚复何言。"时其故人均先后闻警至,先生已不能语,尚以目四瞩周视故人,其两手忽作合十形,忽回抱其胸际,若有无数欲言者在。又或触念其老母,作此依依不舍之形。又现一种不适之态。克强以首接近其面附耳呼曰:钝初,你放心去罢。时在旁多人皆欲哭无泪,含悲对之,其惨痛情形,无言可状,旋即气绝。时乃廿二日午前时四十八分也。

罗家伦主编《革命文献》第42、43合辑,台北,中央文物供应社1968年版,第35～36页

△ 黄兴电告北京:宋教仁伤重逝世。

黄兴《致北京电》:

大总统、国务院、参议院钧鉴:宋钝初先生痛于今晨四时四十七分绝命,特此耗闻。黄兴。养。

湖南省社会科学院编《黄兴集》,中华书局1981年版,第312页

△ 袁世凯发布命令,饬国务院从优议恤,以彰崇报;并饬江苏都督与民政长迅缉凶犯,穷究主名。

三月二十二日临时大总统令:

昨据前农林总长宋教仁电称，二十日晚在上海车站被奸人枪击重伤，当即电饬江苏都督程德全、民政长应德宏及上海地方官、沪宁铁路总办，立悬重赏，勒限缉凶，并派交涉使陈贻范前往慰问。嗣据该交涉使电称，宋前总长于二十二日寅时因伤身故。民国新建人才至难，该凶犯胆敢于众目昭彰之地狙击勋良。该管巡警并未当场缉拿，致被逃逸，阅电殊堪发指。前农林总长宋教仁奔走国事，缔造共和，厥功甚伟，迨统一政府成立，赞襄国务，尤能通知大体，擘划勤劳，方期大展宏猷，何意遽闻惨变，凡我国民，同深怆恻，应即交国务院从优议恤，以彰崇报。所有身后事宜，业经电饬陈贻范会同钟文耀妥为料理。方今国基未固，亟赖群策群力，相与扶持，况暗杀之风尤乖人道，似此逞凶枪击藐法横行，匪惟国法所不容，亦为国民所共弃。应责成江苏都督、民政长迅缉凶犯，穷究主名，务得确情，按法严办，以维国纪，而慰英魂。此令。

1913 年 3 月 24 日《民立报》

△ 孙中山自长崎致电国民党本部及上海交通部，令党人合力查究宋教仁被刺原因。

孙中山《致国民党本部电》：

国民党本部及上海交通部鉴：闻钝初死，极悼。望党人合力查【研】此事原因，以谋昭雪。孙文。

广东省社会科学院历史研究室编《孙中山全集》第 3 卷，中华书局 1984 年版，第 50 页

△ 黄兴致电北京民主报，请将“宋案”经过刊诸报章，宣示中外。

黄兴《致仇亮电》：

北京民主报仇蕴存兄鉴：叠接都中诸友来电，殷殷垂问，宋钝初先生受伤情状，刻值治丧忙迫，未及一一拟答，殊深歉疚。兹特详述于下，乞登报章，以慰哀感。钝初兄于廿夜十时四十五分，由沪赴京，在车站被奸人由背后施枪弹，由右脊腰上部掠肾脏，穿大肠直透下腹皮层停止，当即送入附近铁道医院疗治。此时钝初兄伤虽重，而精神如常，然自知必死，即口授致大总统电文，并述对将来之政见，一一告别同志，并不提及家事，惟云老母年高，不可使知变状。十二时三十分，即将子弹取出，廿一午后二时，复集医生五人剖治，又将肠伤缝补，涤尽遗出食物及污血，仍合其口，此后神思虽困倦，然脑尚明晰，犹不能不作万一侥幸之想，乃晨四时四十七分，气出不已，呼：我调和南北之苦心，世人不谅，死不瞑目矣，竟尔绝命。呜呼！当此国势飘摇之际，而有如此奸徒，不顾大局，戕贼人道，行此暗杀手段，痛何如之，想诸君当亦同声一哭也。凶徒正在密探，尚未缉获，谨此讣闻。黄兴。养。

湖南省社会科学院编《黄兴集》，中华书局 1981 年版，第 313～314 页

△ 黄兴、陈其美致函上海总巡捕房，悬赏一万元，请协助缉凶。

黄兴《致上海总巡捕房电》：

启者，兹有良友宋教仁君于廿号午后十时四十五分在沪宁车站，被奸人枪伤，今晨四时四十七分去世。此案发现虽在内地，难保该凶手不藏匿租界，应请执事严饬得力探捕，加意侦缉，如能拿获正凶，彻清全案，准备赏银一万元，以为酬劳。宋君为民国要人，执事亦热心赞成民国，想当允如所请也。陈其美、黄兴同启。民国二年三月二十二日。

湖南省社会科学院编《黄兴集》，中华书局 1981 年版，第 311 页

△ **美国宣布退出六国银行团。**

外交部秘书厅抄送张荫棠电陈美国退出银行团情形致财政部函：

敬启者:顷收驻美代表来电二件,美总统宣布政见,美国已声明退出六国团事。兹照录送上,敬乞察阅是荷。此颂。外交部秘书厅启。二十二日 (电文二件略)

中国第二历史档案馆编《中华民国史档案资料汇编》第3辑,财政,江苏古籍出版社1991年版,第1026页

3月23日(二月十六日) 宋教仁遗体于本日下午三时自沪宁铁路医院移往湖南会馆,暂行厝葬。移灵时万众执绋,同声悲悼。

《宋钝初先生遇害始末记》:

廿三日午正十二时许,沪宁铁路医院门前送殡者,已达数百人,拥挤异常。三时正,即请宋先生灵榇登舆,其时宾客及商团军队至医院者,达三千人。其仪从及途次情形如下:(甲)行列 (一)旗帜前导,(二)军队乐,(三)遗像作花亭式,(四)灵位用油壁双马车,四周顶上扎花彩,(五)军乐队海军细乐,(六)花圈,(七)军队,(八)党员及送殡来宾,步行执绋约千五百人,(九)灵轮,(十)右为送殡者步行护送,(十一)军乐队,(十二)为宾客乘车者,约二百余辆。(乙)路祭 殡队出医院,由北四川路、蓬路、河南路,复绕道福州、浙江、松江等路,而至三洋泾桥,至民立报社门首,行队暂止,同人就途中设祭行礼后,于君右任痛哭述先生尽力于民立报者,今日不敢为私交哭,不敢为民立报哭,实为中华民国前途痛哭。同人皆哭失声,护灵之闸北商团员皆痛哭。道旁观者亦有为之泣下者。于君匍匐于地,泣不可仰,由同行者扶起。仍随宋先生灵榇行祭毕,仍前进至郑家木桥,折而南,直达斜桥。(丙)军队商团 同行者有闸北商团,在灵榇之左右,哀戚甚至。抵京江公所时,为租界之尽处,我南市之巡警队、商团、马队,皆整列吹号护送,军乐之声,节节相和,每段有巡警兵荷枪随行,故是日之殡仪中,军队之多,为从前所未有。而送殡者之哀戚,又为上海所未见也。(丁)道路观者之拥挤 自医院至斜桥,其间十余里中所经之地,旁观者皆侧立十余层,排积如山。执绋者引舁前导,竭力分让,犹不易前进。而静穆无哗,惟闻慨叹之音,令人凄泣欲绝。送殡者除党员外,有伍廷芳等名人,有外国人,以日本朝鲜占多数。有女子,有学生,皆徒步走送。上海数十年来时见出殡者,而吊客之多,秩序之整,观者之挤,则我宋先生之殡仪,殆空前之盛举也。先生灵榇抵湖南会馆,仍按行列礼,依次入门,会馆门素彩,大厅亦白灯彩,时黄克强、陈英士诸先生已先在,总计是日会送者,有四五千人。行礼时,十余人为一列,自抵馆时约五时三十分,至六时三十分天色已暝,而行礼者犹络绎不绝。有同文书院学生一队,前来行礼。朝鲜人申君柽,尤含惨万状。此外如伍廷芳、赵凤昌诸君,亦前至会馆。前后厅聚数千人,而静肃之致,令人益其悲惨矣。尤可敬者,则是日医院直至会馆,期间约途经十余里,道旁观者男妇老幼万头攒动,所过无隙地,而所闻者尽为悲惨叹息之声,曰:宋先生遗像者,无不肃然起敬,无敢以手指者。呜呼!先生遗爱在人,灵前一恸,固应尔尔。

罗家伦主编《革命文献》第42、43合辑,台北,中央文物供应社1968年版,第37~38页

△ **“宋案”发生后舆论界反应强烈,纷纷发文抨击不良时政。**

徐血儿《呜呼万恶之奸徒——人道之贼,公理之贼》:

天乎!天乎!我国民所仰望所倚重之宋教仁先生,竟不幸而遭奸徒之毒手乎!光天化日之下,竟有天良丧尽之奸徒,而欲戕贼我国家之柱石,国民之福星乎。夫宋先生奔走革命十数年,出死入生,筹划种种,大革命之计划,布置完善,而民国于以造成。今对于民国之建

设，尤抱绝大之政见，以期国利民福之必达。先生盖坚持平民政治之主义，扩张民权实行统一之政策者。故先生于国，则有伟功，于民则有乐利。今正式国会成立在迩，国民无不仰望宋先生担负建设之大任，而先生乃于将次北上之顷，遭奸徒之狙击。呜呼！人道何在乎？公理何在乎？时事如此，奸徒横行，如此民国，前途尚有可为乎。

宋先生以一身系天下之重望，其为人也，和蔼可亲，对宾客从无倨色。道德纯洁，性情坦白，平居时无不以国事为忧，而日日研究根本救国之大策。故知先生者，无不重先生敬先生。虽与先生政见不同者，亦无不倾心焉。盖先生既为手创民国之伟人，复为巩固共和之豪杰，凡有血气之伦，未有忍心与先生为敌者也。故此次受奸徒之狙击，可断知其非为私仇，亦决非为众怨也。则狙击先生者，诚可谓万恶之奸徒，贼人道贼公理者也。

然则此万恶之奸徒，果何为而欲狙击先生乎？此诚为大可研究之点。顾奸徒之来，既无与于私仇，又不由于众怨，则以前后时事观之，此可骇可诧之暗杀案，殆不能脱离于政治上之关系，且可逆知此可骇可诧之暗杀案，非仅二三奸徒为之，而内幕中必有政治关系有力之人，为之指使，此非臆度之词，盖此种暗杀风说，早已传布于吾人耳鼓。不过宋先生坦然于心，以为于人无疚，即或政见不同，而为国利民福则一，何致招以卑劣手段相对付者，故先生毫不戒备，致遭奸徒之毒手也。今惜奸徒未获，真相难知，终必有水落石出之日，则此种万恶之奸徒，已为人道公理之大敌，全国国民得捕而诛之，而决不可使此万恶奸徒，得存留于民国之世也。

宋先生因负重创，生死未卜，设先生一有不测，则我国政治界失此明星，吾国民之哀痛，将至何极。呜乎！吾书至此，悲愤万端。吾请以简括之语，敬告我四百兆之国民曰：宋先生危，民国前途亦随之而危。所愿我尚义之国民，有以继宋先生而起，吾尚义之国民，一日不死，则万恶之暴徒，终必有歼灭之一日也。

罗家伦主编《革命文献》第42、43合辑，台北，中央文物供应社1968年版，246～247页

刘民畏《杀宋教仁者必谋不利于平民政治者也》：

宋先生死矣！宋先生死矣！弹丸无情，奸人肆毒，新造之民国，竟失此一大政治家。宋先生长已矣，大政治家又弱一个矣。虽然，吾不暇为宋先生一人哀，又不仅为一政治家惜，独深恫乎奸人之杀宋先生，即隐谋不利于平民政治。为当道豺狼凭城狐鼠，与平民政治宣战之动机，死一宋先生不足惜，其如中华民国之前途何？宋先生之为人，高尚纯洁，昔为民党，以迄于置身政党，无日不以平民政治为抱负。革命未成也，则誓死决心以赴之。革命之既成也，则誓死决心，以谋死决心，以谋民国之建设，南北之统一，厥功甚伟，数月来奔走国事，未敢稍事怠荒，而其心固欲求达于平民政治之域，自始自终，其精神贯彻如一也。有野心家出，因总统之尊严，不如君主，平民政治，又利于多数之平民，而不利于少数之王政党与官僚派。夫今日政府中人，非欲夺吾民定宪法之权，而制造一种总统宪法耶？非破坏政党内阁，而理想一种官僚内阁耶？非力争省长简任，以密布其专制爪牙者耶？与宋先生之主张，适成反比例。宋先生最近所发表之政见，则拥护民权之宪法也，政党内阁也，省长民选也，与政府中人两不相容，是其致死之绝大原因也。一般依草附木之权奸，与昔日曾为民贼，今又滥邀勋章之妖孽，思非去宋先生，不足结神奸巨蠹之欢心，而平民政治终有实现于中华民国之一日。于是暗购刺客，奋臂一击，宋先生遂长此终古，我虽不杀伯仁，伯仁由我死，君知杀宋先生必有主使之者，此主使之者谁乎，必与政治上大有关系，可断言其反对宋先生之主张，最后遂出于暗杀之一途。宋先生之主张，纯为平民政治，因反对平民政治，遂戕贼主张平民政治之人，此平民政治前途最危险之现象。呜呼！极力破坏平民政治，而歆动于帝王思想者谁也，此中

有人,呼之欲出,吾知杀宋先生者,必为神奸巨蠹所授意。天乎!平民政治不见容于神奸巨蠹,竟至主张平民政治者及身不免,天理何在,人道何存。我国人须知平民政治,最良好之政治也,纵有与平民政治宣战者,仍当同心戮力,以达于平民政治之真境,方合乎主权在于全体人民之精神。一宋先生死,而百宋先生起,百宋先生死,而千万亿之宋先生起,非平民政治实现于中国,则吾人革命之谓何,宋先生流血之谓何,平民政治之的,即造成拥护民权之宪法,组织纯粹之政党内阁是也。竟宋先生未竟之志,平民政治方不为野心者所劫夺,此非吾少数人之责,实全国人之责也,不得平民政治,当断头流血以争之。彼专制恶魔虽横,宋先生在天之灵,必默相平民政治之发美果于中华民国,平民政治不死,则宋先生不死,此记者所希望于我全国者。

罗家伦主编《革命文献》第42、43合辑,台北,中央文物供应社1968年版,第260~262页

叶楚伧《猛进之政治活动——各政党应有之决心》:

自宋先生殂,全国悲恸,微独吾党为然。然而凶手既获,尽吾真诚,绳以法律,全案罪孽,当不致幸逃。记者敢聊慰同人,今所急急欲为吾党告者,宋先生殂后,吾党对于正式政府之政治活动是也。

宋先生之死,见者与未见者,当一律忆其中弹腰际,血流殷衣,痛苦一周,谆谆告语勉力进行之状也。嗟乎!吾尝闻宋先生之言曰:政党之谋国利民福,立志当如战斗线上之军人!苟未至灵气灭绝,即断脰绝足,进行之决心,必不能解懈。嗟乎!先生已因国利民福以至于灵气灭绝矣,吾侪后死者,将以何事继之,仅事涕泣,此妇孺事,何足为国利民福谋。吾今故大声疾呼,泪继以血,以告有志之士曰:非立一坚定之决心,速谋政治活动以至于灵气灭绝不可。

毒害吾宋先生者,其发生之关系无论如何,吾可决之曰:仅最少数丧心病狂所为,国民对于政党之恩遇,至殷且渥,期望亦至深且切,故政党最近之进行,非特宜保存常度,且应因此突遇之意外变故,益砺其精神。观于近今国民对于宋先生遇害之悲感,有志之士,应知其一滴血一滴泪,非有私恩于宋先生,盖恸哭哲人之萎,不免肇起政治活动迟滞之因,致尤难早定真共和之基耳。有志之士,体此国民苦心,则谋所以慰之者,非痛含泪,求政治活动之猛进不可。伟人之血,政党披衣急起之晨钟也,共和基础未固定之徵征也。为念共和基础尚未固定,当自罪一年以来,碌碌何为,往者已矣,来日大难,不急进行,则今后无论演何种惨剧,致亡其国,其第一罪人,厥惟吾辈,所尚留万一之希望,俾得终固民国者,惟区区最短时间之政治活动耳。否然者,虽日哭对宋先生之灵,宋先生之灵将唾而弃之,虽日日言国利民福,国民将唾而弃之。虽然,余不仅为吾党言,凡国内各政党,苟立于光天化日之下,有正确之政见者,于宋先生死后,余皆愿其平心静气以听之。

罗家伦主编《革命文献》第42、43合辑,台北,中央文物供应社1968年版,第252~254页

木石《呜呼主张政党内阁之牺牲者》:

呜乎!宋君死矣!呜呼!宋君竟饮弹而死矣。呜呼!天意其将祸中华欤,何夺我宋君之速也。呜呼!人心其未餍共和欤,何忌我宋君之甚也。满清专制,宋君奔走革命者十数年,出死入生,亦既屡濒于危险。今共和告成,宋君之计划为多,方事之殷也,前仆后继之余,同辈每成仁以去,宋君则安然无恙,是天之不欲死我宋君也。南北统一,宋君回翔政界者百余日,闲官冷宦,未能大展其抱负,然党派调和,宋君之心力几尽,迨事不可为,薄志弱行者流,相率以洁身为高,宋君独强聒不舍,是君之不忍死我中国也。呜呼!天不欲死君昔日者,而今竟死之。君不忍死我中国者,而人乃死之,甚矣哉,天道之无知,而人心之难测也。夫今

日之民国，非风雨飘摇之时乎，国势则阢陧不安，人心则危疑无定，于是有识之政治家，咸以组织政党内阁，为惟一救国之良策，此种政见，国民党固已万众一心，而宋君实主张最力之一人也。宋君之热心毅力，能引建设为己任，一日假以政权，其所设施，必有焕然改观者，是非我一党之幸，实我全国之幸也。故无论同党与非同党，相识与不相识，群以未来总理之一席，属目于宋君，天不相我中国，宋君竟赍志以殁。政党内阁主义，虽不致因此而遭顿挫，然环顾全国，具卓越之政见，有坚忍之志气，如宋君者，实不多见，不特吾党失一健者也。呜呼！天不死君于破坏之时代，天乃死君于建设之时代。人之云亡，邦国殄瘁，此天意之所以难知欤。世之论者，谓宋君一席演说，穷形尽相，实为取祸之动机，所谓当局者，所谓救国团，其黑幕中大有人在。宋君竭力主张政党内阁，俨然以总理自命，尤不利于少数之野心家，恨而兼忌，此暗杀者之一击，不仅夺宋君一人之生命，且将阻政党内阁之进行也。抑知政治竞争，为文明国所时有，勿论宋君演说，果有取祸之道与否，然临时政府之失职，固事实昭著而不可掩者，改弦而更张之，非政党内阁莫属，总理一席，宋君方逊谢不遑，即使毅然自任，亦为大政治家所当有事。世界党争，自有明揭之政见，何致用暗杀之手段乎。呜呼！君不死于解职南归之日，君竟死于发轫北上之时，为鬼为蜮，则不可得，此人心之所以难测欤。虽然西谚有云：上帝如能如汝意以畀汝，但须酬之以代价。我民国成立，非徼幸而得者也，革命同志之糜其颈血耗其心血者，一点一滴，莫非为我全国同胞之幸福计。今日灿烂庄严之民国，皆我先辈牺牲的精神镕铸而成，不幸大局粗定，前途辽远，我同党之精神，或稍涣散而不团结欤，或稍萎缩而不奋发欤。今暗杀者之举动，非对宋君个人生命而加以残害，直对政党内阁主义而加以打击。然宋君之肉体虽死，宋君之精神不死，继宋君之志而起者，要亦同党之后死者是赖。一喷一醒，再接再厉，他日纯粹之政党内阁组成，共和之基础巩固，痛定思痛，当念牺牲于此政见之一人。呜乎！宋君为不死矣。

罗家伦主编《革命文献》第42、43合辑，台北，中央文物供应社1968年版，第267～268页

亦孟《论暗杀宋钝初之影响》：

鸣呼！宋君而竟死矣。溯自十九世纪以来，政治界之伟人，往往遇不测之变故，以林肯之仁，麦坚尼之贤，星亭之才，而亦毕命于谁何暴客之手，则宋君虽死，亦复何憾。惟此诸人者，其功既成，其名既树，撒手长往，亦可瞑目。宋君则生平所怀抱未尽万一，而存亡危急之秋，溺大渊而待援手者，何啻以万万计，修涂甫半，赍志长辞，不大可痛惜哉。宋君之德与才，各报哀挽者，亦既宣述，无余蕴矣，更何复侍词费。惟所深忧者，独此暗杀之风一炽，贼人道而仆国基，其祸乃至于亡国灭种，而无所以施补救。愿当世所谓野心家者，稍一念前途之危亟，而勿更肆其狂锋也。

吾国之言暗杀者，大抵以剑客传为托始。然荆轲聂政诸人，皆于千乘万骑之中，羽卫森严之地，取民贼之元，而莫敢撄其锋者，此其事至为光明磊落。与暗杀之旨，实不相符，即来歙岑彭之被刺，亦出于敌国之所为，非所论于同国。惟唐室武元衡之死，李石之被击，其事乃大类于今日，然反贼逆阉所为，岂可取为师资。当帝政专制时代，忠义之士腐心裂眦，而未可如何，始不得不出此耳。今帝政既仆，举国共和，何所用其怨毒，至出此乘人不备之下策哉。故同一戕杀元首之案也，俄以施诸亚历山大，则寰区共赞其义烈。美以施诸林肯麦坚尼，则举世共诛为逆贼。夫以所处之国不同，而所值之时迥异耳。今宋君被害之原因，言人人殊。然此中殆有迥出乎常人意料之外，必非如悠悠之口，徒泥迹象以相求者。况以宋君之贤，苍苍者宁肯听其冤沉终古，而并以累及事外之无辜者耶？计兹事之影响或有两可疑焉：一则政界之中，人人相疑相忌，同室也而俨如胡越，昆季也而视等仇雠，载鬼张弧之衅，常哄于庙堂，

风声鹤唳之疑,时萦于梦寐。举一国重要之大政,悉置诸不议不论,而一惟衽席戈矛之是惧,党祸积而愈深,杀机演而愈厉,此虽承平无事时,亦必底于乱亡,况今日邦本未宁,内忧外患迭起纷乘者乎。耗矣哀哉,吾国前途必无幸矣。一则恶直丑正,实繁有徒。聪明才智之士,知秉公持正之必触危机,举皆潜沮退藏,洁身避世,无敢为国家任劳任怨者,此不得以恝置国事,责之,盖明知一事之不可行,虽捐躯而不足以纾难也。正士端人,既已相率引避,于是便辟侧媚之流,曲学阿世之辈,皆得乘时竞起,把持朝局,国事偭张,其险象何待问哉。

嗟夫!宋君已矣。自今以往,志宋君之志,学宋君之学者,吾知其决不敢厕身于政界矣。然则此主持暗杀者,岂惟死一宋君已耶,殆不啻举未来之无量数人而尽劓绝之也。吾国不幸遂亡,罪魁祸首,非斯人其孰归,虽举其人而菹醢之,亦奚足释吾国民百身莫赎之痛也乎。”

罗家伦主编《革命文献》第42、43合辑,台北,中央文物供应社1968年版,第268~270页

邵元冲《对于宋先生暗杀案之研究》:

宋先生暗杀之案,今已罪人斯得矣,吾人援刑律以觇此案之究竟,则其为谋杀罪也,昭昭无可疑。特凶犯今虽被获,而所拘之地,乃在于英租界之捕房,记者割据约章,按照国际公法而研究之,则知此案之裁判权,实完全应归之中国审判厅,而由其审判。记者所根据之理由有三:

(一)犯罪者为中国人……应夔丞、武士英等。

(二)被害者为中国人……宋教仁。

(三)犯罪地为中国地……沪宁车站。

夫犯罪者与被害者,既悉属于中国人,而犯罪之地,又为中国地,是中国国家对之固完全应有审判之之权,此法文昭昭,无可疑者也。然或者犹有疑义,以为此次应夔丞等被捕,乃由英法捕协同缉获,而犯罪人之就捕地,为迎春坊,又属于英租界管辖范围以内,是其审判之权,或亦将因此而归于英租界范围以内,然此实似是而非之说也,记者请援国际法以证之。

国际法中规定,有犯罪人引渡之一项,谓犯罪人逃亡于外国,有处罚犯罪人权利之国家,对于犯罪人所在之国家,有谓求引渡之权利。在国际法上所以认有此例者,盖以国家为组成国际团体之分子,有紊乱分子之秩序者,国际团体必因而紊乱,故不可不加以制裁也。虽其间亦有如政治犯等,不得引渡,为其一例外,然其因私人之犯谋杀杀人等罪者,犯罪人所在之国家,对于犯罪人之本国国家,必有引渡之之义务。而犯罪人在本国,因谋杀本国人之后,而逃亡于外国者,所在国对于此项犯罪人,以不能适用其所在国之法律,故尤有引渡此犯罪者于其本国之责任(以犯罪者所害之人,非所在国之人,则所在国对之无罪名之可言。然此犯罪者,实系有妨害于其己国之社会,故所在国必引渡之于犯罪人之本国,而由其惩罚也。)吾援此以证宋之暗杀案,又得援据之理由五:

(一)应夔丞之谋杀宋教仁,系以中国人杀中国人。

(二)应夔丞等所犯之罪,系中国刑律内之谋杀。

(三)应夔丞等当谋杀宋教仁时,其犯事地系在中国界内,逮犯事后,始逃至英租界以内者。

(四)应夔丞等系在中国界内犯罪,非在英租界内犯罪。

(五)应夔丞等系杀人,非政治犯。

由上种种之理由以考察之,则应夔丞等所犯之杀人罪,乃完全为对于中国国家所犯之罪,与英租界无丝毫关系之可言。虽捕获之地属诸英租界,然此乃为英租界维持治安应有之责任,不得谓因其捕获,而遂有审判之之权也。且应夔丞等所犯者既为杀人罪,则即使其犯

事之后，逋至英国境内，中国政府亦有要求英国政府，将应夔丞交出之权利，此在国际法例上固然也。

记者更由中国对英国之条约证之，中英续约第二十一款曰：中国人民因犯法潜匿英国船中房屋，一经中国官员照会领事官，即应交出，不得隐匿袒庇。此即中国对于英国依据国际公法中犯罪人引渡之规定，而订立之条例也。

记者由此种种方面研究之，特为之断曰：

（一）应夔丞等之犯法，系中国人民犯本国之法律。

（二）应夔丞等之匿居于英租界，系中国人民因犯罪而匿居于英国之房屋中。

（三）故英国领事，因应夔丞等系犯罪而匿居租界内，但经中国官吏照会英领事，即有交出之义务也。

如是，则此次之暗杀案，其裁判权应完全归于中国裁判权之下，乃绝无可疑。愿上海交涉使，亟当此时未行开讯之际，向英领交涉，提归我国审判厅讯办。吾知英领事重国际法，及确守约章，必能以罪人卑我，使我国得行使其司法权，而尽法惩治也。

罗家伦主编《革命文献》第42、43合辑，台北，中央文物供应社1968年版，第264～266页

△ 上海英、法租界巡捕房捕获“宋案”同谋犯应桂馨，次日又获正凶武士英（即吴福铭）。在应宅抄获罪犯与国务院的往来密电多件。

《宋钝初先生遇害始末记》：

……孰意天网恢恢，丝毫不漏，于二十三日晚十二时三十分获一应桂馨，二十四日晨获一武士英，人心大快。先是有王阿发者，以卖古玩为生，至应桂馨家兜售字画，应乃出商务印书馆所印宋教仁先生之明信片，剪去四周，授王阿发曰：予欲办此人，汝能办到，应酬洋千元。王当时未允，归而谋诸其友邓某，事成，愿以千金为酬，邓初允之，继乃由王阿发偕至应处，邓乃中途变计，略谓：予羁迹异乡，不能无故杀人，其事遂寝。乃宋先生遇刺之耗传出，邓某告其主人张君此事之真相，张君以告于本党交通部，一面寻觅王阿发至交通部，部中干事偕王至捕房报告，声称一星期前，因售字画至小西门外应桂馨处，应出一照片云，谋办照上之人，如能办到，酬洋一千元，我因无此能力，未曾允许，当将照片交还。今见各报所登宋教仁之照，似与所看之照片相同，特来报告。卜总巡初尚不敢往捕，嗣因证据确凿，即亲率五十号西探总目安姆斯脱郎，协同一百三十六号西探等，至西门文元坊应桂馨家，应已他往。闻其时至妓女胡翡云处，吸食洋烟，复折而至胡妓女处，该妓女以应在迎春坊三弄李桂玉妓女家赴宴，乃至李妓院中，由本党党员上楼，时应正兴高采烈，本党党员问应桂馨在何处，应即应声曰：是我。本党党员谓：有人在楼下欲与汝谈话，请即下楼，应即随之下，甫出院，即为探目扭往捕房，此捕获应桂馨之情形也。应押捕房一夜，廿四日天明，捕房复押应桂馨至其家查抄。应之门首有一长而大之牌，上书江苏巡查长公署数字，余一牌为中华民国共进会机关部，盖应亦为共进会会长，共进会则从前之哥老会改组者也。既至应家，分派巡捕多人先行把守，入内检查。有二室最为紧要，查出公文信件甚多，只将信面略阅一遍，至其中作何语，则未及细阅，由法总巡封完，担负保存责任，尚有一铁箱未启，其钥匙存法总巡处。

应桂馨家既抄，凡来访问者，皆被拘留，派巡捕多人，与其眷属异室看守。来客中逐一审认，见有一短身著新服者，乃特别注意疑为真凶。一面派人至沪宁铁路车站觅得当时曾见凶手面目者一人至，及寓六野旅馆者，带至应家认明短身者，果为手刺先生之凶手，乃捕之。此凶手姓武名士英，字玉生，山西人，毫无知识，其刺宋先生也，得应一千元，应与以照片，使之

刺宋先生,武贪财为之,究亦不知宋为何许人,武就捕后,一一供认不讳,亲自签字。武在六野旅馆所托卖之花瓶,亦发现于应夔丞家。武之所以就捕者,以同妓女胡翡云至应家双双送信,遂不能走脱,胡翡云亦被拘留,殆亦宋先生在天之英灵,有以使凶犯投网乎。

罗家伦主编《革命文献》第42、43合辑,台北,中央文物供应社1968年版,第38~39页

3月25日(二月十八日)　本日对“宋案”疑犯进行初审,应桂馨狡赖,武士英坦承受雇行凶。

《宋钝初先生遇害始末记》:

武士英供述情形:廿五日下午五时,法捕房解凶犯武士英至法公堂,有李副谳员英界会审员关炯之及城内审判厅王庆瑜列坐会审:闻凶犯武士英供,自称吴福铭,山西人,曾在贵州某学堂读书,又为云南七十四标二营管带。并供云:行刺前一日(十九),有姓陈的来约我入共进会,姓陈的在五六日前茶店中认得的,当时陈对我说:现在我们要办一人,这人与中国前途有非常关系,这人是无政府党,吾等将替四万万同胞除害。我因听陈说这人与中国有害,所以毅然决然答应了。这日同陈去吃茶,晚上同陈到六野旅馆,开一间房。到行刺的那日(二十日),我与陈在三马路半斋吃午夜饭,酒已吃得半醉,陈就告诉我,这人姓宋,今晚就要上火车,故今天就好行事了,说毕将手枪交给我。这时另有两人,一名□□□,一名□□□,同叫车子到火车站,买月台票三张。有一人不买票,在外面看风,票才买好,已见宋至,陈就指点我说,这就是宋某。后来等宋从客厅中出来,走至半途,我即开枪打了一下,往后就逃,至门口,恐有人来,当即仆地再朝天放了一枪而逃。到门外坐黄包车,到应桂馨家去,及进门则陈已先至,陈尚对我言:如今好了,我们已替四万万同胞除害了。入共进会时,即会应一面,行刺后,又晤桂馨,应甚称赞我做得好,且说将来必定设法令我出洋去读书。至于手枪,于行刺后已经交回姓陈的了。至此,问官又问行刺后曾许有酬劳否。武答云没有,当时曾经许我一千块钱,但是我只拿到三十元云云。讯至此,问官命带回捕房,俟后再讯。以上凶犯口供狡展异常,证以各方面证据,实未可信,读者宜细心辨别之也。

罗家伦主编《革命文献》第42、43合辑,台北,中央文物供应社1968年版,第42~43页

应桂馨受审情形:

应犯既就缚,廿四日为西节,公堂停讯,因案情重大,故由卜总巡禀请英副领事翰垒德君,午后二时半莅廨,会同襄谳聂榕卿君,特开特别公堂研讯。先由捕房代表侃克律师上堂,译述见证王阿法自投捕房报情形,并称尚有法捕房在被告应桂馨家内拘获武士英一名,业已供认,殊与被告大有关系。语毕,即令见证王阿法上堂,由侃律师诘,据供称:寓居打狗桥,售卖古董字画度日,因兜售字画曾往应桂馨处二次,大约在一礼拜之前,在伊处时伊取出照片一张,据云欲办此人,如能办到,愿酬洋一千元,我未允,当将照片交还。照片究系何人,我不认识,照片上亦未书明姓名。至被暗杀之宋教仁,我亦不认识,昨日始在报上看见所印照片。供至此,侃律师诘问,报上所印照片与应桂馨与尔所看之照片是否相像。王供称约略相似。侃律师复诘称,尔既至应处二次,伊与照片尔看,欲办照上之人,是否第一次去,或是第二次。王称在第二次,此后我即未曾去过。讯至此,堂上即令应桂馨自向王阿法盘诘,应遵谕向王诘称,尔至我处兜售字画,第一次究在何时,第二次与第一次相隔几天。王答称:第一次约有十天,第二次距离第一次大约三天。应复称尔来兜售之字画是何种画,画系何人手笔,所画抑是山水,还是人物,抑是松竹。王答称所售乃系手卷,为仇英石所绘,乃系山水,亦有人物松竹。应即向堂上声称:仇英石乃中国名画家,然所画只画人物,从无山水,至松竹更非所

长。旋复向王诘称:此画尔从何处得来。王答称:从在东清铁路之觉鲁生处得来。应又向堂上声称东清铁路乃拓鲁生,今王所供姓名不清,应请堂上注意。又向王诘称:谓尔第二次至我处,所说甚话。王答称:第二次至你处,因你不在,没有会面,以后亦未会晤。应即向堂上声称:顷间捕房律师向伊诘时云第二次至我处看照片,欲办一人,今伊云第二次至我处,未曾会面。此种供词,应请堂上注意。并请将顷间捕房向王所问供词宣读,我亦无别语向王诘问。供毕,聂襄谳即向王阿法诘称:尔与被告何时认识,被告与尔看照片欲谋一人,究在何时,是否即系兜售手卷之日。王供与被告在一月前,由友人前在汉口为洋行买办之吴乃文介绍,始与相识,与我看照,只说明办一人,并未言明谋杀。大约离今日已有半月,即系兜售手卷之日。堂上即饬令退去。复据安姆脱郎上堂禀述,王至捕房报告后,先至小西门外二百二十八号门牌被告家中,继复设法得将被告拘入捕房情形。聂襄谳核供,以王前后所供情形,略有不符,且尚有见证未齐,因即商之英领翰君判应带回捕房候咨明,下礼拜二传齐见证再讯。王阿发[法]交保。

……应桂馨入捕房后,已百般运动,到处造谣,且延定律师罗礼士为其辩护。罗赴总巡捕房,卜总巡饬捕提应至写字间,详细探问。应云:平日与宋教仁毫无嫌隙,并无唆使行刺,亦无暗杀政客思想,宋教仁为何人行刺,均属不知。余入国民党多年,(国民党才有几年,国民党认你否。)与宋同党,自前日闻宋被刺之耗,嗟叹不已。彼时由医院扶柩至湖南会馆,余亦执绋致送。至贩古董人出为证人,更属不合。余买字画,果曾有之。至王阿发等,平素均不往来,亦不认识。如果心存行刺,此等机密事,岂肯泄漏于人。而武士英更不知为何许人也。罗君问:你家中被捕房收拾之文件内,有无关于此案之证据。答曰无之。惟按捕房连日在文元坊应桂馨家搜查证据,凡有关系者,均解之捕局,闻解捕房者已有两箱,如果无关系者,捕房何必解回。此中关系,惟有法律为准绳。且证据确凿之案,亦决不能以游移惝忽之词,以欺律师也。又问应桂馨所延律师,除罗礼士外,尚有高易琼司爱立司共计四人之多,其手段亦云狡矣。

应桂馨初次鞫讯,供词狡展,未得真相,仍判押总巡捕房,订于星期一再讯。刻程都督以此案据各方面调查,如武士英实系行凶之人,而应桂馨亦确系当时主使,已令行上海地方审判厅厅长黄涵之君,届时到堂会讯。并由程都督与陈交涉使,另派陪审员数人,会同关谳员详细研讯,刻正与领事团磋议。至日来在应家搜获之证物及证人分为两种:(甲)证物　计前后获得手枪两只,现由卜罗斯君检验,第一日获得之手枪内藏放余之弹子,与在宋君腹中取出样色相同。尚有密函两封,言谋刺宋君事甚详。(乙)证人　除王阿发[法]、邓文斌外,尚有某某两人,亦曾在应处,由应取出宋君照片,委托谋刺,亦愿到堂证明。

罗家伦主编《革命文献》第42、43合辑,台北,中央文物供应社1968年版,第40~44页

△ 孙中山自日本返国抵沪,与黄兴、陈其美、戴季陶、居正、钮永建、柏文蔚等在黄兴寓所会商应付"宋案"办法。

1913年3月26日《民立报》载《国民党消息》:

孙中山先生今晨十时抵沪,由黄浦滩海关码头登岸。

1913年3月26日《民立报》载《中山先生之痛言》:

孙中山先生昨日始自日本归国。随至黄克强先生家,相见泪下,谓:不意海外归来,失此良友,为党为国血泪皆枯。并言此事务须彻底根究。惟吾人对于此案,尤当慎重,一以法律为准绳云。

△ 孙中山致电袁世凯,略述访日情况。

孙中山《致袁世凯电》:

新密。此次游日,向其朝野官民陈说中日联和之理,双方意见极为浃洽。其现政府已确示图两国亲交之真意,此事于东亚和平,极有关系。务望公决定方针,筹划进行。文今日平安抵沪,敬告。孙文。有。

广东省社会科学院历史研究室编《孙中山全集》第3卷,中华书局1984年版,第51页

3月26日(二月十九日)　英法捕房于应桂馨处,搜得应与国务院内务部秘书洪述祖通电之密码本,并查悉刺宋前,两者间有密电往来。本日,得知消息的洪述祖自北京潜逃。

《宋钝初先生遇害始末记》:

洪述祖于三月二十六日由京逃往天津,北而南下,至济南时,袁总统即有命令着捕拿,津浦北局亦有一电致南局会办赵庆华字燧山者,其文云:"燧山兄鉴,顷由警察厅长杨以征来称,奉大总统面令,有内务部秘书洪述祖,携带女眷一人,乘津浦车至济南,由济南至浦口,此人面有红斑黑髭,务饬地方官一体严拿。查洪述祖既由本路南下,自应知照地方警厅遵令办理,惟本路兵警不准干涉"云云。

罗家伦主编《革命文献》第42、43合辑,台北,中央文物供应社1968年版,第49页

△ 国民党上海交通部本日又接一函,函由上海本埠发送,用黑铅笔书写,不具人名。

《离奇之函电》:

"敬告国民党诸君子:自内阁一翻同盟之局,外界不陪中山之筵,其美被窘于沪商,克强见辱于章氏,芝祥拒于燕台,寿松逐诸海峤,尔党形势亦甚支绌矣。讵图不自销匿,尤生觊觎,教仁樗才,引类招朋,冀张其政党内阁之说,吾甚惑之。吾人所欲甘心于尔党者,承宗与道周二人,景濂乌足数,然非先诛景濂,恐无以儆余子,爰遣奇士试其锋,设诸子悔祸有心,幡然改计,吾又何求。倘其坚抱政党内阁之旨,谬倡平民【政】治之论,则炸弹手枪,行将遍及水陆江海,坑尔多人,人纵不恤其私,独不思既称钜子,当建伟业,苟留此身,终有树立,管夷吾不羞小节,曷不师之。至侈言议员多出尔党,南方不少民军,试问军警干涉之单朝传,参议员夕皆反舌,汉阳师徒之锋少挫,黄司令已遁春申。凡此秽迹,独非尔党往日之事乎。总之,殷鉴未遥,前车宜鉴。李镜清岂非甘肃议长,而莫保头颅,李烈钧岂非逆命都督,而难留枪械,诚贵三思,勿取一快。矧欲速不达,人贵知几,此时苟避匿以让贤,他日或循序而见举,诸子方在青年,愿不必俟河清也。蓝秀豪一时健者,而不求名位,翩然远引,今方经营海外,行尽坦途,识时俊杰,自是不同庸众。吾人素乐金革,死且不厌,非欲效孔璋之檄,暴人罪状,乃姑说生公之法,冀感顽石。久闻尔党济济,当有达材,试念忠告,勿作金夫。"下注三月廿五号。又另行起旁注云:"如吴廉伯谷钟秀一辈人,初入尔党,便染南习,一则暗布羽翼,以抗政府,一则遇事哓哓,以图阻抗,吾将先毁其家,乃殄其身,望为传语,以报危险。"

罗家伦主编《革命文献》第42、43合辑,台北,中央文物供应社1968年版,第80~81页

3月27日(二月二十日)　国民党上海交通部在沪欢迎国会议员,孙中山即席报告访日观感,讲述中日关系。

孙中山《在上海国民党交通部宴会的演说》:

兄弟离日本已将六年,日人对于民国之意见,初不得深悉,此次调查实业游日本,曾详细

观察日人心理，始知日人对于民国并无恶意。盖日本变法已数十年，国民程度突飞猛进，不可思议。故现在日本在朝在野之政客，均有世界的眼光与智识，且抱一大亚洲之主义，明知东亚大国惟我中华，日本凭三岛立国，地域相接，与中华有唇齿相依之利害关系，若中华灭亡，日本亦终不适于生存，日人为自卫计，在形式谓之为赞成中华民国，在事实上即是维持日本帝国。故日人对于中华政治之革新，政府与人民，均表同情。由过去之事观察，日俄之战，虽为保护本国在朝鲜之势力起见，然亦未尝非为中国之领土而战。就最近之事势观察，吾中华武汉起义革命期间，俄人即有并吞外蒙古之行动，日本则按兵不动，国交如常，此中日国际上之关系，可以想见者也。近日盛传之日俄协约，实属子虚，万不可听。今后我政府人民，对于日本及各友邦在民国之正当利益，均不必限制太过，以伤感情。盖吾国民革命之决心，与成功之迅速，已为外人所敬重，只要内治完善，共和告成，外人对于民国亦决不敢存侵略野心，以扰乱东方之和平。至于日本与民国原为兄弟之邦，利害与共，苟有缓急，必不漠视。兄弟东游归来，所见如此，望同志诸君逢人解释，使中日感情亲密，共享和平，则东亚大局幸甚。

广东省社会科学院历史研究室编《孙中山全集》第3卷，中华书局1984年版，第51～52页

△ 黄兴致电总统府秘书长梁士诒，试探北京政府处理宋案办法。

黄兴《致梁士诒电》：

宋案连日经英廨审讯，闻发见证据颇多，外间疑团，实非无自。兴以遯初已死，不可复救，而民国根基未固，美国又将承认，甚不愿此事传播扩大，使外交横生障碍。日来正为遯初谋置身后事宜，并思一面维持，而措词匪易，其苦更甚于死者。公有何法以解之？乞密示。

湖南省社会科学院编《黄兴集》，中华书局1981年版，第315页

3月28日（二月二十一日） 达赖胁迫驻藏办事长官钟颖离藏。

《藏兵内犯川边迫办理长官出境》：

西藏自去年四月开衅后，各处藏番，相继蠢动。嗣达赖喇嘛由英属回藏，颇欲效库伦活佛所为，反抗民国。虽经政府复其封号，多方劝导，迄未诚心内附。二三月来，闻有暗结库伦并要求外人保护情事。近复煽惑川边各番，接以粮械，并遣兵内犯察木多江卡等地方，又威迫驻藏办事长官钟颖速离藏境。钟颖遂于本日移驻那当印藏交界之处，一面将情形电告内地。其电文如下：

"刻据此间廓富声称：二十八号如不离藏，上午十二点钟，番兵即实行围攻。达赖亦两次行文催迫，颖处因无钱购粮，已陆续使军民内渡。手下无兵，战守两难，委实势穷力尽，现拟于二十八号移驻那当印藏交界之处。藏人图谋自立，已见实行。既驱逐汉人最厚之班禅，拘囚广祐宝；其当事僧众，均拿往前藏监守，将吾什伦布亦行封禁。为所欲为，毫无顾忌。诸公手创国家，自必顾惜领土，群策群力，想有卓裁，万望急早图谋为幸。颖武人也，年余血汗，无补时艰。倘将来有志戡定，绝不敢爱惜身命，自应为诸公荷戈前驱，以纾积念。若羁縻政策，不敢预闻。因达赖决志实心，无复平和之意也。颖有负任命，已电请大总统开缺遴补，从重治疚，藉伸国法。"

《东方杂志》第9卷，第11号，中国大事记

3月30日(二月二十三日)　国民党上海交通部又接匿名信件一封,封面署"混同党支部"。

《离奇之函电》:

吾克日旋且知尔党冥顽,不受忠告,本不欲再作丰干,特恐他时强弱相争,尔弱者必召玉焚之惨。吾为人道起见,特留数言志别,祸福之机,唯尔辈自审焉。昨致尔党一函,词既婉约,意亦剀切,想已入众党员览矣。宋案不事深求,彼此均存颜面。尔党能让政权,南北即融意见。正凶本吴福铭,株连转生大变。香岩有何关系,尔等亦欲锻炼,段君北军颇服,岂能任人凌犯,万一颜面竟破,转瞬兵端即见。外人苟起干涉,让蒙满藏吾愿。无端卅万北军,骑步炮工精炼。即看各省都督,谁不服从相劝。除却闽赣岭峤,皆秉中央政见。一旦大军南下,拉朽如操左券,党人本属乌合,遇敌定皆溃涣。匪特政权乌有,现积金钱先散。矿路拱手让人,实业难容再办。上海不能逍遥,仍各清时逃窜。彼时各思吾言,只恐欲渡无岸。共和项城之功,神圣固不容犯,段赵推翻清室,奇功伟业并建。尔等不思崇报,反出谤书无算。勿谓南人所诒,须知朔方儿健。吾本超然一流,今为人道起见。君子爱人以德,箴言尔其三念。三月廿七号。

罗家伦主编《革命文献》第42、43合辑,台北,中央文物供应社1968年版,第82~83页

3月31日(二月二十四日)　国民党在湖广会馆开追悼宋教仁大会。

1913年4月1日《民立报》报道:

昨国民党在湖广会馆开追悼宋钝初先生大会。时赵总理派警察总监王治馨代表莅会演说,大致谓:赵、宋因政党内阁问题颇有密切关系,自宋被刺后,获犯应桂馨搜出证据牵涉内务部秘书洪述祖。应、洪又有密切关系,因此,袁总统不免疑赵,而赵以洪时往袁府亦疑袁授意。及前日赵与袁面谈,彼此始坦然无疑,惟袁谓宋被刺前,洪曾有一次说及总统行政诸多掣肘,皆由反对党政见不同,何不收拾一二人以警其余。袁答谓:反对者既为政党,则非一、二人,故如此办法实属不合。现宋果被刺死,难保非洪藉此为迎合意旨之媒,惟有极力拿治以对死者。鄙人为警长,已搜出证据多端,另抄一本,皆洪、应秘密通信,可交吴莲伯以供党员参考,并通电拿洪,以期水落石出。……闻者皆谓袁、赵互疑甚可笑,彼此面谈后即自称无疑尤可笑。洪述祖敢于总统前,进其邪说,请收拾反对党一二人,总统匪特不加严究,且仍令混迹内部,即此已无以对我国民。……其余追悼会中演说,均极激昂,誓继宋志。

△ 孙中山与日本驻上海总领事有吉明谈排袁事。

《中华民国史事日志》:

是日,牧野外务大臣训令日驻华公使,对华采取中立不偏政策。

日本驻上海总领事有吉明于是日访先生。

《中华民国史事日志》,第89页,转引自陈锡祺《孙中山年谱长编》,中华书局1991年版,第795页

《有吉明致牧野电》:

先生希望"各国对袁世凯施加压力,使其退让"。当有吉明提出"希望由以上有关各国对袁施加压力,是否与希望各国干涉内政具有同一意义"时,孙答曰:"压力虽迄未实行,怯懦之袁世凯或可能直接透露退让之意,然则允诺与以十分之名誉使之退去而获圆满之解决,此在具有半独立国外观之中国而言,殆不属于干涉内政也。"

同时,先生此时已主张武力讨袁,谓:"按照来自北京之情报,袁日益加强警备,在议会开

会前后，其必加以暴力镇压之意，厘然可见，亦有可能杀害在议会上提出弹劾案之议员等人之虞，因此弹劾案将不无提出或可能虽提出而不能成立。无论如何，不能在议会上获得满意之结果。”而“只要袁不退让，则不论如何，与袁对立。其意志之坚定，似与曩昔会见之时，多少异趣矣”，他再三谓：“袁奸谲不足恃，尤以近来鉴于袁愈益讲求收揽权力之策，若现不能敌彼，则他日彼之势力愈益巩固，势将难以抗衡。”先生估计“且在北京军队除一部分外，亦对袁不服，利于北伐”。有吉明向先生规劝：“南北互久对峙，恐将来招来各国干涉。”先生则乐观地认为：“假令即使对立，至迟在一年内，北方当受制于南方。”

《日本外交文书》1913年4月1日有吉驻上海总领事致牧野外务大臣电，第43号，陈锡祺编《孙中山先生年谱长编》，中华书局1991年版，第795～796页

△ 3月底至4月间，**孙中山为讨袁事，与黄兴等反复磋商。**

李书城《辛亥前后黄克强先生的革命活动》：

我到上海后，同孙、黄两先生及在沪同志会商处理宋案的办法。大家都异常悲愤，主张从速宣布袁世凯谋杀宋教仁的罪状，举兵讨伐。当即商定由孙先生密电广东陈炯明，黄先生密电湖南谭延闿作出兵的准备，并派我同李根源、张寿准赴南京发动第八师准备出兵讨袁。但陈炯明、谭延闿都回电声述出兵困难，说他们内部不一致，实力还薄弱，不能在此时出兵。南京第八师的陈之骥、陈裕时、王寿镇、黄恺元等都说第八师兵士缺额尚多，以前归第八师指挥的林虎一个团已调往江西，湖南都督谭延闿因湘省防务空虚，又把该师陶德瑶的一个团由赵恒惕率领调回长沙。因此，他们的结论也是：现在还不能出兵。我们回上海向孙、黄两先生报告南京情形后，黄先生鉴于掌握兵权的人既不肯在此时出兵讨袁，仅仅我们在上海几个赤手空拳的人空喊讨袁，是不济事的。他遂主张暂时不谈武力解决，只好采取法律解决的办法，要求赵秉钧到案受审。但是，孙先生在那时还是主张出兵讨袁。他一面派人赴各省联络军人，一面还派陈其美、戴天仇来与黄先生辩论。黄先生仍然坚持不能用武力解决的意见，往往争论激烈，不欢而散。孙中山先生这时想亲自到日本寻求日政府的援助，但黄先生和在沪同志多不赞同此举。黄先生认为依靠外援来反袁，是不容易得到国人谅解的，而且袁世凯反可以此为藉口向欧美各国求援。

李书城《辛亥革命回忆录》第1集，文史资料出版社1981年版，第206～207页

柏文蔚《五十年经历》：

3月底，中山先生回到上海。余与克强、协和先后到沪，在孙宅开会。此时中山先生对袁世凯之幻想已完全消失，不顾一切，主张立即兴师讨袁，发动二次革命。当时余与协和、英士坚决表示同意。而黄克强以南方军力准备不够，袁世凯假面目尚未完全暴露，起兵讨袁无信心，主张听候法律解决，与袁世凯相周旋，孙、黄二公争持甚烈。结果克强建议分电广东、湖南两省，征求谭、胡意见，再行决定。电报发出后，旋得复电，皆主张法律解决，谭组庵有几项暂时不可用兵建议。因此将起兵讨袁之计划搁置不谈矣。……余因不同意法律解决，乃约李协和、陈英士往见孙先生，提出目前虽不能立即讨袁，但军事准备不能放弃。关于经济之筹划，械弹之准备，以及海陆军之布置，应在上海建立统一机构。以备万一。……余主张由皖、赣两省先行发难，兴师讨贼。此等问题提出后，不但未能得陈英士同意，亦未能引起中山先生重视，并主张将来讨袁军事应由广东先发动。……且孙先生以海军与彼已有接洽，不愿多生枝节。此时全党无统一决策，尤其湘、粤、闽、皖、赣五省联盟之福建都督孙道仁，患得患失，忽然以保境安民为藉口宣布退盟。余与李协和在上海奔走多日，不得要领，乃分别各

回本省。

中国社会科学院近代史研究所等编《近代史资料》总第40号,中华书局1979年版,第30~31页

4月1日(二月二十五日)　袁世凯依约法规定,于本日公布参议院议决之《行政执行法》及《参议院众议院第一届选举延期制限令》。

《行政执行法》:

第一条　该管行政官署因维持公共之安宁秩序、保障人民之自由幸福及执行法令或本于法令之处分认为必要时,得行间接或直接强制处分。

第二条　间接强制处分区别如下:

一、代执行。

二、怠金。

前项各款处分非预为告戒,不得行之。但应行第一款处分时,认为有紧急情形者不在此限。

第三条　代执行由官署自为之或命人为之向义务者征收费用、怠金为三十元以下。

第四条　该管行政官署非认为有下列第一款事项,不得行第二条第一款之间接强制处分;非认为有下列第二款或第三款事项,不得行第二条第二款之间接强制处分。

一、依法令或本于法令之处分,本人负有行为义务而不为者。

二、依法令或本于法令之处分,本人负有行为义务而不为其行为,非他人所能代行者。

三、依法令或本于法令之处分,本人负有不行为义务者。

第五条　前条应征之费用及应科之怠金,均依国税征收方法征收之。

第六条　直接强制处分区别如下:

一、对于人得为管束。

二、对于物得扣留使用处分或限制使用。

三、对于家宅及其它场所得侵入搜索。

第七条　该管行政官署非认为有下列事项之一,不得行直接强制处分。

一、酗酒泥醉非管束不能救护其生命身体之危险及预防他人生命身体之危险者。

二、疯人发狂非管束不能救护其生命身体之危险及预防他人生命身体之危险者。

三、意图自杀非管束不能救护其生命者。

四、暴行或争斗之人非管束不能预防其伤害者。

五、其它认为须救护或有害公安之虞,非管束不能救护或不能预防危害者。

六、军器凶器及其它危险物品,或有危险之虞之物品,非扣留不能预防危害者。

七、遇有天灾事变及其它交通上、卫生上或公安上有危害情形,非使用或处分其土地家屋对象,并限制其使用不能防护者。

八、人民之生命身体财产,认为危害切迫时,非入其家宅或其场所不能救护者。

九、认为有赌博及其它妨害风俗或公安之行为,非入其家宅或其场所不能制止或逮捕者。

前项第一款至第五款人之管束,不得至翌日之后。

前项第六款物之扣留,除依法律应没收或应变价发还者外,期间至长不得逾三十日。

前项第八款及第九款家宅及其它场所之侵入,除旅店、酒肆、茶楼、戏园并其它公众出入地方外,以日出后日出前为限。

第八条　该管行政官署于第四条各款情形非认为不能行间接强制处分或认为紧急时,不得行直接强制处分。

第九条　非经行政官署许可，不得将私有之对象归于官署。保管时，该对象如未经官署许可，其所有者其所有权属于国库；被扣留之物件于一年内无人请求发还者亦同。

第十条　本法施行细则以教令定之。

第十一条　本法自公布日施行。

《东方杂志》第9卷，第11号，中国大事记

《参议院众议院第一届选举延期制限令》：

第一条　参议院议员第一届选举，除中央学会仍依选举日期令第四条规定外，其它各会，如确因事实障碍，致不能如期举行者，得报由内务总长核定，再行延期。但至迟以国会之前一日为限。

第二条　前条规定于众议院议员第一届之选举准用之。

第三条　本令自公布日施行。

《东方杂志》第9卷，第11号，中国大事记

△ 梁启超为"宋案"著文，斥暗杀之罪恶。

梁启超《暗杀之罪恶》：

旬日以来，最耸动天下耳目者为宋君教仁遇刺一事。我与宋君所持政见时有异同，然因确信宋君为我国现代第一流政治家，歼此良人，实贻国家以不可复之损失，匪直为宋君哀，实为国家前途哀也。此闻元凶已就获，国法所在，当难逃刑，然虽磔蚩刳莽，曾何足以偿国家之所丧于万一者！诗曰："作此好歌，以极反侧。"辄为此篇，以寄哀愤。

决斗与暗杀，皆野蛮时代所艳称为壮烈之举动，而文明时代之大蠹也。然决斗者如突猪如狂兕，虽复狠戾，其气象犹有足多者。暗杀者如驯狐如鬼蜮，乘人不备而逞其凶，壮夫耻之，故暗杀为天下莫大之罪恶，且为最可羞之罪恶。此不烦言而可识也。然而乃愈盛者，则偏颇之舆论实有以奖之，故其毒乃深中于人心而不易湔祓，所谓生于其心害于其事也。

暗杀之为物，其所暗杀之人约二种，一曰恶人，二曰名士。其暗杀之动机亦二种，一曰沽名，二曰雪恨。其暗杀之目的亦二种，一曰公愤，二曰私仇。其行暗杀之方法亦二种，一曰躬亲，二曰贿嗾。之数种者，为罪虽有轻重之差，而皆不免于罪。雪公愤而歼恶人，似可以告无罪于天下，虽然，在无国家无法律之社会，此诚足为制裁豪强之一手段，次之则在专制淫威之国，犹可以济法律之穷。若国体既为共和，政体既为立宪，则所谓恶人者，为个人行为之恶耶，自有法庭以执其罚，为政治上之恶耶，既有各种监督机关，夫孰克自恣，即自恣以成于恶，犹有国务裁判以随其后也，其他一切官僚受官吏惩戒法之制裁者，又无论矣。是故既有国家，既有法律，则殚恶之权，断非私人所得而擅，而在共和立宪国为尤甚。此易见之理也。况所谓恶者，就各人之主观名之耳，行暗杀者谓此人为恶也，而杀之，而善恶之标准岂彼所能定。所谓公敌者亦然。人人各自谓所敌者为公，而公之形式由何道以表示？不能表示，公于何有？故欲假此名以免于罪，无一而可也。

所谓杀者而为常人，则一普通之谋杀案耳，不足复置论，其有耸动世论之价值者，必所杀为一国知名之士也。无论何国何时代，一国安然所系不过在数人或十数人已耳。此数人或十数人者，既以一身任国家之重，其贾怨之多，招忌之深，必倍蓰什伯于恒人。国如有暗杀，则的之所射，必此俦也。然此俦者，大率国家积数百年之元气，然后笃生之，其人又几经学问几经阅历，然后能成就其才器誉望，以卓立于社会。失一人焉，而欲求一人继起，以承其乏，非迟之又久不可得，或迟之又久而终不可得。人之云亡，邦国殄瘁，盖谓是也。而暗杀事起，

则百年所养一旦而戕之,即如美之林肯麦坚尼,日之大久保利通森有礼星亨,使其人再假以数年或十数年,其所以尽瘁于彼国当何如者?而彼国之食其赐者又当何如者?他勿具论,乃如日之大隈重信板垣退助,美之卢斯福,皆遇刺而未殊者也,而其此后之尽瘁于彼国者何如,彼国之食其赐者又何如,以此例彼,则彼害之博,从可识矣。故曰暗杀者贻国家以不可规复之损失,其获罪国家什伯千万于他罪而未有已也。……

梁启超《饮冰室合集》第4卷,文集之30,中华书局1989年版,第7~9页

△**《国民杂志》正式创刊,此为国民党驻日各支部共同的机关杂志。**

《国民杂志简章》:

一、本杂志为中华国民党驻日各部共同之机关杂志。

一、本杂志命名为国民杂志。

一、本杂志以发掘党纲,阐明平民政治原理为宗旨。

一、内容分十四门:

(一)插画。(二)通论。(三)专论(内分政治、法制、教育、财政、外交、实业、军事、边防等类)。(四)选论(采集大家著作及其它报论文)。(五)演说录。(六)译丛。(七)本月大事记(分世界之部、内国之部)。(八)时事春秋。(九)本党消息。(十)驻日各部纪事。(十一)谈丛。(十二)小说。(十三)文苑。(十四)党员录。

一、本杂志月刊一册,每月一日发行,临时增刊。不在此限。

一、本杂志第一期定于四月一日出版。

一、本杂志每期页数,至少必达百二十页以上。

一、本杂志定价每册金二十钱,全年二元,半年一元十钱,邮费在外,第一期赠阅不取资。

一、本杂志广告料一期一页八元,半页四元,三期一页二十元,半页十元,三期以上另议,不及半页,以半页计,登载论前及封面增加倍。

《国民杂志》第1号,罗家伦主编《革命文献》第41辑,台北,中央文物供应社1968年版,第172~173页

《国民杂志宣言书》:

霹雳一声,睡狮蓦起,光辉异彩之五色帜飘扬炫耀于亚东大陆上。猗欤休哉!吾人沐共和之新化,殆一年矣。然内政不修如故也,外患綦迫如故也,社会经济人民生活,尤觉江河日下,呈一种最悲惨、最危险之状况。室如悬罄,国若摇旌,四郊有多垒之忧,五族兆分离之象,岂共和政体不适用于吾民族耶?抑亦政治上之设施有所未尽耶?是则吾人所不能不悉心殚虑,一扬榷之者也。同人等留滞东邦,眷怀祖国,爰集同志,各就专长,因学课之余闲,为斯报之组织。志在发挥党纲,商榷政见,不蹈攻击之恶习,不求文字之夸张,入主出奴之见屏而弗书,疏远迂阔之谈在所不取。分门十四,译著兼收。务使吾父老昆弟,咸晓然于平民政治之真诠,以培养共和立宪之基础,本此宗旨,发为月刊。明知蹄涔涓滴,无补江河。或者蠡测管窥,聊资借镜,是则同人等私心所馨香祷祝者也。用是宣言,以告国人父老昆弟,尚其鉴诸。

《国民杂志》第1号,罗家伦主编《革命文献》第41辑,台北,中央文物供应社1968年版,第171~172页

4月2日(二月二十六日)　袁世凯公布《省议会暂行法》。

《省议会暂行法》:

第一章　组织及选任

第一条　省议会设于省行政长官所驻之地。

第二条　各省省议会议员名额依民国元年九月二十五日各省第一届省议会议员名额表所规定。

第三条　议员任期以三年为限,任满改选再被选者得连任。

第四条　任期以议员当选之日起算。

第五条　议员当选后选举区有变更而任期未满者,照旧任职。

第六条　议员任职后,非经省议会之许可不得解职。

第七条　议员因故出缺时,以本选举区候补当选人名次表之列前者递补之。

第八条　补缺之议员其任期以补足前任未满之期为限。

第九条　省议会议员不得同时为国会议员。

第十条　省议会议长一人,副议长二人,由议员互选之。选举议长、副议长分次用无记名单记法,各以得票过半数者为当选。

第十一条　议长维持秩序、整理议事,对外为省议会之代表。

第十二条　议长有事故时,由副议长代理。议长、副议长俱有事故时,由议员中选举临时议长代理。

第十三条　议员改选时,议长、副议长一并改选。

第十四条　省议会置秘书,由议长任免之。

第十五条　秘书承议长之命,经理文牍、会计及一切庶务。其员额及办事细则由省议会定之。

第二章　职权

第十六条　省议会之职权如下:

一、议决本省单行条例,但以不抵触法律命令为限。

二、议决本省预算及决算。

三、议决省税及使用费之征收,但法律命令有规定者不在此限。

四、议决省债之募集及省库有负担之契约。

五、议决本省财产及营造物之处分并买入。

六、议决本省财产及营造物之管理方法,但法律命令有规定者不在此限。

七、答复省行政长官咨询事件。

八、受理本省人民关于本省行政请愿事件。

九、得以关于本省行政及其它事件之意见建议于省行政长官。

十、其它依法律命令应由省议会议决事件。

第十七条　省议会对于本省行政长官认有违法行为时,得以出席议员三分之二以上之可决,提出弹劾案,经由内务总长提交国务会议惩办之。

第十八条　省议会对于本省行政认本省行政官吏有违法纳贿行为,得咨请省行政长官查办之。

第十九条　省议会议员对于本省行政事项有疑义时,得以十人以上之连署,提出质问书于省行政长官,限期答复。

第二十条　省议会议员对于行政长官之答复,认为不得要领时,得要求省行政长官自行到会或派员到会答辩。

第三章　会议

第二十一条　省议会分常年会及临时会两种。

第二十二条　常年会每年一次,由省行政长官召集之。临时会因特别紧要事件发生,由省行政长官或议员半数以上之请求时召集之。

第二十三条　常年会会期以六十日为准,其有必须连续开议者,得延长会期二十日以内;临时会期至多不得逾三十日。

第二十四条　省议会非有议员半数以上出席,不得开议。

第二十五条　议员有五人以上之赞同,得提出议案。

第二十六条　议案之表决以出席议员过半数为准,可否同数,取决于议长。

第二十七条　议员于议案涉及本身或其亲属者,非经省议会之许可不得与议。

第二十八条　议员除现行犯罪及关于内乱外患之犯罪外,于会期内非经省议会之许可不得逮捕。

第二十九条　会议时,议员之言论及表决于议会外,不负责任。

第三十条　会议时,省行政长官得自行到会或派员到会发言,但不得列于表决之数或中止议员之言论。

第三十一条　省议会之会议公开之,但依省行政长官之要求或议员之提议,经多数可决者,得禁止旁听。

第三十二条　议员违背议事细则者,停止到会,其情节重者除名。

第三十三条　停止到会至多以十日为限,依出席议员多数之决议行之,除名依出席议员三分之二以上之决议行之。

第三十四条　议事细则及旁听规则,由省议会定之。

第四章　议决

第三十五条　省议会之议决事件,省行政长官应于十日内公布之。

第三十六条　省议会之议决事件,省行政长官如不以为然时,应于五日内声明理由,咨交覆议。如有出席议员三分之二以上仍执行前议时,应依前条之规定。

第三十七条　省议会之议决,省行政长官如认为违法时,得咨省议会撤销之。如省议会不服其撤销时,得提起诉讼于平政院。

前条诉讼于平政院未成立之时,最高法院受理之。

第五章　经费

第三十八条　省议会经费及议员公费、旅费,由省议会定之。

第六章　附则

第三十九条　本法自公布日施行。

《东方杂志》第9卷,第11号,中国大事记

4月3日(二月二十七日)　清隆裕太后奉安于梁格庄,国务院令各官署下半旗一日志悼。

《清隆裕太后奉安于梁格庄》:

清隆裕皇太后逝世后,清室上尊谥为孝定景皇后。本日奉移金棺,暂安于梁格庄。因崇陵工程尚未告竣,德宗梓宫亦奉安于此也。

《东方杂志》第9卷,第11号,中国大事记

4月4日(二月二十八日) "宋案"第二次预审,武士英供认行凶,谓系一人行动,一人主意。

《宋钝初先生遇害始末记》:

四月四日星期五,已届第二次预审之期。是日午后二时五十分,由英公廨关谳员会同英领事法领事李君,在会审公堂楼上鞫讯,观审者毂【击】肩摩,途为之塞,不下数千人。迨二时许,应武两犯,仍由英法两捕房各派巡捕夹持出房,分乘汽车到廨,仍在楼上公堂讯问。取缔观审之人甚严,除中西各报馆记者,以及有人介绍者准予上堂外,余人一概不准入内。二时五十分,英美总巡卜君及五十号西探总目安姆斯脱郎,捕房刑事检查员侃克律师,代表中国政府之德雷斯律师,并宋钝初君家属之代表佑尼干、梅长言两律师,及被告代表沃沛爱礼思礼士达商四律师,先后到堂,正会审官关炯之君,与英康副领事升坐,先由捕房刑事检察官侃克律师上堂声称:此案第一见证王阿发,业已讯过,今日可以再行上堂证明。关谳员论曰:此案应先行研讯唆使武士英行凶,因此层与案中最关紧要。被告代表爱律师亦即上堂,译称此案应分两层办理,俾能逐层分别研究。关谳员即答称分两层办理。因唆使行凶,最关紧要,是以先行研究。复据侃克律师译称,沃律师因不欲多占时日,故先略将案声诉,即可传武士英研究。因吴福铭已认明于今年二月间来上海,认识一人名陈玉生,介绍伊入一会党,并未说明何党,直由陈玉生领至应桂馨家,方知此党系政府允许的党,并知应为会长,其时应桂馨即准其入党。迨为行刺之日,陈玉生送至吴处约同至应桂馨家商量弄死一人,且出一照片与吴福铭看,当时在应家商定,即交与手枪,同陈俱出,晚间同至火车站,即见被刺之宋教仁至车站,陈即指与武看,此即要谋死之人。吴福铭即候于火车站,在距离宋教仁一码多路之地,向陈所指之人开枪一响,即行奔逃,犹恐有人追捕,故又向空连放两枪,逃出车站。后即坐人力车逃至应桂馨家,与陈玉生见面,将手枪交还。而应桂馨于行刺之后,曾赞吴福铭能干,可以办事,又许其有重赏。即此种种,即可证明吴与应桂馨之关系。其最正确之证据则手枪是也。吴福铭将手枪交还应桂馨后,应即藏于家内。今在应家搜出之手枪,尤可证明为唆使行刺之凶器。又有见证四人,一人系火车站脚夫,两人为华探,一人为西探,可识明在火车站拾取之弹壳,又与应桂馨家被获之五响手枪之弹相同,且搜出之手枪中尚存子弹二枚,因在火车站已放去三枚,故只留二枚也。此又可证明唆使犯与行凶犯之关系也。侃克律师述毕,乃被告代表沃沛律师即辩称,所有见证,必须证明火车站当时目睹情形,今本案不能有此种见证,只说行凶之人,已经承认,并说是为某人主使,此种见证,不能作准,甚为危险,往往有人自己承认杀人,而牵及他人者,现在必须有第三次可以证明。侃克律师又言:此案不但以上证据确切不移,并在应家抄出之文件,亦有可以作证者。当时即传第一证人吴福铭上堂,先由侃克律师诘问,互为问答。侃问汝何名,答我叫武士英。侃问汝何处人?答生长山西龙门。侃问向在何处?答在贵州学堂读书,毕业即来上海。侃问做何生意?答贩买古董。侃问何时来沪?答时时往来宁苏沪间,不记时日。后即由康领事接问,最末次何时到沪?答约二十日前。侃问住何处?答六野旅馆。侃问汝知陈玉生其人否?答乃系陈易仙,本不认识此人,后在茶店中谈话始认识,向不认识陈易仙。语至此,武忽作凶悍状大声言曰:此次杀宋教仁,乃我一人起意,并无第二个人。问官谕武曰:尔究竟与陈认识与否,只须答此一句,并谓尔无须自逞英雄,谎言欺骗。武答与陈本不认识,后来在茶店中闲谈,始识其人。侃问刺宋前,尔曾见陈否?答刺宋前一日见之,介绍我入共进会。侃问尔认识应桂馨否?答不认识。侃问尔曾到过应家中否?答不曾。侃问尔在何处被捕房弋获?答在应先生家。康领事厉声问武,尔既称从未到过应家,何以被探捕在应家捉出?武支吾答曰:我谓被捕后未曾去过耳。关谳员曰:尔被捕后,自然不能到应家去,究竟尔被捕前曾去过否?武答曾去过。侃问尔见应桂馨否?答陈易仙曾同我往应家,当时我上楼,有一人自楼梯下来,我以为是应先生,后来知道不是。因听见人说应先生身材甚高,而我所见人甚短小,后从未见过他。打死宋教仁是我一人主意。侃问尔所用手枪,尔尚能认识否?语至此,即从皮匣中取出一手枪给武指认,问是否此枪?答不是。我所用者较此为长,系六寸长七响的手枪。侃问打宋几枪?答放一枪,后来又放两空枪。侃问尔手枪何来?答从四川带来。侃问带此枪何用?答我往来各处,时时带在身旁,现在已经抛弃车站旁大草场。侃问汝放枪后到何处?答到六野旅馆,明日遇见陈易仙领我至应先生处躲避。侃问何处遇陈?答四马路。侃问何时领至应处?答约夜间十一时。侃问尔知应家系何处?答共进会,据陈说此会会长是姓言,名国清,我亦未见过。侃问尔在应家约若干时被捕?答约住一天即被捕。

次由被告律师沃沛诘问武士英:沃问尔何[曾]在何处?答在贵州体操传习所毕业,光复时在云南巡防营第三营当哨官。我在贵州时,即甚关心政事。宣统元年,被贵州官吏镣铐递解,我仍在镇远关逃去。沃问当时尔犯何案?答因我在校毕业后,私自征兵一营。沃问后来尔至何处?答由四川至云南。沃问何时至?答我不记得。我常常往来宁沪。沃问做何事?答买古董。沃问宋教仁是尔所杀么?答是我一个人杀的。沃问尔何以杀宋教仁?武答因宋系四万万同胞之罪人。他做农林总长尚做不了,现在他竟想做总统,这还了得么,所以我要刺他。沃问尔究竟怎样知道宋有害同胞?武答词如前,惟改"宋要做总统"为"要做国务总理"。沃问尔知宋为国民党何人?答宋系国民党全会总会长。沃问尔知国民党是何宗旨?答二次革命推翻中央政府。沃问尔何以知道国民党要推翻中央?答即如现在江西,尚不服从中央命令。沃问尔于中央政府如何?答我很爱助中央政府。沃问尔与应桂馨相识有几时?答并未认识,虽到应宅,从未见面。我刺宋教仁,全是我一人意见,并无旁人指使。

继由被告律师爱礼司续诘,武供大略同前。末由关谳员略讯数语,关问尔称蓄心杀宋已久,在何时?一年前乎?两月前乎?当时尔在何处?答在江北清江。关问尔在法公堂曾经受讯否?答曾经受讯。关问尔在法公堂供词尚记得么?答记不清楚。关问尔知前后口供不符否?答知,但我此次皆说真情话,前次所言多假。关问尔前次所言皆假么?答多是假的。至是问官令武退下。继传见证火车站脚夫朱小弟投案,供明由脚夫万阿荣,在地上拾得弹壳,由我交与包探各情,并据探目杨掌生、华探钟星南及西探盖文司先生上堂证明,当时火车站查检,及朱小弟交与弹壳,由西探转呈侃克律师各节,其间原被律师诘问甚繁,无关紧要。惟以上四人由侃克示以弹壳,均一一指认无讹。又据五十号西探总目安姆斯脱郎上堂,证明闻人至捕房报告后,先至法捕房,会同至被告应桂馨家,因应在湖北路二百八十八号妓院,故经人领至该妓院,将应捕获。并后来会同法捕房前往应之住宅查抄文件证据各情。安姆斯脱郎述称,忽被告沃沛律师与安君诘问,措辞极可异。沃问尔在捕房为包探总目,一切案件均归尔查,从前一切暗杀,以及拔人拆梢等事,可牵及高等官场者乎?安曰无。沃又言从前暗杀及拔人拆梢之案,有牵涉于革命党者乎?答亦记不清。沃又言从前法租界医院暗杀,是否与高等官场有关乎?答不是。沃又言今日在沪之高等官场为谁乎?安未及答,即据德雷斯律师严正驳斥,称此等案外之事,被告律师不应牵及,西探总目可以不答。沃律师复向诘称,然则当时至捕房报信,及领往应家者是何人?是否即是今日在堂上之陆惠生?五十号西探总目未答,侃克律师即辩称,送信之人,理宜守秘密,未便宣布。雷司律师亦驳英国法律,有不宣布送信人及守秘密之条件,明日可以呈案。关谳员亦以我中国法律有守秘密条文,并将该条文与两造律师阅看。至此因时已五句半钟,中西官即谕令将应武分别带回送押,候礼拜六即五日特别公堂，再行研讯。此第二次预审之情形也。

罗家伦主编《革命文献》第42、43合辑，台北，中央文物供应社1968年版，第49~53页

△ **伪外蒙军侵袭东蒙，旋被击退。**

《库兵内犯东蒙》：

库伦遣兵侵袭东蒙，至多伦诺尔东北之七猴庙地方，与华军开战。因兵数众寡不敌，华军失利，退守大王庙。旋有援军声助，伪蒙军遂向北败走。

《东方杂志》第9卷，第11号，中国大事记

△ **北京临时政府度支部拟订中华民国度支部兑换券规条并呈请批准。**

度支部公函(壬字第陆号)：

敬启者：本部现拟中华民国理财部兑换券章程十三条，业经呈请大总统批准在案。此项兑换券由政府准备现款，委托中国、交通及保商银行为发行及兑换机关。系因接济市面起见，所有一切公家收款、商民交易，均一律通用，不准稍有折扣阻碍等弊，违者从严处罚。相应刷印原呈暨章程，通知贵部，希即查照办理可也。专此布闻。顺颂公安。周自齐顿

度支部为呈请批准立案事：窃自去年九月武昌争战事起以来，各处金融奇紧。其原因：一由于内国及外国贸易之不振，一由于信用制度之破坏。我国因币制未定，前大清银行现改中国银行，尚未发行正式中央银行兑换银券，各处所通行之纸票，大率由官银号或钱铺票号因从前习惯而发行之兑换银券，其式样不一，额面参差，本非良善之物。然因通用已久，便于周转，力足以代正货，使金融渐就活泼，效力之大，与正式兑换券无以异也。迨争战开始以来，此项纸票之信用忽然破坏，业银者多因纸票兑现而倒闭，社会上顿少六七千万之代表正货之物，凡厥出入，皆须现银，因而物价下落，金融大紧，此则数月以来各地之实形也。欲有以救之，非自力图恢复信用，发行确实之兑换券不可。然前大清银行之办法尚未确定，且无基金可筹，不得已只有由政府另拨一款，发行此项兑换券，以救经济界之窘。若他日信用巩固，因发行而得之现款不必全数备现，则可移购公债，于财政前途亦不无小补。兹谨拟具发行中华民国度支部兑换券章程十三条，开单呈览，伏乞大总统钧鉴批示遵行。谨呈。

中华民国元年三月三十一日即壬子年二月十三日。奉批：据呈已悉。应照所拟办理。此批。

《中华民国度支部兑换券规条》：

第一条　此项兑换券由中华民国国库发行，名曰中华民国度支部兑换券。

第二条　此项兑换券之种类为一元、五元、十元之三种。

第三条　此项兑换券由中华民国政府准备现款，以资兑换。前项所称现款，系库平七钱二分之通用银元。

第四条　此项兑换券，中华民国度支部委托中国银行及交通银行为兑换机关，办理兑换券与现款之交换。

第五条　持此项兑换券向中国银行及交通银行之总行兑取现款者，在营业时间内，无论何时，立即兑换。若向他处分行兑取现款，其数在五百元以上者，得照市面汇水略收汇费。

第六条　此项兑换券，凡缴付地丁、钱粮及一切公家收款，皆准行用。商民交易，亦一律通行。不得有贴水折减情事，违者处罚。

第七条　持此项兑换券取现款或持现款易兑换券，均不收兑换费。

第八条　此项兑换券小有破裂，或裂为数片，而合成尚可辨认，或泥污、水湿而字画号码、数目尚可辨认者，准照全数兑给。或纵、或横、或斜线形损去一半，而其间字画、数目尚可辨认者，准照半数兑给。

第九条　此项兑换券因行使污损，难以通行，持向中国银行或交通银行交换新票时，不收印刷纸料费。

第十条　此项兑换券，由度支部将发行数目及准备现款数目，每星期编一报告，登载公报。

第十一条　此项兑换券之收发、交换、消号，及度支部与中国银行、交通银行之委托关系等项，另订细则办理。

第十二条　伪造变造此项兑换券者，俱以伪造国币论，依形[刑]律处治。

附则

第十三条　此项规条系因接济市面需用紧急起见，暂行规定，候将来参议院开院，再行交院议决。

中国第二历史档案馆编《中华民国史档案资料汇编》第3辑，金融，江苏古籍出版社1991年版，第76～78页

4月5日(二月二十九日)　“宋案”第三次预审，双方律师互辩，原告律师请公开各项证据，未决。

《宋钝初先生遇害始末记》：

四月五日星期六，为宋案第三次预审之期，公堂布置，一如前式。观审者犹复人山人海，拥挤不堪。开庭后，正会审官关君，偕英副领事康君升坐，当由被告代表沃沛律师起言，要求堂上将报告通信之人宣布。并谓昨日原告反对此举，并非合法。查司通氏所著法意一书，第三百四十七条载，凡通信及指捕者有关实事，或被告者应即宣布，故现在五十号西探总目，虽不肯说出，然日后至高级官厅讯问，仍须将此人姓名说出。现在应照高级官厅研讯，并引伊沙尔氏之法论录证，亦属似是而非。随由德雷斯律师声称，凡堂上所欲问者，本律师决不掩饰。又由侃克律师引证各法案，言捕房无宣布报告及送信者姓名之义务，果如被告代表所言，恐世界各国之警察，将无由施行其职务矣，故本律师之反对，乃法理所定。随又将应行反对之各种法律条文，当堂宣读。陪审官曰：若以被告关系而言，自应宣布指告之人，但须被告代表证明有必须宣布之理由，方能行之。时沃沛律师尚云，本律师所问，乃系事实。巡捕得此信息，是否有人至捕房送信，此人是否即是陆惠生？即由侃克律师驳斥之曰：此种辩论，可称为理由乎？被告代表所欲得者，在捕房报告者之详情耳，不应为被告关系起见。陪审官康君曰：堂上不以沃律师所请宣布指捕消息为关系被告，故不准所请。关君亦以为然。沃【律】师又起言曰：堂上反对者，是否因关系国事乎？应请堂上注意。侃克律师言，如被告代表必要捕房说出，则须先将必须说出之理由说明。关谳员以中国刑法第一百五十三条，亦有此等条文载明，故即将原文揭出，与两造律师观看。旋即谕令五十号西探总目安君上堂，由沃律师诘问。

沃律师与安探问答之词如下：沃问捕获应犯时一切情形，安答逮捕应桂馨，在三月二十三号夜约十一点多钟，会同法捕房派人至应家看守。并言此案于刺死宋教仁之第二日，即有二人到捕房来送信，谓系应桂馨所为。后又有两人来说见证王阿发亦知此事。后来的二人，内有一人，即起先同来。迨至拘捕应桂馨之前二点钟，又有人到捕房来报信，捕房得此信息，先去寻获王阿发，然后拘捕应桂馨，至二十四号(即礼拜一)早晨，时陆惠生亦在场。沃忽掺言本律师以为贵探决不宣布报告者之姓名矣。侃克律师正色曰，然。沃又问曰，拘捕武士英

之先一日，陆惠生在其中否？安向堂上问，应否答复沃律师所问？陪审官康君曰，应答。安即答曰在。沃问此人即前一夜与贵探同往者乎？侃律师曰，勿答沃问可也。安乃复言，当夜有不知者，指吴福铭为武犯。时武犯正与法界警察谈话，并言宋系彼所刺。星期一日下午应犯解公堂，证由王阿发供出，自是本探并未再至应宅搜查，该宅系总捕头主之。沃问贵探识被刺者为何人乎？安曰识之。沃问贵探识其为国民党领袖乎？安曰然。沃问武犯言国民党欲拥为国务总理然乎？安答本探曾闻之。沃问武犯又言国民党欲推翻政府，有其事乎？安答本探未之前闻。沃律师即将字林西报转译华字报所载，宋被国民党党员选为内阁总理，使组织政党内阁，使总统成为木偶云云，向堂上宣读一遍后，侃克律师曰：凶犯代表昨日欲禁报纸载本案，指为不实，今日乃以报上所登影响之谈，作为证据，可孰甚？沃复问安探总目应犯被捕后情形，安曰：当时应犯宅内诸人围在一处，由法捕房派人看守。据武犯对法捕声称，刺宋后即回应宅藏匿，故致被捕。并历举如何放枪，如何逃遁。且言，应系某政党党魁，一切皆用法文详细录供。此供单现在留法捕房，本探签名其上。此时安总探即退出。后乃由英美总巡卜罗斯君上堂证明。自被告应桂馨拘获后，二十五号（即礼拜二）曾会同法捕房至应家搜查，后于二十六号（即礼拜三）又曾同法捕搜查完竣，搜出许多文件信函印章并手枪等件，并由侃克律师将所有搜出之文件印章交与卜总巡，并诘称是否在应家搜出之件？卜答是。又在应家楼下似是应之秘密办事室中，一寻常白皮箱内衣服中间搜出手枪，枪内尚存两粒子弹，搜出时本装在枪内，由我取出另放。当由德雷斯律师言。所搜获之公文应守秘密，本律师本不赞成宣布，但凶犯一方面如此狡展，本律师不得不要求宣布。侃克律师于是将搜获得各文件交各律师，并呈上查看。计电报密码，往来电报信件，并木印四颗，手枪一支，弹盒一个，暨传单信等各件，皆有译文附之。堂上阅过后，德律师请堂上将各件内容，大略宣布，使不知者勿致怀疑，致碍治安。爱律师起而反对，并称各件关系极大，非详细考求不可，应请再展期。康副领事曰：本陪审官不以宣布此种谋刺案为合例。德律师又请宣布，并谓此举可免人心怀疑，致于治安有意外之妨碍。康君曰：此案中之各件，有某事关系甚重，故本陪审官，颇难将各件宣诵。德曰：果尔，则本律师谓堂上应负完全责任。是时正谳员与陪审官商量再三，旋宣称意见不一。德律师又请于下午考查各件，展期须短，并立时处决，应否宣诵各要件问题。康君曰本陪审官不能应允，此时本陪审官允负责，现在实不能宣布。德律师又要求下午再讯，以便处决宣诵各件问题。康君曰：本陪审官不以下午再讯为然。但各律师与代表应得审查各件。德律师曰：果如堂上宣诵则被告代表亦自与闻。侃克律师言：各件既交公堂，则该律师不愿代为管理。德律师曰：请堂上固封看守，一如捕房之例。康君言：此案证据，必须交公堂办理此事之西捕。德律师又声请堂上宣布各件。康君曰：此事关系政事，须请命于领事团始能定之。关谳员复与英领康君会商良久，判应武两犯仍分别还押，候下礼拜一午后再讯。并定于即日午后，由两造律师并捕房代表以及中国国家代表到廨，将所有文件公同研究。判毕，即行退座。此第三次预审情形也。

罗家伦主编《革命文献》第42、43合辑，台北，中央文物供应社1968年版，第53～56页

4月6日（二月三十日）　黄兴本日致电袁世凯，要求将外逃的宋案嫌犯捉拿归案。

黄兴《致袁世凯电》：

袁大总统钧鉴：勘、宋两电敬悉。宋案关于洪述祖之证据甚多，未便宣布。洪系内务部秘书，既属逃官，应饬由外交部向胶督交涉提回。黄兴。鱼。

湖南省社会科学院编《黄兴集》，中华书局1981年版，第317页

4月7日（三月初一日） “宋案”第四次预审，曾受应桂馨准请行凶的证人王阿发，到庭指证，应曾试图雇请其杀人。

《宋钝初先生遇害始末记》：

四月七日星期一，为第四次预审之期。午后开庭，德雷斯律师先起，请堂上决定宣布有关系之证据各要件，谓本律师万不能认可，永守秘密，果堂上不允宣诵，须下论指明不能宣诵之理由方可。康君曰：本陪审官不能认可贵律师之请求，目下无须宣诵各件之必要。德律师复言将此事载入堂案内。关谳员言：本谳员主张宣布各件。康君曰：关君已允宣布，但本谳员不以为然。关谳员言：迟早终必宣布。此时凶犯代表沃沛，即询问总捕头卜罗斯君曰：贵捕头前在威海卫充陆军统带乎？贵捕头知革命时有从他处逃入租界者乎？卜曰：有之。沃曰：是中有满清官僚乎？卜答不知。然或有之。沃曰：又有革命党首领乎？（翻译张某，以革命党误译国民党。）卜曰：余不知谁为革命党首领。沃曰黄兴。必须请贵捕头将搜查应宅情形述之。卜君承沃沛之询，即述云：应宅颇宽大，约有屋三十幢，余往该宅共二次，一在星期二日，一在星期三日。此二日中，余深信无他人入其内。同来者有中国政府代表，此人之名，余不能宣布。但系中政府代表，有陈交涉司之通告为证。当搜查应宅时，除中国政府代表外，尚有法界包探多人，所获之件，皆从宅中各处得之，尤以某某四室为最多，有从箱中搜得者，有从铁箱中内取出者。此项要件，除本捕头所获之外，尚有为法捕房取去。沃曰：英法捕房将各件若何分法？曰：以其关系若何定之。政府之重要人物知否？卜曰：似乎知之。沃曰：请堂上关谳员委任应犯之公文宣布。陪审官康君曰：以各要件交卜君转交沃律师观阅，并嘱沃不得将各件内之人名读出，及慎防报馆记者之泄漏。乃沃与其翻译张少棠故意扬起，康君屡厉声斥其违谕，几至潜卜君夺回各件。后沃遵谕始止，沃犹强颜曰：各件本无关重要，捕房之举动未免少见多怪，认为罪犯之证据，即持应犯之密码电质问卜君曰：贵捕头以此为异事否？卜君曰：余不以为异。沃曰：恐本律师不以贵捕头之说为然。卜曰：余本自正直之面观之。沃又指第二件问卜，谓该电既系内务部秘书洪述祖代赵秉钧致应犯者，则应当是中央委任之大员？卜曰：余只知电上所言，不知其它。沃又持第四件，即赵秉钧十二月十二日致应犯电，嘱应犯千万不可留形迹者。问曰：贵捕头知此间有各社会与政府意见不合者否？卜曰：容或有之。沃曰：此种社会，大有妨碍中央政府否？卜曰：余不知。时沃对堂上曰：各件译文，不甚妥洽，颇难下手。德雷斯律师曰：电文之如何解法，乃辩论中之事。康君曰：译文当已妥合。德曰：请沃律师询其所受雇者当知之。爱律师曰：凶犯代表如不知各件内容若何，必将延宕数星期。沃又曰：假使应之职任高于南市巡警长者，贵捕头以其有此密码书为异事否？卜曰：果应犯为大员者，余自不以为异事。沃曰：世界各国皆有秘密传书之法？卜曰：然。沃沛又曰：各件之译文，未免过于草率。卜曰：各件系工部局帮办麦建伦君所译，交出堂上之件，系择其中关系重要者而已。此外尚有文件甚夥，第二证人上堂时自当交出。沃曰：第二证人为谁？侃曰：到时贵律师当自知之。德雷斯律师起言：凶犯代表人问第二证人为谁，奇极。爱律师曰：原告代表于第一堂时，已将证人之名交出，复谓一切要件将由总捕头卜君呈交堂上，故星期六日下午各律师齐集公堂，审查各件，今侃君又言尚有证人，尚有要件，本凶犯代表等，殊不畏强御，任侃君及卜鲁斯君为何人，只知证据何在而已。卜曰：办理案件，有正直者，有不正直者。沃曰：今原告之办理此案，当是不正直之手段。德律师曰：当以此语还以赠诸凶犯代表。沃忽向堂上言曰：原告交出要证之手续，极为可异，捕房之办理，亦为错谬。本律师等必须深究一切证据，始能进行，故须询卜君以有关此案之推测。侃律师起而反对，言原告提出证据之所以然者，实有原因在。康君曰：可使凶犯代表知原告之若何推测。德律师曰：凶犯代表无询证人以若何推测之例。沃曰：交出之各件，系卜君自行选择，故本律师得询其选择之原意。卜曰：所择出各件，皆与刺宋案有关。且谓余决不宣布余择出各件呈交堂上之理由，堂上果欲知之，请询侃克律师可也。侃曰：若应犹事以为无罪，当能解释各件之是何作用，（第五件言）十日内某人须避，不然当受戮。（第八件言）行事当贵神速，阅后付丙丁语。（第十件言）某事已泄，行事前速电。（第十一件言）某某之骗案。（第十四件）系三月十八日北京致应犯电，言速行事，空言无补。沃律师即持第十四件问卜君曰：汝知政府有捕拿宋某之事否？卜曰：余不知。沃曰：本律师将令汝知之。爱律师曰：非原告将各电含有罪状之理由说明，不能进行。不然，当由应犯逐一解释之，过于费事。堂上于是又将各件之译文审一周，（第十五件）系三月十九日北京来电嘱速行事。（第十八件）系应犯致北京电，言宋某大施运动。堂上审查各件毕，由侃克律师请电报局总办唐露园君上堂，将关系刺案之电底稿交出，计共四件，均能证明行刺之罪状者。旋复传王阿发上堂，先由侃克律师问曰：汝何时认识应桂馨？王答：约在案发前十日，王指应犯曰：即此是也。侃曰：汝能记忆宋教仁之肖像否？王曰：能。侃持宋照问王曰：应犯嘱汝刺杀者是此人否？王审视数四曰：然。次由爱律师起而诘问，其翻译张少棠不明王之湖北土语，错误之处极多，其为有意与否，则不得而知。其问答如下：爱问：汝操何职业？王曰：古董。去年阴历正月来沪。爱问：汝未来沪之前在何处？王答：汉口。爱问：在汉口操何职业？王答：太平洋行火险掮客。爱问：汝即为保险掮客，何由执业古玩？王答：代客买卖古玩。爱问：是汝通告应事否？王答：然。言时似甚恐怖者，一若应犯之凶党旦夕即将报复之状。既乃大声言曰：此乃事实，彼虽死，余亦无恐。爱问：汝未通告之前，曾将此事告他人否？王答：有。爱问：谁？王答：国民党之邓君。翻译又以国民党误译革命党。爱问：汝何以告彼？王答：刺案发生后，余在报上见宋教仁之肖像，始忆应犯交余之照，因见宋之为人，有功民国，乃告邓君以应之若何委托，邓即挽余同往捕房。爱问：汝在捕房见有何人？王答：有中西捕甚多。爱曰：试在此间指出一二在捕房见过者，王指西探安姆斯脱郎。爱问：汝何时认识应桂馨？王答：约在案发前十日。爱问：汝何认识他？王答：有法界柏林路通清铁道公司朱君，托余代售字画，遇友人吴乃文介绍，始识之。爱问：自第一次见过后，隔几日始至应宅？王答：三日，第二次见应时，问余有生意否？余答以无。他言有一件公事能办成，除差事外，尚得洋一千元。询其何事，彼以一照示余。爱问：他告汝照上系何人乎？王答：他说此人不去不得了。爱问：汝前后到过应宅几次。王答：三次。爱问：应既托汝刺人，汝欲自行之否？王答：余不敢，因举邓某。爱问：汝第三次去时，是否独自一人？王答：与邓某同去，未会见，应因再约晚间八时，后因邓不允，故未去。应说办一件公事，办到手，可得差事，并洋一千元。爱问：何谓办公事，王答：办公事，犹说要死人。（办案者，湖北土语，刺杀人之谓也。乃凶犯代表翻译，张少棠译之为 Public Service，因是大起误会。后由德律师起而请堂上另嘱他人为传译。）又由康君问："办案"是否谋杀人？王答：然。审至此，已六时二十五分，堂上遂宣布礼拜三日下午再讯，此第五[四]次预审之情形也。

罗家伦主编《革命文献》第42、43合辑，台北，中央文物供应社1968年版，第56～60页

4月8日（三月初二日） 中华民国第一届正式国会在北京开幕，分设参、众两院。临时参议院解散。旋举张继、王正廷为参议院正、副议长，汤化龙、陈国祥为众议院正、副议长。

1912年4月9日《民立报》报道：

今日午前九时，参议院、众议院两院议员均服礼服，赴参议院行民国议会第一次开会礼。

除袁总统委秘书长梁士诒代表、工商总长刘揆一请病假未出席,其余赵总理、段陆军长、刘海军长、周财政长、朱交通长、许司法长、陈工商兼署教育长,各国务员均到会。两院议员共到六百八十二人,计众议员五百零五人,参议员一百七十九人。至十一时,摇铃,议员入礼场就席,奏国乐毕,由筹备国会事务局局长施愚就席报告两院议员已赴召集人数,并报告推两院该院员中年长者云南参议员杨琼,年六十八岁,为临时主席。杨就席向各员行鞠躬礼毕,由众议院筹备委员长林长民代杨宣读开会词毕,即由梁士诒登台代表袁总统致颂词。但各议员佥以袁总统未亲自来会,不准梁士诒代读,故梁惟将袁颂词一纸双手高擎向各议员行鞠躬礼毕,将颂词置于案上。由主席宣告向民国国旗行三鞠躬礼,在礼场者咸行礼如仪毕。奏国乐。主席宣告礼成退席,摄影纪念而散。

《袁世凯颂词》:

中华民国二年四月八日,我中华民国第一次国会正式成立,此实四千余年历史上莫大之光荣,四万万人亿万年之幸福。世凯亦国民一分子,当与诸君子同深庆幸。念我共和民国,由于四万万人民之心理所缔造,正式国会亦本于四万万人民心理所结合。则国家主权当然归之国民全体。但自民国成立,迄今一年,所谓国民直接委任之机关,事实上尚未完备。今日国会诸议员系由国民直接选举,即系国民直接委任。从此共和之实体,藉以表现,统制权之运用亦赖以圆满进行。诸君子皆识时俊杰,必能多抒谠论为国忠谋。从此中华民国之邦基,益加巩固,五大民族人民之幸福日见增加,同心协力,以造成至强大之民国,使五色国旗,常照耀于神州大陆。是则世凯与诸君子所私心企祷者也。谨致颂词:中华民国万岁,民国国会万岁。

《东方杂志》第9卷,第11号,中国大事记

《筹备国会事务局筹备中华民国第一次国会开会礼成报告书》:

中华民国二年四月八日为第一次正式国会成立之日,先期由筹备国会事务局择于众议院内新建议场为行两院开会礼礼场,一切事宜均次第筹备;又特别制造国会纪念章,复请由交通部制作国会成立纪念邮票,并通电各省行政长官暨蒙古、西藏、青海各办事长官布告各该地方届开会日同伸庆祝;函请外交总长正式照会驻京各国公使,并通电吾国驻外公使报告各驻在国政府,声明大中华民国第一次民国议会于大中华民国二年四月八日开会成立,及函请教育总长通令全国各学校,一体休课致庆;北京地方亦经函商京师警察厅布告商民于国会开会日庆祝如仪。筹备国会事务局特于中华门外宣武门内象坊桥东及参议院、众议院门首悬缯结彩。开会前三日接外交部暨中美国民同盟会函称:外宾欲观礼者需参观券至三百二十份之多,所有开会仪式亦由局拟定,另印中华民国二年四月八日第一次国会开会仪式单,于开会期前一日分送各议员,其仪式如下:

一、是日午前九时参议院、众议院议员服礼服赴众议院,行民国议会第一次开会礼。

一、是日午前十一时起,议员入礼场就席(奏乐)。

一、筹备国会事务局委员长、委员暨筹备参议院、众议院事务处人员,均入礼场赞礼。届开会时由筹备国会事务局委员长就席报告两院议员已赴召集人数,并报告推两院议员中之年长者为临时主席。

一、临时主席推定后,由筹备国会事务局委员长报告请临时主席就席。

一、临时主席就席后,宣读开会词,但临时得委托筹备国会事务局委员长或委员代行宣读。

一、宣读开会词毕,大总统暨国务员致民国第一次国会成立颂词(奏乐)。

一、致颂词毕，临时主席宣告行礼，由筹备国会事务局委员长或委员报告，向国旗行三鞠躬礼，在礼场者咸行礼如仪（奏乐）。

一、临时主席宣告礼成，退席。

一、礼毕摄影纪念。

至八日晨，风和日暖，北京街市遍悬国旗，领有参观券之中外男女来宾，车马填溢，赴院观礼，络绎不绝。参议、众议两院议员，自九时起携带证书，先后在筹备参议院事务处、筹备众议院事务处所设注到室，分别注到，领受议员徽章。至十一时参议院议员有一百七十九人，众议院议员有五百零三人。到院参观来宾，外宾男女计二百余人，我国民男女人士将近千人，亦已就座。振铃开会，议员、大总统特派员、国务员、筹备国会事务局人员齐入礼场。国务员列席者为国务总理【兼】内务总长赵秉钧、外交总长陆徵祥、陆军总长段祺瑞、海军总长刘冠雄、司法总长许世英、教育总长【兼】农林总长陈振先、交通总长朱启钤，禁卫军同时发礼炮一百零八响致敬，警察官吏、警卫之仪甚盛。峨冠礼服，跄济一堂，穆穆皇皇，群情欢忭。首由筹备国会事务局委员顾鳌登演台报告：本日行中华民国第一次国会开会礼，请两院议员各就席，乐作。顾鳌立演台侧，指令作乐时，举帽致敬，各议员亦起立举帽，并鼓掌之。声如贯珠，举场气象融融如也。旋由筹备国会事务局委员长施愚登演台报告：本日为民国国会开会之期，先于本年一月十日，大总统按照约法发布召集令，期于三月内齐集北京，希望国会早日成立。惟选举期迫甚，虑筹备不能如限，不意报到人数如是之多，计本日到会议员参议院一百七十九人，众议院五百零三人；都凡六百八十二人。本日开会，依照开会仪式，应推议员年长者一人为临时主席，检查两院议员注到册以云南参议院议员杨琼君年七十一岁，为两院议员中年龄最长之议员，应推为临时主席。各议员起立鼓掌赞成。顾鳌乃离席报告，请临时主席杨琼君就席，各议员复起立鼓掌欢迎。临时主席杨琼君就席，复起立宣告宣读开会词，并委托林长民君代行宣读，筹备参议院事务处筹备事务员林长民君登演台宣读开会词（略）。

临时主席杨琼君复报告：大总统遣秘书长梁士诒暨国务员致民国第一次国会成立颂词一件，梁士诒登演台致词，众起立鼓掌表示欢迎。乐作。其颂词如下（略）。二次乐止，即由临时主席杨琼君宣告行礼，筹备国会事务局委员长施愚报告，向国旗行三鞠躬礼，委员顾鳌赞礼，在礼场者，咸行礼如仪。礼毕。临时主席杨琼君宣告国会开会礼成，退席。乐作。旋乐止，筹备国会事务局委员顾鳌报告摄影纪念。于是莅会行礼者暨中外参观男女，皆至礼场外会合摄影，并撮纪念风景影片多枚，于十二时散会。人给国会开会纪念章各一。而连街塞巷观者如堵，诚空前之大典，极盛之隆仪也。已兹将中华民国二年四月八日两院议员到会者之姓名列下：

一、参议院议员

张　继　张其密　王观铭　籍忠寅　王法勤　郝　濯　刘彭寿　孙乃祥　苏毓芳
谢书林　延　荣　赵连琪　杨　渡　陈瀛洲　李绍白　袭毓琨　富　元　齐忠甲
赵铭新　姜鸿升　萧文彬　赵成恩　高鸿恩　王洪身　金鼎勋　赵学臣　杨绳祖
蔡国忱　杨喜山　杨崇山　姚翰卿　刘正堃　郭相维　郑林皋　高家骥　金德馨
陶　逊　辛　汉　郑斗南　秦锡圭　王立廷　解树强　蒋曾燠　蓝公武　杨　择
胡壁成　吴文翰　马　坤　汪律本　章兆鸿　李子干　丁象谦　张我华　周泽南
燕善达　符鼎升　朱念祖　卢式楷　萧辉锦　邹树声　蔡突灵　汤　漪　刘　濂
陆宗舆　章杭时　张　曜　王正廷　许　荣　张　烈　王家襄　郑际平　金兆棪
林　森　刘映奎　雷焕猷　李兆年　方圣征　杨家骧　潘祖彝　宋渊源　陈祖烈

黄树荣　韩玉辰　高仲和　蒋羲明　董昆瀛　彭介石　田永正　陈焕南　揭日训
唐仰怀　萧承弼　刘星楠　尹宏庆　张锡界　徐镜心　丁世峄　万鸿图　刘积学
李　槃　林子儒　贾济川　黄佩南　陈铭鉴　毛印相　谢鹏汉　张联魁　苗两润
王用宾　张瑞玑　段砚田　陈敬堂　班廷献　张杜兰　田应璜　寔应昌　陈同熙
焦易堂　赵世珏　何毓璋　张蔚森　范　樵　李述膺　岳云韬　王鑫润　范振绪
蒋举清　谢　持　王　湘　黄锡铨　李英铨　周廷励　何士果　杨永泰　李茂之
彭建标　王鸿庞　李自芳　温雄飞　郭椿森　卢汝翼　梁士模　梁　培　曾　彦
吕志伊　王人文　朱家宝　袁嘉穀　孙光庭　谢树琼　赵　鲸　杨　琼　陈　善
李文治　李耀忠　姚　华　鄂博噶台　鄂多台　车林桑都市　旺楚克拉布坦
诺尔布三布　唐古色　色旺端噜布　奈曼王　祺诚武　荣　厚　祺克坦　布　霖
罗布桑车珠尔　陆大坊　曹汝霖　德色赉托布　布而伯特　吴　湘　唐琼昌
朱兆莘　卢　信　蒋报和　谢良牧

二、众议院议员

陈纯修　刘景沂　吕泮林　张秉文　谷钟秀　韩增庆　李永声　杜凯元　李景濂
吕金镛　张敬之　杨式震　马文焕　王吉言　张国浚　童启曾　孙洪伊　李家桢
王双岐　鄂毓怡　金诒厚　李春荣　王玉树　张云阁　李保邦　张滋大　谷芝端
张则林　王锡泉　耿兆栋　温世霖　马英俊　张书元　贾睿熙　吕　复　王葆真
王振垚　张士才　胡源汇　张恩绶　常倜璋　刘恩格　郇克庄　王荫棠　仇玉珽
焉泮春　蒋宗周　姜毓英　翁恩裕　杨大实　张嗣良　曾有翼　吴景濂　李秉恕
罗永庆　徐清和　李膺恩　范殿栋　张雅南　莫德惠　毕维垣　杨振洲　董耕云
王玉琦　齐耀瑄　秦广礼　杨荣春　刘振生　田美峰　叶成玉　陈耀先　关文铎
孟昭汉　邵庆麟　于洪起　史泽咸　刘冠三　王谢家　金承新　曹　瀛　杜凯之
盛际光　周廷弼　周庆恩　张金兰　穆肇仁　丁惟汾　于廷樟　彭占元　王　讷
郭庆恩　董毓枚　侯延爽　袁景熙　魏丹书　李元亮　阎与可　刘昭一　艾庆镛
张玉庚　王之籙　周祖澜　于恩波　于元芳　耿春宴　张嘉谋　王廷弼　孙正宇
贺升平　张锦芳　李载赓　胡汝麟　王　杰　任曰墀　岳秀夫　丁廷骞　张协璨
王印川　杜　潜　刘峯一　魏　毅　张善兴　郭桂芬　王敬芳　梁文渊　郭光麟
韩胪云　张　坤　袁习圣　林英钟　刘奇瑶　凌　钺　刘荣棠　李庆芳　王定圻
侯元耀　张升云　贾鸣梧　刘盥训　梁善济　罗　黼　阎鸿举　耿臻显　郭德修
周克昌　石　璜　刘祖尧　冀鼎铉　康慎徽　斐清源　狄楼海　康佩珩　赵良臣
李景泉　景耀月　张相文　张鹤第　刘可均　陈士髦　朱继之　吴　涑　姚文枬
孙炽昌　茅祖权　董继昌　谢翊元　徐兰墅　陈经镕　王茂材　邵长镕　陈　义
石　铭　王绍鏊　胡应庚　王汝圻　杨　润　胡兆沂　高　旭　夏寅官　屠　宽
朱溥恩　陈允中　董增儒　孙光圻　蒋凤梧　吴荣萃　陶保晋　汪秉忠　凌文渊
徐兆玮　孙润宇　孟　森　杨廷栋　贺廷桂　刘鸿庆　唐理淮　许植材　宁继恭
汤松年　杨士骢　周学辉　张　埙　王源瀚　陈光谱　王多辅　汪建刚　吴汝澄
丁秉炎　曹玉德　何　雯　余　棨　戴声教　汪彭年　卢恩泽　黄象熙　刘景烈
戴书云　梅光远　黄懋鑫　程　铎　葛　庄　曾有澜　陈鸿钧　陈子斌　赖庆晖
郭　同　李国珍　吴宗慈　欧阳成　张于浔　徐秀钧　王　恒　王有兰　曾干桢

黄裳吉　黄攻素　黄格鸥　邹继龙　文　群　潘学海　辛际唐　卢元弼　邓　元

王　侃　欧阳沂　罗家衡　彭学浚　邱冠棻　贺赞元　林玉麒　陈懋宸　韩　藩

徐象先　陈燮枢　戚嘉谋　傅家铨　张　浩　蔡汝霖　谢国钦　黄　群　周　珏

褚辅成　杭辛斋　张世桢　胡翊青　张傅保　杜士珍　金尚铣　卢钟岳　朱文劭

周继潆　俞　炜　田　稔　蒋著卿　丁俊宣　金秉理　王　烈　邵瑞彭　傅梦豪

殷汝骊　赵　舒　虞廷恺　杜师业　俞凤诏　杨树璜　朱腾芬　曹振懋　高登鲤

陈蓉光　陈承箕　连贤基　林鸿超　丁超五　丁济生　黄　荃　林辂存　朱金紫

欧阳钧　张　琴　杨士鹏　陈　堃　李垚年　林万里　刘崇佑　郑德元　詹调元

刘万里　张伯烈　郑万瞻　胡鄂公　邱国翰　王笃成　范熙壬　胡祖舜　欧阳启勋

覃寿恭　张大昕　石　瑛　汤化龙　陈邦燮　查秀华　廖宗北　骆继汉　萧　萱

冯振骥　程崇信　罗永绍　魏肇文　黄赞元　石润金　胡寿昺　禹　瀛　陈家鼎

郭人漳　李积芳　周大烈　彭允彝　欧阳振声　钟才宏　陈九韶　覃　振　周泽苞

王恩博　李执中　张宏铨　梁系登　彭施涤　刘治洲　朱家训　尚镇圭　焦子静

寇　遐　李含芳　马　骧　杨诗浙　谭焕文　王鸿宾　白常洁　茹欲玉　段大信

陈　豫　高　杞　姚守先　张树森　杨铭源　高增荣　侯效儒　郭自修　张国钧

祈连元　贾缵绪　杨润身　李增秾　李克明　段维新　王安富　秦肃三　萧　湘

江　椿　李文熙　黄　璋　余绍琴　熊成章　李肇甫　李为纶　杨　霖　袁弼臣

黄汝鉴　萧德明　孙镜清　曾　铭　周　泽　张瑾雯　杜　华　刘泽龙　刘　纬

廖希贤　郭成炆　黄云鹏　傅鸿铨　萧贤俊　王　枢　杨肇基　伍朝枢　黄霄九

陈　垣　易次干　司徒颖　马小进　林文英　陈发檀　邹　鲁　郭宝慈　杨梦弼

陈治安　梁仲则　梁鋆元　谭瑞霖　林伯和　徐传霖　黄汝瀛　饶芙裳　梁成久

许峭嵩　郑懋修　萧凤翥　林绳武　刘栽甫　伍汉持　苏佑慈　江　瑔　叶夏声

黄增耆　陈太龙　萧晋荣　王乃昌　蒋可成　黄宝铭　马如飞　钟业官　龚　政

蒙　经　陈绳虬　程修鲁　王永锡　梁昌诰　翟富文　覃　超　罗增麒　凌发彬

严天骏　张华澜　萧瑞麟　朱朝瑛　张联芳　王　桢　由宗龙　李　增　顾视高

曾子书　张大义　张耀会　陈光勋　李燮阳　何秉谦　陈时铨　陈祖基　沈河清

段　雄　寸品升　李根源　赵　藩　蹇念益　牟　琳　符诗镕　刘显治　孙世杰

唐瑞铜　陈国祥　陈廷策　万贤臣　夏同和　刘尚衡　叶显扬　张树桐　乐　山

阿昌阿　富乐珲　易宗夔　拉　什　卜彦吉里郭勒　孙　钟　汪荣宝　熙　钰

李景和　金　远　林长民　恩和布尔　张国溶　诺门达赖　乌尔棍布　邓　镕

1913 年 4 月 11 日《政府公报》,第 333 号

△ **临时参议院宣布结束**。

《参议院解散》:

国会成立,照约法第二十八条,前时之参议院,当然解散。本日午后三时,行解散礼。

《东方杂志》第 9 卷,第 11 号,中国大事记

《临时参议院闭会式》:

参议院于四月八日下午二时,行闭会式,于新众议院之议场,先是由步军统领衙门电知警厅,谓奉总统谕,将出席行参议院闭会式,命沿道警备军队、警察等一时后,自象坊桥至总统府沿途排列,断绝交通,宣武门以西城壁亦列有军队警备,异常严重。通讯员于一时入场,

到者六十七人,国务院全体参列国会开会式后,即入参议院议场。三时半总统尚未至,及以电话往催,乃云并无来院意,始知为步军统领所误,吴议长遂宣告开会。

奏乐后,由议长宣读报告词,由总统府梁秘书长代表袁总统致闭会词。"中华民国元年四月二十九日,参议院移入北京开会,一年以来,世凯与诸君子艰难共历,相见以心,倏忽岁余,光景在目。虽立法行政,所处不同,而以国家为前提,视政治如家事,实与诸君子均在忧勤惕厉之中。骇浪乘舟,同心共济,缓急轻重,弦韦交资者,固可握手互谭,屑涕追语者也。正式政府成立之日,即为临时政府报满之期,世凯与诸君子退服田畴,行将判袂。而回忆一年共事以来,忠告善道,谊过挚友,在国家固受其福,在世凯亦获益不浅。他日民国历史,留此永远纪念,而世凯与诸君子实有提携一堂之雅。兴言及此,辄复赧然。兹值参议院闭会之时,思临别之感情,慕赠言之古谊,略述鄙臆,不尽所怀。"

读毕,乐复作,赵总理直立,请许部长登坛,代国务院全体致辞,复奏乐,继由议长宣告,向国旗行三鞠躬礼,式终,摄影,三呼万岁而散。是日本一场平和会合,乃以总统出席之一谣传,议员候两点钟,人民不能行道者四五小时,真所谓平地起波澜者也。

罗家伦主编《革命文献》第41辑,台北,中央文物供应社1967年版,第403~404页

《临时参议院解散词》:

中华民国二年四月八日,为中华民国国会成立之期。临时政府期内之参议院,即于是日解散,遵约法也。景濂等窃维本院自南京移设北京,迄将一载,而更溯元年一月二十八日本院正式开幕于南京之期,则已阅十有四月矣。此十有四月中,本院先后开会,综二百二十次,经议决者凡二百三十余案。立国纲要未始不于此稍植基础也。而起视全国,民生凋敝,财政困难,国书之交换,茫乎其无期,边患之沸腾,纷然其日亟也。益以内地伏莽,时时蠢动,不逞之徒或更置犯法纪,冀以达其破坏之目的。现象若此,谁与负此责者?毋亦国民代表应尽之天职,固未有餍人望而重负全国父老子弟之委托也欤?夫世界共和之国,大政方针,规划而执行之者在政府,而赞助而敦促之者,则在议会。今幸国会成立,凡一切重要问题,所待维持而解决者皆恃于完全立法机关是赖。语所谓失之东隅,收之桑榆者也。允若兹,景濂等虽未能遽告无罪于国民,而合五族四百兆家喁喁望治之心,则庶几可以稍慰。斯又景濂等所馨香颂祷,以希望于无穷者也。

罗家伦主编《革命文献》第41辑,台北,中央文物供应社1967年版,第404~405页

△ **巴西首先正式承认中华民国。**

《袁世凯至巴西大总统电稿》:

巴西国大总统钧鉴:顷接敝国驻日代表本月八日电称,巴西代办亲赉正式公文,巴西政府奉总统命,本日承认中华民国等语,敝国政府与人民诵悉之下,同深欢忭。贵国此举,既属优待,又系首倡,敝国所以感之尤深也。且可断其永能振起敝国人民之精神,力求增进中巴之睦谊,本大总统爰以敝国政府与人民之名义,谨以致谢。

中国第二历史档案馆编《中华民国档案资料汇编》第3辑,外交,江苏古籍出版社1991年版,第37页

《巴西承认中华民国》:

由巴西驻日大使通告中国通行证日公使齐眉国务院,政府定于十二日悬旗志庆,教育部通电各校休假一天。

《东方杂志》第9卷,第11号,中国大事记

4月9日(三月初三日) “宋案”第五次预审,初讯应桂馨。

《宋钝初先生遇害始末记》:

四月九日,为第五次预审之期。先由爱礼思律师先询王阿发,以到应桂馨家一切情形。王答:第一次去时,系售画。应犯曾言及有点事情相托,故第二次去时,因问应犯何事相托。余失业后,屡思谋一职业,闻应犯言有事故,亟欲询其何事。爱问:汝第一次去时,曾做了点生意否?王答:未有。爱问:曾与应犯论价否?王答:未。爱问:第一次既未论价,何以复去?王答:因应犯说有事,故就谋之。爱问:第二次与第一次隔几日。王答:三天。爱问:第二次去时,应犯与汝说何事,王答:就是办案。爱又续询王曰:汝前后共去过几次?王答:三次。爱问:汝第一次在堂上曾云二次,今说三次,到底是三次是二次?王答:余说自己一人去过二次,第三次是与姓邓的同去。爱问:姓邓的曾问汝欲干何事否?王答:余对他说办案。他问余是何人,余答以不知,须到应宅后始悉。后同姓邓的去时,不见应犯就走。后以此事关系太大,遂作罢。爱问:汝到应宅之第一次,距刺案发生约几日?王答:十日。爱问:汝几时方到上海?王答:去年阴历二月初间。爱问:汝是国民党党员否?王答:否。爱问:汝之友人姓邓的是党员否?王答:然。爱问:汝是敢死团中人否?王答:否。时堂上遂传沪宁铁路夫役高阿荣上堂,先由捕房刑事检查侃克律师问其在何处拾得交出之弹壳,高答:宋先生被刺之夜,十一时三十分,站中夫役朱小弟洒扫地下,得于月台左近。侃问:获后即交捕房乎?高答:然。侃即向堂上取证物中之弹壳问高曰:朱小弟所得之弹壳与此相同否?高答:然。侃问毕,即向凶犯代表言曰:贵律师有所质问否?爱律师答曰:毋须。讯至此,德雷斯律师起而声言,有吴忠华君,当刺案发生之夜,曾在场目见,应请堂上传问,堂上允许,吴君即上堂。德问:汝是国民党交通部中人乎?吴曰:交际员。德问:汝识宋先生否?吴曰:他是本党代理理事长。德问:当夜宋先生是搭车往北京乎?吴曰:然。德问:汝在车站否?吴曰:在车站送本党议员之行。德问:汝与何人同去?吴曰:黄兴先生。德问:汝到车站后至何处?吴曰:入国会议员招待所。余到车站后十分钟,宋先生始到,相与谈话,后宋先生往售票处购票,余即与黄兴先生向月台而去。德持一草图向吴问曰:宋先生未遇刺之前,来往何处?吴曰:未遇刺之前,余在前,黄先生次之,宋先生又次之,相继从招待处过自鸣钟下,向月台而去,不数分钟,忽闻弹声,即时见纷乱之状,遂与黄先生至车务总管处,旋见有人奔逃,复闻弹声二响,继往觅宋先生,先生曰,吾中弹矣。身倚铁栏杆旁,有二友人来护之,拥向门外登汽车去。德问:汝在何处拾获弹壳?吴曰:宋先生去后,余在旁近得之。德问:汝曾至医院见宋君否?吴曰:余往数次,因医生不许见客,故未晤。德问:汝见宋先生死否?吴曰:宋先生死后,余曾见之。德律师问毕,由凶犯代表爱律师起而问吴曰:汝是革命党之秘书乎?吴曰:余是国民党之交际员。爱问:汝拾得弹子壳乎?吴曰:然。爱问:汝何故不交与捕房?吴曰:余知余必将传作证人,故留之。爱之翻译误作:“余畏作见证,故交出。”爱问:汝既畏作见证,何以今又将弹壳交出?吴曰:余未尝言畏作见证。余前说余知余将传作见证,故留之。爱问:汝认识宋教仁否?吴曰:认识。爱问:他是何如人?吴曰:代理理事长。爱之翻译又误译作 Chirman(按应译作 Actmgpresidmt)。爱问:当闻弹声时,汝意以为何事?吴曰:过后始知宋先生遇刺。爱问:是夜北上之议员甚多乎?吴曰:然。爱问:宋先生赴北京有何公事?吴曰:他是本党所推戴之国务总理。爱问:汝知外间仇视国民党者甚众否?吴曰:不知。爱问:汝知宪法问题许多争论否,吴曰:不知。爱问:汝知有何人曾见此凶手否,吴曰:不知。爱问毕,侃克律师起而对堂上宣告,原告证据已经交齐。时爱忽起而辩论曰:应桂馨被控者,系教唆,原告律师已将罪状宣诵,但本律师深知堂上曾下谕,谓必须有原告明白指出罪状,方能判断。言至此,康君对爱律师曰:本陪审官只言有可控之状,仍不能作有犯罪之证。据此语之解释,系“稍有可控之状,仍不能作为有罪。果证据确实,其办法当与英国下级检察厅之办法相同”。(按英律,凡刑事犯先由下级检察厅预审,拟定罪名,始交上级检察厅复讯。)爱旋向堂上告罪,谓本律师误会堂上之谕,殊为抱歉。关谳员嘱原告译人,将陪审官之解释译出,爱律师复起而辩驳原告所引之证据曰:武士英之口供前后不符,不足为据。但武谓宋之被刺,系出彼一人之意与应不相涉,此语足证应之与刺案不相涉。且原告未证出应与刺案之关系,就应犯被控一方面而言,武犯之刺宋,武实居同谋之地位。既是同谋,武之口供,依法律原理不能作证也云云。康君曰:原告未尝控应武为同谋,不能以此立言。爱又强辩曰:武犯虽承认谋刺,然未有证据足以实之,原告证据内,未将医生证书交出,反以一二西探并捕头与二三夫役及通告者之言立说,殊非郑重之道。所获手枪,又未指明刺杀宋先生之弹相同。总而言之,原告所提出者,谓宋遇刺,与所得之弹壳,搜出之文件等有关系而已,何足作为确据。至电语之译文上面错误甚多,次交出应致北京之电稿四件,本律师未知内言何事,如此草率,焉能定谳。应为政府委用之人,打电言事本为常情,乃原告执为与刺案有关,请堂上一问应桂馨,当知各电所言之事。堂上遂下谕定今日下午三时,由各律师携同译员互相校对译文。德雷斯律师起而言曰:各件甚关重要,应请堂上严为守护,勿使奚落。堂上乃传应犯上堂,先由爱律师问曰:汝是应桂馨乎?应答:是。爱问:汝现当何差?应答:江苏巡查总长。爱问:未光复前作何事?应答:余有房产,收租过日。爱问:汝之巡查总长系何人委任?应答:江苏都督。爱问:有委任状否?应答:有。堂上遂从各件中取出一委任状,示应问曰:是否即此?应答:然,此外尚有训令。爱问:是否放在一处?应答:然。爱问:巡查总长有何责任?应答:各处土匪与军队闹事,皆由余调处,遇事除报告江苏都督外,当有北京政府。爱问:汝成人后作何事业?应答:出学堂后经商。爱问:光复后曾作甚事?应答:南京政府庶务长。(爱之翻译误作 Secretarz of Geha. ment)致爱律师问在何将军处? Nbich General 应犯不知所答。旋由德雷斯律师起而向堂上请爱律师翻译,务须译出庶务长之英名。爱之翻译复译作 Secretarz of Geneal Staff,一时堂上下,无不大笑。应答:庶务长有十二科,南京政府除秘书外,当以庶务长为最高,其职守在散放军饷等事。(爱之翻译又不能译,不知所措,堂上遂以庶务长了之。)爱又问:汝充庶务长至何时解职?应答:南京政府撤销后。爱问:未充庶务长前曾作何事?应答:充沪军都督府谍报科科长。爱问:谍报科科长之后作何事?应答:往湖联络军队。(爱之翻译又误作 Eu-ro-troos 招兵。)爱问:南京政府取销后汝作何事?应答:解散兵队。爱问:汝属何党?应答:共进会。爱问:汝是共进会中何等人?应答:会长。爱问:该会已为政府认可否?应答:各省都知道的。爱问:会中有多少会员?应答:四百兆人中至少有一百兆。堂上下大笑。爱问:汝组织此会,有何用意?应答:劝慰军队中人使勿闹事。爱问:汝是国民党中人乎?应答:否。爱问:汝有政府电报密码否?应答:有。爱问:汝通电用此密码乎?应答:然。时已五点三十分,堂上遂宣言礼拜五再讯。此第五次预审之情形也。

罗家伦主编《革命文献》第42、43合辑,台北,中央文物供应社1968年版,第60~64页

4月11日(三月初五日)　国务院为巴西正式承认中华民国,通告全国各级官署,定于4月12日树中巴两国国旗志庆。

《国务院公告》:

为通告事顷由外交部交来,本日接驻日汪代表电称,巴西代办亲赍正式公文,巴西政府奉总统命,本日承认中华民国,乞代呈大燮八日等语。民国成立,巴西首先承认,兹定于本月

十二日凡各官署门首，应树中巴两国国旗，以表谢忱。特此通告。

1913 年 4 月 11 日《政府公报》，第 333 号

△“宋案”第六次预审，专讯应桂馨，应对问讯支吾难答。

《宋钝初先生遇害始末记》：

四月十一日，星期五，为第六次预审之期。开审后，先由康领与被告爱律师诘辩片刻，康领谕谓证据昨已阅过，其中有极关紧要之电，辩护时，应先注意。爱律师谓仍当问供，康领允之，即由侃律师将应桂馨前堂所供委任巡查长时之札文一道检出，交由爱律师转给应桂馨阅看，并问是否，应答：是。爱问：尔言何条最要？应答：第三第五两条。爱问：此札文与委任状同下否？应答：在后。爱问：此十二条中有向公堂陈述者否？应答：第六条。爱问：何条应注意？应答：第三条第五条。爱问：所言何事？应答：巡查长之职任，在与军队警察司法法庭联络。当由德雷斯律师起而驳斥曰：公文已呈堂，无由被告覆述之必要。爱曰此公文被告律师未曾见过，因将札文呈堂。爱又续问曰：汝与刺死之宋教仁认识否？应答：不认识。爱问：从未见面否？应答：在南京政府时曾见过面，仅颔首而已。爱问：其时宋当何职？（被告律师翻译张某，误译应当何职，致应答庶务长。）又由爱续询原语，应答：法制局局长。（被告翻译不能译）爱又问：宋为何党？应答：国民党。惟在南京时我不知其何党。爱问：国民党宗旨如何？应答：三民主义，一民权，二筹备平民生计，三平民即人人平等。（翻译张某，于民权等名词皆不能译）德律师言：国民党宗旨，无论如何，与此案无关。爱曰：被告律师，自有办法。因此案关系重大。至此，爱又问：应国民党会长何人？应答：黄兴、孙文、陈英士、宋教仁，其余我不知，因我非国民党中人，国民党系合并成者。时关君，康君均谕云：被告律师应问此案有关之事。爱犹强辩，关君、康君谓：汝所问者，我信与此案无关。爱乃续问曰：汝自己有会否？应答：有。爱问：何会？应答：共进会。爱问：为何设此会？应答：因同盟会自合并国民党后，即将从前分子之青红帮等置之脑后。爱问：青红帮是何宗旨？应答：与从前之同盟会相同。爱问：青红帮系何种人组织？应答：前清时贩盐的，当兵的。爱问：国民党不管此种人，为何汝要设共进会？应答：前清时共图革命，今国民党只顾自己做官，且反对青红帮，故设会保护他们，使有法律保护。爱问：孙文来沪时，汝记得否？应答：记得。爱问：孙到申时，汝曾照料否？应答：曾照料。爱问：如何照料？应答：其时英捕房不认为交战团体，不派捕照料，故住在法界，所有房屋器具及种种用费，均是我的。爱问：汝偕孙至宁否？应答：是。爱问：其时即派为庶务长乎？应答：在沪时即委。爱问：其时谁掌沪军？应答：陈英士。爱问：兵站事亦此时所委否？应答：先当庶务长，后委兵站。爱问：与陈认识几时？应答：七八年。爱问：南京政府取消，汝即解职否？应答：不是，因是时一切机关全取消之故。爱问：陈常至尔家否？应答：是我在河南时，陈即住我之房屋。爱问：陆惠生，汝知其何党？应答：不知，或者是国民党。爱问：汝被捕前，知宋被刺否？应答：知之。时关谳员问曰：何时知之？应答：第二天。爱问：那日汝在家否？应答：是。爱问：汝知宋被刺前数日所作何事？应答：宋将赴北京。爱问：宋赴京事，曾载何报？应答：民立、民强。爱问：报载约在何时？应答：约在三月十三日后。爱问：汝知宋同行者有何人？应答：见报载有程雪楼。爱问：汝说次晨闻宋被刺时，汝在何处？应答：在我家楼上。爱问：是时汝作何事？应答：吸烟。爱问：信从何来？应答：闻楼上有人盛讲此事，我着娘姨去问，回来说听见车站上有人被刺。爱问：汝同娘姨带说话之人上楼否？应答：是。爱问：汝认识此人否？应答：不识。爱问：汝问此人何故至汝家否？应答：曾问他姓名。爱问：他说什么？应答：吴福铭。爱问：汝又问什么？应答：我问半夜三更，

你来此做甚?爱问:他说何?应答:他说有人指引我来,因车站上刺死一人,即我所为。我即问何人,他说宋教仁。爱问:你又问什么?应答:我问他何故刺死。他说听人讲有许多人与他政见不合,应先生也在内。爱即问曰:前堂吴福铭所称应先生是否即尔?应答:应先生即我。爱问:你又说什么?应答:我说你打死他,究系何人指使,将他打死,有何凭据?你仔细想想何故将他打死,你要问你自己良心,何故把他打死?康副领事曰:姓吴说的应先生,是否知你姓名?应答:我不知道。康又问:汝问有何凭据,系指他说,应先生也在内么?应答:我意是问他何人叫你刺宋,有何凭据?康又问:吴说反对宋政见者,姓应的亦在内,汝如何问他?应答:我问有何凭据,他说没有。我说如无人指使,你问问良心,该做这事么,他说应当的。我问什么理由,他说宋运动议员,要做国务总理,发表许多政策,都是空话。我问有何证据,他说宋做农林总长时已见一斑。我复问是你自己要打死他否,他说是。我意此种事与政治有关,恐怕有反对党指使的,或有党中反对之人指使的,或从前上海暗杀党党中刺死的。我心思乱极想捕他,又没有权利,此种大事,更应禀明上官。我就顺着他意留住他。爱问:你想法拿他否?应答:要禀明上官。爱问:未禀明前,汝作何事?应答:用好语安慰他。爱问:其后如何?应答:当时即出三张票与侦探。康副领接问曰:何票?应答:办案凭据,并非提票,票上说明案关重大,应顺着凶手的意,因势利导,随着他的意思变动。爱问:为何?应答:必如此方可水落石出,因用好话骗着凶手。康君又问:此言写于信票内否?应答:是。爱问:此票有底稿否?应答:信票有存根,不过存根上说得简单些,另外又有草稿。爱问:票根草稿放于何处?应答:也在楼上抽屉内。爱问:尔出三张信票后,即留他在家否?应答:是。应答后又曰:我且对他说,你能到英国读几年书,脑筋就更清楚,你若外出,可不得了。康君即诘曰:汝言此何意?应答:此系骗他,故夸奖他,当时吴就应允。我本要报捕房,继因此关中国政治,不能使外国人晓得。因一则违背上官命令,二与案子办法不对,我要用自己力量办结此案,我要用我应有之权力报告长官。爱问:汝报告何人?应答:程都督。爱问:汝拟何时报告?应答:我当日即欲赴宁报告,因向我妹夫借钱。爱问:借钱何用?应答:赴宁发薪水。爱问:何人薪水?应答:侦探七千两。爱问:每月汝在此时赴宁发薪水否?应答:每月杪前五天。爱问:妹夫何名?应答:何伯平。爱问:平时在何处领款?应答:每三月一领,北京也有,江苏也有。爱问:因领款未得,故借钱是否?应答:是。爱问:借钱未得,故未赴宁,是否?应答:是。爱问:即在是时被捕是否?应答:是。爱又接问汝被捕时,除安探外,有陆惠生在场否?应答:不记得。爱问:汝能认识陆否?应答:见面可认。爱问:汝屋很大否?应答:是。爱问:几间?应答:三开间。爱问:汝住楼上否?应答:是。爱问:楼下何人住?应答:共进会机关部。爱问:汝常在家抑来往各处?应答:来往各处。爱问:共进会人,亦常往来否?应答:各省会友来者,均可一宿三餐。爱问:捕房在汝楼下搜出一箱子,内有手枪,枪内有子弹,汝知此枪否?应答:不知,因楼下不是我住。爱问:除呈堂证据外,汝想还有何种?应答:没有完全。爱又接问暗杀前,曾认识吴福铭否?应答:否。爱问:汝识王阿发否?应答:有友来信介绍。爱问:王阿发带信来见你在何时?应答:三月一号或二号。爱问:信内何事?应答:信内说,我有一人你要用否?爱问:信内曾说王阿发系买古董否?应答:没有。爱问:王说第一次来见,曾有字画求售,有之否?应答:没有。爱问:汝以后曾见王否?应答:没有,仅见过一次。爱问:王阿发说共见过三次,确否?应答:此话不要问我,请堂上查他初次所供,只说来过二次,并无第三次,乃第二堂忽说三次。康君即言:王说第二次来见汝托办公事,有之否?应答:没有,并未见面,第一次我见他,他说住在小客栈,彼时他持信来见,欲即刻求事,但是这个人匪但我不能收用,无论何人,都不能收用,即堂上亦可见其为人,现在他忽穿新衣服,甚奇怪,我想他已在大客栈住了。爱问:汝见他后,说何话?应答:我见他所穿衣服,都是借来的,见面后就要求事,却显出他一无能力,我就敷衍他,说有机会,就用你。送茶时,共四次才走,我就吩咐下人,以后王来勿用通报,所有吴乃文荐信,亦存捕房。爱问:汝曾叫王阿发办公事杀人否?应答:我就发疯,亦不能说。我共进会人很多,何必找此种人。讯至此,爱律师起称:现问被告口供已毕,须辩护证据,而证据呈堂未齐,应请延期研究。关谳员问检查文件,约须几点钟。侃克律师起称:文件大半在法捕房,现在英捕房除呈案外,所存无几。德律师亦称被告欲辩护证据,须指明何种关系,即可检呈。即在法界,亦可移检。关谳员即诘:应桂馨尔能记出否?应答:因文件甚多,难以记忆,且每一电报,多与几种文件牵连,必一一呈堂,方能指出。时堂上即以电文交应自阅,应称电文确与宋案无关。惟附电之信,现存捕房,且关军事秘密不能宣布。时堂上即以纸笔交应自写。应又一再向堂上密陈,不辨作何语。惟闻堂上问云,系何处兵事?应答:宿州。堂上问云,系何人捕获?应答:马队。惟系我部下发见。堂上问:马队队官何名,应答:词不明。

按此一电,或外间所闻,应致京电有"匪魁已灭我军无一伤亡堪慰"之语,而应强以宿州事辩护也。

堂上又指一电问应云:"四十分钟"一语何解?应答词甚支吾。堂上又问:汝称与此案无关,何以深夜二时半发电?应答词不明,似云接京电后即发电,并写就复信未发,而京信又至,知我系误会,遂未付邮。今原稿当尚在捕房。

按此一电或即指应于宋先生被刺之夕,报告北京之电。

堂上又另指一电问应云,然则此"宋"字何指?应答并非指宋教仁。堂上问何指?被告律师张少棠,谓或系宋朝之宋。关谳员云,何不说恐是宋江的宋呢?堂下皆大笑。

按此一电,或指"毁宋酬勋一位"之电。

沃律师又起言:被告所称非有文件,不能证明,实因原告律师未先将文件完全交出,以致多延时刻,即照寻常办法,文据亦应全交,以凭研究,而使被告代表完全辩护,应请堂上注意。中西官遂谕旁听之法包探,着将法捕房所存文件移送本廨候核。且因时已傍晚,堂上宣告退庭,应犯还押,候今日上午十时再讯,此第六次预审之情形也。

罗家伦主编《革命文献》第42、43合辑,台北,中央文物供应社1968年版,第64~69页

4月12日(三月初六日) "宋案"第七次预审,被告律师辩称应作"政治犯"处理,原告律师认为此系暗杀案。

《宋钝初先生遇害始末记》:

四月十二日星期六,为第七次预审之期。开审后,先由被告律师申说,当偕沃沛律师起而译称,公堂前日已经说过,此案表面证据已有,是以被告代表亦不必再问。因堂上表面证据已齐,而且已有成见,则被告即有证据呈出,亦属无用。惟被告将来应归何处讯理,必须说明。因知公堂已接到命令,移交在即,惟移交何处则不知。关谳员即谕曰:现在案尚未定,故移交地点,尚无一定。德雷斯律师即称:被告代表,是否以证据已经证实,可以将被告移交,故预备移交办法。沃律师即又称:非也。因公堂已经说过,表面证据已明,且已有成见,故毋须再行研诘,并非谓已经定案。德律师不能误会,今公堂因无此权限,究竟移交何处,故须说明将来之办法。沃沛答毕,又续述案情,其意欲强为辩护作为政治犯,其言曰:查此案系政治关系。凶手武士英亦已说明,他是为国尽忠,且为四万万同胞而起,所以与寻常国事犯及为利禄或为人主使者不同,并非为私利以及为人主使起见,乃是寻常英雄豪杰之作为,故光复

之时，打死前清之官，不但无罪，而且有赏，是以为国事者，不能以私利比较。即如被害之宋教仁一方面说起，亦属为国事。今公堂证实此案，以呈案之电文信件为凭，如果凭电文信件，恐非被告一人，其外尚有牵涉者。故如公堂以被告有牵涉，然亦非主使。且武士英所做之事，公堂以为已经证明，其实亦为国事起见，照电文内容亦看得出。况应桂馨是官，且职任甚重要，其重要之责任，即弹压扰害治安，并调查反对政府之各党，公堂如以为被告终不能取消罪案，敝律师殊不为然，实非被告之意。如果实有其事，亦是别处来的命令，即是别处有命令来，则被告亦不能不照办，否则不但违背自己的职任，而且很有危险。更有一层，与此案极关紧要，即此案将来移交之处，因国内有两党派，此案即此党与彼党攻讦而生，何以见得因被害之人是极力运动国务总理，故此案即不啻指明此党反对彼党之证。是以既为国事，应当格外慎重，故移交时，决不能交与反对党之公堂，恐不能有公道之办法，公堂谅亦可以明白，故非特设公堂，决不能有公道办法。如堂上以所说之住居租界，且在租界之内被拘不以为然，则敝律师以住居租界且在租界之内被拘者，则租界内之官应当保护，故必须移交与公堂办法之地点。况被告所说一层，可以引从前苏报之事作为比例。当时因被告避居租界，地方官定要移交过去，故代表律师亦谓如果移交，恐不能有公道办法。其后特设公堂讯理，至结果只办两人，余均开释，当时办理很为公道，故亦无人批评。今此案如交与反对党之公堂，与法律及公众均无利益。故如须交出，非有确实公道之保证不可。否则应请在租界内，特设公堂讯理。沃沛说毕，即由德雷斯律师驳称：向来被告初次到案，必照被罪者看待。况此案公堂证据已证明，实在被告身上。而被告代表爱理思律师，辩论多时，从未将文件说起，只先时请延两礼拜调查后，又一再请定期查察核对，始终未将文件之如何说明。且昨日只有问被告一人，亦未将文件辨明，后来反要求将其余文件交出，俾盘【被】告可以在文件内，逐件检出解说。是以呈案之文件，无论留在英捕房，或留在法捕房，今日亦已一齐取来，而今天又说毋须研究，反节外生枝，要求预指将来移交之地点。然则被告代表已承认堂上已将证据证实在被告身上，既然如此，乃是极好机会，应请堂上照办。然被告代表如此办法，原告殊难明白，因照此办法，被告究有何益，且与公众亦属无益。敝律师系江苏都督延请为中国国家代表，应请移交江苏都督办理。但今被告代表所说之词，很有皮里阳秋之意，即如被告代表所说，虑有不公道办法等语。要知无论如何，原告要求交出，是正当办法，且应移交长官，故今原告坦白为怀，别无请求，只须明白宣布，将来自有公道之办法。再今捕房保护各项证据，颇十分郑重，将来公堂移交，亦应照此办法，以免被人议论。现据被告求请移交，公堂应即照准，至于交出后如何，与敝律师不涉，故亦不再细说。时又据侃克律师译称：本律师预备暗杀案一切预审，现已预审清楚，不论有无政治关系，及被告之职任如何，然而终属暗杀。今捕房办理此案，颇招物议，然捕房办案，遭人议论，亦属寻常，与本律师亦毫无关系。至移交一层，系德律师专责，本律师可勿过问。然公堂办理，自有权衡，今既预审清楚，应请核断。惟被告代表沃律师所说，要求特设公堂，以及办法公道之话，甚为诧异，如照所说，必另有一中国，方另有一公堂，如照现在，只有如此公堂办法。至言被告住居租界，犯事亦在租界，均系错误，被告既非住居英租界，而犯事亦不在英租界之内，应请察核。复据爱律师辩称：顷间沃律师所说，恐公堂误会，应须说明：原告律师言，不能引苏报为比例，因苏报住居租界，犯事亦在租界，此层均属不错。不过有一层，被告代表可以帮助公堂，因当时苏报之案亦敝律师承办，公堂讯两次之后，始定办法。此案公堂有卷可查。当时因谋为不轨，如照寻常办法，不甚妥洽，驻京公使与领事团，均以为不合式，须另特设公堂，在被告代表之请求，亦殊公允，应请照准。至于德律师请即移交之说，堂上早已说过，移交地点，尚不能定，则其所请移交究系何处？且英领事于初审时，亦曾说过，即讯有实在指使，移交一层，亦须请领事团商议。领事既有此说，现所请求以及江苏都督所请移交，应请与领事团商议，方可办理，是以应请堂上注意。关谳员即谕曰，此案今已讯明，发生地点又在沪宁车站，惟移交须与领事公会商议。谕毕，复与英领事会事之下，援笔宣布堂谕如下：预审明确，案系发生车站，应即商明领事团移交中国内地法庭归案讯办，并谕仍将应犯带回还押。此第七次预审之情形也。

罗家伦主编《革命文献》第42、43合辑，台北，中央文物供应社1968年版，第69～72页

4月13日(三月初七日)　国民党国会议员开预选议长会。

1913年4月14日《民立报》报道：

今日下午二时，国民党议员会在本部开预选议长会，结果：张继得参议院正议长，王正廷副长。吴景濂得众议院正议长。副议长今暂未选，拟让他党。如交涉不好，再开预选。计除有事未到各议员外，参议员到百八人，众议员到二百四十六人。

△ 袁世凯令暂发国会议员每人每月月费三百元。

1913年4月15日《民立报》西报译电：

袁总统令：内务部预备照参议院定章，支付现在北京各议员月俸三百元，以明日(十四日)为第一次支付之期。总数约在二十万元以上。此举当为缓解目今政治上骚扰之良剂也。

△ 国民党上海交通部在张园举行宋教仁追悼大会。陈其美担任大会主席，居正、徐血儿、于右任、沈缦云、伍廷芳等二十余人在会上演说。孙中山、黄兴未出席，由马君武代表孙中山出席。

1913年4月14日《民立报》载《哀宋渔父先生》：

是日，国民党上海交通部假张园举行追悼宋教仁大会，出席者约二万余人，由陈其美代理主席(黄兴因病未出席)。会上发言致悼者有居正、徐血儿、吴玉章、于右任、沈缦云、伍廷芳、王玉树、陈国权、黄郛等三十余人。先生代表马君武在悼词中曰："宋先生之死，实死于官僚派之手。官僚派无整顿中国之能力，见有能力整顿中国者，辄以残忍卑劣之手段暗杀之。若国民一任其所为，民国将万无可望。故此后之竞争，乃官僚与民党之竞争。宋先生死后，中华民国是否与之俱死，当视能否战胜官僚派为断。今当竭尽心力与官僚派竞争，坚执平民政治，以竟宋先生未竟之志。

4月14日(三月初八日)　袁世凯应黎元洪电请，下令通缉武昌首义军官季雨霖、熊秉坤等人。

《袁世凯令》：

据领湖北都督参谋总长事黎元洪电称，鄂省军官倡乱，危害大局，请严行惩办，遏制凶焰等语。民国成立，缔造艰难，岂容再图破坏，乃竟有狂悖之徒，阴谋倡乱，实为人民公敌。此次湖北□党妄托改进团名目，遍送传单，煽惑军队，希图起事，当经侦查破获，地方获安。讯据获犯管新原等佥供，系季雨霖主谋，与宝塔洲税局总理曾尚武捐助款项，交与容景芳等，租房制券，并与熊秉坤联络。似此潜谋内乱，危害大局，殊堪痛恨。陆军中将勋三位季雨霖，陆军少将勋五位熊秉坤，步兵中校曾尚武容景芳身为军官，一并先行褫职归案查办。季雨霖、熊秉坤，并褫夺勋位，即由该省组织军法会审，提集一干人证，讯明确情，呈请分别惩办，以肃

法纪,而奠邦基。

1913 年 4 月 15 日《政府公报》,第 337 号

△ **秘鲁正式承认中华民国。**

1913 年 4 月 15 日《民立报》报道:

昨外交部接秘鲁外交部电,准今日正式承认。

1913 年 4 月 15 日《民立报》西报译电:

交通部传示,秘鲁政府已正式承认民国。

△ **黎元洪以共和党理事长身份在万牲园公宴该党参众两院议员,并邀梁启超演讲。**

梁启超《共和党之地位与其态度》:

……我党一面既须与腐败社会为敌,一面又须与乱暴社会为敌。彼两大敌者,各皆有莫大之势力,蟠亘国中,而吾党以极孤微之力与之奋斗,欲同时战胜两敌,实吾力之所不能逮。于是不得不急其所急,而先战其一。不特此也,彼腐败派与乱暴派,其性质虽若绝不相容,然彼为个人私利计,未尝不可以交换利益,狼狈为奸,则国事愈不可问。故吾党认祸国最烈之派为第一敌,先注全力以与抗,而与第二敌转不得不暂时稍为假借,吾党鉴观各国前史,见革命之后,暴民政治最易发生,而暴民政治一发生,则国家元气必大伤而不可恢复,况我国今处列强环伺之冲,苟秩序一破,不可收拾,则瓜分之祸,即随其后,为祸宁有纪极,故本党对于横行骄蹇之新贵族,常思所以裁制之使不得逞,一面则临时政府,既经国民承认设立,在法律上当然认为国家机关,吾辈只当严重监督,而不必漫挟敌意以与相见。吾党对于临时政府之设施,无一能满意者,虽然,以为当此存亡绝续之交,有政府终胜于无政府,而充乱暴派之手段,非陷国家于无政府不止。吾党为此惧,故虽对于不满意之政府犹勉予维持,以俟正式政府之成立,徐图发行焉。此我共和党一年来之苦心,可以与天下共见者也。……我党过去一年间常取维持政府之态度,此诚事实,无所容讳也。然我党之维持政府,绝我欲因此为利,徒以现在大局决不能再容破坏,而暴民政治之祸,更甚于洪水猛兽,不可不思患而预防之,故于临时时期间暂主维持政府,俾国家获得存在,以为将来改良政治之地步。共和党之苦心实在是,官僚云乐哉,官僚云乐哉。

梁启超《饮冰室合集》第 4 卷,文集之 30,中华书局 1989 年版,第 20 ~ 21 页

4 月 16 日(三月初十日)　参议院 4 月 9 日录送常会议决之中国银行则例致袁世凯咨,袁世凯本日公布《中国银行则例》。

参议院咨:

一月十四日准咨送中国银行则例草案交议到院,经本院于四月初七日常会议决,相应缮录议决全案,咨送查照公布施行。此咨

大总统

计咨送议决中国银行则例一件

中华民国二年四月初九日

《中国银行则例》:

第一条　中国银行为股份有限公司。

第二条　中国银行股本总额定为银元六千万元,计分六十万股,每股银元一百元。政府

先行认垫三十万股,余数由人民认购。总额超过三十万股时,得由政府酌量情形,将认垫股分分期宣布,售与人民。中国银行若有增加股本之必要时,得由股东总会议决,经财政总长核准后,再行添招。国币发行后,银行应遵照币制则例换算,倘生奇零之数,得追向股东增减之。

第三条　中国银行由政府先交所认股份三分之一以上开始营业,一面招募商股,招股章程另定之。

第四条　中国银行设总行于中央政府所在地,各省会及商业繁盛地方,得斟酌情形设分行或分号或与他银行订立代理合同或汇兑契约,但须经财政总长核准。

政府视为重要之区域,得商令总行增设分号或代理处。

第五条　中国银行股票概用记名式,除中华民国人民外,无买卖转让之权利。

第六条　营业年限,自总行开业之日起算满三十年为期,期满时得由股东总会议决展限,但须经财政总长核准。

第七条　每年营业所得之净利总额内,须提十分之一以上作为公积金后始得摊派股利。前项提公积金,摊派股利,须经股东总会议决,呈由财政总长核准。

第八条　前项公积金之用途如下:

一、填补资本之损失。

二、维持股利之平均。

第九条　中国银行营业之种类如下:

一、国库证券商业确实期票及汇票之贴现或买入。

二、办理汇兑及发行期票。

三、买卖生金生银及各国货币。

四、经收各种存款,并代人保存证券票据及其它一切贵重对象。

五、代素有交易之银行、公司、商号及个人收取各种票据之款项。

六、以金银货及生金银作抵押为借款。

七、以上公债证书或政府发行证券,或政府保证之各种证券,作抵押为定期或活期借款,但其金额及利率须经总裁、副总裁、董事、监事随时议决,并财政总长之核准。

以上各种营业之限制及名词之解释另定之。

第十条　中国银行得买卖公债证书,但须经财政总长核准。

第十一条　中国银行除前两条揭载各种营业外,不得经营下列诸项即其它各种事业。

一、收受不动产及各种银行或公司之股票,作借款之抵押品。

二、收买本银行股票并以本银行股票作借款之抵押品。

三、除关于营业上必需用之不动产外,买入或承受不动产。

四、直接间接经营各种工商事业。

第十二条　中国银行发行兑换券,但须遵守兑换券则例。

兑换券则例以法律定之。

前项法律未施行以前,得依照财政部规定暂行章程办理。

第十三条　中国银行受政府之委托,经理国库及募集或偿还公债事务。

第十四条　中国银行有代国家发行国币之责。

第十五条　中国银行设总裁一人,副总裁一人,董事九人,监事五人。

第十六条　总裁、副总裁简任,董事、监事由股东总会选任。非有五十股以上之股东,不得充董事及监事。商股未招满一万股以前,前项职员资格暂不适用;董事、监事之人数及选任,均以财政部部令定之。

第十七条　总裁、副总裁以五年为一任,董事以四年,监事以三年为一任,但得连任。

总裁、副总裁任期内,除汇业银行及币制事宜外,不得兼他项职务。

董事、监事任期内,不得兼充他银行或公司职员。

第十八条　中国银行之股东总会分为下之两种:

一、通常股东总会。

二、临时股东总会。

第十九条　通常股东总会每年于总行所在地开会一次,由总裁召集之。

第二十条　总裁认为有重要事件必须会议时,可召集临时股东总会。

第廿一条　总裁遇有董事或监事全体或股东总会会员五十人以上,并占有股份全额百分之一以上者,因重要事件请求会议,可召集临时股东总会。

第廿二条　股东总会闭会时,须自开会之日起算在六十日以前注明,继续有十股以上之股东始有会员资格,得列会议。

第廿三条　股东总会会员之投票权,每十股有投一票之权;百股以上每五十股递增一权。

第廿四条　股东总会会员因有事故不能到会时,其委托代理人以会员为限。

凡一会员之代理投票权,不得超过十票。

第廿五条　总分行号及代理处应行报告事件及其程序,由银行呈准财政总长另订详细章程办理。

第廿六条　财政总长对于中国银行一切业务如认为有违背本则例及本行章程或不利于政府之事件时,得制止之。

第廿七条　财政总长得派监理官一人,监视中国银行一切事务。

第廿八条　中国银行须照本则例主旨评定章程,付股东总会议决,呈请财政总长核准。遇有须改订增损时亦同。

第廿九条　本则例关于股东之规定,自招满一万股时发生效力。

第三十条　本则例自公布日施行。

中国第二历史档案馆编《中华民国史档案资料汇编》第3辑,金融,江苏古籍出版社1991年版,第34~38页

4月17日(三月十一日)　教育部训令高等学校重视学生笔记,并饬中等学校自第三学年起从事学生笔记训练。

《教育部训令》:

各国高等专门学校及大学校,教授各种学科多不用课本,悉由讲师口授,学生笔记,故阐发既极详尽,聆受亦甚明确,吾国各处专门以上学校渐已仿用此法。乃学生往往以笔记为苦,因由各校程度参差不齐,亦因平日未经练习,以致临时困难,不能详记讲师指授之义蕴,或仍以课本及编发讲义为迁就之策,兹由本部酌定办法,凡中学校师范学校以后自第三学年始,任择何种科目,每周以二时或三时就教员所讲,令学生笔记,逐渐加详加速,仍由教员随时视察指正讹误,庶预备有素,日后升学听讲,无扞格不通之弊,即有不升学者得经此时练习,将来书写文字,自能敏捷,亦属裨益甚多,为此令知,即便遵照办理可也。

1913年4月19日《政府公报》,第341号

△ 伪蒙“外交部使臣”杭达尔济被爱国蒙胞刺毙。

1913年4月19日《民立报》载《多行不义必自毙》：

库伦伪外交部使臣杭达尔济，因奉逆库伦伪命赴俄京借款，有以全蒙领土作抵之议，爱国蒙胞愤其出卖祖国，于本日值其自俄返抵库伦之时将其刺毙。库伦当局捕疑犯四名，皆蒙人。

△ 中国银行请饬总税务司，所有海关税款按上海汉口办法由各地已设分行处所代收转解。

中国银行公函（二年政字第十六号）：

径启者：前准大部公函内开：兹准函称：镇江关税款向由商会经收，现时中国银行既有经理国库之责，该关税款自应由行饬令沪行派员专办，请部令饬镇江关监督会商沪行办理，示复酌定，等因。查国库未成立以前，关税各款自应由中国银行经理，惟镇江关现无分行，所有交收办法，非由沪行就近派员专任不可。应请贵行饬令沪行与镇江关监督先期协商，俾臻妥洽，并将商定办法报部查核。除令行镇江关监督遵照外，相应函达，即希查照办理可也。等因到行。当经钞转沪行，饬令遵照，与镇江关监督妥议交收办法，申复转报去后。兹据沪行函称：当遵两致函商去后，准镇江关监督复称：镇关税款，由尊处派员专任接收一事，前奉财政部令并接来函。当查镇江新关税款，向由税务司经征，暂交本地商会汇解汇丰银行收存，备抵洋债赔款，即经专函税务司查照接洽，尚未得复。应如何交接之处，一俟复到，即当专函奉达。此复。等语。查各关税务司均听受总税务司命令，应请财政部咨照税务处转知总税务司，通饬各关税务司一律遵照，将税款移交中国银行接收，方免诿延而便进行，请即转。等情前来。查沪行所请，自属正当办法，相应函请查照转咨税务处，饬总税务司通饬各关税务司，凡业经设有中国银行分行之处，所有海关征收税款，自应按照上海、汉口两处办法，均由中国银行代收转解，以归一律，实为公便。此致

财政部

中华民国二年四月十七日

中国第二历史档案馆编《中华民国史档案资料汇编》第3辑，金融，江苏古籍出版社1991年版，第322页

4月21日（三月十五日） 列强驻北京各公使密议承认中华民国问题。

1913年4月24日《民立报》报道：

英使馆消息：日昨驻京各馆集该使馆，密议承认问题，法、俄使提议要求我国各件：（一）不承认蒙藏为中国领土。（二）要求川滇特别权利。（三）要求付清本年赔款。（四）要求清偿到期之欠款。因美、德两使反对，故未决议云云。

4月23日（三月十七日） 筹办西藏选举事务所公布“西藏第一届参议院众议院议员选举施行细则”。

《西藏第一届参议院众议院议员选举施行细则》：

第一条 西藏选举按照参议院议决办法，就政府所在地筹办选举一切事宜。

第二条 本届西藏选举事宜，由选举监督临时设筹办选举事务所组织之。

第三条 筹办选举事务所应设各员，由选举监督遴员分别派充。

第四条 筹办选举事务所于本届选举事宜完毕后裁撤。

第五条 本届仅就政府所在地点选举，国会既开，时期紧迫，所有参议员选举，应将前后

藏合造一选举人名册,其众议员之选举调查,应适用众议院议员选举法第九十九条之规定,其第一百条之规定不适用之。

第六条　此次选举调查以西藏人在京之西藏同乡会为机关,责成该会确实审查,填送表册。

第七条　调查完竣时,应依本年四月十二日第二十七号教令第一条、第二条之规定,报由内务总长核定,投票各日期由监督依法办理。

第八条　按法定,西藏参议院众议院议员,应选出前藏各五名,后藏各五名。此届选举人名额本居少数,不必限定区域,但当选及候补人数,总以选足法定名额为准。

第九条　关于选举投票管理员、监察员、开票管理员、监察员及票纸册簿并投票、开票、检票一切手续,凡本法所未规定者,准用各项选举法令之规定。

第十条　本届选举时间甚迫,如遇有碍难依据法定办理时,由监督随时商明内务部核办。

第十一条　本施行细则自公布日施行。

1913 年 4 月 23 日《政府公报》,第 345 号

△ 中国银行报送聘用洋员统计表至财政部。

中国银行公函(二年总字第五十六号):

径启者:案准函开:外交部咨称:拟编聘用洋员统计表,请将贵部各机关所聘洋员数目及其姓名、国籍、职务、月支薪数、合同年限,列表见复,等因。相应函知贵行查照,迅将所聘洋员姓名、国籍等项列表报部转复。等因前来。兹将本行现在聘用之洋员,按照外交部所指各项列表,送交大部,即希转复可也。此致财政部

附表一件

中华民国二年四月二十三日

《中国银行现用洋员统计表》:

姓名	国籍	职务	月薪	合同年限
白雪利	义	检查	一千元	三　年
卜兰德	美	会计	五百元	三　年
麦　云	英	会计	五百元	三　年

中国第二历史档案馆编《中华民国史档案资料汇编》第 3 辑,金融,江苏古籍出版社 1991 年版,第 323 页

4 月 24 日(三月十八日)　国会参众两院举行第一次正式会,讨论议事细则,旁听规则及正副议长互选规则等案。

1913 年 4 月 24 日《民立报》报道:

众议院定今日开第一次会议,议案三条:(甲)本院议事细则,(乙)旁听规则,(丙)正副议长互选规则。

1913 年 4 月 25 日《民立报》报道:

参议院今日午后一时开正式会,议决选举议长用有记名投票法,并定明日午后一时投票选举议长。

△ 刺杀宋教仁的凶犯武士英,在移禁海运局后,忽然“病死”狱中。

1913 年 4 月 26 日《民立报》载《武犯死时之追记》:

凶犯武士英实于二十四号晨九点余暴死,故本定于昨日下午一时,由审判检察两厅提案

预审遂未果行。而审判之期又一顿挫。兹闻武士英之尸身于前日经中西各医生剖验之,后据检验员察验该尸体质坚壮,虽属矮小,皮肉结实,即患病身死似不致骤然一夕即死。然决其服毒,亦不能指出服毒之实证,故须俟西医化验其脏腑始得解决。

《宋钝初先生遇害始末记》

……上海地方审检厅,亦拟二十五日开始预审矣。不意四月二十四日上午九时四十四分,刺宋先生之正凶武士英,遽尔身死,审判又停滞矣。

武士英之死也,中外人士莫不惊疑,以其押捕房及模范监狱时,均言笑自若,毫无疾病,何以改禁六十一团营仓后,即行病毙,此吾人所亟欲研究者也。据六十一团团长陈其蔚报告,谓本月十七,奉都督令,犯人武士英解送本团妥为监守,等因。遵于十八早五时,派本团副官吕翊亲率带军士二名,径赴上海检察厅,接解犯人武士英,乘坐马车,于六时三十分抵团,当用手铐足镣禁入本团二堂右边厢房内,饬官兵日夜荷枪看守,间进以馒头,以后每天朝夕饮食,与本团官佐一样分给,临食时去下手铐足镣。其独坐闷思,日间给以小说看,晚下六时即行收转。其蔚日夜周察该武犯起居饮食,最为舒畅,并无异状。至二十二日晚餐,较平日稍为减少,二十三日早晨,进以馒头八个,食其六,尚留其二。至十时,据武犯声称,身生虱虫,即派值日监守司令官胡士英去其手足铐,将原穿小衫衣裤概行更换,并将被褥就日晒之。午餐进以干饭,辞不食,须臾即换以稀饭一碗,仅食一半,其蔚恐其疾病,当饬本团军医长李达安,细心察视,旋报称,该犯身患热症,并痔症。据武犯自称,自入营仓后,每日夜间作冷发热,大便闭结等语。当由军医官进以蓖麻油半两,金鸡粉十五厘等情,报称前来。其蔚因该犯既有症病,去其手铐,夜间六时该犯食粥一碗,深夜一时,据监守士兵报称,该犯呼吸气喘,当偕团内军官四员往房探问,据云素有心痛病,作辍无常,数日后即可痊愈。今早四时半又据监守长鄢排长复称,该犯气息渐衰,约一分钟时候,呼吸一回。比饬军医长一同往诊,脉乱气微,以事关重大,即奔报告黄中将,后随同黄中将赴都督行辕面禀情形。旋赴交涉司署,以电话询问本团,该犯武士英业于上午九时四十四分气绝,即将此情形面禀都督,所有武犯在本团监守及病故经过,理合备文呈报云云。是则武犯身死之原因,当在迷离徜况中,究为病毙抑毒毙,莫能决定。

当二十四日武士英死后,由上海检察厅陈厅长,带同检察员等,至该处检验武尸,并延请上海医院柯师医生等,在四人相为助理,察得武犯之尸身喉鼻等处,均有血沫溢出,显非暴病,遂用解剖法将尸腹剖开,取出脏腑,及头部解开,取其脑脂,盛在磁器中,带回详细化验,以明毒质种类,若服赤磷,于剖腹后,必致发出一种硫气,况测验毒质,属于植物类,然非经西医在三天内化验明白,难知端的。其遗尸已由六十一团团长陈其蔚君照料,将武犯之白皮箱之元呢军服取出,照军式礼小殓。毕后,由陈厅长雇令照相店人,携器至尸所,将武犯尸躯壳,用板抬至天井下,衬白布被单摄影。摄毕,即令军士购取棺材一具,至三时收殓。二区区长派区员周君前往监视,殓毕,即于四时令小工从后门抬出,暂厝于局之后面葛家滩义冢,令二十三铺地甲小心看守。并请淞沪警厅长,传令守备之骑巡队警备队,亦加意防范。驻沪法国正副领事江李两君,于前夕得悉武犯在狱中暴死,即于是夕函达陈安生交涉使,欲派员前往,因武为法捕所获,押在法捕房,毫无疾病,移解后,遽然暴死,未免可疑,故函须往验。经陈君转告程都督许可,由都督派员会同往验后,江总领事即于午后二时三十分,派侦探总长西员石维安君,偕同侦探译员石韫瑜君,华侦探目黄金荣君赴丰记码头六十一团司令部,晤陈其蔚团长,经石君述西员来意。陈云武犯尸首,因廿四夕经医生剖解后,血水甚多,即备棺暂殓,惟棺盖未钉,可启一视。石言外间对于武犯之死,颇有谣言,甚至谓此尸,并非武福铭正身者,故敝总领事命为一看云云,遂由陈引石等至客厅西廊,即武之押所内,饬兵将棺盖开视,经石将武面再三细认,并用手抚于武额,问黄探目曰,此尸是否武福铭?黄等答称是,遂言别而出。武尸身穿元色棉袍,头不戴帽,腰缠蓝带,棺价四十余元,由陈团长所购,棺旁有方桁两只,即医生置尸剖解者。

武士英之尸身,由柯师等医生解剖,取出脏腑检验后,红十字会西医柯师,及德国医生栢亨二君,暨法国西医等四员,公同商议,以此案事关重大,究竟因何而毙,抑或吞毒而死,或系暴病而亡,亟应详细逐件剖割化验,惟恐医院独验,尚不中昭取信,爰将该凶犯之心肺物逐件剪分三份,一存公共捕房,请由【中】医化验,一存英工部局,交由西医验,一份归入医院,由承剖四西医化验,以资公同研究。西医柯师君,已将心肺二份,浸入药水洗验,视得肺上发现痨痏,心之外面,见有宿病之象,并将大小二肠,又以药水割开细察,并无剧烈恶毒致命之物在内,其致死原因,两肺全部骤患肺炎之故,并未服毒等证云。(下略)

罗家伦主编《革命文献》第42、43合辑,台北,中央文物供应社1968年版,第75~78页

4月25日(三月十九日) 张继、王正廷当选为参议院正副议长。

1913年4月27日《民立报》报道:

昨日参议院投票选举详情:通讯员共到二百一十二人,午后一时开会,仍推杨琼主席,宣告先选举正议长,各人散票毕,由杨指推四人监视投票开票,并由主席书记同监视,投票毕,由书记按号唱名,开箱验票,国民党张继一百二十九票,共和党丁世峄七十七票,王人文三票,王正廷一票……杨琼报告:照选举议长法,张继得投票总额过半数,应当选。众鼓掌欢迎。……旋由杨琼宣布投副议长票方法,人数如前,投票毕,开箱验票,国民党王正廷一百二十七票,他党田应璜七十票,王人文三票……,杨琼报告:王正廷票过投票总额半数当选。杨退。……正副议长相继演说,合场鼓掌雷动。

《国务院通告》:

奉大总统发下参议院咨称:查国会组织法第八条规定,参议院议长、副议长由本院互选。自应遵照办理。兹于四月二十五日开选举本院议长、副议长会,出席议员二百十二人,用有记名投票法分别互选。议员张继得一百二十九票,当选为本院议长;议员王正廷得一百二十七票,当选为本院副议长。除通电各省外,相应咨报查照。又奉大总统发下参议院咨称:查本院印信前经印铸局刊铸,送由筹备参议院事务处转交到院。现于四月二十六日启用,除通电各省外,相应咨报查照,希转行一体知照各等因。除由院通行各衙门知照,并函交外交部分别照会各国公使外,合行通告。

1913年4月29日《政府公报》,第351号

△ 江苏都督程德全、民政长应德闳呈报宋案检查报告,公布宋案主要证据五十三件,并通电全国予以宣布。

《江苏都督程德全民政长应德闳呈大总统编送前农林总长宋教仁被刺案内应夔丞家搜获函电文件检查报告文》:

为呈送事:窃查前农林总长宋教仁,在沪被刺一案,本年三月奉大总统命令,责成江苏都督民政长,迅缉凶犯,穷究主名,务得确情。又上月勘电内开:宋案即望在沪督饬各员,严密讯办。又本月支电内开:速检牵涉洪述祖各确据,分咨外部东督,迅速核办。又宥电内开:宋案人言烦啧,亟盼早见证据,望照迭次电嘱,速行检齐报告各等因。查应犯等,先后由租界缉

获，迭经德全等，饬催交涉，由上海公共公廨暨法廨，先后将凶犯武士英即武福铭，应桂馨即应夔丞，解交德全等派员管押，并由公共公廨呈送英法捕房总巡等在应犯家内，搜获电报，及密码本，信函文件两包，手枪一支，内有子弹二枚，图章六方，照片一张，并车站内拾获枪子壳二枚，另由公共捕房当堂移交在应犯家内搜获文件五包，紫色箱一只，并据上海地方检察厅长陈英，将法捕房在应犯家内搜获之函电簿籍一大木箱，手皮包一个，送交汇检前来，当经分别接收，由德全等连日邀同公证人黄上将兴，伍前司法总长廷芳，王前司法总长宠惠，并上海地方检察厅长陈英，在驻沪交涉员署，会同详细检查，仍将在沪电报局，阅洪应两犯最近往来电底，调取校译，现已一律查竣。所有共进会文件，及其它函札草稿，契约簿册，凡与本案洪述祖，应夔丞往来信电，不相关涉者，均另行封储备案，连同要据，一并饬交驻沪特派员陈贻范，妥慎保存。除撮举要件，先于有日电陈，并将拍印要据，另文呈送暨分咨外部东督外，计第一次检查共二十四号，列为甲件，第二次检查共二十一号，列为乙件，第三次检查共十一号，列为丙件。其中三月十七日，上海电局收到洪述祖寄应夔丞铣电一纸，系检查毕后，续行调取附入丙件第十二号。又应夔丞送信簿一本不列号。前次撮要电陈各件，先后次序，尚有凌躐，兹就各件年月，及其事项循序编次，赘以说明其节目起讫，暨前后相应之处，间附案语，都为五十三件，号数、件数、目录，分别互列，以便检阅。其甲件内第二十三号，乙件内第十四号，丙件内第十一号，均因与本案无涉，是以不复编入报告。理合呈请大总统鉴核备案施行。

罗家伦主编《革命文献》第42、43合辑，台北，中央文物供应社1968年版，第146～148页

4月26日(三月二十日)　孙中山、黄兴为宋案事联名通电全国，请“严究主名，同申公愤”。

孙中山《致各省议会政团报馆电》：

宋案移交内地以后，经苏程都督、应民政长会同检查证据完毕。凡关于应夔丞、洪述祖、赵总理往来函电，已于有日摘要报告中央，并通电各省都督在案。此案关系重大，为中外人士所注目，一月以来探询究竟者，无时不有。今幸发表大略，望即就近向都督府取阅原电。诸公有巩固民国、维持人道之责，想必能严究主名，同伸公愤也。特此奉闻。孙文、黄兴。宥。

广东省社会科学院历史研究室编《孙中山全集》第3卷，中华书局1984年版，第55页

△ 众议院选举议长，因无人获过半数票，改期决选。

1913年4月27日《民立报》报道：

众议院于本日午后举行议长选举会，到议员五百五十人，投票结果，国民党吴景濂得二百六十六票，新进步党汤化龙得二百七十二票，俱未获投票总额过半数。依照选举议长法，应行决选。但因为时已届七钟四十分，延长开会与改日决选之主张争论不休，遂散会。

△ 北京政府与英法德日俄五国银行团订立二千五百万英磅之善后借款合同，因未经国会通过，党人指为非法。

《大借款签字》：

大借款自去春开议以来，中途以比国借款问题，伦敦克利斯浦借款问题，监督问题，用人问题，利息问题，抵押问题，迭生波折。初为英美法德四国银行团所承揽，继而日俄加入为六国银行团，又继而美国退出为五国银行团，其详情迭载本志。本月下旬，磋商就绪，二十二

日,大总统任命国务总理赵秉钧外交部长陆徵祥财政总长周学熙代表签字。二十四日签草合同。本日签下合同。总额为英金二千五百万磅。利息五厘。名为中国政府一千九百十三年善后五厘金币借款。因发行债票,尚需时日,商明先由银行团垫付二百万磅,并订有垫款合同。

《东方杂志》第9卷,第12号,中国大事记

赵秉钧、陆徵祥、周学熙《呈大总统报明双方签订草正合同各日期文》:

窃维六国银行借款,先后磋商,已逾一年,上年九月间,曾经国务会议拟定借款大纲,于十六、十七两日赴参议院研究同意,以为进行标准,唇焦舌敝,往复磋磨,直至岁杪,合同条文,大致就绪,当于十二月二十七日,出席参议院,先将特别条件逐条表决,复将普通条件,全体表决,均经通过。正拟定期签字,该团忽以原设五厘利息,借口巴尔干战事,欧洲市场银根奇紧,要求增加半厘,只得暂行停议,惟是赔洋各款,积欠累累,一再愆期,屡次商展,追仪之迫,等于燃眉,百计筹维,无可应付,数月以来,他项借款,悉称画饼,美国虽已出团,而其余五国,仍未变易方针,大局岌岌,朝不保夕,既无束手待毙之理,复鲜移缓就急之方。近接各省都督来电相迫,如江苏程都督电,毋蹈一时之毁誉,转为万世之罪人。安徽柏都督电,借款监督,欠款亦监督,毋宁忍痛须臾,尚可死中求决,等语,尤为痛切。迫不得已,而继续磋商,尚幸稍有进步。利息一节,该银行团,允仍照改五厘,其它条件,亦悉如十二月二十七日通过参议院之原议。事机万变,稍纵即逝。四月二十二日奉大总统命令,五国银行团借款合同任命赵秉钧、陆徵祥、周学熙全权会同签字此令。等因。遂于二十四与该银行团双方签订草合同,复于二十六日签订正合同。彼此分执存照,以免复生枝节。理合将华洋文合同各照备二分,并附用途单二分,呈请大总统鉴核,俯赐咨交议院查照备案,以昭信守。谨呈。

1913年4月30日《政府公报》,第352号

财政部周总长学熙《致武昌黎副总统、各省都督民政长、省议会要电》:

六国借款自上年春间开议,条件极严,谅所深知。八月学熙受任之始,即值谈判中止之时,外觇大势,内审国情,窃以此事不仅关系经济,未可因噎废食,复与银行团开议,并经国务会议拟定借款大纲五条,于上年九月十六日、十七日出席参议院协商,幸得同意。本此标准,迭与磋商,波澜万端,屡议屡辍,中值蒙事之危急,又经法使之调停,委曲磋磨,历时数月,始将合同拟定,即于十二月二十七日,与总理同赴参议院报告全文,并撮要缮印分布,公同研究,先将特别条件逐件逐条表决,再将普通条件,全体表决均经通过,签字有日。而银行团原议五厘利息,忽借口巴尔干战事,欧市金融奇紧,要求增加半厘。窃计此项借款,数巨期长,半厘之增,受亏非浅,坚持未允。且以此等饮鸩止渴之举,可已则已,无如洋赔各款,积欠累累,除赔款上年结欠二百万磅外,本年洋款之已过期者二百三十余万磅,各省历欠外债二百八十七万磅,综欠英金一千一百万磅之多。而本年分又已积欠四个月赔款约一百万磅,此外前清暨南北临时政府短期零借之款,尚不在内。数月以来,英使既开单索偿,俄使则催逼尤急,应付之术俱穷,破产之祸立见。呼吁于各省,而内外同一困穷,旁求之他图,而所议悉成画饼,美虽力主公道,宣告脱团,而其余五国态度依然,方针不变,设再任意宕延,不独有失信用,必致债权干涉,大局危岌,情势昭然。是以程都督电称,无局一时之毁誉,转为万世之罪人。柏都督电称借款监督,欠款亦监督,无宁忍痛须臾,尚可死中求活等语。措辞尤为痛挚,学熙谬负重任,遭此时艰,既无移缓就急之方,姑为两害取轻之计,而五国银行团,亦以欧洲银市稍松,情愿继续磋商,利息一节,该团允仍照改五厘,其它条件,悉如上年十二月二十七日通过参议院之原议,大要为借额二千二百万磅,年息五厘,发行票价,随市相机,不得少于

百分之九十，除银行扣赏六厘外，净交不得少于八十四，偿期四十七年，第十一年起还本，以盐务收入为抵押，用途大半为还债务。其中央行政经费，各省裁遣军队，整顿盐务，仅占少半，均一一列明附单，乃事甫就绪，而某国尚思从中破坏，幸赖他使力持正论得以转圜，事机万变，若不乘此解决，非惟坐失时机，且恐别有要求。本月二十二日，大总统令赵总理、陆外交总长暨学熙会同全权签字，二十四日先签草合同，二十六复签正合同。窃思其事磋议年余，全球注视，现幸告成，虽合同内稽核盐务审计用途等款，由我聘用洋员，会同华员办理，为从前借款所无，而为九月院议大纲所得同意。且列强与吾国财政，前清币制借款，已启其机，况值鼎革之后，公私荡然，国信未著，得此结果，实已智能俱竭，笔舌皆穷。但使用途确实，而盐税所入，足敷偿还本息，外人即无可借口，业于合同内订明借款本利按期交付，则不得干预盐政事宜。所以防微杜渐，亦已深切著明，不致别有危险。况此次借款，除中央洋赔欠款划扣外，其从前各省自借外债，凡关于五国银行者，亦均划还，为数甚巨，此后外人，亦不致以欠款虚悬，向各省饶舌，不独旧债赖以整理，且可就所入腾出之款，为一切建设之需。至若事后利钝，本难逆睹。然际此存亡呼吸，诚如柏都督电，忍痛须臾，尚可死中求活，此后根本至计，全在内外一心，共维信用，福民裕国，端赖群公，敬陈概梗，统希亮察，周学熙宥。

罗家伦主编《革命文献》第42、43合辑，台北，中央文物供应社1968年版，第368～370页

△ **黄兴通电反对政府借款。**

黄兴《致袁世凯及国务院等电》：

北京大总统、国务院、参议院、众议院、武昌副总统、各省都督、民政长、省议会钧鉴：闻政府向五国银行团议借英金二千五百万磅，将有成议。且政府志在必行，条约迁就，损失利权甚巨。俟国会开始议事，再行提交追认云云。此外尚有小借款，政府随时自由商借，兹则并追认二字亦不语及。此种消息，殊属骇人听闻。夫借款必由参议院议决，载在约法。今国会承受参议院职权，关系全国命脉之举，不容彼先事置议，立国根本之谓何？今政府以追认为词，不知约法并无追认之条。且在兴观之，议决募债事件为人民代表绝对之权利，大债由其议决，小债亦由其议决，非先得国会之承诺，政府不得自由募集分文，此立宪之真精神也。是故约法即有追认明文，兴犹以为不能适用于财政法案，况无之乎？且追认云者，距国会开会期甚远，而其事又不值召集临时议会者也。今国会正在开会期间，政府乃视同无物，倡言追认，是何用意？财政事项，动与国民生命直接相关。且数至二千五百万磅之多，已溢吾国岁入之半，宁尚不足告语纳税之人邀其同意？此在国会闭会期间，犹当特别召集，今正开会而秘不与议，古今立宪国家，是否有此先例？况临时政府将递告终，国势未安，百政莫举，掌财政者全无计划足以昭示国人，骤须巨款，用途安在？此小之表示政府之不诚，大之人民得坐政府以破坏约法蹂躏国会之罪。今宋案证据已经发表，词连政府，人心骇皇。倘违法借款之事同时发生，则人心瓦解，大局动摇，乃意料中事。兴囊随国民之后，尽瘁国务，略知民意所在。此种举动，兴逆料国民决不承认。敢申忠告，冀幸当局者停止进行。至借款条件之受损，在事实上固所必争，兴前在南京留守任内持以反对六国借款者即此。顾此次谋为根本上之救正，深望政府从民意，非得人民之画诺，一文不敢苟取，此节不暇议及。痛念国家，出词戆拙。临颖神驰，无任惶悚。黄兴，宥。

湖南省社会科学院编《黄兴集》，中华书局1981年版，第321～322页

周学熙《二十八日通电》：

上海电政局转各报馆、各团体，兹有财政部分电黎副总统、各省都督民政长、黄克强先生

电文如下:大借款事宥日通电已详陈梗概,沁日得黄先生宥电,危言谠论,感佩无既。惟此次借款系履行前参议院议决之案,必欲以违法罪政府,窃未敢承。盖六国借款动议在民国成立之处,磋商逾年,该银行团借口此款用途失实,所开条件太严,不能不停议以为操纵地步,嗣以洋赔各款先后积欠甚巨,中央无涓滴之收入,各省又自顾之不遑,苟非借款,从何支持。因于上年九月间重行开议,并经国务会议决定借款大纲五条,于九月十六、七日出席参议院,得其同意,本此标准,迭与该团磋商,历时数月,始将合同议定,十二月廿七日出席参议院报告合同全文,并以兹事重大,将底稿撮要誊印分布,公同研究,先将特别条件逐条表决,再将普通条件全体表决,均经通过。签字有日,而该团原议五厘利息,忽以巴尔干战事欧市金融紧急,要求增加半厘,当以吃亏太甚,暂停签字。而在我一方面,本年积欠洋赔各款,中外核计又达英金一千二百万磅之多,英使开单索偿,俄使催索尤急,案牍具在,破产之祸,即在目前,而在银团一方面,美虽宣告脱团,其余五国银行团并未更变,且以索还上年垫款为挟制,而利息一层仍愿改归五厘,继续开议,其余条件,悉如上年十二月二十七日通过参议院之原案,此款不独关于经济,识者皆知,自非乘此解决,则人迎我拒,不独坐失事机,抑恐别生枝节,因于本月二十二日,奉大总统令国务总理外交总长财政长会同签字,二十四日先签草合同,二十六日继签正合同。倘如黄先生电所云,必以前经参议院通过之条件,而指政府履行为违法,则必认前参议院为非代表民意之机关而后可,否则新国会成立亦有前参议院议决之案,全失效力而后可。不然此次借款动议经年,忧时之彦,方惧此款不能成立,强邻又百计图维,希图破坏政府,为国民公仆若非先得议院之承诺,即银团亦岂肯贸然投资乎?况国会虽开,尚未开议,政府自谓履行参议院议决之条件,绝无违背约法之处。且以民国借款先例论,上年熊总长所办克立士卜借款,事前未交院议,迨签字后提请追认,该议院亦无异言,是未通过之条款尚可追认,而已通过之条款反不能签字,不知按之约法作何解释?再查陇秦豫海借款,即是先秘密报告通过条款,俟签字后,再正式咨照备案,前参议院已经公认,若谓违法当自彼案起,今对于彼案无异词,则此案手续于法理上无可置议。况就事实上言,磋商借款,钩心斗角,外情变幻,稍纵即逝,凡与外人交涉其得失利钝,全在最后争执之数小时,得机即定,间不容发,若必先备文咨院待成形式,而后签字,则必重生枝节,永难结果。此案波折尤多,临签字时,所争回之点不少,始能不出十二月表决之范围,此又事实上不得不如此办法,诸公卓识,富有经验,此中甘苦,当能洞鉴。至借款用途,亦于参议院两次报告,复经规定,列有清单作为合同附件,将来动用债款须经审计处查核,方能付款,可无滥支之虑。各报所登小借款全属子虚,即如外间盛传美孚借款,以矿产作抵,上海来电质问,实则并无其事,间有数起债款为维持现状,支撑危局之需,多系以民国元年六厘公债抵借,此项公债,系参议院通过之件,无再交国会覆议之必要,从前南京八厘公债抵押借款早开先例。明知饮鸩止渴,原属非计,但民国成立以来,中央对于各省有救济而无收入,非无计划,奈属空谈,然虽左支右绌之中,既不能逼催各省解款,又不肯横加税赋,至不得已,而降心忍气,仅以国税所入作抵款项。并于借款内代各省拨还洋债甚巨,无非为大局计,藉纾喘息。政府方自谓此举俯从民意,不料以此见责,欲加之罪,何患无辞云云。

罗家伦主编《革命文献》第42、43合辑,台北,中央文物供应社1968年版,第383~385页

△ 周学熙之辩护电文,激起舆论愤慨,上海民立报叶楚伧遂为文详驳周学熙电。

1913年5月4—6日《民立报》载叶楚伧《驳周学熙之通电》:

参议院秉民意反对违法卖国之大借款,提出质问,要求赵秉钧、周学熙、陆徵祥出席,赵

周陆避不出席，又无正当之答复，而周学熙乃超出参议院质问之范围，通电各省，辞意悖谬，适足表示其违法借款之实证。呜呼！彼岂欲借此一电，以掩天下之目而自文其过耶。国权民命所关，记者苟有所得，未可一任其莠言乱听也。兹条驳之如下：

一、周电曰，此次借款，系履行前参议院议决之案，必欲以违法罪政府，究未敢承。（中略）经国务会议决定借款大纲五条，于九月十六、十七日出席参议院，得其同意。

驳曰，周电之所谓得参议院同意者，时在九月十六、十七两日，按十六、十七日，为参议院秘密会，并未经正式通过之手续，今先举文条事实以证之。

（一）此次参议院正式会王家襄等之报告。

六国借款合同，大义分特别普通共二十一款，只有第一至五，曾经参议院秘密会承认，余均未通过。至美国退出后，变为五国银行团借款，政府亦从未到院说明。（见廿九日本报专电）

（二）上年九月十七日参议院秘密会记（按此秘密会记事，即为北京民主报登出后，经参议员诘问国务员，此日秘密会消息之传出，曾经财政部干涉该报此项新闻之记载者，故可证为确实的）。

二、九月十七日午前九时，国务员至参议院开秘密会议，讨论借款事件，探其内容如下：赵周二总长于九时出席，约半时之久，适接国务院急信，辞席而去，周先报告此次六团条件，系日人小田氏送来，并告逐条议覆情形。

（一）制造盐厂，抽收盐税，均由我国自雇洋人，其所收之税，即存交六国团认定之银行。

（二）财政顾问不必加入此次合同内。

（三）银票收用时，签字须华洋各一人，稽核用途亦华洋各一人，兴办实业则只可用技师，不必用监理。

（四）准该团债票未卖完时，不另借他国款，但别国借约在此次六团之先者，可由我继续进行。

上四条由国务院议决，定于廿五日由外交财政两总长，提向六团开议。后由陈家鼎刘崇佑丁世峄次第讨论，时已十二钟闭会，公决明日周赵及外交总长再出席讨论。此借款要政，并进商蒙藏事宜，仍公决禁阻旁听。

（编者按：该纪事下一日出席者为赵秉钧、段祺瑞、梁如浩，周学熙并未出席。）

三、上海各报十七日秘密会议之电报。

《申报》：参议院今日（十七）续开秘密会议，赵总理周总长仍出席报告。六国银行团要求条件，如盐务抵押，财政顾问及取银用洋人签字等条，均甚苛刻。现由政府议就对付办法四条，请为公决，各议员仍认为未妥。并以债额过巨应减少，由政府正式磋商就绪，再提交参议院议决。

《时报》：参议院今日（十七）再开秘密会议，探悉已议决赞成政府与六国银行正式开议，但条件必须严密妥商。

总观以上各条可得下之二事。

（一）借款合同，并未由参议院正式通过。

（二）当日所有各条件，大异于今所签押者。

何言乎借款合同并未由参议院正式通过也。（指十七日秘密会言，十二月二十七日之出席别论于下）其一，该次秘密会议之结果，各议员固仍认为未妥，须由政府正式磋商就绪，再提交参议院议决者，故不可认为正式通过。其二，十七日秘密会周学熙报告之四条，为小田切所送来,彼时小田切正在力任调停中,此送来之四条,并非伦敦总行代表所开列,此参考十二月二十七号周学熙提交之条件而知之。因是而此次参议院秘密会之讨论,只可谓为大借款问题骈枝之商榷,即经该会表示同意,亦不可混入十二月二十七日议事录之列,而谓为正式通过之一证。

何言乎当日所有各条件,大异于今所签押也。此可于秘密会周学熙提出之各条件比对于今次之条件而知之。如(一)制造盐厂,抽收盐税均由我自雇洋人,则其文无所谓总办也,更未尝有所雇之地位与权责之规定也。又如(二)稽核用途亦华洋各一人,则其文亦无所谓总办也,亦未尝有所雇之地位与权责之规定也。今借款条件,以俄法各一人为审计所总办,以德人为借款局总办,以英人为盐务稽核所总办,以日人为长芦分局总办,其酷烈不十百倍于曩时乎?(略)

方法分为二途,一为监督用途,一为整理盐政。(甲)监督用途,审计院内特设国债局,聘请外人充为监督借款用途,又六国资本团代表,当在北京监督借款用途之适否。(乙)整理盐政,中国政府在中央政府所在地,特设盐政监察所,于产盐地分设监察处一所,在中国人充为总办,另用外人充为会办,均由中央政府任用之。

附件　惟六国资本团如查中国政府盐政整理有结果,于订约之一年后,由盐税项下,可以偿还借款无错误时,将各省提供之抵押全行取销。如到三年整理盐税尚未完善时,将盐税与海关为同一办理,以资偿还。盐税收入及各省提供之抵押收入,悉数储存六国资本团所定之各银行,以凭清还借款。

周学熙于该次出席时,谓此项报告不过择其可以宣布者,其余未经决定条项,则尚秘而不宣。吾人睹此陈述并参观于王家襄等之报告,可知彼电所称将特别条件逐条表决,再将普通条件全体表决均经通过之文,显然为欺人之语矣。夫借款条件所曾通过于参议院者,仅一部分,而他部分非特未经参议院通过,并尚未经国务院议决之条件,其丧失权利之点,不知几许。苟可因一部分已经通过之条件,而遂可强认参议院为无不通过,世界庸有如此之奇事乎。即令参议院所通过之五条外,更无他条件之加入,今吾试问政府,苟不依参议院所通过之条件,为借款之根据,因受银行团要求,遂擅自损益,大失前经通过各条件之意义者,参议院依据法律,能承认前次通过之为有效乎。以上列之五款论,第三条周学熙报告未悉的数,当然不能成立,倘以此奇怪之报告为亦经参议院通过者,则直可谓无论折扣如何,参议院皆可表示为同意矣,有是理乎?他若审计所借款局盐务稽核所之总办,长芦分局之稽核所总办,以日人为长芦分局总办,其酷烈不十百倍于曩时乎。因此条件之殊异,即前条件固为参议院正式通过者,今亦当然为无效,况并未正式通过者乎,周学熙尚有何说。

四、周电曰,十二月二十七日出席参议院报告合同全文,并以兹事重大,将底稿撮要誊印分布,公同研究,先将特别条件逐条表决,再将普通条件,全体表决,均经通过。

驳曰,此为政府借款违法与否之判别点,周学熙故竭力拉扯成文,以冀欺人,特无论如何,巧给之辩,终不能举昭著不灭之事实而掩之,按十二月二十七日周学熙出席之报告,得参议院同意者仅五条,录之如下:

(一)借款金额　二千五百万磅。

(二)年利　借款年利五厘。

(三)折扣　周总长报告未悉的数。

(四)偿还年期　订约之后自八年后起,按年匀还本利,至四十一年之后,一律清还。

(五)抵押　以盐税充为抵押,惟在整理盐税以前,就各省课捐以的确无误者,充为抵押,此议抵押俟中国政府六国资本团磋商后，决定办法。用途：（甲）中国政府将此项借款，充为偿还已经过期之中央政府赔款债款。（乙）中国政府将此项借款，充为偿还将来之国债，例如偿还各国侨民在革命战争被损款项。（丙）中国政府将此项借款，偿还已经过期之各省借款。（丁）中国政府将此项借款，充为遣散军队费。（戊）中国政府将此项借款，充为收回革命战时之军费及各省发出之纸币。（己）中国政府将此项借款，充为行政费。（庚）中国政府将此项借款，充为整理盐税及改革行政诸费。监督：监总办，该条件内有之乎？实收八四之折扣，该条件内有之乎？偿还期五十年，该条件有之乎？顾问员十五年之聘期，该条件内有之乎？此种酷烈条件，举非当日参议院通过时所有，而周学熙乃强比附之，然则益演其技，至于亡国灭种，周学熙亦将以前通过之五条件，强为比附之而号于众曰，此条件之已经通过乎。

五、周电云，就事实上言，磋商借款，钩心斗角，外情变幻，稍纵即逝，凡与外人交涉，其得失利钝，全在最后争执之数小时，得机即定，间不容发，若必先备文咨院待成形式，而后签字，则必重生枝节，永难结果。

驳曰，观乎此则吾人当知大借款案之未经参议院通过周学熙已自供之矣，何则？彼固谓因外情之变幻，致不能待备文咨院也。彼固谓因备文咨院，致未成通过之形式也，彼固谓当夜签字，实未经参议院形式上之通过也。按形式二字，奇不可言，周学熙岂不欲托此二字而诿曰，形成上虽未通过，精神上则已经通过乎？吾不知议院议事手续，除形式上通过外，何种为精神上通过也，苟有之者，则以后无论何事，虽绝不有一字一句于议事录中，政府可无恶不作，强号于人曰，已得参议院之精神通过，按诸共和国精神上有是理乎？夫借款之变幻，固至不可测，但临时约法第九条第四项，凡遇重大案件未成立以前，即应出院报告，又第十九条关于借款及国库有负担欠契，须交参议院议决，方能有效，载在盟府，无论其事实上之情状如何变幻，万无牺牲此神圣不可侵犯之约法，而迁就时变之理。倘有牺牲神圣不可侵犯之约法，而迁就时变者，吾人可直断之曰，破坏约法之罪人。周学熙此语非悍然以牺牲约法迁就时变之罪人自承耶？夫依约法所规定，即为国家正当行为，尚不可牺牲，况此次大借款之秕注，其不可明白宣露于吾民者，又甚多甚多耶。临时政府期内，当然适用临时约法，今临时政府竟违背约法，而成立此私人意思之大借款，尚犹悍然不顾，冀以诡辞欺民，吾民今后，其尚有噍类乎。

六、周电曰，临签字时所争回之点不少，始能不出十二月表决之范围。

驳曰，手续料六厘，当日初议所未有也。偿还期五十年，当日初议所未有也。顾问聘期之十五年，当日初议所未有也。审计所法俄人之总办，借款局德人之总办，盐务稽核所英人之总办，长芦分局日人之总办，亦当日初议所未有也。至于借款之实收数，以八二计，所借之款二千五百万磅，实收仅及二千万，就中国货币言，所借之款二亿五千万元，而实收之数不过二亿万元，此又初议之所未有也。然则周电所谓争回之点不少者，将谁欺乎？操滑稽家语，或者所争回者，乃一二私人的而非国民的耳，若为国民的则大受其害矣。国民当知总办性质，乃万能的，总办盐务而盐政非中华民国所有矣，总办审计而财政非中华民国所有矣。财政操于人，国民尚有生活乎？国家经济尚能发展乎？埃及以是亡，周学熙所谓争回者，或者争回一埃及第二之资格而已，呜呼！

七、周电曰，明知饮鸩止渴，原非得已。

驳曰，既知饮鸩止渴而竟饮之者，临时政府也，何以言之，周学熙为我言之也。鸩，杀人物也，临时政府执杯樽于前，而吾国民被毒以死于后矣。顾吾民自愿饮此借款之毒，则枕藉以死，犹民所自召，今不经议会所通过，而政府悍然扼吾民之吭之饮之，吾民能瞑目否乎？

嗟呼！周之通电如此，周通电之奸诡如此，吾惟有卜诸民心，能救此一度灾难否了。

4月27日(三月二十一日) **参议院正、副议长张继、王正廷声讨违法借款通电。**

《参议院正副议长声讨违法借款电文》：

各省都督、民政长、省议会钧鉴：六国借款，虽经前参议院开秘密谈话会，将政府提出大纲商榷一次，然未正式通过，且不足法定人数，当然无效。今国会成立，乃政府竟与五国银行订约，借债二千五百万磅，不交国会通过，蹂躏立法机关，其悖谬一。此次借款之条件，与在前参议院秘密谈话会商榷借款之条件大相悬殊，前参议院商榷者，为五厘息九七折交付，此次政府借款，照五厘息八三五折交付。前参议院商榷者，只许雇外人为盐务稽查员，此次政府借款，竟许英人为盐务稽查所总办，俄法两国人为审计处总办，德国人为借债局总办，日本人为长芦盐政局总办，丧失主权，遗害胡底，一时便利之图，召将来瓜分之祸，其悖谬二。依约法第十九条，关于借款及国库有负担欠契，须交院议决方能有效。今政府竟擅自借大宗外债，反谓日前参议院已经通过，祸国殃民，其悖谬三。继等甫闻此信，即往责诘，则百端推诿，已经签字，今实探之，签字实在今日(二十七)，违法横行，至于此极！政府如此专横，前之参议院既屡被摧残，今之国会又遭其蹂躏，不有国会，何言共和，继等惟有抵死力争，誓不承认。特恳诸公主持舆论，为之后盾，俾得达取消此案之目的，民国幸甚！国民幸甚！

罗家伦主编《革命文献》第42、43合辑，台北，中央文物供应社1968年版，第344～345页

△ **黄兴与袁世凯就宋案审理问题来往电商。**

黄兴《致袁世凯电》：

大总统钧鉴：宋案自程都督奉到国务院勘电称："总统命令，仰该督在沪督饬各员，严密讯办，以维大局，而定人心"等因。仰见关怀巨案，一秉至公，无任感佩！程督旋即实力进行，拟在沪组织特别法庭，并呈请任命主任。据程督云：此种组织，大总统本甚赞成，惟司法总长拘执法理，拒绝副署。昨复接司法部漾电，反对甚力。夫尊重法律，兴岂有异辞，惟宋案胡乃必外于普通法庭，别求公判，其中大有不得已之苦衷，不可不办。盖吾国司法，虽言独立，北京之法院能否力脱政府之藩，主持公道，国中稍有常识者，必且疑之。况此案词连政府，据昨日程督应省长报告证据之电文，国务院总理赵秉钧且为暗杀主谋之犯，法院既在政府藩篱之下，此案果上诉至于该院，能否望其加罪，畅所于挠，此更为一大疑问。司法总长，职在司法，当仁不让，亦自可风。惟司法总长侧身国务院中，其总理至为案中要犯，于此抗颜弄法，似可不必。兴本不欲言，今为人道计，为大局计，万不敢默尔而息。宋案务请大总统独持英断，毋为所挠，以符勘电维大局而定人心之言，不胜迫切待命之至。黄兴宥。

湖南省社会科学院编《黄兴集》，中华书局1981年版，第320～321页

袁世凯《覆黄兴电》：

宥电悉。据程都督应民政长电呈各种证据，三月十三日以前，似专为解散欢迎国会团，及应洪串谋挟制讹诈各事，词意甚明，与刺宋案无涉。惟十三日以后各函，应有如不去宋一语，始廣造意谋害之点，俟人证齐集，审判公开，自能水落石出。至赵君与应直接之函，惟一月十四日致密码电一本，声明有电直寄国务院，绝无可疑。如欲凭应洪往来函电，遽指为主谋暗杀之要犯，实非法理之平。近一年来，凡谋二三次革命者，无不假托伟人，若遽凭为嫁祸之媒，则人人自危，何待今日。甲乙谋杀丁，甲诳乙以丙授意，丙实不知，遽断其罪，岂得为公。顷约法家将各项证据，详细研究，公本达人，当能洞察。许总长迭拒副署，若听其辞职，

恐法官全体横起风潮。立宪国司法独立之原则未便过于摧抑,已照程督来电,婉词与商,必能主持公道。来电独该总长当仁不让,其骨鲠颇足当之,吾辈为政治方面计,不惜委曲求全。许为法律保障计,职分当然,却无偏私之见。公为人道计,为大局计,必能使法理与事实两得其平。国事艰难,人心险恶,转移风气,是所望于我公。袁世凯勘印。

罗家伦主编《革命文献》第42、43合辑,台北,中央文物供应社1968年版,第141~142页

4月28日(三月二十二日) 众议院召开决选议长会,仍未选出议长。

1913年4月29日《民立报》报道:

本日下午二时,众议院开决选议长会,有人动议以多数当选,国民党议员谷钟秀等反对,仍决定按照该院选举规则,须过半数。计到会议员五百四十三人,选举结果,汤化龙得二六九票,吴景濂得二六七票(废票中汤二吴四,另一不知名)俱未过半数,本日选举又告无效。

△ 孙中山劝告外国银行团,不可援助袁世凯。

《安徽二次革命始末记》:

总理回到上海,首向汇丰银行交涉,不应交此项非法借款,有害共和。当为汇丰银行首肯,允在一月之内,如各地有独立声讨者,当即停止此项借款……

柏烈武、陈紫枫笔记,转引自台北中国国民党中央委员会党史史料编纂委员会编《革命文献》第44辑,台北,中央文物供应社1968年版,第263页

△ 安徽都督柏文蔚通电反对违法大借款,赣督、粤督亦继起通电表示反对。

《安徽都督柏文蔚俭电》:

大总统、国务院、参议院、众议院、武昌副总统、各省都督、民政长、省议会、北京中央新闻、上海民立报转各报馆钧鉴:顷接参议院张王二君宥日万急电,读之骇然,政府借款,不由议院议决通过,无论君主共和,凡世界立宪国均无此例。民国宪法未颁布以前,临时约法,当然有效,曾经大总统三令五申,全国人民共闻共晓,借款必由参议院议决,明载约法,中外皆知。宪法未颁布以前,今之参议院其职权与前无异,国家一日无法,则人民一日无命。不图政府竟与五国银行团秘借二千五百万磅,未经议院通过径与签约,人民闻之无不喘汗相告。宋案证据内有政府发给巨金,资助凶人之语,兹复当政府交替之时,蔑视议会,秘借巨款,不明用途,即平日谨言守法之人,莫不闻之痛心,言之发指,万恳大总统为国法计,为人心计,立罢前议以解天下之疑,则国家幸甚。一俟正式政府成立,指明用途,国会议决借款之事,非不可行。文蔚虽愚,素不敢持迂阔之论,阻止大计也。若政府今日之所为,誓死以为不可,临电忧愤,敢贡罪言,安徽都督兼民政长柏文蔚叩俭。

罗家伦主编《革命文献》第42、43合辑,台北,中央文物供应社1968年版,第336页

《广东都督胡汉民东电》:

民立报转各报馆、北京大总统、国务院、参议院、众议院、中央新闻、湖北副总统、各省都督民政长省议会鉴:顷接参议院宥日万急电,不胜骇异,借款为全国人民负担,不经国会议决,显与约法违反,不意共和政体,乃有此事。且以二千五百万磅之巨款,其附件内容均未宣布,并以全国盐务作押,监督五十年,陷民国于埃及,虽前清之横暴,尚不至此。现在正式国会成立,临时政府不日即当消灭,岂能以垂尽之政府秘借巨金,以遗害全国人民。前此粤中人士对于大借款反对甚众,现闻政府有违法借债情事,愈加激烈,誓死不认。均谓宋案有政

府以巨金资助凶人之疑，今复蔑视约法，弁髦议会，益足滋人拟疑，人心汹汹，无可解脱，专制政府举债至千百万之重，亦当博采舆论，不敢取决于一二私人，何况今日尚名民国，应请立罢前议，勿失人心，大局幸甚。广东都督兼民政长胡汉民东。

罗家伦主编《革命文献》第42、43合辑，台北，中央文物供应社1968年版，第337~338页

《江西都督李烈钧电》：

北京袁总统、参议院、国务院、各政党本部、新闻团、武昌黎副总统、各省都督民政长省议会、天津省议会、联合会、各党支部、上海民国新闻转各报馆钧鉴：前阅报载政府借五国外债，损失主权，当即电询国会，并忠告政府，初犹以为道传备闻，政府断不至荒谬如是之甚。乃今昨两日迭接参议院两议长电，暨各处电告，政府竟秘借外债二千五百万磅，许外人以监督财政，不交国会议决，遽然签字。蔑视国会，违悖约法，丧失主权，一至于此等灭国亡种借债。专制如满清，尚无此丧心病狂之举，何以民国政府，竟尔秘密施行，此而可忍，孰不可忍，当此宋案据证宣布，全国方深惶骇，讵能节外生枝，铸兹大错。昨准国务院宥电，传奉大总统令，有不知煮豆燃萁同归于尽之语，伤心怀抱，诵之涕陨。回思前此先烈，铁血奋战，推倒清室，原为排去专制，义在必举。今幸共和告成，果何原因，必令演此恶剧，沉霾之下，复现此亡国借款，财权外弃，国脉以倾，亦几何不随之以尽。前言具在，益令人太息低徊，神魂交痛者也。应请大总统速罢此议，国会暨各都督省会合力电争，烈钧虽庸，一息尚存，此心不死，宁为共和之鬼，不为专制之民，急不择词，言尽于此，区区愚忱，伏惟公鉴。江西都督李烈钧叩印。

罗家伦主编《革命文献》第42、43合辑，台北，中央文物供应社1968年版，第338~339页

△ **国务总理兼内务总长赵秉钧为宋案发出自辩通电。**

《赵秉钧自辩勘电》：

查前农林总长宋教仁被刺身死一案，前经上海公共租界会审公堂，暨法租界会审公堂，分别拘犯预审，调查证据密未宣布，遂致新闻揭载，横启猜疑，各界传闻，妄相揣度，异论纷纭，颇淆观听。现经程都督应民政长接收凶犯案证，并将一切证据撮要报告到院，将来昭示有众，自可消释群疑。惟详核来电开示各项证物，有直接间接涉及于本总理者，有吠形吠声含射及于中央政府者，若不详为解答，诚恐以讹传讹，转滋误会。兹特申明如下：查各证物中其涉及本总理而最有直接之关系者，即来电所开本年一月十四日，赵总理致应犯函密码送请检收，以后有电直寄国务院可也。外附应密电码一本，上注国务院应密，民国二年一月十四日字样一节。查上年十二月中，应夔丞北上，循例谒见大总统及本总理，力言共进会党均系青红两帮，抚无可抚，诛不胜诛，惟宜设法解散以杀其势。曾经开具条款，领洋五万元，以为解散该会费用，政府允许款由内务部发给，档案可查。至本年一月，应将南归，濒行求见，面请发给国务院密码电本，本总理当以奉差各省特派人员，向用寄电报告，以防漏泄。应夔丞请发寄码，理无固拒，因即许可，又恐其借事招摇，别生枝节，因函嘱其以后有电直寄国务院，藉示在官言官，语不及私之义，而别嫌明微之隐衷，亦可于兹揭示，斯则本年一月十四日之函所由来也。寄密码报本系机要，若令普通电报生代译，即失秘密初意，是以各种密码电本、均分交秘书各员专掌，以重责成。应密电本即分属洪述祖。而来电所称一月二十六日应犯寄赵总理应密径电，及二月一日应犯寄赵总理应密东电，本总理至今未见。证之来电所称，二月二十六日，洪致应犯函有智老已将应密电本交来，纯令归兄一手经理之语。可知凡属应秘来电，洪述祖均未译呈，本总理无从查阅也。来电又开赵总理致洪述祖函有应君领字不甚接头，仍请一手经理，与总统说定才好等语。查此函系因应夔丞担任解散共进会，除领款五万

元外，其巡缉一差，亦为消弭伏莽，由程都督电请中央每月津贴二千元，大总统照准。应夔丞请领该项津贴之款，本总理饬查国务院内部均无成案，故有致洪之函，声叙始末。至令应之公文印领，尚存国务院有案可查也。又来电所称，二月四日洪致应犯函有冬电到赵处，即交兄手，面呈总统阅后，颇有喜色说，弟颇有本事，既有把握，即望进行等语。查原函所称冬电是否明电，抑系应密，洪述祖均未译呈，不知原电所指何事，其面呈总统一节，尤为虚构。查各部员司谒见总统，向由该部长官带领，总统府门禁严，一切来宾，均先由传宣处登记。本总理既无带领洪述祖谒见总统之事，而查阅总统府门簿亦无洪述祖之名，其为不根之谈显而易见。又来电所称二月二日应犯寄程经世转赵总理应密冬四电一节，本总理实未曾见。质之程经世，据称二月初接上海来电，因系应密，查知该项密码，系洪秘书专管，即时交洪，至该秘书曾否译呈，无从查悉等语，是本总理未见该电，正与未见一月二十六日应密径电，及二月一日应密东电同一理由。他如来电所称，证据中有赵总理致洪述祖数函，当系洪述祖将原函交应犯等语。查洪述祖系内务部秘书，本总理之通电，事所时有。来电既未述明原电内容，自系无干宋案，应即无庸置辩，此证明本总理与宋案无涉者也。又各证物中其最足以使中央政府立于嫌疑之地位者，莫如来电所开三月十三日洪述祖致应犯川密蒸电内，毁宋酬勋位一语。临时约法授与勋位，系大总统特权，然向例必由各机关呈请。其勋绩不甚显著者，则开会评议，取决多数。即中央特授，亦系评决。如毁宋即可酬勋，试问应由何人呈请，何人评决。洪电诳应，岂难推定。二月四日洪致应函，有冬电到赵处即交兄手面呈总统等语。无论洪述祖并无谒见总统之事，已如上述。即果谒见，而查阅该电于即望进行云云之下，紧接兄又略提款事，渠说将宋案骗情及照出之提票式寄来，方可征信等语。可知款系收买提票之款，上段所谓喜悦，所谓进行，均指提票而言。缘一月二日应犯寄程经世转赵总理冬电内，本有已由日本购孙黄宋劣史警厅供抄宋犯骗案刑事提票之语。则二月四日之语，即以复二月四日之函，即以复二月四日之电，若合符节。推之来电所开，二月八日洪致应犯函，宋案有无觅处。及二月十一日洪致应犯函，宋件到手即来索款，二月廿二日洪致应犯函，请款总要在物件到后各语。皆指收买宋在日本骗案刑事提票而言，决不影响于谋杀。且皆洪假政府名义诳诱应犯，决非受政府之嘱托，以其毫无政府委任之凭证故也。至债票一节，查揽售政府公债，分润余利，本属稍有信用之人，均可引受，况于应洪亦实无特别允准之事，财政部有案可查。通观各函电，如二月一日应犯寄赵总理应密东电，二月二日应犯由程经世转应密冬四电，一、二、四、八、十一、二十二及三月初十等日，洪致应犯各函，有言解散共进会，及欢迎国会团者。有言收买宋在日本刑事提票者，皆于谋杀无涉。盖应犯谋刺宋教仁，其杀机起于民立报载宋在宁演说。三月十三日应致洪函已明言之，以前各函电计时宋教仁尚在湘中，如洪述祖二月一日函，有大题目总以做一篇激烈文章方有价值之语；二月二日函，有须于题前密电老赵索一数目之语。则前语藉解散欢迎国会以恐吓政府，后语为以解散该团自任，以便其私图；是时正沪上欢迎国会发起之初，马迹蛛丝，尚堪寻索。其二月四日以后各函，则入于收买提票之事，直至三月十三日函始露谋杀之端倪。即以该函中能不去宋一说而论，系属反挑之笔，尤见去宋之动机起于应之自动，而非别于主动之人，文理解释，皎然明白，证明中央政府于宋案无涉者也。至应犯即应夔丞，系上年顾斌勾结鄂省马队滋事案内逃犯，曾经黎副总统通电严缉。嗣于十一月二十七日准黎副总统宥电称：据程都督电，应夔丞情愿效力自赎，并担任解散共进会及武汉党徒，请将通缉原案取消等因，十月二十九日奉大总统令，准将应夔丞一名，特予赦典，取消通缉。嗣后该共进会如有不法，惟应夔丞是问，即由该都督责成担任，并酌予委用等因。由国务院艳电咨行程都督，及应夔丞在宁委充巡缉差使，政府准浙江朱都督电称,共进会在苏沪一带,有不法情形事。十一月二十日,奉大总统令饬程都督密查,程都督予十二月五日歌电查复,有应夔丞投效以来,于苏境伏莽尚能力求消弭,惟此间裁遣军队已近六万,生计所迫隐患殊多。必尽责诸一人,或亦力有未逮等语。是政府于应夔丞使贪使诈,良非得已。而防闲之意迄未稍疏。且综观上列各电,应夔丞之赦免与任用,在程都督不过藉安反侧之心,在政府亦只允从疆吏之请,始终并无成见,事理昭然。现据来电所开,如该犯三月十三日以后致洪各电,关系洪案,自出于本总理及政府意料之外,且洪述祖虽系内务部秘书,然内务部总长于其行政法上之犯罪,虽有怠于督监之责任,于其刑法上之犯罪,则无代为受过之理由。兹准电前因,相应将关系本总理及政府之疑似,详晰解答,以息群言,希即查照公布。赵秉钧勘印。

罗家伦主编《革命文献》第42、43合辑,台北,中央文物供应社1968年版,第197~201页

△ **财政部公布中国银行监理官服务章程。**

《中国银行监理官服务章程》:

第一条　中国银行监理官承财政总长之命,监视中国银行一切事务。

第二条　中国银行监理官须随时检查中国银行各种簿记及金库,前项检查,每星期内至少一次。

第三条　中国银行监理官须随时检查中国银行兑换券发行数目及准备状况。

第四条　中国银行监理官得随时检阅中国银行各种票据及一切文件。

第五条　中国银行监理官得随时质问银行事务一切情形,如认为必要时,得请银行编制各种表册及营业概略。

前项表册、文件,须由中国银行总裁署名盖章。

第六条　中国银行监理官每月初五日以前,须将上月内检查情形,详细编制检查报告书,呈报财政总长。

第七条　中国银行监理官对于中国银行业务,认为有违背则例及章程,或不利于政府之处,须从速报告财政总长。

第八条　中国银行监理官得陈述改良银行一切事务意见于财政总长。

第九条　中国银行监理官得出席股东总会、银行总会、行务会、监事会及各种委员会,陈述意见,惟不得加入表决。

本章程自部令公布日施行。

中国第二历史档案馆编《中华民国史档案资料汇编》第3辑,金融,江苏古籍出版社1991年版,第41~42页

4月29日(三月二十三日)　参议院开会,通过反对大借款案。

1913年5月5日《民立报》载《参议院正式否决》:

二十九日下午一时,参议院开会讨论大借款事,佥以此案未经大总统提交临时参议院议决咨复,此次遽行签字,殊与临时约法第十九条第四项之规定显相违反,经多数议决,对于政府所定中国政府善后借款合同,认为未经临时参议院议决违法签字,当然无效。相应咨请大总统查照可也。

《参众两院讨论违法借款纪事》:

廿四日午后,参众两院开第一次正式会,讨论两院议事细则、两院旁听规则及两院议长副议长互选规则。第二次参议院选举正副议长,计正议长张继君当选,副议长王正廷君当

选。其后屡次开会,提出质问政府大借款情形,并要求国务员出席,议决以借款合同,未经临时参议院议决通过,认为违法,当然无效。议员杨永泰,主张将政府及国务院咨文退还,赞成者颇众。继而争发言之先后,喧攘不已。于是议场秩序大乱,议员数人私自出场,法定人数不足,致讨论之结果,亦未表决。后曾有数次开会,议员多签到不出席者,致未开会。

众议院因选议长,争有记名投票,无记名投票。诸议员喧嚣数次,后决定用无记名法。计汤化龙君当选正议长,陈国祥君当选副议长。当选议长时,并查出一冒充蒙古议员者。该院议员亦提议,质问政府大借款事,及请国务员出席,得多数赞成。段代理总理到院,经谷钟秀君质问良久,致段无词可答,末云,政府对于此项借款手续实欠妥协。谷云,代总理既自认手续欠妥协,即为违法签约,本院不承认。议长付表决,有袒政府派刘崇佑范熙仁二人反对,经众斥之,全院大哗。议长请谷君说明动议理由,谷云:

对于借款不反对,惟政府违法签约借款,咨请查照备案,本院决不承认。于是赞成者多数,遂决议将咨送违法签约借款案件,咨送参议院一同签字,送还政府,以表示不承认之决心。有提议伦敦来电,英国下议院提议,禁止运输鸦片烟入中国。查中英鸦片条约,本有两国国民同意,可以变更之文,现英议院既提议,议长可速请政府与英国协商,改订鸦片条约。有谓须再议前日表决之政府违法签字之案者。谷君云,前咨既公决退回,今日之咨或以为宜提出讨论,是否欲推翻前日神圣不可侵犯之表决,谷君又责议长表决后不送交政府,是何居心?一时议场秩序大乱,忽有墨盒飞入议长席,后开会,仍未能正式解决,且因屡次捣乱,遂延不开会。

罗家伦主编《革命文献》第42、43合辑,台北,中央文物供应社1968年版,第350~351页

《参议员马君武等通告违法借款始末》:

各省都督民政长省议会、民立报转各报馆公鉴:政府此次不经国会议决,擅行签字借款合同,参议院于四月二十八日特开会议,当时指定王家襄、丁世襄、杨永泰、汤漪、王正廷五人调齐临时参议院议事录,及借款案件详加研究。关于此项借款合同,去年十二月二十六日,国务院咨文到前参议院,称赵总理定于本月二十七日午后二时,同财政总长出席报告大借款情形。二十七日赵总理周总长仅携缮印借款情形说帖,及撮记六国借款合同大义,并附录特别条件草稿到院出席开秘密会议,并未带正式公文,当时议场虽足法定人数,而正式举手表决者,仅有特别条件五款,此外合同大义所列十六款,据称均系普通条件,除额数及利息曾经表决外,其它各款将条文开载,固属无从表决,即其内容是否确系普通性质,亦无从断定。且此次会议结果,前参议院并无正式公文咨复政府,至合同成立之先,须提出全案正式交议,当时前参议院固已郑重声明,周总长亦称,俟磋商妥洽后当然提交院议,嗣后周总长就此范围与六国团磋议,时经数月,迄未就绪,因有美国仗义脱离资本团之事。议员见此次借款合同确未经临时参议院通过,文卷具在,众目了然。政府当正式国会已成立之时,忽尔私自签字,对于立法机关视同无物,违背约法,莫此为甚。故四月二十九日参议院续开正式会议,多数表决,全文曰:对于政府所定中国政府善后借款合同,认为未经临时参议院议决,违法签字,当然无效云云,一面咨复政府表示否认。乃政府通电各省,硬诬此案为临时参议院通过,并怂少数人通电淆乱是非,此种问题系国家存亡,及立法机关存亡,议员等深恐政府一手掩尽天下耳目,为人民代表者难任此咎,兹特详举情形质诸全体国民。又本日众议院会议多数表决与参议院一致否认并闻。马君武、林森、王法勤、杨永泰、毛印相、张我华、谢良牧、居正、吕志伊、周震麟、徐镜心、汤漪等微。

罗家伦主编《革命文献》第42、43合辑,台北,中央文物供应社1968年版,第345~346页

4 月 30 日（三月二十四日）　众议院选举汤化龙为议长，翌日又选陈国祥为副议长。

1913 年 5 月 1 日《民立报》报道：

今日众议院午后一时开会，议员出席者五百四十一人，仍用无记名投票法决选议长，开票结果，汤化龙得二百四十八票（编者按：应为二百七十六票）。时已八时，明日续选副议长。

1913 年 5 月 3 日《民立报》西报译电：

今日（五月一号）众议院开会，到会者五百三十三人，共和党福州议员陈国祥二百六十九票当选副议长。

《国务院通告》：

奉大总统发下众议院咨称：查国会组织法第八条规定，众议院议长副议长由本院互选，自应遵照办理。兹于四月三十日开会选举议长，出席议员五百四十一人，用无记名投票法互选，议员汤化龙得二百七十九票当选为本院议长；续于五月一日开会选举副议长，出席议员五百三十三人，用无记名投票法互选议员，陈国祥得二百六十九票，当选本院副议长，除通电各省相应咨报查照。又奉大总统发下众议院咨称，查本院印信前经国务院咨送筹备众议院事务处转交到院。现于五月一日启用，除通电各省外，相应咨报查照，希转行一体知照。各等因。除由院通行各衙门知照并函交外交部分别照会各国公使外，合行通告。

1913 年 5 月 4 日《政府公报》，第 356 号

△ 国务院咨参议院，解释借款业已签字及借款签字经过，强调未违参议院决议。

《国务院咨文》：

为咨行事，本月二十八日，准贵院咨开关于五国借款一案；又奉大总统发下贵院咨送汤议员漪等质问书一件，各等因。业经并案咨覆，并声明大借款详情，即日另文咨明在案。兹准财政部函称，六国银行团借款动议，在民国成立之初，咨逾年，屡议屡辍，始以该银行团借口此款用途所开条件太严，不能不停议以为操纵地步，嗣因洋赔各款先后积欠甚巨，中央无涓滴收入，各省均自顾不遑，若无大宗借款，实难维持大局。因于上年九月间，经国务会议决定借款大纲五条，于九月十六、【十】七两日，出席参议院协商，幸得同意。维时正欲继续开议，适伦敦克立士卜借款事成，遂又暂缓进行，乃未几英使有开单索债之举，俄库协约旋亦接踵发见，外交困难日甚一日，而克立士卜借款，年内止订交虚数三百万磅，久涸之余，到手辄尽。再与续商，复为六国团所扼，彼亦不敢担任，岁事将阑，来源几绝，维持无术，迎拒两难，嗣经法公使居中调停，始于十一月二十七日复行正式开议。迨至开议以后，种种要挟，愈迫愈紧，几于舌敝唇焦，只以内顾各省之同一困难，外睹蒙事之万分危急，不得不降心忍气，委曲磋磨。然总抱定大纲，不使越此绳尺，中间几至决裂者数次，直至岁杪，始将合同拟定。即于十二月二十七日赴参议院报告，将合同全文当场宣读，并撮要缮印分布公同研究，嗣又议定先将特别条件逐条表决，再将普通条件全体表决，均经通过。惟利息一层，当场声明原议五厘，而银行嗣以巴尔干战局未终，欧洲市场，金融奇紧，坚欲增加半厘，以此利息折扣尚未决定，但政府之意必须极力与争，能否达到目的尚未敢定，维时议场中多数主张，利息万不可超过五厘，宁使折扣稍重，毋使中国有五厘五之债票出现，于欧洲市场，有碍国家体面，此是议场表决之情形也。乃原定于十二月二十九日即行签字，不意利息一层既费唇舌，而银行团对于垫款一层又生变动，磋磨逾月，屡爽签字之期。本年二月间又暂停议，无如洋赔各款积欠累累，除赔款上年结欠二百万磅外，本年洋款之已过期者二百三十余万磅，洋款之不久到期者三百六十万磅，各省历欠外债二百八十七万磅，综计约需一千一百万磅，而本年份又已

积欠四个月赔款约一百万磅，此外前清暨南北临时政府短期零借之款尚不在内，数月以来，追呼日迫，应付俱穷，破产之祸，近悬眉睫，呼吁各省而外，同一困穷，旁求于他团，而所议悉成画饼，美虽力主公道，宣告出团，而其余五国态度，依然方针不变，设再迁延，不独有失信用，抑且债权干涉，大局危岌，情势昭然，是以程都督电称，无局一时之毁誉，转为万世之罪人，柏都督电称，无宁忍痛须臾，尚可死中求活，措词痛挚，刿目怵[铢]心，际此时艰，既无医疮剜肉之方，始为两害取轻之计。而五国银行团，亦以欧洲银市稍松，情愿继续磋商，利息一层，彼允照改五厘，折扣一层，我亦允改为发售债值不得少于百分之九十，其它条件悉如上年十二月二十七日参议院通过之原议，良以欧洲市场目下发售中国之秦陇豫海实业债票，最近债值仅止百分之九十一，销售尚不踊跃，故银行团不得不要求减折，然持与该团原索之五厘五息，九六五售价两相核较，在我尚占优点，乃事方就绪，某国尚思从中破坏，幸赖他使力持正论，得以不致动摇，事机万变，稍纵即逝，若不乘时解决，深恐别生枝节，爰于本月二十四日先签订草合同，二十六日复签订正合同。窃念此事动议经年，全球注视，现幸告成，虽合同内稽核盐务审计用途等款，由我聘用洋员会同华员办理，为从前借款所无，然前清币制借款已启其机，况鼎革以后，公私荡然，国信全失，得此结果，实已智能俱竭，笔舌皆穷，所幸合同全文均未逾越九月经院同意之大纲，暨十二月二十七日经院表决通过之条件。此后但使用途确实，盐务收入足敷偿还本息，外人即无可借口，且合同内订明借款本利按期交付，则不得干预盐政事宜，杜渐防微，亦已深切著明，不致别有危险，此五国银行团借款经过困难，及根据院议业已签字之情形也。等语，相应咨明贵院查照可也。此咨。

罗家伦主编《革命文献》第42、43合辑，台北，中央文物供应社1968年版，第373～375页

△ 孙中山为阻止北京政府获得大借款，争取各国对其反袁斗争的支持，向各国政府和人民发出通电。

孙中山《致各国政府和人民电》：

各国政府人民公鉴：敝国国民党领袖宋教仁君在沪遇刺一案，经政府派员彻查后，北京政府之种种牵涉已成事实，无可掩饰，人民因此大为愤懑，现在大局岌岌，最可恐慌之危机即在目前。政府自知罪大恶极，有负国人委托之重，势必引起全国公愤，难保禄位，于是以迅雷不及掩耳之手段，与五国银行团缔结二千五百万磅之大借款，以破坏约法。全国代议士提出严重抗议，政府竟悍然不顾。国人因宋教仁君横遭毒手，已不胜愤懑，而政府复有此种专横违法之举动，舆情因之益为激昂。现在国人忿火中烧，恐不免有激烈之举动，大局之危，已属间不容发。全国人民之愤激一致爆发，旦夕间事耳。余自共和告成以来，竭力从事于调和意见，维持安宁，故推袁世凯为总统。原冀全国得从此统一，人民得早享安居乐业之幸福耳。溯自起义以来，大局扰攘，余亟欲维持全国治安，故不惜殚精竭虑，以求一善良之政府。今银行团若以巨款借给北京政府，若北京政府竟以此款充与人民宣战之军费，则余一番苦心尽付东流矣！革命以来，商业凋敝，国人已受种种损失。目下正在渐就恢复，若再兴兵戎，势必贻国人以莫大之害。然国人前此既以极大代价换得共和，则今此必当誓死拥护此共和。若国人为誓死拥护共和之故，竟与政府决战，非特国人受无限之损失，凡外人在华之权利亦将受间接之影响矣。故北京政府未得巨款，人民与政府尚有调和之望，一旦巨款到手，势必促成悲惨之战争。此可预言者也。世界文明各国，莫不尊重人道，用敢奉恳各国政府人民设法禁阻银行团，使不得以巨款供给北京政府。盖北京政府此时若得银行团之巨款，必充与人民宣战经费无疑。尚希当世人道为怀之诸君子，出而扶持，俾敝国诸同胞不致无辜而罹惨劫，此

余所敢呼吁于各国之前者也。

广东省社会科学院历史研究室编《孙中山全集》第3卷,中华书局1984年版,第56~57页

5月1日(三月二十五日)　赵秉钧因宋案受各方攻击,不安于位,称病辞国务总理兼内务总长职。袁世凯批"给假十五日",并令陆军总长段祺瑞暂代其职。

《赵秉钧辞呈》:

为病体未痊吁请免官事。窃秉钧感患牙痛,兼以头眩,自日前赴医院调治以来,瞬将经旬,迄未瘥减。日来头眩益甚,困顿不支,力疾从公,倍形竭蹶,设有贻误,关系匪轻。伏祈俯察下忱,准予免官,俾资调理。为此呈乞照准施行。

《袁世凯批文》:

据呈已悉,该总理病体未痊,应给假十五日俾资调理。所请免官之处,应毋庸议。

1913年5月2日《政府公报》,第354号

△ 黄兴以北京政府于前参议院停会,新国会未开之际,忽然秘密与五国签立大借款,违法祸国,通电指斥。

黄兴《致袁世凯及国务院等电》:

北京大总统、国务院、众议院、参议院、武昌副总统、各省都督民政长省议会钧鉴:得国务院俭电及财政总长勘电,均谓此项借款条件,上年已经参议院议决,据参议院长通电,则并无议决之说,总之立宪国先例,法案未经公布施行,纵议事之手续已经完了,而停会或开会之事实于时发生,至下期开议时,该案须重提出,国务院来电,谓无此先例,是调查疏忽之咎。自上年十二月以来,大借款之议,已寝事逾半载,一切停止进行,今忽重议,募集银团易式,合同易款,折扣迥异,总额大增,此另为一案,政府当重行提出,了无疑义。于时国会初成,民意待白,政府乃悍然不顾,借口于经年之废案,在临时政府告终之期,当局挥金僇辱人民之际,暮夜之间,骤加人民以二万万五千万[二千五百万]之负担,事前不与国会筹商,事后复避国会质问,聚为秘谋,出乃规避,玩国民于股掌,视议会如寇雠,国政至此,体统安在?来电谓中央只以扶持大局为心,一经昭示,人民必当见谅,此以必谅责之人民,明示民意不得与政府立异,若而国者,果须议会何用?纵如来电所云,亦当视所昭示者为何种耳。迩来国政不纲,贿赂遍地,蝇营狗苟之徒,率争为政府之伥,分仰余沥,观财政长所谓忧时之彦,深惧此款不能成立,殊不能不令人涉思及此。即如应桂馨逆证中,内务部秘书洪述祖至望大借款成功,润及凶顽,为政府锄除异己。于此别昭示,以隶属财政部之审计处,为搪塞议者之地,掩耳盗铃,人胡能谅。兴固不欲以此诋諆政府,惟此种恶相已深入人民脑中,政府转于此时密借款数至二万万五千万[二千五百万]之多,倘以此激动民心,酿成巨变,责将谁负。兴痛念共和,忧心如捣,心所谓危,不敢不告。临电旁皇,泪与墨俱。黄兴。

湖南省社会科学院编《黄兴集》,中华书局1981年版,第323~324页

《财政部通电》:

据黄君克强东日通电反对借款,种种怀疑。此项借款已由本部于宥勘两电通告有案。兹再将黄君所疑各节详细剖解,以释群疑。如原电称参议院通电并无议决之说,查前参议院议决各件,载在议事录第三册中,岂可讳饰。至张继、王正廷两君对于借款之通电,业由两君当院声明纯系个人私电,与参议院无涉。有参议院丁世峄等八十四人通告为证。黄君以自然人与法人并为一谈,似属误会。如原电称法案未经公布施行,纵议事手续已经完了,如遇

议会停闭,至下期开议时,须重提出等语。查此项借款系由前参议院议决通过,惟事涉借款应视双方协商方能定议。不能如寻常法案,一经议决即可公布。国会即继续前参议院之性质,无停闭之可言。当时两院尚未开议,政府自当履行旧案。即以先例言之,有财政部所办克立士卜借款及交通部所办陇秦豫海借款,勘电业已详言。乃黄君指为经年之废案,是必前参议院议决各案全失效力,而后可揆诸约法宜乎不宜。若谓银团易式,合同易款,折扣迥异,顾问大增,即当另为一案。无论利息酌减与折扣略改相抵之外,且较便宜其它条件,与上年通过原议并无出入。即银团减六为五,顾问稍增数员,由我自行黜陟,与主权无涉。至原电称当局挥金僇辱人民等语,另有用途清单均经审计处稽核,政府岂能挥金?若云僇辱人民,中央并无其事。期年以来,政费浩繁,呼吁不应,又并计前清积欠外款至一千二百万磅之多。政府百计维持,恐拂民意。虽国中至大实业如招商局、汉冶萍等,亦未敢分毫抵押。黄君乃谓玩国民于股掌,视议会如寇雠。野心家或有此种行为,政府决不敢出此。盖民国包全体而言,非如名列伟人,便可口含天宪,共和国家为人民所共有,但须不悔矜寡,不畏强御,即与大多数人民心理相应,本无玩弄之可言。至议会神圣独立,自南北统一以后,却无议员受政府迫胁致愤告辞职之明文。黄君所言诚所不解。万一激动人心,酿成巨变,谁执其咎。原电称国政不纲,贿赂遍地等语。只须党见消融则全国纪纲自振;若云贿赂,则当此暴民专制,行政官方视为畏途,岂如专制之朝,以官为市,蝇营狗苟,顾而之他,既无余沥之可分,安有凶顽之沾润。若夫佥壬诓骗,意在分肥,鬼蜮秒谋,岂能预料。子曰先觉不忆,不信佛言,众生勿造恶因,世变方殷,天听不远。现在国会已经成立,参众两院为代表人民之机关。发言问难,自有法定权责,个人言论,无庸深求。惟黄君盖世英豪,万流宗仰,不得不再加辩白,相与切磋,以待我大多数人民之论定。财政部鱼印。

1913年5月8日《政府公报》,第360号

5月2日(三月二十六日)　孙中山致函康德黎,请代为发布《告外国政府与人民书》,指出宋教仁被刺案证实系北京政府所为;北京政府违法向五国银行团借款,意在凭武力与国民为敌。劝请各国政府阻止银行承供北京政府金钱,俾免其发动战争陷中国于苦难。

孙函件及《告外国政府与人民书》译文:

伦敦哈利街(Harley Street)140号康德黎:请代表我将下列文告提交英国政府、议会及欧洲各国政府,并广泛发表于一切报刊。

孙中山《告外国政府与人民》:国民党领袖宋教仁最近在上海惨遭谋杀一案,经政府所派人员认真调查,已明确证实北京政府与此有重大牵涉。因而民众极为愤慨,形势十分严重,中国正濒临最激烈最危险的危机边缘。政府自知其罪责难逃而且罪恶深重,深知其犯罪行径和背弃信托的劣迹已直接引起席卷全国的怒潮,而且来势凶猛,大有导致其政权倾覆的可能,因而突然非法行动,不顾现正集会于北京的国民代表之强烈反对而与五国银行团达成贷款二千五百万英磅之协议。政府此种专横、非法行动,立即加剧了由于宋教仁被阴谋杀害所激起之强烈义愤,民众的怒火此刻已达白热阶段,可怕的动乱几有不可避免之势。危机确已变得如此严重,以至遍布各地的阴燃火种随时可能爆发成燎原烈焰。自民国诞生之日起,我便致力于谋求和平、和谐与繁荣。我之所以推荐袁世凯出任总统,是因为似乎有理由相信,国家的统一、和平与繁荣时代的黎明,或将由此而加速。从那时以来,我已尽我之力所能及,促使革命所造成的混乱演化为和平与秩序,以达到由乱而治之境。我热诚渴望保持民国全境和平,但是,如果外国金融机构供应北京政府以多半会用来从事反人民战争的钱财,我的

努力将归于徒劳。中国若在此时陷入战火,人民势必会遭受到难堪的灾难与痛苦,而他们刚开始在从革命引起的商业紊乱和其他种种破坏中恢复元气,曾为缔造民国作出巨大牺牲的中国人民,今日也决心保卫民国而不惜付出一切代价。一旦为了保卫民国而不得不展开一场生死存亡的斗争,则不仅会使中国的广大民众蒙受可怕的痛苦,也势必殃及外国人在中国的利益。如果北京政府财源短缺,尚可望其与人民实行妥协,而立即供应大量金钱,就可能促成可怕的灾难性冲突。因此,为了文明世界视为神圣的人道,而且以人道的名义,我吁请你们施加影响,以阻止银行家们供应北京政府以在目前情势下肯定会被用作战争军费的金钱。我吁请一切以人类长远福利为怀的人们,在此危急时刻,给我以道义上的支援,以避免无谓的流血,帮助我的同胞,免受无妄之灾。孙逸仙。一九一三年五月二日。上海。

广东省社会科学院历史研究室编《孙中山全集》第3卷,中华书局1984年版,第57~59页

△ **国会成立前,即有先定宪法或先选总统之争。国民党主张先定宪法,以约束总统,袁世凯则希望先选总统以早获大国承认。本日,袁世凯咨请参、众两院,迅速选举大总统。**

袁世凯《咨参众两院请选举正式大总统文》:

为咨行事。本大总统于中华民国元年二月十五日,经参议院选举,为临时大总统。元年三月十日就临时大总统之任。惟时军事甫平,人心未定,悍将骄卒,冲突时闻,内政外交,益形困难,本大总统以国民委托,总揽政务,与前参议院议员诸君,互相提挈,勉自支持,凡所设施,要以国家为前提,博征人民之同意。既不敢操切以启分裂之祸,亦不敢姑息以博煦孑之名,无非求我四万万同胞,同登康乐而已。受职以来,已逾一稔,环顾全国,秩序渐定,而人民未挽疮痍,纲纪初张,而建设尚鲜实效,夙夜撄心,神明负咎,所可自信与可报告于我国民者,区区此爱国之忠心而已。夫中华民国,既由中华人民组织而成,其主权当然属于国民全体,而国民依法选举之国会,实国民直接委任之机关。今正式国会完全成立,自此以往,临时之事业将终,正式之时代开始。深望国民代表,迅速选举正式大总统,以谋全国人民之福利,而固民国新造之宏基。无任跂祷。

徐有朋编《袁大总统书牍汇编》第1卷,上海广益书局1920年版,第11~12页

△ **众议院议员陈鸿钧、邹鲁等对政府违法大借款,提案弹劾。**

《众议员邹鲁等弹劾违法大借款之提案》:

民国二年四月八日,国会开会,四月二十六日,袁世凯与五国银行团秘密缔结善后借款合同,不交国会议决,政府仍强词辩曰此次大借款曾经元年十二月二十七日通过参议院。本党议员邹鲁等,乃发表违法大借款弹劾政府之文云:临时约法第十九条,众议院职权第四项,议决公债之募集及国库有负担之契约,国会组织法第十四条,民国宪法未定以前,临时参议院所定之职权,为民国议会之职权。是公债之募集及国库有负担之契约,国会未成立以前,其议决之权在参议院,国会成立以后,其议决之权在国会。【国会】于本年四月八日开会,凡有公债之募集及国库有负担之契约,在四月八日以后,当然由国会议决,始得发生效力,法律具在,万不可违。乃政府与五国银行团订立二千五百万磅之借款,其内容利息五厘,实收额八四,担保品为盐务收入,及关海盈余特殊条件,则银行团派人为盐务总稽核会办,及各稽核分所协理。凡此条约,未经国会议决,竟于四月二十六日遽行签字,显违临时约法第十九条,国会组织法第十四条。在政府借口此案业经临时参议院表决,当然继续有效。不知契约之结,首重主体,参议院只认六国团借款,现为五国团之主体不同,则前案当然不能继续者一。

六国团之借款,既公布谢绝,美国又经脱出六国团,则从前参议院所议政府与六国团借款权,既经中断,现又从新另与五国团借款,则前案更当然不能继续者二。前周总长报告,六国团借款条约,利息五厘五(当时参议院未承认,请周总长再行磋商低减),实收八九,现则利息虽为五厘,实收只得八四,条约变易,则前案不能继续者三。

况乎参议院议六国借款案,元年十二月二十七日,前参议院秘密会周总长报告,二十一条件,止五条特别条件有条文,余普通条件十六条仅有大义。当时院内,将六国团借款,特别条件五条表决。其大体并未将全案逐条表决,亦以普通条件当时尚无条文,奚自表决,故主席宣告,毋庸表决,众赞成,议事录具在,不可罔也。否则政府既未正式提议议决,又未经三读会之过半数赞成,更无咨覆政府公文,安能凭周总长报告之条件,只众赞成无庸表决之大义,而谓议案通过乎。况当时声明此次表决特别条件,系与六国团商订之标准,至商妥之后,仍须将全案提交参议院议决,始生效力。是当时六国团借款案,尚未正式通过,此次所订借约,何从而得继续有效乎。至于政府借口克立士卜借款签字后,始提议参议院追认,及陇秦豫海借款签字后,始正式咨照参议院备案先例,以为违法之辩护,则政府之心愈不可问。夫临时约法,参议院止有议决公债之募集及国库有负担之契约之规定,并无事后追认之条文。今临时政府冒天下之不韪,对于克立士卜及陇秦豫海借款,竟蹂躏约法于公债之募集及国库有负担之契约,不先交前参议院议决,既已先蹈违法之罪,乃不自敛,反欲利用,竟乘国会之初开借口先例,明目张胆,以蹂法律。前参议院于此二事,未据法力争,仅于克立卜案内声明,永不为例,失职既甚,今国会再不为法律保护,将使政府无时不可开先例,蹂法律,是中华民国之法律,不为政府摧残无余不止。抑有进者,凡国家有要事发生,值国会闭开时会[期],尚宜特别召集,况当国会既开,增进人民担负至二千五百万磅之借款,岂容不待议决,骤擅签字。

夫立宪国家,首重法律,法律可违,国本斯动。正式国会甫经成立,而关于巨大之借款,政府竟自擅行签字,其蹂躏法律,摧残民权至于如此,民国前途,何堪设想。国务总理负行政全责,财政总长对于此案为主管官,均应全负违法之责。本员为法律起见,亦即为民国前途起见,谨依约法第十九条第十二项,提起弹劾国务总理赵秉钧财政总长周学熙。是否有当,请公决。

陈鸿钧、邹鲁、易次乾、周珏、殷汝骊、易宗夔、叶夏声、刘栽甫、司徒颖、杨梦弼、褚辅成、徐传霖、黄汝瀛、谷钟秀、曹玉德、段雄、伍汉持、杜潜、陈策、萧萱、朱全紫、朱腾芬、陈垣、谭瑞霖、黄霄九、李积芳、李肇甫、常恒芳、黄增耆、汪建刚、王葆真、郭宝慈、李根源、方潜、饶芙裳、赵藩、陈时铨、张大义、彭允彝、凌毅。

罗家伦主编《革命文献》第42、43合辑,台北,中央文物供应社1968年版,第347~349页

△ **美国、墨西哥正式承认中华民国**。

《美国大总统承认民国电》:

当中华民国人民新负自治性质及主权之时,美政府与美国人民甚为表示同情,际兹代表全国会业经召集以尽其最高最重责任,发表民国舆情所希望者之得有圆满效果。是以美国政府及人民皆以余当代表美国政府及我人民欢迎新中国加入万国一家内。余现因中华民国完全政体将欲成立,果能从此发展盛兴达于极点,且将来国会造成之新政府,对于临时政府之所续担责任亦能赓续担负,是诚余所冀望而深信者也。

1913年5月3日《政府公报》,第355号

《袁世凯覆电》:

美利坚合众国大总统阁下:承认国书已由驻京贵国代表递传,其中亲爱之盛意,欢迎之至诚,流露言表,足征贵国互相扶助之美德长存不衰,从此中美两国七十年来之邦交益生光彩,本大总统以中华民国之名义敬此致谢。共和政体于敝国虽属创举,然其精神之美备,而为贵国所代表者,敝国之民已熟知之。以此敝国政府之目的惟维持共和政体,完备行政机关,庶几合国国民得永享其泽。对内则调和法律自由,以增进国家之利益人民之幸福;对外则履行所有之义务以保国际和平列邦之睦谊。中华民国临时大总统袁世凯。中华民国二年五月二日。

1913 年 5 月 3 日《政府公报》,第 355 号

△ **墨西哥署理钦差胡尔达,本日照会外交总长承认中华民国。**

《墨西哥署理钦差胡尔达致中国函》:

本署大臣接奉本国外交总长律师德拉瓦腊电,训令本署大臣承认中华民国政府。本署大臣承此委托遵照奉行曷胜欢悦。从此与贵总长正式接洽,询为本署大臣庆幸之极。所有彼此交际之事,本署大臣悉循我两民国已有敦睦诚忱和衷同情办理,相应照会贵总长查照可也。

1913 年 5 月 6 日《政府公报》,第 358 号

△ **袁世凯将借款案咨送众议院,请予备案。**

袁世凯《致众议院为大借款条款件咨照文》:

为咨送事:本年四月二十六日,据国务总理赵秉钧、外交总长陆徵祥、财政总长周学熙呈称。窃维六国银行团借款,先后磋商已逾一年。上年九月间曾经国务会议拟定借款大纲,于十六、十七两日赴参议院研究同意,以为进行标准。唇焦舌敝,往复磋磨,直至岁杪,合同条文,大致就绪。当于十二月二十七日出席参议院。先将特别条件逐条表决,复将普通条件全体表决,均经通过。正拟定期签字,该团忽以原议五厘利息借口巴尔干战事欧洲市场银根奇紧,要求增加半厘,只得暂行停议。惟是赔洋各款,积欠累累,一再愆期,屡次商展,追呼之迫,等于燃眉,百计筹维,无可应付。数月以来,他项借款,悉成画饼。美国虽已出团,而其余五国,仍未变易方针。大局岌岌,朝不保夕,既无束手待毙之理,复鲜移缓就急之方。近接各省都督来电相迫。如江苏程都督电:"毋局于一时之毁誉,转为万世之罪人。"安徽柏都督电:"借款监督,欠款亦监督,毋宁忍痛须臾,尚可死中求活。"等语,尤为痛切,迫不得已而继续磋商,尚幸稍有进步。利息一节,该银行团允仍照改五厘;其它条件,亦悉如十二月二十七日通过参议院之原议。事机万变,稍纵即逝。四月二十二日奉大总统命令:五国银行团借款合同,任命赵秉钧、陆徵祥、周学熙全权会同签字。此令等因,遵于二十四日与该银行团双方签订草合同,复于二十六日签订正合同,彼此分执存照,以免复生枝节。理合将华洋文合同各照备二份,并附用途单二份,呈请大总统鉴核,俯赐咨交议院查照备案,以昭信守等情。查此借款条件,业于上年十二月二十七日由国务院总理暨财政总长赴前参议院出席报告,均经表决通过。并载明参议院议事录内,自系当然有效。相应咨明贵院,查照备案可也。此咨众议院。计咨华洋文合同一份。并附用途单一份。

徐有朋编《袁大总统书牍汇编》第 1 卷,上海广益书局 1920 年版,第 2 ~ 3 页

△ 袁世凯咨参、众两院声明借款事件并未蔑视议会。

袁世凯《咨参众两院声明借款事件并未蔑视议会文》：

为咨明事：财政部长呈称：此次借款之定议，系出于维持国家生存上万不得已之举，政府与银行团反复谈判，全国皆知困难，并无何等反对。徒以该团条件严重逾恒，政府为国权起见，不得不于死中求活，但求有一分之轻减，即少一分之负担。是以交涉数月，未能就绪。直到上年九月间，始将国务院决议大纲提出参议院，要求同意。当经参议院讨论大体，业经赞同，遂即依此标准，接续磋商。中间情形变幻，垂成辄败。迨上年年底，俄使因大赔款到期，追迫甚急，是时适合同稿亦已拟定，当于十二月二十七日，由国务总理赵秉钧出席参议院，一面报告交涉之经过，并俄使催款情形，一面将合同底本，分为特别普通条款，当场提出议案，经参议院将特别条件逐条表决，悉予赞同，末后又经议长将普通条件咨询院议，佥谓毋庸表决，悉予赞同，即赞成政府迅速照此进行。当经声明，银行团如无别项挑剔，当于二十九日即行签字，以免因大赔款牵涉他事。不意此项合同通过以后，银行团忽以巴尔干战局未定，及增加利息等问题顿翻前议，磋磨数月，几至无法挽回。今兹幸就范围，大体悉如原议，实为政府始愿所不及。其中千回百折，牵及国际，经过之困难，至今追思，有难言之苦衷，亦有不忍宣布之隐痛。政府为民服务，即系为国效忠，但求大局之保持，何敢避人言之交责。且临时政府成立以来，外人之对我虽承认国家之资格，而可行使前清之债权，统计上年结欠洋赔款及本年已过期之洋款赔款，各省历欠之外债，已达英金一千二百万磅之多，皆属政府应负之责。数次催逼，百无一应，国信不立，安能奠定邦基？每一念及，此心如痗。且前欠各款，均有抵押，设再迁延，势必横加干涉，实行监督财政，致陷民国有破产之虞。彼时政府，对于人民，不惟不能当此重咎，即万死亦不足自赎。是此次签字，固有不得已之情势，且系按照前参议院表决案，始行定议。正可证明政府之尊重议会，何敢蹈蔑视国会之罪戾，更何敢稍存轻视国会之心。若议院谓合同签字形式上手续，略未完备，则政府又有不得不反复声明者。查上年十月二十七日参议院会议，系属秘密，政府为郑重起见，故提出方法不用书面，而用口头，当时累经声明，系奉大总统命提案。试思此种重要合同，国务员苟非奉有大总统命令，岂能以私人资格遽行请求院议。若谓仅止报告，则又何须将合同提出，而参议院对于报告事项，更无逐条表决之必要。细观当日议事录，情形不辩自明，若谓未经三读，当日到院报告条文后，先经要求，将此案一次通过，以省手续之烦，议长遂先咨询全院，经众赞同，才用逐条表决之法，以实行通过。是实与参议院法第三十八条，政府要求省去三读会原法相符。且表决以后，政府声明签字日期，彼时无一人反对，假使当时银行团绝无变动情事，则上年十二月二十九日，早经签字，何待今日？凡诸所言，在政府并非执法理之争辩，以图卸责，按诸事实，委无丝毫遁饰之处。值兹财政艰窘，国际债权催逼过甚，借款一日不成，国本一日不定，此次合同签字，在势无可取消。倘国会能谅苦衷，实为国家之幸，否则惟有向国民代表，引咎自谢，以明责任等情。相应咨请贵院查照，此咨。

徐有朋编《袁大总统书牍汇编》第1卷，上海广益书局1920年版，第3～6页

5月3日(三月二十七日)　宋案证据公布后，大借款又恰于此时成立，各方对政府抨击愈烈。袁世凯鉴于局势危迫，于本日连颁命令三道，显露强势。黎元洪等则随即通电附和。

袁世凯《通令各省维持治安文》：

共和国家以道德为基础，以法律为范围，就司法方面言之，非推究全案本末，又经法庭公开者不得轻加论断，就行政方面言之，非考求此事原委实与法律违反者，不宜信口雌黄，觇国

者将以此卜人民程度之隆污,不可不慎。近日迭接各处电文,语极离奇,淆人耳目。一为前农林总长宋教仁被刺案,因洪述祖与应夔丞往来函件,影射国务总理赵秉钧;一为五国借款告成,误认为议院未经通过,并疑及监督财政;市虎杯蛇,深堪骇异。宋教仁被刺一案业经赵秉钧通告说明,五国借款一案亦由财政总长详细宣布。阅者酌理准情,当能了然于两事之真相。乃有不问是非,不顾虚实,竟将立法、行政、司法各机关一笔抹倒,凭个人之成见,强举世以盲从,直欲酿成绝大风潮,以遂其倾覆政府扰乱大局之计,岂共和国民固当如是耶?虽或一时狂热,事出无心,或本拟维持,受人挟制,其情不无可原。然而宵小生心,民情震惧,友邦腾笑,商业观望,非细故也。为此通令各省都督民政长通行晓谕:须知刑事案件应候司法机关判决,外债事件确经参议院赞同,岂容散布浮言,坐贻实祸?本大总统有维持治安之责,何敢坐视扰攘,致无以对我国民也。此令。

徐有朋编《袁大总统书牍汇编》第2卷,上海广益书局1920年版,第43~44页

袁世凯《通令严捕图谋内乱党徒文》:

民国肇基伊始,推翻帝制,缔造新邦,当义师之兴,未遑悉加节制,遂使依草附木者假借名义,鱼肉良民,致羸稚转于沟壑,丁壮膏乎锋镝,疮痍满目,海内骚然。一年以来,秩序虽渐宁谧,元气迄未昭苏,本大总统受国民付托之重,不欲张皇武力涂炭生灵,遇有阴谋破坏者亦不惜曲予优容,冀其悔悟。诚以时局阽危至斯已极,财力枯竭,民不聊生,道路怨咨,群情惶惑,怯弱者莫不侨寄租界,托生命财产于外人,甘受取缔,视为固然,失业贫民所在皆是。此等现象言之痛心。即使举国一心,日谋生聚,安居乐业,未卜何时。若再蜩螗沸羹,内讧无已,即不启分割之机,亦必使国民重罹兵火之劫。是以五夜焦思,椎心泣血,忍辱负诟,委曲求全。现在国会开幕,行将选举正式大总统,方期继起之贤,艰难弘济,拯生民于水火,措全国于乂安。本大总统藉得与四万万人民同享幸福,区区此心当为天下所共谅。乃近阅上海四月二十九日路透电称,有人在沪运动第二次革命,谆劝商家助捐筹饷,反对中央,又英文大陆报称,上海有人运动沪宁铁路,预备运兵赴宁各等语。披阅之余,殊堪骇怪。虽西报登载风闻不必实有其事,而既有此等传说,岂容坐视乱萌,用特明切宣示昭告国民,须知总统向称公仆,与子孙帝王万世之业,劳逸迥殊。但使众望允孚,即能被选,何用藉端发难苦我生灵?倘如西报所言,奸人乘此煽诱,酿成暴动,则是扰乱和平,破坏民国,甘冒天下之不韪。本大总统一日在任,即有捍卫疆土,保护人民之责,惟有除暴安良,执法不贷。为此令行各省都督、民政长,转令各地方长官,遇有不逞之徒,潜谋内乱,敛财聚众,确有实据者,立予逮捕严究。其有无知愚民,或被人诱胁,或转相惊扰者,一并婉为开导,毋得稍涉株连。将此通令知之。此令。

徐有朋编《袁大总统书牍汇编》第2卷,上海广益书局1920年版,第41~43页

《国务院致武昌黎副总统等转颁袁大总统命令电》:

武昌黎副总统、各省都督、民政长,奉大总统令:胡都督东电、李都督州电,阅悉大借款条件,动议经年,尽人而知,盐税收入为此项借款担保,亦屡通告各省。上年九月十六、十七日,业由国务员出席前参议院,将借款大纲五条[经]协商赞同为磋商之标准。迨合同拟定,复由国务员于上年十二月二十七日赴前参议院报告,全文所有特别条件及普通条件均经分别表决通过,并载明前参议院咨送议事录第三册中。现在签字之合同悉与上年通过之条件相同,并无监督之事,其用途列在合同第二款亦经前参议院表决。现复规定清单作为合同附件,将来动用债款,且须先经审计处查核,方能付款。政府对于此事,自问于约法毫无违反,胡都督来电,竟谓政府私借巨金,弁髦议会,附件内容,均未宣布。李都督来电,谓政府私借外债,许

外人以监督财政。不知系误听人言,轻于发难,抑或有意吹求,殊难索解。至以参议院议长之通电,信为事实,遽行通告。无论议长名义之通电在众议院尚未成立之时是否为国会公认,该都督应详细确查,即政府商订此项借款始末,该都督亦应电询内容,互相印证。何得妄加窥测,偏听人言?况临时政府虽届期满,而上年积欠洋款、赔款及本年积欠赔款,已达英金一千二百万磅,各省解款寥寥,百不偿一,外人开单索偿,催逼尤急,皆属临时政府期内应负之责任。设再迁延未能清偿,前欠各款皆有抵押,倘被外人干涉,实行监督财政,致陷民国有破产之虞,不惟中央对于国民不能当此重咎,试问该都督等亦能分任此亡国之罪否?本大总统受国民付托之重,在职一日即应尽一日之责,断不能如胡都督东电所称,临时政府不日消灭,遂视为垂尽之政府,置诸不问,遗害无穷。况值兹邦本未固,各地不逞之徒包藏祸心,群思藉端煽惑,倾陷我四万万人民共有之民国,该都督有保障人民维持治安之责,正宜主持公论,力挽狂澜,不意竟有此随声附和之言,淆惑观听,殊堪骇诧。本大总统念国势之阽危,嗟民生之疾苦,不忍再见新造之民国有纷裂危亡之惨祸,特将借款详情宣布大略,尚望副总统平情论断,各都督、民政长详加体察,克日传知各法团,咸使闻知,以息浮言,而维大局。等因。合遵电达。国务院江印。

1913 年 5 月 5 日《政府公报》,第 357 号

《黎元洪联络各省都督发表附和袁世凯命令之通电》:

国会初开,宪法未定,邦人引领,若望云霓。乃借款一案,大波迭起,急电分飞,聚讼盈庭,操戈同寄。元洪等忝总戎行,或膺疆寄,原不敢蹊田争分,越俎陈言,然对民国为编氓,对诸公为挚友,祸既切肤,谊难缄口,窃敢以告哀之隐,抒情愿之诚。民国肇建,四海困穷,赔款未偿,债权交迫,干涉之约,将见履行,关税田租,同归于尽,其亡一也。四郊多垒,兵费浩繁,养无额粮,裁无恩饷,奸人煽惑,鼓噪随之,合为叛兵,散为流寇,其亡二也。库约既成,藏警叠告,折冲樽俎,今非其时,千里馈粮,士有饥色,祸端一起,何以御穷,其亡三也。杼柚久空,周转无术,累年钞票,充溢市廛,信用愈亏,价值愈跌,一朝破产,全国为墟,其亡四也。庶政未兴,一筹莫展,行政机关,侪同糊塑,束手自毙,剜肉难医,如彼颓阳,亡将无日,其亡五也。战事甫息,讹言群兴,商业凋残,金融停滞,寄产于邻,停货于市,欲收余烬,其道无由,其亡六也。凡此六危,朝不保夕,其它久远之图,尚有可存而不论者。外人本合纵之势,为垄断之谋,曲于磋商,则变更屡起,别图贷乞,则龋龁多方,美人虽仗义出团,五国仍乘危要挟,处心积虑,已非一朝,当此公私交困,内外俱穷,舍借债无良方,当为国人所共谅,舍银团无巨款,亦为天下所共知。一年以来,议院之谈论,政党之主持,报章之纪载,无不冀借债成熟,稍有转机。虽明知饮鸩止渴之危,亦勉怀亡羊补牢之念。政府以借款标准,征议院之同意,议院无异词也。政府以借款条件要议院之表决,议院无异词也。国会为继续机关,断不能自蔑尊严,轻于变易,谓前此悉为虚诬耶,则参议院纪事录,固尚秩然可稽。谓现在犹有疑问耶,则国务院答复书,亦以持之有故,是亦不可以已乎。夫国会者,人民所托以立法。政党者,邦国所藉以协商。欧美各国,其议员自待若何,非必横语恶声,各争胜负,老拳毒手,互斗雌雄,哄于堂中,而反诉诸院外者也。观诸公前后反对之电,其溯及前案,或谓未足法定人数,或谓足法定人数,或谓未经表决,或谓但表决大纲,岂惟两院之论,绒线难符,抑亦个人之词,矛盾相抵。诸公谓对于借款认为必要,亦可见维持大局顾恤宗邦。然犹且龂龂然抗辩者,不过以会议之时,事前未刊列日程,事后未具文咨复。在政府狃于先例,忽于后防,以是责言,何难加罪。然手续未周,应由议院与政府共尸其咎。宽议院失职之过,既似未平,苛政府违法之名,亦恐不受。若必欲执此小疵,遽翻全案,试问当两院否认之后,借款停交,签存作废,一一皆

如愿以偿,诸公果有卜式之资乎,抑别有刘晏之术乎,将有富国之经,足以遗人而自立乎。抑有交邻之策,足以舍此而他求乎。姑无论前述六危,万难解决。即此次已交之款,业经支用者,将何以顷刻筹还,诸公必又号于众曰,我等乃否认签字,非推翻借款也,果尔岂不甚善。然试问一经否认,能保外人之帖然无词乎,能保后日之磋商有效乎。国产一破,戎机随之。充其结果,政府不过土崩,国会亦将星散。其激烈者,或窜身穷海,其附和者,且伏首新朝。而国民流离旷野,乃同憯搞精扑髓之刑,同人捍卫危城,乃亲受暴骨刲尸之惨。庭坚之种云亡,若敖之魂将馁。国既不存,党将安附。后之人追原祸首,谁复起诸公于九泉,而剖心共白之。夫逞一时之快论,为万世之罪人,诚不解衮衮诸公,抑何心之公而识之左也。总之推翻借款,远患近忧,外争内乱,于势万无可逃。元洪等具有天良,非确见燃眉大祸,亦何敢危言耸听。诸公如推诚行恕,达变通权,念时局之艰危,加借款以承认,一面再萃合群言,妥筹善后,议定审计院法,俾之监督用途,稽查浮滥,一也。质问财政部,使此后整顿盐纲,计划财政,逐条答复,协议磋商,二也。方针既定,然后再督其实行,以各省协助中央,即以中央统一各省,内部无分裂之虞,斯外人无干涉之渐,三也。事事既行,众志胥定,于以巩民邦之基础,保宪法之精神。岂惟政府受此惩创,率履不越,亦且国民拜公惠赐,永矢弗谖。元洪等誓言俱在,创血犹存,沧海可枯,初心不改,当共以铜颈铁血,担保共和,着各省之先鞭,为诸公之后盾,断不使帝制复生,民权中斩,皇天后土,实闻斯言。诸公以政党中坚,为民国代表,宁合众人而一无所信。不然始主集权,而继主分权,始主借款,而继主拒款,雨云翻于掌上,冰炭变于心中,虽最爱诸公,亦百喙无能代解。若果有奇谋干略,匡救时艰,亦当昭示愚蒙,解除忧虑,洪等不敏,窃所愿闻,翘首燕云,即希惠复。(各省都督会衔)

易国幹等编《黎副总统政书》第20卷,台北,中央文物供应社1968年版,第29~31页

△ **财政总长周学熙因经手善后大借款遭各方指责,不堪压力,因具呈辞职,袁世凯仅批给病假五日。**

《周学熙辞呈》:

为沥陈下情呈请免官事:窃自临时政府成立以来,承凋瘵之余,际艰屯之会,百端待理,罔不以回复财政原状为入手要图。荏苒一年,竭蹶万待,恃债为活,日处窘乡,虽力谋整理之方,冀渐挽阽危之局。然盐政欲求统一,而各省仍复滥支,国税欲谋分划,而地方诸多把持,银行欲促进行而资本全然无着;金库欲图整饬,而机关殊难组织。学熙以一身当百孔千疮之局,呼吸存亡之交,隐忍对付则贻误事机,切实施行则立见决裂,左右计划智力俱穷。况中央政费罗掘已空,边陲饷糈呼吁尤迫,各省之请求无已,外人之责难频来;愆期赔款既展缓之为艰,到期新债更索逋之交集。牵萝补屋,经济一时,无米为炊,支持九月。不惟失信用于邻邦,抑且陷国家于险境,言念及此,刿目钵心。溯自上年春间,即有六国大借款之议,良以涸辙之鲋,非蹄涔所能活。不有巨款,难解重围。忧时之彦咸持此论。乃磋商已越一年,反复不止一次,唇焦舌敝,时合时离。固知国势如此,外人强权条件所属之严,固属意中之事。矧其注意监督之本旨实发生于此款用途,故虽屡经挫折,百计磋磨,终不能释其疑虑。方谓美忽宣布出团,内部不免动摇,方针或稍变易,趁此时机,自由借款,当易告成。乃投资者全属空谈,朝有端倪,夕成画饼。凡此经过之困难,夫岂局外人所能知。迭接各省来电,亦深知财政艰危,非借款不能救目前之急。成立与否,时相问讯。而尤以江苏程都督电中无局一时之毁誉为万世之罪人;安徽柏都督电中借款监督欠款亦监督,何如忍痛一时,尚可死中求活等语。督责最严,措辞尤为痛切,每一省览,愧汗彷徨。窃思今日国势之危险已无可讳言,就使

内外合力上下一心,捐除己见,共图国是,犹恐时会紧迫,挽救已迟。乃观近日现象,省权如此之重,党争如此之烈,逆料借款告成亦不过快一时之挥霍耳。而破产之祸,即在转瞬,迨至事后论败,人思委过,谁鉴苦衷。学熙既无医国之方,敢为孤注之掷,病体支离,心神恍惚,恋栈亦愈,负疚愈重,惟有披沥肝胆,迫切自陈。伏乞大总统俯鉴庸愚,立予罢斥,另简贤能,以维大计而济时艰。不胜悚惶待命之至,理合呈请鉴核恩准施行。

袁批文曰:

据呈已悉,财政关系重要,该总长任事以来,整理甫有端绪。值此时艰方亟,正赖同心戮力,共维大计。惟据称病体支离,应给假五日,俾资调理。所请免官之处,应毋庸议。

1913年5月4日《政府公报》,第356号

△ 刺宋主犯洪述祖自青岛通电,狡辩"毁宋"二字。

《洪述祖电文》:

袁大总统、国务院、司法部、武昌黎副总统、南京程都督转各都督鉴:述祖于辛亥秋与唐绍仪在北方赞成共和,期为救国起见。一年以来,党争日剧,怪状百端,使全国陷于无政府地位,心窃痛之。尤以上年宋教仁等连带辞职,要挟中央,为党派专制之祸始。中国教育幼稚,人材缺乏,合全国稳健分子,立贤无方,共谋政治,尚虞不济;宋教仁乃欲借政党内阁之说,以遂其植党营私之计,垄断政界,党同异伐,一室操戈,是共争也,非共和也,是党派专制也,其弊甚于满清贵族专制,其祸必至于亡国灭种。而一般盲从之徒,不知宋教仁行伪而奸,言伪而辩,一倡百和,搅乱大局,非讦发宋之劣绩确据,宣布中外,不能毁其名誉,败其势力。适应夔丞来书言,及宋教仁前在日本犯有骗案,日廨出票拘提,拟设法购得此票,印行广布,为釜底抽薪之计。因彼党亦欲购取灭迹,故索甚巨,述祖力为赞成,屡次函电促其进行,催取此件,又恐述祖人微言轻,不得不假托中央名义以期达此目的。应夔丞本为江苏巡查长,与国务院时通函电,借此影射,又因总理不接洽,故索取电一手经理,述祖宗旨不过欲暴宋劣迹,毁宋名誉,使国民共弃去之,以破其党派专制之鬼蜮而已。迨应有号个两电,莫解其故,故欲到沪面诘,不谓若辈忽以购取宋教仁劣迹之往来函电,强认为谋杀之证据,殊与事实不符。试思述祖如果欲戕其生命,何用重金购觅提票以毁其名誉耶?此理甚明,不须另证,乃立心破坏之人,不问事实,且欲借此牵涉政府,挑动南北恶感,以实行其亡国灭种之政策,实所痛心,诸公热心救国,主持公道,特通电陈明,伏祈公鉴。再毁人二字,系北京习惯语,人人通用,并无杀字意义在内,久居京中者无不知之,岂能借此附会周内,合并声明。洪述祖江。

罗家伦主编《革命文献》第42、43合辑,台北,中央文物供应社1968年版,第225页

5月4日(三月二十八日)　古巴承认中华民国。

《古巴共和国驻华代办致陆总长电》:

本国外交总长奉大总统命令,将古巴承认中华民国及民国之政府一节于昨日照会贵国驻古使馆。本代办现奉本国政府之命,为贵总长转达此情。用特专电奉达。敬颂日祉。

1913年5月6日《政府公报》,第358号

《外交部陆总长答复古巴代办电》:

接奉贵代办来电,忻悉贵国政府业经承认中华民国及其政府,除由本总长亟行呈报袁大总统外,用恳贵代办将敝国国民感谢之忱转达贵国政府。特此电复。顺颂日祉。

1913年5月6日《政府公报》,第358号

《国务院通告》:

奉大总统发下外交部呈称:五月四日准古巴驻华代办博赉美自沪来电,内称本国外交总长奉总统命令,将古巴承认中华民国及其政府一节于昨日照会贵国驻古使馆,本代办现奉本国政府之命专电奉达等语。除由部电复该代办转达该国政府陈谢外,合呈鉴核。等因。除通电各省外,合行通告。

1913年5月9日《政府公报》,第361号

5月5日(三月二十九日) 参众两院决定将借款咨文退回政府,以示否认。

1913年5月7日《民立报》报道:

昨日午后一时,众议院开会,出席者三百七十六人,秘书长所造政府咨送善后借款合同,查照备案公文。……谷钟秀、彭允彝、张耀曾相继登台演说违法借款之轻视议院,蔑视约法。段祺瑞出席说明去年参院速记录,系通过之证。谷钟秀谓非大总统无提案之权,财政案非经三读会不能成立……李肇甫力请表决,遂用直立表决法,直立数二百二十九人,大多数通过,遂将政府咨文退回。

1913年5月7日《民立报》报道:

今日午后一时,参议院开会,……秘书长平刚报告政府咨院善后借款合同,已签字,请查照备案公文毕。杨永泰动议大借款前临时参议院未经通过,今始将华洋合同交院,显系违法签字,且四月二十九日,本院已全院议决对政府四月二十六夜与五国签字之二千五百万磅认为未经前参议院通过违法签字,当然无效。今政府咨令院备案,理应退回不受。否则政府且谓本院已默认通过。进步党丁世峄、陈铭鉴、陆宗舆等极力为政府辩护……,进步党恐表决失败,有十余人逃席,致不足法定人数,遂无结果而散。

△ 湘、赣、皖、粤四省都督联名通电,反对违法借款。

《湘赣皖粤四督之通电》:

北京袁大总统、国务院、众议院、各政党本部、新闻团、武昌黎副总统、各省都督民政长省议会、各政党支部、上海孙中山、黄克强先生、民立报并转各报馆公鉴:接参议院宥日万急通电,不胜骇异,借债关系全国人民负担,无论君主共和,凡属立宪国均须议院正式通过,方能议借。不意以号称民国,期限既终之政府,乃有悍然不经院议私借巨款之事,且举债至二千五百万磅之重,其条件内容概未宣布,竟先许外人为审计局总理、借款局总理、盐务顾问、长芦盐务总监各种要职,财权先亡,国本随之,陷民国为埃及之续,以前清专暴所未敢出者,竟见诸民国之政府。海内外烈士前仆后继,躬冒万死,缔兹民国,而政府甘以断送于借款之下。凡有血气,孰不发指眦裂。况宋案证据宣布,词连政府有以巨金资助凶手之语,全国汹汹,方虞震动,今复不经院议违法借款,人心一失,窃恐虽有大力,无以善其后,应请大总统立罢前议;副总统、国会各政党、各省都督民政长省议会协力抗争,毋使民国,因借款而亡,大局幸甚。临电悲愤,惶急待命。湖南都督谭延闿,江西都督李烈钧,安徽都督柏文蔚,广东都督胡汉民同叩,微。

罗家伦主编《革命文献》第42、43辑,台北,中央文物供应社1968年版,第339页

△ 山东都督周自齐通电拥护大借款。

《周自齐通电》:

大总统、国务院、参议院、众议院、武昌黎副总统、各省都督民政长鉴:大借款成立,中央

政府迭次电文,理明词晰,在政府履行参议院通过之案,乃外间竟有违法私借之言。苟非别有深心,定是故为高论。上年熊前总长所订条件未见实行,已属失着,后之视今,犹今视昔,将来能否不借外债,实不可知,能否仍得现订之条件,亦不可知。幸遇外交难得之时机,遂收转圜自彼之效果。果能朝野内外各捐意见,同策进行,凡在国民,振起信仰政府之心,实行监督用途之事,巩固国本,发达民生,贫富弱强,易犹反掌。若犹蓄意破坏,肆反诋谋,鱼斗沸汤,燕争危幕,同归于尽,尚何言耶。诸公热心夙具,危局同揩,自齐曾滥仓曹,深知甘苦,敢副不韪,聊贡罪言,尚祈鉴之。周自齐微印。

1913 年 5 月 10 日《政府公报》,第 362 号

5 月 6 日(四月初一日)　万国改良会会长美人丁义华,以调和南北歧见自许,于本月三日致电孙中山与黄兴,劝请审慎从事。孙中山、黄兴联名复电,盼丁氏主持公理,以正视听。

丁义华《致孙、黄电》:

上海孙中山、黄克强先生钧鉴:诸公痛专制之流毒,下改革之恒心,前年起义,告厥成功,其时南北不无隔阂,诸公设法沟通,力谋统一,大公无我之心,早已众目昭彰。诸公造成民国之伟烈丰功,实为中国五千年来历史上之独见。破坏既已告终,建设尤非易易,对外英俄有无理之频加,列强有赔款之催索,对内党争剧烈,兼之宋案发生,布短流长,骇人听闻者,非谣二次革命,即传南北分治,诸公用尽百折不回之志,造成灿烂庄严之共和民国,何来不幸之言,淆乱人心,有幸灾乐祸之徒,乘机蛊惑。姑毋论是否有无其事,然人言啧啧,不但有损诸公名誉,即从前伟烈丰功,一旦付诸流水,况列强虎视,设若国会摇动,人民涂炭,强邻收汉人之利,所谓谁厉之阶,平日为国家者之初志何在?兴言及此,实深浩叹。现在国家既处于危险漩涡之中,正诸公二次建功之日,理应攘臂急起,力挽狂澜,总以国家民生为前提。至于宋案,一经法庭,自有水落石出之期,中央借款如果用非其当,想五国资本团亦不肯轻易通融。以上两事,均无可猜疑之点,将来中央必有详细之宣布,洞达如诸公,亦毋庸弟琐陈也。弟蒙诸公不弃,相交有素,今睹大局阽危,不能不以朋友之谊,略进忠告。即敝国亦极盼中国诸伟人出而维持,所以日昨正式承认。公如采纳刍荛,非但四万万同胞之幸福,即敝国亦欣仰不置者也。丁义华。江。

湖南省社会科学院编《黄兴集》,中华书局 1981 年版,第 325 ~ 326 页

孙中山、黄兴《复丁义华电》:

万国改良会丁义华先生鉴:江电敬悉,危言谠论,肝胆照人,循译再四,服之无斁,惟道路阻隔,流言孔多,其间实情容有为先生所未知者。宋案发现,为人道之所不容,证据宣布涉及国务总理,为中央计,为大局计,皆不能不使总理辞职受质,乃当局强自辩护,不谋正当解决之法,以平公愤,而反造为南北分治之言,而图反制。不知国民纵有攻击政府之心,而此案并非关系南北之事。二次革命之说,实为不经,文弃总统于前,兴辞留守于后,当时果欲有为,何求不得,而必至于今日。因此忆及一事,则宋案发现之翌日,北京政界众口同联,指为国民党员所杀,今果如何,飞短流长,往往类此,不可不辩者一。五国借债银团,条款今者悬殊,政府不交国会议决,擅行签押,国民起而反对,仅以其违法专横之故,而条款严酷,有负贵国退出银团好意,尚为第二问题,并非绝对的谓债之不宜借也,此不可不辩明者二。总之金钱流毒,人心丧尽,当事者存倒白颠黑之心,旁观者以幸灾乐祸为事,公是公非,毫无存在,先生为共和先进国之国民,而维持友邦者独具热忱,倘能研究真象,发为正论,使世界知有主持公理者在,则顶礼而膜拜之矣。孙文、黄兴。麻。

湖南省社会科学院编《黄兴集》,中华书局 1981 年版,第 324 ~ 325 页

5月7日(四月初二日)　袁世凯通饬军警遵守纪律。

袁世凯《通饬军警遵守纪律文》:

军人以保卫疆土维持和平为天职,万不可听信讹言,轻为附和,致召扰攘之祸。近日中外报载有人在上海运动第二次革命,谆劝商家助捐筹饷,并运动沪宁铁路预备载兵赴宁各节,未必实有其事,业经本大总统通令各省都督民政长转饬所属查究在案。兹又据尹督昌衡来电称国基未固,险象环生,实由于宵小纵横,军令不肃有以致之,虽不能以军法治国亟应以军法治军等语。本大总统深惟民出财以养兵,兵出力以卫民,此古今之通义。矧民国主权属于国民全体,各军警为民服务即为国效忠,尤宜深明大义,有勇知方。前清末造,人民苦专制久矣,武汉首义各地响应大功于以告成,虽赖军警之协力同心,而人民之隐受其害者亦所在皆有,痛深创巨,宁不疚心。本大总统方欲荡涤瑕秽与天下更始,故将战时责任一律解除。各军警须知共和底定,五族一家,正宜休戚相关共谋幸福,若再猜疑互启祸乱相寻,致令国本动摇,生民涂炭,匪惟国法所不赦,抑亦人道所不容。现既风闻有人潜谋内乱,难保无煽惑勾串情事。在各军警忠勇性成,当不至为其所惑,设有无识之徒盲从其间猝发难端,恐内讧未靖,外患纷乘,必且国种沦胥,万劫不复。即幸而人心厌乱,戡定非难。彼时首乱之魁尚可席卷重赀逋逃海外,惟有军警从恶之羞,无从湔濯。孰顺孰逃,何去何从?各具天良,亟宜自择。本大总统久绾军府,与士卒同甘苦共患难之心,初终如一,为此掬忱相告,令行各该管将领官弁详晰开论,严加防范,遇有藉端煽惑之人,应即按照军法尽法惩治。一面仍随时剀切劝谕,以养其遵守纪律服从命令之资格。庶无负本大总统敬爱军警之本意。此令。

徐有朋编《袁大总统书牍汇编》第2卷,上海广益书局1920年版,第44~45页

△ 众议院开会,一部分进步党议员推翻前已通过的否认大借款议案。

《大借款纪事》:

五月八日:昨日众议院开会,议长汤化龙托故请假,共和党议员全体出席,推翻前日业经表决之否认大借款之议案。

罗家伦主编《革命文献》第42、43合辑,台北,中央文物供应社1968年版,第362页

△ 袁世凯下令免宋案嫌犯洪述祖职。

《袁世凯令》:

内务总长赵秉钧呈称:据江苏都督程德全等文称:宋教仁被刺毙命一案,搜获证据牵涉秘书洪述祖,请予免官归案等语。洪述祖应即免去本官,归案办理。

1913年5月8日《政府公报》,第360号

5月8日(四月初三日)　袁世凯令国务院传示各方,对湘、赣、皖、粤四督反对违法借款及各方因宋案攻击政府者,予以警告。

《袁政府"警告"反对违法大借款者之通电》:

奉大总统令,据湖南都督谭延闿,江西都督李烈钧,安徽都督柏文蔚,广东都督胡汉民电称:政府不经院议,违法借款,请立罢前议等语。该督等援引参议院议长张继、副议长王正廷宥日通电,为未经院议之明证。不知国会合两院而成,即使一院中全体主张,尚未足据为定论。况张继、王正廷自行当院声明,纯系个人私电,见于参议院议员丁世峄等之联名通告,是原电当然无效。至以外人任总理总办等差,遍查华洋文合同,绝无其事,何得捏词耸听,淆乱

人心。现两院既已构成,倘果如该都督等所言,自有监督机关,足以代表人民,讵肯放弃责任。自改革以后,政费浩繁,呼吁不应,并计前清赔款外债,积欠至一千二百万磅之多。该督等身任地方,倘能分认筹还,何必有忍痛求人之借款。乃中央再三催解,应者寥寥,复作此不负责之空言,坐观成败,该督等何利之有焉。柏文蔚前曾赞成借款,有忍痛须臾,尚可死中求活之文。兹亦自变初心,随声附和。原电称海内外烈士,躬冒万死,缔兹民国,应如何极力维持。而该督等,当国基将定之秋,不于国际债权求根本之解决,坐待破产,徒为叫嚣,若惟恐国之不亡,亡之不速者,其何以对既死之烈士,更何以对起义之军人耶?宋教仁被刺案现方开审,检查证据,自有专司,非经法庭,无从判决。若以影射勾串之虚言,为牵连政府之确据,则此次程都督抄呈全案证据,有应夔丞与洪述祖函内载,裁成时报三月十三日嘱令登转之记载,并民立实记遁初在宁之说词,读之即知其近来之势力,即趋向所在矣。近住在同孚路黄克强家,又为克强介绍,将私存公债六十万,由夔为之转抵义丰银行计五十万元外,有各种股票,时值四十余万,为遁初之运动费。并不问其出入,夔处摊到十万,昨被拨去二万等语。亦将凭应洪来往之函,定为以巨金资助凶手耶?政府为全国政令所自出,中外具瞻,岂可臆断是非,自污国体。该督等与政府谊同一体,休戚相关,如不候国会之制裁,与法官之判决,好为逆亿,预蓄成心,侵轶鼎立之三权,淆惑一时之耳目,似此上无道揆,下无法守,人心一失,大命随之,该都督等亦难辞其责任。且都督为现役军官,有绝对服从之义务。民政长为行政长官,有服从中央命令之义务。万国通义,讵尚未闻?该督民政长等,近日电文多出于职任范围之外,竟置行政统系于不顾。该都督等,亦有属官,如相率效尤,何以为治。且唆同僚以抗争,陷国事于危险,雌黄信口,更非身列军界政界者所当为。谭延闿素明大义,谅非本心,胡汉民僻处海疆,或有误会。至柏文蔚,李烈钧,身处近省,岂于此事始末,懵无所知?似此张皇宣告,荧惑人心,国事更将何赖。殊非本大总统平日意料所及也。等因,特达。国务院庚。

罗家伦主编《革命文献》第42、43合辑,台北,中央文物供应社1968年版,第379~380页

5月9日(四月初四日) 国务院致电黎元洪及各省都督民政长,转达大总统令,谓据"上海总商会阳电"请求保卫商民、维持秩序,饬各地方长官遇有开会聚众,散布浮言者,立予拿办。

《国务院电》:

奉大总统令,据上海总商会阳电称,前年武昌起义,海内响应,人民苦于专制,急求改革,不惜牺牲生命财产,克成共和。元气凋残,剥民以肤,忍痛负创,希图幸福。过渡之历劫,无用怨怼。乃光复以来,瞬经一载,损失纵不可数计,而秩序渐安,人心渐定,当此春夏之交,正商业进行之际,满望国会成立,选举正式总统,为我商民造福。讵意风波迭起,谣诼骤兴,诡说讹言如沸如羹,致人心静而复动,国家安而复危,金融尚未流通,贸易陡然阻滞。各埠成交之货物,纷纷函电止退,影响及于中外,危殆情形难以言状。或者谓法兰西过去时代恐慌倍蓰于今日,商人所见者浅,未能远谋。然师人者,当以覆辙为殷鉴,毋宁舍短而用长。近日纷纷争议,宋案也,借款也,选举总统也。窃谓宋案审判于法庭,借款、选举取决于议院,自有法律为范围,岂尚血气为胜负。商人在商言商,不知附和,若有破坏而无建设,乱靡有定胡所底止。选据各业团体,交相诟责,殊难缄默。务祈大总统、国务院、参众两议院、各省都督、民政长,以保卫商民,维持秩序为宗旨,无使我商民喘息余生,再罹惨祸,坐致大局沦胥,贻革命丰功之玷,不胜惶急待命之至等语。又据上海皮毛杂货、商业公会、商业联合会、皮商公会、关东山东丝业公会、丝茧公会、蜀商公益所、裘业公所、烟叶商会、丝茧全业、蛋厂全业、南北报

关公所、书业公所、转运公所、生计职业维持会、旅沪全浙工艺团、洋货九业公会、旅沪客帮商务联合会等电称:自光复后,商界元气未复,亟望大局安靖,藉舒商艰。近因宋案、借款两问题发生,上海少数之人权利私见,托名全国公民开会鼓吹,措词激烈,有意破坏大局。于是人心摇动,谣诼蜂起,全国商业大为牵动。惟上海商界人民各团体实未敢随声附和,自取危亡。特此声明,并乞严饬各省禁止讹言,始终维持,大局幸甚,民国幸甚等情。披览之余,殊增感慨。自前岁发难,海内鼎沸,商辍于途,货弃于野,金融停滞,破产相望。一年以来,专事抚恤,疮痍渐复,元气未苏。现值夏初,商业进行方冀,收拾残烬,恢复故业。岂料复有不逞之徒,再行破坏,市面一摇,国基立坠,印度前车,可为殷鉴。本大总统受国民付托之重,岂能坐听暴徒苦我商民。应由各省都督、民政长转令各地方长官,遇有开会聚众,散布浮言,潜谋内乱者,立予查拿惩办,以保商民而安市面等因。相应电达遵照。国务院。佳印。

1913 年 5 月 10 日《政府公报》,第 362 号

△ 前参议院议员那彦图(共和党籍)等四十四人通电称:大借款“确为前参议院业经通过之件”。

《大借款签字后前参议院议员那彦图等之通电》:

此次善后借款,政府签字之后,异议尽起,有谓业经参议院通过者,有谓未经议决者。彦图等均系前参议院议员,目击当时情形,不得不详述概要,用释群疑。查上年十二月二十七日,赵总理周总长,以借款事要求开秘密会。因鉴于历次漏泄之弊,屏退速记。当由周总长报告借款交涉经过,一面即将合同底本,分为特别普通两种条件,分配各议员详细讨论,要求即日议决,以便签字。时张耀曾、汪荣宝、刘彦等均以事关重大,议将特别条件五款,先行逐条讨论表决,众赞成。旋将五条次第讨论,一一由议长用举手法付表决,众皆举手赞成。当时惟王家襄就第五款盐政稽核问题,略有异议,而国民党议员尚竭力主张照原案通过。当由汪荣宝动议责成政府,若能将该款删除最佳,否则作附件,如万办不到,即照原案定议,经众可决。及特别案件表决后,时已七钟。议长谓普通条件关系较轻,可毋须讨论表决,众均赞成。周总长并声明此项条件,业经银行团电达欧洲总行,限两日内必有复电,如该团无别项挑剔,二十九日即须签字等语。众无异议,并责成政府就此范围以内迅速进行,遂即散会。当周总长报告时,言及国家危迫情形,至于痛哭,众所共知,此系当日实在情形。故平心而论,此项借约,在事实上,确为前参议院业经通过之件,惟议决方法上,与普通法律不同,事前未刊日程,事后亦未另具公文。然以参议院先例征之,则兰海铁路借款合同之议决,亦即如此,实为当时先例,以上各节,均系实情。彦图等身预此事,不敢不据实证明,用特电陈,敬请公鉴。那彦图、博迪苏、阿穆尔灵圭、祺波武、唐古忒、达赉郎多、台熙凌阿、汤化龙、籍忠寅、李矩、张伯烈、王振垚、时功玖、郑万瞻、李国珍、刘成禺、郭同、王家襄、吴鉴、汪荣宝、丁世峄、谷芝瑞、宋振声、杨廷栋、姚华、陈时夏、曾有澜、秦望澜、周树标、秦瑞玠、陈廷策、陈国祥、侯廷爽、刘显绍、李兆年、刘熹德、色赖托布、陈夫龙、蒙启勋、李拔超、刘星楠、张鹤第、刘崇佑等四十四人同叩青。

罗家伦主编《革命文献》第 42、43 合辑,台北,中央文物供应社 1968 年版,第 377～379 页

赵秉钧、周学熙联名撰《善后借款合同经参议院通过情形纪实》:

中华民国元年十二月二十七日,先由国务院备文咨参议院,为国务总理及财政总长本日出席事。是日学熙偕赵总理携带借款合同全文,华英文各一份,又誊印简明及重要各条文,附以九月所议大纲一百份到会。议长宣告开秘密会议,先将印本分送各议员,每人一份,然

后学熙报告自九月以来，依据大纲五条与银行磋商困难之情形，及现在所得之结果，尚未出大纲之范围，其条件已达极点，无可再进。而按照前清宣统二年与各国所订条约，订明本年新历年底，赔款到期应扫数清还。英使早已开单，俄使催逼词尤激烈，今已十二月二十七日，讵年底近三日，今日之来，系奉大总统令，特请贵院决定办法。时势急迫，如果贵院今日能通过此合同，则明日与银行见面，后日签字，尚不误赔款之期，大局所关，务请注意。于是将合同全文顺序报告，宣读毕。将英文一份交议长，就议员中指定精英文者某某，取去细阅，亦无异词，惟嫌名称维新二字不确，当答以此小节可商改。议长乃宣言今日政府之意，是来取决，大家须定办法，当时议员中提议用表决法，先表决特别条件，大众赞同。遂由议长逐条提议，均经多数可决，其中第五款盐务一节，彼时有议员主张删去，或又主张作为附件，问学熙能否做到，学熙谓此两层，均已争至千言万语，实做不到，明日与银行再争，倘仍做不到，是否即不签字，是否仍须到院报告。而议员谓断不能因此一节，耽误大局，乃以倘办不到，即照原案表决，多数认可。迨特别条件通过后，时已届五钟，议长言今日必须全案通过，可否延长一点钟，众皆赞同。议长乃问普通条件，应否逐条表决。议员中先有谓此普通条件，可作为一次讨论一次表决者。后又有谓此无大推敲，可毋庸表决者。于是众将普通条件覆阅一遍，均无异词。学熙乃言此普通条件，有两件须声明者，一为利息，政府意见执定五厘，而银行现需求五厘五，将来学熙一定不使越此界限。再一件为折扣，政府拟援照陇秦豫海成案，定为随卖价准银行坐扣六厘用钱，此层银行已经应允。但彼要求五厘五之利息，则票价自望稍高，我只允五厘利息，则票价自必较低，此节请注意。议员中多数谓债票息率，关于国体，宁可使票价低，不可使息率大。学熙言政府所持，亦是此义。当是时，议员有陆续退席者，最后有二人起身甫离席，议长止之，谓现在法定人数，仅多一人，今日之事关系紧急，明日即来不及，务必稍留将全案通过，于是此两议员仍就席。议长乃言普通条文，经大众毋甚讨论，即为通过，毋庸表决，众皆赞同。学熙又言政府此次借款，为时势所迫，实出于无可如何，即学熙降心忍性，与银行磋商，亦备历生平未有之苦境，而外边仍有闲话，谓此中尚有沾润，此等无稽之谈，原不值一笑，但将来如有正式文字，道及此者，学熙必与之诉讼。学熙自问庸愚，而生平历政界二十余年，从未受过分毫此种回扣，况国家办此借款，稍有心肝者，何能再生此妄念，此心天日可表，众皆鼓掌。议长乃言合同今日已全通过，政府应赶紧办毕，备印文到院备案。学熙唯唯，于是宣告散会。此当日通过此案之实在情形也。学熙如有一句虚假，罪甘万死。查中华民国参议院法第三十六条，关于法律财政及重大议案，须经三读会始得议决。但依政府之要求，议长议员之提议，经多数可决，得省略三读会之顺序。第三十九条，政府提出之议案，非经委员审查，不得议决。但紧急之际，由政府要求经多数可决者，不在此限。克立士卜海兰铁路之两案均依此办理。第四十二条。参议员于议场上临时动议附议，在一人以上，方成议题，得请议长付讨论。试问此案前参议院之议决通过为合法乎，不合法乎。如谓手续不完，则当时前参议院应拒却不议，既未拒却，而又经议员提议，成为议案，则议决后，当然发生效力，政府履行议决之案，即是尊重立法，不得谓之违法。学熙因病不能出席，然具有天良，决不敢作欺人之语，谨纪事实，以代亲供。现在参众两院内，原本当日议员不少，果秉公理，为能追忆之，伏维公鉴。赵秉钧，周学熙谨具。

罗家伦主编《革命文献》第42、43合辑，台北，中央文物供应社1968年版，第375～377页

5月13日（四月初八日） 袁世凯通令各省都督民政长，饬查禁谣言，保护商民。

袁世凯《通令禁止造谣保卫商民文》：

迭据北京、汉口、上海、苏州等总分商会，蜀商公益会、旅沪全浙工业团、洋货九业公会、

旅沪客帮商务联合会、香港各银行团暨各业公会公所来电略称:上海少数之人,托名全国公民开会鼓吹,有意破坏大局,牵动商业各埠成交货物纷纷止退,乞严饬各省,禁止讹言,保卫商民,维持秩序,无使我商民喘息余生,再罹惨祸,致贻革命丰功之玷等语。慨自前清以来,实业萧条,商情凋敝,人民急求改革,不惜捐弃生命财产,助成共和,兵燹所经,流亡载道,呼号奔走,触目伤心。而海外侨氓[民]尚复踊跃捐输,倾心祖国,即内地商民,动遭逼勒,或迫于金融之低落,或耗于家室之播迁,富者罄其盖藏,贫者转于沟壑,综计损失奚啻万万。迄今疮痍渐复,元气未苏,五夜焦思,泪随声下。本大总统受国民付托之重,何以对我生灵?虽竭力抚绥犹恐不及,何忍再加倾陷自蹙生机?共和国家以人民为主体,我国地大物博,人民智识不让他邦,使于公债、银行、货币、租税各种财政徐图统一,合力改良,不独为人民福利之原,并可酿世界和平之福。乃或有意破坏,煽动讹言,逞少数人权利之私图,绝四百兆人民之生路,本大总统尊重人道,不愿我父老子弟稍有震惊,是以忍痛包荒,冀免兵凶战危之惨,但严饬军警保卫地方,服从命令。幸我军警深知大义,咸思顺民意而伸国权。所愿商旅不惊,廛市不变,安居乐业,为十年生聚之谋,本大总统方为尽职。著各省都督、民政长查禁造谣生事之人,从严惩办。一面剀切晓谕商民,勿堕奸谋,照常营业。即由各处商会,分印传单,广为劝导,不得听从痞棍托名勒捐,不得轻信浮言,受人恐吓。并著各该长官,督饬军警竭力保护。如有匪徒藉端扰乱,损害商人,惟该都督、民政长是问。本大总统誓将牺牲一切,以捍卫我无罪之良民也。此令。

徐有朋编《袁大总统书牍汇编》第2卷,上海广益书局1920年版,第45~47页

5月17日(四月十二日)　京畿陆军执法处稽察官郝占元,率宪兵至参议院四川议员谢持住宅搜查,将谢捕至执法处羁押。声称谢与天津破获之暗杀团血光党有关系。经参议院函致国务院询问实情,始转饬释放。

《京畿陆军执法处逮捕参议院议员谢持》:

本日晨,执法处稽察官郝占元,率领宪兵,至四川参议院议员谢持住宅搜查,将谢持捕至执法处羁押。据称谢与天津破获之暗杀党有关系。经参议院函致国务院,询问实情,始由国务院转饬释放。并声明据侦探报告,系谢慧生,(谢持之号)不知其即为参议员谢持,是以遽行逮捕。嗣议院复提出质问书,指政府违法,由政府答复。略谓:"陆军执法处五月十一日据女学生周予儆投称:'现有暗杀团在京津组织血光党,希图颠覆政府。讯悉该党财政长系谢慧生。'旋在天津查获携带炸药之刘士廷,亦供谢担负财政。遂饬宪兵会警往捕,据称系参议员,未便羁留。告以证据确凿,应候法庭质讯,立即派弁送其回院。按照约法,谢犯内乱罪,可依法逮捕,无庸得议院许可。军政执法处,系以兼管宪兵名义,执行司法及军法巡警之权。

《东方杂志》第10卷,第1号,中国大事记

1913年5月27日《民立报》特约电:

参议员谢持君无故被军事执法处拘捕,无论何党咸起反对。以为谢君既非军人,北京又非战地戒严之城,军事执法处即拘平民犹不可是,况国民之代表乎。

△ 孙中山致电给井上馨,揭露袁世凯,争取日本支持。

孙中山《致井上馨函》:

井上老侯阁下:前者观光贵国,深荷贵国朝野人士推诚相与,一种真挚之意,有非言语所能形容,实足表见贵国人心与敝国实行联好之忱,曷胜铭佩!归国后对众称述,无不为之感

动。从此敝国与贵国睦谊日亲,感情日厚,实可深信。

惟是敝国虽经革命之余,而政治之本源未清,新旧之党争愈烈,文尝言欲求政治之进步,非新派战胜旧派不能铲除恶劣之根性,发挥法治之真理,此文所当与敝国志士极力图之者也。不意民国甫建,而专制之毒焰愈张,宋教仁以发表政见,促进议院政治,惨被暗杀。及经地方长官会同检察官搜查证据,始发见此案之真实,袁、赵诸人确为主名。违背公理,灭绝人道,莫此为甚。是以证据一经披露,全国人心异常愤激,政府作贼,异口同声,千夫所指,势将力倒。

乃袁氏知不能见容于国人,个人禄位将不可保,遂思以武力为压服国民之举。然现政府财力竭蹶,苟非得巨款以补充淫威,终莫由逞,是以悍然不顾,竟将二千五百万磅之大借款不交国会通过,遽尔私行签字,于是,举国哗然,自国会及各省议会乃至各省都督,以及其他团体或个人,除袁氏之私人外,无不痛恨其违法,否认之电,反对之词,不绝于书。袁氏曾无斯须悔祸之心,尚复布令狡辩,且据西报之谣言,诬国民将有二次革命之举,一面掩盖杀宋之罪恶,一面为准备军事之借口,其居心之叵测,实不堪问,引虎入室,以盗保家,生命财产,宁有全理。所惧者,旧派之人,惟利是视,虽卖国有所不恤,且将凭借欧洲之势力,以排斥我利害与之友邦。

袁氏诡谋,贵国人士向所深悉,此次传闻与俄人隐相结纳,尤将为东方之不利。袁氏而得志,岂独非敝国之福乎!至敝国国民与现政府之冲突,自系敝国国内之事,惟有关世界大局者,尚望阁下有以维持之。即如交款一端,于人道关系甚大,现虽业经开始交付,苟能限制不许充为战费,则袁氏或不致残民以逞。若敝国之和平可保,则东亚之和平即可保。阁下为日本之伟人,一言一动,是系世界之轻重。尚祈俯念敝国与贵国关系最切,有以扶持之,则幸甚矣!书不尽意。敬颂大安　诸维朗照不宣　孙文　中华民国二年五月十七日

广东省社会科学院历史研究室编《孙中山全集》第3卷,中华书局1984年版,第60~61页

5月20日(四月十五日)　国民党在上海创办《国民月刊》,由戴传贤、王宠惠、邵元冲等执笔。孙中山、黄兴各撰出世辞一篇。

孙中山《国民月刊出世辞》:

中华民国成立一年矣。此一年中吾人所抱负之希望,未达其一。然而至可喜者,则政党之根基成立是。此次选举,据各地方报告观之,国民党较占优胜。国民党者,革命党之化身也。在秘密运动时代,革命党竭数千万人之力,牺牲数千百人之生命财产,费数十年之日月,以与专制战,而终能得全体国民之同意,颠覆专制清廷,创造中华民国,于是合多数才学道德之士,组织国民党;成立不数阅月,而选举又占优势。由是观之,我国民之同意于国民党也深矣。夫当专制时代,革命牺牲身命财产,以与专制之清廷政府抗,破坏之功,不久告竣。今吾人组织大政党,以从事于建设事业,而国民亦赞成之。国民之所以赞同者,信仰吾党之人乎?非也,以吾党所持的政纲,能合乎公理耳。既然矣,则吾党之士,宜坚其信心,持以毅力,以遵守此公理,且照此公理勇猛精进以行之。政纲者,则吾党所藉以为公理之表现者也。行不违乎政纲,斯不悖乎公理,而后乃不负国民之同意,且不负先烈牺牲生民[命]以创造中华民国之苦心也。

建设难而破坏易。破坏者,竭千百之力以为之,或数年,或数十年,未有不成功者;一旦旧政府推翻,则破坏之功竣矣。建设则不然,法美之革命,成功垂百年矣;然而今日法美之国民,仍尽力图其国家之发展,而不稍倦焉,何也?世界之进步无极,国家之存在无止境,则政治之改良亦无已时也。子舆氏说:“无内忧外患者,国恒亡。”盖以无内忧外患,则人皆以粉饰

太平，不自谋其进步，而亡国乃随之。物腐蛀生，势理然也。今吾党既以巩固中华民国、图谋民生幸福为务，则所欲巩固者与图谋者皆永远之业，非一时之事也。外瞻世界之大势，内察本国之利弊，以日新又日新之精神，图民生之幸福，吾党而永远以公理为目的，则自得国民永远之赞同；非然者，虽今日成功，后日亦必失败。且欧美文明各国，其发达于如此者，非一日之力，实历史上进步之结果也。今中华民国新出现于世界，即欲进至各文明国之程度，已非数十年不为功。而数十年间，各国之进步，仍日新月盛也。必也学问事业，彼进一步，我进十步，夫然后乃得使中华民国确列于世界文明国之林。今国民既大赞同于吾党，则提携国民而使之进步，实吾党之使命也。此所望于吾党人士者一也。

乐观者，成功之源；悲观者，失败之因。吾人对于国民所负之责任，非图谋民生幸福乎？民生幸福者，吾国民前途之第一大快乐也；既然矣，则吾人应以乐观之精神，积极进行之，夫然后民生幸福之目的可达，而吾人之希望乃有成也。苟稍怀悲观，则流于厌世，而成自暴自弃之徒。夫吾人既负担图谋民生幸福之责，则应知前途有最大之快乐在，虽有万苦，亦坚忍以持之。中国国民之性质，其最大之弊则为悲观。自命高尚者流，闭门谢客，笑骂当世以为得，而热心之极者，更往往有跳海沉江，捐生弃世焉。夫事业以活动而成功，活动以坚忍为要素，世界万事，惟坚忍乃能成功。心有乐观之精神，乃有坚忍之毅力，而后所抱持之主义，乃克达其目的焉。民国方成，如日初升，图谋前途之大幸福，吾党之责也。此吾之所望于吾党人士者二也。

政党之作用，在提携国民以求进步也，甲党执政，则甲党以所抱持之策，尽力施行之；而乙党在野，则立于监督者之地位焉，有不善则纠正之，其善者则更研究至善之政策，以图进步焉。数年之后，甲党之政策既已实行，其善不善之效果亦已大著；而乙党所研究讨论之进步政策，皆得大多数国民之赞同也，于是乙党执政，以施行其政策，而甲党则退立于监督之地位，轮流互易，国家之进步无穷，国民之幸福亦无穷焉。故政党之目的，无论何党，皆必实行政策与研究政策二者为其目的。由是观之，能使国家进步，国民安乐者，乃为良政治；能有使国家进步，国民安乐之政党者，乃为良政党。谋以国家进步国民幸福而生之主张，是谓党见；因此而生之竞争，是谓党争。非然者，为少数之权利计，为私人之安乐计，此种主张及手段，皆不以国家为前提者也。若是之见，是为私见，若是之争，是为私争。党争可有，而私争不可有；党见可坚持，而私见不可坚持。吾党既以巩固中华民国图谋民生幸福为目的，则又当力矫今日私见私斗之弊。此吾所望于吾党人士者三也。

今者国会将开，吾人所怀抱之政策，将以正式国会为发表之机会。夫中华民国一切建设之大业，其根本问题，皆国会之职务，而国民党在国会所负之责更大焉。以进步思想，乐观精神，准公理，据政纲，以达巩固中华民国图谋民生幸福之目的，当然为吾党之责，愿与吾党人士共勉之。

广东省社会科学院历史研究室编《孙中山全集》第3卷，中华书局1984年版，第62～64页

黄兴《国民月刊出世辞》：

昔者，天祸中国，丧乱宏多，独夫秉政，蹙国百里。吾党不忍坐视国家之亡，思有以救之，而世界大势，日趋于平民政治，吾人乃亦以平民政治为归宿；盖国家者，非一人独有之国家，乃人民共有之国家，以人民为国家之主人，起而担负国家之重任，此固理之至明，而亦情之至顺者也。登高邱而四望，专制黑势，既弥漫于神州，雨晦风萧，长夜不旦。吾人以不忍之心，发而为果决正气，集合同志，以椎击祖龙之手段，为传播文明之利器，趋世界之潮流，救中国之危弱，辛苦艰难，屡仆屡起，迨至武昌起义，海内从风，不百日满清退位，共和告成，此固吾

同人之至大至刚之气，贯彻到底，故能转移全国人民之心理；而亦人民苦专制之束缚，乐共和之自由，有以致之也。虽然，共和告成，国基遂巩固矣乎？四郊多垒，民卒流亡，内政外交，紊然无纪，建设维艰，需才孔急，瞻顾中国，我劳如何？此非吾人息肩之秋也。况世界进步，息息不已，而共和人民，皆有担负国家之责任，美法立国，百余年矣，爱国之初，风雨飘摇，根基未植，人民危惧，在在堪忧。吾党所负之责任，当千百倍于运动革命之时，集优秀人民，为政治之讨论，民国前途，达于何等之程度，一视吾党之能力若何，是国家对吾党所依赖者颇巨，是吾党对于国家所担负者甚重也。人之爱国，谁不如我，则凡籍隶中国者，应各有爱国之热心，政体改造，虽素与共和反对者，当亦洗心革面，勉尽国民之义务，而况吾党与共和国家有密切之关系，则爱惜之而维持之，应更恳恳者也。吾党今日所处之地位何如乎？国会议员发表，吾党实占多数，足征吾党之政见，合乎公理，所以得人民之赞同，占优胜之势力，而有左右政治之机会，吾人应宜时急起，实行吾政见，以慰人民希望之殷。吾人当以前日运动革命之精神，运动革命之心志，扩张其学识，磨砺以经验，必使中华民国建于完全巩固之域，国家主权，稍有损失则必起而力争，思国内之人民有一夫不被共和之泽，若己推而纳之沟中，此吾党之宏愿，所当黾勉以赴之者也。

今者，正式国会成立在即，建设共和国家之第一着，首在制定宪法，宪法者，人民之保障，国家强弱之所系焉也。宪法而良，国家日臻于强盛，宪法不良，国家日即于危弱，吾党负建设之责任，至繁甚巨，首先注意宪法，以固国家之基础，善建国者，立国于不拔之基，措国于不倾之地，宪法作用，实有不拔不倾之性质，将制定宪法为吾党莫大之责任。吾党国会议员，应以平日之学问，出而为临时之讨论，而全体党员之优秀者，尤当以远大之眼光，缜密之心思，悉心商酌，发表所见，为吾党会议员讨论之助，并以转饷一般人民，此国民月刊之出世，为吾党第一之希望也。至于发挥党纲，指导国民，固应有之事，不具论焉。民国二年三月黄兴书于上海。

湖南省社会科学院编《黄兴集》，中华书局1981年版，第315～317页

△ 国民党本日在《国民月刊》上发表反对违法大借款宣言。

《国民党反对大借款宣言》：

自善后借款合同出现，政府违法签约之问题，于以发生，欲解决此违法签约之问题，当先考究前参议院是否确已通过此案。查前参议院议事录于此案有关系者，为去年九月十七日，及十二月二十七日之议事录。九月十七日议事录载议长吴景濂因病请假，副议长汤化龙代理议长，主席宣告开秘密会议，封闭议场，请国务员说明财政案之理由。国务员登坛说理由，并就席答复议员之质问。主席声明此项条件系政府报告之条件，并非政府提出之案，无会议之必要，请全院注意。讨论结果，俟政府筹有端绪，正式提出后，再行会议。十二月二十七日，议事录载议长吴景濂主席宣告开秘密会议，国务总理赵秉钧报告事件，休息时间已到，主席咨询全院停止休息，众赞同。财政总长周学熙报告事件，张耀曾、汪荣宝、刘彦等提议对于本案特别条款之大体，须用表决（是请表决其大体），主席咨询全院众赞同。（可见当时系报告非交议，如系交议则当然讨论，当然表决，何待张议员等之要求表决，又何待王主席咨询全院得众赞同然后付表决耶。）第二款照原案，主席用举手表决法，多数可决（现在所订合同第二款条文已大有变更）。第五款照原案，汪荣宝提议本款能删最好，否则作为附件，万办不到，即照原案，附议在一人以上，主席用举手表决法，多数可决（此可决系赞同汪议员之动议），第六款照原案，主席用举手表决法，多数可决。第十四款照原案，主席用举手表决法，多

数可决。第十七款照原案,主席用举手表决法,多数可决。主席咨询全院其余普通条件,毋庸表决,众赞同(此系赞同当日讨论大体时无须将普通条件表决,非赞同其未经提出之原文)。主席宣告散会等语。可见去年九月十七日及十二月二十七日议事录,皆为政府议告之件,非政府提出之案。即十二月二十七日表决特别条款之大体,亦不过示政府以交涉之范围,盖非正式提出之案,即无所谓表决。故议事录中尚有本款能删最好,否则作为附件,万办不到,即照原案等游移之词。又有普通条件,毋庸表决之文,若为正式议案,断无有词涉游移之议决,亦断无有因其为普通条件,即毋庸表决。况利息折扣各要件,均在此普通条件中,如系通过议案,岂能以毋庸表决了之耶。乃政府强谓参议院确已通过,并谓有议事录可证,究不知议事录中可证其确已通过者安在?以上所述系据议事录而言,今再以约法及参议院法并政府此次咨文逐层辨别于下:

临时约法第三十八条,规定大总统提案权,则国务员并无提案权可知。况当日仅有周学熙报告借款情形说帖,则根本上不成为交议案者一也。说帖中声明将条件草稿,撮要译印,恭候审决,仅附特别五条,并撮记合同大义一件,并无全文,则条文上不成为交议案者二也。又政府此次咨参众两院文谓,周学熙奉大总统命令到院提案,不用书面,而用口头。查财政要案,须经审查,须经三读会议决,是否可以口头提出,姑不具论,惟大总统当时并未将委任周学熙到院口头提案命令,咨行到院,今何所根据,而谓奉大总统命令可以口头提案耶?则口头上不成为交议者三也(以上三项皆可证明其除报告外并未提交院议)。参议院法财政案,非经三读会不能议决。此案既无全文,则初读手续且未完全,遑论二读三读。政府何能仅据报告时所表决之大体,即谓为全体通过耶?其未成为议决案者一。又约法第三十二条,参议院议决事件,咨由临时大总统公布施行。试问前参议院有此项议决借款咨文否,其未成为议决案者二。又参议院通过案件,皆列入参议院议决案,并议决案日表之内。试问前参议院所刊之议决案,及议决案日表中,有此项借款案否?其未成为议决案者三(以上三项又可证明其未议决咨行)。综上六项观之,则前参议院确未通过此案。此次政府不交国会议决,擅行签字,咨院查照备案,其为违背约法第十九条之规定,毫无疑义。迨两院提出质问,由代理总理段祺瑞出席众议院答复,承认手续未完备,请各议员原谅等语,则政府之自认有违法又毫无疑义,所以两院皆多数否决,绝不承认者即为此也。

或谓反对政府违法签约即系反对借款,甚为造作种种诟詈言论,耸动听闻,不知处今日而言整理民国财政,借款为不可逃之事实,无论何人执政,不能拒绝借款,本党自前参议院时代,关于政府借款交议事件,无不曲予赞同,可为明证。假如政府于此次签约之先提交院议,则本党曲予赞同之态度,仍无间曩昔,此次反对政府之违法签约,系为保障约法起见,有不得不争之势,非反对借款,此不能不明白宣示者一也。

或谓借款已成,不必责其交议,只可监其用途,不知政府此等擅断行为,已蔑视约法。若委曲迁就,则政府将来无事不可以此为例,况附件所订用途,纯系国会之预算权,政府亦并蹂躏无余,立法机关已同虚设,更何能置喙其用途,此不能不明白宣示二也。

为今之计,虽有政府迅将合同提交议院,本党亦无不力予维持,俾底于成。否则本党惟有终始一致,不承认此违法之签约,但使共和制度一日尚存,则一日违法签约之合同,即为无效,敢布区区,公诸国人。

罗家伦主编《革命文献》第42、43合辑,台北,中央文物供应社1968年版,第330~333页

△ 中华民国北京政府外务部就外蒙问题与俄人达成协议六款，俄承认外蒙为中国领土之一部分，民国政府给予俄民在蒙商务利益。

1913年7月15日《民立报》载《断送蒙古之中俄条约》：

《中俄条约正文》

一、俄国承认蒙古为中国领土完全之一部分。……

二、中国担任不更动外蒙古历来所有之地方自治制度……并许其有拒绝非蒙古籍人在其境内移民之权。

三、俄国一方面担任，除领署卫队外，不派兵至外蒙古，并担任不将外蒙古之土地举办殖民，又除条约所许之领事外，不在彼设置他项官员代表俄国。

四、中国愿用和平方法，施用主权于外蒙古。……

五、中国政府因重视俄国的调处，故允在外蒙地方将下开之商务利益，给予俄民。（依照一九一二年十一月三日俄蒙通商章程）

六、以后俄国如与外蒙古官吏协定关于该处制度之国际条件，必须经中俄两国直接商议，并经中国政府之许可方得有效。

上述六条，在名义上外蒙为中国领土，在实质上完全承认俄人既得之权利，事实上外蒙等于俄国的附庸。在中国政府提请国会讨论时，众议院于七月八日可决，参议院于七月十一日否决。

△ 孙中山致函外交部指出：善后借款条例损害全国铁路前途。

《中国铁路总公司公函》：

径启者：本公司自开办以来，以规划路线、商议借款为筹备之两大端，而此两大端均以本公司条例为根据。查本年四月一日《政府公报》"法律"第二号，"中国铁路总公司条例"第一条：所有全国各干线，总公司得全权筹办，但指定各干线时，须先协商政府，经其许可。又第七条：铁路总公司借款招股，不论华洋股款，均应遵照国家法律办理，即同享国家法律保护之利益。其关于借款须由政府担保者，应先将所拟合同报明政府批准各等语。自应遵照办理。除本公司规划路线总图业经函请交通部查照许可外，至借款一层，本公司与外国资本家商议者，业有数起，均经接洽多次，大约款少者可无须由政府担保，而款多者则须由政府担保，其条件虽未确定，然大端均不难达到。本公司之目的始因条例未经公布，故不能遽有成约。今条例公布未久，而五国银行团善后借款业经成立。查该借款合同第十七款第二项，中国政府又允本合同借款债票全行发售，并且按照招帖所开末次票价付清后六个月内，除一千九百十三年四月初十日以前已经签订之借款外，非先与银行商允，则不得发行他项政府借款或政府担保之借款等语。是本公司借款须由政府担保者，在本年四月初十日以前，既未经签订即受该项之限制，究竟此项票价付清之末项系何时期，付清后之六个月应至何时截止，合同中未经定明，碍难悬揣。惟该项限制政府他项之借款及担保之借款，而票价付清期限之长短又未于合同详定，且该合同第十六款尚有一再展缓之明文，万一末次票价付清遥遥无期，则借款长此失其自由，于路事及其他实业皆有妨碍。况营业上之借款与政治上之借款，其性质迥然不同，其条件亦断难相比。今自五国银行团善后借款发表之后，其他银行及资本家与本公司正在磋商之借款均大受影响，盖一则因该合同第十六、第十七两款有压抑他款之权，一则因该合同八四实收之过于低落，又一则因该合同监督之严切，是以他银行及资本家对于本公司行当商就之条件，亦思反悔，将来欲望如从前铁路借款之优美[惠]，固已甚难，且恐有观望、延搁之弊,于本公司筹划路事之进行,实属所关甚巨。除分函报告外,应请贵部酌定办法,使全国铁路前途不致有所损害,实为幸甚。相应函请查照,希即酌夺见复可也。此颂台祺。孙文。

中国第二历史档案馆编《中华民国史档案资料汇编》第3辑,财政,江苏古籍出版社1991年版,第1029～1030页

5月21日(四月十六日) 中国银行致函财政部请通告各国银行,声明中国银行为国家中央银行并开具已设各分行号清单。

中国银行公函(二年总字第八十五号):

径启者:查中国银行则例业经前参议院通过,总行设在北京,将来各省分行即须次第普设,应请大部通告各国银行,声明中国银行系国家中央银行,以免误会。兹将现已开办之总、分各行开具清单,函请查照办理可也。此致

财政部

中华民国二年五月二十一日

中国银行已设各分行号清单:

中国银行总行　汉口分行　扬州支行　长春分行　河南分行　奉天分号

天津分行　上海分行　营口分行　山东分行　青岛分号

中国第二历史档案馆编《中华民国史档案资料汇编》第3辑,金融,江苏古籍出版社1991年版,第319～320页

5月23日(四月十八日) 国会内有议员另组超然社、癸丑同志会,拟为居于国民党与进步党之间的第三党。

1913年5月23日《民立报》报道:

现有参、众两院议员某某,发起超然议员社,不置社长,专以调和党派,化除畛域为事。赞成者已有七十余人,昨开成立会,报告宣言书八条。

1913年5月23日《民立报》特约电:

癸丑同志会乃陈家鼎君所发起,其目的为组织第三党,以居间于国民、进步二党,该会昨日(二十一日)开筹备会,到者数百余人,而以参众二院议员为多。惟陈家鼎君因病未到,临时主席某君宣言曰:信该党者皆应脱离他党关系。众皆赞成。该会定于二十八号正式成立。

△ 外交部长陆徵祥与英国驻华公使会议中英藏事交涉,双方各提磋议条件两项。

1913年5月24日《民立报》报道:

外交总长陆徵祥与驻京英使会议中英藏事交涉,双方提出开始磋议条件各两项。陆总长要求:(一)照一千九百零六年条约,中国赴藏官商准假道印度入藏;(二)西藏为中国完全领土,中国政府有统治西藏全权,一切驻军设官等事由中国政府主持办理。英使提出:(一)英人在藏除已通商各埠外,再择地增开租界,并要求驻兵定额;(二)修改一千九百零四年条约,加入英人有在藏境开采矿山之权。

5月24日(四月十九日) 《时报》载北京专电"袁总统令传语国民党人"。内云:"不能听人捣乱",并以"举兵征伐"相威胁。

白蕉《袁世凯与中华民国》:

五月二十四日时报载北京专电"袁总统令传语国民党人"云:"现在看透孙黄,除捣乱外无本领。左又是捣乱,右又是捣乱。我受四万万人民付托之重,不能以四万万人之财产生命

听人捣乱！自信政治军事经验，外交信用，不下于人。若彼等力能代我，我亦未尝不愿，然今诚未敢多让。彼等若敢另行组织政府，我即敢举兵征伐之！国民党诚非尽是莠人，然其莠者，吾力未尝不能平之！”语时有梁士诒、段芝贵、曾彝进三人在座，梁曾嘱以个人资格往告国民党人；袁谓即说是袁蔚亭说的，我当负责任云云。……

白蕉《袁世凯与中华民国》，《近代稗海》第3辑，四川人民出版社1985年版，第45页

△ 美国开凿巴拿马运河将完工，预期举行美国博览会以资庆祝，邀请中国参加。袁世凯任命陈琪为代表前往美国负责该事宜。

《任命陈琪为赴美赛会监督兼充筹备巴拿马赛会事务局长》：

美国因巴拿马运河将次告成，定于一九一五年（民国四年）一月一日开始，在加利福尼亚州之三沈市（旧金山）举行美国博览大会，邀请全球各国届期前往陈赛。袁大总统本日任命陈琪为赴美赛会监督，兼筹备巴拿马赛会事务局长。

《东方杂志》第10卷，第1号，中国大事记

5月26日（四月二十一日） 袁世凯任命颜惠庆出席海牙鸦片会议全权代表。

《外交总长陆徵祥呈文》：

为各国在和京续议禁烟事宜，拟请简派全权代表前往赴会事。窃本部前准驻京和国署理公使思迪楞节略称：奉本国政府之命遵照万国鸦片公约第二十二条第二款，请中华民国政府派代表赴海牙协商，拟订本年六月间开会，详细日期容再函知。又准驻和公使魏宸组电称：和外交部照会按照去年禁烟条约第二十三条第二款召集会议定七月一日开会，请派代表各等。因查鸦片公约订立以来于中国禁烟前途裨益非浅，惟该公约尚未经各国一律画押，其业经画押者亦未由各国批准，所有公订各项条例多未能照约实行。兹届和京续行开会之期，自应派员前往与议。查有出使德意志全权公使颜惠庆前在外交部次长任内办理禁烟交涉最为接[妥]洽，拟请简派为全权代表前往和京赴会，并由本部加派总办哈尔滨等处防疫医院事务本部医官伍连德，届时随同前往与议，以资襄助。相应呈请大总统鉴核施行。

1913年5月29日《政府公报》，第381号

△ 参议院开会质问谢持被拘事。

1913年5月27日《民立报》报道：

昨参议院开会，议员质问谢持复被拘捕事。代理总理段祺瑞函称因事未能出席。全院一致表决要求段于星期三日（今日）到院答复。

5月28日（四月二十三日） 宋案及大借款激起南方对北方的恶感，但南北双方都希图避免冲突加剧，有一片调和南北声。

1913年5月28日《民立报》载《一片调和南北声》：

京讯：南北意见之说，发生于暗杀宋案暨违法大借款两问题，激成于政府之反抗民意，蹂躏人权，弁髦约法诸专制手段，然近日以来颇有调停之希望。

（一）袁项城 袁项城已有悔意，闻昨电致调停派云：外间谣传政府有更动湘赣皖粤四督之说，实无其事，请为转达以息谣言。

（二）孙中山 孙先生昨特致电袁氏力主调停，劝袁氏稍持镇静，万勿再激国民公愤以致不可收拾。

(三)黄克强　黄先生日前特托王芝祥、谭人凤二君来京,谒见袁氏,劝其勿信谣言挑拨南北恶感,宋案必催促赵秉钧到案对质,借款必付国会公决。闻袁氏已有悔意。

(四)黎宋卿　黎元洪日前特派其参议沈嶽生赴湘、顾问彭达武赴皖、参议冯重性赴粤、顾问刘邦骥赴赣调和南北意见。现闻已有回报,各方面均可望融洽。

(五)段芝泉　自宋案、借债两事发生在后,段代总理,曾语人云:各方谣传不足凭信,且蒙藏风云日亟,外人虎视眈眈,五族一心对待尚虑其难,岂可因一时谣言妄动干戈?南省各督当亦深明此意,决不至轻举。盖吾辈往岁罢兵促成共和,安有因谣成战破坏民国之理?吾当鞠躬尽瘁,力顾大局,以副国民之望。

(六)加藤氏　日本外相加藤日前谒见袁氏,谈及南北交恶事,以为毫无可恐之险状,不过一二幸灾乐祸之徒故造谣言,希图破坏大局耳。并声言愿居调停地位,以敦友邦睦谊。袁氏亦极赞成。闻加藤在京勾留一星期即南下调停,其行程拟先赴武昌勾留一二日,即往上海谒见孙、黄二先生。

……

5月29日(四月二十四日)　梁启超、汤化龙联合统一、共和、民主三党正式合并为进步党,总部设于北京。举黎元洪为理事长,梁启超、张謇、汤化龙等七人为理事。

1913年5月31日《民立报》报道:

昨日进步党改在共和党俱乐部开成立大会,党义四条:(一)取国家主义,建设强善政府;(二)尊人民公意,拥护法律自由;(三)应世界大势,增进平和实利;(四)审察国中政象,以时发表政见,谋党义实行。并推定理事长黎元洪,理事梁启超、伍廷芳、孙武、那彦图、汤化龙、蒲殿俊、王印川等。

《三党合并纪事》:

共和、民主、统一三党合并一层,日前已各举正式代表会商妥协。惟因合并事务,尚待筹备,故未发表。闻其组织取合议制,理事长一人黎元洪,理事七人张謇、那彦图、伍廷芳、梁启超、孙武,汤化龙、王赓。理事下分政务、党务二部,每部设部长一人,副部长二人,三党各出二人,分配组成部,下各设五科,科设主任一人,副主任二人,党名定为进步党。由三党各于干事中推二名,议员中推二名之筹备员,设进步党筹备事务所,以延寿寺街筹备新党一切事宜。闻宣言书日内即可宣布。

罗家伦主编《革命文献》第41辑,台北,中央文物供应社1968年版,第220页

△ 汉阳兵工厂工人罢工。

《汉阳兵工厂工人罢工》:

汉阳兵工厂工人,以所得工资,自本年一月以来,均用纸币与官票搭发。而纸币价跌,只能八折使用,受亏不少。日前具票要求,意在全给官票。当局以财政支绌未许。黠者遂从中鼓惑,唆耸罢工。本日有少数工人,持铁尺及石子,在该厂西门搁阻各工,禁令入厂。该厂刘总办见此情形,急诣都督府请示。工人等竟纠集多人,在路抛掷砖石。并随至都督府沥诉困苦情形,经都督派员与刘总办商订办法,将工人薪资在二十元以下者,概发官票。二十元以上者,分成搭发,总理总工程师等,则概发纸币,至六月四日,遵照常开工。

《东方杂志》第10卷,第1号,中国大事记

6月2日(四月二十八日)　蔡元培、汪兆铭自欧洲返国抵沪。

1913年6月3日《民立报》载《汪蔡二先生归国记》:

汪精卫、蔡孑民两先生游历法、德两邦,研究彼中政制治术,本不汲汲归国,近因祖国政潮迭起,时局危迫,迭接各方面函电促返,共图维持,两先生亦以国事为重,遂于月前同自欧洲遵海启程,于昨晨抵沪。

1913年6月10日《民立报》西报译电:

汪兆铭、蔡元培自欧洲回国后,将抵北京,政府派冯国璋、张勋二人自沪保护北上。抵京时由袁派记者接待。

△ 袁世凯通令整饬学风。

袁世凯《通令整饬学风文》:

国于天地,必有兴立,治乱之原,文野之判,觇国者一视乎教育程度,以别等差,环球各国,各有所以立国之故,国体有专制共和之分,而教育本原,首重道德,古今中外,殆有同规。前清末造,学风之衰,论者多归咎于以利禄为诱,无异科举。以故奖励争优,学年求短,恶习濡染,人不自知。民国肇建,百度维新,本大总统深维治国大纲,必以教育全国人民,合于共和资格,为凡百建设之本。视之至重,故责之弥严。乃考察京外各学校,其管理认真,日有起色者,实不多见,大都敷衍荒嬉,日趋放任,甚至托于自由平等之说,侮慢师长,蔑弃学规,准其东西各国学校,取服从主义,绝不相同。倘再事因循,不加整饬,恐学风日坏,民俗随之,关系于世道人心者至大,爰特剀切申明,凡各学校教职员学生,须知共和国体,必养成人民优美高尚之风,而后自由平等方能以法律为范围,况学生在校,最重服从,讵可任其嚣张,败坏规则,著教育部行知京师各学校校长,并督饬各省教育司长,凡关于教育行政一切整齐严肃为主。学生有不守学规情事,应随时斥退,以免害群而示惩儆。期德育日兴,学风丕变,本大总统有厚望焉。此令。

徐有朋编《袁大总统书牍汇编》第2卷,上海广益书局1920年版,第47~48页

6月4日(四月三十日)　国民党见大借款问题陷于两难之境,故提议改组内阁,由进步党组织纯粹政党内阁,俟新内阁成立,政府宣布财政计划时,再追认大借款,然进步党对此议迟不作答。

1913年6月4—6日《民立报》载《大借款之先决问题》(朱宗良):

我国财政之困难,非自今日始,在前清已然。共和告成,财政愈见其拮据,而一方面继续前清相承之债务,一方面筹备建设之事宜,国库之支出,为数殆倍蓰于前清,中央筹措无策,各省罗掘俱穷,涸辙之鱼,势将立毙,挽救之法,舍借外债自无他道。故当前六国银行团借款之议发生时,其始也以条件太酷,故而反对之,其继也以六国团稍让步故而赞成之。先反对而后赞成,非吾人主张之出尔反尔,要皆本于爱国之热忱,熟计其利害得失而发也。然政府手腕不灵,致六国借款问题喧呶年余,毫无结果,迨至财政愈窘,时局日危,乃迫不得已于美国退出银团后,向五国团借二千五百万磅之巨款,其条件严酷,与违法之实据,有识者类能道之,本报亦已再三陈论,兹不复述。夫吾人既赞成六国借款于先,庸能反对五国借款于后,不应反对而竟反对者何哉。曰盖以国家借款,未有不经议会之通过者,政府借款可也,不经议会之通过,而擅借不可也。吾人赞成借款,而违法之借款,则不赞成也,此理至明。吾知有监督政府尊重立法之责者,当莫不以为然。顾自反对违法借款之声起后,一部分国民,不知此中原委,贸然加反对者,以破坏大局,推翻政府之罪,更牵入于煽动二次革命之罪。凡阿附中

央者之通电,或为政府辩护,或攻击吾人之反对,几无虚日,致借款问题未决,而大局已入于危险之域。呜呼!此谁之过欤。至各省都督民政长等对于借款,赞成者有之,反对者有之。反对者振振有词,而赞成者亦振振有词,针锋相对,实为电报战争之奇观。今赞成派且有十七省都督民政长等之通电国会,以迫其通过,记者读其文,未尝不钦佩诸公爱国热忱之溢于言表也。虽然窃有疑者,诸公以借款为重耶?以立法为重耶?抑以为借款重而立法轻,国会可不根据法理加以研究,而贸然承认之耶?国会议员,究由民间选举而出,其智识之高出于庸俗,又何待言,吾民既以立法权完全付之于议员之手,则此次大借款问题,或通过或否认,当静俟议院解决之可耳。夫使大借款而不违法也,则议院早已通过,又何至有今日之纷议,国会多数议员主张,将合同咨还政府,则愈见借款之违法。……

抑吾重有疑者,政府借款是否为救国起见,巨细款项,是否皆用之于正当之开销,各都督等能否担保政府之无他,果政府而营私舞弊,縻费巨款,各都督等有何法以纠正之?吾知诸公瞠目无以对也。政府之擅借外债者屡矣,或借后而要求议会追认,或并议会追认之形式而无之,在诸公心理,当亦为政府谅,盖以谓财政困乏危在旦夕,苟能补救国事,手续不妨欠缺也。虽然前此借款如克利斯浦之一千万磅,汇丰银行之四十万磅,谷斯浦银行团之二十五万磅等,非所谓中国之续命汤乎?吾试问其能维持现状若干日,其用途究何在,政府曾有正式之报告否?吾又知诸公瞠目无以对也。呜呼!政府假救国之美名而借款,款既到手,则布施走狗,收买议员,购办枪械,充实私囊已耳。吾国民忍痛而担负偿还外债,岂料政府之挥霍有如是耶。夫政府对于财政上之信用,早已完全堕落,察其既往之事实,既足令人兴无穷之悲观,则其未来之成绩,又岂能满吾人之希望耶。故此次二千五百万磅之借款,虽明列其用途如何如何,殊未足信,是能否救亡,亦在不可知之数。世人徒知吾党之反对借款在违法,而不知政府之失其财政信用,尤为反对之一原因也。今借款既经政府擅行签字,一经否认,能保外人之帖然无词乎?能保后日之磋商有效乎?诚有如黎督等通电所云,吾党于此有不得不为之计者,其计维何,曰政府订此丧权之合同,在理应决心否认,而以时过危亟,难于善后,故其最后之结果,不得不出于追认之一途。惟现政府已丧失财政信用,二千五百万磅之款,万不能入其掌握。无已,惟推翻现政府重建新内阁而已,改组以后,从而追认之,其理由又有何可得而言者。

夫现在之内阁,有必须改组之理由甚多,失职肇祸一也。宪法制定,正须时日,正式政府难即成立二也。总理辞职,阁员请假,行政已破碎不全三也。而必须改组最强之理由,莫现政府之失财政信用者。故新内阁之成立,有不可一日缓者,而所以信任新内阁者,则信任其为政党内阁也。前此北京国民进步两党,因大借款及改组内阁事,曾协商七次,国民党主张推倒政府,让进步党出而组织纯粹之政党内阁,现在暂将借款合同咨还政府,俟新内阁成立后,再加追认。而进步党则迟疑不决,无切实之答复,致协商毫无结果,此深可太息者也。夫吾党主张政党内阁,且不急于争夺政权,而让之于进步党,于进步党有种种利益,记者已于五月廿四廿五两日,著之于篇(改组内阁决论),进步党于此,当无间然矣。至关于大借款事,欲求圆满之解决,尤于改组内阁是期。盖现政府之所以失财政信用者,以无财政计划也。财政以一国之命脉,各国政府莫不高眺远瞩,出以缜密之计算,通筹全局而规划之,若意马心猿,专以能维持现状为尽职,国家未有不危险者。而我政府对于财政上之计划,适中维持现状之弊,其眼光所及,不出于数月,至将来之如何善后,如何措置,弗遑顾焉,而其才力亦有所不及也。故财政窘迫,只知借款,而借款又仅不过维持数月之现状,至将来款尽,则又瞠目无策,于是势必再借款以敷衍度日,试问政府而如是,国尚可以为国乎?此次二千五百万磅之借款,除折扣及手续费及偿还旧债外,实得仅六百余万磅,以维持现状言,最长之时期不过敷衍至十月而即罄。设十月以后正式政府尚未成立，现政府犹自若，斯时也，政府能有法筹措之乎？抑仍出于借款乎？若借款也，则试问正式政府继之，将何以善其后乎？夫进步党赞成借款者也，且赞成违法借款者也，既赞成之必于财政所有计画，如何善后之法，当有深思虑远之宏谋。现政府既无财政计划，进步党正可起而代之，本其党议所定者，将财政计划，宣示全国，一扫现政府之敷衍主义。国民党于此，苟见其计划无甚弊病，可表同意，则斯时国会再提出大借款问题，必可得一致之追认。然则现在国民党之主张咨还合同，非绝对不承认借款，可以想见。大错已铸，挽回无术，两害相形，取其轻者，则非推翻现政府，使新内阁宣布财政计划不为功。国民党此等主张，煞费苦心，而自信极为正当，宜乎为天下所共谅，而取得同意矣。……惟约已签字，取消綦难，反对不达目的，惟有忍痛茹辛而追认之耳，追认之先决问题，则在改组政府与宣布财政计划，设此而办不到，则借款适以速亡耳，救时云乎哉。今而后国民党与进步党再相协商时，吾愿进步党以国事为重，应允国民党之主张。更愿当轴诸公之发言，当面面着想，勿如此次电文之漫不经心也可。

6月5日(五月初一日)　赵凤昌致电陈陶怡，透露孙中山主张和平之意，请程德全、张謇速密电袁世凯，勿操切激变。

《赵凤昌致陈陶怡电》：

南京都督府陈陶怡君：苏密。经武(胡瑛)来商，精卫与切要赴(指孙、黄)研究大局，已一致和平，对于前途(指袁世凯)亦力趋稳定。惟望中央勿遽信伪谣，勿骤有更动(指撤换国民党籍都督)，俾汪更易进行。请商雪(程德全)、啬(张謇)二公，速密电中央，免生阻碍。惜阴。歌。(六月五日九点五十分发)。

黄季陆主编《革命文献》第44辑，台北，中央文物供应社1968年版，第38页

6月9日(五月初五日)　袁世凯突然发布命令：免除江西都督李烈钧本兼各职，并任命黎元洪兼署江西都督。引起议员质问。

1913年6月14日《民立报》报道：

日前，袁电请汪兆铭、唐绍仪、伍廷芳、蔡元培来京商解南北问题，乃忽下取消赣督命令。闻者均以为异。惟汪蔡早已来电婉辞。

袁世凯《令免江西都督李烈钧官职文》：

江西都督李烈钧，前经临时参议院咨送议员郭同等，以专制残毒暨罪恶五端，两次质问，又据江西旅京公益会李盛铎等，全省商会罗志清等，铁路股东会朱益藩等，旅沪公会陈三立等，以违法殃民、恣睢暴戾条列十四罪，呈请派委镇抚使，以拯人民等情。嗣因任命汪瑞闿为江西民政长，该省有反对情事，当派王芝祥前往并案查办。该督旋又擅自改编师团，并调兵派员管理九江炮台，迫胁镇守使戈克安离浔。曾据王芝祥电称，迭经责问李督，非空言所能警觉，恳请派兵赴浔。本大总统因不忍地方人民财产重罹锋镝，屡经开诚诰诫，乃数月以来，复有调兵运械，进逼鄂境之举，商贾停滞，居民播迁，怨讟繁兴，乱机四伏。迭准参议院众议院咨送议员陈铭鉴等，众议员张大昕等、郭同等，先后提出质问；九江等公会吁诉，并经黎副总统查据：陆军少将陈镇藩、兴国县知事暨武穴自治商会先后报告，情事昭彰，殆已无可讳饰。现又据王芝祥将查办情形呈复前来，察阅原呈，虽称各款未能逐件详查，惟反对汪民政长一节即非李督本意，而纵容军人藐抗已难辞责。至调兵逼浔一案，则称因个人恶感，遂冒侵官轻举之嫌拘拿；铁路协理罗郎山一案，则称办理不免操切。该督于政治上学识经验均

缺,年少气盛,阅历未深,事理重轻、人情向背,皆无体验等语。综核情形,该督李烈钧措置乖方,实属不称厥职。念其初莅任时平治会匪尚称得力,仍望其感触时艰,痛伤民瘼,以恢复军人名誉,以表本大总统与人为善之诚。乃迭阅人民代表呼吁之词,至再至三,不忍卒读。即王芝祥呈复查办各节,亦有定评,是该督无术维持,确系不孚众望,倘仍优容姑息,坐视闾阎疾怨,商业凋残,何以对赣省厌乱望治之穷氓?何以告各省戢暴安良之贤吏?李烈钧应即免江西都督本官,即日交卸来京,听候酌用。此令。

徐有朋编《袁大总统书牍汇编》第2卷,上海广益书局1920年版,第48～49页

1913年6月14日《民立报》报道:

自袁世凯据少数私团意见撤销李烈钧赣督后,各方面俱为愤惋。昨众议员龚政、马如飞提出应质问者四大理由,连署者二十四人。

参议院赣省议员及旅京赣同乡贺赞元、汤漪等数十人,昨联电李督、该省议会及欧阳、刘两师长,坚意挽留。

1913年6月15日《民立报》报道:

众议员邓元提出质问取消赣督案,连署者三十余人。

6月11日(五月初七日)　李准致电粤督胡汉民,劝勿剧酿"独立";胡汉民复电辩正。

《李准致胡汉民电》:

南北恶感迭起环生,争在党人,祸沦家国。比闻执事,与湘皖各都督,联电中央,对于宋案借款二事,颇有凿枘。嗣阅大总统电覆各节,词理甚明,保国爱民,公之素志。畴昔准随诸君子后,光复粤垣,冀同享共和,免遭兵祸。迨民国底定,我公督粤,所持政见,仍以调和南北为主,历奉电函,夙所钦佩。此次与中央抵触,谅亦如项城原电,谓公僻处海疆,或有误会,一经剖白,应释群疑,当此国步漂摇,决裂恐难收拾,又况人心涣散,胜算未必可期。公固达人,为国家策安全,为人民谋幸福,自有卓见,毋俟晓之也。李准叩真。(六月十一日)

《胡都督复电》:

汉密真电悉,汉民频年奔走,主持革命,原为国利民福起见,此心可表天日。南北统一以后,无日不以救平内乱,拱卫中央为主旨。与公密迩,当知鄙怀。苟为保持禄位,希望非常,去年军队林立,何尝不可拥以自固,而必悉数遣散,复力持陆军减师之说者。诚欲挪出余款,以饷中央,区区此心,实不求天下之见谅,迨宋案借款二事,适起于临时政府将终之际。汉民尊重法律,联合各省电争,以为袁公者,开国懋勋,不可倡违宪之名,以悖约法。谗慝遂以借口,谣诼频兴,混称南省已筹兵备,以惑袁公,复假袁公之威,以临南省,袁公不察,使直言不入,信以见疑,岂不足怪。总之,为袁公之盛德累,使不能推诚于宇内者,实二三佥壬所致。汉民之忠告袁公,自谓仁至义尽,各党各报之谰言,请勿轻信。有如广东独立之说,传之一年,谣言之是非,从可知矣,临电愤惫,不知所云。

黄季陆主编《革命文献》第44辑,台北,中央文物供应社1968年版,第301～302页

6月12日(五月初八日)　司法部公布监狱学校规程:

《监狱学校章程》:

第一条　监狱学校以养成监狱人才为宗旨。

第二条　监狱学校修业年限为二年。

第三条　凡公立私立监狱学校均须呈报司法总长,得其认可。

第四条　凡公立私立监狱学校呈请司法总长认可时，须开具下列各项：

一、学校位置。

二、学生定额。

三、地基房舍之所有者及其平面图。

四、经费及维持方法。

五、开校年月。

六、校长教职员姓名履历。

第五条　公立监狱学校征收学费每月银元二元，私立监狱学校征收学费每一学年至多不得过三十六元。

第六条　公立私立监狱学校除遵照本规程外，关于学校管理学生学业成绩、考查操行成绩、考查学年学期及休业日期、服制、仪式等，概依教育部定各项规程办理。

第七条　监狱学校之学科如下：

法学通论　宪法　刑法　刑事诉讼法　法院编制法　监狱学　监狱法

监狱法施行细则　监狱实务　刑事　政策　感化院制度　出狱人保护制度

民法大意　警察学　社会学　卫生学　心理学　统计学　建筑学　指纹法　体操。

第八条　监狱学校各科目授课时间，由校长订定，呈报司法总长。

第九条　监狱学校学生入学资格如下：

一、年龄二十五岁以上，中学毕业及有与中学毕业相当之程度者。

二、曾于法律、政治学校修业二学期以上者。

第十条　凡公立私立监狱学校学生肄业期满毕业，得呈请司法总长指定监狱练习实务。

第十一条　本规程自公布日施行。

1913年6月14日《政府公报》，第397号

6月14日（五月初十日）　袁世凯发布命令，调任胡汉民为西藏宣抚使；以陈炯明继任广东都督。

1913年6月16日《民立报》报道：

昨袁世凯下令调粤督胡汉民为西藏宣抚使，以陈炯明任粤督，并任陈昭常为广东民政长。闻并拟开去皖督柏文蔚本官，另派倪嗣冲为安徽护军使。说者谓：袁氏激乱之手段日出不已，其居心极为叵测。

《广东都督兼民政长胡汉民免职离粤之经过》：

自三月间，袁世凯主谋，暗杀民党要人宋教仁。并向外国借善后大款二千五百万磅，为胡汉民、李烈钧攻击。袁氏引为与民党势不两立，遂有六月十二之命令：广东都督兼民政长胡汉民另有任用，应免去本兼职，任命护军使陈炯明为广东都督、陈昭常为民政长。又调大兵南下，随即于数日间，撤换江西、安徽、福建三都督。而任命陈炯明督粤者，知胡、陈有意见，故利用陈以继胡。

黄季陆主编《革命文献》第44辑，台北，中央文物供应社1968年版，第300页

6月16日（五月十二日）　袁世凯电张謇，答复其调停南北诸函电。

《袁世凯致张謇电》：

密。文电及雨函均悉。下令禁军人预政，自当遵教续办。至谣传固多过当，然亦有确不

可磨者。自共和成立以来,待遇伟人(指孙、黄),倾诚结纳;即有以过于将顺来相诮责,在所不顾,方谓敬人者人恒敬之耳。其依附伟人诸辈,气焰熏灼,俨同贵胄,亦不惜屏声忍气,曲予优容,而经年以来,彼党执拗,动辄骂人,肆意诬蔑;凡与鄙人稍有情感者,莫不吹求痛击,体无完肤。然且抱定不校之心,隐忍迁就,以冀其悔悟,非有所畏也,特以国计民生,不堪再扰,故降心相从耳。不意国会将开,党争激烈,适有变故,借为大题。北伐乍闻,逢人辄告;煽乱之使,日有所闻,以及军事会议,暗杀分途,种种奇闻,现于沪上。调人络绎,名曰维持,而暴烈进行仍不住手。无非甘心鄙人,破坏民国。即不为一身计,宁不为一国计,为公为私,退无余地。惟有行吾心之所安而已。倘伟人果肯真心息兵,我又何求不得。如佯谋下台,实则猛进;人非至愚,谁肯受此?精卫达者,已托燕孙转约北上。袁世凯。铣。(六月十六日)

黄季陆主编《革命文献》第44辑,台北,中央文物供应社1968年版,第41页

张謇接电后,即转赵凤昌并嘱其转达陶、汪、蔡诸人。

《张謇致赵凤昌书》:

昨菀(孟森)来,示悉。今日午后得北京复电(即袁氏十六日铣电),抄寄,阅后请以一纸示陶、厚二君,一纸备示汪、蔡二君。今玩电令,似令禁军人预政,可以办到,而不能放心处甚多。非将孙、黄必有正当之宣布告之不可,但不知日内孙、黄之观念何如也。如汪、蔡二君仍照前说,请公即来一电,走当即发。前之不即以此层说出者,诚恐事有变更,做不到成空话也。惜阴。啬六月十七日。

黄季陆主编《革命文献》第44辑,台北,中央文物供应社1968年版,第42页

赵凤昌接函及附电即与蔡元培等研商,随后复函张謇。

《赵凤昌致张謇书》:

奉十七函并抄电均悉。汪已赴粤劝导同志归于稳定一致,临行留信,如有消息,与蔡、胡接洽。昨今两约蔡、胡过谈,出抄电,俱说电内最要在'如佯谋下台,实则猛进'一语。此则定无可虑,然亦足见项城推诚,肯于说透。现在此间仍宗前议,不以赣、粤(指罢粤督胡汉民)改辙;孙、黄必当表示以安定人心,惟待汪回沪商定表示之法耳。即请公先为酌复,俾知并无变动,免生枝节。汪回沪,再详述。

黄季陆主编《革命文献》第44辑,台北,中央文物供应社1968年版,第42页

张謇二十二日将赵函转电袁世凯,又于二十四日函赵凤昌。

《张謇致赵凤昌书》:

惜阴先生大鉴:昨函(即前录之函)敬悉。业据电洹上,抄稿奉览,祈赐浃洽。即颂大安。謇。六月廿四日。

黄季陆主编《革命文献》第44辑,台北,中央文物供应社1968年版,第43页

附电稿抄件:

密。铣电敬悉。要旨在"佯谋下台,实则猛进"二语。当函转竹君询汪、蔡。顷复称,汪已赴粤解劝,两约蔡、胡过谈,俱云二语定可无虑,此间仍宗前议,不以赣、粤改辙。一面电汪回沪,妥议孙、黄表示于党人之办法云云。谨据达,后闻续陈。张謇。祃(六月二十二日)。

黄季陆主编《革命文献》第44辑,台北,中央文物供应社1968年版,第43页

△ 国务总理、内务总长赵秉钧因刺宋涉嫌称病请辞,袁世凯一再给予病假;日前再称病呈请免官,袁氏仍给以病假。

《赵秉钧辞呈》:

为呈请事:窃秉钧前因患病呈请免官,未邀鉴允,蹉跎久病,屡展假期,有旷职司,莫名愧

疚。初拟调治就愈,勉任艰难,乃近日细察病情,迄未瘥减,目昏头眩,不能起立。自揣衰弱至此,断难再任繁剧。伏念国会肇启,庶政正繁;忝综中枢职任綦重,即以内务行政而论,维持秩序,保卫治安,在在均关紧要。在在代理各员,虽未存五日京兆之念,要必责成之专属,庶几治具之克张。况边事方殷,时艰益迫,国务重任尤贵得人,秉钧政府备员,于兹经岁,春冰虎尾,陨越时虞,即使竭其铨庸,犹惧鲜所裨补,乃值衰病侵寻,心余力绌,更何敢因循贻误,上负厚期,再四思维,惟有吁恳俯察下情,准免国务总理、内务总长本官,遴员继任,俾得安心调摄,庶可早就痊平,将来闲散小差,尚可勉图效用,无任迫切待命之至。

《袁世凯批示》:

据呈已悉。该总理病体未痊,应给假半月,安心调治,所请免官之处,仍毋庸议。

1913 年 6 月 17 日《政府公报》,第 400 号

6 月 17 日(五月十三日)　内务部通告各报馆:"言论自由应以法律为范围",对宋案、借款案、外蒙事件等,不得漫无抉择,率意登载。

《内务部通告》:

查有闻必录,固新闻业之责任,然亦当审度其事之影响如何。若只图新闻之发达,而不顾国家之损害,则所贵于新闻者何在。况军事、外交最宜机密,今日边疆多事,外患日深,既为国民,孰不当有国家之观念存乎其心。矧报纸为舆论机关,最易动人观听,值兹国步维艰之际,方当全国一心,维持鼓吹,以期造成强固之国家,促进政治之进步。乃内外报纸,对于宋案、借款以后,多所误会,不问是非,肆意诋諆,痛加诬蔑;且于外交、陆海军事件,尽情登载,漏泄无遗,甚至加大总统以种种不名誉、不道德之称谓。谣咏所传,秩序为之不靖;流言所及,人心为之动摇。险象环生,法律扫地。若不依法限制,实足扰乱大局,妨害治安。查报律第十条:妨害治安之语,报纸不得登载;第十一条:损害他人名誉之语,报纸不得登载;第十二条:外交、陆海军事件及其它政务,经该管官署禁止登载者,报纸不得登载;第十三条:诉讼或会议事件,按照法令禁止旁听者,报纸不得登载。又暂行新刑律第一百三十三条:漏泄内治、外交应秘密之政务者;第一百三十四条:知为军事上秘密之事项、图书、物件而刺探收集者;第一百三十五条:知悉收领军事上秘密之事项、图书、物件而漏泄或公表者;第二百二十一条:以文书、图书、演说或他法公然煽惑他人犯罪者;第三百五十九条:散布流言或以诈术损害他人或其业务之信用者;第三百六十条:指摘事实,公然侮辱人者。又约法第六条第四项:人民有言论、著作刊行之自由;第十五条:人民之权利有认为增进公益、维持治安或非常紧急必要时,得依法律限制之。以上各端条例昭列,岂容玩视!用特剀切布告各该报馆,须知监督政府自有法定之机关,言论自由应以法律为范围。宋案应候法庭裁判,借款亦有国会主持,不得飞短流长,徒逞胸臆。至于外蒙事件,一关于国际交涉,一关于领土安危,政府对于此事之筹备,于国体、于邦交、于军事有种种之关系,其中之维持调护,有应严守秘密不能尽情宣布者,各该报馆亦当共体此意,同守秘密,此并非防民之口也。天下之事,匹夫有责,各新闻记者类多明时势、识大局之人,对于国家安危、政治利弊,仅可切实说明,陈述意见,听候采择,唯不得有一毫成见参乎其间。倘视诰诫为具文,置法律于不顾,漫无抉择,率意登载,或昌言无忌,淆惑视听,则是有意煽惑人心,妨害秩序,法律具在,断难宽容。本部为谋国家之生存与保社会之公安起见,舆论所在当重,法权尤应保持,不惮谆谆,幸共勉之。

1913 年 6 月 20 日《政府公报》,第 403 号

6月20日(五月十六日)　内务部公布《寺院管理暂行规则》:

《寺院管理暂行规则》:

第一条　本规则所称寺院,以供奉神像见于各宗教经典者为限。寺院神像设置多数时,以正殿主位之神像为断。

第二条　寺院财产管理,由其住持主之。

第三条　住持之继承各暂依其习惯行之。

第四条　寺院住持及其它关系人,不得将寺院财产变卖、抵押或赠与于人。但因特别事故,得呈请该省行政长官,经其许可者不在此限。行政长官为前项许可后,须呈报内务总长。

第五条　不论何人不得强取寺院财产。依法应归国有者,须由该省行政长官呈报内务总长,并呈请财政长交国库接受管理。前项应归国有之财产,因办理地方公益事业时,得由该省行政长官呈请内务总长、财政总长许可拨用。

第六条　一家或一姓独立建立之寺院,其管理及财产处分权,依其习惯行之。

第七条　本令自公布日施行。

1913年6月20日《政府公报》,第403号

6月21日(五月十七日)　袁世凯发布通令,饬全国军人"服从命令,勿越范围,其非分之事,慎无干涉,致淆政体"。

《袁世凯令》:

共和国家以人民为主体,故立国标准即以大多数民意为从违,民意为何?一曰生存,一曰乐利。自行政机关不能为民保障,则有痛苦而无乐利,有危亡而无生存。本大总统来自田间,不忍我无罪之良民永遭涂炭,受任于危难之际,不惜举一身幸福而牺牲之,岂有他哉!亦以我中华数千年神明之胄,熏染于古先圣贤仁义之训,当以胜残去杀为心,岂宜兄弟阋墙,自相蹂躏。是故忍辱负重,力障狂澜,乃诚不足以动人,信不足以格物。自前年九月以迄今兹,人民之颠连困苦损失于无形者,不知凡几。法制亟望规定,而纷拏不决,政治遂碍于进行;兼以党见纷歧,是非淆杂,用人掣肘,政府几空,骎骎焉成为暴民专制。此皆由本大总统无德无能,未克尽职,旁皇夙夜,悲愤无穷,所愿与我无罪之良民,洒一掬同情之泪者也。夫风水相搏,则波澜永不能平;磁铁相摩,则电火终于必发。故懔佳兵不祥之戒,作横逆不校之观,冀彼隳突叫嚣者,内省良知,自崖而返,非懦也;为救民计,为救国计,当祈天永命,不当张脉偾兴也。方今人心之大害,在误会共和真理,借美名以逞其恶焰,假公义以便其私图,甚至背父弃母,认为自由坏法蔑纪,视为平等,不知古今中外无论何种政体,无不整饬纪纲,纳民轨物。本大总统以隐恶扬善为怀,毋我薄人,宁人薄我;尤愿我军人,服从命令,勿得逾越范围。其非分之事,慎勿干涉,致淆政体。并愿提倡改革之先觉,爱惜名誉,诰诫同侪,毋使依附之徒,托名暴动,倾覆邦家。庶化戾气为和光,救生灵于垂绝,本大总统必当与我全国人民,开成见心,刷新政治,造世界和平之福,永民国无疆之庥,虽未逮焉,而有志也。邦人君子,其敬听之。

1913年6月22日《政府公报》,第405号

△ 袁世凯以国家经济困难,债累山积,开源非旦夕可期,必须力节虚靡为由,通令裁减兵费及京外行政经费。

《令裁减兵费及京外行政经费》:

立国之道,首重理财。往者吾国风气未开,政纲不振,举一切扩张实业整顿金融诸政策,

皆未能切实进行。驯至经济困难,债累山积,改革以来,支出愈增,收入无几。不得不仰给外债,暂资救济,顾目前多一日因循,即将来重一分负担。以言开源之计,既非旦夕可期。若不通盘筹画,力节虚靡,则破产之期,翘足可待。言念及此,诚可寒心,博稽岁出,军用为多。迭经国务会议,佥以裁兵节饷,为切要之举。应电参谋陆军两部,会商财政部,妥筹限制兵额,分配军区,核实简练,以足维持地方治安为度。所有应裁之兵,均应酌量给资,一律遣散。即由各该部核拟办法,呈候察夺。至于京外行政经费,亦应由各部各省权衡缓急,大加裁减,制定预算,依法颁行。务使漏卮尽塞,丝毫无滥。值此民生穷蹙,国步多艰,凡有理财之责者,各当悉心整顿,实力奉行,以期无忝厥职。尤赖全国一心,共维危局,咸以整理国家经济,寄诸个人切要之图,庶几财政既修,邦基以固。民国前途,实利赖焉。

《东方杂志》第10卷,第2号,中国大事记

6月22日(五月十八日) 四川都督尹昌衡于本月十八日电请袁世凯恢复祀孔,袁据其请,本日通令尊孔。

袁世凯《通令尊崇孔圣文》:

立国之本在于政治,而政治新旧之递嬗,恒视学说为转移。我中国之尊孔子,始于汉武帝。摈除百氏,表章六经,自是学说遂统于一尊。顾孔学博大,与世推移,以正君臣为小康,以天下为公为大同。其后历代人主,专取其小康学派,巩固君权,传疏诸家,变本加厉,而专制之威,能使举世学者不敢出其范围。近自国体改革,缔造共和,或为孔子言制大一统而辨等威,疑其说与今之平等自由不合。浅妄者流,至悍然倡为废祀之说。此不独无以识孔学之精微,即于平等自由之真相,亦未有当也。孔子生贵族专制时代,悯大道之不行,哀斯民之昏垫。乃退而祖述尧舜,删修六经春秋,据乱之后为升平太平之世,礼于小康之上进以大同共和之义。此其导源远如颜曾思孟,近如顾黄王诸儒,多能发明宗旨,择精语详,大义微言,久而益著,酝酿郁积,遂有今日民主之局。天生孔子为万世师表,既结皇煌帝谛之终,亦开选贤与能之始。所谓反之人心而安,放之四海而准者。本大总统证以数千年之历史,中外学者之论说,盖灼然有以知日月之无伤,江河之不废也。惟民国以人民为主体,非任其自由信仰,不足以证心理之同。前经国务院通电各省,征集多数国民祀孔意见,现在尚未覆齐。兹据尹昌衡电称,请令全国学校仍行释奠之礼等语。所见极为正大,应俟各省一律议覆到京,即查照民国体制,根据古义,将祀孔典礼折衷至当,详细规定,以表尊崇,而垂久远。值此诐邪充塞,法守荡然,以不服从为平等,以无忌惮为自由,民德如斯,国何以立。本大总统维持人道,夙夜兢兢,每于古今治乱之源,政学会通之故,反复研求,务得真理。以为国家强弱存亡所系惟此礼义廉耻之防。欲遏横流,在循正轨。总期宗仰时圣,道不虚行,以正人心,以立民极。于以祈国命于无疆,巩共和于不敝。凡我国民,同有责焉。此令。

徐有朋编《袁大总统书牍汇编》第2卷,上海广益书局1920年版,第50~52页

6月24日(五月二十日) 黎元洪在汉口搜查民国时报,拘捕党人,旋展开大捕,杀三百余人,并于事后发表通电,请各地配合缉捕。

《湖北破获革命党机关》:

湖北都督府,本日据侦探报称,上海革命党总机关,派人赴鄂运动军队,机关在汉口租界民国日报馆,当由军警会同法捕,搜获证据多件。并拿获主笔曾毅等四名,交法捕房拘禁。次日复探悉革命党尚有机关多处,分设武昌、汉口暨南湖各地方。即派兵分头搜缉,先后拿

获为首指挥人王泉明,帮同指挥萧大满等三十名。又陈金标罗汉臣等十八名。是夜驻扎造纸厂之军队,拿获来营运动军队之革党钟仲衡等五人。均供称欲推到政府,希图二次革命。即经分别处决。二十六日,复由军警会同法捕,在汉口德租界日人所开富贵馆,拿获宁调元、熊越山两名,交法捕房拘禁。并搜出名册银元钞票等件,又在法界伊达医院,搜获旗帜等物,是夜革党仍拟起义,约定举火为号,因机关已破,响应寥寥。故城内外起火三次,均被扑灭。首领詹大悲等十余人,于事泄后乘外国轮船下驶,余亦四处逃避。

《东方杂志》第10卷,第2号,中国大事记

1913年7月3日《民立报》载《恐怖时代之武昌》:

黎元洪昨通电各都督民政长并转护军使司令官镇守使。电曰:本月之二十四日,据报上海总机关派人赴鄂,运动军队,机关在汉口民国日报馆,当令饬军警会同法捕搜获,证据内有宣告湖北独立,组织北伐军,请各省协应,并起义宗旨军人条例等语,文电布告多件,并拿获编辑曾毅等四名,交法捕房拘禁,叠据会审供认不讳,各在案,随即按照筹备区域,临时宣布戒严,派兵分段巡缉。本月二十五日,探悉乱党机关多处,约于二十五夜在省城南湖地方集合,口号成城旗帜袖章均用白布为号,经鄂军辎重团拿获为首指挥人王泉明,帮同指挥萧大满等三十名。宁军第二团一营四连拿获陈金标罗汉臣等十八名,饬据军法会审,王泉明等供称改进团在鄂起事,有代表钟姓并退伍黄姓说是军队多在联络,南七省都要动手,叫我等招兵到南湖集齐,约一点钟进起义门。并有某议员等多人主持等情。复据黎师长天才呈报,职师驻扎造纸厂后靠河边,廿五夜四鼓,时卫兵见有西装两人扒越后墙入营,搜获手枪四杆,子弹一百颗,又在墙外捕获接应三名,捕时将手枪炸弹抛弃河中,据供越墙为时倚、方安汉两名,墙外为钟仲衡、何作俦、黄天监三名,系由湖南、江西、广东等省来鄂运动军队,举行暗杀,因欲推到政府,故行二次革命,昨在东洋租界松乃家九原公馆商定,夜三点钟开船到造纸厂运动军队,并云革命机关无处不有各等情。当此戒严期内,乱机四起,情势危急,已获各犯未便久稽,致滋变故,业经循据确供按照军法分别处决,本月二十六日,复由交涉员军警会同德捕,在汉口德租界日人所开富贵馆拿获宁调元、熊越山两名,搜出日本钞票三千余元,银洋三百余元,名册一分,内分担任军事、调查、联络、会计、文牍、庶务各科,并支付各种账目一本,内有派人赴荆沙田镇及邻省等处川资。其宁、熊两名,业交德捕房拘禁。复在法租界伊达医院第六号,抄获旗帜多件,复探悉是夜口号"忍耐",乃由起义门入攻,城内放火接应,本夜城内外三处放火,均经次第扑灭。查此次谋乱,导源上海,蔓延各省,而以占据湖北为根据地,并据供称,有某国兵船为其司令机关,蒂固根深,已非一日,自维薄德,既不能辑奸宄【之】心,复不能安商民之业,至武汉三镇风鹤顿惊,幸仗诸公之威,屡次破获,惭悚何如,现在地方安堵,堪纾廑注,除一面仍严加防范,并呈明大总统外,特此电闻。再近日乱党派人联络临近各省,往来不绝,并祈谭柏张各都督,欧阳护军使,陈司令官严密查缉,以保治安,全局所关,匪徒鄂人,拜德已也。

△ 孙中山由澳门到香港,对《早士蔑西报》记者发表谈话。

孙中山《在香港对〈早士蔑西报〉记者的谈话》:

问:北京之时局阁下能略言之否?

答:吾之政治手续,业已完竣,故现在情形若何,吾不能相告。且自宋教仁被杀事发生以来,吾不复闻问。然吾敢谓从前已竭力为袁总统经营,吾常言袁氏最合为总统,吾不独在中[国]为伊经营,即在世界各方亦然。

宋教仁被杀一案，吾甚恶之。有谓北京政府与该案干连，殊属不公。然吾谓袁总统非自有干连，不过系其总理与有干连也。故袁总统定必略有所知。是以此事吾深恶之，且心殊不悦。

何时公举总统，未能逆臆。然非为宋教仁一案，则选举已久矣。

或者将来不复有选举之事。

问：广东情形如何？

答：此次吾未到省，故情形如何，闻知甚少。

问：胡汉民氏现在何处？

答：胡氏现在港，并无秘密。前夕伊乘"宝壁[鐾]"兵轮到港。

问：本港华人报纸刊登愤激新闻，关于胡氏拨款偿还华侨一事者。

答：此尽谣言也。其实反正后，省城需银，故由香港及外埠筹借，其商人之款，已经归还，加息五分。现在胡氏预备支还外埠华侨，然只系还本，遂被反对。此事最属无理，不公之甚。据伊等自言，省城现在无银，然此非其意，其银系借与胡督者。

广东省社会科学院历史研究室编《孙中山全集》第3卷，中华书局1984年版，第65～66页

6月25日(五月二十一日)　众议院议员质问奥国借款。

《众议院议员质问奥国借款》：

政府向奥国借款，三四月间，久已喧传。惟以未经宣布。且未提出院议，疑为不确。近知此借款已于四月十日成立。计分甲乙两项，甲项借款二百万磅，订造水雷艇十二艘。每艘价六万六千一百〇五十磅。乙项借款一百二十万磅，订造捕鱼雷艇六艘，每艘价十四万五千〇五十七磅。余预扣两种造舰费外，甲项当交一百二十万六千二百磅。乙项当交三十二万九千六百五十八磅。订明签字后四十日交齐。利息六厘。（按此款后以各种障碍，仅交五十万磅。）折扣九二〇以六厘公债及印契税为抵押。期限五年。一九一五年十二月二十一日开始还本。分三年还清。本日众议院因财政总长梁士诒到院出席，提出质问，梁答称此款专以偿还旧债。我国负担，并不增加，而利息减轻甚巨。且以经院通过之公债票抵押，与借款不同，故不必交议。众诏政府此举，确为违法，非弹劾不可。嗣因意见未能一致，迄未决议。

《东方杂志》第10卷，第2号，中国大事记

6月26日(五月二十二日)　宋教仁安葬于上海，数万市民自发送葬。

1913年6月26日《民立报》载《宋先生之葬仪》：

昨日上午八时，宋教仁灵柩由沪湖南会馆出发，执国旗者前导，次马队，次军乐……送葬者几达万人。

△ 参众两院订定宪法起草委员会委员选举规则。

1913年6月27日《民立报》报道：

参议院互选宪法起草委员规则，昨日已三读通过。其互选法以无记名三分二之连记投票法，比较得多数者为当选。

昨日众议院开特别审查会，讨论宪法起草委员选举规则，结果以单记法通过，并决定以得票满二十七票以上者为当选。

6月27日(五月二十三日) 袁世凯二十六日再电张謇,对和解南北一事,要求孙、黄有所表示。张据以转函赵凤昌。

《张謇致赵凤昌函》:

惜阴先生大鉴:顷得京电,语意颇平,是在南中表示之实行矣。照抄奉览,祈即与前途(指孙、黄)接洽为盼,即请大安。张謇。六月廿七日。

附袁电:

密。祃电悉。果如蔡、胡所云,是彼此释嫌,同图建设,如天之福,国赖以存。鄙人决不为已甚。汪何日回沪?孙、黄、表示之法,甚所愿闻。公苦心调和,成人之美。中央意见已有二十二【日】命令可证,请检阅便知。袁世凯。宥。廿六日。

黄季陆主编《革命文献》第44辑,台北,中央文物供应社1968年版,第43页

编者按:袁电所指"二十二日命令"系署二十一日之命令,《时报》刊出为二十二日

6月29日(五月二十五日) 共和党宣告脱离进步党独立。

1913年6月27日《民立报》报道:

共和党定于二十九日开正式大会,宣告脱离进步党关系。保持独立资格。

1913年6月27日《民立报》载《共和党独立记》:

共和党自宣布独立后,党势发达,一日千里。虽有少数官僚派拍政府马屁,加入御用党,而多数贤明分子意图维持,终不愿舍固有之政策。……共和党已在参众两院另设休息室,不与进步党混合,且该党在两院之议员,大多数仍归旧党,估计现在所有者已达八九十人。

6月30日(五月二十六日) 袁世凯令免安徽都督柏文蔚职,调柏任陕甘筹边使,任命孙多森继任。

1913年7月2日《民立报》载《临时政府之尾声》:

六月三十日　任命柏文蔚为陕甘筹边使,此令。任命孙多森为安徽民政长,此令。任命孙多森兼署安徽都督,此令。

6月中、下旬 孙中山由沪赴澳门、香港,密谋湘、粤、赣、皖起兵讨袁,在澳门促陈炯明同意"四省独立,广东同时宣布"。

△ 黄兴在沪、宁部署兵力,准备讨袁。同时派宁调元、熊樾山回鄂组织机关,派谭人凤回湘运动军队。

7月1日(五月二十七日) 参众两院推出宪法起草委员会委员共六十人,国民党籍议员占半数以上。

1913年7月2日《民立报》报道:

昨日参议院开会选举宪法起草委员,共到二百七人,开票结果:汤漪、金永昌、杨永泰、金兆棪、蒋举清、张我华、朱兆华、宋渊源、向乃祺、赵世钰、蒋曾焕、金鼎勋、石德纯、吕志伊、王鑫润、王用宾、高家骥、段世垣、车林桑都市、饶应铭。以上二十名,除车、饶二人系共和党外,余均国民党议员。王家襄、丁世峄、王赓、蓝公武、曹汝霖、陆宗舆、阿穆灵尔圭、陈铭鉴、解树强、齐忠甲、陈善。以上均进步党。当由议长宣告,除齐忠甲、陈善票数相同,定明日抽签决

定外，其余二十九名均当选。

1913年7月2日《民立报》报道：

昨众议院开会，到四百七十八人，用有记名限制连记法选举宪法委员，当选人名如下：何雯、张耀曾、黄璋、李肇甫、伍朝枢、易宗夔、黄云棚、吴宗慈、褚辅成、王绍鏊、刘恩格、彭允彝、陈景南、史泽咸、徐秀钧、孙润宇、孙钟、李芳、杨铭源、谷钟秀、汪荣宝、刘崇佑、王印川、李国珍、汪彭年、王敬芳、李庆芳、孟森、张国溶、夏同龢。国民党十五人，共和党五人，进步党九人，超然派一人。又候补起草委员十五人定今日补选。

△ 6—9月，河南白朗起义军公开打出"政治革命"旗号，克唐河、围鲁山、占禹县、攻卢氏、下淅川。9月转战鄂北、围随县，进占枣阳。

陶菊隐《北洋军阀统治时期史话》：

白狼军发源于河南与湖北边区，其首领为白狼。白狼为何许人也？绘声绘影，莫衷一是。根据传说，白狼姓白名朗，河南宝丰县人，家中颇富。因好读小说，仰慕宋江之为人，清末曾在第六镇统制吴禄贞手下充当参谋，吴被袁世凯暗杀后，他就和中州大侠王天纵一同在嵩山落草，自称为中原扶汉军大都督，纠合党徒，反抗袁氏。

陶菊隐《北洋军阀统治时期史话》第2册，北京，生活、读书、新知三联书店1957年版，第38页

1913年7月11日《民立报》载《张震芳之罪恶史》：

本年六月初，白狼军出动，破唐县，攻鲁不下又抑禹洲，随后又窜扰源潭、独树两镇，围攻鲁山、禹县等地。河南都督张镇芳镇压无力，反坐视白军横行。……今白狼羽翼已六七千，大炮六尊，快枪二三千支，荧荧不救，势转炎炎，涓涓不救，势转荡荡。

7月4日（六月初一日） 国会议员不满现行政府，各提弹劾案，议院内部意见分歧，政府乘机操纵。

1913年7月2日、7日《民立报》载《提出议案》：

两院议员提出弹劾案四件，特汇列于左。

邹鲁等《弹劾全体国务员》：

中华民国成立以来国纪荡然，民生凋敝，强邻日逼，众怨沸腾，诬为厉阶，均由政府失人，酿滋危局。自国务总理赵秉钧组织内阁以后，失职违法，尤足令人寒心。整理财政为国家生命之源，赵内阁组织经年，迄未闻财政上有何计划，惟日以借款为不二法门，小借款案层出不穷，其彰彰较著者，倍克立公司英金一千万磅，及海兰铁路之借款，用途率多暗昧，甚至六厘公债不依法募集，任意将债票折扣抵押，浮冒开支，重人民之负担，而不恤陷国家于破产而罔觉，此其失职者一。民国外交着着失败，而尤以关于蒙古之外交为甚，虽曰国势有以使然，而政府失机，实加促败。盖库伦独立业经年余，政府既抚之无力，甚至玩愒因循，不与俄国严行交涉，至酿成元年十月之俄蒙协约，犹复空言搪塞，不肯实力维持，蒙古尚可增兵，吾国未加守备，及调兵南下，贻俄人以乘间进行，使外交亦无转圜，生出此次中俄条约之结果，且所驻蒙古之兵哗变抢掠，全无节制，更足以使蒙人生心，外交失败，此失职者二。光复以后，军队如林，政府既无统一之力，复无整理之力，日言裁兵，而信阳保定正定一带又复纷纷增募，政府用心莫可究诘，今全国尚存八十余师，而风纪颓坏，器械错杂，切实可用者寥寥无几，卒至蒙古事发，进攻不能，退守不可，仓皇失措，甘受外人挟持，所谓军政者何在，此其失职者三。国家设官所以任事，乃国务总理赵秉钧，财政总长周学熙等，请假辄至数月，教育总长开缺，

竟至数月不补,内阁阁员助行兼理,其视国事如儿戏有如此者,若计所执掌之事,一年以来教育不兴,实业不振,司法行政亦委靡而未能进行,各部之计划,有成绩者究无一事,可见官吏如鲫坐食误公,各部之事尚未能整理,遑言整理各省,此其失职者四。若其违法之事尤更难数,欲举其落落大者,临时约法第三十三条,临时大总统得制定官制官规,但须提交参议院,乃审计处审计,分处国税厅之设立,并本年一月八日,各组织令文官任免执行令,绝为官制官规,竟不待参议院议决,公然以命令公布施行,违法者一。临时约法第六条第一项,人民之身体,非依法律不得逮捕拘禁审问处罚;第二项人民之家宅,非依法律不得侵入或搜索,乃京师逮捕拘禁审问处罚人民之身体,及侵入搜索人民之家宅,多出军政执法处,军政执法处并非依据法律所设之机关,而有逮捕拘禁人民身体,及侵入搜索人民家宅之事,横行无忌,甚至于人民以枪毙之,则尤非法律所许,违法者二。临时约法第六条第三项,人民有保财产及营业之自由;第四项人民有言论著作刊行及集会结社之自由,乃自今竟有军警围捕国风日报,搜索北京通信社文件,停止国光新闻发行,解散省议会联合会各事。是于人民财产营业言论著作刊行集会结社之自由侵害无疑,违法者三。临时约法第六条第五项,人民有书信秘密之自由,刻京师上海等处,往往禁发明电及密电,往来书信往往检查开拆,是侵人民之书信秘密自由,违法者四。中国银行则例第十三条,中国银行受政府之委托,经理国库及募集,或偿还公债之事务。乃本年五月三十一日,财政部布告第三号,以代理金库委托交通银行,以部令变更则例,而委托金库于交通银行,违法者五。临时约法第十九条,参议院之职权第一项,决议临时政府之决算预算。乃临时政府元年六月,至今年六月之决算,并无提出;本年一月至六月之预算概已支出,今始提交国会,且止有中央之预算,并未有各省之预算,违法者六。而违法之甚者,尤莫过于此次奥国借款,私自结约;善后借款擅行签押。查临时约法第十条,参议院职权第四项,议决公债之募集及国库有负担之契约。国会组织法第十四条,民国宪法未定以前,临时约法所定参议院之职权为民国议会之职权,是公债之募集及国库有负担之契约,国会未成立以前,其议决职权在参议院,国会成立以后,其议决职权在国会。国会于本年四月八日开院,凡有公债之募集及国库有负担之契约,在四月八日以后者,当然先由国会议决,始得发生效力。约法具在,万不可违,乃政府与奥国借款,及五国团借款,则竟悍然违背约法而不顾,奥国借款额数三百二十万磅,抵押品为税契,政府私与奥国定约,毫不使国会与闻,迨本院议员提出质问书,犹复久不答复,及催促国务员出席答复至再,始于本年六月二十五日,由代理财政总长出席,受议员严行质问,方认于本年四月初十日,既私与奥国签约,五国银行之善后借款二千五百万磅,未经国会决议,竟于本年四月廿七日,擅行签字,查此案事前未经大总统依法提出,事后参议院又无咨覆文书,何得重诬前参议院已经表决通过,且前参议院十二月廿七日议事录,载明财政总长周学熙报告事件,当日对于借款事止有报告,并非议案,周总长报告二十一条件,五条特别条件有条文,普通条件十六条仅有大意义,当时院内将特别条件五条表决,其大体不过示政府以交涉之范围,普通条件尚无条文,更何所谓通过,故于五月初五日众议院开议,质问段代理总理出席答辩,及至辩无可辩,乃行自认手续未完,夫以未经国会通过而擅行签字,如此手续未完,非违法而何至,若借口倍克立公司借款签字后始提请参议院追认,及海兰借款签字后始正式咨照参议院备案之先例,以为违法之辩护,则益见政府之心不可问。夫临时约法,参议院止有议决公债之募集及国库有负担之契约之规定,并无事后追认之条文,今政府冒天下之不韪,对于克立士下及陇秦豫海借款不先交前参议院议决,既已蹈违法之罪,乃不自引咎,竟乘国会之初开,及借口先例明目张胆破坏法律,是政府无时不可开先例,即无时不可以先例蹂法律,根本动摇,何以立国,是尤吾人民忍无可忍者也。夫国基初定，风雨飘摇，政府即守法奉公，力谋国利民福，犹恐千钧一发，任重维艰，矧便一己之私图，置国家于度外，举个人之意旨，视法律为弁髦，值承平全盛之时，绠短汲深，尚虞弗济，处国步复杂之日，水深火热，安望不危。嗟呼，莽莽乾坤容此浊流，苍生何托，大好山河等诸孤注，赤县将沉，苟非急起而更新，决难□乱，而为治用。是陈政府失职违法荦荦大者，谨依临时约法第十九条第十二项，提起弹劾，俾国务员全体一律罢职，是否有当，即请公决。

1913 年 7 月 7 日《民立报》载张华澜等十二人弹劾国务员违法案：

共和国家，宪法为本，宪法者神圣不可侵犯者也。民国初兴，宪法未定，爰定临时约法篇中五十四条，特申明宪法未施行以前，本约法之效力与宪法等。故违背约法，即背叛民国，背叛民国，即四万万人民之公敌，所谓罪大恶极，不可轻纵者也。临时政府成立于今，一载有余，专擅强横等法律于弁髦，甚至神圣不可侵犯之约法，亦悍然违背之，此其罪恶，为何如也，兹举其违背约法之罪之最著者，约有二端，请缕述如下：

预算案不交议会也。查议会为监督财政机关，预算决算须交议会议决，此世界立宪各国之通例。故约法第十九条第二项，预算决算之权属于议会。是民国二年一月至六月之预算，当然交临时参议院议决也，乃政府对于临时参议院，竟始终不交议及，至本院成立数月，时期已过，乃为事后之交出，以欺骗国民，愚弄议会，此其违法之大罪一也。

私借外债，不经议会之通过也。政府借一分外债，即人民增一分负担，故约法第十九条，国库有负担之契约，规定由议会议决。今奥国借款三百二十万磅，政府不交本院议决事，极诡密，乃至本院议员数次质问，知不可掩，乃出席支吾，妄引公债案已经前参议院通过，为抵赖不知。前参议院通过者为公债。政府与奥国立约者为借款，虽称以债为抵押，然公债为一案，借款又为一案，何得谓通过公债，即通过借款。此三尺童子所不能欺者，而政府竟以之欺我国民，此其违背约法之大罪二也。

夫宪法未施行以前，民国之命脉全系于约法，无约法是无民国也。今政府既悍然违背约法而不顾，即悍然背叛民国而不顾也。本员等忝为国民代表，有拥护约法，维持民国之责，谨据约法第十九条第十二项提出弹劾国务员案，祈公决施行。

1913 年 7 月 7 日《民立报》载何雯等十八人提出弹劾财政总长违法擅借奥款案：

奥国借款案曾经本院议员具书质问，据代理财政部部务官梁士诒来院答复，以六厘公债抵借奥款，所订合同并非国库有负担之契约，已于本年四月二十日签字等语。查六厘公债之募集，与借用外债其性质截然不同，借款合同由中国财政总长出名，与瑞记洋行订立，明定抵押品及历年偿还之期，实为国库有负担之契约，彰彰明矣。改革以来，各省入款不能照章解入国库，政府借用外债，原属不得已之举，若未经议院通过，擅行滥借，国家前途非常危险，临时约法第十九条，参议院之职权第四款，议决公债之募集，及国库有负担之契约，奥款合同未经专案，提交院议，乃于两院开会之后，财政总长周学熙擅行订立，实属违背约法，且签字后不交院追认，经本院质问，始由梁士诒到院答复，种种支吾，始谓此项借款，尚在磋商，及宣读合同，则业经签字，业经交款，矛盾至此，殊为不合。财政关系重要，必有廉明干济之才，始足担当重任，得议会之信用。周学熙请假两月，不亲部务，一任次长梁士诒之弄权，骫法不能抑制，并有失职之咎，约法第十九条第十二项，参议院对于国务员认为失职或违法时，得以总员四分三以上之出席，出席员三分二以上之可决弹劾之。国会组织法第十四条，临时约法所定参议院之职权，为民国议会之职权，兹特依据约法，提出弹劾案，应请大总统从速将周学熙免官，以明责任，是否可行，俟诸公决。提出者何雯，连署者胡祖受、杨树璜、黄肇河、黄云鹏、张伯烈、王绍鏊、徐兰墅、孙炽昌、陈经镕、贺廷桂、郑万瞻、胡鄂公、张大昕、黄璋、陈允中、汪彭年、余绍琴、朱腾芬、陈邦燮、刘浮龙、王桢、杨士鹏、郭人漳、康士铎、严天俊、范殿栋、刘治洲。

1913 年 7 月 7 日《民立报》载李国珍等七十五人提出弹劾国务员总理及财政总长违法擅借奥款案：

自奥债之说道路喧传，本院特请代国务总理及代财政总长于六月二十五日出席，严密质问，始悉政府确以契税抵借瑞记洋行之款，计三百二十万磅，回扣九二，年息六厘，并以民国元年六厘公债募集之数，藉备偿还之地，朗诵合同，情节毕露。揆诸约法枘凿难容，而代理财政总长，犹复狡辩，以为六厘公债既经参议院通过，则持此公债抵借奥款，似无再求议会通过之必要，语涉支离，群情尤骇。查约法第十九条第四项，议决公债之募集为一规定，议决国库有负担之契约又一规定，性质迥异，绝不相蒙。六厘公债虽经前参议院议决，若以债票售于奥人，募集奥款，自无违法可言。而以此六厘公债为偿还之方法，特立合同，别借巨债，指定契税，充作抵押，则系国库有负担之契约矣。法当议之，契约秘而不宣，立宪政体之下，庸可恕乎。国务总理赵秉钧，财政总长周学熙，擅为影射，不先将奥债公同交院议决，遽于四月初十日签字，显背约法，莫可解免，谨依约法，以总员四分三以上之出席，出席员三分二以上之可决。具文弹劾，请大总统即免其职，以谢全国国民。是否有当，仍希公决。

1913 年 7 月 8 日《民立报》报道：

今日众议院议程，将各弹劾案提出讨论，预计彼时必有剧烈之舌战，惟暂时可以付审查了事。现闻，政府已专拨巨款，为对付此案之用，其办法即使某党坚持赵、周一部之议，一面即广布谣诼，加国民党以借题发挥，罗织政府罪状等词，并在议院有意激起党争，务使此案一再延宕，不能成立。至赵、周假期将满，续请辞职之时，即由袁令准其免官，以见权出自上。彼时弹劾案更无一毫价值。

7 月 7 日(六月初四日)　袁世凯下令“缉拿”湘鄂党人宁调元等。

《临时大总统令》：

据兼领湖北江西都督事黎元洪电陈，□党扰鄂情形，并请通缉各要犯归案讯办等语。(中略)经该管都督派员，在汉口协同西捕，破获机关，搜出账簿名册旗帜布告等件，并取具各犯供词，证据确凿，无可掩饰。查该□党屡在鄂省谋乱，无不先时侦获，上次改进团之变，未戮一人，原冀其革面洗心，迷途思返，乃竟鬼蜮为谋，(中略)再曲予优容姑息，适以养奸，宽忍反以长乱势，不至酿成无政府之惨剧不止。所有案内各犯，除宁调元、熊越山、曾毅、杨瑞、鹿成希、禹周览已在汉口租界，德法各捕房拘留，另由外交部办理外，其在逃之夏述堂、王之光、季良轩(即季雨霖)、钟勖庄、温楚珩、杨子鬯(即杨王鹏)、赵鹏飞、彭养光、詹大悲、邹永成、岳泉源、张秉文、彭临九、张南星、刘仲州等犯，着各该都督民政长将军都统护军使一体悬赏，饬属严拏，务获解究，以彰国法，而杜乱萌。此令。

黄季陆主编《革命文献》第 44 辑，台北，中央文物供应社 1968 年版，第 483 ~ 484 页

7 月 8 日(六月初五日)　李烈钧由沪返湖口，赣省风云日亟。

《癸丑年七月革命概略》：

先是袁世凯既命李纯赴赣，于七月七日抵九江，驻沙河镇。而李烈钧则于八日抵湖口，召集旧部，扼扎湖口要隘，占领炮台。至十二日宣布独立后，即派混成团林虎，进攻沙河镇之

李纯军队。

黄季陆主编《革命文献》第44辑,台北,中央文物供应社1968年版,第2页

7月10日(六月初七日)　袁世凯召集全体国务员商量改组内阁问题。

1913年7月12日《民立报》报道:

前日袁召集全体国务员在西苑静心斋会议改组内阁问题。各员主张分三派:(甲)代理总理段祺瑞、海军总长刘冠雄、农林总长陈振先、交通总长朱启钤主张任徐世昌或熊希龄为国务总理,各部总长仍旧;(乙)外交总长陆徵祥、工商总长刘揆一主张将内务、财政、教育三总长另简,仍由段祺瑞代理总理;(丙)代理财政总长梁士诒、代理内务总长言敦源、代理教育总长董鸿韦、司法总长许世英主张全体改组,由赵秉钧领衔提出辞表。迄未解决而散。

7月12日(六月初九日)　李烈钧在江西湖口举兵讨伐袁世凯违法叛国,二次革命爆发。袁世凯任命李纯署九江镇守使,刘世均署九江镇守副使。

《李烈钧占江西湖口宣布独立组织革命军与政府军开战于沙河镇》:

自宋案发生及大借款成立,反对现政府之革命党,欲举行二次革命,以达推倒政府之目的。在鄂之秘密机关既屡经破获,乃转而趋赴下游,希图在赣起事。本月二日,兼领江西都督黎副总统接九江要塞司令陈廷训电称:有革命党来浔运动军队,煽惑炮台,请速派兵镇慑。因电饬政府派驻鄂境之北军司令李纯,酌派军队,驰往九江之沙河镇。前赣督李烈钧,则于初八日由沪抵湖口,约会九、十两团,密谋举事,并调集辎重工程两营,分扼要隘,勒令各台官交出炮台,归其占领。本日驻德安镇赣军旅长林虎所统之军队,突竖讨袁军白旗,向李军攻击,历战一昼夜,林军死伤较多。同时湖口宣布独立。组织讨袁军。嗣经省议会布告,推李烈钧为江西讨袁军总司令,欧阳武为江西都督。

《东方杂志》第10卷,第3号,中国大事记

《江西宣布独立》:

九江函林虎军队首先战胜袁军时,前江西都督李烈钧,方在湖口。当召集旧部刘师长、何旅长、水巡何总监、机关炮队卓队长、周团长、吴团长等会议。群以袁世凯既蓄意反叛民国,屠戮江西,江西为卫国计,为自卫计,自当不与两立。当时意见一致,遂议决宣布独立,与中央脱离关系。组织讨袁军,克日北征。适省议会有电到水巡总监处,请严拒北兵,李烈钧遂即以宣布独立、组织讨袁军之意电复省议会。旋又得议会全体公电,极端赞成,并举李烈钧为讨袁军总司令。李烈钧以天职所在,遂亦当仁不让,且立时宣布独立云。

黄季陆主编《革命文献》第44辑,台北,中央文物供应社1968年版,第104~105页

《江西讨袁军总司令之约法》:

李烈钧既就任江西讨袁军总司令,即通电各属与人民,约法三章:(一)誓诛民贼目的;(二)巩固共和政体;(三)保卫中外人民生命财产。

黄季陆主编《革命文献》第44辑,台北,中央文物供应社1968年版,第105页

《江西民军致东南诸省促响应文》:

江西光复后,得李都督治赣,地方秩序井然。后以袁世凯举动违法,有乖共和,我赣民及李都督时进直言忠告,冀其悔悟。乃中央反生猜忌,日思对付吾赣人,将我赣人倚任之李都督免官。吾赣人为顾全大局,犹复委曲求全。而袁世凯犹不见谅,无故派军来赣挑衅,赣军犹复含忍。乃节节进逼,突施炮火,此种举动,直以仇敌视赣,以盗贼视赣人,失其共和政府

之资格。吾赣人忍无可忍,不得不以寇雠待之。用以保卫共和,驱除民贼,现已恳请李都督还赣,主持政务,宣告独立。惟念中央种种罪恶,皆袁氏一人所造成,义师所指,专讨袁氏,对于四万万同胞,毫无敌意。我东南诸省,为革命首先发难之地,宿具保障共和,拥护约法之宏愿,倘亦闻风兴起,云集响应,声罪致讨,诛殛元凶,以奠民国云。

黄季陆主编《革命文献》第44辑,台北,中央文物供应社1968年版,第107~108页

《江西省七十九县公民宣布讨袁文》:

自民国肇建以来,凡吾国民,莫不欲达真正共和目的。袁世凯乘时窃柄,蹙我军民于武汉之间,焚杀劫掠,惨无人道。嗣军以民不忍兵祸蔓延,许与议和。清廷亦复宣布退位,袁世凯盘踞北京,多方要挟,以巩固其私党,位置其人民。悉予优容,犹冀其或能改革不良政治,谋我国利民福也。乃年余以来,违法之举,罄竹难书,就其大者数之,如蹂躏约法,干涉议会,戕杀无辜,摧残言论,擅免官吏,私借外债,丧失主权,均属有负国民委托。乃袁世凯祸心未已,无端派兵至武汉,派兵至上海。近竟密令心腹,提兵入赣,我赣人犹复含忍,委曲求全。奈袁兵节节进逼,我赣人忍无可忍,不得不起而自卫。现已由省议会议决宣告独立,组织讨袁义军,以维持真正共和,力除民国蟊贼为目的。惟念祸魁罪首只袁一人及一二左右宵小,义旗所指,除为其私党外,不妄戮一人。呜呼!法兰西共和幸福,革命且至再三,美利坚为人道争战,意见讵关南北,尚望我全国各省同胞,闻风响应,协力同心。凡有阻我义师,为共和障碍者,与天下共击之。

黄季陆主编《革命文献》第44辑,台北,中央文物供应社1968年版,第109~110页

《江西民军致参众两院及各省电》:

参众两院,省议会联合会,各省都督民政长,省议会,各军师长,兖州张军统,铣日未刻接前军电告,我军与袁军在赛湖方面鏖战。敌以大炮轰击,炮弹落地,不能开花。我军乘势进攻,袁军败走。我军夺获大炮五尊,杀敌无数。今日(十七日)黎明,又接电告,我军愈战愈奋,敌军气夺,不能抵抗,弃械遁走十里铺。我军追击十余里,夺敌军快枪七百余枝,毙敌近千。我军士气愈振,敌军势穷力竭,无战斗能力等语。知关廑注,谨电告捷,江西都督欧阳。叩篠。

黄季陆主编《革命文献》第44辑,台北,中央文物供应社1968年版,第1105页

李纯《报告战况电文》:

纯于本(七)月六号先后奉到电令,以九江不靖,饬派兵队迅往镇摄,以期消患无形,遇事与欧阳护军使、陈要塞司令接洽办理等因。遵于是日派队陆续抵浔,分驻官牌夹江岸及附近十里铺、沙河镇一带。……维时即查得李烈钧带日人多名住湖口镇署,调集九、十两团,游击、工程各营,占领湖口炮台,宣布独立。代理九江镇守使耿毅及旅长方声涛、团长周壁阶等同时潜往湖口。而驻德安之旅长林虎,亦即相率混成支队直向沙河镇前进。适奉副总统宣布退师电,比以乱机已发,未敢骤退。比经飞电请示间,林军突于十二日早八点进攻我军宿营地前五百米达左右,开枪猛击。我军坚持戈操同室,贻笑外人之大义,一面借南浔铁道电话与之理谕;一面向后稍退以示无他。讵该军不置辩论,相逼愈近,伤我多人,势不得已向前迎击云云。

1913年7月22日《政府公报》,第435号

《黎元洪详述赣事通电》:

大总统钧鉴,国务院各众议院、旅京赣省同乡会,并转各报馆,都督民政长,并转护军使,各师长、旅长、各报馆、旅沪赣省同乡会、民强、民立、申报转各报馆,省议会、商会并转各报馆

钧鉴:庚文元三电,计达公览,顷准程都督、唐都督电询赣事。并悉有南昌全体军官名义通电各省,诚恐远近传闻失实,不得不剀切陈明。查上月□党来鄂,分设机关,运动军队,招兵放火,攻城。当经拿获幕兵,炸弹旗帜,名册文电,布告等件,并钟仲衡等各犯。其季雨霖旧部,驻扎天门潜江两县下六台,约期举事,请迅派兵救援。并奉大总统急电,饬鄂派兵,元洪深恐一发难收,猝不及防,不得不遵命办理,为曲突徙薪之计,此就近檄调李军赴援之理由也,李将到浔,元洪即严饬约束军士,毋启衅端,嗣接欧阳武军使电,力言九江安静无事。陈司令微电,亦以先事防范,可望消灭为词,元洪恐主客猜嫌,无事自扰,不得不服从舆论,决计退兵,维时李部各军,已奉令陆续出发在先,鄂寄李司令电,皆由田镇第六师司令部转达,兵在半途,无从奉命,事实当然,可为共谅,此宣告退兵,而不能立刻遽退之理由也。李师正预备起行间,旋接陈司令蒸电,刘师长真电,并水陆报告,探明李前督,率同外人四名,乘轮于八号至湖口,驻水巡总监署。私党林虎、方声涛等,乐为用命,计划反抗。会同九、十两团,调去辎重工程两营,满布要点,勒令各台官交出。并电刘师长速催章裕昆之一营,及二十二团一营。同时于二十五六七等日,改悬白旗。大张布告。招兵劫饷,连战始溃,为文元两日通电所未载。查取供证。早有赞成响应之言。及该匪等败窜东下,复有占据九江,推倒护军使之谍报。元洪鉴于其势雄计毒,适接陈司令电陈,湖口分兵进逼金鸡炮台,步哨距浔甚近。欧阳护军使由浔调回之机关枪两连,刘师长由省调来之护卫军两连。均被湖口截留。方旅长声涛,前招新兵一营,由浔开往湖口姑塘等处,集兵至一师以上,业已宣布独立。据欧阳护军使查复,亦云李烈钧到湖口确系实事,已调两团往攻,足见陈司令前次请兵,并非误报,赣省所言安静无事,并未调查实情。复同日奉大总统令,李烈钧凭借异族,以私人擅集军队,勒占炮台,自系作乱行为。李司令所部,现无撤退之理,饬黎元洪酌调六师,后方各团及二师旅团,迅速赴浔,并饬欧使严束所部,勿受乱徒指挥等因。并由中央径电李司令遵照,此取消前议,留防不退之理由也。林虎所部一旅,原系南京留守府护卫军,由李前督调驻德安。突向李司令所驻之沙河镇进发,李司令质问,欧阳据复,并未下令前进。又绑去李军绘图生一人,枪伤同伴一人。据欧使电复此事,林未禀报。是其目无将令,擅开战衅,已在诛讨之列。犹复扣留火车,截断电线。陈司令元电,十二日上午八时,林军高竖讨袁军白旗,实向李军攻击两时之久,李军始行还击,历一昼夜,林军死伤二百余人,我军获胜等语。足见孽由彼作,衅非我开。其中央派送护军使印信之余大鸿等,据报被湖口伪总统府扣留,且宣布独立,高竖白旗,叛逆昭彰,乱谋久伏。此岂平常主客冲突可比。而得以北军逼变为词乎。此援军防剿叛兵之理由也。查该□等私结外援,遍招旧部,以利权抵押为财源,以谣言煽惑为能事,鄂乱未成,去而之赣。据李司令电称,九江原有□党极多,加以近日汉口、武昌连次破获机关,赣为逋逃薮。闻前此风声鹤唳,一夕数惊。陈司令廷训情迫无已,电请派兵,幸仗德威,纯部已到混成一旅有奇。实出□党意见外,未敢骤然暴动。我军到浔之始,犹复增加军队,扣留火车,以示反抗之意。嗣经纯迭电欧阳护军,并派员特函分赴九江各机关详为剖白,相见以心。犹恐顾虑未周,人心惶惑,复于所到之地,张贴布告,晓谕兵民等,今午抵浔,陈司令廷训派员接待,各机关及各界,亦极表示欢迎。欧阳护军特派参谋带洋千元来浔犒劳。现时据表回判断,或不致有意外之虑。纯本辁材,谬荷艰巨,倘能委曲求全,消除隐患,上可以仰体钧座维持大局之苦心,下可以免赣省生灵涂炭之惨祸,区区之愚,未审能如愿否也。至昨电恳增兵一节,乞饬准备,非万不得已,不敢冒请开拔等语。是党谋据九江之计,及李纯维持大局之心,当可共见。幸防范迅速,未敢遽然作乱。乃甫下撤兵之令,遂竖独立之旗。袭我不意,攻我不备,乘危攻击,至于两时。使李军忍无可忍,不得不正当防卫。试问总统府举自何人。

讨袁军义于何取。鄂省前次搜获证据，即命名为讨袁军，今竟高揭于赣境矣。果何政治不良，自有国会解决，乃当此一发千钧之际，蒙藏风云，曾不过问。竟敢托庇外人，背叛民国，假改革之名，行攘夺之实。既乱吾鄂，复乱吾赣。百兆生灵，掷诸孤注。事败何以免列强分割之惨，事成何以为外国报酬之资。试问吾父老子弟，何仇于□党，而必供其屠门之大嚼。此种元凶，当为神人所共愤，天地所不容。犹复冒称军界全体，伪报连日胜仗，通电各省，希图响应，其居心尤不可问。李军驻扎鄂境，历有数旬，地方居民，向无侵扰。果如该电所言，何以欧使屡次通电，均未一述北军到浔，寝席未安，遽整归旆。李烈钧自沪返赣，计程亦须数日。何以北军甫到之时，李烈钧已来湖口，尤见逆谋有素，非临时电请可知，查赣军第一师长欧阳护军使，已派兵两团往攻湖口，并有以死图报之言。第二师刘师长保护浔城租界，至以军队不能前往为愧。两公手绾兵符，维持统一，文电具在。足见赣军全体之通报，全为□党伪造，谅我各省忠义军人，深明大义，断不至为其所愚，元洪对于□党，既无感格之方，对于江西，空负维持之愿，使平日委曲求全之心，付诸流水，天乎天乎，夫复何言。李烈钧以退职平民，竟敢公然称兵独立。破坏共和，为德不终，深为悲痛。查二六两师，向隶中央，上次改进团之变，大总统调赴鄂省，藉资镇慑。此次派赴九江，下迫于陈司令乞援，上禀遵大总统之命令，嗣欧使屡电请退，亦既允其所请，并电请中央缓派军舰，乃陈司令刘师长复电告危急，大总统复电止撤退，并饬李司令激励将士，灭此丑类。现李司令已被简为九江镇守使，责有专司，湖口方面，亦竟僭设总统府，妄称讨袁军。是□党反抗中央，中央往剿□党，大局所关，决非鄂赣相争之事。元洪处军人之职，受国民之托，惟知服从命令，拥护共和，名誉生命，皆所不计，不忍再见以湖口一隅，而辄抗中央之师，兵出无名，天倖不可屡邀，民心不可过拂，胜败之数，无暇蓍龟。惟念我劫后生灵，填尸沟壑，军界同胞，暴骨原野，及尔无罪，沦胥以之，何辜于天，遭此惨劫。弭戎无术，咎在元洪，耿耿寸心，死不瞑目。应请正元洪之罪，以谢天下。临电彷徨，不知血泪之交随也。诸公老成谋国，当必有深谋毅力，奠我邦家，引领铃辕，祷何能尽，黎元洪叩删。

黄季陆主编《革命文献》第44辑，台北，中央文物供应社1968年版，第123～127页

岑楼《二次革命说》：

近日来二次革命之说频震于吾人之耳鼓，是耶非耶，吉耶凶耶，此诚最可研究之问题。

据民党报纸观之，政府秘借外款，暗杀伟人，封禁报馆，捕缚议员，假中央而挟地方，藉共和而行专制，不二次革命，难保全民国。

据政府报纸观之，民党遇事生风，希图不轨，分裂南北，破坏大局，挟私愤以生内乱，聚徒众以启瓜分，有二次革命，难保全民国。

吾人居中论断，将以民党为然乎，则政府之反对有理。抑以政府为然乎，则民党之反对有理。然则孰吉而孰凶，谨得而断之曰政府为不然。

吾人非不知外患紧迫，不可以二次革命，非不知人民穷困不可以二次革命，而独赞成民党之说者，殆有不得已也。

溯自政府北迁，已届年余，索其成绩，一无所长。以论乎内政，则海陆军不整如故也，商实业不兴如故也，财政紊乱，教育废弛如故也。以论乎外交，则蒙藏独立，征服无期也，关税、邮政、军港，收回无期也。凡此皆政府未顾大局，未顾南北之事实，不能以责民党之反对者。况舍此之外，又有大借款与暗杀案之发生，然政府于此时期，深自引咎，相示以诚犹可见谅于民党，乃曲为巧辩，取缔舆论之攻击，擅调队伍，诬蔑南方为反叛。于此而欲二次革命之不进行者，宁非天下之忍人。

革命主义根于平民身受之疾苦所发生者也。政府行为既已若是，要之直接间接增益平民之疾苦。民党为平民集合而成，其地位、其感觉、其心事亦与平民同。平民受政府之疾苦，即民党受政府之疾苦。民党素负平民之责任，安忍政府之凶横，不趋于二次革命，作民国之砥柱，挽共和于既倒。法兰西八十年剧斗，美利坚七载战争，岂其民党乐而为此哉，勿亦为疾苦之难忍耳。

贪生惧死者流，亦随恶政府之后，而诋毁民党不置，殆未思之甚也。他事无论，政府无端借入二千五百万磅之借款，本利相累，不至于三亿元四亿元不止，他日孰偿之，将天雨之金耶，抑政府能以个人任之耶。不然，则出于我平民之田赋与商税，而我平民今日憔悴若此，其何能负此重担，与其不能负之于后，曷若与恶政府争之于先。不自由无宁死，民党之主持二次革命，殆此意欤。

政府肆虐，全国受害。与政府争者，盖欲为全国人除害而兴利，毫无私意存于其间。某党报纸屡谓民党分裂南北，破坏大局，岂以政府之借款杀人，滥权违法，为顾全南北为顾全大局耶。汝辈有言论之责，何只为政府作伥，不计及四万万平民之疾苦，只顾目前之利益，不计及将来之负担乎。呜呼。武汉之白骨未寒，而言论界之堕落如是，吾不知将何以对肝脑涂中原，膏液润草野之诸志士也。

共和专制，绝然相反。政府今日无恶不作，已大背共和之原则，而与专制相仿佛。夫如是而可谓曰中华民国，则当日又何必不令满清皇帝，易一名目。乌用革命，乌用流血，又乌用袁世凯为总统，赵秉钧、段祺瑞、周学熙一般亡国大夫为国务卿，以荼毒吾民焉，以残贼吾民焉。革命一场，恍若春梦，黄祖有灵，不应如是。

吾言至此，适接京友来函云：政府日封报馆三四家，杀人数十，酷烈手段，有过满清。善哉，政府之所为，不如此不足以普及二次革命之主义，不如此不足以见民党主持二次革命之苦衷，不如此不足以使全国人知假共和为发二次革命之导火线。汤武革命，应天顺人，今日之二次革命，又何多让。

吾国民中往往有疑政府兵力过厚，恐二次革命难于成功，反遭屠戮。噫！误矣。军人者以保国卫民为天职，不知卫民之义者，不足以言保国。苟有残民以逞之政府，而军人亦为之效死力，则非军人直豺狼也。吾民各有所事，不能折冲御侮，出纳租税以养兵。苟有残民以逞，若今之政府者，军人当以铁与血一洗其毒，而副平民供养之意。我北方军人岂不知之乎，倘知之而犹供其驱使，是非吾民所敢望者。去岁三月，吾与保定某镇军队坐谈，革命之时，何以不响应武汉，反攻击武汉。皆答曰袁宫保下令平土匪，又不令我等看报，故九州之铁，铸一错耳。夫前者之革命，为创造共和，今兹之革命，为巩固共和。我北方军人既知误于前，幸无盲从袁世凯之命令而再误于后。并请趁星期日，多购阅民党报纸，庶国家大势了如指掌，而全中国卫民之义，亦可得而悉也。虽然政府今日无恶不作，正恃有北方军人为之虎伥。吾望我北方军人，从污垢之地位，一跃而复其天职，使残民以逞者，知所鉴戒，将来历史上之光彩，决不让法美革命军专美于前。倘执迷不悟，仍与为奸，则火炎崑岗，玉石俱焚，甚为可惨。盖以拿破仑之盖世英雄，尚走死孤岛，矧现政府悉卑卑不足道者乎。乃者袁世凯遣兵江汉，下窥皖宁，几欲与赣督开战，此真我北方军人之盲从，最当引为痛心疾首者。昔满清政府，藉我北方军人为锄民党之具，今袁世凯又藉我北方军人，为防异己之具，岂我北方军人，误认残同种同类为天职耶。谁无父母，如足如手，谁无兄弟，如宾如友，而我北方军人狂噬死昨若是也。且我北方军人，并未受袁世凯若何饷银，受袁世凯之厚利者，仅冯、张、段、倪数人，岂因数人之故，遂盲从其命令耶，何不返思乃尔。然吾知我北方军人，决不如前次之攻击武汉，决不使袁世凯万世一系。盖为父与母、妻与子,后日之利害计,有当然耳。

北七省都督之通电,又以民党反对政府为反叛民国,为瓜分民国。率尔出口,不值识者一噱。反叛二字,乃异族君主加乎吾民者。民国成立,此等字样,除对于帝制自为及背叛向敌者外,当然无存。七都督托于老成,形于电文,不知民党所反叛者何事。岂以政府秘密借款,民党不当反对耶。政府秘密杀人,民党不当反对耶。政府私卖外蒙围捕议员,民党不当反对耶。民国官吏,人民公仆,公仆不良,人民自有监督之权。若指人民之监督为反叛,斯亦某党倡暴民专制之说,皆荒谬绝伦者也。且民党今日反对政府,实以政府专制过度,倘政府有一善之长,民党决不至无理取闹。七都督不责政府,而责民党,官官相应,可愚亦可怜。至于瓜分二字,更为拟于不伦。前岁革命保皇余匪,曾以是相诘难。然革命之时,外人不但严守中立,且有从戎而赞我军谋者。大抵以民军举动文明,无所藉口,今后革命仍守国际之法度,意列强亦严守中立,决不加以无礼之干涉。且瓜分一说,早已烟消云散,吾国海陆军虽号称数十万,不足供列强一歼,而列强尤无时不可瓜分。然我国自甲午以还,未为印度朝鲜之续者,非清政府与现政府外交之善,盖犹周礼尚存,鲁不可灭,吾国民之自立心不死,列强不可得而瓜分也。不然列强冒世界之大不韪,而瓜分我国,吾国民必万死一生以与之争。争固难期于必胜,将见中国瓜分之日,亦列强民穷财尽之时。故最近弱小如土耳其,列强极主保存,矧夫中国土地之大,人民之众乎。然而有现政府专制吾民之上,中国纵不瓜分于列强,亦将被抵押于列强。夫以外蒙若大之领土,政府不惜私卖与俄,则十八省土地能有几何。列强不援利益均沾之例则已,否则莽莽神州,甚为危险,七都督曾思及此否乎。大隈重信有云:寂焉不动,乃所以遭列强之迫压。吾国民居于今日,乌可以不振耳目张手足,以雄飞于新世界。现政府何能为乎?

某党报纸又指二次革命为涂炭生民。夫二次革命,涂炭生民固矣。试问不二次革命,生民可以免涂炭乎,革命之生民涂炭,尚于双方之争斗见之。若不革命之生民涂炭,则一方为刀俎,一方为鱼肉。为国事而涂炭,则吝惜之,为恶政府所涂炭,则忍受之,何其愚而若是。况今吾国民对于现政府怨气直充塞于天地间,久欲以一矢相加,隐忍而至于今者,殆疾苦浃于骨髓,不能不趋于积极之举动也。某党亦平民中之分子,何冥冥如是。天下事固有维持现状,而可进于完善者。然维持现状,含有可否二意焉,即保全因循是诸君之不主张二次革命也。欲维持中国之现状也,出于保全之意犹可,而诸君之主张维持,则吾可断言,不过畏难苟安,甘居猬小,不思自振而已。如是而欲国事之进于长善可得乎。吾辈之极力主张者,亦非有如诸君所推想者之破坏之意存焉,不过不欲为因循之维持,欲为急进之改良,欲为四万万人造真正共和之幸福。不然政府之金钱,孰不动心,吾辈奚用是喋喋者,且诸君尝以分裂南北之言为口头禅,抑知吾辈之主张二次革命,非谋割据乎。抑知二次革命,南北人民所欢迎者乎。民国今日之危殆也,殆误于诸君之南北二字也。

然而反对二次革命者,不仅七都督与某党,即我留学界诸君子,亦屡屡相訾议。殆知其一不知其二乎。人之爱其亲,孰不吾若,然吾爱其亲,而父母不相见,兄弟妻子离散者,盈天下皆是也,吾其能一一不使之舍其亲乎。吾于家庭之际,至难言也,然而天下之人,其遭际之难,同于我,或十百千万于我者,则又何限吾其能以自私乎。思此而爱亲之心迸而合于爱同胞之心,则革命之心决矣。故曰革命主义者,根于平民身受之疾苦,所发生主持革命者,为素负平民责任之人。今之民党,目击蚩蚩之民,辛苦憔悴,为野蛮政府所践踏,无异于牛马草芥,此则现在之疾苦,主持二次革命者也。由现在以推将来,其如水之益深,火之益烈,剥极而复,复极而剥,亦未可知。此则将来之疾苦,而主持二次革命者也。德之不建,民之无援,使人陷于沈忧之中而不能自拔，则生之危，已不若死之乐，与其憔悴而生，不如憔悴而死，此民党合现在将来之疾苦，而积极主持二次革命者也。我留学界诸君子，羁处异邦，非不一时之乐，其如父母妻子何，其如四万万同胞何，其如不能作共和国之国民何，清夜思之，当恍然于二次革命矣。

虽然吾亦有与民党相磋商者，前次革命吾民箪食壶浆以迎民军，诚苦满清之苛法，而欲享共和之幸福。统一以还，吾民不但未享共和之幸福，且先受共和之疾苦，岂真共和而误于吾民耶。无亦政府假共和而行专制。夫政府之敢于如此者，盖民党有以使之然也。军兴之际，民党持人道主义与清廷议和，袁世凯从中舞怪，共和牵就成立。及迁都南京，组织内阁诸议，亦牵就取消，以故袁世凯武断河北，睥睨一切。倘当时北扫虏廷，歼夷官僚，今日必无恶政府之出现。然东隅已失，桑榆非晚，及今而二次革命，犹可组织真正之共和，以达吾民之欲望。吾独所望于民党者，望再无中袁世凯调停之诡计。纵畏于战祸，不能不牵就调停，当首先解决迁都与内阁问题，不然吾民虽膏液润草野，肝脑涂中原，必与恶政府一战。盖恶政府以专制为目的，吾民以共和为目的，目的不同，斯恶政府与吾民势不两立。战而捷，则共和为我国民之共和，中国为我国民之中国。战而败，则共和为恶政府之专制，中国为恶政府之私产。其中利害，间不容发，所谓差毫厘，而谬千里者。虽然前次革命，酝酿十余年而后成，今兹革命，固可期收效于俄顷。……

黄季陆主编《革命文献》第44辑，台北，中央文物供应社1968年版，第47～55页

中央《谨告言论界》：

张横有言：民吾同胞。今日之民，吾与达而在上位者之所共也，救民以事，此在上位者之责；救民以言，则在下位者之责也。然使上失其责，救民之事，转而厉民，则在下之负有言责者，义当对于在上者，起而警告之，警告之不已，乃继而痛斥之。诗之为教，以温柔敦厚为主，然如赫赫宗周，褒姒灭之，赫赫师尹，不平谓何，皆显暴其人名官位而不以为讳，盖清议之严，正所以维持世道。亭林顾氏谓清议亡而干戈至矣，是祸变所生，关于吾言论界者不綦重哉。今吾国文明幼稚筐箧刀笔之流，固不足语天下大事，明天下是非，独至新闻记者，负代表舆论之望，何可言伪而辩，并洪范国有大疑，卜诸庶民之义而不知。顷者讨袁军兴，发难于赣，响应及湘皖江淮吴浙诸境，公愤毕举，大义咸归。凡稍明时局者，莫不知激起之原，出于袁氏。袁氏稔恶怙過，积今年余，其违反约法者若干事，其破坏约法者若干事，其贪虐专恣，又彰彰在国民耳目。本不必待其公然有称兵黩武之举动，已当同心斥逐，合力歼除。徒以坚守人道，忍之又忍。进之以布帛之言而不暖，进之以药石之言而不瘳，进之以斧钺之言而不惧，严然有独夫之态度，以三海为负隅，逮于今兹，遂不惜嗾其鹰犬豺虎之群，横江而下，残毒我民。至是而我民自不得不有正当之捍卫，声罪致讨，师出有名，兆民齐心，万矢一的，只在翦除此元恶大憝而已，无南北之意见，非政治之问题。指之曰袁，申之曰讨，明乎对于袁之个人，加以讨伐，使袁而幡然悔罪，解职来归，则亦听其自由，必不追加膏斧。使袁而果冥顽不灵，负固相抗，恃其兵力之厚，爪牙之多，以为南方不及北方之强，则今日大势，非强弱竞争之局，乃天心顺逆之机。孟子曰：得道者多助，失道者寡助，寡助之至，亲戚叛之，而况如袁之左右诸凶皆以名利昵比，本无亲戚之痛痒相关者哉。观于袁之庇护赵秉钧，可谓至矣，而赵于此日始终辞职以去，袁亦竟许之辞，而无能引以为助虐也。张勋之拥戴于袁，亦可谓久矣，而自南京独立以后，张勋尚审择大议，不愿因其患难中一上将之笼络遽起而斗也。嗟呼！观于此，而我言论界犹有未达一间，必斫斫然揉曲作直，以紫乱朱，藉口于维持治安，阴行其袒护之实，不知治安真理，必得良政府胚胎而出，政府既万恶难赦，则只有扰害治安之无限长期，安

望有一时一刻之治安现象乎。乃言论悖谬之甚者,乃曰前既拥袁矣,今又仇而讨之,胡前后反汗若是。不知伊尹尝为桀臣,后乃奉汤伐桀。夫以君臣之分,果有暴君如桀者,尚宜放而弃之,何况总统为公仆,举废本出民意。始以袁能赞成共和,可与言进,则亦坦然举之。今见其作福作威,罪浮于桀,则既已警告之,劝诫之,终乃迫于议愤,毅然讨之,正大光明,毫无成见。故今日之讨袁,既非如尹汤放桀,有何名分可拘?使袁受殛如鲧,能有贤子如鲧之子禹,亦得仍效用民国,盖一无私意存焉。若以为自我举之,即宜护前不问,是溺爱之故智。慈爱不过贻患于一身一家,而此则有四千年之文明,四百兆之生命关系,乌乎其可。诸君忝然立于言论界上,宜熟谙世界历史。马丁路德何以拘讯罗马教皇,克林威尔何以俘虏额里查白,华盛顿何以脱离英轭,拿破仑何以席卷全欧。其中如克林威尔至两度解散国会,而卒能改建雄邦,如拿破仑终乃被窜荒岛,虽亦有得失大殊,而当时之爱国民爱公理,皆以最高之一点热诚,感人动人,使人图挽将堕之危险也,今吾人护国民,护公理而不敢护袁亦正以危系一发,不得不群起而以武力支拄。狮子搏兔,竟用全力,虽觉可笑,然如袁之狼毒野心,又日驱其蛇虺豹虎,喷毒殃人,自非兔仅逞狡之比,一鼓作气,环而攻之,但当扑杀此獠,回复吾历史之光彩,此外别无他意。吾言论界既未明尹汤放桀之例,又无世界眼光,故作为巧言遁辞,似不足异。然必苦苦为此恶魔巧其言,而遁其辞者,人或谓利其金钱之万能,希其宠倖之待遇,吾不敢信之以诬吾言论界。度亦不过狃于私见耳。夫私见不可以淆公论,昔韩退之上书李实也,所以称颂之者甚,至及退之秉笔为唐顺宗实录,其记李实事迹则曰:恃宠强愎,不顾文法,聚敛征求,勇于杀害,人不聊生。其词与前所上书,判若天渊。退之岂忘其前说欤,抑与李实有凶终隙末而假手诬蔑之欤。良以寻常书论,与史录不同,史之辞将以传信而行世,昭示万古也。今言论界主持之报章,实他日民国之史料,凡有撰述,例必谨严。宜如何尊贵其楮墨。而预视为断烂朝报之类,但取妄载妄言,徇利忘义,至甘为舆台之舆台而不恤,岂不重贻言论之羞耶?且当世君子,方以袁本无他,其所以成为今日之元凶,要皆其左右佥壬放恣之徒,有以赞成之,傀儡之。所谓纣之恶,不若是之甚,有助恶者,而恶皆归于袁之一人。袁固甘为丛恶之府,以致为国民公敌,彼长恶与逢恶者,亦断不能逃于谴罚明矣。吾侪言论界中人,何必又为间接之长恶逢恶,徇区区一时之利哉。士先器识而后文艺,悍然与公理相争,是为不成器,昧然与时势违反,是为无意识,窃为吾言论界伤之。

黄季陆主编《革命文献》第44辑,台北,中央文物供应社1968年版,第68～71页

蔡孑民《袁氏不能辞激成战祸之咎》:

讨袁军之起,固由东南各省刺激于袁氏之失政,原因至为复杂,而其导火线,则为派赴江西及江南制造局之北兵。

南北军队,猝然相遇,必不免于冲突,袁氏所稔知也。去岁北京兵变,说者咸疑为袁氏唆使。然袁派力欲为袁明心迹,则言是日之变兵,昌言欲杀袁世凯,谓彼欲赴南方为总统,弃我等如遗,我等仇之。并言其卫队,亦有变意。其所居外务部院中,亦有枪声,袁氏受左右之劝,避入地窖,大有风声鹤唳,草木皆兵之概。我等急电南京,派兵赴援,以告袁氏。袁氏谓南兵北来,北兵疑其来剿,必大变,宜即电阻,从之。及国务院参议院之北徙也,惩于京津兵变,恐有危险,拟以南军为卫队,偕同北行,是时袁氏斥北京为臭虫窠,拟设政府于南苑,且预定南军屯驻之所。其后忽变初议,谓南军万不可往,遂止。唐君绍仪为国务总理时,尝建调和南北军队之策,谓宜使互易驻所。如移南军万人于北方,则移北军于南方,数亦如之。袁氏又期期以为不可。盖彼之意见以为南北军队接触,必有不可避之危险也。然则袁氏之派兵于江西及上海也,何居宁赣二省,固有可派之军队,何以皆不信任,而必临以北兵,是明表

其猜疑南军之意见。且亦明知其不免于冲突,而悍然为之,是则处心积虑,抱定周自齐所揭之铲除主义,而苦无机会,特出此最后之手段,以激成之耳。呜呼!司马昭之心,路人皆知之矣。

自袁氏任总统以来。大言裁兵,并于借外款时,亦以裁兵费为大宗。然而南方裁兵,北方则增兵,其秘在裁尽南兵,而悉以北军代之。不观湖北乎,其初兵号八镇,今则旧兵几无孑遗,所谓鄂军者,皆由北方派来者耳。彼欲使东南各省,皆为今日之湖北,而从江西江苏入手,此岂能以一手掩尽南方军人之目者乎。

且湖北之派兵也,犹授意鄂督,使之电请。至于江西、江苏则并未经两省都督之请,而派遣时亦并不预告关照,即日陈廷训、陈晁曾密请之,然二陈固非两省之代表也。是蔑视都督,蔑视省议会,即蔑视全省军民也,全省军民乌得不与之决裂乎。

今厌乱之人无不疾首痛心,于此次之战祸,当知罪魁祸首,实维袁氏,不必繁称失德,即此派兵激变一端,已足以证明之矣。

黄季陆主编《革命文献》第44辑,台北,中央文物供应社1968年版,第55~57页

△ 中华民国宪法起草委员会在众议院开成立大会。

1913年7月13日《民立报》报道:

今日两院宪法起草委员会暂借众议院大讲堂开成立大会。

7月13日(六月初十日)　孙中山与黄兴急商南京举兵讨袁事。

李书城《辛亥革命前后黄克强先生的革命活动》:

南京第八师的两个旅长王孝缜、黄恺元于7月13日午后仓皇来沪,向黄先生密告说:朱卓文从上海携二万元到南京运动第八师几个营、连长,叫他们杀了师长、旅长后宣告独立,并请孙先生莅临南京主持讨袁军事。但未受运动的营、连长向王、黄两人报告了这个消息,并主张先发制人,除掉这几个营、连长,……他们两人在向黄先生报告了如上经过以后,就对黄先生说,现在事已至此,虽准备未充分,也得树起讨袁的旗帜,请黄先生赴南京作讨袁军总司令,他们一致服从,但千万请孙先生不要在此混乱时期赴南京,须俟南京独立稳固后,再请孙先生去组织政府。……黄先生见势已至此,遂应允他们的要求,决定次晨赴宁。他随即往见孙中山先生,说他自己愿赴南京举兵讨袁,请孙先生在初举义旗时暂勿赴南京,俟创立一个局面后再请孙先生前往主持;并谓南京独立后,须有上海方面的兵力、财力的支援,请孙先生在沪督促陈其美赶快占领上海。孙先生同意后,黄先生乃嘱王孝缜、黄恺元两人当夜赴回南京,布置起义。

中国政协文史资料研究委员会编《辛亥革命回忆录》第1辑,文史资料出版社1981年版,第207~208页

柏文蔚《安徽二次革命始末记》:

……文蔚曰:"先生前次力主和平,今则又力主战,何前后两人耶?"克强曰:"先生(指总理)之命无可如何耳。"文蔚曰:"此刻大势已去,兵力已不在手,势在必败。"克强曰:"革命原非易事,失败不管也。"

黄季陆主编《革命文献》第44辑,台北,中央文物供应社1968年版,第267页

△ 袁世凯通令各省提倡实业。

袁世凯《通令各省提倡实业文》:

裕国之计,藏富于民,未有民不加富,而可侈言国富者。我国一般人民实业观念,迄未发达,皆由迷信旧习。货弃于地,而力不出于身,未脱闭关自守之风,不知疏浚富源之术。现值

军兴之后,百废待举,金融益见恐慌,民生日形凋敝,流离之子,蹙蹙四方,满目疮痍,未遑恢复。本大总统每念及社会经济与国家财政息息相关,且物质救国之效,与人伦道德,又实互相为资,深愧德薄能鲜,无术匡济。今幸时事渐就敉宁,元气急宜培养。凡关于保护兴业各法令,业经前清规定者,但于民国国体毫无抵触,应即遵照前次布令,概行适用,次第施行。各省民政长,有提倡工商业之责,知营业自由,载在国宪,尤应尊重,务望督饬所属,切实振兴,以裕国计。举凡路矿林垦蚕桑畜物,以及工艺场厂,一切商办公司,其现办者务须加意保护,即已停办,及有应办而未办者,亦应设法维持,善为倡导。一面由农林工商部,迅将各种应行修订法律,分别拟议草案,提交国会公决施行。尤望我流寓异地之素封,共念国计艰难,民生困蹙,投资兴利,相率言归。果使全国才智之士,咸趋重实业一途,不惟专门人材,得各效所长,即无业游民,亦资生有路。收效之巨,岂逊欧美。用特掬诚劝导,愿我国民之上祈国利民福者,三致意焉。此令。

徐有朋编《袁大总统书牍汇编》第2卷,上海广益书局1920年版,第53~54页

△ **袁世凯诰诫政党并禁军人入党。**

袁世凯《诰诫政党并禁军人入党文》:

据兼领湖北江西都督黎元洪称:近日乱党多借政党勾结军队,散给党证,作为票布,迭次破获机关,拿获罪犯。有某党党证收储甚多等语。查政党结合,本为国利民福,是以世界立宪各国,无不有政党。而政党之作用,首重公开,其规划久远者,则有党纲,使天下共见共闻。以征其趋向。其临事肆应者,又有党议,令党员必信必守以一其进行,凡以为公,概无所容其诡饰。倘假党证为票布,阴谋不轨,即为秘密结社,显系托庇政党,以为藏身之地,利用政党以为比匪之谋,国法具在,断难宽宥。本大总统为保全政党起见,用特明白诰诫,务望各政党识时俊杰,研求政治,咸趋正轨以共谋国利民福。斯乃国家之庥,抑亦政党所以竞存之道。至军人入党,前经下令施禁,尤宜服从。乃日久玩生,仍有被人诱惑甘心附和者,亟宜严密取缔,预遏乱萌。应由陆军部妥定此项章程,通信遵守。一面严饬各师旅团长及各路统领,随时查察,如有军人收受党证者,立即销毁,从严革究,以肃军纪,而维大局。此令。

徐有朋编《袁大总统书牍汇编》第2卷,上海广益书局1920年版,第54~55页

7月14日(六月十一日) **黄兴由沪赴宁,连日召集军事会议,筹划讨袁,声援江西。**

吴稚晖说:

癸丑夏间一日清晚,共候南京来客于爱文义路黄宅,到者数十人,来客为福建少年王勇公……彼自宁督冯国璋所来,冯军陈之骥者,约起事。王报告冯志改变,陈亦不可靠,众大哗。章行严即出其二次革命宣言书,克强先生纳书于袖,未及入室商量,即偕十余人共赴北火车站,即付宣言于在座记者,即刻传于沪宁,而二次革命成。赴义之勇,所谓剑及履及。

吴敬恒《跋黄兴致徐宗汉书》,转引自毛注青《黄兴年谱长编》,中华书局1981年版,第390~391页

李书城《辛亥革命前后黄克强先生的革命活动》:

是晚即在李相府陈之骥住宅开军事会议,与会者有南京第一师师长章梓、第七师师长洪承点、第九师师长冷遹、第八师师长陈之骥等。会上决定出兵计划,各部分担任务如下:原驻江北的冷遹第九师,加上从第八师编成的一个混成团(团长刘建藩),共同配备在蚌埠铁路沿线,抵御冯国璋南下的军队,章梓、洪承点两师布置在淮扬一带,防守长江要塞,阻止张勋部前进。

中国政协文史资料研究委员会编《辛亥革命回忆录》第1集,文史资料出版社1981年版,第209页

7月15日(六月十二日)　黄兴在南京组织讨袁军，挟苏督程德全宣布独立，自任江苏讨袁军总司令。

《黄兴入南京挟制都督程德全宣布独立组织革命军》：

自湖口独立后，黄兴即于十四日由沪抵宁，召集第一第八两师军官会议，决议响应江西，次日举事。……于本日宣布独立，以都督程德全名义，饬知各属，通告各省。并委黄兴为江苏讨袁军总司令。即日檄饬第八第一两师，分兵由津浦铁路专车至徐州，会同驻徐州之第三师师长冷遹，防御北兵南下。程都督应省长，以独立非其本意，于十七日托故离宁。

《东方杂志》第10卷，第3号，中国大事记

黄炎培《八十年来》：

国民党既和袁世凯势成水火，中间陈其美最主张起兵北伐，看到程德全率民军打垮张勋，创议依前轨进行；而黄兴为人比较慎重，陈其美故意诬他受袁世凯贿，逼他说，你不是受袁贿，何不去南京劝程德全都督出兵，你不去说程，证明你受袁贿。黄兴急赴程德全前跪下，要求出兵讨袁，否则将不可为人。程德全说：袁世凯这样残杀，我自然同意讨袁的。但是出兵要饷要械，总而言之要钱。黄兴长途电话问上海陈其美，答称明天有两列车钞票运来。明天钞票运到，一检查，全是已经因接济民军而倒闭的信成银行的无用钞票(行长沈缦云因此被害于大连)。程德全对黄兴和大众说："讨袁我和诸君完全同意，不过把废票当军饷，军官和士兵拿了枪械向民间购食用品，老百姓苦死了。"黄兴再请，叩首不已，程德全说："这样害民的事，即使出兵，也不能打胜仗。诸君！害民事我决不做，我辞职。"随后上海来电话，黄兴就临时以江苏都督名义宣告组织革命军。这是一九一二[三]年七月十五日我在场目睹的事。

黄炎培《八十年来》，文史资料出版社1982年版，第63页

章士钊《与黄克强相交始末》：

吾立伴黄先生往谒都督程雪楼。未入督院小花园门，已睹严装劲旋，擎枪密集于议政厅前，无虑数百人，枪托顿地，吼声远闻，其为威愒势禁状，绝非恒人所愿见。于是，克强历阶而升，吾紧贴于旁，雁行齐进。雪楼自迎于门，口语不晰；克强大声为兵动未戢告罪，雪楼张口荷荷，仍不辩何语。罗佶子时为督署秘书长，亦前席，则相将入客室，四人嘿尔对坐。雪楼先发言："袁世凯不法，天下之公愤，江苏何敢独异？吾意如苏州人盘辫子，先佯为不可胜，以待敌之可胜已耳。公骤起任事，得大解脱，幸甚幸甚。"克强向不善词令，称："兴暂治军，余惟都督之命是听。"此外交换彼此情报，吐辞无多，饮茶一巡而退。

中国政协文史资料研究委员会编《辛亥革命回忆录》第2辑，文史资料出版社1981年版，第146页

《江苏讨袁军总司令黄兴发出通电》：

北京国务院、参众两院、武昌黎副总统、各省都督、民政长、护军使、省议会、上海海军李总司令、并海琛、海圻、海筹、海容、肇和各舰长、民立报转各报馆、扬州徐师长、吴淞姜总台官、江阴陶总台官、北京民国报钧鉴：近北军又复轻师袭沪，入据各厂，闻风之下，惊骇莫名。自宋案发生，继以私借外款，袁世凯之阴谋，一旦尽露，国民骇痛，理有固然。兴当时悲愤之余，偶电中央，婉词切责，湘赣皖粤四督，坦怀论列，亦本忠爱民国之心。乃世凯遽有异图，日作战备。当时世凯罪状既彰，岂难申讨。徒以天下甫定，外患方殷，阋墙之戒，乃所宜守。爰戢可用之兵，徐俟元凶之悟。兴虽得世凯砌词辱骂之电，置而不答。四督何谴，罢斥随至，亦各决心谢职，翩然归田，宜可以告无罪于世凯矣。乃彼豺狼之性，终不可移，忽于各省安谧之时，妄列大兵于江海。当蒙边不靖之顷，转重腹地以兵戎。倒行逆施，至于此极。推其用心，

非至剿绝南军,杀尽异己不止。似此绝灭人道,破坏共和,谁无子孙,忍再坐视?兴今承江苏程都督委为该省讨袁军总司令,视事之日,军心悉同,深悔待时留决之非,幸有急起直追之会,当即誓师北伐,殄此神奸。诸公保育共和,夙所倾服,望即协同声势,用集大成。兴一无能力,尚有心肝,此行如得死所,乃所尸祝。若赖我祖黄帝之灵,居敌忾同仇之后,天下从风,独夫寒胆,则兴之本志,惟在倒袁。袁氏一去,兴即解甲归农,国中政事,悉让贤者。如存权利之想,神明殛之。临电涕泣,伏惟矜鉴。江苏讨袁军总司令黄兴印。

湖南省社会科学院编《黄兴集》,中华书局1981年版,第333页

1913年7月18日《民立报》《程德全应省长黄总司令宣布独立通电》:

近日北军无端入赣,进逼德安,横挑浔军,迫之使战。又复陈师沪渎,威逼吾苏。溯自政府失政,狙害勋良,私借外款,幕夜签押。南方各督,稍或抗之,意挚词温,有何不法。政府乃借辞谴责,罢斥随之。各督体恤时艰,不忍力抗,亦即相继谢职,静听后命矣。政府乃复于各军凝静之时,浮言甫息之会,耀兵江上,鞠旅海隅,逼迁我居民,蹂躏我秩序,谣诼复兴,军纪大乱。政府倒行逆施至此,实远出意料外。吾苏力护中央,夙顾大局,今政府自作昏愦,激怒军心,致使吾苏形势,岌岌莫保。德全对于政府,实不能负保安地方之责,兹准各师长之请,于本日宣布独立,即由兴受任江苏讨袁军。

《程都督宣布独立后之示谕》:

江苏都督程示,迩日北军入赣,近逼德安,谣言所播,人心惶惑,本都督为保重地方治安起见,允各师旅之请,特于今日宣布独立,以为江苏全省之保障。并以委黄兴为江苏讨袁军总司令。凡军民人等,不得轻信谣传,藉端扰害秩序。如敢故违,定以军法从事,切切此谕云。黄克强以公民资格,受委任为总司令,闻者欣慰。

黄季陆主编《革命文献》第44辑,台北,中央文物供应社1968年版,第160页

《江苏讨袁军总司令誓师文》:

袁氏万恶,民军起义,备受摧残。嗣因清帝退位,赞成共和,起义诸人,不忍同胞相残,忍侮就和。自彼攘政,专锄异己,不惜国难,信用奸佞,毒杀志士,蹂躏国会,私借外债。四都督力伸公论,竟获罪谴。蒙氛内逼,彼废弛国防,宁以土地割让敌人,不御外侮,而拥兵以扰害南方。我军士以血购之民国,为彼攘夺,攘夺不止,重以破坏,其极必至于亡国。国人同有身家,岂能坐视。兴忝附起义之名,深扼亡国之痛。前此自辞留守,对于我军士应尽之责,未终厥职,原冀彼此除猜疑,宣力国是。讵料袁氏变本加厉,保全禄位,宁亡国而不息。近且进攻江西,残虐良民。上海南来之兵,纷纷接踵,商旅停滞,居民恐惶,衅自彼开,忍无可忍。江西背城借一,虐民之北军,天诱其衷,覆没过半。各省闻风继起,同声讨袁。程都督内审舆情,外察大势,知非扫荡袁氏不可以保全共和。爰徇众军士之请,委兴为江苏讨袁军总司令。兴德薄能鲜,义无可辞,乃率将士即日誓师,联合各省义军,奋旅北伐。但使共和民国国基大定,兴即退避贤路,与国民共享升平。尚冀我军士协力前趋,众志成城,伸同胞之义愤,去全国之公敌。盖理直则气壮,情怯则势孤,顺逆有道,成败在人。今者大军齐集,率吊民伐罪之师,讨众叛亲离之辈,犹摧落叶而扫枯枝,胜算之操可以预决。兴竭九死之身,努力驰驱,不除袁氏,誓不生还。凡我军士,共鉴此忱。

湖南省社会科学院编《黄兴集》,中华书局1981年版,第333页

《江苏讨袁军总司令黄兴致上海各西报电》:

东南各省,因临时总统袁世凯假共和之名,违法罔民,爰起义师,宣告独立,初无他故,夫为总统者,当悉本民意以执行政事,惟袁世凯违犯约法,蹂躏国会,权限腐败,私人高据要职,

爱国志士惨遭谋毙，迹其罪恶，甚于专制暴君，我人先拟依据宪法令袁世凯退职，以谢人民，法律解决，既经无效，仍不得不诉之于武力，作最后之解决。今兹讨袁之军，其目的惟在保障共和，维持人道，因此而牺牲一切，亦所不惜。此次起义，并非新旧战争，更非南北决斗，除推翻欺陷我民付托之民贼外，毫无自私自利之心。倘袁世凯知全国向背，顺从民意，辞退总统之职，则我人亦立即解甲归田。自战事宣布后，北京政府已失其宪法上之效用，请列强告诫各资本团，勿再交付款项于北京政府，凡合同等在宣告独立之前与袁政府所订者，新政府成立仍当继续有效，惟在宣告独立之后所订合同借款等，无论如何一概不能承认，我人更欲宣告各友邦，凡在独立境界内，各国居留民之生命财产，我人担任完全保护责任，我人深信各国必能持友好之态度，特此宣告，愿各友邦其亮察也。黄兴叩。

黄季陆主编《革命文献》第44辑，台北，中央文物供应社1968年版，第162～163页

《黄兴致张勋电》：

兖州张军统鉴：江西、江苏先后独立，皆由袁世凯自开衅端，过为已甚。三都督既去职，南方又无兵变，调兵南来，是何用意。俄助蒙古，内逼张家口，外患方急，彼不加防。乃割让土地于俄，而以重兵蹂躏腹地，丧乱民国，破坏共和，至于此极，谁复能堪。九江首抗袁军，义愤可敬，一隅发难，全国同声。公外察大势，内顾宗邦，必且深寄同情，克期起义。呜呼！世凯本清室权奸，异常险诈。每得权势，即作奸慝。戊戌之变，说者犹为寒心。前岁光复，世凯复愚弄旧朝，盗窃权位，继以寡妇可欺，孤儿可侮，假其名义，以御民军，旋乃取而代之。自入民国，世凯更无忌惮，阴谋满腹，贼及太后之身。贿赂塞途，转吝皇室之费。世凯不仅民国之大憝，且清室之贼臣，无论何人，皆得申讨。公久绾军符，威重于内，现冷军已在徐州方面与袁军接仗，公率一旅之众，直捣济南，则袁氏丧胆，大局随定，国家再造，即由我公矣。更有陈者：兴此次兴师，唯以倒袁为的，民贼一去，即便归田。凡附袁者，悉不究问。军国大事，均让贤能。兴为此语，天日鉴之。临电神驰，伫望明教。黄兴叩。

湖南省社会科学院编《黄兴集》，中华书局1981年版，第335页

△ 安徽第二旅旅长龚振鹏在正阳关宣布讨袁，并电芜湖所部即日独立。

1913年7月16日《民立报》安徽电报：

龚旅长召集三十五旅旧部二千余人，程芝宣、陈亚东各集旧部二千余人，合原有步炮营炸弹队，共得精兵十余营，即日分途出发。

芜埠人心赞同讨袁，秩序安堵如常。

《龚振鹏致英领事宣布讨袁及保护外侨函》：

敬启者，敝国人民，不忍共和政体之将堕，专制政体之复活。痛临时总统袁世凯残杀勋良，虐待兆庶，致国家日陷于危险，国民日罹于涂炭。忍无可忍，迟无可迟。爰于七月十五号，合湘粤皖赣苏浙闽桂诸省，即日兴师以讨袁世凯，同心协力，必得无上之结果。本旅长镇守芜湖，忝膺军寄，有保护人民生命财产之义务。将使商旅不惊，市廛仍旧。凡贵国人旅居芜湖，以及贵国商人，所有商业，必能加意保护，决无危险。为此函达贵领事，请知照贵国士商，居芜者相安无事，勿自惊恐，是为至要。为此即请亮鉴，并颂公安。安徽第二旅旅长龚振鹏启。

黄季陆主编《革命文献》第44辑，台北，中央文物供应社1968年版，第283页

《龚振鹏宣布讨袁及保护商民之布告》：

布告事，照得临时总统袁世凯，凶残暴戾，帝制自为。杀戮元勋，绝灭人道，断送我土地，丧失我主权，当国二稔，罪恶贯盈，血气之伦，罔不发指。忧时之士，深惧先烈颈血铸成之民

国,断送于独夫之手,我同胞将沦于万劫而不复。爰于七月十五号,合湘粤皖赣苏浙闽桂诸省,兴问罪之师,同时并举。本旅长忝操兵柄,敌忾同仇,今特整军经武,会师北伐。所有芜湖军政及一切事宜,责成第三团第一营营长程芝萱全权代理。为此布告芜湖商民一体知悉。本军志存匡国,诛讨独夫,军行所在,秋毫无犯,我父老昆弟其各明为民请命之义,相安生产,勿事仓皇,颁告禁令,其各严守毋犯。此布。

一、外国人生命财产,严加保护,不准稍有损害。

一、本国人生命财产,严加保护,不准无故侵犯。

一、商民照常贸易,不准自相惊扰。

一、不准造谣生事。

一、不准泄漏军情。

一、行政司法各署及公共机关,仍旧法权,照常行使。

黄季陆主编《革命文献》第44辑,台北,中央文物供应社1968年版,第283~284页

△ **袁世凯下令褫去李烈钧陆军中将并上将衔,并令拘捕李氏及其党徒。京中人士见令大哗。**

袁世凯《宣布前赣督李烈钧逆迹文》:

前据兼领湖北江西都督事黎元洪先后电称,据九江要塞司令陈廷训电,因近日乱党挟带巨资,前来九江湖口,运动煽惑,约期举事,恳请就近酌派军队,赴浔镇摄。即经派兵前往,嗣据江西护军使欧阳武电阻,已谕令前往军队预备撤回各等语。兹又据黎兼督暨镇守使李纯先后电陈,李烈钧带同外国人四名,于本月八号晚,乘小轮到湖口,约会九、十两团团长,调去辎重、工程两营,勒令各台交出,归其占领,以各营扼扎湖口,遍布要隘,分兵进逼金鸡炮台、德安之混成旅,并向沙河镇进驻,该镇南之赣军队,突于十二日上午八钟,开枪向我军进攻,且以湖口地方,宣布独立等情,阅之殊深骇异。李烈钧前在江西,拥兵跋扈,物议沸腾,各界纷纷吁诉,甚谓李烈钧一日不去,赣民一日不安,本大总统予免官,调京任用,所以曲予保全者,不为不至;其为赣省计,深恐兴师问罪,惊扰良民,故中央宁安受姑息之名,地方冀获敉安之庆,不意逆谋叵测,辄复潜至湖口,占据炮台,称兵构乱。谓非背叛民国,破坏共和,何说之辞?可见陈廷训电称,运动煽惑,约期举事,言皆有据。似此不爱国家,不爱乡土,不爱身家名誉,甘心叛逆,为虎作伥,不独主持人道者所不忍言,实为五大族人民所共弃。值此边方多故,应付困难,虽全国协力同心,犹恐弗及,而乃幸灾乐祸,倾覆国家,稍有天良,宁不痛愤。李烈钧应即褫去陆军中将,并上将衔,着欧阳护军,及李镇守使设法拏办。其胁从之徒,自愿解散,概不深究,如或抗拒,则是有心从逆,定当痛予诛锄,并着各省都督、民政长,剀切晓谕军民,共维秩序,严加防范。本大总统既负捍卫国民之职任,断不容肇乱之辈,亡我神州,凡我军民同有拯溺救焚之责,其敬听之。此令。

徐有朋编《袁大总统书牍汇编》第2卷,上海广益书局1920年版,第55~56页

1913年7月18日《民立报》报道:

……京中人士见而大哗,谓黎元洪无故进兵赣省,以致激起战事,袁氏既不将肇事北军加以惩罚,而反归罪于赣前督李烈钧一人,并牵涉外人,其乖戾不近人情,实足以为祸中国。而各使馆舆论亦谓袁世凯因操切激变,至今非但不谢罪赣民,作釜底抽薪法,而仍一味回护北军,归罪南方,不啻激起各省义愤,至言及外人,尤将失和于各国。

7月16日(六月十三日)　黄兴召柏文蔚等在南京开军事会议,会间举岑春煊为各省讨袁军大元帅。

李根源《雪生年录》:

岑春煊时辞粤汉铁路督办,居上海。18日,自上海抵南京,19日就大元帅职。22日,各省议会联合会开会,补行正式选举程序,一致公举岑春煊"为中华民国讨袁军大元帅,以资表率,而一事权。"岑旋偕李根源赴粤,图说服龙、陆并起讨袁。

毛注青《黄兴年谱长编》,中华书局1981年版,第393~394页

△ 江苏镇江宣布独立;驻徐州冷遹军出发进击袁军靳云鹏部。

1913年7月18日《民立报》报道:

据确实消息,驻徐州第三师师长冷遹已宣布独立,若袁军路过徐州,必遭攻击。大战之事,数日内必发生。

《徐州之独立》:

驻徐州第三师师长冷遹,于南京独立后,即宣布徐州独立,会同南京派来之第一第八两师,向利国驿桦庄进发,抵御袁军。十六十七两日,正向驻扎桦庄靳云鹏所统第五师攻击,适驻兖江防军暨兖州镇派兵增援,与第五军会合,我军被击退,而南京方面又因一部分军队,被袁世凯用金钱收买,致起内讧,我方乃急令扼守临淮关之第八师还宁防守。致在徐州与袁军对垒之第三师,因后路空虚,不得不退守临淮关。旋袁任命江防军统领张勋为江北宣抚使,率兵追逐南下,北军万数千名,遂均由徐州向浦口南退。

黄季陆主编《革命文献》第44辑,台北,中央文物供应社1968年版,第184页

△ 章太炎发表宣言,指梁士诒、陈宧、段芝贵、赵秉钧为民国四凶;又致电黎元洪,请其应时出师,厉兵北上。

1913年7月17日《民立报》载《讨袁声中之章太炎》:

章太炎先生昨发出宣言云:"统一政府成立以来,政以贿成,为全国所指,风而厉行暗杀,贼害勋良,借外力以制同胞,远贤智而近谗佞。肆无忌惮,不恤人言。推原祸本,实梁士诒、陈宧、段芝贵、赵秉钧四凶为首。而王赓、陈汉第、陆建章辈,亦党恶之最著者。余昔早有陈戒,置若罔闻。至于今日,而江西讨袁之师以起。江南诸军,一时响应。晋阳之甲,庶几义师,夫天之所助者顺,人之所助者信,若政府能追悔往恶,幡然改图,其势自定。必若怙恶不悛,任用狼虎,则义师所指,固当无坚不摧,余尤劝倡义诸军,为国司直,不为利回。若情存分割而荧东邻之言,阴联宗社以重北方之祸,诸义士必不然也。黎公首举大义,久为民国斗杓,两年以来,激昂之士,动扰武昌,至今劳心镇抚,诛罚过严,此为保安地方,而非阿附政府。封疆之任,职守宜然。若有昧于远大,惟务迩谋,迁怒鄂中,危及奥主,亦吾不与也。"

章太炎先生又致武昌黎元洪电文云:"自统一政府不纲,人心所归,公为奥主。宋教仁驰说于前,炳麟请命于后,我公至德高让,愿处寝邱,数月以来,朝政愈紊。惟闻贿赂公行,收买国会,扣外债以肥己,割漠北以媚俄,四凶未除,党恶丛附。其视南京政府,非特鲁卫伯仲而已,防民过甚,壅溃遂成,乃今晋阳之甲,起自江右,程德全衰老知几,犹能响应,此则众曹所恶,不可回护明矣。我公功高大舜,让如周文,而下士莫测其用心,反视为阿附政府。江汉之域,烽燧时惊,以公劳心抚绥,至任断狱,而不平之士,终莫能以相谅,内则佥佞在朝,仍多忌嫉。往者北军之下,名为防浔,其实乘公之急,诡称援助以行监制耳。夫以蛮貊尊亲之势,而

为南北丛忌之人,此炳麟所欲为公恸哭者也,公昔语炳麟曰:苟利国家,虽为韩信何害,盖以政府罪状未著,尚欲曲意扶持,今则恶贯既盈,众怒难犯,亟宜厉兵北向,请诛罪人,以为南方指导,然后可为国家谋利泽耳,若徒守小义,愿以身殉,斯岂仁人长者之用心,公纵不出,而下江之兵已起,比于政府,其为大桀小桀,尚未可知,纵令志尚纯洁,其识不规久远,东邻间之,则分割之祸以起,自非功高宇宙,明达大体,如我公者,庸足以统摄群材,荡洗毒螫,远免分崩之祸,近戢骄肆之兵哉。时不再来,国无幸立,惟愿决机俄顷,以顺民情,既为全国民生起见,即不必以竞争权利为嫌,吴楚相连,终当会合,敢冒斧钺,沥辞上陈。"

△ **参议院议长张继致电参议院全体议员,请移国会出北京。**

《张继请移国会于南京函》:

北京参议院诸君鉴:江西军民,因袁世凯无故进兵,节节蹂躏,起而与抗。南京各处闻而感愤,相率起兵,以讨袁为目的。江苏程都督,已举黄君兴为江苏讨袁军总司令,此举实关于民国之安危存亡。按诸约法,大总统有谋叛行为,参议院得以弹劾,是对于袁世凯之有罪,似不必于法律以外为解决。然袁氏久已视法律为土苴,视参议院为赘旒。受事之初,因参议院议决迎袁南来就职,袁挟其猜防顾恋之私意,竟嗾使京津兵变,以为劫持,其后于第三次国务员之提出,复嗾使军警,以强力干涉参议院通过。迨至国会成立,凡关于两院议员对于政府之违法,种种质问,皆悍然不顾,以蛮语相答复。其挟持武力,蔑视人民代表机关,已成习惯。甚至应交两院议决之案,如借款等,亦复擅自定夺,略无顾忌,此岂尚有约法国会等在。其目的,两院议员据法律与之诘难,而袁氏专挟武力以为对付,法律之力已穷,各省军民,不忍于约法之破坏,民国之飘摇,欲以武力驱除谋叛民国之元凶,以济法律之穷,实为正当行为。我参议院对于袁世凯历次违犯约法,及此次无故分兵南下,效满洲驻防故事,荼毒人民,蹂躏地方,以致激成大变,应科以谋叛民国之律,提起弹劾。但北京久为袁氏势力所布满,凡我立法机关,种种行为,悉为其武力所破坏。我参议院为保持立法尊严,及言论自由计,应请全体议员迁出北京,择地开议,以科元凶而伸国法,祈迅决议至祷。张继叩。

黄季陆主编《革命文献》第44辑,台北,中央文物供应社1968年版,第12～13页

△ **袁世凯任段芝贵为江西宣抚使,加陆军上将衔,统兵南下。**

袁世凯令:

赣省自上年改革后,财匮民穷,元气未复。继以会匪肆扰,劫掠频仍,洪水为灾,流亡载道,闾阎凋敝,阛阓萧条,轸念民瘼,可为隐恫,李烈钧前在江西都督任内,诸多荒谬,本大总统忍之又忍,为赣省生命财产计,不惜委曲求全,区区此心,当为国人所共谅。此次因九江要塞司令陈廷训之请,酌派李师长纯所部军队赴浔镇摄,亦无非为戢暴安良起见。迭经电饬李纯,及护军使欧阳武、镇守副使刘世均,谆谆申明。以防乱安民为宗旨,如果地方无警,自可即时撤回,不意李烈钧潜回湖口,果有勾煽军队,图谋作乱情事。幸陈廷训先时举发,迅速派援浔镇,得以保守,否则湖口被占,蔓延各属,赣省全境势必遍遭蹂躏,糜烂不可收拾。李烈钧退职已去,同为赣民,叛国仇乡,自必为赣省人民所切齿。即各路军队,深明利害,其为所煽惑者,亦必寥寥,现在沙河镇叛兵业已败退,湖口逆巢当可指日荡平,惟念赣民当水深火热之余,困苦颠连,复遭兵祸,即使乱贼克日敉定,而地方人民之惊扰,与夫财产之损失,固已有不忍言者,本大总统感乎无术,而不能躬问疾苦,痌瘝在抱,惄焉如伤,兹特派委上将段芝贵驰往宣抚。须知本大总统,负全国委托之重,始终以防乱安民为宗旨,该宣抚使沿途所至,宣

布德意,通达下情,咸使同知,务祛隔阂,凡被灾及受害地方,察看情形,会商江西民政长,妥筹善后。其灾害较重者,请款补助,谋所以劳来安集之方,军队有捍卫地方之责,着段芝贵、欧阳武等谕令官佐士卒,各勤职务,各守纪律,以保治安,毋为浮言所惑,本大总统有厚望焉,此令。

黄季陆主编《革命文献》第44辑,台北,中央文物供应社1968年版,第146~147页

△ 国事维持会上海交通部发表通电调和大局。

《国事维持会调和大局电》:

北京袁大总统、国务院、参众两议院、各报馆、国事维持会本部、武昌黎副总统、各省都督、民政长、各政党、各报馆、国事维持会各省支部、各团体均鉴:连日得赣省警信,追祸原始,陈廷训无端请兵,自生离贰,副总统误信陈言,遽调北兵,近逼德安等处。似未免操之过激,遗赣人以借口之地,而赣人竟公然组军声讨,亦似变本加厉。以小忍而牵及大局,平心以衡,俱越正轨。现值伏莽潜滋,外患交乘,阋墙不息,瓦解立至,昨今宁镇独立消息,又见告矣,不早隐消,将呈破碎。大总统、国务院以爱国为前提,参众两议院为人民之代表,亦何忍任其鹬蚌陷大局于危险,副总统兼绾赣符,具有维持热心,此次北军出发,既奉钧令,保全赣省治安,今反激成战祸,大背副总统初心。阳电补救之言,自是转圜妙旨,想副总统临机应变,能发能收,仍盼履行前电,迅撤北军,以谢赣人,彼赣垣诸公,素明大义,又岂肯同室操戈,自取糜烂。否则相持不下,势必牵动各省,纷起支蔓,将至苍生喋血,国土瓜分。顾瞻大局,忧心如焚,速赐补救,涕泣上言,国事维持会上海交通部叩谏。

黄季陆主编《革命文献》第44辑,台北,中央文物供应社1968年版,第131~132页

△ 袁世凯准赵秉钧辞国务总理及内务总长二职,并改派他任。

袁世凯令:

准国务总理赵秉钧辞职。

任命赵秉钧为督军统领兼管理京师巡警事务。

《东方杂志》第10卷,第3号,中国大事记

1913年7月19日《民立报》报道:

袁允赵秉钧辞职,识者谓其太晚,且仍未令赵归案就审,知袁始终执迷不悟。

△ 程德全乘沪宁路夜车潜离南京。

1913年7月18日《申报》南京电:

都督、应省长及各司人员今日已离宁赴沪,章梓为代理都督,蔡寅为代理省长。……程都督离宁时,新入都督府多人均力请勿去,借以维持大局。程答:"如欲维持大局,事前何勿与相商?君等用我出告示,发电报,所用已尽。我今家属已去,所以留我子于此者,使之收我尸耳。我必去,否则宁饮弹而死。"众人见无可挽留,乃请备专车以送。程匆欲,乃偕应省长乘车赴沪。

7月17日(六月十四日) 安徽省芜湖独立后范光启即电促安庆第一师师长胡万泰响应,并电皖都督孙多森,请其自行解职。安庆于本日午刻由胡万泰宣布独立。继迎柏文蔚归任,主持讨袁军事。

《范光启致胡万泰电》:

安徽胡师长鉴:光启由沪扶病至芜,即约同芜军全体宣布独立,望公即日宣布,逐去袁家

走狗孙多森、孙棨二人,电催柏督回任。我公为起义元勋,民党巨子,必能毅然允诺,以造福于桑梓也。范光启叩谏。

黄季陆主编《革命文献》第44辑,台北,中央文物供应社1968年版,第279页

《范光启致孙多森电》:

安庆孙民政长鉴:公为纯粹袁系,讨袁军起,公难幸免。鄙人由沪扶病至芜,下岸即约同芜军全体,立时宣布讨袁,地方安靖,鸡犬不惊。公明达知机,即请自行解职。电催柏都回任。否则军人万众一心,人人欲食彼党之肉,鄙人实无法解释也,范光启叩谏。

黄季陆主编《革命文献》第44辑,台北,中央文物供应社1968年版,第279页

《柏文蔚致袁世凯电》:

北京大总统鉴:自命令代法律后,人多侧目,迨宋案嫌疑,则天下生心。私借外债,不要国会同意,漠视边祸,对内黩武兴戎。虽舌底生花,言俱成理,文过饰非,曲巧辨难,而天下之目,乌容一手掩尽,在专制时代,尚有防民之口,甚于防川之戒,岂共和国民反易受愚?虽非智者,亦知其不可。在公以为中国人心,不可以势屈者,可以利诱,故政党议员报馆记者多人入彀中。须知有与不肖,断难强同,少数人绝不足代表多数。远之如公不能为康梁利用,近之如谢绝公者,甘受显戮,可见公理自在,人心未死。迨鄂杀民党,再接再厉,今鄂乱未已,又苏赣独立。其同此愤激,相继而起者,正未可限。行见黄河以南,别树一帜,公素号维持大局,及今瞑目自思,亦可废然反矣。试问长此竞争,只图私利,贻祸国家,糜烂大局,外患因之日亟,国本从此斫丧。即无论为总统为国民,究否能免载胥及溺,同归于尽。言念及此,泪竭声嘶。公夙明达,宁不熟计。用心忠告,尚望采纳,左右姑息之爱,非有利于公。公其猛省,若能洁身引退,表明心迹,蔚当力任南省,两罢干戈,所有起义诸人,亦均退避贤路,让第三者出主平民,则两方之前嫌尽弃,同归于好,免生灵之涂炭,保国家之元神,祸福之间,不容于发,此种情形,蔚已不惮一再直陈,徒以格于时势,卒莫能入,良以公本英雄,未忍视若侪辈,故作最后之忠告,能否见谅,不遑计及,公其深长自思,则大局幸甚。如以为然,即希电复。柏文蔚叩。

黄季陆主编《革命文献》第44辑,台北,中央文物供应社1968年版,第277~278页

△ **江苏无锡、常州、苏州、松江纷纷宣布独立,响应讨袁**。

1913年7月19日《无锡之独立》:

无锡以省中独立,特设临时维持治安会。本日九时,在城内公园尚武社开会,公推秦毓鎏为会长,钱秉瓒为副会长。其公启云:政界风雨倏变,地方治安,急宜维持。兹由各界代表公议,设立地方临时维持治安会,议决规约如下:一、请县议事会通知各议员,召集临时县议事会,解决地方善后之策。县议会未开会以前,由本会担任维持地方之责。一、请商团公会,及巡警事务所,派团警昼夜梭巡,以卫闾阎。一、知事署财政,请县议会派人监督,完全负责。一、税务公所及各银行,请商会派人监督,完全负责。一、本会公举临时会长一人,主持一切,干事数人分任事务。

1913年7月19日《常州之独立》:

宁垣宣布独立,武进县杨知事,适因公在省,得悉一切,当晚即乘车回常。进署后即邀请各团体,及刘营长等会商。诚恐吾常匪徒乘间扰乱,居民轻信浮言,自相惊疑。缘商定城中由兵警商团等合力保护,乡间分最要次要各部分,组织民团,以为自卫之计。立即飞启各乡,召集董佐来城面议。如最要者,如小河东横林雪堰桥奔牛等处。其枪械子弹,拟由刘营长赴苏请领,约须新枪四百支,方便分拨。

1913 年 7 月 19 日《松江之独立》：

自闻得宁垣宣布独立消息后，松江军界即密谋响应。将当地水陆军队，联合一气，组织讨袁军，公推钮永建为司令，保安水师营统领沈葆义为师长，帮统何嘉禄为团长，步队第一营管带谭国滨为统领。另招新兵一营，部署妥洽，即晚发表与袁政府脱离关系。当下紧急动令，挑选精壮，预备开往沪南，与北军交绥，兵心非常奋勇。一面要求华亭县知事谢葆钧，筹拨饷银。谢持慎重态度，初未允拨。迨本日晨，接奉省垣布告独立电令，始向松江银行，提洋六千元，交给营中，分发各兵。何团长与谭统领，率带兵队两营，于午前先行出发。午后四时，沈师长就率模范队，督同保安三营管带王寿曾、保安四营李兰庭、新军管带彭泽各率所部赴沪，均由专车载运，随带机关炮数尊，军容甚形整肃。商团警察，巡街市轮流往来，宵昼不绝，地方秩序，安谧如常，人民有嬉嬉而乐之致。惟一般无识愚民，不免妄兴谣诼，已由县知事出示严禁矣。

《苏州之独立》：

此次江西宣布独立，反对袁贼，非独关系赣省人民，实为人民生死存亡之一大关键。故苏垣地方，自接到南京程都督宣告独立消息后，各界人员，莫不慷慨激昂，深表同情。痛詈袁氏之倒行逆施，无法无天，遗害民国，使我侪不得不起义师，诛此元凶，藉以自卫。陆军二师师长章驾时，水警总监卢鹿萍等，纷纷出示，通告部下，当遵都督命令，为唯一之宗旨。嗣后如有调遣军队情事，尤应听命都督指挥。同心协力，铲除国蠹，保障共和，以维持我人道主义，巩固我中华民国云。

黄季陆主编《革命文献》第 44 辑，台北，中央文物供应社 1968 年版，第 188 ~ 189 页

△ **北京政府发表通电宣布镇压赣事始末。**

1913 年 7 月 22 日《申报》《北京政府宣布镇压赣事始末通电》：

武昌黎副总统，各省都督民政长，各将军都统，各护军镇守使、各军长、师长、各省议会：据江西贺民政长电陈各情，阅之殊为骇诧，查湖口要塞司令官陈廷训，于七月二日电称九江为长江要冲，□党往来如织，近闻挟持巨金，运动六台，克期起事，台官中已有为其所动者，恳电副总统就近遣派军队及兵轮来浔镇慑等语，副总统第以兼都督任，就近饬六师师长李纯，派兵赴浔，大总统并颁给训条，令其于沿江岸及近炮台地点，择要屯驻，以防匪徒攻夺六台，扰乱浔埠治安，此为军队保护地方之天职，凡地方有警，当然由中央设法护持，李军于六日抵浔，副总统勉徇江西护军使欧阳武之请，调李回鄂，盖以为陈廷训前电，未必遽见诸事实，乃李正料理旋师，忽于十日，据陈廷训电称，湖口台官特告，李烈钧带同人多名，于八日晚乘小轮到湖口，会同九十两团调去辎重工程两营，勒令各台交出，归其占据，并以十营扼驻湖口，分兵进逼金鸡炮台，其驻德安之混成旅业向沙镇北进，请添兵来浔，以救危急等语，此时李纯之军势难遽退，为□所乘，副总统有电饬其暂留镇协，刘世钧并电请速饬李军前进，无事兼顾浔阳，以分兵力，中央犹持慎重，以为李烈钧既卸赣督，何至潜据湖口，迭经电诘欧阳武，及接复电称李烈钧到湖口确系实事，九十两团虽为所用，非武之命不能调动者，似较两团为强，现调集南昌附近军队，竭力维持，忝荷知遇，以死图报等语，始知李烈钧实图回赣作乱，方冀欧阳武不与同情，或可牵制，乃于十二日湖口竟宣告独立，遣其□党林虎，首先率兵进攻，李军连日鏖战不退，李军兵只两团，告急之电，络绎不绝，不得不遣兵赴援，幸李军竭力维持，林虎力尽溃退，始保无事，此李军此次赴浔之大致情形也，查李军，以六日甫行至浔，甫经信宿，李烈钧即于八日，由沪驰据湖口，十二日即宣布独立，猛攻李军，谓非早蓄阴谋，谁其信之，且欧

阳武文日通电,犹谓开调两团,往攻湖口,乃贺国昌则谓李烈钧系由咨请赣,忽距[拒]忽迎,又谁其信之,中央前于十三日电致欧阳武有云,李烈钧尚有才略,屡召不来,乃受人怂恿。回湖作乱,殊堪痛恨,进取九江,军队以足镇防□党为限,但使地果能平靖,护军使力足镇慑,决不作劳师扰民之举等语。似此政府,曲意俯从,但以息事宁人为宗旨,并无大举入赣之心,已可概见,乃任意诬蔑,谓将蹂躏全赣,又其谁信之,政府爱护赣民,可质天日,决无听任□徒扰乱,荼毒生灵,反以为能爱赣民之理,即现在战报日至,虽幸□徒就衰,然南望伤心,未尝不愀然垂涕,现闻南昌□党已有独立之说,军队此时万难遽撤,至于李烈钧率其徒党,背叛民国,如肯束手来归,自赴法庭请罪,即当酌予赦免,或军队幡然悔过,服从中央命令,取消独立,当令其各复故职,如此则地方敉平,即中央军队不难立时撤退,总之必须地方自销其乱萌,政府始有解之方法,如怙恶不悛,或致扰乱全国秩序,亡国瓜分之祸,谁其尸之,剖臆陈词,惟冀我父老子弟,及凡有救国之责者,敬听勿忽,民国幸甚,国务院洽印。

黄季陆主编《革命文献》第44辑,台北,中央文物供应社1968年版,第137~139页

7月18日(六月十五日)　江西都督欧阳武发通电历数袁世凯罪状,袁氏本日答复欧阳武通电。

1913年7月22日《申报》《袁世凯通电》:

共和民国以人民为主体,而人民代表以国会为机关,政治不善,国会有监督之责,政府不良,国会有弹劾之例。大总统由国会选举,与君主时代子孙帝王万世之业迥不相同,今国会早开,人民代表咸集都下,宪法未定,约法尚存,非经国会无自发生监督之权,更无擅自立法之理,岂少数人所能自由起灭,亦岂能因少数人权利之争,掩尽天下人民代表之耳目。此次派兵赴浔,迭经本大总统及副总统一再宣布,本末了然,何得信口雌黄,藉为煽乱营私之具。今阅欧阳武通电,竟指国军为袁军,全无国家观念,纯乎部落思想,又称蹂躏淫戮庐墓为墟等情,九江为中外杂居之地,万目睽睽,视察之使络绎于途,何至无所闻见。陈廷训之告急,黎兼督之派兵,各行其职,堂堂正正,何谓阴谋,孤军救援,何谓三道进兵?即欧阳武蒸日通电亦云,李烈钧到湖口,武开两团往攻等语。安有叛徒进踞要塞,而中央政府该管都督撤兵藉寇之理。岂陈廷训刘世均近在九江之电不足凭,而独以欧阳武远在南昌之电为足信?岂赣省三千万之生命财产,独非中华民国之人民,李纯所率之两团,独非江西兼督之防军欧阳武以护军使不足而自为都督,并称经省会公举,约法具在,无此明条,似此谬妄,欺三尺童子不足,而欲欺天下人民,谁其信之?且与本大总统防乱安民之宗旨,与迭次之命令,全不相符,捏词诬蔑,称兵犯顺,视政府如仇敌,视国会若土苴,推翻共和,破坏民国,全国公敌,万世罪人,独我无辜之良民,则奔走流离,不知所届,本大总统心实痛之。本大总统年逾五十,衰病侵寻,以四百兆人民之付托,茹苦年余,无非欲我黎民子孙免为牛马奴隶,此种破坏举动,本大总统在任一日,即当牺牲一切,救国救民。现在正式选举瞬将举行,虽甚不肖,断不至以兵力争攘权利,况艰辛困苦,尤无权利之可言。副总统兼圻重任,经本大总统委托讨逆,责有攸归,或乃视为鄂赣之争,尤非事实,仍应责成该兼督,速平内乱,拯民水火,各省都督等同心匡助,毋视中华民国为一人一家之事,毋视人民代表为可有可无之人,我五大族之生灵或不至断送于乱徒之手,查欧阳武前日电文,词意诚恳,与此电判若两人,难保非佥壬挟持假借名义,俟派员查明,再行核办。此令。

《欧阳武通电》:

民国成立,共和告成,袁世凯受任之初,曾宣布誓守临时约法,拥护平民政治。乃临时政

府成立年余，违背约法，反对共和，罪恶昭彰，擢发难数。揆诸宣言，大相矛盾。共和前途，危险万状，而尤以吾赣为民贼示威之地。既夺我贤良之李都督，复派北军入赣，扰乱我秩序，荼毒我人民，我江西人民为自救计，为救国计，俱不得不宣布独立，起而讨贼。兹讨袁军已组织成立，由本省议会公举李前都督为总司令，尅日督师北征。幸我父老兄弟，仍各安守旧业，祸首罪魁，实为袁世凯一人，民军义旗所指，决不妄戮无辜，即素为袁氏所愚，而能悔过输诚来归，本军亦当予以自新之路。

黄季陆主编《革命文献》第44辑，台北，中央文物供应社1968年版，第101页

△ **陈其美在上海宣布独立。就任驻沪讨袁军总司令。**

1913年7月19日《民立报》载《讨袁声中之上海》：

驻沪讨袁军总司令部暂设于前清旧道署内，昨已布置就绪。陈英士总司令亦已至部办公，并缮发告示。

1913年7月19日《民立报》载《陈总司令之通电》：

北京参众两院、各省都督、民政长、护军使、各报馆、各法团暨各界同志、各讨袁军钧鉴：袁世凯违法殃民逞兵南下，种种罪恶无非破坏共和，现在各省继赣而起者，如响斯应。江苏已于前日由程都督宣告独立，并委黄兴君为江苏讨袁军总司令。并咨委其美为驻沪讨袁军总司令。上海为东南重镇，关系匪轻，业于十八日完全宣布独立，驻沪各军队，皆深明大义，地方秩序亦照常安谧，足慰廑怀，深望各省爱国同胞克日兴师，诛锄国贼，俾得大局早定，真缔共和，无任盼祷，驻沪讨袁军总司令陈其美叩。

1913年7月19日《民立报》载《陈其美发表维持秩序告示》：

驻沪讨袁军总司令陈，为出示晓谕事，照得江西军民，因袁世凯无故进兵蹂躏，起而反抗，各省闻而感愤，相率起兵，以讨袁为目的。现在江苏全省已奉由都督程宣布独立，上海为东南巨镇，尤关紧要。本总司令统率联军驻节斯土，所有在沪商民，自应担任保护，维持秩序，并饬各营约束军队，严查匪类，务使闾阎乐业，鸡犬不惊。凡我同胞，须知此次用兵，实出于万不得已，义师所至，纪律严明。勿虚事惊皇，勿造言生事，各守本分，各安营业，倘有地痞莠民乘间骚扰，妨碍治安，本总司令军法俱在，决不宽容，为此示仰商民人等，一体知悉，其各凛遵毋违，切切特示。

△ **陈炯明宣布广东独立，通电讨袁，自任广东讨袁军总司令。**

《广东都督陈炯明宣布独立》：

赣事发生后，广东都督陈炯明于本日召集各师旅军官，商议独立。旋至省座谈会宣布政见，力斥袁总统违背共和，主张与政府脱离关系。言时声色俱厉，隐示将以武力威胁。议员知无可商办，唯唯而散。陈即于晚后八时，出示宣告独立。

《东方杂志》第10卷，第3号，中国大事记

《广东大都督兼讨袁军总司令陈炯明布告》：

照得袁世凯，破坏共和，叛逆民国，神人共愤，天地不容，本都督代表民意，声罪致讨，经已明白宣布在案。惟袁世凯平日惯用诡谋，专事笼络，无知者，往往堕其术中。以故依附袁世凯者，实系不知袁世凯之罪万端，为其所愚，推其用心，必非甘为民国蟊贼。自此次宣布袁罪之后，务必幡然来归，本都督与人相见以诚，不咎既往。凡前日误附袁世凯者，须知共和之下，必不容有袁世凯之背逆，当即与众弃之。本都督爱重同胞，无分界域，务须各安其业，毋

庸惊避,凡属民党,均宜体谅斯旨,视同兄弟,不得妄兴侵凌,致干究办,如有不遵,军法自在,特此布告。中华民国二年七月十八日。

黄季陆主编《革命文献》第44辑,台北,中央文物供应社1968年版,第291~292页

《粤省军界宣布一致讨袁电》:

粤省于十八日宣布举义讨袁,其通告云:阅近日港报,对于讨袁军义举往往捏造事实,以图扰乱人心,其为受一二奸人利诱,不惜颠倒是非,明眼人自能洞悉。宣告讨袁,实由军界全体发动,并非陈都督一人之事。我军人高见,袁世凯种种罪恶,若不速行推到,必至断送民国,为救国计,为救身家计,不得不与袁宣战。军心一致,决定进行,我粤军实至充,军械尤利,定能一举歼袁。至地方治安,军人仍极力维持,断无意外。诚恐无知之徒,误听谣言,互相惊扰。为此通告吾粤父老兄弟,务须各安其业。讨贼一事,我军人任之有余,惟望我粤人,勿堕奸谋,自取其累也,特此通告。

黄季陆主编《革命文献》第44辑,台北,中央文物供应社1968年版,第292~293页

《粤省议会致各省议会邀请协电参众两院提起弹劾文》:

天立中国,视听自民,世进文明,群龙无首,故恪共天职,谓之国佣;违反舆情,谓之国贼,贼与众弃。昔我中华民国之初革命也,袁氏以绍术遗育,莽卓菲材,窃执王钛,遂窥神鼎。前总统孙、前留守黄,捐权尚计,释位与能,匪私于袁,爱民国也。受事以来,罔肯念患,崇信奸回,诛除异己,藏弓烹狗,有甚吕雉,植棘锄兰,无过石虎,其任人也,匪国之恤,而唯贿是问,其养兵也,匪敌是求,而唯民斯御,其对外也,则挟强邻以威宗国,而甘弃几千万里之疆土,其对内也,则挟私债以卖公民,而坐破四百兆人之世产。狙公弄术,颠倒四三,独夫恶贯,奚啻什伍。敝会为民请命,为国择人,为世界诛恶,用敢与袁氏告绝。除公请大都督总司令,声罪致讨,率师进剿外,理合邀同贵省省会协电,敬请参众两院提起弹劾案,促袁世凯预解总统职名,听由国会地择选举,使其知难而退,奉国以从,中华民国之庆,亦袁氏世家之福也。若其轻蔑我议会,仇视我公民,抵触我义师,贪恋燕云,徘徊河朔,甘为公敌,合受法诛。轩辕北指,求蚩尤于涿鹿之墟;弧矢东行,戮羿浞于穷门之野。凄凉荒岛,合驻拿破仑;华曼世界,难容路易。破巢完卵,宁有仅存,插标卖匏,厥辜谁咎。端此布达,临电神驰,粤议会印。

黄季陆主编《革命文献》第44辑,台北,中央文物供应社1968年版,第294~295页

《粤省议会促袁世凯退位文》:

北京大总统钧鉴:顷闻汽轮西上,直抵鄱阳,铁骑南驰,竟饮江水。北军来从天上,汉人走入云中,不谓届期百六,未戢干戈,有卒八千,敢抗旗鼓,吴西子弟,自爱伯符,江东父老,犹怜项籍。若使刘公大度,当能推心于腹中,虽云郑国有辞,终见袒肉于道左。乃积疑成忿,弃好崇仇。政府加国民以叛逆,则国民亦怨政府以信谗。虽明知岁星入斗,运启宋梁,地天为泰,兆兴华氏。然鸦子不死,而五季成,狮儿难争,而三分定,覆车不远,来轸方遒,既落漩涡,何堪剪缆,况其燃豆泣,同气离心,子摘瓜稀,邻邦动指。构英雄莫须有之冤,造中国无量数之劫,倘同胞莫寻死所,岂肉食独适生存。九年喋血,非林肯之本心,百万伏尸,议拿公之短命。江西非有苗旧族,无烦夏禹师来,天南尽黄帝胄孙,应付放勋德育。伏愿大总统广开如天之量,旁照炀晁之奸,杖箠走詈,视同骄子痴孙,杯勺解雠,听诸调人法士。临电悚惕,无任主臣。广东省议会印。

黄季陆主编《革命文献》第44辑,台北,中央文物供应社1968年版,第295~296页

7月19日(六月十六日) 许崇智促福建都督孙道仁宣布独立。福建各界推许崇智任福建讨袁军总司令,仍推孙道仁为都督。于次日(二十日)发表讨袁檄文。

《福建都督孙道仁从师长许崇智之请宣布独立》:

赣宁粤皖趣事后,闽省适导赣粤之间,影响所及,人心动摇。第十四师长许崇智,要求都督孙道仁响应。孙督以闽垣兵力单薄,恐生扰乱,遂召集各界及行政官,决议从许之请,宣布独立。并声明俟大局定后,仍归统一。

《东方杂志》第10卷,第3号,中国大事记

《福建出师讨袁檄文》:

各省都督、民政长、各报馆鉴:逆贼袁世凯者,专制之余孽,共和之蟊贼也。当我民党武汉举义之初,向清廷再三要挟,世凯必俟兵权在握,布置稳固,乃复出而任事,识者早知其志有所在。逮汉阳一役,屠戮我民军,熸毁我汉口,此其绝对不赞成共和,不顾生灵之惨祸,早罪无可逭矣。后以各省响应,袁世凯知大势所趋,犹未知鹿死谁手,于是遣使和议,以君主问题为要挟,一面逼迫清帝退位。至是而袁世凯欲乘机篡位,子孙帝位之心,益显然昭著于天下。乃民军坚持民主共和政体,袁世凯一变其面目,佯使诸将赞成共和。人方以为所求目的既达,决不再忍兵祸蔓延,遂由议会公决,许袁以临时总统位置,犹冀其或真能造福我共和民国也。不谓袁一年以来,专制之态度毕露,种种违法举动,几于罄竹难书,犹复祸心不已,公然与民国宣战,此盖表其实行专制。论者不察,犹或称其假共和面目,此盖犹恕论袁世凯者也。夫今之袁世凯,岂尚有几微共和国总统之资格哉!直一独夫残贼耳!兹幸赣军仗义讨贼,东南诸省相继响应,此真天亡袁贼之时也。我闽人素以爱护共和为心,安肯独居各省之后。用是宣告独立,组织讨袁义军,以随各省志士之后。誓必同心戮力,扑灭此獠。不灭袁贼,决不生还。誓言既出,有如闽水。闽都督孙道仁、讨袁军总司令许崇智印。

黄季陆主编《革命文献》第44辑,台北,中央文物供应社1968年版,第319~320页

《福建宣布独立之通电》:

北京参众两院,各省都督,护军使,民政长,省议会,各报馆,扬州张军统,上海民立报钧鉴:叠接赣省军民真文各电,暨欧阳都督元日一电,惊诧之余,令人发指,溯自武汉举义以后全国响应,袁氏挟满清之余焰,为总统之要求,其时国人心理,以为苟利大局,不论何人,当即如其所愿,不意袁氏包藏祸心,图谋不轨,统一甫成,即背迁都之约,军警在握,横施涉干之威,弃置蒙藏,专防内乱,弁髦约法,任逞野心,滥杀忠良,排除异己,擅立官制,营殖私人,竭民国之膏髓,供彼蓄养爪牙之需,设无谓之勋章,为其笼络英雄之计,自知人心不附,更敢变本加厉,暗杀伟人,大借外债,收买议员,图倾国会,更易都督,藉锄民党,桀纣之恶已贯,司马之心皆知,我军人本有保护国家之责,以为临时之期已尽,静候更举总统,藉觇公意,乃袁氏恶犹不戢,暴且更甚,李督既去,犹迫江西,恣军淫掠,成何政府,循此以往,吾四万万同胞,真无见天之日矣。是而可忍,孰不可忍,仁等虽无卓识,尽有天良,赣省既已率先,吾闽岂容后义,爰合各界公议,即日与北京政府断绝关系,此后所有袁氏乱命,概不遵奉,联合各省,共伸义愤,保障共和,万众一心,誓除魔鬼。呜呼!当兹国家危难之时,乃为兄弟阋墙之举,仁等何心,讵忍出此,实以共和之基础一动,国家之灭亡可期,急公纾难,敢辞被发缨冠,引咎责躬,惟有椎心引泣,用布区区,伏希公鉴。福建都督孙道仁,第十四师师长许崇智,讨袁同盟会同叩。

黄季陆主编《革命文献》第44辑,台北,中央文物供应社1968年版,第312~313页

《福建讨袁军总司令许崇智致袁世凯电》:

北京袁君世凯鉴:自别芝辉,未及四月,风云陡变,匪夷所思,智由京回闽时,正刺宋证据发现之际,此间人言啧啧,恨君行同盗贼,群欲得而甘心,智忆在京与君晤谈时,君嘱言保障共和,态度甚为恳切,极力代君剖白,一面设法维持地方秩序,始稍恢复,孰知君言与行违,一波未平,一波又起,违背约法,擅借巨债,湘皖赣粤,仗义执言,毫不自省,反变本加厉,无故派兵南下,撤换皖赣粤各督,另置私人,以人民担负之外债,扩充残杀同胞之武装,以人民公有之政权,视为恢复帝制之利器,己则不善,何可尤人,今赣省因君所派之军队,无故攻击赣人,已激起兵端,湘皖宁苏粤等省,皆宣布脱离关系,组织讨袁军队,闽省亦于十九日通电各省,宣布与袁政府断绝关系,以后乱命,概不承认,刻正组织讨袁军队,智亦国民一分子,虽自揣才识谫陋,不得不勉为其难,默念此次浩劫之来,皆起于君之一念维何,即谋夺正式总统预备作皇帝也。呜呼!误矣。揣君意见,殆谓大兵在握,反对我者,不难一鼓荡平,兼之饶有金钱,可以罗致党徒,收买异己,不知君之举动,纯乎私,南方之起义,纯乎公,公私既分,即可决人心之背向,况中外历史,专制与共和战,最后优胜,必归共和,是兵力不足恃也。许运动金钱,皆人民膏血,骗君者岂真不知,据近报所载,试问粤督陈炯明要求巨款,兼揽民政,君皆许之,以为可以笼络,今果受笼络乎。皖督孙多森系君自派之人,今果可靠乎,是金钱不可恃也。现在各省人民,不分南北,皆痛恨切齿,必置君于断头台上,始肯罢休,况中华财富,尽在南方,大借款用尽,更有何法可继续,为君之计,惟有早自退避,庶可保全首领,以终天年,否则后祸不堪言状,古语不云乎,众怒难犯,专断难成。智与君有一面之雅,君屡向智言愿早辞职,敢布忠告,幸三思之,福建讨袁军总司令许崇智哿。

黄季陆主编《革命文献》第44辑,台北,中央文物供应社1968年版,第314~315页

《许崇智致段祺瑞电》:

北京段君祺瑞鉴:袁世凯自膺总统之任,种种罪恶,擢发难数,积至今日,讨袁之声,遍于全国,独立之电,布满南方,人心如此,罪状可知,推原祸始,虽由袁世凯无共和之真意,存帝制之希望,恣睢暴戾,倒行逆施,亦由君等以武力为之后援,金钱为之运动,遂使其甘冒不韪,为拿皇之所不为,作梅相之所未作,逢君之恶,君等百口其奚以辞。现在默观大势,袁氏一日不推翻,国民一日不放手,君等逢恶于前,已罪无可逭,倘再推波助澜,派兵南下,是甘为魔王走狗,国民公敌,恐麟阁之相未图,断头之台先上,于民国固为罪首,于个人亦属至愚,何如早自后悔,立即辞职,与袁氏脱离关系,并劝导所部,与南方之义师一致进行,则失足于前,固已贻羞于我旅,而晚节可盖,尚可求谅于国民。智之于君,应以敌人相待,因有一面之缘,不忍不为最后之忠告,祸福之机,请自择之。许崇智哿。

黄季陆主编《革命文献》第44辑,台北,中央文物供应社1968年版,第315~316页

《许崇智致黎元洪电》:

武昌黎副总统鉴:三年前,道出汉上,望见丰采,忠挚英勇,佩仰无似[以],光复一役,我公首举义旗,天下响应,不数月而满清倒,民国成。益令智崇拜之忱,莫可言状,夫民国建设,非公莫属,乃第一次临时总统,已让之贤能,第二次临时总统,又为袁贼所攘夺,区区副总统之位,实不足以慰士民之仰望,不意数月以来,舆旌陡变,前之誉之者今旦毁之,推厥原因,实出自袁贼暗中之主持,皆非我公之本意,世人不察,集矢于公,智相信既深,尚能见谅,独至今日,贼恶贯盈,国民大忿,讨袁之声,遍于全国,独立之省,布满南方,我公乃犹豫狐疑,至今尚未表示同意,道路流传,且谓有反对之举,智殊为之大惑不解也,夫他人依附袁贼,岂真有拥护诚心,无非重利禄,为个人之私而已,至于我公,声名鼎盛,震于全球,正式总统,国民厉望,

乃不惜牺牲已成之勋名,无量之希望,为民贼作鹰犬,与国家为公敌,不亦大可惜乎。况武汉地处冲要,防守艰难,上下游各省,均前后宣布独立,内部民党机关四布,有触即发,处四面楚歌之中,作狡兔三窟之计,公虽万能,必无幸矣。总之,今日之事,以大义论,固应急起直追,竟光复未成之志,即以利害论,亦应因势利导,收一篑将竟之功,深冀我公,速自后悔,立与袁贼断绝关系,率汉上十万健儿,直捣巢穴,悬商纣于太白之旗,置路易于断头之台,以公之威,直犹反掌,民国赖以生成,共和因而巩固,巍巍铜像,舍公其谁,倘再惑于佥壬,甘作傀儡,则义兵四集,玉石俱焚,已往之勋名,付诸流水,将来之历史,奚免恶名,遗臭留芳,在此一举,最后忠告,请自择之,福建讨袁军总司令许崇智叩。

黄季陆主编《革命文献》第44辑,台北,中央文物供应社1968年版,第316~317页

△ 各地纷纷独立后,汪兆铭、蔡元培、唐绍仪等或以个人名义,或联名电袁,劝袁辞职,袁则复电驳斥。

1913年7月18日《民立报》载《汪精卫宣言》:

国步艰难,人心厌乱,政府即利用人民厌乱之心,以为无道。国民亦以厌乱之故,姑息者,欲安于苟见之和平;激昂者亦复投鼠忌器,踌躇未忍,何图政府远师宋太祖卧榻不容酣睡之谋,近袭满洲驻防之术,分兵南下,破坏和平,以致赣祸一发,不可复收;南京誓师,东南响应。呜呼!当日议和,仆实一人,当时犹不主战,岂愿于今日而主战者。惟当时能使袁氏不加兵于武昌,今日不能使袁氏不加兵于江西,国民备战,自无可议,辛亥之役,各省光复,虽承二百余年皇祚之清帝,犹知不忍生民涂炭,自愿退位,况大总统为人民公仆,今者人民群起而逐之,至于牺牲生命而不顾,犹有人心,何忍尸位。虽曰人民行动,出于法律之外,然袁氏先自背于法律,即不能以法律绳人。况国民心理之表见,既已如是,即使袁氏竭其兵力,尽行屠戮,反之当日逼清帝退位之初心,何以自解,又何以解于宗社党。为今日计,袁氏宜即自辞职,国会速择选举地点开会,选举正式大总统。法兰西选举大总统不在巴黎,美利坚选举大总统不在华盛顿,所以离政治之漩涡,护选举人之自由意思也。即征此次兵变,选举大总统,亦不能在北京。今者欲解战祸,舍此更无他道。乞全国仁人君子,共起主张,庶民国于存亡绝续之交,犹有所托命。幸甚幸甚。

《蔡元培汪精卫唐绍仪致袁世凯电》:

北京大总统钧鉴:西密。赣事既起,东南诸省以此响应,声言只对公一人。培等以为无论胜负,然倡和非止数辈,发动非止一隅,则国民之表见,已为中外所喻,公对此固难免愤慨,然哀矜生民,顾念国危之意,想当更切,必不忍以一人之故,令天下血流。且为公仆者,受国民反对,例当引避,而以是非付诸后日,流天下之血,以争公仆,历史所无,知公必不出此。望公宣布辞职,以塞扰攘,斯时天下激昂之情,将立易为感谅,为国家计,为公计,不敢不言,鉴恕为幸,蔡元培、汪兆铭、唐绍仪叩。

黄季陆主编《革命文献》第44辑,台北,中央文物供应社1968年版,第15~16页

《袁世凯复蔡元培等请辞电》:

上海蔡鹤卿、汪精卫、唐少川诸君鉴:西密效电悉。承爱可感。鄙人老矣,甚愿与公等同作平民,享自由之幸福。顾为约法所限,非有正式总统举定,不能违法弃职,付土地人民于一掷。当国会成立之日,鄙人即咨请迅选正式总统,而党派纷歧,迄今未见分晓,正日日殷盼息肩,而叛徒倾覆共和,破坏民国,几有亡国不顾之势。鄙人有救国救民之责任,当此存亡危急,国民呼号请命之时,断不敢弃之而去,坐视乱党之荼毒生灵,至未选举以前,一日在职,一

日决不放弃责任，即此所以尽职于国民，及仰酬公等之厚爱也。至此次首乱背叛民国之人，皆各居政党重要地位。公等以同胞之谊，应亟尽忠告，以纾流血之祸。又闻南京焚杀无辜，诛锄异己。公等素持人道主义，何可听其暗无天日，不出一言，以为匡正之地。引领南望，忧心如焚。至于国民心理，国会多数足以代表之，称兵作乱之暴徒，不能代表之也。代表国民心理者，当代表多数人民颠连困苦，日望治安之心理，不能为少数人竞权夺利，日谋破坏之徒，代表其心理也。民之叛乱久矣，民国统治之权，若以兵力为转移，分崩之祸，恐不百年不能已也。鄙人受父老委托之重，不敢不终，惟有确守神圣之约法以从事。其它非所敢闻。尚祈谅之为幸。袁世凯叩。

黄季陆主编《革命文献》第44辑，台北，中央文物供应社1968年版，第16～17页

△ 袁世凯任命陆军总长段祺瑞代行国务总理。

袁世凯令：

特任陆军总长段祺瑞仍行代理国务总理。

《东方杂志》第10卷，第3号，中国大事记

7月20日(六月十七日)　黄兴派阎润苍、夏焕三持函赴豫，联络白朗讨袁。

黄兴《致白朗书》：

敬启者：自足下倡义，鄂豫之间，所至风靡，豪客景从，志士响应。将来扫清中原，殄灭元凶，足下之丰功伟烈，可以不朽于后世。现在东南各省均已宣布独立，江西战胜袁军，五次告捷，苏军在徐州与袁军酣战，亦获胜利。现北有蒙警，赣又合力进攻，袁军以大兵分道南来，内地空虚，乘虚直捣，必获优胜。足下占领鄂豫之间，相机进攻，可以窥取豫州。若能多毁铁道，使彼进路阻碍，为功实非浅鲜。抑有进者，此次兴师专为讨袁，以谋吾民之幸福。苏下饷械，两无接济，刍粮所出，不能不稍取给于民间。然必义不苟取。师出以律，无伤地方恶感，使人人晓然于吾辈之举动，实有吊民伐罪之意，则士民乐服，响从者众，而大局可以挽回矣。现在函润苍、夏焕三二君进谒台端，希予接见，俾资进行。临风响望，不尽欲言。此请勋安。江苏讨袁军总司令黄兴启。七月二十日。

湖南省社会科学院编《黄兴集》，中华书局1981年版，第343页

7月21日(六月十八日)　袁世凯宣布施政苦衷，谓欲济时艰，当恢复政令纪纲，建立国家威信。

1913年7月27日《申报》临时大总统命令：

本大总统，受国民付托之重，承乏今职，于兹经年，国基甫定，百废未兴，乃忽有赣宁乱耗发生，本大总统不能消祸未萌，致酿此变，震扰闾阎，循责返躬，负疚何极。一年以来，国中待治极殷，而政府措施不足以餍众望，此不待国民督责，即返诸本大总统之良知，亦岂能一日即安者。虽然政象不振之原因，由于本大总统德薄能鲜者固半，由于各方面形格势禁者亦半，谨述甘苦，为国民一言。夫用人实行政之本，而国务院为大政所从出，本大总统为国择才，尤深兢业，遵据约法，必须求同意于议院，议院果清白乃心，协商共济，则物色一国最高之才，使荷一国最重之任，善后之业，或尚非难，乃自党见既兴，意存掣肘，提出否认，至再至三，夫贤才之士，孰不爱惜羽毛，未受任而动已见摈，则延揽益难，为力降格以求，实势所逼，踌躇满志，事安可期。且施政程功，在明黜陟，一度政府成立，疏通动需数月，求才则几熏丹穴，共事

则若抚骄儿，稍相责难，动言引退，别提以图补缺。通过艰于登天，挽留且难，遑论黜斥，既不愿常以无政府贻笑万国，自不敢妄以大甄别施诸百僚，纪纲无自修明，政本安能澄肃。至于各部司员，半经伟人荐拔，本大总统求才若渴，固愿礼罗，各部总长爱屋及乌，亦难固拒，弹冠相踵，滥竽日多，政务丛脞，当局者固责无可辞，仕途浊昏，挟功者亦宜分其咎。中央艰窘既已若是，其在地方抑又甚焉。最初都督总领军民，率以光复元勋，遂乃真除受事，等汉牧之就拜，类唐藩之留后，威令本自不行，功过安从责课，厥后亟筹分治，民政别置长官，而乃简命朝颁，拒电夕告，本大总统因循瞻徇，咎固难辞，顾亦尝再四思维，实不愿漫然变置。夫人既有自私土地之心，岂肯复为顾全大局之计，削藩召乱，移镇生变，往代常闻，取鉴非远。本大总统以民国新造，疮痍未苏，诚不愿炎汉七国之难，复见于今，犹庶几日本西南之师，可以幸免，俯心迁就，职此之由，而一省擅命，诸方效尤，罚既有所不行，绩安从而得举。况复上自诸司，下逮州县，皆恃党籍为奥援，胁长官而自署，尽人皆革命元勋，启口辄有功民国，人庞言杂，进易退难，驯致法纪，视若弁髦，名器日趋浮滥，以兹图治宁异面墙。谁生厉阶，至今为梗，廓清无状，私衷固所怀惭，作佣以诒健者，能无分谤，至如治国，大经理财为要，自前清之末，业久岁入之不敷，一年以来原有赋税，地方节节截留，中央征解无几，而善后之费日增，旧债之期更迫，乃利用感情之弱点，倡为无责之游谈，国税则屡征而屡抗，外债则旋赞而旋否，借风作浪，节外生枝，以党略为前提，置国命于孤注，稍尽急公之职，辄蒙专擅之讥，责无从负，政何自行，况国家既采法治主义，庶政皆藉法律以行，而国会纷争，议案丛脞累日不能决一条，经月不能颁一律，律文既缺，何所遵依，而国家作用一日不能滞停，政府措施触动成违法，以云任责，更安取裁，凡此诸端，略述一二，其它百举循可类推，本大总统非敢陈诉艰窘，希图诿卸，亦欲我国民知积重之势，非旦夕所能骤回，而转圜之机，在各方皆宜有责，今欲济此时艰，劝求治道，条理虽多，本原惟一，首在规复政令之纪纲，建行国家之威信，此本苟拔，他复何丽。本大总统昔以仁柔姑息，延兹厉阶，今当以勇猛精勤，赎彼前愆。叛党欲破坏民国，惟本大总统责当保之，叛党欲涂炭生灵，惟本大总统责当拯之。垂涕伐罪，掬心质天，纪纲所系，威信所关，虽怀痛悼，其安得已。当兹千钧一发之会，或除旧布新之机，方将集天下之才，共天下之事，则挽坠日于虞渊，挽漏舟于骇浪，虽云甚艰，何处无术，所冀国人，共宏斯愿，本大总统老矣，六十衰弱，复何所求，顾断不忍五千年神明古国，颠困自我，但使一息尚存，亦不许谋覆国家之凶徒，得以自恣。冀与邦人诸友，含辛茹苦，冒险犯难，奠此国基，他日作共和幸民，扶杖山谷，以观治化，庶遂初志，敢告有众。此令。

△ 袁世凯下令宣告对湖口、徐州用兵之意，并嘱外交总长行文照会各国公使。

1913年7月27日《申报》载《袁世凯令》：

湖口徐州等处，暴徒倡乱，政府为整肃纪纲，维持国本起见，不得不以兵力戡定，迭经先后布告，本大总统躬承国民付托之重，值此变出非常，荡平内乱，责无旁贷，耿耿此心，当为我国民所共谅，各友邦所悉知。惟恐传闻之异词，或疑方针之未定，国民以姑息养奸相责备，外商以身命财产为隐忧，若不明白宣告，使我全国人民咸知顺逆从违之所在，各外商共悉镇压暴乱之有方，其何以靖人心，而昭大信。为此通令，条举三端，一该暴徒等勾煽叛兵，僭窃土地，擅行宣布独立，破坏民国之统一，扰害地方之治安，此等行为，实系乱党，政府不得不依照国家法律，以兵备警戒，是用兵定乱，为行使约法上之统治权，民国政府当然有此责任。二各国商民之通商传教，载在条约，凡有乱警地方，该地司令官均应照约，实力保护，务使各外国人之身命财产，不致因乱事稍受危险，嗣后各该地方之外国人，所有身命财产，如因镇压变乱,而直接受有损失者,民国政府必完全负其责任。三乱党到处勾结,如有本国人或外国人与之订立一切契约,而影响可以及于国家或一地方者,无论用何种方法,及何种名义,民国政府绝不承认。以上三端,自本令发布以后,应由各该地方司令官通行存告,仍着外交总长,行文驻京各国公使查照,以慰友邦热诚赞助之雅怀,而示本大总统除暴安良之至意。此令。

△ **袁世凯宣布湖口、徐州及北京各地戒严。**

1913年7月27日《申报》载《宣告湖口、徐州及北京戒严》:

查约法第三十六条,载大总统得依法律宣告戒严,又戒严法第一条,载遇有非常事变,对于全国或一地方须用兵备警戒时,大总统得依本法宣告戒严,或使宣告之各等语。现在江西湖口及江苏徐州等处地方,革党暴扰情形,实与戒严法所称非常事变相符,须用兵备警戒,迭据各该地司令官呈请前来,本大总统特依约法暨戒严法宣告戒严。自宣告之日起,所有湖口徐州等处地方,凡应攻守各地域,均按照戒严法接战地域之规定办理。其余地方,并准由各该出征司令官,依法临时宣告戒严。至北京为民国政府根本重地,现虽民商安堵,廛市无惊,第五方杂处,良莠不齐,恐不免有奸人匪徒混迹其中,希图扰乱,自应同时依戒严法警备地域之规定,酌量办理,以保治安而巩国本。所有各界人等,仍各照常安业,无庸误会惊惶。此外各省地方,如有应行警备各地域内,各该地司令官随时呈请本大总统依法宣告,若时机迫切,须临机处分者,准即依法临时宣告戒严,以期弭患无形,共维秩序。此令。

△ **袁世凯下令禁止京外官员弃职潜逃或附和二次革命。**

1913年7月27日《申报》载《袁世凯令》:

自湖口倡乱以来,暴徒勾结乱军,散布讹言,诡称独立,所在地方文武官吏,尽忠职守,贞固不摇者,固不乏人,而二三不职之徒,或藉口保全,轻离职守,或随声附和,甘受胁从,似此渎职旷官,既拂国家设官治事之初心,即为今日风俗人心之大患,若不严加振刷,何以维秩序而肃纪纲。自令以后,凡京外奉职人员,如有弁髦官守,任意潜逃,或假藉名义,甘心助乱者,一经拿获,定必从严惩处,决不姑容。风纪所开,不得不预为告诫,百职有司,其敬听之。此令。

△ **湖北沙洋镇兵响应二次革命在荆门起义,编为鄂省讨袁军第一团,宣布讨袁。**

1913年8月1日《民立报》载《湖北讨袁军》:

沙洋防军系由刘铁所统。……该团军人系辛亥起义季雨霖招讨安襄郧荆所部,其中下级军官军佐悉季之信用人,故所有军人均季之同志弟兄,感情既渥,佥乐为效力。奉季命编为讨袁军第一团,以连长张佐青为总司令,于二十一号决议起事。

本日,黎元洪派其副官曹某,并梅占鳌一营,前往该团办理解散事宜,却为该团兵士打退,曹某被杀。于是该团乃正式开始讨袁行动。

该军既举旗独立,遂组织司令部,筹议防守事宜。以多宝湾、张家港、岳口三处为出入要塞,俱架置炮台,分兵设守,以防鄂军之攻击,一面又募集新军,以壮军容,该处哥老会各党均响应协助,一时赴募者不下千人。

7月22日(六月十九日) 孙中山发表《告全体国民促令袁氏辞职宣言》、《致参议院等通电》、《致袁世凯电》,敦促袁世凯辞职以息战祸。

孙中山《告全体国民促令袁氏辞职宣言》:

当南北统一之际，仆推荐袁世凯于参议院，原望其开诚布公，尽忠民国，以慰四万万人之望。自是以来，仆于权利所在则为引避，危疑之交则为襄助，虽激昂之士，对于袁氏时有责言，仆之初衷未尝少易。不意宋案发生，袁氏阴谋一旦尽揭，仆于当时已将反对袁氏之心宣布天下。使袁氏果知公义自在，舆论难诬，尔时即应辞职，以谢国民。何图袁氏专为私谋，倒行不已，以致东南人民荷戈而逐，旬日之内，相连并发。大势如此，国家安危，人民生死，胥系于袁氏一人之去留。为公仆者，不以国利民福为怀，反欲牺牲国家与人民，以争一己之位置，中华民国岂容开此先例！愿全体国民一致主张令袁氏辞职，以息战祸，庶可以挽国危而慰民望。无任翘企之至！

广东省社会科学院历史研究室等编《孙中山全集》第3卷，中华书局1984年版，第66页

孙中山《致参议院等通电》：

北京参议院、众议院、国务院、各省都督、民政长、各军师旅长鉴：江西事起，南京各处以次响应，一致以讨袁为标识，非对于国家而脱离关系，亦非对于北方而睽异感情，仅欲袁氏一人辞大总统之职，遂不惜牺牲其身命以求达之。大势至此，全国流血之祸系于袁氏一人之身。闻袁氏决以兵力对待，是无论胜败，而生民涂炭必不可免。夫使袁氏而未违法，则东南此举无能左袒。今袁氏种种违法，天下所知，东南人民迫不得已以武力济法律之穷，非惟其情可哀，其义亦至正。

且即使袁氏于所谓违法有以自解，然今者决死反对之人民遍于六七省，人民心理之表见既已如是，为公仆者即使自问无愧，亦当谢职以平众怒。微论政体共和，即君宪国之大臣，亦不得不以人民之好恶为进退。有如去年日本桂太郎公爵，以国家柱石、军人领袖重出而组织内阁，只以民党有所不满，即倏然引去，以明心迹。大臣风度，固宜如是。况于共和国之人民公仆，为人民荷戈以逐，而顾欲流天下之血，以保一己之位置哉。使袁氏而果出此，非惟贻民国之祸，亦且腾各国之笑。回忆辛亥光复，清帝举二百余年之君位为民国而牺牲，当时袁氏实主其谋，亦以顾全大局，不忍生灵久罹兵革，安有知为人谋而不知自谋者。更忆当时，文受十七省人民之付托，承乏临时大总统，闻北军于赞成共和之际，欲举袁氏以谋自安，文即辞职，向参议院推荐袁氏。当时固有责文知徇北军之意，而不【知】顾十七省人民付托之重者。然文之用心，不欲于全国共和之时，尚有南北对峙之象，是以推让袁氏，俾民国早得统一。由是以观，袁氏不宜借口于部下之拥戴，而拒东南人民之要求，可断言矣。

诸公维持民国，为人民所攸赖，当此存亡绝续之际，望以民命为重，以国危为急，同向袁氏说以早日辞职，以息战祸。使袁氏执拗不听，必欲牺牲国家与人民以成一己之业，想诸公亦必不容此祸魁。文于此时，亦惟有从国民之后，义不反顾。临电无任迫切之至。

广东省社会科学院历史研究室等编《孙中山全集》第3卷，中华书局1984年版，第67～68页

孙中山《致袁世凯电》：

北京袁大总统鉴：文于去年北上，与公握手言欢，闻公谆谆以人民国家为念，以一日在职为苦。文谓国民属望于公，不仅在临时政府而已，十年以内，大总统非公莫属。此言非弟对公言之，且对国民言之。自是以来，虽激昂之士，于公时有责言，文之初衷未尝稍易。何图宋案发生，证据宣布，愕然出诸意外。不料公言与行违，至于如此，既愤且懑。而公更违法借款以作战费；无故调兵以速战祸；异己既去，兵衅仍挑。以致东南民军，荷戈而起，众口一辞，集于公之一身。意公此时必以平乱为言，故无论东南军民未叛国家，未扰秩序，不得云乱，即使曰乱，而酿乱者谁？公于天下后世亦无以自解。公之左右陷公于不义，致有今日；此时必且劝公乘此一逞，树威雪愤。此但自为计，固未为国民计，亦未为公计也。清帝辞位，公举其

谋;清帝不忍人民之涂炭,公宁忍之?公果欲一战成事,宜用于效忠清帝之时,本不宜用于此时也。说者谓公虽欲引退,而部下牵掣,终不能决。然人各有所难,文当日辞职,推荐公于国民,固有人责言,谓文知徇北军之意,而不知顾十七省人民之付托。文于彼时迄不为动。人之进退绰有余裕,若谓为人牵掣不能自由,苟非托辞,即为自表无能。公必不尔也。为公仆者,受国民反对,犹当引退,况于国民以死相拼。杀一不辜以得天下,犹不可为,况流天下之血,以从一己之欲。公今日舍辞职外决无他策。昔日为任天下之重而来,今日为息天下之祸而去,出处光明,于公何憾。公能行此,文必力劝东南军民易恶感为善意,不使公怀骑虎之虑。若公必欲残民以逞,善言不入,文不忍东南人民久困兵革,必以前此反对君主专制之决心,反对公之一人。义无反顾。谨为最后之忠告,惟裁鉴之。孙文。

广东省社会科学院历史研究室等编《孙中山全集》第3卷,中华书局1984年版,第68~69页

△ **袁世凯下令褫夺黄兴、陈其美、柏文蔚三人军职。**

1913年7月28日《申报》载《袁世凯令》:

黄兴、陈其美、柏文蔚逆迹已著,所有从前所颁荣典军职,一律褫夺,其附逆之徒,该部查明,一律办理,此令。

1913年7月28日《申报》载《袁世凯通缉令》:

前南京留守黄兴,自辞卸汉粤川督办后,回沪就医,本月十二日忽赴南京第八师部,煽惑军队,迫胁江苏都督程德全,同谋作乱,程德全离宁赴沪,黄兴捏用江苏都督名义,出示叛立,自称讨袁军总司令,……著冯国璋、张勋,迅行剿办叛兵,一面悬赏缉拿逆首,其胁从之徒,有擒斩黄兴等,以自赎者,亦予赘金,自拔来归者,勿究前罪,本大总统但问顺逆,不问党类,布告远迩,咸使闻知。此令。

△ **北京政府内务部对京师警察厅发布训令:取缔登载"无稽之言"的报刊。**

《内务部训令》:

令京师警察厅总监:查报纸言论,应以法律为范围,不得逾越范圈,昌言无忌。前经本部申明约法、报律、刑律各项条文,布告登载二年六月二十日公报在案。近因浔乱事起,谣诼因之繁兴。查报纸采新闻,宜如何主持公论,维护大局。数日以来,查阅各报所载专电、访稿、记载,正确者实居多数,而间不免有无稽之言。现在时事方艰,民生重困,休养生息,犹虑弗遑。尚使虚造不实之言论,害公共之安宁,当亦顾大局,维人道者所不忍为。本部为整齐言论,维持地方起见,舆论固当尊重,法权尤应保持。为此,训令该厅转饬各报馆,除关于外交、陆海军事件及其他政务,曾经该管官署禁止登载不得登载外,其余各项专电访稿,仍须以国家为重,一律慎重登载。倘有不顾大局,不问是非,漫无检查,任意登载,或捏造事实,耸人听闻,则是有意妨害秩序,有碍治安,法律具在,断难宽容。该厅有地面之责,应即随时认真查察,遵照法律,从严取缔。切切。此令。中华民国二年七月二十二日

中国第二历史档案馆编《中华民国档案资料汇编》第3辑,文化,江苏古籍出版社1991年版,第494页

7月23日(六月二十日)　上海讨袁军攻江南制造局未成。

《革命军围攻上海制造局为守军击退》:

政府……于本月初,特派海军中将郑汝成,率警卫队千三百名,来局驻守,并饬海军总司令李鼎新,督率驻浦兵舰,协同保卫,南京独立后,革命军以陈其美为驻沪讨袁军总司令,叠

次要求驻军部队,克日离申。该军不允。革军遂调集军队,由钮永键刘福彪等统率,于本日上午三时,分道向制造局攻击。历战五六小时,革军损失颇巨。本日晚暨二十四、二十五、二十八、二十九等日晚间,复添兵继续进攻,革军叠遭失败,旋即退至吴淞及宝山一带驻扎。

《东方杂志》第10卷,第3号,中国大事记

△ **袁世凯下令撤销孙中山筹办全国铁路全权,并将所有铁路总公司条例内事权暂交交通部执行。**

二十三日临时大总统命令:

孙文应即销去筹办全国铁路全权。此令。

1913年7月26日《申报》

《销去孙文筹办全国铁路全权》:

所有铁路总公司条例内事权,暂由交通部执行。

《东方杂志》第10卷,第3号,中国大事记

7月25日(六月二十二日)　湘督谭延闿宣布独立。

《湖南都督谭延闿宣布独立》:

湘省迭接南京江西来电,催劝独立。于二十一日起,叠开大会商议。主张先行筹备。都督谭延闿本不赞成,以革命党员之环迫,遂于本日通电,宣布与政府断绝关系。

《东方杂志》第10卷,第3号,中国大事记

《谭延闿致北京参众两院书》:

北京参众两院、各省都督民政长、兖州张军统、省议会、军商政学各界、各报馆均鉴:溯自南北统一,共和告成,海内同胞,喁喁望治,凡居疆寄,以及庶司,莫不力拥中央,共扶大局。湘本贫瘠,尤勉为维持财政一项,自满清时负累已多,光复后军队林立,百废待举,出款顿增,实无余财可供政府,乃去其大款决裂,一接部电告急,即强移指定要款,凑解中央,前后计现银百八十万两,忍割脂膏以医疮疾,原祈共济,早奠国基,军兴以来,兵多为虑,忧时之士,建议裁减,部电通告,各省赞成,其时人言袁氏好乱,实具野心,北地增兵,显分畛域,延闿颇知大义,未敢以不肖待人,首倡退伍,藉示诚感,其它命令,无不悉予曲从,保其统一。盖苦心企望和平,以增进国民幸福,已二年有余矣。使袁世凯果能忠于民国,开诚布公,慎选贤能,相与匡扶危局,则全国翕然,何至自相携贰,乃竟不自洗心,甘为乱首,袭其在满清时代,每乘国家多故,造成巨祸,攘取高位之故智,以逞其慓狡险悍之凶锋,于民国将选举正式总统之前,与赵秉钧等贿使奸人,暗杀创造民国,主持政党内阁之宋教仁,于正式国会成立之日,擅借巨款,破坏约法,不交国会议决,以供其运动选举,贿买议员之挥霍,身为总统,行同盗贼,口言共和,行实专制,败坏风化,淆乱国是,至此已极。尤可恨者,引用官僚走卒,遍布津要,购煽痞党匪类,扰乱地方,卑劣阴狡,无所不至,延闿犹以望人改过之心,存投鼠忌器之念,屡加规劝,讫无所动,今且肆虐弥甚,私逐枭徒,称兵浔阳,狃于汉口之劫焚,欲以赣人为鱼肉,延闿以为唇齿虽寒,兵戈宜弭,电告袁黎,战端不可轻开,退兵以待解决,而袁忽密遣奸人,爆毁吾湘军装局,现已迭次审讯,供证确实,道路伤亡,老幼愤痛,湘民何辜,湘省何负于袁,何负于中央,乃至两月以来,派兵驻宝塔洲,驻新堤,驻嘉鱼,驻监利,逼压湘境不已,而又火吾军装局,加湘民以极惨之毒,实与其对待赣民者无以异。当九江开战之初,延闿仍持调解,电其停战,乃复派其家奴段芝贵,增兵进战,盖至此已忍无可忍矣。综计袁一年来,所为无一不与共

和相背,独握政权,内阁虚设,专用群小,贤良远避,摧残舆论,议员抱杀身之惧,招纳逋逃,各省伏内顾之忧,以名器为私赏,视国帑如己产,诬元勋若仇雠,居旧宫拟帝制,撤民选之都督,自问何功,纵背叛之库伦,订约弃地,又违法设立陆军执法庭,妄捕平民,横加惨戮,而拱卫军近且加增至四五万,此独夫坐糜巨饷,污国虐民,毒施人鬼横暴之罪,擢发难数,吾湘竭财力以济中央,而袁世凯且大借外债,以固一己之权位,吾湘裁军队以求和平,而袁世凯且大增兵力,以逞各省之蹂躏,吾湘推至诚以冀感动,而袁世凯且派兵压境,贿烧军装局,以杀善良之人民,国民希望共和,袁则实行专制,国民要求人权,袁则概予割剥,诚所谓触情任忒,不顾宪纲,世界各国无如是之总统也。兹者战祸已启,国事阽危,延闿自光复以来,忝膺重任,保障共和,责无可辞,忠告既穷,仗义斯起,敝省宣布,起誓与袁世凯断绝关系,延闿当勉竭驽钝,率三湘子弟,援旌擐甲,以返共和之魂,伫望各省同胞,协同声势,誓灭袁贼,早奠邦基,幸赐明教,临电愤慨,声与泪俱,湖南都督谭延闿叩。

黄季陆主编《革命文献》第44辑,台北,中央文物供应社1968年版,第334~336页

《谭延闿宣布与中央脱离关系电》:

广东江西都督民政长转福建南京安庆各都督,各总司令官鉴:湘省议会及军政学界,已于个日宣布,与中央脱离关系,军队集中岳州,随诸公后,一致进行,会攻袁贼,都督谭延闿率学商各界同叩。

黄季陆主编《革命文献》第44辑,台北,中央文物供应社1968年版,第336页

《湘省议会宣布讨袁电》:

万火急,江西都督转安徽福建南京广东四川各省议会,都督民政长,上海省议会联合会鉴:袁贼横暴,罪恶昭彰,赣粤指戈,用彰挞伐,本会连日集议,极表赞同,务恳一意致行,速即讨贼,激扬士气,指白日以誓师,取彼凶残,抵黄龙而共饮,共和绝续,一发千钧,临电神怆,无任企祷,湘议会马印。

黄季陆主编《革命文献》第44辑,台北,中央文物供应社1968年版,第336页

△ **袁军水陆进攻,占领湖口。**

《政府军克复湖口》:

自湖口独立沙河开战后,政府陆续调兵来赣,任命段芝贵为江西宣抚使,陆军第一军长。并派海军次长汤芗铭来浔督率舰队。二十四日晚,段汤约会水路夹攻,战至本日下午四时,炮台力不能支,乃悬白旗乞降,湖口各炮及湖口县城,均经克复。

《东方杂志》第10卷,第3号,中国大事记

《汤芗铭报告攻克湖口情形》:

芗铭等于二十五日下午六时,会合海陆军攻克湖口一节,先是芗铭与段军统定就水陆夹攻计划,即于二十四日晚十二时,海军除留飞霆镇守九江外,特将各舰分为两队,江利楚同在前,江亨湖鹗在后,夹护陆军,乘夜偷过敌军东西两炮台,于湖口下游约十余里接护来陆,其时敌军已占山后,布置甚密。竟用机关炮并步队俯攻,经军舰连炮痛击,彼始窜溃。陆军奋勇涉水前进,芗铭亦即激励将士,分驾各舰,驶往湖口炮台约四十米达,向东西两台开炮轰击,藉分敌势。其时在舰各员,皆以时将近曙,竭其目力,校准发炮,初时未甚命中,嗣渐审准炮台,中其要害。激战至午后四时,我军舰愈逼愈近,各将士皆冒暑忍饿,竭力奋斗,期于必复。于是炮火横飞,敌军死伤颇众,炮台亦渐倾圮,敌军不支,遂高悬白旗乞降。爰派鱼雷艇前往侦实,复以小轮运陆军往该炮台接收。并派兵分段驻守,又特派得力员弁前往炮台,将

各炮闩逐一折卸，运回军舰，分别收存。除江利已派其驶入湖内，护送陆军登岸奋取白虎塘屯粮外，楚同湖鹗均驻守湖口，芗铭即于昨晚乘江利还浔，仍扼守江西上下游防务，此次海陆两军于酷暑烈日之中分道前进，经一昼夜，始将炮台克复。海军冒险进攻，备极艰辛，陆军登陆之时不顾沉溺，竟涉水冒弹仰攻，尤为勇敢。

黄季陆主编《革命文献》第44辑，台北，中央文物供应社1968年版，第143～144页

△ **袁世凯下令褫夺陆军第十四师师长许崇智军职，并饬各方查拿许氏。**

1913年7月31日《申报》载《袁世凯令》：

代理福建陆军第十四师师长，陆军中将许崇智，附和乱党，背叛共和，复敢私致代理国务总理陆军总长段祺瑞电文，据该总理呈阅原电，语多狂悖，实属大干军纪，罪无可逭，许崇智应即褫革军职，并严行查拏，按法惩办，以为甘心从逆者戒，此令。

△ **程德全本月17日离宁赴沪，随后通电声明，南京独立系黄兴与陈之骥所为。**

《程德全电》：

北京大总统、参议院、众议院、国务院、武昌副总统、各省都督民政长、各军长、军使、各师司令鉴：德全德薄能鲜，奉职无状，光复以来，惟以地方秩序为主，以人民生命财产为重，保卫安宁，别无宗旨，不图诚信未孚，突有本月十五日宁军之变。维时事生仓猝，诚虑省城顷刻糜烂，不得不忍一时之苦痛，别作后图。苦支两日，冒死离宁。十七日抵沪后，即密召苏属旧部水陆军警，筹商恢复。众情愤激，询谋佥同。连日规划进行，布置均已就绪。兹于本月廿五日，即在苏州行署办事，近日沪上战事方剧，居民震骇，流亡载道，亟宜首先安抚，次第善后。并在上海设立办事处，酌派人员，就近办理。德阂遵奉中央命令，亦即在沪暂行组织行署，以便指挥各属，筹保卫而策进行。窃念统一政府，自成立以来，政治不良，固无可讳。惟监督之权，自有法定机关，讵容以少数之人，据一隅之地，诉诸武力，破坏治安。德全于黄兴诸人，虽非夙契，亦托知交，每见辄谆谆以国家大局为忠告，即党见之异同，个人之利害，亦皆苦口危言，无微不至，乃自赣军肇衅，金陵响应，致令德全两年来辛苦艰难，经营积累，所得尺寸之数，隳于一旦。哀我父老，嗟我子弟，奔走呼号，流离琐尾，泣血椎心，无以自赎。德全等不知党派，不知南北，但有蹂躏我江苏尺土，扰害我江苏一人，皆我江苏之同仇，即德全之公敌。区区之心，惟以地方秩序为主，以人民生命财产为重，终始不渝，天人共鉴。一俟乱事敉平，省治规复，即当解职。待罪以谢吾苏。敬掬愚诚。惟祈公鉴，程德全应德闳叩。

黄季陆主编《革命文献》第44辑，台北，中央文物供应社1968年版，第170～171页

《程德全投降袁世凯电》：

北京大总统，参议院，国务院，武昌黎副总统，各省都督民政长，各军长，军使，各司令鉴：德全督苏无状，致有十五日宁垣之变。顾其颠末，外间或不尽知。兹撮要布陈，用供省察。南京所驻军队，惟第八师系陆军部直接管辖。平日□党运动，军队侦查防范，以第八师为最力。不意此次变端，第八师乃为主动，黄兴于十四傍晚到宁，即住第八师师部，邀集各师旅军官集议，于次日举事。维时要塞司令吴绍璘，不表同情，次晨闻吴绍璘被害。德全即用电话，请第八师师长陈之骥，速为防卫。不料陈之骥已率同各师旅长，并带卫兵一营，入见要求宣告独立。德全严为斥拒，誓死不从。复由陈之骥先后跪泣哀求，德全始终不允。各军均已被胁，一切文电，假用德全名义号召，亦非口舌所能抗争。因于十六夜，冒死离宁赴沪，召集苏属水路军警，议图恢复。已于另电详陈。惟十五以后，一切文电，由宁递发者，均系假用德全

名义。现已另刊江苏都督行署关防,即日启用,合并附闻,程德全有印。

黄季陆主编《革命文献》第44辑,台北,中央文物供应社1968年版,第169~170页

《程德全致黄兴电》:

南京章木良洪醒黄诸君转黄克强君鉴,函电均悉,德全与诸君,相处有年,凡诸君所太息痛恨于政治不良者,固尝剀切晓譬。谓国体既建共和,只宜诉诸法律,无所谓武力解决,即诸君心迹,亦何尝不屡为中央剖白,冀泯猜嫌。最后十四日晚间,柏烈武君来,泛论时局,亦谆谆告以维持大局,不可轻于一逞,诚以衅端一启,兵祸相寻,战事无告终之期,人民绝超生之望。是诸君意气之争,尚未解决,而全国已陷于至悲至惨之域,而即灭亡矣。德全苦口劝说,何止一日。诸君试返诸天良,德全以上所云,有一虚语否耶。不谓诚意未孚,未能感格诸君,竟勾引军队,迫胁要求,突有十五之事。素愿既乖,无从附和,因是忍痛离宁,力图挽救,现在各军愤激,均以救国为主义,业在苏州行署,设立机关,维持秩序。诸君如必欲德全至宁,则应取销讨袁名义,投戈释甲,痛自引咎,以谢天下,如尚坚执成见,必以江苏之生命财产,为孤注一掷,既违全国公意,即系江苏公敌。诸君身败名裂,固为德全所不忍见,其如大局何,姑以个人友谊为最后忠告,其熟图之,毋贻后悔,程德全宥。

黄季陆主编《革命文献》第44辑,台北,中央文物供应社1968年版,第168~169页

7月26日(六月二十三日)　袁世凯下令褫夺陈炯明文武官职,并派龙济光率军声讨,悬赏拿办陈氏。

1913年7月30日《申报》载《袁世凯令》:

任命龙济光为广东镇抚使,此令。

迭据新嘉坡槟榔屿侨商广州总商会,香港澳门各政党,各行业商民人等屡电称:本月十八日都督陈炯明在议会拔刀威逼议员宣告独立,乞派兵挽救速讨逆贼等语,情形迫切,众口一词,广东经兵燹之余,疮痍未复,迭饬各师旅长等严守秩序,保卫地方,不意陈炯明狼子野心,背国叛立,粤人水深火热,泣血椎心,披阅电文不忍卒读,各该商民深明大义,任侠可风,陈炯明祸国祸乡,竟敢通电各省,措词狂悖,罪不容诛,应即褫去广东都督职官,并撤销陆军中将暨上将衔。著龙济光督饬各师旅长派兵声讨,悬赏拏办,其被胁之徒但能立功自拔,概勿深究,此令。

7月27日(六月二十四日)　袁世凯令军警保护国会。

1913年7月30日《申报》载《袁世凯令》:

近因军情紧急,谣诼繁兴,国会为立法最高机关,理应尊重。着军警各管官,随时认真保护,议员除内乱罪及现行犯外,均得受约法上之保障,该管官切毋疏虞,以尊法权。此令。

7月28日(六月二十五日)　伍廷芳欲调停淞沪战事,遭袁世凯拒绝。

《伍廷芳致袁世凯电》:

……廷告别后,途中闻江西战事,犹未详悉,及抵上海,而制造局战事震动一时,耳闻目睹,惨不忍言。两军固各有死伤,而居民生命财产,付之一烬。死者暴露原野,生者流离租界。无片椽之覆,无担粟之储,恐终为饿殍。而北军发炮,流弹入租界,坏屋伤人,各领事深为忿激。虽军舰具函谢过,而事犹未解。闸北本在租界之外,有商民十余人,因陈其美在此设立司令部,惧遭兵燹。请求租界干涉,已允其请,从此闸北又入外人势力范围,即此一端,

同胞相残，决非中国之福。廷到沪后，商民纷请调停息战，外国领事，亦来商请说项，前日廷晤陈其美，复亲诣军舰晤李鼎新、郑汝成，邀请双方停战一星期，以便商榷条件。陈有允意，李、郑以未奉政府命令，不敢主张，闻日间尚有恶战。商民惶恐万状，至为可惨，廷念此东南举兵，原于政治之觖望，然不用和平方法，而出于武力，廷不敢谓然，闻公决定出兵平乱，以公雄略，想操胜算。但现时宣告独立者，已有赣宁皖闽粤诸省，据守险要，以死相持，欲一一削平，战期之延长，必非辛亥之役可比。战期内外患之纷乘，藩属之不靖，财政之困难，皆足致亡国，况人民生命财产，横遭兵燹，以上海一隅为前例，当可类推。廷日来外受各领事之询问，内受众商人之呼吁，又目见居民惨受兵燹，荡析离居，虽逃入租界，而无以为生，死亡旦夕。现中外慈善家，谋醵资周济，俾获免饥馁，得蔽风雨，但战事未已，虽能拯已被难之人民，而将被难者，又复何限？虽能拯上海被难之人民，而他处被难者又复何限？不能不统筹全局，求于兵力解决之外，得和平解决之策，然劳心焦思，苦无良法，公抚绥海内，保护民生，虽成算在胸，然念及东南糜烂，生灵涂炭，必将恻然不忍，倘施善策以纾兵祸，则安国家保民生，实为无疆之福，伏愿赐示，俾得指南，无任祷企。

徐有朋编《袁大总统书牍汇编》第7卷，上海广益书局1920年版，第9～10页

袁世凯《复伍廷芳论沪上战事》：

电悉。上海伍秩庸先生鉴：电悉，沪上战祸，微公言已深悲怛，惟此次叛徒，志在窃地裂国，以制造局为储胥所在。抵死奋夺，使政府稍存投鼠忌器，即藉寇之资，已成大局，何堪设想？鄙人受国民付托之重，一日在位，断不忍国家领土破碎，自我严防痛剿，责所难辞。且该叛军以十九营之众，毫无缘故，数昼夜围攻该局，欲使守军束手待毙，尤为无此军律，无此人道，中外耳目具在，谁为戎首，自有公论，近日诪张为幻之事极夥，电信难分真伪，若有见教，幸速驾来京面谈，倘以电来，未便奉覆，并希鉴谅。袁世凯三十一印。

徐有朋编《袁大总统书牍汇编》第7卷，上海广益书局1920年版，第9页

△ 袁世凯令以十万银元，酬赏进占湖口得力部队。

《袁世凯令》：

据江西宣抚使段芝贵，左司令李纯，右司令王占元，海军次长汤芗铭等电称：湖口作战旅长马继增率队由新港一带进攻，连夺要隘，占领灰山，于二十五日夺取湖口西炮台，旅长鲍贵卿由官牌夹渡兵至湖口东岸，与匪激战，乘胜进据钟山，亦于二十五日夺取湖口东炮台，当于是日午后六时，海陆军会攻克复湖口各等情。查湖口为长江要害，逆首李烈钧等窥觊该处地险台坚，足扼江防往来之路，首据其地以为肇乱之资，并联合各处叛军遥为声应，且于其地僭设各种机关，意在藉此弹丸为号召党徒之用，乃甫经海军前次一击，李烈钧遂畏死潜逃陆军，此次筹划进兵数日之间各台均已规复，湖口一律肃清，固由天不佑逆，亦实我军将士忠勇奋发之所致也。所有各军营出力人员，除俟将战状胪陈从优给奖，以昭激劝外，特先发犒赏银十万元，交该宣抚使等量功颁赉，用励军心，伤亡军士并着查明汇报，以凭抚恤。至在逃匪首李烈钧，仰即悬赏缉，务获以伸法纪，其余被胁军人，并非甘心作乱，但有自拔来归及迎降反正者，一切免究。如能讨贼自效，更当优予奖励，该处商民被匪蹂躏，生命财产损失不知凡几，言念及此不禁泫然，仰该宣抚使等迅速设法安抚，以副救民水火之本旨，勿忽，此令。

1913年7月29日《政府公报》，第442号

7月29日(六月二十六日)　黄兴因战事失利离宁赴沪,南京取消独立。

《南京革命军总司令黄兴遁走都督程德全电告南京军队取消独立》:

程都督十七日抵沪后,即发通电。……时江西上海革军,均已失利,徐州府亦为政府军克复,宁垣声援已绝,饷械又复不支,讨袁军总司令黄兴,遂托故离宁,乘轮下驶。代理都督章梓,亦同时逃遁。第八师师长陈之骥,适得程都督电,遂于本日将南京独立宣布取消。苏州、镇江及各属前之遵电响应者,亦均先后取消独立。

《东方杂志》第10卷,第3号,中国大事记

周自齐、靳云鹏联名发表《南京取消独立电》:

顷接江北刘护军使电称,据镇江报告交涉司,据领事交阅南京马锦春、茅迺封通电内云:昨日黄兴、章梓已离宁,经会议宣布程都督命令取消独立,维持秩序等语。查南京空虚,黄、章宵遁,此间早有所闻。渠魁既逃,则临淮□军,已无后援,势将溃散,乞速发重兵,将该处□军一律歼除,直下金陵,以安大局等语。南京既复,元恶已逃,兵事大功,克期可竟,知关虑念,合电驰闻。周自齐,靳云鹏。

黄季陆主编《革命文献》第44辑,台北,中央文物供应社1968年版,第176页

7月31日(六月二十八日)　袁世凯任命熊希龄为国务总理。

1913年7月26日《申报》北京电:

今日众议院以多数通过熊希龄为总理。

黄远庸《远生遗著》:

熊之经两院通过者,却因此次战局之故,不然在众院则新共和党必不赞成,在参院则国民党少数同意之票亦未克骤得。盖战局既起,政客心理一变。(一)则视内阁问题无甚重要。(二)则置熊人物不论,总较之军人内阁差胜也。

黄远庸《远生遗著》,民国丛书第2编,第99册,第2卷,上海书店1991年版,第146页

△ 袁世凯迫国民党将李烈钧、黄兴、柏文蔚、陈炯明、陈其美五人除名。并悬赏十万元通缉黄兴。

《袁世凯限国民党人"自首"令》:

政党行动,首重法律,近来赣鄂沪宁,凶徒构乱,逆首黄兴、陈其美、李烈钧、陈炯明、柏文蔚皆系国民党重要之人,其余从逆者亦多国民党党员,究竟该党是否通谋,抑仅黄李等私人行动,态度未明,人言藉藉,现值戒严时代,着警备地域总司令,传询该党干部人员,如果不预逆谋,应限令三日内,自行宣布。并将隶籍该党叛徒一律除名,政府自当照常保护,若其声言助乱,或借词搪塞,则是以政党名义为内乱机关。法律具在,决不能为该党假借。此令。民国二年七月三十一日。

黄季陆主编《革命文献》第44辑,台北,中央文物供应社1968年版,第369页

△ 黄兴乘日轮静冈丸离沪赴香港。

1913年7月31日《申报》报道:

黄乘日本炮船离此,盖该船于昨夜黑暗中忽然寂静开往下游故也。

李根源《雪生年录》:

孙黄两先生命余承西林赴粤。……溥泉至自上海,云孙、黄分乘日本船来粤。竞存告以

粤势朝夕难保,来不可能。余主仍请两先生来,到粤再作计较;万一广州不守,退出惠、潮,许崇智已在福建独立,可为犄角,不患终无办法。竞存仍有难色,不以余言为然。溥泉偕(马)君武、刘式南赴港阻孙、黄。

转引自毛注青《黄兴年谱长编》,中华书局1981年版,第402页

一位日本船员五十年后回忆说:

因为当时悬赏通缉黄先生,既怕给香港政府海关官员查到,又怕移民的中国人贪赏而告密,因此想尽办法掩护他。专门侍候黄先生的除上田氏外,还有一位佐藤的静冈人。为避免给海关官员发现,他们曾经把黄先生藏在冷冻蔬菜的大冰箱里,那时,黄先生穿上大衣和披着毛毯进冰箱。而在通常,黄先生则住船上邮局专堆信件的大箱子,并完全与一般客人隔绝。……

陈鹏仁《黄克强先生轶事》,转引自毛注青《黄兴年谱长编》,中华书局1981年版,第402页

△ **袁世凯宣言,五年内中国当仍为军备时代。**

1913年8月1日《民立报》北京电报:

袁世凯宣言,五年以内,中国当仍为军备时代。

△ **7月上中旬赵凤昌曾致电张謇,张謇、汪兆铭向袁世凯提出调和条件:宋案法律解决;免予追究赵秉钧责任;国民党公举袁世凯为正式大总统;恢复赣、皖、湘、粤四省国民党都督职等。然于事无补。**

《赵凤昌致张謇书》:

上月廿九日接廿八号大缄,录示洹上有电,即约蔡、胡共阅,并密达前途。今两君过谈,前途亦深以电语开诚为幸,电粤催汪回沪商表示之法。顷胡得粤省陈督电:汪已赴港候船,即回,不日可到。俟商定表示之法,再行密闻。惟为时稍久,恐洹上盼复,拟请公先为酌复。至近日他处无意识之举动,想中央必不因此见疑。去电亦望略及,免得又生枝节。至祷。肃此敬请啬公先生大安。名心肃。七月二日。

黄季陆主编《革命文献》第44辑,台北,中央文物供应社1968年版,第44~47页

《赵凤昌致张謇书》:

七月二号寄复一函,想入台察。胡续得粤电,汪确已到港,稍有勾留,候船即来沪。此数日间,鄂中之风波忽起,幸即能平静。案中有宁、熊两君(指宁调元、熊樾山),北京刘(揆一)杨、孙诸君电黎营救。黎复电通告,语甚切直,已见《时报》。顷胡(瑛)、章(士钊)两君来信并过面谈;欲恳公与走电黎转圜。当告以黎既先有此通告,且云"天职所在,虽亲不饶"等语,断非他人可以进言。如有电去,彼亦不过再照提发一复电,于事何益。况走又向无私电往还,尤觉可诧。陶怡亦在坐,至再商量,拟请公密电洹上。然案情重大,措语甚难。或承上文,以汪即可回沪,鄂案宁、熊两人,请密嘱黎宽缓,可借收彼党人心,俾汪进行尤易得力。即希酌夺。兹将吴[胡]、章原信并剪出《时报》内黎通告电文附上,垦牧(指通海垦牧公司)处不能通电,请拟稿托人回通密发,此事宜报密,尊处来客幸留意秘之。至祷。七月初五日。

黄季陆主编《革命文献》第44辑,台北,中央文物供应社1968年版,第44~47页

《张謇至袁世凯电》:

顷竹君函:据胡瑛转述,粤电称汪到港,稍有勾留,候船即来沪。鄂事幸平,宁、熊就逮,

观黎答刘、杨通电,语甚严正,请转恳总统密电嘱鄂宽缓,以示不为已甚,汪回消释尤易等云。謇意是亦今日宽猛相济之道,是否可行,乞加审察。謇文。七月十二日发。

黄季陆主编《革命文献》第44辑,台北,中央文物供应社1968年版,第44~47页

《袁世凯致张謇电》:

张季直先生鉴:寒电悉。宁、熊就逮,即电宋卿。详审二人才具,颇可爱惜,现托人讽宋卿(黎元洪)缓减。望转致前途勿泄。袁世凯铣。七月十六日发。

黄季陆主编《革命文献》第44辑,台北,中央文物供应社1968年版,第44~47页

《张謇致赵凤昌书》:

吾两人为人利用,信用失矣。实业生计大受损害,外交亦恐生危阻。思缄(庄蕴宽)晤否?精卫同至宁,殆不确,度又去海外矣。顷电约厚(刘厚生)来,有说可告之惜阴处。默。七月十七日。

黄季陆主编《革命文献》第44辑,台北,中央文物供应社1968年版,第44~47页

编者按:此时二次革命爆发,汪精卫未参加南京独立,亦未去海外,次日即回沪。

《汪精卫致张謇书》:

季直先生执事:兆铭此次还乡,濡留过久,事非得已。摒挡初毕,匆匆北行。不图甫抵沪浜,即闻江西战事(指湖口之役)崩析之祸,一发而不可收。今日在惜阴先生处,读先生所示来往电文,且读且惭。先生苦心,如此辜负,何敢再信。惟江西战事因军队相劘逼而起,非兆铭等意料所及。至于相连并发(指宁、皖、粤相继独立反袁),则夫人而知之,以同舟同济之人,而责其为隔岸观火之事,人情所难也。事既如此,不能不思所以了之。此仍非先生出而援救,无以出斯民于水火。望为苍生计,勉来上海一行,不胜祈祷之至。兆铭仓皇回国,沧胥坐视,言之伤心,余生可庆,死所未获。先生倘进而教之,则幸甚幸甚。专此敬请道安。后学汪兆铭谨启。七月十九日。

黄季陆主编《革命文献》第44辑,台北,中央文物供应社1968年版,第44~47页

《张謇致赵凤昌书》:

洹上十六号复电(指袁世凯致张謇铣电)顷方转到。宁、熊尚可商,可见必无用兵之意。然此间十五号事(指南京独立)发生后,发电时尚未知南中状况也。此电抄寄奉阅。是否可与汪阅?公熟审之。或竟不与阅,以断其续起调停之想;或与阅,以示衅实南成。二意公为权之。程、应(德闳)苏已发表,镇又取消独立,沪徐屡败,殆不能军,尚可言调停耶?沪上罔死之民之众,损生之产之巨,彼作难者何词以对吾民。即通宝实业之受损亦数十万矣。可恨!唐(绍仪)、汪、蔡调停之言大受驳斥,亦无聊也。岑三(春煊)去粤胡为?七月二十七日。

黄季陆主编《革命文献》第44辑,台北,中央文物供应社1968年版,第44~47页

8月　湖北革命党人在武汉、岳口、皂市、仙桃镇、潜江、沙洋、京山、荆门、钟祥、保康、房县以及鄂西一带纷纷策动兵变、起事、暴动,宣言独立。

8月2日(七月初一日)　孙中山、胡汉民等潜离上海。

1913年8月5日《申报》报道:

孙逸仙此次离沪赴港闻有两大原因,一为南军屡败,兵饷无多,大局失望。二因中国铁道事宜已属交通部管,现与袁已断绝关系。本欲赴粤商请陈炯明派兵来沪援救,因粤省兵力单薄,故改变方针。

△ **袁军进占江西德安、瑞昌、南康等地,李烈钧部向吴城转进。**

《袁军九江公电》:

上月二十五号攻克姑塘,占领湖口后,稍休兵力。因瑞昌南康问题,三路进攻,于三十号,同时动作。纯督所部由沙河节节进攻,败□于蓝桥。三十一号由黄老门南方附近,与兵力约一师之□大激战。□据高地,我军仰攻,□极顽强,尽一昼夜,不稍让步。本月一号拂晓续追,□复占领乌石门高地,向我射击,冀守德安。我军锐立猛进,□溃自焚粮弹,破毁军辆,向建昌吴城逃窜,我军分兵乘势完全克复占领德安县城及其附近一带。其瑞昌南康两县,亦于是日先后克复,总计数战,共毙□五百余名,伤约千余名,退却时,船沉淹毙者尤夥,俘虏兵官三十三名,夺获炮十二尊,机关枪十五杆,步枪一千四百余杆,子弹粮秣无算。我军官兵阵亡二十八员,伤一百五十名,现正整顿精锐,分捣建吴,以期迅灭而安大局。知念特闻。

黄季陆主编《革命文献》第44辑,台北,中央文物供应社1968年版,第144页

△ **宪法起草委员会开始正式讨论宪法大纲。**

1913年8月8日《申报》《宪法起草委员会》:

日前宪法起草委员会在参议院开会,汤君漪主席,由孙(钟)汪(荣宝)黄(云鹏)三君提出宪法大纲,刘君崇佑请该大纲印刷多份散给会员预先研究,下次开会再付讨论。大纲分领土、人民、议会、行政、法院等十二项。闻俟宪法起草地点天坛布置完善,本星期六移住该处,开会讨论一切。大纲如下:(一)领土问题应否规定,如规定领土当用列举主义抑用概括主义。(二)人民权利义务有无列举之必要。(三)国会取两院制,抑取一院制,如取两院制,其组织是否悉依国会组织法之规定。两院权限之异同如何。(四)行政部其组织采总统制抑采内阁制。(五)大总统选举方法及任期权限。(六)副总统应否设置。如不设置副总统,大总统之继承方法如何。(七)国务员其组织如何,两院议员能否兼任国务员。受弹劾之国务员制裁如何。(八)平政院应否设置。(九)法院有无审查法律权。(十)解释宪法属于何种机关。(十一)会计:预算决算;审计院。(十二)宪法之修正其机关及手续如何。

8月3日(七月初二日) 袁世凯因龙济光镇压广东二次革命有功,特任命龙为广东都督兼民政长,并封赏龙觐光、李辉汉等人。

1913年8月6日《申报》临时大总统命令:

任命龙济光为广东都督兼署民政长,此令。

龙济光授为陆军上将,此令。

龙觐光授为陆军中将,此令。

李辉汉、贺蕴珊均授为陆军少将,此令。

8月4日(七月初三日) 熊克武在四川重庆宣布独立,以四川讨袁军总司令名义,发表誓师文告,并进兵成都。

《驻重庆师长熊克武宣布独立》:

驻重庆四川第三师师长熊克武,本日出示独立,并为讨袁军司令。

《东方杂志》第10卷,第3号,中国大事记

《四川讨袁军总司令熊克武誓师文》:

原夫专制国之养士,供一姓之驱驰;共和国之征兵,作人权之保障。方今袁世凯,罪恶滔

天;胡贼景伊骄横无惮,蔑我宪纲,叛我民国,戕我义士,虐我公民。鬼蜮居心,豺狼成性,纵奸佞以招权贿,吸膏血以饱贪婪。议会失监督之权,法律无裁判之效,人情共愤,天道不容。江淮劲旅,大张挞伐之师,巴蜀健夫,敢忘同仇之义。本总司令忝作长官,分应表率,责无旁贷,时不再来。是用明正讨袁之名,先为驱胡之计。师直则壮,何敌不摧,天视自人,所助者顺,嗟我多士,勉勖前途。战争无勇,则礼著非孝之讥;伐步不愆,故书有上天之助。顺命当如流水,期归于平;守险有若泰山,为不可撼。要令义师所过,闾阎不犯秋毫;惟是元恶必歼,胁从须事宽宥。凡此数端,义共恪守,苟背明誓,法不容诛。呜呼!美利坚花旗之军,良非得已;华盛顿血战之绩,彼亦犹人。试觇天意所趋,风云来会;佇见我义旗所指,日月为新。成他日凯旋之勋,奋此际疆场之事,尊尚军人荣誉,万户侯何足道哉;巩固民国共和,五尺童皆有责也!敢布腹心,昭示有众。

黄季陆主编《革命文献》第44辑,台北,中央文物供应社1968年版,第351~352页

《四川讨袁军总司令熊克武正告四川军界同胞书》:

我忠勇最亲挚之军界同胞乎,亦知吾人列名军籍,拱卫国家,当以何者为不二之决心,唯一之宗旨乎。溯自异族专制,清政不纲,白旗一挥,四方响应,遂得光复故物,建立共和。虽革命志士,奔走呼号之力居多,而铁马金枪北向死敌,实由我军人裂眦断腕九死一生以相争,始有今日具体而微仅得形似之民国。南京未下以前,武汉方战之际,阵亡诸烈士之惨状,至今犹历历如昨。克武亦军人一份子,昔未同死,今也独生,方期永矢公忠,勉竭绵薄,固国基于磐石,为斯民之干城。以故顽库独立,克武即请愿征蒙,慷慨陈辞,不欲以国家糈养之陆军,上忘国忧,下重民累,区区之意,可质天地。不意袁逆世凯,帝制自为,外忧恝置,弃蒙疆如粪壤,拥尊位若圣神。不思完卵难保于破巢,偏欲燃萁而急于煮豆。暗戕政党巨子,洪赵即晋灵畜嗾之獒;干涉立法机关,军警直汉高发纵之狗;汰兵裁饷之令,行于南不行于北,彼又从而增募之。都督民长之缺,党其同而伐其异,彼又从而逼迫之。其所以万恶滔天,毫无让步者,以为全国之军士,皆彼一人所畜之健仆也,各师之饷糈,皆彼一人所发之刍豢也,守卫之器械,皆彼一人所置之家具也,营伍之训练,皆彼一人所编之家法也。欧美养兵之卫国,彼则以之自卫而误国;欧美养兵以保民,彼则以自利而累民。其视军界同胞之身价,曾下走之不若;其侵多数人民之自由,曾犬马之不若。故于国不利,于民不利,于军界同胞不利,而独于背叛共和之袁逆,则有百利无一害。我最可敬爱之军人,以国为家,以民为主,军装之费民出之,粮饷之用民供之,目睹袁逆之蠹国殃民,专横放恣,唏嘘感慨,誓死讨袁,出于本心之良,尽乎天授之职,实具有万不得已之苦衷,宁能为一人一姓鞠躬尽瘁,奔走忘死,使皇帝之名位,复现于亚东大陆哉。克武宣告独立,发誓讨袁,本拟载兵东下,接应民军,与独立诸省会师北伐,生擒袁逆,惟念胡景伊助桀为虐,毒害川民,狡诈专横,罪不容逭。目前直接讨胡,即所以间接讨袁。本军宣布之日,各官弁兵士,忠愤填膺,出发恐后,热血溃涌,炎暑失威。克武身为表率,即愧且慰。窃念凡有血气,心理皆同,各师军界同胞,有勇知方,素明大义。当知胡贼罪状,罄竹难书,不裁饷而汰兵,可谓行同市侩,居皇城而筑垒,试想谁为寇仇,借武士之威,蹂躏议场,蒙全军之名反对宣抚,实则个人作祟,遂使全界蒙羞。嗟予何辜,代彼分谤,纵使得钱,比曹武惠,亦思纵尔难堪,果能独立,学美利坚便好,奋然兴起,直捣狐鼠之穴,与子同仇,大兴熊罴之师,贾余余勇,泄公愤非泄私愤,何必代虎作伥;为众人不为一人,断言此獠可扑。胡贼果有悔意,本军贷彼余生。否则直逼成都,锄兹大憝,藁街示众,快慰人心。然后下益州之楼船,震直北之金鼓,大会兵车,袁逆万段。克武不才,愿执鞭从诸君子后,无任翘企待命之至。熊克武。

黄季陆主编《革命文献》第44辑,台北,中央文物供应社1968年版,第349~351页

△ 陈炯明因部下叛变弃职出走，该地乱军乃举苏慎初为临时都督兼民政长，旋又改举张我权代之。本日，张我权发表通电，宣布广东取消独立。

《广东军队逐陈炯明取消独立》：

陈炯明既宣布独立，即预备出师援赣，粤省原有两师一旅，乃于其中抽编三支队，以原任师长钟鼎基、苏慎初，旅长张我权分领之。军界本不赞成独立，而远行赴赣，尤不乐从，钟鼎基察悉军心，复以他事为陈疑忌，先日避往香港。陈又以他事擅行囚禁军官，于是军心愈愤，本日第二师师长苏慎初，调集军队，由沙河出发，至牛王庙列阵，发大炮向都督府轰击。陈炯明闻变，即潜逃出城，避往香港。各军举苏慎初为临时都督。次日，军界另举张我权以代苏。

《东方杂志》第10卷，第3号，中国大事记

《广东取消独立电》：

粤于四日，取消独立，罢出境之师，陈炯明舍职潜去，维时粤民欢声雷动，市里无惊。然以全省之大，必不可无总揽政务之一人，以式表四方，屏藩一省，总商会九善堂暨军商各界，即公推苏师长慎初为都督，兼民政长。苏师长固辞不获，始允暂摄，宣言各项政务，以临时都督名义行之，一俟人心了解于此次取消独立之真意，原为维持大局，共保和平，全省秩序平宁，即行解职。随即出示安民，通令知照。翌日苏师长以现时粤境，已无他虞，必欲力践前言，求成初意，宣告辞职，不允稍留。粤省议会暨商会善堂军政各界，即转举我权为都督兼民政长。我权自省才力，诚恐颠率堪虞，迭向众请辞，俱不获已，伏念维系粤局，必不可一日无人，我权投笔执戈，以苦战之余生，苟有利于大局，吾身复宁所顾惜。现中央既未简员来任，而全粤民之代表，复以大义相敦迫，拒之不获，不敢不暂予维持，遂于五日到府受事。后此行政方策，自以拥护中央威信维持粤省康宁为前提。耿耿斯心，天日鉴之，临风翘慕，望赐德音。张我权叩。

黄季陆主编《革命文献》第44辑，台北，中央文物供应社1968年版，第306页

△ 袁世凯命江苏都督拿办钮永键、刘福彪、黄郛、沈葆义四人。

《袁世凯令》：

上海为东亚巨埠，中外商民杂居鳞次，又为长江外海帆樯云集之区，环球注目，关系綦重。五月二十九日，匪首徐企文等受人指使，突攻制造局，经守局防兵击退，捕获多名，迭经电饬江苏都督程德全搜查防范，嗣经该局督理陈晁电称：匪徒密谋再犯，恐有疏虞，特派海军中将郑汝成，团长臧致平率警卫队一千三百余名，于七月初三日抵局，协同海军总司令李鼎新，共图保卫，乃十五日黄兴等倡乱南京，电迫该团退出制造局，赖我军忠勇性成，一可当百，匪首陈其美、钮永建等，盘踞上海，擅行要胁，嗾使六十一团三营、松军三营三十一旅步兵三营、福字三营、沪军四营、炮队一营、岑春煊卫队二营，及新招无赖千余人，环攻数昼夜，官军极力抵御，暴徒就歼过半，该匪首纵兵焚掠，殃及无辜，中外商人言之凿凿，该匪等死不足惜，吾民何罪，罹此鞠凶，现在海陆各军络绎南下，上海城乡业已完全恢复，自应论功讨罪，昭告四方，海军中将李鼎新、郑汝成授以勋三位，陆军少将臧致平授以勋四位，其在事舰长、营长由该中将等查明，衔名呈请叙勋，随同出力之水陆军官，均升一阶，目兵赏号均按前次电令分别发给，受伤者从优赏恤，钮永建、刘福彪、黄郛、沈葆义着褫职，交江苏都督民政长、上海镇守使拏办，其余附逆各官长，分别惩治，有能杀贼自赎者，勿究前罪，用示彰善瘅恶之大公。此令。

1913年8月5日《政府公报》，第449号

8月5日(七月四日) 黎元洪及各省都督联名通电请国会先制定总统选举法。

1913年8月16日《申报》北京电：

黎元洪及十九省都督等员致电参众两院，声明此次乱事延误国务之隐痛，并促从事于两月内订定宪法选举正式总统。

《黎元洪等通电》：

民国成立已越一年，对内无统一之实权，对外无交涉之能力，因循泄沓，上下相伦，开国几时已成暮气，忧时之士群归咎于临时政府之长，盖环球各国未有战事久终，而犹以临时之名苟延旦夕者，国会初开，美书首至，巴墨等国聘使联翩，譬如积年霪雨，忽睹微阳，海隅苍主，喁喁望治，方谓议定宪法，选举总统，组织强健政府，缔造完全民国共和之愿指日可偿，乃争议朋兴，党见纷起，根本问题概未解决，推波助浪，枝节横生，遂使友邦尊重之念变为鄙夷，国人期望之心化为厌恶，以观内政，则乱民载野，伏莽载原，若火燎原，罔知所届；以观外交，则库患未平，藏忧方炽，茫茫边塞，夜有哭声；以观财政，收税目亏，借款垂尽，冰洋戈壁，草木俱穷；以观军事，则饷械支绌，军队嚣张，刮髓磨膏，坐供骄子，国民将有陈请政府，则诿以方更，政府苟有措施，国会则责其不待，尚得谓有国家乎，种必自灭。今更有甚于此者，赣乱发生，东南鼎沸，野心枭桀，图窃政权，屠我名城，歼我良将，播迁我妇女，蹂躏我商民，虔刘异党，则川谷为丹，搜括编氓，则山林俱赭，犹复鬼蜮朝阳，盗憎夜雪，诬诋政府，逆电纷飞，假敌国为护符，黎齐民为代价，视从前编订约法之议院则去比饩羊，此后选举总统之国会则掷同刍狗，当此残喘稍舒，真元未复，百年培之而不足一旦，断之而有余，试问祸患所生，何莫非诸公迁延迟误，有以召之，明知而坐视是谓溺乱，不知而坐视是谓溺职，公等何以自解于天下乎。呼吸存亡间不容发，岂两院英贤见不及此，设使举棋不定，剳豆交乘，诸公宁有从容讨论之余地乎，为今日计，应请将一切议案概从缓议，同心协力编制宪法，先将选举总统之一则，即从选举总统入手，或将宪法全部从速制定，即行选举总统，两月之内，一气呵成，国本既定，人心遂安，尤望于各种法律内审国情，外斟世局，不泥近以昧远，不执私以防公，不以久远之法典而钳制个人，不弃固有之精神而盲从他国，折衷群议，……设从此总统得人，政府成立，既无掣肘之虞，亦免逾闲之患，五族共和，胥遵轨物，内外维系，犹可有成，则是诸公大有造于民国也。元洪等对于国会拥护，不遑敢言干涉，惟蒿目危时，回思往事，诚不欲以庄严璨烂之民国陷入漩涡，况行政之籍不屏乎要荒，请愿之权不遗乎舆皂，榱崩雀压，城火鱼焚，属在患难与共之时，尤有涕泣而道之义，诸公如必欲绝中国也，昊天不吊，夫复何言，倘肯以悔祸之心为探源之计，临电觊缕不尽所怀。再国会为法人机关，勿复以个人答复，贻讯当世，谨以附陈。

易国幹等辑《黎副总统(元洪)政书》，台北，中央文物供应社1968年版，第303～304页

8月6日(七月初五日) 岑春煊因讨袁形势逆转，出走南洋。

1913年8月9日《申报》香港电：

岑春煊在地洋丸邮船蛰伏终夜，由警察慎为保护，至翌日正午，该船正欲启碇，岑忽忽下船。岑虽购定上海船票，且曾染须易形，然恐沪居不安忽变志。日本现禁党人领袖登岸，火奴奴鲁旧金山若无护照不能入境，故岑意仍以寓港由警察保护为妥。闻岑现有赴南方之意。

△ 袁世凯下令解散江西省议会，并令用兵各省议会停止活动。

袁世凯《饬令解散赣议会文》：

省议会为地方人民代表机关，一切举动首当根据法律，契合民意。乃查江西省议会，于

七月十四日通电各省,谬举都督,并宣言与中央脱离关系,显系大违舆论,破坏统一,此等背叛行为,实非法律所能保护。本大总统行约法统治权,应即责成宣抚使段芝贵、护军使李纯勒令解散,一俟军事稍定,另行依法选举,以期符合民意。其各省用兵地方,如省议会正在开会期中者,亦准由各该行政长官或司令官等,酌量情形,暂行停止该议会开会。此令。

徐有朋编《袁大总统书牍汇编》第2卷,上海广益书局1920年版,第68页

8月7日(七月初六日)　安徽讨袁军失败,取消独立。

《安徽军队逐柏文蔚取消独立》:

胡万泰孙多森之瞰皖也,遇柏文蔚于金陵,柏邀胡仍回皖任事。祁耿寰旋亦至皖。柏初颇亲胡,继以祁谗,遂疑胡有贰。胡与其团长柴宝山、路靖坤本不赞成革命,前次独立,乃为赣宁所迫,勉力维持。至是遂调停本师军队,于本日午间,进攻都督府及狮子山,柏文蔚向芜湖逃避。胡万泰遂以师长名义,维持治安,通电取消独立。并促都督倪嗣冲莅任,旋复会同海军,于二十九日攻克芜湖。

《东方杂志》第10卷,第3号,中国大事记

《安庆胡万泰取消独立电》:

浔苏兵变,皖介其间,大势所趋,实难中立。加以人心动摇,□党潜滋,若不计及权宜,地方必至糜烂。孙君多森,因与万泰妥商应变之方,暂行宣告独立,以维持秩序,而保治安,当经通电在前。惟彼范光启、龚振鹏等有心肇乱,据芜独立,又复勾结张永正等,纵兵骚扰,凡财政所在,莫不抢掠一空。大通盐税,亦为占领。我军保守所在,竟为袭击,几乎片甲不归。本拟兴师致讨,又恐涂炭生灵。坐拥空城,长此何济,孙多森以携有京饷留申,议定同行取回,俾资整顿,以支大局,及道□□□,正值众推柏文蔚将回皖省,万泰本无权利思想,又以势之所在,莫可如何。意以柏督归来,或能借以解释纷纷,不致妨害安宁,未始非维系之道。惟彼形同傀儡,任用私人,既纵张永正率兵两次入城,妄逞私忿,又任祁耿寰司令宪兵,大犯公怒。盖祁耿寰者系奉省马贼,尤为无赖,受柏委任,向充本省警厅,商民恨之入骨,及改充宪兵司令,趁孙多深及万泰离省之顷,竟自号都督兼民政长,不崇朝被军学商民各界驱出,声言此仇将必报复。至此得柏复任,遂使商民重足,士卒切齿。窥其用心,势不至破坏治安糜烂地方不止。万泰职司保卫,情难默视,无如芜湖、大通,相继开来,军队甚多,我军殆有众寡不敌之势。支持数日,乃于月之七日,统兵袭击,亲率所部进攻,幸仗国民幸福,复以少胜多,克降其众,所获枪炮器械无算,张永正、祁耿寰败走,柏文蔚乘势潜逃,地方秩序,尚未紊乱,暂由万泰仍以师长名义,担任维持。除出示安抚商民,并查明伤亡士兵抚恤外,合将安徽独立先行取消,以待中央复命。并请赐促新任都督民政长速来皖,以便任事而安人心,不胜翘企迫切之至。

黄季陆主编《革命文献》第44辑,台北,中央文物供应社1968年版,第290~291页

△ 袁世凯下令查禁社会党。

1913年8月10日《民立报》报道:

袁世凯下令解散中国社会党,并将前所捕拿该党天津支部领袖陈翼龙处以死刑。

《袁世凯令》:

查近日匪徒,每藉政党名义迫胁官吏,鱼肉乡愚,殊足以妨碍政务,扰害治安,甚且蓄意煽乱,潜谋不轨,全国人士无不疾首蹙额,深以为病。兹据京师、天津等处呈报,破获社会党

秘密机关,搜出种种犯内乱罪证据,并查有勾通外国虚无党,妨碍国际和平情事,显系倡乱行动,迥非文明各邦所称社会党研究学理者可比,若不从严禁止,必至酿成巨患,破坏大局。着各省都督、民政长及各军司令官,将所有社会党本部、支部一律严行查禁,此外一切党会,如有扰害煽乱与该党相类似者,亦准由各该都督民政长及司令官勒令解散,分别惩治,以维持秩序而保公安。此令。

《东方杂志》第10卷,第3号,中国大事记

《京师警察厅请内务部通电各省解散中国社会党呈》:

为呈请事:前奉大总统交查社会党首领陈翼龙勾通俄国虚无党,踪迹诡密,潜图叛乱等因。当即令饬侦缉队将陈翼龙弋获,并搜出证据多件,送交军政执法处,并呈报各在案。兹准军政执法处通告:陈翼龙即陈意农,组织社会党秘密机关,潜谋不轨,并与俄国虚无党联络,以图乘间举事。总机关设在上海,其支部已有四百余处之多,诱集入党者约五十余万人,应即按照军法,处以死刑。等语。查社会党既系乱党机关,讯明有案,自应克日解散,以杜乱萌,而保治安。除北京支部设在南横街一面处分解散外,其上海本部总机关暨各处支部,拟请通电各省都督民政长,即日勒令解散,俾绝根株,而维大局。是否有当,理合呈请鉴核。谨呈内务总长。代理京师警察厅总监董玉麟。中华民国二年八月五日

中国第二历史档案馆编《中华民国档案资料汇编》第3辑,政治,江苏古籍出版社1991年版,第610页

8月8日(七月初七日)　袁世凯以广东省议会附和二次革命倡言独立,下令解散广东省议会。

1913年8月11日《申报》载《袁世凯解散广东省议会令》:

查此次陈逆炯明倡乱粤省,曾由该省议会于七月十八日领衔通电;迭据各埠商民暨广州总商会来电,誓不承认,显见该省会甘心效逆,实有大违民意之处。现在粤事虽就敉平,惟续据粤商林材等电称,粤省签名赞助叛乱,全粤痛恨,请迅提究等语。应即援照江西办法,着都督兼民政长龙济光,立将该省议会解散,一俟善后事宜办理粗有头绪,迅速依法另行选举,以期代表民意。其签名助逆各议员犯有内乱罪名,应即一并确切查明按律究办。此令。

△ 何海鸣等复据南京宣布独立讨袁,旋为袁军第八师师长陈之骥逮捕。史称“南京二次独立”。

《革命党何海鸣等复据南京宣布独立旋被军队拿获即取消独立》:

南京取消独立后,各界迭次电促程都督、应省长莅宁,维持秩序。越七、八日,迄未成行。仅由程都督委杜淮川任第一师师长并代行都督事。革党以城中无主,遂复运动军队,为第二次之独立。本日上午三时,炮台鸣炮为号,响应者寥寥,至午后一时,有兵士数百人拥入都督府,杜淮川先时逃避。旋由何海鸣以讨袁军总司令名义,出示宣告独立,并任陈之骥为江苏都督。此举第八师全体及第一师中第三、第五两团均不赞成。即由陈之骥将何海鸣等二十余人拿获,并出示将独立取消。

《东方杂志》第10卷,第3号,中国大事记

△ 国会决议延长会期。

《国会延长会期》:

国会自四月八日开会以来,已届四月,现因议决案寥寥无几,而重要各案,尚未议及,遂

由两院决议延长会期。

《东方杂志》第10卷，第3号，中国大事记

8月9日(七月初八日)　许崇智离闽，闽督孙道仁宣布取消独立。

《福建都督孙道仁宣布取消独立》：

师长许崇智要求福建独立后，即拟调兵援赣，讵军队不愿出征，同时复得上海及各方面革军失利之耗，且孙都督复调兵回省防守，遂于三十一日乘轮离闽。孙都督于许行后，即行筹办善后事宜。至本日乃正式宣告取消独立。

《东方杂志》第10卷，第3号，中国大事记

《闽督孙道仁取消独立电》：

闽省自许崇智潜逃后，经道仁竭力经营，现已一律恢复秩序。各机关均照常办事，堪以远纾廑注。惟追溯肇端之初，闽省危险之情况，道仁之苦衷有不得不缕晰陈明，藉明心迹者。道仁质性虽愚，自政府成立以来，素以巩固国基，不贪权利为宗旨。凡事之稍有关系者，无不请示于中央，早邀诸公洞鉴。前者彭氏之去，嗣适岑氏南来，亦所挑剔指摘，仁均静镇处之，力顾大局，以重中央威令。前以积病，屡次请假，未蒙俯允。力疾从公，一切服从中央命令，未敢有违。讵赣事发生，变起仓卒，宁皖粤等省，相继宣布独立。赣粤与闽毗连。影响所及，草木皆兵。许崇智以中将充师长，遂乘机煽动激烈少年，纠合□党，肆意要挟独立，倘不赞成，并拟勾结赣粤军队攻闽。维时得力老军，均已派出办匪，人心惶惶，电报不通，中央消息，又复隔绝，未能请兵援助。仁若临以威力，立起暴动，不特省会完善之区，立遭扰乱，而上下府与赣粤连界之处，均来邻兵攻击。以闽省之饷力兵力，何堪内外三面受敌，一有失败，仁一身不足惜，如大局何。爰集绅商及各行政官，妥议定计，暂不计较，以顾目前急难。仁宁甘一己获罪，不忍全闽罹灾。并通告声明，俟大局粗定，即行仍归统一。无非保护地方生命财产起见，此心可表天日。一面征集军队，遣渡腹心，以期密捕乱党。布置粗有头绪，讵许崇智自揣不支，乘间而遁，其党羽亦相率逃避。现仍遵令侦缉，如有就获，再行请示中央办理。刻下善后事宜，业已办理就绪，全省一律取消脱离字样，宣布仍归中央统一，地方一律靖谧，均历次电呈大总统有案。惟所有七月二十以后，本月初一以前一切文电，多系许崇智所拟，迫请饬发，自应作为无效。此两旬以来，道仁在闽办事之实在情形也。

黄季陆主编《革命文献》第44辑，台北，中央文物供应社1968年版，第325～326页

《孙道仁关于取消独立之通令》：

照得前因许崇智逼迫出师，本都督屡次坚拒，业将许崇智乘机远扬，及赶办善后情形，电达大总统及陆军参谋部去后，兹准陆军部电开，奉大总统令鱼电悉，据称赶办善后，军民安谧情形，殊深嘉慰，所请议处一节，应毋庸置疑等因，特达，陆军部佳等因，除分饬外，合抄发原电稿，令饬该口即便转行知照，此令。

黄季陆主编《革命文献》第44辑，台北，中央文物供应社1968年版，第323～324页

附《孙道仁原发电稿》：

北京大总统钧鉴，参谋部，陆军部鉴，闽密，歌电敬悉，查上月下旬，许崇智逼迫出师，道仁屡次坚拒，愈形跋扈，当即秘密布置，定计驱除，讵许始则运动少年新进及各属新兵，并勾结凶顽，城台无赖之人，并欲推翻道仁，意图抵抗作乱，因道仁准备严密，老成官兵不服，遂改计乘机远飏，其同恶相济之万黄震、李焕、张祖汉、黄震白、左新辉，何梓林等，相率而去，闻该犯等均逃往香港一带，除遵电派员前往设法严密查拏，并密饬驻厦之黄培松侦察该犯等，如

复过厦，即行扣留外，周召南一名，以前尚无附和许崇智实迹，其中有无错误，容俟确切查明，分别具报，至闽省一切情形，已于支歌各电略陈，计邀尽照，刻下开导党见，赶办善后事宜，军民均甚静谧，近厦门纪姓与台民械斗，起有风潮，交涉迫不易了，已饬文武各员，与日领磋商在案，惟道仁奉职无状，只求力保治安，未能预除强暴，深用疚心，伏乞严加惩处，以儆愆尤，临颖不胜屏营待命之至，闽都督孙道仁叩鱼。民国二年八月六日

黄季陆主编《革命文献》第44辑，台北，中央文物供应社1968年版，第324页

8月10日（七月初九日）　袁世凯据黎元洪之电称：国会议员居正、胡秉柯、杨时杰、田桐、白逾桓、刘英等六人，皆参与反袁事，乃下令按内乱罪犯，咨请国会将此六人除名，褫夺其勋位军职，并加以通缉。

1913年8月13日《申报》载《袁世凯通缉议员居正等令》：

据副总统领湖北都督黎元洪电称，有参议院议员居正、胡秉柯，众议院议员杨时杰、田桐、白逾桓、刘英等，私通□徒。本年三月六日，季雨霖、詹大悲等倡乱武汉，居正、杨时杰、田桐、白逾桓均涉嫌疑，胡秉柯与詹逆同寓汉口租界，搜获红旗，来函索取，事后查明该员系来办交涉，维时因逆谋未成，姑予免究，此次南京叛立，该员等私往上海、南京等处分任兵职，公然叛乱。其刘英一犯别号丹书，前获宁犯调元证据内，有丹书派人赴荆运动军队，支洋二千元等语，上月天门潜江兵变，探有刘英为都督，刘铁为师长之密谋，近日沙洋叛变，刘铁通电宁湘，自称鄂西总司令，刘铁乃刘英胞弟，势难姑容。请将居正、胡秉柯、杨时杰、田桐、白逾桓、刘英，按照内乱罪犯，咨院革除议员名籍，其得有勋位军职者，一律褫夺（中略）议员等得有勋位军职者，应由陆军部分别查明，呈请办理，并着各省都督民政长，及各司令官，一律严拏，务获惩办，以伸国法。此令。

△ 袁世凯令免长江巡阅使谭人凤职，并悬赏拿办。

1913年8月13日《申报》载《袁世凯令》：

湘省自裁兵以来，地方颇称安谧，乃该省军事处长程潜，与陈强、程子楷、唐蟒等，暗受黄兴指使，擅增军队，迭次秘密开会，煽惑军士谋判民国，军士中稍知顺逆者，均不附从，近乘赣皖未靖之时，逆谋愈亟，与长江巡阅使谭人凤，勾结土匪，诱胁军人，迫悬白旗，妄称与中央断绝关系，似此甘心叛逆，非徒军界之蠢贼，实为民国之罪人，程潜、陈强、程子楷、唐蟒等，应即褫夺军职，谭人凤撤去长江巡阅使，并著湖南都督谭延闿，及素明大义诸将领，各饬所部，重悬赏格，迅将该叛党等严拏惩办，并著各省都督民政长，饬属一体严缉务获，以申法纪，此令。

△ 财政部为解决饷需训令推行兑换券并订定中交两行设立临时兑换所办法。

财政部训令第四百八十五号：

中国交通银行

为令行事：现在军事紧急，饷需浩繁，非推行兑换券，设立临时兑换所，不足以敷周转而昭信用。兹特订定本部令中国银行、交通银行设立临时兑换所办法五条，仰该两【行】即行遵照办理，并会同陆军部妥商详细办法，迅即实行，以重军务。此令。

财政部令中国银行交通银行设立临时兑换所办法

一、财政部为便利军需起见，此后发给军饷，一律用中国银行、交通银行兑换券。

一、中国、交通两银行应与各军军需官商订设立临时兑换所办法，各该兑换所即由银行

派员专管兑换一切事宜。

一、临时兑换所用费由财政部酌量补助。

一、临时兑换所如遭意外之事,致银行有所损失,财政部应担任赔偿。

一、临时兑换所员役如遇意外或受损失,财政部担任抚恤或赔补。

中华民国二年八月十日

中国第二历史档案馆编《中华民国史档案资料》第3辑,金融,江苏古籍出版社1991年版,第429~430页

8月11日(七月初十日) 财政部咨直隶都督,奉准交通银行兑换券按照中国银行兑换券章程办理。

《财政部关于奉准交行兑换券应按照中行兑换券章程一律办理咨稿》:

咨直袁都督

为咨行事:元年十二月二十五日奉大总统令:据财政总长呈称(见地文一二二三号):此令。二年一月十日,又奉大总统令:银行之设,所以调剂金融,维持市面。现在中国银行业经筹备设立,而交通银行迭经整顿,信用昭著。在则例未经规定以前,所有交通银行发行之兑换券,应按照中国银行兑换券章程一律办理,以资补助而利推行。此令。各等因在案。现据交通银行呈称(见地文一二三五号),等语。到部。查交通银行迭经整顿,信用昭著,自应照准。为此咨行贵都督,即请令行各地方长官,出示晓谕商民,凡完纳地丁、钱粮、契税、厘捐等项,交通银行发行之兑换券与中国银行兑换券一律通用。并令财政司通饬所属,对于交通银行发行之兑换券,均须一律收受,不得稍有折扣。即希查照办理可也。右咨。

直隶都督

中华民国二年八月十一日

中国第二历史档案馆编《中华民国史档案资料》第3辑,金融,江苏古籍出版社1991年版,第79页

△ 财政部为军队饷需改用银元计算酌量发放中交两行兑换券致函陆军部请协力维持。

致陆军部函:

敬启者:理财政,以划一币制为要图,而划一币制,应以通用银元为入手。前清出入款项,均以银两计算,各处平色不同,价格互异,折合汇兑,手续繁难,弊端丛出。自民国成立以来,本部主张废两用元之策,一切经费数目均已折合银元,并以中国、交通两银行兑换券发放,领款者咸称便利。惟军饷一项多仍旧制,尚以两计,且多沿用湘平,业经另函请贵部转饬折改在案。至以后新招军队,所有开办经费,按月饷需,均应概以银元计算,领取款项时,由本部酌量情形发放中国、交通两行兑换券,俾币制渐趋划一,而纸币亦藉以流通。如以后新招军队,仍有请领银两或不愿领兑换券者,本部概不发放。饷需盈绌,全视财政计划能否并行,务祈协力维持,转饬一体遵照,实所至盼。此致陆军部

中华民国二年八月十一日

中国第二历史档案馆编《中华民国史档案资料》第3辑,金融,江苏古籍出版社1991年版,第430页

△ 何海鸣获释,再度在南京宣布独立并任临时讨袁军总司令,与袁军激战多日,史称“南京三次独立”。

《驻南京第一师攻击第八师宣布独立革党何海鸣任临时总司令》:

本日上午一时,第一第八两师,忽互相攻击,至四小时之久,守卫富贵山炮台之第八师,

亦被一师攻逐。前拿获之何海鸣等,均于清晨由狱释出,下午四时,何海鸣复任为临时总司令,出示宣布独立。

《东方杂志》第10卷,第3号,中国大事记

8月12日(七月十一日)　袁世凯下令四川、湖北、陕西、云南、贵州各省都督,合兵会攻四川讨袁军熊克武部。

1913年8月14日《申报》载《袁世凯令》:

四川第三师师长熊克武,向驻重庆,素乏纪律,前此所部哗变,几至糜烂地方。兹据川省报告,该师长附和乱党,图谋背叛,扰害公安,殊堪痛恨。熊克武着即褫革军官军职,责成四川都督胡景伊,督饬所部,严拏惩办。该第五师旅团各长,多明大义,断不致甘心附逆。应由胡景伊迅行传谕该旅团长等,傥能擒贼立功,定予不次之赏。并著领湖北都督事黎元洪,陕西都督张凤翙,云南都督蔡锷,贵州都督唐继尧,酌拨劲旅,会合兜剿,迅荡逆氛,勿任蔓延,以免生灵涂炭之苦。此令。

8月13日(七月十二日)　上海讨袁军失败,袁军进占吴淞炮台。

《政府军收复吴淞炮台》:

时政府军方守卫制造局,且兵力未厚,不遑兼顾。迨制造局解围,北兵既陆续而下,海军总长刘冠雄亦于上月二十八日抵申,遂决计水陆会攻。本月二日起叠次小战,政府军均占优势。十二日晨,海军舰队复向炮台开炮轰击,至下午,红十字会出为调处。该会西医士柯师,亲至宝山城,向革军司令钮永键劝降,钮亦以生灵为重,开出条件,交出柯医士向刘总长、李司令妥商办法。本日午前,海军舰队遂开近台岸,将各炮台先后接收。钮永键率其部兵退扎嘉定。炮台司令居正,先于十二日弃台他往。

《东方杂志》第10卷,第3号,中国大事记

《居正在嘉定军中致诸同志书述守吴淞经过》:

仆困守吴淞二旬矣,深赖诸同志之力,奔走其间,共图抵御,扼住咽喉。一方制敌军之不能长驱,一方苏我军之从容策应,此固同志之所以责仆,而仆亦欲效死以报我同志也。不图天不悔祸,贼智横生,始而蔡春华运动广军谋变,继而程德全运动刘福彪谋变,中间运动镇军及台兵窃械潜逃者,不一而足。故蔡祸虽弭于俄顷,而广军因而力减。刘福彪虽去,而镇军本营一小部分,亦被冲散。后方掩护,几无一兵。本部台兵,亦多私走。加以水上警察,通款敌军,心腹之患,早已基之。幸钮先生率兵来淞,仆等奉为总司令,随同镇守。去水上警察心腹之患,收浦东协助之军,内变既已肃清,防御亦微进步。奈兵力单薄,武器与饷项,诸多缺乏,敌军死抗,四面包围,明知江湾一带,恐敌军由浦东偷渡也。亦明知刘河居狮子林上游,亦敌军必争之孔道也。然无兵力预为之防,卒至江湾被敌军占领,刘河亦驻苏军。吴淞逼处江干,四无生路,交通遮断,军士恐慌。十一夜,仆随总司令后,身临前敌,进击江湾,冀收九死一生之效。奈夜间战斗我军之服装不一,辨敌不清,深恐误伤,有妨元气,故小挫敌军,仍回防御。洎十二早,沪淞之信息断绝,本部各军官,逃走一空。饷源无出,兵士愈慌。总司令不欲糜烂地方,多伤士卒,乃下令退却,让出吴淞。贼党方肆谣言,谓吾辈受贿若干,计间同志,自相屠杀,以快一时。我同志之坚卓者,固不为其所惑,乃以众口铄金之故,同志中间有疑信参半者。推厥由来,无怪我同志,实怪仆之不死,有以致之。原仆自入吴淞,收新集之兵,抚溃散之卒,一战而收联鲸,再战而伤海圻,(海军击败者屡矣)三战而驱刘福彪,四战而

收水上警察，最后江湾之役，捷音方达，而全军以去，不败而走，此同志疑仆之焦点也。脱令仆战死吴淞，不但贼党之谣诼无自兴，即同志亦当曲谅。仆知罪矣，然全军覆没，诸同志又将何见以善其后也耶。夫吾辈讨袁之初衷，盖愤袁之卖国殃民，弄兵域内，蹂躏我璨烂庄严之约法，破坏我艰难缔造共和。所以引以为疾首痛心，抵死以抗，冀醒我一般国民，共除国贼耳。乃有一般怵于目前之利禄之小人，不直吾辈之所为，反助纣为虐，冀歼吾辈。吾辈中之号称狡黠者，亦相率坐观成败，裹足不前。遂令袁利用同志杀同志之策，金陵溃走于前，广东交哄于后，程应反侧，延闿变计，四面楚歌，几无立足。此等阋墙之战，以轰烈始，以儿戏终，徒令一般信口雌黄者，颠倒是非，而笑吾辈之拙也。然试思吾辈以光明俊伟之身，拼生命，抛头颅，其所希望者，岂一时之成败利钝哉。盖见夫国家之生存，必有完全独立之人，不为利诱，不为势怵，宁杀身以成仁，不苟全以求活。庶几棒醒醉梦，唤起国魂。若谓在此悠悠，在袁贼之以金钱魔力，斫丧元良，蔑绝人道，信赖奸回，背弃廉耻，而可以长治久安，保国家于不替者，仆敢断言无此理也。中国不仁，人心不死，袁贼终有必败之一日。吾同志正宜磨厉以须，收拾一切，不必以自疑而因以自馁也。仆以待死之身，毫无所惜，惟惜夫吾同志中之口不择言者，实予人以抵隙也。况此次与仆共生死者，皆具有百折不回之志。如总司令钮先生，尤吾辈所奉为圭臬者乎。夫以钮先生之学问道德，为中国一般人士所崇拜，不待仆之赘辞。然仆亲承教者旬有余，其在军中，口讲指画，无一不与古名将相吻合。吾国长此终古则已，一旦有事，仆敢谓中国之能将将兵者，舍钮先生莫属也。吾同志其亦有深明此义，而拥护斯人乎。呜呼！物必先腐，而后虫生之，人必先疑，而后谗入之。仆尤敢谓此次之失败，非袁贼之魔力，实吾同志之自相疑惧，坐误时机，而致授人以柄也。前车不远，来日大难，仆不知死所。愿吾同志之有以自爱也。正白。

黄季陆主编《革命文献》第44辑，台北，中央文物供应社1968年版，第194～196页

《袁世凯为攻克吴淞炮台颁嘉奖令》：

据海军总长刘冠雄、江苏都督程德全等电称，吴淞炮台为匪徒占据，经冠雄督率舰队排日攻击，复由旅长李厚基率陆队由江湾前进，本月十日十一日两次迎击匪徒，水陆进逼，匪均溃退。匪首陈其美、居正、钮永建等先后弃台窜逸，十三日晨八时，遂将吴淞、南北塘、狮子林各炮台，全行克复，各等情。查吴淞距江海冲要，该匪等占据炮台，凭借险隘，断绝交通，设谋甚狡，经海陆各军，节节围困，匪势穷蹙，吴淞各台一律收复，皆由海陆军将士，忠勇奋发，冒暑进攻，用能迅奏肤功，深堪嘉奖，所有在事出力人员，应由该总长等查明，呈请从优给奖，以昭激励，所有伤亡军士，并著查报抚恤，其投诚军人，亦应分别收抚、遣散。在逃【之】陈其美、居正、钮永建等，着即悬赏拏办，以伸法纪，此令。

1913年8月17日《政府公报》，第461号

△ 湖南讨袁军失败，谭延闿宣布取消独立，呈请辞职。

《湖南独立之取消》：

湘省之独立也，谭人凤、周震鳞、唐蟒、蒋翊武等持之最坚。招募军队，几达五师，一面派兵援赣，一面提兵攻鄂，讵两军皆不利。鄂军已由岳州进迫；在赣之袁军，又将移以攻湘。且湖口、南京、广东败耗先后传播，于是顿失所恃。适黎元洪及蜀、滇、黔、桂四督先后电劝缓和，谭延闿遂于八月十三日宣布取消。

黄季陆主编《革命文献》第44辑，台北，中央文物供应社1968年版，第340页

8月14日(七月十三日)　袁世凯通令缉拿参与皖省二次革命行动的领导人物。

1913年8月17日《申报》载《袁世凯通令》:

此次皖省独立其领导人物除柏文蔚外,尚有龚振鹏、郑芳荪、张汇滔、袁家声、毕靖波、岳相如、孙棨、管鹏、凌毅、凌昭祁、耿寰、张永正、范光启、孙俄轩、薛子祥、王璟芳、杨冠英、连绣章、李庆祺、陈登荣、张雨人等,袁氏因令饬倪嗣冲即行拏捕此批人物,尽法惩办,并通令各省都督民政长饬属一体严拏,勿任漏网。

8月16日(七月十五日)　袁世凯因湖南省有试图鼓动各省联合通电取消参众两院之举,下令解散湖南省议会。

1913年8月19日《申报》载袁世凯《解散湖南省议会》:

据汉口电报局截留呈报湖南省议会七月二十九日致参议院众议院及各省议会通电,有由各省通电取消参众两院等语,词旨悖谬,显系侵夺国会权限,违背约法,著湖南都督谭延闿立饬该省议会即时解散,一俟军事平定,与已经解散议会各省分一同依法另行选举,以期实行代表民意。此令。

8月18日(七月十七日)　南昌失陷,江西讨袁军失败,李烈钧走长沙转赴日本。

《政府军克复南昌》:

湖口独立时,护军使欧阳武初以军队不用命为辞,坚请解职,并声称拥护中央,继则通电各省,宣布讨袁,并由省会举为江西都督。湖口战事解决后,政府军即分四路进取,一陆军会同兵舰,进攻南昌;一由黄梅,一由海河,合攻德安;一由姑塘攻南康。自八月一日起,建昌、德安、吴城、瑞安、南康次第克复,李烈钧节节退守,旋闻欧阳武于九日逃往吉安,遂回南昌布置一切后,仍开赴前敌。本日政府军集南昌城外,开战数刻,即整队入城,李烈钧率兵数百名,向上游逃避。

《东方杂志》第10卷,第3号,中国大事记

《袁军李纯进占南昌通电》:

本月十八号,我军水陆进攻南昌,于聂家窖罗口高桥与激烈战斗。其水道一股,击沉船七只,毙四百余人,俘虏二十余人。陆路一股,毙□六七百人,招降四营。余夺获小火轮七只,步枪五千余杆,快炮六尊。我军两路共阵亡官兵数名,受伤一百余名。于是日晚完全占领南昌。我军入城,秩序井然,各界极表欢迎,现在一面安抚商民,一面分队追击溃□,俾早全体肃清以安大局。

黄季陆主编《革命文献》第44辑,台北,中央文物供应社1968年版,第144~145页

《袁军段芝贵进占南昌电》:

南昌收复,经电陈在案,顷据详报,我军右翼团长张敬尧所部,于十七日进抵花布街,探闻于高桥设有防御工事,并安设地雷,因即购集牛只,以为试用。布置甫就,已将十八日拂晓。闻左纵队在东南隅与□交战,遂即乘机急进,九时抵洛化,遇二千人左右,中多湘人。我军猛烈进击,相持一小时余,□向高桥退却,占领阵地固守,我军跟纵[踪]继进,炮火兼施,至午后二时遂大溃。我军追至金沙河,用炮击沉□船一艘,遂即乘胜渡河,直占南昌城。偵徒穿越城内外而走,我军亦分兵尾袭……。

黄季陆主编《革命文献》第44辑,台北,中央文物供应社1968年版,第145页

8月19日(七月十八日)　宪法起草委员会自八月二日起开始讨论制宪工作后,袁世凯一直关切即将制定的宪法是否给予总统任免国务员及解散国会之权。本日,袁政府将"宪法研究会"所拟之"宪法草案大纲"二十四条,提交给宪草会请其参议,试图影响正式宪法的制定。

1913年8月25日《申报》载《研究宪法委员会之成绩》(宪法大纲二十四条):

一、对领土采概括主义。

二、统治权属之国家。

三、对蒙、藏之治理,基于从来之习惯,得以特别之法律规定之。

四、行政部之组织,采内阁制。

五、大总统对于两院之议决,有复议权及中止权。

六、大总统有发布紧急命令权。

七、大总统有任命国务员及外国公使权,不必经议会同意。

八、大总统有议会停会权,每期不得超过二次,每次不得超过十五天。

九、大总统得参议院同意,有解散众议院权。

十、大总统任期七年,得连任一次。

十一、大总统由国会选出。

十二、大总统非大逆不道,不负责任。

十三、行政最高权委任之于大总统,内阁总理及各部总长辅助之,内阁总理及各部总长皆为国务员。

十四、国务员对于众议院负政治责任。

十五、国会组织采两院制。

十六、参议院之选举,加入县议会。

十七、两院议员在任中不得兼国务员。

十八、召集国会,以每年一月第二周第一日开会,会期以四个月为限,可延长。

十九、众议院有弹劾国务员权,(但须议员四分三之出席,出席员三分二以上之同意。)

二十、国务员被众议院弹劾后,参议院组织特别法庭裁判之。

二十一、预算案先提交众议院。

二十二、两院议员之薪俸,采日给主义。

二十三、行政诉讼,设平政院判断之

二十四、义务教育以宪法规定之。

8月21日(七月二十日)　袁世凯下令通缉岑春煊,指斥岑春煊参与二次革命,并任讨袁军大元帅。

1913年8月23日《民立报》报道:

袁世凯下令逮捕岑春煊君,以示决心与人民宣战。

1913年8月24日《申报》载《袁世凯"通缉"岑春煊令》:

前汉粤川铁路督办岑春煊辞职赴沪养疴,六月间,忽有异图,电致广西都督陆荣廷,护军副使龙济光,嘱令胁合湘粤各省,反抗中央,图谋不轨,居心叵测。陆荣廷、龙济光,素明大义,均严词拒绝,且劝其毋再执迷。讵岑春煊屡申谬说,信使往来,陆荣廷、龙济光始终严拒。本大总统以岑春煊久负虚望,或由暴徒挟持,谅非本意,是以未经宣布,俾可转圜。乃黄兴、陈其美及优伶潘月樵等倡乱宁沪,竟有委岑春煊为大元帅之事,方谓岑春煊上年来书,自请练兵两镇,以讨不庭,而忽与□党结合,反复无常,深堪诧异。嗣闻其乘轮赴港,登报声明,不复与闻政治。本大总统隐恶扬善,原欲始终成全,但使悔悟自新,何必穷追既往,不料其又由广东电致龙济光夏文炳等,嗾其出兵,助逆破坏民国,荒谬糊涂,变诈百出,其倾覆大局,视黄兴等有何区别,若不揭明罪状,何以【别】黑白而明是非?岑春煊著交沿边各督民政长一体拏办,此令。

8月22日(七月二十一日)　广东都督龙济光悬重赏通缉该省民党重要人员。

《龙济光悬重赏通缉广东民党重要人员名单》:

照得粤省各军将领,向皆深明大义。当上年陈□独立时,尤能去逆效顺,以报国家,深所嘉许。溯自本都督平乱以来,瞬经数月,地方秩序,渐以回复,人民得以各安生业,亦皆各该将领弁兵保卫维持之功。乃近日□党野心不死,罔顾国家阽危,地方糜烂,胆敢到处纠邀党徒,煽惑人心,希图扰乱治安,饱其欲壑,言之殊堪痛恨。凡我军人,负有保卫地方之责,亟应痛予歼除,以维秩序。为此明定赏格,通告各路绥靖处,暨各军将领,及弁兵等一体知悉,务各奋迅立功,同膺懋赏,有厚望焉。

计开

(一)凡拿获陈炯明　赏银六万元
　　　　　邓　铿　赏银二万元
　　　　　朱执信　赏银二万元
　　　　　姚雨平　赏银一万元
　　　　　廖仲恺　赏银一万元
　　　　　谢吴伯　赏银八千元
　　　　　胡毅生　赏银八千元
　　　　　李济民　赏银八千元
　　　　　洪兆麟　赏银一万元
　　　　　杜贡石　赏银八千元

(一)凡□党以钱银来勾结运动,即将其拿获,所有□党钞银,准予收用,每名仍赏银二百元。

(一)凡□党前来勾结,敢有隐匿不报者,查出与□党同罪,其查出之人,准给奖赏。民国二年八月二十二日。

黄季陆主编《革命文献》第44辑,台北,中央文物供应社1968年版,第311~312页

8月27日(七月二十六日)　袁世凯下令逮捕众议员褚辅成、常恒芳、刘恩格,参议员丁象谦、赵世钰、朱念祖、张我华、高荫藻等人。

《逮捕参众两院议员丁象谦等八人》:

政府据旅长鲍贵卿、宣抚使段芝贵、巡阅使协震春自安庆、江西、上海电称,查获革党秘密函电,并革党口供,参议员丁象谦、赵世钰、张我华、高荫藻、朱念祖,众议员常恒芳、褚辅成、刘恩格等,与乱事均有关系,请查拿归案讯办。当由军政执法处派兵拿捕。次日起解出京。政府复电津截留,闻拟改归法院讯办。

《东方杂志》第10卷,第4号,中国大事记

1913年9月3日《民立报》载《议员骈首被捕》:

二十七日先前,军政执法处派多数兵警逮捕参议员五名,众议员三名,执送东城大佛寺

警备处。

1913年8月30日《民立报》报道：

被捕之国会议员八人据称已送至天津，将解至沪转交各原籍地方官严加管束。闻者均极骇异。以为递解回籍管束，在前清时待遇异己之官僚常有此种惩罚，不图共和国复有此怪象，且以施之于人民代表之议员，真出人意外。

8月28日（七月二十七日） 熊希龄赴京就任内阁总理。

1913年8月29日《申报》北京电：

熊总理昨早十时到国务院，自昨日命令起已署名。现定二十八日在迎宾馆开两院议员谈话会。

1913年8月29日《申报》北京电：

新任国务总理熊希龄今日接见德文报代表，据称：彼历任各职，无不以国家为前提，中国此时最要在扩充富源，此彼所以以国务总理而兼任财政总长也。熊总理又谓：中国财政既定，他事不难整顿，新内阁将于五、六日内组织。

8月29日（七月二十八日） 芜湖陷落，安徽讨袁军失败。

管鹏《安徽革命纪实》：

……先是芜湖宣城誓师时，同志电推范鸿仙督军政，管鹏长民政。范管辞不就。及闻文蔚自临淮退南京，同志迎之回皖，复任前职。文蔚误听胡万泰之佞言，或为怀柔胡部起见，竟假胡万泰以援赣总司令之职，携之返省，交还其旧部。同志谏之不听。文蔚初至安庆，鄂来兵舰即叛去助敌攻浔。又迟数日，上游败耗益急。张永正、龚振鹏所遣助赣之师亦先后败退，万泰在省益无忌惮，乃于某月某日公然背叛。先以电话限令柏督于本日十二时离皖，柏督尚筹抵御。继因东门外某军速令先走，胡率叛兵，果于十二时围攻督署。柏乃仓猝渡江，乘民船东下，与龚振鹏共守芜湖。继由南京调来生力军一旅，旅长常守坤同志中健将也（芜湖上游三十五里）。数败敌舰后，上游大敌水陆并下，又有胡万泰、顾琢塘为向导。守坤分头应战，往来指挥，战酣时，守坤策马渡港河，水深溺毙，全军退败。是时柏文蔚已赴南京，龚振鹏、张永正孤守芜、宣，至南京陷落后方散去。

黄季陆主编《革命文献》第44辑，台北，中央文物供应社1968年版，第276页

8月30日（七月二十九日） 黎元洪电梁启超、汤化龙，主张先选举正式大总统。

《黎元洪致梁、汤电》：

战祸虽纾，乱源未弭，揆察现状，似须先举总统，方足以定人心，固国本。且宪法千条万绪，若概须急就成章，反致有扞格难行之患，俟其就绪，然后再徐议选举，恐内外交讧，中央敷衍，国事益不可为，公意如以为然，即请急力主持，权衡乎轻重缓急之序，藉救危亡国家之福也，敢布愚见。即请卓裁。

易国幹等辑《黎副总统（元洪）政书》，台北，文星书店1962年版，第334～335页

9月1日（八月一日） 张勋率辫子军攻陷南京，何海鸣走上海，南京讨袁军失败。

《政府军克复南京》：

政府军既败革军于徐州，即追踪南下，张勋率武卫军取道扬镇，扼南京下游，第四师长徐

宝珍,南洋巡阅副使雷震春,复带兵协助,八月十四日,张军前队抵南京,开始攻击,次第占领要隘。海军总长刘冠雄,亦督率舰队会攻,至本日,张军用炸药轰毁城垣,分兵入城,革军由西门南门逃窜。

《东方杂志》第10卷,第4号,中国大事记

《袁军张勋入据南京电》:

勋自抵尧化门后,叠次亲赴前敌督战,见军屡受重创,仍敢负固,实持城垣之固,有所凭依,自非设法轰击,不能速破。因于前日亲履战地,相择地势,在富贵山南僻静处所,雇觅民夫,乘夜掘成地道一处,并将乌龙山所得炸药,分次运往,填入地道,于本月一号,先以大炮攻城,诱令敌军悉数出战,然后燃动药线,地道中炸药骤发,当将城垣外郭,轰崩两丈有余,沙石飞腾,纷如雨雹。城上军,犹以枪炮从事,死力抵御,我军勇气百倍,掩杀而前,乃相率如鸟兽散。于是分兵三路,一路先占富贵山,并将太平门内军所垒沙袋夹城设法轰开,以迎五师暨本军扬军各队入城。一路向南,先将朝阳门洪武门夹城轰开,以迎本军及雷军各队。一路由诸统领旅长团长统率向各方面进攻,先后将北极阁骆驼山狮子山都督府神策门西华门各要地行悉占领,并搜剿余□,随处与军巷战。直至今日,迄未收队。所有大股军,多已逃窜,由大南门及水汉两西门而去,业经分电冯雷两军及海军舰队四面堵截。其缴械请降者,亦达千人,现在全城业已完全克复,纵有余孽,亦属无多,即可肃清。惟首逆诸犯,闻已避匿,刻正示悬重赏,严拿务获。并即约束兵士,不得骚扰民间。至各国洋人居留所在,亦经分别饬令保护,一面出示安民,妥筹赈抚,以定人心。所有办理情形,统容陆续呈报。查南京为历代建都之所,山川形胜,夙号雄藩。而附郭一带,炮垒林立,尤属易守难攻。昔者洪杨割据,困以天下之师,糜饷数千万万,犹以九年之久,始奏克捷。今勋奉命南征,绕道清扬,中间复有镇江收抚叛军之阻,不及十日,即抵宁垣。交绥以来,每战迭获胜利,先将附郭各要隘如紫金山天保城等处占取,□势早衰。本可一鼓而下,无如宁垣城坚而广,袭击非易,兵力分则嫌单,聚则不能遍及。而冯军以大江之阻,狮子山适当其冲,日以大炮隔江射击,未能即渡。宁坐拥坚城,有恃无恐,其西南各门,出入无阻,粮食军需,时有接济。柏□文蔚,复由皖率兵多营,来为策应,并有人暗为之助,焰益张,负隅弥固。勋筹思再四,知欲除城,必断外援,乃先将乌龙山炮台乘夜攻克,而冯军海军遂得进行,雷军亦接踵继至。本拟约期并力会攻,不意天心助顺,竟将城垣轰开曾不崇朝,遽行克复,前后用兵,不及半月,实非始意所期。非我大总统德威远播,敌忾同仇,何能成此大功。所有在事异常出力各将领,自接仗以来,执锐披甲,昼夜无辍,均属辛劳卓著,应请特恩,先予优奖。(下略)

黄季陆主编《革命文献》第44辑,台北,中央文物供应社1968年版,第177~179页

《袁军雷振春入据南京电》:

震春督师攻宁,于八月二十九号,乘夜袭击雨花台,敌势大挫。是后连日酣战,杀伤无算。敌人遂以全力死守该台,九月一号,张军乘其不备,用地雷轰开朝阳门,震春督率所部,奋力猛攻,于一号晚将雨花台东台及大药库等处占领。是日第四师第八旅,已到铁心桥,即于二号黎明合力进攻,鏖战六小时之久,敌兵大溃,遂于上午十钟,将制造局大小两大药库大南门及雨花台一带完全占领。该台为南京要塞,要塞既破,已不啻扼南京之项而拊其背。敌人均无斗志,纷纷逃窜。我军分头截击,计枪毙党二千余人,生擒数十人,夺获台炮山炮机关枪及军用各品无算,现在督师入城,搜捕余。

黄季陆主编《革命文献》第44辑,台北,中央文物供应社1968年版,第179页

《袁海军刘冠雄入据南京电》:

宁负固,冠雄奉命会攻。并遵令先期派舰队直趋浦口,掩护冯军渡江。于八月二十四日,全队先后抵宁之鉫甲甸,于时冯张军方占领乌龙、幕府、紫金各山炮台,雷军方由镇江登陆,冯军则在浦口与□相持,尚未竟渡,而狮子山炮台,高峙城隅,截江而守,不但会攻之策未能实行,即掩护冯军渡江,亦未能遽达目的。自下关上至芜湖,皆为□有,因思非有奇兵无从制胜。但恃节节进攻,未免旷日持久,即于二十五夜,密派代理司令饶怀文,率海琛应瑞楚有三舰,暗渡上游,炮台弹发如雨,各舰不暇恋敌,且战且进,遂直抵大胜关。逾夕,复派永丰奋勇前进,与海琛等舰合,盖至是掩护冯军渡江之策始得实行。而宁芜之□,昔之首尾相应者,亦因而中断。会攻之事,乃大有把握矣。于是下令排日攻台,牵掣其势,既为陆军声援,更使台炮不能展其射击之力。大胜关舰队分途游弋,前失之湖鹏张宇两雷艇,旋报捉回,叠获□党祥元小火轮一艘,粮船一只,装运赴芜军火八百余箱,二十余人,嘉宁运船一只。盖至是宁芜势既分,遂各形其穷蹙矣。又下令上游舰队,不时攻清凉山仪凤门暨城内西南部。下游舰队,日夕攻狮子山东西岸暨城内东北部,更在幕府山设立旗台以通消息,使大军不至误击而资策应。三十一日,各路大举合攻,我舰不分昼夜,奋力猛击,陆军附城进步,剧战两日。遂于九月一日下午,由陆军攻开各门,遂告完全克复。

按南京诸将,以大军数路,攻一仓猝集合乱军之何海鸣,半月始克,而首犹逃,其视郑汝成李纯等之以少敌众,劳苦功高,实远不及,报功之电,乃铺张如此,殊为夸大。而张勋尤为无耻,以吊民伐罪之师入城后,乃视居民为战利品,子女玉帛,任意携取,失中央之威信,起人民之恶感,使□党之言不幸而中。稍有人心,其愧悔当如何。而犹大言不惭,铺张战绩,至于请奖诸将,尤为前清恶习,同室操戈,仁人所不忍言,吾不知张勋是何居心,乃兴高采烈至于如是也。

黄季陆主编《革命文献》第44辑,台北,中央文物供应社1968年版,第180~181页

△ 江西省枪毙众议院议员徐秀钧。

1913年9月4日《申报》报道:

徐秀钧已在浔枪毙。

《赣省枪毙众议院议员徐秀钧》:

徐秀钧,江西人,因与于乱事,并为李烈钧驻京坐探,日前在江西拿获。本日枪毙。

《东方杂志》第10卷,第4号,中国大事记

9月3日(八月初三日) 参议院议长张继去职,王家襄继任。

参议院议长换人:

参议院议长张继辞职,改选王家襄为议长。

《东方杂志》第10卷,第4号,中国大事记

1913年9月4日《申报》北京电:

参议院副议长王正廷谓选举议长急当实行,全院均以为然,于是即投票,举定得最多数一百十一票之王家襄为议长,次多数为王正廷。

△ 本月一日,张勋首先率部队攻进南京,成为袁世凯得力将领;而原江苏都督程德全因曾涉及二次革命,不敢回任,称病请辞。本日,袁遂下令准免程德全本官,改任张勋为江

苏都督。

九月三日临时大总统命令:

程德全应即免去江苏都督本官,此令。

任命张勋为江苏都督,此令。

1913年9月6日《申报》

9月4日(八月初四日)　本年三月之后,国务院因宋案、大借款案及中俄协约案,遭到国会与舆论指责,各部长均纷纷请辞。及至二次革命局势已定,袁世凯势力在各处皆得伸张,袁氏遂于本日下令,准国务院外交、财政、司法、农林、交通各总长辞职,以各部次长暂行代理部务。

袁世凯令:

准外交总长陆征祥、财政总长周学熙、司法总长许世英、农林总长陈振先、交通总长朱启钤辞职。

令外交、司法、农林、交通各部次长暂行代理部务。

《东方杂志》第10卷,第4号,中国大事记

9月5日(八月初五日)　众议院通过先选举总统后制定宪法案。

1913年9月5日《申报》北京电:

先举总统案七月前已列日程一次,即中止。今复列明日程。现情势大变,或可通过。

近因乱谋尚继续行动,故先举总统之说又大昌,即国民党人亦主之。谓实安固人心之法。

9月6日(八月初六日)　张勋部攻下南京后大肆洗劫,袁世凯得知后发电给南京各军师,痛责其抢劫行为,张勋则复电抗辩。

袁世凯《致南京各军使》:

阅路透电,称南京城内住宅商店,茅舍草屋,无不被抢,妇女老小贫富,多被奸淫,其余均入外人家避难,各军皆然,而张部蓝衣兵实占多数。各官长目睹不理,所谓不伤一人,不惊一户之宣告,完全背弃。日本居民,亦多被害,有自日领署出者,被兵枪毙三人,受伤一人云云。此次大兵南下,伐罪救民,似此强暴行为,如果尽确,则是丧尽名誉,大干军律。查各国军人素尚文明,即俘虏亦无凌虐,吾国削平内乱,自残同类,已属可矜,况无辜良民,久困匪中,日望援救,闻者堕泪,见者痛心,若以盗贼之行为,尤为效之,各国传布报纸,目为野蛮,于立国大势,所关非细,且乱党乘间抵隙,执为口实,更以煽动人心,东南大局,何时可定?各弁目等,谁无身家妻子,入伍为兵,退伍即民,易地以观,忍乎不忍?民纳税以给饷,兵出力以卫民,不能卫之,而反扰之,天良何在?为之官长者,目睹何忍?本大总统治军数十载,素以保民为宗旨,闻此情形,不禁泣下。仰即传集各该官长,剀切诰诫,并明查暗访,得有奸抢实据,立按军法严办,以期湔洗于万一。至保护外人生命财产,更属文明通例,尤应格外留意,勿因细故,败坏大局为要。

徐有朋编《袁大总统书牍汇编》第7卷,上海广益书局1920年版,第15~16页

附张勋《致大总统电》一:

大总统钧鉴:鱼电谨悉。此次南京城下之日,各军争功,蜂拥而进,与匪军巷战一二昼夜,全城鼎沸,子弹纷驰。嗣后匪军逃窜,乘机抢掠,土匪助虐,益肆凶残,多有假冒官军情

事。当此之时,秩序已紊,加以各军号令不一,非以严刑,难期整饬,勋因破除情面,随派干练弁兵,巡行街市,随地正法者二百余名,截留衣物无算,然后始得渐就平复,此金陵各国旅居洋人之所共见。今路透电,乃以蓝衣兵独占多数为言,查勋军入城,仅占东北一隅,此处荒僻,民户无多,其余各处繁盛之区,均由各军分扎,孰抢孰否,不难按户而稽。且前次我军夺取天保城各要隘时,匪军屡次乔扮勋军装服,希图混进。且蓝衣之说,亦难据为确实证据,亦何所用其护。应请简派公正大员来宁,亲赴被难之家,确实调查,以昭信谳,而全军誉。

徐有朋编《袁大总统书牍汇编》第7卷,上海广益书局1920年版,第17~18页

附张勋《复袁电》二:

大总统钧鉴:拱密,参陆两部阳电,傅奉钧令,敬悉。此次南京倡乱独立,城内闾阎,本已重遭糜烂,迨及城下之日,诸军萃集,巷战连朝,土匪溃军,乘机焚掠,于时秩序已紊,诸统将专事杀敌,兼顾难周。一二不法军人,趁各军号令尚未统一之际,继匪军劫掠之余,见物辄取,固所不免,当经派员率队巡行街市,但见有持挟衣物抢掠者,无论军匪,概行立地正法。计共斩决二百余名,截留衣物无算,均交商会分别给主认领,并将约束不严之该管官弁斥革。中外商民,皆所共见。现仍会同诸军竭力稽查,认真根究,务得实犯,严加惩办。谨此复陈,伏乞垂察。

徐有朋编《袁大总统书牍汇编》第7卷,上海广益书局1920年版,第18~19页

附张勋《复袁电》三:

大总统钧鉴:鱼日电谕敬悉。重承责问,滋切悚皇。此次叛兵占据金陵,反覆哄争,闭关自毒,地方秩序,业已破坏不堪。迨陆海各军,会合围攻,全城均当战线,攻者愈力,守者意坚,居民迁徙避藏,受无妄之灾者亦愈众。既而逆首知势不敌,窜匿无踪,合数万之悍贼骁匪,以及失业游民,麇集一隅,漫无约束,其任意勒索,多方蹂躏,人言凿凿,闻者寒心。勋等逆料及此,迭经通饬营队,晓谕军人,务以恪守纪律,不扰善良为第一要义。复传集各官长剀切告诫,不啻三令五申。惟民匪同困重围,本属断腕求瘳之计。若战斗中而复责以保护,智勇俱难为力。坚城既破,我军如墙而进,肉搏冲锋,贼匪梗顽,尚在竭力抵御,黠者褫装弃械,随处搜刮,纷纷溃逃。地痞流氓,争取所遗衣械,遂得假冒兵士,乘机劫夺,快意须臾。与勋前攻天保城时,叛军多草帽蓝衣,希图扰乱伎俩,如出一辙。贼倡其先,匪踵其后,荒衢僻巷,亦几十室九空。其时我军师旅团营,参伍综错,注重占领要隘,警备非常,不能遽尔分兵四出剿捕。营垒犄就,始得派遣游骑,周匝侦巡,余孽渐次肃清,而公私已荡然尽矣。勋等驰入宁垣,视察情形,虽不至如路透电所云之甚,然疮痍遍地,目击心伤。一面会同出示招集流亡,并分别严申军令,拿获抢劫之犯,随时立正典刑,兵士间有取携,亦挥涕斩殉不少宽假。连日捕杀约百余人,所有赃物,概发商会招领,市面略定,人心少安。勋与国璋,督师分道南来,既未能不战而屈人,又无从临战而弭祸,彷徨中夜,内疚良多。而路透电竟以贼匪强暴惨虐之行为,独使我军蒙其重谤,不惟勋等难甘默认,即全军官长均受有完全教有,讵肯明知故纵,弃隳身名。事实始终,历历在目,固非一人一时之言所得掩饰,又岂容悠悠诋毁,淆惑听闻。应请大总统派员来宁,切实调查,秉公核办,以息谣诼,而定是非。冒渎钧聪,伏希垂鉴。

徐有朋编《袁大总统书牍汇编》第7卷,上海广益书局1920年版,第19~20页

9月7日(八月初七日)　梁士诒领导的公民党成立。

1913年9月9日《申报》北京电:

梁士诒所组之公民党昨日开成立会,除举李庆芳为形式之理事长外,梁并演说:此党专

以国家权力发达,实业重在专坚二字。李庆芳演说:此党为在野党。又有吴木兰演说:其所收议员可恃者至多不过三十,然党员多财政交通两部人。

1913年9月11日《上海时报》载《公民党宣布政见电》:

时报馆转各报公鉴:乱事甫平,国基未定,制定宪法,及友邦承认问题均未解决,同人等惘危亡之日迫,应时势之要求,发起公民党,以图救济,阳日业已正式成立,以国家权力实行政治统一,增进人民福利,为本党确信之政纲,随时发表政策,求国民多数之同情。兹经本党两院议员全体议决,照美国先例,以先举正式总统为政策之第一步,国利民福,胥利赖之,诚以宪法起草关系,国家亿万年根本断非仓猝所能竣事;目下外交内政万分棘手,若正式选举不速举行,无论何种政策皆难设法,实为至大危险。前次黎副总统联合各省都督,电告两院,请速举正式总统,词义沉痛,同人深表同意,确守斯旨,奋励实行,倘蒙爱国诸君同声相应,不吝赐教,尤为盼祷。公民党本部。

△ 二次革命期间,袁世凯派重兵击败南方革命军,但这些军队取胜后便开始坐地分赃,糜烂地方,甚而遭致外人抗议。袁世凯本日下令告诫统兵大员,严申军令。

1913年9月10日《申报》载《袁世凯令》:

自赣宁倡乱以来,中央除暴救民不得不派兵征讨,惟是行军首重纪律,所有各路军队经过及驻扎处所,无论中外商民生命财产,均须一律保护。其已被匪扰地方,目击疮痍至可惨痛,尤应加意保卫,以重人道,而肃军规。倘有残杀无辜,及肆意骚扰情事,不特败坏军人名誉,且大背本大总统救民水火之苦心,军律森严,断难宽贷。着各统兵大员,严申诫令,认真稽查,如敢违犯,立按军法从事,并将约束不严之该管官弁,分别参辦,毋稍宽纵,此令。

9月9日(八月初九日)　黎元洪通电请参众两院速定孔教为国教,藉范人心,以息邪说。此通电得到各方响应,并引发长达月余之讨论。

《黎元洪通电》:

案准杭州朱都督马电,山东靳都督、田民政长卅电同称:孔教会代表陈焕章、严复、梁启超、夏曾佑、王式通诸君子请愿国会,拟以孔教为国教,并请迳电两院,赞成通过等语。窃维大乱之起,倡自邪说,继以暴行,故欲觉世牖民,其功必在立教。吾国自汉孝武崇尚孔道,表章六经,二千余年,实已浸润渐渍于普通人民之心理,历代有国,莫不礼重,临雍祭先释菜,师道既立,善人日多,是以尼山木铎,泗水金声,蕴之为精言,敷之为美化。孔教之所以久而弥光者,盖折衷于群圣之大成,而归本于人道之常,则庸言庸行,尽人可能为子为弟,各安所止,率是道则褒嘉,荣于华衮;反其道则诛伐,严于铁钺。俾恒人之心,有所慑而不敢逞,故好乱之徒,有所惮而不敢作。兹者国体维新,民族仍旧,廉耻之防未立,礼义之用未宣,人背常经,士越恒轨,心无定宰,则竞权攘利之弊滋,乡无善型,则犯上作乱之衅起。又其甚者,至欲废父子之伦,裂夫妇之制,群聚苟合,禽兽不如。万国五洲,无此谬种。波兰印度,无此戾俗。循是不救,人类将灭,流祸所及,烈于洪水猛兽。兴言及此,可为大惧。拟请两院速定国教,藉范人心。孔道一昌,邪说斯息。惟是历闰既更,丁朔亦改,常祭大祀,宜有准期,并应明订章程,厘定礼节,转请政府迅饬颁行,岂徒为崇拜圣神之虚文,抑以标范围人心之正鹄。事关治理,匪犹常典,管蠡所及,维众赞而公择焉。

中国第二历史档案馆编《中华民国档案资料汇编》第3辑,文化,江苏古籍出版社1991年版,第50～51页

《刘次源请尊孔教为国教电》:

北京国务院、参议院、众议院、各部长、各省都督、民政长、孔教会、省议会、各报馆均鉴:副总统青电极表同情。窃吾华以孔教为国教,自秦汉以来,已成事实。史迁所谓孔子布衣,传十余世,学者宗之,非奉为宗教之明征乎。又言六艺者,折衷于夫子,可谓至圣,非尊为国教之确证乎。国中官吏,每逢朔望,必谒[至]孔庙。春秋上丁及孔子诞节,上自元首,下至县官,皆必举行大祭,著之典礼之中,非所谓成文法乎。凡属中国,声教所暨之地,家家皆祀孔子,凡有读书识字者,无不诵孔子之经,非所谓习惯法乎。放之五千年历史,征之列代成文法,较之社会习惯法,莫不认定孔教为国教,即询之外国舆论,亦莫不承认中国为孔教国。此次编纂宪法,自应列入条文之中。共和国以道德为基础,人无道德之心,安能遵守法律。年来误会自由,防闲尽隳,禽兽塞途,廉耻道丧,此国不亡是无天理。值此大命将倾之际,求一起死回生之术,非扶翼孔教,培植人才,绝无余幸。副总统所陈,洞中膏肓,实深佩服。若欲合词陈请,敬乞挈附贱名。刘次源叩。个。印。

中国第二历史档案馆编《中华民国档案资料汇编》第3辑,文化,江苏古籍出版社1991年版,第51页

《孔教会东京支部请速定孔教为国教致大总统呈》:

大总统钧鉴:窃维立国之本在人心,人心之本在道德,道德之本在宗教,是则宗教者直接而为人心道德之本,间接而为国家巩固之基也。我国玄黄剖判,而后神圣,首出继天立极,厥后卿相师儒,信起朝野,或覃敷文教,或以身作则。洎乎东周,黑帝诞灵,尼山挺瑞而前,此圣君贤相,硕学鸿哲之遗教,乃集大成于我孔子,德配天地,道冠古今,牖觉群氓,维持世运,六艺重训,百代师承。汉儒笺经释诂,宋儒演象传心,虽各守渊源,实同担道德,诱掖学子,启迪愚民。凡在南郊之北,幽都之南,旸谷以西,昧谷以东者,靡不诵习圣言,讲道论德,历代相沿,成为习惯。是以沧桑屡易,图箓迭更,而我国民之道德观念,终不因而磨灭,则孔教之灌输人人之脑筋中者,至深且渥也。夫孔教既灌输人人脑筋中,则人心赖以不坏,国魂于焉!可谓孔教为国教也,亦无不可。民国肇造,颠覆满廷,诗书之业辍于干戈,六艺之囿鞠为茂草,重以末学,狂且罔,窥圣道之堂奥,辄肆无法之讥弹,谓忠君之说不存,则宣尼之教应灭。于是谬说庞兴,吠声相应,有议毁圣像者,有议废儒书者,有议孔教等于佛、耶、回,以符乎信教自由之新名词者,群言淆乱,圣教一厄于此,而不力为挽救,将必五德陵夷,四维崩绝,人心嚣竞,泯泯棼棼,而国不国矣。此非凶逞臆说也。盖孔教者一国精神之所寄,而立国之根本源泉也。孔教存则国存,孔教亡则国亡。征之意大利其建国也,古罗马之庄严伟烈,日印于国民心脑中,是以一举而大业成。征之日本,其始倡尊王攘夷,取大和魂之武风,聚国人而申警之,而今日遂卒食其报,此国教有而国有之明证也。英墟印度,俄裂波兰,皆先变乱其语言文字,而后其种族乃陵迟衰微焉。迄今遇灵水之滨、瓦尔省府之郭,婆罗门之贵种,斯扎窝尼之旧族,无复有文明片影,留瞿族其间,此国教亡而国亡之证明也。孔教为我国之国教,考之二千余年之历史,证之各国伟人之品评,无有异议者。今救国危,宜先保孔教,欲保孔教,非定为国教不可。夫孔教为国教,即为古今中外所同认,又奚必明定为哉?盖临时约法载有信教自由一条,而未著明奉孔教为国教。窃恐黠猾者以为人民既可信教自由,则国家即可无须国教,竟欲断丧数千年之国本,以遂其离经叛道之私。今者正式宪法已将产生,信教自由之明文谅必仍旧。有信教自由之明文,而无奉孔教为国教之明文,则世道人心将无所维系,而嚣然不靖之祸乱,正不知绵延之何极也。我大总统握治理国家之权,有维持风教之责,当此世衰道微、沧海横溢之际,苟听此芸芸众生之沉溺,而不悬固有之国教,使知所趋向,则将沦愤典于草莽,坐冠带于涂炭,侪于巫来,由是凌夷之列而后已。窃愿于正式宪法尚未颁布以

前,饬令国务院咨请宪法起草员定孔教为国教,垂诸宪法,昭示来滋,以正人心,而定邦本。抑更有请者,生等远在海外,悯大教式微,人心陷溺,爰创设孔教会支会于东京,冀以昌明孔教,维系人心,无如学问谫陋,材力绵薄,即不能倾动一时,恐难支持久远,迫恳饬令教育部选择老师宿儒,学问道德兼擅其长者,克日来东,以维持会务。并恳饬令教育、内务两部,量予补助常年经费,庶办理得人,款项有济,俾圣道复明受东土,儒宗丕振于神州,民国前途有无穷之幸焉。事关紧要,诸希垂察,是否有当,仰候钧裁。

孔教会东京支会发起人许棣常、李安国、林树燕、王应伟、谢乃续、吴荫棠、林国华、王镕、王文俊、郭传治、包楚、段冠球、张鹏飞、全其眉、彭宪、王灿、孙乃湛、周鉴源、萧集明、刘荣谨呈　中华民国二年九月十八日

中国第二历史档案馆编《中华民国档案资料汇编》第3辑,文化,江苏古籍出版社1991年版,第51~53页

9月10日(八月初十日)　北京军警联合会在街头散布传单,宣告议员九大罪状,并戒勿再作恶,否则将以舆情为后盾起而逐之。

1913年9月16日《申报》载《两院对于军警匿名书信之激昂》:

京师日昨有署名京津保军警公启之印刷物邮送两院议员及宪法委员,内云:"议院为最高立法机关,如此其尊严也;今岁四月,欢迎国会,政府礼待议员,如此其优隆也。四方人民引领以望,额首以庆,曰革命以来,男不得耕,妇不得织,商贾不得贸易,今而后为我等代表之议员,庶几拯救我于沟壑耶?寡人之妻,孤人之子,离人之昆弟,今而后为我等代表之议员,庶几救我于火水耶?该议员具有天良,宜如何巩卫我国家,保障我人民。乃数月以来,以九百议员之众,每人月薪三百元,以五个月计之,已耗去一百三十余万元之多,竭吾民之脂膏,供若辈之淫侈,不闻建一议,筹一策,以恤吾民之疾苦,其罪一也。国穷如此,借债度日,不顾吾民担负之重,斤斤然惟岁给月给是争,重个人之权利,轻亿兆之死生,其罪二也。蒙事危急,俄约延不通过,强寇滋大,坐视两蒙良民惨遭杀戮,以供其酿乱破坏之密谋,其罪三也。孙黄构煽,李陈倡乱,逆谋昭昭,中外共见,该议员多有名在议院,潜赴南方,同谋不轨,及诸逆失败,又潜回北京,阴图倾覆,其罪四也。议员谢持,充逆党血光团首领,证据确凿,既被捕矣,议长张继具保候传,而谢持潜逃,凶人漏网,谁实纵之,其罪五也。议长张继,既纵庇谢持,复托词赴沪,胆敢通电各省,召集议员到沪,以堂堂一院之长,力助叛逆,图陷全国,该院不宣布除名,养奸纵恶莫此为甚,其罪六也。称兵作乱之陈其美,结党煽惑之田桐、居正、白逾桓等,逆迹昭彰,天人共恶,该院不闻声罪请讨,至今亦不宣布除名,袒庇逆党,包藏祸心,其罪七也。议员或为匪作探,泄漏军情;或结党逞凶,主谋暗杀,该院既不举发于事前,又不纠正于事后,以最高立法机关,实为祸国殃民之渊薮,稍有心肝,何至于此!该议员觍然无耻,悍然不顾,直吾民之蟊贼耳,吾民何不幸而有此代表耶!其罪八也。一闻议员被捕,远则驰书说情,近则狡辩袒护,一若为议员者尽可伤天害理,为所欲为。而因孙黄陈李柏诸逆之作乱,江西、南京、上海、安徽、广东各处,吾民之罹炮火而死,遭淫掠而死,转徙道路而死,以亿万计,均漠不关心,天理何在,人道何在,吾民何不幸,而有此代表耶!其罪九也。由此言之,议员为吾民代表,不惜敲骨吸髓,朘削吾良民,居心已不可问,况公然通匪,荼毒生灵,其罪更不可胜诛已。我军警遵从教令,不干预政治,惟历观该院议员所为不法,害我良民,危我国家,至于此极,我军警以保国保民为天职,不得不沥诚忠告,自今以往,议院中守正不阿之人,速持正论,掌卫我国家,保障我人民;其有议员潜谋不法者,则由院举发,以申国典,以遏乱萌,我军警当尊之,敬之,倘仍怙恶不悛,甘为民贼,当与全国共弃之,其勿悔。"

△ 北京军警联合会致函宪法起草委员会，促加强政府行政权，以谋统一。

1913年9月16日《申报》载《北京军警联合会致宪法起草委员会函》：

……现贵院已举定宪法起草员，正在着笔，师美、师法，何者合宜，刚性、柔性，贵乎适用，诸公魁宏，博雅古今，中外靡不贯通，必能参验国情，垂为巨典。公法学者，曰立宪云者，结合于一政府之下，以谋全国之利，非以计一种族，或一地方之利益，为目的者也。军警等则以今日国势飘摇，危如累卵，定宪法者，当为亿万年根本计，为四百兆人民计，不当限制一二人权利，而贻国家人民以杌陧之患。何以言之？盖自临时约法缩减行政权年余以来，临时政府受其牵制，摇手转足，动辄得咎，事事敷衍，百不施为，流极至今，其效可睹。目前各省事势乱若丝棼，涣如沙散，再不得强有力之政府以谋统一，既无长驾远驭之方，将成离析分崩之局，故论中央政府，既须假以权力，尤必宽以限期，以今日火热水深，断非一朝一夕所能拯救，夫姬发去残顽声作于成康之世，刘邦拨乱郅治奏于文景之时，倘操政柄者不克久于其位，即雄才大略而未竟其施，遽隳其绪，不特前途之幸福难期，尤恐政局纷更，干戈易起。上观五季十国，远览南美诸邦，覆辙匪遥，可为殷鉴。军警等厕身行伍，本不敢干预政治，自冒不韪，况贵院为立法森严之地，尤非旁观所可赞词。第念革命以后，险象环生，军警等捍御维持，心力俱瘁，深盼此后政府能强国庇民，及身不复见兵革之祸，庶几弛于负担，同享太平。使宪法条文稍有窒碍，生于其心，害于其政，一旦战争再起，则锋镝之惨，我军人实先受之，非仅栋折榱崩，连累被压之可比也，此次宪法为民国第一大制作，诸公笔则笔，削则削，端议于广厦细旃之上，而亿兆人之休戚，千百世之安危系焉。一字一句毋掉轻心，兴邦丧邦非同恒泛，军警等一介武夫，知识梼昧，因时局之阽危，效友朋之忠告，尚希俯纳壤流，藉裨泰海，言虽出位，心实无他，鹄候德音，无任企伫。

9月11日（八月十一日） 袁世凯任命孙宝琦为外交总长，朱启钤为内务总长，梁启超为司法总长，汪大燮为教育总长，张謇为工商兼农林总长，周自齐为交通总长，熊希龄兼财政总长。熊希龄内阁宣告成立。

《东方杂志》：

特任孙宝琦为外交总长，朱启钤为内务总长，梁启超为司法总长，汪大燮为教育总长，张謇为工商总长，周自齐为交通总长。

特任熊希龄兼财政总长，张謇暂兼农林总长。……国务会议，拟合并工商、农林两部，因未经提交议院通过，故仍其旧，而以张謇兼任。

《东方杂志》第10卷，第4号，中国大事记

黄远庸《记新内阁》：

熊总理于八月二十八日任事至今已一星期矣，而阁员迄不能拟就，故袁总统及熊氏，皆有皇皇之色。其原因则由熊氏宣言，须但成第一流经验与第一流人才之内阁，而第一流之人才，则多以本身及他种关系不愿出山也。

财政熊自兼，海陆军留任，外交孙宝琦，交通周自齐，内务朱启钤，此无问题矣。有问题者，惟以第一流人才分配之教育、司法部、工商部（农林合并）耳。

第一须先述梁任公，熊氏之被电推为总理也，力辞甚坚，有虽仲尼复生无可为之语，具见本报。而其时徐东海既决为空山老友，张季直又力推熊之精神物望，此席终非熊莫任，其以大义相责而促成之者实梁任公。及议院通过后，熊氏复姗姗其来，任公复屡电催之，故熊到京后之第一目标，反在任公，其先本以教育部属之，任公坚辞决绝，任公之左右尤代任公坚辞

决绝,熊氏乃不大怿,故第一次谈判时,熊实不欢而散。至第二次谈判,熊乃出其最峻厉之词锋与任公交涉矣,谓屡次皆公促我来,属我牺牲,我既牺牲,而公乃自洁,足见熊希龄三字,不抵梁启超名字之尊,又诘任公,以公既不出,则张季直、汪伯棠(大燮)皆牵连不出,熊内阁势将小产,此时进步党将持何等态度,又如公等均不出,熊内阁纯以官僚组织成之,舆论必不满意,此时进步党又将持何等态度,故为进步党计,公亦不可不出,其词恳切,任公无以难之也,至此时已改换任公为司法部矣。

总统府一派,尤代熊氏张军而合围任公,谓大局如此,社会责望政府不用新人及竭诚相推,而新人复望望然,其言乃不仅指蒙古实业公司(任公住所),而遥指南通州矣。袁总统尤谓任公不任,似为不可,四面情势如此,此一礼拜来,梁任公可谓遭一大劫也。

某日梁任公乃亲见袁总统,自明出处之义,谓某平生最喜负责任及牺牲,以我个人意思,不特总长,并次长亦可,乃至参事佥事主事亦乐为之。徒以进步党多不愿某之出,某一人可牺牲,而党则有不可牺牲者,其词甚长,而袁总统谓汤济武(化龙)诸君均称党中甚愿君出者,何也?任公云,此系济武尚持牺牲主义与某相同,彼以个人观察说乃如此耳。此时熊亦进谒袁总统,乃谓总理在此,君可自与商之,比出时,熊总理黯然,总统府秘书等惕然。进步党人对于任公之出处,确分两派:(第一)肯定派,汤化龙、刘崇佑、林长民等主之,诸君皆向持大家干一干之说者也。其说亦有至理,大略谓自民国成立以来,立宪党人对于国家,并无十分之尽力,而徒处于监督及旁观的地位,于大义有所不安,故认任公之出,为一绝好牺牲的时会,而(第二)之否定派,则理由甚多:(一)党势未固,任公入阁,则党益散漫,若谓爱党者即非爱国,则根本上须将党取消。(二)既为政党,须组织政党内阁,党员加入,虽系个人自由,然任公非普通党员,在彼自身本未决意加入,党中尤不宜怂恿之。(三)该党前此虽无确定之党议,但亦曾表示重要党员最好不加入混合内阁之意。(四)就令牺牲之说果正当,然熊氏先不应以周自齐、孙宝琦分配重要之部,而将此闲部位置彼意中之所谓人才,虽在国务会议同一发言,而实行之权究在各部,要部据于官僚之手,人才仅可发言,则任公即不入阁,亦何不可献策陈词为政府重,诸说之中,以此为强固矣。

据熊氏自谓,有彼主持,张四先生、任公伯唐若联翩入阁者,则慕韩(孙宝琦)向不轻发言,子贻(周自齐)亦素性敦厚,故国务会议当纯然为我辈所主持,所以游说任公者,此亦一理由也。

第二须述汪大燮氏,汪氏之爱国热诚,及缜密勤慎,以吾所知前清大官中,吾未之见,苏杭甬一案,知其内容者,皆知与熊氏丝毫无关,而横被唾骂,几于葬送此人一生,此真平情论事者所引以为痛心者也。汪此次自日本归,无出意,以熊之力挽汪,乃以任公或张季直之出否为条件,彼更有一理想,谓若大家同出者,则三人可连宇而居,(任公所居实业公司与汪宅比邻)而其旁更设一俱乐部为会合会员及诸政客之所,大家一致讨论,一致牺牲,即牺牲下去,亦值得几文钱,不然,我已做过十余年官僚,在今日已无复有意添此蛇足矣。盖汪及熊及任公,皆戊戌变政时有力人物,固不可以官僚目之者也。

第三须述杨度氏,杨之言最为俊爽,彼既受入阁之商,即自言自愿帮忙而不愿帮闲,意指交通部也。交通部拟周自齐者,一般揣测,皆谓该部为粤人之势力范围,惟周能为曹参,故群推之,杨之单刀直入,盖欲为交通部之黑旋风李逵也。故论者颇许杨为快人快语,皙子之精锐绝伦超群,记者亦许之,但少修养耳。

孙宝琦之长外交,实大非所愿,所以任孙者,以彼颇与法使相善,现中俄交涉,惟法使能调停耳,孙意殆得长居税务处亦已足矣。

此外有组织内阁之余谈二，当商议最急时，个中人颇有拟张元济君入阁者，汪氏尤谓即任公不出，若得菊生（张君之字）亦可，然识张君者，皆知此女将不仅十年不字，摇手作色而止，又有拟杨荫杭（即老圃者）法部者，此语亦大似商量饭菜单时，语及园圃中绝异之新蔬，虽不必下箸，而已津津有味矣。然梁任公即长法部，识者谓次长一席终须此圃，此圃现方为江苏法官，不知其以老菜根佳耶，抑上此台盘佳耶。

大抵北京政界有一重要问题发生，则有无数之政治理论，自然发明。吾上所述皆北京最近最新之政治理论也，今事实上已有令梁任公不能不出者，预言新阁员之配置，当如下：

总理兼财政熊希龄，陆海军留任，外交孙宝琦，交通周自齐，司法梁启超，教育汪大燮，工商张謇。（或须改名实业部）

综言之，此次内阁差近人望，虽有二三官僚，而实以立宪党为主体，立宪党能否尽其天职，实行责任内阁救国之危亡于万一乎，吾舆论将以监督往日之国民党者监督之矣。

黄远庸《远生遗著》，民国丛书第2编，第99册，第2卷，上海书店1991年版，162～165页

9月12日（八月十二日）　参众两院召开合议会，商讨先选举总统问题。

《参众两院开合议会》：

两院议员因迫于时势之要求，定议先举总统。特于今日依国会组织法第二十一条所规定，开两院合议会。决议咨请宪法委员会，将关于选举总统之必要部分，从速于五日内拟定，再由本会议决，以便施行。是为民国第一次之两院合议会。

《东方杂志》第10卷，第4号，中国大事记

△ 熊克武放弃重庆，二次革命至此结束。

《重庆取消独立》：

熊克武据重庆独立后，川东一带，颇形纷扰。迨川省及邻省援兵四逼，始渐穷蹙，欲召集川东精锐作背城计，而人民多不赞同。乃于十一日夜间逃遁。适援渝黔军旅长黄毓成带队抵渝，遂于本日入城，取消独立。

《东方杂志》第10卷，第4号，中国大事记

《党案记》：

……四川自重庆独立败后，领袖出奔。其以蜀道难而不克奔者，则生命危。即出奔者之家庭财产，亦悉数抄没。然其杀人与籍没，又无从稽核，此可概也。

黄季陆主编《革命文献》第44辑，台北，中央文物供应社1968年版，第432页

后记

辛亥革命研究自革命爆发不久就开始了，至少有近百年的历史，各种著作赓续出版，重要问题多有论述，学术水平不断提高。迄今为止，关于辛亥革命的资料也出版了相当多，但大型资料集则只有几部，如《辛亥革命》（中国近代史资料丛刊本）、《辛亥革命前十年间时论选集》、《辛亥革命回忆录》、《辛亥首义回忆录》、《中华民国史事纪要》、《革命文献》、《辛亥革命资料新编》等相对集中，而绝大多数十分零散，不便检索，且乏考订。为弥补这一缺憾，编纂一部依据辛亥革命发生、发展和结局的时间顺序，著录经过考订的重要资料的大型“史事长编”，很有必要。

早在20世纪80年代，著名史学家、湖南师范大学校长林增平教授即提议与章开沅先生合作主编，两湖学者共同编纂《辛亥革命史事长编》，作为他们二位主编的大型专史著作《辛亥革命史》的姐妹篇。然而天不假年，林先生过早捐馆，编纂《辛亥革命史事长编》的工作也因故陷入停顿。四年前，有学者再次提议编纂《辛亥革命史事长编》，作为向辛亥百年纪念的献礼。

这一动议受到湖北省社会科学界联合会的高度重视，在党组书记马建中的指导下，武昌辛亥革命研究中心立即向中共湖北省委社会科学工作领导小组申请立项，迅速获得批准，立为2008年度湖北省社科基金重大委托项目（立项号[2008]013）。武昌辛亥革命研究中心主任周波积极筹措研究经费，并委托我主持此事。

当时，我很是犹豫，一是因为时间紧迫。这么大工程一般要五年、十年才能完成，而给我的时间充其量不到三年。二是因为缺乏人手。这么大工程两三年时间一个人根本无法完成，只有靠集体攻关，而当前学界同仁一般都有自己的教学科研任务，很难搁置自己的工作来参与集体项目。

但是，社会责任感让我大着胆子把任务接下来了。我想到辛亥革命武昌首义发生在我省，几代学人为推动辛亥革命研究的发展进行了不懈的努力，取得巨大成就，辛亥革命研究已成为我省的一个学术品牌，每十年一次的高规格高水平的国际学术研讨会都在武汉举行，我省学者每次都能拿出标志性成果，为大会增添光彩。在纪念辛亥革命70、80、90周年时，分别推出了《辛亥革命史》、《辛亥革命辞典》、《辛亥革命大写真》。《辛亥革命史》是第一部辛亥革命研究的通史性和综论性专著，曾获教育部教材一等奖；《辛亥革命辞典》堪称中国第一部辛亥革命研究的百科全书，曾获全国图书“金钥匙奖”；《辛亥革命大写真》则是一部“图像史书的皇皇巨著”，曾获2002年中国图书奖。2011年辛亥革命100周年时，我省将举行盛大的纪念活动，并举办大型国际学术研讨会，我作为研究辛亥革命半辈子的学人，有责任团结有关学者，利用集体的力量完成《辛亥革命史事长编》，作为我省学者的又一重要成果，向辛亥革命100周年庆典献礼。

为了体现武汉地区史学界的合作精神和武昌辛亥革命研究中心的团队精神，我在武汉大学、华中师范大学、中南财经政法大学、中南民族大学、湖北大学、江汉大学和辛亥革命武昌起义纪念馆、武汉市社会科学院等单位邀请了几位中青年学者合作。为了完成林增平先生关于两湖学者共同编纂《辛亥革命史事长编》的遗愿，我又约请了湖南衡阳南华大学的学者参与其事。令我欣慰的是，这些单位的受邀学者都很乐意共襄盛举，他们克服手上教学科研任务重的困难，认真负责地投入到搜集、整理资料的工作中，并且都按时完成了撰稿任务。

《辛亥革命史事长编》的成书过程得到学术界同人的大力支持和帮助，华南师范大学谢放教授、武汉大学吴剑杰教授、萧致治教授、华中师范大学苏中立教授、湖北大学陈钧教授担任了部分书稿的审阅工作，从史料的选录到体例的规范、文字的错漏一一提出宝贵的修改意见。辛亥革命武昌起义纪念馆的严威研究馆员还参与了部分书稿的终审工作。章开沅先生在百忙之中为本书赐序。湖北省社会科学界联合会党组书记马建中先生、武昌辛亥革命研究中心主任周波女士等自始至终关心本书的编纂工作。武汉出版社社长彭小华先生和副社长刘珊女士、编辑室主任王远彦先生等从获知编纂动议时起，就给予了积极热情的支持。在本书出版之际，谨向参与编纂工作的各位合作者和给予支持和帮助的各位领导及师友表示衷心的谢忱。

本书编纂工作时间短，成书仓促，参与的作者较多，风格不尽一致，书中存在的问题肯定不少，敬希读者诸君不吝指教。

严 昌 洪

辛亥百年之际于首义之地武昌